U0567942

卓越质量译丛

JURAN'S Quality Handbook
The Complete Guide to Performance Excellence

朱兰质量手册
通向卓越绩效的全面指南

约瑟夫·A. 德费欧
(Joseph A. De Feo) / 主编
中国质量协会 / 主持翻译

第七版
Seventh Edition

中国人民大学出版社
·北京·

译者名单

(按姓氏拼音排序)

陈晓华　段桂江　冯　雷　韩　铁　侯进锋　焦叔斌
郎　菲　黎　煜　李赛群　马　良　曲　立　孙军华
王林波　王　璐　王　萌　杨跃进　于洪波　岳盼想
曾　祯　赵腾飞　周　啸

第七版推荐序

《朱兰质量手册》第五版由中国人民大学出版社引进、翻译、出版至今已近20年，2013年我们又出版了第六版，2021年我们将推出第七版。出版这样一部近千页的图书不能不说是一项出版领域的大工程，凝聚了几代翻译者、出版人的心血，但和20年来中国经济社会发生的翻天覆地的变化来比，又不足挂齿。

1982年3月，朱兰先生来华讲学，办培训班。受朱兰先生质量管理理念的启发，国家经委设立了质量局——国家质检总局的前身。可以说中国改革开放40余年来，朱兰博士的"大质量观""质量管理三部曲"影响深远。朱兰认为：质量意味着能够满足客户的需要，从而使客户感到满意的那些产品特性；质量意味着免于不良，即没有那些需要重复工作（返工）以及会导致现场失效、顾客不满、顾客投诉等的差错。朱兰认为大部分质量问题是管理层的错误而并非工作层的技巧问题，"管理层控制的缺陷占所有质量问题的80%还要多"。质量不只是质量管理部门的工作，而是最高管理层统领、全员参与的一项工作。质量管理包括质量设计、质量控制和质量持续改进。而质量设计从识别客户需求开始，不断变化的市场环境和市场需求是质量持续改进的原动力。

我们幸运地看到，步入世界500强的中国企业，都在努力践行着这一理念。当然，这条路还很漫长，但如果说我们最初引进《朱兰质量手册》第五版时，还在普及质量管理的基本知识，那么到引进第七版时，已经有不少中国企业以及医院、学校和社会组织的成功案例可以拿出来在国际领域分享了。特别令人赞叹的是中国质量协会组织的全国质量奖的获奖单位，它们不仅创造了一个个商业奇迹，而且创造了管理奇迹，使质量管理不再只是好看的统计数字，而是一个个令人感动的商业故事。

2008年，朱兰先生去世，享年103岁，是一位幸运的长寿老人，不知这是否源于他对自己生活的管理。但一个人的生命总是有限的，我们期盼每一个组织基业常青，这是必定离不开质量管理的。《朱兰质量手册》的生命并没有因为朱兰先生的离去而完结也让我们感到无比幸运。感谢朱兰创办的朱兰研究院和它的后继者，感谢约瑟夫·A.德费欧先生的持续努力，他不仅主编了第六版，又推出了第七版。感谢袁宝华先生、刘源张先生，两位老人虽然已经离世，但我们可以从他们的推荐序中，感受到他们的音容笑貌和拳拳之心。感谢张瑞敏先生，不仅感谢他在本书第六版出版之时欣然作序，更感谢他在海尔的实践，感谢以他为代表的一代企业家。同时还要特别感谢中国质量协会，从第六版开始，它们主持翻译了此书，将工程浩繁的翻译组织工作承担了下来，并在此书的推广中发挥了重要作用。特别是它们组织的各种培训和全国质量奖的评选工作，对于实践朱兰的质量管理观，提升中国企业的管理水平起到了不可磨灭的作用。最后，我们特别感谢焦叔斌先生，他把本书的第五版推荐给中国人民大学出版社，并以一己之力组织了第五版的翻译工作，且领衔翻译审校，至今本书的核心章节仍得益于21世纪初的译稿，同时感谢他在质量管理的推广普及方面所做的工作。在此也特别推荐《朱兰质量手册》的第五版，它不仅具有"史料价值"，在指导管理实践上也仍然不可取代。

在《朱兰质量手册》第七版即将付梓之时，人类正经历着一次重大考验，无论我们是否愿意，我们的命运已被紧密相连，也许，相互学习、相互理解、相互尊重，包括尊重我们赖以生存的环境才是人间正道！第七版出版的价值已在约瑟夫·A.德费欧先生的引言中详述，此处不赘言，谨感谢所有为此书如期出版而努力的人，感谢麦格劳-希尔出版公司！更感谢读者20年来的厚爱，希望您案头上的第七版依然没有辜负您的厚爱！

中国人民大学出版社
2021年2月

第六版推荐序一

加快经济发展,质量是关键,不从质量上提高,就没有真正的、实在的效益。为提高企业产品质量,增强企业国际竞争力,几十年来我国政府和企业界做了大量的工作。早在1978年,我们就举行了第一个全国质量月活动。这一年我还率中国经济代表团访问日本,专门参加了日本的质量月活动,回来后于第二年8月成立了中国质量管理协会,并开展质量管理小组活动。1992年我们又开展了"质量万里行活动"。质量问题可以说是年年讲、月月讲。随着全民族质量意识的不断提高,1993年我国首次通过并颁布了《中华人民共和国产品质量法》,2000年又对这一法律进行了认真的补充和修订。1996年12月,国务院颁布了《质量振兴纲要》,2012年2月颁布了《质量发展纲要》,指出坚持以质取胜,建设质量强国,是保障和改善民生的迫切需要,是调整经济结构和转变发展方式的内在要求,是实现科学发展和全面建设小康社会的战略选择,是增强综合国力和实现中华民族伟大复兴的必由之路。这些充分反映了党和国家对质量问题的重视。

在经济全球化的条件下,质量管理有了新的内涵。中共十八大提出要全面建成小康社会的目标,我想我们建设的这个小康社会应该是有质量的小康社会。当前社会发展对质量管理的要求已经不仅仅局限于生产制造业,同时也渗透到社会经济活动的各个方面。产品质量管理也已经不再局限于对某个生产环节的管理,而是贯穿于产品的设计、制造和售后服务的全过程。因此,我们熟悉的原有的质量管理知识与模式已经很难适应国际经济竞争的需要。我们必须依据国际通行惯例来提高产品质量,积极吸收和借鉴质量管理水平较高国家的先进经验。

美国著名的质量管理专家约瑟夫·M. 朱兰(Joseph M. Juran)博士就是这种先进经验的代表人物。半个多世纪以来,朱兰的质量管理理念和方法对整个世界质量管理学界产生了巨大的影响。他在质量管理方面进行的积极探索,他所提出的许多重要的质量管理原则和理念,他关于质量计划、质量控制和质量改进的论述，为许多企业赢得了核心竞争力。1982年他专程到中国访问，并举办质量管理讲座，受到中国企业界的热忱欢迎。《朱兰质量手册》是由他担任主编，集中了世界上一批著名的管理专家共同撰写的著作。这部著作集中反映了他的质量管理思想，是公认的当代质量管理领域的权威著作，自出版以来已被译成多种文字并在世界许多国家发行。正是由于朱兰博士在质量管理领域的重要地位，再加上这部著作具有全面、实用和权威的特点，所以半个多世纪以来，《朱兰质量手册》对于世界各国的质量管理发挥了十分重要的作用。

中国人民大学出版社引进和出版这部质量管理领域的巨著，是很有意义的。我相信它的出版，对于我国企业进一步树立质量管理理念，学习和借鉴质量管理知识和经验，进而提升我国企业和产品的国际竞争力，具有重要的现实意义。作为中国质量协会的名誉会长和卓越国际质量科学研究院的名誉院长，我一直关注着我国的质量问题，我很高兴为这部译作作序，希望全社会都来关心和重视质量问题，希望我国的质量管理水平上一个新的台阶。

2013年9月

第六版推荐序二

刘源张

当我看到第六版的《朱兰质量手册》时，我首先想到的是，朱兰真是一个幸运的人。不但活到了 103 岁（这一点已是戴明不能及的幸运），而且还有后辈在他逝世后把他的已经长达 60 年历史的巨著延续了下来，这恐怕又是无人能及、空前绝后的幸运。

1982 年 3 月朱兰来华，在首钢礼堂讲课。他提出，质量的好坏要由市场的用户或顾客来说了算。这句话对当时只用标准衡量质量的中国企业简直就是一声春雷。受此启发，孙长鸣组织学员签名，建议国家成立专门负责质量的部门。信件经国务院办公室呈交了薄一波副总理。不几天，袁宝华同志来到班上，宣布国务院决定在国家经委内设立质量局，它就是今天全球独一无二的国家质检总局的前身。这件事，对中国是个幸运，对朱兰是一个更大的幸运。国家质检总局正在发挥着越来越大的作用，没有一个质量专家像他那样对一个大国的质量事业产生这样大的影响。

朱兰在北京，我全程陪同。十几天的时间里，彼此熟悉了。我了解到，他祖籍罗马尼亚，父亲是皮鞋匠，家境贫寒。不得已，移居美国。朱兰幼时，受尽屈辱，养成他发愤图强、自力更生的精神。在 GE 等公司工作，积累了一定的资金，于是在 75 岁的时候，他创建了一家企业——朱兰研究院。他也知道我在日本是石川馨的门下，在美国是 Eugene Grant 的学生，回国后一直开展全面质量管理的工作。所以，邀我为第五卷写了一篇《中国的质量》，邀近藤良夫与狩野纪昭合写了一篇《日本的质量》。

大概由于个人的出身和经历，他对社会主义的中国怀有好感。也许因此，他在上第一课时，对中国的学员讲了他的亲身经历和感受，并且对听课学员言语恳切地说社会主义的中国应该更加重视质量。上海市质量协会会长兼上海质量管理科学研究院院长唐晓芬女士在朱兰生前，曾多次去看望他。每次朱兰都对她说，他关心中国的质量事业，他鼓励中国的质量工作者，祝愿他们成功。

现在，要说说这本书了。德费欧主编的劳累是显而易见的，从概念、原则到理论、方法，以及工作的路线图和评价准则，都在书中得到详尽的叙述，可以说是面面俱到，但是，这一版去除了第五版中第36到第43章的内容，国际主义的精神没有了，对中国的感情没有了。此外，在中国，质量已经是大质量的概念了。它已经不单纯是产品、工程、服务的质量，而已是生活质量、工作质量、发展质量、社会质量的体系概念。本书在这些方面着墨很少，它成了一本干巴巴的工具书。当然，虽然我对它做了一些批评，而且又是从我自己的立场和观点出发的，但是，我还是愿意把这本书推荐给有志于质量和质量管理的学子们。它是一本值得放在书桌上时时参考的书。最后，对翻译和出版如此庞大的著作的有关同志表示我最深的敬意。

2013年11月

第六版推荐序三

"质量管理之父"朱兰的质量理念及其方法在海尔发展的每个阶段都发挥了积极的重要的作用。其集大成之作《朱兰质量手册》给我印象最深的是其时代性的特征,随着时代进步和环境变迁,朱兰的质量观念也随之更新。这一特点从被誉为"质量管理领域中的圣经"的《朱兰质量手册》版本的持续更新中可见一斑。

即将出版的第六版在保持前版内容精华的同时,增加了对生态质量等新领域的关注与分析,反映了新时代质量的新内涵。作为企业管理者,我们很早就学《朱兰质量手册》,但在互联网时代的今天,我觉得更应学习其不断创新持续超越的精神实质。只有这样,才能创造出互联网时代的"顾客"。因为,在互联网时代,用户体验是检验质量的最终标准。

一、质量标准由用户定义,而非企业定义

这一结论只有放在互联网时代才成立,正因为质量标准由用户定义,所以,质量没有恒定的标准,因此质量需要持续动态优化。

改革开放初期不是这样的,那时是卖方市场,产品供不应求,企业只需关注狭义的质量,也就是符合国家质量检验标准就行。在那样的时代条件下,消费者对工业产品的最大要求是能买到,对质量几乎没有要求。没有要求的具体例证是,当时的产品出厂可以分为一、二、三等,甚至连等外品都有人抢购。

但到了买方市场时期,当物资由短缺变成过剩的时候,消费者和企业的主要矛盾从消费者"能不能买得到"变成了"企业能不能卖得出"。所有企业都必须在满足狭义质量标准的基础上追求广义的质量。这时,质量的范围从产品生产阶段延伸到了设计、制造、营销服务的全过程。海尔在这一阶段的创新体现在售后

服务上，以"星级服务"的差异化创新赢得消费者。

现在，进入互联网时代，用户在网络上面对海量信息，他选择谁，不选择谁，并不取决于企业对质量的定义，而是完全根据用户自己的个性化需求和体验，这就对企业的质量创新提出了颠覆性的要求。传统质量管理的观念、流程、方法、评价体系都面临崩塌。

朱兰博士有个著名的观点，即质量的"适用性"，强调质量管理的顾客导向。现在我们必须把它升级为"交互用户导向"。"顾客"意味着回款是销售的终结，"交互用户"则意味着回款是销售的开始。

二、质量的第一要素是人，优质的产品取决于优秀的人

影响质量的因素是全流程的，但人永远是最重要的。

首先是观念。有什么样的质量观念便有什么样的质量结果。海尔从创业以来一直强调一个观念——"有缺陷的产品就是废品"。1985年，我们毅然砸毁了76台本可以按三等品、等外品销售的冰箱，就是为了让员工明确这个观念，树立起一种精神——"要么不干，要干就要争第一"。这种观念和精神支撑海尔从小到大，从弱到强，从国内到全球，连续4年荣获全球白电第一品牌。

其次，创造用户需求是永恒的主题。创造用户需求的前提是知道自己的用户是谁。传统模式下，很多企业连用户在哪里都不知道，更谈不上创造用户需求。海尔探索人单合一双赢模式，"人"即员工，"单"即用户，就是让每个员工有自己的用户，都面对用户创造价值。比如，全国市场有2 000多个县，过去，每个县的市场人员要听命于市一级的人，市级的人要听命于省级的人。我们根据细分的市场，把组织结构扁平化，每个县的用户由一个7人团队负责，成为一个自主经营体。这个7人团队又通过镇级网络和村级联络人，把一个县的用户经营起来，满足其个性化需求。比如，有的村级联络人发现家电产品经常坏的原因不是质量问题，而是老鼠咬坏了线缆，我们就推出了防老鼠的冰箱、洗衣机等，大受欢迎。

三、将世界作为我们的研发部、质量部才能满足用户全流程最佳体验

互联网时代，企业和用户信息不对称的主导权转移到用户手中，用户的选

择决定企业的生存，企业只有通过创新跟上用户点击鼠标的速度。

海尔的做法是搭建开放的交互平台。一方面，让用户可以从产品设计阶段就参与进来，并参与制造、模块化供货、营销等环节的体验。这样，产品在生产出来之前就已经是有用户的了。一般企业把回款视为销售的终结，我们把回款作为和用户交互的开始。

另一方面，和用户交互的不仅是我们自己的研发人员，还有全球的一流研发资源，包括研发、模块化设计等利益攸关方在海尔平台上与用户直接交互，共同创造价值。这些资源方都是动态的，按单聚散。比如我们研发总部的工程师只有1 000多人，整合的研发资源多达5万人，外围合作方更是超过百万人。

现在，海尔在德国市场的冰箱售价超过当地品牌，而5年前，海尔冰箱售价只是当地品牌的零头。这得益于我们欧洲研发中心的开放平台。

海尔开放的全球研发体系还吸引了世界一流的超前研究团队，在无线电力传输领域，海尔与国外高校、研究机构、企业共同成立无线电力传输联盟，共建专利池并输出标准。目前，飞利浦等世界著名企业已经加入到该专利池中，共创价值。

在海尔开放的平台上，用户不再是被动的接受者，而是可以全流程参与交互设计的重要力量，用户参与设计和全流程的交互，赋予用户全流程最佳体验。

基于海尔对质量的认识，我诚挚地推荐本书，希望大家一起学习、交流、创新质量管理的理论和实践。

2013年11月

撰稿者名单

马科斯·E. J. 伯廷

(Marcos E. J. Bertin),阿根廷伯廷质量咨询公司董事。(第 10 章,董事会与卓越组织)

R. 凯文·考德威尔

(R. Kevin Caldwell),朱兰研究院执行副总裁。(第 14 章,精益技术与新乡奖;第 16 章,根原因分析方法)

约瑟夫·A. 德费欧

(Joseph A. De Feo),朱兰研究院院长兼首席执行官。(引言,质量和卓越绩效;第 1 章,质量管理的普遍原理;第 2 章,发展卓越文化;第 3 章,发展质量和卓越办公室;第 4 章,质量计划与设计创新性的产品和服务;第 5 章,质量改进和绩效突破;第 6 章,质量控制以确保符合客户要求;第 7 章,战略计划与卓越绩效;第 8 章,组织角色:支持质量和卓越文化;第 9 章,质量保证和审核;第 11 章,ISO 9000 质量管理体系;第 15 章,六西格玛:突破过程有效性;第 16 章,根原因分析方法;第 17 章,运用六西格玛设计实现持续创新;第 21 章,运营质量管理:服务;第 22 章,运营质量管理:制造;第 23 章,供应链质量管理;第 24 章,检验、检测和测量;第 25 章,组织范围内的质量评估)

约翰·F. 厄尔利

(John F. Early),朱兰研究院高级顾问。(第 4 章,质量计划与设计创新性的产品和服务;第 12 章,概率与统计的作用;第 15 章,六西格玛:突破过程有效性;第 17 章,运用六西格玛设计实现持续创新;第 20 章,准确可信的数据和测量系统)

里克·艾德门

(Rich Edgeman),博士,新乡研究院研究室主任。(第 7 章,战略计划与卓越绩效;第 14 章,精益技术与新乡奖)

伦纳德·W. 海福里克

(Leonard W. Heflich),墨西哥城宾堡集团全球食品安全、质量和危机管理副主席。(第 13 章,风险管理)

约瑟夫·M. 朱兰

(Joseph M. Juran),朱兰研究院名誉主席。(第 1 章,质量管理的普遍原理;第 6 章,质量控制以确保符合客户要求)

厄尔·罗尔斯顿

(Er Ralston),朱兰研究院高级助理。(第 25 章,组织范围内的质量评估)

彼得·罗布斯泰利

(Peter Robustelli),朱兰研究院执行副总裁。(第 8 章,组织角色:支持质量和卓越文化)

肯尼思·斯奈德

(Kenneth Snyder),新乡研究院执行董事。(第 7 章,战略计划与卓越绩效;第 14 章,精益技术与新乡奖)

布赖恩·A. 施托克霍夫

(Brian A. Stockhoff),博士,朱兰研究院高级顾问。(第 19 章,改进过程绩效的图形工具)

布拉德·伍德

(Brad Wood),博士,朱兰欧洲公司执行副总裁。(第 18 章,标杆分析:确定市场领先的最佳实践)

其他撰稿人

特蕾丝·莱德勒(Therese Lederer),克里斯托弗·德费欧(Christopher De

Feo）博士，朱贝尔·安瓦尔（Zubair Anwar），迈克尔·斯坦普（Michael Stamp），格哈德·普伦纳特（Gerhard Plenert）

朱兰全球办公室成员

蒂娜·弗里格里（Tina Frigeri），布里塔妮·厄恩斯特（Brittany Ernst），米歇尔·米勒（Michelle Millar），杰里米·霍普弗（Jeremy Hopfer），凯特琳·泰尔（Kaitlin Tyer），奥德拉·达戈斯蒂诺（Audra D'Agostino），约瑟夫·M. 德费欧（Joseph M. De Feo），戴维·费伦博士（Dr. David Fearon），拉尔夫·英格里塞利（Ralph Ingriselli）

序　言

约瑟夫·A. 德费欧关于新版本和手册使用的说明

现实中有许多利益相关方和适用情况，这给从业人员在他们自己的情况和本手册的专业知识来源之间建立联系带来了挑战。这种联系是通过发现共性而建立的，这种共性使从业人员成为一个系统的成员，并互通有无。我主要想说的是，一个人必须在正确的时间采用正确的方法来获得正确的结果。这本手册包含一套从多年的经验中吸取的教训和经验。

我们希望使这本第七版手册成为所有领导、创造、生产和交付高质量的产品、服务和过程，以获得卓越的客户体验和业务成果的相关人员的参考。前六版的经验表明，"相关人员"包括：

1. 组织机构中的所有层级——从董事会成员、首席执行官、运营经理到员工。如果认为这本书的唯一目的就是满足质量经理和工程师的需求，那就错了。这本书的目的是服务于整个组织，包括组织所有级别的员工。

2. 从事生产产品（商品、服务或信息）的各种职能：如研发、市场研究、财务、运营、营销和销售、人力资源、供应商关系、客户服务、行政以及支持性活动。

3. 与执行战略战术任务流程相关的各种专家，以确保所有产品、服务和业务流程得到适当的设计、控制和持续改进，从而满足客户和社会的需求。

4. 构成全球经济的各种产业：制造业、建筑业、各种高科技服务、交通、通信、石油和天然气、能源、公用事业、金融、卫生保健、医疗、政府等等。

本手册也可以帮助某些"监管人和利益相关者"，他们虽然没有直接参与领导、生产或营销产品和服务，但仍然"需要获知"产品或服务的质量以及相关的正负面作用。这些利益相关者包括行政管理者、质量管理者和工程师，他们被赋予了每天改进质量管理的责任；客户希望更好地了解如何改进他们的供应商、供应链、用户、公众、所有者、媒体，甚至政府监管机构。

我们召开了很多小组讨论会，并了解到我们的读者——从业者广泛使用了《朱兰质量手册》。经验表明，本手册的用途主要有以下几个方面：

1. 用以作为学习方法、工具和路线图的"一站式购物"参考指南，以创造高质量的产品和服务驱动的可持续发展的商业运作模式。

2. 用以作为部门培育诸如质量管理和保证部门、系统工程、组织和运作效率部门、财务等方面专家的指南。

3. 用以寻找特定工具或方法，以及相关主题的运用实例，如在质量领先中领导力的作用、在产品和服务的设计中融入客户的声音、可靠性工程、实验设计或统计工具。

4. 对书中的案例材料进行研究，以帮助解决自己的组织和业务问题。

5. 用以对自学的特定主题进行复习，或是作为授课或培训他人的可靠教材。

本手册在变革时期的使用频率似乎更加频繁，例如在开发新业务项目时、致力于新工艺和新项目时、安排部门和职能工作时，或者仅是尝试新想法时。

手册的构成

不论预期用途如何，本书提供的信息旨在便于查找——虽然有时难以实现。使用者面对的问题变成了要么要知道在哪里找到信息，要么要将信息应用于特定的需求。书中有大量的知识，了解这些知识的构成也很重要。本书共25章，每章都是一个独立的主题，共同构成了一个强大的卓越绩效体系。基于频繁的读者反馈，我们决定在这个版本中做些改变。

首先，没有专门针对医疗、保险、国防、政府机构等的章节。在当今，以行业为中心可能有些多余，因为方法和工具是类似的。例如，没有医疗保健部分，因为我们认为这个行业本身需要一本手册来应对许多挑战，以提供高质量的健康结果、人口管理和许多监管要求。把一章献给这个重要的行业是不公平的。我们正在编写一本新的出版物来满足这些需求。

其次，根据许多要求，我们放回许多重要的统计表供从业人员使用。因为我们倾听客户的声音，我们希望这本手册是一个"一站式购物"的资源，我们也在尝试改善我们的市场。

缩略语的注释

通常在全称已经出现的情况下，才会使用人名或组织的缩略语。如美国质量学会（ASQ）。所有的缩略语都会列在附录里，并附有定义。

本书的内容强调质量管理秘诀的"主要途径",即那些数量相对有限但却占据从业者大量时间和注意力的情形。除了主要途径以外,还有大量的"辅助途径",即不常出现但形式多样,需要特定解决方法的情形。("辅助途径"一词没有任何贬义,面临不寻常问题的从业者必须找到方法加以解决。)关于这些辅助途径,本书没有完全涵盖,但为读者指出了可行的解决方案,列举如下:

1. 引用。本书引用了大量论文、书籍和其他参考文献。在多数情况下,这些引用同时也表明了所引著作的独特之处,以帮助读者决定是否找寻原始资料以得到更详细的说明。

2. 专题文献。有些章节在参考文献下提供了补充的参考素材清单,以便读者做进一步的参考。编者努力将这些清单限定于与文本讨论的主题直接相关的内容,或是从业者非常感兴趣的内容。

3. 文献检索。本书引用的论文、书籍,以及其他参考文献中包含了可供进一步学习的参考内容,读者可通过可用的摘要和检索服务获得。在可靠性、统计方法、研发等领域,有多种专门的检索服务可利用。

4. 互联网。如今通过网络搜索,只需花几分钟时间,你就可以找到几乎所有已出版的书籍或文章,以及许多已经绝版的书籍。通过搜索引擎,你可以找到与若干主题或特定作者相关的上千篇文章。很多特定网站在广义上都专注于卓越绩效和质量管理。通过一封简单的电子邮件与网站作者取得联系,你就可能获得尚未出版的著作,或是尚在进行的研究。由大学院系创建的质量研究网站,对于研究特定案例以及新方法和新工具来说尤为有用。

5. 与作者联系。撰写的著作或论文通常都是作者知识的结晶。也就是说,作者所写的内容提炼于比出版物浩繁多倍的素材之中。在某些情况下,与作者联系以获得更详细的阐释是非常值得的,大多数作者都不反对与其联系,而这些联系不仅会带来更多的信息,也会带来拜访和持久的合作。

6. 协会和其他来源。资源丰富的人还能找到与手头问题相关的其他信息来源。他们联络杂志的编辑,打探哪些组织也面临着相似的问题,以便与这些组织取得联系。他们与供应商及顾客取得联系,以了解竞争对手是否已找到了解决办法。他们参加各种会议,如讲座、研讨会、专业协会的会议等。从业者面临的几乎所有问题,之前都已被其他人主动研究过。

灵活应用

在许多情况下,从业者都会面临将截然不同的技术知识,即从不同行业、产品或过程中获得的知识，应用到特定情境的情况。这种转变需要从业者识别出两者的共性，即特定情境和所学知识之间相通的共同原则。

通常，这种共性在本质上便于管理，易于掌握。例如，自我控制的理念是一种通用的管理理念，适用于任何组织中的任何人。

统计方面的共性更容易掌握，因为大量的信息被凝缩在公式之中，而公式与所涉及的技术本身并没有关系。即使在表象千差万别的技术问题中，也能够识别出共性所在。例如，过程能力的概念不仅适用于制造过程，也适用于医疗保健服务，以及管理和支持性过程。类似地，虽然在技术上存在着巨大差异，但通过寻找失效原因而实现改进的各种方法都可因表现出的大量共性，而被划归到特定的类别中。

朱兰博士对《朱兰质量手册》创作的贡献

创作质量控制手册的想法源于1944年底。当时我决定在第二次世界大战后成为一名自由咨询师，该手册就是这个决定的一部分。我的头脑里已有了全套丛书的雏形：成为全面参考书的质量控制手册，并与其他出版物区分开来。

该手册的理念是建立质量管理领域的知识纲要。重点强调普遍原则，即"无论针对什么产品、过程或功能，都行之有效的原则"。我隐约意识到，我将会对一门新科学——质量管理的发展做出贡献。在最终确定的十五个章节中，我编写了其中六章；其余九章由其他作者完成，我对其进行修改。从一开始，该手册就成了质量管理界的"圣经"，并已日益成为该领域专业人员和经理们的国际参考书。第五版出版时，书名改为《朱兰质量手册》，由我和布兰顿·戈弗雷（Blanton Godfrey）博士联合主编。第六版的主编是约瑟夫·A. 德费欧先生。随着本书的出版，他作为一位出色的顾问和从业者的才能也赢得了人们的认可。

约瑟夫·M. 朱兰

特别感谢

有很多人在很多方面对这本手册做出了贡献。我可能会错过一些，但我的意图是包括每个人。一本每7到10年出版一次的手册需要在市场上取得成功。因此，我首先要感谢所有伟大的客户和供应商关系，他们为我们提供了不可思议的例子和成功。该列表包括 Molex、Duracell、GE、ABB、Doosan、JR Simplot、Aramark、Alta Resources、Lowe's Home Improvement、Almarai、MedStar Health、Christiana Care Health Services、Kaiser Permanente、John Deere Co.、Astellas、Aramark 和 Sekisui Diagnostics 等机构。

我还要感谢我的顾问和导师：已故的朱兰博士，格里纳博士（Dr. Gryna），巴纳德博士（Dr. Barnard），格雷格·沃森博士（Dr. Greg Watson），布兰顿·戈弗雷博士，戴维·布卢斯坦（David Bluestein），保罗·布劳斯基（Paul Borawski，前ASQ主席）和哈里·赫兹（Harry Hertz）。

感谢我的团队，他们以一贯的卓越方式将这本书整合在一起：蒂娜·弗里格里，布里塔妮·厄恩斯特，米歇尔·米勒，杰里米·霍普弗，凯特琳·泰尔，奥德拉·达戈斯蒂诺，戴维·费伦博士，拉尔夫·英格里塞利，特蕾丝·莱德勒，克里斯托弗·德费欧博士，马克·A. 德费欧（Mark A. De Feo），约瑟夫·M. 德费欧，朱贝尔·安瓦尔，迈克尔·斯坦普，格哈德·普伦纳特。

如果你有任何建议，请访问麦格劳-希尔网站或直接通过邮件与我们联系，邮箱是：info@juran.com。

目　录

引言　质量和卓越绩效
　　约瑟夫·A. 德费欧 ·· 1
第1章　质量管理的普遍原理
　　约瑟夫·M. 朱兰　约瑟夫·A. 德费欧 ························· 33
第2章　发展卓越文化
　　约瑟夫·A. 德费欧 ·· 47
第3章　发展质量和卓越办公室
　　约瑟夫·A. 德费欧 ·· 80
第4章　质量计划与设计创新性的产品和服务
　　约翰·F. 厄尔利　约瑟夫·A. 德费欧 ······················ 103
第5章　质量改进和绩效突破
　　约瑟夫·A. 德费欧 ··· 158
第6章　质量控制以确保符合客户要求
　　约瑟夫·M. 朱兰　约瑟夫·A. 德费欧 ······················ 221
第7章　战略计划与卓越绩效
　　约瑟夫·A. 德费欧　里克·艾德门　格哈德·普伦纳特
　　肯尼思·斯奈德 ··· 255
第8章　组织角色：支持质量和卓越文化
　　约瑟夫·A. 德费欧　彼得·罗布斯泰利 ····················· 286
第9章　质量保证和审核
　　约瑟夫·A. 德费欧 ··· 299
第10章　董事会与卓越组织
　　马科斯·E.J. 伯廷 ··· 322
第11章　ISO 9000 质量管理体系
　　约瑟夫·A. 德费欧 ··· 339
第12章　概率与统计的作用
　　约翰·F. 厄尔利 ··· 358

第13章　风险管理
　　伦纳德·W. 海福里克 ·· 383

第14章　精益技术与新乡奖
　　R. 凯文·考德威尔　里克·艾德门　肯尼思·斯奈德 ········ 405

第15章　六西格玛：突破过程有效性
　　约瑟夫·A. 德费欧　约翰·F. 厄尔利 ····························· 449

第16章　根原因分析方法
　　约瑟夫·A. 德费欧　R. 凯文·考德威尔 ························· 481

第17章　运用六西格玛设计实现持续创新
　　约瑟夫·A. 德费欧　约翰·F. 厄尔利 ····························· 500

第18章　标杆分析：确定市场领先的最佳实践
　　布拉德·伍德 ··· 534

第19章　改进过程绩效的图形工具
　　布赖恩·A. 施托克霍夫 ·· 565

第20章　准确可信的数据和测量系统
　　约翰·F. 厄尔利 ··· 608

第21章　运营质量管理：服务
　　约瑟夫·A. 德费欧 ··· 703

第22章　运营质量管理：制造
　　约瑟夫·A. 德费欧 ··· 729

第23章　供应链质量管理
　　约瑟夫·A. 德费欧 ··· 767

第24章　检验、检测和测量
　　约瑟夫·A. 德费欧 ··· 794

第25章　组织范围内的质量评估
　　约瑟夫·A. 德费欧　厄尔·罗尔斯顿 ······························· 830

附录Ⅰ　能力矩阵和职位介绍 ·· 873
附录Ⅱ　表与图 ·· 883
附录Ⅲ　缩写表 ·· 925
附录Ⅳ　术语表 ·· 934

译后记 ·· 948

引　言

质量和卓越绩效　约瑟夫·A. 德费欧

本章要点	顾客的视角与生产者的视角
为何要进行质量管理？一个简明的历史教训	与不满相关的需要
	发掘隐藏的顾客需要
21世纪与质量	完美主义
市场质量领导与经营策略	致谢
宏观经济对结果的影响	参考文献

本章要点

1. 通过设计和不断改进产品和服务的质量而获得卓越结果的组织通常被称为世界级的、最佳实践和最新的卓越表现。

2. 高层领导优先考虑的是满足客户需求的产品和服务质量。客户满意度必须是嵌入公司愿景和战略计划的主要经营目标。

3. 领导人必须把质量放在战略的重要位置。按期公开商业计划，包括质量目标和平衡计分卡。

4. 领导者必须创造一种追求卓越的文化。所有取得了卓越的质量和成果的组织都采用的是系统的方法而不是随意的方法。

5. 开发一个质量管理系统，以支持持续的创新、法规遵循和控制，以及持续的过程改进，是良好的商业实践。商业计划必须包括改进的目标。

6. 教育员工如何管理质量和卓越绩效。培训已从质量部门扩展到所有职能部门和员工级别，包括高层管理人员。

7. 吸引员工。这包括培训和授权员工参与"许多有用的"机会的规划和改进。通过扩大对质量革命所要求的变化的认可和奖励的使用来提供动力。制定度量标准是为了使高层管理人员能够跟踪提供客户满意度、应对竞争、改进质量等方面的进展。高层管理人员通过认识到某些责任是不能委托的来负责质量管理——这些责任是由高层管理人员亲自执行的。

8. 进行组织范围的保证审核。这个重点是改进和确保组织中的所有商品、服务、流程和功能都是高质量的。

9. 不断地对最佳实践树立标杆，设置新的目标。采用这一方法是为了根据其他方面已经取得的优异成绩来确定目标。

为何要进行质量管理？一个简明的历史教训

质量是一个具有多重含义的词。它常被当作顾客喜欢他们尝试或购买的某种东西时使用的术语。它是组织使命的同义词——为客户和利益相关者提供优质服务。它也被用来描述许多提高业务绩效的方法，如本书的书名——《朱兰质量手册》。简单回顾一下历史将有助于更好地理解质量管理今天处于什么位置，明天又将走向哪里。

我们鼓励从业人员学习不同的追求质量的方法，选择最适合各自业务需求的方法，然后为各自的组织定制框架。在这本书中，我们将介绍有效的知识体系。

我们将引用一些最流行的管理框架，例如美国的马尔科姆·鲍德里奇（Malcolm Baldrige）国家质量卓越奖（以及全球所有类似的框架）和 ISO 质量管理系统来定义其中一些。

两个生动的例子说明了质量如何影响销售收入和成本。第一个是低质量的例子。一个声称拥有强大客户服务的国际组织拒绝接受 48 小时内交货的销售订单——即使在竞争对手承诺 24 小时内交货的情况下。想象一下，由于这家公司没有认识到客户的需求，每年会损失数百万美元的销售收入。第二个例子，一家专业制造公司的总裁宣称："我们今年的报废和返工成本是利润的五倍。由于这些成本，我们不得不提高我们的销售价格，因而失去了市场份额。质量不再是技术问题，而是一个商业问题。"三星电子（Samsung Electronics）将质量作为座右铭，通过专注于提高平板电视的质量，从而实现 16 亿美元的成本节约，使之成为全球最佳实践。每个人都知道丰田的质量，为什么？因为它的产品享有良好的声誉。

有很多这样的故事，结论是一样的。如果一个组织专注于对质量的不懈追求，它将获得一个可持续的经营业绩和良好的全球声誉。我们的祖辈知道——就像我们了解的那样——质量是重要的。计量、规范、检验——这些都可以追溯到许多个世纪以前。

然后到了 20 世纪。在原有的质量思想基础上，衍生出一系列令人眼花缭乱的名字：质量控制，持续的质量改进，缺陷预防，统计过程控制，可靠性工程，质量成本分析，零缺陷，全面质量管理，供应商认证，质量管理小组，质量审计，质量保证，质量功能部署，田口方法，竞争标杆管理，精益和六西格玛。本书讨论了所有这些概念，并将它们置于维持业务绩效所需的环境中。

二战后，出现了两股对质量产生深远影响的主要力量。

第一股力量是日本的质量革命。在二战之前，全世界都认为许多日本产品质量低劣。为了在国际市场上销售他们的产品，日本人采取了一些革命性的措施来提高质量：

1. 高层管理者亲自负责领导革命。
2. 所有级别和职能部门都接受了质量纪律方面的培训。
3. 质量改进项目是在持续的基础上以革命性的步伐进行的。

日本的成功几乎成了传奇。

影响质量的第二股力量是公众对产品质量的重视。有几个趋势共同强调了这一点：产品责任案件，关注环境，一些重大灾害和临近灾害，消费者组织的压力，以及对质量在贸易、武器和其他国际竞争领域的作用的认识。这种对质量的强调由于出现了国家奖如鲍德里奇奖和欧洲质量奖而进一步加强。

质量并不局限于制造业。质量概念也同样适用于其他部门，如卫生保健、教育、非营利组织和政府。不仅是产品质量，服务质量、过程质量和数据质量现在也正在被测量、控制和改进。

在 20 世纪，诞生了大量关于卓越质量的知识。许多人对这类知识做出了贡献，其中有五个名字值得特别提及：朱兰、戴明、费根鲍姆、克罗斯比和石川馨。

J. M. 朱兰强调使用质量的管理、统计和技术概念的平衡方法的重要性。他建议建立一个由质量计划、质量控制和质量改进三个质量过程组成的操作框架。本书的基础就是朱兰的方法。本书经常引用《朱兰质量手册》第六版，即 JQH6，以及第五版，即 JQH5。

W. 爱德华兹·戴明（W. Edwards Deming）对质量也有广泛的看法，他最初将其总结为十四点针对一个组织的管理的看法。这十四点建立在一个"深刻的知识"系统上，这个系统由四个部分组成：系统方法，对统计变化的理解，知识的性质和范围，以及理解人类行为的心理学。

A. V. 费根鲍姆（A. V. Feigenbaum）强调了对组织所有职能的全面质量控制的概念。全面质量控制实际上意味着计划和控制。他敦促建立一个质量体系，提供技术和管理程序，以确保客户满意度和质量的经济成本。

菲利普·克罗斯比（Philip Crosby）将质量严格定义为"符合要求"，并强调唯一的性能标准是零缺陷。他的看法体现为：我们可以激励所有层级的员工追求进步，但这种激励不会成功，除非有工具向人们展示如何改进。

石川馨（Kaoru Ishikawa）向日本人展示了如何整合许多质量改进的工具，尤其是分析和解决问题的简单工具。

这些大师们的方法既有相似之处，也有不同之处——尤其是在管理、统计、技术和行为方面。本书吸收了这些专家和其他学者的贡献。

朱兰（Juran，1995）提供了不同时间跨度（古代、中世纪、现代）、地理区域、产品和政治制度的质量管理的综合历史。

影响质量管理的主要力量导致了一系列业务条件的变化。

沃森（Watson，2016）指出，质量的真正含义比具体定义所隐含的含义要深刻和广泛得多。质量最突出的含义是追求质量的目的。这是什么意思？质量工作的"目标功能"是什么？质量是对善的执着追求，同时又是对恶的无情逃避。

以上所有定义都有助于理解如何管理质量。然而，质量最重要的定义是你的客户对它的定义。这是本手册的精髓。质量由客户决定。这本手册指出了哪些对别人有用的东西可能对你有用。

质量和经营业绩

产品、服务和流程的质量对企业绩效和卓越绩效的影响是过去十年的主导力量。"如果一家企业的产品和服务在功能和价值上优于竞争对手，那么它的表现就会优于其他企业。"

每个组织都可以通过理解朱兰的普遍原则和方法来实现卓越绩效和可持续的业务结果。这些方法包括：

- 将关注客户纳入业务战略计划和策略中。
- 建立质量管理体系，包括不断创造创新产品和服务的体系；控制，以确保所设计的和所生产的是一个系统，以不断改善生产的过程、服务和信息。

领导们已经认识到，要想在今天具有竞争力，组织必须从认为管理质量是一种"时尚"或"我们已经这样做了"转变为"质量是必要的和既定的"。朱兰关于质量管理的普遍原则与财务管理同样重要。在这两方面，知识体系都得到了发展和进步。在《朱兰质量手册》的这个最新版本中，我们将强调这种演变，并使一些旧方法更清晰易懂。

优质的产品和服务将带来可持续的财务效益，因为优于竞争对手的产品和服务是畅销的。由于质量好而畅销的产品和服务不断推动收入增加，并能保持较低的成本，从而带来更大的利润。通过理解通用的基本方法来追求卓越的质量，将改变企业，创造良好的质量和卓越绩效的文化。

文化的改变不是偶然发生的。从客户的角度来看，质量上的优势并不是偶然发生的。商业领先者必须保证质量。质量是组织设定了战略方向，并坚持不懈地追求最高质量时的必然结果。

通过设计、控制和不断提高产品和服务的质量而获得卓越成果的组织通常被称为世界级组织。它们取得了卓越的成绩。质量卓越的组织深受客户的尊敬，因为它们的产品和服务超出了客户的预期，从而带来了可持续的业务绩效。通过质量管理方法追求卓越创造了更高的客户、利益相关者和员工的满意度，这使组织能够始终保持卓越绩效。

管理质量不应该是可有可无的

当被问及高质量的成本是更高还是更低时，管理者之间会出现一个常见的争论。似乎经常会有分歧。一半的人认为成本更高，另一半人觉得成本更低。他们可能都是对的吗？是的！罪魁祸首是"质量"这个词。它的拼写和发音都一样，却有多种含义。为了管理卓越的质量和结果，管理者必须从顾客的角度来定义"质量"这个词——那些购买产品、服务，甚至是你的组织声誉的人。

在一家金融服务公司，管理者不会支持减少浪费的业务流程的提议，因为员工们已经给它们贴上了"质量改进"的标签。一些管理者认为提高质量要花更多的钱。在他们看来，更高的质量意味着更高的成本。另一些人则认为成本会更低。下属们被迫将提议重新命名为"生产力改进"，以确保得到批准并避免混淆。如果每个组织都明确区分"质量"一词的多种含义，那么这种混淆就可以减少。然而，只要我们用一个词来涵盖更广的意思，就不可避免产生混淆。

管理者必须对质量有一个共同的理解，这样才能方便管理。首先，就"质量"一词的含义达成一致，因为它适用于你的企业和客户。一旦定义，就可以进行管理。如果可以对其进行管理，则可以提供使客户和利益相关者满意的服务。如果对"质量"一词没有一个共同的理解，组织将继续进行许多短期的主动性工作来提高质量，这将导致"主动性超负荷"。

已经有人试图通过补充说明来澄清问题。人们还努力创造出一个简短的短语,能够同时明确定义"质量"一词的两个主要含义。约瑟夫·M.朱兰首次提出了一个流行的定义,将质量定义为"适合使用"。戴明博士使用"符合要求"。摩托罗拉名誉主席罗伯特·高尔文(Robert Galvin)使用六西格玛来区分与缺陷相关的高质量。另一些人认为质量意味着世界级的卓越、一流的和卓越的表现。

为了更好地反映服务经济,我们把质量定义为所有的商品和服务都必须是"适目的的"。目的是由使用商品或服务的顾客来定义的。顾客判断商品和服务的质量是看它们能否满足他们的需求。这些需求推动了商品和服务的购买。如果一个组织了解它的大多数客户的需求,那么它应该能够设计出适合客户需求的产品和服务。无论组织生产什么——一种商品还是一种服务——它都必须满足需求。为了满足需求,每一件商品、服务和与客户的交互都必须具有正确的特性(满足客户需求的商品或服务特性),并且不存在失败(不返工、不浪费、不抱怨)。

任何简短的短语都不太可能提供领导者和管理者所需要的深度意义,他们面临的是如何选择行动来改善业务性能和质量。你所能做的就是理解表0-1中列出的区别,并根据这些区别定义质量。

表0-1给出了"质量"这个词的两个含义,这对于质量管理至关重要。

表0-1 质量的含义

满足客户需求的特性	免于失败
更高的质量赋予组织:	更高的质量赋予组织:
• 增加客户满意度 • 使产品畅销 • 提升竞争力 • 增加市场份额 • 提高销售收入 • 安全溢价 • 降低风险	• 降低错误率 • 减少返工、浪费 • 减少现场故障、保修费用 • 减少客户的不满 • 减少检查、测试 • 缩短新产品投放市场的时间 • 提高产量、容量 • 提高交付性能
主要影响在于收入	主要影响在于成本
质量越好成本越高	质量越好成本越低

质量对收入和成本的影响

首先,质量对于成本具有巨大的影响。在这种情况下,质量意味着没有办公室差错、工厂缺陷、现场故障等方面的问题。高质量意味着更少的差错、缺陷和故障。顾客感知到的产品或服务的质量低，通常都属于故障、缺陷、差劲的响应时间等。要提高这种类型的质量，组织就必须掌握普遍的质量改进方法。这种方法常被称为突破或六西格玛，它是一种系统的用于减少这类故障数量或降低"劣质质量成本"的方法，应用这类方法可以实现更高的质量水平和更低的成本。

其次，质量对收入产生影响。在这种情况下，更高的质量意味着为顾客提供的产品或服务的特征更能满足他们的需要。这些特征使产品或服务更加畅销。顾客追求并购买更高质量的产品，从而为厂商带来了收入。质量领先者能够卖出更高的价格并获得更多的收入，这几乎已成为定论。

质量对于成本的影响和对于收入的影响存在着交互作用。具有缺陷的产品和服务不仅增加了供应商和顾客的成本，还会影响再次购买。吃了产品缺陷苦头的顾客当然不愿再次从同一个供应商处购买。他们也不会对这类信息保密，他们会广而告之，这会影响到其他潜在购买者的决策，从而对供应商的销售收入产生负面影响。

不良质量对于组织效益的影响得到了广泛的研究。与之形成对照的是，有关质量对于收入的影响的研究却相对滞后。考虑到大多数的高层管理者对于增加收入要比降低成本更为重视，这种反差就更加令人吃惊。这一反差提示我们：可以通过更好地理解质量对于收入的影响来提升组织的经济效益。

质量、收益与股票市场

最高管理层和董事会更为关心诸如净收入和股价之类的财务指标。不同的质量水平当然会影响这些指标，但其他变量也会产生影响，如市场选择、价格、财务政策等。现在我们已经能够将质量管理所产生的市场收益与其他因素的影响分离开来。

在20世纪90年代早期，某些财经类媒体发文质疑马尔科姆·鲍德里奇国家质量奖、六西格玛以及其他类似方法对提高绩效的价值。一项研究通过分析应用这些方法的组织在股票市场上的表现，对这些提出质疑的文章进行了回应。该研究对鲍德里奇奖得主与标准普尔500企业进行了比较，结果十分惊人。马尔科姆·鲍德里奇国家质量奖得主的表现胜过了标准普尔500企业。鲍德里奇奖得主的股价升值89%，而与之相比较的标准普尔500指数股票的涨幅只有33%（"Betting to Win on the Baldie Winner,"1993，p.8）。这些得主后来被称为"鲍迪基金"。

对于那些不按资产价值来衡量的组织而言，质量活动所产生的影响也是显而易见的。2007年鲍德里奇奖得主珊瑚泉市（Coral Spring）的市长迈克尔·莱文森（Michael Levinson）如此说道："每当被问及为何要参评鲍德里奇奖时，我的回答很简单：华尔街的三家评级机构给出的债券评级都是3A，投资项目按时在预算内完成，企业满意度96%，居民满意度94%，综合质量评价95%，雇员满意度97%……这就是我们投身于鲍德里奇奖活动的理由。"

构筑市场质量领先者地位

市场领先通常是由于首先进入了某个新市场并获得了特许权优势而形成的。一旦获得了这种优势，就可以通过不断改进产品或服务以及有效的促销而使之保持下去。可是，其他的组织可能会决定通过改进产品或服务的绩效，亦即提高质量，来获得超过市场领先者的优势，从而成为质量领先者。获取了质量领先者地位的组织通常是基于如下基本策略：实施主动的策略——将获取领先地位设定为正式的经营目标并采取行动使之实现。质量领先地位一经确立便可持久保持，除非有足够的证据表明已有竞争对手取代了这一地位。若无这种迹象，这种质量领先地位可能会维持数十年甚至上百年。然而，质量领先地位也可能因某些灾难性的变化而丧失。

质量竞争的加剧促进了包括质量计划和质量领先计划在内的战略性经营计划的实施。

质量与市场份额

提高市场份额常常是高层管理者最为重要的目标之一。市场份额越大意味着销售量越高。由于盈亏平衡机制的作用，销售量的提高会带来更高的投资回报。

图0-1中，在盈亏平衡线的右侧，因为固定成本不会增加，销售量增加20%，利润增加了50%。（实际上，固定成本会随着销售量的改变而改变，但不是成比例变化。）提升市场份额带来的风险是适度的，因为技术、产品或服务、设备、市场等都是现有的，且其有效性已经得到了验证。

质量优异的效应

质量优异通常可以转化为更高的市场份额，但这可能需要付出特殊的努力。质量优异必须以顾客的需要和顾客所寻求的益处为基础。如果质量优异只是根据公司内部的标准来定义，顾客可能不会认识到其价值。病人可能愿意多花钱跑远路到美国梅奥诊所（Mayo Clinic）就诊而不选择本地的医疗机构，因为他们认为到梅奥诊所能够得到更好的治疗效果。

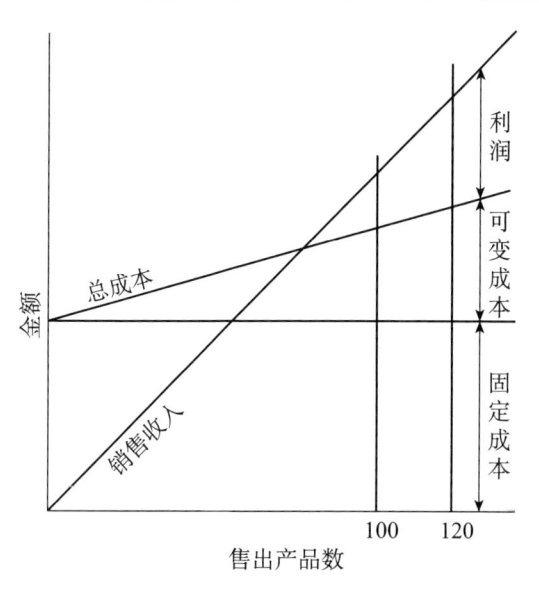

图 0-1 盈亏平衡图

资料来源：JURAN J M. Juran's quality control handbook. 5th ed. New York：McGraw-Hill，1999.

买方显而易见的质量优异

在某些情况下，显而易见的质量优异可以转化为更大的市场份额。市场营销人员充分理解这一理念，他们总是在竭力要求产品开发者开发那些可以通过宣传而扩大市场占有率的产品特征。这方面的例子不计其数。

可以为使用者带来经济效益的质量优异

有些产品外表相像但性能却大相径庭。一个明显的例子是同类电器的耗电量差别。在这类例子中，产品的技术差异可以转化为货币语言。这种转化可以使不懂技术的人也很容易理解质量优异的意义。

某种动力工具所具有的高可靠性可以转化为货币语言从而卖出更高的价格。这种可靠性方面的优势还可以用来扩大市场份额。比如卡车轮胎的质量优异可以转化为单位行驶距离的成本降低。

顾客也会进行这种转化。砂轮的使用者记录下砂轮的寿命，并将之转化为货币语言，即每加工 1 000 件产品的砂轮成本。这样测量单位成本使顾客不需要成为研磨技术方面的行家。

综合来看，上述这些例子可以概括如下：

- 在各种竞争性的产品和服务之间，实际上都存在着某种质量差异。
- 质量差异的实质是技术差异，导致许多用户并不理解其意义。

- 质量差异常常能够转化为货币语言或用户能够理解的其他形式。

微小但可察觉的质量优异

在某些情况下，即使"稍差"的竞争对手的产品也符合要求，优异质量仍可带来更大的市场份额。

一家滚动轴承制造商通过改良生产过程使其产品或服务明显比竞争对手更精密。然而，竞争对手的产品或服务也符合要求，所以不可能造成价格差异。尽管如此，该制造商产品更为精密的事实却依然给客户的工程师们留下了深刻印象，从而使其进一步扩大了市场份额。

就消费性产品和服务而言，如果能使消费者充分感知到差异和价值，那么即使是看似微小的差异也会导致市场份额的扩大。

一家糖衣巧克力制造商的高管极力强调这样一个事实，即其产品不会在消费者的手上留下巧克力的污痕。他在电视广告中大力渲染孩子们在吃完他的和竞争对手的（无糖衣）巧克力之后的手的对比情景，结果其公司巧克力的市场份额有了大幅的增加。

不加怀疑地接受的质量优异

消费者可以被说服去相信那些他们自己无法证实的所谓产品优异的断言。一个例子是关于电动剃须刀的一项绝妙的市场研究。主持这项研究的公司舒适（Schick）聘用了一个独立实验室来进行测试。在研究中，参与者依次使用两把剃须刀剃须。第一天先用舒适的剃须刀，接着再用竞争对手的剃须刀；第二天则颠倒顺序进行。在所有的测试中，都精确称量了第二把剃须刀所刮下的胡须质量。数据表明，当舒适的剃须刀作为第二把时所称出的胡须质量要大于竞争产品所刮下的胡须质量，暗示舒适的剃须刀刮得更为干净。几个月内舒适公司的市场份额上升如下：

- 9月　　8.3%
- 12月　16.4%

在这个案例中，消费者无法证实所宣称的质量优异的准确性。他们可以选择不加怀疑地接受，也可以选择根本不相信。许多人还是不加怀疑地接受了它。

无质量优异

如果不存在明显的质量优异，市场份额便取决于营销的技巧，例如打动人的价值定位、诱人的包装等。各种形式的降价也能带来市场份额的扩大，但这通常只是暂时性的。竞争对手也会迅速采取类似的行动。如果因为改进过程降低了生产成本，使企业相对于竞争者建立起了成本优势，则降价策略就能产生长久的效果。

遗留的易发生故障的产品特征

市场领先地位可能会因老型号产品遗留下来的易发生故障的产品特征久拖不治而失去。成为痼疾的这些产品特征人所共知，因此而产生的现场故障使售后服务人员疲于应付。尽管如此，这些易发生故障的产品特征还是会有许多被新型号产品所沿袭。这种沿袭轻则会影响销售额并提高成本，重则会像癌症一样摧毁看似有希望的产品线或服务线。

一个众人皆知的例子是早期的静电复印机。在各种型号的复印机中，排名"前10位"的故障模式几乎是完全一样的。在汽车业中，类似的现象也存在了许多年。

造成这种问题遗留的原因与困扰众多企业的内部慢性浪费的原因极为类似：

1. 预警信号阻断。当浪费年复一年地发生时，会计会将之列入预算当中。这种做法阻断了预警信号，只要浪费不超过预算，就不会有警报响起。

2. 没有消除浪费的明确责任。当然也还有其他的原因。技术专家有能力消除大多数的遗留问题。可是，这些技术人员总是处在营销人员的强大压力下，被迫不断开发新的产品或服务特征以及过程特征以增加销售。此外，他们也不愿意把时间花在这些老问题上。在他们的信念中，创造新事物才是最大的荣耀。

令人惊讶的结果可能是，尽管每一个部门都恪尽职守，产品或服务却走向了衰亡。看来，除非最高管理层干预，即设定目标来解决这些遗留问题，否则这种困境就无法打破。

客户习惯的变化

客户的习惯是出了名的善变。典型的例子是服装的流行趋势或对健康的担忧。消费主义正在驱动生活方式。许多人减少了牛肉的消费，而增加了家禽和鱼类的消费。这种转变并不局限于消费者。行业组织经常推出"驱动"，其中大多数会短暂占据中心舞台，然后淡出。相关的流行语也同样来来去去。

20世纪与质量

在20世纪出现了一些影响深远的新情况，要求做出相应的反应。这些情况包括科学和技术的爆炸性增长，人类安全和健康以及环境所受到的威胁，消费者运动的高涨，在质量方面日益增强的国际竞争。

科学和技术的爆炸性增长

科学和技术的增长为人类社会带来了无数的好处：预期寿命的延长，更好的交通和运输，家务劳动的减少，新型的教育和娱乐，等等。为了将新技术转化为这些福祉而出现了大量的新产业。实现了产业化的国家有能力来改善经济和提高人民的福利。

新技术要求复杂的设计和精确的实施。过去几百年所用的经验方法难以提供所需的产品和过程设计，导致过程的产出很低而现场失效却很多。许多公司试图通过增加检验将好坏产品分开的方式来解决产出低的问题，通过担保和顾客服务来解决现场失效问题。这些办法代价昂贵，也不能减少顾客的不满。解决这些问题真正需要的是：从一开始就预防缺陷和现场失效的发生。

对人类安全、健康以及对环境的威胁

伴随着技术的益处的还有不请自来的客人。要接受这些益处就必须有生活方式上的改变，这使得生活的质量依赖于服务的连续性。可是，许多产品很容易发生故障，从而常常会导致服务的中断。大多数的中断无关紧要，但有些却是严重甚至可怕的，威胁到了人类的安全和健康，也威胁到了环境。

质量因此而成了重要的要求。技术益处的连续性取决于提供这些益处的产品和服务的质量。中断的频次和严重性也取决于质量，取决于技术性产品的持续运行和良好表现。这种依赖性便是人们所熟知的"生活在质量大堤之下"。

消费者运动

消费者欢迎新产品提供的新功能，不欢迎相关的质量问题。大多数消费者由于缺乏技术方面的专业知识导致对新产品不熟悉。他们无法简单地通过感官判断哪些产品更具有竞争力，而且不同竞争对手对于产品竞争点的说法也往往是矛盾的。

当产品服务没及时跟上时，消费者会对含糊的保证和糟糕的服务感到失望。当这些发生时，"体系"似乎无法提供追索权，个体消费者也无法对抗这个体系。但幸运的是，消费者人数众多，因此有潜力影响相关的政治和经济。在20世纪，出现了一场"消费主义"运动，使这种潜力成为现实，并帮助消费者更有效地处理这些问题。这一运动还成功地促进了政府立法以保护消费者。

在质量方面日益增强的国际竞争

城市以及国家之间的竞争已经存在了许多个世纪。最古老的竞争形式或许是在军备方面。到了 20 世纪，在两次世界大战的压力下，这种竞争变得更加激烈，它导致了新型的可怕的大规模杀伤性武器的发展。

竞争的另一个刺激因素来自跨国公司的兴起。大公司遭遇的对外贸易壁垒阻碍着其产品的输出。为了绕过这些壁垒，许多大公司建立了海外分支机构，以其作为基地来参与海外市场竞争，包括在质量上的竞争。

在 20 世纪关于质量竞争威力的最为成功的展示来自日本。在二战以后，日本公司发现西方不愿购买它们的产品，日本在制造和出口劣质产品方面恶名远播。商品卖不出去为日本公司敲响了警钟，由此而触发了 20 世纪 50 年代的日本质量革命。在短短几十年当中，这场革命在质量方面将日本推入了世界领先的地位。质量领先转而使得日本一跃成为一个经济超级大国。这在工业史上是一个从无先例的现象。

21 世纪与质量

这些巨大力量的累积效应"将质量搬上了舞台的中心"。如此宏大的运动在逻辑上讲本来应当激发起一种相应的回响，亦即一场质量管理的革命。但是，组织很难认识到这样一场革命的必要性，它们缺乏必要的警报信号。生产车间里确实存在着技术性的质量措施，但最高管理层却没有管理性的质量措施。因此，除日本外，必需的质量革命直到 20 世纪末才开始初露端倪。这场革命要有效地席卷全球，需要几十年乃至整个 21 世纪的努力。因此，当 20 世纪被称为"生产率的世纪"时，21 世纪将以"质量的世纪"而为后人所知。

西方世界未能对质量革命的必要性做出及时的反应导致了一场广泛的危机。20 世纪 80 年代，众多公司开展了质量活动，这些活动大多数都远未达到预期的目标。但是，有少数公司确实取得了令人信服的成功，积累了经验并树立起了典范，为西方国家在未来的年代提供了指南。

当今所有国家都有可能在质量方面实现优异。所需的方法、工具和诀窍依然存在。一个新兴的国家可能会比几个世纪以来在质量方面一直领先的那些国家提供更高的质量。今天，以及在可以预见的未来，各行各业的组织都必须不懈努力以追求完美。

一个创造高质量产品和服务的组织将受到两方面的积极影响。首先，质量会影响财务结果，因为优质的产品和服务更容易销售，从而增加销售和降低成本，带来更大的利润。其次，在多次有效消除了质量差、过程浪费和客户不满之后，对高质量的追求形成了一种文化。这不是偶然产生的，而是一个组织不懈追求的结果，在追求质量并且实施系统的方法后得以实现。在过去的几十年里，这个过程已经有了好几个名字。通过设计和不断提高产品和服务的质量而获得卓越结果的组织，通常被称为世界级的、最佳实践的、先锋公司，以及最近的卓越绩效。我们将其定义为：由于其产品和服务超出了客户的期望，从而达到卓越绩效状态的组织；它们受到同行的重视，并拥有卓越的、可持续发展的业绩。

通过提升质量追求卓越绩效的做法赢得了利益相关者和员工的高满意度，组织通过长期良好的绩效表现达到了卓越的经营状态。

市场质量领导与经营策略

一个产品首先进入一个新市场并获得特许经营，以此获得市场主导优势。一旦获得特许经营权，就可以通过持续的产品或服务改进和有效的促销来维持此主导地位。然而，另一个组织可能决定通过改进产品或服务的性能来重新定义市场——改进其质量并获得对市场领导者的优势，然后成为客户眼中的"品质领导者"。取得这种领导地位的组织通常根据两项主要战略：

1. 顺其自然。在这种情况中，组织会尽最大的努力，并将结果归因为市场领导者失误或主动放弃地位。

2. 采取积极的策略——将市场领导作为正式的运营目标，然后着手实现这个目标。这一目标一旦实现，就能产生卓越的结果，并能长期保持这一地位。

那些决定采取行动将卓越品质作为正式目标的人很快发现，他们必须回答这样一个问题："领导力是什么？"在质量方面的领导力可以存在于多种目的适用性的任何一个方面，但是组织的重点将根据所选择的方面而有所不同。如果质量领导是由以下方面组成：

- 卓越的设计质量。
- 卓越的一致性质量。
- 可用性。
- 保证。
- 现场维修速度。

那么组织必须聚焦于：
- 其产品和服务的产品开发。
- 强有力的质量控制和系统的质量改进。
- 操作控制。
- 可靠性和可维护性程序。
- 创建快速且无缺陷的现场服务能力。

一旦达到，质量领导会持续到有明显的累积证据表明已经被一些竞争对手超过。如果缺乏这样的证据，这种领导可以持续数十年甚至数百年。然而，卓越的品质也可能会因为一些灾难性的变化而丧失。

据报道，为了降低成本，一家酿酒厂改变了配方。几年之内，它的市场份额急剧下降。随后它恢复了原来的配方，但市场份额并没有恢复（"The Perils of Cutting Quality," 1982）。

在某些情况下，质量声誉不是建立在某个特定的组织上，而是建立在组织组成的协会上。在这种情况下，行业协会采用并宣传某种标志或符号。质量信誉与此标志或符号相一致，协会不遗余力地保护其质量信誉。

中世纪的行业协会对其成员实施严格的规范和质量控制。许多中世纪城市对选定的成品实行"出口管制"，以保护城市的质量声誉（Juran，1995）。

质量竞争的增长刺激了战略业务规划的扩展，包括质量规划和质量领导。提高质量的一种方法是与产品或服务的主要用户合作开发产品，这些用户在市场上很有影响力，因此很可能被追随。例如，在医学领域，这个用户可以是"国际知名的，几个科学协会的主席，应邀作为议长或主席出席大会，写了许多科学论文"（Ollson，1986）。确定主要用户的身份需要进行一些分析。（在某些方面，这种情况类似于发现客户组织中谁在购买决策中最具影响力的销售问题。）奥尔森（Ollson）列出了10种领导者类型，每种类型都扮演着不同的角色。

消费者偏好与市场份额

消费者在很大程度上依赖感官来判别质量。这一事实促进了人们对以感官为工具判断质量的研究。这些研究开发出了测量消费者偏好及其他形式的消费者反应的客观方法。目前，已有大量文献提出了各种类型的感观试验以及进行这类试验的方法。

最初，这些方法主要应用于过程控制以及产品和服务的接收决策方面。近年来，这些方法的应用扩展到了诸如消费者偏好测试、新产品和新服务的开发、广告以及市场营销等领域。

对某些产品或服务而言，通过"强制选择"试验很容易获得对消费者偏好的测量。例如，在百货商店摆放一张桌子，邀请一些过路人品尝一下 A 和 B 两杯咖啡，然后让他们说出自己偏好哪一杯。把几块地毯的样片展示给几组潜在顾客，然后请他们指出各自的偏好。对于那些比较简单的消费品或服务，这样的试验可以获得很好的有关消费者偏好的数据。对于更为复杂的产品，如保险或金融工具等，就要求进行更为高级的分析，如关联分析（conjoint analysis）或离散选择方法等。

将消费者偏好的数据与市场份额数据结合进行相关分析，会使这类数据的价值大大增加。图 0-2 所示的就是 41 种不同包装的食品的这样一种相关关系。这是一种非常有益的分析，值得仔细研究。

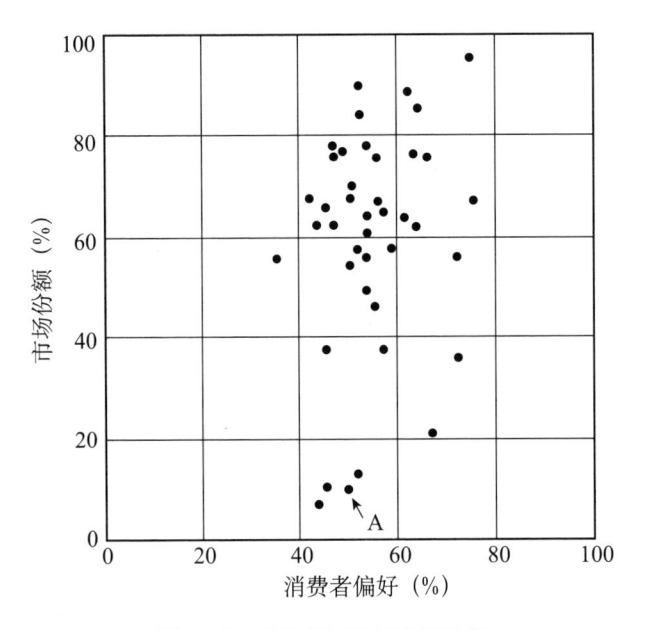

图 0-2　消费者偏好与市场份额

资料来源：JURAN J M. Juran's quality control handbook. 5th ed. New York：McGraw-Hill，1999.

图 0-2 中的一个点代表着超级市场货架上的一种食品。货架上的每种食品都有竞争产品。这些竞争性产品以同一价格销售，用同一规范的盒子包装，盒内食品含量也完全相同。什么会影响消费者？

- 包装盒的内容，凭感觉和习惯判断，可能导致消费者喜好产品 A 甚于产品 B。
- 营销特征，如包装的吸引力、此前广告的感染力以及制造商的声誉等。

在图 0-2 中，横轴表示消费者对主要竞争者的偏好，这是由经过统计处理的偏好试验确定的。纵轴表示对应于主要竞争者的市场份额，假设市场由两家厂商占有。

在图0-2中，没有消费者偏好低于25%或超过75%的产品。75/25的偏好水平意味着产品非常具有优势（或劣势），以至于3/4的用户都能觉察出其产品差异。由于所有其他因素基本上都是相同的，这一结果意味着受到75%以上消费者偏爱的产品最终会占领整个市场，其竞争对手会销声匿迹。

与代表消费者偏好的横轴具有大量的空域相对照，代表市场份额的纵轴在整个区间内都有相应的数据。其中一种产品（图0-2中以A表示）恰好位于50%的消费者偏好线上，这可能意味着（在强制选择试验下）用户拿不准自己到底是偏爱该产品还是其竞争产品。但产品A仅占有10%的市场份额，而其竞争性产品的份额却达90%。不仅如此，市场份额的这种不均衡状况已持续了多年，原因在于占有率90%的这家企业是率先把这种产品推向市场的，因此获得了一个"先到特权"，并通过良好的促销保持了它的地位。

结论是，当相互竞争的产品在消费者偏好方面十分接近时，微小的质量差异的影响将被营销技巧所抵消。因此，可以合乎逻辑地得出结论，在其他一切条件都相同的情况下，当用户对质量有明确偏好时，质量差异对市场份额就具有决定意义。当质量差异比较微小时，影响市场份额的决定性因素则是市场营销技巧。

据此可以推论，若质量改进会使消费者偏好由显著的弱势转化到一个可接受的程度或由可接受的程度变为具有明显的优势，企业就应当进行质量改进。然而，如果质量改进只能带来消费者并不看重的微弱进步，这样的改进就没有必要，因为这种情况下，是市场营销技巧对市场份额起决定性的作用。

技术专家很容易得出这样的结论，即他们认为的产品或服务中最重要的方面也是用户最为关注的方面。在地毯行业，工程师们把大部分精力投入到提高产品耐用性以及适目的性的其他技术方面。然而，一项市场调查表明，消费者选择地毯产品的理由基本上是感官方面的而非耐用性方面的：

- 颜色　　　　　　　　　56%
- 样式　　　　　　　　　20%
- 其他感官方面的质量　　6%
- 非感官方面的质量　　　18%

从理论上说，对于较为复杂的消费性产品，只要能够获得以下两方面的量化数据，研究质量与市场份额的关系就是可行的。这两方面的数据是：(1)消费者购买模式的实际变化；(2)可能引起这种变化的供应商的行动。现实中，这样的信息是难以获得的。同样，在任何一种情形下，都难以判断为什么消费者购买的是 A 而不是 B。倒是一些人口统计意义上的特征，即购买者的年龄、家庭规模等，会决定偏好 A 而不是 B。对于通过中间商销售的产品或服务来说，消费者对质量的广泛不满会转化为中间商的偏好，这将对市场份额带来沉重的打击。

某家用电器制造商在产品和服务的特征、价格和交货即时性上均具有竞争力。但是，它在现场故障处理方面竞争力很差，这成为消费者向商家投诉的主要原因。如表 0-2 所示，没几年时间里，该制造商（B）便丧失了其在市场份额上的所有领先地位。该表刺激 B 公司的高层管理人员采取了提高产品可靠性的行动。

表 0-2 消费者偏好

型号价格	各个时期市场份额的领先者			
	基年	第一年	第二年	第三年
高	A	C	C	C
中	B	B	C	C
低	C	C	C	C
特殊	B	B	B	C

工业产品与市场份额

工业产品或服务的销售主要取决于技术性能而不是感官质量。然而，顾客偏好原理在这里仍然适用，同样也需要把质量差异同顾客偏好和市场份额相联系。

质量与竞标

许多工业产品是通过招标的方式来购买的。法律要求大多数政府机构在签订大宗合同之前必须进行招标。工业组织也要求它们的采购经理采用同样的做法。招标单中通常会包括质量参数，有的规定得很详细，也有的只是性能规范。

对于参与竞争的供应商来说，中标率具有重大的意义，它们的销售额和利润主要取决于这一比率。此外，准备投标的成本也不可小视。最后，这一比率还影响着相关人员的士气。（中标队伍的成员同竞争者较量；投标失败一方的成员则彼此争斗。）通过分析以往投标的记录来提高中标率是可行的。表 0-3 所示是一个关于 20 项未成功竞标的分析。

为了制作表 0-3，一个跨职能的团队分析了 20 项未成功的竞标，指明了未能赢得合同的主要原因和起作用的其他原因。该团队的研究结果显示，安装价格是影响最大的因素，在 14 次包括安装投标的竞标失败中，有 10 次都因安装价格在起作用。这一发现促成了对安装价格估算程序的修订以及中标率的提高。

表0-3 未成功竞标分析

合同建议书	投标未成功的原因				
	设计质量	产品价格	安装价格	互惠购买	其他
A1		×	×		×
A2			××		
A3	××	×			
A4	××		×		
A5	××				
A6	××				
A7		××			
A8		××			
A9			××		
A10			××		
B1	×		×		
B2				××	
B3				××	
B4				××	
B5		×	×		
B6		×	××		
B7	××				
B8		×	×		
B9				×	
B10	×	×	×		
合计	7	8	10（总数为14）	4	1

注：1. ××＝主要原因；×＝起作用的其他原因。
2. 只有14项投标涉及安装。
资料来源：JURAN J M. Juran's quality control handbook. 5th ed. New York：McGraw-Hill，1999.

宏观经济对结果的影响

组织获取收益的能力受到经济环境以及各种经济体所形成的文化习惯的强烈影响。这些强大的力量影响着产品或服务的质量，也影响着其他的商业要素。

国家的富足与组织

一国的经济类型及富足程度极大地影响着其解决问题的方式。

生计经济

在这种经济中,广大贫穷的用户倾其所有来维持基本的生存需要,在此之外几乎没有其他选择。他们在低劣质量面前对自己的保护主要来自集体的政治力量而非经济实力。世界上的大多数人口仍处于这种生计经济当中。

短缺与过剩

在所有类型的经济中,产品短缺(卖方市场)会导致质量标准的宽松。由于对产品的需求大于供给,所以用户只能接受他们所能得到的(且抬高了物价)。与此相对照,买方市场会导致质量标准更加严格。

伴随失效风险的生活

随着社会的工业化,人们改变自己的生活方式以享受技术带来的益处。这些益处总的来说提高了生活质量,但它们同时也造成了新的依赖。在工业化社会中,芸芸众生把自己的安全、健康,甚至日常生活置于众多"质量堤坝"的保护之下。例如,有许多药物会让人获得暂时性的益处,但长期来看却会让疾病恶化。

有意的淘汰

随着顾客变得富足起来,经济组织不断地推出新产品(或新型号的老产品),并极力向目标用户推销。许多用户在购买新型号产品时还拥有着仍能使用的老产品,此做法被一些改革者认为是应受谴责的经济浪费。

改革者们在反对这种所谓的浪费的努力中,一直在抨击推出并促销这些新型产品的企业。改革者们所称的"有预谋的淘汰",隐喻(及直指)大机构凭借它们精巧的新产品和强劲的促销攻势,解除了用户的抵抗。按照这种认识,浪费的责任完全在于创造这些新产品的组织。

根据笔者的经验和判断,这种预谋淘汰的说法基本上是荒谬的。无论是对于制造商还是消费者来说,一个明显的事实是,(在是否淘汰旧的产品或服务并换新这一问题上)决策是由消费者做出的。不时地,这一事实会因某些大规模营销的失败而更加惹人注目。

- 新型号的家用冰箱的许多特征都是旧型号产品所没有的，如冷冻室、制冰器、冰箱门储物架等。看到这些新的特征，购买了老式冰箱的房主们日益变得不快，这促使他们也去购买新型的产品，虽然老产品仍能使用。需要指出的是，是顾客而非生产商做出了购买新型号产品的决策。
- 20 世纪 70 年代后期，随着磁带录像机（VCR）的问世，预录的娱乐节目进入了人们的家中。此后的 20 多年里，这一发明成了全球成千上万的人的家用必需品。数字式影碟播放机（DVD）问世之后，只用几年而非几十年的时间便取代了具有同样功能的 VCR。消费者选择了与 VCR 基本功能完全相同的 DVD，因为后者具有更高的质量和更多的产品特征。通过互联网下载视频的新方式正再次颠覆着这一市场。

非本意的淘汰

还有另一类截然不同的淘汰。在这种情况下，耐用产品中包含有易损零部件，其寿命短于产品的寿命。这些零部件的寿命是由制造商的设计所决定的。因此，即使是用户决定换掉已坏的零部件（以使产品或服务能够继续使用），但淘汰产品的真正决策是由制造商做出的，因为产品设计已决定了零件的寿命。

有一种更糟糕的情况是，原厂商在设计时就决定了产品耗材、备用配件等是非标准的，从而其唯一的来源便非原厂商莫属。这使得用户被锁定在了唯一的供货源上。总的来看，这种做法助长了厂商大量滥用材料，从而促进了保护消费者运动的兴起。

顾客的视角与生产者的视角

企业通过销售产品和服务而获得收益。产品是销售给"顾客"的，但顾客的身份各不相同。顾客可以是批发商、加工者、最终用户等等，相应地有着各不相同的需要。为了满足顾客的需要从而销售更多的产品和服务，就必须搞清楚这些需要究竟是什么以及组织如何才能满足它们。

人类的需要是复杂的，并且超越技术扩展到社会、艺术、阶层和其他无形的领域。供应商只好被迫去理解这些无形的领域，从而有可能提供符合这些需要的产品或服务。

富裕度频谱

在所有的经济形态中，总人口的富裕状况都分布在一个广阔的频谱范围上。

供应商则通过产品特征的差异化来对应这一频谱上的各个区段。这种差异通常被称为"档次"（grades）。

例如，所有的旅馆都提供住宿。除了这项基本服务外，不同的旅馆在其他条件的提供上会有巨大的差异，旅馆的档次（如豪华套房、四星级等等）便反映了这种差异。类似地，任何一款汽车都能提供两点之间的运输这一基本服务，但汽车却有多种档，既有保时捷、宝马、梅赛德斯、凯迪拉克、雷克萨斯这样的豪华品牌，也有诸如通用、现代、福特、丰田等许多经济性车型。高档汽车所提供的超越了纯粹的运输服务，还有更高水平的安全性、舒适、外观、社会地位象征等等。

适目的性与规范符合性

有时，顾客与供应商在质量的定义上会产生分歧，这种分歧是问题的根源之一。在大多数顾客看来，质量意味着产品或服务所具有的那些能够满足顾客需要的特征。此外，质量还意味着产品不出故障，或发生故障时良好的顾客服务。我们对上述这些内容的一个综合定义便是"适目的性"。

与此相对照，多年来，许多供应商把质量定义为最终检验时对规范的符合。这一定义对于影响顾客所理解的质量的诸多因素未加考虑，如包装、储存、运输、安装、可靠性、维修、服务等等。

表0-4列出了有关耐用产品的观点差异。

正在进行中的质量革命的内容之一，便是修正供应商的质量定义，以使之更接近顾客的定义。

表0-4 顾客和供应商观点的比较

所涉及问题	主要观点	
	顾客	制造商
购买什么	顾客需要的产品	制造商制造的产品
质量的定义	产品或服务生命周期内的适目的性	最终检验时符合规范
成本	使用成本，包括： • 购买价格 • 运行成本 • 维修费用 • 停工期 • 折旧 • 转卖损失	生产者的成本

续表

所涉及问题	主要观点	
	顾客	制造商
确保产品使用的责任	整个使用寿命内	保修期内
零配件	不得不面对的讨厌事	有利可图的买卖

使用成本

就消耗品或许多服务而言，顾客所支付的购买价格十分接近于使用（消耗）该产品或服务的成本。然而，对于长寿命的产品或服务来说，由于存在着一些额外成本，如运行成本、维修费用、停工期、折旧、牌照费、换型、交易服务收费等，其使用成本可能会同购买价格产生相当大的差异。

数个世纪以来对于购买价格的强调常常掩盖了后续的使用成本。这样所导致的后果之一便是局部的优化，即供应商优化的是自己的成本，而非供应商与顾客双方的综合成本。

寿命周期成本分析的概念为这一问题提供了一个答案，这方面的应用正在取得良好的进展。

用户的认知程度

在一个竞争性市场上，顾客具有多个供货源。在他们做出选择时，质量显然是所要考虑的一个因素。但是，顾客在评价产品质量的能力上却存在着巨大差异，尤其在购买前评价时更是如此。

从表0-5中可以概括出如下结论：

- 原始设备制造商（original equipment manufacturers，OEMs）可以凭借技术和（或）经济力量来保护自己，也可以依靠合同条款。经销商和维修店则主要依靠合同条款并辅之以一定的经济实力。
- 小用户只有非常有限的知识和自我保护能力。小用户的情况需进一步加以讨论。

表0-5 顾客对质量的影响

所涉及的问题	原始设备制造商（OEMs）	经销商和维修店	消费者
市场的构成	少数大客户	一些大客户和众多小客户	非常多非常小的客户

续表

所涉及的问题	原始设备制造商（OEMs）	经销商和维修店	消费者
任何一个顾客的经济力量	很大，不可忽视	中或小	微不足道
顾客的技术力量	很雄厚；有工程师和实验室	小或无	无（需要技术帮助）
顾客的政治力量	中或小	小或无	不确定，但总体上可能很大
适目的性的主要判断依据	合格检验	无消费者投诉	使用顺利
质量规范的确定	客户	制造商	制造商
进货检验的应用	进行全面检验，确保产品符合规范	经销商很少或没有；维修店在使用中检验	在使用中检验
收集和分析故障资料	良好至一般	较差甚至没有	较差甚至没有

资料来源：JURAN J M. Juran's quality control handbook. 5th ed. New York: McGraw-Hill, 1999.

尽管会有些例外，但绝大多数小用户并不完全了解产品或服务的技术性质。用户对适用性的某些方面会有一些感性的认识，如面包闻上去是新烤出来的，收音机听起来很清晰，鞋子很漂亮，等等。除了这些感性认识外，小用户只能主要依赖自己以往同供应商或经销商打交道的个人经验，特别是在涉及一些耐用产品或服务的性能时。如果过去缺乏这种经验，那么小用户就只能通过其他一些信息（如邻居、商家、独立实验室等）在相互竞争的供应商的宣传中进行选择了。

用户对产品适用性的判断对供应商收益的影响如下：

在表0-6中，"适合目的"、"劣于"、"有竞争力"和"优于"这些词，都是从用户的角度而言的。（该表的分析无论是对大客户还是小用户都同样适用。）

表0-6 消费者偏好对收入的影响

从用户的角度来看，产品或服务若是	相对应的供应商收入便是
不具有适目的性	没有收益，或立即陷入危机
适合目的但明显劣于其他竞争产品或服务	因市场份额减小导致收益下降或必须降价
适合目的且具有竞争力	以市场价格获益
明显优于其他竞争产品或服务	因市场份额扩大或单价提高获得高收益

表述的需要与真实的需要

顾客总是从自己的视角、用自己的语言来表述自己的需要。而供应商面临的问题是要了解这些表述背后的真实需要，并将之翻译为供应商的语言。

顾客常常用产品的形式来表述自己的需要，而他们的真实需要其实是这些产品所提供的服务（见表0-7）。例如：

表0-7 表述的需要 vs. 真实的需要

表述的需要	真实的需要
食品	营养、美味
汽车	运输、安全和舒适
平板电视	在家观看娱乐节目、新闻、电影
牙膏	牙齿洁白、口气清新等
全天候营业的银行	随时存款、取款的能力

只是一门心思想着销售产品，可能会使注意力偏离顾客的真实需要。

莱维特（Levitt）在其《营销近视症》这篇广为人知的经典论文中，强调了与产品导向截然不同的服务导向。在他看来，铁路业因过于关注铁路建设而非运输而失去了扩张的机会。同样，电影业由于过于关注影片而非娱乐，而丧失了与电视产业一起蓬勃发展的机会（Levitt，1960）。

为了理解顾客的真实需要，有必要回答这样一些问题：你为什么要买这种产品或服务？你希望从中获得什么样的服务？

心理需要

对许多产品或服务来说，顾客的需要超出了产品或服务的技术特征；他们的需要中还包含着一些心理因素。无论是产品还是服务，都是如此。一位想要理发的男子可选择去"理发匠"开的"理发店"或"发型师"开的"发廊"。两种情况下都是由一位熟练的理发师给他剪发，所得到的发型也一模一样。所不同的是他花的钱数和他所获得的舒服感受的程度（Juran，1984）。

对服务起作用的同样也适用于有形的产品。在生产巧克力糖果的工厂里，加工完的巧克力糖由传送带送到包装车间。传送带的末端有两组包装人员：一组把巧克力装到纸板做成的包装盒里，这批产品将被运到廉价商店销售；另一组则把巧克力装到缎面衬里的木制包装盒里，这批产品将在豪华商场销售。这样，同等数量巧克力的最终价格会相差好几倍。这两类产品的购买者也将面临其他种种差异：商店装潢、店员的礼貌程度、服务即时性、受尊重程度等等。然而，产品是一样的。任何一块在传送带上的巧克力都不知道它最终是去廉价商店还是豪华商场。

技术人员或许会好奇消费者为何愿意对同样的产品支付额外的价钱。然而，对许多消费者来说，心理需要被认为是真正的需要，他们凭自己的感觉行动。绝大多数的供应商都会设计相应的市场营销策略来响应顾客感觉上的需要。

"用户友好"的需要

许多用户的"外行"状态导致了"用户友好"这一术语的产生，它用以描述这样一种情况，即外行人也能自信地使用技术性较强的或其他复杂产品。例如：

出版物的语言应当简洁、明了并易懂。众所周知的难懂信息包括法律文件、用户操作手册、各种表格等。应用广泛的表格（如联邦政府的退税表）应该先请那些以后会真正使用这些表格的人实际试填一下。

产品或服务应当具有广泛的兼容性。这方面的许多工作已通过标准化委员会或自然垄断机构得到了实施。个人电脑是20世纪80年代缺乏兼容性的一个例子，当时许多个人电脑只能与同一制造商生产的电脑"对话"，但与其他制造商的产品却做不到这一点。

知情的需要

有时，顾客会发现自己处于一种不确定的状态：他们要乘坐的火车晚点了，且他们不知道火车什么时候能到；遇到了停电，不知何时才能恢复。在许多这样的情况中，供应商并未制定让顾客知情所必需的政策和程序。事实上，顾客即使了解了情况，通常也是除了等待别无选择。尽管如此，知情可以减轻焦虑——它提供了某种程度的安慰，即问题受到了重视且正在解决过程中。

纽约地铁系统的规定要求司机对于所有两分钟以上的延误都必须加以解释。一项调查表明，当时这一规则实际只在约40%的情况下得到了遵守。一份市政厅的报告得出结论："信息匮乏是导致公众对公共交通当局持对抗态度的主要原因。"（Levine，1987）

与之相反，一些航空公司则尽力使顾客了解航班延误的原因以及航空公司在采取补救措施方面所取得的进展情况。

有一类不同的情况是，厂商在没有知会顾客的情况下，秘密采取了有损质量的行动。最常见的情况是，不符合规范的产品或服务被交付到了不知情的客户手中。在大多数这类情况下，尽管产品或服务不合格但不妨碍使用。在其他情况下，这是值得商榷的。以及在有些情况下，这种交付行为轻则是不道德的，重则甚至是违法的。

20 世纪 90 年代后期凡士通轮胎（Firestone Tire）与福特探索者 SUV 的联姻成了现代汽车工业史上最糟糕最终也是致命的结合。福特探索者车型上安装的凡士通轮胎故障频出，常常导致车辆侧翻。这一缺陷使 250 多人丧命，还引起 3 000 多起其他事故。更为恶劣的是，福特和凡士通均未对这一显而易见的问题承担责任。甚至在初期事故率已经达到非同寻常的程度时，装有凡士通轮胎的福特探索者却依旧在向大众销售。在事故率和死亡人数达到无法忽视的程度之前，生产商多年间一直对问题置之不理，并未采取召回措施。

一旦被发现，所有的秘密行动都会引起怀疑，哪怕这种产品或服务实际上是适合顾客使用的。顾客会怀疑："他们背着我们还偷偷干了些什么？"

不告知顾客的原因通常是厂商未能提出这样的问题：我们必须告诉顾客什么？如果在每一份有关不合格处理的文件中，都留出一栏并标明"向顾客说明的内容"，或许会有所帮助。最终的决策或许是没有要说明的内容，但至少这一问题被考虑过。

文化需要

顾客，尤其是内部顾客，还有着文化方面的需要，这包括地位的维护、习惯的延续，以及其他被广义称作文化模式的要素。未能发现顾客需要可以部分地归因于不理解文化模式的本质，或甚至根本就不知道它的存在。

文化需要很少被公开地表达出来，它们大多是以隐含的方式加以表达的。一项有关变革的建议如果会削弱某些雇员的地位，那么这项变革就会遭到这些雇员的抵制。公开的抵制理由看似有理，例如，它会影响成本，而真正的原因则不会暴露出来。没有人会说："由于这项变革会削弱我的地位，所以我反对实行这一变革。"发现隐藏于表述背后的真实的需要，是实现坦诚沟通的一个重要步骤。（详见有关文化模式性质和"例行规则"的讨论。）

源自非预期使用的需要

许多质量问题的产生，是由于顾客使用产品或服务的方式同供应商预期的使用方式不同所导致的。这种情况有多种表现形式：

- 安排非熟练的护工去从事本应由熟练护工从事的工作。
- 设备超载或不按照保养规程运行。
- 产品或服务以供应商从未预期的方式使用。例如，改锥被当作榔头来使用。改锥本来不是用来砸东西的！这样会造成损坏并伤害使用者。

所有这些都会影响质量与收益之间的关系。关键的问题在于，产品或服务的开发是应当依据预期用途还是实际用途，后者常常要求在开发中加入安全因素。例如：
- 为了防止过载而在电路中加入保险丝和断路器。
- 为了查出语法和拼写错误而设计拼写检查软件。
- 公共事业收费单上加上一栏顾客上期使用量的核对项，以免出现抄表差错。

这些安全因素会增加成本，但由于这有助于避免因实际使用或误用而引起的更高损失，因此可能得到的是一个最优的总成本。

与不满相关的需要

当产品或服务无法满足顾客需要时，会产生一组新的顾客需要，即如何恢复服务并对相应的损失和不便加以赔偿。这些新的需要是通过顾客投诉来沟通的，它由诸如顾客服务或呼叫中心这样的专门部门来处理。对消费者投诉和担保条款的不当反应极大地促进了"消费者权益"运动的兴起。

众多有关如何应对顾客投诉的研究揭示出了能够满足顾客要求的应对系统的一些关键特征。

投诉也影响到了产品或服务的可销性。美国消费者事务办公室委托进行的研究项目对此进行了研究，其研究结果可归纳如下：
- 在对产品或服务不满的顾客中，有近70%的顾客不会投诉。这一比例因产品或服务种类的不同而有所变化。不投诉的原因包括：为投诉而付出的努力不值得；认为投诉没用；缺乏投诉所需的知识。
- 在投诉的顾客中，有40%以上的人对供应商采取的应对措施表示不满。同样，这一比例也会因产品或服务的不同而有所变化。

对投诉采取的应对措施会极大地影响未来产品的销售情况。图0-3大致描述了经历产品不满后的消费者行为，这种巨大的影响还会扩展到对品牌的忠诚度上。图0-4分别显示了对大宗耐用消费品、金融服务和汽车服务方面的影响程度。

该研究得出结论认为，有条理的投诉处理方式会有很高的投资收益率。这种有条理的方式可包括如下的要素：
- 全天候服务的服务中心。
- 免费电话。
- 计算机数据库。
- 电话应答雇员的专门训练。
- 主动征求投诉，以把未来的顾客流失降到最少。

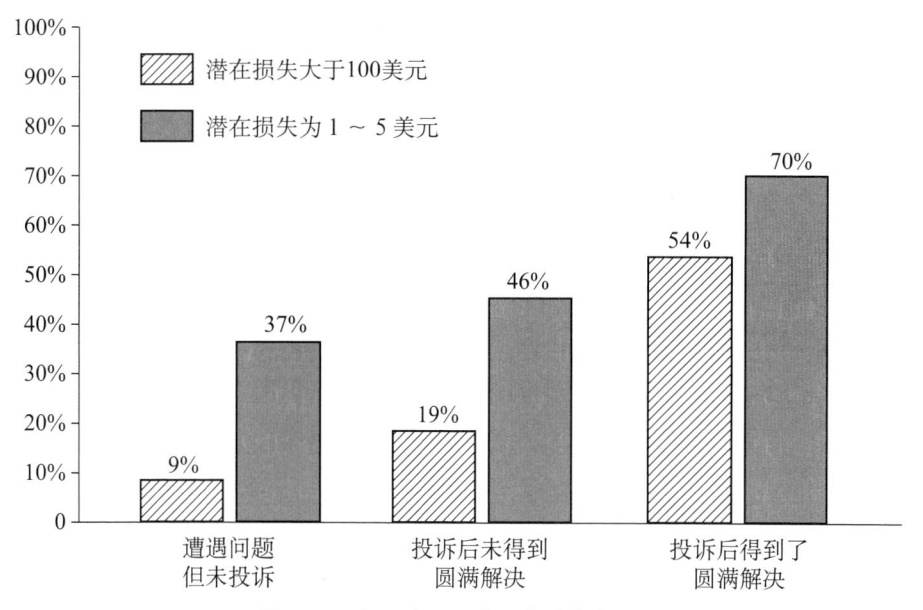

图 0-3 经历产品不满后的消费者行为

资料来源：Planning for quality. 2nd ed. Juran Institute，1990：4-12.

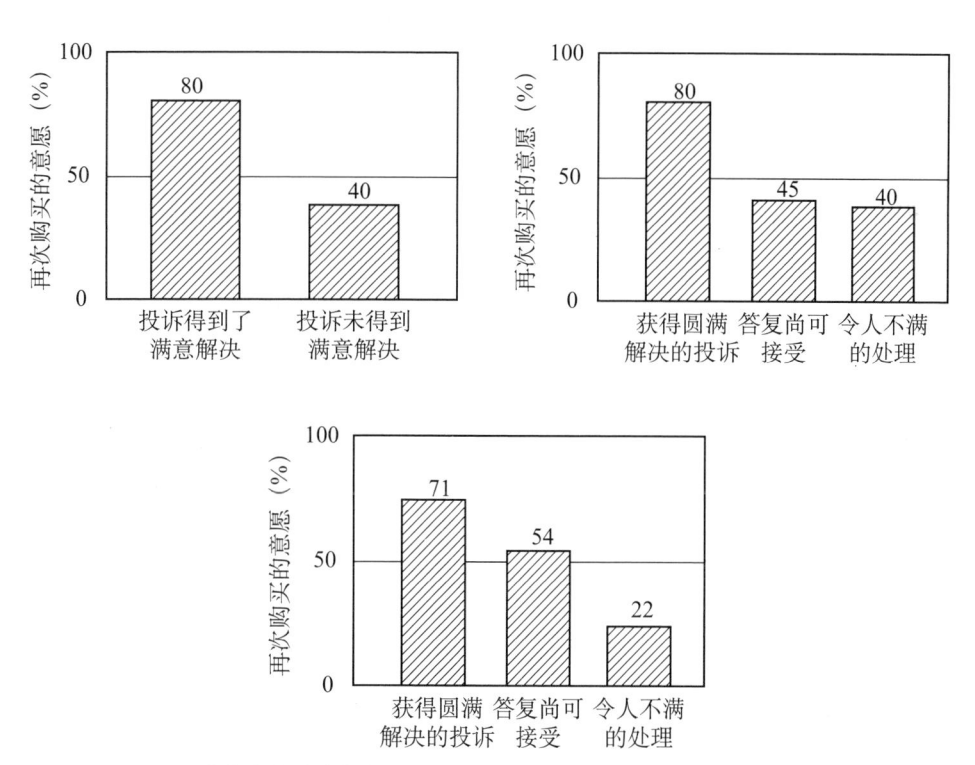

图 0-4 消费者忠诚度与投诉解决：大宗耐用消费品、金融服务、汽车服务

资料来源：Planning for quality. 2nd ed. Juran Institute，1990：4-14.

发掘隐藏的顾客需要

认为顾客完全了解自己的需要,而市场研究可以获得这方面的信息,这是一种最简化的假设。事实上,顾客对自己需要的了解是相当不完全的。在某些情况下,顾客本人可能是最后意识到自己需要的人。很难想象有顾客会在 Walkman(微型便携式收录机)面世之前表达出对这种产品的需要。然而,一旦 Walkman 出现了,许多顾客便发现自己有这样的需要。

顾客认识上的这种空白主要是通过竞争性市场的力量以及企业家的行动来弥补的。

已有产品或服务的不足

当已有的产品或服务无法满足人们的需求时,就出现了一个等待填补的市场空白。人们的创造性便会想方设法去填补这一空白:

- 纽约市的出租车许可牌照已经冻结了好多年,而人口却在不断增加。由此而引起的短缺被无照运营车(黑车)、豪华接送轿车、公共汽车甚至自行车等填补了。
- 政府的纳税表填报说明使许多纳税人感到困惑,结果导致了一些关于填写报税申报单的畅销书和软件的产生。
- 零售商提供的服务被公认为昂贵且不及时,其结果是诞生了一个庞大的 DIY 产业。

缩短服务时间

某些文化中流露出一种"即刻搞定"的迫切感。在这种文化里,那些能够以最短的时间为顾客提供服务的商家就能获得较大的市场份额。这种迫切感的一个引人注目的例子就是快餐业的成长。与快餐、快速服务类似的需要也是促使生产商应用"准时制"生产方式的重要的因素。

顾客习惯的变化

顾客的习惯往往反复无常。这方面的典型例子如服装的时尚和人们对健康的关注。消费主义驱动着当今的生活方式,许多人减少了牛肉的消费而更多地食用禽类和鱼类。这种变化并不仅局限于个人消费者,企业界也经常会掀起一些"运动",其中的大多数都是来去匆匆,与之相关的一些"流行语"同样也是转瞬即逝。

完美主义

人类有一种追求精致、美丽和完善的天性。在不受经济因素约束的情况下，这种动力创造出了各个时代的艺术宝库。这种永恒的人类天性至今仍然盛行于艺术和美学之中。

在工业社会中，有许多情况下对完美的追求是同人类的需要相一致的。在食品和药物的制造中，某些微生物是必须完全消灭的，否则它们就会繁殖并构成健康威胁。核反应堆、地下矿井、飞机以及其他易使生命遭受灾难性损害的构造，都要求彻底的完美，以使有可能危及人类安全的危险降到最低。危险品的大规模生产也是如此。

然而，也有许多情况下追求完美是同社会利益相矛盾的，因为它消耗了材料和能源，但无论在技术上还是美学上都未能增加适目的性。这种得不偿失的行为被称为"完美主义"，因为它增加了成本却没有增添价值。

致谢

本章大量引用了以下资料：

De Feo, J. A., and Bernard, W. W. (2004). *Juran Institute's Six Sigma Breakthrough and Beyond.* McGraw-Hill, New York.

Gryna, F. M., Chua, R. C. H., and De Feo, J. A. (2007). *Quality Planning and Analysis,* 5th ed. McGraw-Hill, New York.

Juran, J. M. (ed.) (1995). *A History of Managing for Quality.* Sponsored by Juran Foundation, Inc. Quality Press, Milwaukee, WI.

Juran, J. M. (2004). *Architect of Quality.* McGraw-Hill, New York.

Juran, J. M., and Godfrey, A. B. (1999). *Juran's Quality Handbook,* 5th ed. McGraw-Hill, New York.

作者对于版权持有者允许引用这些资料深表感谢。

参考文献

Betting to Win on the Baldie Winners. (1993). *Business Week*, October 18.

Juran, J. M. (1964, 1995). *Managerial Breakthrough.* McGraw-Hill, New York.

Juran, J. M. (ed.) (1995). *A History of Managing for Quality*. Quality Press, Milwaukee, WI.
Levine, R. (1987). Breaking Routine: Voice of the Subway. *The New York Times*, January 15.
Levitt, T. (1960). Marketing Myopia. *Harvard Business Review*, July-August, pp. 26–28ff.
Ollson, J. R. (1986). The Market-Leader Method; User-Oriented Development. *Proceedings 30th EOQC Annual Conference*, pp. 59–68. European Organization for Quality Control.
The Perils of Cutting Quality. (1982). *The New York Times*, August 22.
Watson, G. H. (2016). Understanding the Role of Quality. Presentation at *Croation Society for Quality*. Porec, Croatia. May 20.

（焦叔斌 译）

第 1 章

质量管理的普遍原理 约瑟夫·M. 朱兰　约瑟夫·A. 德费欧

本章要点	质量管理：财务和文化方面的益处
朱兰博士口中的普遍性的概念	如何管理质量：与财务的类比
质量管理的含义	
绩效与组织卓越项目	实施朱兰三部曲
关键术语表	参考文献

本章要点

1. "质量管理"是一套普遍性的方法，企业、机构、大学、医院或任何其他的组织都可以应用这套方法来确保所有的产品、服务和过程满足利益相关者的需要，从而实现优异的结果。

2. "质量"具有两重含义，对此必须加以明确和沟通。第一重含义是指用于满足顾客需要并实现顾客满意的产品和服务所具有的特征的好坏程度，另一重含义则是免于不良。

3. 朱兰三部曲体现了创造高质量的产品、服务和过程所要求的普遍原理。

4. 通过发掘消费者的意愿，实施创造创新性产品和服务的过程，将使每一个组织都能更好地理解顾客的需要，从而创造或设计出满足这些需要的产品。

5. 在生产中要实施确保产品符合设计准则的过程。我们必须对质量进行控制并预测其市场表现情况。

6. 采用系统性的方法来提高质量或实现突破以消除生产过程或产品中长期存在的缺陷。

朱兰博士口中的普遍性的概念

在代数和几何中我学到了两个主要思想，使我在此后的岁月中受用良多。其一是关于"普遍性"的概念，其二则是理论和事实的区别。

我在代数课上第一次接触了用符号来建立一般性的模型。我知道3个孩子再加上4个孩子是7个孩子，3颗豆子再加上4颗豆子是7颗豆子。通过使用符号，比如说 x，我可以把3+4这一问题一般化，将之表达为一个具有普遍性的法则：

$$3x+4x=7x$$

这一普遍性反映了3加4总是等于7，无论其中的 x 代表什么，是孩子、豆子还是别的什么东西。普遍性的概念于我而言犹如一道炫目的强光。我很快认识到，普遍性到处都是，但必须加以发现。它有许多的名称，如规则、公式、规律、模式、法则、类型等。普遍性一旦被发现，就可以用来解决许多问题。

1954年，在《管理突破》这本教科书中，我首次概括了实现优异结果的诸多普遍原理。首先是关于控制，亦即防止负面变化的过程的普遍原理；其次是关于突破性改进的普遍次序，后者演化成了今天的六西格玛。1986年，我发现了另一个普遍原理，这便是在战略层次与产品和服务层次上的质量计划。我逐步认识到这三个管理过程（计划、控制和改进）是相互关联的，因此我设计了朱兰三部曲示意图来说明这种关联关系。朱兰三部曲反映了我们对质量进行管理的核心过程。作为必然的结果，这几个核心过程构成了质量管理中的一个重要的科学领域。就我所知，人们正越来越认识到，掌握这些普遍性的过程对于实现质量领先和优异结果具有极为重要的作用。

质量管理的含义

有那么几十年，质量是用"适用性"来简要地加以定义的。人们普遍认为，顾客如果认为一个组织生产的产品"适用",则这些产品就是高质量的。在20世纪的绝大多数时间里,这一定义都因其易于理解而得到了人们的认同。简单而言,顾客购买的某个产品如果好用,他们就会对其质量感到满意。对于生产商来说,只要明确了顾客的要求,就容易把产品生产出来。

因此,质量管理就意味着"确保产品符合要求"。绝大部分这类工作落在了运营和质量部门的肩上。这些部门负责生产、检验、试验并确保产品符合要求。

有两方面的进展要求我们对这一历史悠久的定义进行修改。第一个方面的进展是人们认识到,有形产品的质量包含的范围,亦即其适用性,要比只是符合规范更加广泛。影响质量的还有设计、包装、订单处理、送货、现场服务,以及与有形产品相关的所有其他服务。运营和质量部门已无法独自管理质量。

第二个方面的进展是经济由以生产有形产品为主向以生产服务和信息为主转型。正如我们在引言中所阐述的,为了反映这些变化,本手册(第7版)作者决定用"适目的性"这一短语取代"适用性",来定义产品的质量。我们使用"产品"这一术语来指代有形产品、服务和信息。一个产品,无论是有形产品、服务还是信息,对于该产品的顾客而言,它必须是"适合目的"的。顾客不只是最终使用者,而是包括了受产品影响的所有人,如买者、使用者、分销商、管制机构以及产品从产生到废弃过程中所影响到的几乎每个人。面对如此广泛的顾客群体以及他们的需要,管理质量的方法和工具也必须同样加以扩展。

在21世纪,"质量管理"可以定义为:"各类组织,如企业、机构、大学或医院等,用以设计、持续改进并确保所有的产品、服务和过程满足顾客和利益相关者的需要,从而实现优异结果的一套普遍的方法。"

质量管理并非唯一的对组织进行管理的普遍方法。它是那些成功的组织已经采用,其他的组织如果要确保它们的产品、服务和信息满足顾客的要求,也应该采用的一套方法。越来越多的行业开始采用这些方法和工具来管理它们的产品和服务。那些新兴的组织和国家将根据它们的特定需要创造应用管理方法的新的途径。今天,包括医院、保险公司、医疗实验室、金融服务机构在内的各行各业都在通过管理实现卓越绩效。

质量管理方法的加速应用始于20世纪70年代后期,当时许多美国企业都受到了日本竞争对手的重创。顾客普遍认为日本制造的产品有更高的质量。这导致了"日本质量"或"丰田质量"的说法。这些说法成了满足顾客需要的高质量的代名词。由于消费者或顾客有了更好的选择，一些美国的企业陷入了破产的境地，其他一些则只能在新的绩效水平下奋起应战。最终，有许多美国企业，后来还有欧洲的企业，凭借更高质量又收复了市场。

摩托罗拉公司是最早取得成功的企业之一。摩托罗拉深受 NEC、索尼等日本公司所影响。摩托罗拉的奋斗历程和质量改进使其成为美国马尔科姆·鲍德里奇国家质量奖的第一家得主。摩托罗拉总结提炼了质量改进的普遍方法，创造了六西格玛质量改进模式。从那以来，美国的质量得到了改进，质量革命持续发展成为全球性的革命。从 1986 年到现在，这一质量改进模式在全球许多行业中成了最有价值的模式。今天，诸如三星、奎斯特诊断公司、甲骨文、西班牙电信等都变得更有竞争力并成为所在行业的质量领先者。

所有这些组织都对质量管理方法做出了贡献。它们将六西格玛之类的基本质量管理工具的应用扩展到了业务过程以及整个供应链中。质量已经不再只是质量管理部门的职责，而成为贯穿整个组织的责任。质量管理成了管理整个组织的方式，它已经变成诸多战略的驱动力。成为同业之最，实现最高的质量，提供最高的顾客满意度，这已成为所有经营战略的共同追求。如果达到了目标，这些战略就能使组织实现财务方面的成功、文化的变革和顾客的满意。

在本书中，我们致力于提供一套准确、简捷、清晰的"质量"管理方法和工具。不仅包括产品和服务的质量，还包括过程和职能的质量，它们决定了组织的总体质量。

随着顾客和社会需要的变化，满足这些需要的途径也在变化。20 世纪 80 年代的质量管理方法或许已经不再适用于今天的组织，今天有效的东西未必明天也有效。即使是不断取得优异结果的普遍方法有朝一日也需要修正。本书致力于提供那些最为有效的方法，以及关于失败的教训。其中一个教训就是，随着时间的流逝，许多曾经的质量领先者未能保持住其优异的表现。为什么会这样？是由于领导不力？还是外部力量的影响？或者是由于战略执行不力？这些问题让许多曾经不得不为自己的"质量举措"辩护的实际工作者感到困扰。本书中将努力给出有关这些问题的答案。

表 1-1 辨析了质量的含义，我们强调了在用于产品和服务时，"质量"这一术语的众多含义中的两个方面，这两个方面对于质量管理而言极为重要：

1. 质量指的是满足顾客需要并让顾客满意的产品和服务的特征的好坏程度。就这个意义而言，更高的质量通常成本也更高。

2. 质量意味着免于不良。在这个意义上，质量的含义是成本导向的，"质量越高成本越低"。

表 1-1　质量的含义

满足顾客需要的产品特征	免于不良
更高的质量使组织能够： • 提升顾客满意度 • 满足社会需要 • 使产品和服务畅销 • 应对竞争要求 • 增加市场份额 • 提高销售收入 • 卖出较高价格	更高的质量使组织能够： • 降低差错率 • 减少返工和浪费 • 减少现场失效和保修费用 • 减少顾客不满 • 减少检验、试验 • 缩短新产品面市时间 • 提高产量、产能 • 改进交货绩效
主要影响销售收入 质量越高成本越高	主要影响成本 质量越高成本越低

资料来源：Juran Institute，Inc.，2009.

基于这些简明的定义，人们可以建立一套系统的质量管理方法：

• 建立设计产品和服务的过程来满足（内部和外部）利益相关者的需要。每一个组织都必须理解顾客的需要并创造或设计能够满足这些需要的产品和服务。

• 建立控制质量的过程。产品和服务设计出来后就要投入生产，这时必须保证产品符合设计准则。

• 建立持续改进或实现突破的系统方法。必须发现并消除对产品、服务以及生产它们的过程造成负面影响的慢性故障。

• 建立一个职能部门来确保上述三件事情的持续进行。

通过对质量进行设计，然后在运营中对之加以控制，并持续不断地进行改进，任何组织都可以踏上力争成为"质量型组织"的征程。上述全球质量领先者都在致力于努力使其产品和服务满足和超越顾客的要求，但并非不惜代价地这样做。质量满足了顾客的要求但不符合利益相关者的要求，这不是一个好企业应做的。要真正成为一个质量型的组织，生产产品和服务的成本必须是生产者和利益相关者能够负担得起的。但是，在进行这种判断时，必须明确质量、成本和收益间的关系。提高的特征质量必须能够带来足够的收入以弥补新增特征所增加的成本。但通过降低不良而实现的更高质量通常会降低成本并提高财务绩效。对于那些不取得销售收入的组织来说，在特征质量上的花费不应超出预算的允许，但致力于降低不良的质量改进却几乎总是能够改进财务状况。

依托这两方面的质量定义以及人们对质量优劣对组织绩效的影响的理解，便可以制订长期的计划来实现产品、服务和过程的高质量以及良好的财务绩效。立足于长期视野的管理还要求组织能够以系统性的方法，来充分理解顾客需要的变化，以避免发生卓越的绩效得不到保持的情况，甚至一些最为成功的组织都因此而折戟。

绩效与组织卓越项目

卓越绩效、卓越运营、精益六西格玛、丰田生产体系、全面质量管理（TQM）都是"质量"方法的名称，有些人可能会发现它们是质量管理通用的同义词。随着朱兰的质量管理理念在许多新行业的深入应用，一个新的品牌可能会形成。大多数情况下，这些新品牌是有用的，因为它们有助于促进提升绩效的要求。正如早期的行业协会带来了质量标准，社会和不断变化的顾客需求也要求这些普适理念被采用。在服务部门中有一个质量管理方法的共性问题。服务组织总是认为"质量"这个词意味着产品质量。许多服务组织不把它们的产品视为商品，而是服务。因此，它们用"卓越服务"这个词代替了"服务质量"。随着时间的推移，这个短语流行起来，我们就有了一个新品牌。大多数时候，这个新品牌都是建立在前一个品牌的基础上的。其他时候，方法的改变会导致不太积极的结果和回避品牌。这发生在全面质量管理（TQM）上。全面质量管理是20世纪90年代的品牌。它被六西格玛取代了，为什么？当许多组织试图重新获得竞争力时，质量管理的方法也在演变。TQM的问题是它不是可度量的，或者不像需要的那样以业务为中心。随着时间的推移，它失去了光泽。然而，许多组织极大地改进了它们的绩效，并且今天仍然在继续TQM。其他组织则转向了新品牌。在写作本书的时候，精益六西格玛和卓越绩效正在流行。它们也会随着时间而改变。最后，不管你把质量管理过程称为什么，只要做取得卓越结果所需要做的事就可以了。宇宙继续存在，无论处在什么行业、国家或世纪，满足并超越顾客需求将驱动你的结果。

关键术语表

在质量管理的世界中，一些关键词的含义仍然缺乏标准化。然而每一个组织都可以通过使关键术语和词组标准化来有效地减少内部的混淆。关键术语表就是一个基本的工具，它可以成为报告、手册、培训教材等沟通方式的一个参照源。

"质量"的定义中包括了自身也需要定义的一些关键词，有几个术语尤其重要。

- 组织。本书中我们使用这个词来指代任何实体、企业、公司、机构、办事处、业务部门、医院、银行、网络运营商、赌场等等，它们向顾客提供某种类型的输出——产品、服务或信息，无论是出于营利的目的还是非营利的目的。

- 普遍管理方法和工具。某种普遍的管理方法、工具或过程意味着它可以应用在任何行业、任何职能、任何文化中的任何组织中，它是真正具有普遍性的。对于组织中的绝大多数员工而言，"管理"这个词就意味着分配资源、设定目标、实施控制，并就产品、过程和人员的结果进行评审。对于"世界级"的那些组织而言，管理意味着产出预期结果以满足顾客和社会需要的一系列活动。管理过程并非只限于财务、人力资源、技术和运营这些方面，还包括针对如下方面的管理过程，即理解顾客的需要，设计满足这些需要的新产品和服务，建立制度和控制手段确保这些需要能够持续得到满足，确立持续改进的体系和举措，确保社会的需要不致受到负面的影响。

- 产品：有形产品、服务和信息。它们是满足顾客需要的那些过程的产出。对于经济学家来说，产品包括了有形产品和服务，也包括了信息。但在一般的语境下，产品有时只指有形的产品。本书用"产品"这个词来同时表示有形产品和服务。

  - 产品可以是有形的产品，如玩具、计算机；或是含有信息的文件，如一份提案、一张建筑图纸；或是一个网站。
  - 产品也可以是服务，即为他人完成的工作。如木匠为屋主建造房屋，修理工为车主修理汽车，护士照看病人，网络内容商提供快速的信息以满足用户需要。

- 特征。特征是满足顾客需要的产品或服务所具有的性质或特性。汽车的一个特征可以是音响系统满足驾驶者收听需要的保真性。这一特征对于汽车的操控和性能可能影响甚微，但它满足了顾客其他方面的需要。急诊室为亟须迅速抢救的危重患者提供的紧急通道也是一项特征。特征是公司、组织、系统、机构在用于满足顾客需要的产品和服务的设计中必须包括的东西。特征必须通过确切地理解如何才能满足那些最重要的需要来确定。

- 不良质量成本（cost of poor quality，COPQ）。组织中，如果产品、服务和过程中的所有缺陷都能够消除的话，这类成本将会消失。这些成本是用占销售额或总成本的百分比来测量的。

- 顾客。顾客指你的公司、组织、系统或机构外部任何受到产品或服务影响的人。顾客获得了组织的产品的价值。顾客可能是产品的最终使用者，也可能是组织外部的并非使用者的中间顾客，如为孩子购买游戏的家长，为病人植入器具的外科医生。一项产品或服务可能会有多个顾客。人们常常区分"外部"顾客和"内部"顾客。外部顾客如上面的定义，内部顾客指组织内部的用户。本书中，"顾客"这个术语单独使用时将指外部顾客。顾客有时也被称作利益相关者，这个词通常包含外部顾客和内部顾客、股东、管理层和雇员在内。这众多的角色对组织提出了不同甚至互相冲突的要求，因此本书将对它们分别加以讨论，而非全部混在一起。

- 操作者。操作者指组织内部从事生产或执行某个过程的雇员、部门、职能、业务单位和机构。为了实现优异的结果，组织必须聚焦于外部顾客，还必须确保所有操作者能够按照设计准时完成他们的工作。
- 顾客满意。顾客满意指的是当顾客的需要得到了所购买或使用的产品或服务的满足之后的正面状态。满意主要受到产品或服务的特征的影响。
- 顾客不满。这是顾客的一种负面状态，它来自因产品或服务的缺陷而导致的需要未能满足，进而会造成顾客的恼怒、投诉、索赔或退货。
- 不良。指任何导致产品或服务不能满足顾客需要的错误、缺陷、故障、差错。呼叫中心的电话应答过于缓慢、账单的差错、保证期内索赔、动力故障、未按期交货、不能使用的产品等都属于不良。
- 顾客忠诚。指产品和服务的特征满足了需要且交付后没有不良而使顾客达到的欣喜状态。忠诚也是相对于竞争者而言的。忠诚的顾客会持续购买和使用你的组织的产品和服务。忠诚是顾客满意度的一个战略性财政指标。创造忠诚的顾客是优秀组织的目标。
- 顾客不忠。这是顾客的一种非常负面的状态，他们不再想要你的产品或服务，而转向选择那些具有更好的产品和服务的厂商。
- 优异绩效、世界级或同业之最。这些提法被用来描绘在市场上具有公认的最高质量产品的那些组织。这些组织成了人们事实上希望达到的参照标杆。这方面的例子包括丰田汽车、三星电子、梅奥诊所、谷歌等。

质量管理：财务和文化方面的益处

影响收入的特征

收入可以有若干种类型：（1）销售产品或服务而收取的款项；（2）政府征收

的税金；(3) 慈善机构得到的捐款。不管是哪种情况，收入的数量在不同程度上与提供为顾客所重视的产品特征的能力有关。在许多市场中，具有较好的特征的产品或服务能够获得较高的收入，因为它们能取得较大的市场份额以及卖出较高的价格。那些特征不具备竞争力的产品或服务只有定较低的价格才可能被卖掉。

影响收入的不良

遭遇不良产品的顾客会采取给厂商带来额外支出的行动，如抱怨、退货、索赔或提出诉讼。顾客还可能选择（或者在采取上述行动的同时）不再从差劲的厂商购买产品，以及公开披露这种不良及其来源。如果众多顾客都采取这类行动的话，将对生产商的收益造成严重的损害。

影响成本的不良

不良的质量造成了额外的不良质量成本。"不良质量成本"（COPQ）这一术语包括了如果没有不良——没有差错、没有返工、没有现场失效等——则会消失的那些成本。朱兰研究院对于不良成本的研究表明，对质量没有有效管理的那些组织的不良质量成本之高令人震惊。

计算不良质量成本对组织有很高的价值。不良质量成本向企业的领导者确切表明了不良质量给企业增加了多少成本从而降低了利润。详细的不良质量成本的计算为系统地消除导致不良质量成本的那些不良质量提供了一个路线图。

在20世纪80年代早期，许多企业的领导人都宣称他们的不良质量成本达到了销售额的20%～25%。这一令人瞠目的数字得到了许多独立机构的不良质量成本计算的支持。为了编写本书，我们进行了进一步的研究，以对经济中的不良质量成本做出更加精确和更具有时效性的估计。

这一工作并非看上去那么容易。许多机构对于总额中应当包括哪些成本存有异议。此外，数据的统计方式多种多样：占销售额百分比、占经营费用百分比、占增加值百分比、绝对金额、人均金额，甚至在医疗行业还包括了死亡数。许多来源提供了原始的数据，而有些来源则只是引用含混的"专家"或"研究"。有些来源之间互相循环引用。

根据公开文献的结论和推断、中西部医疗企业集团与朱兰研究院的联合报告，以及医疗行业从业人士的合理判断，可以估计直接医疗成本中的30%都源自不良质量的医疗，主要由过度使用、误用和系统中的浪费所构成。使用不足对于成本的影响尚不清晰。美国2001年的全国医疗支出约为14 000亿美元，其中的30%相当于4 200亿美元花在了不良质量上。其中，间接的不良质量成本（如缺勤降低的生产率）估计占到了 25%～50%，相当于 1 050 亿～2 100 亿美元。私人购买者承担了这些成本中的约 1/3。事实上，我们估计一般的雇主每年在每个雇员身上支出的不良质量医疗成本在 1 900 美元到 2 250 美元之间。即使把这些数字缩小一半，不良质量医疗成本每年也让美国花费了几千亿美元（Midwest Business Group on Health et al., 2003）。

综合推断来看，2003 年制造业组织的不良质量成本在 15%～20% 之间，许多组织因开展了系统性的削减活动而使之降到了更低的水平。服务性组织不良质量成本占销售额的比重在 30%～35%，这些数字中包括了返工的成本、控制不良过程多花的成本，以及为了准确地让顾客满意而花的成本。售前发生的不良显然增加了厂商的成本，售后发生的不良既增加了厂商的成本也增加了顾客的成本。此外，售后发生的不良还减少了厂商未来的销售额，因为顾客不愿意再购买质量不良的服务。

如何管理质量：与财务的类比

质量管理最好从建立组织的愿景开始，然后是确立方针、目标以及实现愿景的计划。这意味着质量目标和方针必须被纳入组织的战略计划中。（这些内容主要在本书的其他章节，尤其是第 7 章中讨论。）目标向成果的转化（使质量得以实现）是通过建立管理过程——产生预期成果的一系列活动——来进行的。在质量管理活动中频繁地应用着三个这样的管理过程，即：

- 质量的设计或计划。
- 符合、控制或保证质量。
- 改进或创造质量突破。

这些过程相互关联，被称为"朱兰三部曲"。它们与人们长期以来使用的财务管理过程十分类似。财务管理过程的构成如下：

　　财务计划。这一过程产出了年度的财务和运营预算。它明确了来年将要进行的活动，并把这些活动转换为货币语言，即收入、成本和利润。它要算出所有这些活动的财务结果。最终要制定出组织及其各个部门和单位的财务目标。

　　财务控制。构成此过程的几个环节包括：评价实际的财务绩效，与财务目标进行对照，对发生的不一致采取措施——会计师称这种不一致为"差异"。财务控制过程包括诸多的子过程，如成本控制、支出控制、风险管理、库存控制等。

　　财务改进。这一过程旨在改进财务成果。它有很多形式：成本削减计划，为改进生产率而采用新设施，为了增加销售而开发新产品，收购，合资，等等。

这些过程是普遍性的，它们构成了财务管理的基础，不论企业的类型如何。

财务管理的做法使主管们认识到，他们可以利用同样的计划、控制和改进过程来管理质量。因为三部曲的概念与在财务管理中的是完全相同的，所以主管们不必改变他们已有的概念认识。

他们以前在财务管理方面的许多练习和经验大多适用于质量管理。

虽然道理没有什么变化，但在具体步骤上却有所不同。表1-2表明了在这三个管理过程中，每一个都有其独特的活动顺序。三个过程中的每一个都具有普遍性，遵循着不变的步骤程序。每一程序适用于各自的领域，不因产业、职能、文化或其他因素而有所不同。

表1-2　质量管理

质量计划	质量控制	质量改进
设定质量目标	确定控制对象	提出改进的必要性
辨识顾客是谁	测量实际绩效	做好改进的基础工作
确定顾客的需要	将实际绩效与目标对比	确定改进项目
开发应对顾客需要的产品特征		建立项目小组
开发能够生产这种产品特征的过程	对差异采取措施	为小组提供资源、培训和激励，以： 诊断原因 促进补救
建立过程控制措施，将计划转入运营部门	持续测量和保持绩效	建立控制措施以巩固成果

实施朱兰三部曲

朱兰三部曲示意图

朱兰三部曲中的三个过程是互相关联的，图1-1表示了这种相互关系。

朱兰三部曲示意图是一个以时间为横轴，以不良质量成本为纵轴的示意图。

初始的活动为质量计划。市场研究职能明确谁是顾客,以及他们的需要是什么;然后计划人员或产品实现团队开发用于满足这些需要的产品特征及过程设计;最后计划人员将他们制订的计划交给运营部门:"你们来运行这些过程,生产所要求的产品特征,提供产品以满足顾客的需要。"

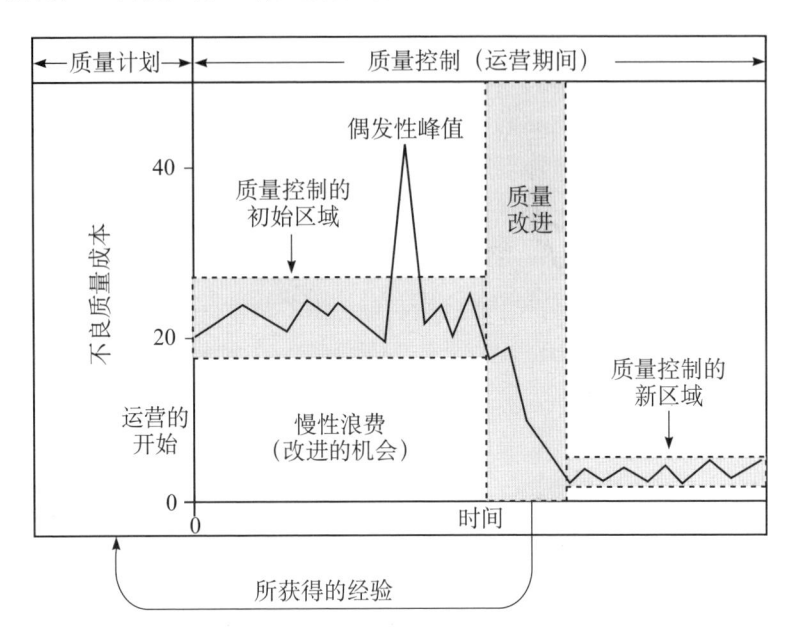

图 1-1 朱兰三部曲示意图

慢性不良和偶发不良

投入运行之后,人们会发现所设计的用来提供产品和服务的过程不能够生产100%的优良产品。为什么呢?因为有隐性的或周期性的不良存在,需要返工或重做。图1-1表明,由于缺陷的存在,有20%以上的工作过程必须返工。这种浪费被认为是慢性的——在组织决定找出根原因之前,它会不断持续下去。为何会产生这种慢性浪费呢?因为运行的过程是如此设计的。计划人员在设计过程中无法预见到所有可能的障碍。

在常规的职责分工体制下,负责运营的人员无法消除这种因设计而造成的慢性浪费。他们所能做的是实施质量控制,即防止事情变得更坏,如图1-1所示的那样。图中还表明一个突发的偶然事件使缺陷水平上升到超出40%的峰值。这种峰值是由于一些非预期的事件如停电、过程崩溃或人为的错误等造成的。作为质量控制工作的组成部分,运行人员要亲临现场,采取措施恢复原状,人们通常称之为"纠正行动"、"排除故障"或"灭火"等等。最终结果是将差错水平恢复到所设想的约 20% 的慢性水平。

这个图还表明经过一定的时间，慢性浪费可被压低到一个远低于最初水准的程度。这是通过三部曲的第三个过程——质量改进来实现的。事实上，慢性浪费被看作一个改进的机会，通过对之实施一定的步骤可以实现改进。

三部曲示意图和产品不良

三部曲示意图（图 1-1）与产品和过程的不良有关。纵轴代表着诸如不良质量成本、差错率、缺陷百分比、返修率、浪费等。在纵轴上，刻度零代表着完美，越往上越糟。减少不良的结果意味着降低了不良质量成本，更多地满足了交货承诺，减少了浪费，降低了顾客的不满，等等。

三部曲中的时间分配

对主管们来说，一个有趣的问题是："如何设计职能并在三部曲的各个过程中分配它们的时间？"图 1-2 是一家日本公司用以表明这种相互关系的一个模型（Itoh，1978）。

在图 1-2 中，横轴代表着各类人员时间分配的百分比，刻度从 0 到 100%。纵轴代表着人们在组织中所处的层次。该图表明高层主管将大部分时间用在计划和改进上，在战略计划上他们用去了相当的时间。他们用于控制的时间不多，且集中在一些主要的控制项目上。

随着在组织阶梯上逐渐往下走，人们用于战略计划的时间在减少，而用于控制和维持的时间则迅速增加。在最底层，时间主要用于控制和维持。

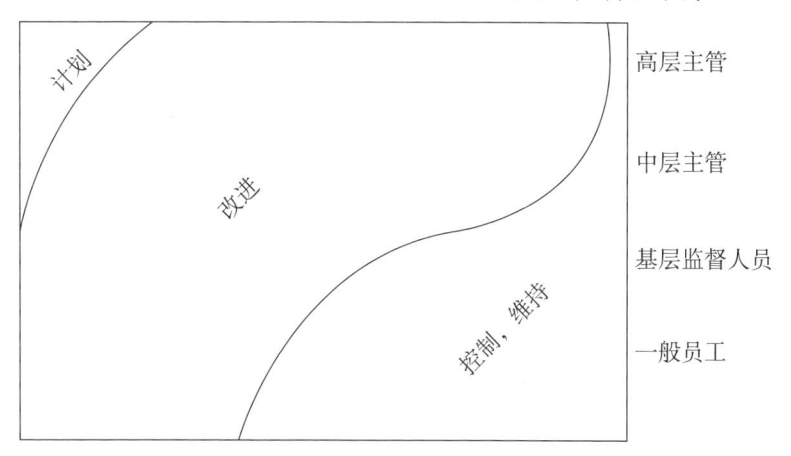

图 1-2 Itoh 模型

资料来源：Management for quality. 4th ed. Juran Institute, Inc., 1987：18.

图 1-2 以简化的形式表示出了这些不变的步骤程序。进一步的细节将在本书的第 4 章、第 5 章和第 6 章给出。

参考文献

Itoh, Y. (1978). "Upbringing of Component Suppliers Surrounding Toyota." International Conference on Quality Control, Tokyo.

Midwest Business Group on Health, Juran Institute, Inc., and The Severyn Group, Inc. (2003). "Reducing the Costs of Poor-Quality Health Care through Responsible Purchasing Leadership."

(焦叔斌 侯进锋 译)

第 2 章

发展卓越文化 约瑟夫·A. 德费欧

本章要点	当前绩效突破
文化定义	文化突破
朱兰变革模型	敏捷可持续性突破
领导力突破	朱兰变革路线图
组织结构突破	参考文献

本章要点

1. 组织创造卓越文化需要实现五大突破,以确保持续成果。

2. 所需突破是:领导力与管理,组织结构,当前绩效,文化,以及敏捷可持续性。

3. 在组织中营造卓越,将有助于全球社会避免技术失利破坏环境甚至最终损害人类自身。

4. 脱离整个组织和系统思考的组织变革很容易造成比当前更多的问题。

文化定义

组织就是一个社会。根据韦氏词典的定义,社会是"一个持久合作的社交群,其成员通过彼此之间的互动发展了有组织的关系模式……一群志同道合的人"。社会由长期形成的根深蒂固的习惯和信念组成。工作场所就是一个社会,它由深深植根于社会成员个性中的共同信念和价值观所凝聚。（工作场所成员如分裂为具有彼此冲突信念和价值观的个体或群体则无法凝聚起来，最终将爆发各种社会动荡，包括抵抗、反抗、叛变、罢工、辞职、调离、解雇、剥离和破产。）

社会成员遵从作为社会规范的社会信念和价值观就会收到奖赏，背离则会受到惩罚。规范不仅包含价值观和信念，还包含持久的关系、地位、习俗、礼仪和实践体系。

社会规范以其强大和根深蒂固塑造社会行为的习惯模式——有时也被称为"文化模式"。在工作场所，人们可以识别出影响绩效的文化模式，如参与式还是威权式管理风格，着便装还是正装，对话风格（"先生/女士"还是直呼其名），以及高信任度（可以说出真实想法）还是低信任度（多疑，制约诚实和充分沟通，并滋生博弈、欺骗和困惑）。

文化与卓越绩效的关系

为实现绩效突破，组织的行为规范和文化模式最好能够支持组织绩效目标。没有这种支持，绩效目标可能会被淡化、抵制、应付或忽视。因此，组织文化特征是管理中需要理解并充分施加影响的关键点。显然，说易行难，但这是可以做到的。

关于文化对组织绩效的影响，朱兰提到了一个很贴切的例子。以下摘录自他对多年来经理们所面临的一项管理挑战的描述：

> 让生产工人和主管接受控制图作为车间生产工具有着巨大困难。我相信这是事实，基于大量第一手观察发现控制图在车间实际导入后失败率高得惊人。这种困难不仅是当前现象，早在20世纪20年代后期，我们在西方电气公司霍桑工厂的生产车间开始使用控制图时就遇到了。另外，这也不只是美国的现象，因为我在西欧和日本也遇到过同样的困难……我认为控制图未能在工厂得到广泛接受的主要原因是未适应工厂文化，而不是控制图本身的技术弱点……在车间主管看来，控制图会带来许多问题：
>
> - 控制图缺少"合法性"（即由不具备规章制定权力的部门推行）。
> - 控制图与现有规范冲突，而操作人员需要解决这种冲突。
> - 控制图与其他的数据收集和展示方式相冲突，而操作人员需要解决这种冲突。
> - 控制图要求操作人员采取与过去做法不同的行动模式，但没有解决因打破常规而造成的新问题。

测量和控制图的合法性

人类对"法律与秩序"的热情并不止步于组织的大门之外。例如，即使在工厂内部，人们也同样需要可预测的生活，规避令人不快的意外。在员工层面，法律与秩序的概念体现为多个原则：
- 员工必须对一个且只对一个人格化的主管（上司）负责。
- 对于非人格化上司（手册、图纸、程序）的数量没有限制，但这些上司必须具有合法性——明确的官方地位。
- 当人格化上司和非人格化上司的指令发生冲突时，以前者为准。
- 当取得合法性的事物与未取得合法性的事物发生冲突时，以前者为准。

朱兰博士指出，"这些原则是毋庸置疑的，因为它们对工厂的法律与秩序至关重要……"控制图的导入给工厂带来一系列的文化模式改变：
- 在缺少明确合法性证据的情况下，开启了一项新的产业法律来源。
- 这项新的产业法律与长期存在的产业法律相冲突，且后者没有通过公认的法律渠道明确废止。
- 引入新的事实信息来源，但未明确处置旧的信息来源。
- 产生新的职责，但未清楚认识到对承担新职责的员工的影响。

结论

现代技术的导入给组织带来两方面影响：

1. 技术方面，运营的过程、仪器记录及其他技术特征方面的变更。
2. 社会方面，工厂的人员、地位、习惯、关系、价值尺度、语言及其他文化模式特征方面的改变。

变革的主要阻力来自工厂文化模式所受到的扰动。

——朱兰

文化变革

文化变革非常困难而且通常无法取得成功，除非找到实现和维持文化变革的一套系统方法。朱兰变革模型和路线图描述了在实现可持续性前组织必须进行的五个方面独立且独特的突破，组织虽然未达成这些突破也可能实现好的短期效果，但难以长期维持。如果卓越绩效是组织通过应用通用质量管理原则而获得优异结果的状态，那么组织必须确保成功使用这些方法。组织从此处到达所期望彼处的旅程可能需要转型变革，变革将使组织练就维持绩效、达到世界级水平和市场领导地位的能力。

这五项突破如下：
1. 领导力与管理。
2. 组织结构。

3. 当前绩效。
4. 文化。
5. 敏捷可持续性。

朱兰变革模型

朱兰变革模型（见图2-1）基于朱兰博士和朱兰研究院的研究而建立，研究发现任何组织必须完成这五项突破方可达致卓越绩效。每项突破都着眼于组织必须变革的特定子系统，对于支撑组织生存是必要的，但仅靠某一项是不充分的。实际上，这些突破都将为运营子系统赋能，目的是形成生产顾客愿意购买或使用的产品、服务和信息的技术能力。这些突破之间不可避免有交叉和重叠，因为每个子系统相互关联、相互影响。作者认识到，读者所在组织可能针对每一类突破中的一些问题已经采取了针对措施——这样更好。而如果情况是你们组织一开始并没有启动卓越绩效之旅，那么也可以从当前的位置踏上卓越旅程，缩小差距将可能成为你们组织下一步战略运营计划周期的一部分。为了缩小差距，需要制定战略和运营目标以及达成目标的项目，并部署到所有职能和层级。

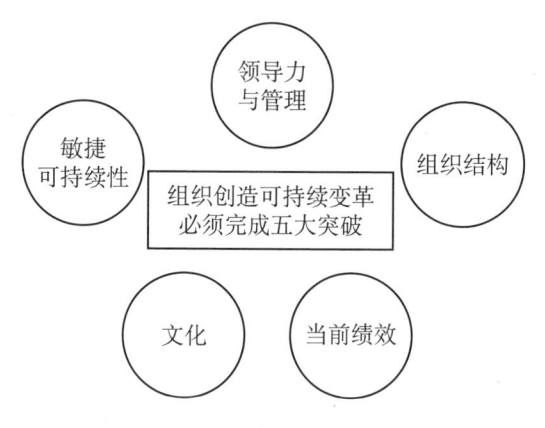

图2-1　朱兰变革模型

资料来源：Juran Institute，Inc.，2009.

突破和转型变革

组织中任何时候都可能发生突破，通常突破的发生源自一些特定的举措，如某个具体的改进项目（例如精益或六西格玛改进项目、新服务设计或新技术的发明等）。这类变革能为组织和社会带来爆发性的收益，但它们或许不足以带来文化变革或使已发生的变革保持下去。这可能是因为变革"师出无名"，并非有意为之，而是偶然发生。"偶然"发生的变革既不可预测也很难持久，而一个组织需要的是可预测的变革。

今天的组织运行在持续而不可预测的变革环境中，面对着巨大的外部压力，组织中的人必须进行持续的适应性改进。这些改进短则数月长则数年，这是众多相互关联、彼此协调的组织计划、政策和攻关项目的累积效果。久而久之，这些努力逐渐使组织实现转型。

对于那些不愿意改变的组织，危机——或对即将到来的危机的恐惧——通常会激发它们的变革需求。诸如下面的场景：

两家最大的竞争对手投放了优于我们的新产品，结果导致我们的 X、Y 产品销量持续走低，不断瓜分我们的市场份额。使局面更为糟糕的是，我们新产品的投放时间远远滞后于竞争者。新工厂运转不良：设备经常停机，运转时则生产出大量浪费成本的不合格品。

由于差错，大量订单被退回，导致回款延迟和不满意顾客与日俱增，更不用说纠纷和返工成本了。应收账款过高，而且不断增加。我们开始意识到，要么在未来面对更多的问题手足无措，要么就从根本上未雨绸缪。领导层必须采取行动，否则组织将逐渐丧失市场份额、顾客群和营收。

突破对组织生存至关重要

离开了持续突破的治疗性效果，组织就不能长期生存。这有四个方面的重要原因：

1. 顾客满意度低导致超额成本不断增加。质量不良相关的成本通常很高，原因之一是组织长期受到持续不断的危机困扰，这些危机源于不良绩效过程中隐形的长期高成本。如前所述，总体的长期不良质量成本（COPQ）水平据报告占到产品销售收入的 20% 以上。这一数据因行业和组织不同而有所差异。这些成本有时会超过利润或成为亏损的主要来源，这种情况并不罕见。在任何情况下，这一平均总体水平都是惊人的（因为数量巨大且是可避免的），并给组织造成灾难性的损失。不良质量成本是很多成本削减举措考虑的重要因素，不仅因为若不解决将损失巨大，而且还因为通过减少不良质量成本实现的节约将直接影响底价。此外，这种节约会年复一年持续下去，只要改进措施是不可逆的，或者针对可逆的改进采取了有效控制。

2. 从商业角度出发，必须发现、消除和预防隐藏的慢性浪费。突破性改进由于旨在发现和消除根原因并保持成果而成为首选措施，可以将突破性改进方法理解为解决绩效问题的科学方法。突破性改进方法与诊断和治疗的医疗模式极为相似。

3. 长期而持续的变化。由于长期问题的存在，组织生存需要突破。这种持久的变化极为深刻和广泛，组织没有哪一部分能够免受其深远影响。由于组织的所有部分都会受到环境变化的威胁，如果组织想生存下去，就不得不逼迫自身进行深刻变革以适应新的外部条件。绩效突破包括组织各职能的不同特定类型突破，是有效应对必然变化的有力举措。组织可能不得不再造自身，甚至被迫去重新审视及重塑其核心产品、业务、服务乃至顾客。

4. 没有持续改进，组织就会死亡。组织行为学研究揭示了突破对于组织生存至关重要的另一个原因。领导者可以通过研究开放系统理论来学习有关组织如何运作以及如何管理组织的宝贵经验，其中负熵的概念是该理论的最大亮点，负熵是指人类组织与生物系统如细胞或器官（细胞的集合）共同具有的特征。熵是所有生命体和所有组织走向自身终结的趋势，负熵包括生物系统和社会系统为避免自身终结而采取的对策。生物体器官代谢老化细胞，愈合伤口，抵抗疾病；组织建立能量储备（存货和供应），并从环境中不断获取更多能量（销售和原材料）来补充消耗。最终，生物体会失去生命，而组织如果不能持续适应、不断治愈（实现绩效突破性改进）、构筑资金和商誉储备，也将落此下场。朱兰变革模型是组织对抗终结的一种手段。

系统思考和转型变革

组织和生物体一样，由一系列子系统构成，每个子系统对整体的生存起着不可或缺的独特作用。特定子系统发挥特定功能，比如设计、生产、管理、维护、销售、采购和自适应。不能过度将组织与生物体类比，因为生物体只是通过有形的边界和结构（如细胞壁、神经系统、消化系统、循环系统等）来区分子系统。而人类组织子系统的边界和结构并不是有形的，它们是重复性的事件、活动和交易。这种重复的活动形式实际上就是组织各职能所承担的任务、流程和过程等。开放系统理论称这些活动类型为角色。一个角色由一种或多种重复活动构成，所有这些活动的集合带来组织的输出。

借助相互理解的期望和反馈的循环，角色以一种重复且相对稳定的方式得以维持和执行，如图2-2所示的三重角色开放系统理论与朱兰模型特别关注技术手段、人际关系、组织架构和与这些活动和交互相关的职能角色的相互依赖。详细了解组织与环境之间以及组织内部的持续交互，对于实现突破至关重要，因为这些交互决定了绩效表现的效果和效率。

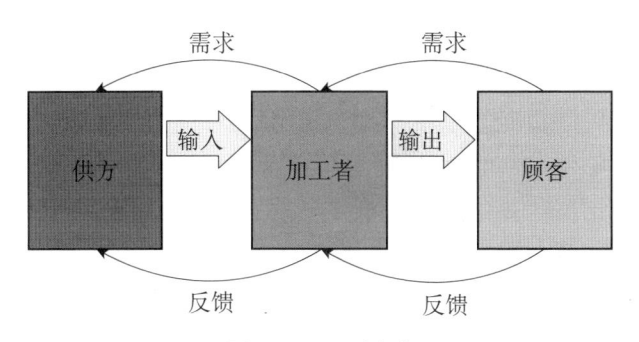

图 2-2　三重角色

资料来源：Juran Institute, Inc., 2009：8.

图 2-2 所示模式适用于组织整体，也同样适用于单个子系统和组织职能（如组织中的部门和工作站，乃至各职能或层级上承担任务的单个组织成员）。所有这些实体或多或少同时扮演这三种角色——供方、加工者和顾客。充当加工者，就是负责把输入的能源加以转化。组织可从内部或外部供方那里接收原材料——货物、信息或服务，加工者的任务就是要把接收到的输入转化成某种类型的新产品——货物、信息或服务。接下来，加工者再将新产品供应给组织内部或外部的顾客。

这些角色之间不仅需要交换物品，还需要在互相了解期望（即规格、工作指令和程序）和期望满足程度的反馈（即投诉、质量报告、表扬和奖励）基础上建立联系。注意图中所示，加工者必须与供方详细沟通（箭头所示）需求。此外，加工者还向供方反馈期望满足的程度。这种反馈是控制回路的一部分，有助于确保供方的良好表现始终如一。顾客对其加工者承担同样的责任，而实际上这时的加工者就是供方（供应的不是原材料而是产品）。

当缺陷、延误、差错或高成本出现时，原因可能在于供方、加工者和顾客的某种活动，在于彼此之间的交易，或需求与反馈沟通的脱节。突破的努力必须通过深入探索准确发现根本原因。如果原因不容易找出，那么可能需要将长期困扰的过程置于具有强大威力和精确度的"显微镜"下方能发现原因，比如实施六西格玛。推行卓越绩效在一定程度上需要所有职能和层级的参与，因为各个职能的绩效在某种意义上与其他职能相互关联、相互依存。此外，任一职能的行动变化将对其他职能带来影响，即使当时不会显现。所有职能的相互关联给各层级领导均带来实际影响，这意味着，在进行决策时，尤其是变革决策时，领导者必须具备"系统思维"。

由于组织是一个开放系统，其生存取决于：（1）与外部环境成功交换；（2）内部各特定职能及其输出的妥善协调。

各内部职能的妥善协调和绩效取决于对计划、控制和改进的管理过程，以及领导、组织架构和文化等人为因素。要管理一个开放系统（如组织），各层级的管理者必须从系统的角度进行思考和行动。针对任何改进建议，管理者不仅需要考虑对组织的整体影响，也要考虑对各部分之间相互关系的影响。否则，即使实施微小的变革也可能造成较大的混乱。领导者需要理性思考："如果将在 x 方面进行变革，需要所有职能做些什么（输入）来创造这种变革？x 将如何影响其他各个职能以及组织整体（最终输出/结果）？"无论采取什么变革方式，只有当组织中的人改变了，组织才能变化。

从作者的经验中可获得三个重要启示：

1. 所有组织都需要采取系统方法以确保变革发生。过程中某个职能或步骤出现问题往往根源于上游过程中的职能或步骤，某个工作岗位的员工可能无法在本职工作中独自解决问题——需要其他人参与。没有其他职能的系统参与，无法取得最优结果，而次优结果导致过高成本和内部顾客不满，将违背初衷。

2. 只有自上而下全员持续积极参与方可实现变革。这不仅包括造成问题的人员，也包括受到问题影响的人员，以及将发起变革纠正问题的人员（通常是造成问题的人员，也可能是其他人）。

3. 仅进行职能转变不足以实现组织变革。孤立在整个组织之外或仅在结构内尝试突破而没有系统思考，很可能带来比原先更多的问题。

要实现如卓越绩效这样的实质性组织变革，不仅需要人员行为转变（如通过培训），还需要重新定义他们在社会系统中的角色。这其中包括改变顾客对于其加工者的期望，也包括改变加工者对其供方的期望。换言之，绩效突破要求组织设计具有产生协调一致行为以支持特定组织目标的能力。定义角色的其他要素也可能需要加以改变，如职位说明、工作安排、工作程序、控制方案、质量体系的其他要素以及培训等。为实现突破，只是培训一些像武术黑带大师这样的专家完成一些项目是不够的。尽管这也会带来一些改进，但不大可能实现长期的文化变革和可持续发展。作者认为，太多组织在需要突破时只是实施了一些简单的改进。

正如我们所见，达到卓越绩效状态意味着实现和保持良性的变革。值得注意的是，仅靠对于变革的高明认识，无法实现真正的变革。在人们改变所做的事及做事方式之前，必须认识到为什么变革是必要的、变革会带来什么影响。能从变革中获得收益的人常常也会抵制变革，尤其当他们按老路子曾取得过成功的时候。引领变革将是复杂而具有挑战性的。因此，试图实施变革的人必须掌握变革的诀窍。

领导力突破

领导力突破需要管理者回答以下两个基本问题：

1. 管理层如何设置组织的绩效目标并激励员工努力实现目标、勇于担当责任？

2. 管理者如何最大限度发挥组织中员工和其他资源的力量并进行最优化的管理？

领导力的作用涉及组织的所有层面，不仅是顶层。领导力和管理实现突破的组织表现为统一的宗旨、一致的价值观以及员工契合的体系。

每个工作群体都清楚自己的目标，明确对团队及个人的绩效期望。每个人都了解自己对于组织整体使命的贡献以及自身绩效的测量方法，很少出现不稳定或事与愿违的行为。如果出现此类行为或冲突，关于行为和决策制定的指南应立刻到位，以确保快速平稳地解决问题。领导力涉及两个要素：（1）领导们必须明确并清晰沟通希望员工去向何处；（2）领导们必须通过让员工理解为什么这是一条更好的路径来引导员工走正路。在本书中，"领导者"和"管理者"未必指不同的人。实际上，多数领导者就是管理者，管理者也应当是领导者。区别在于意图和行动，而非人员。领导力可以通过管理者来发挥，领导者也需要能管理。如果领导力包括以积极的方式影响并吸引他人，那么，管理金字塔顶端的人（CEO 们和其他领导层）就可以成为最有效的领导者，因为他们拥有比组织中任何其他人更正式的权威。事实上，高层管理者通常就是最具影响力的领导者。对于变革来说，如导入精益六西格玛，目前来看最有效的方式是由 CEO 来领导变革。如果其他领导人（例如工会主席）也参与领导这项计划，将给精益六西格玛启动带来极大帮助。与此同时，如果高层和中层管理者、一线主管以及非管理人员的领导者们能够"追随领导者"，言行一致地支持卓越绩效项目，也同样会如此。领导不是独裁，因为独裁者让人们惧怕"不当"行为，他们会通过偶尔的奖赏（如土库曼斯坦的免费汽油）、释放囚犯、配合宣传的公开造势等方式，让人们追随领导。独裁者并不是通过激发跟随者所期望的行为，而是通过恐惧来动员他们。

管理者在实现领导力突破中的角色

战略规划与部署：从优秀到卓越

战略规划的第一步是确立组织使命（我们做什么业务？我们提供什么服

务?)。接下来,制定和发布组织愿景,即所期望达成的未来状态(如我们将成为某产品或某服务在全球范围内的首选供应商)。在宣布组织存在的基本理由和未来期望实现的总体目标之后,高管层要制定完成使命和达成愿景的一些关键战略(如,确保优质原材料来源可靠,在可预见的未来确保一支稳定而高素质的员工队伍,年底前将不良质量成本降低到上年的 50%)。此时,过程更加清晰。针对每个关键战略,要提出一些量化的战略目标(指标);可用的资源和人员能够实现一些战略目标。这些量化的战略目标进一步分解到本年度目标、未来两年目标等等。最后,对于每个量化的战略目标,建立一定数量的运营目标,明确具体的责任人和任务。通常,运营目标是指需要完成的具体项目(如六西格玛项目),比如每个职能或工作团队要达成的具体绩效指标。

战略部署是将目标转化为具体行动的过程,每项行动都旨在实现某项具体目标。部署由两个阶段构成:一个阶段是在战略规划过程之中,另一个阶段是在战略方案完成之后。在战略规划过程中,管理团队在确定关键战略之后,将这些战略传递到组织其他人员如部门负责人、职能负责人、过程负责人等;他们再进一步传递到主管、班组长等;这些人也将更进一步将战略传递到所监管的每个人。要求各方就可以采取哪些活动来实施这些战略,应制定哪些具体的量化战略目标以及需要哪些资源提出意见和建议。这些反馈将传达给高管团队,由他们根据反馈进一步细化战略和运营目标。为达成目标而进行的交互建议活动通常需要多个轮次。一些人称这种反复的交流为"传接球"。每一个循环下来,目标不断优化,更加具体、可操作和量化。最后,就得到一整套精确的战略和运营目标,且责任到人。此外,还要建立衡量绩效进展情况的测量指标,为各层级管理者提供可观测进展的计分卡。最重要的是,这些目标是在领导们参与下制定的,他们将对贯彻实施和最终结果负责。

经过这一过程,组织将所有职能和层级凝聚到共同的目标之下。这很重要,因为领导力不是由身居高位的一个人发挥的,理想状态下是由所有层级、所有职能、所有对他人能够施加影响的人来实施的。在精心部署的战略规划下,不同领导者、不同职能、不同时间段,领导力行为(试图影响他人)是比较一致的,不同层级或不同职能的决策也不会发生冲突。至少,理想状态下是这样。

激发员工参与和赋能

如果管理者能够尽其所能为每个人提供参与组织改进的途径,将造就一支赋能的员工队伍。这种赋能的状态通常被称为"自我管理"状态,这将大大提高管理者的威望和追随者对他们的信任度。之所以如此,是因为当一个人被赋能而达到自我管理状态时,他可以自由支配成功完成工作所需的一切要素。领导者若能做到这一点，追随者就会感激和尊重他们，更愿意追随他们，因为"我的领导在帮助我。我的领导不说空话，只做实事"。

接下来对这些要素进行简要回顾，因为它们在展示领导力方面意义重大。一个人能做到自我管理体现在：

- 明确知道预期。知道过程的绩效标准；知道谁做什么事、谁做什么决策、自己对照标准做得如何。
- 及时获得反馈，从而能够调整过程。
- 具有能力充分的过程，包括必备的工具、设备、材料、维保、时间以及过程不良时进行调整的权限。

处于自我管理状态的个人能够充分运用所有条件成功完成工作任务，管理层必须提供这些条件，因为他们控制着实现员工自我管理所需的资源。那些因为长期缺乏自我管理而失去相应能力无法充分展示自己的员工，会特别感激那些帮助他们实现自我管理从而走出困境的领导者和管理者。他们会尊重和信任这样的管理者，也更容易成为这些管理者的忠实追随者，他们对于这些管理者所带来的诸如自信、自尊等美好事物感铭至深。

进行定期评审

由领导者和管理者进行定期评审是体现对变革努力的承诺和支持的绝好方法。领导者和管理者，尤其是高层管理者，可以通过亲自巡视并与员工交流工作，提高声誉和领导能力。管理评审分为正式和非正式两个方面。正式的方面包括，要求评审对象回答某些特定的书面问题，并提供符合要求的绩效数据和证实性材料。非正式的方面就是与评审对象交谈，询问他们的想法并分享管理层的意见。管理评审就好比军巡视战场上的部队，是管理者展示他们对事情进展情况关切的一个机会：哪些进展顺利以及哪些需要采取纠偏行动。这是倾听他人声音并表示尊重的好机会。如果接下来管理者能够跟踪他们所听到的建议和抱怨，提供相应的支持和协助，则进一步表现出他们对"队伍"足够关心。这种做法为组织中每个人提供了与高层直接沟通的渠道，这将使很多人感受到自己的重要性，激发他们表现出最好的自己。更重要的是，巩固管理者的领导能力。

实施公开奖励和表彰

领导者可以帮助追随者建立所期望的新的规范和行为模式，只要这样做能够持续一致地激励追随者。奖励和表彰的效果能够通过以下方式进一步放大：

- 奖励和表彰大张旗鼓通过仪式公开进行。
- 领导者要置身于他想施加影响的人们当中。

• 同时要解释清楚奖励与领导者期望追随者所做出行为之间的关系。例如，在启动六西格玛项目之后，组织决定召开全体大会表彰七个六西格玛项目团队，每个项目团队用幻灯片、说明文档和展示物件等对前期完成的项目进行展示。

开展专门的管理实践
- 成立并积极参与领导和协调绩效突破活动的执行委员会。
- 制定政策保证员工参与突破团队的时间。
- 建立组织架构。
- 提供资源（尤其是时间）。
- 评估达成目标的绩效进展，包括项目进展。
- 当进展太慢时，消除障碍、阻力，提供支持和其他纠偏措施。

为持续创新与改进提供资源

团队通过一个个项目实现突破。项目任务书赋予团队必须完成的目标，每个项目都由执行委员会以书面形式正式立项。执行委员会也为项目团队提供完成使命所需的人员和其他资源。

管理者的角色是管理组织，以满足高标准，奖励适当的行为——或追究个人责任——维护设施和流程，激励和支持员工。测量和跟踪所有职能和层级（即组织整体、职能、事业部、部门、工作小组和个人）对照目标的绩效情况，定期总结、报告和评估绩效指标，以将实际绩效与目标对比。管理层要经常采取纠偏措施改善不良绩效和目标进展缓慢的情况，具体措施可包括建立绩效突破改进项目，提供额外培训和支持，消除阻力，提供所需资源，采取惩戒措施。领导者和管理层必须做到：

- 建立和保持体系与程序，确保组织在所有职能和层级实现最佳、最有效和高效的表现。
- 奖励适当的行为（必要时，要求人们负起责任）。
- 坚持高标准。
- 关注稳定。

组织结构突破

实现组织结构突破涉及：
- 设计并运行组织运营体系（即质量管理体系、清晰的愿景和战略、领导参与、新员工定岗、培训、沟通过程和供应链)。
- 设计并运行系统的结构,整合各职能,并设定相应权限和报告路线(如组织结构图和跨部门管理方法)。
- 整合和协调各个相互依存的独立职能,形成一个平稳运行的完整组织。

实现组织结构突破意味着回答这个基本问题:"如何建立组织结构和过程,从而以最有效和高效的表现实现组织目标?"

这个领域的趋势是清晰的,越来越多的工作由项目团队来完成。岗位任务可能是由团队项目任务书来描述,而不再是或不限于针对个人的职位说明。绩效评估通常与团队的成就关联,而不是或不限于针对个人的成绩。

管理结构既包括由过程负责人管理的跨职能过程,也包括职能经理管理的垂直职能。当纵横两方向的职责并存时,则需要通过矩阵机制来解决潜在冲突,由职能经理和跨职能(水平)过程负责人协商谈判。

跨职能过程和垂直职能运作的统一性和一致性,对于实现绩效突破和组织持续生存至关重要。各层级领导团队的所有成员都必须就目标、方法、主次事项和风格达成基本共识。这一点在实施绩效突破改进项目时尤为重要,因为许多绩效问题的原因是跨职能的,那么这些问题的解决也必须进行跨职能的设计和实施。因此,在精益或六西格玛开展过程中我们看到的质量或执行委员会、推进委员会、倡导者(他们作为一个群体定期开会)、跨职能项目团队、项目团队领导、黑带、黑带大师,所有这些角色都参与到变革和团队事务处理中。还有一个稳定的趋势是,行政级别越来越少、汇报线越来越短。

企业界中变化的速度没有任何慢下来的迹象。可以看到的是,在未来的几十年中,大多数行业的竞争都将会日益加速。在经济全球化以及相应技术和社会发展的驱动下,企业不管身处何地,都面临着可怕的威胁和极好的机会(John P. Kotter,1996)。

对于管理各种职能工作而言,有三种公认的基本组织类型,此外还有一些新兴组织方式。最传统和公认的组织类型是职能型、过程型和矩阵型。这几种组织结构类型是重要的设计基准,因为它们经过长期检验和充分研究,其优缺点众所周知。新兴的组织设计是网络型组织。

基于职能的组织

在基于职能的组织中,根据专业设置相应部门,过程和结果的职责和责任零散分布到各个部门。很多公司围绕职能部门进行组织,形成了明确的管理层级。这既适用于主要职能(如人力资源、财务、运营、市场和产品开发),也适用于职能部门内部模块。按照职能进行组织具有一定优势——职能中的责任清晰、行动高效。基于职能的组织通常善于开发和培养人才，在职能范围内锻造专业知识和卓越才能。

因此，基于职能的组织具有一些长期的好处。然而，这种组织形式也造成部门间的"壁垒"，这些有形或无形的壁垒经常造成严重的沟通障碍。这种组织形式还会造成决策缓慢、僵化，同时职能业务规划和目标与组织整体战略业务规划和目标可能做不到协调一致。结果可能是每个部门内部运转高效，但交付给内外部顾客的成果却不尽如人意。

基于过程的组织

为应对当今"快速响应"的世界，很多组织开始尝试替代基于职能的组织形式，企业在不断重新勾勒其产线、工作团队、部门和事业部，甚至整个组织，以试图提高生产率、缩短周期、提高收入或顾客满意度。越来越多的组织结构发生了 90 度旋转，变成基于过程的组织。

在过程型组织中，报告职责与过程相关联，责任由过程负责人承担。在基于过程的组织中，每个过程都被赋予必需的专用职能资源。

这种做法消除了传统基于职能的组织形式所带来的障碍，使跨职能团队的创建更加容易，为过程管理打造顺畅基础。

基于过程的组织通常要对与过程相关的业务单元负责，因此，具有更好的响应性、效率和顾客导向。

然而，纯粹基于过程的组织久而久之会面临各职能部门技能水平的降低和退化，进而出现过程标准缺失的情况，造成组织效率低下和冗员。另外，此类组织经常需要矩阵式汇报架构，在不同业务单元存在冲突目标时会造成困扰。矩阵式结构是由职能和事业部复合而成的混合机构。

卓越职能与过程管理的整合

然而，我们需要的是这样的组织：能够以快速响应、顾客导向的姿态识别和发挥供应链优化的益处，同时在现有基础上促进和培养所需的专业能力，管理和持续改进过程。

这种组织将可能是由功能型组织和基于过程的组织结合而成，业务部门负责目标、重点事项和结果，职能部门负责过程管理和改进以及资源开发。

在已故佛罗里达坦帕大学质量中心弗兰克·格里纳博士（Dr. Frank Gryna）看来，未来组织将受到所有组织中已经存在的两个系统交互的影响：技术系统

(设备、程序) 和社会系统 (人员、角色) ——合称 "社会技术系统" (socio-technical systems, STSs)。

有关社会技术系统的研究大多集中在新的工作组织方式设计方面, 尤其是针对一线员工的组织方式。例如, 基层主管正在转变为 "教练", 负责指导和授权, 而不再是委派和指挥; 操作者正在转变为 "技师", 从事多种技能工作且具有广泛决策权, 而不再是只有有限决策权的局限工作。团队在新的组织方式中开始扮演重要角色。一些组织的报告表明, 每年有 40% 的员工参与到团队中; 一些组织的目标是达到 80%。永久性团队 (如过程团队、自我管理团队) 对包括质量在内的所有产出指标负责; 专业团队 (如质量项目团队) 则通常负责改进质量。有关运营和其他职能中组织结构的文献数量众多且持续增长, 有关团队研究的讨论, 可参考卡岑巴赫和史密斯 (Katzenbach and Smith, 1993)。曼 (Mann, 1994) 解释了过程导向的运营管理者如何开发作为教练、培训师和 "边界管理者" 的技能。表 2-1 总结了事业部管理者、职能管理者、过程管理者和顾客服务网络管理者的相关特征。越来越多的证据表明, 事业部和职能型组织缺乏适应迅速变化的市场和技术变革的灵活性。

表 2-1 不同角色特征

角色特征	事业部管理者	职能管理者	过程管理者	顾客服务网络管理者
战略定位	事业型	专业型	跨职能型	动态型
关注目标	顾客适应性	内部效率	顾客有效性	动态适应性, 速度
运营责任	跨职能	局限	宽泛	灵活
职权	少于职责	与职责对等	与职责对等	特设, 基于领导力
相互依存度	可能高	通常高	高	非常高
个人风格	发动者	反应者	积极	主动
任务模糊度	中等	低	可变	可能高

资料来源: 前两列引自 Financial Executive Research Foundation, Morristown, NJ; 后两列引自 Edward Fuchs 的著作。

要设计一个可以增进员工授权和参与的体系。传统管理建立在弗雷德里克·泰勒 (Frederick Taylor) 的专业化教义基础上。20 世纪初, 泰勒主张管理制造业组织的最佳方式是把一般工人活动标准化为简单的重复性任务, 然后进行严格监督 (Taylor, 1947)。工人是干活的, 管理者是做计划的。在 20 世纪前半叶, 这种专业化的体制带来生产力的巨大提升。随着时间推移, 工人受教育程度越来越高, 机器和设备的数量越来越多也越来越复杂。很多组织意识到员工之间需要更多的互动, 员工的培训和经验没有被充分应用。员工共同工作的团队体制在 20

世纪后半叶开始出现，到 20 世纪 70 年代中期，由于很多组织绩效改进压力增大，团队体制开始引起广泛关注。20 世纪 80 年代开始出现自我管理的团队。为实现最大效益，工作设计需要高程度的员工参与。

参与和赋能

在上司下达命令、员工只负责执行的指令性管理系统中长期工作的员工，很难快速适应高度参与和高绩效的工作系统，他们有太多要学的新技能和太多要克服的旧习惯。从众多采用高绩效工作系统的组织报告来看，这种工作系统是演化而来的，必须精心管理，让团队成员一步一步掌握所需的新技能和新行为方式。

员工参与的第一阶段是营造咨询式的环境，在这种环境下，管理者会咨询参与的人员，征求并讨论他们的意见，然后再单方面采取行动。接下来，任命专门团队或项目团队攻克特定问题，如改进反应器的清扫周期。这种参与会给团队成员带来自豪感、忠诚感和主人翁意识。

新泽西州帕特森市圣约瑟医院（St. Joseph's Hospital）的"闪电团队"就是一个特殊质量团队的例子。作为开展全面质量管理（TQM）的组成部分，团队已运作了大约一年时间。尽管所有团队都有实质性进展，但由于 TQM 进展缓慢，高层管理者焦躁不安。认识到组织在迅速变化市场环境中快速取得成果的必要性，他们开发出"闪电团队"的方式（来自德语"闪电"）。闪电团队通过增设专门的推进者，加速问题解决。推进者在问题聚焦、数据处理和团队互动三个方面节约时间。

由于推进者在问题解决的过程方面经验丰富，其能够为团队提供更多指导，使团队更加专注于成果，少走弯路。为提高速度，推进者负责会议间隔期间的数据处理，从而缩短会议间隔。同时，推进者可以更加熟练地管理团队互动，而这是训练不足的业余人员做不到的。团队在一周之内就能完成从首次会议到根原因分析，并在接下来的几周设计和实施纠正措施。

该团队达成了关于减少急诊室患者接待延误的目标，急诊患者得到更快的诊疗，工作人员的挫败感大大降低（Niedz，1995）。专门团队能够有效聚焦于特定的问题，该团队的成功有赖于委任能够迅速采取对策的人员。

突破项目团队和日常价值创造团队

员工需要时间来改进流程，除非给他们时间，否则什么都不会发生。为此，管理者必须通过建立"团队"来创造时间。这必要的时间将用于组织团队并确保成员知道做什么、为什么做、如何组织工作以及涉及哪些人。但是，日程总是如此紧迫,从来没有时间来对工作团队加以组织。

许多管理者创造了虚假的团队,仓促启动,认为他们知道做什么,并采取直接行动。他们没有时间获得他人支持、确定正确的团队目标、制定和实施达成目标或共同工作的方案。然而,这些团队的共同点是,在做什么、为何做、如何做、谁参与上未达成共识。这些问题可以通过将团队活动与五个关键成功因素相联系而加以解决。

管理层必须让员工参加精益和六西格玛团队之类的跨职能突破团队,或者让他们参与日常职能团队或所谓"价值创造团队"。价值创造团队是持续致力于确保过程高效有效的小型团队。

领导风格

得到赋能的团队成员自愿或不自愿地共担领导职责:就目标等达成共识,决策更加协同;团队努力实现共赢,鼓励团队精神;更加关注问题解决和预防,而非推卸责任。在对宝洁公司佛罗里达州福利工厂的参观中,负责讲解的员工讲到,如果在过去,他不敢相信自己有能力承担这次参观任务。新的领导角色赋予他与顾客和其他外部人员打交道的自信。

积极性和主人翁意识

诚实、公正、信任和尊重他人更加明显。在成熟的团队中,成员们关心彼此在工作中的成长(即潜能充分发挥),更乐于分享自身经验,互相指导,因为他们的目标是关注团队成功而非个人成功,他们更愿意认可和鼓励彼此(以及团队)的成功。

主动担当的理由

如前所述,得到赋能的组织成员拥有权限、能力、意愿,同时理解组织的目标。很多组织坚信这使得团队成员具有主人翁意识,愿意承担更大的责任。得到赋能的团队成员也拥有更多的知识,这将进一步增强他们承担责任的动力和意愿。

实现高绩效的方法

我们发现,随着员工承担更大的责任、拥有更强动机和更多的知识,他们更自如地朝着经营利益而努力。他们开始以主人翁的姿态,表现出更高的自觉性和主动性。

各种赋能组织已经取得了显著进展，我们可以观察到一些成功要素的关键特征。这些特征来自许多咨询师的经验、对其他公司的访问以及公开发表的著作和文章。这些关键特征有助于我们学习如何设计新的组织以及如何调整现有的组织，从而使之更高效。重点在于这些关键特征，而非对每个组织具体操作的描述。这份特征清单并非面面俱到，却是一份有用的检查表，对各类组织都有借鉴意义。

关注外部顾客

关注外部顾客，关注他们的需求以及满足这些需求的产品和服务，需要做到：

- 组织有相应的架构和工作设计，以减少过程和产品的偏差。
- 较少的组织层级。
- 关注业务和顾客。
- 设置边界以在源头上减少偏差。
- 网络关系强。
- 沟通顺畅无障碍。
- 供应商和顾客的输入用于运营管理。
- 员工理解关键顾客有哪些，他们有什么需求，如何通过自身行动满足顾客需求。这意味着所有行动都基于让顾客满意，员工（如操作工、技术员）认识到他们是为顾客而不是为车间经理工作。

在赋能的组织中，管理者营造让员工伟大而不是控制他们的环境。成功的管理者会"拥护"员工，并使他们对工作、组织和他们自己感到满意。正如马文·鲁尼恩（Marvin Runyon）在担任田纳西州士麦那日产工厂总经理时强调的："'管理'就是为员工安心工作提供环境"（Bernstein，1988）。

组织和知识管理

学习过程可分解为"观察—评估—设计—执行"这样的基本形式，并在两个维度展开：

1. 概念学习。获得对因果关系的更好的理解的过程，针对"为什么"。
2. 操作学习。验证行动和结果之间关系的过程，针对"怎么做"。

田纳西州纳什维尔市范德比尔特大学欧文管理学院运营管理助理教授M. 拉普雷（M. Lapré）教授和欧洲工商管理学院（一所多校区的国际性商学院和研究机构）福特讲座教授L. 范瓦塞霍夫（L. Van Wassenhove）的研究表明，通过聚焦质量和生产效率改进行动，可以加速企业的学习曲线。

当前绩效突破

当前绩效突破（或改进）涉及以下工作：

- 实现组织当前绩效水平的重大提升。这需要采取系统的按项目进行的改进举措，发现造成长期问题的根原因并采取措施加以消除。
- 对"问题"过程实施变革，降低不良过程的成本。
- 导入新制度和控制方法，杜绝这些根原因再现。

为实现当前绩效突破要系统回答"我们如何减少或消除产品或过程中存在的问题以及与之相关的顾客不满和消耗利润的高成本（浪费）？"，突破性改进项目用来应对质量问题——未能满足内外部关键顾客重要需求。（其他类型的问题由其他类型的突破来解决。）精益、六西格玛、精益六西格玛、根原因纠正和其他项目需要作为提升当前绩效系统方法的组成部分。这些方法要解决的是一些经常出错的特定类型问题：

- 过多缺陷。
- 不当延误。
- 过长周期。
- 不必要的成本，来自返工、报废、延迟交付、顾客不满、退换货、顾客流失和商誉损失。

精益和六西格玛团队均是改进绩效的方法，基于项目和跨职能团队来提升当前绩效水平，都需要采用系统方法完成项目。

改进过程绩效的系统方法包括：

- 界定问题（由倡导者和执行委员会实施）。
- 测量（由项目团队实施）。
- 分析（由项目团队实施）。
- 改进（由项目团队实施，经常需要其他方面的帮助）。
- 控制（由项目团队和运营部门实施）。

实现当前绩效水平突破要运用这些方法。精益和六西格玛方法就好比将问题放到高精度和清晰度的显微镜下，使我们能够理解和控制输入变量和输出变量之间的关系。

组织可以选择采取何种"系统"来解决问题，包括："常规"武器系统（质量改进）或"核"武器系统（六西格玛）。常规武器系统针对很多问题十分有效，成本也低于精密而复杂的核武器系统。两种方式的投入产出比都十分可观，但如果顾客要求最高的质量水平，那么六西格玛方式更为妥当。

当前绩效突破解决的问题包括过多缺陷、过度延误、过长周期以及过高成本。

文化突破

众多改进的达成将在组织内部形成改进的习惯。每项改进都在缔造一种质量文化，积累起来就能够：
- 创造一套支持组织目标和氛围的新的行为标准和规范。
- 向各职能和层级灌输引导组织行为和决策的价值观和信念。
- 决定组织的文化模式，如风格（例如正式与非正式，灵活与僵化，友善与敌意，创业/冒险与被动/避险，奖优与罚劣）、内外部合作的程度以及热情/士气的高低。

绩效突破体现在文化方面就是对这一基础问题的回答："如何营造一种鼓励组织成员共同朝向绩效目标积极迈进的氛围？"

随着员工长期目睹领导者"言行一致且坚持不懈"，文化变革会自然发生。然而组织尚未达成持久的转型变革，仍有需要解决的问题：
- 评估组织的愿景、使命和价值观。
- 新员工入职引导和培训实践。
- 奖励和认可政策及实践。
- 人力资源政策与管理。
- 质量和顾客满意方针。
- 对顾客及其满意的高度承诺。
- 致力于持续改进。
- 标准和行为规范，包括伦理。
- 不"神化"任何人、事和业务内容。
- 社区利益和公共关系。

文化对组织绩效有着巨大影响，组织文化决定了对与错、合法与非法、可接受与不可接受。因此，文化的突破对实现绩效突破有着深远影响。这也可能是最难、最耗时的突破，也遭到广泛误解，而且努力常常会失败。

文化突破意味着：(1) 创造一套行为标准和支持组织目标的氛围；(2) 向各

职能和层级灌输引导组织行为和决策的价值观和信念；（3）决定组织的文化模式，如风格（正式与非正式，灵活与僵化，自上而下的权威与参与式合作，管理驱动与领导驱动，等等）、组织的等级制度（各职能的相对地位）和奖励结构（奖励哪些人的哪些行为）。

规范如何形成？

社会中的新成员——家庭中的新生儿或者职场中的新员工——会受到为人处世方面的详细教导。简言之，这些新成员会接受特定社群行为规范和文化模式的教导。后来，他们会发现遵循这些规范和文化模式会令人满意并得到奖赏，而抵制或违反将令人失望，因为会招致反对、谴责甚至惩罚。如果个体长期接受相对一致的奖惩模式，那么得到奖赏的信念和行为将逐步内化为个人规范、价值观和信念的一部分，持续遭到反对和惩罚的行为将逐渐杜绝。个体就这样被社会化了。

规范如何改变？

要注意的是，社会化的过程需要坚持数年。这一点是成功变革组织文化的重要前提，必须为变革推进者如高层管理者所理解和预见。旧的文化模式必须消除并代之以新的模式，这需要时间和矢志不移的努力。这就是现实。人类学家玛格丽特·米德（Margaret Mead）关于习得新行为和信念有如下观点：

> 鼓励习得新行为和态度的有效方式是持续一致地及时给予人们某种形式的满足感，包括具有一致性的赞美、认可、优待，提高社会地位，增强群体归属感或物质奖励。当所期望的变化进展缓慢时，这样做就尤其重要——就像营养变化带来的好处，果园采取新的种植方式带来产量增长一样，需要数月甚至数年的时间。此时新的行为和结果之间就存在缺口，未充分显现的结果无法强化行为，这种情况下就必须用其他方式填补。

她接着阐述：

> 尽可能长期处于新行为令人满意而旧行为不令人满意的情境下，则新行为和态度得以习得。

> 对个体来说，在心理上可以获得的新信息如果与习惯的行为、信念和态度相悖，则不会被感知。即使个体被迫意识到新信息的存在，也会合理化拒绝，甚至马上忘记。

由于个体的行为、信念和态度是与其文化群中的成员共有的，那么在改变特定个体某一方面行为前，可能有必要改变整个群体的目标或行为系统。这对于高度需要群体接受的个体——无论是由于其心理构成还是社会地位——尤其如此。

为实现有效的文化突破，各层级的整个管理团队必须共享、力行并不断强化所期望的新的文化规范和行为模式——这些规范必须一以贯之、长期坚持。

不要指望通过印刷材料、演讲或劝告等形式发布和宣贯组织所声称的价值观，就能轻易改变文化规范或模式。实际的文化规范或模式可能与公开发布或宣称的价值观截然不同，就好比实际的影响力与组织结构图是两回事一样。（不管官方如何宣称，新员工很快就会知道人是什么样的人、事是什么样的事。）

强力的领导者和管理者通过个人的人格魅力和承诺，借助奖励、认可和有选择性的排除奖励，可以在短期影响追随者的行为。作者了解到有的组织在推行六西格玛等类似活动时，向员工发出以下信息：

> 组织不会告诉你相信什么，也不要求你相信我们的六西格玛行动，尽管我们希望你们能够这样做。然而，我们能够期待你对此采取特定行为。因此，请知悉我们希望你能够支持，至少不要阻碍或反对。今后，全力支持和参与六西格玛活动的人才能获得奖励和提拔。那些不支持、不参与的人没有资格获得加薪或提拔，他们会靠边站，甚至会被那些支持六西格玛的人取代。

这是相当强硬的表述，这种公司通常会在短期取得一些成果。然而，如果这些强力的领导之后离开而没能将新举措植入组织的文化规范和模式（达到个人将这些新价值观和实践根植于心的程度），那么在很多情况下这些新的推动力将因为失去持续稳定的支持巩固而消亡。

抗拒变革

奇怪的是，即使有这些巩固措施，变革——甚至有利的变革——也常常遭到抗拒。那些想要成为变革的推动者们需要理解抗拒的本质，并懂得如何预防和克服。

前述控制图的例子曾得出结论认为，对变革的抗拒主要源于提出或推动变革时对工厂文化模式的扰动。那些在当前社会或技术系统中游刃有余且舒服自在的人不愿舒适状态被打破，尤其是被"不具备合法性"的变革打破。

当群体中导入技术或社会变革时，群体成员马上会担忧在新体制中的安全状态和舒适水平可能不同于或更差于当前体制。出于对可能无法适应或失去地位的恐惧，他们的自然反应便是抗拒变革。群体成员在当前体制下有太多的既得利益，新体制将不仅要求他们甘愿放弃当前体制，还要求他们拥抱不确定、不可预知的新行为方式。这是很苛刻的要求。令人惊讶的是，哪怕是微小的文化规范偏离也会使社会成员感到不安。

抗拒变革的表现是什么？

有些抗拒是紧张、激烈甚至暴力的。朱兰博士曾举过一些例子：当14世纪的欧洲天文学家提出日心说宇宙观假设时，极大冒犯了当时流行的地心说宇宙观，他们的先辈、宗教领袖、祖父母、父母已经将地心说的信念代代传承。（况且，在晴朗的天气下，人们用自己的肉眼就可以看到太阳正在绕着地球转。）对这一新的"荒谬"而不可接受的想法的反应是迅速而暴力的。如果日心说是正确的，那么所有地心说的信奉者就是不正确的——这是不可接受、没有合法性、执迷不悟的观念。相信新思想需要拒绝和放弃旧思想，但旧思想在文化中根深蒂固。所以这些"亵渎神明"的天文学家最后被烧死在火刑柱上。

朱兰博士提到的另一个例子是：20世纪40年代，当铁路上的蒸汽机车升级为内燃机车时，遭到美国铁路工人的反对。他们抗议称，将满满一火车的人员或宝贵货物完全交给内燃机车所需的一名司机是不安全的，甚至是不道德的。机车"一贯"是由两个人操作的，司机负责驾驶，锅炉工负责烧火。假如其中一位出了什么问题，另一个人还可以接手。而假设内燃机车的司机突发心脏病而死亡该怎么办呢？当时的抗议非常激烈，最后达成的协议是在内燃机车上保留锅炉工的岗位。当然，铁路工人真正抗议的是将给他们的地位和工作可能造成的损失。

有助于实现文化转型的规范

文化转型需要高度支持的员工。特定的文化规范可能有助于创造所需要的支持。如果这些规范尚未成为组织文化的一部分，那么需要采取一些文化突破以植入这些规范。这些具有推动作用的规范包括：

• 坚信产品或过程的质量与产量相比，至少同等重要，很可能更重要。这种信念推动做出关注质量的决策：缺陷品不会流到下一工序或外部，长期偏差和延误会得到纠正。

• 坚定不移满足顾客需求。每个人都知道自己的顾客是谁（那些接收自己工作成果的人），知道自己在满足顾客需求方面做得如何。必要时，组织成员要放弃一切全力以赴为顾客提供帮助。

• 坚定不移追求更高目标和持续改进。改进产品或过程的经济机会总是存在。持续改进的组织要跟上甚至超越竞争对手。

不持续改进的组织会落后于人，变得无关紧要甚至更糟——淘汰出局。如果实施得当，六西格玛产品设计和过程改进能够造就精湛而经济的设计和近乎零缺陷的生产过程，从而赢得顾客满意并大大降低成本。由此带来的销售收入和成本节约直接反映在组织的利润中。

- 顾客导向的行为准则和道德准则。准则要公开发布，培训新员工，并纳入绩效评价和奖励分配中。所有人都要按照准则来行事和决策。各级管理者要不断强化准则。准则适用于所有人，包括董事会成员——可能主要也是针对他们，鉴于他们的权力会影响他人。
- 坚信持续的适应性变革不仅可取而且必要。组织为保持生存必须建立一套系统，来发现社会、政府、国际或技术方面会给组织带来影响的趋势。此外，组织也要建立和维持能够快速、有效应对新发现趋势的架构和流程。

鉴于当今快速变化世界的趋势预测难度，组织拥有适当的过程和架构并发挥作用至关重要。如果组织没能了解并适应趋势，那么可能会无意间突然落后，并最终被扔进历史的垃圾桶。世界上那么多满目疮痍的废弃工厂都在诉说着跟不上时代步伐就会被淘汰的悲惨故事。

方针和文化规范

方针是管理行动和决策的指导。组织手册通常是从组织的质量方针阐述开始的，强调组织成员要重视生产高质量产品，而不只是关注产量。（"高质量产品"意味着以最低成本和最少缺陷、延误和偏差满足关键顾客需求的产品、服务或信息。）高质量产品带来顾客满意、销售收入、重复购买和较低的质量成本（不必要的浪费）。用一句话来说就是推动质量改进的理由。组织质量手册中还包括价值观的阐述，以强化对实现"质量文化"和最终绩效突破至关重要的文化规范和模式。

切记作为决策指南的价值观阐述如果被忽视和不加以执行，就会变得毫无价值，除非只是作为短期欺骗顾客和员工的手段。但是，可以确定的是，顾客和员工很快就会发现真相，并对所谓的质量方针不屑一顾，这将重创整个组织和管理层的信誉。

人力资源和文化模式

人力资源对强化文化规范起到重要作用，发挥作用的途径包括：

- 招聘。招聘广告中包括所需人员特征（如可靠、活力、主动、创新、分析能力等）以及组织特点（如服务导向、顾客导向、致力于打造世界领先的质量水平、进取、世界级、公平机会等）。组织的价值观往往在这些信息中体现。
- 引导和培训。向新员工介绍组织时，通常会包括着装要求、行为、态度和合作方式等。
- 发放员工手册。发放给新员工及每年发放给所有员工的手册中，都会包括组织历史介绍、惯用的方针和实践、对组织成员的期望等。所有这些主题直接或间接阐释着组织的正式文化。
- 奖励和表彰。在快速变化的世界中，管理团队常常就应当鼓励哪类员工行为而犯愁。当一种行为得到奖励后，就会强化嵌入行为中的文化规范。奖励应该引导受奖者做出更多此类行为，同时也带动其他人这样做。
- 职业生涯和晋升。观察组织中晋升的那些人，可能会发现要么其行为符合这种背景下的传统文化规范要求，要么其行为与组织变革所期望的文化规范相一致，比如开展六西格玛活动。在前一种情况下，管理者希望维持当前文化；在后一种情况下，管理者希望实现文化突破，并建立至少有所改变的新文化。两种情况中，晋升人员与组织文化的关系是提拔考虑的重要因素。

敏捷可持续性突破

敏捷可持续性一词，描述的是组织能够长期做好准备，以快速有效应对不可意料的变化。

实现敏捷可持续性突破需要：
- 建立相应的架构和过程，以揭示和预测可能给组织带来机会或威胁的变化或趋势。
- 建立评估环境信息并交由合适人员或职能部门采取行动的过程。
- 参与创建开展迅速适应行动的组织架构，以尽可能把握机遇趋势，避开威胁灾难。
- 对"如何让组织做好准备以快速有效应对不可意料的变化"做出回应。

与所有开放系统一样，组织的生存依赖于发现和应对内外部机会与威胁的能力。为发现潜在的威胁和机会，组织不仅需要收集正在发生的数据和信息，还要揭示数据所隐含的对于组织的意义和影响。最后，组织必须采取适当行动以最大限度减少威胁并充分利用从数据和信息中发现的机会。

要做到这些，需要适当的组织架构（如情报职能、采取自适应循环、"大数据或信息质量委员会"）和数据质量体系。信息质量委员会主要负责收集"市场之声"。数据被定义为"事实"（如姓名、地址和年龄）或"用数值和单位表述的有关现实情况的测量值，可以作为组织有效决策的依据"。这些测量值只是信息的原材料，信息被定义为"对问题的回答"或"数据经分析后所揭示的意义"。在作者看来，当今的组织似乎往往充斥着数据，却缺乏有用信息。即使组织拥有各种各样的数据库，但数据质量及其决定的组织面对问题说出真相的能力让人怀疑。

管理者们对报告的可信度提出异议，尤其是在数据中包含不利信息的情况下。部门负责人会质疑财务报告和销售数据的准确性，尤其是当反映出不利消息时。

通常情况下，针对同一问题，不同数据库会给出不一致或矛盾的答案。这是因为每个数据库的设计是为了回答独特话语体系下的问题，或基于特定部门或职能而非所有职能所采用的术语定义。数据常常被存储在孤立的暗箱中，不在可能从中受益的其他职能人员的视线内。如果数据不可得或不可信，那么任何依靠数据制定战略或运营决策的人都会变得束手无策。好比内科医生如果无法获得 X 射线和检查结果该如何诊治？销售团队如果不知道与竞争对手相比的产品销售情况该如何策划促销行动？同样是这群销售人员，如果明知已经有能够解决他们问题的数据库，但只由组织中其他人员排他性地使用，该怎么办？显然，如果无法获得必要数据或所获数据不可信，那么适应性突破就非常困难。对于一些组织来说，最新和可信的数据至关重要，它们会竭尽全力获取有用信息。然而，尽管付出了相当的努力，很多组织仍然长期受困于数据质量问题。

敏捷可持续性的路径和前提

实现敏捷可持续性突破需要组织架构和过程做到：
- 发现内外部环境中给组织带来潜在威胁或机会的变化或趋势。
- 分析和评估信息。
- 将提炼的信息交由组织授权的职能或个人采取行动，规避风险和抓住机会。这是一个持续不断的重复循环。

这一循环可以更精确地概念化为螺旋，因为它不断旋转，永不停止（见图 2-3）。为启动循环并创造适应性突破，需要采取一些必要行动。尽管每个先决条件都是必要的，所有的先决条件是充分的，但其中最关键的可能就是信息质量委员会和数据质量体系。一切都源于及时可靠的数据——这些数据能够真实反映对组织至关重要的各方面现实。

敏捷可持续性突破的前提
- 领导力与管理。
- 组织与架构。
- 当前绩效。
- 文化。

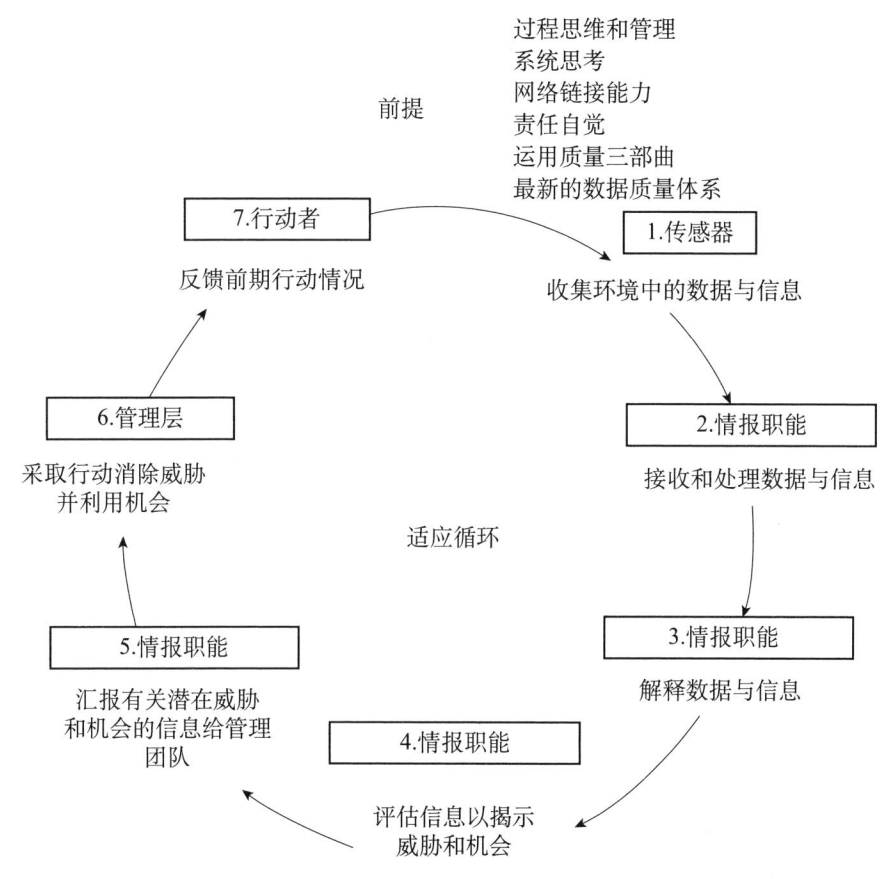

前提
过程思维和管理
系统思考
网络链接能力
责任自觉
运用质量三部曲
最新的数据质量体系

7. 行动者 → 1. 传感器
反馈前期行动情况　　收集环境中的数据与信息

6. 管理层 → 2. 情报职能
采取行动消除威胁　　接收和处理数据与信息
并利用机会

适应循环

5. 情报职能 → 3. 情报职能
汇报有关潜在威胁　　解释数据与信息
和机会的信息给管理
团队

4. 情报职能
评估信息以揭示
威胁和机会

图 2-3　适应循环——组织发现和应对威胁与机会

资料来源：De Feo and Barnard. 2004：291.

敏捷可持续性循环路径

情报职能部门从内外部环境中收集数据和信息，至少我们需要了解以下基本情况。

关于内部环境

- 测量和数据系统的过程能力。
- 关键重复过程的过程能力。
- 关键重复过程的绩效（人力资源、销售、设计、工程、采购、物流、生产、仓储、运输、财务、培训等；产量、缺陷类型和水平、周期时间）。
- 造成最重要绩效问题的原因。
- 管理仪表盘信息：计分卡（目标的绩效分解）。
- 内部成本和不良质量成本（COPQ）。

- 组织文化特征（多大程度上支持或阻碍组织目标）。
- 员工需求。
- 员工忠诚度。

关于外部环境
- 当前和未来的顾客需求（当前和潜在的顾客希望从组织或产品中获得什么）。
- 理想的产品（物品、服务和信息）设计。
- 顾客满意度。
- 顾客忠诚度。
- 可能影响组织的科学、技术、社会和政府趋势。
- 市场调研和对标发现（与竞争对手比较；与最佳实践比较）。
- 现场情报调查发现（产品和服务在使用中的表现）。

组织可以在上述清单中添加涉及切身利益的其他信息。清单可能看起来很长，取得所有这些信息可能成本高昂，组织可能会觉得过多或不必要而弃之不顾。然而，组织要生存下去，别无选择，必须定期收集这类信息。值得庆幸的是，组织中已经存在部分常规控制和跟踪程序，收集了大量此类数据和信息。鉴于忽视重要信息的后果，收集其他那些信息的必要性就不言而喻了。

有关内部事务的信息通过常规的生产和质量报告、销售数据、应收账款和应付账款报告、月度财务报告、出货量、库存及其他标准控制和跟踪措施收集。此外，还可以通过专门设计的问卷——书面或访谈形式——洞察诸如员工态度和需求这类事项。市场上有大量可供采用的调查工具。如果组织开展了六西格玛活动，则关于测量系统和重复过程能力的研究就已经是常规做法了。即使组织未开展六西格玛活动，这些研究也是一般质量体系必不可少的一部分。计分卡在开展年度战略规划和部署的组织中广泛应用，为管理者提供了一个"仪表盘"，显示特定领域出现问题的警告。来自质量改进团队、六西格玛团队和其他执行年度战略业务规划项目的运行总结报告是极佳的"经验教训"来源，也为未来项目提供参考。持续推进不良质量成本（COPQ）研究的可用工具和技巧有很多，COPQ的研究结果能够识别需改进的特定领域，能够有力驱动新的突破项目。总之，用于收集组织内部职能信息的材料和工具广泛且易用。

收集有关外部环境的信息在一定程度上更为复杂。一些方法的应用需要大量的专业知识并且小心翼翼。比如确定顾客需求听起来简单，但实际上需要一些专业知识才能很好完成。首先是要积极主动。需要亲自接触潜在和当前顾客，并询问他们的需求，即他们希望从产品、服务或信息中获得的收益。很多受访者会将他们的需求描述为待解决的问题或产品特征，而这类回答必须转化为描述受访者想要获得的收益,而不是他们需要解决的问题或产品特征。确定当前和未来产品或服务的理想设计也有现成的工具和技巧。获得这些技能需要大量培训,但回报巨大。这些方法包括质量策划、六西格玛设计(DFSS)、TRIZ(俄罗斯人开发的用于预测未来顾客需求和产品特征的方法)。调查通常是为了感知顾客满意情况,"感知"是尽可能去洞察顾客的感受和看法。这些调查如能揭示不同认知模式则很有用,这时样本中很大比例的人群针对给定问题会给出非常赞同或不赞同的回应。即便如此,调查结果也很难被视为"数据",虽然在严谨的情况下有一些用途。调查研究方法的局限性在于调查结果是模糊的。(比如评分"2"和"3"之间到底有什么区别?而且受调查者可能在上午 8 点和下午 3 点针对同一个问题给出不同回答。)(某个月的满意度分数比上个月高,但如果两个月调查的对象不是同一批人,可能也不具有意义。即使是同一批调查对象,前面提到的质疑也仍然是存在的。)

测量顾客"满意度",或者更准确地说顾客对所获产品或服务的具体反应,更有效的方法是顾客忠诚度研究,由经过专门培训的访谈者每隔六个月左右亲自对同一群人进行调查。这种研究结果定量且可视化,大大优于顾客满意度调查。访谈者使用精心设计的标准化问题认真询问当前和以往顾客对组织产品和表现的看法,并根据回答进一步追问和澄清问题。从回答中,可以获取大量有启发意义的信息并生动展示。通过这些你不仅可以了解产品或服务的哪些特性给顾客带来满意或不满,还可以知道在多大程度上改进某项缺陷(如延迟交付)能够重新赢得流失的顾客。再如:

你可以将特定类型改进所带来的销售额(数量和收入)图示出来,这样就知道哪些"坏事"最好改进,以及改还是不改带来的财务结果。顾客忠诚度研究带来的结果,能够有力驱动战略和战术规划以及突破性改进活动。

要发现可能影响组织的科学、技术、社会和政府趋势,只需要大量查阅行业出版物、杂志、新媒体、网站等,并尽可能关联起来。组织可以将常规的情报收集工作转包,然后获取所关注重要事项的每周信息摘要。尽管体现趋势的信息来源有很多选择,但在是否需要获取这类信息上别无选择。这里的诀窍就是从看似无用的信息中筛选出有用的信息。

组织情报职能的基本任务就是提供本组织产品或服务的销售和绩效表现,以及与当前和潜在竞争对手对比的销售情况。市场调查和现场情报方法是商业领域的标准做法,相关的书籍很多。

很多组织采用标杆学习法收集世界级最佳实践的信息。它们研究重复过程的内部工作原理,如设计、仓储、油井操作和邮购销售等几乎所有事情。所研究的过程没必要都是竞争对手的,而需要研究最佳的(有效、高效和经济)。标杆学习是典型的情报收集工作，也常常外包给专门从事对标的组织。收集的结果通常公开发布并分享给所有参与者。当组织发现最佳实践，可以与自身绩效进行对比，发现差距并识别突破机会。

完成适应循环将使组织能够达成适应性突破，从而实现可持续发展。忽略某个突破可能短期不会带来问题，但长期一定会。2008年经济危机横扫全球经济，有很多过去我们认为市场领先的组织——在行情好时——在危机期间走向没落，要么被兼并，要么破产。为什么这么多组织陷入困境？我们的理论认为，尽管这些组织擅长回应顾客需求，但没有看到社会的需求。这就导致信息缺失，而如果有的话将为它们提供足够应对时间以渡过危机。为避免悲剧再次发生，打造一个运转良好并具有适应性的组织将在遭遇逆境时表现更好。

可持续性

这一突破的第二部分是可持续性。可持续性有两层重要含义：一是将转型变革的成果保持下去，二是从环境的角度确保组织是可持续发展的。在出版时，我们认为将只关注长期结果。

可持续性要回到基于信息委员会的发现所进行的年度绩效评估，有了这些信息，领导者就能够调整组织以确保持续引领顾客，实现基业长青。

朱兰变革路线图

朱兰变革路线图由五个阶段组成，每一个都对应本章所讨论的突破。每一个阶段都是独立的，但其起点和终点并不是那么泾渭分明。每个组织对变革的反应各不相同，这意味着组织中某个业务单元可能比其他业务单元处在一个阶段的时间更长。这些阶段只是管理变革的指南，而不是药方。

变革模型和路线图的五个阶段可见图2-4。路线图的起点是决定阶段。这一阶段开始于管理团队的成员决定必须采取一些措施，否则组织无法满足股东期望、无法完成计划，这一阶段结束于提出一套清晰的变革方案。

在决定阶段，组织将需要获取新信息，或比已有信息更好的信息。这些信息可来自大量的评审或评估。我们的经验表明，组织拥有的新信息越多，变革策划得越好。一些需要评审的重点领域包括：

- 开展顾客忠诚度评估，以确定顾客对产品或服务的喜好和意见。
- 识别组织绩效中的强项，发现可能存在的问题。

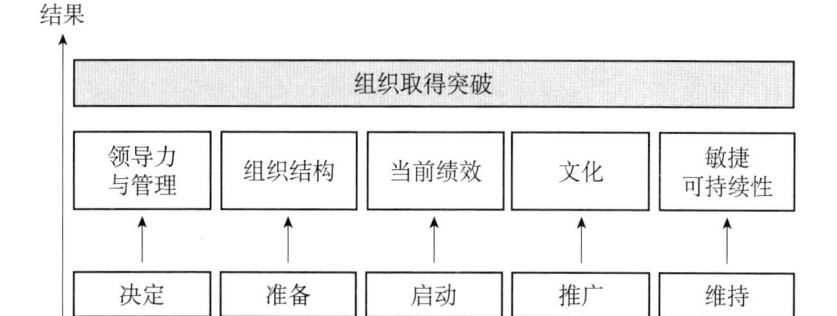

```
结果 ↑
┌─────────────────────────────────────────────┐
│              组织取得突破                    │
├──────┬──────┬──────┬──────┬──────────────┤
│领导力│组织  │当前  │文化  │敏捷          │
│与管理│结构  │绩效  │      │可持续性      │
└──↑───┴──↑───┴──↑───┴──↑───┴──↑───────────┘
┌──────┬──────┬──────┬──────┬──────────────┐
│ 决定 │ 准备 │ 启动 │ 推广 │   维持       │
├──────┴──────┴──────┴──────┴──────────────┤
│            朱兰变革路线阶段                 │
└─────────────────────────────────────────────┘
                                          → 时间
```

图 2-4 朱兰路线图和突破

- 了解员工对所倡导变革的态度。
- 了解关键业务过程及变革会给其带来的影响。
- 进行不良绩效过程成本分析,以确定这些成本对利润的影响。
- 对所有业务单元实施世界级质量评估,以了解每个单元所需的改进水平。

在变革启动前对组织进行全面的评审对于取得成功是必要的。我们介绍一个推荐给所有推行六西格玛变革行动组织的典型评审。从这些评估和评审中,管理团队获得组织实施变革方案的定性和定量信息。

部署计划必须包括以下内容:
- 推动变革所需的基础设施。
- 实施过程中会用到的方法论和工具。
- 行动的目标和目的。
- 实现结果的具体里程碑。

> 这一阶段所实现的是领导力与管理突破。

第二阶段是准备阶段。在这一阶段,管理团队开始为即将到来的变革做准备。本阶段聚焦于开展试点工作,在整个组织推行前先在一些业务单元进行变革。

这一阶段开始于部署第一阶段形成的方案,结束于在第三阶段成功启动试点项目。从本阶段起,组织开始识别为满足第一阶段确立的期望目标所必须实施的改进项目。随后启动试点项目,评估项目进展,确保项目成功。在试点项目完成后,管理层评估哪些措施有效、哪些措施无效。接下来,管理层决定或者放弃先前的努力,或者修改方案并推广到整个组织。

组织可采取以下行动:

- 识别组织绩效中的强项，发现可能存在的问题。
- 识别价值流和需要改进的关键业务过程。
- 选择多职能部门试点或开展示范项目并建立项目章程。
- 建立培训方案和一系列学习活动以培训团队。
- 与员工沟通本阶段所采取的步骤。

这一阶段所实现的是组织结构突破。

第三阶段是启动阶段。在本阶段，管理层开始在一些业务单元开展示范项目。每个项目都需要项目章程、团队和有效启动，评估进展并在成果达成前保持胜局。这一阶段的长短取决于项目数量和预期结果。对大多数组织来说，其应在一年以内完成本阶段。随着每个项目结束、成果达成，领导者可以总结经验教训并启动更多项目。

这一阶段所实现的是当前绩效突破。

根据组织的规模，推广阶段可能持续数月或数年时间。在整个组织部署方案时，一个500人的组织比50 000人的组织所花的时间要短。推广阶段需要三到五年时间。要注意的是，积极的财务结果可能早在文化变革完成前就出现，所以长期处于推广阶段并不是件坏事。组织必须逐个业务单元实施变革方案，直到花了足够的时间实施期望的变革。

这一阶段所实现的是文化突破。

当组织实现充分整合运营时，最后一个阶段就是维持阶段。所有改进和六西格玛目标都与组织的战略整合。关键业务过程得到界定和良好管理，并安排了相应的过程负责人。员工绩效考核和薪酬与所需变革一致，顺应变革的人员会得到奖励。管理层和业务单元负责人定期开展变革过程评估和审核，这会带来关于组织战略的讨论甚至变革。

组织对自身能力和顾客有更多了解，这会引领战略变革。

维持阶段长期持续伴随组织不断实现战略和财务目标。与预期结果的偏差（可能是由于组织外部宏观经济事件造成的）需要对计分卡进行评估以确定发生了什么变化。在此基础上，组织将进行调整，努力保持当前水平。

这一阶段所实现的是敏捷可持续性突破。

实施变革路线图的经验

当你开始迈上变革之路时，要注意从那些在变革初期就遭遇失败的组织获得启示。这些失败通过适当的规划可以避免。这些启示包括：

- 所有组织及其业务单元在绩效成熟度上处于不同水平。
- 倡导者和内部专家（如六西格玛黑带）作为驱动者可以推动组织实现更好绩效和最佳水平。
- 对所有员工进行工具和方法的广泛培训能够确保学习起作用并将所学工具用于改进绩效。
- 建立共同话语体系并实现当前绩效成果需要系统应用和部署经证实有效的方法论，如六西格玛改进（DMAIC）和设计（DFSS）。
- 首先聚焦顾客改进能够降低成本，满意的顾客能够带来利润结果的突破。
- 组织只有改进影响顾客的过程和服务，才能实现顾客满意度的大幅提升。
- 组织成功实施计划离不开管理团队的领导力和全力以赴，他们控制着资源和实现文化变革的沟通。

有了变革路线图和启示，所有组织都应该能够实现面向未来的可持续发展。假如越来越多的组织开始采取这种积极的、以顾客为中心的变革举措，我们就能构建一个新的全球社会——减少对这些年来构筑的质量堤坝的依赖。

随着组织通过年度战略规划过程持续更新自己，这一改进循环就将会持续下去。如果不出现任何领导层变动或危机，组织将会不断取得卓越和可持续的结果。

参考文献

Bernstein, P. (1988). "The Trust Culture," *SAM Advanced Management Journal*, Vol. 53:3 pp. 4–8.

De Feo, J. A., and Barnard, W. W. (2004). *Juran Institute's Six Sigma Breakthrough and Beyond: Quality Performance Breakthrough Methods*. McGraw-Hill, New York.

Juran Institute, Inc., (2009). "Quality 101: Basic Concepts and Methods for Attaining and Sustaining High Levels of Performance and Quality, version 4," Juran Institute, Inc., Southbury, CT.

Katzenbach, J. R., and Smith, D. K. (1993). *Wisdom of Teams: Creating the High Performance Organization*, Harvard Business School Press, Boston, MA.

Kotter, J. P. (1996). *Leading Change*. Harvard Business School Press, Cambridge, MA.

Mann, D. W. (1994). "Reengineering the Manager's Role," ASQC Quality Congress Transactions 1994, American Society for Quality, Milwaukee, WI, pp. 155–159.

Mead, M. (1955). "Cultural Patterns and Technical Change." *Population Studies*, Vol. 8, No. 2.

Niedz, B. A. (1995). "The Blitz Team" IMPRO95 Conference Proceedings, Juran Institute, Inc. Southbury, CT.

Taylor, F. W. (1947). *The Principles of Scientific Management*, Harper and Row, New York.

（于洪波 译）

第 3 章

发展质量和卓越办公室 约瑟夫·A. 德费欧

本章要点	协调质量与卓越绩效的方法
未来办公室简介	办公室的角色
改进办公室绩效必要性的证据	从办公室转向面向未来的质量和卓越办公室
来自我们经验的典型发现	培养有能力的专家
操作性定义和关键术语	参考文献

本章要点

1. 质量和卓越办公室在战略和战术层面对驱动组织为质量和卓越绩效而奋斗发挥着重要作用。

2. 人们常常在产品质量管理和创造转型变革之间进行区分,这样组织内就会存在平行部门,进而导致业绩不佳。能整合资源并使用共同语言的部门是未来的最佳实践。

3. 质量和卓越办公室的作用、职责和组织方式由其使命驱动。这一使命确保了组织设计、控制并持续改进产品、过程及员工绩效,以满足顾客不断变化的需求。办公室在履行这一使命方面有着直接或间接的职能。

4. 办公室必须是驱动者——驱动组织在经营和整个组织层面推动质量和卓越绩效。

5. 组织需要有能力的专家,并基于整个组织的顾客需求进行培养,以促进其拥有所需的能力,从而实现卓越的质量和绩效。

6. 技能评估、教育和认证将缩小差距，并驱动当前的办公室自我转型，成为组织持续发展所需的办公室。

未来办公室简介

计算机科学公司（Computer Sciences Corporation，CSC），作为世界上最大的技术解决方案和外包组织之一，对未来的办公室是什么样的有自己的理解。达里尔·W. 博纳迪奥（Darryl W. Bonadio），作为黑带大师、微六西格玛（MSS）管理与改进主管，这样描述质量和办公室：

> 质量对计算机科学公司的每个人都很重要。质量必须成为一种文化态度，使我们的五项标准个性化：积极对话、自信的观点、结果导向、负责任、尊重客户。CSC的管理服务部门通过其全球流程创新和质量卓越组织来管理质量。这就是我们的办公室。我们实施的企业卓越计划通过解决三个重要原则来应对这一挑战。第一是卓越交付，这是质量原则、工具和方法的集成，以实现经营目标，促进客户宣传。第二是热情交付，在服务导向的环境中，敬业的员工是最有效的质量保证因素。第三，企业绩效管理为持续改进提供端到端的分析和反馈循环。

你的任务可能是在组织中定义并发展质量或卓越绩效办公室（有些人这样称呼它）。你甚至可能是质量总监或副总裁。你面临着组织和推动业务部门质量和卓越绩效的挑战。你可能正在思考并必须应对的关键问题包括：

- 这个办公室的角色是什么？
- 它的使命和职责是什么？
- 需要什么样的人员？
- 需要什么样的素养和能力？
- 如何培养有能力的专家来推动质量和卓越绩效？
- 办公室如何组织以培育并配置所需的职能？

这些问题是本章的动机。本章的一个基本目的是帮助读者提出正确的问题，并为组织定义和发展卓越的质量和绩效能力提供指导。

本章组织如下：

- 我们从关键运作的定义和术语开始。
- 然后，我们讨论协调质量与卓越绩效的方法、质量与卓越绩效办公室的角色和职责。

- 我们提供如何组织质量与卓越绩效办公室的指导。
- 我们展示一个关于全球性组织中质量与卓越绩效办公室如何组织的例子，包括组织图、工作简介和各种质量功能的描述。
- 最后，我们用应对培养有能力的专家以驱动质量与卓越绩效这一以顾客为中心的方法来结束本章。我们通过描述技能评估、再教育和认证要求来说明这一方法。

改进办公室绩效必要性的证据

朱兰研究院开发了办公室人员能力和技能评估模型并定期进行评估。评估的结果使我们及我们的客户坚信变革是必需的。以下是该评估及其结果概述。

朱兰研究院的质量和卓越绩效技能评估有8个步骤。自1994年以来，我们一直在进行这项评估并跟踪结果。我们的发现使我们进一步认识到提升质量专业人员技能的必要性，也促使我们帮助缩小这一差距。这8个步骤是：

1. 回顾技能问题和组织的能力模型以识别组织的需求和内部顾客。
2. 用组织的术语来翻译和编辑能力问题。
3. 围绕7个关键主题领域制定能力问题：评估和检查；批判性思维；过程控制；质量理论；根原因分析；统计和数据分析；团队合作和指导。
4. 运用上述能力问题进行书面和口头评审。
5. 按照问题（回答问题的有效性）和个人（每个人的口头和书面评审分数）总结结果。
6. 将员工技能的回应与行业最佳实践技能对比。行业最佳实践技能由朱兰研究院进行的多项评估得分所定义。
7. 分析、解释、总结研究结果并提交管理层。
8. 制订培训和发展计划来弥补差距。

采用1至5分的固定量表对参与者的回答进行评分：

1分——没有回应或者回应非常差。

2分——回应弱或不佳。

3分——回应可接受但细节很少。

4分——回应有力，有细节。

5分——非常有力、出色、详尽、可理解的回应。

来自我们经验的典型发现

优势

1. 大多数受访者都对他们组织的产品、技术、工作领域和项目非常精通。
2. 大多数人都明白质量和卓越绩效的重要性,这是满足顾客和获得卓越结果的手段。
3. 从最低级别到主管级别,能力和技能(分数)随着工作级别的增加而提高。
4. 几乎百分之百的受访者认为这项评估是一项受欢迎的活动,可以帮助他们认识到办公室需要继续教育。

改进机会

1. 在这 7 个类别中,有三个方面的得分总是很低:
   a. 根原因分析图形工具。
   b. 数据分析和基本统计。
   c. 质量管理方法与理论。
2. 超过 75% 的质量专业人员不了解质量管理的历史、方法和早期实践者,如戴明、休哈特、朱兰。
3. 许多低级别工作层面的质量专业人员缺乏组织质量和卓越绩效(Q&PE)能力模型要求的质量方法和工具的知识,甚至一些基本的知识。
4. 超过 70% 的人回答了口头和书面的问题,全部不令人满意。
5. 我们的经验表明,一些员工在对质量管理工具和技术的知识的掌握有限的情况下(见总结图表),可能无法推动质量与卓越绩效或工作领域的改进。
6. 许多人无法清晰地回答口头问题,他们很难清楚而准确地表达自己的意思。有些人回答了没有被问及的问题,表现出没有倾听或者没有理解所问问题的样子。

作者认为有必要进行改进,一个改善办公室人员绩效的项目已经就绪。

操作性定义和关键术语

质量和卓越办公室

传统上,该办公室的职责是确保建立和生产满足顾客特定要求的优质产品与服务所需的职能。这个办公室有各种各样的名字，然而最常见的是被称为质量或质量保证部。在受监管的行业，如制药或医疗器械行业，它通常被称为 QA/RA，是质量保证（quality assurance）/监管保证（regulatory assurance）的缩写。在国防工业中，常被称为任务保证或者质量和任务保证。在其他行业，它可能被称为质量和安全合规。如前所述，本章中，该办公室传统上有限的作用正面临挑战。办公室的现代定义拓展到经营层面，称为卓越绩效办公室，本章稍后将对此进行讨论。

质量功能

质量功能是根据朱兰三部曲的三个普遍过程而进行的日常行动或活动：质量策划、质量改进和质量控制。质量策划活动包括供应商联合策划、设计或再设计过程、开发新产品或服务、设计评审、关卡评审和质量计划。质量改进活动包括问题解决、根原因分析、消除浪费或提升过程能力的项目。质量控制活动包括执行质量标准、实施源头检查、测试、过程检验、最终检验以及审核等。

这些功能可能不是仅由质量人员执行，通常需要整个组织员工（从业者社区）的参与和输入。

质量管理原则

ISO 9000 识别了 8 条质量管理原则，总结了办公室可以使用哪些方法引领组织实现卓越绩效。

1. 以顾客为关注焦点。组织依赖于顾客，因此应当理解顾客当前和未来的需求，满足他们的要求并努力超越顾客的期望。

2. 领导作用。领导为组织确立统一的目标和方向。他们应当在组织内部营造并保持促进员工全身心实现组织目标的环境。

3. 全员参与。各层级员工是组织的本质，他们的充分参与使自己的能力服务于组织的利益。

4. 过程方法。当活动和相关资源作为一个过程进行管理时，可以更有效地实现期望的结果。

5. 系统的管理方法。将内部关联的过程作为一个系统进行识别、理解和管理时，有助于组织实现其目标的有效性和效率。

6. 持续改进。组织整体绩效的持续改进应该是组织的一个永久目标。

7. 循证决策。有效的决策基于对数据和信息的分析。

8. 互利的供应商关系。组织和供应商相互依赖，互利的关系增强了双方创造价值的能力。

质量管理体系

质量体系的正式定义可以在 ISO 9000 系列标准中找到。ISO 9000 将质量管理体系定义为"指导和控制组织质量的管理体系"。由于质量是整个组织范围的功能，因此质量体系也是整个组织范围的。虽然质量与卓越绩效办公室发挥了主要作用，但是质量体系的范围要大得多，因此可以由多个办公室"指导和控制"。

协调质量与卓越绩效的方法

控制与创造有益的变化

Gryna 等人（2007）指出，用于协调质量与卓越绩效活动的方法主要有两种形式：

1. 控制方面的协调由一线员工和行政部门完成，主要通过使用正式程序和反馈环。反馈环通常采用如下形式：对计划执行情况的审核、抽样以评估过程和产品质量、控制图及质量报告。

2. 创造变化的协调主要通过使用质量项目团队、六西格玛或精益项目团队、快速改进（或者改善）事件及其他组织形式来实现。

控制协调常常是办公室的关注焦点。然而，在越来越多的情况下，这种关注焦点是如此引人注目，以至于办公室无法在创造变化方面取得重大进展。因此，一些用于创造变化的"平行组织"已经形成。我们认为，这种演变之所以发生，是因为许多质量专家缺乏使用管理语言的技能。正如朱兰博士经常说的，"他们说的不是货币的语言，而是物质的语言"（Juran，1984）。

创造变化的平行组织

所有组织都致力于创造有益的变化，并防止不利的变化（"控制"）。创造变化的大部分工作由处理小的、类似的变化组成。一个例子就是新产品的不断推出，包括新的颜色、尺寸、形状等等。对于这种级别变化的协调通常可以通过仔细规划的程序来处理。

非常规和不寻常的变化程序通常需要新的组织形式。这些新形式被称为"平行组织"。"平行"指这些组织形式是在正规的"直线型"组织之外并与之同时存在。

实现质量和卓越绩效的平行组织形式的例子有过程团队、项目团队、卓越绩效指导委员会或理事会。并行组织可能是永久性的，也可能是临时的［业务流程团队或价值流管理（VSM）团队是永久性的；相反，六西格玛团队或精益快速改进团队是临时的，当任务完成后就解散。］

IT、财务和人力资源部门经常被要求制订计划来降低成本、改进流程、提高员工技能以提升质量。在某些情况下，它们成功了。在其他情况下，它们可能缺乏如何管理质量的知识，管理很快就会因缺乏结果而困顿。

在整个组织中推动卓越绩效是执行管理层的责任。卓越绩效不应该被视为办公室的责任，尽管它是实现卓越绩效的必要条件。然而，这个办公室应该被视为变革的领导者，以创造一个可持续的未来。是时候收回它了。

办公室的角色

传统上许多组织将质量职能集中到一个办公室（质量部）。在过去的几十年里，质量和卓越绩效的任务被分配给其他职能团队。例如，过程能力研究从质量部门转移到过程工程部门。此外，随着质量的定义从仅仅是运营（小 q）扩展到所有的活动（大 Q），大多数组织现在各个职能部门都有人员接受培训，并负责实施质量与卓越绩效。决策的权力现在下放到较低的层级。与关键供应商和客户合作正变得越来越普遍。此外，组织正变得更加扁平化，跨职能的工作团队和项目团队被用来解决绩效相关的问题。

那么，办公室应该扮演什么样的角色？办公室是否仅限于组织中的战术角色？办公室是否有或应该有战略角色？办公室的职责是什么？它应该拥有什么权力？许多研究人员和作者，如 Gryna（2002）、Crosby（2000）、Imler（2006）和 Watkins（2005）都讨论过办公室的角色转变，Spichiger（2002）和 Westcott（2004）还研究过质量专业人员的角色变化。办公室的角色最好从战术和战略两个层次加以讨论：

> 成功的战略执行既取决于当前满足客户的需求，也取决于未来取得卓越的绩效。我们继续使用朱兰三部曲来建立一个坚实的基础，以实现和维持 Builder Cabinet 集团（BCG）Masco 公司整个组织的突破。这使我们能够不断满足或超越当前顾客的期望，为未来开发创新的突破性产品和流程，最重要的是，为公司整个团队成员提供了实施行动战略的手段。作为办公室经理，我们会继续推动我们的绩效迈向可持续发展。［Steve Witting（六西格

玛副总裁），Masco，BCG2009］

战术层面

在战术层面，传统的角色过去是、现在仍然是对产品质量或服务质量进行独立评估。检查、测试、产品或服务审核就是例子。在这一角色下，办公室通常被认为限于支持运营，提供独立的评价，以确保不以不符合质量标准为代价来实现生产率目标。例子包括：

- 检验和检查。
- 产品测试。
- 供应商质量。
- 根原因纠正措施。
- 质量体系审核。

随着技术和组织需求的变化，办公室的角色必须超越这一传统观点。在战术层面，办公室应发挥作用，使组织各部门能够独立或与其他职能部门合作实施质量和卓越绩效管理。任务扩展的例子包括：

- 计算由于低质量而产生的成本，并基于此优化资源配置以降低成本。
- 进行非制造过程的过程能力研究。
- 在开发周期中尽早参与新产品的设计评审。
- 与供应链合作，提供供应商选择和持续的绩效评估。
- 监控客户满意度，建立并管理纠正措施流程。
- 参与工程变更过程。
- 通过建立过程中检查和员工自检来减少检查。
- 与职能部门合作进行防错。
- 参与改善或快速改进活动。
- 运用诸如统计过程控制等数据驱动的方法来监测绩效。
- 识别改进项目，如精益六西格玛项目。
- 整合环境、健康和安全项目。
- 培养能够与所有职能部门进行协商的熟练且称职的专家职能部门。

战略层面

在许多组织中，办公室通常被认为只是一个战术角色。许多组织没有很好地认识到办公室可以发挥有益的战略作用。然而，开明的组织已经认识到质量办公室的战略价值。它们认为办公室是一种战略资产，在形成、规划和实施本组织的战略、战略目标和业务计划方面起着关键作用。未来办公室的一种战略方法是将其视为"企业保障"(朱兰研究院白皮书,2008)。

以下是办公室需要在其中扮演重要角色的战略活动清单：
- 愿景、使命和方针制定。
- 协助高层管理进行战略规划和目标设定。
- 向高层管理人员推荐如何降低质量成本。
- 为组织提供最有效的方法和/或工具来降低这些成本。
- 参与年度业务规划以纳入改进目标。
- 解释质量如何影响社会责任和环境。
- 进行组织范围内的评估和策划以缩小差距。
- 进行组织范围内的变革和改进活动,如精益六西格玛。
- 进行主要业务流程的创新(如需求创造、产品开发、订单履行、供应链、人力资源管理流程)。
- 制定并展开平衡计分卡和数据系统,以支持所有关键业务流程、方针部署和改进工作。

这些角色与Gryna等人(2007)提出的观点一致,即办公室应该同时具有战术和战略角色。

从办公室转向面向未来的质量和卓越办公室

为了更好地理解责任,我们需要做一个重要的区分。质量和卓越办公室职能独立,其责任既有直接的也有间接的。我们将把这个新职能称为"办公室"。直接责任是办公室控制的那些活动和结果,因为它们是由向质量主管汇报的专职人员执行的。间接责任是指办公室对其有影响,但很少或没有直接控制的责任。间接责任是办公室让其他人(非质量人员)来承担的责任。该办公室为其他职能人员履行这些间接责任提供基础设施和手段。例如,执行过程控制计划以确保质量符合性,就是办公室使其他人员(在操作中)能够执行这一重要任务的例子。另一个重要例子是制定并部署变更管理程序以取得卓越绩效。此时,办公室既有直接责任,也有间接责任。直接——是因为质量人员是卓越绩效专家,间接——是因为其他职能部门挑选的非质量人员也是卓越绩效专家。这两个例子中,办公室在培养和使所有卓越绩效专家(如六西格玛和精益六西格玛绿带、黑带和精益专家)为组织改进做出贡献方面发挥着不可或缺的作用。

考虑其使命

谁应该领导办公室？管理水平如何？办公室向谁汇报？这些都是设立办公室时要问的重要问题，并且先考虑办公室的使命才能最好地回答。理想情况下，我们希望确保使命和相关的责任由相应的管理层级支持，并给予办公室适当级别的授权。权力必须与责任相一致，否则我们的办公室就会瘫痪，无法履行职责。

例如，在一个提供由大公司转包的客户关怀和呼叫中心服务的组织中，办公室的使命是通过提供这样的服务来促进财务增长：

- 使组织能够有效交付卓越的客户体验。
- 培育基于事实的领导和持续改进的文化。

毫不奇怪，在这个组织中，办公室由质量总监领导，他向首席财务官汇报工作。为了支持这一使命，办公室的职责反映了早些时候所讨论的办公室的战术和战略角色。这个办公室负责的职能是：

- 过程改进（六西格玛和精益）。
- 员工管理（呼叫中心容量预测、人员配备和当日员工管理）。
- 客户联系质量（电话和电子邮件质量）。

注：办公室应始终是执行管理团队的一部分或直接向其报告，以有效地领导卓越绩效。否则该办公室将没有多少可信度。

规模和范围与其使命相一致

办公室应该有多大？为了确定规模和范围，我们必须考虑应该执行哪些质量职能，而不是办公室应该启用哪些职能。该办公室应最大限度地使本组织内其他人员尽可能多地履行质量和卓越绩效的职能。当办公室使其他人能够履行这些职能时，这些职能的过程所有权就会增加。近几十年的经验表明，实现质量和卓越绩效的最佳途径是通过直线组织，而不是通过员工部门。应该避免由精英组成的专家部门和采用"企业海鸥"的方法。[已故质量大师菲利普·克劳士比（Phillip Crosby）用海鸥做了这个类比。这里用它来说明效果。海鸥飞进你的区域，发出很大的噪音，当它们飞走后……留下一堆烂摊子！]

办公室应该计划使尽可能多的其他人实现我们所说的积极参与和自我控制，办公室：（1）清楚知道所期望的；（2）通过短的或即时的反馈环了解实际绩效；（3）有可用的控制手段和能力使实际绩效符合预期。

组成该办公室的团队或领域也必须符合其使命和责任。回顾呼叫中心的例子，组织结构图显示了向质量总监报告的区域（见图3-1），职责列于表3-1中。

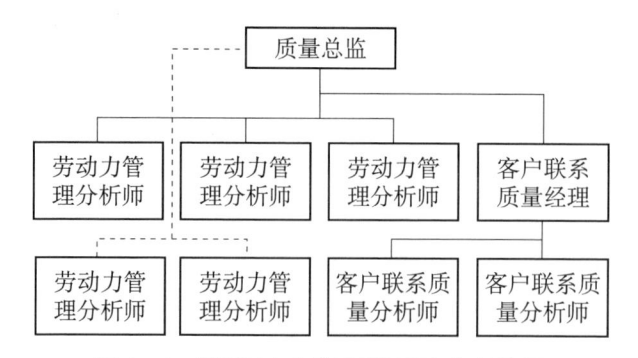

```
                    ┌─────────────┐
                    │  质量总监   │
                    └──────┬──────┘
     ┌───────────┬─────────┼─────────┬───────────┐
┌─────┴─────┐ ┌──┴────┐ ┌──┴────┐ ┌──┴────────┐
│ 劳动力管  │ │劳动力 │ │劳动力 │ │ 客户联系  │
│ 理分析师  │ │管理分 │ │管理分 │ │ 质量经理  │
│           │ │析师   │ │析师   │ │           │
└───────────┘ └───────┘ └───────┘ └───────────┘
┌───────────┐ ┌───────┐ ┌───────┐ ┌───────────┐
│ 劳动力管  │ │劳动力 │ │客户联系│ │客户联系质 │
│ 理分析师  │ │管理分 │ │质量分 │ │量分析师   │
│           │ │析师   │ │析师   │ │           │
└───────────┘ └───────┘ └───────┘ └───────────┘
```

图 3-1　某呼叫中心公司质量部组织结构图

表 3-1　某呼叫中心公司办公室职责

职位	职责
质量总监	• 研究、开发和执行组织范围内的精益、六西格玛、质量管理和过程改进工作 • 了解经营环境并确保部署计划的相关性和及时性 • 协助识别现有流程中的持续改进机会 • 与多个利益相关方合作，了解关键问题领域并与这些团队合作制定解决方案 • 培训和指导团队，在整个组织内推动改进方案 • 运用 DAMIC/精益方法驱动改进 • 在中层和基层管理层中推动六西格玛/精益文化的变革 • 理解精益的概念，识别并消除非增值的活动 • 实施持续的解决方案——建立所有必要的控制机制，如看板、评审程序和职责矩阵 • 向经理和运营部门汇报项目状态和结果 • 评审项目计划以建立适当的质量评估（指标计划）和改进方法 • 展示团队领导力，管理团队在 DAMIC 模型（定义、测量、分析、改进、控制）各方面的动力，保持六西格玛的原则 • 执行过程改进项目之外的其他活动，包括设定合适的度量标准来测量过程绩效、自动化计划、故障模式消除和预警系统等
劳动力管理分析师	• 有丰富的呼叫中心环境工作经验，对 Aspect eWorkforce 管理应用程序有深入了解 • 负责确保现有项目的最佳预测、人员配备和时间安排匹配水平，并预测未来的人员需求以支持客户联系质量经理的招聘工作 • 与项目总监紧密合作，评估日常缺勤、呼叫量变化等的影响
客户联系质量经理	• 负责管理整个组织的呼叫质量过程 • 与所有地点的团队合作，全面实施呼叫质量过程 • 与团队和客户一起进行呼叫校准 • 负责呼叫质量过程的所有报告和分析 • 与培训团队合作，确保培训经费集中在识别出的呼叫质量过程的特定需求上 • 直接与客户合作以确保他们的需求得到满足 • 每天站在客户的立场改进组织交付产品的整体质量

续表

职位	职责
客户联系质量分析师	• 负责支持多个客户的交互质量 • 负责电话审核、销售和客户服务培训，开发和激励一线代理商和管理层 • 以实例引导交互质量的价值和必要性

表 3-2 是为未来办公室建议的职位清单。头衔因行业、组织和文化而异。我们已经确定了最普遍的需求。

表 3-2 质量办公室的比较

现在的办公室	未来的办公室
质量副总裁	企业保证副总裁
质量保证总监	卓越运营总监
质量经理	倡导人管理者
质量工程师	质量工程师和黑带大师
质量审核员	审核员：质量、财务、安全、环境
技术分析师	技术：分析师、绿带、精益专家

举例：全球性跨国企业中办公室的组织

当组织是全球性的，有多个分支和区域在全球运作时，范围、规模和结构就变得更具挑战性。办公室应该集中到什么程度（而不是分散）？一个矩阵中应该有多少结构？向办公室主管直接汇报的关系相比间接的虚线汇报关系应当到什么程度？工厂质量经理是否直接或间接向当地工厂总经理汇报？

为了说明如何组织该办公室，我们将看一个全球跨国组织的例子。图 3-2 显示了一个在全球拥有多个地点和分支的全球组织的组织结构图。鉴于责任的本质，首席官（质量副总裁）向总裁和首席运营官（再由其向首席执行官汇报）汇报，这些总裁和首席运营官的权力级别足够高、与该办公室的全球责任相一致（见图 3-3）。该办公室的组织结构如图 3-4 所示。工厂级质量组织如图 3-5 所示。

办公室精心组织以在有重大机遇的地区推进全球标准（如减少供应商数量，为关键客户进行质量改进而提升全球协同），利用最佳实践（如通过维护精益六西格玛项目库和 FMEA 库来抓取工程经验），重振质量审核以强调持续改进。

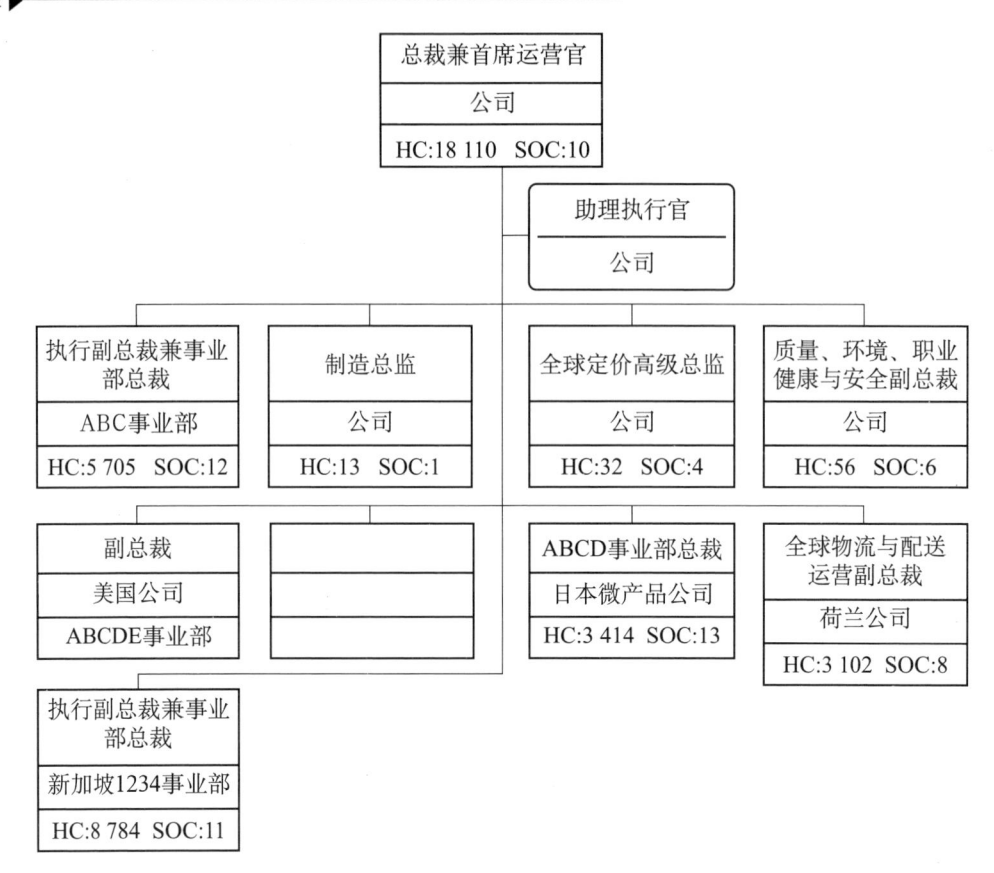

```
                    ┌─────────────────────┐
                    │  总裁兼首席运营官    │
                    │       公司           │
                    │ HC:18 110  SOC:10   │
                    └─────────────────────┘
                              │
                    ┌─────────────────────┐
                    │    助理执行官        │
                    │       公司           │
                    └─────────────────────┘
```

┌──────────────┬──────────────┬──────────────┬──────────────┐
│执行副总裁兼事业│   制造总监   │全球定价高级总监│质量、环境、职业│
│   部总裁   │   │   │健康与安全副总裁│
│ ABC事业部   │   公司   │   公司   │   公司   │
│HC:5 705 SOC:12│HC:13 SOC:1 │HC:32 SOC:4 │HC:56 SOC:6 │
├──────────────┼──────────────┼──────────────┼──────────────┤
│   副总裁   │   │ABCD事业部总裁 │全球物流与配送 │
│   美国公司   │   │日本微产品公司 │ 运营副总裁   │
│ ABCDE事业部 │   │HC:3 414 SOC:13│   荷兰公司   │
│   │   │   │HC:3 102 SOC:8│
├──────────────┘   └──────────────┴──────────────┘
│执行副总裁兼事业│
│   部总裁   │
│新加坡1234事业部│
│HC:8 784 SOC:11│
└──────────────┘

图3-2 全球跨国公司首席运营官办公室组织结构

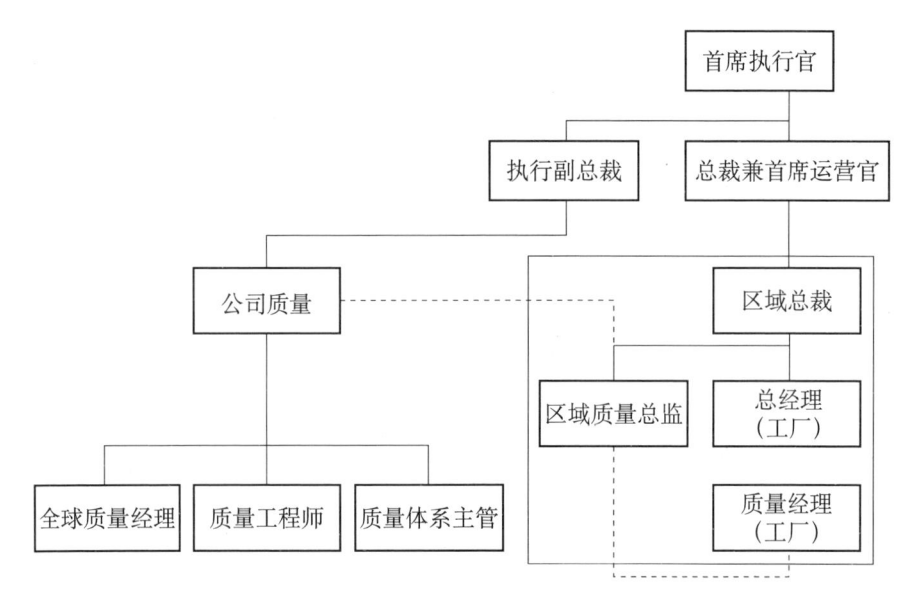

```
                              ┌──────────┐
                              │首席执行官 │
                              └──────────┘
                                   │
                        ┌──────────┴──────────┐
                        │                      │
                  ┌──────────┐         ┌─────────────┐
                  │执行副总裁 │         │总裁兼首席运营官│
                  └──────────┘         └─────────────┘
                        │                      │
                  ┌──────────┐           ┌──────────┐
                  │ 公司质量  │- - - - - -│ 区域总裁  │
                  └──────────┘           └──────────┘
                                              │
                                        ┌──────────┐  ┌──────────┐
                                        │区域质量总监│  │  总经理   │
                                        └──────────┘  │  (工厂)   │
                                              │       └──────────┘
         ┌───────────┬───────────┐            │             │
    ┌─────────┐ ┌─────────┐ ┌─────────┐       │       ┌──────────┐
    │全球质量经理│ │质量工程师│ │质量体系主管│    │       │ 质量经理  │
    └─────────┘ └─────────┘ └─────────┘       │       │  (工厂)   │
                                              │       └──────────┘
```

图3-3 跨国公司的全球质量组织

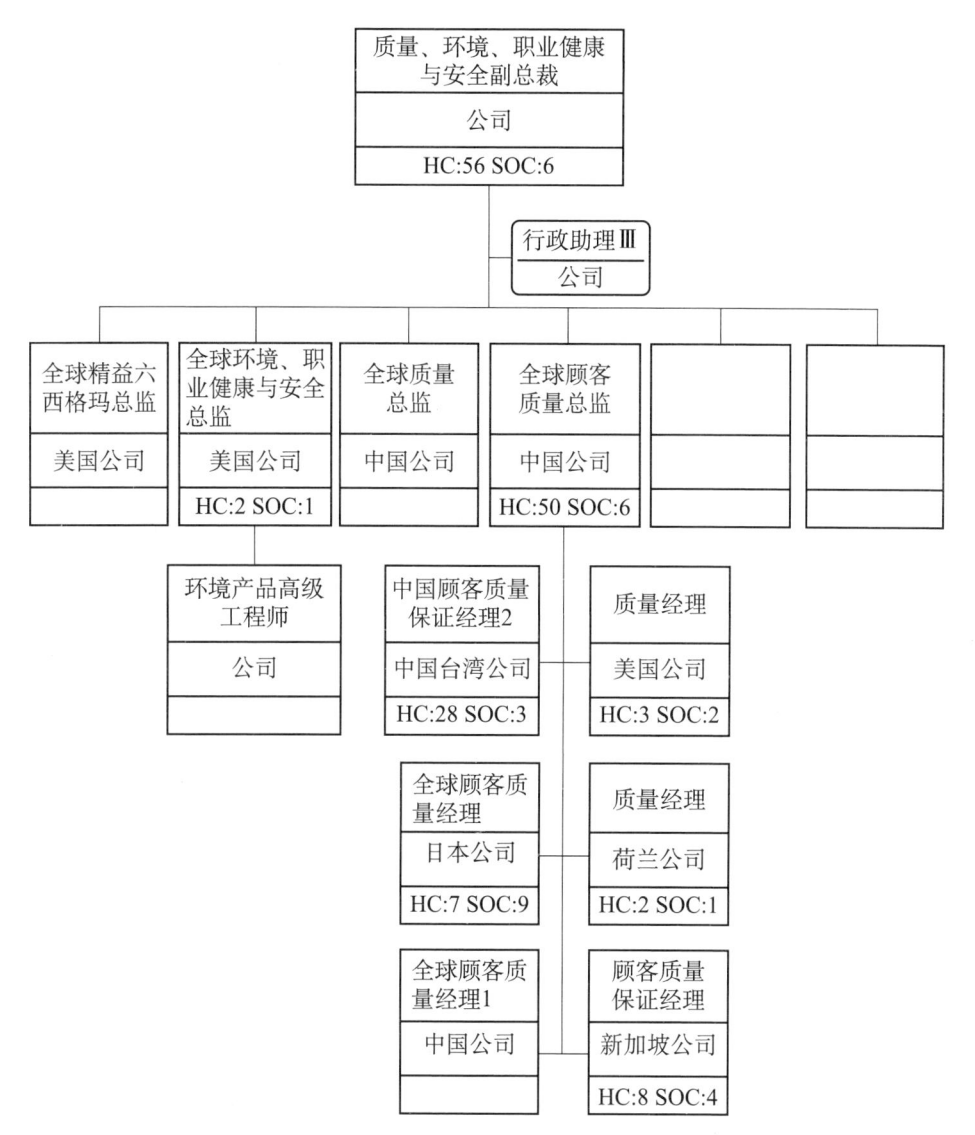

图 3-4　跨国公司的全球质量、环境、职业健康与安全组织

如图 3-6 所示，为了支持公司的全球业务部门，该办公室在各事业部（全球部门质量）中垂直组织，从这些部门中选出的人员将协调和推动各事业部（全球职能质量）的最佳实践。

全球质量主管是部门管理团队和全球质量领导团队的成员，其结构如图 3-6 所示。工厂质量经理是直接下属。这五位职能主管在以下领域协调全球最佳实践：顾客质量、供应商质量、精益六西格玛、审核和认证、项目管理、年度质量改进计划（AQIP）。每个全球职能区域都建立了具体的目标、行动计划和度量标准。

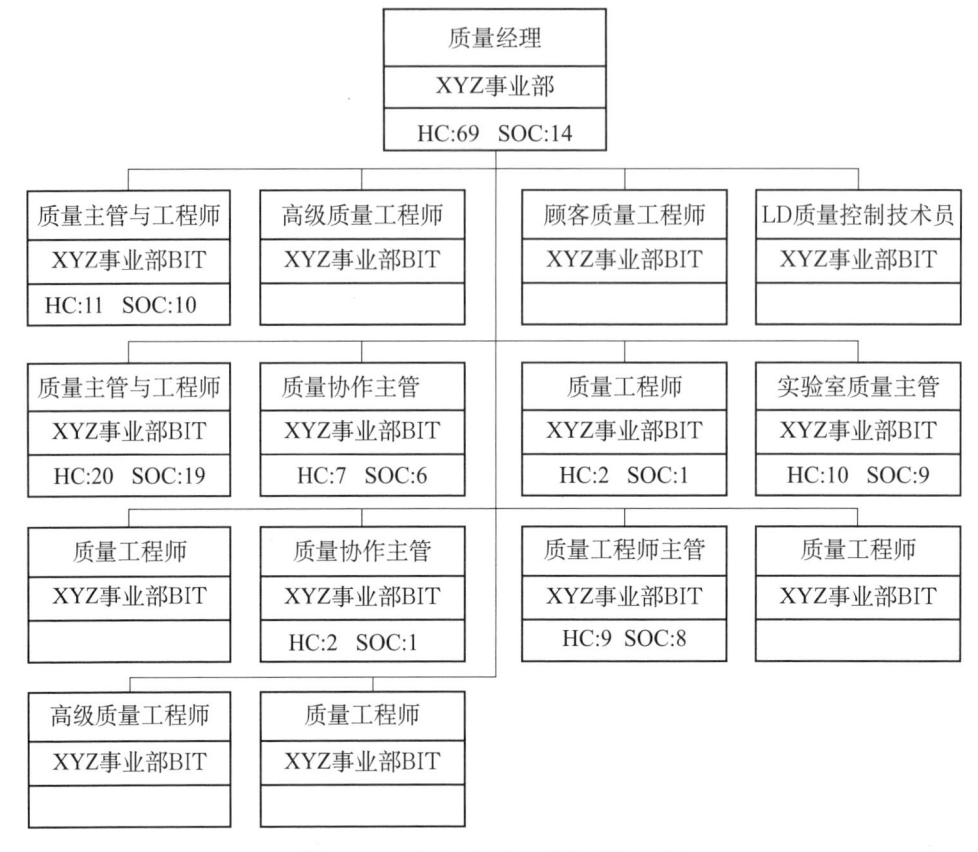

```
                    ┌─────────────────┐
                    │   质量经理       │
                    │   XYZ事业部      │
                    │  HC:69  SOC:14  │
                    └─────────────────┘
```

质量主管与工程师	高级质量工程师	顾客质量工程师	LD质量控制技术员
XYZ事业部BIT	XYZ事业部BIT	XYZ事业部BIT	XYZ事业部BIT
HC:11 SOC:10			
质量主管与工程师	质量协作主管	质量工程师	实验室质量主管
XYZ事业部BIT	XYZ事业部BIT	XYZ事业部BIT	XYZ事业部BIT
HC:20 SOC:19	HC:7 SOC:6	HC:2 SOC:1	HC:10 SOC:9
质量工程师	质量协作主管	质量工程师主管	质量工程师
XYZ事业部BIT	XYZ事业部BIT	XYZ事业部BIT	XYZ事业部BIT
	HC:2 SOC:1	HC:9 SOC:8	
高级质量工程师	质量工程师		
XYZ事业部BIT	XYZ事业部BIT		

图3-5　跨国公司的工厂级质量组织

全球部门质量结构扁平化，在这个结构中，分部拥有全球协同的资源和质量职能负责人。全球部门质量负责执行全球流程和年度质量改进计划（AQIP）的内容与结果。

职能主管是每个事业部团队的一部分。一些区域责任将留给事业部质量主管。全球职能质量的职责是：

- 顾客质量
    - 主动和被动客户支持的协调一致。
- 供应商质量
    - 使供应商和合同制造商执行统一的全球标准。
- 精益六西格玛
    - 消除浪费。
    - 提升产品和过程质量。
- 审核

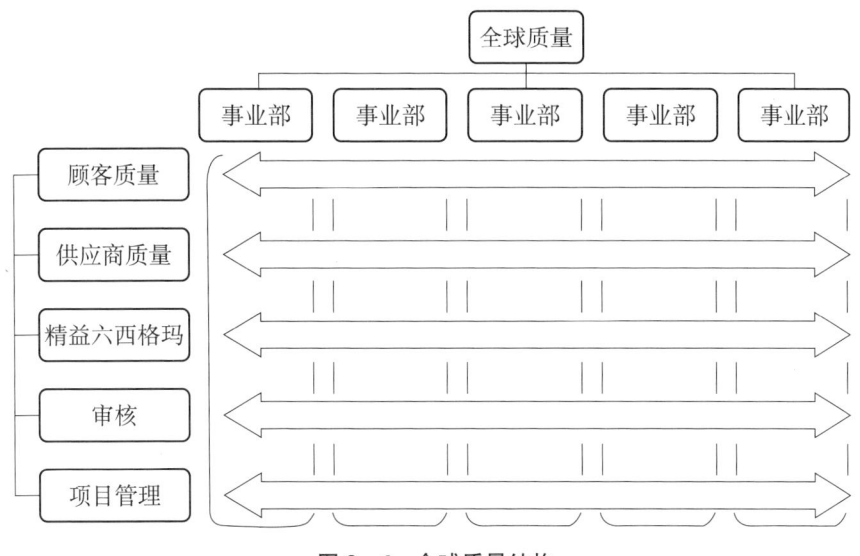

图 3-6　全球质量结构

- 质量体系的持续演进。
- 全球使用 IQRS 审核和相关的改进计划。
- 项目管理
  - 研发和体系、工具与质量过程改进的协同。
- 参与规则
  - 制造工厂负责与制造相关的 ERA（应急响应行动）、控制、顾客抱怨和 8D 行动及响应。
  - 销售实体负责将 ERA 从销售方传达给顾客，将投诉输入 SAP 系统并通知生产工厂。
  - 工厂质量经理首先向制造部门的质量主管汇报。
  - 当客户要求进行现场访问以讨论质量问题时，由最近的（地理上）部门质量主管负责。

培养有能力的专家

质量总监（领导）

本部分描述了质量工程师和质量总监的胜任能力。布鲁姆分类学（Bloom's Taxonomy）最早由布鲁姆（1956）提出，后来由 Anderson 和 Krathwohl

(2001)修订。布鲁姆分类学被用于能力矩阵中描述每个职位所需的知识和专业水平。每个矩阵由两个主要部分组成。第一部分提供了能力清单,这些能力由工具和概念进一步定义。第二部分中,这些工具和概念与布鲁姆分类法中从 0 开始的 6 个级别相对应。这些级别描述了理解和利用这些能力的认知要求。有关矩阵的完整显示,请参阅附录 II 中的"能力矩阵"。

修订的布鲁姆分类法(Anderson and Krathwohl,2001)从最低到最高的 6 个层级如下:

1. 记住。从长期记忆中检索、识别和回忆相关知识。

2. 理解。通过口译、举例、分类、总结、推断、比较和解释,从口头、书面和图表信息中构建意义。

3. 应用。通过执行或实行来实施或运用一个程序。

4. 分析。将材料拆分成组成部分,并通过区分、组织和归类来确定这些部分之间的关系以及它们与整体结构或目的的关系。

5. 评价。基于准则和标准通过检查和批判做出判断。

6. 创造。将各要素放在一起形成一个连贯的或功能完整的整体;通过生成、策划或生产将各要素重新组合成新的模式或结构。

质量总监(质量副总裁或质量经理,视组织规模和职位而定)是领导办公室并与高级管理人员一起确保质量得到计划、保证、控制和改进的人。质量总监的能力涵盖质量工程师的所有能力,包括:

• 领导和管理。激励并影响高级管理人员及其他人员,管理部门,领导办公室。

• 战略制定和部署。制定和调整战略及目标,并将质量和卓越绩效纳入战略制定和部署。

• 顾客关系管理。识别顾客及其需求,运用顾客反馈,提高顾客满意和忠诚度。

• 供应链管理。供应商的评估和选择,供应商的管理和改进,供应商的认证和合作。

• 质量信息系统。建立度量、监测和评估协议。

• 培训和发展。技能评估,培训需求分析,个人发展。

如前所述,质量总监也应当具备所有 6 个分类层级。

质量工程师或质量人:技术专家

朱兰博士在 2003 年的《质量架构师》(*Architect of Quality*)一书中提到的

质量工程师，或者如果你喜欢的话也可以称为"质量人"，是研究质量管理的人员，是质量展开方面的专家。质量工程师应该具备必要的知识、技能和经验，成为关键的推动者，能够在质量体系的背景下执行质量管理的三个通用过程（质量策划、改进和控制）。在附录的能力矩阵中，质量工程师的能力分为 7 个类别，分别是：

1. 质量的基本概念。
2. 质量体系。
3. 组织范围的评估。
4. 质量策划。
5. 质量控制。
6. 质量改进。
7. 变更管理。

专员工程师的能力至少要求前三个分类层级：记忆、理解和应用知识。然而，大多数能力要求增加后两项：分析和评价。（有关质量工程师和质量总监的更多信息，请参阅附录Ⅱ中的能力矩阵。）

不同岗位专员所需的职责、期望特性、技能、经验和教育背景的具体例子，读者可以参考附录中列举的工作概述。这些例子展示了跨国公司对质量副总裁、总监、经理和工程师的描述和要求。

卓越绩效专门人才：六西格玛带级人员和变革推动者

除了质量总监和工程师，未来的办公室还将包括全职的专门人才：大师和黑带、精益专家、变革推动者。这些对许多组织来说并不新鲜。新鲜的是，他们的作用应与办公室联系起来，以确保这些职位继续符合组织的需要。有关这些作用的更多信息，请参见第 12 章。

以下是一份必备特性和能力的清单，可用于识别未来办公室和卓越绩效专家的候选人（如黑带、黑带大师、精益专家、精益大师级以及其他各种头衔）。候选人应：

- 具有管理或技术专家职位。
- 对经营实践有深入了解，并理解组织的经营计划。
- 具有高水平或大学水平的数学和阅读能力；受过数据分析和统计的基础教育。
- 接受过质量管理方法和工具的培训。
- 有卓越表现的记录，包括领导新举措或变革举措，或者展示了这方面的能力。
- 拥抱责任和挑战，并愿意承担谨慎的风险。
- 在目标环境中具有扎实的技术、技能和知识。
- 基于数据和事实决策，并寻找"最佳实践"。
- 有毅力、恒心，有创造力且务实。
- 是一个好的教练、导师和老师；具有领导团队的经验。
- 在组织的各个层次都有良好的信誉。
- 有使用常用技术和软件的经验；不反对学习新工具。

除了技能和经验的先决条件外，还有一些特性和特质会增强候选人推动变革的能力。候选人最好：
- 善于清晰沟通。
- 有效管理压力。
- 快速学习新概念。
- 有"我能做"的态度和管理多项任务的能力。
- 是目标驱动的并事先策划。
- 以解决问题为导向。
- 能与组织内各层级人员有效合作。
- 在关键方面领先，及时、高效。

关键卓越绩效角色概述的示例可以在附录Ⅱ中找到。

关键专员的专业资质

过去十年中，六西格玛的引入带来了各种带级人员认证的风暴，这主要源于从全面质量管理时代（TQM）得到的教训。在全面质量管理期间，许多所谓的专家接受了"全面质量管理方法"的培训。不幸的是，很少有人接受过收集和分析数据的工具培训。结果，许多组织并没有从TQM项目中受益。摩托罗拉引入了一个所有六西格玛从业人员都需要学习的核心课程。这演变成了一个超越摩托罗拉范围的认证项目。因此，许多"认证机构"提供黑带大师、黑带、绿带等认证。大多数认证表明获证的人是六西格玛或精益或两者兼而有之的"专家"。认证确实带来了绩效的提高，但是由于没有对认证机构的监督，也导致了一些较弱的专家，其中许多来自咨询公司或大学，他们并不精通六西格玛和精益的方法或工具。

美国质量学会（ASQ）多年来一直为质量技术员、质量审核员、质量工程师和质量经理提供认证。随着六西格玛运动的发展，ASQ及其在世界各地的分支机构开始认证黑带。虽然不是完美的，但在监督认证方面，ASQ 比自我服务的公司更有优势。认证必须以合法性为基础才能有效。太多的公司认证只会导致一个较弱的认证过程。

ASQ 的认证质量工程师（CQE）项目是为那些想要了解产品和服务质量评估及控制原则的人而设立的。如果想了解 CQE 知识体系的详细列表，读者可以在 www.asq.org 网站上查阅认证质量工程师的认证要求。

ASQ 也为质量管理层级的专员提供认证，称为质量/组织卓越认证经理。ASQ 认为质量/组织卓越认证经理是"无论在小企业还是跨国公司中，领导和支持过程改进活动的专业人士。这些改进活动在各种服务和工业环境中可以是区域或全球焦点。质量/组织卓越认证经理促进并带领团队致力于建立和监控顾客/供应商关系，支持战略制定和部署活动，帮助建立测量系统以确定组织的改进。经过认证的质量/组织卓越经理应当能够激励和评估员工，管理项目和人力资源，分析财务状况，确定和评估风险，并运用知识管理工具和技术来解决组织的挑战"。

无论使用何种组织来认证专家，以下是一些关于认证的经验教训：
- 一个项目不足以让一个人成为专家。
- 通过一场没有监考的笔试并不能保证应该参加考试的人真的参加了考试。
- 让组织在成功的六西格玛项目上签字并不能保证成功，除非组织中有人对六西格玛的方法很了解。
- 选择一个声誉良好的认证机构。

培养有能力的专家的责任

质量和卓越绩效专家的培养和发展，只有明确其实施和有效性的责任及义务才能取得成功。这种责任和义务与其他关键竞争或发展战略一样，也属于领导团队。他们有责任就战略达成一致，并确保战略支持其他运营、文化和财务战略。他们不负责发展战略的策划、设计和执行，该责任一般属于人力资源职能的一个组成部分，由办公室提供技术支持。负责的包括执行领导、人力资源及办公室。

执行领导。执行团队负责在组织中创建质量和卓越绩效的文化。质量和卓越绩效文化是行为、技能、工具和方法应用到工作中的产物。如果不向人们展示如何实施和维持这种文化，变化就不会发生。因此，执行团队必须接受质量和卓越绩效方面的教育，并激励他们的专业开发团队为质量和卓越绩效的培训和发展提供选择。在这些选择的基础上，执行团队将为培训和发展工作制定并批准战略和战略目标。这种努力可能是整个组织范围的和长期的（3 到 5 年），也可能狭隘地集中于组织或产品/服务线的特定部门，并限制在相对短的时间内。

人力资源。人力资源（HR）职能（或子职能）负责实施质量和卓越绩效的培训和发展战略。实施活动包括主题的选择、培训设计和执行以及建立评价过程。这与公司其他培训和发展活动相结合，并遵循相同的实施过程。主题内容可能来自内部，也可能外包给外部质量和卓越绩效培训提供者。与过去相比，这一方法的主要不同之处在于，现在有一种强烈的趋势，那就是将质量和卓越绩效培训无缝地整合到专业发展课程中，并高度定制化以反映组织的文化。对于拥有成熟的质量和卓越绩效体系的组织来说尤其如此。

办公室。办公室负责与人力资源专业人员合作，分享他们在质量和卓越绩效方面的技术专长，这与销售专业人员分享他们在确定和开发销售培训课程方面的专业知识非常相似。这与过去有所不同，过去组织中有精心设计的（有时候是非常大的）质量部门负责识别、开发并交付质量和卓越绩效培训，这些部门与培训部门相分离，从而阻碍了将卓越绩效作为所有活动的一个组成部分（大质量）进行实施，也导致了 20 世纪 80 年代末 90 年代初的"质量 vs. 实际工作"的困境。

质量和卓越绩效的基本原则是毫不动摇地关注顾客。质量和卓越绩效的培训和发展同样要求如此。清晰地了解顾客是谁、他们的需求是什么、培训和发展战略的特点是什么，与回应这些需求相关的后续主题是关键的组成部分。

对客户的清晰理解意味着在设计和交付培训时，必须考虑所有将参与培训或从培训中受益的人。响应型组织认真识别客户及其目标，并就培训如何帮助实现这些目标进行沟通。很多时候，由于缺乏这样的明确定义，组织浪费了大量时间和金钱来提供他们永远不会使用的工具和方法的培训。例如，为精益六西格玛的倡导者或团队成员提供高级统计工具的培训就是浪费。过去，组织经常根据培训人数和培训的课程数来衡量在质量与卓越绩效方面的成功。

以顾客为中心的开发方法

通过以顾客为中心，基于设计方法学，推荐以下方式。更多的细节，读者可以参考第 14 章。该方法有三个主要步骤：（1）确定所需的能力；（2）针对所需的能力评估专家和潜在专家；（3）缩小差距。

1. 确定所需的能力。

a. 识别专家和潜在专家的顾客。顾客是专家执行（或将要执行）的过程或任务的输出的接收方。采购经理、设计工程师、运营经理和技术人员、过程所有者、客户服务和高级管理人员都是顾客的例子。

b. 确定顾客需求并按优先级排序。提醒一下，需求应该表述为益处（而不是特性）。例如，过程所有者和经理需要拥有过程能力的益处（或者改进过程能力的益处）。对客户和需求进行交叉参照的客户需求矩阵已经开发出来，可以基于每个需求对客户群的相关性和关键程度进行优先排序。

c. 将顾客需求转化为素质和能力。继续这个示例，将改进过程能力的益处（需求）转化为素质和能力。专家将需要以下素质和能力：（1）能够进行过程能力研究，能理解并解释诸如 C_p、C_{pk} 等指标；（2）能够开展 DAMIC 项目，包括实验设计（DOE）以确定该过程函数 $Y=f(x)$ 中的 x，并改进和优化过程。在许多组织中，岗位描述和岗位概要说明了专家所需的技能、素质和能力。但是，明智的做法是核实这些确实是必要的，并加以充分说明，而且保证清单是完整的。

2. 针对所需的能力评估专家和潜在专家。（评估的方式多种多样，研究发现书面和口头评估相结合是有效的。）

a. 书面评估。应根据所需的素质和能力来确定书面评估的问题。多选题、简答题和问题解决型题目都需要使用专家应该知道的公式进行计算。以过程能力为例，关于何时以及如何进行过程能力研究、什么是控制与能力、如何计算等，这些问题都可以用来评价专家是否能够评估过程能力。

b. 口头评估。可以创建和描述组织特定的场景，以生成关于专家如何最好地处理该场景或情况的面试问题。例如，如果所需的能力之一是能够应对阻力实施变革，那么可能会问到基于该场景的变革管理具体问题，如："面对个人抵制且不愿意实施改进项目所选择的改进方案时，你会采取哪些步骤？"

3. 缩小差距。

通过书面和口头评估，确定了每个人在知识、素质和能力方面的差距，每个个体的发展计划就可以制订出来，可以包括培训（自学、教师指导和/或在职培训）、分配任务或项目工作为其提供展示能力的手段、实施内部认证或外部专业认证实体［如朱兰研究院、美国质量学会、软件企业研究所（CMMI）、项目管理学院等］认证的培养协议等。

评估结果也可以在组织层面进行总结以确定组织的差距和培训需求。可以为每个工作级别或工作职能识别确定差距。例如，以下问题可能是我们感兴趣的：我们有具备能力的质量工程师吗？我们的质量经理是否具备有效工作的能力？我们的精益六西格玛黑带是否有能力指导他人推动过程改进？绿带经过一年多的认证后，知识是否足够有效？我们的质量工程师在获得 CQE 认证后的 5 年内仍然有能力吗？附录中是朱兰研究院进行的一项技能评估的执行摘要。

组织的培训和发展战略可以由该办公室和人力资源及其他部门合作制定。可以制定必要的预算，并为未来几个月或财年制订计划。办公室和人力资源部门可以部署这些计划，其中可能包括使用外部培训机构和顾问。

参考文献

Anderson, L. W., and Krathwohl, D. R. (eds.) (2001). *A Taxonomy for Learning, Teaching and Assessing: A Revision of Bloom's Taxonomy of Educational Objectives*, complete edition, Longman, New York.

Bloom, B. S. (ed.) (1956). *Taxonomy of Educational Objectives: The Classification of Educational Goals—Handbook I: Cognitive Domain*, McKay, New York.

Crosby, P. B. (2000). "Creating a Useful and Reliable Organization: The Quality Professional's Role." *Annual Quality Congress,* vol. 54, May, pp. 720–722. American Society for Quality, Milwaukee, WI.

De Feo, J. A. (2008). "Enterprise Assurance." *Juran Institute White Paper,* Juran Institute, Southbury, Connecticut.

Gryna, F. M. (2002), "Interview: The Role of Quality and Teams in the 21st Century." *AQP News for a Change,* vol. 6, no. 7, July, pp. 1–3.

Gryna, F. M., Chua, R. C. H., and De Feo, J. A. (2007). "Organization for Quality." Chapter 7 in *Juran's Quality Planning and Analysis for Enterprise Quality*, McGraw-Hill, New York.

Imler, K. (2006). Core Roles in a Strategic Quality System. *Quality Progress,* June, American Society for Quality, Milwaukee, WI. pp. 57–62.

Juran, J. M., and Blanton Godfrey, D. A. (1984). *Managerial Breakthrough: The Classic Book on Improving Management Performance.* McGraw-Hill, New York.

Spichiger, J. (2002). The Changing Role of Quality Professionals. *Quality Progress,* vol. 35, no. 11, November, American Society for Quality, Milwaukee, WI, pp. 31–35.

Watkins, D. K. (2005). Quality Management's Role in Global Sourcing. *Quality Progress,* vol. 38. no. 4, April, American Society for Quality, Milwaukee, WI, pp. 24–31.

Westcott, R. (2004). Metamorphosis of the Quality Professional. *Quality Progress,* October, American Society for Quality, Milwaukee, WI, pp. 22–32.

（侯进锋 译）

第 4 章

质量计划与设计创新性的产品和服务

约翰·F. 厄尔利　约瑟夫·A. 德费欧

本章要点	朱兰质量设计模型
三部曲的第一个过程：设计创新性产品	朱兰质量设计模型详解
	常用设计工具
朱兰质量设计模型	六西格玛设计
质量设计中的问题	参考文献

本章要点

1. 质量设计与创新是朱兰三部曲的三个普遍过程之一。为了获得新的产品、服务及过程的突破，这一过程是必不可少的。

2. 有效的设计过程必须有一套稳健的方法和结构，用以创造新产品（有形产品、服务和信息），并确保在产品投入市场之前开发出包括过程控制的关键的运营过程。

3. 朱兰质量计划模型由以下这些简单的步骤所构成，它主要着眼于让那些将从新产品中受益的顾客有更好的理解。它不是六西格玛设计那样的统计设计方法，它常用于设计新的服务和过程。其步骤如下：
- 确立设计目标。
- 定义所针对的市场和顾客。
- 发掘该市场、顾客和社会的需要。
- 开发将要满足这些需要的新设计的特征。

- 开发或再开发产出这些特征的过程。
- 开发过程控制以将新设计转入运营阶段。

4. 六西格玛设计模型，常被称为 DMADV，由一系列统计设计方法所构成，主要适用于制造类产品。这一模型有着类似的步骤，也包括了朱兰模型中的一些工具：

- 定义项目和目标。
- 测量对于顾客和质量最为关键的那些特性（critical to quality，CTQ），确定所需特征。
- 分析所获信息并创建体现 CTQ 的高阶设计。
- 进行详细设计，并在转入运营之前进行评价和优化。
- 确认设计要求并制作最终产品。

三部曲的第一个过程：设计创新性产品

组织令顾客满意的能力取决于其设计过程的稳健性，因为组织所销售的商品、提供的服务均源于此。

设计过程是朱兰三部曲三要素中的第一要素，也是管理者确保组织生存的三个职能之一。通过设计产品（有形产品、服务或信息）以及产出最终结果的过程（包括控制手段在内），创新得以实现。由于顾客的需要和技术在不断变化，设计完成后，另外两个要素，即控制及改进便进入角色，对设计进行持续的改进。

本书讨论两种形式的设计过程。本章讨论第一种类型，即朱兰的通用质量设计模型。这种模型诞生于 1986 年，它提供了一种结构，既可以整合到组织的新产品开发职能中，也可根据需要独立地按照项目的方式加以实施。

第二种类型是六西格玛设计（design for six sigma，DFSS），因其过程中的步骤（定义，define；测量，measure；分析，analyze；设计，design；确认，verify）而被称为 DMADV，是对朱兰模型的最新发展。它建立在六西格玛改进或 DMAIC（定义，define；测量，measure；分析，analyze；改进，improve；控制，control）的绩效改进方法的基础之上。DMADV 最初是由通用电气公司所推行的，它应用了朱兰模型中的要素并融入了许多通用的统计改进工具。DFSS 将在第 17 章中详细讨论。

对于简单、经济的产品设计和过程再设计而言，朱兰模型是非常有用的。作者们亲眼见证了这一模型在很多优秀的产品、过程和服务的设计中的应用。

这方面的例子包括：某多工厂制造商的一个获奖的安全项目；一个可使销售部门和制造部门在整个订单完成过程中追踪处理情况从而可以每天知会顾客订单的确切状态的信息系统；一个重新设计过的比以前更快更有效的应收账款处理系统。

DFSS是一个由计算机和统计软件包支持的经典模型，这样就可以使用众多的设计工具，而这些工具在没有计算机的情况下是很难使用的。六西格玛模型适用于设计更加复杂的产品并实现非同寻常的质量水平。尽管在短期来看它非常耗时、昂贵，但若使用得当，将会带来良好的投资回报。

朱兰质量设计模型

现代结构化的质量设计是用于计划满足顾客需要的特征以及产出这些特征的过程的方法论。"质量设计"指的是组织中产品或服务的开发过程。值得注意的是，计划者担负着双重责任，既要提供满足顾客需要的特征，又要提供满足运营需要的过程。过去认为产品设计只是理解产品应具有的特征，这是营销、销售和研发人员的快乐领地。但是，由于这种新的双重责任，规划者因理解顾客需要和产品特征而产生的激动还必须经受理解运营要求之火的锤炼。

这就是说，过程能否在不产生浪费的情况下产出所需特征？为了回答这一问题，就必须既理解当前过程的能力，又理解顾客的规范。如果当前过程无法满足要求，则现代的设计中就必须包括找到有能力的替代过程。

朱兰三部曲指出，"质量"这一术语包含了两方面的含义：首先，具有能够让顾客满意的特征；其次，这些特征要免于不良。简单而言，特征中的缺陷导致了不满。

1. 质量改进的目的是消除不良。
2. 质量设计的目的是创造特征。

狩野纪昭和朱兰等人很早就认识到，免于不良，亦即没有顾客不满，未必就等于获得了满意。我们很容易断定消除不良可以减少不满，但是，我们不能断定满意度就会因此提高。因为消除了讨厌因素并不会让人满意，而只是减少了不满。

只有具备了特征才能够产生满意。满意与不满并非非此即彼的关系。很有意思的是，有很多组织都未能理解这个道理。让我们来看一个例子，即许多酒店中常见的顾客意见卡。这上面都是些封闭式的问题。例如，它们问："用从1分到5

分来表示的话,你有多喜欢这里?"它们不会问"你对这里有多喜欢",而这正好是"你对这里有多不喜欢"这一问题的反面。因此,任何不允许开放式问题的所谓的满意度评估都只是一种片面的质量理解,这些开放式问题包括如"我们应当做哪些我们尚未做的事情"或"是否有人提供了我们没有提供的服务"。某综合评分为3.5分的酒店与同品牌的评分为4分的另一家酒店相比到底意味着什么?没什么意义。这些所谓的满意度指数其实是不满意度指数。

因此,我们又回到了究竟什么是质量这一基本问题上。正如第1章所述,作者引用了朱兰很久以前提出的一个定义:"质量"意味着适用性,我们现在又将其扩展为了"适目的性"。让我们对这个概念加以更为深入的探讨。

首先,"适用性"这一定义考虑了质量的两个维度,即具备特征和免于不良。麻烦的问题在于,由谁来决定"适合"的含义?又由谁来决定"目的"的含义?用户决定了"用途"是什么,用户也决定了"适合"是何含义。任何其他的回答都注定会有争议和误解。在这点上,供应商很少会赢,而用户,尤其是社会大众总是会赢。例如,假如你自己是个顾客。你曾经用螺丝刀撬过油漆桶吗?你当然干过。你曾经为了让孩子观察虫子而用它在广口瓶盖上钻过孔吗?你当然干过。干家务时你曾经把它当作凿子去凿木头或金属吧?但是等一下,螺丝刀的预期用途可是拧螺丝!

因此"用途"一词由两方面构成,即预期用途与实际用途。若用户按预期的方式来使用,那么供应商和用户皆大欢喜,符合规范与适目的性是一致的。但是,如前述的螺丝刀的例子那样,顾客不按预期方式使用产品又如何呢?则规范与适合性又是什么关系?

再深入一些,用户实际上是如何使用产品的呢?它满足了用户的什么需要?在此我们发现了另一个结合点:用户可以巧妙地创造出产品的新用途。例如:

WD-40的2 000种用途。 WD-40多年前是为美国太空计划设计的,没有多少人知道该品牌名的来历。其实,"WD"是指水溶剂,"40"指这是该公司的第40个配方。但当它进入大众消费市场后,用户发现了各种各样的新用途。有人宣称它能很好地去除地板上的磨痕。有人则说它能轻易去除台灯上的价签、挡风玻璃上的检验标签,以及粘在小孩头发上的泡泡糖。该公司为此十分高兴,但并未公布所有这些聪明的新用途供公众消费。还有人说如果把它喷在钓饵上可以钓到更多的鱼。有关节炎患者称把它喷在僵硬的肘部可以缓解症状。我们就别扯太远了。若把产品用于明显不合适之处会如何?拉丁语中有个合适的词"ab-use(abuse,滥用)",其前缀"ab"就是"不"的意思。

有些例子会有帮助。再回到螺丝刀吧，你可能争论说把螺丝刀用作撬杆、凿子或钻头是对其原设计目的的滥用，但显然，许多厂商提供的产品都能承受这种"滥用"，这些用法也就成了"预期"用途（无论是因诉讼或是其他原因所致）。再比如商业飞机中的"黑匣子"（顺便提一下，它其实是橙色的），它可以在飞机损毁的情况下保存下来。了解所有形式的用途，这是现代设计所要努力做到的。

最后，正如我们再三强调的，现代设计与计划追求的是根据所理解的顾客需要来创造特征，我们将之称为顾客驱动的特征。新的产品、服务和过程就是所有这些特征的总和。

有一种不同类型的产品计划，它推出并不针对明示需要的特征供用户来探索，这超出了本章所讨论的范围。3M 公司的即时贴便笺纸和互联网就是这方面的例子。我们没有表达出这些需要，但是，一旦拥有了这类特征，就无法再想象没有它们的生活。

质量设计中的问题

质量设计模型及与其相关联的方法、工具和技术之所以会被开发出来，是因为纵观现代社会的历史，组织在生产能够确实使顾客满意的产品和服务方面，更多地表现为一贯性的无能。作为顾客，人们会不止一次地体会过这样的沮丧，如飞机的延误，放射性污染物的泄漏，没能达到最佳效果的医疗方案，失灵的儿童玩具，并不像所期望的那样快或好用的一个新软件，极其迟钝（如果有的话）的政府反应，或者配备了最新高科技部件的家用洗衣机以高价洗出的衣服并不比以前更干净。这些频繁而又巨大的质量差距实际上是由图 4-1 示出的一系列较小差距复合而成的。

质量差距的第一类构成是理解差距，也就是说，对顾客的需要缺乏理解。有时，这种差距的出现只是由于生产者根本就没考虑顾客是谁以及他们需要什么。更多的情况下，这种差距是由于供应商对其能够准确理解顾客真实需要的能力太过自信而造成的。图 4-1 中最后示出的感知差距也是由于未能理解顾客和顾客需要而造成的。顾客并非只是依据产品的技术价值来体验一套新服装或当地公用设施服务的连续性，顾客会针对他们对于产品或服务所带来的益处的感知情况做出反应。

质量差距的第二类构成是设计差距。即使完全了解了顾客的需要和感知，很多组织还是不能够设计出与这种了解完全一致的产品和服务。其部分原因在于，那些了解顾客的人员以及他们用以了解顾客需要的方法常常被制度化地与实际从

```
顾客期望                                          理解差距
          ↑
          │         对需要的理解
          │                                      设计差距
          │         产品设计
  质量差距                                        过程差距
          │         提供设计的能力
          │                                      运营差距
          │         实际提供
          ↓                                      感知差距
顾客感知
```

图 4-1　质量差距

资料来源：PARASURAMAN A，ZEITHAMI A，BERRY LL. A conceptual model for service quality and its implications for further research. Journal of marketing，1985（fall）：41-50.

事设计的人隔离了开来。另外，不管是设计复杂的设备还是细微的服务，设计人员常常缺少一些简单的工具，以便能够将他们的技术专长与对顾客需要的理解结合起来，从而创造出真正卓越的产品。

第三类差距是过程差距。由于创造有形产品或提供服务的过程不能够始终与设计相符合，许多优秀的设计都失败了。这种过程能力的缺乏在所有类型的质量差距中是最持久、最难缠的问题之一。

第四类差距是运营差距。用来运营和控制过程的各种手段在最终产品或服务的提供中会产生进一步的不良。

质量设计为消灭各种类型的质量差距并确保最终的总质量差距最小提供了过程、方法、工具和技术。图 4-2 概略地列出了质量设计的基本步骤。本章的其他部分将讨论每一个步骤的细节及范例。

```
┌─────────────────────────────┐
│         质量设计             │
│ 1. 确立项目和设计目标        │
│ 2. 识别顾客                  │
│ 3. 揭示顾客的需要            │
│ 4. 开发产品或服务的特征      │
│ 5. 开发过程的特征            │
│ 6. 开发过程控制方式并转入运营 │
└─────────────────────────────┘
```

图 4-2　质量设计的步骤

资料来源：Copyright 1994，Quality by Design，Juran Institute，Inc.

朱兰质量设计模型

接下来我们将概略地分析每一个步骤。

第一步：确立项目和设计目标

所有的设计都应该按项目的方式进行。不存在一般性的设计，设计都是具体的。在战略计划中，我们确立了愿景、使命、战略、目标等，每一项都是具体的。在产品计划中，我们的起点是一个项目，亦即需要计划的某个事项。我们设计的可能是一个新的培训室、一辆新汽车、一场婚礼、一条免费的客服热线或一个新的互联网旅游预订竞价过程（如 priceline.com，expedia.com）。要注意上述每一项都是一个具体的事项，且都可以与其他事物区分开来。培训室不同于咖啡屋，汽车不同于榴弹炮，一条热线并非长途电话，旅游预订过程也不是在线书店。这一点非常重要。如果不能把我们所设计的事物与其他事物区分开来，则所有的事情都将模糊不清。因此，项目是我们的起始点。

第二步：识别顾客

早在 20 世纪 80 年代的全面质量管理（TQM）时期，我们就认识到顾客就是那些接受产品的人。如果我们要设计一个培训室，接受培训的人员就是一类重要的顾客。还有管理员也是顾客，因为他们要对教室进行打扫和布置。新车的顾客包括买主、保险公司、零售商、运输公司等。客服热线的顾客就是我们的客户及客服人员。旅游预订过程的顾客包括旅行者、航空公司以及网络运营商。从以上这些讨论中我们得出了一个基本的理解：顾客就是有特定需要必须被满足的各种角色。

第三步：揭示顾客的需要

我们所要揭示的顾客需要包括了欲望、需要、认知、渴望以及其他的情感。我们必须知道如何对事物加以分类和区分主次。但在这一点上，必须强调的是，优先度高的顾客（如车的买主）并非就是唯一的具有高优先度需要的人。还要强调的是，优先度低的顾客也未必意味着其需要就是低优先度的。我们既要理解"顾客之声"，也要理解"市场之声"。

例如，拿新车的运输商来说，我们绝不能忽视他们对小汽车的高度和宽度的要求。忽略了这些要求，他们可以使产品到不了最终付钱的顾客手中。主管机构也是如此（各州及全国的公路交通安全委员会以及环保机构等的"需要"若得不到满足，就会导致所有的过程停顿下来）。综上所述，我们又能得出一个结论：必须以一种一致同意的方式来确定顾客的优先等级。

第四步：开发产品或服务的特征

产品计划中的"特征"一词是指产品的用途、特性或功能。在结构化的产品计划中，我们引入了一个不同的定义：特征就是顾客用以满足其需要的事物。例如，在上述培训室的例子中，受培训者需要在学习时记笔记，则对应的特征就可以是一个活页纸板、一块白板或一张桌子。培训室的管理员可能需要经常移动东西，相应的特征就可能包括可搬动性、尺寸、重量以及模块性。

随着这个特征清单的变长，我们很快会意识到我们不能够让所有的特征都处于同一个优先度水平上。所以我们需要有一种方法来建立秩序，还是要以一种一致同意的方式。最终我们得到了经过优化的、一致同意的特征清单以及各项特征的目标。注意这里的优化是指：并非所有的特征都能在产品计划中存续下来。

第五步：开发过程的特征

特征是由过程创造出来的。我们要审视现有的过程以及可替代的过程，以考虑选用哪些过程来产出所需的特征。要确保所选过程能够实现产品特征的目标。换言之：

> 过程能力必须与产品要求相一致。这一认识非常重要。过程并不知道其产品的目标，产品目标都来自人。理想的产品目标显然要反映出各类顾客的要求。此处的关键问题在于：变异来自过程，目标来自人。

在上述培训室的例子中，过程目标可能是在 20 分钟内重新布置好房间，壁橱中要存放有活页纸，按一定标准为受训者颁发证书，等等。如前所述，我们要列出生产产品的所有可能路径，根据某些依据选择将要采用的过程，为过程设定目标并达到一个最优的状态。

第六步：开发过程控制方式并转入运营

开发过程控制方式

从人体对温度和新陈代谢的调节，到经营组织或家庭的财务控制，控制是所有人类活动都必不可少的。

> 在产品计划中，我们要确保过程按设计的能力来工作。在培训室的例子中，可以采用一个核对表来作为对重新布置教室以及活页纸的最小库存的控制。控制应用了反馈回路的概念。

以下是一个常见的例子：

你是否检查过你的车子的机油？量油尺就是一种控制手段。我们首先有一个控制对象（油量），一个测量单位（夸脱或升），一个测量手段（你和量油尺）以及一个目标（让油量保持在"加满"与"添加"这两个刻度之间）。然后我们来执行抽样过程（将量油尺擦干净，放入油中，然后取出观察油量）。如果需要调整（油量低于"添加"这个刻度时），就要将油加至"加满"与"添加"这两个刻度之间的某处，这是我们定的目标。如果油量还在这两个刻度之间，则控制活动就是取出量油尺，关上机油盖，继续驾驶直至下一个检查点（可能是下个月）。注意控制活动必须反映控制的既定目标。在发动机汽油的这个例子中，控制点是"两个刻度之间"，相应的控制措施就是把油量保持在"两个刻度之间"的某一位置。许多人忽略了这个点，他们把油加到了"加满"刻度之上，这是过度控制。控制活动必须符合目标要求。

转入运营

转入运营意味着整个设计过程的结束。"运营"在此指的是实施过程的方方面面，而非"生产"。继续用前述的例子，培训室的运营指的是培训师、管理员及采购部门的活动。在新车的例子中，运营包括制造、运输、经销商关系以及法务部门。对于客服热线来说，运营指接听电话的客服人员。在旅游预订竞价过程中，其运营包括了接标者和拒标者，还包括了对潜在顾客和承运人之间的界面软件进行维护的人员。从工业革命到20世纪这一生产率时代的启示中，我们认识到各方面的运营相关者的参与是所有运转良好的过程的关键。

在福特的金牛座车型的开发中，人们认识到了"平台"团队的价值。设计师、工人、采购人员、销售人员以及管理者聚在同一个屋顶下开发了这款汽车。平台团队的概念渗入到今天的许多汽车厂商当中。位于密歇根州奥本山的克莱斯勒技术中心就是最近的一个广泛合作的例子。要实现向运营的成功转移，就必须尽可能早地让运营相关方面参与到设计过程中。

本章接下来的部分将针对上述的每一步骤给出详尽、实用的指南和范例。

朱兰质量设计模型详解

第一步：确立项目和设计目标

一个质量设计项目是组织为了能够提供一种新的或改进的产品、服务或过程而进行的有组织的工作。确立一个质量设计项目涉及以下一些步骤或活动：

1. 识别需要哪些项目来实现组织的销售或创收战略。
2. 编制每个项目的目标陈述书。
3. 成立实施该项目的团队。

项目的识别

决定实施哪些项目通常是组织的战略计划活动和经营计划活动的结果。（在第7章中，讨论了具体的项目是如何从组织的愿景、战略和目标方面展开的。）一般来说，质量设计项目创造全新或更新的产品，旨在实现特定的战略目标，迎合新的或变化了的顾客需要，满足法律或顾客的要求，或者利用新的或正在形成的技术。

最高管理层必须在识别及支持关键的质量设计项目方面起到领导作用。通过设计委员会、委员会或类似的机构的形式，管理者需要承担以下的关键角色：

1. 确立设计目标。营销、销售以及类似的管理职能应识别当前未被满足的市场机会和客户需要。通过设定这些目标，管理层启动了创造新的产品、服务和过程的这个过程，以满足那些尚未被满足的需要。

2. 推荐和选择项目。管理层或委员会选出对于实现战略业务和顾客目标至关重要的那些主要的质量设计项目。

3. 选择团队。一旦确定了项目，就任命一支团队负责完成质量设计过程的剩余的步骤。团队可以由产品开发部门的项目经理来加以确定。

4. 支持项目团队。为了实现新的设计目标，一般需要新的技术与过程。保证每个质量设计团队的准备、培训和装备足以完成其任务，便成为管理层的责任。所要提供的支持包括：

    a. 提供有关设计工具的教育和培训。

    b. 提供一个训练有素的项目领导者帮助团队有效地工作，以及学习质量设计过程。

    c. 定期评审团队的进展情况。

d. 批准项目目标的修订。

e. 辨识并帮助解决各种问题。

f. 提供数据分析的资源和技能。

g. 为非正常的数据收集需要如市场调查提供资源。

h. 交流项目结果。

5. 监测进展情况。为改善整个过程的有效性，委员会负责确保质量设计过程的正常运行、评价进展状况并进行中途的修正。一旦委员会对于潜在的项目来源进行了评审，它就会选择一个或数个即刻给予注意。接下来，它必须为该项目制定出目标陈述书。

编写目标陈述书

一旦委员会明确了某个项目的必要性，它就应当准备一份体现该项目特定目标的目标陈述书。目标陈述书是给项目团队的书面指令，描述了该项目的意图或目的。团队的目标要回答：

- 该计划项目的范围，亦即所要针对的产品和市场。
- 该项目的目标，也就是要取得的成果（销售目标）。

编写目标陈述书时必须对项目背后的推动力有清楚的了解。目标有助于回答以下问题：

- 为什么本组织要实施这一项目？
- 一旦实施了该项目会取得什么成果？

一份目标陈述书会促进在有关人员之间达成共识，包括受项目影响的人，以及为计划和实现项目目标贡献时间或资源的人。

例如：

- 团队的目标是向市场提供一种比同类产品便宜25%的新型的低能耗无氟电冰箱。
- 团队将为所有商店的库存创建精确的控制及最低的成本。

虽然这些目标陈述描述了将要做什么，但它们并不完善。它们缺乏一个完美体现项目目标的质量设计目标陈述所要求的清晰和具体。写得好且有效的目标陈述通过包含以下一项或多项内容来定义项目的范围。

内在绩效 最终产品在某个或某几个方面的表现会影响项目范围，如24小时响应时间。

比较绩效 最终产品相对于竞争产品表现如何十分重要，例如，在大都市地区的最快响应时间。

顾客反应 与其他产品相比，顾客会如何评价该产品，例如，与其最近的竞争对手相比，某公司被评价为在准时供货方面表现得更好。

市场之声 谁是或将是该产品的顾客或目标受众，该产品将占有多大的市场份额或有怎样的市场定位，例如，成为美国本土所有商务旅行者的首选。

绩效不良 该产品在产品失效方面的表现，如故障率为每百万使用小时低于200次。

避免不必要的限制 避免为团队过度规定产品。例如，如果希望产品是在航空旅行时可随身携带的，那么规定准确的尺寸就过于限制了。可能会有多种方法满足可随身携带的要求。

设定质量目标的基础 除了项目的范围之外，目标陈述书中还必须包括项目的目标。在设定质量目标时的一个重要考虑是要选择目标所立足的基础。

以技术作为基础 在许多组织中，把质量目标建立在技术基础之上已经成为传统。大多数目标都是以规范和程序的形式发布的，这些规范和程序为基层监督员和一般员工规定了质量目标。

以市场作为基础 影响产品销售能力的质量目标应该主要立足于符合或超过市场质量水准。因为在质量设计项目进行当中，市场和竞争状况无疑会发生变化，所以目标应当设定得足以应对或超过项目完成时的预期竞争水准。有些内部供应者是内部垄断者。常见的例子包括工资单的结算、设备维护、食堂服务以及内部交通等。然而，大多数内部垄断者都有潜在的竞争者，存在着能够提供相同服务的外部供应商。因此，可以将内部供应者的绩效同外部供应商的报价进行比较。

以标杆分析为基础 "标杆分析"（benchmarking）是近来出现的一个提法，意思是根据对他人已经达到的水准的了解来设定目标（见第18章）。一个常见的目标是要求新产品的可靠性至少要等于它将要代替的旧产品的可靠性，并且至少要等于可靠性最高的竞争产品的可靠性。应用标杆分析意味着所设定的目标是可达到的，因为他人已经达到了。

以历史作为基础 设定质量目标的第四个广泛应用的基础便是历史绩效，亦即根据过去的绩效来设定目标。有时为了刺激改进会将目标变严。对某些产品和过程来说，历史基础有助于取得所需的稳定性。而在有一些情况下，特别是涉及不良质量成本长期居高不下的情况时，历史基础会使慢性浪费得以维持。在目标设定过程中，管理层应当对此类误用历史基础的情况保持警惕。

目标是移动的靶子 人们普遍认识到质量目标必须及时调整，以应对不断扑面而来的变化：新的技术，新的竞争，威胁，以及机会。虽然那些已经采用质量管理方法的组织实际上应用了这个思想，但在提供用以评价变革影响以及修正目标的手段方面，它们仍可能做得并不理想。

项目目标 项目的具体目标，亦即项目团队要实现什么，这是一个有效的目标陈述书的构成部分。为了使事情得以成功，项目团队必须从终点开始思考。对最终结果考虑得越仔细，就越容易获得一个成功的结局。

目标的衡量 除了说清楚将要做什么和何时做之外，一个项目目标必须表明团队如何来衡量是否达到了所宣称的目标。花些时间确定如何衡量成功是很重要的。下面所列的是四件可衡量的事情：

1. 质量。
2. 数量。
3. 成本。
4. 时间、速度、灵活性。

一个有效的质量设计项目目标必须具备五个特征，这样才可以为项目团队提供足够的信息来引导计划过程。目标必须是：

1. 具体的。
2. 可衡量的。
3. 有关各方一致同意的。
4. 现实的——目标可以很高，但必须是可行的。
5. 确定时间的——什么时候完成目标。

例如，看一下这个写得很糟糕的目标："为穷人设计一款新型的寿险方案"。

将其与下面的例子来对比一下："在90天内设计并提供一款寿险方案，该方案要使贫困家庭能以每年500美元以下的价格（面市时）购买保险。该设计还要使公司能取得4%～6%的平均回报。"

与第一个例子相比较，第二个例子要详尽得多，且可衡量，并有确定的时间。它清楚表述了目标或最终结果，并为团队计划产品的特征和实现目标的过程提供了充分的导向。

新产品方针 企业在质量和产品开发方面必须具有非常清晰的方针指导。大多数这种方针应当是针对所有新产品的，但个别的可能只与某个产品、产品线或产品群有关。四项最关键的方针如下：

1. 新设计和继承设计中的不良。很多组织建立了明确的方针，规定新产品或产品部件的不良率不得高于它所要替代的老产品或部件。此外，它们通常要求所有的继承设计必须达到一定的性能水准，否则必须用更可靠的设计代替。继承设计可靠性的最基本要求可以用下面的一个或多个标准确定：（1）竞争者或领先者的可靠性；（2）顾客的要求；（3）高于领先者或顾客要求。

2. 预期的与非预期的使用。折叠梯的顶阶是否应当设计为可安全踩踏？虽然该处清楚地标示着"请勿踩踏"。医院的急诊室是否应该设计为可处理大量来院的常规非急诊病人？这些均是在项目开始前需要回答的方针问题。其答案会对最终产品产生巨大影响，在作答时需要考虑组织的战略以及产品应用的环境。

3. 对于正式的质量设计过程的要求。为了确保产品计划者辨识顾客并设计出能以最少的不良来满足顾客需要的产品与过程，要求有一个结构化的、正式的过程。结构化的正规性有时会因其对创造力的限制而让人退避三舍。再没有什么比此更能误导人们了。正式的质量设计明确了需要创造力的要点，然后鼓励、支持，使得创造力得以发挥。正式的设计活动确保了创造力聚焦于顾客，确保了创造性的设计免受不良的破坏性影响而最终交付给顾客。

4. 设计保管与变更管理。必须有专门规定以保证已批准设计的存档与调档。对设计的任何改动必须经过确认，得到适当的批准，存档，并无误地体现在产品或过程中。保存最终设计和管理设计变更的专门人员必须具有相应的职权、责任和资源。

建立团队　对于质量设计而言，跨职能团队的方式是有效的。这是基于如下的理由：

- 团队参与的方式促进了思想、经验的共享，人们感到自己是"我们的"组织的一分子，并且在帮助它实现其目标。
- 团队成员的多样性为将要计划的产品和过程带来了更完备的工作知识。计划一个产品要求对组织中各部分如何完成运营有一个透彻的了解。
- 来自不同部门或职能机构的代表会促使整个组织接受和实施新的计划。通过有关各方的主动参与所设计的产品或过程往往在技术上更为卓越，并更容易为负责实施的人所接受。

团队选择指南　在选拔团队时，委员会要明确组织的哪些部分对于产出具有影响。有几个方面需要关注：

- 最受项目结果影响的那些方面。
- 负责项目过程中的各个步骤的部门和职能机构。
- 在项目设计中具有特殊的知识、信息或技能的那些人。
- 在实施计划时能够有所帮助的那些方面。

第二步：识别顾客

这一步看起来似乎没有必要。计划者和设计者当然知道他们的顾客是谁：汽车驾驶员，银行柜台前的存款人，就医的病人。但这些并非仅有的顾客，甚至不一定就是最重要的顾客。顾客由一系列角色所构成，必须加以充分的了解。

一般说来，有两类基本的顾客群：外部顾客，即那些在生产组织之外的顾客；内部顾客，即那些在生产组织之内的顾客。

外部顾客的类型

"顾客"一词经常用得很不严谨，它可以指一个组织，一个大组织中的一部分，或者一个人。有许多类型的顾客，有些是显在的，还有些则是潜在的。下面列出的是一个主要的分类，以帮助辨识所有的顾客。

购买者 为自己或他人购买产品的人，例如某个为其家庭购买食品的人。而最终用户/终极顾客是最终从产品受益的人，例如去医疗机构进行诊断检查的病人。

商家 为了再销售而购买产品的人，包括批发商、分销商、旅行社代理和经纪人，以及任何处理产品的人，诸如超市中把产品置于货架之上的雇员。

加工者 用该产品或输出作为生产其自己产品的输入的组织与个人，例如炼油厂收到原油，对其加工处理，为各种顾客提供不同的产品。

供应商 为过程提供输入的组织或个人，例如，为汽车提供火花塞的制造商，或者为公司的环境法律事务提供咨询的律师事务所。供应商也是顾客，它们有关于产品规范、缺陷反馈、预测订单等方面的信息需要。

潜在顾客 那些目前不用该产品但可能变成顾客的组织或个人，例如，一个租车的商务旅行者，在需要购买一辆个人用汽车时可能会购买一辆类似的汽车。

隐蔽的顾客 对另外一类不易被想起而容易忽略掉的顾客的分类。他们可以对产品的设计施加巨大的影响，包括管制者、批评家、意见领袖、测试服务机构、支付者、媒体、自由公众、直接或间接受产品威胁的人、公司政策制定者、工会、职业协会等。

内部顾客

组织中的每一个人都扮演着三个角色：供应商、加工者和顾客。每个人会从别人处接受某物，对之做某些加工，然后传递给第三个人。有效地满足内部顾客的要求对服务外部顾客具有重要影响。内部顾客的辨识需要一些分析，因为这里的许多关系常常是非正式的，从而模糊了对于谁是顾客及其如何受到影响的察觉。例如，某公司决定在其一个工厂引入准时制生产系统，这将会对采购、运输、销售、运营等产生重要的影响。

大多数组织试图建立起一个机制，以使似乎具有竞争性的职能依据满足顾客需要的更高目标来协商和消除分歧。这包括了举行每周的部门领导会议以及发布程序手册等。然而，这些机制经常不起作用，原因在于内部顾客的要求没被充分理解，因此职能之间的沟通不能很好地进行。这就是识别内部顾客、发掘他们的需要并计划如何满足这些需要成为质量设计过程中的一个主要目标的原因。这也是设计过程需要跨职能团队参与的另一原因，这些成员有助于认识内部顾客所具有的利益。

识别顾客

除了上面给出的一般性指南，常见的最有帮助的方法是绘制一张概略的与所计划产品相关的过程流程图。仔细分析流程图常常会有新的发现，可能会识别出遗漏了的顾客，对顾客与过程之间的相互作用会有更精细的理解。图4－3就是一个流程图的例子。对流程图的考察揭示出"顾客"的角色实际上是两个不同的角色——下订单和用产品。这些角色可以是，也可以不是，由相同的人来扮演的，但它们的确是两个不同的角色，而每一个角色都需要理解其需要。

第三步：揭示顾客的需要

质量设计的第三步是揭示产品的内、外部顾客的需要。有效揭示顾客需要的一些关键活动包括：

- 对收集顾客的需要进行计划。
- 收集用顾客的语言表述的顾客需要。
- 对顾客需要进行分析并排出优先次序。
- 将顾客的需要翻译成"我们的"语言。
- 建立测量单位与测量手段。

我们自己的经验告诉我们，人类的需要既变化多端，又非常复杂。这对于设计团队来说格外具有挑战性，因为顾客的行为不会总与他们所说的期望保持一致。从顾客所表达的或以为的所有需要中识别出最重要的需要，这是对质量设计的挑战，只有如此产品才会取悦于顾客。

设计一件产品时，事实上有两个相互关联而又彼此不同的方面需要开发：一是技术要素，即产品特征将做什么或将如何发挥作用；二是人的要素，即顾客从使用产品中得到的益处。这两方面必须综合考虑。

发掘顾客需要是一件复杂的任务。经验显示，顾客通常并不会用简单的词语准确地表达出他们需要什么，甚至经常并不提到他们某些最基本的需要。银行报表的准确性、医生的能力、计算机的可靠性、出版物的语法准确等也许都是顾客认为应有的要求，但若是没有调查他们绝不会表述出来。

顾客表达他们需要的方式之一是描述他们所经历过的问题以及对某种可以解决他们问题的产品的期望。例如，一个顾客可能说，"我不能总是亲自接听我的

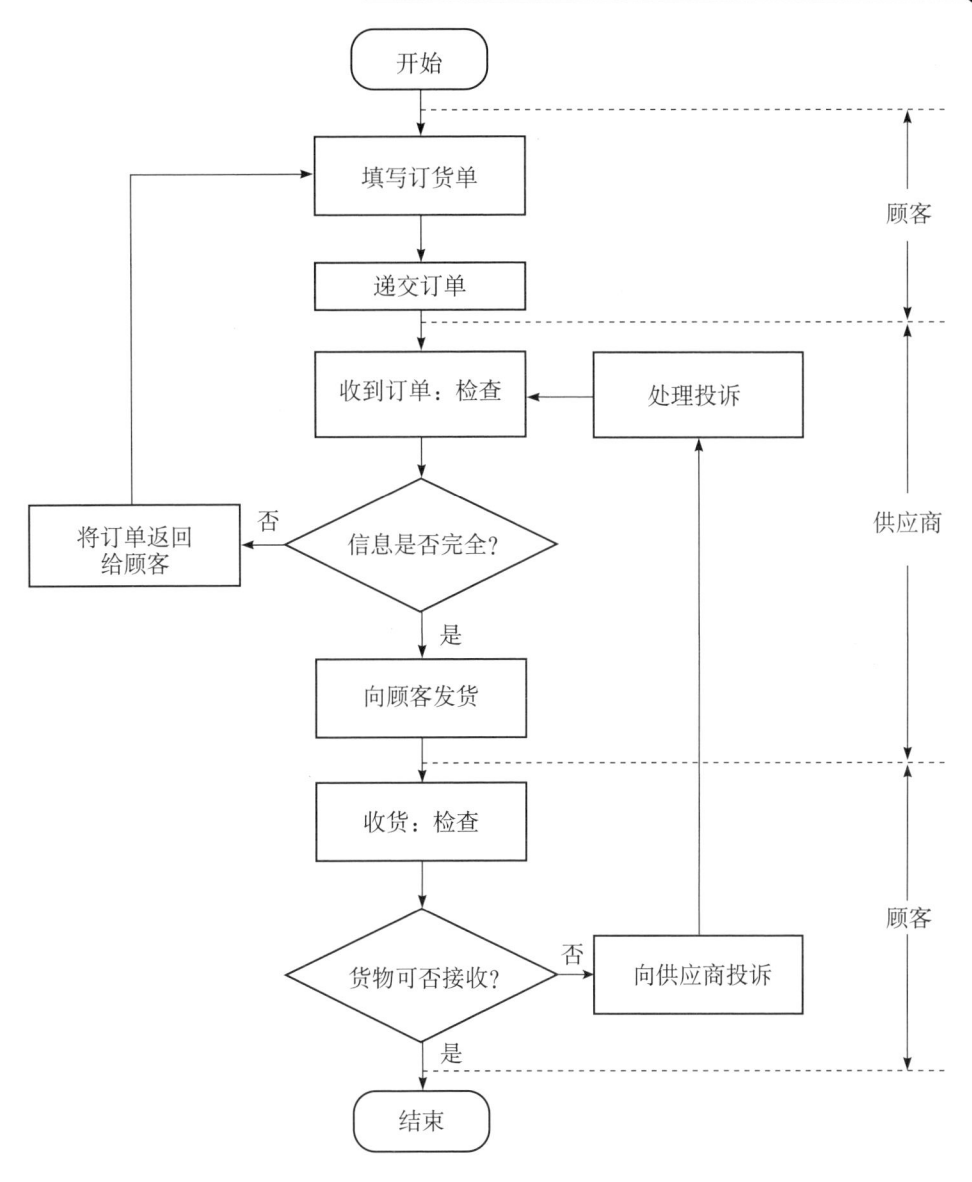

```
                    ┌──────┐
                    │ 开始 │
                    └──┬───┘
                       │
        ┌──────────────┼───────────────────── 顾客
        │              ▼
        │       ┌──────────┐
        │       │ 填写订货单 │
        │       └─────┬────┘
        │             ▼
        │       ┌──────────┐
        │       │ 递交订单 │
        │       └─────┬────┘
        │             │
        │─────────────┼───────────────────────
        │             ▼                          
        │       ┌────────────┐      ┌──────────┐
        │       │ 收到订单:检查│◄────│ 处理投诉 │
        │       └─────┬──────┘      └─────▲────┘
        │             ▼                    │
   ┌─────────┐    ╱──────────╲             │
   │将订单返回│◄否─│信息是否完全?│           │     供应商
   │ 给顾客  │    ╲──────────╱            │
   └─────────┘        │ 是                 │
                      ▼                    │
                ┌──────────┐               │
                │ 向顾客发货│               │
                └─────┬────┘               │
                      │                    │
   ───────────────────┼────────────────────┼──
                      ▼                    │
                ┌──────────┐               │     顾客
                │ 收货:检查 │               │
                └─────┬────┘               │
                      ▼                    │
                 ╱──────────╲      ┌──────────────┐
                 │货物可否接收?│─否─►│ 向供应商投诉 │
                 ╲──────────╱      └──────────────┘
                      │ 是
                      ▼
                   ┌──────┐
                   │ 结束 │
                   └──────┘
```

图 4-3　流程图与顾客

资料来源：JURAN J M, Quality control handbook. 5th ed. New York：McGraw-Hill, 1999.

电话，但我又不想让打电话的人感到不便，或对无响应的应答系统感到厌烦"，或者，"我母亲的自尊和对他人的爱对我来说是非常重要的。我想找一个长期的护理设施，能像一个正常人而不是一个病人一样对待她"。即使人们的需要没有用这些词语表达出来，准确地理解顾客所期望的益处所在也是揭示顾客需要的要旨。

当一个产品的特征满足了顾客的需要时，它就会给顾客一种满意的感觉。如果它未能无缺陷地提供所允诺的特征,顾客就会感觉不满。即使一个产品完全按照其设计发挥了功能,若竞争产品的服务或性能更为优越,则后者会使顾客更为满意。

表述的需要与真实的需要

顾客总是从自己的视角并用自己的语言来表述自己的需要。顾客可能会用他们希望购买的产品或服务来表述自己的需要。但是,他们的真正需要是他们相信他们将获得的益处。

如下所示:

顾客希望购买:	顾客需要所包括的益处或许是:
新鲜的意大利面	营养和味道
最新型的个人计算机	迅速便捷地撰写报告
	在网上寻找信息
	帮助孩子学习数学
健康保险	免遭财务不测
	获得高质量的健康保健
	在健康保健提供者之间进行选择
飞机票	运输,舒适,安全,方便

未能把握表述的需要与真实的需要之间的区别就会使所设计的产品的可销性大打折扣。理解真实需要并不意味着计划者可以不管顾客的表述,而以自己卓越的技术理解取代顾客的真实需要,而是意味着需要提问并回答如下的问题:

- 顾客为什么购买这个产品?
- 他希望从产品中获得什么服务?
- 顾客如何从中得益?
- 顾客如何使用该产品?
- 过去是什么使顾客产生抱怨?
- 顾客为什么选择竞争对手的产品而不选择我们的?

感知的需要

可以理解,顾客根据他们的感知来表述其需要。这些感知会完全不同于供应商关于产品质量构成的感知。若不关注顾客的感知如何影响购买习惯,而只是考虑顾客的感知是对还是错,计划者便会误导自己。尽管顾客与供应商之间的这种差异是潜在的麻烦制造者,但同时也可能成为机会。对顾客感知的优异的理解能够形成竞争优势。

文化需要

顾客的需要，特别是内部顾客的需要，超出了产品和过程的范畴，还包括一些基本需要，如工作安全、自尊、被人尊敬、习惯的延续，以及其他我们统称为"文化价值"的要素，而这些则很少被公开表述出来。所提议的任何变动都会成为对这些重要价值的威胁，因而会遭到抵制，直到威胁的本质被理解为止。

源自非预期使用的需要

许多质量问题的起因在于顾客的使用方式不同于供应商计划的方式。这种情况有很多形式：病人跑到急诊室去诊视非急诊的疾病，未经训练的工人被分派到需要熟练工人的过程，设备未能接受规定的预防性维护。

诸如安全一类的因素会增加成本，但它们可以避免因误用产品而造成的更高损失，这又会降低总成本。重要的是知道下面这些问题的答案：

- 实际用途（及误用）是什么？
- 相关的成本如何？
- 坚持预期用途会有什么结果？

人类安全

技术把危险的产品交到了外行的手中，这些外行并不总是具备必要的技能以进行操作而不发生危险。技术还创造出威胁人类健康、安全和环境的危险的副产品。危险的程度是如此之大，以至于产品与过程计划中相当一部分投入要用于把这些风险降低到可接受的水平。有很多法律，包括刑法和民法，要求必须这样做。

用户界面友好

由于许多用户是外行而产生了"用户界面友好"这种说法，用以描述有利于外行方便地使用技术性产品的这种产品特征。例如，公开发表的信息所使用的语言应当简单、明确、容易理解。（众所周知的难懂信息包括法律文件、用户操作手册、行政机构的表格等等。应用广泛的表格，如政府税收表，应该做一个抽样测试，让那些以后会填表的人试填一下。）所发表的信息的语言还要广泛兼容（例如，新版软件应该"与以前版本向下兼容"）。

服务的及时性

服务应该是及时的。在我们的文化中，竞争的一个主要要素就是服务的及时性。连锁日程（例如邮递或乘飞机旅行）是另一个日益要求及时的来源。还有一个例子就是应用日益广泛的准时制生产（just-in-time）系统，它要求有可靠的原材料供应以使库存降到最低。所有这些例子都表明了在计划中包含及时性要素对于满足顾客需要的必要性。

与不良有关的顾客需要

在涉及产品失效时，出现了一组新的顾客需要，这就是如何恢复服务，如何补偿相关的损失及不便。显然，最理想的解决方案是计划好质量，从而不发生故障。在这一点上，我们需要了解的是故障发生时顾客需要什么。

担保

管制销售的各种法律要求供应商提供某些担保。然而，在我们这个复杂的社会里，提供专门的书面合同来规定保证的范围及时间已成为必要。此外，由谁来承担什么责任也应当加以明确。

销售中投诉处理的影响

投诉基本上涉及的是产品不满，但它对销售有副作用。这一领域的研究指出：对产品不满的顾客中，有将近70%并不投诉。投诉的比例依产品的类别而变化。不投诉的主要原因有：(1) 投诉的付出不值得；(2) 相信投诉不会有什么用处；(3) 缺乏如何投诉的知识。超过40%的投诉顾客对供应商的应对感到不快，百分比同样依产品类别而不同。

未来的销售受到投诉处理的显著影响。这一强烈的影响还会扩展到品牌忠诚。即使是那些著名品牌的"大件"商品的顾客，如耐用消费品、金融服务以及汽车服务的顾客，也会在感觉到他们的投诉不受重视时降低购买意愿。

同一研究的结论是，有组织的投诉处理方式会有很高的投资收益率。此类有组织的方式的要素可能包括：

- 一个提供24小时服务的顾客服务中心和/或一条免费的电话热线。
- 对接听电话的雇员进行专门训练。
- 主动征求投诉，把未来的顾客流失降到最少。

使顾客知情

顾客对成为供应商秘密行动的牺牲品非常敏感，因此人们常说"买主要保持警惕"。当此类秘密日后被发现并公之于众时，对供应商的质量形象造成的损害是极其巨大的。在大多数情况下，产品尽管有一些不符合要求但还可以使用。有些情况下，可能会有些争议。而另一些情况下，发货的行为至少是不道德的，最坏的情况下则是非法的。

在涉及产品缺陷的很多情况中，顾客也有知情的要求。在许多情况中，服务的中断会迫使顾客无限期等待，直到服务恢复。最明显的例子是断电以及公共交通设施的晚点。在所有这类情况中，顾客会变得烦躁不安。他们不能解决问题，而必须依靠供应商。但是,他们希望能得到诸如问题的性质以及大概什么时间可以解决的信息。许多供应商因疏忽通知顾客而使其质量形象遭到了损害。与此相对照的是,有些航空公司付出很大努力来告知顾客延误的原因以及提供补救措施的进展状况。

收集顾客需要的计划

顾客的需要一直在变化,不可能有一个最终的顾客需要表。虽然这会使人感到泄气,但计划团队必须认识到,即使在计划过程的进行中,诸如技术、竞争、社会变动等力量也会创造出新的顾客需要,或者可能改变目前需要的优先顺序。因此,经常与顾客核实需要并监视市场变化变成极其重要的事情。

最常见的收集顾客需要的方法包括:

1. 顾客调查、焦点小组、市场调查项目和研究。
2. 例行沟通,例如销售和服务电话、报告、管理评审、内部出版物。
3. 追踪顾客投诉、事故报告、信件和电话接触。
4. 顾客参与的模拟应用试验和计划过程。
5. 具备专门顾客知识的雇员:销售、服务、办事员、秘书以及接触顾客的管理人员。
6. 顾客会议。
7. 针对最终用户的用户研讨会。
8. 竞争者产品的信息。
9. 到访顾客所在地,观察并讨论。
10. 政府或独立实验室的数据。
11. 联邦、州和地方管制的变化将会确定目前的需要和新的机会。
12. 竞争分析,侦察同领域竞争者的产品并进行比较。
13. 与顾客和产品有关的个人经验。(但是,没有经过顾客的直接认可而赋予个人经验太大的权重是需要特别谨慎的。分析者必须牢记从个人的角度来看待顾客的需要和要求或许会掉入陷阱。)

通常,顾客不会用他们希望从购买和使用产品中得到的好处来表述他们的需要。

收集用顾客的语言表述的顾客需要清单

要使顾客需要清单在设计新产品中发挥重要的作用,必须将之用顾客所寻求的益处的形式来表达。换句话说,就是要在顾客的表达中捕捉需要。通过聚焦于顾客所追求的益处而非提供这种益处的手段,设计者就能对顾客的需要和顾客使用产品的方式有一个更好的理解。用顾客所追求的益处来表达需要可以揭示出改进质量的机会，而只专注于产品特征时往往看不到这些机会。

对顾客需要进行分析并排出优先次序

实际从顾客那里收集到的信息往往范围太大、太含糊不清、数量太多，以至于不能直接用于设计产品。为了确保设计真正满足需要，确保设计的时间用在那些真正重要的需要上面，信息的准确含义及优先次序这两方面都必须加以确定。下列活动有助于提供这种精确性和聚焦：

- 对内、外部顾客的需要清单加以整理、综合并排出优先次序。
- 确定内、外部顾客的每一个需要的重要性。
- 把每一个需要分解成精确的术语以便识别出相对应的设计要素。
- 将这些需要翻译成提供产品的组织的语言。
- 为每一个需要确定特定的测量指标和测量方法。

分析和整理顾客需要的最佳计划工具之一便是"质量设计展开表"。

质量设计展开表

设计新产品时会产生大量有用而必要的信息，但若没有一套系统的方法来整理和分析这些信息，设计团队就会被淹没在信息的海洋里而错过其中包含的有用内容。

计划人员开发了大量的方法用以整理所有这些信息，其中最方便最基本的设计工具便是质量设计展开表。展开表是一种可用于大量场合的用途广泛的工具。在质量设计过程中运用了数种类型的展开表，诸如：

- 顾客需要展开表。
- 需要分析展开表。
- 产品或服务设计展开表。
- 过程设计展开表。
- 过程控制展开表。

除了可以记录信息之外，在分析收集到的数据之间的关系时，在将顾客需要转化为产品特征、产品特征进而又转化为过程特征和计划时，这些工具会格外有用。图4-4说明了这一转化过程。对顾客及其需要的分析为产品设计提供了基础。产品设计又形成了过程设计的基础，而过程设计进而又为控制展开表提供了输入。

对大多数设计项目而言，简单的矩阵展开表就足够了。对有些项目来说，更复杂的质量机能展开表非常有助于设计权衡的计算。所有这些展开表都是用来辅

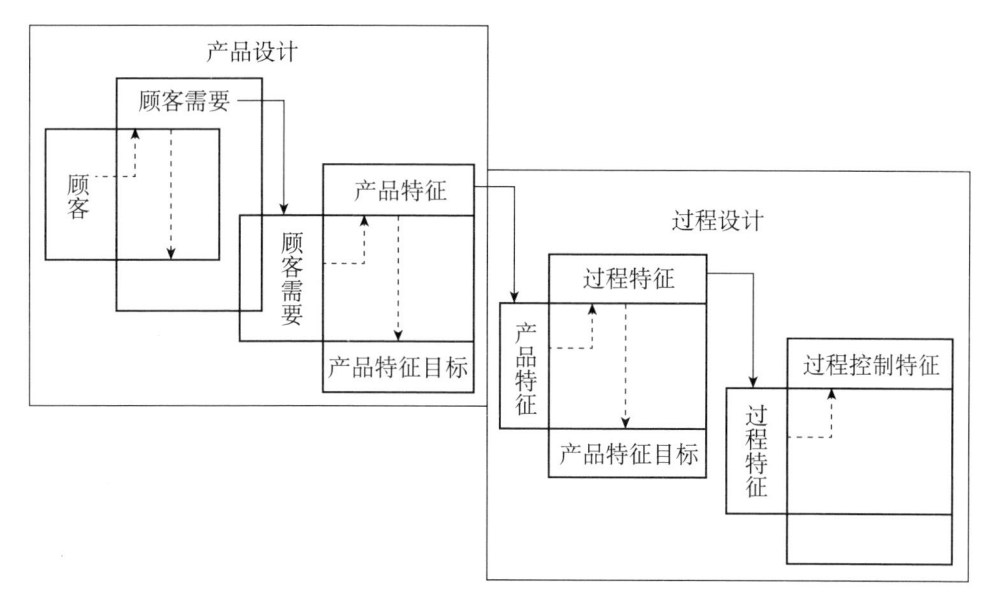

图 4-4 活动次序

资料来源：Juran Institute，Inc.

助质量团队记录并同时比较多个变量之间的关系的。我们将在设计过程的适当时机展示一些表格。图 4-5 给出了这类展开表的一般布局。一般来说，行标题是所分析的对象，如要使之满意的顾客，要满足的需要，等等；列标题是手段，例如若得到满足将能使顾客满意的需要，用以满足需要的产品特征，等等。表格的底行通常包含着对表格顶部的手段的特定衡量目标。表格的内部用符号或者数字表示手段对对象的影响，如，无、中、强、很强。还可以添加其他的列来具体衡量各行的重要性、参照标杆等等。

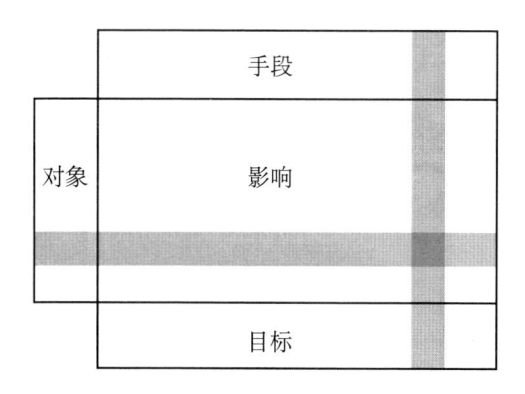

图 4-5 计划展开表示意图

资料来源：Juran Institute，Inc.，Copyright 1994.

顾客需要展开表

图4-6是一个简单的顾客需要展开表的例子。左边一列按照优先次序列出了所有的内、外部顾客，各列的表头是已经发现的各种需要。通过核对或是指定一个重要性，就能够针对满足各项需要的重要性，绘制出一个简单但很说明问题的图来。所有的产品开发都必须在一定的预算内进行。对顾客及其需要排出优先次序，确保预算用在最重要的方面。

顾客	顾客需要							
	引人入胜	信息量大／文笔优美	醒目的封面标题	稳定的销路	畅销	充足的时间	材料完备	没有最后一刻的改动
读者	●	●	●					
广告客户	●	○	●	●	●			
印刷者						●	●	●
排字工						●	●	●
套色工						●	●	●
报摊	●	○	●	○	●			

图例　● 非常强　　○ 强

图4-6　顾客需要展开表示意图

资料来源：Juran Institute，Inc.，Copyright 1994.

精确的顾客需要

一旦必须被满足的需要排定了优先次序，为了以此为依据来设计产品，就必须用足够精确的词语将这些需要描述出来。利用顾客需要展开表有助于将这一分析综合起来。此时，顾客需要可能是由相对宽泛的期望和比较具体的要求构成的混合物，前者如"容易使用"，而后者则如"星期六可用"。图4-7展示了宽泛的（称作"初级的"）需要如何被分解为更为具体的要求（"次级的"，"三级的"，等等）。注意这里的初级和次级并不意味着更重要和不太重要，而只是分别意味着不太具体和更具体。每一个需要必须被分解到这样一个程度，即它必须能：(1) 被测量；(2) 对产品设计做出明确的指导。有些情况下分解两级就足够了，但在另一些情况下，也许需要分解成四级或五级。图4-7展示了涉及一项群体医疗举措的基本需要"便利"是如何被展开的。

初级的需要	次级的需要	三级的需要
便利	营业时间	下午 5:00—9:00 及周六的一定时间营业
	交通条件	离公共汽车站不超过三个街区，设有足够的停车位
	等候时间短	24 小时内紧急预约 14 天内常规预约 就诊等候不超过 15 分钟
	有辅助性设施	设有药房、实验室

图 4-7　一个医疗机构的需要分析展开表示意图

资料来源：Juran Institute，Inc.

将他们的需要翻译成"我们的"语言

所确认的精确的顾客需要可以用几种语言来加以表述：

- 顾客的语言。
- 供应商的（"我们的"）语言。
- 一种共同的语言。

有一句古老的格言说，英国人和美国人是被共同的语言分隔开来的两种人。共同语言或行话的表象可能会是麻烦的根源，因为双方都相信他们理解对方，并且期望被对方理解。因未认识到理解差异而导致的沟通失败，会导致进一步的误解，从而使事情变得更为困难。因此，计划者采取特别的步骤，通过系统的翻译，以确保恰当地理解顾客的需要成为必然。翻译的必要性对内、外部顾客同样适用。许多公司职能部门所采用的行话并不为其他职能部门所理解。

含混的术语尤其会造成翻译的困难，这种情况甚至（通常尤其容易）在那些相信讲的是同样的行话的供应商和顾客之间发生。同一个词会有多重的含义，描述性词语所描述的并不具有技术的精确性。

翻译的帮手

有许多帮手可以用来帮助消除模糊，在语言与行话之间搭起桥梁。最常用的如下所列：

术语表是一个术语及其定义的列表。它是公开发表的对于关键术语的精确含义的共识。它也许会伴随着其他形式的沟通方式，如草图、照片以及录像带等。

样品有许多形式，如实物（例如纺织品样品、色条、录音带）或服务（例如展示良好服务"样品"的录像带，即殷勤有礼、体贴周到等）。它们起到了产品特征的详细说明的作用。它们利用了人类除了识别文字之外的那些感官。

一个专门的组织或许是必要的，由于翻译量的巨大，由其来专门负责翻译同外部顾客的沟通。一个常见的例子是负责接收客户订单的订单编辑部门。这些订单中的某些要素是以客户的语言表述的，订单编辑部门把这些要素翻译成供应商的语言，例如产品代码、供应商的首字母缩略词等等。

标准化在许多成熟的产业中得到了广泛应用，顾客和供应商双方都从中得益。标准化的范围扩展到了语言、产品、过程等等。所有组织都使用了对其产品的简短标示，如编号、首字母缩略词、单词、短语等等。这种标准化的命名使得与内部顾客的交流变得十分容易。

测量是纠正模糊不清和歧义的最有效方法——"用数字来表达"。这是在计划过程中强调测量重要性的第一个环节，但绝不是最后一个。质量计划还要求测量产品特征、过程特征、过程能力、控制项目等等。

建立测量单位和测量手段

有效的质量计划必须有顾客与供应商之间的准确沟通。有些重要的信息通过语言就足以传递，然而，一个日益复杂和专业化的社会要求以更高的精度来沟通与质量有关的信息。达到更高精度的最佳方式莫过于用数字说话。

量化必须有一个测量系统

这一系统由下述要素构成：测量单位，它是某个质量特征的一个确定的量值，能够用数字对该特征进行评价，例如，评价服务时间的小时、评价电力的千瓦、评价药物的浓度等；测量手段，亦即测量的方法或仪器，实施评价并以测量单位的数值来表达测量结果，例如，钟表示出了时间、温度计测量温度、X射线测量骨密度等。

通过测量顾客的需要，就建立起了一套判断该需要是否得到了满足的客观标准。此外，只有借助于测量，才能回答诸如这样的问题：我们的质量是更好了还是更坏了？我们与他人比较是否具有竞争性？我们的哪一项业务提供了最佳的质量？我们如何把所有业务都提高到最佳水平上？

特征的测量单位

测量的首要任务是针对每一个顾客需要来确定合适的测量单位。对于特征来说，我们知道没有一个简单、方便、通用的公式作为诸多测量单位的来源。特征的数量巨大、种类繁多。实际上，每个特征要求有自己独特的测量单位。最好从询问顾客他们评价产品质量的测量单位是什么来开始。如果供应商的测量单位与之不同，就有可能出现顾客不满，此时就需要团队提出一个双方都能接受的测量单位。即使顾客并没有一个明确的测量单位，也需要询问他们是如何判断自己的需要是否被满足的，他们的回答也许会带出一个隐含的测量单位。

应用于有形产品

有形产品的质量特征的测量单位大量使用了"硬的"技术单位。其中一些单位是公众所熟悉的，如用分钟测量时间、用摄氏度测量温度、用安培测量电流等。有许多测量单位则只有专家才明白。有形产品的质量还有一些"软的"方面。食品工艺师需要有关味道、柔软度及其他食品特性的测量单位，家具外表必须"美观"，包装必须有"吸引力"。为此类特征开发测量单位要求大量的努力和独创性。

应用于服务

对服务质量的评价包括一些技术性的测量单位。常见的例子是对及时性的评价，用天、小时等单位测量。服务性公司产生的环境污染物（如噪声、辐射等）也同样用技术性测量单位来测量。

服务质量还包括诸如服务人员是否殷勤有礼、环境布置的好坏、报告是否具有易读性等特征。由于这些特征是由人来判断的，其测量单位（以及相关的测量手段）必须经过顾客意见评审委员会的评判。

理想的测量单位

理想的测量单位的标准总结如下。一个理想的测量单位：
- 是可理解的。
- 为决策提供共同的基础。
- 有助于形成一致的理解。
- 使用经济。
- 与现有的测量手段相容，如果其他标准也能符合的话。

测量抽象事物

某些质量特征看起来独立于物质世界之外。服务质量常常把殷勤有礼作为一个重要的质量特征。即使是对于有形物品来说，我们也有一些诸如漂亮、味道、香味、感觉或者音调这样的质量特征。从而，我们必须建立测量此类抽象事物的单位。

处理抽象事物的方法是把其分解为可识别的部分。在这里，顾客再次成为识别这些成分的最佳出发点。例如，宾馆客房的外观肯定是一个质量特征，但它看起来似乎是一个抽象概念。然而，我们可以把这个特征分解成可观察的部分，然后来识别那些共同组成"外观"的成分。比如，地毯上没有污点或裸露的补丁、清洁的卫生间、台布没有串色并且按一定尺寸折叠了起来、窗户玻璃没有污痕、床单没有褶皱且距地面在一定范围内等等。一旦为每一构成要素建立了测量单位，就应该将之概括为一个指标，例如，脏、坏地毯数与宾馆客房总数的比值、缺失台布的客房数与客房总数的比值，或顾客投诉的次数。

建立测量手段

要用数据说话，不仅需要一个测量单位，还需要根据测量单位来评价质量。进行评价的一个关键要素就是测量手段。

"测量手段"是一个专门的探测装置或测量工具，它用来辨认某种现象的存在及强度，并将感知转化为信息。随后，这些信息将成为决策的输入，因为它使我们能够评价实际的表现。

技术仪器显然是测量手段，人类的感官也是测量手段，某些数据系列的趋势也被用作测量手段，休哈特控制图也是一种测量手段。

测量手段的精确度与准确度

测量手段的"精确度"是对于测量手段在多次重复试验中重现其结果的能力的衡量。对绝大多数技术性测量手段来说，这种再现能力都很高，而且很容易量化。

众多测量手段的另一端是把人类作为测量手段的情况：巡视人员、审计人员、监督人员和评估人员等。与技术性测量手段相比较，人类测量手段的精度要差得多。从而，计划人员常被告诫，在以这类数据为基础进行决策时，一定要认识到人类感觉所具有的局限性。

测量手段的准确度是指测量手段能够反映真相的程度，亦即它对某些现象的评价与可靠标准测定的"真值"相一致的程度。观察值与真值之间的差异就是"误差"，误差有正有负。

对于技术性测量手段而言，通常很容易通过再校准来调整其准确度。一个简单的例子便是钟表，人们根据收音机播出的报时信号来对表。与此相对照，测量手段的精度则很难调整。精度的上限通常取决于测量手段的基本设计，要使精度超过其上限，就必须重新设计。测量手段会由于使用不当、保养不及时等原因，工作在其能力以下的精度水平上。因此，在为每一个需要确定适当的测量手段时，计划人员要考虑制订适当的保养维护计划，同时要有一个对照表将每次检查时要采取的措施列出来。

产品设计展开表

关于顾客需要的翻译和测量的所有信息必须记录下来并加以整理。经验表明，这些数据必须妥善安排，才能在产品设计时伸手可得。图 4-8 的例子展示了一些用于产品设计的顾客需要。顾客需要及其翻译和测量均置于表格的左侧，表格的其他部分将在下一节讨论。

第 4 章　质量计划与设计创新性的产品和服务

需要	翻译	测量单位	审查	交叉资源核对	自动查找可用时间	核对资源限制	信息传真至预约处	寄送指示给患者			
								●	●	●	
预约无重叠	预约无重叠	是/否	预约员审查	●							
患者有备而来	患者遵循医生指示	是/否/部分	诊疗者审查				△	●			
所有预约均履行	无"保存"	是/否	预约员审查	●	○						
所有信息都易找到	无须"查找"	是/否	预约员审查			○					
快速确认	快速确认	分钟	软件/预约员审查		○	○					
产品特征目标				针对所有录入信息	一键可得	非经许可不可变更其预约	总是提醒接收者	针对所有预约			

图例
● 非常强
○ 强
△ 弱

图 4-8　产品设计展开表示意图

资料来源：Juran Institute，Inc.，Copyright 1999.

第四步：开发产品或服务的特征

一旦充分理解了顾客及其需要，我们便可以设计能够最好地满足这些需要的产品或服务了。大多数公司都有一些设计新产品并将之推向市场的过程。在质量设计过程中的这一步骤，我们将集中讨论质量在产品开发中的角色，以及这一角色如何与一个具体行业的开发和设计技术恰当地结合起来。在产品开发中，产品设计是一个基于技术或职能专长的创造性过程。

传统的产品设计者都是工程师、系统分析师、营运经理以及许多其他的专业人士。而在质量舞台上，设计者包括任何一个经验、职位和专长能够给设计过程以贡献的人。产品设计的产出是详细的设计方案、图纸、模型、程序、规范等等。

在这一步骤中，总的质量目标有两个：

1. 确定哪些产品特征和目标将为顾客提供最优的利益。
2. 明确为使设计结果能够无缺陷地交付需要些什么。

在设计服务时，这一活动的范围有时使人迷惑。例如，在提供医疗服务时，诊断与治疗这一产品在哪里结束？实验室检测、图表分析等过程从哪里开始？思考这一区别的一种可行的办法就是认为产品是"面对顾客"的，亦即顾客所看到的和所体验的。病人看到并体验了同医师的相互作用、等待、信息的澄清等等。把血样送到实验室并进行检测的效果和效率会影响这些产品特征，但其本身却是将最终产品交付给顾客的提供过程的特征。

设计有形产品的人也可以从思考产品设计的范围中受益。请记住，顾客的需要就是顾客想从产品中获得的益处，设计一个消费类电子产品不仅包括其本身的内容，还包括安装和使用的说明以及"求助热线"。这一步骤中有 6 项主要的活动：

1. 将相关联的顾客需要加以分组。
2. 确定识别产品特征的方法。
3. 选定高阶产品特征和目标。
4. 开发详细的产品特征和目标。
5. 优化产品特征和目标。
6. 确定并发布最终的产品设计方案。

将相关联的顾客需要加以分组

绝大多数质量计划项目都会面对大量的顾客需要。在前面各步骤所获数据的基础上，质量团队可以将那些具有相似功能的需要排序并分组。这个活动不需要太多时间，但能为以后节约很多时间。确定优先次序确保了产品开发的稀缺资源可以最有效地用于那些对顾客最重要的项目。将相关需要加以分组使得计划团队可以"各个击破"，即分成子团队来负责不同部分的设计。当然，这种区分子系统或构成元件的设计方法已经被广泛应用许多年了，或许有所不同的是，这里首先关注的是顾客需要的构成，而不是产品的构成。在这一步骤之后的活动中将涉及产品的构成元件设计。

确定识别特征的方法

在确定满足顾客需要的最佳产品设计方面，有很多互补的方法。大多数设计项目并不会使用所有的方法，但是在开始设计前，团队应该针对在自己的设计中将要应用的方法制订一个系统的计划。以下是一些选项：

标杆分析　这种方法明确了同业之最，也明确了成为同业之最的方法。细节参见第 18 章的内容。

基础研究 基础研究的一个方向可以是对产品的一个创新，一个目前市场上不存在或竞争者尚不具备的产品创新。基础研究的另一个方向则是探索产品及产品特征的可行性。这两方面都很重要，但要当心对产品技术能力的迷恋不要压过对产品给顾客所提供益处的主要关注。

市场试验 在市场上测试所引进的产品特征有助于人们对概念进行分析和评估。焦点小组是一项用来测量顾客反应以及确定产品特征是否确实满足顾客需要的技术。有些组织非正式地利用展示会及其他相关会议让顾客测试他们的想法，还有些组织则利用原型产品进行有限的试验性质的销售。

创造性 在开发产品特征时允许人们想象所有的可能性而不受任何限制或先入之见的妨碍。质量设计是一种求证的、结构化的、以数据为基础的满足顾客需要的方法，但这并不意味着它是僵化的、没有创造力的。在质量设计过程中的这一时刻，必须鼓励参加者在设计备选方案时充分发挥创造性，并为他们提供所需的工具。在选出了若干有前途的备选方案之后，他们会利用严格的分析和数据来设计最终产品。

设计团队可以利用个人对世界的观察，即从自己的视角来思考。每个雇员都可能发现其他的行事方法。团队要鼓励人们提出新思想和冒险。团队成员要避免被"卡住"，或花费太多时间争论一个具体的思路或问题。可以暂时将之放在一边，等到有新思路时再来讨论。在思考顾客的需要或问题时可以采用新的方法，如下所示：

- 改变关键词或短语。例如，将"需要"或"问题"称为"机会"，用"在需要时即刻交货"来代替"按时交货"。
- 随机联想。例如，拿一个常见的词，如"苹果"或"马戏团"，然后把你的业务、产品或问题描述为该词。比如，"我们的产品就像一个马戏团，因为……"
- 中心思想。把你的思路从一个中心思想移到另一个上去。例如，把焦点从产品转移到顾客，可以通过提问"小孩会受到什么样的伤害？如何能避免这种伤害？"而不是问"我们如何能把产品造得更安全一些？"。
- 换位思考。用另一个人的观点，如你的竞争者、你的顾客的观点来考察问题，在考虑自己的根据之前先考虑他们的根据。
- 梦想。设想你有一支魔棒，你可以挥动魔棒消除所有实现目标的障碍，那会是一番什么样的景象呢？你将首先做什么？它会怎样改变你的思路？
- 面条原则。当你在考虑一个新概念或为如何响应一个特殊的需要而感到困难时，可以让团队随心所欲地提出新的主意，就像是把一份意大利面扔到墙上，看看会粘上些什么。即使是"疯狂的"主意也常能导致可行的解决方案。

在这一时点上，初始的设计决定越简单越好。例如，在方向盘上装置收音机控制面板的想法会被看作一个高阶的产品特征。它的准确位置、控制方法以及如何作用可以在以后详细分析。随着计划项目的推进，它也许会变成细化产品特征的主题。

标准、规定与政策　现在还需要确定，所有相关的标准、规定与政策已经得到了明确和考虑。有些要求对于具体产品或产品特征只起着指导性的作用，而有些则要求了必须怎样做。有些规定来自组织内部，有些则来自联邦、州、当地政府、管制机构或产业协会。在决定最终产品设计的产品特征之前，所有的产品特征及产品特征目标都必须对照这些规定加以分析。

认识到这一点很重要，即当产品特征与标准、政策或规定相冲突时，这并不总是放弃的理由。有时，当该特征能够更好地满足顾客需要时，可以通过努力来使其被接受，涉及的是内部政策时尤其如此。但是，在提出主张时，必须有恰当的数据作为支持。

设计准则　作为高水平设计的准备工作之一，设计团队必须就用于评估备选设计方案和设计特征的明确准则达成共识。所有设计必须符合下列的一般性准则：

- 满足顾客的需要。
- 满足供应商和生产者的需要。
- 不输于（或胜过）竞争者。
- 优化顾客和供应商的总成本。

除了以上四个一般性准则外，团队成员应对未来进行选择时所依据的准则达成清楚的共识（如果选择相对复杂，团队就应考虑使用选择矩阵的形式规则）。团队的使命陈述书和目标是这些准则的一个来源。团队可能制定的其他类型的准则还包括：

- 特征对需要的影响。
- 所针对需要的相对重要性。
- 需要受到影响的顾客的相对重要性。
- 所提议特征的可行性和风险。
- 对产品成本的影响。
- 与标杆分析所揭示的竞争产品特征的关系。
- 标准、政策、规定、规章等的要求。

在决定如何将设计向前推进时，关于哪些产品特征是对顾客需要的最佳响应，团队还必须考虑很多其他的重要问题。在选择产品特征时，他们需要考虑是否：

- 开发一项全新的功能。
- 用新的特征代替原特征。
- 改善或修改现有的特征。
- 剔除不必要的特征。

选定高阶特征和目标

质量设计的这一阶段将鼓励团队考虑所有可能的特征以及每一个特征如何响应顾客的需要。这一活动应该在没有先验假设,即过去什么行或什么不行的限制条件下进行。因为技术或市场发生了变化,先前没能实现的顾客需要或没解决的顾客问题可能已可以重新思考了。

团队此时应当开始执行其识别可能的产品特征的计划,应当利用其明确的选择准则来识别出最有前途的产品特征。

图4-8所示的产品设计展开表对于这一活动而言是一个非常好的指南。使用展开表的右边部分来决定并整理以下的内容:

- 哪个产品特征用来满足哪项顾客需要?
- 每一项重要的顾客需要至少有一个产品特征来对应。
- 与某个顾客需要有关的所有产品特征的总效果足以满足该需要。
- 每一个产品特征至少能满足一项重要的顾客需要。
- 每一个产品特征至少对于满足一项重要的顾客需要是必需的(即去掉了这个特征将使一项重要需要得不到满足)。

团队为每一个特征设定目标 用质量术语来说,目标就是所瞄准的质量靶子(如所瞄准的价值和规范界限)。正如前面所讨论过的,目标与质量标准不同,标准是必须遵守的,通常来自外部,标准是一种"要求",通常决定着产品的一致性或产品如何运行,但产品特征目标则通常是自愿的和协商的。因此,质量设计过程必须提供既满足质量标准又满足质量目标的手段。

设定产品特征目标的准则 正如所有的目标一样,产品特征目标也必须满足某些准则。虽然设定产品特征目标的准则与第一步中讨论过的设定项目目标的准则略有差异,但二者还是有许多相似之处。产品特征目标应该符合所有的重要要求:

- 可测量。
- 最适宜。
- 符合法律要求。
- 可理解。
- 可应用。

能达到。

特征目标的测量　要测量产品特征目标,需要做以下工作:
- 确定测量单位,如米、秒、天、百分比等等。
- 确定测量方法(即确定测量手段)。
- 设定目标的值。

对顾客需要的测量现在就可以应用了。这两方面的测量会以下列方式之一相联系:

- 测量顾客需要和测量产品特征目标可能会使用相同的单位和测量手段。例如,如果顾客的需要是以用小时来衡量的及时性所表达的,则通常会有一个或多个产品特征也将用小时测量,通过它们的共同效果来满足顾客的需要。
- 对产品特征的测量可以通过某种技术从需要的测量演化而来。例如,运送一定尺寸和重量的货物的顾客需要可以转化为对运输系统的某种工程测量。
- 对产品特征的测量可能来自与该产品特征量度有关的顾客行为。例如,汽车制造商为汽车座椅的尺寸与结构开发出了特定的参数,这些参数又可以翻译成顾客评价的"舒适"。

由于我们现在已经能够测量顾客的需要以及相关的产品特征目标,所以质量计划团队就可以确保产品设计的漫长历程始终指向满足顾客的需要,即使是在生产样机或进行任何试销之前。

对于大的或复杂的项目来说,开发产品特征的工作经常被分配给许多个人或小组来完成。在所有小组完成其工作后,综合质量计划团队就要对这些结果进行整合。整合包括:

- 当相同的特征被确定为多组时,合并这些产品特征。
- 识别并消除不同小组提出的彼此矛盾或冲突的特征和目标。
- 确认综合起来的设计满足团队设定的准则。

开发详细的特征和目标

对于大型和高度复杂的产品来说,为了进行详细的设计,通常必须把产品划分为多个组件甚至子组件。每个组件一般有自己的设计团队,他们将完成下面所讨论的详细设计。为了确保整体设计在满足顾客需要方面保持完整、一致和有效,这些大型、分散的项目就需要:

- 有一个领导小组或核心团队负责总的指导和整合。
- 针对每个组件制定具有定量目标的详细合同。
- 对所有组件进行定期的综合设计评审。
- 在产品设计阶段完成之前进行明确的设计集成。

一旦开发出最初的详细的产品特征和产品特征目标，技术设计人员就要进行初步设计并表达为详尽的规范。在团队能够应用各种质量计划工具优化产品特征模型并最后确定和公布最终产品特征和目标以前，这是必不可少的一步。

经常可以见到质量设计团队所选的产品特征过于概括，难以对应确切的顾客需要。正如在识别顾客的基本需要时那样，高阶的产品特征应当分解为清楚定义并能够测量的细目。

特征与目标的优化

初步设计一经完成，必须加以优化。也就是说，必须对设计加以调整，以便以最低的综合成本满足顾客与供应商双方的需要，并赶上或超过竞争对手。

除非利用一种组织化的方式并遵循质量原则，否则要取得最优会是一件非常复杂的事情。例如，有许多设计方案均是由众多变量综合作用来产生一个最终的结果。其中有些设计是经营性的，比如设计一个信息系统，它涉及的是设施、人员、能源、资本等的最佳利用；还有些设计方案是技术性的，涉及硬件的最佳运行。无论是哪种情况，应用一定的质量原则，就会使取得最优的过程变得更容易。

取得最优涉及对需要的权衡，无论这些需要是多公司的还是公司内部的。在理想情况下，最优的实现应该通过供应商和顾客双方的参与。有若干有助于实现最优的技术可供利用。

设计评审　在这个概念下，为会受到产品影响的有关各方提供机会，在设计的各个不同形成阶段来对之进行评审。这使得他们能够运用他们的经验和专长做出如下贡献：

- 对将来会出现的问题进行早期预警。
- 提出有助于实现最优的数据。
- 挑战理论和假设。

设计评审可以在新产品开发的不同阶段进行。可用于评审关于顾客需要的结论，进而评审产品规范（产品输出的特性）。设计评审还可以在选择最优设计方案时进行。典型的设计评审的特征如下：

- 参与是强制的。
- 评审由计划团队以外的专家进行。
- 进行变更的最终决策权在计划团队手中。
- 评审是正式的、有计划的，按日程进行。
- 评审以明确的准则及预定的参数为基础。
- 评审可以在项目的不同阶段进行。

良好的设计评审的规则包括：
- 对评审的日程和文件进行充分的预先计划。
- 清楚规定的会议结构和角色。
- 部门间冲突的预先识别。
- 重点在于建设性的而非批评性的输入。
- 评审期间避免竞争性的设计。
- 评审的时间和日程要具有可行性。
- 为评审提供充分的技能与资源。
- 讨论要聚焦于未试过的/未经证实的设计思想。
- 管理层指导下的参与。

跨职能设计团队　设计团队应该包括所有那些同产品设计结果有关联的人员，以及对产品设计非常熟悉的人员。从这个意义上而言，是整个团队，而不仅仅是产品设计者，对最终设计负有责任。

结构化的协商　顾客与供应商受到强有力的局部力量的拖拽，从而使得达不到最优结果的情况极易发生。为了保证这些协商会议能够以尽可能高的效率进行，在会议之前最好制定一些基本的规则。以下是一些例子：
- 为了实现共同的目标，团队应该以一种合作而非竞争的精神来主导。
- 观念的差异是有益的，有可能导致更有效率和更有效果的解决方案。
- 每个人都应该有机会献计献策，每一个想法都应予以考虑。
- 每个人的意见都应不被打断地倾听和尊重。
- 避免变得个人化；从正反两方面来看每一个想法，在挑剔缺点之前，先看优点。
- 挑战臆测，尊重事实。
- 讨论陷于困境时，在继续讨论分歧之前，先退回一步明确已经达成的一致。
- 不能达成一致的问题应当暂时搁置起来，以后再回来讨论。

创造新的选择　团队常常采用历史上是怎样做的来看待一个产品设计。优化活动则使得团队能够采取新视角看待产品并创造新的选择。以下是一些常见的优化设计的质量工具：
- 竞争分析是与竞争产品特征进行的逐一比较。（参看随后的例子。）
- 销售分析评估哪些产品特征会刺激顾客的购买意愿，顾客愿意支付的价格如何。（参看随后的例子。）
- 价值分析不仅计算某个产品特征的增量成本，而且还计算满足特定的顾客需要的成本,并且比较备选方案的成本。(参看随后的例子。)

- 关键性分析识别设计中易受损的"关键的少数"特征,以便得到优先的注意和资源。
- 故障模式和影响分析(FMEA)计算某一特定失效概率带来的综合影响,该失效的后果,以及该失效可被探测和纠正的概率,从而建立起一个有关失效预防对策的设计优先序列。
- 故障树分析是预防措施设计的一种辅助工具,它是通过追踪所有会导致某一特定失效的可能原因组合来进行的。
- 面向制造和装配的设计要对制造过程中问题的复杂性和可能性加以评估,以使装配尽可能简单和无故障。
- 可维修性设计对于特定设计在使用寿命期间维护的便利性和成本进行评估。

竞争分析 图4-9是竞争分析如何进行的一个例子。竞争分析的数据可以是不同方法所获数据的综合,如对竞争者产品的实验室分析,对这些产品的现场试验,或者对那些愿意并正在使用竞争者产品的顾客进行的深度访谈和现场观察。

产品特征与目标	有无某一产品特征			特征性能与目标的对照(*)			判断是否为重大风险或机会
	产品A	产品B	我们的产品	产品A	产品B	我们的产品	
可从所有音频电话机上方便地获取留言	是	是	是	4	5	4	—
可远程更改留言	是	否	是	3	—	5	机会
内置两条线路	否	否	是	—	—	4	机会
竞争者产品具有而我们的产品不具有的附加特征	有无某一产品特征			特征性能与目标的对照(*)			判断是否为重大风险或机会
	产品A	产品B	我们的产品	产品A	产品B	我们的产品	
无磁带留言	是	是		4	—		风险
电话与应答机一体化	是	是		3	4		风险

说明(*)
1=差
2=尚可
3=满意
4=良好
5=优秀

图4-9 竞争分析

资料来源:Juran Institute,Inc.,Copyright 1994.

要注意，通过对这一分析的评审，计划团队可以识别出设计中存在的不敌竞争者的那些部分，以及团队开发出的具有优势的部分。基于这一分析，团队就需要做出是否升级产品的优化抉择。在进行这些抉择时，团队也许要用到价值分析。

销售分析　图4-10是一个销售分析的例子。这一分析与竞争分析类似，不同之处在于参照点是顾客对所提议设计的反应，而非同竞争者的设计特征的比较。但要注意的是，竞争分析和销售分析的要素可以结合起来，即在销售分析中加入顾客对所提议新设计与现有竞争者设计所进行的评价。

产品名称：汽车维修服务——调节	顾客如何评价产品？差 尚可 满意 良好 优秀	评价根据以前的使用还是当前的看法？	顾客如何看我们的产品同竞争者产品的差异？	若价格因素并不重要，顾客是否购买？	若价格因素重要，顾客是否购买？	以下产品中顾客选购的优先次序及选购的依据	判断是否为显著的风险或机会
我们	优秀	曾使用		是	$175	是	2-特征	
竞争者A	良好	看法	优于	否	$145	是	3-价格	机会
竞争者B	优秀	曾使用	无差异	是	$175	是	1-特征	风险

产品名称：报修车辆的取送产品特征目标：当日服务	顾客如何评价产品？差 尚可 满意 良好 优秀	评价根据以前的使用还是当前的看法？	顾客如何看我们的产品特征与竞争产品特征间的差异？	增加的特征使产品：	判断是否为显著的风险或机会
我们——提供	良好	曾使用		无差异	
竞争者A——未提供	满意	看法	优于	不如	机会
竞争者B——提供，同时还向顾客提供租车服务	优秀	曾使用	不如	优于	风险

图4-10　销售分析

资料来源：Juran Institute, Inc., Copyright 1994.

有着多个可选功能和可选配置的复杂产品，如汽车，为销售评价提供了独特的机会。通过对本公司已有车型与竞争者车型选装件安装率的观察，可以了解到对于该特征的市场需求水平以及某些细分市场愿意为该特征支付的附加价格的信息，虽然其他细分市场会认为该特征没有或只有很低的价值。

价值分析　价值分析不仅在结构设计和定制（custom-engineered）产品的开发中有着普遍的应用，同样也可以成功用于其他环境，如图4-11所示。通过对满足不同顾客需要的成本进行比较,设计团队能够做出许多重要的优化决策。如果满足次要需要的成本很高,团队就必须探索变通的方案,若该产品对价格高度敏感,甚至可以考虑干脆不理会这些需要。若是非常重要的需要却没产生什么花费,团队就要确认该需要是否已经得到了充分而完整的满足。虽然高度优先的需要产生的费用较低并不一定就不合适,但它确实可以提醒设计者注意,避免将那些本来能够用于重要需要的资源用到了次要需要上。以牺牲产品基本功能和性能为代价来使产品"画蛇添足"的情况并非少见。

顾客需要 (依优先次序列出)	产品特征与目标						满足需要的成本
	由护士处理的就诊,每周5天	执业产科医生接诊,每周2天	社工,每周5天	营养顾问,每周5天	现场计费职员为符合条件的患者办理医疗补助保险	现场实验室,1小时内出结果	
方便利用	60 000	30 000	10 000	10 000	20 000	40 000	170 000
对职员的信任		70 000	10 000	15 000			95 000
费用合理						25 000	25 000
灵敏性			15 000	5 000			20 000
明白的选择			5 000	15 000			20 000
特征的成本	60 000	100 000	40 000	45 000	20 000	65 000	330 000

图 4-11 价值分析

资料来源:Juran Institute,Inc.,Copyright 1994.

最终产品设计的确定和发布

设计方案经过优化和测试后,就到了选定最终设计方案所包括的产品特征和目标的时候,这也是通过各种形式的文件将产品开发结果正式传往其他职能部门的阶段。这些文件包括有关产品特征及产品特征目标的规范,各种展开表和其他辅助文件。各种口头或书面的指示对之构成了补充。为了完成这一活动,团队必须首先确定产品特征和产品特征目标的批准与发布过程。产品设计中除了产品特征与产品特征目标外,还应包括那些与最终的产品设计相关的程序、规范、流程图,以及各种展开表。试验、现场测试、样机,以及其他必要环节的结果要通过验收。如果一个组织已经有了一套批准产品特征目标的过程,还应当根据最新的经验进行重新的检查。要提出这样一些问题,如该批准过程是否保证了来自内、外部关键顾客的输入?是否有利于设计的优化?如果尚没有现成的产品特征目标批准程序,那么现在就应该开始着手制定一个程序。

第五步：开发过程的特征

一旦产品设计和开发完毕，就有必要确定通过何种方法持续创造并提供产品。这些方法统称为"过程"。"过程开发"是确定操作人员为满足产品质量目标所采用的具体方法的一系列活动。与此有关的一些概念包括：

- 子过程：大的过程可以分解为较小的单位以便于过程的开发与操作。
- 活动：过程或子过程中的步骤。
- 作业：实施一个活动的详细的逐步描述。

为了使过程有效，它必须是目标导向的，具有具体的可测量的结果；过程必须是系统化的，活动和作业的序列得到充分而明确的定义，所有的输入和输出得到了明确的规定；过程必须具有相应的能力，即能够在运营条件下满足产品的质量目标；过程必须是正当的，其运营具有明确的职权和职责。

过程的开发所包括的11项主要活动是：

1. 评审产品目标。
2. 确认运营条件。
3. 收集备选过程的已知的信息。
4. 选择总体过程设计。
5. 确定过程特征和目标。
6. 确定具体的过程特征和目标。
7. 针对关键要素及人为差错的设计。
8. 优化过程特征和目标。
9. 确立过程能力。
10. 确定并发布最终过程的特征和目标。
11. 确定并公布最终的过程设计。

评审产品目标

理想情况下，这一评审应当会比较简单。有关各方在之前的阶段对于产品质量目标已经进行了确认。但在许多公司，产品和过程的设计常常是由不同团队来进行的，彼此对于对方的活动并没有真正参与，从而难以获得双方都期望产出的结果。参与的缺乏通常会减少备择设计方案的数目，这些备择方案在早期阶段很容易获得，但到后期却变得非常困难和昂贵。此外，设定产品目标的人员对于自己的决策有着既得的权益，会对过程设计团队提出的变更产品设计的建议表现出文化上的抵制。如果产品和过程设计是由不同的团队完成的，那么对产品质量目标的评审和确认就绝对是必需的。

对于产品质量目标的评审确保了这些目标能被同过程设计联系最为密切的人员所理解。评审有助于实现最优。过程设计者能够给产品设计者提供一些有关实现质量目标的成本的实际情况。这一评审过程应该为质疑昂贵的产品目标提供一条正当而畅通无阻的途径。

确认运营条件

要实现对运营条件的理解，必须进行多方面的调查。

用户对过程的理解　这里的"用户"指那些对于实现产品目标的过程有所贡献的人，或那些使用过程以满足自己需要的人。用户部分由内部顾客（组织单位或个人）组成，这些内部顾客负责运行过程以实现质量目标。操作者或其他类型的工人便是用户。过程计划人员需要了解这些人如何理解他们所要做的工作。过程设计必须适应他们的理解水平，或者能够提高他们的理解水平。

过程将如何被使用　设计者当然清楚他们所开发过程的预期用途。然而，他们未必清楚最终用户是如何实际使用（或误用）的。设计者可以依靠自己的经验推测，但通常还须用直接观察和与有关人员的面谈来加以补充。

使用环境　计划人员非常清楚他们的设计必须考虑环境，环境会影响过程的绩效。具体的有形过程的设计者通常会考虑诸如温度、振动、噪声水平等环境因素；那些严重依赖人的反应的计划者，特别是在服务领域里，在过程设计中应当考虑环境对人的绩效的影响。例如，一个设计顾客查询处理过程的团队，应当考虑到环境压力对于顾客服务代表绩效的影响。这些压力可能来自大量的顾客投诉、粗鲁的顾客、缺乏当前产品的信息等。

收集备选过程的已知信息　一旦清楚了目标和环境，计划团队就需要得到关于备选过程的可靠信息，以满足预期环境下的那些目标。

过程构架　计划人员应当了解一些最概括的具有一定特征的基本过程构架。"过程构架"是一个把过程结合或支撑在一起的耦合结构。这个结构支持着产品的生产或服务的提供。某一特定构架的选定，也会对产品生产的方式以及组织响应顾客需要的能力产生深刻的影响。图4-12是对此的示意图。

装配树　"装配树"是一个常见的过程，它把若干子过程的产出组合了起来。多数这些子过程都是同时运行的，它们或者是最终装配所必需的，或者是在过程的末端获得一个最终结果。这种类型的过程构架在大型的机械产业和电子产业得到了广泛的应用，如生产汽车、家电、电子仪器等的产业。它在医院的许多过程中也有应用，如手术室中做外科手术的情况。树的枝或叶代表大量的供货者或内部制造零配件的部门。零件的组装再由其他的部门完成。

在办公室工作中，某些数据收集与汇总的过程也表现出了装配树的特征。编

图 4-12 过程构架

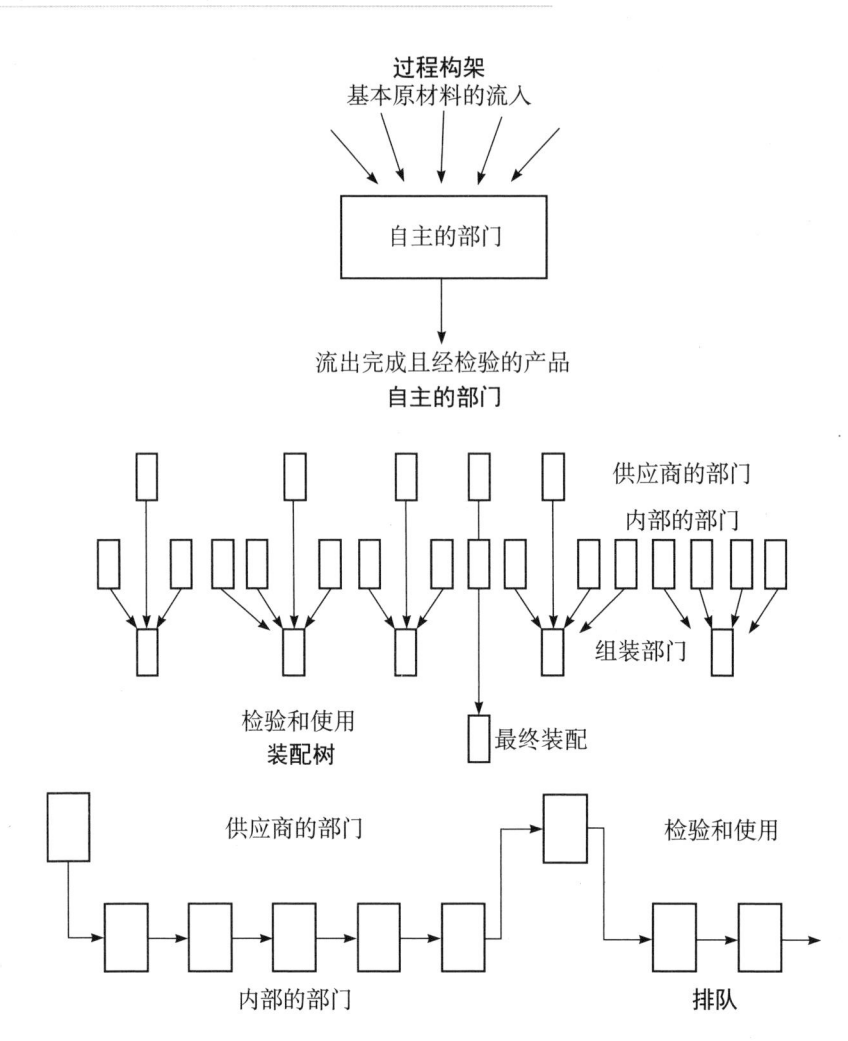

资料来源：Juran Institute, Inc., Copyright 1994.

制主要的会计报告（如资产负债表、损益表）要求将许多零散数据逐步汇总，最后形成综合的报告。无论是在跨职能的层次还是在部门层次，装配树设计都得到了应用。在大的作业中，专业人员事实上是不可或缺的，他们在各种跨职能层次上贡献出不同的产出。预算过程便是一个例子。虽然在大的部门过程中并未强制使用专业人员，但事实上却常常如此。这可以从设计部门得到证实，在那里许多设计工程师分别设计一个项目的各种图纸，最后汇集成总的设计。

业务过程质量管理

许多计划人员越来越多地在其主要过程中应用被称为"业务过程质量管理"的第四种管理形式，这是一种不大传统的形式。之所以出现这种新的管理形式，是因为人们日益认识到当今企业的许多目标越来越依赖于大型的、复杂的、跨职能的业务过程。过程质量管理强调如果一个组织要维持或扩大其业务，有许多关键性过程对它是决定性的。（详见第 8 章。）

过程的测量

在选择一个具体的过程设计方案时，计划团队需要获得备选设计方案的效果与效率信息，包括：

- 缺陷率。
- 周期时间。
- 单位成本。
- 产出率。

为了获得所需数据，计划者必须应用很多不同的方法，包括：

- 分析现过程。
- 分析相似的或有关的过程。
- 测试备选过程。
- 分析新技术。
- 从顾客处获取信息。
- 模拟和预估。
- 标杆分析。

总体过程设计的选择

正如产品设计从高阶描述开始进而扩展到细节说明一样，过程设计也应当始于用一个高阶的流程图来描述总体过程的流向。从这样一个图出发，可以确定子过程和主要的活动，这些子过程和活动进而又可以在一个更加详细的层次上加以设计。在开发高阶流程以及之后的细节时，团队应确保其符合以下准则：

- 将会实现产品的质量目标。
- 落实关键性分析、FMEA 和故障树分析的对策。
- 符合项目目标的要求。
- 可以支持实际的，而不仅仅是预期的用途。
- 资源利用率高。
- 不需要超出预期的投资。

有些过程设计基本上是重复现有的设计，还有一些则是重新的或"原创的"再设计，大多数有效的过程再设计都是可靠的现有过程与部分明显变化的结合。

上述的准则应该成为以下这些选择的指南，即过程的某一部分是否应当原样采用，或是要进行一些改进，或用一种完全不同的方法来代替。

在过程设计的这一点上，要应用我们在产品开发部分所讨论过的一些方法，尽可能地进行创造性思考。考虑完全不同的过程构架会产生的影响。哪种方式能使顾客得到更好的服务？是常设的含有多专业的单位，还是按需提供的高度专业化的专家职能？哪种方式最有可能减少不良？如何能够显著地缩短运转周期？有无一种新技术能够让我们采取完全不同的方式？我们能否开发出这样一种技术？

一旦完成了高阶的流程，则流程图中的每一项活动和决策都要求文件化为规范，其中要包含下列内容：

- 输入。
- 输出。
- 输出的目标。
- 运转周期时间。
- 成本。
- 输入转化为输出的综合描述。

对这些因素的明确规定使随后划分详细设计的工作成为可能，并确信最终设计将会一致而协调。

在早期的新过程流完成后，就应该对改进的机会加以评审，例如：

- 消除会导致返工的错误源。
- 消除或减少冗余的子过程、活动或作业。
- 减少传递次数。
- 缩短运转周期时间。
- 替换那些输出有缺陷的任务、活动或过程。
- 修正过程中的顺序问题以减少活动或返工的数量。

测试所选过程

成功设计的一个关键因素就是把从测试产品、产品特征、总体过程以及子过程中得到的经验整合进设计中，保证它们满足质量目标。测试应该贯穿于整个质量计划过程，以便在移交到运营阶段之前能够对计划进行变更、修正和改进。为分析和评价总体过程和子过程的各种备择设计方案，测试要在各个时点上进行。

比较或标杆分析

组织内外部的其他单位也许已经使用着一个与所设计过程相似的过程。通过与已有的类似过程相比较，能够确保所设计的新过程有效。

测试限制

所有测试都有一些限制存在。下面是一些常见的应该了解并重视的限制。

运营条件的差异 试操作和模块测试显然不同于运营条件。即使是试运行测试和标杆分析也在某些细节上区别于实际的全负荷情况。测试条件与实际应用条件之间存在着以下一些普遍的差异：

- 操作过程的人员。
- 过程的顾客。
- 极端值与异常情况。
- 与组织的其他过程和其他部分间的交互作用。

规模的差异 尤其是对于关键性失效，如设备故障、关键人员流失，或任何其他潜在的失效，如外科手术过程中的并发症等，测试的规模也许不足以大到使这些罕见的失效发生。

其他影响 有时设计一个新过程或者重新设计现过程会造成或加剧其他过程的问题。例如，住房贷款审批过程中周转时间的改善可能会给结账部门带来工作的积压，这种过程间的相互作用在孤立的测试中可能不会发生。

识别过程特征和目标

"过程特征"是指创造产品、提供服务以及实现满足顾客需要的产品特征目标所必需的任何特性和属性。"过程目标"是指一个过程特征的数值指标。

产品特征回答了"我们需要具有什么样特性的产品来满足顾客的需要"这一问题，过程特征回答的问题则是"我们需要什么样的机制来持续并无缺陷地创造和提供这些特性（并符合质量目标）"。总的来说，过程特征定义了过程。这些特征和目标中的许多，但并非全部，来自流程图。

随着过程设计从宏观层次进入到细节，一长列具体的过程特征浮现出来。每个过程特征针对着一个或多个产品特征的生产。例如：

- 开具发票要求的一个过程特征是能够进行算术运算，这样才能给出准确信息。
- 生产齿轮要求的一个过程特征是能够给齿轮毛坯准确地打孔。
- 通过电话销售信用卡要求的一个过程特征是能够准确地收集顾客信息。

大部分过程特征都会归入下列的某个类别：

- 程序——遵循正常固定顺序的一系列步骤。
- 方法——对一系列作业、活动或程序的有序安排。
- 设备和物资——过程的运行所需要的"物质"设施和其他有形货品。
- 原料——有形的要素、数据、事实、图形或信息（这些与设备和物资一道组成所要求的输入以及被加工对象）。
- 人员——人的数目，要求他们具备技能并完成目标和任务。

- 培训——完成过程所需的技能和知识。
- 其他资源——可能需要的附加资源。
- 支持过程——可以包括秘书支持，偶然的其他支持，诸如外部打印服务、复印服务、临时帮助等等。

正如产品设计一样，如果把过程特征和目标整理到一个展开表中，用以示意该过程是如何提供产品特征与目标的，过程设计会更易管理和优化。图4-13给出了这样一个展开表。

		过程特征			
产品特征	产品特征目标	浇灌能力	小组规模	经认证的材料	预估完工所需用时
完成任务时间	100%低于1个小时	○	●		●
保证按约定时间完成	99%的工作在约定时间的15分钟以内				●
所有材料对环境都是安全的	全部天然材料/无合成物			●	
图例 ● 非常强 ○ 强 △ 弱		每分钟10加仑	每1万平方英尺1人	100%农业部批准	预估时间误差小于10%
		过程特征目标			

图4-13　过程设计展开表示意图

资料来源：Juran Institute，Inc.，Copyright 1994.

这一展开表不仅是对过程的关键属性的方便的总结，它还有助于回答有效的过程设计所必需的两个关键问题。首先，该过程能实现所有产品特征和目标吗？其次，每个过程特征对于至少一个产品特征是必不可少的吗？也就是说，有没有不必要的或冗余的过程特征？还要确证其他的过程特征不能够在产品上产生同样的作用。

通常，高阶的过程设计会识别出公司范围的宏观过程所要求的特征和目标。这方面的例子包括采购过程的周期时间、财务系统的具体数据、新技能的培训等。由于所设计的新过程将依赖于这些宏观过程的支持，在这一时点必须确认它们能够满足目标要求。如果不能，这些宏观过程就需要作为过程设计的一部分加以改进，或者用其他的方法来加以取代。

识别详细的过程特征和目标

大多数情况下，由单个的子团队来实施子过程和主要活动的详细设计将是最有效的。这些详细设计将以过程特征和目标作为其目标和准则。每一个子过程团队将把设计进行到这样一个层次，在此层次上，可以制定标准操作程序、编写软件、生产或购买设备以及采购原材料。

针对关键因素及人为差错的设计

过程设计的一个重要因素便是确定关键因素对设计的影响。"关键因素"是那些对人类生命、健康以及环境有严重威胁或会招致重大经济损失的方面。此类因素的一些例子涉及大规模的作业，如机场交通控制系统、巨型建筑项目、医院患者看护系统，甚至管理股票市场的过程。对这类因素的计划显然应当包括充足的安全措施，诸如结构集成、自动防故障装置、冗余系统、多重警告等等。在这一阶段，关键性分析和失效模式与影响分析（见第 20 章）对于识别那些需要特别注意的因素是很有帮助的工具。

在实施特定的作业和活动时，员工的能力会有很大的差异。有些员工干得很好，而另一些则干得不那么好。所有员工都毫无例外的一点就是，他们是人类大家庭的一部分，而人是容易犯错误的。总的来说，人为差错大到了这样一个程度，要求过程设计必须提供减少和控制人为差错的手段。首先要对人为差错的数据进行分析，然后应用帕累托原理。关键少数错误的类型将成为具体的过程设计需要考虑的内容。过程设计能够处理的人为差错分为以下的主要类别：

- 由于缺乏特定的所需技能引起的技术差错。
- 因缺乏反馈而加重的差错。
- 由于人们无法永远保持注意力高度集中而引起的差错。

防误的原理

研究表明防误方法有多种不同的分类，比如消除，即改变技术以消除有错误倾向的操作。例如，在某些原材料搬运操作中，要求工人在吊绳与产品之间插入一个保护垫，以使绳子不致损坏产品。换用一根尼龙带来吊装的话就构成了消除。

优化过程特征和目标

在计划人员已经考虑了关键因素，并从减少人为差错的角度修改过计划之后，接下来的活动首先是对子过程设计的优化，然后是对总过程设计的优化。在第 4 步的产品开发中，已经引入了优化的概念。优化产品特征和产品特征目标的活动同样也适用于过程计划。优化既适用于总体过程的设计，也适用于单个子过程的设计。

确立过程能力

在一个过程开始运行前，必须证实它能够满足质量目标的要求。确立过程能力的概念和方法在第22章详细讨论。任何一个设计项目都必须衡量其过程相对于主要质量目标的能力。如果达不到过程能力，在过程投入运营前就应该对过程能力不足的根原因进行系统的诊断，并通过过程改进来消除这些根原因。

缩减运转周期

过程能力与过程满足顾客需要的有效性相联系。某一类特殊的需要可能与子过程的运转周期有关，所谓运转周期就是从过程的开始到结束所经过的全部时间。缩减运转周期对于许多组织而言几乎成了一种强迫性的思维。顾客、日益增加的成本以及竞争力量几方面的压力迫使企业去寻求实施其过程的更快的方式。这些受到关注的过程通常包括新产品的上市，提供顾客服务，招募新雇员，响应顾客的投诉，等等。对于现有过程而言，设计者遵循众所周知的质量改进过程来缩减运转周期，通过诊断活动来明确时间消耗过长的原因，然后开发特定的补救措施来解决这些问题。

确定和发布最终过程特征和目标

在前面的步骤中，计划团队确立了过程流向，明确了初步的过程特征和目标，考虑了关键过程及人为差错，优化了过程特征和目标，并且确立了过程能力，现在可以确定最终设计中包括的所有详细的过程特征和目标了。这一阶段还应该把过程开发的成果通过各种形式的文件正式地传达给其他的职能部门。这些文件包括产品特征及产品特征目标的规范，以及展开表和其他辅助文件。各种口头或书面的指示对之构成了补充。

填写过程设计展开表是始终贯穿于过程开发中的一项活动。展开表应该持续更新以反映设计中的修改，如对备选方案的评估、考虑关键因素及人为差错的设计、优化、测试过程能力等等。在对过程设计展开表进行了最后修订后，还应该再次核对以确认下列事项：

- 每个产品特征与一个或多个过程特征具有强的或非常强的关系。这样将确保产品特征在没有重大缺陷的情况下有效交付。满足了每个过程目标也就意味着每个产品特征目标的实现。

- 每个过程特征对于提供一个或多个产品特征是重要的。与产品特征不存在强相关的过程特征是不必要的，应该舍弃。

完成的过程设计展开表和详细的流程图是整个过程中的经理、基层主管乃至普通员工均需要的共同信息。此外，计划团队还必须确保过程中的每项作业在以下方面得到明确：

- 谁对之负责。

- 该作业如何完成。
- 其输入如何。
- 其输出如何。
- 运行中可能出现的问题以及如何处理。
- 所用的设备及原料的规范。
- 该作业所要求的信息。
- 该作业所产生的信息。
- 所需要的培训、标准操作程序以及辅助手段。

第六步：开发过程控制方式并转入运营

在这一步骤中，计划人员要为过程开发控制方式，安排整个产品计划向运营部门的转移，并确认转移的实施。这一步中有 7 项主要的活动：
1. 明确所需的控制。
2. 设计反馈回路。
3. 对自我控制与自我检查进行优化。
4. 建立审核。
5. 证实过程能力和可控性。
6. 对转入运营阶段进行计划。
7. 实施计划并确认转移。

一旦设计完成，计划方案就交到了运营部门手中。之后的生产产品、提供服务并确保精确无误地满足质量目标就成为运营人员的责任。他们是通过一个有计划的质量控制体系来进行的。控制旨在持续地满足目标要求，并防止因不良改变的发生而影响产品质量。换句话说，无论生产中发生了什么（人员的变动或流失，设备或电力故障，供应商变化，等等），员工都要能够调整过程或使过程适应这些改变或变异，以保证质量目标的实现。

明确所需的控制

过程控制由 3 项基本活动组成：
- 评估过程的实际绩效。
- 将实际绩效与目标相对照。
- 对差异采取措施。

在第 6 章中有关于这些活动在反馈回路中的应用的详细讨论。

过程特征

很多控制包括对最直接影响产品特征的过程特征的评估，例如打印机墨盒的状态、炼铁炉的温度或研究人员报告中所用公式的正确性。有些特征成为受控对象的候选对象，作为避免或降低失效的手段。这些受控对象通常选自前面所确定的关键因素，或来自 FMEA、故障树分析（fault-tree analysis，FTA）以及临界分析。过程控制涉及这样的决策：该过程应当继续运转还是停止？

- 设定控制标准，即确定判断过程失控的水平以及用于决策的工具，如控制图。
- 决定不符合标准时应当采取的行动，亦即排除故障。
- 指派采取行动的人员。

借助于一个详细的过程流程图，确定控制的测量点并编制相应的文件，这一点也是采取纠正措施的地方。然后将每个控制点记录在类似于图 4-14 这样的控制展开表上。

过程特征	过程控制项目							职责
	控制对象	测量手段	目标	测量频率	样本容量	控制标准	
过程特征 1							
过程特征 2							
…							
波动焊接	焊料温度	热电偶	505°F	持续	—	≥510°F，降温 ≤500°F，升温	操作者
	传送带速度	测速表	4.5 英尺/分钟	1/小时	—	≥5 英尺/分钟，减速 ≤4 英尺/分钟，增速	操作者
	合金纯度	实验室化学分析	最大杂质 1.5%	1/月	15 克	≥1.5%，更换焊锡	过程工程师

图 4-14　控制展开表示意图

资料来源：JURAN J M. Quality control handbook. 5th ed. New York：McGraw-Hill，1999.

培训

应当培训员工能够做出产品合格与否的决策，还应该对此加以检查以确保他们做出正确的决策。规范必须清楚，毫不含糊。

质量审核和控制体系的审核在本书其他部分详细讨论，如第 9 章。虽然对控制体系的审核是独立于设计团队之外的一项职能，但设计团队仍有责任确保具备了实施有效的审核所必需的足够的文件，并且保证能够持续地为审核提供资源和时间。

证实过程能力和可控性

虽然过程能力必须在过程设计期间着手解决,但在实施期间,必须对过程能力和可控性的最初表现加以确认。

对向运营的转移加以计划

在许多组织中,运营部门对过程的接收是结构化和正规化的。要提供一个由一定的标准要素构成的信息包,其中包括应达到的目标、欲使用的设施、应遵循的程序、指令、注意事项,等等,还有针对各项目的相应补充材料。此外,还在维护、危机处理等领域给操作人员提供简单指示和培训。随信息包一起的还有责任交接的正式文件。在有些组织中,这种交接是在一种近乎仪式的气氛中进行的。

结构化方式的价值 它常常采用核对表和倒计数的方法,以确保交接有序而完整。如果组织已经有了一个进行转移的结构,项目信息就要按照已有的做法进行组织。如果组织只有一个松散的结构或根本没有结构,那么下述材料将有助于对项目转移的计划。

不管组织有无一个结构,除非交接已经得到了确认,每个有关的人都得到了生产最终产品所需的所有信息、方法和程序,否则团队就不应该停止对于项目的责任。

诀窍的转移 在过程设计期间,计划人员获得了关于过程的大量诀窍。如果这些诀窍能够转移给运营人员,将使他们从中受益。这种转移有很多种方法,而最有效的转移会充分利用若干互补的沟通渠道,包括:

- 过程规范。
- 情况简介。
- 在岗培训。
- 正规培训课程。
- 预先参与。

转移计划的审核 作为正式的转移计划的一部分,还应制订一个单独的审核计划作为确认计划转移的工具。这种审核不同于之前讨论过的控制审核。这种审核意在评价转移的成功程度。要使审核确有意义,就应在对转移进行计划时确立一些特定的目标。通常,这些目标与在产品、产品特征和过程特征的开发中所确立的质量目标相联系。团队也许会决定给转移活动添加某些目标,或决定在首次连续运营期间修改新计划好的质量目标。例如,在生产产品的首次试运转期间,总运转周期也许会超过预期目标15%。这种更改考虑了员工需要时间来适应计划。随着他们变得熟练,获得了过程的经验,适应了他们的新职责,运转周期将会趋近于预期的质量目标。针对转移的审核计划应当包括以下内容:

- 欲达到的目标。
- 如何测量目标的实现情况。
- 设定目标、测量以及分析的时间安排。
- 谁来进行审核。
- 需要制作何种报告。
- 针对未能达成目标的情况，谁负责采取纠正措施。

实施计划并确认转移

质量设计过程的最后活动是实施计划并确认计划向运营的转移已经发生。制订产品计划花费了我们大量的时间和精力，最后确认其运转良好是值得做的一件事情。

常用设计工具

- 亲和图。这种图把相似的项目加以聚合，它是质量改进中所用的因果图的前身。在质量设计中，用亲和图来把相近的需要或特征归类整理。
- 标杆分析。这一方法是关于组织最佳惯行的公开分享和调查，主要针对业务过程和内部过程（而非竞争对手的或独家的制造）。今天，它已从"产业观光"发展成了以在线数据库参与为主的研究。
- 头脑风暴。这一广为人知的方法用于获取群体对于原因（在进行改进时）和特征（在进行计划时）的意见。
- 继承性分析。通常用一个矩阵来描述设计要素的继承程度，特别是关于那些有缺陷倾向的要素。
- 竞争分析。通常用一个矩阵来描述与竞争产品特征的逐一对比，尤其关注与"同业之最"目标的比较。
- 控制图。广泛用于描述过程随时间的变化情况。最常用的是休哈特的平均值控制图。
- 关键性分析。用一个矩阵来描述某个特征或要素相对于顾客需要的失效程度以及相应的纠正责任。
- 数据收集：焦点小组。这一常用的方法是将顾客置于某种场景中，在一个训练有素的专业人员的引导下来深入探索顾客的需要。
- 数据收集：市场研究。包括旨在回答以下三个基本问题的各种方法：对用户来讲什么是重要的？这些重要事项的次序如何？与竞争者相比，我们在按照这一次序满足这些事项的要求方面做得怎么样？

- 数据收集：调查。这种被动性的方法旨在获取预设的有关满意或需要的问题的回答。通常它是"封闭式"的问题，不便于评论和回答开放性问题。其主要特点是回收率很低，再就是人们怀疑即使那些不满意的人给出的评价也会较高。
- 故障模式及影响分析。也称为 FMEA，用一个矩阵表示出故障的概率、重要性以及检测的难易程度，据此可以算出风险优先度数（RPN）。RPN 高的要优先处理。虽然这种分析主要是用作一种设计工具，但也用于改进中。
- 故障树分析。这是一种关于故障模式的图示，表示了必须同时发生（"与"）或依次发生（"或"）才会导致故障的事件。通常采用垂直的形式，以"与"事件和"或"事件作为树的分支。
- 流程图。用标准的活动符号及流向来描述过程的最常用的方法。它最早源自 20 世纪 50 年代的软件设计，后演化为今天广泛使用的过程图示工具。
- 词汇表。词汇表是用以消除顾客与供方之间在词汇及术语方面的模糊的有力武器。它是用于特定语境下的工作词典，如"舒适"一词在用于办公室椅子时的含义。
- 设计网络。一种树状图，描述了设计活动中同时发生或相继发生的事件。通常在网络图上标示了完成事件的总时间，最早开始时间以及随后的停止时间。它用于管理相当复杂的设计活动。类似的方法有计划评估评审技术（PERT）及关键路径法（CPM）等。今天的展开表式的项目管理软件通常体现了这些方法的关键特征。
- 过程分析法。这种过程流程图方法表示了每项任务所需时间，任务所需支持（如计算机网络），以及任务间所"浪费"的时间。这种方法通常通过访谈来进行，需要有熟练的过程专家。
- 过程能力。这一术语可用于描述各种揭示过程的重现能力以及满足要求的能力的统计工具。
- 销售分析。这是另一种矩阵式的工具，用于描述针对特定的产品特征所能够制定的价格或需要支付的成本。
- 散点图。这是一种图示方法，通过将一个变量相对于另一个变量打点来确定相关关系。这是进行回归分析确定预测方程的前奏。
- 选择矩阵。这个矩阵工具表示出了根据公认的准则所要做的选择。这种方法既用于改进也用于设计。
- 顾客需要展开表。这种展开表描述了顾客群体与所表述的需要之间的关系。在考虑产品特征时,所涉及顾客群越广的需要其优先度也就越高。这种展开表的高级形式即"质量屋"或质量功能展开(QFD),详见本章的"六西格玛设计"一节。

- 需要分析展开表。这种展开表用来将最初的表述需要分解成不同的层级。因此,对于新车购买者来说,"经济性"可以进一步分解为购买价格、使用成本、保险费用、燃油经济性及再销售价值。将需要分解到最基础的层级上,有助于精确响应和测量。
- 产品设计展开表。这是顾客需要展开表的续表,进一步确立了针对顾客需要的特征及特征目标。在考虑所用过程时,与需要具有最强相关性的特征将被赋予更高的优先度。
- 树图。指用并行或继起的事件作为树枝来进行描述的各种树形图。这种图不如设计网络精密,但有助于从"大局"的角度来理解各项活动。
- 价值分析。一种矩阵图示,表示了顾客的需要,以及为了提供满足特定需要的特征所需的成本。它是销售分析的近亲。

六西格玛设计

产品及服务的设计就是针对有形产品或服务以及产出产品或服务的过程,所创造的一种详细的描述。用质量理论的术语来讲,产品设计就意味着确立质量目标以及使这些目标能够持续达成的手段。用六西格玛的语言来说,产品设计(六西格玛设计,DFSS)是指以如下的方式来同时创造产品及其生产过程的设计,即要使得不仅产品与过程中的缺陷极低,而且也是可预测的。进一步地,即使在进入大规模生产阶段后,缺陷也要非常低而且可预测。要达到这种成本低、周期时间短及顾客满意度高的卓越水平,就必须对传统的设计方法加以提升。例如,每一个DFSS设计项目都始于识别顾客并详细分析和理解他们的需要。即使是"再设计"也从同一点开始,因为所有成功的设计都是基于顾客需要的,而且在这个快速变化的世界中,顾客需要,甚至顾客本身也在飞速改变。另一个例子就是在DFSS中大量集中地使用了统计方法。从统计分析中所获信息的力量为实现六西格玛质量水平提供了途径,这种水平是用百万分不良率(ppm)来衡量的。对于DFSS的各个阶段的描述被称为DMADV。

DMADV代表的是:定义、测量、分析、设计及确认。此处的讨论并不涉及DMADV所用程序及工具的所有细节,否则恐怕需要数百页的篇幅,这些内容可在其他公开出版物上找到。我们试图让读者了解的是那些所有管理者都应该了解的有关 DMADV 每一阶段的目的、主题、问题及步骤次序。

六西格玛设计,即 DFSS,是关于开发高质量产品的过程的一个新说法。它是质量设计的概念与六西格玛方法目标的结合。DFSS 过程指导产品的设计者们创造出了产品的设计,并使得制造部门能够以六西格玛质量水平把这些产品生产出来。在服务业的案例中,它意味着开发能够以六西格玛质量水平提供的服务过程。

DFSS 设计活动将获得一个新产品、一个现有产品的新设计或一个现有设计的修改。它由五个阶段按照以下的次序构成:定义、测量、分析、设计、确认。图 4-15 列出了每一阶段的活动。(有关 DFSS 的更详细内容参见第 17 章。)

定义	测量	分析	设计	确认
• 提出项目 • 确定项目范围 • 项目的计划和管理	• 发掘顾客需要及其优先次序 • 开发 CTQ 及优先次序 • 测量基线绩效	• 开发设计备选方案 • 开发高阶设计 • 评估高阶设计	• 优化详细设计参数 • 评估详细设计 • 计划详细设计确认试验 • 确认产品的详细设计 • 优化过程绩效	• 试生产/分析结果 • 实施生产过程 • 转移过程所有权

图 4-15　DFSS 中的主要活动示意图

参考文献

Parasuraman, A., Zeithami, V. A., and Berry, L. L. (1985). "A Conceptual Model for Service Quality and Its Implications for Further Research." *Journal of Marketing*, Fall, pp. 41–50.

(焦叔斌 译)

第 5 章

质量改进和绩效突破 约瑟夫·A. 德费欧

本章要点	突破的动员
通用突破程序	高层"质量委员会"
突破的模型和方法	将突破目标纳入经营计划
突破的基本原理	提案与选择过程
取得高层管理者的批准和参与	项目章程：项目问题和目标陈述
COPQ 与降低成本	项目团队
驱动底线绩效	团队组织
发现不良绩效成本	对突破的制度化
诠释不良质量成本	评审进展状况
结果	突破培训
计算所需资源	参考文献

本章要点

1. 对当前绩效的突破旨在消除各种不良，如过久的缺陷、过久的延误、过长的周期，以及由于过程不佳产生的不良质量而导致的高成本。

2. 于 20 世纪 50 年代确立的朱兰通用突破程序由实现优异结果的 6 个步骤构成。这些步骤包括：

    a. 提出并明确问题。（由管理层做。）

    b. 确立项目和团队。（由管理层做。）

    c. 诊断原因。（由项目团队做。）

d. 纠正问题。（由项目团队与产生问题的工作组做。）

　　e. 巩固成果。（由项目团队与相关的运营人员做。）

　　f. 复制成果并提出新的项目。（由管理层做。）

3. 所有的改进都是通过项目来实现的。为了实现突破，领导者必须确立目标和项目并提供资源，以确保目标和项目的完成并取得成果。

4. 实现突破是最高管理层的职责。具体来说，最高管理层必须：

　　a. 建立确定项目优先次序的跨职能委员会或推进小组。

　　b. 提出并选择突破项目。

　　c. 建立项目章程，其中包括了对问题和目标的规定。

　　d. 提供资源来实施项目，尤其是人员和时间。

　　e. 为项目指派团队、团队领导者、促进者、六西格玛的黑带。

　　f. 评审进展、消除障碍、管理文化抵制。

　　g. 表彰、认可。

5. 项目的选择要求管理层有相应的技能和方法以确定"可实施"的项目，从而也能让团队理解问题和目标。

6. 要实现当前绩效的突破必须有两方面的"历程"：诊断历程和治疗历程。这些历程也就是运用基于事实的方法来解决绩效问题。

7. 诊断历程按照如下顺序进行：

　　a. 从问题到问题的症状。

　　b. 从症状到关于症状原因的假设。

　　c. 从假设到对假设的测试。

　　d. 从测试到确立症状的根原因。

8. 治疗历程按照如下顺序进行：

　　a. 从根原因到设计根原因的治疗措施。

　　b. 从设计治疗措施到在运营条件下测试和提供治疗措施。

　　c. 从可行的治疗措施到处理可预测的变革抵制。

　　d. 从处理变革抵制到针对治疗措施建立新的控制，从而能够巩固成果。

9. 有大量的努力用于创造更为简单易行的改进方法，大部分都无果而终。六西格玛 DMAIC 改进模型获得了广泛的认可以及最广泛的应用。这将在第 15 章中详细讨论。其基本步骤如下：

　　a. 选择问题并启动项目。（由管理层做。）

　　b. 定义问题。（由倡导者和管理层做。）

　　c. 测量症状的重要程度。（由项目团队做。）

d. 分析信息以找出根原因。（由项目团队做。）

e. 通过给出关于原因的治疗措施来进行改进。（由项目团队做。）

f. 实施控制以巩固成果。（由项目团队和部门做。）

10. 在变革过程中，所有的项目和团队都会遭遇障碍，会有来自各个方面的反对，会遇到来自经理、员工或工会的推托或拒绝，我们将之称为对变革的抵制。所有的管理人员都必须懂得如何克服这些抵制。

通用突破程序

改进发生在每一天，发生于每一个组织，甚至包括那些做得不太好的组织。就短期而言，这是企业的生存方式。渐进式改进是每个组织日复一日进行的改进活动。渐进式改进不同于突破性改进，突破必须有专门的方法和支持，才能获得显著的结果和变化；也不同于计划和控制，计划和控制要求反思哪些因素阻碍着当前的绩效水平满足顾客的需要。本章主要讨论突破性改进，以及领导者如何创建一种体制来提升改进率。通过年复一年地实现少数关键（帕累托原理）的突破，组织就能够胜过竞争者并满足利益相关者的需要。

在此处，"突破"意味着"有组织地创造有利的变化并实现前所未有的绩效水平"。类似的说法还有"质量改进"或"六西格玛改进"等。前所未有的变化如实现六西格玛水平（3.4 ppm）或10倍于当前过程绩效水平的改进。突破带来了成本的显著降低、顾客满意度的提升，以及能够让利益相关者满意的优异结果。

通用突破程序的概念最初来自我在西电公司的经历（1924—1941），以及从1945年起我作为独立顾问的岁月。通用突破程序最初发表于一些论文上，后来则写成了书（Juran，1964）。此后，这一程序在经营管理者使用经验的基础上不断发展演变。

朱兰研究院于1979年创建后，发行了《朱兰论突破》的系列录像带（Juran，1981）。这一录像带系列得到了广泛的传播并对许多组织推行突破起到了推动作用。这些组织纷纷开展内部的培训计划并开发了各自的突破程序。所有后来的这些程序都在很大程度上类似于1964年的原版程序，有些组织进行了有益的修改和增补。

突破意味着改变：向新的、更高的绩效水准的动态的、决定性的移动。在一个纯静态的社会中，突破是被禁止和忌讳的。曾经有许多这样的社会，有些存在了好几个世纪。在那些世纪中，其成员享受或忍受着完全的可预知性。他们确切地知道自己的人生地位是什么，即与他们的祖先完全一样。但是，经过一定的时间，这种可预知性让他们的后代付出了代价。代价就是由于其他动态的社会的征服或接管，导致了这种静态社会的灭亡。这些静态社会中的有些领导人或许很清楚这种灭亡的危险，有些人只是在赌自己在世时这些危险不会成为现实。正如蓬巴杜夫人写给法国国王路易十五的著名信件中说的："我们身后，哪管它洪水滔天。"

今天的领导者不可忘记历史。对静态社会的威胁来自人类的基本动机，即获取更多的动机，这包括更多的知识、物品、权力和财富等。由此而产生的竞争使得突破变得无比重要（Juran，1964）。

我们可以遵循一个不变的事件程序来打破旧的绩效水准，实现新的水平。这一程序的细节是重要的。起始点是认识到突破的必要性和可行性。在人类组织当中，除非有人倡导，否则变化就不会发生。如果有人不愿意改变，则在变革实现之前就要经历漫长而艰苦的历程。变革之路的起点就是有人坚信变革——突破——是必要且可行的。变革的必要性主要来自信念或信仰，可行性则要求进行一些研究，这引出了第二个步骤。

第二步是考虑突破是否有可能发生，即进行可行性研究。这一研究有助于将问题分拆成主要的组成部分，区分关键的少数和有用的多数，我把这称为帕累托分析。这些关键的少数问题将成为我们发掘新知识的对象。但是，新知识的创造不会简单地发生——我们必须有所组织。这引出了下一个步骤。

组织知识的突破是下一步。这要求我们建立两个系统：一个负责对突破加以引导，一个负责收集事实并分析。我们分别将之称为方向臂和诊断臂。对于知识的突破而言，这两臂都是必不可少的。只有其中的任何一个都是不够的。当两者都具备后，诊断就开始了。通过对事实的收集和分析，获得了新的知识。到此，就实现了在知识上的一个突破。

但是，知识上的突破并不能自动创造出绩效的突破。经验表明，技术变革通常会影响相关人员的地位、习惯、信念等。人类学家将这种信念、习惯的集合命名为"文化类型"。

这样，在文化类型上的突破便成为新增的一个重要步骤。在达成新的绩效水平之前，我们必须发现预期的变革对文化类型的影响并设法应对由此而产生的抵制。这常常成为一个困难而重要的问题。

最终，绩效的突破终于得以实现，这是我们所追求的结果。为了使之能够保持下去，我们依靠控制来维持这种状态，直到再次发生突破为止。

两类突破

突破可以针对质量的两个方面中的任一方面。

1. 更高质量的产品和服务特征带来了顾客的满意和厂商的收益。这些产品特征促进了收益的提高。

2. 免于不良将减少顾客的不满以及非增值性的浪费。对于厂商而言,减少产品的不良将减少成本,这是突破的目标所在。

突破适用于任何行业、问题或过程。为了更好地理解为何如此众多的组织开展了诸如精益六西格玛这样的改进活动,我们必须对计划和改进加以对比。在上一章中,我们讨论了设计产品特征的质量计划过程。

用于减少过多的缺陷和不良的突破可由如下的措施所组成:

- 增加生产过程的产出。
- 减少行政报告的差错率。
- 减少现场故障。
- 减少索赔障碍。
- 缩短重患临床处置时间。

两种情况的结果均为绩效改进,都有助于实现卓越绩效。但是,要成为市场领先者,改进就必须以一种革命性的速度发生,这常常让许多组织犯难。实现优异结果的方法和工具与日常一般使用的改进方法有着根本上的不同。

旨在增加收益的突破始于设立战略目标,如提供同业之最特征的新产品开发目标,或用以战胜竞争者的运转周期缩减目标。为了实现这些新的目标,就必须进行系统性的"质量计划"过程(Juran,1993)。需要进行多个层次的质量计划。一个组织必须计划新产品或进行面向质量的设计。其他类型的质量计划还包括可制造性设计、六西格玛设计、绿色及精益设计等。

质量计划与大多数的产品和服务开发方法有所不同,它是通过一系列通用的步骤来完成的。这些步骤聚焦于理解"顾客之声"(内部的和外部的)并将之整合到产品设计中去。最好的设计方法总是以明确为谁设计开始。换言之,谁是"顾客"?然后是确定这些顾客的需要,接下来开发满足这些需要所必需的产品或服务特征,等等。综合起来,这一系列步骤便是"质量计划或质量设计路线图"。创造设计上的突破反映在第 4 章中。

许多组织年复一年地遵循着一套结构化的开发新产品和服务的做法。按照这种结构化的方式:

- 产品开发项目是经营计划的组成部分。

- 由新产品开发职能保持对这些项目的业务监督。
- 设置了专门的产品和过程开发部门，配备有开展技术工作所必需的人员、实验室和其他资源。
- 重要的技术工作有明确的职责划分。
- 有精心设计的程序以确保开发工作在各个职能部门间的进行。
- 这种长期存在的结构有利于按年度进行的新产品开发。

这种专门的组织结构尽管十分必要，但并不足以确保良好的结果。在有些公司，新产品面市的周期很长，新型号产品在市场上的竞争表现不佳，或新的慢性浪费又产生出来，这些弱点通常都可以归因为计划过程中的不足。

在非增值性的活动过多或慢性浪费造成的成本过高的情况下，产品和服务已经在生产，目标已经确立。达成这些目标的过程和使之能够保持的手段是由基层员工来实施的。可是，所产出的产品和服务并不总是能够满足目标。因此，减少这些非增值活动或慢性浪费的做法不同于设计或计划的方法。为了实现当前绩效水平的突破，首先必须获得管理层对于诸如六西格玛这样的质量改进计划的承诺。这类计划能够提供识别问题并发现原因的手段。组织必须花时间对当前过程加以诊断。揭示出原因之后，就可以采取治疗措施来消除这些原因。这种旨在实现突破的做法才是本章要讨论的主题。

必须持续地实现突破才能使不断变化的顾客需要得到满足，顾客的需要是一个移动的靶子。竞争性的价格也是一个移动的靶子。可是，改进上的突破通常滞后于设计上的突破，它们前进的速率完全不同。其主要原因在于，高层管理者对通过其他途径来增加收入给予了更高的优先度，而对于按这种方式来实现前所未有的绩效水平的突破并未给予相应的资源。这种重视程度的差异通常也反映在各自的组织结构上。企业新产品开发的方式便是一个例子。

从历史上来看，应对竞争和改进绩效在基于两种不同理念的两条路线上进行着。

- 政治领袖们固守着传统的政治解决方法，如进口配额、关税、"公平贸易"立法等等。
- 产业领袖们日益坚信，对竞争的最好回应是具有更强的竞争力。采用这种方式必须活用那些从各行各业的模范公司中总结出来的经验。这种广泛的推广运动延续到了 21 世纪。

最近几十年来的经验使人们已经达成了共识，质量管理（计划、控制和改进）是最有效的应对威胁和机会的手段之一，它提供了必须采取的行动方式。就突破而言，这些共识主要包括如下方面：

- 全球竞争日益加剧并已成为生活中一种长期的令人不快的事实。必要的应对就是持续地以高速度进行突破。
- 顾客越来越强烈地要求供应商改进产品，这种要求进而传导到整个供应链。顾客不仅要求产品方面的突破，而且还要求改进质量管理体系。
- 在没有推行战略性改进计划的组织中，慢性浪费巨大。20世纪80年代初期，由于质量不良，许多组织约有1/3的工作是对以往所做工作的返工。到了20世纪90年代末期，这一数字降到了20%～25%（作者估计）。人们普遍认识到这样的浪费不应再继续下去，因为它削弱了竞争力和盈利能力。
- 突破必须导入到影响公司绩效的所有领域，包括所有的业务过程、交易过程和制造过程。
- 突破不应只靠自发性的努力，必须将之融入到组织的战略计划和整个系统中，必须是强制性的。
- 实现市场领先，要求高层管理者亲自掌管质量管理。在曾经位居市场领先地位的组织中，都是最高管理者亲自执掌质量舵轮。就作者所知，从无例外。

对降低慢性浪费的忽视

在大多数组织中，降低成本的呼声远低于增加收益的呼声。因此：
- 在经营计划中没有减少慢性浪费的目标。
- 这类突破的责任是模糊的，发起行动是志愿者的事情。
- 未能提供必需的资源，因为这类突破不是经营计划的组成部分。

高层管理人员对此缺乏重视很大程度上是因为他们的思维受以下两个因素的影响：

- 许多高层管理人员不仅把增加销售放在首要位置，而且有些人认为降低成本是一种低级的工作，不值得花费高层经理的时间。在高科技领域更是如此。
- 高层管理人员从来没有意识到慢性浪费的规模，也不清楚在这方面投资所具有的潜在的高回报。高层经理们所盯着的"仪表盘"或"计分卡"总是在强调诸如销售额、利润、现金流这些指标，但看不到慢性浪费的规模以及其中蕴含着的机会。经理们对于高层的这种迟钝负有一定的责任，他们所提交的报告总是使用专家的行话而不是管理的语言，亦即货币的语言。

突破的模型和方法

突破要回答如下的问题，即我应当如何减少和消除我的产品、服务和过程中那些不正确的因素以及相应的顾客不满？突破模型必须针对那些导致了顾客不满、产品和服务的不良质量以及未能满足内、外部的特定顾客的特定需要的那些问题。

根据我的研究，通过减少与顾客相关的问题来实现当前绩效的突破具有最高的投资回报率，而这归根结底只是纠正少数几类问题，包括：

- 过多的缺陷。
- 过多的耽搁或过长的周期时间。
- 由于返工、废品、交货延误、处理顾客不满、更换退货、顾客和客户流失、商誉损失等导致的过高成本。
- 由于浪费造成的高成本和高价格。

有效的突破模型要求：

- 在领导者的强力推动下，按项目年复一年地进行。
- 由团队来承担项目，找出问题的根源并巩固成果。
- 团队针对"问题"过程来设计治疗性的改变，消除或解决产生问题的原因。
- 团队与部门合作来实施新的控制，以防止原因回潮。
- 团队努力推广治疗方法以提升突破的效果。
- 所有的团队必须遵循一个系统化的基于事实的方法，这要求经历以下两种历程：
    - 诊断历程。从症状（存在问题的表现）出发对引起问题的原因进行假设，验证假设，找出根原因。一旦找出了原因，则开始第二个历程。
    - 治疗历程。从根原因出发到设计治疗性改变，以消除或解决产生问题的原因；从治疗方案到测试，再到运营条件下应用；从实施治疗到应对变革阻力；从应对阻力到建立新的控制以巩固成果。
- 无论组织如何称呼或命名其改进模型，只有当完成了上述两个历程之后，突破结果才能够发生。

自从朱兰博士首次发表关于通用突破程序的文章以来，已经过去了50多年。在这漫长的时间中，朱兰博士见证了许多的模型，有许多的组织都试图对这个名叫突破的简单方法加以简化、改造和重命名。有的有效，有的则不然。

最近的成功例子是六西格玛或六西格玛 DMAIC。自从摩托罗拉采用了朱兰博士在 20 世纪 70 年代后期所推行的这种质量改进方法以来，六西格玛已经成了最有效的改进品牌。六西格玛方法和工具应用了此处的许多通用原理，它与收集和分析数据的统计和技术工具结合了起来。

GE前董事长杰克·韦尔奇这样来定义六西格玛："六西格玛是这样一种质量活动，当说过和做过了所有其他的事情后，就用它来改善你的顾客的体验，降低你的成本并造就更好的领导者。"（Welch，2005）

我们将在第15章对六西格玛进行详细的讨论并详解其步骤：定义、测量、分析、改进和控制。

突破性改进案例

以下概括了一个突破性改进项目的轮廓。由于本书是指南性的，我们将只集中讨论管理层所实施的一些重要的活动。下面所列出的每一个主题都包含有大量的技术知识、工具和方法。

识别项目（由管理层做）：
- 提出项目。
- 评估项目。
- 选择项目。
- 确定项目类型，如设计项目、改进项目，或者其他类型，如精益项目。

确立项目（由倡导者做）：
- 制定问题陈述书和目标陈述。
- 选择一位促进者，如为六西格玛项目则选择黑带或专家（参见第15章）。
- 选拔和任命团队。

诊断原因（由项目团队和黑带做）：
- 分析症状。
- 确定、量化或修改目标。
- 提出关于原因的假设。
- 测试假设。
- 识别根原因。

治疗原因（由项目团队和产生问题的工作组做，或许在与治疗措施有关的人员的协助下）：
- 评估备选的治疗方案。
- 设计消除根原因所需的解决方案、治疗方案或改变。
- 设计新的控制方法以巩固成果。
- 设计文化（防止或克服对变革的抵制）。
- 在运营条件下证明治疗方案的有效性。
- 实施治疗方案。

巩固成果（由项目团队与相关的运营人员做）：
- 设计和实施有效的控制措施。
- 必要时对过程采取防误措施。
- 对控制进行审核。

推广成果并提出新的项目（由管理层做）：
- 推广成果（复制治疗方案，必要时有修正）。
- 根据上个项目所获启示提出新的项目。
- 将骨干组织进"卓越绩效"或"质量委员会"。
- 选择需要改进的问题或新的目标，确立相应的项目。
- 建立项目章程：提出问题和目标陈述。
- 提供资源：培训、人员、技能、辅导，尤其是完成改进所需的时间。
- 任命项目团队提出治疗方案和控制措施。
- 评审进展，进行认可和表彰。

预制房屋油毡的神秘破损

这里给出的是一个简单的案例，所涉及的项目也很简单（但仍然很有价值）。它反映了突破改进方法的基本特点。

在美国所建的单户住宅中，几乎有半数是在移动的生产线上建造的。模块组件被运输到很远的地点，经过组装后，安装在购房者的住址处预制好的地基上。一旦完工并做好庭院之后，就很难区分组装的预制房屋与现建的房屋有什么不同。

一家大型的模块式住宅制造商对于其分布在全国各地的一些工厂的高昂的返工费用很是挠头。顾客的不满在增加，利润也受到了影响。各家工厂成立了由总经理和直接下属组成的质量委员会。他们接受了质量改进的培训，识别出了费用最高的返工，组建并培训了质量改进团队，开始着手降低返工的数量。以下便是这一改进项目的故事。我们从识别问题开始说起。

识别问题：工厂质量委员会对其返工问题进行了帕累托分析

对于过去 6 个月中所发生的最昂贵的返工情况进行的帕累托分析（有关帕累托分析的更详细介绍参看第 19 章）给出了如下的分布（各项累积百分比按降序排列）：
- 更换破损的油毡：51%。
- 修理墙体中切断的电线：15%。

- 更换现场丢失的固定装置：14％。
- 修理水管渗漏：12％。
- 修理石膏板上的裂缝：8％。

根据帕累托分析，质量委员会选出了第一号公敌：破损油毡的更换。更换破损油毡花费不菲，通常需要把墙体移开之后才能铺设新的油毡。接下来要确立正式的项目，并明确解决问题的职责。

确立项目

- 首先编写了问题陈述："更换破损油毡的数量巨大，占到了全部返工的51％。"
- 给团队提供了目标陈述作为其活动方向："降低破损油毡更换的数量。"

注意这里对问题和目标都做了描述，问题陈述和目标陈述中所用的变量和测量单位是完全一样的。这很重要，因为问题陈述告诉了团队他们要解决什么问题，项目的其他部分均专注于质量委员会所选择的问题。如果问题陈述与目标陈述不一致，项目团队可能会完成目标，但并未解决问题。委员会组建了一个由来自现场的代表所构成的项目团队。油毡是在现场安装的，破损也是在现场观察到的。委员会任命了一位来自现场的员工担任项目负责人。该负责人不仅接受过质量改进的培训，还学习过如何领导一个团队。一位训练有素的促进者负责给团队辅导有关突破改进的方法。团队开始了其诊断历程：从症状到原因的历程。

诊断原因

团队的第一项任务是分析症状。（症状即问题的外在表现。）当然，主要症状就是破损油毡更换的数量。次要症状包括更换的成本、破损类型、破损位置、更换耽误的时间、更换导致的延期等等。通过定义、量化、图示对这些症状进行了分析。接下来又分析了主要症状。

团队将油毡的破损分类为沟槽、起屑、割伤、裂口、污渍。利用流程图描绘出了各现场与油毡或油毡的更换有关的所有操作。流程图还标出了发生破损的工位。然后进行了若干帕累托分析。根据破损类型进行的第一个帕累托分析，其结果如下：

- 沟槽（凹痕）：45％。
- 起屑：30％。
- 割伤：21％。
- 裂口：4％。

- 污渍：2%。

由此，团队将注意力集中在比重最高的类型即沟槽上。

第二个帕累托分析是根据房屋中的位置对沟槽进行了分析，从中可以看出房屋的哪些区域有最高的破损发生率：

- 厨房：38%。
- 前庭：21%。
- 卫生间1：18%。
- 卫生间2：14%。
- 洗衣室：9%。

现在，团队把注意力集中在厨房油毡所发生的沟槽上，暂时忽略其他的症状。帕累托原理认为，对于任何给定的结果（一个过程的输出或本例中的一个症状）而言，都存在许多的促成因素。这些促成因素对结果的贡献各不相同，其中相对少数的促成因素做出了最大的贡献，这些因素被称作"关键的少数"。那些出现较少的促成因素被称作"有用的多数"。根据帕累托分析的结果，团队将注意力集中在影响问题的那些关键的少数因素上，以期用最少的努力取得最大的回报。

第三个帕累托分析是按班次对厨房油毡的沟槽进行分析，分析发现在班次之间沟槽的发生没有差异，说明"班次"不是厨房油毡沟槽的促成因素。团队结合自己的经验，就导致厨房油毡沟槽的原因提出假设（或假定）。他们提出了长长的一系列假设，以下是最具有说服力的几个：

- 尖利的重物（工具）坠落。
- 在地板上拖拽物体。
- 雇员工作靴上的石子。
- 雇员疏忽。
- 新油毡没有保护层。

在房屋预制行业，前三个假设是否确实发生过是已知的，无须检验。关于"缺乏保护"这一假设呢？对这一假设进行检验的唯一做法就是将厨房油毡沟槽与保护的有无进行相关分析。团队被要求在所有油毡破损或更换的报告中都注明有无保护。

接下来，团队发现油毡沟槽破损发生的所有场合都不存在保护层。随后，团队又发现并没有正式的控制计划要求安装保护层。所以，质量检验或质量保证检查都没有发现此处未执行控制计划，甚至根本就没有控制计划！地板保护层是一个最大的影响因素。

解决问题

工人、采购人员和工程师一起选择和购买了结实、便宜的材料用来覆盖新铺设的油毡。大家都同意，每次由操作者负责在每道工序完成后即刻铺设保护层，领班负责检查是否完成。之后，油毡沟槽破损以及其他类型的破损有了显著的下降。（看来有好几种破损类型都有着共同的原因，其中之一便是缺乏保护层。）没过几周，油毡破损几乎完全消失了。大家举行了庆祝会，厂长指望着能拨下一大笔奖金——当然会有自己一份！

几周之后，在工厂管理层的每周例会上，质量经理报告说，油毡沟槽破损又再次神秘地出现了。这一消息让人们感到难以置信和失望。"我们还以为我们把沟槽破损给消灭了呢！"他们是曾经做到了，只是忽略了几个"小的细节"。

巩固成果

团队调查发现：（1）对安装保护层没有设计并发布正式的控制方案。（2）各工地存在着工人的轮换，这些人对于该程序未经过培训。（3）新工人未经过培训，因为没有正式的要求。更重要的是，根本就没有正规的培训计划（包括确保培训得到定期实施的控制措施），这也是没能进行培训的原因。看起来，这里的"工厂"更像是一个有屋顶的建筑工地，只是靠工匠的技能和骄傲来维持标准。与此相比，工厂的特点是有更加正式的程序和控制。所有这些对于相关人员都是宝贵的启示，并进而引起了一系列的改进和计划项目的实施，人们树立了新的工作态度，企业在由建筑工地向工厂的转变中有了更大的进步，控制和培训都实现了正规化。

以往的举措

许多组织，尤其是在美国，为了应对危机或经济下滑，都推行了各种"改进"举措来改进它们的绩效。由于种种原因，许多这样的举措都未能达到目的。有些做法从一开始就注定了随后的命运。可是，有些组织实现了巨大的突破，改进了绩效，成为榜样、市场领先者。

通过对这些榜样所用方法的分析，我们获得了一些启示，包括为了实现突破和成为市场领先者必须采取的措施，为了实现这些优异结果必需的工具、方法等。

关于突破的启示

我对那些成功的组织所采取措施的分析表明，大多数此类组织都实施了许多乃至全部的以下这些措施或策略：

1. 它们扩展了各个层次的经营计划，其中包括了年度的突破目标和顾客满意度目标。
2. 它们实施了系统化的突破过程，建立了推进这一过程的专门结构或组织机制。
3. 它们采用了大质量的概念，它们将突破方法应用到了所有的业务过程中，而不只是在生产过程中实施。
4. 它们对包括最高管理层在内的各个层次的人员就实现各自目标的方法和工具进行了培训。
5. 它们让员工在各自的日常工作中参与突破活动。
6. 它们应用测量指标和计分卡对照突破目标来评估进展情况。
7. 包括最高管理层在内的各级管理人员对照突破目标来评估进展情况。
8. 它们扩大了认可的范围，修改了奖励制度，对于工作中的变革与采用新方法和工具加以认可。
9. 随着绩效的改进，它们每隔几年就会对它们的改进计划进行更新，以加入一些新的变化。
10. 它们创造出了超过竞争者的"改进速度"。

突破速率举足轻重

第10个启示颇为重要。只有一个突破系统是不够的。这一启示强调，每年的突破速率决定了哪个组织能成为市场领先者。图5-1表示了不同的突破速率的效果。

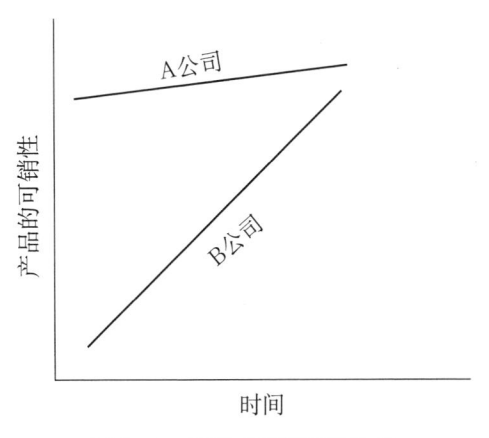

图5-1 两种突破速率的比较

资料来源：Juran Institute, Inc., 2009.

在图中，纵轴表示产品的可销性，因此越往上越好。上边的一条斜线表示 A 公司的绩效，它在开始时处于行业领先者的地位。A 公司保持着逐年增长的趋势，公司在盈利，看起来未来一片光明。

下边的斜线代表竞争者 B 公司，开始时并非领先者。然而，B 公司比 A 公司的突破速率要快得多。A 公司正面临着失去领先地位的威胁，B 公司即将超越。这里的启示是显然的：

> 在争夺市场领先地位的竞争中，一个组织所能维持的突破的速率是最具有决定性的因素。

——J. M. 朱兰

图 5-1 中有助于解释为何有如此多的日本产品通过质量革命获得了市场领先地位。其主要原因在于，相对于西方的渐进性改善而言，几十年来日本公司的突破速率是革命性的。最终，它们超过了西方的公司，由此而使得许多美国公司在 20 世纪 80 年代早期陷入了经济灾难当中。今天，许多的美国汽车企业取得了巨大的进步，而丰田公司却出现了召回事件。图 5-2 所示的是我对汽车行业在 1950—1990 年的突破速率的估计。

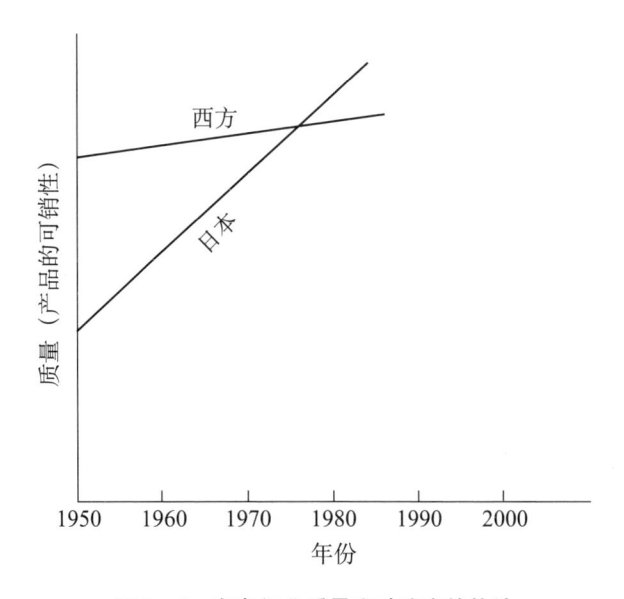

图 5-2　汽车行业质量突破速率的估计

资料来源：Juran Institute，Inc.，1994。

从 20 世纪 80 年代的众多改进竞争力的举措中也可以得出不少教训，其中的一些举措未能对底线收益产生影响。质量圈、雇员参与团队、TQM、再造、国家质量奖等等，这些方法都是为了应对日本的质量革命。有些方法因不能够持久而失败了。每种方法对当时采用它的公司来说都有所帮助。有一个启示是十分明显的：这些举措表明，要获得这种革命性的突破速率绝非易事，必须从战略上重视保持市场领先。时至今日，在世界上的大多数地方，只有国家质量奖项目还在持续。那些宣称质量已死或 TQM 无用的组织把它们的失败归罪于方法，这只有部分正确。有些情况下，的确是方法选用不当；还有些情况下，则是由于其管理层未能在一开始处理好影响这些方法发挥作用的众多障碍和文化阻力。本章将会讨论这些障碍以及管理这些障碍的手段。

突破的基本原理

实现突破仅依赖于少数几个基本的概念。对于大多数组织和管理者来说，每年进行的突破不仅是一个新的责任，而且是对管理风格的一种激烈改变，是对组织文化的变革。因此，在讨论突破过程之前先掌握有关的基本概念是十分重要的。

突破不同于设计和控制

突破改进不同于设计（计划）与控制。三部曲示意图（见图 5-3）表明了这种区别。图中，慢性浪费水平（不良质量成本）最初约为总产出的 23%。这一慢性浪费是固化在过程中的，"设计便是如此"。随后，一个突破改进项目将这一浪费减少到了约 5%。根据我的定义，这一慢性浪费的减少就是突破，它达到了一个前所未有的绩效水平。

图 5-3 中还示出了一个"偶发性峰值"，浪费突然增加到了大约 40%。这一峰值是非预期的，来自各种意外。人们会迅速消除这一峰值使之恢复到约 23% 的长期水平上。这一行动不符合突破的定义，它未曾实现前所未有的绩效水平，而只是去除了峰值又回到原先计划的绩效水平上。这类行动通常被称为根原因分析，采取纠正措施，或"灭火"。

对当前绩效的突破也不同于对设计的突破。当前绩效对应着已有的顾客需要和目标，新产品或服务的开发则是试图创造某种满足新的顾客需要的新东西，它是新的，创新性的，必须进行适当的计划。

三方面——设计、控制和改进——一起带来了更好的绩效，它们都是以团队的形式来实施的，其中的步骤各不相同。这有点像木工、电工和水暖工，大家都在建房子或解决问题（管道渗漏、木材腐朽或断路器失效）。他们拥有共同的方

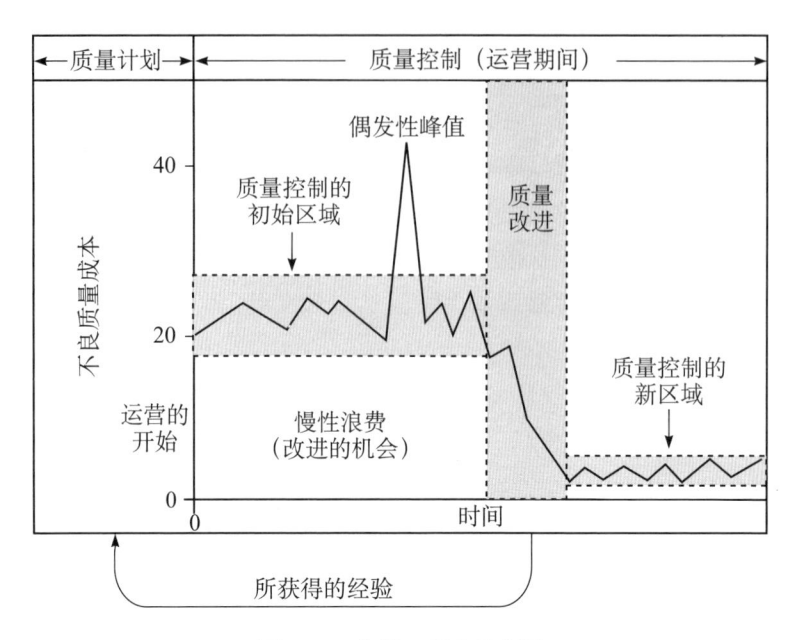

图 5-3 朱兰三部曲示意图

资料来源：Juran Institute，Inc.，1986。

法和类似的工具，但是工作在不同的时间，为了不同的目的。

所有突破都是以项目的方式实施的

没有一般意义上的突破，所有的突破均是在一个个项目中实施的，此外别无他途。

"突破"在这里指的是"按计划（实施项目）来解决某个慢性问题以找出解决方案"。突破有着多重的理解，组织应编制术语表并培训全体雇员。引用组织中曾成功实施过的例子有助于对其的定义。

突破是普遍适用的

在20世纪80年代和90年代期间实施的大量项目表明了突破适用于：
- 制造业以及服务业。
- 生产过程以及业务过程。
- 运营活动以及支持性活动。
- 基于软件和信息的产业。

在这一期间，突破被应用到了包括政府、教育和医疗等领域在内的几乎所有的产业中。此外，突破成功地应用到了组织的所有职能领域，如财务、产品开发、市场营销、法律等等。

某公司分管法律事务的副总裁对于质量改进在法律事务中的应用曾经抱有疑问，但她在两年内把处理专利文件的周期时间减少了50%以上。（更详细的讨论及更多具体的例子请参考 www.juran.com 的朱兰研究院的图书馆资源。）

突破影响到所有参数

公开发表的关于突破的报告表明，其影响覆盖了组织的所有参数：
- 生产率：人均每小时的产出。
- 运转周期时间：过程的实施所要求的时间。这里的过程尤指那些由依次在各个部门实施的多个步骤构成的过程。
- 人身安全：许多项目通过无差错措施、失效保护设计等提高了对人身安全的保护。
- 环境：类似地，许多项目通过减少有害排放而保护了环境。

有些项目的益处覆盖了多个参数。一个经典的例子是关于彩电的。日本松下公司收购了美国的一家彩电生产厂（Quasar），随后进行了多种突破，包括：
- 减少现场故障的产品再设计。
- 减少内部缺陷率的过程再设计。
- 与供应商采取联合行动提高购进元器件的质量。

改进前后的各类数据如下：

参数	1974 年	1977 年
失效率，即（成品）需要修理的缺陷数	150/100 台	4/100 台
检修人员数	120	15
保修期间故障率	71%	10%
召修服务的成本	2 200 万美元	400 万美元

生产商的受益是多方面的：降低了成本，提高了生产率，有了更加可靠的供应，提高了可销性。最终用户也从中受益，现场故障率减少了80%以上。

待突破的项目数目庞大

20世纪80年代和90年代期间那些取得突破成功的组织实际实施的突破数目表明了需要突破改进的项目数目有多么庞大。有些公司报告每年的改进数目达数千项。在一些非常大的公司中，这一数目还要高得多，会差几个数量级。

待改进项目大量积压的存在既有内部原因也有外部原因。内部来看，新产品和过程的计划活动中一直存在着缺陷。事实上，这一计划过程是一个双重的孵化场，在孵化出新计划的同时，也孵化出了慢性浪费，这些慢性浪费年复一年地被积累了起来。每一个这样的慢性浪费都成了一个潜在的突破改进项目。

产生这一巨大积压的另一原因是人类创造性的本能，这似乎是没有极限的。这方面的例子首推丰田，其在1951—1991年间，提出了2 000万个建议。丰田成为世界领先的制造业公司不是巧合，其建议体系对成功贡献巨大。可以从安田雄三的著作《40年2 000万个建议》中了解更多故事细节。

从外部来看，顾客和社会持续变化的需要在不断挑战着现状，今天的目标到了明天便不再合适，这也带来了巨大的项目积压。

质量改进并非没有代价

突破以及由此而实现的慢性浪费的削减并不是免费的，它要求付出多种形式的努力。必须创建一种基本的架构来调动组织的资源以实现逐年的突破。这包括设立要达到的具体目标、选择要着手的项目、分配责任、追踪项目的进展情况等等。

与此同时，还必须进行充分的培训以使人们掌握突破改进过程的本质，了解如何在突破改进团队中工作，学会如何使用工具，等等。

除了这些准备方面的努力之外，每个突破改进项目还必须进行诊断以找出慢性浪费的原因，并进行治疗以去除这些原因。这也是所有在团队中参与解决问题的人必须花费的时间。

所有这些汇总起来是很大一笔花费，但取得的成果会是惊人的。在那些成功的公司、行业模范那里的确已经取得了惊人的成果。详细的这类成果数字已经获得了广泛的发表，美国国家标准和技术研究院（NIST）年会的文集便是主要媒介之一，该研究院是马尔科姆·鲍德里奇国家质量奖的主管单位。

削减慢性浪费无需大量资本

减少慢性浪费很少需要资本支出。揭示原因的诊断活动通常需要的只是突破项目团队的时间。消除原因的治疗措施通常是对过程的微细调整。在大多数情况下，无需资本投入便可将已经生产出80%以上良品的过程提高到良品率90%以上。削减慢性浪费能够获得高投资回报率（ROI）的一个主要原因便是避免了资本的投入。

与此相对照，旨在增加销售的产品开发项目则涉及揭示顾客需要、设计产品和过程、建造装备等方面的花费。这些花费大都属于资本支出，因此降低了ROI

的估计。在投资、设计以及销售新产品取得收入之间还存在时间的滞后。

突破的投资回报率很高

从日本（戴明奖）、美国（鲍德里奇奖）、欧洲以及其他各地的国家奖得主公开报告的结果来看，这是显而易见的。越来越多的组织发表了有关其突破改进的报告，其中包括了所取得的成果。

从突破改进项目得到的实际回报情况并未得到充分的研究。我曾经分析了各公司发表的论文，发现每个突破项目平均能削减成本10万美元（Juran，1985）。这都是些大公司，每年销售额在10亿美元以上。

我还估算了对于那些10万美元水平的项目来说，其在诊断和治疗措施上的投入总计约1.5万美元，或总投入的15%，而所得到的投资回报是主管们所能期望的最高水平。这使得一些主管们调侃道："突破是最值得做的生意。"今天，突破项目取得的回报更高，但实现突破的成本并未偏离15%的投入水平。

韩国首尔的三星电子公司（SEC）的改进方式达到了完美的程度。它利用六西格玛作为创新和提高效率、质量的工具。SEC创建于1969年，并于1971年卖出了其第一台产品：一台电视接收机。从那以来，该公司使用了各种各样的工具和方法，如全面质量控制、全过程管理、产品数据管理、企业资源管理、供应链管理、顾客关系管理等等，此后又实施了六西格玛管理以巩固已有的创新并提高SEC在世界市场上的竞争地位。其通过六西格玛而实现的财务收益据估计达到了15亿美元，这包括节约的成本以及因新产品开发和销售额提升而实现的利润增加。

SEC在头两年中完成了3 290个六西格玛项目，其中的1 512个属于黑带水平。第三年预期完成4 720个项目，其中的黑带项目为1 640个。

SEC的六西格玛项目使缺陷平均减少了50%。如果没有六西格玛，很难想象会有质量和生产率的改进。这些令人吃惊的数字无疑对于三星近来的成长发挥了主要的作用。这些成长包括：

- 2001年，SEC的纯收入为22亿美元，总销售收入为244亿美元。市值436亿美元。
- 根据SEC 2001年的年报，SEC在全球电子和电气设备制造商中位居前10位，具有最好的营业利润率和十分健康的财务状况。
- 该报告还称，其负债权益比率低于所有其他排名前列的公司，股东权益与净资产比率高于平均水平。
- SEC称，2001年在全球市场上，其技术优势、六西格玛质量举措和产品营销能力使得其记忆芯片市场份额提高到了 29%，显示屏份额提高到了 21%，微波炉份额提高到了 25%。

虽然面对世界经济下滑和对美国出口的减少，SEC 的营业利润率还是达到了 8.5%，这在很大程度上要归功于其质量改进和六西格玛推广。

SEC 的质量和创新战略使它居于 2002 年《商业周刊》信息技术指南的榜首。该指南根据标准普尔的四个准则，即股东回报、所有权回报、销售增长和销售总额，特别提及了 SEC 的计算机显示器、存储芯片、电话机和其他的数字类产品。

《商业周刊》的这一排名还由于 SEC 的雇员坚信，质量是该公司销售额提高、成本降低、顾客满意和利润增加的最重要的原因。数年前，美国人对 SEC 的产品几乎是一无所知，或者将其认为是日本品牌的劣质、便宜的替代品。这种认知正在改变。美国市场现在占到了 SEC 总销售额的 37%。

主要成果来自关键的少数项目

大部分的可测量成果来自一小部分质量改进项目，即那些"关键的少数"。这些是跨部门的，因此需要多个部门的团队来实施。与此相对照，大多数项目属于那些"有用的多数"，通常由部门内的团队实施。与那些关键的少数项目相比，这些项目的效果通常要小若干个数量级。

虽然这些有用的多数项目所取得的成果只在总成果中占一小部分，但它给较低层次的员工提供了参与突破改进的机会。我们将在第 14 章中讨论这类项目。在许多管理者看来，在工作生活方面的收获与经营绩效方面可见的成果一样，有着同样的重要性。

突破的阻力

虽然一些先进组织通过突破取得了令人瞩目的成就，但大多数公司却未能如此。有些失败的确是由于不懂得如何实现组织突破，但有些则是由于存在着一些不利于确立持续的突破体制的内在障碍。在采取行动之前搞清楚这些主要障碍的性质是很有用的。

失败造成的失望

前面提到的成果不佳使某些有影响力的杂志断言，突破活动注定会失败。这一断言忽视了那些先进组织所取得的瞩目成果（这些组织的表现证明了卓越的成果是可以实现的）。此外，先进组织也展示了它们是如何实现这些成果的，从而为其他组织提供了可供借鉴的经验。尽管如此，媒体的断言也已经使一些高层主管在突破面前裹足不前了。

质量高花费也高

有些管理人员持有质量越高成本也越高的思维定式。这种认识或许是来自一个过时的理念，即改进就是加强检验以避免不合格品流到顾客手中；也可能是来自对于"质量"这个词的两种含义的混淆。

（通过产品开发）改进产品特征这一意义上的更高质量通常需要资本投入。就这一意义而言，它确实花费更高。然而，减少慢性浪费意义上的更高质量则通常花费更少，而且要少得多。那些向管理层提出提案要求批准的人应当仔细定义关键词，明确到底谈的是哪个质量。

对授权的误解

主管们都是大忙人，各种新的需要还在不断地争夺他们的时间。他们努力通过授权来保持工作负荷的平衡。"一个好主管必须是一个好的授权者"这一原则有着广泛的应用，但它在突破方面却有点儿用得过头。先进组织的经验表明，确立持续的突破体制要使整个管理团队增加至少10%的工作负荷，包括最高管理层在内。

大多数高层管理人员都力求通过大量的授权以避免背上这一新增的负荷。有些主管设立了一些模糊的目标，然后就鼓动大家做得更好，"第一次就把事情做对"。但在那些模范组织中却并非如此。在每一家这样的组织中，高层主管执掌着改进举措大权并亲自承担着某些不可下授的角色。

雇员的担心

突破意味着组织行事方式的深刻改变，绝非表面看上去的那样简单。它在职位说明书中增加了新的职责，赋予了职位承担者更多的任务。它要求人们接受团队的概念以实施项目，这在许多组织中是一个不可接受的概念，它侵犯了职能部门的管辖权限。它需要培训以使人们学会按照这种方式做事。总之，这是一场大变革，打破了平静，也带来了许多不期而至的副作用。

对雇员们而言，这些深刻变化所产生的最为骇人的作用莫过于对地位和饭碗的威胁。削减慢性浪费减少了返工的需要，从而会减少从事这些返工作业的岗位，取消这类岗位又会威胁到与之相关的基层主管的地位和饭碗。因此削减浪费的努力受到来自员工、工会、基层主管和其他方面的抵制并不足为奇。

但是，突破对于保持竞争力是必不可少的。不能进步会将所有人的职位都置于危险之中。因此，虽然明知雇员的担心是人们对于令人不安的事情的一种合乎逻辑的反应，但公司除了选择突破别无他途可循。需要做的是建立一种沟通的渠道，以解释理由，了解人们的焦虑，并寻求最理想的解决方案。沟通不畅，非正式渠道就会登场，怀疑和流言就会传播。

其他一些担心源自文化模式。（对于旨在增加收入的产品特征的改进来说，不存在以上的担心。这类改进受到人们的欢迎，因为它提供了新的机会，提高了职位安全感。）

取得高层管理者的批准和参与

在20世纪80年代和90年代所学到的经验中很重要的一点便是：高层主管的亲自参与对于实现高速的突破是不可或缺的。这一认识表明，质量活动的发起者们应采取积极步骤以使高层认识到：

- 精心计划突破活动的价值。
- 高层管理者提供资源的必要性。
- 所需要的高层参与的确切性质。

确证必要性

高层管理人员最易被他们看到的重要威胁或机会所打动。G公司的情况便是一个面临重要威胁的例子。这是一家生产家用电器的公司。G公司与它的竞争对手R公司和T公司同为一家大客户的供应商，它供应四种型号的产品（见表5-1）。该表显示，2000年G公司是其中两种产品的供应商。其在价格、准时交货和产品特征方面具有竞争力，但在顾客所感觉到的质量上却绝对处于下风，现场故障是其主要问题。到了2002年，由于缺乏应对而使G公司失去了1型产品的生意，2003年又失去了3型产品的生意。

表5-1 某大客户的供应商

产品型号	2000年	2001年	2002年	2003年
1	G	G	R	R
2	R	R	R	R
3	G	G	G	R
4	T	R	R	R

通过向高层主管指明机会，如削减慢性浪费所能降低的成本等，也有助于确立他们的改进意识。

慢性浪费的规模

降低不良质量的成本或不良绩效过程的成本对高层管理人员来说普遍是一个重要的机会。在大多数情况下，这一成本比组织的年利润额还要高。对这一成本的量化可以有力地证明彻底改变组织的突破方式的必要性。表5-2给出了一个例子。该表展示了一家流程性行业的公司用传统的会计分类估算的不良质量成本。该表为高层管理者揭示出了几方面的重要问题：

表5-2 不良质量成本的分析

类别	金额（美元）	百分比
内部故障	7 279 000	79.4
外部故障	283 000	3.1
鉴定	1 430 000	15.6
预防	170 000	1.9
总计	9 162 000	100.0

- 数字的规模：这些成本的总数每年约为920万美元。对该公司而言，这个数字显示出了一个重要的机会。（如这些成本以前从未加总过的话，这一总数通常会比人们想象的大得多。）
- 应重视的领域：表中的不良成本主要由内部故障成本构成，占总数的79.4%。很显然，要显著降低成本就必须从内部故障着手。

COPQ与降低成本

X公司欲降低10%的运营成本。高层经理们首先开会讨论哪些业务单位的成本可以削减。他们列出了有60多个项目的清单，包括取消质量审核、更换供应商、购置新的计算机系统、裁减客服部门的人员、减少研发投入等。

他们取消了为满足顾客需要而提供质量和服务的那些职能；采购了低档的零部件，花巨资更换了计算机系统；解散了他们的组织，尤其是顾客受到影响的那些方面，减小了未来提供新服务的可能。

做完这些之后，大多数高层经理都得到了奖励。结果呢？他们完成了削减成本的目标，但雇员沮丧、顾客不满，组织仍然承受着因不良绩效而导致的巨大支出。

人们并未充分认识到改进质量成本对于组织的资产负债表总计那一栏的好处。这种不理解源于改进质量是费钱的这一旧有的误解。

然而，这一误解有一定的道理。例如，如果组织以某一价格向顾客提供某种服务，而竞争者却以同样的价格提供具有更好特征的基本服务，那么，为了达到与竞争者同样的特征，你的组织就要花更多的钱。

如果你的组织不增加这些特征，或许就会因顾客转向竞争者而失去收入。如果采取降价措施，还是会降低收入。换句话说，你的竞争者的服务具有更好的质量。

你的组织要保持竞争力，就必须在开发新特征上投资，这会对收入产生正面的影响。为了改进质量，就必须把特征设计在内，或者以今天的术语来表述的话，就是以更高的西格玛水平来提供新设计。

由于这一历史的误解，组织并不总是能够接受关于质量改进会影响成本但不会增加成本这一认识。它们忽略了与产品、服务和过程的不良绩效有关的巨大成本。这些成本源自未能满足顾客的要求，未能及时地提供产品，或者必须通过返工才能满足顾客需要。这些便是不良质量成本（COPQ）或不良过程绩效成本（cost of poorly performing processes，COP[3]）。

如果加以量化的话，这些成本就会迅速得到所有层次的管理者的重视。为什么呢？全部加起来的话，不良质量成本将占到全部成本的 15%～30%。就这一完整意义来看，质量不只是影响收入，而且影响成本。如果我们通过减少不良来改进产品、服务和过程的绩效，我们就会降低这些成本。为了改进遍布在组织中的不良质量，我们就必须应用突破改进。

六西格玛计划聚焦于降低因绩效的低西格玛水平而造成的不良质量成本，以及设计新的特征（增加西格玛水平），使管理层能够增加顾客满意度和改进总计结果。有许多组织通过减少让顾客满意的重要的产品和服务特征来降低成本，可是对于损害总计结果并浪费股东数百万美元的不良绩效却视而不见。

更好的做法

Y 公司采取了与本节开头提到的 X 公司不同的做法。该公司的最高管理层找出了所有那些如果每件事都在更高的西格玛水平上完成的话便会消失的成本。他们所列出的包括了那些补偿或赔付给顾客的成本，这些成本源自送货延误、账单差错、废品与返工、因打折差错或其他错误而导致的应付款错误等。

在该公司将不良质量成本进行核算之后，公司管理层对于不良绩效质量所造成的数百万美元的损失深感震惊。

这个总的不良质量成本就成了靶子。结果呢？由于降低了成本，提高了顾客的满意度，从而消除了浪费，也增加了收入。为何能做到？因为该公司从根本上消除了这些成本存在的原因，即那些导致顾客不满的过程或产品的不良。只要消除了这些不良，质量就会提高，而成本便会降低。

虽然响应顾客要求来改进组织的所有方面都是重要的，但组织不应忽视不良绩效的财务影响。事实上，这些成本应当成为六西格玛项目选择过程的依据。

换句话说，不良质量成本为为何必须变革提供了证据。改进组织财务状况的需要与实施和衡量质量改进直接相关。增强特征与降低不良质量成本均会影响组织长期的财务成功，无论你选择从哪里开始。

的确，把提高的成本效益、成本节约与相应的花费相对照，质量改进的程度存在着一定的限度，但是，除非你达到了五西格玛或六西格玛的水平，否则这一限度很难出现。企业应当根据顾客最重要的需要来追求下一个质量水平。顾客所要求的事情，就必须做好才能维持生意；如果顾客没有要求，那你可以慢慢筹划。

驱动底线绩效

如果你接受质量是由顾客和市场决定的这一现实，为了创造忠诚的顾客，你的组织就必须提供正确的产品或服务特征并降低不良。

有竞争力的价格，由很快的运转周期支持着的市场份额，低的报修成本，低的废品和返工成本，这些将带来更高的收入和更低的总成本。事实上，产品特征和不良质量成本的有效组合才能够真正带来实质性的利润。

在介绍识别、测量和计算不良质量的具体方法之前，先来看一下如果要理解质量成本是如何驱动财务目标的，首先应该做什么。

例如，如果组织设定了降低 5 000 万美元成本的目标，有一个简单的方法可以算出需要多少改进项目才能达到这一目标。如果考虑到它的财力能够支持多少活动，组织就能更加有效地管理其改进举措。这一问题的答案有助于确定需要多少专家或黑带来管理改进，以及必须进行多少培训。

这一方法包括以下六个步骤：

1. 确定成本降低目标，如未来两年降低 5 000 万美元，则每年就是 2 500 万美元。

2. 假设每个改进项目的平均回报是 25 万美元，计算需要多少个项目才能实现每年的目标。本例中，我们居然需要 200 个项目，每年 100 个。

3. 计算每年能够完成多少项目以及需要多少专家来领导团队。如果每个项目可以在 4 个月内完成，这意味着一个黑带每 4 个月可以完成 2 个项目，一年就可以完成 6 个项目。这样我们就需要 17 个黑带。

4. 估计有多少员工可以兼职参与项目，以与黑带共同完成目标。假定每个黑带每 4 个月需要 4 个员工，我们每年可能就需要约 200 个员工在某种程度上参与，或许只需付出他们 10% 的时间。

5. 确定不良绩效涉及的具体成本。从让组织每年花费 25 万美元以上的不良清单中选择项目。如果还未编制这一清单，则在启动任何项目之前，委任一个小组来确定成本并进行帕累托分析。

6. 应用这一方法向最高管理层据理力争，确保足够数量的改进项目得到支持。所有的组织都在改进，但世界级组织比竞争对手改进得更快。

发现不良绩效成本

若要清楚地认识到改进的机会，可以观察传统的不良质量成本，更为重要的，是那些隐藏的不良质量成本。必须把这些隐藏的成本加以量化，才能掌握因不良绩效造成的损失的全貌。如果每一个活动每次都做得完美无缺，这些不良质量成本将会彻底消失。

组织中存在着三种类型的不良质量成本。如果按照以下三种类别来认识不良质量成本，你的努力将会更聚焦。

1. 鉴定和检验成本。
2. 内部故障成本。
3. 外部故障成本。

鉴定和检验成本

鉴定和检验成本是为了在顾客受到影响之前发现不良而进行的检验、检查或保证所产生的成本。

这方面的例子如：

- 在向顾客提供之前检验产品或检查文件。

- 在邮寄之前评审文件并纠正差错。
- 检验设备或消耗品。
- 核对报告或信函。
- 在寄出费用清单之前审核顾客的账单。
- 因设计不良而进行的再加工。

在这一阶段发现不良，避免了此后可能发生的严重的故障成本，也有助于开发更有效果和更有效率的检验方法。这种类型的成本总会在某种程度上存在，因为必须通过一定水平的审核才能确保获得稳定的绩效。

内部故障成本

发生在组织内部的故障成本，是由于对那些尚未到达顾客手中的缺陷产品进行修理、更换或处置而发生的。

这方面的例子包括：
- 更换生产中不满足规范的冲压件。
- 重新油漆划伤的表面。
- 弥补因意外的计算机停机而耽误的事情。
- 更换运输中损害的零部件。
- 重写提案的某个部分。
- 通过加班来弥补延误。
- 纠正数据库差错。
- 为了更换缺陷零部件而储存的备品备件。
- 不满足规范的废品。
- 为纠正供应商收款单差错的对账时间。
- 为纠正规范或图纸的差错而进行的工程更改。

这些成本对于顾客服务有着间接的影响。

外部故障成本

外部故障直接影响顾客，通常对其的纠正也是最昂贵的。外部故障成本可能来自：
- 保证期的赔付。
- 投诉调查。
- 采用补偿方式弥补顾客不满。
- 收回坏账。

- 纠正账单错误。
- 处理投诉。
- 通过选择更昂贵的运输方式来加快延误的送货。
- 更换或修理损坏或丢失的货品。
- 为航班取消的旅客安排食宿。
- 因晚付款而支出的利息或失去的折扣。
- 因使用中的问题而对顾客提供的现场协助。
- 因性能不足或延误交付而向客户提供的补偿和优惠。

纠正外部故障的努力通常关注重获顾客的信心或丢失的生意。这两方面的支出都是有争议的，可能会也可能不会被充分计算。

诠释不良质量成本

在这一阶段，根据有把握的估算来确定不良质量成本，以便引导组织的决策。它不应作为月度财务分析的组成部分，尽管对于这些成本的认识会影响到财务和成本数据编制与解释的方式。

根据数据用途的不同，识别不良质量成本所要求的精度也会有所不同。当用于帮助选择项目时，其精度的要求就要低于对于已批准项目所进行的过程预算。

在评估项目时，有关不良质量的数据有助于识别出那些成本降低潜力最大的项目，这类项目更容易得到批准和支持。黑带或团队或许会根据对顾客或内部文化的影响来选择某些项目，但必须用数据来说明何处的成本最高，从而可以聚焦于关键的少数事项。

一项治疗措施所带来的成本降低的额度是评价项目有效性的另一指标。在设计治疗措施时，工作小组应就治疗措施将会减少的成本进行估计，依据这个估计来建立关于修正过程的预算。

测量不良质量成本时有四个主要的步骤：
1. 识别因不良质量而导致的活动。
2. 决定如何估计成本。
3. 收集数据并估计成本。
4. 分析结果并决定下一步。

识别因不良质量而导致的活动

一些活动之所以被认为是不良质量导致的，因为它们的存在完全是由于在鉴定、检验以及估计内、外部故障成本时发现了不良。

项目团队通常始于测量某个问题的基本症状的明显成本，如丢弃的消耗品、顾客投诉或搞错了的送货。建立相关过程的流程图并进行分析，通常就能识别出那些多余的活动，如为了处置或更换退货而进行的活动。

识别治疗活动的努力常常是整体性的，因为它关注的是整个组织中的不良质量成本。这一努力最好由一个或少数几个分析人员来进行，同时由熟悉该领域的中、高层经理组成的团队来协助。

任务小组首先要识别组织范围内的主要过程及其顾客。针对每个过程，任务小组通过头脑风暴来提出与不良质量相关的主要活动，然后通过与各部门各层次的关键人员的访谈来进一步扩展这一列表。这一阶段的主要任务是编制与不良质量有关的活动的列表，而非估计成本。

项目团队和任务小组发现如果能有一个与不良质量有关的典型案例的完整列表，就更容易向人们解释他们在寻求什么。这些例子基本上是此前关于不良质量成本的分类中所给出的那些。通过使用如下这些关键词，如返工、浪费、加固、退货、废品、投诉、修理、赶工、调整、退款、罚款、等待、冗余等，有助于给出更好的回答。

决定如何估计成本

一旦识别出了与不良质量有关的某个活动，则其成本的估计可以有两种策略：总资源和单位成本。这两个策略可单独使用，也可一起使用。

有关总资源策略的一个例子是，某单位计算处理顾客投诉的人力资源时间以及这一时间的货币价值。这种做法要求两方面的数据，即某一类问题所消耗的资源的总量，以及与不良质量相关的活动所消耗资源所占的百分比。

有关单位成本的一个例子是，某项目团队计算了每年花在纠正错误的送货上的成本。要获得这一成本，团队就要估计纠正错误的送货的平均成本，以及每年会发生多少次错误，然后将平均成本与错误次数相乘即可。

计算某个类目所用资源总量的数据有多种来源，如会计、用时统计报告、其他的信息系统、合理的判断、专门的用时统计、专项数据收集、单位成本等。这些来源在"计算所需资源"一节中讨论。

收集数据并估计成本

收集不良质量成本数据的程序与其他良好数据的收集程序类似：
- 确定需要回答的问题。

- 了解数据使用和分析的方式。
- 决定从何处收集数据。
- 决定由谁来收集数据。
- 理解数据收集者的需要。
- 设计简明的数据收集表格。
- 编写明晰的指示。
- 测试表格和程序。
- 培训数据收集者。
- 审核结果。

在估计不良质量成本时，有时必须收集个人对于所用时间和费用的大致判断。虽然此时不需要精确的数据，但也必须仔细计划。提问的方式常常会影响人们的回答。

当同样的活动经常在组织的不同部分进行时，可以采取抽样的方式。例如，所有现场销售部门都有着类似的职能。如果一个公司有 10 个现场销售部门，对其中一两个部门的估计，就能够对估计整体的不良质量成本起到很好的作用。

分析结果并决定下一步

收集不良质量成本的数据有助于做出如下的决策：

- 选择最重要的质量改进项目。
- 识别某个问题成本最高的方面。
- 识别需要消除的特定成本。

结果

值得注意的是，每一个实施六西格玛并将之渗透到自己的运营中的组织都取得了令人瞩目的节约，这些节约反映在底线绩效中。更多的顾客变得满意和忠诚，销售收入、利润和营业毛利等都有了显著的改进。

例如，霍尼韦尔公司自 1994 年实施六西格玛以来节约成本超过了 20 亿美元。通用电气公司于 1996 年开始推行六西格玛，到了 1999 年其节约就达到了 20 亿美元。百得（Black & Decker）公司 2000 年的六西格玛节约达到了 7 500 万美元，比头一年翻了一番还多，从 1997 年以来的总节约额超过了 1.1 亿美元。

将不良质量成本作为六西格玛绩效水平的函数来看更有启发：

- 当生产过程为＋/－三西格玛水平时，每生产百万个零件将有 66 807 个缺陷。如果每个缺陷的纠正成本为 1 000 美元，则总的 COPQ 便是 6 680.7 万美元。
- 当组织将过程改进到＋/－四西格玛水平时，每百万只有 6 210 个缺陷，此时的 COPQ 为 621 万美元。
- 在＋/－五西格玛水平，每百万产品的缺陷成本降到了 23.3 万美元，比＋/－三西格玛过程能力时节约了 6 657.4 万美元。
- 达到几近完美的＋/－六西格玛水平，每生产一百万个产品的缺陷损失几乎被削减到了 3 400 美元。

在完成了所有的数据收集和制表并进行了决策之后，还必须制订消除所识别成本主要构成的后续行动计划，至此关于不良质量成本的研究才算结束。没有必要应用复杂的会计方法来测量成本，否则会很昂贵并浪费宝贵的精力。简单的方法足矣。

在建立有用的 COPQ 数据时，最重要的步骤就是识别影响成本的活动及其他因素。估计成本所使用的任何一致无偏的方法都能够得出有助于识别质量改进机会的充分信息。当某些项目是为了识别具体的问题原因或确定具体的节约时，可能就需要更为精确的估计。

计算所需资源

计算所需资源总额的数据有多种来源，下面分别加以讨论。

会计科目

财务和成本会计核算中的某些科目常常可以部分或全部纳入不良质量成本中。典型的例子如废品损失、保证赔付成本、职业责任保险、废弃库存、部门总成本等。

时间统计报告

许多组织平时会要求员工报告在某些活动上所花费的时间。这使得有可能将某些或全部的时间归入某个不良质量成本类别中。

其他信息系统

其他的信息系统如成本会计、基于活动的成本核算、原材料管理、销售或其他类似的报告。

用来计算不良质量成本活动所用资源比重的数据可以通过多种方法获得，这包括：

- 合理判断。管理人员和有经验的员工能够很充分地判断出本部门用于某类特定活动的时间比例。当该单位担任较少的职能或该活动用去了过多或过少的时间时，这种判断就更为容易。

- 特定的时间统计报告。这种方法被用于计算处理计算机投诉的成本。如果某个部门从事多种职能，其活动既非特别大也非特别小，或者人们对于某特定活动所应投入的时间或金钱所占比重的判断不确定或显著不一致时，就需要收集一个短期的时间分布数据。显著不一致是指差异超过了总额的10%时。

- 专门的数据收集。除了收集某个雇员在某项活动上所用时间的数据外，组织还可以收集计算机网络失效的时间，消费或遗弃的某种品目的量，或某种设备或资源的闲置时间等。

所有这些例子中，确定不良质量成本的总公式为：

$$不良质量成本 = 资源总量所花成本 \times 某类不良质量成本活动所用资源的比重$$

单位成本

有关这一策略的一个例子是，某项目团队计算了每年用于纠正送货错误所花费的成本。为了找出这一成本，就要估计纠正每次送货错误所花费的平均成本，估计每年所发生的送货错误的次数，然后把两者相乘。

单位成本要求有两方面的数据：某个特定的不良所发生的次数以及每次纠正不良所花费的平均成本。

每次纠正的平均成本的计算涉及纠正差错所需资源种类的清单，所用的某种资源的数量，单位资源的成本。

以下这些场合比较适合采用单位成本：发生次数很少但损失很大的不良；十分复杂需要许多部门共同参与来纠正的不良；时常发生且对其的纠正也十分常规导致人们甚至意识不到其存在的不良。

有关不良发生频次的数据可以来自以下方面：

- 质量保证。

- 保证赔付数据。

- 顾客调查。

- 现场服务报告。

- 顾客投诉。
- 管理工程研究。
- 内部审核报告。
- 运营记录。
- 特别调查。

对孤立的某次不良发生的成本的估计通常需要进行一些分析。标明因不良而导致的各种返工循环的流程图通常有助于识别所用的各种重要资源。

当分析资源时，要考虑所占用的工时、外购服务、原材料和损耗品、设备和设施、借款以及未收回资金的成本。

确定每种资源的使用量时，要核对以下的数据源：

- 时间统计报告。
- 成本会计系统。
- 各种行政管理记录。
- 管理工程研究。
- 基于已知情况的判断。
- 特别的数据收集。

当团队确定了每种资源的使用量后，就可以计算各自的成本，然后把所有资源的成本加以汇总。财务或工程部门通常都有用于计算团队所要求的单位成本的标准方法。

在计算单位成本时，要记住以下的提醒：

- 工资、福利都要考虑在内。
- 要包括重要器材和设备的分摊成本，尽管这对于许多活动而言微不足道，忽略掉也无妨，但对某些活动却是至关重要的。

不要被这种认识所误导，即认为资本成本是固定成本，即使不良没有发生也依然存在。这是一个不良质量成本为标准惯行所掩盖的典型例子。如果计算机使用得更加有效率，就有可能处理更多的事务而无须购买更多的设备。闲置或误用的资本资源是不良质量成本，就如同一个错误的打印作业把纸张丢弃一样。

要确定包括付款延误而导致的罚款或折扣失效，以及为紧急订单和运输而付的高价。

其他方法

还可以建立针对特定项目的其他方法。例如，对于用掉的损耗品，组织应计算假如没有缺陷的成本以及实际的成本，两者之差便是不良质量成本。这种方法也可用于将实际结果与他人已实现的最佳结果进行比较。

有些特定的情形或许会要求团队建立适合特定问题的其他方法。例如，在预防方面增加投资可能是更合算的。

可能的投资回报

使公司资产得到最佳的利用，这是高层管理人员的主要职责之一。判断是否最佳的一个关键的指标叫作投资回报率（ROI）。通俗来说，ROI 就是预期所得与预计所需资源的比值。计算减少慢性浪费项目的 ROI 要求综合考虑如下这些因素：

- 该项目所涉及的慢性浪费的成本。
- 该项目成功可能带来的成本节约。
- 诊断和治疗所需成本。

许多突破提议未能得到管理者的支持，都可归因于未能给出量化的 ROI。这一疏漏对于高层主管来说是一个障碍，他们无法比较质量改进项目的可能 ROI 与其他投资机会的可能 ROI。

经理们以及撰写这类提议的其他人员在准备有关 ROI 的信息时，应当尽可能取得 ROI 方面的内行的协作。ROI 的计算之所以复杂是因为它涉及两种类型的资金，即资本和花费。虽然都是货币，但在一些国家（包括美国在内），这两类资金的课税是不同的。资本投资是从税后资金中支出的，而花费则从税前资金中支付。

课税上的这一差异反映在会计准则上。花费是即刻报销的，因而减少了申报所得从而减少了应缴所得税。资本投资是逐渐冲销的，通常要跨几个年头。这增加了所申报的收入，从而增加了相应的所得税额。这可以算是突破提议的优势所在，因为很少有突破项目是资本密集型的。（有些高层经理习惯于将投资一词仅用于指代资本投资。）

获得成本的数据

组织的会计体系一般只量化了不良质量成本的很少一部分，其余大部分都被分散在了各种各样的一般管理费用中。因此，专业人员一直在设法把这些遗漏找出来。他们为解决这一问题的主要努力如下：

- 进行估计：这种方法比较迅速但也比较粗略。通常以抽样的方式来进行，不需要付出太大的努力。它可以用几天或几个星期就得出慢性浪费成本的近似估计并指出其主要集中在哪些方面。

- 扩展核算体系：这是一种更加准确的做法。这要求许多部门都要进行大量的工作，尤其是会计和质量部门。它十分费时，常常要花费两到三年时间。

> 根据我的经验，估计要省事得多，用少得多的时间就可以得出一个结果，而且足以用于管理决策。
>
> ——J. M. 朱兰

需要注意的是，对于成本数据准确度的要求取决于这些数据的用途。账目的平衡要求有很高的准确度，管理决策有时可以允许有一定程度的误差。例如，某个潜在的改进项目据估计每年产生的不良质量成本是 30 万美元，这一数据受到了质疑。争论的数字从 24 万美元到 36 万美元，相当大的一个范围。有人会做出明智的判断："哪个估计值更准确不是什么问题，就算是这个最低的数字，也是一个改进的好机会。让我们来做吧。"换句话说，尽管估计值的误差很大，但项目实施的管理决策是不变的。

组织各层次的语言

为了获得高层的认可，语言的选择是一个很微妙的方面。企业中通行着两种标准的语言，这便是货币的语言和物的语言。（还有各自的行话，各个职能的语言都是独特的。）但是，如图 5-4 所示，标准语言的使用也是不一致的。

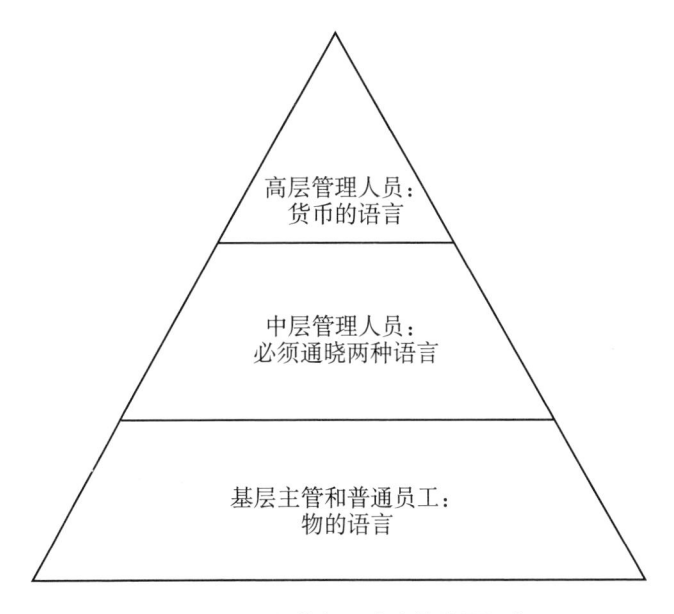

图 5-4　组织等级层次中的常见语言

资料来源：Juran Institute，Inc.，1994.

图 5-4 表示了公司不同层次使用的语言。顶部的高层管理人员使用的主要是货币的语言。在底部，基层主管和普通员工所使用的语言是物的语言。在中间，中层经理和职能专家们需要同时懂得这两方面的语言，中层经理们应当是讲两种语言的。

用物的语言来衡量慢性浪费是很普遍的，如差错率、过程产量、返工时间等。将这些衡量转化为货币的语言有助于高层管理人员将之与财务指标联系起来，因为长期以来在管理者的"仪表盘"上显示着的都是些这样的指标。

多年前，朱兰博士受邀到英国的一家大型生产企业，考察其质量管理的情况并提出一些建议。他发现这家公司有着巨大的不良质量成本，完全可以在 5 年之内削减一半，这样做的投资回报率远远高于其生产和销售产品的投资回报率。当朱兰向公司总裁做了解释后，总裁感到非常受震动，将慢性浪费的问题以投资回报率的语言解释给他这还是第一次。他立即责成副总裁去讨论如何着手于这一机会。

向高层管理者的陈述

向高层管理者的陈述应该针对高层管理者的目标，而非发起者自己的目标。高层管理者要满足各个有关方面的需要，如顾客、所有者、雇员、供应商、社会公众（如在安全、健康、环境等方面）等等。如果建议报告能够针对有关方面的特定问题并估算了可能获得的益处，将是大有帮助的。

高层管理者会得到大量的有关配置公司资源的建议，如开辟国外市场、开发新产品、添购可以提高生产率的新设备、进行收购、创办合资企业等等。这些建议相互之间都在争夺优先权，一个主要的判据就是投资回报率（ROI）。如果在突破建议中给出了 ROI 的估计，将是非常有利的。

在建议的阐述中，如果把数据转换成高层管理者们已经熟悉的度量单位的话，有时是很有帮助的。例如：

- 上年的不良质量成本相当于盈利额 150 万美元的 5 倍。
- 不良质量成本削减一半将使每股收益增加 13%。
- 上年订单的 13% 因不良质量而被取消。
- 32% 的工程设计时间花费在发现和纠正设计缺陷上。
- 25% 的生产能力用于纠正质量问题。
- 70% 的库存用来预防不良质量。
- 25% 的总生产时间用于发现和纠正缺陷。
- 上年的不良质量成本相当我们的运营部门全年在 100% 制造缺陷。

在向高层管理者提出建议时，有一些"要"和"不要"的经验值得留意。

- 要总结出不良质量成本的估计总额。这些总额会大得足以引起上层的注意。
- 要表明不良质量成本集中在哪里。表5-2是一种常用的归纳形式。一般说来（在该例中也是如此），大部分成本都可归因于内外部故障。表5-2也表明试图从减少检验和试验做起是错误的。首先要减少的是故障成本。当缺陷水平降低后，检验成本也就减少了。
- 要详细讨论构成建议报告核心的主要项目。
- 要估算可能的收获以及投资回报率。如果公司此前从未实施过有组织的削减质量成本的活动，那么一个合理的目标可以是在5年内将之削减50%。
- 要事先把数据让财务（或其他部门）的有关人员评审，因为高层管理者是通过这些人来核对财务数据的正确性的。
- 不要用有争议和不明确的数据来夸大所提出的不良质量成本。这会导致在决定性的会议上陷于对数据准确性的争论，反而不去讨论建议本身的价值。
- 不要暗示不良质量成本会降低至零。这样的诱导反而会使人们偏离建议的主旨。
- 不要在开始时强行推销那些主管们并不真正喜欢或工会强烈反对的项目。最初应选择那些接受性比较强的领域。这些领域所取得的成果将决定整个质量改进事业的成败。

突破的必要性远不限于满足顾客或削减成本。各种新的压力已昭然可见。最近的例子如产品责任、消费者权益运动、国外的竞争、各种各样的立法，以及对于环境的关注。突破对于所有这些压力都是一种有力的回应。

类似地，说服高层管理者确信突破的必要性也不再仅仅靠热心的发起者们提交的报告。这种确信还可以来自对成功公司的访问、研讨会上听到的报告、成功企业公布的报告，以及公司内外专家的建议等。然而，没有什么能比本公司所取得的成果更具有说服力的了。

提交给高层管理者的陈述中的最后一个要素是要说明他们自己在发起和推动突破中的责任。

突破的动员

一直到20世纪80年代，突破在西方企业中都还是可有可无的。它并非经营计划的内容或是职位说明的构成部分。的确有一些突破活动，但都是自发性的。

某处的某个主管或非主管雇员，出于这样那样的原因，实施了某些突破项目。他们或许会劝说其他人加入到某个非正式的团队中来。结果或许不错，或许并不理想。这种自发的、非正式的活动方式产生不了多大的突破，重点还是检验、控制和灭火。

正规化的必要性

伴随日本的质量革命而来的质量危机呼唤着新的战略，其中之一便是更加高速度的突破。显然，非正式的方式不可能进行每年数以千计（或更多）的突破。这导致了一些公司开始尝试采取有组织的方式，有些公司经过一段时间后成为典范。

有些高层主管对采取正规化的必要性抱有异议："为什么我们不能就这样做？"其答案取决于所需要突破的数量。如一年只是几个项目，非正式方式就足够了，因而无需正式的动员。然而，要进行成百上千的突破就需要有正式的结构了。

实践表明，突破的发动需要两个层面上的活动，如图5-5所示。该图是关于这两个层面活动的说明。一个层面的活动是动员公司的资源来综合安排突破项目，这是管理者的责任；另一个层面的活动是分别实施各个突破项目所必需的，这是突破团队的责任。

管理层承担的活动	团队承担的活动
建立体制：质量委员会	确认问题，分析症状
选择问题：确定目标	提出对于原因的推测
创建项目章程、委派团队	检验推测
启动团队活动评审	确定原因
提供表彰和奖励	启动治疗措施并进行控制

图5-5　突破动员

高层"质量委员会"

发动突破的第一步是建立组织的质量委员会（或类似名称）。委员会的基本责任是发起、协调突破活动并使之制度化。许多组织都建立了这样的委员会，他们的经验成了有用的指南。

成员与职责

委员会的成员通常来自资深经理阶层,高层管理委员会常常也就是质量委员会。经验表明,当高层主管亲任最高委员会的领导和成员时,这时的委员会制度是最有效的。

在大型组织中,通常事业部和总部都会建立委员会。此外,一些规模较大的分支机构也可能会建立委员会。当多重的委员会建立后,它们通常会联系在一起,较高层委员会的成员会出任下一级委员会的主席。图5-6是这种关系的一个例子。

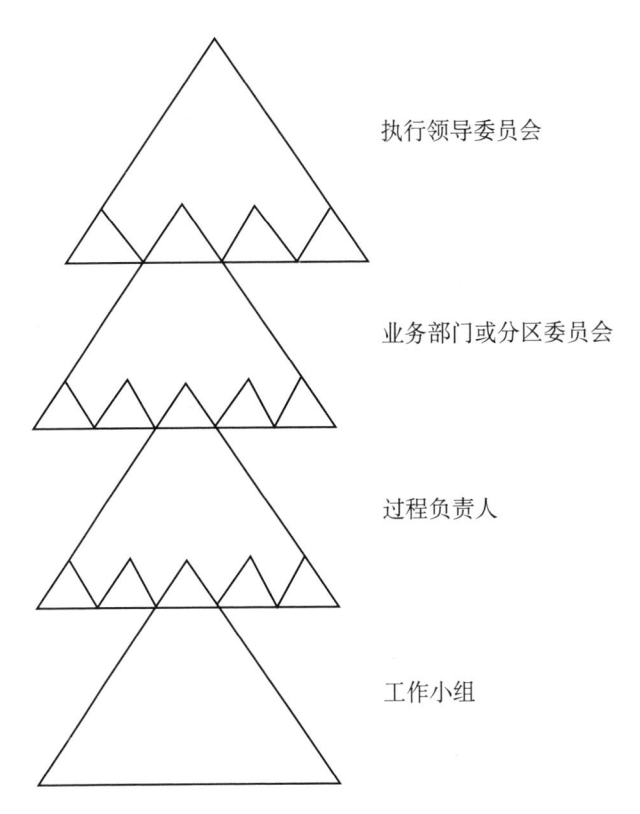

执行领导委员会

业务部门或分区委员会

过程负责人

工作小组

图5-6 质量委员会之间的联系

资料来源:Juran Institute,Inc.,1994.

经验表明,只在较低层建立质量委员会是没有效果的。这种做法把突破项目限制在了"有用的多数"上,忽略了那些有可能取得重大成果的"关键的少数"项目。此外,只在低层设立委员会是在向人们表示"突破没有被列入高层的议事日程"。

每个委员会明确并公布各自的职责是十分重要的，这样可以使：（1）委员会成员就其目标达成共识；（2）组织的其他成员了解未来将要发生的事情。

许多委员会公布了其职责声明。主要的共同点有如下一些：

- 确立方针，如以顾客为中心、突破必须是持续不断的、全员参与、薪酬制度应反映突破绩效等。
- 对主要情况的估计，如相对于竞争对手的质量状况、慢性浪费的程度、主要业务过程的充分性、突破要取得的成果等。
- 建立选择项目的程序，如项目的提出、审查和选择，撰写项目目标陈述书，创造突破的良好氛围，等等。
- 建立实施项目的程序，如选择团队的领导者和成员、明确项目团队的作用等。
- 为项目团队提供支持，如针对项目的培训时间、诊断支持、骨干支持，确保测试和试验设备，等等。
- 建立衡量进展情况的方法，如顾客满意度、财务绩效，或团队的参与情况等。
- 进行评审，帮助团队克服障碍，确保实施纠正措施。
- 对团队公开表彰。
- 修改薪酬制度以反映出持续的突破所必需的变化。

委员会应当预见到那些棘手的问题，尽可能在宣布开展持续的突破活动的打算时给出解答。有些高层主管甚至为此专门制作了录像带以使更多的人能够从权威的来源听到一致的信息。

领导者必须面对关于失去工作的担心

雇员们不仅要求在这一重要问题上对话，而且还要求对他们的担心能够提供保证，特别是由于改进而失去工作的风险。大多数高层主管不愿面对这些担心。这种不情愿可以理解，对不确定的未来进行保证是有风险的。

尽管如此，一些主管在某种程度上对于两种相关变化的程度进行了预估：

- 由于退休、提前退休、辞职等减员所产生的职位空缺。对此的估计具有相当的精确度。
- 由于削减慢性浪费而减少的工作岗位数。这个估计带有更多的推测性质，很难预测突破速率多久之后就能达到这一程度。实际上公司的估计往往过于乐观。

对此的分析有助于主管们判断他们可以做出什么样的保证，如果能做保证的话。它还有助于对行动方案的选择：培训有空缺的岗位、将人们调整到有空缺的岗位、提前退休、协助雇员寻求其他公司的工作、提供终止服务的帮助等。

质量和/或卓越绩效部门的协助

许多委员会会寻求卓越绩效和质量部门的协助。这些部门的专家们熟悉提升质量的方法和工具。他们能够：
- 为委员会在计划导入突破时提供所需输入。
- 起草建议和程序。
- 承担重要的细节工作，如筛选项目等。
- 编写培训材料。
- 开发新的计分卡。
- 起草进展情况报告。

质量经理常常担任委员会的秘书长。

将突破目标纳入经营计划

已经成为市场领先者的组织，亦即那些典范，都扩展了经营计划，将质量目标纳入了其中。事实上，它们把公司面临的机会和威胁都转化成了目标，如：
- 在未来的2年内将交货准时率从83%提高到100%。
- 在未来的5年内把不良质量成本削减50%。

这样的目标十分清晰，每一个都是量化的，并且有时间表，使高层主管们认识到必须建立这样的目标。这是很大的一步，但还只是第一步。

目标的展开

目标在展开之前还只是一些愿望。它还必须分解成具体的实施项目，委派具体的个人和团队，并向他们提供项目实施所需的资源。图5-7为目标展开过程的解剖图。在该图中，委员会确立了概括的（战略性的）目标，并使之成为公司经营计划的组成部分。这些目标经过分解后被分配到较低的层次以转化为具体的行动。在大型组织中或许还需要进一步分解才能到达行动的层次。最终的行动层是由个人和团队组成的。

进一步地，行动层选择突破项目，所有的项目汇集起来实现目标。这些项目及其所需要的资源估计被提交到上一个层级。项目建议和资源估计量经过讨论和

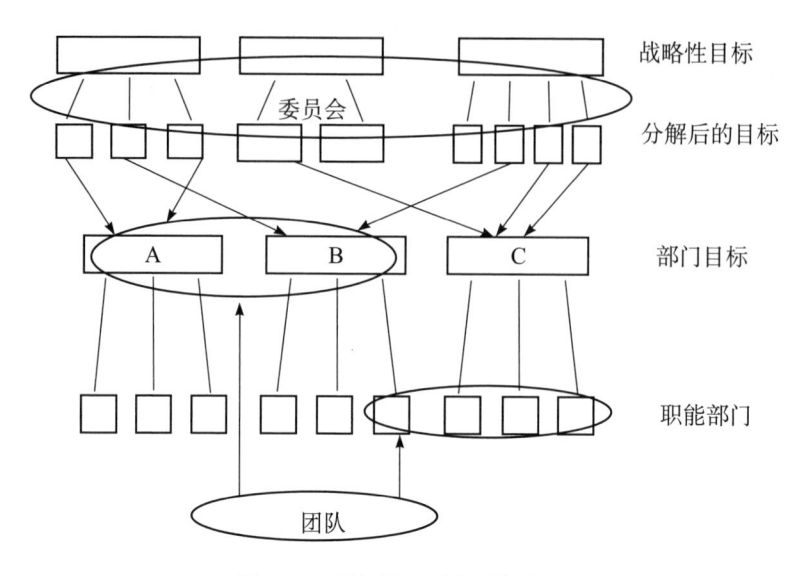

图 5-7　目标展开过程的解剖图

资料来源：Juran Institute，Inc.

修改之后最终被决定。最后就实施哪个项目、提供什么资源、由谁来负责等达成一致。

这种起始于最高层战略目标的方法看起来似乎纯粹是一种自上而下的活动。然而，在做出最终决定之前，展开过程力求畅所欲言的双向讨论，这也是其通常的方式。

战略目标涉及的是关键的少数问题，但其并非局限在总公司的层次。事业部、利润中心、维修单位和其他分支机构的经营计划中也会包含有质量目标。目标展开过程在这些方面也是适用的。（有关展开过程的更详细讨论，请参看第7章。）

项目的概念

项目在这里指的是一个业已安排解决的长期性问题。项目是突破行动的焦点。所有的突破都是通过一个个项目的方式来进行的，除此之外别无他途。

有些项目来自公司经营计划中的目标。这样的项目数量不多，但都十分重要。它们总的说来属于关键的少数项目（请参看下面的"帕累托原理的应用"）。然而，大多数项目并非来自公司的经营计划，而是来源于下面将要讨论的"提案与选择过程"。

帕累托原理的应用

在展开过程中用于选择项目的一个有效的工具便是帕累托原理。这个原理是说，在产生某种共同效果的任何总体中，相对少数的因素贡献了大部分的效果，这些因素便是关键的少数。这一原理广泛应用于各种人类事务中。如相对少数的人写了大部分的书，犯了大部分的罪，拥有大部分的财富等。

用帕累托图的形式来表示数据极大地促进了信息的沟通，尤其是有助于使高层管理人员认识到问题的根源，并对解决问题的行动方案给予支持。（关于朱兰博士命名帕累托原理的说明，参看本书附录。）

有用的多数问题和解决方案

根据帕累托原理，关键的少数项目构成了大部分的突破，因此这些项目得到最优先的考虑。关键的少数项目之外还有有用的多数项目，这些项目的总贡献构成了突破效果的一小部分，但它们提供了雇员参与的大部分机会。有用的多数项目是通过现场改进团队、质量圈、精益5S工具或自我导向的工作团队等方式来实施的。（详见第8章。）

提案与选择过程

大多数项目是通过提案与选择过程来确定的，它包括以下几个步骤：
- 项目的提案。
- 项目的审查与选择。
- 项目目标陈述书的编写和公布。

项目提案的来源

项目的提案可以来自组织的所有层次。在较高的层次上，提案往往在规模上很大（关键的少数），在范围上则是跨部门的。在较低的层次，提案通常较小（有用的多数），往往局限在一个部门的范围之内。

提案有许多来源。包括：

• 正式的数据系统，如有关产品性能、顾客抱怨、赔偿要求、退货等方面的现场报告，会计报告中的保证赔偿费用和内部不良质量成本，以及服务报告。（有些数据系统提供了数据分析以帮助识别问题所在。）

- 专题研究，如顾客调查、员工调查、审核、评价、与竞争对手的标杆对比等。
- 顾客的反应，这是指那些对产品不满并表达出来但继续购买的顾客，那些认为产品特性已无竞争力的顾客会干脆（默默地）离去。
- 现场情报，可以来自对顾客、供应商和其他相关方面的访问，竞争对手采取的行动，媒体的有关报导（如有关销售、顾客服务、技术服务等）。
- 社会影响，如新的立法、政府管制的程度以及产品责任诉讼的增长等。
- 管理层，如质量委员会、管理人员、基层监督员、职能专家和项目团队等。
- 普通员工，向基层主管提出的非正式想法，来自品管圈的正式的建议和想法等。
- 与业务过程有关的建议。

大质量概念的影响

从 20 世纪 80 年代开始，在大质量概念的影响下，项目提案的范围有了显著的扩大。大质量概念的广泛性在所实施项目的多样性中一目了然：

- 改善销售预测的准确性。
- 缩短新产品开发的周期。
- 提高业务投标的成功率。
- 缩短完成顾客订单所需时间。
- 减少交易取消的数量。
- 减少发票差错。
- 减少拖欠户头的数量。
- 缩短招募新员工的时间。
- 改善准时到达率（运输服务）。
- 缩短专利文件处理的时间。

提案过程

提案当然源于人。数据系统是非人工的，不可能进行提案。为了激励突破项目的提案要运用多方面的手段：

- 提案的号召：利用信件或公告栏邀请所有人员进行提案，提案的呈交可以逐级上报，也可以交给指定的人员如委员会的秘书等。
- 寻访：这种方法是安排专业人员（如工程师）走访不同部门，与主要人员交谈，从而获得他们的看法和提案。
- 委员会成员：他们分析数据并提出建议。
- 头脑风暴会议：为了某个具体的意图组织起来提出建议。

只要能够充分强调大质量的概念，瞄准所有的活动、产品和过程，无论使用什么方法都会获得最多的提案。

各级员工的提案

员工是大量提案的潜在源泉。他们在现场的时间长，大量的常规活动都是在他们的眼皮底下进行的，因此他们非常容易识别存在的问题并推测原因。现场的细节没有谁比他们更熟悉的了。例如，"最近 6 个月没看到有维修工走近过那台机器"。此外，有许多员工更容易识别机会和提出新的办法。

员工的提案大多由局部的有用的多数项目所构成，同时还有些关于人际关系方面的建议。针对这些提案，员工们可以提出有用的原因推测以及切实可行的治疗措施。就跨职能的项目而言，绝大多数普通员工都会感到力不从心，因为他们对于整个过程及构成总体的各个步骤之间的联系缺乏了解。

在有些组织中，对普通员工的提案的鼓励似乎意味着这些提案会被最优先处理，结果造成了由员工来决定管理者应当首先着手哪些项目。来自普通员工的提案必须与来自其他方面的提案平等竞争，这本来是应该首先明确的。

与供应商和顾客的联合项目

所有的公司都要向供应商购买产品和服务，也许最终产品的多半都会来自供应商。几十年前，顾客通常采取对抗的态度，认为供应商应该处理好自己的问题，现在人们越来越认识到解决这些问题必须有建立在以下基础之上的合作伙伴关系：
- 建立互信。
- 明确顾客需要和规范说明。
- 交换重要的数据。
- 在商业以及技术层面上的直接沟通。

项目的筛选

号召人们进行提案会产生大量的回应，数量之多会超出组织的消化能力。在这种情况下，一个必要的步骤便是进行筛选，以识别出具有最高收益的提案。

要从大量的提案中筛选出一个项目清单，要求必须以一种有组织的方式进行，既要有结构也要有方法。审查过程要耗费大量的时间，因此委员会通常将筛选工作授权于一个秘书机构来进行，一般由质量部门来担任。秘书机构筛选提案，即判断提案是否满足下文列出的准则。这一判断导致了一些预先的决策。一些提案被否决，另一些被推迟。剩余的要进行进一步的深入分析，估计其潜在收益和所需资源等。

委员会和秘书机构都认识到建立一些在审查过程中使用的准则是非常有用的。经验表明需要有两类准则：

- 选择团队的首个项目的准则。
- 选择以后的项目的准则。

项目的准则

在以项目方式进行突破的开始阶段，每个人都处于学习的状态。项目由正在培训中的项目团队来承担，能够成功地完成一个项目构成了这种培训的一个组成部分。从这些团队的实践中总结出了一系列广泛的准则，即：

- 该项目应当针对某个慢性问题，即这一问题很久以来一直在等待解决。
- 该项目应当是可行的，在几个月内完成的可能性应该很高。从众多组织的反馈可以看出，首个项目失败的最常见原因是未能满足这个准则。
- 该项目应当具有足够的意义。项目的结果应该十分有用，足以引起关注和认可。
- 项目的成果应当是可衡量的，不论是以货币还是其他指标。
- 首个项目应当是成功的。

选择项目的其他准则旨在使所选择的项目能够为组织带来最大的益处：

- 投资回报率：这一因素举足轻重，具有决定性意义；所有其他因素重要性相当。未能计算投资回报率的项目只能依赖管理者的判断来决定重要与否。
- 可能的突破的大小：一个效果大的项目比几个效果小的项目更有优先权。
- 紧迫性：或许必须对诸如产品安全、员工士气和顾客服务这些问题做出迅速的反应。
- 技术方案的可获程度：已有成熟的技术的项目比那些需要进一步研究来寻找所需技术的项目更有优先权。
- 产品线的健康性：涉及繁荣的产品线的项目与涉及已过时的产品线的项目相比更有优先权。
- 变革的可能阻力：容易被接受的项目要优于那些会遭到抵制的项目，如遭到工会或一部分主管抵制的项目。

大多数组织采用一种系统的方式依据这些准则来对提案进行评估。这产生出了一套综合的评估指标，可以表示出各种提案的相对优先程度。（更多的细节请参看第 12 章。）

项目的选择

筛选过程的最终结果是提出一个排出优先次序的推荐项目清单。每一个推荐都附有相关的信息，包括符合评价准则的程度、可能的益处、所需的资源等等。这份清单通常只限于与委员会直接相关的那些事情。

委员会对这些推荐项目进行评审并最终决定着手哪些项目。这些选定的项目便成为公司业务的正式组成部分。其他的推荐项目落在了委员会直接相关的范围之外，这些项目会再次被推荐给适当的分委员会、有关管理人员等。基层主管和员工们可以自由决定是否在本单位开展这些项目。

关键的少数和有用的多数

有些组织完成了许多项目。但是，当被问及"我们的这些努力取得了什么收获"这一问题时，它们沮丧地发现在公司的重要经营指标上并未取得显著的效果。调查表明其原因在于项目的选择过程。它们实际所选的项目包括：

- 救火式的项目：这是专为排除偶发性的"峰值"而采取的项目。这些项目没有着眼于消除慢性浪费，因此不可能改进财务绩效。（参看第 16 章。）
- 有用的多数项目：根据定义可知，这些项目在财务方面只有很小的效果，但对人际关系具有很大影响。
- 改进人际关系的项目：在人际关系方面的效果是显著的，但在财务方面的效果通常难以衡量。

为了在重要经营指标方面取得显著的成效，除了这些有用的多数之外，还必须选择那些"关键的少数"项目。两者兼顾是可行的，因为可以由不同的人员分而治之。

有一派观点主张市场领先的关键是"积跬步、聚小溪"，换句话来说，是由有用的多数决定的。还有一派则强调关键的少数。就我的经验而言，我认为这些都不是完整的答案。两者都有必要，但时机要选对。

关键的少数项目是领先和底线指标的主要贡献因素，有用的多数项目则是雇员参与和工作生活的质量的主要贡献因素，两方面都是必不可少的，只有哪个方面都是不充分的。

关键的少数项目和有用的多数项目可以同时实施，成功的组织正是这样做的。之所以能这样做是因为它们懂得，这两类项目要求的是组织的不同类别的人员的时间。

两类项目之间的关系如图5-8所示。在该图中，横轴表示时间，纵轴表示慢性浪费的规模，越往上越不好。有用的多数项目的改进形成了缓慢的斜线；关键的少数项目的改进，尽管次数很少，但构成了整个改进效果的主要部分。

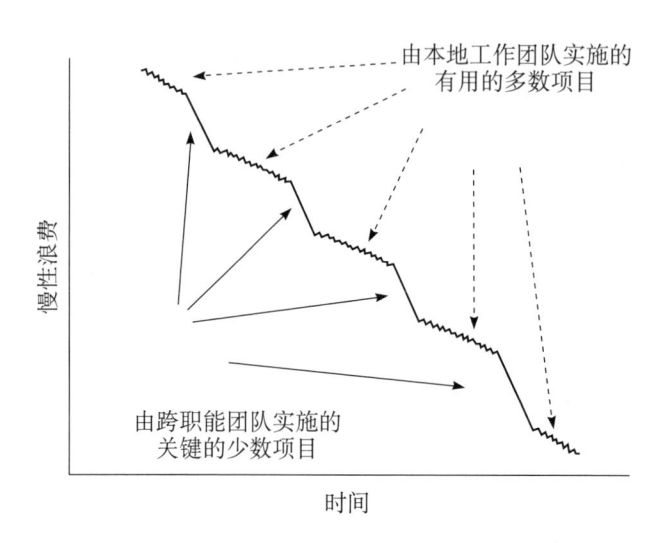

图5-8　关键的少数项目和有用的多数项目之间的关系

资料来源：Juran Institute，Inc.，1994.

项目的成本数据

要满足前述的准则（特别是投资回报率准则），需要有各种成本的信息：
- 与所涉及提案相关的慢性浪费成本。
- 该项目如果成功可能会降低的成本。
- 所需的诊断和治疗的成本。

成本与不良百分率

只根据不良（差错、缺陷等）百分率来判断重要与否是有风险的。表面上看，当这一百分率很低时，似乎该提案的优先程度也应该低。某些情况下确实如此，但在其他一些情况下这就可能是一种误导。

"大象"级项目和"可下口"项目

吃掉一头大象只有一种办法：一口一口地吃。有些项目是"大象"级的，覆盖了非常广泛的活动领域，必须将之分割为多个"可下口"的项目。在这种情况下，可以安排一个项目团队专门来"分割大象"，然后由其他团队来实施这些"可下口"的项目。因为多个项目团队同时进行，从而缩短了项目完成的时间。反之，由一个团队来做要花费几年的时间，这会出现挫折感、人员的流动、项目的延迟和士气的下降等。

分割大象的最有用的工具便是帕累托分析。对于大象级项目，负责综合协调的团队和承担分项目的团队要分别制定各自的项目目标陈述。

复制与克隆

有些组织由多个具有很多共性的独立单位组成，常见的例子如连锁零售店、修理店、医院等。在这样的组织中，某个单位获得成功的突破项目自然成为应用到其他单位的提案，这被称为项目的克隆。

其他单位抵制把这些突破项目应用到本单位的情况并不少见。有些抵制本质上是出于文化的原因（如"非我发明"症，等等）；有些则可能确实是由于运营条件不同，如电话接线员为顾客提供着相似的功能，但有些主要为产业客户服务，而另外一些则主要服务于居民。

高层管理人员在将某处产生的经验推广到其他独立单位时要格外小心。克隆当然有其好处，在可能应用的地方，无须重复以前的诊断和设计治疗方案的活动，就能实现同样的突破。

人们对此总结出了如下的程序：

- 项目团队在最终报告中应提出什么单位可以克隆的建议。
- 把最终报告的复印件送达这些单位。
- 由这些单位自主决定是否克隆该项目。

但是，这些单位要对此做出回应。通常可以采取以下三种形式之一：

1. 我们采用了这一突破。
2. 我们将要采用这一突破，但首先要对之进行修改以符合我们的条件。
3. 我们不能采用这一突破，原因如下。

事实上，这一程序是要求该单位采用这一改进或给出不予采用的原因。该单位不得对建议不置可否。

一种类似的但更不明显的克隆形式是把项目重复地运用在更为广泛的各种问题上。

一个项目团队开发了找出拼写错误的计算机软件，另一个团队提出了一个改进了的处理顾客订单的程序，第三个团队制定了实施设计评审的程序。这些项目的共同之处是其最终成果允许同一过程在更广泛的对象上重复应用，如许多不同的拼写差错、许多不同的顾客订单、许多不同的设计等。

项目章程：项目问题和目标陈述

每个被选定的项目都应当有一个书面的问题和目标陈述来规定项目关注的焦点以及最终的成果。经过批准之后，这一陈述便确定了承担该项目的团队的行动。

项目章程的目的

项目章程有若干重要目的：
- 它定义了问题以及预期的最终成果，有助于团队了解该项目的完成意味着什么。
- 它建立了明确的责任，目标成为每一位团队成员职位说明的补充。
- 它提供了正当性，项目成为组织的法定业务，团队成员有权花费必要时间来实施使命。
- 它授予了权利，团队有权举行会议，要求人们参加并帮助团队，得到项目所需的数据和服务。

以完美为目标

人们都会同意，完美是最理想的目标，这意味着完全没有差错、缺陷、故障等等。现实之所以做不到完美，是因为存在着各种各样的不良，这些不良都需要各自的突破项目。如果一个组织试图消灭全部这些缺陷，就可以应用帕累托原理：
- 关键的少数不良是大多数问题的罪魁祸首，从而值得分配资源予以消除。在筛选过程中，它们会得到很高的优先权并且成为将要着手的项目。
- 其余的大多数类型的不良只造成了少部分问题。随着越来越接近于完美，剩余的缺陷就会变得越来越稀少，在筛选过程中的优先程度就会越来越低。

所有的公司都会努力克服那些出现很少但对人身安全有威胁或者有可能造成重大经济损失的故障类型。此外，那些每年进行数千项改进的公司还会攻克那些不甚重要且不多见的不良。为此这些公司需要发掘普通员工的创造性。

一些批评认为发布任何不尽完美的目标都是误导，说明愿意容忍缺陷。产生这样的认识是由于缺乏现实的经验。确立完美的目标很容易。然而，这样的目标要求公司去攻克如此稀少的故障类型，它们根本就无法通过筛选的过程。

尽管如此，进步是不容否认的。在 20 世纪，缺陷的测量单位发生了如此之大的修正。20 世纪的前 50 年，缺陷率通常是用百分率表示的；到了 20 世纪 90 年代，许多行业采用了如每百万单位缺陷数这样的指标和西格玛这样的度量。领先的公司的确每年进行着数以千计的突破。它们正在逼近完美，但这是一个永无终点的历程。

尽管许多提案项目从投资回报率而言不足以有说服力，但它们提供了雇员参与改进过程的手段，因此是有其存在价值的。

项目团队

对于每一个选定的项目，会委派一个相应的团队。这个团队负责实现该项目。

为什么需要团队？最重要的项目是那些关键的少数项目，它们一般来说都具有跨职能的性质。症状通常出现在某一个部门，但对原因在哪里、是什么、应采取何种措施等都没有一致的看法。经验证明，处理这类跨职能问题的最有效的组织机制便是跨职能的团队。

有些主管更愿意把问题委派给个人而不是团队。（"由委员会设计的快马还比不上慢骆驼。"）在控制的场合，个人负责是一个十分适当的概念（"最好的控制形式是自我控制"）。然而，针对跨职能问题的突破天然地必须由团队来承担。这样的问题交由个人来处理的话，其诊断和治疗在很大程度上会受到部门的限制。

一位工艺工程师受命减少一种来自波峰焊过程的缺陷数目。他的诊断结论认为必须采用一种新的过程。管理层因为投资过多而否定了这个建议。一个跨职能的团队被指派继续研究这个问题。该团队找到了一种只需调整现过程便可以解决问题的办法（Betker，1983）。

人们会对所建议的治疗措施表现出偏见，形成一种文化上的抵制。但是，如果实施治疗措施的部门参与了该项目团队，这种阻力将会大大减小。

团队的任命：发起者

项目团队并不依赖组织结构图的指挥链，这在团队遭遇僵局时是一个很大的不利条件。出于这一原因，有些组织安排委员会的成员或是其他高层管理人员出任特定项目的发起者（或保驾者）。这位发起者密切注意团队的进展情况。当团队遇到阻力时，发起者可以帮助团队找到公司高层中的合适的人。

团队可以由项目发起者、过程主管、本部门领导或其他人来任命。在有些公司中，普通员工可以组建团队（品管圈等）从事质量改进活动。不论起源如何，团队都被授权依照目标陈述进行突破。

大多数团队都是为了特定的项目组建的，项目一旦完成就宣告解散。这类团队被称为专项团队，亦即为特定的目的而存在的团队，成员在下一个项目中又分散到了不同的团队中。另外也有连续性的"常设"团队，其成员保持在同一个团队中，实施一个又一个项目。

团队的职责

项目团队有着与目标陈述相当的职责。其基本职责是完成所委派的目标并遵循通用突破程序。此外，其职责还包括：

- 建议修订目标陈述。
- 必要时开发测量方法。
- 向需要了解情况的人员通告进展情况和成果。

成员

团队成员由发起者与有关主管协商后选定。选择时要考虑：（1）哪些部门应参加团队；（2）团队成员应来自哪个层次；（3）应是该层次中的哪些人。

参加的部门应包括：

- 罹患部门。该部门出现了症状，且受到了影响。
- 待检部门。被怀疑是原因所在的部门。（它们未必同意自己可疑。）
- 治疗部门。可能会提供治疗措施的部门。这只是假设，因为许多情况下原因和治疗措施都会出乎人们的意料。
- 诊断部门。给项目提供数据和分析的部门。
- 待召部门与相关专家（SME）。在团队需要时提供专门知识和其他服务。

这份清单中包括了团队成员的一般来源，当然还可以有灵活性。

选择组织中的哪个层次取决于项目的主题。有些项目与产品和过程的技术性和程序性方面有着比较密切的关系，这类项目的团队成员就会来自较低的层次；有些项目牵涉到广泛的业务和管理问题，这样的项目其团队成员就应当具备适当的业务和管理方面的经验。

最后是人员的选择。这要与相应的基层主管协商，要考虑到工作量、先后主次等。关注的焦点在于被选的人员对项目做出贡献的能力。候选成员要有：

- 时间，即参加团队会议和完成所承担任务所需要的时间。
- 知识基础，以使该成员能够贡献推测、见解、想法以及工作方面的信息。
- 培训，即突破过程和相关工具方面的培训。在首次实行的项目中，培训和实施可以也应当是同时进行的。

大多数团队由6~8人组成。人太多无法控制，花费也大（护航队的速度取决于最慢的船只）。

团队成员是否都应来自同一层次？在这一提问的背后是担心位置较高的成员会主宰会议。这样的情况肯定会发生，尤其是在最初的几次会议上。然而，随着群体动力学机制的建立，随着团队成员学会了区分推测与事实，这种情况会逐渐减少。

成员一旦选定，就要公布成员名单以及项目的目标。这意味着把责任正式地赋予了团队和个人。事实上，在项目团队中的工作便成为成员个人的职位内容，同时也意味着授予了团队前述的正当性和权利。

来自普通员工的成员

在运用突破团队的早些年，各公司通常对于团队的成员有着严格的区分。跨职能项目的团队全部由管理人员和职能专家组成，部门内的项目团队（如质量圈）全部由一线员工组成。图5-9比较了这些团队和跨职能项目团队的主要特征。

特征	部门内团队或品管圈	突破团队
基本目的	改进部门内过程和人际关系	通过跨部门突破来提高绩效
次要目的	改进质量	改进团队合作和参与
项目范围	在同一部门内	跨部门的
项目规模	有用的多数	关键的少数
成员	来自同一部门	来自多个部门
参加方式	自愿或强制	必须参加
成员地位	部门内的经理和员工	经理、职能专家、员工
连续性	长期存在	专题性团队，完成后解散

图5-9 部门团队、品管圈与跨职能团队的比较示意图

资料来源：From Making Quality Happen, Juran Institute, Inc., 1998.

经验表明，涉及有关运营条件的细节性问题，再没有谁比现场员工更为了解了。长时间在现场的工作，使得员工们能够观察到现场的变化并按时间顺序回忆出所发生过的各种事件。通过与现场员工交谈以获得这类信息的做法变得越来越多。员工们成了随时"待召"或全勤的团队成员。医院中的医生也属于这种情况。对于从事产品生产的员工的调用，必须把他们离开本职工作的时间减少到最低限度。

因此，人们对于扩大员工的参与表现出了日益增长的兴趣，这导致人们开始尝试不区分等级层次的项目团队。这样的团队会成为常规而不是例外。（有关员工参与的进一步讨论，请参看第8章。）

团队中的上层管理者

有些项目由于其本身的性质而要求团队成员中要有来自管理层的成员。下面是一些有中、高层主管参与的项目团队所实际实施过的突破项目的例子：

- 缩短新产品面市的时间。
- 提高销售预测的准确性。
- 减少有故障倾向的产品特征被继承到新产品中。
- 与供应商建立团队关系。
- 开发战略计划所需要的新的指标。
- 修改突破的表彰和薪酬制度。

要求所有的中、高层主管亲自参加一些项目团队，是出于一些很有说服力的理由。亲自参加项目团队是一种以身作则的行为，这是从事领导的最高形式。这使得他们能够了解他们要求下属在做什么，需要怎样的培训，每周需要多少小时，完成项目需要几个月，以及需要什么样的资源等。有些建立持续的突破体制的良好意愿之所以失败，可以归因于高层对这些现实的缺乏了解。

基础架构的模式

关于突破的基础架构有好几种图示的方式，其中表示了组织的要素、要素之间的关系以及事件的流向等。图5-10以金字塔的形式表示了基础架构的要素。这个金字塔描绘了一个由最高管理层、自主经营单位和主要的职能部门构成的等级性架构。金字塔的顶层是公司质量委员会，有的还有分委员会。这些层级的下面是跨职能的突破团队（在质量委员会和团队之间可能还有委员会）。

在部门内这一层次是由基层员工组成的团队，如品管圈或其他形式。这种架构可以使组织中所有层次的雇员都参与到突破项目中，既可以是关键的少数项

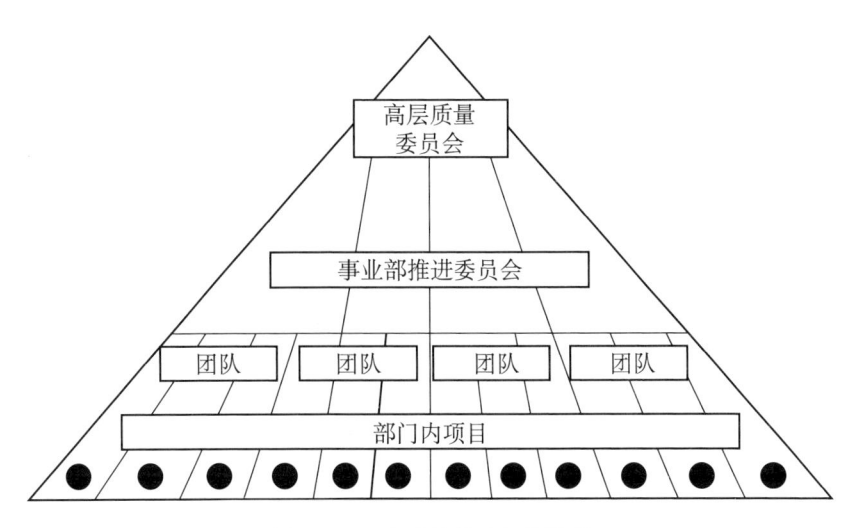

图 5 - 10　突破的基础架构模式

资料来源：Juran Institute，Inc.

目，也可以是有用的多数项目。

团队组织

突破团队并不出现在组织结构图中。每个团队都是"漂浮着的"，没有由某个人担任的上司。换言之，对团队的督导不是由某个个人，而是通过目标陈述和突破路线图进行的。

团队当然有其内在的组织结构。这一结构中会包括一名团队领导者（主席等）和一名团队秘书。此外，通常还会有一个推动者。

团队领导者

团队领导者通常由作为发起者的质量委员会或其他监督层任命。团队也可以自己选举领导者。

领导者要承担若干责任。作为团队成员，领导者与其他成员共同承担着实现团队目标的责任。此外，领导者还担任着行政的职责。这一职责不能与人分担，其内容包括：

- 确保团队会议的准时开始和结束。
- 帮助成员参加团队会议。
- 确保议程、备忘录、报告等的准备和公布。

- 与发起者保持联系。

最后，领导者还负有监督团队活动的责任。这不是通过命令的权力进行的，领导者不是团队的上司，而是通过领导的影响力来进行的。这方面的责任包括：

- 协调团队的活动。
- 激励所有成员做出贡献。
- 帮助解决成员之间的冲突。
- 布置两次会议间的个人任务。

承担这些责任需要多方面的技能，包括：

- 训练有素地领导他人的能力。
- 熟悉目标所针对的领域。
- 牢固掌握突破的程序和相关工具。

团队成员

这里的团队成员也包括领导者和秘书在内。每个团队成员的职责主要由以下方面所构成：

- 安排出席团队会议。
- 代表各自所在的部门。
- 贡献自己的工作知识和技能。
- 提出对原因的推测及治疗措施的想法。
- 对其他成员的推测和想法提出建设性意见。
- 主动要求或接受所分配的个人任务。

找出从事项目的时间

项目团队中的工作是十分耗时的。一个人参加项目团队会使其工作量由此而增加10%，这是参加团队会议和完成所分担任务所必需的。挤出时间来做这些事情是一个需要认真对待的问题，因为这些增加的工作量压在了已经忙得不可开交的那些人身上。

就我所知，没有哪位主管情愿另雇新人来解决这一问题，他们让每个团队成员自己想办法加以解决。就团队成员来说，他们采取了这样一些措施：

- 把更多的活动下放给下属。
- 把那些不太重要的活动稍缓一下。
- 改进常规工作的时间管理。
- 寻找可以取消的现行活动（有些组织采取了特别措施来取消无用的工作

以腾出突破项目所需要的时间）。

当项目开始表现出高的投资回报率时，情况就会发生变化，高层会变得越来越愿意提供所需资源。此外，成功的项目会开始减少以前因慢性浪费而膨胀的工作量。

推动者与黑带

大多数组织使用内部咨询人员来帮助团队，这些人员通常被称为"推动者"或"黑带"。黑带这样的推动者不需要是团队的成员，可以没有实施团队目标的责任（推动者这个词的字面意思是使事情变得容易）。推动者的主要作用是帮助团队实现其目标。推动者的作用通常包括以下方面：

解释组织的意图。推动者通常参加了组织将要实现怎样目标的说明会。团队对说明会的许多内容感兴趣。

协助团队建设。推动者协助团队成员学会如何为团队做贡献，如提出推测、挑战其他人的推测或提出调查路线等。在对团队概念尚不熟悉的那些公司，推动者需要与个人直接接触，激励那些不知如何做的人，抑制那些过分冒尖的人。推动者还要评价团队建设的进展情况并提供反馈。

协助培训。大多数推动者一直从事团队建设和突破过程的培训，他们通常也是其他团队的推动者。这样的经历使他们有能力在许多方面培训项目团队，如团队建设、突破路线图和工具的使用等。

介绍其他项目的经验。推动者有多种渠道获得这种经验：

- 以前服务的项目团队。
- 与其他推动者交谈分享协助项目团队的经验。
- 项目团队公布的最终报告。
- 文献中所报告的项目。

帮助重新调整项目的方向。推动者持有的超然视角有助于他在团队陷入困境时察觉。当团队深入到一定程度时，会发觉自己越来越深地陷入了泥潭。项目的目标可能过于宽泛、定义模糊或无法实施。推动者通常会比团队更早觉察到这些问题，从而能够指导团队重新调整项目的方向。

协助团队领导者。推动者通过各种方式来提供协助：

- 协助计划团队会议。在每次会议之前与团队领导者共同进行。
- 鼓励出席。大多数缺席都是由于对成员的时间提出了冲突的要求而造成的。纠正措施常常必须来自成员的上司。
- 改善人际关系。有些团队中的成员和其他成员没有保持良好的关系或者随着项目的进展产生了摩擦。作为"局外人",推动者能够把这些成员的精力引导到正确的渠道中。这类行动通常在团队会议之外进行。(有时团队领导者也会是问题的一部分,此时推动者也许处在帮助解决问题的最佳位置上。)

- 团队活动范围之外的事情上的帮助。项目有时需要来自团队所及范围之外的决策和行动,推动者会因其广泛的外部联系而提供帮助。

支持团队成员。这种支持是以多种方式提供的:

- 当团队偏离主题时通过提出疑问的方式使团队聚焦于其使命。
- 通过提出如"这一推测有无事实的支持"这样的问题来挑战自以为是的看法。
- 根据对团队行动的观察向团队提供反馈。

向委员会汇报进展情况。就这一作用而言,推动者是项目进展报告过程的组成部分。每个项目团队要提出会议的备忘录和最终的报告,还包括向委员会做口头汇报。

但是,对项目的综合报告还要求有外加的过程,推动者通常便是这一外加报告网络的一部分。

推动者和黑带的资格

推动者经过了专门的训练而有资格发挥上述的作用。这些训练包括团队建立、解决冲突、沟通和质量变革管理的技能;突破过程的知识,如突破路线图、工具和技巧等;对突破与组织的方针目标的关系的了解。此外,推动者通过在项目团队中的工作经历和给团队提供帮助而逐渐成熟起来。这部分内容在第12章中有更多的讨论。

这些预先的训练和经验是推动者的重要资本,否则他们很难获得项目团队的尊敬和信任。

大多数公司都意识到高速的突破需要强大而广泛的推动,因此需要培养训练有素的推动者。然而,推动者往往是在启动阶段有着大量的需要。此后,随着团队领导者和成员逐渐获得训练和经验,对推动者的需要就会开始减少。这一建设性的职位就会转变成为维护性的职位。

这种阶段性的升降使得大多数组织避免使用全职推动者或者职业推动者的概念。推动者是以一种业余的方式工作的,他们的大部分时间用于其常规工作。

在许多大型组织中,黑带是全职的专业人员。经过了突破过程的充分培训,这些人员的全部时间都用在突破活动方面。他们的职责除了推动项目团队的活动之外,还包括:

- 协助项目的提案和审查。
- 承担方法和工具的培训课程。
- 协调项目团队活动与组织的其他活动,包括进行有难度的分析。
- 协助准备向高层管理者提交的总结报告。

团队中不存在由某个人担任的上司。团队不是由个人来监督的,规定其职责的是:

- 项目章程。每个团队的目标陈述都是独特的。
- 突破的步骤或通用程序。这对于所有的团队都是相同的。它规定了团队为了完成其目标必须采取的行动。

遵循接下来的步骤——经历两个"历程"——是项目团队的主要职责。

诊断是一种以事实为依据的方法,必须理解有关的关键词的含义。一开始就对其中的一些词加以定义是有帮助的。

领导者必须掌握关于突破的关键术语

"缺陷"指任何不符合用途或不符合规范的状态。如无效的发票、废品、低的平均故障间隔时间等。其他的名称还有"差错"、"差异"和"不符合"等。

"症状"指存在问题或缺陷的外在表现。一个缺陷可能会有多个症状。同一个词既可以用来描述症状也可以用来描述缺陷。

"假设"或"假想"指针对缺陷和症状的存在原因的未经证实的论断。通常为了解释缺陷的存在可以提出多个假设。

"原因"是经过证实的导致缺陷存在的理由。通常会有多个原因存在,这种情况下遵循帕累托原理——关键的少数原因主宰着所有其他的原因。

"主导原因"指使缺陷存在的主要因素,只有将之消除才有可能实现充分的突破。

"诊断"指分析症状、假设原因、检验假设并最终确定原因的这一过程。

"治疗"指能够消除或缓和缺陷原因的改变。

诊断应当先于治疗

毋庸赘言,诊断应当先于治疗,但现实中偏见和陈腐观念仍会挡道。

例如,在整个20世纪中,有许多高层主管对于大多数缺陷是由工人差错造成的这一点深信不疑。尽管很少得到事实的佐证,但这一观念却一直根深蒂固。正是由于这一观念作祟,在20世纪80年代,许多管理者试图通过劝告工人不要制造缺陷来解决他们的质量问题。(事实上,80%以上的缺陷是管理层可控的,工人可控的只有不到 20%。)

缺乏训练的团队常常在弄清楚原因之前就匆忙采取治疗措施（预备、开火、瞄准）。例如：
- 一位自信的团队成员"知道"原因并极力主张团队针对该原因采取治疗措施。
- 一位知名专家给团队简要概括了技术问题。这位专家对症状的原因十分肯定，该团队无法对专家的意见提出异议。
- 随着团队成员的经验越来越丰富，他们会对自己的诊断技能树立起自信。这种自信将使他们能够质疑那些未经证实的断言。
- 在深信不疑的成见主导局势的情况下，或许就必须进行专门的研究。

有这样一个经典的研究。Greenridge（1953）分析了来自不同组织的 850 件有故障的电子产品。数据表明 43% 的故障是由于产品设计方面的原因造成的，30% 可归因于现场操作条件，20% 是由于制造的原因，其余的归因于其他各种原因。

对突破的制度化

许多组织都开展了突破活动，但没有几家组织能够成功地使之制度化以年复一年地持续下去。大多数这些组织长期以来年年都在开发新产品、降低成本和改进生产率。它们用以实现这种长年改进的方法广为人知，并能够应用于突破方面。
- 扩展年度经营计划以使之包括突破目标。
- 使突破成为每人的职位说明书中的一部分。在大多数公司中，相对于实现质量、成本、交货期等目标的常规工作而言，突破活动一直被认为是一种附带的偶然性的活动。突破必须成为常规工作的一部分。
- 建立最高管理层的审核制度，其中应包括对于突破进展情况的评审。
- 修改考核和薪酬制度，其中要包括突破绩效的指标，并给予一定的权重。
- 创造非常隆重的场合来表彰突破的成就。

评审进展状况

高层主管对于进展状况的有计划的定期评审是维持持续突破的一个不可或缺

的部分。不进行评审的活动无法与那些定期评审的活动在重要度上相提并论。下属很自然地会对上级定期评审的活动给予最高程度的重视。

对于突破过程也有必要进行定期的评审。这是通过包括质量管理所有方面的质量审核来进行的。(参见第11章。)

进展状况评审数据库的大部分内容来自项目团队的报告。然而，对这些报告进行分析并归纳出上层所需的总结，仍要做很多工作。通常这些工作由委员会的秘书来承担，推动者、团队领导者以及其他方面，如财务部门等要给予协助。

当组织有经验后，就会设计出标准的报告格式，这样就会大大方便项目团队、产品线、事业部等向公司提交报告。一家欧洲大公司所使用的一种表格规定每个项目要提出：

- 最初估计的慢性浪费的大小。
- 最初估计的项目成功后的成本降低。
- 实际实现的成本降低。
- 资本投资。
- 成本净降低额。

该公司在各个层次上都要对这些总结进行评审。总公司层次的总结每季度在董事长办公会上进行评审（同填写者的个人交流）。

绩效评价

对进展状况进行评审的目标之一是进行绩效的评价。这种评价既包括对于项目的评价也包括对于个人的评价。对于个人在突破项目中的绩效评价碰到了一个复杂的问题，即成果是由团队所取得的，这实际上是要评价个人对团队活动的贡献。这一新问题尚没有科学的解决方法，因此在基层只能由主管依据来自所有可能来源的信息对下属的贡献加以判断。

在组织的较高层次上，绩效评价包括了对于中、基层主管绩效的判断。这一评价必然地要考虑多个项目所取得的成果，这导致了对管理人员在项目方面的绩效进行综合评价的指标的发展。这些评价指标包括：

- 突破项目的数量：刚启动的、正在进行中的、已经完成的、中途流产的。
- 已完成项目在产品性能、成本降低和投资回报率等方面的价值。
- 下属积极参与项目团队的比例。

上级根据这些指标及其他一些因素来评价其下属的绩效。

突破培训

纵观本章，可以看到多处对培训必要性的强调。这种必要性广泛存在，因为所有雇员都必须理解突破所用的方法和工具。组织或许尚不熟悉项目式的突破方式，人员流动可能很高，员工可能会被赋予新的职责。要承担这些新的责任就必须进行充分的培训。

最近十多年中，许多组织都花巨资对员工在实现卓越绩效的方法和工具方面进行了培训，根据六西格玛和美国质量协会的说法，有 10 万人以上接受了黑带培训，另有 50 万人接受了绿带培训，美国质量协会和朱兰研究院这些机构还建立了新的认证过程，以确保这些人员具备资质并有能力取得成果。黑带培训一般为期六周，最后认证还需要一段时间。

今天的培训是对未来的投资。随着组织迈向未来，这种努力将给我们带来莫大的益处。

参考文献

Betker, H. A. (1983). "Breakthrough Program: Reducing Solder Defects on Printed Circuit Board Assembly." *The Juran Report*, No. 2, November, pp. 53–58.
Greenridge, R. M. C. (1953). "The Case of Reliability vs. Defective Components et al." *Electronic Applications Reliability Review*, No. 1, p. 12.
Juran, J. M. (1964). *Managerial Breakthrough*. McGraw-Hill, New York. Revised edition, 1995.
Juran, J. M. (1981). "Juran on Breakthrough," a series of 16 videocassettes on the subject. Juran Institute, Inc., Wilton, CT.
Juran, J. M. (1985). "A Prescription for the West—Four Years Later." European Organization for Quality, 29th Annual Conference. Reprinted in *The Juran Report*, No. 5, Summer 1985.
Juran, J. M. (1993), "Made in USA, a Renaissance in Quality." *Harvard Business Review*, July-August, pp. 42–50.
Juran, J. M. "Juran on Quality Leadership," A video package, Juran Institute, Inc., Wilton, CT.
Welch, J. (2005). Winning. Harper Collins, New York, NY.

（焦叔斌 译）

第 6 章

质量控制以确保符合客户要求

约瑟夫·M. 朱兰　约瑟夫·A. 德费欧

本章要点	控制的阶段
定义符合性和控制	过程符合性
与质量保证的关系	产品符合性：适目的性
反馈回路的要素	统计方法在控制中的作用
针对差异采取行动	质量控制体系和方针手册
控制金字塔	进行审核
对控制的计划	领导者的任务
控制展开表	参考文献

本章要点

1. 质量控制是一个普遍的管理过程，基于这一过程来管理运营活动以获得稳定性，亦即防止负面变化并"维持现状"。质量控制是通过采用反馈回路来进行的。

2. 产品或过程的每一个特征都是一个控制的主题，反馈回路正是围绕这一中心来建立的。人员的控制应该尽可能多地由基层员工来进行，这包括办公室职员、工厂工人、销售人员等。

3. 在对质量控制加以计划时广泛使用到流程图。设施控制中的最弱一环是遵守日程计划。

4. 为了确保严格遵守日程计划就必须有独立的审核。

5. 明确哪些是主导性的过程变量有助于计划人员分配资源和确定优先次序。

6. 在过程控制的设计中，应向操作人员提供区分真实变化和误报警所需的工具，最好是提供有助于区分特殊原因和一般原因的工具。这方面的一个有效的工具便是休哈特控制图（或只是控制图）。自我控制适用于所有职能中的过程，也适用于从总经理到一般工人的所有层次。

7. 对结果的责任应当融入到可控性当中。理想情况下，有关某个过程是否符合过程质量目标的决策应当由员工做出。

8. 要采用自我检验，必须满足几方面的标准：首先是质量第一；还有相互信任、自我控制、培训、资质等。对于被委任进行产品符合性决策的人员，除了应向他们提供决策指南之外，还必须明确规定其责任。

9. 管理的适当次序是，首先建立目标，然后计划如何实现目标，这包括了选择适当的工具。在计划质量控制时，应当提供一个供所有决策者使用的信息网络。

定义符合性和控制

符合性或质量控制是朱兰三部曲中的第三个普遍过程，另外两个分别是质量计划和质量改进。朱兰三部曲示意图（见图6-1）表明了这三个过程之间的关系。

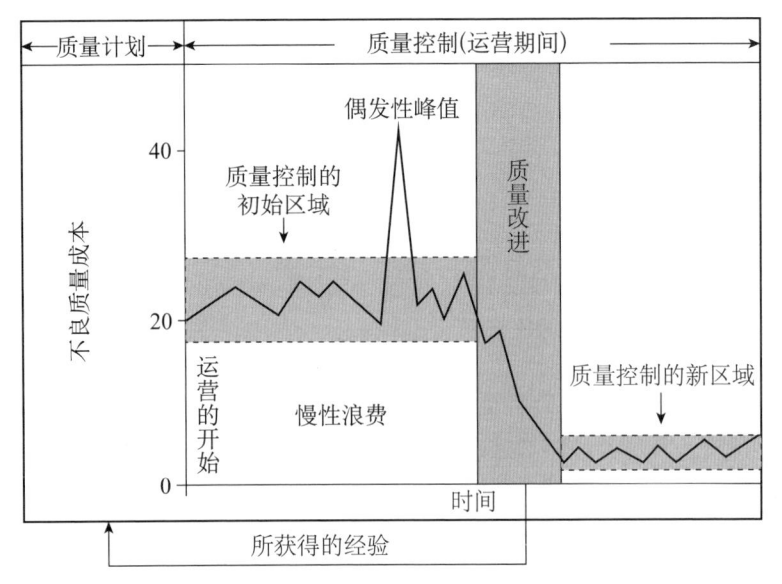

图6-1 朱兰三部曲示意图

资料来源：Juran Institute，Inc.，1986.

本书的其他章节也利用图6-1来描述质量计划、质量改进和质量控制之间的关系，这是质量管理的基本管理过程。本章的重点则集中于两个"控制带"上。

在图6-1中很容易看出，尽管位于图的中部的过程处于受控状态，但其浪费水平是不可接受的。此时必需的不再是控制而是改进，亦即改变绩效水平的措施。

通过改进，达到了一个新的绩效水平。此时的当务之急便是在这一水平上建立起新的控制，以防绩效水平退回到先前的水平甚至变得更糟。这便是图中的第二个控制带。

"质量控制"这一术语出现于20世纪早期（Radford，1917，1922）。这一概念将实现质量的方法，由当时居主导的事后检验（检测控制）扩展成为我们现在所谓的"预防（主动控制）"。随后的几十年间，"控制"一词有着很广的含义，其中还包含了质量计划的意思。以后的一些发展又使得"质量控制"的含义有所变窄。"统计质量控制"运动给人以这样一种印象，即质量控制就是由对各种统计方法的应用所构成的。"可靠性"运动声称质量控制只适用于检验时的质量，而不包括使用期间。

在美国，"质量控制"一词现常用先前定义的狭义含义，它属于"卓越绩效、卓越运营、卓越经营或全面质量计划"这些大概念中的一个组成部分。这些大概念可以彼此互换，成为描述一个组织管理质量的各种方法、手段、工具的具有广泛包容性的术语。

在日本，"质量控制"这一术语一直保持着较广的含义。他们所谓的"全面质量控制"大体上相当于我们的"卓越绩效"。1997年，日本科学技术联盟（JUSE）采用"全面质量管理"（TQM）这一提法代替了"全面质量控制"（TQC），使得他们所使用的术语与世界其他地方的普遍用法更加一致。

图6-2示出了这一步骤的输入—输出特征。

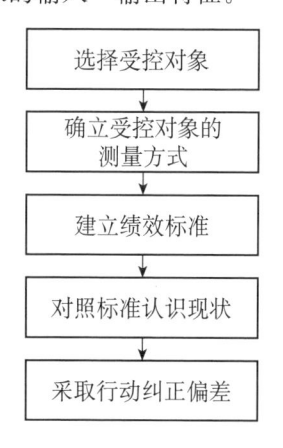

图6-2 输入—输出示意图

在图6-2中，输入是运营过程的特征，或为了产出产品特征而建立的关键控制特性，或为满足顾客需要所要求的关键产品特性。其输出为一个产品和过程控制的系统，该系统为运营过程提供了稳定性。

关键产品特性（KPC）是指一定程度的变异会显著影响产品的安全性、对政府规定的符合性、性能或安装性等的那些产品特性。

关键产品特性是某个过程的输出，这些特性可从产品上、产品内或产品本身测量得到，它们是顾客能够察觉到的输出。

KPC的例子如：

在产品"上"的KPC：宽度、厚度、涂层紧致度、表面光洁度等。

在产品"内"的KPC：硬度、密度、拉伸强度、质量等。

产品"本身"的KPC：性能、品质等。

总的来说，关键控制特性（KCC）是影响输出的那些输入。这些特性是顾客看不到的，只有当实际发生时才能测量得到。

KCC是：

- 一个过程参数，在制造和装配时其变异必须控制在一定的范围内，才能确保KPC的变异保持在其目标范围内。
- 一个过程参数，其变异性的降低会导致KPC的变异性的降低。
- 可直接追踪到KPC。
- 对于保证KPC达到目标值特别重要。
- 没有规定在产品图纸或产品文件中。

与质量保证的关系

质量控制与质量保证有很多共同之处。二者均要评价绩效，均要将绩效与目标相对照，均要对差异采取措施。但二者又互相区别。质量控制的基本目的在于维持控制。绩效的评价是在运营过程中进行的，绩效所对照的也是运营过程中的目标。在这一过程中，要使用测量指标来监测对于标准的符合情况。所产生的信息为员工接受和利用。

质量保证的主要目的在于确认始终保持着控制。绩效的评价是在运营之后进行的，所产生的信息既提供给员工，同时也提供给有需要了解的其他人员。使用结果指标来确定对于顾客需要和期望的符合程度。这里的其他人员可能包括领导层、工厂、职能部门、高层管理人员、主管机关、顾客及公众。

反馈回路

质量控制是通过反馈回路来进行的。反馈回路的一般形式如图6-3所示。

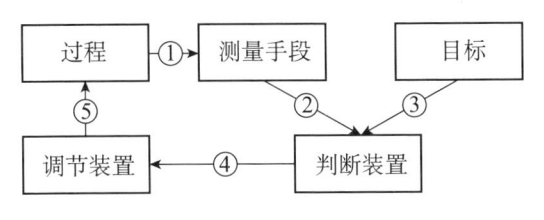

图6-3 反馈回路

图6-3中各步骤的执行过程如下：

1. 回路中的测量手段对受控对象的实际质量加以评价，受控对象即我们所关注的产品或过程的特征。确定一个过程的绩效可以直接评价过程的特征，也可以间接地通过评价产品特征来进行——产品会反映出过程的表现。
2. 测量手段将绩效信息报告给判断装置。
3. 判断装置同时也接收到有关质量目标或标准的信息。
4. 判断装置将实际绩效与标准相对照。若差异过大，判断装置将激活调节装置。
5. 调节装置刺激过程（不论是人力过程还是技术过程）改变其绩效，以使过程质量与质量目标相一致。
6. 过程以恢复符合性做出反应。

要注意的是，图6-3中反馈回路的要素是职能。这些职能在各种情况下都是普遍的，但实行这些职能的职责会有很大的差别。很多控制是通过自动反馈回路实现的，没有人的介入。典型的例子如控制温度的恒温器和汽车上控制速度所用的巡航控制系统。

另一种常见的控制形式是由员工来实现的自我控制。这类自我控制的一个例子是乡村的工匠，他执行着反馈回路中的每一个步骤。工匠本人来选择受控对象，设定质量目标，查看实际的质量情况，判断一致性，当出现不一致时他就变成了调节装置。

图6-4描述了自我控制的概念。其基本要素包括员工或团队必须知道他们应该做什么，明白实际做得如何并具有对自己的绩效加以调节的手段。这意味着他们有具有充分能力的过程，有调节过程所必需的工具、技能和知识，还有可以这样做的职权。

反馈回路的一种更为普遍的形式是办公室文员或工厂工人，他们的工作受到以检验员形式出现的判断装置的评价。这种形式的反馈回路在很大程度上是20

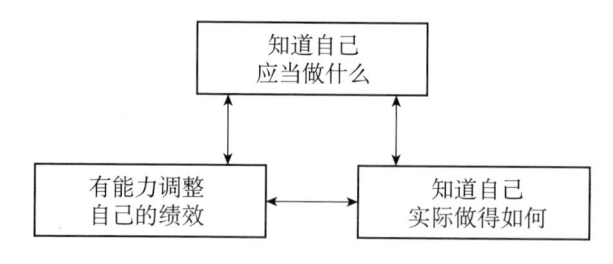

```
        ┌─────────────┐
        │  知道自己   │
        │  应当做什么 │
        └──────┬──────┘
               ↕
   ┌───────────┴───────────┐
   ↕                       ↕
┌─────────────┐     ┌─────────────┐
│ 有能力调整  │◄───►│  知道自己   │
│ 自己的绩效  │     │ 实际做得如何│
└─────────────┘     └─────────────┘
```

图6-4　自我控制的概念

资料来源：Juran Institute，Inc.

世纪早期的泰勒制的产物，它强调把质量计划与运营执行相分离。发端于一个世纪以前的泰勒制对于劳动生产率的提高起到了巨大的作用，但对质量的影响在很大程度上却是负面的。这种负面的影响导致了更大的不良质量成本、更高程度的产品和服务的缺陷，以及顾客的不满。

反馈回路的要素

反馈回路具有普遍意义，它对于保持每一个过程的控制都是至关重要的。它适用于任何类型的运营活动，不论是服务业还是制造业，也不论是营利性的还是非营利性的。它适用于组织中从首席执行官到普通员工的所有层级，无所不包。但是，反馈回路的各要素在本质上却有着很大的差异。

图6-5是描述控制过程的一个简单的流程图，其中包含了简单的通用反馈回路。

受控对象

产品、服务或过程的每一个特征都可以成为一个受控对象（所要控制的特定特性或变量），亦即反馈回路所围绕的中心。选择受控对象是关键的第一步。为了选择受控对象，就要识别主要的工作过程和产品，定义工作过程的目标，定义过程本身，确定过程的顾客，选择受控对象（KPC 和/或 KCC）。受控对象可以来自很多方面，包括：

- 顾客表述的对于产品特征的需要。
- 从顾客需要转化的产品特征。
- 创造该产品或服务特性的过程的特征。
- 产业和政府的标准及法规（如《萨班斯-奥克斯利法案》、ISO 9000 等）。
- 保护人身安全和环境的需要（如 OSHA 标准、ISO 14000）。

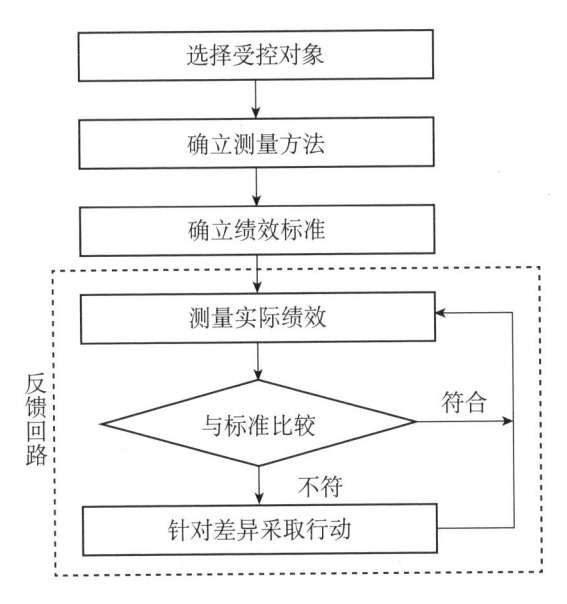

```
                    ┌──────────────┐
                    │  选择受控对象  │
                    └──────┬───────┘
                           ↓
                    ┌──────────────┐
                    │  确立测量方法  │
                    └──────┬───────┘
                           ↓
                    ┌──────────────┐
                    │  确立绩效标准  │
                    └──────┬───────┘
                           ↓
      ┌╌╌╌╌╌╌╌╌╌╌╌╌╌╌╌╌╌╌╌╌╌╌╌╌╌╌╌╌╌╌╌╌╌╌╌┐
      ╎       ┌──────────────┐              ╎
      ╎       │  测量实际绩效  │◀─────┐      ╎
      ╎       └──────┬───────┘      │      ╎
 反馈 ╎              ↓         符合  │      ╎
 回路 ╎         ◇ 与标准比较 ◇ ─────→│      ╎
      ╎              │ 不符          │      ╎
      ╎              ↓               │      ╎
      ╎       ┌──────────────┐      │      ╎
      ╎       │ 针对差异采取行动│─────┘      ╎
      ╎       └──────────────┘              ╎
      └╌╌╌╌╌╌╌╌╌╌╌╌╌╌╌╌╌╌╌╌╌╌╌╌╌╌╌╌╌╌╌╌╌╌╌┘
```

图 6-5 描述控制过程的简单流程图

- 避免诸如冒犯利益相关者、员工或所处社区之类的副作用的需要。
- 失效模式和影响分析。
- 实验设计的结果。

在普通员工这一层次，受控对象主要由体现于规范和程序手册中的产品和过程特征所构成。对管理层而言，受控对象则要广泛得多，且更多体现在经营方面，其重点转向顾客需要和市场竞争方面。这一重点的转移要求更为广泛的受控对象，进而影响着反馈回路的其余步骤。

确立测量方法

选择受控对象之后，接下来的一步便是确定测量过程实际绩效或产品与服务的质量水平的手段。测量是管理中最困难的任务之一，几乎在本书的每一章中都会有所讨论。在确定测量方法时，我们必须明确规定测量方式（手段），测量工具的精确度和准确度，测量单位，测量频率，记录数据的方法，报告数据的形式，将数据转换成有用信息所要做的分析，以及负责测量的人员。在建立测量单位时，必须选择易于理解的单位以便作为共同的决策基础，必须是顾客导向的，而且应当具有广泛的适用性。

确立绩效标准：产品目标和过程目标

对于每个受控对象都必须制定一个绩效标准，亦即一个目标。绩效标准是人们追求的成果，是人们的努力所指之处。表 6-1 列出了一些受控对象以及相应的目标的例子。

表 6-1 受控对象与相关质量目标

受控对象	目标
车辆定量燃料可行驶里程	高速公路上最低为 25 英里/加仑
隔夜送达	99.5％于次日上午 10:30 以前送达
可靠性	在 25 年使用中故障低于 3 次
温度	最低 505 华氏度，最高 515 华氏度
采购订单差错率	订单差错率不超过 3‰
竞争性绩效	在 6 个因素上等同或超过前三家竞争者
顾客满意度	服务优秀率达 90％以上
顾客保留率	每年的关键顾客保留率达 95％
顾客忠诚度	80％以上的顾客绝对忠诚

产品和服务的首要目标是满足顾客的需要。产业顾客经常能够在一定程度上准确表达他们的需要。这类明确的需要直接就成为生产公司的质量目标。与此相对照，一般消费者常常使用含混的词语来表达自己的需要。这类表述必须转化为生产者的语言，才能成为产品目标。

同样重要的其他产品目标还有可靠性和耐久性方面的目标。产品能否达到这些目标可能会对顾客满意度、忠诚度及总费用产生重要影响。产品在保证期内出现问题会严重影响公司的利润率，这种影响会同时体现为直接的代价和间接的代价（失去回头客、坏影响的扩散等）。

生产产品的过程具有两套质量目标：

- 生产满足顾客需要的产品和服务。理想情况下，每一件产品都应满足顾客的需要（满足规范）。

- 以一种稳定且可预测的方式运营。按照质量专家的行话来讲，每个过程应当"处于受控状态"。我们将在随后的"过程符合性"部分中对此进行详细讨论。

质量目标也可以针对职能、部门或人员。用这些目标所衡量的绩效结果便成为公司的计分卡、奖酬制度的一项输入。理想情况下这些目标应当是：

- 正当的：它们应当具有不容置疑的正式地位。
- 可测的：以便能够准确地沟通。
- 可达到的：有事实表明他人已达到过。
- 平等的：职责相当的人员应当具有大致相当的可达性。

质量目标的设定可以依据下述一些基础：

- 产品和服务特征目标和过程特征目标在很大程度上建立在技术分析的基础之上。
- 职能、部门和人员目标应当以业务需要以及外部的标杆分析为基础，而不应以过去的业绩为基础。

21世纪的头一个十年的后期，组织的最高层设定质量目标已经成为常态。设定诸如降低不良质量成本或成为同业之最之类的目标常常构成了战略计划的内容。当前的趋势主要是设定"真正重大"的目标，如满足顾客的需要，满足竞争要求，保持高的质量改进率，改进业务过程的有效性，设定挑战性目标以避免出现新的具有故障倾向的产品和过程。

测量实际绩效

尽可能精确地测量过程的实际绩效是控制质量特性的一个关键步骤。要进行测量，就需要有测量手段。测量手段指的是进行实际测量的装置或人员。

测量手段

测量手段指专门的检测装置。它用于识别某一现象的存在及强度，并将所得到的数据转换成"信息"。这些信息便成为决策的依据。在组织的较低层次上，信息通常是实时的，主要用于现场控制。在较高层次上，需要将信息以各种不同的方式加以整理，以提供更广泛的指标、监测趋势及辨识那些关键的少数问题。

受控对象的广泛差异要求具有多种多样的测量手段。其中一个主要类别是用于测量产品特征和过程特征的大量技术仪器，常见的例子如温度计、钟表、磅秤等。另一主要类别是各种数据系统以及相关的报告，它们为管理层提供了经过整理的信息。还有一类利用人来作为测量手段，问卷、调查、焦点小组、访谈等也是测量手段的形式。

出于控制目的的检测遍布整个组织。对于管理而言，无论是长期还是短期，信息都是必需的。这使人们利用计算机来辅助检测活动并将所获得的数据转换为信息。

大多数测量手段根据一个测量单位来进行评价。所谓测量单位就是某一质量特征的一个规定的量，据此可以用数字或图来评价这一特征。常见的测量单位的例子如温度度数、小时、英寸、吨等。相当多的检测是通过人来进行的，这样的检测注定会具有大量的差错。利用图片作为比较标准有助于减少人为差错，采用详细的说明对于减少人为差错也是极为重要的。

与标准比较

与标准相对照这一行为常常被认为是扮演了判断装置的角色。判断装置可以是人也可以是仪器，无论哪种形式，判断装置均用于执行下面的全部或部分活动：

- 将实际过程绩效与目标对照。
- 解释观测到的差异（如果有的话），确定是否与目标一致。
- 决定需采取的行动。
- 触发纠正行动。
- 记录结果。

这些活动还需要加以详细的阐述，稍后会进一步加以探讨。

针对差异采取行动

在任何功能完备的控制体系中，我们都需要某种对期望的绩效标准和实际绩效之间的差异采取行动的手段。我们需要某种调节装置。这一装置（人工的、技术的或二者兼备）是触发恢复符合性的行动的手段。在运营或员工这一层次上，这或许就是给计算机数据库发出指令的一个键盘，一个程序的改变，一份新的规范，或是调整机器的一个旋钮。对于管理层来说，也许是给下属的一张便笺，一个新的公司政策，或一个过程变革的团队。

关键过程

在前面的讨论中，我们都假定有一个过程存在。它可以是人工的、技术的或二者兼备。它是产出产品和服务特征的手段，每一个特征都要求受控以确保符合规范。所有的工作均是由过程来完成的。过程由输入、劳动力、技术、程序、能源、材料和输出所构成。

采取纠正措施

有很多采取纠正措施的方法来修正过程并使之恢复原状。一个著名的分析根原因并采取纠正措施的方法就是图6-6所示的PDCA或PDSA循环（最初由瓦尔特·休哈特推广，后又因戴明博士推广被称为戴明环）。戴明（1986）将之称为休哈特循环，许多人都以此描述反馈回路的这一形式。

在这个例子中，反馈回路被分解为四个步骤，分别被称为计划（plan）、执

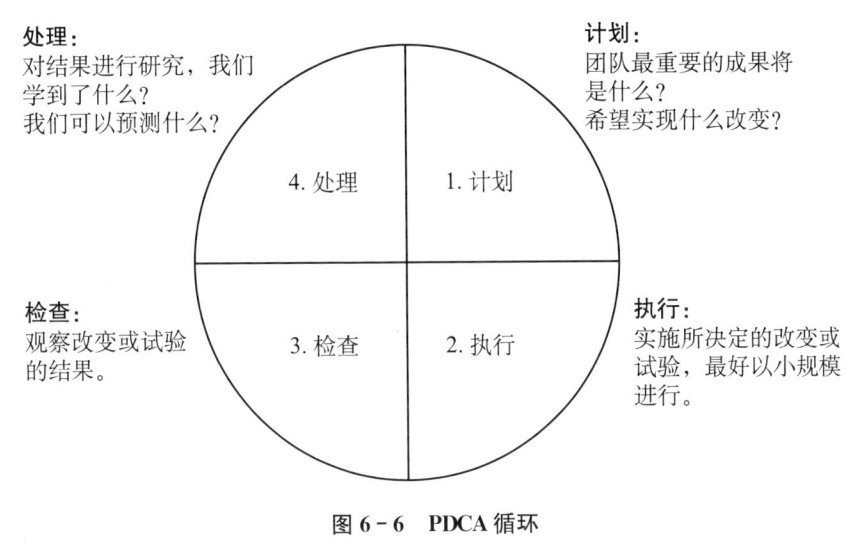

```
处理：                          计划：
对结果进行研究，我们            团队最重要的成果将
学到了什么？                    是什么？
我们可以预测什么？              希望实现什么改变？

            4.处理   1.计划

检查：                          执行：
观察改变或试验                  实施所决定的改变或
的结果。        3.检查   2.执行 试验，最好以小规模
                                进行。
```

图 6-6 PDCA 循环

资料来源：Shewart and Deming，1986.

行（do）、检查（check）和处理（act）（PDCA）或计划（plan）、执行（do）、研究（study）和处理（act）（PDSA）。这一模型被许多医疗机构和服务行业所采用。这几个步骤大致对应着如下的内容：

- "计划"包括选择受控对象和设定目标。
- "执行"包括运行和监视过程。
- "检查"或"研究"包括检测和判断。
- "处理"包括触发调节装置以采取纠正行动。

PDCA 循环的一个早期版本出现在戴明于 1950 年在日本的首次演讲中。此后，又有其他各种版本陆续发表出来，如 PDSA、RCCA（根原因纠正措施）等。

其中有些版本试图使 PDCA 循环成为一个同时包容控制和改进各步骤的通用模型。作者认为这种做法容易造成混淆，因为涉及的是两个完全不同的过程。我们的经验表明，所有的组织都应分别定义两种不同的方法，其中的一种方法是针对绩效中的"偶发性变化"采取纠正行动。

从所涉及问题的范围而言，RCCA、PDSA 和 PDCA 不同于六西格玛这样的改进方法，它们更倾向于针对"偶发性问题"进行较为简单的、复杂度较低的分析，以找出问题的根原因。RCCA 分析和沟通工具有助于减少困扰过程的日常性问题。用于分析和诊断偶发性问题的工具一般采用图示性工具的形式，不太重视统计方法的应用。很多接受了 RCCA 之类的方法培训的组织常常缺乏解决慢性问题的适当工具和方法，此时最好采用六西格玛的 DMAIC 改进方法。

控制金字塔

受控对象数目巨大，但需要加以控制的"事项"数目更要大得多。这些事项包括：所发布的产品目录以及发送的价目表，乘以各自的品目数；所实现销售额，乘以各项销售额中的品目数；所生产产品件数，乘以有关的质量特征数目；还有相关的雇员关系、供应商关系、成本控制、库存控制、产品和过程开发；等等。

对一个约 350 人的小公司的研究表明，其所控制的事项高达 10 亿项之多（Juran，1964）。

高层管理人员不可能控制大量的受控对象，他们利用类似图 6-7 所描述的授权方案来将控制工作分类处理。

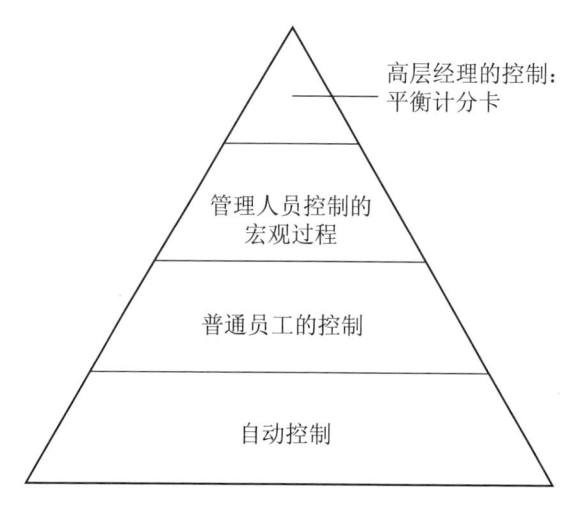

图 6-7 控制金字塔

资料来源：Making Quality Happen, Juran Institute, Inc., Senior Executive Workshop, p. F-5.

这种分工建立起了 3 种控制的责任领域，即非人工手段的控制、普通员工的控制和管理人员的控制。

技术控制（非人工手段）

金字塔的底部是自动反馈回路和防错过程，其运行中除了设备维护（但这是非常关键的）以外不存在人的干扰。这些非人工方法承担了对绝大多数事项的控制。这里的受控对象纯粹是技术性的，控制以实时的方式进行。

金字塔的其余部分的控制要求有人的干预。往远了说，质量控制中最令人赞叹的成就发生在一个已经存在了数百万年的生物过程中,这便是受精卵成长为动物有机体的过程。在人类中,控制这一成长的基因指令是由大约30亿个"字母"构成的一个序列。这一序列,亦即人类基因组,被包含在双链DNA(双螺旋)中,它在从受精卵到人的诞生这一过程中大约要被"解码"和复制1 000万亿次。

如此巨大的数字,出错的可能性是相当大的(有些差错是无害的,但有些则是有害甚至致命的)。但实际出错的概率只是大约百亿分之一。这一低得令人难以置信的出错率是通过由三个过程构成的一个反馈回路来实现的(Radman and Wagner,1988):

- 一个高保真的选择过程,利用化学键合来连接正确的"字母"。
- 一个校对的过程,读出最新出现的字母,如果不正确则将之去除。
- 一个采取纠正行动的过程,负责矫正探测到的错误。

员工控制(普通员工)

将这类决策授权于普通员工对于人际关系和运营过程的顺利实施会大有裨益。这些益处包括缩短了反馈回路;让员工在过程实施中有更强的主人翁意识,这常被称为"授权";使管理人员有更多的时间去进行计划和改进活动。

许多质量控制决策都能够授权给员工。很多公司已经在这样做。但是,将过程控制决策授权于员工必须满足"自我控制"或"自我管理"的准则。

管理层控制

控制金字塔的峰顶由"关键的少数"受控对象所构成。它们由包括最高管理层在内的各级管理人员负责。

经理们应该避免过深地陷入质量控制方面的决策,而更应该:

- 做关键的少数决策。
- 提供区分关键的少数决策和其他决策的准则。这类准则的示例请参见表6-2。
- 将其余决策授权于员工,但要确定一个提供基本工具和训练的决策过程。

表6-2 质量控制在两个层次上的对比——普通员工和管理层

	普通员工	管理层
控制目标	规范和程序中的产品和过程特征	经营性的、产品可销性和竞争力
测量装置	技术性的	数据系统
所做决策	符合与否	满足顾客需要与否

资料来源:Making Quality Happen,Juran Institute, Inc.,Senior Executive Workshop,p. F-4,Southbury,CT.

关键的少数事物与其他事物的区分源自受控对象。表6-2比较了员工和管理人员这两种层次上的受控对象是如何影响反馈回路的各要素的。

对控制的计划

对控制的计划也就是构造由概念、方法和工具所构成的系统的活动，借助于这一系统，人们能够使运营过程保持稳定，从而生产出满足顾客需要所必需的产品特征。这一过程的输入—输出特征（包括计划和过程在内）见图6-2。

影响质量的关键因素：顾客及其需要

控制系统的主要顾客是从事控制的公司员工，亦即执行构成反馈回路的各个步骤的那些人员。这些人员必须：（1）理解影响质量的关键因素（CTQ）、顾客的质量需要；（2）明确自身在满足这些需要中的角色。但是，他们中的大多数都缺乏与顾客的直接接触。对于控制的计划活动提供了关于顾客需要的描述，定义了实现这些需要的职责，从而有助于弥合横跨在顾客和员工之间的鸿沟。这样，对于质量控制所进行的计划一方面要向运营人员提供有关顾客需要的信息（不管是直接的顾客需要还是经过转化的需要），另一方面还要明确运营人员的控制责任。对于质量控制的计划可能会非常详尽。

谁来对控制进行计划？以往对控制的计划被委派给了以下这些人员：

- 产品开发人员。
- 质量工程师和专业人员。
- 跨职能设计团队。
- 部门经理和基层监督员。
- 普通员工。

传统上，对关键过程控制进行计划也是对运营过程进行计划的人员的责任。非关键过程通常交给质量部门的质量专家，他们的计划草案要交由运营部门的负责人批准。

最近的趋势表现为人们越来越多地应用团队的方式。团队成员包括运营部门的人员，还包括该过程的供应商和顾客。增加普通员工的参与也是近来的趋势。

符合性与控制的概念

符合性与控制的方法论建立在许多不同概念的基础之上，如反馈回路、过程能力、自我控制等。其中有些概念源自很久以前，而另一些则产生于本世纪和过去的几个世纪。在讨论对控制的计划时，我们将详细讨论一些广泛应用的概念。

过程图或流程图

在对控制进行计划时，通常第一步是绘制出运营过程的流向。图6-8是流程图的一个例子。

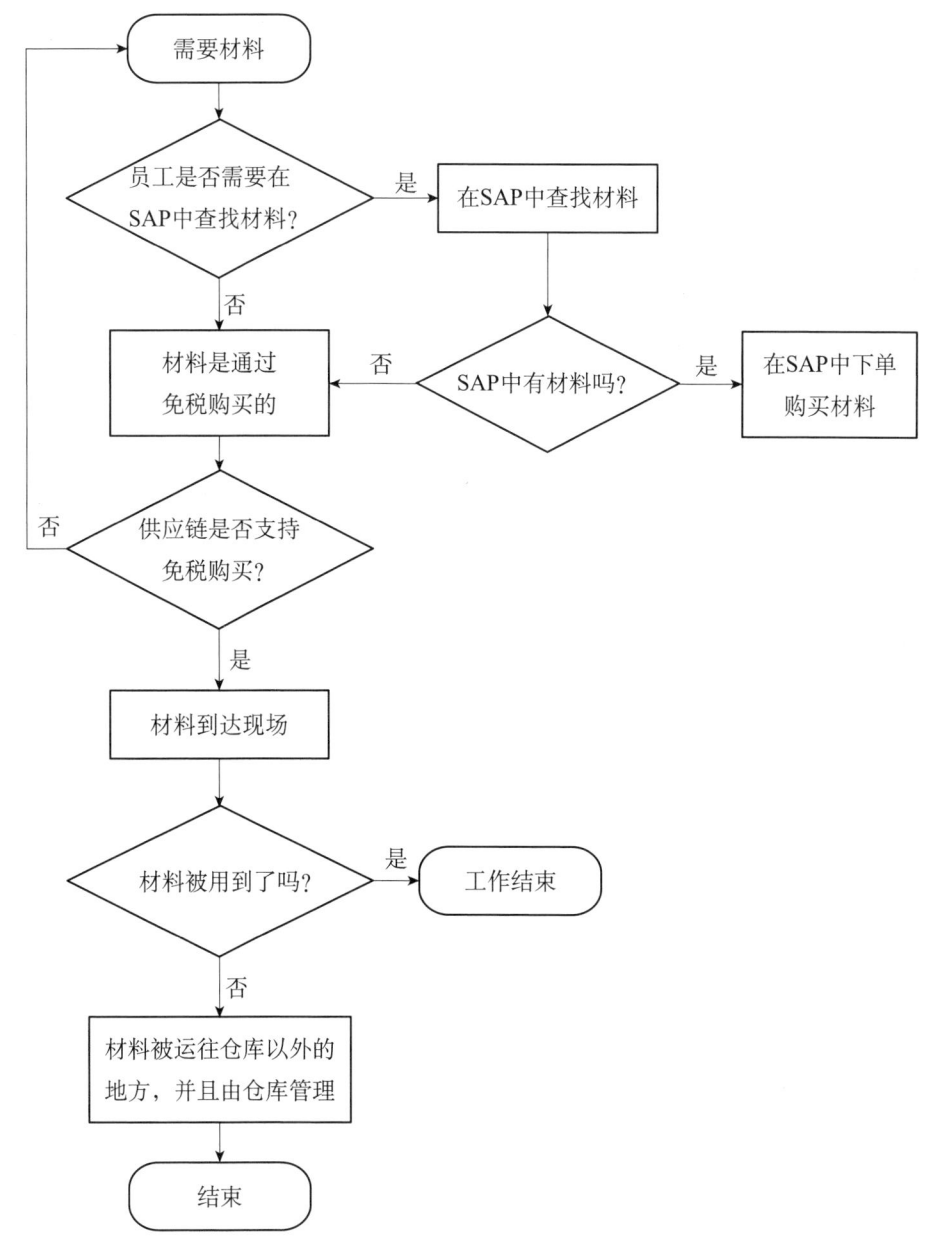

图6-8 流程图

流程图被广泛应用于质量控制的计划活动中,它有助于计划团队:

- 理解整个运营过程。团队的每个成员会十分熟悉过程中自己所在的部分,但对过程的其他部分及各部分之间的相互联系却不甚了解。
- 辨识建立反馈回路所围绕的受控对象。在此前曾讨论过这些受控对象的性质。

控制展开表

计划人员的工作通常被归纳在一张控制展开表上。展开表是一种重要的计划工具。图6-9是这方面的一个例子。

受控对象	过程控制特征							
	测量单位	测量手段的类型	质量目标	测量频率	样本容量	决策准则	决策职责	…
波焊状况焊料温度	华氏度(°F)	热电偶	505°F	持续	—	510°F降温 500°F升温	操作者	…
传送带速度	英尺/分钟	测速表	4.5英尺/分钟	1/小时	—	5英尺/分钟减速 4英尺/分钟加速	操作者	…
合金纯度	杂质含量%	实验室化学分析	最大1.5%	1/月	15克	到1.5%时更换焊料	过程工程师	…

图6-9 控制展开表示意图

展开表中的横行是各种受控对象,纵列包括反馈回路的要素和运营人员实施控制所必需的其他特征。

纵列中的有些内容是某些受控对象所独有的,有些内容则广泛适用于大多数受控对象。其中包括测量单位、测量手段的类型、质量目标、测量频率、样本容量、决策准则及决策职责等。

职责分工

反馈回路中涉及多项作业,每一项都要求必须有明确的职责分工。在任一控制站都可能有多个人员可以用来完成这些作业。例如，在普通员工这一层次上，一个控制站中可能会包括负责准备设置的专门人员、操作人员、维修人员、检查人员等。在这种情况下，必须就由谁来进行哪个决策、由谁来落实哪些措施达成共识。类似图6-9的这种专门的展开表便是用来达成这一共识的一种工具。

在这种展开表中，重要的决策和措施列在左列。其余各列的标题分别是与该控制站相关的职责类别。然后通过员工之间的讨论，就各自的职责分工达成一致。

"谁来对质量负责"这个问题是一个由来已久但颇为模糊的问题，实践表明图6-9所示的展开表是解答这一问题的一个行之有效的方法。这一问题还从来未曾有过答案，因为单就其本身而论是无法回答的。但如果从决策和行动的角度来看，取得一致的答案是不成问题的。这样便澄清了这种模糊认识。

检测和控制站

"控制站"是实施质量控制的一个区域。在组织的较低层次上，控制站通常被界定在一个有限的物理区域中。在这一层次上的控制站可以采用巡逻段或是"控制塔"的形式。在组织的较高层次上，控制站可能在地理上是十分分散的，正如主管们的职责范围一样。

对众多控制站的考察表明，它们通常以如下方式提供评价和/或早期预警：
- 在权限变更处，责任会在此从一个组织转移到另一个组织。
- 在进行某些重大的不可逆行动之前，如签署一项合约。
- 在关键质量特征产生后。
- 在起决定作用的过程变量所在之处。
- 在适合进行经济评价的区域（"窗口"）。

控制的阶段

流程图不仅揭示了运营过程中事件的进程，从中也可以看出哪些阶段应当成为控制活动的中心。有若干个这样的适用于大多数运营过程的阶段。

启动控制

这种形式的控制所产生的最终结果是决定是否"按下启动按钮"。典型的这类控制包括：

- 倒计时，对为使过程就绪所需的必要步骤加以核对。这种倒计时有时来自供应商，如航空公司提供核对表帮助旅客计划他们的旅程，电力公司提供核对表帮助住户准备冬季取暖。
- 过程和/或产品特征的评价，以确定一旦开始，过程是否符合目标要求。
- 评价活动必须满足的准则。
- 达到准则要求的确认。
- 职责的分派。这种分派变化很大，主要取决于质量目标的关键性程度。质量目标越是重要，就越倾向于将检查活动分派给专业人员、监督员和"独立的"检查员，而非不承担监督职责的普通员工。

运行控制

这种形式的控制在过程的运营期间定期进行。其目的是做出"运行或是停止"的决策，即过程是应该继续产品的生产还是应该停下来。

运行控制由反馈回路的一次又一次闭合所构成。过程和/或产品绩效受到评价并与目标相对照。如果产品和/或过程满足目标要求，且过程没有受到什么显著的不利改变，所做出的决定便是"继续运行"。如果有不符合发生或过程有了显著的改变，便需要采取纠正行动。

这里的"显著"一词的含义超出了字典中的解释。此处的一个意思是说，所显示出的改变是真正的改变还是偶然变异的误报。过程控制的设计应提供必要的工具，以帮助运营部门的人员对于真正的改变和误报加以区分。统计过程控制（SPC）方法便提供这方面的工具。

产品控制

这种形式的控制发生在一定量的产品已经被生产出来之后。控制的目的是判断产品是否符合产品质量目标的要求。这一决策的职责分工因企业而各不相同。但在所有的情形下，那些做决定的人员都必须被提供以必要的设备和培训，以使他们有能力理解产品质量目标，评价实际产品的质量并判断一致与否。

因为所有这些涉及的是一个事实判断，理论上讲可以让任何人来做这个决策，包括普通员工在内。在实践中，这一职责不会授予那些其自身职责可能会影响他们的判断的人员。在这种情况下，决策通常交由那些不直接相关的人员，如"独立的"检验员做出。统计质量控制（SQC）是一种常用的得出无偏判断的方法。

装备控制

大多数运营过程都使用有形的装备，即设备、仪器和工具。对自动化的过程、计算机、机器人等的应用正在日益成为趋势，这一趋势使得产品质量越来越依赖于装备的维护。领先的组织推行了全面生产性维修（TPM）。应用的程度因企业而不同，但 TPM 和以可靠性为中心的维修（RCM）对于良好的装备控制有很大的支持作用。装备控制方案的组成要素是人们所熟知的：

- 制定实施装备维护的日程计划表。
- 制定一个核对表，也就是一个维护措施所包括作业的清单。
- 训练维护人员来实施作业。
- 明确分派责任以确保对日程计划的遵守。
- 加强对于关键备件的管理。
- 将设备的预防性保养任务和频次标准化。
- 优化维修工作的人员配备和组织的效率。
- 增加设备与操作者的机械接口。

设备控制中最薄弱的环节一向是对于计划日程的遵守。要确保计划日程得到严格的遵守必须要有一个独立的审核。

在涉及新技术的导入的情况下，维护人员的培训成了更为薄弱的环节（White，1988）。

20 世纪 80 年代，汽车制造商开始在车辆上引入计算机和其他电子设备。其很快便发现许多维修店的技师缺乏这方面的技术教育基础，不能诊断和修复相关的故障。使事情更为糟糕的是，汽车制造商没有充分重视计算机的标准化，结果导致大量的培训需求得不到满足。

支配变量的概念

受控对象是如此众多，计划人员常常被建议要辨识关键的少数受控对象，以使之得到适当的优先。辨识关键的少数的工具之一便是支配变量的概念。

运营过程受到许多变量的影响，但常常有一个变量比其他所有变量的集合都更重要，这样的变量被称为"支配变量"。弄清哪个过程变量是支配变量有助于计划人员分配资源和安排优先次序。最常见的支配变量包括：

• 设置支配。有些过程在多次的运营循环中显示出高度的稳定性和结果重现性，印刷过程便是一个常见的例子。控制的设计应当向运营人员提供必要的手段，以使他们能够在运营过程开始之前进行精确的设置和确认。

- 时间支配。此处过程随时间不断地变化，例如，消耗品的损耗，发热及工具的磨损。控制的设计应提供有关的手段，以对连续性变化的影响进行定期的评价和方便的调整。
- 元件支配。此处的支配变量是投入原材料及元件的质量。这方面的例子如电子或机械设备的装配。控制的设计应致力于供应商关系，包括与供应商的联合计划，以提高投入的质量。
- 员工支配。这些过程中，质量主要依赖于员工的技能和熟练程度。那些依靠手艺的行业是这方面的典型例子。控制的设计应强调员工的能力测试、培训和认证、员工的质量评级，以及减少人为差错的防误措施。
- 信息支配。这里的过程具有"多样小批"的特征，所要生产的产品随时有变化。因此，加工信息经常改变。过程设计应着重于提供一个信息系统，能够就当前的工作与此前的差异发布准确、及时的信息。

过程能力

质量计划过程中的最重要概念之一就是"过程能力"。这一概念的主要应用是在运营过程的计划中。

这一概念在质量控制中也有应用。为解释这一概念，有必要先做一个简要的复习。所有的运营过程为了生产产品都有一种内在的一致性。这种一致性通常可以被量化，甚至在计划阶段便可以做到。过程计划人员可以利用所得到的这类信息来做出关于过程的内在一致性及其与过程目标之间的关系的决策，如关于过程的充分性、替代过程的选择、修正过程的必要性等等。

当被应用于质量控制的计划活动中时，过程能力的状态成为决定过程绩效的测量频次、制订装备的维护计划等的主要因素。过程的稳定性和一致性越大，所需的测量和维护次数就越少。

从事质量控制计划的人员应当清楚地理解过程能力的概念，理解这一概念在计划运营过程和计划对运营过程的控制这两方面的应用。

过程符合性

某一过程是否与其质量目标相符合？判断装置通过说明所观察到的过程绩效与过程目标之间的差异来回答这一问题。当当前绩效与质量目标确有差异时，便产生了接下来的问题，即导致这种差异的原因是什么？

变异的特殊性原因与一般性原因

所观测到的差异通常可归于以下两种情况之一：（1）观测到的改变是由过程中一个主要变量的行为所引起的（或由于一个新的主要变量的进入所引起的）；（2）观测到的改变是由过程中的多个次要变量的交互作用所引起的。

休哈特将（1）和（2）分别称为变异的"可归因的原因"和"不可归因的原因"（Shewhart，1931）。戴明后来则称之为变异的"特殊性原因"和"一般性原因"（Deming，1986）。以下我们将借用戴明的术语。

"特殊性原因"通常是偶发性的，多起因于某一单个的变量。这种情况相对容易诊断和纠正。"一般性原因"通常是慢性的，多起因于多个次要变量的交互作用，从而难以诊断和纠正。这一对比明确了在解释差异时，区分特殊性原因和一般性原因的重要性。这种区分有着普遍的必要性。特殊性原因属于质量控制的范畴，而一般性原因则属于质量改进的范畴。

休哈特控制图

为判断装置提供有助于区分特殊性原因和一般性原因的工具是当务之急。图 6-10 所示的休哈特控制图（或简称控制图）便是达到这一目的的最为适宜的工具。

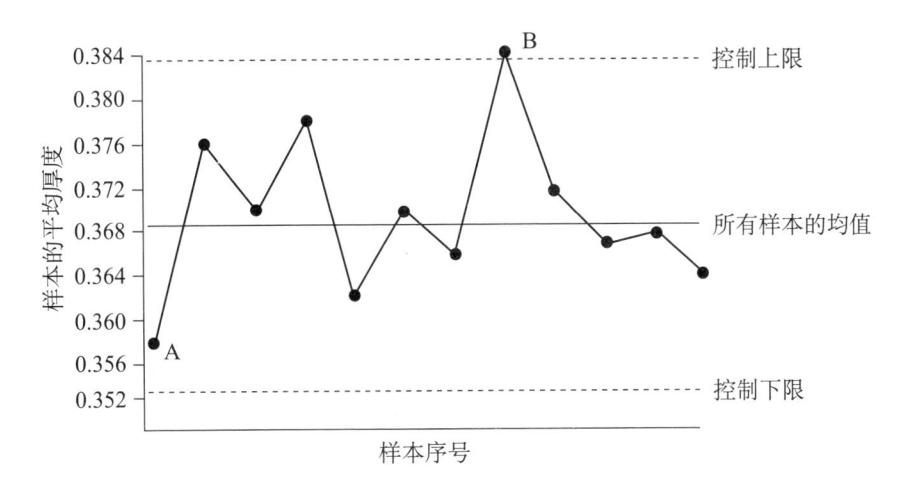

图 6-10　休哈特控制图

资料来源："Quality Control," Leadership for the Quality Century, Juran Institute, Inc.

图 6-10 的横轴是时间，纵轴是质量绩效。所标注的点显示了随时间推移的质量绩效。

图中画出了三条水平线。中间的线代表以往绩效的平均值，从而是所期望的绩效水平。其他两条线是统计"界限"，它们依据一个预先设定的概率水平，例如1%，区分特殊性原因和一般性原因。

控制限内的点

图6-10中的A点不同于以往的平均值。但是，因为A点在界限以内，故这种差异可以归因为一般性原因（以大于1%的概率）。从而我们认为没有特殊性原因存在。当没有特殊性原因存在时，可以做出以下一些普遍的判断：

- 只存在着一般性原因。
- 过程处于"统计控制"状态。
- 过程运行在其最佳的状态。
- 这种程度的变异必须容忍。
- 不需要采取行动，否则会使情况更糟（所谓的"摆动"或"振荡"现象）。

以上的观点正在受到一个广泛的改进过程一致性的运动的挑战。虽然一些过程并没有跳出控制界限外的点，但次要变量的交互作用仍然导致了某些缺陷。

有这样一个例子，某过程尽管处于统计控制状态，但仍然实现了一个数量级的改进。这一改进是由一个跨职能的改进团队来进行的，他们辨识出了一些次要的变量并对之采取了措施。这个例子对认为由一般性的原因引起的变异应当维持的传统观点提出了挑战（Pyzdek，1990）。

其他一些例子中所反映出的挑战要更不易察觉一些。同样没有点跳到控制界限之外，也并没有产生缺陷，然而顾客却要求要有越来越高的一致性。这样的例子除了在制造过程中（如化学制品的批次间一致性、随机装配元件的一致性）出现之外，在业务过程中（如预测的准确）也时有所见。顾客这样的要求在不断地增加，他们迫使供应商针对过程中的次要变量来实施改进。

控制限外的点子

B点也不同于以往的平均值，但它跳到了控制限以外。这不可能归因于一般性原因（概率低于1%），因此我们认为B点是由特殊性原因所导致的。传统上这样的"失控"点便是采取纠正行动的信号。

理想情况下，所有这样的信号都应当触发即刻的纠正措施以恢复原状，但实际上许多失控的改变都不会导致纠正行动。通常的原因在于，由于特殊原因而造成的改变实在是太多了，可动用的人员不可能处理所有这些改变。因此应根据经济意义或其他的重要性标准来确定优先次序。优先度高的情况首先采取纠正措施，其余的则需要排队等候。有些优先度很低的改变或许要等很长时间才会轮得上采取纠正措施。

未能采取纠正措施还有一个更深层次的原因，这便是人们对于统计控制界限和质量公差的长期混淆。控制图所具有的精致性和灵敏性很容易消除这种混淆。在 20 世纪四五十年代，这种混淆颇为普遍，下面是作者亲身体验过的两个例子：

- 一个大型的汽车配件厂在每台机器上放了一张控制图。
- 一个化纤厂创造了一个贴着 400 多张控制图的"战地指挥所"。

实际上，所有这些情况下控制图都是由质量部门来维护的，但却为运营部门的人员所视而不见。这种过度应用的经历，使管理人员和计划人员对于只因其能灵敏探测改变就应用控制图颇为谨慎。相反，是否应用控制图应当根据它能否增加价值来判断。判断的理由包括：

- 直接涉及顾客的需要。
- 存在对人身安全或环境的风险。
- 涉及巨大的经济利益。
- 所增加的精确性是控制所必需的。

统计控制限和质量公差

在人类历史上的大多数时期，由产品特征或过程特征构成的质量目标通常是用语言来定义的。诸如"颜色要红"和"长度要足够长"都是目标，但自由诠释的空间实在是太大了。此后的技术发展大大刺激了测量的应用，并带来了使用数字来定义质量目标的趋势。除此之外，围绕质量目标还出现了极限或"公差"的概念。例如：

- 至少 95% 的装运符合计划交货日期的要求。
- 棒长与规定尺寸的误差必须在 1 毫米以内。
- 响应顾客的时间长度是 10 分钟，误差在正负 2 分钟之内。

这类质量目标具有正式的地位。它是由产品或过程的设计者来确定的，并以正式的规范加以发布。设计者是法定的质量立法者，他们颁布法律。运营人员负有执行质量法律的义务，亦即符合规定目标和公差的要求。

一直到 20 世纪 40 年代之前，人们对于以控制图的形式出现的统计控制限还一无所知。在那个时代，这些控制图没什么正式的地位，它们是由质量部门的质量专家绘制并发布的。对于运营人员而言，控制图是一个神秘而陌生的概念。此外，控制图会触发不必要的纠正行动，造成工作量的增加，这一点令人生畏。运营人员认为："产品出现不合格时，采取纠正措施总是我们的事情。控制图过于灵敏，连不会导致产品不合格的过程改变也能被探测出来，我们就会被要求采取行动，即使在产品符合质量目标和公差时也是如此。"

这就出现了责任的混淆。质量专家确信控制图提供了不应忽视的有用的早期预警信号，然而质量部门没有意识到运营人员正面临着责任的困惑，后者认为只要产品符合质量目标就没必要采取纠正措施。在那时，高层管理人员提供不了什么帮助，他们不会让自己搅和到这种事务中。由于控制图缺乏正式的地位，运营人员自行其是，对控制图抱一种视而不见的态度。这些原因促成了20世纪50年代所谓的"统计质量控制"运动的衰落。

在20世纪80年代又出现了运用统计方法进行质量控制的新浪潮。许多运营人员接受了"统计过程控制"的培训。这些培训使得困惑有所减少，但一些困惑依然存在。为澄清这些困惑，经理们应该：

- 明确对控制限外的点采取纠正行动的责任。这些措施是必需的还是可自由决定的？
- 确定当点出了控制限而产品仍满足质量公差时采取行动的指南。

从图6-11中可以明显看出决策指南的必要性。对于A象限和C象限而言，指南是明确的：若产品和过程与各自目标相符，过程可以继续运行；若二者均不符，过程就必须停下来并采取纠正措施。对于B象限和D象限的指南则常常是模糊的，这种模糊性是许多困惑的根源。如果行动的选择权被授予了普通员工，管理人员就应当确立明确的准则。

		产品	
		符合	不符合
过程	不符合	B 模糊	C 清晰
	符合	A 清晰	D 模糊

图6-11 决策领域

资料来源：Making Quality Happen，Juran Institute，Inc.

人们付出了极大的努力来设计控制图的界限，以帮助运营人员发现产品质量是否将要超出界限。

自我控制与可控性

当人们被供之以做好工作的所有必要条件之后，他们便处在了自我控制的状态。这些必要条件包括：

- 了解质量目标的手段。
- 了解自己的实际绩效的手段。
- 当绩效与目标不符时改变绩效的手段。为满足这一准则要求运营过程必须：(1) 具有实现目标的能力；(2) 提供使运营人员可按需要调整过程以符合目标的特征。

自我控制的这些准则适用于所有职能和所有层次的过程，这里的所有层次包括从总经理一直到非监督职位的员工。

经理们常常很容易认为上述准则已经得到了满足。实际上，要达到这些准则必须解决许多细节问题。从某些过程为了确保符合自我控制的准则而制定的核对清单中可以很清楚地看到这些细节的性质，例如分别为产品设计者、生产工人、行政和支持人员设计的各类清单。

如果自我控制的所有准则在普通员工这一层次上均已达到，则所发生的任何产品不符合都被称为是操作者可控的。如果自我控制的任一准则未能得到满足，则管理层的计划活动便是不完善的，亦即没有为实施反馈回路中的活动提供必要的手段。源自这种计划不足的产品不符合被称为是管理层可控的，在这种情况下，管理人员让工人为质量负责是具有风险的。

对于结果的责任当然应当与可控性相符。然而，过去许多管理人员并不清楚在操作者层次上的可控性。朱兰在20世纪三四十年代的研究表明，在操作者层次上管理层可控的不符合与操作者可控的不符合的比率是80：20。这些结论进一步为20世纪五六十年代的其他研究所证实。80对20的比率有助于解释仅靠激励员工来解决公司质量问题的众多努力之所以失败的原因。

对过程符合性决策的影响

理想情况下，过程是否符合过程质量目标的决策应由基层员工做出。再没有比这更短的反馈回路存在。对于许多过程来说，事实也确实如此。有些情况下，过程的符合性决策是由非运营部门的人员，即独立的检查员或检验员做出的。这样做的理由包括：

- 操作者不处于自我控制的状态。
- 该过程对人身安全或环境至关重要。
- 质量没有头等优先权。
- 在管理者和基层员工之间缺乏相互的信任。

产品符合性：适目的性

产品特征具有两个层次，分别服务于不同的目的。第一个层次的产品特征所服务的目的如下：
- 满足顾客需要。
- 保护人身安全。
- 保护环境。

服务于上述目的的产品特征被称为具有"适用性"。

第二个层次的产品特征所服务的目的有：
- 为缺乏适用性知识的人员提供工作准则。
- 营造一种纪律与秩序的氛围。
- 保护无辜者不受无根据的指责。

这类产品特征通常包含在内部的规范、程序、标准等文件中。服务于第二层次目的的产品特征被称为具有规范符合性，我们将之简称为"符合性"。

两个层次产品特征的存在导致了两种决策，即产品是否具有符合性和产品是否具有适用性。图6-12示出了这两类决策与流程图之间的相互关系。

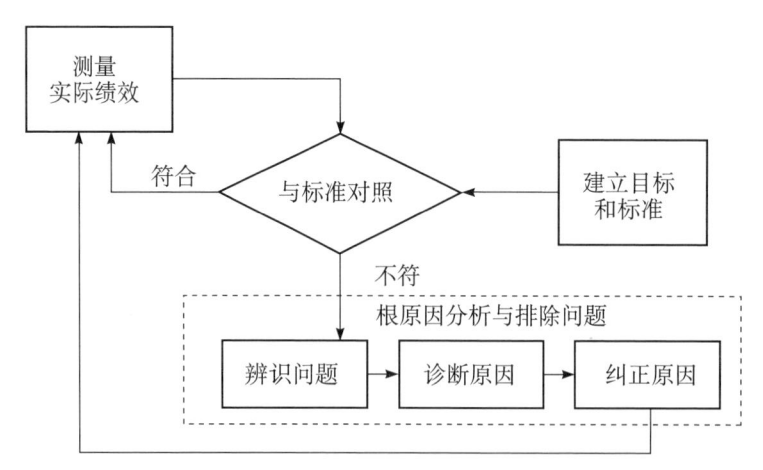

图6-12 质量控制与根原因分析的关系

产品符合性决策

普遍的做法是，符合规范的产品将被送到下一个环节或顾客手中。这里的假设是，符合规范的产品也具有适用性。在绝大多数情况下，这一假设都是成立的。

大量的产品特征加上大量的产品导致了大量的产品符合性决策。理想状况下，这些决策权应授予组织的最低层次，即自动化的装置和操作层员工。将决策权授予操作层员工导致了所谓的"自我检验"的产生。

自我检验

我们将"自我检验"定义为将对产品的决策授权于操作层员工的这样一种状态。被授权的决策主要包括：产品质量是否与质量目标相符？对产品应当采取何种处置？

要注意自我检验与自我控制完全不同，后者涉及的是对过程的决策。

自我检验的优点显而易见：

- 反馈回路很短。反馈常常直接指向操作人员，他们是纠正措施的驱动者。
- 自我检验扩大了员工的职位内容，使员工具有较强的主人翁意识。
- 自我检验避免了由于设置检验员、检查员等而造成的"警察气氛"。

但是，自我检验的利用必须满足若干重要的准则：

- 质量第一。质量必须具有无可置疑的头等优先权。
- 相互信任。管理人员必须充分信任员工从而愿意授权，员工对于管理人员必须具有充分的信心从而愿意承担责任。
- 自我控制。自我控制的条件必须具备，以便员工具有做好工作所必需的全部手段。
- 培训。员工应受到产品符合性决策方面的训练。
- 认证。最近的趋势是包括一个认定的程序。申请自我检验者要通过一个考试，以确保他们能够做出合格的决策。考试通过者获发证书，以后还可能会担任决策的审核者。

在许多组织中，这些准则并未被完全达到，特别是质量第一这条准则。如果是质量以外的一些参数具有头等优先权的话，产品符合性评价就存在着有偏见的危险。当个人绩效目标与总的质量目标发生冲突时常常会发生这样的问题。例如，某化工公司根据营业收入的目标来奖励销售人员，没有考虑产品的可用性甚至盈利性。销售人员实现了他们所有的目标，但公司却在苦苦挣扎。

适目的性决策

绝大多数产品确实符合规范。对不符合的产品则产生了一个新的问题：不符合规范的产品是否还具有适用性？

作为进行这类决策的一个完备的基础，必须回答如下一些问题：

- 谁将会是使用者?
- 这个产品将如何被使用?
- 在结构的完整性、人身安全或环境方面有无风险?
- 交货的紧要程度如何?
- 替代方案会如何影响生产者和使用者的经济性?

要回答上述问题可能需要付出相当的努力。组织期望通过程序化的指南来尽可能地减少这种付出。所使用的方法包括:

- 将所有的不符合产品视为不具有适用性。这种方式广泛用于对人身安全或环境可能具有风险的产品,如药品或核能。
- 建立一个决策机构。例子之一是广泛应用于国防工业中的"材料评审委员会"。这种措施对于重要的问题很实用,但对于没什么危险的大多数情况就太过烦琐。
- 建立一个多重的授权体系。在这一体系中,"关键的少数"决策由类似材料评审委员会这样的正式的决策机构做出,其余的则授权给其他人。

表6-3是一个某公司使用的授权表的例子(作者之一的个人调查)。

表6-3 适目的性决策的多重授权

因不符合而产生的影响	所涉及产品的量或金额的大小	
	小	大
只是内部的经济性	直接涉及的部门主管、质量工程师	有关的工厂经理、质量经理
与供应商的经济关系	供应商、采购员、质量工程师	供应商、管理人员
与客户的经济关系	客户、销售人员、质量工程师	客户,营销、生产、技术和质量方面的主管
产品的现场绩效	产品设计师、销售人员、质量工程师	客户,技术、生产、营销和质量方面的主管
具有危害社会或违反政府法规的风险	产品设计主管、法规监督职员、律师、质量经理	总经理与高层领导班子

注:对于质量目标就是规范的要求之一的那些产业(如原子能、太空),真正的适用性决策者是客户或政府管制者。

不适用产品的处置

不适用产品的处置有多种方式,如报废、分拣、返工、退还给供应商、降价出售等。内部成本可以设法达到一个经济上的最佳点。然而,影响远不止金钱方面,如日程被打乱、人员受到了责罚等等。为尽可能降低由此而引起的人工损耗,一些公司确立了如下的一些处理规则:

- 选择使有关各方总损失最小化的方案。这样就不再有什么可争论的,更易就如何分担损失达成一致。
- 避免追究责任，反之，将损失看作质量改进的机会。
- 谨慎使用"秋后算账"。将关键的少数损失记在负责部门的头上，从会计的角度来看具有一定的价值，但对于众多的小损失，这样做常常是不经济的，也不利于改进质量。

未能利用满足顾客需要的产品是一种浪费。将不符合顾客需要的产品发出去则更加糟糕。负责产品符合性决策的人员应该被提供以明确的责任界定和决策指南。作为其审核的一部分，管理人员应确保进行产品符合性决策的过程与公司的需要相吻合。

纠正措施

使反馈回路闭合的最后一个步骤是触发一个改变来恢复与质量目标的一致。这个步骤通常被称为"排除故障"或"灭火"。

需要注意的是，"纠正措施"这一说法一直以来被用在两种非常不同的情景下，如图6-1中所示的那样。反馈回路专门用于消除偶发性的不符合，如图6-1中的"峰值"；它并不擅长于解决该图中慢性浪费区域的问题，解决这方面的问题需要应用质量改进过程。我们将在排除故障，亦即消除偶发性的不符这一意义上来使用"纠正措施"这一说法。

纠正措施需要经过诊断和治疗的历程。这些历程要比质量改进更简单。偶发性问题是由不利改变而导致的，所以诊断历程主要是要揭示出发生了什么改变。治疗历程则是要消除所发生的不利改变，恢复符合性。

偶发性改变的诊断

在诊断历程中，我们所关注的焦点在于"发生了什么改变"。有时原因并不明显，这种情况下诊断便成为纠正措施的主要困难。诊断运用这样一些方法和手段：
- 通过解剖来精确地确定产品和过程所表现出的症状。
- 比较产品。比较问题发生前后生产的产品以探究发生了何种改变。也可以将有问题的坏产品与好产品进行比较。
- 比较过程数据。比较问题前后的过程数据，弄清过程条件发生的变化。
- 情景重现。应按时间来编排（小时、天等）：（1）过程在偶发性改变的前后所发生的事件，如轮班情况、新雇员上岗、维修行动等；（2）与时间相关的产品信息，如日期代码、加工运转周期、等候时间、转移日期等。

通过对所获得的数据进行分析，通常有助于加深对各种原因推测的认识。有些推测会被推翻，有些推测则会留下来等待进一步的检验。

如运营人员缺乏实施上述诊断所必需的训练，则可能被迫暂时将过程关闭以寻求专家或维修部门等的援助。他们也可能为了赶进度而让过程"依旧"运行，但这会冒达不到质量目标的风险。

纠正措施——治疗

一旦清楚了偶发性改变的原因，事情就好办多了。大多数治疗只是恢复到先前的状态而已。这是重返故地而非探索未知的历程（如处理慢性问题的情况）。现场人员通常能够采取必要的措施来恢复原状。

过程设计本身应当提供调整过程的手段，以便必要时通过调整使之与质量目标相符。在过程启动和运行阶段会需要这类调整。理想状况下，这方面的过程控制设计应当满足以下准则：

- 在过程变量与产品结果之间存在着已知的关系。
- 应提供便于迅速调整关键过程变量的设置的必要手段。
- 在过程设置的改变程度与对产品特征的影响程度之间存在着可预测的关系。

如果这些准则得不到满足，运营人员到一定时候就会被迫胡碰乱试以采取治疗措施。因此而产生的挫折感会影响人们对质量的重视。

统计方法在控制中的作用

数据的收集和分析是反馈回路中的一项重要活动。这一活动属于"统计学"这一学科领域。其方法和工具常被称为"统计方法"。这些方法长期被用于许多领域中的数据收集和分析工作，如生物、政府、经济、财政、管理等。

统计过程控制（SPC）

这一术语有多重含义，但在大多数组织中，一般都认为其中包括数据的收集，利用诸如频数分布表、帕累托原理、石川图（鱼刺图）、休哈特控制图等工具进行的分析，及过程能力概念的应用。

诸如实验设计、方差分析这样一些先进工具也是统计方法的组成部分，但一般认为其不属于统计过程控制的内容。

优点

这些统计方法和工具对于质量控制有着非常重要的贡献，对于朱兰三部曲的其他两个过程——质量改进和质量计划——也同样如此。对于某些类型的质量问题而言，统计工具绝不仅仅是有用，而是不利用适当的统计工具，问题根本就不可能解决。

SPC运动在基本统计工具方面成功地培训了大批的基层监督员和普通员工，统计知识的增加使他们大大提高了对产品和过程行为的理解。此外，许多人懂得了依据数据收集和分析进行的决策会产出更为卓越的成果。

风险

存在着只重工具而忽视问题和结果的危险。在20世纪50年代这种偏执曾经盛极一时，以致整个统计质量控制运动最终归于失败，"统计"一词也只好从部门名称中除去。

管理的正确次序首先是设定目标，然后计划如何实现目标，其中包括了选择适当的工具。类似地，在解决问题时，亦即在面对威胁或机会时，有经验的管理人员首先识别问题，然后他们借助于各种手段，包括选择合适的工具，来努力解决问题。

在20世纪80年代，有许多公司确实采用了一种以工具为中心的方式，它们在应用统计工具方面培训了大量的人员。然而，这对于公司的基本经营目标没什么显著的效果。其原因在于，这些公司没有建立起一个基础的架构，用以辨识和选择项目、为项目分派明确的责任、提供所需资源、评审进展等等。

经理们应当确保统计工具的培训不致以培训本身为终结。保证的形式之一是对进展情况加以衡量。评价在运营方面产生的效果可以利用这样一些指标，如在顾客满意或产品绩效方面的改善、不良质量成本的降低等等。类似于开课数目、受训人员数目这样的指标不能用来评价在运营方面产生的效果，因而是一些次要的指标。

决策信息

质量控制必须进行大量的决策。这些决策涵盖了大量的主题，发生在组织的所有层次上。针对质量控制的计划活动应当提供一个能为所有的决策者服务的信息网络。在组织的某些层次上，主要的需要是对实时信息的需求，以便迅速地探测和纠正对于目标的偏离。而在另一些层次上，信息的重点在于概要，这类信息有助于主管们对关键的少数受控对象实施控制。此外，网络还应当根据要求随时提供必要的信息，以便人们探测主要的趋势、分辨威胁和机会、评价组织中的单位和人员的绩效。

在有些组织中，质量信息系统的设计并不局限于对产品特征和过程特征的控制，也可用于控制组织和个人的质量绩效情况，如针对部门和部门负责人的控制。例如，有许多组织制作并定期发布评分榜，公布各市场区域、产品系列和运营职能等的质量绩效数据。这些绩效数据常被作为相应的分管人员的质量绩效指标。

要提供能够满足所有这些目的的信息，就必须进行专门针对信息系统的计划。这样的计划活动最好由专注于质量信息系统的跨职能团队来承担。该团队中应适当包括信息的需求者和信息的供应者。管理当局对质量控制体系的审核，应包括保证质量信息系统满足不同顾客的需要。

质量控制体系和方针手册

大量的质量计划活动是通过"程序"来进行的，这些程序也就是不断重复使用的计划。这些程序经过了仔细的考虑和字斟句酌，并且要经过正式的批准。一旦发布，便成为实施公司事务的公认方法。将质量管理的相关程序以"质量手册"（或类似名称）的形式集中发布，是一种相当普遍的做法。手册中相当一部分是关于质量控制的内容。

质量手册在以下几个方面增加了程序的实用性：

- 权威性。手册经过了组织的最高层的批准。
- 易查找。程序被汇编在一份众所周知的资料中，而非分散在众多的备忘录、口头协议、报告、会议记录等中。
- 稳定性。程序不会因记忆的淡薄和人员的流动而受到影响。

对公司质量手册的研究表明，各公司质量手册中有着非常相像的核心内容。质量控制方面的核心内容包括这样一些程序：

- 反馈回路在过程控制和产品控制中的应用。
- 确保运营过程能够满足质量目标。
- 装备的维护和计量仪器的校准。
- 在质量事务方面的供应商关系。
- 质量信息系统所需要的数据的收集与分析。
- 为实施手册条款而进行的人员培训。
- 确保遵守程序的审核活动。

对能够重复使用的质量控制体系的需要导致了产业、国家和国际标准的演化。关于开发标准操作程序的例子,包括录像带的应用,请参看 Murphy 和 McNealey(1990)。在程序制定过程中的员工参与有助于确保程序得到遵守。

质量手册的形式

质量手册大同小异。手册的一般内容包括:
1. 总经理的正式声明,其中包括正式的签名。
2. 手册的目的及用法。
3. 公司(或部门)的质量方针。
4. 组织结构图及有关质量职能的职责分工表。
5. 手册规定的绩效审核条款。

管理人员可以在以下几个方面对质量控制手册的适用性施加影响:
- 参与确定手册所要满足的准则。
- 批准手册的最终文本,使其正式生效。
- 定期审核手册是否落伍,是否得到了遵守。

进行审核

经验表明控制体系会受到各种类型的"损耗"的影响。人事变动会导致损失重要的知识,意想不到的变化会使体系退化,取巧和滥用会使体系被逐渐削弱直到失效。

审核是克服控制体系退化的主要手段。审核意味着建立一种定期且独立的评审制度,以回答下面的问题:该控制体系是否依然胜任要求?体系有无被遵守?

这些答案对于运营领域的经理们显然是有用的,但这不是审核的唯一目的。另一个目的是要将这些答案提供给那些虽没有直接参与运营但有必要知情的人。如果质量有着最高的优先权,有必要知情的人中就包括了最高主管们。

从而,经理们的职责之一便是要求建立一个定期的质量控制体系审核制度。

领导者的任务

1. 领导者应避免过深地陷入在质量控制方面的决策。他们应当做关键的少数决策,提出区分关键的少数决策与其他决策的准则,在建立了决策过程的条件下授权他人进行其他的决策。

2. 为消除有关控制限和产品质量公差的困惑，领导者应明确对于控制限外的点采取纠正措施的责任，并建立当点子在统计控制限外但产品仍符合质量公差时的行动指南。

3. 作为审核的一部分，领导者应确保产品符合性决策的过程适合公司的需要。同时也应确保统计工具的培训不致以培训本身为终结。对于质量控制体系的管理审核应包括保证质量信息系统满足不同顾客的需要。

4. 领导者可以在以下几个方面对质量控制手册的适用性施加影响：参与确定手册所要满足的准则，批准手册的最终文本并使其正式生效，定期审核手册是否落伍和是否得到了遵守。

参考文献

Deming, W. E. (1950). "Elementary Principles of the Statistical Control of Quality." Nippon Kagaku Gijutsu Renmei (Japanese Union of Scientists and Engineers), Tokyo.
Deming, W. E. (1986). "Out of the Crisis." MIT Center for Advanced Engineering Study. Cambridge, MA.
Juran, J. M. (1964). *Managerial Breakthrough*. McGraw-Hill, New York.
Murphy, R. W., and McNealey, J. E. (1990). "A Technique for Developing Standard Operating Procedures to Provide Consistent Quality." 1990 Juran IMPRO Conference Proceedings, pp. 3D1–3D6.
Pyzdek, T. (1990). "There's No Such Thing as a Common Cause." ASQC Quality Congress Transactions, pp. 102–108.
Radford, G. S. (1917). "The Control of Quality." *Industrial Management*, vol. 54, p. 100.
Radford, G. S. (1922). *The Control of Quality in Manufacturing*. Ronald Press Company, New York.
Radman, M., and Wagner, R. (1988). "The High Fidelity of DNA Duplication." *Scientific American*, August, pp. 40–46.
Shewhart, W. A. (1931). *Economic Control of Quality of Manufactured Product*. Van Nostrand, New York, 1931. Reprinted by ASQC, Milwaukee, 1980.
White, J. B. (1988). "Auto Mechanics Struggle to Cope with Technology in Today's Cars." *The Wall Street Journal*, July 26, p. 37.

（焦叔斌 译）

第 7 章

战略计划与卓越绩效

约瑟夫·A. 德费欧　里克·艾德门　格哈德·普伦纳特　肯尼思·斯奈德

本章要点	设计战略计划与展开的要素
战略计划与质量：益处	利用关键绩效指标来测量进展情况
方针管理（方针规划）	启示
什么是战略计划与展开？	参考文献
启动战略计划与展开	

本章要点

1. 战略计划是确立长期的经营目标并设计实现目标的手段的系统方法。基于质量管理的组织转型应当与组织的战略计划整合起来。

2. 战略计划方案使组织能够将包括质量改进目标在内的所有目标在组织中加以展开。它为最高管理层做出合理的战略抉择以及确定组织的各种活动的主次提供了依据。

3. 与组织的战略目标不协调的活动应当加以改变或取消。

4. 本章将定义战略计划过程及其展开工作，讨论展开"质量目标"的系统方法。

5. 本章还将阐述领导者在实施战略计划并确保其成功方面所发挥的具体作用。

战略计划与质量：益处

战略计划活动（SP）是确立企业的长期目标以及明确实现目标的途径的一

种系统化的方法。一个组织一旦确立了其长期目标，有效的战略计划就能够使其每年制订出年度的经营计划，其中包括了必要的年度目标，还有实现未来目标所必需的资源及行动。

许多组织建立了通过为顾客创造并生产高质量的产品和服务来成为绩效最佳者的愿景。通过这样做，它们就能超越那些没有这样做的组织。这种绩效不只是关于产品和服务的质量，而且是关于经营本身的绩效，这意味着更高的销售额，更低的成本，通过雇员满意实现的更好的文化，最终实现对股东而言更大的市场成功。

有必要将这些目标纳入到战略计划过程以及年度业务计划中。这将确保新的目标成为计划的一个组成部分，而不致与已经确立的资源分配重点发生冲突。否则，无论多么良好的变革意愿也还是会归于失败。

许多领导者将战略计划活动理解为制订战略计划方案和确立财务目标的过程。他们常常并未认识到其中包括了对战略性质量目标、分目标、年度目标以及实现目标的资源和行动所进行的部署。我们将努力突出这一区别，并在本章中使用"战略计划与展开"这一术语。许多组织通过战略展开而避免了变革计划的失败并取得了持久的效果。

六西格玛、精益六西格玛以及前几年的 TQM 都是被广泛应用的变革方法，很自然地被纳入到了许多组织的战略计划方案当中。将这些"质量与顾客驱动"的方法与战略计划活动整合起来，对于组织的成功是至关重要的。

不同的组织选用了不同的术语来描述这一过程。有些采用了"方针管理"这个日语词组；有些则部分地翻译了这个术语，称之为"方针计划"；还有些则将其简单翻译为"方针展开"；在美国马尔科姆·鲍德里奇国家质量奖的早期版本中，这一过程被称为"战略质量计划"，之后，这一评奖准则中又将其更名为"战略计划"。

高层管理者是否应将质量体现在计划中，不同的组织有不同的做法。但是，将主要的变革活动或质量举措整合在战略计划中却是至关重要的。战略计划与展开的好处是显而易见的：

- 目标更加清晰——通过计划活动澄清了许多的模糊认识。
- 计划过程使目标成为可实现的。
- 监测过程有助于确保目标的实现。
- 确定了消除慢性浪费的改进过程。
- 有助于不断强化对顾客和质量的重视。

方针管理（方针规划）

方针管理（hoshin kanri）源起于日本，将 W. 爱德华兹·戴明和约瑟夫·M. 朱兰的研究成果与彼得·德鲁克《管理的实践》中目标管理（MBO）要素进行了整合。罗伯特·S. 卡普兰和戴维·P. 诺顿《平衡计分卡》一书通过聚焦"财务、顾客、内部运营、学习与成长"四个方面并开发用于跟踪过程和支持治理体系的计分卡，进一步强化了计划、实施、学习、处理的过程属性。

方针管理最早可追溯到 1645 年宫本武藏所著的《五轮书》（Harris，1982），这本质上是一部兵法（heiho）或策略书，向武士传授典型的技能——剑道（kendo）或剑术。关于剑道，《五轮书》指出那些精通策略者能够认识到敌人的意图，并通过准备和制定实施制胜策略，克敌制胜。

如同"兵法"一词，"方针"一词也是由两个汉字组成："方"（ho）——意思是方法或形式，"针"（shin）通常解释为尖锐金属——矛头所向（Lee and Dale，1998），或者用更当代的语言表述为"目标"。两个字合到一起，"方针"意思就是"战略方向设定的方法论"。管理（kanri）一般翻译为英文的 management，那么"方针管理"就是"战略方向设定过程的管理"。根据翻译，方针管理在西方通常是指策略部署（policy deployment）或战略部署（strategy deployment），或者今后可使用东西方混合术语：方针规划（hoshin planning）。

一般而言，特定方针是对企业至关重要的使命和愿景，也可表述为旨在提升业务过程和结果达到目标绩效水平的目的或目标（方针或战略）。方针规划的内核意味着其实际上可用于企业从高管到日常运营的任一层级。

通常，高层（高管）的方针对企业起到基础性作用，如未能达成或未能在有限时间内达成将使组织面临风险。因此，高层的方针可视为"宏观（企业）愿景"。实施企业级方针规划的组织通常会确定有限数量的方针——通常 3 到 5 个——必须在特定时间内达成，在西方语境下一般是 1 到 5 年，且过程中设定特定里程碑节点和定期阶段性评估。

在企业层面，方针规划始于"宏观愿景"，并逐级展开分解为各层级方针——从管理层到操作层。逐级分解到底层就会呈现更具体的方案。这样，方针规划从开始的战略或方针逐步转化为计划，逐步执行，从而达到全面的战略或方针实施。从操作层面开始的方针规划也以类似的方式执行，关注近期需求实现，但通常缺少深远战略意义。方针规划在高层展现出的是高度战略性和聚焦突破性改进（Witcher，2003），而在操作层是渐进式的聚焦持续改进（Hutchins，2008）。

方针规划的益处

我们可以得出这样的结论，即方针规划的关键益处在于能够建立共识（Watson，2003）并通过大量员工参与促进企业整合（Kondo，1998），这在本质上要求广泛的横、纵向沟通。这样的沟通确保每个参与方针规划过程的员工熟悉这个"宏观愿景"或他们眼前（直属上级）和身后（直属下级）以及身边同事的各类方针。之所以如此是因为他们自己的方针和相关活动受到直属上级方针的驱动，然后反过来再传递至直属下级的方针和相关活动，从而参与这一过程者将熟悉这三个或更多层级的方针。这种沟通本质上是协商对话，通常称为"传接球"（Tennant and Roberts，2001）和"计划对接行动"（Sussland，2002）。成功的方针计划实施通常离不开有效绩效管理和测量方法的辅助和熟练使用，如平衡计分卡（Kapland and Norton，1996；Witcher and Chau，2007）。这些方法共同形成了合理应用目标管理——由现代战略管理之父彼得·德鲁克开发——的特殊方式（Greenwood，1981）。

与大多数的方法一样，方针规划的价值也受到所部署战略和对策的价值和及时性制约，更不用说"规划"展开到组织的质量了。尽管方针规划可能开始于组织的任一层级并向下分解到其他相关层级直到实现有效执行，但我们将提供的是高层视角，由企业高层（CEO）提出。

方针管理策略部署

图7-1从企业视角展示了方针规划。为解释此图，我们使用越来越普遍的情境，即组织不仅必须产生可接受的财务绩效并使关键利益相关方满意，而且还必须保证社会公平和环境保护绩效。如果企业不自觉采取行动，公民和监管机构就会施加影响。

从左到右审视图7-1会发现，大多数组织具有清晰界定的目标、使命和愿景。企业战略和治理的作用就在于服务目标、使命和愿景。当代企业不断努力实现经济稳健、社会公平和生态友好，并制定相应战略，而且很多组织还需要整合其他背景驱动的战略要素如积极创新以竞争、维持或占据市场地位。尽管典型的组织将有许多战略，但帕累托原则（Juran，2005）中"关键的少数"（战略）和"有用的多数"的区分表明，其中一些主要的（也就是方针）是关键的少数，而其他相对不重要的将构成有用的多数。鉴于前三项（经济、社会、生态）的提升

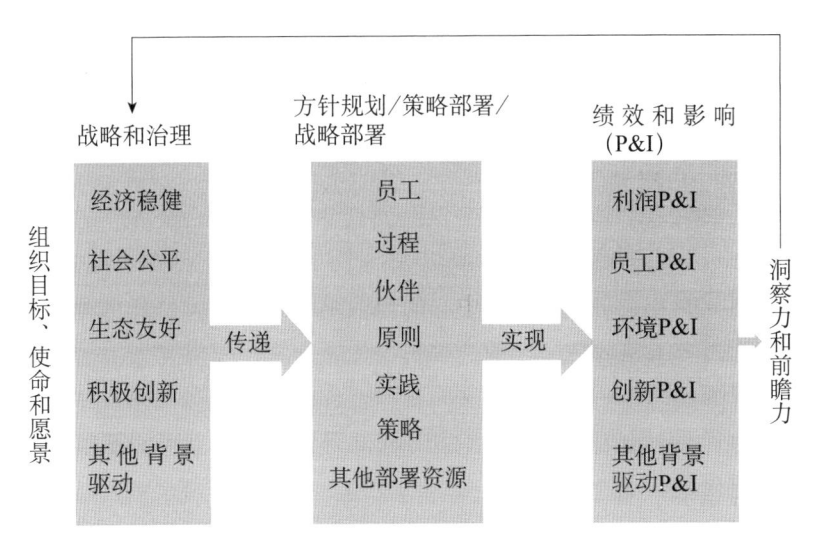

```
                  方针规划/策略部署/
   战略和治理        战略部署          绩效和影响
                                      (P&I)
  ┌──────────┐   ┌──────────┐      ┌──────────┐
  │ 经济稳健  │   │  员工    │      │ 利润P&I  │
组│          │   │          │      │          │  洞
织│ 社会公平  │   │  过程    │      │ 员工P&I  │  察
目│          │传 │          │ 实    │          │  力
标│ 生态友好  │递 │  伙伴    │ 现    │ 环境P&I  │  和
使│          │→  │  原则    │ →    │          │  前
命│ 积极创新  │   │  实践    │      │ 创新P&I  │  瞻
和│          │   │  策略    │      │          │  力
愿│ 其他背景  │   │          │      │ 其他背景 │
景│ 驱动      │   │其他部署资源│     │ 驱动P&I  │
  └──────────┘   └──────────┘      └──────────┘
```

方针管理：策略部署循环

图 7 - 1　企业视角的方针规划

及创新的重要性，很多组织会从每个类别中衍生一到两个方针。

管理层一旦确定了方针，便会将优先"做什么"传递到组织下一层级。负责的下一层级收到并没有指示"如何做"的方针或任务后：确定如何承接本层级方针，也就是选择职能范围内相关方针。负责该层级者接下来将确定相关操作要素以及进一步分解到下一层级的方针或任务。

这个过程持续进行，将一个层级的方针或任务转化为下一层级的做法，直到计划被全部分解，"宏观愿景"在过程中转化为"落地执行"。对于图 7 - 1，此过程从左侧高管层的战略开始，通过多个层级展开——将任务转化为做法、做法转为任务、任务转化为做法……如图 7 - 1 中间部分所示。最终，逐步形成最右侧图所示的绩效和影响。图 7 - 1 中间部分刻画了这一转化机制：员工、过程、伙伴、原则、实践、策略和其他部署资源。

重要的是要注意这是一个动态的或周期性的过程，方针实施带来的绩效和影响既能够为短期企业绩效带来洞察，也能够为未来企业发展重点提供前瞻。当然，同样重要的是组织要具备外部觉知，毕竟未来发展重点可能受到以下因素影响：新的、未决的或可能的立法；技术变革；经济周期；新兴的大趋势；其他此处未提及但与企业竞争格局高度相关的事物。

方针管理有很多别称，包括策略部署、战略部署和方针规划。方针规划源于日本，主要目的是将战略转化为能够最终带来相应绩效和影响的行动。有很多工具和方法可以支持这一过程，但重要的并不是过分关注可以找到的工具及其各种变体。同样，也不要"沉迷于"既定战略，要认识到不存在完美的战略——只有更好或更差的战略，相关、弱相关和不相关的战略。

什么是战略计划与展开？

战略计划与展开是将以顾客为中心的全组织范围内的质量和卓越经营方法与组织的战略计划方案整合在一起的一种系统化的方法。战略计划活动是一个系统化的过程，组织借助这一过程来确立质量和顾客方面的长期目标，并将这些目标与财务、人力资源、市场营销以及研发方面的目标一道在平等的基础上整合到一个综合的经营计划当中。

作为一个有效的企业管理系统的组成部分，战略计划活动使组织能够计划和执行战略性的组织突破。从长期来看，这些突破的预期效果是实现竞争优势或获得"质量领先"的地位。

在过去的几十年中，战略计划活动已经不断演化为众多的组织变革过程的组成部分，如六西格玛、运营卓越活动（operational excellence，OpEx）等。它已成为支持组织的经营管理系统的基础构成。图 7-2 是一个简单的质量计划与展开的模型，它构成了本章讨论的主线。

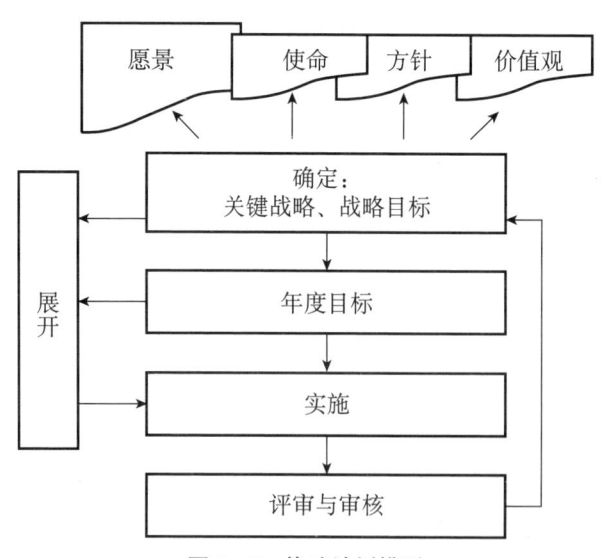

图 7-2 战略计划模型

战略计划与展开也是马尔科姆·鲍德里奇国家质量奖、欧洲质量管理奖以及其他国际的和国家的奖项的关键要素。这些奖项的评奖准则都强调，顾客驱动的质量和卓越的运营绩效同为关键的战略性经营问题，必须成为总体经营计划活动中的一个有机组成部分。对于马尔科姆·鲍德里奇国家质量奖获奖者的一个重要的评定表明，获奖公司的绩效表现远优于未获奖的公司（见图7-3）。

	1988—1996年间投资	1997年12月1日的价值	改变率（%）
所有获奖者	7 496.54美元	33 185.69美元	342
标准普尔500	7 496.54美元	18 613.28美元	148
数据来源：国家标准技术研究院			

图7-3 马尔科姆·鲍德里奇国家质量奖获奖者绩效

资料来源：Business Week，March 16，1998，p.60.

1995—2002年间，质量表现出了对利润的巨大影响。"鲍德里奇指数"连续8年胜于"标准普尔500股票指数"，有些年份几乎达到了4∶1或5∶1。这一指数一直持续到2004年，从这一年开始，马尔科姆·鲍德里奇国家质量奖的表彰增加了小企业和教育机构。小企业的加入影响了鲍德里奇指数，但如果把诸如规模之类的因素考虑进去的话，质量仍然具有显著的影响。

Godfrey（1997）指出，有效的战略展开应当作为实现目的的一种工具、一种手段，而不应当作目标本身。它应当成为使组织的全体人员都参与其中的一种努力。它必须立足于现行的活动，而不是使组织忙上加忙。它必须有助于高层主管在面对困难的抉择时，理清轻重缓急。它不只是要启动新的举措，而且还要取消许多不增值的现行活动。

战略计划的现在

以往这一方法只是建立遍及整个组织的财务目标，现在则进化为旨在确立更为坚实的战略计划。为了在全球市场上更为有效，组织就必须确立一个包括了以下所讨论要素的战略计划。

质量与顾客忠诚目标

主要的质量目标都体现在了战略质量计划中，这些目标由一个层级化的较低层次的目标体系所支持着，如分目标、项目等。改进目标是这样一类目标，它旨在谋求在产品、服务过程或人员的绩效方面取得突破，这种突破是通过关注顾客、供应商以及股东的需要来实现的。"顾客的声音"融入了计划，并同整个计划整合在了一起。这种整合使这些目标取得了正当性，并将财务目标（这对于股东是重要的）与那些对顾客具有重要意义的目标进行了平衡。这也消除了人们对于财务计划和质量计划两套计划并存的担忧。

一套确立年度目标并提供相应资源的系统化、结构化的方法，必须包括如下的要素：

- 有关奖励的规定。在绩效考核和表彰体系中，依据改进目标来评价的绩效被给予相当大的权重，其中还必须包括对于正确行为的表彰。
- 广泛的参与。目标、报告和评审等的设计都旨在获得组织各层级的广泛参与。这种参与包括组织所有层次上的全体员工，为组织的变革举措提供了支持，有助于实现所期望的成果。
- 一套共通的语言。诸如质量、标杆分析、战略性质量展开等关键术语都具有标准的含义，从而使沟通变得越来越精确。
- 培训。所有雇员都要接受有关各种概念、过程、方法和工具的培训。与只在质量部门或管理人员中进行培训的组织相比较，那些在正确的时机对所有部门所有层次的员工都进行培训的组织会处于优势地位。

为何战略展开？其益处

在刚开始实施战略计划的组织中，最初提出的问题常常就是，到底为何要进行战略计划？要回答这个问题，就要考察一下其他的组织从战略计划中所认识到的益处。这包括：

- 将组织的资源集中在那些真正能够提高顾客满意度、降低成本以及增加股东价值的活动上（见图7-3）。
- 建立起一个反应灵敏、灵活机动并训练有素的计划与实施系统。
- 鼓励跨部门的合作。
- 提供了长年持续实施突破活动的过程。
- 通过提供实施计划活动所需要的资源来充分向领导者、管理者和普通员工授权。
- 消除不在计划内的那些不必要的和浪费性的活动。
- 消除各种计划中可能存在的冲突，如财务计划、营销计划、技术计划以及改进计划中的冲突等。
- 集中资源确保财务计划的实现。

为何战略展开？其风险

许多组织实施了全面质量管理及其他的变革管理体系。有些组织取得了令人瞩目的成果，有些组织因在基本经营指标和提高顾客满意度方面收效不大而对结果感到失望，还有些活动则被认为是失败的。导致失败的基本原因之一是未能将这些"质量活动"融入到组织的经营计划当中。

其他的失败原因还有：

- 战略计划工作被指派给了计划部门，而非由高层主管亲自承担。这些计划人员缺乏这方面概念和方法的培训，也不属于组织的决策者行列，因此而导致了所制订的战略计划中未能包括旨在提高顾客满意度及过程改进等方面的改进目标。
- 各个部门只是追求本部门的目标，而未能将部门目标与组织的整体目标整合起来。
- 带有固有缺陷的新产品或新服务不断地被设计出来，这些缺陷从以前的设计中年复一年地被继承到新型号中。这些新设计未接受评估或改进，因此不是顾客所驱动的。
- 项目由于参与不充分，往往会造成耽搁和浪费，在良性的业务结果呈现之前便已经终止了。
- 改进目标仅局限在产品和制造过程中。顾客之所以发怒不仅是由于收到了有缺陷的产品，他们也会因不正确的账单和发货延误而生气。由于在年度计划中没有相应的目标而使得开具账单和发货的业务流程未能开展现代的质量计划和质量改进。

以往的战略计划过程的这些缺陷，其源头在于缺乏一种将各种活动整合到一个计划中的系统化、结构化的方法。随着越来越多的公司对于战略质量展开变得熟悉，许多公司采用了这一技术，即像管理财务一样在全组织范围的基础上来管理变革。

启动战略计划与展开

战略质量展开过程要求组织将对顾客的关注融入到组织的愿景、使命、价值观、方针、战略、长期和短期目标以及项目当中去。项目是将质量改进活动、再造以及质量计划团队与组织的经营目标联系起来的逐日逐月进行的活动。朱兰（Juran, 1988）曾说过："你需要让会受到影响的人们都参与进来，不只是在计划方案的实施时，而是在计划之初就如此。你必须避免仓促，不要让人猝不及防，要进行试点，以便了解那些具有破坏性的事物并加以纠正。"

战略展开所要求的要素一般来说对所有的组织都是类似的。但每个组织的独特性决定着各要素应用的次序和步调，以及必须增加额外要素的程度。

在战略展开过程的沟通中，存在着很多的习惯说法。不同的组织在描述同一概念时可能会使用不同的术语。例如，某个组织称为愿景的东西，另一个组织可能会称为使命（见图7-4）。

> **定义摘录**
> 使命： 我们从事何种业务
> 愿景： 组织期望达到的未来状态
> 价值观：符合愿景要求的原则或通过实现愿景达到的原则
> 方针： 我们的运营方式以及对顾客和社会的承诺

图7-4 组织的愿景和使命

资料来源：Juran Institute, Inc.

以下是本章使用的几个关于质量计划中的若干要素的定义，它们应用得十分广泛：

愿景（vision）。组织或企业未来期望达到的一种状态。想象力和予人以鼓舞是构成一个愿景的重要成分。通常，愿景可被看作组织的最终目标，是需要花5年甚至10年来实现的目标。

使命（mission）。组织之所以存在的目的或理由，通常是要回答我们要做什么以及服务于谁的问题。

- 捷蓝航空公司（JetBlue）在肯尼迪国际机场有着无人比肩的地位。如果用乘客人数来衡量的话，捷蓝航空的业务量几乎相当于在肯尼迪国际机场运营的所有其他航空公司的业务量的总和。捷蓝航空依托它们在这一美国最大的航空市场上的坚固地位而确保了盈利能力，即使在最困难的市场环境下也能如此。"我们的使命是让人文关怀回归航空旅行。"

战略（strategies）。实现愿景的手段。战略数量较少，它规定了诸如价格、价值、技术、市场份额，以及组织必须追求的文化这样一些关键的成功因素。战略有时是指"关键目标"或"长期目标"。

年度目标（annual goals）。组织在1～3年期内必须实现的，是工作努力所指向的终点和结果。目标有"长期"（2～3年）和"短期"（1～2年）之分。目标的实现标志着战略的成功执行。

- 捷蓝航空在增加针对所有旅客的产品选项的同时，致力于保持独特、低成本和高质量飞行的捷蓝航空的独特体验。

伦理准则和价值观（ethics and values）。组织所拥护和信奉的东西。

- 捷蓝航空连续四年被J. D. Power & Associates评为顾客服务第一名。正是这种杰出的顾客服务持续驱动着捷蓝航空并使之卓尔不群。与 Sirius XM 和 Direct TV 的合作、更舒适的座位空间，所有这些措施都使得每个顾客的飞行体验变得无比愉悦。

方针（policies）。采取管理行动的指南。组织在许多领域中都会有方针存在，如质量、环境、安全、人力资源等。这些方针指导着日常的决策。

举措与项目（initiatives and projects）。由跨职能团队进行的实现某个分目标的活动，其成功完成有助于确保战略目标的实现。一项举措或项目意味着委派一组选定的人员组成一个团队，并赋予其实现特定目标的责任和权限。

- 经过 6 年计划和 3 年建设，捷蓝航空在肯尼迪国际机场的第五航站楼投入使用。第五航站楼为捷蓝航空的顾客提供了专属的停车场和登机通道，它有 26 个登机口，设置了最高水准的各种服务设施。由于更加接近跑道，使得捷蓝航空的运营更为高效。第五航站楼使该公司在纽约航空市场上进一步占据了先机。

展开计划（deployment plan）。为将愿景转化为行动，必须将愿景加以分解并转换成依次相继的更小更具体的部分，如关键战略、战略目标等，一直展开到项目层次甚至部门行动。将愿景在整个组织中分解和分配的详细计划被称为"展开计划"，它包括分派角色和责任，以及确定实施项目及实现项目目标所需的资源（见图 7-5）。

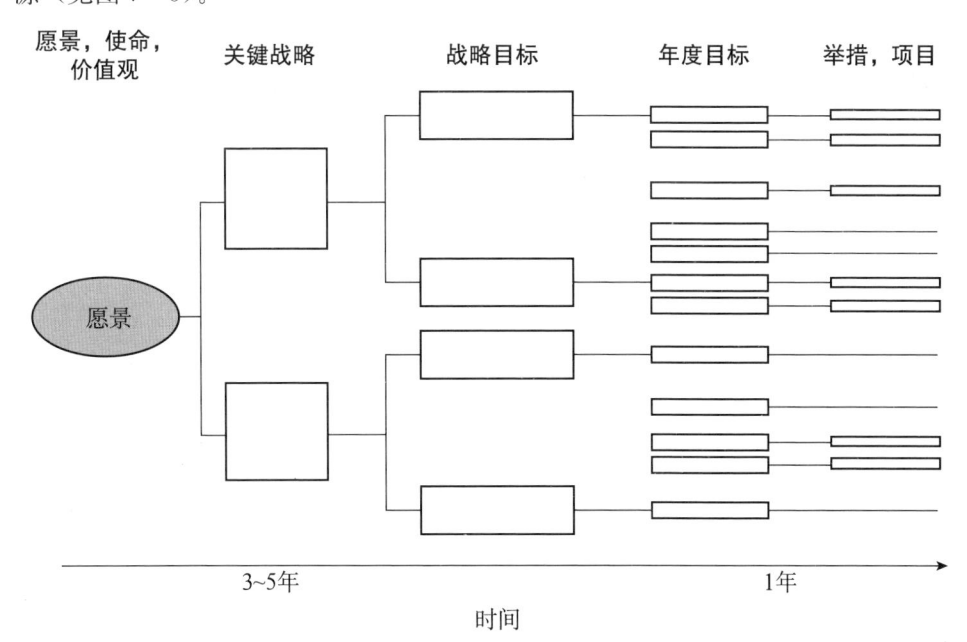

图 7-5 愿景的展开

资料来源：Juran Institute，Inc.

计分卡和关键绩效指标（scorecards and key performance indicators）。在整个组织中都可见的测量指标，用以评价战略计划实现的程度。

• 截至2008年底，捷蓝航空成为美国第七大航空公司，每天执飞着600多架航班。

设计战略计划与展开的要素

建立愿景

战略展开始于一个以顾客为中心的愿景。在我们所知道的成功转变为更具有协作性的组织的那些公司中，其成功的关键是建立并依存于共同的战略愿景。当就总方向达成共识后，实现的途径则可以灵活多变（Tregoe and Tobia，1990）。

真正有威力的愿景是简明扼要的。十诫、独立宣言、丘吉尔在二战时的演讲，提出的讯息都是如此简明和直率，你简直就能够触摸到它们。我们的公司战略同样也应当有这样一种力量。

一个愿景应当阐明顾客、雇员、股东或社会能够期望从组织中获得的益处。

以下是几个愿景的例子：

> • 世界最大的优质数码产品生产商三星公司的愿景是"引领数字化融合运动"。
>
> 三星坚信：通过今天的技术创新，我们将发现应对明日挑战的解决方案。技术为企业的成长，为新兴市场中的人们融入数字化经济，为人们发明新的可能带来了机会。我们致力于开发创新性技术和开拓新市场的有效过程，丰富人们的生活，持续使三星成为可信赖的市场领导者。
>
> • Sentara医疗机构（位于大西洋中部）：我们致力于通过建立创新性的医疗体系，帮助人们实现和保持最佳的健康状态，从而使我们进入全国领先的医疗机构的行列。
>
> • Kaiser Permanente（一家大型美国医疗机构）：我们致力于为我们的成员提供优质、经济的医疗保健。我们的医生和管理人员将通力合作，改进我们的医疗、服务和全面绩效。

上述每一个愿景都给出了关于该组织的方向和特征的一个独特的视角。每一个愿景都向顾客和雇员传达了组织将往何处去的一个总的印象。对于相应的组织来说，愿景为其提供了一个清晰的图景，常常是历史上第一次，描述了它将往何处去以及为何要到那里去。

好的愿景表述应当充满鼓舞力，且在整个组织中为人们所共有。使愿景对于组织来说具有一定的挑战性但有可能在 3～5 年内得以实现通常是一个不错的主意，同时要指出一个可衡量的实现标志（例如，成为最佳）。在创建愿景时，组织应当将它的顾客、它要在其中竞争的市场、组织运营的环境以及组织文化的现状都考虑在内。

愿景的陈述就其本身而言不过是几句话而已，只发布这样一个陈述并不能够让组织的成员认识到他们应当做什么与以往不同的事情。战略展开过程和战略计划是使愿景化为现实的基础。愿景的表述只是提醒人们组织在追求什么，而愿景必须落实到行为和行动上来。

在建立愿景时有一些容易犯的错误：
- 愿景只关注股东。
- 认为战略计划一旦写出来，无须进一步工作自然就会被执行。
- 未能将愿景阐释为对顾客、员工、供应商以及其他的利害相关者的益处。
- 创建的愿景过于容易或是过于困难。
- 未能考虑全球经济在未来 3～5 年将会发生的迅速变化的影响。
- 在创建愿景时未让各层次的关键员工参与。
- 未同竞争对手比较，或未能针对未来需要、内部能力及外部趋势考虑所有可能的信息来源。

就使命达成共识

大多数组织都会有一个使命的陈述。考虑使命陈述时要回答"我们所从事的是何种业务"这一问题。使命常常会与愿景相混淆，或者干脆就被当作一个东西来发布。使命陈述应当明确组织存在的目的或理由，它有助于明确你的组织究竟是谁这一问题。

下面是关于使命陈述的一些例子：
- 三星：我们在三星做的所有事情都是由我们的使命所引导的——成为最好的"数字化 e 公司"。
- 亚马逊：我们的愿景是成为地球上最以顾客为中心的公司，创建一个这样的场所，使人们在这里能够买到他们希望在线购买的任何东西。
- 戴尔：成为世界上最成功的计算机公司并在市场上提供最好的顾客体验。
- eBay：首倡用信任支撑、机会激励的商业社区。eBay 通过一系列专注于商业、支付和沟通的网站，每天把地区、全国乃至全球的成千上万的人们聚集在一起。

• Facebook：是一个帮助人们与朋友、家人和同事更有效沟通的社交公司。公司通过社交图谱对人们真实世界的社交联系进行数字化映射，开发促进信息共享的技术。任何人都可以登录 Facebook，在一个信任的环境中与他们认识的人互动。

• 谷歌：使命是整合全球信息，供大众使用，使人人受益。

• 丽思·卡尔顿酒店：是一个以向客人提供真诚关怀和舒适为最高使命的地方。

• Sentara 医疗机构：我们将通过聚焦、筹谋并致力于我们对社区、对顾客、对最高的医疗质量标准的承诺来实现未来的愿景。

在 Sentara 的例子中，有关未来的提法可能会让读者把这个使命陈述（我们所从事的是何种业务）与愿景陈述（我们将成为什么）相混淆。只有组织自己才可以决定这些词是否应属于使命陈述。正是在对这些问题的争论当中，组织形成了对于其愿景和使命的共识。

愿景与使命结合起来，共同为整个组织提供了一个一致同意的方向。这一方向可以作为日常决策的基础。

制定长期战略或目标

将愿景转化为可实现的计划的第一步就是将愿景分解成为少数几个（通常 4 或 5 个）关键战略。关键战略体现了组织针对如何实现其愿景所要做出的最基本的选择。每项战略必须对实现整体愿景做出显著的贡献。例如：

• 作为一项更为广泛的质量举措的组成部分，施乐公司启动了其质量领先（Leadership Through Quality）计划。在 3 年内，有 10 万名以上的员工接受了培训，这一培训由一个六步骤的过程所组成。得到充分激活的员工实施了大量有关环境和质量改进的举措，每年都实现了丰厚的利润增长。施乐的管理层把这些举措的成功主要归结为员工对于质量管理惯行的应用。他们组建了跨部门团队以解决各种各样的问题。

实施这些关键战略的责任被分配（或展开）给组织中关键的高层主管，这是一个连续的分解和展开过程中的第一步，借助于这一过程，最终使愿景转化为行动。

为了确定关键战略应该是什么，必须对组织的以下五个领域加以评价并获得相应的数据：

• 顾客忠诚和顾客满意。

- 产品、服务和过程的不良质量成本。
- 组织文化和员工满意。
- 内部业务过程（包括供应商在内）。
- 竞争性标杆分析。

以上的每一项评价都能够构成一个企业平衡计分卡的基础。通过分析数据，找出从顾客、质量和成本的角度而言的特定优势、劣势、机会和威胁。一旦分析完成，关键战略就可以被制定出来或加以修正，以反映可测的和可观察的长期目标。

制定年度目标

组织要树立明确的、可测量的战略目标，战略要取得成功就必须实现这些目标。这些定量的目标将把组织的努力引导到各个战略上。在这里，目标就是一个瞄准的"靶子"。目标必须是明确的，还必须是定量的（可测量），而且要在特定的时间段内实现。开始时，组织可能会不清楚怎样才算是明确的目标，随着时间的推移，测量系统就会得到改进，目标的制定将会变得越来越明确和可测量。

尽管特定的行业和组织有其独特性，但某些目标却是广泛适用的。为了制定出适当的目标，至少以下的7个领域是必须加以考虑的：

产品绩效。这一领域的目标是和产品特征相联系的。它决定了对顾客需要的反应，例如，服务的及时性、耗油量、平均故障间隔时间、礼貌等。这些产品特征直接影响着产品的可销性，在很大程度上决定着销售收入。

竞争绩效。市场经济条件下总是会有这些目标，但它们很少成为经营计划的组成部分。使竞争绩效成为长期经营目标尽管只是最近才出现的趋势，但却是不可逆转的。与其他目标不同，这类目标是参照竞争来设定的，在一个全球化的经济中，它们是一些快速移动的靶子。例如，与前五位竞争者的产品相比较，我们的所有产品在进入市场后一年之内都要成为"同业之最"。

业务改进。这一领域的目标涉及对产品不良、过程的故障的改进，或降低系统中不良质量成本的浪费。改进目标按照正式的质量改进项目的结构来展开，并委派以相应的责任。总的来说，这些项目专注于减少组织中的不良，以此而实现绩效的改进。

不良质量成本。与质量改进相关的目标中通常会包括减少不良质量成本或过程中的浪费的目标。这些成本尽管估计相当高，但并不能够精确地确定。尽管如此，还是有可能通过估计将这一目标纳入到经营计划中，并将其成功地展开到较低的层次。一个典型的不良质量成本目标是在3年内每年降低50%的不良质量成本。

业务过程绩效。这一领域的目标只是在近期才进入到战略经营计划当中。这些目标与那些跨职能的主要过程的绩效有关,例如,新产品开发、供应链管理、信息技术,还有一些诸如应收账款和采购这样的子过程。对于这些大的过程来说,一个特殊的问题是要决定由谁来承担实现这些目标的责任。我们将在后面的"展开给谁?"部分讨论这个问题。

顾客满意。确立具体的顾客满意方面的目标,有助于使组织持续地关注顾客。很显然,要展开这类目标,必须在当前的满意/不满意的水准以及哪些因素有助于提高满意和降低不满方面获得大量的良好数据。如果知道了顾客最重要的需要是什么,就可以改变组织的战略以便更有效地满足这些需要。

顾客忠诚和保留。除了直接测量顾客满意度之外,理解顾客忠诚的概念要更为有用。顾客忠诚是对顾客与供应商之间的采购行为的测量。一位顾客对某产品的需要是由 A 供应商来提供的,若他只从该供应商处购买,则说他对 A 供应商表现出了 100% 的忠诚。对顾客忠诚的研究使得组织能够从顾客的角度更好地理解产品的可销性,并且可以促使组织考虑如何更好地满足顾客的需要。组织可以通过标杆分析来发现竞争者的绩效,然后制定目标来超越它的绩效(见图 7-6)。

产品绩效(以顾客为中心):这些绩效特征决定了对顾客需要的反应,如服务的及时性、耗油量、平均故障间隔时间、礼貌等。(这里的产品包括货品和服务。)

竞争绩效:相当于或超过竞争者的绩效从来就是一个目标。这里的不同之处是将之融入了经营计划。

绩效改进:这是一个新目标。这一目标之所以必要是因为以下这一事实,即质量改进的速率决定了谁将成为未来的质量领先者。

降低不良质量成本:这一目标涉及成本方面的竞争力。不良质量成本的测量必须以估计为基础。

业务过程绩效:这涉及主要的跨职能过程的绩效,如开具账单、采购、开发新产品等。

图 7-6 经营计划中的质量目标

资料来源:Juran Institute,Inc.

为年度经营计划所选择的目标是从由组织的各个层次所提出的一系列提案中挑选的。这些提案中只有少数几个能够通过筛选过程,最终成为全组织经营计划的一部分。有些提案会进入到组织较低层次的经营计划中。许多提案会被延后,因为它们未能获得必要的优先权,因此得不到组织的资源。

高层主管应当成为战略目标提案的重要来源,因为他们可以获得重要的输入，这些输入可能来自这样一些来源，如作为高层经理委员会的成员，与顾客的接触，定期的业务绩效评价，和其他组织高层管理者的接触，股东，雇员的抱怨等。

在设定影响产品可销性和销售收入的目标时，应当至少相当于或超过市场质量的水平。有些目标和长期项目有关，例如，周期长达几年的新产品开发，一个主要业务流程的计算机化，以及几年内不会交工的大型建筑项目。在这样的情况下，目标的确定应该满足项目完成时预计达到的竞争情况，要"跃过"竞争者。

在自然垄断的行业中（例如，某些公用事业），组织经常能够利用行业数据库来进行比较。有些组织中还存在着内部竞争，各地区分公司的绩效可以相互比较。

有些内部的部门也有可能会成为内部的垄断者。然而，大多数的内部垄断者都有潜在的竞争者，即提供相同服务的外部供应商。内部供应商的绩效可以与外部供应商的提案相比较。

第三个广泛应用的设定目标的基础是历史绩效。对于一些产品和过程，历史基础有助于实现必要的稳定；而有些情况下，特别是涉及很高的慢性不良质量成本的时候，历史基础起到了很大的破坏作用，因为它维持了存在慢性浪费的绩效。在制定目标的过程中，高层管理者应该警惕历史数据的误用。较高的慢性不良质量成本的目标应该以有计划的突破为基础，这种突破是通过质量改进过程实现的。

确立伦理准则和价值观

共同的价值观反映了组织的文化。简而言之，文化就是一群人所共有的一系列习惯和信念。例如，因为经营类似的业务而面对相似的问题，这是文化的内部元素。另一种是外向型的：这一群人在怎样的环境下经营，以及这会如何影响他们？他们如何与环境互动？（Bool，2008）

社会责任显然是关注第二类元素的一种价值观：关注群体（公司）与其所在环境的相互作用。

有些组织通过建立价值观陈述来进一步对自身加以定义。价值观是一个组织所拥护和信奉的东西。列出的价值观必须以管理层的行动和行为作为支持，否则它的发布只会在组织中造成人们的冷嘲热讽。对所有雇员进行价值观的培训和沟通是使人们参与计划过程的先决条件。组织的方针政策必须符合组织的价值观的要求。

例如，三星公司的价值观陈述是：

- 我们致力于用我们的人力资源和技术创造卓越的产品和服务,让世界变得更加美好。

- 我们的管理理念反映了我们为全世界人民生活的繁荣做出贡献的决心。员工的才能、创造性和奉献构成了我们努力的关键因素,我们的技术进步为实现更高的生活水准提供了无穷的可能。

- 在三星我们坚信,我们管理企业的方式决定了我们能否成功地为社会以及各国人民生活的繁荣做出贡献。

- 我们的目标是与顾客共创未来。

沟通组织的方针

这里所讲的"方针"是一种采取管理行动的指南。正式发布的方针陈述是管理层深思熟虑的结果,并得到了最高层的批准。在这一过程中,最高管理层或质量委员会起着非常重要的作用。

在重大的变革时期确立明确的方针是非常必要的,它起着引导组织行动的作用。20世纪80年代以来,发布"质量方针"的活动达到了前所未有的高潮。尽管细节各异,但各个组织所发布的质量方针还是有许多共性。例如,大多数质量方针都表达了满足顾客需要的意愿。方针的表述通常会明确所要满足的具体要求,例如,"本组织的产品应提供顾客满意"。

大多数的方针中都包括与质量竞争有关的语言,例如,"本组织的产品必须达到或超过竞争产品的水准"。

质量方针中第三个经常会强调的领域与质量改进有关,例如,会声明持续改进的意愿。

有些质量方针陈述中可能会包括对内部顾客的考虑,或强调改进努力将延伸到所有的业务阶段。例如:

> Helix致力于成为生活领域解决方案的领先的提供者。Helix的基本追求是在所有业务部门的工作和运营中毫不妥协地实现最高的质量标准。我们的目标是在为顾客提供安全、经济和专业的服务的同时持续改进我们的组织绩效。

由于文件化的质量方针相对来说还是一件新事物,因此方针的落实也是一个新问题。有些组织制定了一些规定,要求对方针的遵守与否进行独立的评审。质量保证的国际标准 ISO 9000 要求有质量方针,以此作为满足顾客需要的意愿的声明。为确保方针的实施还规定了一个审核的过程。

领导

最高管理层的参与对于任何战略计划的制订都是一个不可或缺的步骤,这种参与是以执行委员会的方式来进行的。委员会成员通常是来自最高层的关键人员。最高管理层必须结成一个团队来确定组织的战略方向并达成共识。成立这一委员会是要监督和协调旨在实现战略计划的所有战略活动。该委员会负责实施战略经营计划并监测关键绩效指标。组织最高层的执行委员会应当每月或每季度召开会议。

该执行委员会还要负责确保其他的经营单位也有类似的较低层次的委员会。在这种情况下,各委员会之间是交错的,亦即较高层次的委员会成员出任较低层次委员会的主席。

如果尚没有这种委员会或其他类似的机构,组织就必须建立一个这样的机构。在一个全球性的组织中,其过程是如此复杂以至于无法按照职能来加以管理。这样的委员会确保了有一个跨职能的团队来共同努力,从而使过程的效率和效果最大化。这说起来容易,但实际上却并非如此。高层管理团队的成员或许并不愿放弃其过去所享有的控制权。例如,销售和市场经理已习惯于由他们决定顾客的需要,工程部经理已习惯于其设计产品的独享职责,制造经理则控制着产品生产的王国。短期来看,这些经理们很难轻易放弃他们的独享权力而转变为团队合作者。

目标的展开

长、短期目标的展开也就是要将目标转换为操作方案和项目。这里的"展开"意味着将目标分解为子目标后再将之分配到较低层次上去。在转换时必须仔细注意这样一些细节,如要实现这些目标需要采取哪些行动,谁来采取这些行动,需要的资源,以及计划好的日程安排和重要的管理点。成功的展开要求建立一个管理展开计划的基础架构。目标最终将被委派给跨职能的团队、职能部门以及个人(见图 7-7)。

目标的分解

在对战略目标达成共识之后,还必须将之进行分解并沟通到较低的层次上。展开的过程还包括将大目标分解为可管理的部分(短期目标或项目)。例如:

某航空公司实现 95% 的准时抵达这一目标将要求以具体的短期(8~12 个月)项目来处理以下这些问题:

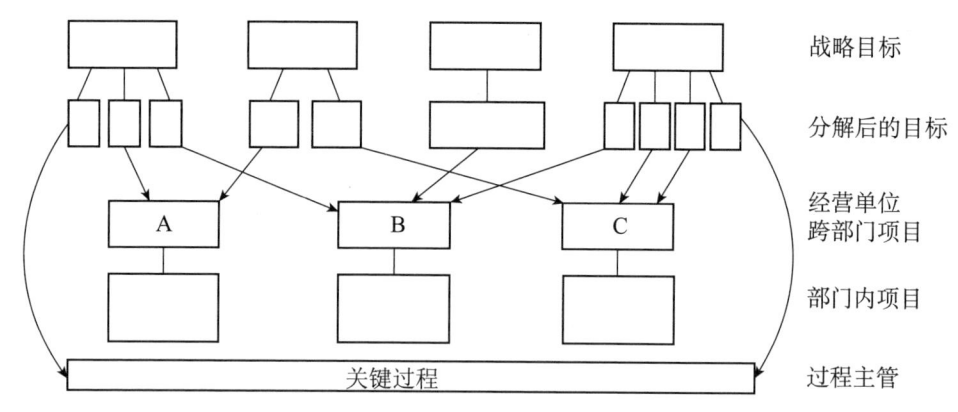

图 7-7　战略目标的展开

资料来源：Juran Institute，Inc.

- 为等候延误的转接航班而推迟起飞的规定。
- 登机口工作人员的决策。
- 清扫飞机所需设备的可获得性。
- 修订部门清扫飞机的程序的需要。
- 员工的行为及认知状态。

某医院改进所服务社区的健康状况的目标会要求进行这样一些项目：

- 降低可预防疾病的发病率。
- 改进患者的就诊方式。
- 改进慢性病的管理方式。
- 开发新的服务和计划以应对社区的需要。

这一展开达到了一些重要的目的：

- 目标的分解一直持续到确定了所要采取的具体行动。
- 目标的分配一直持续到委派了完成上述行动的具体责任。

被委派了责任的人员相应地确定其所需资源并就此同上级沟通。在许多情况下，为了确保目标的实现，必须由委员会来决定具体的项目，并制定出项目团队的章程、确定团队的成员（参见图7-8）。（有关改进过程的详细讨论可参见第5章。）

展开给谁？

展开过程的起点是识别组织和高层管理者的需要，这些需要决定了所要采取的行动。通过考虑所需的资源，展开过程将得出一整套最优的目标。子目标通过实施具体的项目而得以实现。例如，20世纪80年代初，福特公司新设计的福特

第7章 战略计划与卓越绩效

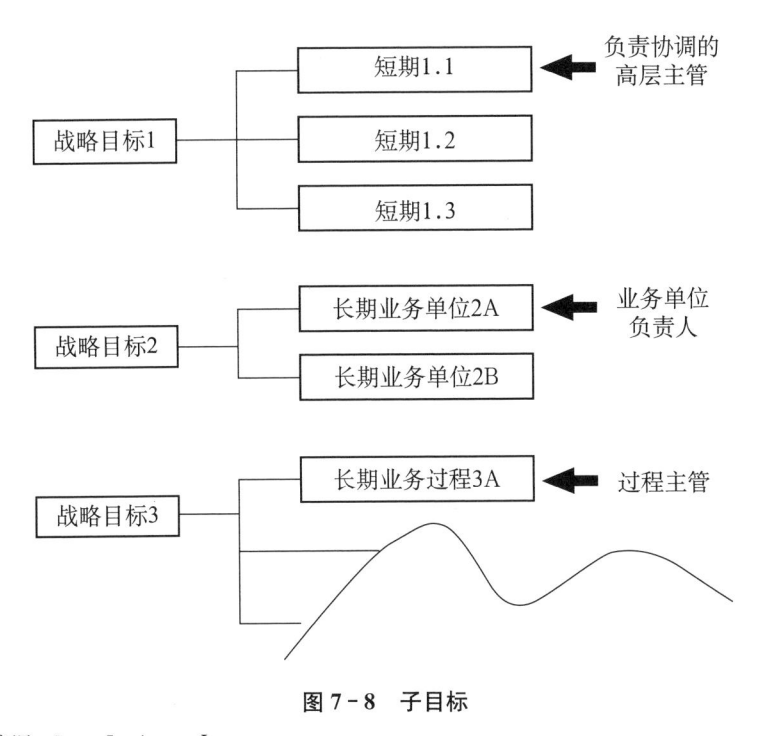

```
战略目标1 ─┬─ 短期1.1   ◀── 负责协调的高层主管
          ├─ 短期1.2
          └─ 短期1.3

战略目标2 ─┬─ 长期业务单位2A   ◀── 业务单位负责人
          └─ 长期业务单位2B

战略目标3 ─── 长期业务过程3A   ◀── 过程主管
```

图 7-8 子目标

资料来源：Juran Institute，Inc.

金牛/黑貂车型的目标是"同业之最"。这一目标被分解成 400 多个具体的子目标，每个子目标都分别与一个特定的产品特征相联系。全部计划活动的工作量十分壮观，涉及了 1 500 多个项目团队。

在某种程度上，目标的展开可按照组织的层级路线来进行，如由总公司到事业部，再由事业部到职能部门等。然而，当目标涉及跨职能的业务流程，或是跨职能的影响到顾客的问题时，这种简单的展开方式就会失效。

组织的主要活动都是通过利用相互联系的业务过程网络来实施的。每一个业务过程都是一个跨职能的系统，由一系列首尾相连的活动所构成。既然它是跨职能的，过程就没有单独的"拥有者"，对于展开给谁这一问题的答案就不是显而易见的。从而，球被抛到了跨职能团队的手中。在团队项目结束时，才可以确定出一个过程的拥有者。监测和维护这一业务过程的重任便落在了这一过程拥有者（可能不止一人）身上。

计划的沟通："传球"

目标一旦确立后，就要同适当的组织单位沟通。事实上，最高层领导会问高层管理者们："你们需要什么来支持这一目标？"这一层次的主管讨论目标并向其下属提出类似的问题，依此类推。所得到的回答要进行归纳并反馈回最高层。这一过程可能会重复几次，直到对于最后的方案基本满意为止。

这一双向沟通的过程被称为"传球"，这是日本人提出的一个说法。传球包括以下工作：

- 清晰地沟通最高管理层所提出的来年战略计划的关键核心领域。
- 由最高层以下的各个层次的主管人员来辨识和提出组织应当重视的其他领域。
- 决定分别由哪些部门和职能来承担计划中确定的领域。

要进行这种双向的沟通，必须对接受者应当如何做出反应进行培训。以前从事质量改进的经历是最有用的培训。来自那些采用了传球方式的组织的反馈表明，这种方式要优于由高层主管单方面设立目标的做法。

例如：波音航空系统公司非常成功地导入了战略质量计划，其中包括了使命、愿景、关键战略、战略目标等。为了对整个公司的使命、战略和愿景进行评审和优化，波音每年都要进行评估，包括顾客满意度评估、人力资源评估、供应商评估、风险评估、财务评估等。通过获取企业的方方面面（顾客、职工、供应商、社区、股东等）的反馈，波音颁布了经过修订的实施计划并更好地管理了它的资源分配。通过持续的评估以及管理层与职工之间的不断沟通，波音更好地识别了组织中的需要，解决了职工文化和培训方面的问题，进一步优化了使用过程。

战略展开的有用工具

树图是一种辅助展开过程的图示工具（见图7-8）。它展示出了目标、长期目标、短期目标以及项目之间的层级关系，并显示了每一项分别被分配到了组织的何处。树图在将大小目标之间或团队与目标之间的关系可视化方面是非常有效的。它也为确定是否所有的目标都得到了支持提供了一种可视的手段。

利用关键绩效指标来测量进展情况

绩效测量之所以必要并且应当以一种有组织的方式来进行，有以下几方面的理由：

- 绩效指标显示出了目标实现的程度，量化了进展的情况。
- 要监测持续改进的过程必须通过绩效的测量，这对于为了获得竞争力所必需的变革是非常关键的。

- 管理层为了进行定期的绩效评审，必须对个人、团队以及业务部门的绩效进行测量。

一旦确立了目标并进行了分解，就需要建立关键的测量指标（绩效指标）。一个根据计划监测绩效的测量系统具有以下一些特性：

- 测量指标与组织的战略目标、愿景和使命有着紧密的联系。
- 测量指标包含了对顾客的考虑，也就是说，测量指标关注内、外部顾客的需要和要求。
- 关键过程的少数关键指标的测量能够方便地及时得到，以满足最高管理层决策的需要。
- 能够识别慢性浪费或不良质量成本。

例如，Paudre Valley 医疗系统（PVHS）在实施业务计划的早期就建立了过程的测量指标，从而能够对以下几个方面加以监测和量化：

- 改进了雇员满意度，在全美机构中进入了前 10% 的位置。
- 通过建立针对特定服务领域需要的市场战略，增强了整体的服务领域市场份额。通过将服务领域区分为基本/本地和整体/全国的市场份额，PVHS 确定了在 2012 年基本市场份额达到 65%、整体市场份额达到 31.8% 的目标。
- 通过开办一家癌症中心来支持设施的发展。
- 通过实施医生参与度调查来强化与医生的关系，调查显示医生满意度达到了 80% 的目标。
- 通过实施一个五年计划并使财务灵活度达到 11，以强化公司的财务地位。

对于战略计划过程实行情况的最好的测量应具有简单、定量和图示这几个特征。图 7-9 给出了一个简单的展开图，描述了关键测量指标及其实施状况。这只是对测量指标进行监测的一个方法。

年度质量目标	具体测量指标	测量频次	测量方式	数据来源	责任人

图 7-9 质量目标的测量示意图

资料来源：Juran Institute，Inc.

当确立了目标并展开后，就必须仔细考虑实现每个层次目标所需的手段，以确保它们能够实现所支持的目标。所提出的资源支出必须与可能取得的成果加以对比，并且要评估其成本收益比。这方面的指标例如：

- 财务结果：
  - 收入。
  - 投资。
  - 投资回报率。
- 人力资源：
  - 已培训人数。
  - 在项目团队中的人数。
- 项目的数量：
  - 已批准的。
  - 实施中的。
  - 已结项的。
  - 中途放弃的。
- 新产品开发：
  - 成功投放市场的产品数量或比例。
  - 新产品开发活动的投资回报率。
  - 开发一个产品的成本与它所替代的产品的成本比较。
  - 新产品带来的收益所占百分比。
  - 过去两年内产品投放市场获得市场份额的百分比。
  - 产品按时投放市场的百分比。
  - 与新产品开发有关的不良质量成本。
  - 投放市场后的 12 个月内所进行的工程更改数。
- 供应链管理：
  - 生产前置时间——充填率。
  - 库存周转。
  - 按时交货百分比。
  - 一次通过率。
  - 不良质量成本。

以下是一家银行用于监测出纳质量的一些测量指标的例子：

- 速度：
  - 排队的顾客人数。

- 排队的时间。
- 每次交易时间。
- 无等候或邮寄交易的周转时间。
- 准确性：
  - 每天结束时各出纳数钱的差异。
  - 注销交易数/处理交易数。

一旦测量系统到位，就要定期进行评价以保证目标的实现。

评审进展状况

正规而高效的评审过程能够增加实现目标的可能性。一个组织在计划所要采取的行动时，首先要搞清楚现状与目标间的差距。评审过程就是要确定已经达到的水准与所追求目标之间的差距（见图 7-10）。

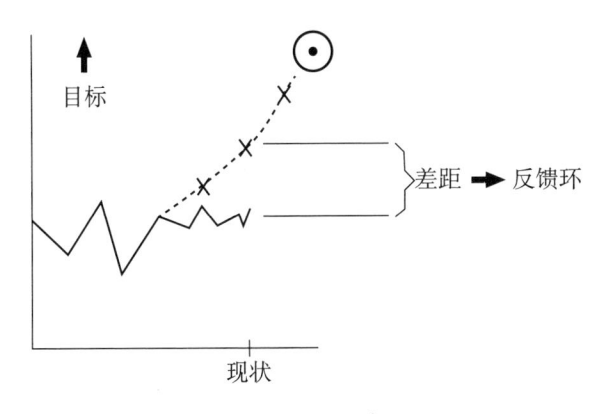

图 7-10 评审

资料来源：Juran Institute，Inc.

将战略展开多次测量的结果用图表的形式展示出来有助于识别必须加以注意的差距。要成功地消除这些差距依赖于一个具有明确的责任和权限的反馈回路来对之采取行动。除了对结果进行评审之外，还需要对进行中的项目进展状况加以评审，以便在还来得及采取措施的时候把潜在的问题识别出来。每一项目都应有明确的预先计划好的评审点，基本上类似于图 7-11 所示的情况。

项目	项目负责人	基础值	目标值	初始计划	评审要点				评审负责人
					资源	分析	计划	成果	

图 7-11 进展评审计划示意图

资料来源：Juran Institute，Inc.

当今的组织有以下几类关键的绩效指标。

产品和服务绩效

一种产品或服务会具有多种多样的特征。对于绝大多数产品特征而言，都存在着绩效指标和技术性的测量装置，从而能够对产品进行客观的评价。

竞争性质量

这些指标与影响产品可销性的那些质量有关，例如，服务的及时性、反应能力、售前和售后服务的态度、订单完成的准确性等。对于汽车来说，其质量包括最高速度、加速性能、刹车距离，以及安全性。对某些产品特征而言，所需数据必须在谈判、说服和购买过程中从顾客处获得。还有些产品特征的数据可以从实验室测试中获得。在有些情况下，还必须进行市场研究。

为了与投放市场时的竞争状态相对应，在确立新产品目标时必须对发展趋势做出研究。

有些组织是在自然垄断条件下经营的，例如区域性的公用事业单位。在这样的情况下，行业协会会收集和发布绩效数据。在内部垄断的情况下（如工资发放、运输等），有时可以从提供类似服务的组织处获得竞争性信息。

改进绩效

在以项目的方式进行质量改进的组织中，这类评估是非常重要的。由于项目之间缺乏共性，集中的评价只限于对下面一些特征的概要说明：

- 项目数。已批准的、进行中的、结项的、放弃的。
- 财务成果。所获收入、投资额、投资回报率。
- 出任项目团队成员的人数。组织的管理团队成员实际参与改进项目的比例，这是一个关键的指标。理想情况下，这一比例应超过 90%，但在绝大多数组织中，实际的比例尚不足 10%。

不良质量成本

正如前面的章节中所述，"不良质量成本"是指在产品和过程完美无缺、不造成任何浪费时就会消失的那些成本。这类成本是巨大的。我们的研究表明，有 15%～25% 的工作都是因产品和过程达不到完美而对以前所做工作的返工。

这类成本无法精确地测量。大多数组织的会计制度只能提供测定不良质量成本的很少一部分信息。要将会计制度扩展到能够提供全面信息的程度，需要投入大量的时间和努力。大多数组织认为这种努力是不合算的。

要填补这一信息差距所能做的是进行估计，以此向高层主管提供有关总体不良质量成本的规模以及应集中注意的领域的大致信息。这些领域便成为选择质量改进项目的目标领域。之后，完成的项目将提供有关改进前后的质量成本的相当精确的数据。

产品和过程的不良

即使会计系统不提供对不良质量成本的评估，通过衡量产品和过程的不良也还是可以进行很多评估，这种衡量既可以利用自然单位的指标，也可以换算成等值的货币。例如，每 1 美元销售额、每 1 美元销售成本、工作时数或单位产品中的不良质量成本等。大多数测量指标都可以逐步在更高层次上进行累计。这一特征使得可以利用单位完全相同的指标来设定多个层次的目标，如公司层、事业部层和部门层等。

业务过程绩效

尽管业务过程广泛存在而且非常重要，但只是最近才开始对其绩效进行控制。很重要的原因之一是其跨职能的性质。这类过程不存在一目了然的拥有者，因而其绩效也没有明确而独立的责任。只有那些从属性的小过程有着明确的责任。最高管理层的控制系统必须包括对大过程的控制，这就要求建立有关运转周期、不良等方面的目标，以及对照目标来评价绩效的手段。

计分卡

为了使高层管理者能够了解实现战略质量展开的"成绩"如何，必须设计一套报表，或叫作计分卡。事实上，战略计划决定着所要评价的主题，并确定了最高管理层的计分卡所包括的测量指标。

计分卡中通常应当包括以下几方面的要素：
- 关键的绩效指标（在组织的最高层次）。
- 以数据为依据的定量绩效报告。
- 对于诸如威胁、机会，以及相关事件的定性的报告。
- 所进行的审核（参见本章后文"经营审核"部分）。

因为每一个组织都是独特的，所以这些通常的要素在必要时还要加以补充。最后应当得到一个能够帮助最高管理层实现质量目标的综合性的报告，正如财务报告可以帮助实现财务目标一样。

执行委员会对于计分卡的设计负有最终的责任。在大公司中，这种综合性报告的设计既要求有总部各部门的输入，也要求事业部中各部门的输入。在事业部层次上的输入应当来自多个职能。

这种综合报告应当设计得一目了然，应当使人很容易看出需要注意和采取行动的那些例外情况。采用表格形式的这种报告应当显示出三方面的要素，即目标、实际绩效以及差异。采用图示形式的报告最起码应反映出绩效相对于目标的趋势。选用何种形式应当根据顾客的偏好来决定，这里的顾客也就是组织的高层主管。

管理性报告通常是按月或季度发布的。发布的时间安排应当同执行委员会或其他关键的评审机构的会议日程相一致。计分卡的编辑者通常由质量总监（或质量经理）来担任，他通常也会是执行委员会的秘书。

计分卡在全球企业界发挥的作用与日俱增，甚至超出了其最初的本意。计分卡现在不只用来反映一个组织的绩效状况，而且还被用来判断一个组织有多"绿色"。Climate Counts 组织计分卡所评价的就是各行各业的组织在减少全球变暖和倡导绿色经营方面的表现，正在采取实质性努力来减轻导致全球变暖的原因的那些组织将会取得更高的得分。与其他计分卡一样，该计分卡的信息是向公众开放的，因而也是一个改善公众形象的机会。

计分卡的内容包括：

- 先行指标（如外购元器件的质量）。
- 同期指标（如产品检测结果、过程条件以及顾客服务等）。
- 滞后指标（如顾客反馈和退货的数据）。
- 不良质量成本的数据。

计分卡应当定期进行正规的评审。正规化提升了这一报告的正当性和地位，定期评审增加了透明度。最高主管亲自参与评审有助于向组织的其他部门表明评审是非常重要的。

许多组织将对财务、顾客、运营和人力资源的测量整合到一起形成了一个"仪表盘"或"平衡业务计分卡"。

经营审核

审核是高层主管采用的一种重要手段。这里的"审核"意味着独立的绩效评审。"独立"表示审核者对于被审核绩效的适当性没有直接的责任。

审核的目的是为主管经理或其他需要的人员提供独立无偏的信息。就某些方面的绩效而言，需要了解的人员中还包括了高层主管人员。

为确保质量的实现，最高管理层必须确证：

- 系统健全且运作正常。
- 能够实现预期的结果。

质量审核被应用到了越来越多的领域和行业，甚至包括科研领域在内。皇家病理医师学会（The Royal College of Pathologist）对其大量的研究报告实施了质量审核。质量审核确保了每个个人和团队符合相关的程序和标准，确保了他们的工作与研究的使命是一致的。

这些审核可以依据外部制定的标准、内部的特定目标或二者的结合来进行。在审核组织绩效方面有三套著名的外部标准，分别是美国的马尔科姆·鲍德里奇国家质量奖、欧洲质量奖（EQA）以及日本的戴明奖。它们为评价整个组织的业务卓越程度提供了相似的标准。

传统上，质量审核用于提供一种保证，使人们确信产品符合规范、操作符合程序。在最高管理层，质量审核的主题扩展到了要对以下这些问题做出回答：

- 我们的方针和目标与我们组织的使命是否一致？
- 我们提供的产品质量使我们的客户满意吗？
- 我们的质量在市场目标不断变动的情况下是否具有竞争性？
- 我们在降低不良质量成本方面有无进展？
- 我们的职能部门间的合作是否足以保证公司绩效最优？
- 我们是否履行了我们的社会责任？

这类问题不是通过传统的技术性审核来回答的。再说，从事技术性审核的审核员很少会具有从事基于经营的质量审核所必需的管理经验和训练。因此，开展基于经营的质量审核的那些组织通常由高层管理者和外部顾问来担任审核员。

朱兰（1998）曾说过：

> 高层主管应当做的事情之一就是，审核实现计划的管理过程的实施情况。要进行审核需要做三件事情。首先是确定我们需要回答的问题。这是别人不能代劳的，高层主管必须亲自来确定这些问题。其次是整理要给出上述问题的答案所必需的信息。这可以授权他人去做，主要是要收集和分析数据。最后要根据这些答案来决定做什么。这是不可授权他人去做的，这是最高主管必须亲力亲为的事情。

由总裁亲自参与的最高层审核通常被称为"总裁审核"（Kondo，1988）。这类审核会对整个组织产生重大影响。由于其主题事项在本质上是如此重要，以至于审核会深入到每一个主要的职能。最高主管的亲自参与简化了在最高层的沟通问题，增加了未来行动取得进展的可能性。最高主管亲自参与这一事实，向整个组织表明了质量在最高层的重要程度，同时也展现了最高主管身先士卒而非只说不练的领导方式（Shimoyamada，1987）。

启示

有关实施战略展开的风险方面，有一些重要的启示：
- 同时追求过多目标，长期的或短期的，会冲淡结果并模糊组织的焦点。
- 大量的计划和案头工作会挤占必要的活动，削弱经理们的士气。
- 在缺乏有关顾客、竞争者及内部职工的充分信息的情况下开展战略计划，得到的或者是高不可攀的计划，或者是俯首可拾却无助于改进财务绩效的计划。
- 领导者将责任过多下授，难以起到领导和掌舵的作用。
- 组织将质量和顾客提到最优先地位会造成一种以往备受重视的财务重要性下降的印象。这种下降感尤其会使那些与此前至高无上的财务目标密切相关的人员无所适从。

在推动战略计划活动时，将一种结构化的方式强加于那些对此不感兴趣的人员，这或许是最大的妨害。从一开始，对这种结构化方式的抵制就会是十分明显的。要导入一套持久、有效的全组织范围内的质量改进活动，一个最重要的前提便是营造一种有利于进行成功所必需的变革的环境。组织正在努力消除过去几年甚至几十年建立起来的障碍，但变革需要时间，且变革只会以一个逐渐演进的形式发生。

参考文献

Bool, H. (2008). Social Responsibility & The Corporate Values Statement, http://ezinearticles.com/?id=1871566, 2008.

Godfrey, A. B. (1997). "A Short History of Managing Quality in Health Care." In Chip Caldwell, ed., *The Handbook for Managing Change in Health Care*. ASQ Quality Press, Milwaukee, WI.

Greenwood, R. G. (1981). "Management by Objectives: As Developed by Peter Drucker, Assisted by Harold Smiddy." *The Academy of Management Review*, Vol. 6, No. 2, pp. 225–230.

Harris, V. (1982). *A Book of Five Rings* by Miyamoto Musashi (1645), translated by V. Harris, Overlook Press, Woodstock, New York.

Hutchins, D. (2008). Hoshin Kanri: *The Strategic Approach to Continuous Improvement*, Gower Publishing Limited, Hampshire, UK.

JetBlue Airways, Terminal 5, JFK International Airport, http://phx.corporate-ir.net/External.File?item=UGFyZW50SUQ9MzMzODAzfENoaWxkSUQ9MzE2NTMwfFR5cGU9MQ==&t=1, 2008.

Juran, J. M. (1988). *Juran on Planning for Quality*. Free Press, New York.

Juran, J. M. (2005). "Pareto, Lorenz, Cournot, Bernoulli, Juran and Others." *Joseph M. Juran: Critical Evaluations in Business and Management*, Vol. 1, No. 4, p. 47.

Kaplan, R. S., and Norton, D. P. (1996). *The Balanced Scorecard: Translating Strategy into Action*, Harvard Business School Press, Boston, Massachusetts.

Kondo, Y. (1988). "Quality in Japan." In J. M. Juran, ed., *Juran's Quality Control Handbook*, 4th ed. McGraw-Hill, New York. (Kondo provides a detailed discussion of quality audits by Japanese top managers, including The President's Audit. See Chapter 35F, "Quality in Japan," under "Internal QC Audit by Top Management.")

Kondo, Y. (1998). "Hoshin Kanri: A Participative Way of Quality Management in Japan." *The TQM Magazine*, Vol. 10, No. 6, pp. 425–431.

Lee, R. G., and Dale, B. G. (1998). "Policy Deployment: An Examination of the Theory." *International Journal of Quality and Reliability Management*, Vol. 15, No. 5, pp. 520–540.

Shimoyamada, K. (1987). "The President's Audit: QC Audits at Komatsu." *Quality Progress*, January, pp. 44–49. (Special Audit Issue.)

Sussland, W. A. (2002). "Connecting the Planners and the Doers." Quality Progress, Vol. 35, No. 6, pp. 55–61.

Tennant, C., and Roberts, P. (2001). "Hoshin Kanri: Implementing the Catchball Process." Long Range Planning, Vol. 34, No. 3, pp. 287–308.

Tregoe, B., and Tobia, P. (1990). "Strategy and the New American Organization." *Industry Week*. August 6.

Watson, G. H. (2003). "Policy Deployment: Consensus Method of Strategy Realization." *Quality into the 21st Century: Perspectives on Quality and Competitiveness for Sustained Performance*, pp. 191–218, T. Conti, Y. Kondo, and G. H. Watson (Eds.), ASQ Quality Press, Milwaukee, Wisconsin.

Witcher, B. J. (2003). "Policy Management of Strategy (Hoshin Kanri)." Strategic Change, Vol. 12, No. 2, pp. 83–94.

Witcher, B. J., and Chau, V. S. (2007). "Balanced Scorecard and Hoshin Kanri: Dynamic Capabilities for Managing Strategic Fit." *Management Decision*, Vol. 45, No. 3, pp. 518–538.

(焦叔斌 于洪波 译)

第 8 章

组织角色：支持质量和卓越文化

约瑟夫·A. 德费欧　彼得·罗布斯泰利

本章要点	劳动力的角色
高层管理者的角色	团队的角色
质量总监的角色	人员培训及认证
管理的角色	参考文献

本章要点

1. 组织内协调质量活动需要双项努力：协调控制及协调变化。

2. 协调控制通常是质量部门的重点；为创造变革而进行的协调通常会涉及"平行组织"，如质量委员会和质量项目团队。

3. 新的组织形式旨在消除职能部门之间的障碍或壁垒。

4. 要实现卓越质量，高层管理者须领导质量工作，以此确定领导层的角色。

5. 质量委员会是由高层管理者组成的小组，负责制定质量战略，指导和支持该战略的实施。

6. 中层管理者通过各种角色执行质量战略。

7. 劳动力的投入对于识别质量问题原因以及设计自我控制工作系统至关重要。

高层管理者的角色

某公司总裁曾抱怨道："员工让我感到很失望。我清楚地告诉他们，质量是我们的第一要务，而且还为他们提供了培训；但两年后的今天，他们却几乎没有任何改进迹象。"这位总裁没有领悟到主动承担领导角色的意义。在所有成功实现质量优势的要素中，有一个因素格外突出，那就是高层管理者的积极领导。践行对质量的承诺是其应承担的责任，但这还远远不够。高层领导的角色可定义如下：

- 建立并服务于质量委员会。
- 制定质量战略。
- 建立、调整和部署质量目标。
- 提供资源。
- 提供质量方法培训。
- 担任高层管理者质量改进团队成员，解决高层管理的长期问题。
- 回顾进展、激励改进。
- 提供奖励及认可。

简而言之，高层管理者需要制定质量策略，并通过个人的领导确保其实施。

举个某制造部门负责人采取行动的有效例证。该负责人亲自主持年度会议，在该会议上提出和讨论改进项目。在会议结束之前，最终确定下一年批准的项目清单，并为每个项目分配责任人和资源。

然而我们也要为这种积极的领导付出代价，其代价就是时间。高层管理者至少需要把 10% 的时间花在质量活动上——与其他管理人员、一线员工、供应商和客户一起。

为质量活动提供资源

现代质量管理需要在整个组织内投入时间和资源——对许多人来说，代价约为 10% 的时间。从长远来看，这项投入可以省出时间用于质量活动或其他活动；但在短期内，资源投入却是一个问题。

高层管理者在提供质量活动资源方面发挥着关键作用。增加资源是替代方案，但在竞争激烈的时代，这种方法可能并不可行。通常，时间和资源只能通过改变生产线和员工工作单元的优先次序来实现。因此，必须消除或推迟一些其他工作，人员才有时间从事质量活动。

被分配到质量团队的人员应了解团队活动所占用的时间。如果时间安排有问题，应鼓励他们（在团队活动开始之前）在其他优先事项上提出调整意见。只有试点团队获得有形成果，证明带来好处时，组织才会为项目团队提供资源。因此，培育试点团队并产出成果非常重要。当组织为成功团队建立跟踪记录后，资源问题便不再是问题。组织的年度预算流程结果可以将提议项目清单和必要的资源列入讨论议程。

为向全面质量管理工作提供资源，某调制解调器制造商采取了一项引人注目的举动。该公司高层管理者将全部劳动力（3 000 人）的 3% 安排从事全职质量工作。团队包括 6 名高层经理，负责设计和监督工作。这些经理在一年后返回原来的工作岗位。

质量领导委员会

质量领导委员会（有时又称"领导小组"）是由高层管理者组成的小组，负责制定质量策略，指导和支持其实施。组织可在多个级别上建立委员会，如公司级、部门级、业务级。当组织成立多个委员会时，通常会将它们串联在一起，即高层委员会成员充当较低级别委员会的主席。任何级别的委员会，其成员均由（直线部门和职能部门）高层管理人员组成。主席应是本级别承担总职责和权限的经理，例如，公司理事会主席、部门经理以及现场经理。质量总监应是委员会成员，其在公司中的角色我们将稍后讨论。每个委员会都应准备一份章程，其中包括以下职责：

- 制定质量战略和政策。
- 评估质量问题的主要方面。
- 为优选的质量项目打造基础设施并配置项目团队负责人及成员。
- 提供资源包括为团队提供支持。
- 规划各级培训。
- 建立过程战略措施。
- 回顾进展并消除改进的障碍。
- 为团队提供公众认可。
- 修订奖励制度以反映质量改进进展。

凯利服务公司（Kelly Services）（McCain，1995）的质量领导委员会将自身的主要职责定义为：

- 制定和部署愿景、使命、共同价值观、质量政策和质量目标。
- 根据目标审核进展。
- 将质量目标与业务计划和绩效管理计划进行整合。

高层管理人员经常会问，质量领导委员会的成员与常规最高管理团队不是一样的吗？通常是一样的。那既然如此，为何还要单独成立一个委员会，而不将质量问题纳入定期召开的高层管理会议呢？最终（当质量成为一种"生活方式"

时），组织可以将两者结合起来，但不能从开始就合二为一。质量问题的严肃性和复杂性需要重点关注，所以，最好通过专门解决质量问题的会议来实现。

委员会在开展各项活动时，经常指定一名或多名全职人员，协助委员会拟定建议草案，供委员会审查。另一种方法是，几位委员会成员担任特别工作组成员，为委员会调查各种问题。

此外，个别委员会成员还经常担任关键质量项目的"倡导者"（"champion"）。在这项角色中，他们持续监控项目，利用行政职位清除完成项目的障碍，并认可项目团队的努力。

显然，提供高层领导的证明对于组织建立积极的质量文化非常重要。

最后，请注意，高层领导是鲍德里奇标准的首要条款。高层领导的标准条款包括组织领导、公共责任和公民身份。当你完整浏览标准后就会发现，高层领导与鲍德里奇标准其他条款（例如战略规划、以顾客和市场为关注焦点、信息和分析，以及人力资源等）息息相关。

质量总监的角色

未来的质量总监可能会扮演两个主要角色，即管理质量部门以及通过战略质量管理来协助高层进行管理（Gryna，1993）。

未来的质量部门

质量部门未来的角色会是什么？表 8-1 列出了一些主要活动。该表展示了质量部门的传统活动，以及不同于当前常规的一些重要变化。

表 8-1 未来质量部门的功能

公司范围内的质量规划	参与供应商合作伙伴关系
建立各级别的质量测量	质量培训
审核出厂质量	质量咨询
审核质量实践	开发新质量方法
协调及支撑质量项目	将活动转移到直线部门

注意，例如"将活动转移到直线部门"。近几十年的经验表明，到目前为止，实施质量方法最佳的途径是通过直线集权型组织而不是职能质量部门。（花了这么长时间，我们才明白这一点，是不是很惭愧？）一些组织多年来一直强调这种方法，而且一些组织在将许多质量活动转移到直线集权型组织方面非常成功。

为了在这种转移中取得成功，直线部门必须清晰而充分地了解自己应负责的活动。此外，组织必须对直线部门进行培训，以实施这些新获得的职责。此类转移的例子包括，将标记（分类）类型的检查活动从质量部门转移到员工本身，将可靠性工程工作从质量部门转移到设计工程部门，将供应商质量活动从质量部门转移到采购部门。质量部门的关键角色是帮助内部顾客实现质量目标。在多数组织中，关键内部顾客是运营部门（在服务业称为运营，在制造业称为制造或生产）。显然，质量与运营必须是合作伙伴而非对手。作为质量总监，本章作者每年必须从运营部门获取 50% 的部门预算。这历历在目的鲜活经历促使质量总监以顾客为导向。如果质量总监确实希望为内部顾客提供帮助，那么建设性的步骤是对这些顾客进行内部"市场调查"。布尔金（Bourquin，1995）描述了美国电话电报公司（AT&T）如何对内部顾客（主要包括制造部门以及市场部门、设计部门和其他部门）进行调查。该调查包含 10 个问题，反映了某些服务的相对重要性以及服务的满意度。虽然调查所需时间或金钱很少，但却从主要的内部顾客那里获得了有价值的定量反馈。

作者认为，质量部门始终需要对产品质量进行独立评估，并为内部顾客提供服务（见表 8-1）。然而，不断变化的商业条件使得组织必须定期审查质量部门的作用，并做出适当改变。这些不断变化的商业条件包括公司合并、（外部和内部）顾客期望变化、外包、信息爆炸、新通信技术、全球业务和文化影响，以及组织内部质量工作的成熟度。此外，对组织内部持续改进的重视会导致质量部门在协调改进活动中产生内部竞争对手。这些竞争对手包括工业工程、人力资源、财务审计以及信息技术。

通过战略质量管理（SQM）协助高层管理者

质量总监拥有绝佳的机会，通过计划和实施许多战略质量管理活动来协助高层管理者。表 8-2 列举了其中一些活动。质量总监可以发挥如此重要的作用吗？在此，我们引用金融领域的类比帮助理解（见表 8-3）。许多组织如今都设有首席财务官（CFO）负责关注宏观财务计划，解决诸如公司财务走向何方这样的问题。而其他财务经理则负责指导和管理细节的财务流程，如应付账款、应收账款、现金管理以及购置和预算。这些角色在组织中也至关重要，但不同于 CFO 的宏观角色。最后，整个组织的直线经理当然也会开展特定活动，帮助实现公司的财务目标。但需要注意的是，质量功能既包括技术质量活动，也包括战略质量管理活动。因此，组织必须为拥有这两方面技能的质量部门提供人员。较大型组织可能会同时从质量工程职能和质量管理职能中受益（就像会计和财务规划是独立的职能一样）。然后这些职能再向质量总监进行汇报。

表 8-2 协助高层进行战略质量管理

评估质量	评估进展
制定目标和政策	确定高层管理者的个人角色
制定质量战略以增加销售收入并减少内部成本	担任质量委员会的促进者
委派组织的质量责任	在战略商务计划周期内整合质量
奖励和表彰	

表 8-3 角色对比

财务（现今）	质量（未来）
首席财务官	质量总监
其他财务经理	其他质量经理
直线经理	直线经理

未来的质量总监可以充当高级管理层在质量管理方面的左膀右臂，就像首席财务官充当高级管理层财务方面的得力助手一样。（请注意，其他基础的质量活动，如检查、审核和质量测量必须由其他质量经理指导和管理。）

金融界积累的一些经验教训也适用于质量职能。多年前还没有首席财务官这类角色，具体的财务流程由一位或几位经理处理。而随着时间流逝，组织对具有更宽广财务视野人才的需求变得日益凸显。在某些公司中，"财务总监"被提拔为首席财务官。而有些公司则认为，财务总监没有远见和宽广的视野来帮助高层管理人员进行宏大的财务规划，即使他们在一些详细的财务流程方面做得非常出色。因此，并非每个财务总监都会成为首席财务官。

未来质量总监所需承担的广泛角色也会出现类似问题。如今的质量总监是否已做好准备，或者是否愿意为质量方面更宽泛的业务角色做好准备？在未来希望担当更广泛角色的质量总监需要从财务总监那里汲取教训。表 8-4 显示了担任此处所提及质量总监的一些成功要素。

表 8-4 作为质量总监的成功因素

专注于顾客导向和顾客权益	分析复杂问题并生成创新解决方案的能力
跨职能建立协作关系的能力	主动、持久和自信地接受新思想
较强的口头和书面沟通技巧以鼓励信息共享	组织活动的能力
以目标为导向	为下属提供自我发展的能力

资料来源："作为质量总监的成功要素"，改编自 G. 沃森（G. Watson）《质量的解放：搭建桥梁和缩小差距》一文。该文发表于 1998 年 8 月《质量进展》第 31 卷第 8 期。经格雷戈里·H. 沃森（Gregory H. Watson）许可转载。

显然，该列表远远超出了当前许多公司质量总监的范围。在大型公司中，组织需要各个级别的质量经理，包括管理一些技术质量活动的质量经理。质量总监可能会参与技术活动的管理，但随着高层管理人员，而不是质量总监来领导公司的质量工作，组织将越来越需要质量总监协助高层管理人员。有关质量部门未来角色的详细说明，请参见格里纳相关论述（Gryna，1993）。

斯内利和沙因（Cinelli and Schein，1994）展示了对美国质量高管概况的调查结果。该调查研究了223家财富500强公司的专业背景、日常活动以及质量高管的职责。而38家英国公司质量管理调查的结果，请参见格鲁科克相关论述（Groocock，1994）。

管理的角色

中层经理、主管、行业专家和员工负责执行由高层管理者制定的质量战略。中层经理、主管和专家的角色包括：
- 为质量问题提出解决方案。
- 担任各类质量团队的负责人。
- 担任质量团队的成员。
- 服务于任务小组，协助质量委员会制定质量战略要素。
- 通过展现个人承诺并鼓励其员工来领导自己区域内的质量活动。
- 识别顾客和供应商，与其会晤，发现并解决他们的需求。

组织越来越多地要求中层管理人员担任团队领导的角色，以此作为他们工作延续的一部分。对于他们中的多数人来说，担任团队领导者的角色需要特殊的管理技能。对于指导本部门人员的部门经理来说，传统的等级管理很常见。而一个跨职能质量改进团队的领导就会面临一些挑战，如他们通常对团队里的任何人没有等级管理权限，因为成员来自各个部门、兼职工作，而且还优先处理他们所属部门的工作。一个团队领导的成功取决于他的技术能力，让成员作为一个团队一起工作的能力，以及为分配的问题寻求解决方案的责任感。领导团队需要相当多的才能和承担责任的意愿。对于某些中层管理人员而言，管理风格的转变是一个很大的负担；而对其他一些人来说，这个角色提供了机会。迪奇等人（Dietch et al.，1989）识别并研究了南加州爱迪生公司团队领导者的15个特征。研究得出的结论是团队领导者（与团队成员相比）对挫折的容忍度更高。他们相信自己对发生在他们身上的事情具有很大的影响力，对模棱两可的事情表现出更大的容忍度。同时，他们也更加灵活，更加具有好奇心。

劳动力的角色

所谓劳动力,是指除管理人员和专业人士以外的所有雇员。

我们回想起来,其实大多数质量问题都是管理可控或系统可控的。因此,管理必须:(1)指导必要的步骤以识别和消除质量问题的原因;(2)提供使工人处于自我控制状态的系统。劳动力的投入和合作至关重要。劳动力的角色包括:

- 为质量问题提出解决方案。
- 担任各种质量团队的成员。
- 识别自己工作中不符合自我控制三标准的因素。
- 了解顾客需求(内部和外部)。

最终,我们开始通过员工的经验、培训和知识来挖掘其潜力。一位工厂经理表示:"没有人比工作人员更了解工作场所及其周围 20 英尺半径的范围。"除非我们运用劳动力的双手和智慧,否则就无法实现质量目标。接下来我们将讨论团队中劳动力的某些角色。

团队的角色

"未来组织"将受到所有组织中存在的两个系统相互作用的影响,即技术系统(设备、程序等)以及社会系统(人员、角色等),因此,我们称其为"社会技术系统"(STS)。

社会技术系统的许多研究都集中在设计组织工作的新方法,特别是员工水平上。团队概念在这些新方法中起着重要作用。如今有些组织的报告提出,一年内有 40% 的员工中参加了团队。而一些组织将目标设为 80%。表 8-5 总结了最常见的质量团队类型。

表 8-5 质量团队类型总结

项目	改进质量项目团队	劳动力团队	业务流程质量团队	自我指导团队
目的	解决跨职能质量问题	解决部门内问题	计划、控制和改进关键的跨职能流程质量	计划、执行和控制工作以实现定义的输出

续表

项目	改进质量项目团队	劳动力团队	业务流程质量团队	自我指导团队
成员组成	来自多个部门的经理、专业人员和员工的组合	主要来自一个部门的员工	主要来自多个部门的经理和专业人员	主要来自一个工作区的员工
成员基础和规模	强制性；4~8名成员	自主性；6~12名成员	强制性；4~6名成员	强制性；工作区域的所有成员（6~18名）
连续性	项目完成后，团队解散	团队保持完整，项目一个接一个	永久	永久
其他名称	质量改善团队	员工参与小组	业务流程管理团队；流程团队	自我监督团队；半自治团队

奥布里和格里纳（Aubrey and Gryna，1991）总结了四年中美国第一银行（Banc One）下属的75个银行分支机构1 000多个质量团队的经验。这项工作取得了显著成果：节约成本和增加收入达1 800万美元；顾客满意度提高10%到15%；成本、缺陷和顾客流失率降低5%至10%。在某些团队中，成员是委任的；而在其他一些团队中，成员是自愿加入的。表8-6呈现了一些组织结果的总结。团队的重点是提高顾客满意度、降低成本、增加收入，以及改善一线员工与管理层之间的沟通。

表8-6 对某银行质量团队的调查结果

项目	调查结果
团队规模	平均7人，在2~11人之间
项目选择	75%由管理者决定，15%由质量委员会决定，10%由独立的小组决定
通过项目选择实现的平均节约	通过管理者和质量委员会决定实现的节约两倍于通过小组决定实现的节约
项目持续时间	平均3个月，每个团队成员24个工时（不包括团队会议以外的时间）
使团队成功最大化的因素	理想的4~5人的团队规模；75%管理者/职员，25%非豁免职员；成员由管理者选定；项目由管理者或者质量委员会选择；项目持续3~4个月，每周有90分钟的团队会议

接下来，我们将介绍三种类型的团队：质量项目团队，劳动力团队和自我指导团队（见图8-1）。

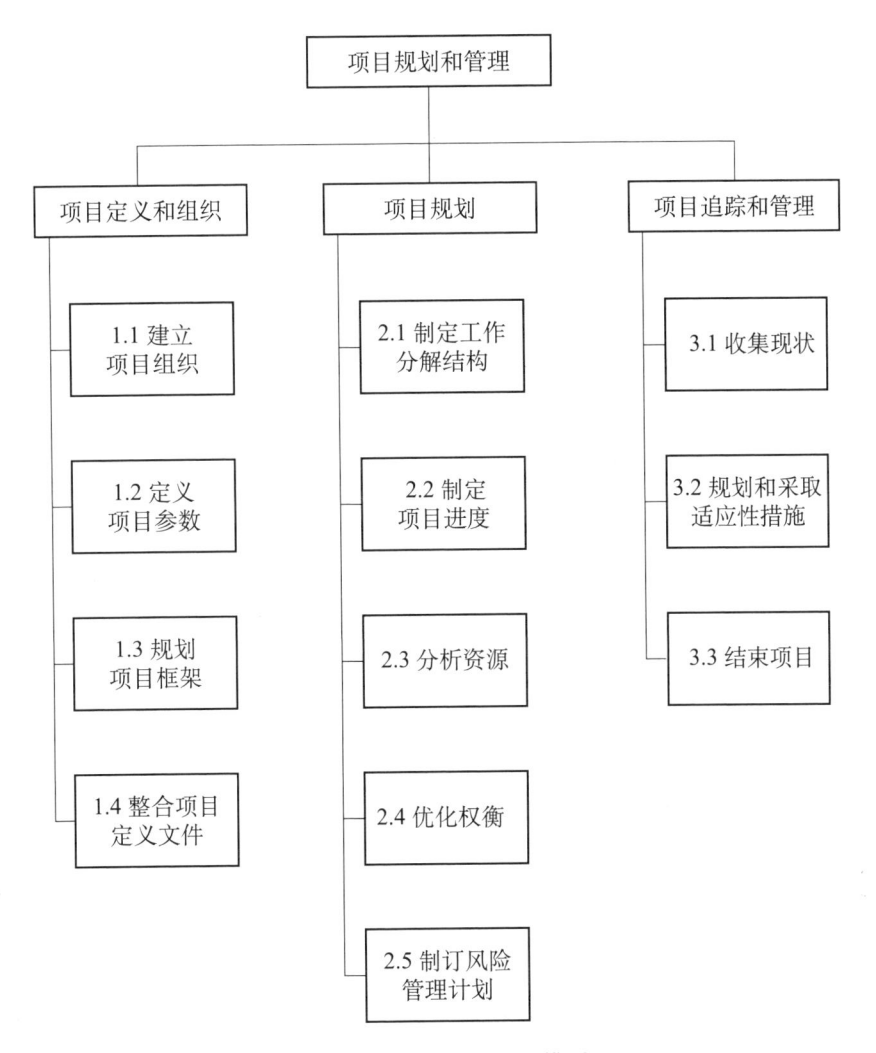

```
                    ┌──────────────┐
                    │ 项目规划和管理 │
                    └──────┬───────┘
        ┌──────────────────┼──────────────────┐
┌───────┴───────┐  ┌───────┴───────┐  ┌───────┴───────┐
│ 项目定义和组织 │  │   项目规划    │  │ 项目追踪和管理 │
└───────┬───────┘  └───────┬───────┘  └───────┬───────┘
```

图 8-1　项目管理过程模型

各分支下的子项：

- 项目定义和组织：
  - 1.1 建立项目组织
  - 1.2 定义项目参数
  - 1.3 规划项目框架
  - 1.4 整合项目定义文件

- 项目规划：
  - 2.1 制定工作分解结构
  - 2.2 制定项目进度
  - 2.3 分析资源
  - 2.4 优化权衡
  - 2.5 制订风险管理计划

- 项目追踪和管理：
  - 3.1 收集现状
  - 3.2 规划和采取适应性措施
  - 3.3 结束项目

资料来源：摘自《项目管理手册》，马萨诸塞州波士顿1996年版本。哈佛商学院出版公司©1996版权所有；经哈佛商学院出版社许可转载。

人员培训及认证

人员的选拔、培训和留用等原则是众所周知的，但在许多职能中并不总能得到充分的重视。

人员的选拔

Norrell 是一家人力资源公司，向顾客提供传统的临时性帮助以及员工管理和外包服务。其对 1 000 多个顾客的调查显示，顾客将质量定义为"杰出的人才"。所谓杰出是根据 8 个文职职位和 9 个技术职位的标准来定义的。这些标准用于选择和培训分配给客户公司的人员。在基于 5 个服务型组织和 9 个制造业组织调查的另一起案例中，杰弗里（Jeffrey，1995）识别出了 15 种能力。组织及其顾客将这 15 种能力视为一线员工为顾客提供服务活动的重要能力。这些能力中的多数都适用于一线人员及后勤人员。

一家为顾客提供临时人员的人力资源公司进行了一项研究。其为未来的员工提供了一系列问题，并分发给所有员工。被顾客评为优秀员工（根据市场研究结果）的回答与非优秀员工的回答非常不同。（其他问题导致大多数员工做出相同的回答。）这些"差异性问题"的回答有助于组织选择新员工。

员工性格是运营职能中许多（但不是所有）职位所需的一个重要属性。随着团队变得越来越普遍，这项属性也变得越来越重要。某化学品制造商甚至将求职者置于团队解决问题的环境中，作为甄选过程的一部分。雷蒙德·詹姆斯金融服务公司（Raymond James Financial Services Inc.）的拉里·西尔弗（Larry Silver）很好地说明了这一点："我们需要招募那些在沙盒中与他人玩得好的人，也就是说，他不会将沙子丢在别人脸上，而是与他人合作共同建造城堡。"

评估人格类型的一个工具是迈尔斯-布里格斯（Myers-Briggs）类型指标。这项人格测试基于 4 种倾向量表——外倾或内倾、实感或直觉、思维或情感、判断或知觉——描述了 16 种人格类型。因此，其中一种人格类型便是外倾、实感、思维、判断型人格。分析未来或当前员工对测试问题的回答，有助于确定其个人的性格类型。组织需要多种人格类型的员工。迈尔斯-布里格斯方法描述了 16 种类型中每种类型人员对组织的贡献。通过了解员工类型并相应地进行工作分配，组织可以利用所有人格类型实现工作的高绩效。麦克德莫特（McDermott，1994）对这 16 种人格类型以及该工具如何帮助招募新员工和分配现有员工进行了阐释。而安德森们（Anderson and Anderson，1997）则描述了一种运用 4 种能力、3 种动机及兴趣，以及 13 种人格来评估候选人的工具。

培训

广泛质量计划的一项基本要素便是广泛的培训。表 8-7 列出了培训领域和主题。根据培训经验，我们识别出培训计划失败的一些原因：

- 未在需要时提供培训。多数情况下,培训提供给了那些很少或根本没有机会用到培训知识的员工,直到几个月以后,他们才可能会用到(如果有机会的话)。更好的方法是在需要时为每个小组安排培训,即"及时"培训。
- 基层经理缺乏对培训设计的参与。没有这种参与,培训通常以技术而非以问题和结果为导向。
- 依靠讲座式的培训方法。特别是在工业领域,培训必须高度互动,即必须使受训者能在培训过程中应用这些概念。
- 培训期间沟通不畅。质量技术尤其是统计方法可能会使有些人迷惑不解。但如果我们强化简单的语言和图形技术,那么有可能带来许多好处。

如果培训计划未能改变人们的行为,那它就是失败的。吸取这些经验教训有助于防止此类失败的再次发生。

表8-7 各类人员培训需求表

	质量意识	基本概念	战略质量管理	个人角色	三个质量过程	问题解决方法	基本统计	高级统计	职能领域质量	质量动力
劳动力	×	×		×		×	×			
引导者	×	×		×		×	×			×
专家	×		×	×	×	×	×	×		
其他中层经理	×	×								
质量经理		×	×	×	×	×		×	×	×
高层经理	×	×	×	×		×				×
主题	质量意识	基本概念	战略质量管理	个人角色	三个质量过程	问题解决方法	基本统计	高级统计	职能领域质量	质量动力

人才留用

组织在选拔和培训上投入更多的资源,将有助于留住熟练的员工。当然,薪酬也是留住员工的重要因素。但其他因素也很重要,包括:

1. 提供职业规划和发展。
2. 设计自我控制的工作。
3. 为员工提供充分的授权和其他手段,使员工脱颖而出。
4. 消除工作压力和倦怠的根源。
5. 为员工提供持续指导。
6. 为员工提供参与部门规划的机会。

7. 提供与（内部和外部）顾客互动的机会。

8. 提供各种形式的奖励和认可。

绩效评估已成为热议（和令人困惑）的主题。作者认为，如果运用得当，绩效评估是一种有用的工具。

留住关键员工取决于许多方面。一家信息技术服务公司对 200 多名员工进行了调查，以了解他们离职的原因，并由此得出了一些令人惊讶的结果。按照等级排序（根据他们感觉的频度和强度），员工给出了以下原因：与我更多地进行交流，为我的老板进行培训，为我提供更多培训，帮我设定目标并提供反馈，提供更高的薪酬，以及提供更好的福利。

摩根和史密斯的著作（Morgan and Smith，1996）可作为人才选拔、培训和留用的有用参考。

参考文献

Anderson, D. N., and T. Anderson (1997). "Finding the Right People with the Right Tools," IIE Solutions Conference Proceedings, Institute of Industrial Engineers, Norcross, GA.

Bourquin, C. R. (1995). "A Quality Department Surveys Its Customers (or, Shoes for the Cobbler's Children)," Annual Quality Congress Proceedings, ASQ, Milwaukee, pp. 970–976.

Cinelli, D. L., and L. Schein (1994). "A Profile of the U.S. Senior Quality Executive," The Conference Board, New York.

Dietch, R., S. Tashian, and H. Green (1989). "Leadership Characteristics and Culture Change: An Exploratory Research Study," Impro Conference Proceedings, Juran Institute, Inc., Wilton, CT, pp. 3C-21 to 3C-29.

Groocock, J. M. (1994). "Organizing for Quality—Including a Study of Corporate-Level Quality Management in Large U.K.-Owned Companies," *Quality Management Journal*, January, pp. 25–35.

Gryna, F. M. (1993). "The Role of the Quality Director—Revisited," Impro Conference Proceedings, Juran Institute, Inc., Wilton, CT, pp. 11.12–11.14.

Gryna F. M. (2004). *Work Overload!: Redesigning Jobs to Minimize Stress and Burnout*. ASQ Quality Press, Milwaukee, Wisconsin.

Jeffrey, J. R. (1995). "Preparing the Front Line," *Quality Progress*, February, pp. 79–82.

McCain, C. (1995). "Successfully Solving the Quality Puzzle in a Service Company," Impro Conference Proceedings, Juran Institute, Inc., Wilton, CT, pp. 6A.1-1 to 6A.1-13.

McDermott, R. (1994). "The Human Dynamics of Total Quality," Quality Congress Transactions, ASQ, Milwaukee, pp. 225–233.

Morgan, R. B. and J. E. Smith (1996). *Staffing the New Workplace*, ASQ Quality Press, Milwaukee, and CCH Inc., Chicago.

（郎菲 译）

第9章

质量保证和审核 约瑟夫·A. 德费欧

本章要点
保证的定义和概念
质量审核的概念
质量审核程序的原则
审核主题
构建审核程序
策划审核活动
审核绩效

审核报告
纠正措施跟进
审核中的人际关系
产品审核
产品审核抽样
报告产品审核结果
参考文献

本章要点

1. 质量保证是旨在提供质量要求得到满足的信任的证明活动。

2. 质量审核是一种独立的审查,目的是将质量绩效的某些方面与该绩效的标准进行比较。它是一个由内部或外部审核员开展的过程。该过程有助于确保组织体系适宜,并得到遵守。

3. 经验丰富的审核员经常可以发现改进机会,这是他们寻找不符合规定要求的副产品。甚至这些机会操作人员也已经知道,因此,审核员只是重新发现而已。

4. 审核由个人或团队进行实施。一个审核组通常设有一个审核组长,他负责制订审核计划,编制审核时间表,汇总或创建检查表或作为备忘录,主持会议,检查审核员的审核发现和评价,准备审核报告,评估纠正措施,并提交审核报告。

5. 审核的最后阶段是跟踪，确认被审核的活动。

保证的定义和概念

在本书中，质量保证是旨在提供质量要求得到满足的信任的证明活动。ISO将质量保证定义为在质量体系内实施的所有计划和系统的活动，并在需要时加以证明，以提供实体满足质量要求的充分信心。在此，提醒读者注意，其他含义也很常见。例如，"质量保证"有时是质量部门的名称，该部门涉及许多质量管理活动，如质量计划、质量控制、质量改进、质量审核和可靠性。

许多质量保证活动通过提前发出早期预警来防止质量问题。保证来自证据，即一系列事实。对于简单的产品，证据通常是产品的某种形式的试验或测试。对于复杂产品，证据是检验和测试数据，还包括评审计划和对计划执行的审核。我们可以使用一系列保证技术来满足各种各样的需求。

质量保证与财务审计的概念类似。财务审计通过"独立"审核，建立会计计划。如果得到遵循，或者说确实得到遵循，该计划将能正确反映公司的财务状况，从而保证财务完整性。如今，独立财务审计师（注册会计师）已成为金融领域一支颇具影响力的力量。

本书先前讨论的许多保证形式都是在职能部门内展开（见表9-1）。本章讨论全公司范围内的三种质量保证形式：质量审核、质量评估和产品审核*。

表 9-1 部门保证活动的例子

部门	保证活动
市场	市场检测评估产品 控制产品用途 产品监测 专属服务活动 特殊调查 竞争力评估

---

* 本章提及了审核中的两大主要类型——体系审核和产品审核，未专门描述内部审核、外部审核以及内外部审核的差异，译者翻译中较多感受的是作者从审核对企业的改进帮助的角度提及审核活动，不刻意去提是一方审核还是三方审核的方式。这与国内习惯并且很常见的外部审核的策划、实施、绩效评价等的描述思路有所差别，希望读者更多领会作者结合案例站在企业的角度对质量保证的三种形式（质量审核、质量评估、产品审核）的内涵理解。——译者注

续表

部门	保证活动
产品开发	设计评审 可靠性分析 可维护性分析 安全性分析 人员因素分析 生产、检验、运输分析 价值工程 自控分析
供应商关系	供应商资质的策划 供应商资质的流程管理 最初样本的评估 首批货物评估
生产	设计评审 过程能力分析 预生产试验 试生产 过程的失效模式、影响及危害性分析 生产计划检验（检查表） 过程控制工具的评估 自控分析 生产质量审核
检测	跨实验室检测 测量检测员准确性
客户服务	包装、运输、仓储审核 维护服务审核

资料来源：JQH4，p.9.3.

质量审核的概念

质量审核是一项独立的审核，目的是将质量绩效的某些方面与绩效标准进行比较。这是一个由内部或外部审核员进行的过程，有助于确保组织的体系适宜并得到遵守。审核的目的是提请注意所需的改进，并确保遵守法律和监管要求，以便为消费者提供始终如一的高质量产品和服务。一个成功的质量审核关注组织的需要。术语"独立"一词至关重要，在某种意义上，审查人员（称为审核员）既不是被审查绩效的责任人，也不是被审查绩效的直接主管。独立审核提供了一个公正的绩效概况。"质量评估"（或质量评价）和"质量审核"有着相似的含义，但在通常使用中，评估是指质量活动的一个总范围，通常包括不良质量成本、市场地位和质量文化等管理事项。

ISO 19011：2002 第一版定义阐明了其他方面：质量审核是一种系统和独立的检查，以确定质量活动和相关结果是否符合计划安排，以及这些安排是否得到有效实施和是否适合实现目标。（本章后面讨论的产品审核是对实物产品的审核，质量审核是对管理活动的审核。）

内部审核，有时称为第一方审核，由组织本身或代表组织的机构进行，以开展管理评审和实现其他内部目的，并可构成组织自我声明符合的基础。在许多情况下，特别是在较小的组织中，独立性可以通过不承担被审核活动的责任来体现。外部审核包括通常被称为第二方和第三方的审核。第二方审核由与组织有利益关系的各方（如客户）或他们的代表进行。第三方审核是由外部独立的审核机构进行，如提供符合 ISO 9001 或 ISO 14001 注册要求的认证机构。

公司使用质量审核来评估其自身的质量绩效，以及其供应商、被许可人、代理人和其他人的绩效；监管机构使用质量审核来评估其管理的组织的绩效。

质量审核的具体目的是提供独立的保证：

- 如果遵循实现质量的计划，则预期质量将会实现。
- 产品适合使用，且对用户安全。
- 遵守政府机构、行业协会和专业协会制定的标准和规定。
- 符合规范。
- 程序充分，且被遵循。
- 数据系统能够向有关各方提供准确而充分的质量信息。
- 发现不足，并采取纠正措施。
- 确定改进的机会，并通知有关的人员。

建立审核程序的一个关键问题是，审核应以合规性为导向还是以有效性为导向，或者两者兼而有之。在实践中，许多质量审核是以合规性为导向；审核是将质量相关的活动与这些活动的标准或要求进行比较（例如，生产和服务运营是否具有书面的作业指导书）。重点是确定是否符合书面作业指导书的要求，并维护这些指导书的程序，以作为符合性的证据。这些审核已发展为"关注过程"的审核，即审核员将跟踪产品或特定服务整个过程的生命周期，以检查其是否符合要求。有效性审核是评价需求是否达到了预期结果（对于外部和内部客户），以及有关的质量活动是否有效地利用了资源（详细说明见 Russell 和 Regel 1996 年的相关论述）。

乍一看，审核似乎既应以合规性为导向，也应以有效性为导向，有时两者兼而有之。当审核在内部进行时，它们可以而且应该以合规性和有效性为导向。但是，当审核由外部机构进行时，如果审核涉及包括资源使用在内的运营有效性问题，那么被审核的公司就可能遇到严重性和合理性的问题。因为外聘审核员一旦对内部业务有效性进行评价，就要对顾客满意度、顾客需求和内部管理过程进行宽泛的考量，这就使得他们很难既公平又有效地进行审核。

质量审核程序的原则

成功的质量审核程序必须遵循五个原则：

1. 毫不妥协地强调基于事实的结论。任何缺乏事实依据的结论都必须贴上这样的标签。

2. 审核员的态度，即审核为管理层提供保证，也为直线管理人员管理其部门提供有用的服务。因此，审核报告必须提供关于不足的详细信息，以便于直线经理进行分析和采取行动。

3. 审核员对发现改进机会的态度（第三方审核通常不是这样，因为必须尊重独立性，但对第一方和第二方审核来说的确很重要）。这些机会包括强调实践中使用的好想法，而这些想法不属于正式的程序。有时，审核可以帮助克服不足，方法是通过公司内的组织层级架构传达缺陷产生的原因，而这些原因来自另一个部门。

4. 处理人际关系：这方面的问题已讨论过。

5. 审核人员的能力。审核员的基础教育和经验应足以使他们能够在短时间内了解他们要审核的业务的技术方面。如果没有这种背景，他们将无法赢得操作人员的尊重。此外，他们还应接受审核员人际关系方面的专门培训。美国质量协会为认证质量审核员提供了实施程序。

成功进行质量审核活动的这五个要素是对公司审核活动的巨大贡献。直线经理每年自愿拿出部分预算，来为质量审核小组提供资金。

审核主题

对于简单的产品，其审核范围也很简单，主要就是产品审核（稍后讨论）。对于复杂的产品,审核要复杂得多。在大公司中,即使是对主题的划分也是一个令人困惑的事情。对于此类公司,审核程序使用以下一种或多种方法来划分主题:

组织单元

大公司分成很多层级,每个层级都有特定的任务分配:公司办公室、运营部门、工厂等。这些公司通常使用多个质量审核组;每个审核组都会审核专门的主题,并将结果报告给自己的"客户"。

产品线

从设计到现场性能的全过程,审核评估特定产品线(如印刷电路板、液压泵)质量的方方面面。

质量体系

这里的审核是针对整个质量系统的各个方面的内容,如设计、制造、供应商质量和其他过程。面向系统的审核会审查整个产品范围内的任何此类系统。表 9-2 提供了医疗产品制造商 Mallinckrodt Inc. 的示例。

产品和过程控制体系

这些类型的审核是评估/评价当前的产品和过程控制(包括测量)是否到位,是否能够满足客户在质量方面的需求。

专门的审核活动

审核也可以被设计成对质量使命具有特殊意义的特定程序,如:不合格品的处置、文件编订、仪器校准、软件管理等(见表 9-3)。

表 9-2　质量体系评价——组成部分和要素

A 组织设计
1. 管理责任
2. 工作描述
B 客户管理实践
1. 纠正活动
2. 服务
3. 投诉和质询的处理
4. 召回和现场纠正

续表

C 组织和个人的开发实践
1. 培训
2. 个人卫生

D 产品开发实践
1. 设备的设计控制
2. 概念生成
3. 设备开发
4. 运营转化
5. 生命周期维护/上市后监督

E 产品和过程的控制实践
1. 过程控制
2. 特殊过程
3. 过程能力
4. 设施和设备
5. 污染控制
6. 材料回收

F 采购实践
1. 采购
2. 合同评审

G 厂房和分配实践
1. 操作、仓储、分配和安装

H 质量保障实践
1. 产品的识别和可追溯性
2. 验收活动
3. 不合格货物
4. 标识
5. 质量内审
6. 电子数据处理

I 信息分析实践
1. 检查、测量和仪器测试
2. 统计技术
3. 分析方法和实验室工作

J 文件管理实践
1. 文件控制
2. 质量报告
3. 产品注册和批准档案

表 9-3 审核任务实例

范围或活动	审核特定任务的示例
工程文件	操作人员使用最新规范；从设计改变到投放市场的时间要求
工作说明	书面工作说明的存在和充分性
机器和工具	使用指定的机器和工具；预防性维护的充分性
测量设备的校准	存在校准程序以及满足校准间隔的程度
生产和检查	关键技能认证项目的充分性；充分的培训
生产设施	总体的清洁和关键环境条件的控制
检查说明	书面指示的存在和充分性
检查结果记录文件	细节的充分性；生产人员的反馈和应用
原材料状态	辨识检查状态和产品配置；不合格品的隔离
原材料的处理和储存	关键材料的处理过程；处理过程中的防护；生产中储存环境的控制

质量体系审核和专门的审核活动一样，可以采取有计划的审核或根据计划执行的审核。此外，审核活动包括对内部活动或外部活动的审核，例如由供应商进行的活动。

识别机会

经验丰富的审核人员常常可以发现改进的机会，这是他们寻找不符合规定要求的副产品。甚至连操作人员都可能知道这些机会，因此，审核人员只是重新发现而已。然而，这些操作人员可能由于各种障碍而无法采取行动，如：专注于日常控制，无法通过层级进行沟通，以及缺乏诊断支持。

审核员相对独立的身份和缺乏对日常控制的关注可能使他能够克服这些障碍。此外，审核员的报告可以涉及组织多个层级，因此更有可能被那些有权借此机会采取行动的人听到。例如，审核人员可能会发现，由于会计部门工作积压，质量成本报告严重延误。他关于加快报告速度的建议可能会传达给能够采取行动的人，而操作人员的同一建议可能永远不会达到那个水平。

构建审核程序

对单个任务或任务系统的审核通常是结构化的。例如，旨在实现约定的目的，并根据约定的实施规则进行。

要达成这些规则和目的的协商一致，需要三个关键参与团队的通力合作：

- 作为审核对象的活动的负责人。
- 审核部门负责人。
- 主持以上两项工作的高级管理层。

如果没有这样的集体协议,审核程序将可能失败。通常的失败模式包括:(1)审核员与直线经理之间人际关系方面的摩擦;(2)直线经理未关注审核报告。

表9-4描述了确定达成一致并实施审核计划的典型流程。已发布的审核方针和方法声明将成为使审核合法化的规章,并为所有相关人员提供持续的指导方针。

审核工作通常由精通技术和人际关系的全职审核员进行。由高层管理人员、中层管理人员和专家组成的审核团队同样有效。

表9-4 构建审核程序的步骤

	审核部门	直线部门	高管层
审核所达到的目的和审核一般方法的介绍	×		×
政策草案、程序以及其他需遵循的规则	×	×	
最终批准			×
审核计划	×	×	
审核执行	×		
对审核发现事实的验证		×	
审核事实与建议报告的发布	×		
讨论报告	×	×	×
决策采取行动		×	
后续跟进措施	×		

策划审核活动

执行审核的主要步骤包括计划、召开会议、执行、报告、跟进纠正措施和结束。图9-1中的流程图详细描述了这些步骤。美国质量学会(ASQ)质量审核部(2013版的《质量审计手册》)是审核过程的优秀参考。

在图9-1的步骤背后是一些重要的政策问题:

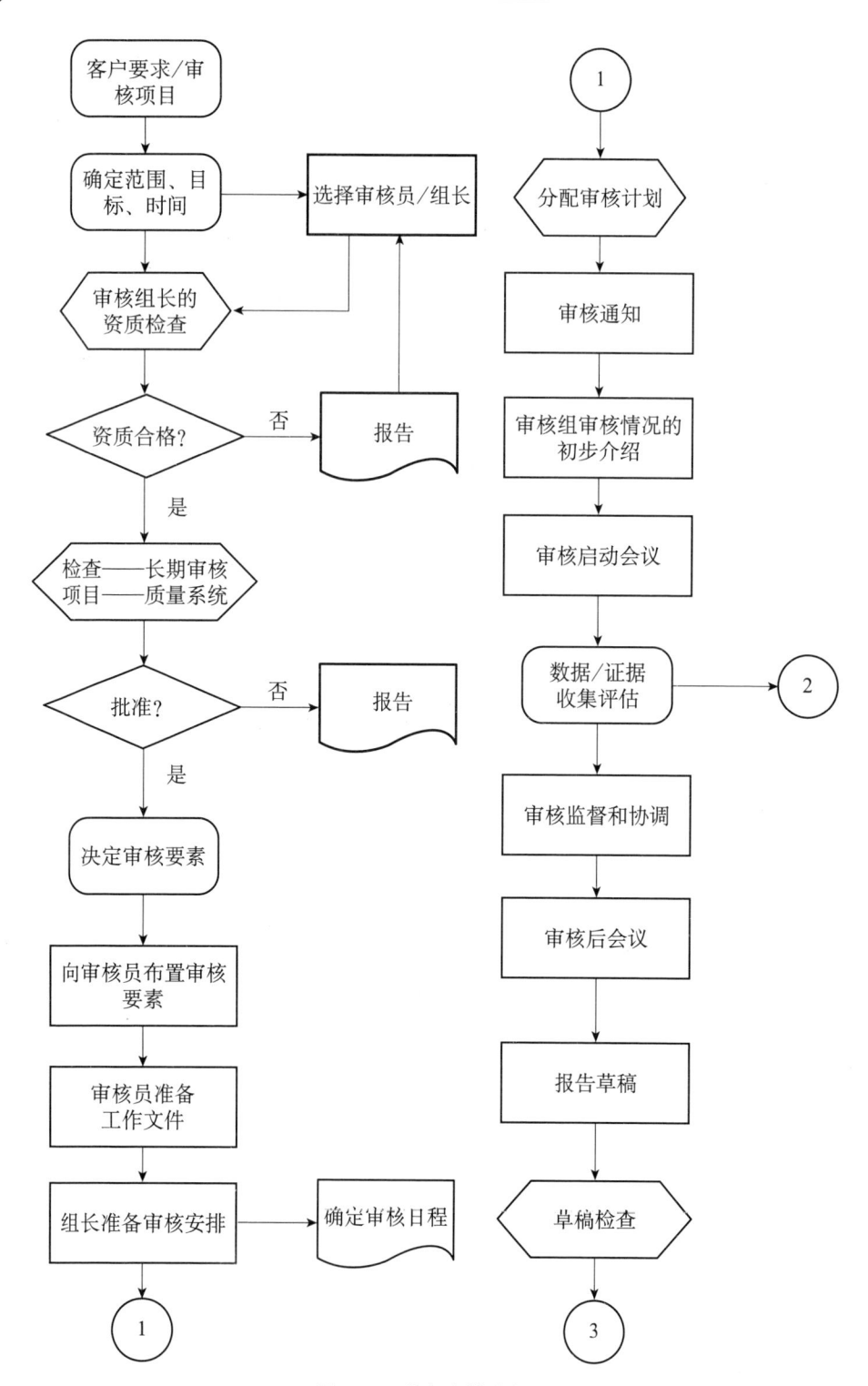

图 9-1 执行审核流程图

图 9-1（续）

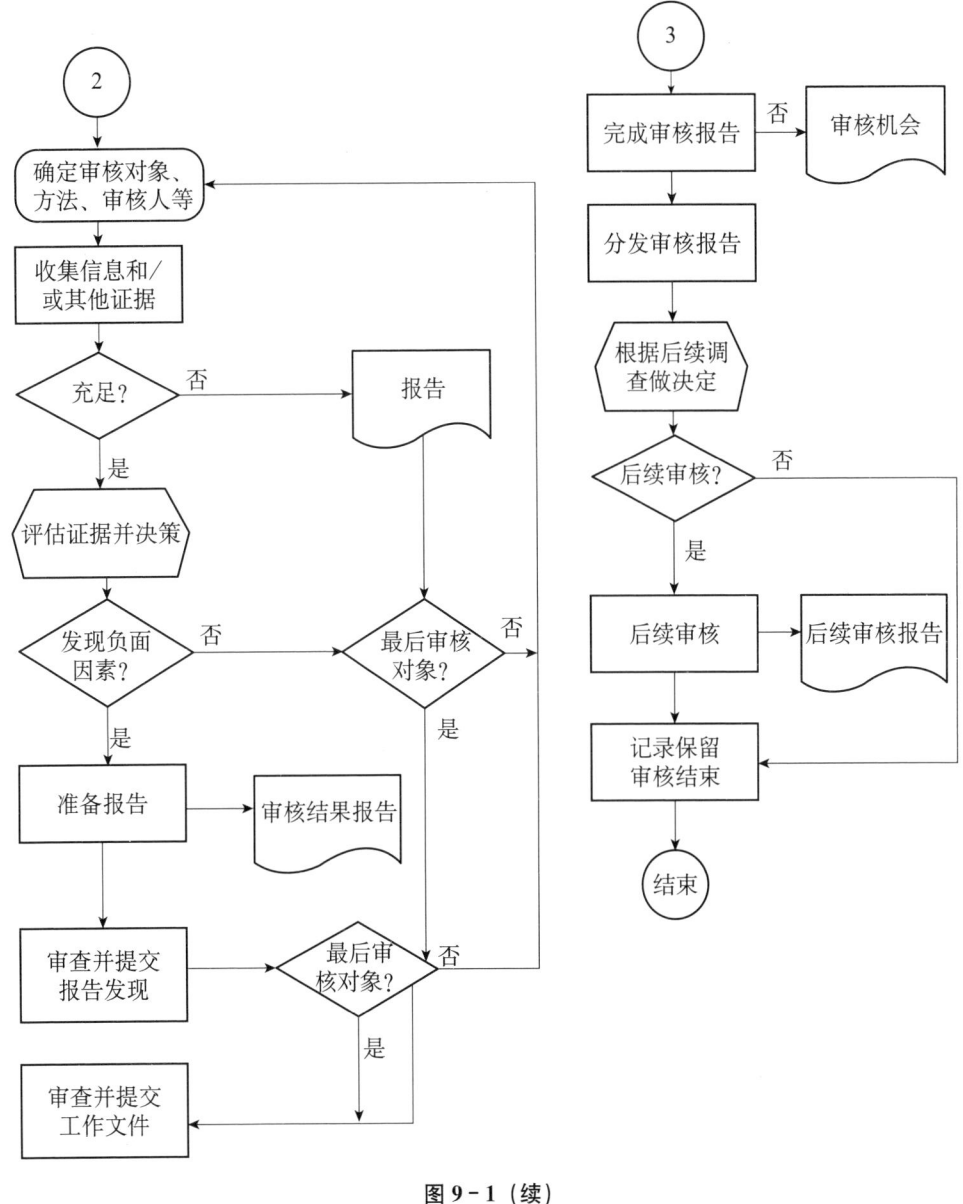

合法性

进行审核的基本权限来自经高层管理者审批并由所有相关人员参与的"章程"。除了这项基本的权限之外，还有其他有关合法性的问题，如：审核范围和审核目标是什么？审核的主题是什么？审核员在巡视期间需要有人陪同吗？审核员应该与谁面谈？大量的审核实践都具有合法性，即审核员的审核活动在章程和规定的范围内进行，并在与各方沟通好的补充协议内实施。

计划和突发情况

大多数审核都是按计划进行的。"无意外，无秘密"。这种做法使有关各方面都能有秩序地组织工作、分配人员等。它也减少了当审核未被提前通知时带来的不可避免的麻烦。

客户

审核的客户是受审核影响的任何人。关键客户是被审核活动的负责人。其他客户包括上层管理人员和受活动影响的职能部门。每个客户都有需求，这些需求应在审核计划安排时得到确定。请注意，审核活动的服务导向意味着审核必须超越要求的合规内容。并非所有的审核人员都践行（甚至接受）这种审核导向，但作者认为，这一观点是有价值的审核的基础。

审核组

审核由独立一个人或一组人进行。一个团队通常有一个审核组长，负责策划审核、制订审核计划、汇编或编制检查表或备忘录、召开会议、评价审核员的审核发现和观点、起草审核报告、评估纠正措施和提交审核报告。

显然，审核人员必须心胸开阔，具有良好的判断力，得到各级管理层的信任和尊重，掌握审核领域的知识。ISO 19011：2002 第一版推荐了审核员的资格条件，包括教育、培训、经验、个人品质和管理能力。审核是一项需要敏感性的工作。一项对金融服务业审核人员和被审核单位的调查显示了审核以及审核人员的五个属性：专业性、业务知识、风险视角、审核策划和行为，以及报告审核结果。调查还有几个令人惊讶的发现：被审核方认为的专业性（客观性，及对被审核领域的了解）比审核员认为的重要三倍；审核员认为的风险视角（覆盖关键风险领域，审核足够详细）比被审核方认为的重要三倍。请注意，这种差异说明了理解审核客户需求的重要性。

参考标准和检查清单的使用

审核员应尽可能地将各项活动与它们的客观标准进行比较。如果有这些标准，审核员就不需要做出主观判断，从而减少了产生广泛意见分歧的机会。然而，应该对标准本身可能的挑战做出规定。通常可用的参考标准包括：

- 公司适用于质量的书面政策。
- 预算、计划、合同等中规定的目标。
- 客户和公司的质量规范。
- 相关政府规范和指南。
- 公司、行业和其他有关产品、过程和计算机软件的质量标准。
- 出版的质量审核实施指南。
- 相关质量部门指令。
- 关于审核的一般文献。

其中一种审核检查表确定了要检查的重点领域,需要由审核员提供详细的检查清单。这些领域的典型示例,包括如机器设备和工具的维护,或工程修改的控制。在审核中确定一个对照的标准是很重要的。Mallinckrodt Inc. 公司的 Steven Ehrhardt 使用了一种感知原理的方法。当他的审核组被要求进行审核时,他首先确定公司是否有活动的标准或明确的工作规范。如果没有,那么在进行审核之前,他会要求活动负责人确定一个标准。Ehrhardt 认为,没有标准,人们就不知道自己应该做什么,因而审核也是不适宜的。明确标准可能比审核本身更重要。想象一下,由审核员主动提供的审核服务如何帮助建立与运营人员的信任关系。

有些检查表非常详细,要求审核员检查许多经营业绩项目(并记录检查这些项目的事实)。例如,要求审核员检查产品检查员进行的测试,检查检查员的工作,以确认所使用的规范版本号、检查的特性列表、所使用的仪器类型、样本大小、数据条目等的正确性。在医院,审核检查单可以包括以下问题,例如,"在交付前,是否将适用的静脉注射溶液冷藏保存?"以及"是否所有的药物,化学药品和生物制品都有清晰、准确、适当的标签?"。有关示例请参见表9-5。

表9-5 产品审核的运行阶段

进行产品审核的阶段	该阶段的利弊
检查员验收合格后	最经济,但并不反映包装、运输、储存或使用的效果
包装后运往现场前	要求开箱和重新包装,但可以评估原始包装的效果
经销商收到货物后	因大量的不同地址难以管理,但反映了运输和仓储的效果
消费者收到货物后	更难以管理,但是可以评估经销商处理和储存的附加效果,以及运输到用户和开箱的效果
服务表现	最理想,但因为用途的数量和种类多样性也最难管理,可以通过抽样进行简化

审核绩效

若干方针问题影响审核绩效。

事实的核实

人们普遍期望审核员与生产线监督人员一起审查在审核过程中发现的任何不足的事实（外部发现的表征）。在项目进入到要将报告提交给上级管理层之前，大家应就事实达成一致。

发现原因

许多公司希望审核员调查主要不足，以确定其原因。这项调查随后成为审核员建议的基础。

其他公司希望审核员将此类调查交给一线人员处理；然后，审核建议将包括此类调查的建议。如前所述，通常不会为第三方审核提供建议。

建议和补救措施

人们总是希望审核员能提出建议，以减少不足和提高业绩。然而，审核员通常又被告知要避免参与到补救措施的设计和生效措施中。但是，审核人员应跟进建议，以确保完成特定的工作，即建议被接受或被考虑和拒绝。

方针问题通常被纳入"质量审核手册"。此类手册还包括审核所涉及的主题的详细信息，要检查的项目和要问的问题清单，对观察到的缺陷严重性的分类，使用软件进行审核数据的输入、处理、存储和检索，审核报告指南。

审核状态

应随时向关键客户通报审核的进展情况，包括已涵盖的内容和有待完成的工作。可以通过汇报会议、非正式讨论和电子邮件来报告冗长的审核状态。状态报告甚至包括说明在编写审核报告草稿之前发现了哪些不足或问题。这通常在审核结束时的报告收尾会议上完成，也可以是在每日报告收尾会议上。审核状态报告使公司能够检查审核员观察结果的准确性，并给被审核活动的负责人一个解释其纠正不足计划的机会。

审核报告

审核结果应记录在报告中。并且审核员应与被审核活动的管理者一起审查草案（最好在审核末次会议上）。审核员和被审核方应事先就审核报告的分发达成一致。如有需要，报告可由审核员和被审核方发布。审核组全体成员和被审核单位应当在报告上签字。

报告应包括下列项目：
- 审核执行摘要。
- 审核的目的和范围。
- 审核计划的细节，包括审核人员、日期、被审核的活动（联系人员、审查的资料、观察次数等）。细节应放在附录中。
- 审核期间使用的标准、清单或其他参考文件。
- 审核观察，包括使用审核客户术语的支持性证据、结论和建议。
- 改进机会的建议（如适用）。
- 建议（如适用），跟进由生产管理者提出和实施的纠正措施，以及必要时的后续审核。
- 审核报告分发清单。

汇总审核数据

在审核中，大多数绩效要素被认为是充分的，而有些则处于不符合既定标准的状态。报告这些调查结果需要两个层面的沟通：
- 不符合报告，以确保采取纠正措施。这些报告将迅速提交给负责的操作人员，并抄送至一些管理层。
- 关于所审查主题的总体状况的报告。为满足这些要求，报告应：
  - 以能够回答高层管理者提出的主要问题的方式来评估总体质量绩效，例如，产品安全吗？我们是否遵守法律要求？这个产品适合使用吗？产品有销路吗？所审查部门的业绩是否充分？
- 提供整体绩效主要细分领域的状态评估，包括质量体系和子系统、部门、工厂、程序等。
  - 提供一些关于不足的频率与不足的改进机会数之间的评估。
- 对这一比率的趋势（发现不足与可能不足之间），以及对控制不足发生频率的项目计划的有效性进行评估。

严重性分类

有些审核程序使用针对不足的严重性分类。这种方法在产品审核中很常见，在产品审核中，不足被分为严重不足、主要不足和次要不足，每种不足在缺点的形式上"权重"表现不同。这些严重性分类系统是高度标准化的。

一些审核程序还对在计划、程序、决策、数据记录等方面发现的差异应用严重性分类。这种方法与产品审核的方法类似。定义了"严重"、"主要"和"次要"等术语；指定了记分值；计算了总记分。

计量单位

对于计划、程序、文件等的审核，最好将发现的不足与对不足机会的某些估计进行比较。一些公司提供了机会的实际计数，如计划和程序所要求的标准或检查点的数量。另一种形式是根据审核所用的时间长度，通过修正系数计算每次审核的不足之处确定。显而易见的原因是，花在审核上的时间越多，就意味着覆盖的领域越多，发现的不足之处也越多。

审核报告的分发

传统上，审核报告的副本会发送给高层管理人员，以便通知、审查和开展可能的后续行动。显然，被审核活动的管理者不满意审核报告中列出的向其上级发送的各种不符合项。为了促进和谐和对审核的建设性观点，一些组织采取了不同的政策。审核报告仅发送给其活动已审核的经理，并安排后续审核。如果不符合项得到及时纠正，以便进行后续审核，则审核文件收回；否则，将两份审核报告的副本发送给上级管理人员。

另一种办法是在审核前确定审核职能的唯一责任人。这个人被认为是审核组长的联络人，也是在审核职能部门中负责接受报告和内部分发的责任人。

本着持续改进的精神，报告发布后，应了解被审核单位从审核和报告中获得的价值。

雷格尔（Regel，2000）公布了对质量审核员的调查报告。在他们完成审核的七个主要关注点中，重要性排名第一的是"报告问题"，占总关注点的25.3%。原因包括"不够详细"、"未与业务目标相联系"、"未明确说明"和"未使用管理语言说明"。

纠正措施跟进

审核的最后阶段是跟进,以确认被审核活动已采取纠正措施,且纠正措施有效。步骤如图 9-2 所示。美国质量学会(ASQ)质量审核部提供了有关此过程的详细信息。

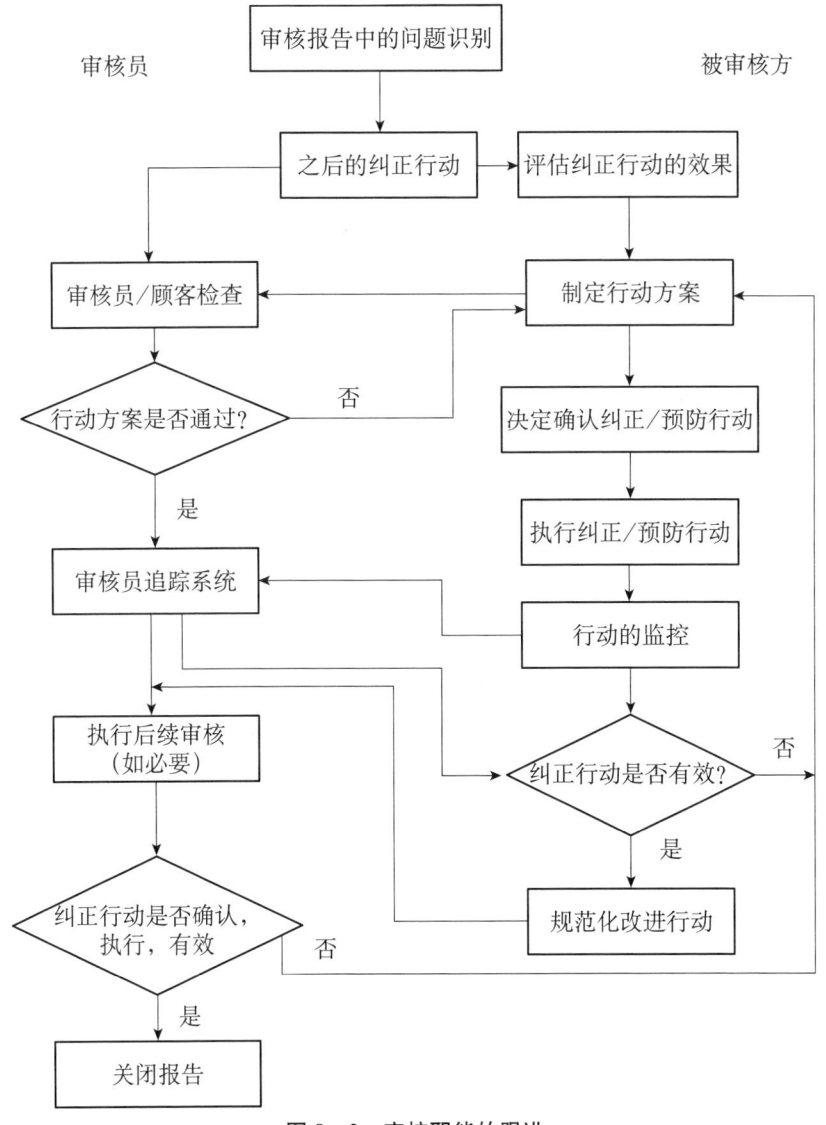

图 9-2 审核职能的跟进

资料来源:Russeu and Regel,1996.

请记住，审核的关键目的很重要：改进。如果由于某种原因没有实施纠正措施，审核员应首先核实报告中的结论是正确的，并得到被审核区域的确认。如果不是这样，那么就必须解决缺乏共识的问题。如果与报告达成一致，但由于资源不足或其他原因，被审核的区域未能实施纠正措施，则审核员应确定他是否能够以某种方式帮助被审核区域。一种可能的方法是回顾不足的严重性是如何呈现给管理层的。重申将对管理产生影响的资金或其他方面的不足，可以帮助获得必要的资源或消除实施纠正措施的障碍。

审核中的人际关系

从理论上讲，审核是一种运营的工具，可以确保信息的独立来源。如果是一种物理仪器，例如一艘船船桥上的螺旋桨速度指示器，就不会有个性的冲突。然而，审核员是人，在实践中，他们与被审核人员的关系可能会变得相当紧张。审核中发现的不足之处可能会因为含蓄的批评而招致怨恨。

审核中的建议可能会被视为对职责的侵犯而遭人怨恨。相反，审核员可能会将对信息要求的反应迟缓视为不愿合作。这些和其他人际关系问题都非常重要，值得审核员和操作人员就以下问题进行广泛的讨论并加以指导：

- 审核背后的原因。这些原因在审核计划的基本制定过程中可能已经讨论过了。然而，讨论是在管理人员中进行的，还需要向主管和非主管解释审核的原因（仅仅解释成高层管理者要求进行审计是不够的）。显然，所有的员工都是顾客、消费者和关心公司的公民，因此很容易指出他们从其他公司的审核中获得的益处。另外，可以明确的是，本公司的管理者、客户、监管者等也同样需要额外的保证。

- 避免营造相互指责的环境。一个肯定会导致人际关系恶化的方法是指责一个人，而不是如何实现改善。直线经理和审核员都可能落入这个陷阱。责备的气氛会滋生怨恨，也会导致信息来源涸竭。审核报告和建议应以问题为导向，而不是以人为导向。

- 平衡报告。仅报告不足的审核可能是事实。然而，人们会感到不满，因为没有提及更多表现良好的因素。（"即使是一个坏钟，一天也有两次也是正确的。"——佚名。）一些公司要求审核员"以值得称道的观察"开始他们的报告，其他公司则进一步发展为考虑不足和不足机会的总体摘要或评级。

- 使报告去个性化。在许多公司，审核员的影响很大，因为他们的报告是由高层管理者审阅的。审核部门应注意避免滥用这种影响。比较理想的做法是使报告和建议去个性化。这些建议的真正依据应该是事实，而不是审核员的意见。在存在意见分歧的地方，审核员有权也有义务将其意见作为决策过程的输入。然而，应避免任何过度主张立场的情形，因为这往往会降低审核员作为客观观察者的信誉。（结果的最终责任在于直线经理，而不是审核员。）

- 审核末次会议。实施阶段的一个重要部分是与经理及其受审核活动的团队举行末次会议。在这次会议上，给出审核意见，以便经理和团队能够策划纠正措施。此外，经理和团队可以向审核员指出所收集事实方面的任何错误。

自我审核和独立审核可以结合起来提供两种层级的审核。每个审核都包含一个审核计划、审核实施和审核报告。这样做的好处包括利用负责该职能的人员的专业知识、确保独立审核员的客观性，并尽量减少一些人际关系的问题。

自我审核和独立审核的目的都是建立一种信任的氛围，这种信任建立在审核员之前的声誉、审核过程中使用的方法以及对被审核活动的帮助之上。即使是像审核过程的标题这样的小事也应该仔细考虑。有时，人们会尽量避免使用"审核"这个词，因为这时要做的是观察和评估。此外，审核可能隐藏在公司的教育计划中。这种折中有损于信任，而信任是审核有效和有用所必需的。

审核员必须在一个组织的文化中发挥作用。人类学是研究人类的起源、行为、身体、社会和文化发展的学科。具有人类学正式背景的质量经理（被认可的质量审核员）需要敏锐的观点。

当然，质量审核员必须遵守较高的道德标准和职业操守。讨论的内容包括美国质量道德规范协会和美国内部审核员协会的道德规范。

产品审核

产品审核是对产品质量的独立评估，以确定其适用性和符合规范。产品审核在产品检验完成后进行。产品审核的目的包括：

- 评估交付给客户的质量水平。
- 评估检验判定的有效性，以确定是否符合规范。
- 提供有助于提高出厂产品质量水平和提高检验有效性的信息。
- 提供常规检查活动以外的额外保证。

这种产品审核背后有大量的逻辑。在许多情况下，检验和试验部门隶属于一名经理，该经理还负责满足其他标准（时间表、成本等）。此外，审查整个质量控制职能部门的绩效也很有价值，包括检查和试验计划以及试验本身的实施。最后，产品越关键，就越需要一些冗余作为保证。

评价阶段

理想情况下，产品审核应该将实际的服务性能与用户的服务需求进行比较。这个想法在管理上相当困难且花费昂贵，以至于大多数产品审核只是理想的近似值（见表9-5）。

对于许多简单、稳定的产品，测试结果与规范的近似值是进行产品审核的一种有用且经济的方式。即使对于不那么简单的产品，用户可以识别的大多数质量特征在产品还在工厂时也可以完全识别。因此，在适当的阶段，无论是在工厂还是在更高级的阶段，都要对必须使用的产品特性进行适宜的评估。

随着产品变得越来越复杂，产品审核越来越多地在表9-5所示的几个阶段中进行。大部分特性可以在最经济的阶段进行评估，即在工厂检查后不久。然而，其他（通常更复杂）的特性可能在其他阶段评估。

产品审核范围

有些产品审核的范围完全没有达到衡量客户反应的标准。

一个案例，一家电子制造公司的工厂经理在工厂的产品审核中获得了98%的评级。由于这个等级，工厂获得了质量奖。当在现场测量同一产品的平均故障间隔时间时，该值仅为200小时。这个问题是客户投诉的一个已知原因，但这些问题在产品审核中却没有被评估。

在另一个案例中，一个汽车制造商有一个每周从生产中抽取一个产品审核样本的系统。将单独的市场调查结果与内部产品审核进行比较，结果令人震惊。顾客认为只有18%的对他们很重要的特性在产品审核中被检查。

对于简单产品，可以在公开市场上购买具有代表性的成品样，然后检查这些样品是否适合使用以及是否符合规范。一些公司每年进行这样的审核，作为产品线总体年度规划的一部分。此类审核还可能包括对竞争对手产品的评估。

对于复杂的消费品，例如家用电器，要在产品发展的多个阶段确保产品审核数据是可用的，如表9-5所示。最广泛的产品审核在工厂检查和试验之后立即进行。然后，通过特殊的"公开和测试"联合审核，从选定的分销商和经销商处获得额外的审核数据。为确保从选定的维修经销商处获得数据，也做了类似的安排。此外，还使用来自消费者"到达卡"的数据。在适当考虑时间延迟的情况下，可以绘制所有这些数据源的图表，以显示趋势和水平。

审核计划必须说明或指导要检查的详细产品尺寸或特性。应为两种审核做出规定——随机审核和重点审核。前者是基于产品特性的随机选择，以产生质量状态的无偏图像。后者将重点放在经验表明需要研究的产品的特定领域。许多公司使用审核手册来详细说明审核员的审核计划，几乎达到了最详细的程度。例如，手册可以指定要审核尺寸的特定类别（即长度），但可以依靠审核员来选择要审核的尺寸。

产品审核抽样

对于批量生产的产品，通常可以用常规的统计方法确定产品审核的样本量。这些方法提供了确定风险程度所需的样本量。当应用于大规模生产时，由这些方法确定的产品审核样本量仍然仅代表需要抽样的产品的一小部分。相比之下，对于以大单位或小数量生产的产品，传统的统计抽样概念成本高得令人望而却步。在这种情况下，样本量往往是任意的，从概率的角度看，它们似乎很小。例如，汽车制造商使用一个产品审核样本，该样本包含每班生产量的2%，或最少5辆车，无论选取哪一种，以数量较大者为准。即使采样的车辆数量可能很小，但样本的特征总数可能相当大。审核员检查每辆车上的380个项目，产品审核测试包括17英里的道路测试。在某些高度同质化生产的情况下，从批量生产中抽取一个单元的样本就足以进行产品审核。

报告产品审核结果

产品审核的结果以存在或不存在缺陷、故障等形式出现。然后根据审核结果对质量进行持续评分或"评级"。

产品审核程序通常使用缺陷的严重性分类。缺陷可分为严重缺陷、重大缺陷、次要A类缺陷、次要B类缺陷以及偶发缺陷，每种缺陷都以缺点的形式表示"权重"。在产品审核中，通常的计量单位是每单位产品的缺陷。

例9-1 产品审核系统使用缺陷严重性四级别法，在1个月内，产品审核员检查了1 200个成品单位，结果如下：

缺陷类型	缺陷数量	每个缺陷的缺点数	缺点总数
严重缺陷	1	100	100
重大缺陷	5	25	125
次要 A 类	21	5	105
次要 B 类	64	1	64
总计	91		394

虽然发现的 91 个缺陷代表了许多缺陷类型和 4 个级别的严重等级,但总共 394 个缺点除以所检查的 1 200 个单元,得出一个数字,即每单元 0.33 个缺点。

通常会将当前月份每个单元的实际缺点数量与历史数据进行比较,以观察趋势。(有时它会与竞争对手的产品进行比较,以判断公司的质量与市场质量。)测量每单位缺点数的一个主要价值在于比较已发现的不符点以及针对不符点的改进机会。这样的指数对操作人员来说非常公平。

记录每单位缺点数量的计分卡并不被普遍接受。一些行业的管理者希望随时获得严重缺陷和重大缺陷的数据。这些管理者相信这些数字代表的才是真正的问题,而不关注每单位的缺点数。

用其他语言总结产品结果通常是有用的。某消费品制造商将产品审核中的缺陷分为视觉缺陷(V)、电气缺陷(E)和性能缺陷(P),然后预测该领域产品的服务成本。首先根据接收现场投诉的概率,为每种类型的缺陷建立分类(例如,第 2 类视觉缺陷有 60% 的概率)。然后将服务呼叫成本与审核数据结合起来。例如,表 9-6 显示了对 50 个单位的审查结果。预期成本是概率、缺陷数量和每次服务呼叫成本的乘积。然后,每单位的预期服务费用预计为 269 美元/50=5.38 美元。另一方面,如表 9-6 所示,预期的服务呼叫的数量是概率和缺陷数量的乘积。然后,每单位的预期服务呼叫数预计为 10.8/50=0.22,或者说每 100 个交付到现场的产品中,大约有 22 个产品预计会被服务呼叫。

表 9-6 50 个单位的审核数据

缺陷分类	概率	审核发现的缺陷数	每个服务呼叫费用(美元)	预期成本(美元)	预期服务呼叫数量
V1	1.00	1	15.00	15.00	1.00
V2	0.60	3	15.00	27.00	1.80
E1	1.00	3	30.00	90.00	3.00
E2	0.60	4	30.00	72.00	2.40
P1	1.00	1	25.00	25.00	1.00

续表

缺陷分类	概率	审核发现的缺陷数	每个服务呼叫费用（美元）	预期成本（美元）	预期服务呼叫数量
P2	0.60	2	25.00	30.00	1.20
P3	0.20	2	25.00	10.00	0.40
总计				269.00	10.80

除了总结发现的缺陷（数量和相对严重性），审核结果还可以按职能责任（即设计、采购、生产）进行统计。

审核结果也可以汇总，以显示以前检查活动的有效性。通常，使用一个简单的比率，例如通过检查检测到的总缺陷的百分比。例如，如果先前的检查在 N 件样品中总共发现 45 个缺陷，并且如果产品审核检查发现另外 5 个缺陷，则检验的有效性为（45/50）×（100），即 90%。

Stravinskas（1989）、Lane（1989）和 Williams（1989）描述了 AT&T 微电子公司如何从传统的产品复验（产品审核）审核方法转变为使用系统审核和过程审核，并减少产品审核的方法。在一个时期内，检查费用减少了 12%，节省下来的成本用于提供额外的预防活动，这导致每增加 1 美元的预防成本，就可以节省 2 美元的故障成本。

参考文献

ASQ Quality Audit Division (2013). *The Quality Audit Handbook*, 2nd ed., ASQ, Milwaukee.
Hunt, J. R. ed. (1997). "The Quality Auditor: Helping Beans Take Root," Quality Progress, December.
ISO 19011:2002: A New Auditing Standard for QMS and EMS, pp. 27–33.
Lane, P. A. (1989). "Continuous Improvement—AT&T QA Audits," ASQC Quality Congress Transactions, Milwaukee, pp. 772–775.
Regel, T. (2000). "Management Audit and Compliance Audit Compatibility," Annual Quality Congress Proceedings, ASQ, pp. 606–609.
Russell, J. P. and T. Regel (1996). *After the Quality Audit: Closing the Loop on the Audit Process*, Quality Press, ASQ, Milwaukee.
Stravinskas, J. M. (1989). "Manufacturing System and Process Audits," ASQC Quality Congress Transactions, Milwaukee, pp. 91–94.
Williams, C. A. (1989). "Improving Your Quality Auditing Systems," ASQC Quality Congress Transactions, Milwaukee, pp. 797–799.

（马良　赵腾飞　译）

第 10 章

董事会与卓越组织　马科斯·E.J. 伯廷

本章要点	计划实施公司治理
公司治理演变和对组织的影响	系统化公司治理改善
董事会在卓越和质量方面的应用	参考文献

本章要点

1. 董事会的作用是指导管理层制订计划以最大限度地满足利益相关者的要求,且与健全的组织持续性相一致,并监督这些计划的正确实施。

2. 董事会是否有所作为,对组织及组织绩效都有影响,包括质量结果。不幸的是,这一点并未被所有董事会所认识。不过当分析公司治理的演变时,这一点将变得清晰。

3. 本章将叙述董事会的质量(或相当于治理本身),并提出了一些准则:
 a. 计划实施公司治理。
 b. 改善董事会绩效。
 c. 成为有效的董事。

4. 有效的公司治理为董事会和管理层提供正确的动机,以追求组织与利益相关者的目标。

5. 当今世界最成功的组织认为,董事会的关键指导和控制作用就是必须要平衡所有利益相关者的利益,这样才能确保组织可持续发展并盈利。

公司治理演变和对组织的影响

公司治理是一个动态问题。我们在这里讨论它的演变和影响，不只是针对组织实践，更重要的是过去几千年一直到现在董事会呈现的结果。

例如，医疗保健组织的管理委员会越来越多地被要求对与保健质量有关的临床、操作和管理方面的重要新进展做出反应。在护理质量如何影响报销和支付、效率、成本控制，以及组织提供者、个人和团体从业者之间的协作等方面，出现了重要的新政策议题。这些新议题对医疗保健组织的运作至关重要，需要理事会作为受托义务予以关注和监督。这一监督义务是基于董事会成员对该组织应负的信托义务的履行，对于非营利组织，则是服从慈善使命的义务。它是对医院机构中董事会成员的传统职责的补充，即负责授予、限制和撤销有组织医务人员的成员资格。

董事会在卓越和质量方面的作用

从历史上看，质量对于公司治理来说早已不陌生：
- 1966 年，在日本横滨召开的每三年举办一次的国际质量学术会议（IAQ）上，启动了一项"公司治理中的质量"（QiCG）项目。2007 年，IAQ 出版了《公司治理质量在顶端》一书，与 QiCG 委员会的结论一起继续成为 IAQ 的一项主要活动。
- 美国鲍德里奇国家质量奖在领导力方面包括了国家治理标准。其他国家质量奖中也包括该方面的内容。
- 国务卿杰出质量奖（ACE）是在 1999 年由美国国务院创建的，表彰在海外推进最佳实践、良好的公司治理和在价值观方面发挥重要作用的美国组织。

公司治理主要在于领导层要以身作则。同样，对于卓越而有质量的组织而言，董事会的委员会应该首先通过成立有效的董事会来开始。本章涉及的概念和指导方针应该能指引正确的前进方向。

有效或高质量的董事会需要出色的董事。像在其他主要方面（比如 IT）以及与特定组织直接相关的方面一样，董事应精通卓越的原则和质量方法。董事们的培训计划也应该与时俱进。

当今最成功的全球性组织都已认识到董事会的关键指导和监督作用，必须平衡所有利益相关者利益的分配，以确保持久的成长与盈利。为了做好质量工作，董事们应该注意以下方面的发展：

- 政府调控重要性逐渐增加成为全球趋势。
- 更苛求的顾客。
- 全球性的顾客要求供应商达到相应标准，包括透明和治理方面。
- 投资和养老基金公司的治理要求。
- 评级机构增加的要求。
- 社会和客户要求组织有完善的社会责任项目。
- 公司治理标准不断发展。
- 为组织的董事提供可行的认证项目，比如华盛顿的公司董事国际协会认证项目。
- 大学的公司治理研究机构建立并组织与结果相关的公司治理进程测量方法和多样的研究项目。

组织已逐渐认识到在公司治理中使用科学质量工具的必要性，采用那些已成功地应用于工厂、服务单位、政府和医疗保健领域等的工具。

我们都认同指标很重要，但是只有在董事会履行其职能时指标发挥作用才更有意义。董事会的作用是指导管理层制订计划，以最大限度地满足利益相关方的需求，并与可靠的组织持续性相一致，监督计划正确实施。

公司治理的进程在涵盖所有利益相关者的时候是相互依赖并且复杂的。因此，虽然客户忠诚度是成功的一个关键因素，但我们必须拓宽视野，从质量以顾客为中心转变到以利益相关者为中心。

董事会通过在质量方面建立明确的组织使命和愿景，确保商品和服务质量。对于非营利董事会而言，通常所说的受托责任是服从医疗保健组织的企业宗旨和使命。成立非营利性公司是为了达到国家非营利性公司法所认可的特定目标或目的（例如，促进健康）。这与典型的商业公司形成鲜明对比，后者往往是为了追求一般的公司目的而成立的。人们常说非营利组织"手段和使命是不可分割的"。服从公司宗旨的本质是非营利组织的董事有义务按照公司章程或细则的规定促进组织宗旨的实施。

正如著名的管理学教师兼作家沃伦·G. 本尼斯所说："领导者的目光总是关注地平线，而不仅仅是底线。"为了获得这种更广阔、更面向未来的视角，我认为公司董事会应该不仅仅关注需要遵循的规则，他们还应该仔细考虑自己作为领导者的角色以及这种领导所带来的责任。

艾维的研究表明，董事会必须阐明一套清晰的组织价值观，包括正直、公平和同情心。价值观与道德准则或行为准则不同。准则和守则是有关董事会成员可以做什么和不能做什么的特定规则。而价值观更深刻和持久，并且可以传达信念。

艾维的普拉蒂玛·班萨尔教授和艾维 MBA 学生索尼娅·坎多拉在广泛的研究中发现，组织需要一套强有力的、一致的价值观，以确保所有员工都能诚信行事。"这些价值观建立了一个组织内被认为是可以接受的框架。"他们进一步得出结论：这些价值观必须被每一个员工，尤其是董事会成员和高管所接受。每位员工都希望企业领导团队为之指明方向。

艾维还指出，董事会必须使自己的组织有一个愿景——认识到公司作为一个更大社区的一部分所怀有的宗旨。最好的公司热衷于为社会做出贡献——从它们出售的产品、它们树立的榜样到它们所支持的慈善机构。最好的公司的愿景能够使员工感到骄傲，让客户相信并且让投资者了解。

对股东的历史性责任

早在公元前 3000 年的美索不达米亚地区，就已出现了组织这种形态。在经历了漫长的历史进程后，于 19 世纪中期发展出了现代组织。而直到 20 世纪初，组织的所有权与管理权才逐渐分离开来：组织的拥有者——股东开始脱离组织运营代理人的角色，职业经理人由此诞生。一些最重要的特征包括：

• 弗雷德里克·泰勒的管理第一次采用科学理性的方法，使生产力得到显著提高。

• 埃尔顿·梅奥引导开启了管理思想的人性学派。

• 一类新的管理咨询顾问，像阿瑟·D. 利特尔、詹姆斯·麦金西，以及彼得·德鲁克在对沃特森时代的 IBM 和斯隆时代的通用汽车进行的研究——这两家公司在当时都非常成功为组织人（Organizations Man）的发展做出了贡献。

• 1926 年成立了美国管理协会，它组织了富有影响的研究、课程、会议和出版活动。

在当时涌现的大量管理资料中，并没有发现提及董事会及其成员的文献。而且除了财务、商务、人力资源和其他管理活动（包括美国社会安全分析、质量控制和一些其他专项活动）外，也没有其他任何有关公司董事职业发展的内容。全国公司董事协会成立于 1977 年。这证实了在"组织人"的时代，公司董事认为公司的成功只取决于管理层的能力，董事会的作用仅仅是维护公司所有者的利益。下面我们回顾一下在 20 世纪 60 年代有限的关于董事会职责的认识。

20 世纪 60 年代：朱兰和劳登董事会专业化的开始

1961 年 9—10 月，《哈佛组织评论》（*Harvard Organization Review*）发表了第一个管理人员行为规范。美国管理协会的主席委员会在 20 世纪 60 年代也开始为董事会成员组织研讨会，为董事会做了大量的咨询和指导工作。这些经验促使第一本有关董事会（今天我们称之为公司治理）的书在 1966 年得以出版，作者是朱兰博士和 J. 基思·劳登。这本卓越的书叫作《公司董事》。值得注意的是，朱兰博士是多家董事会的成员。

本章作者在 1969 年从朱兰博士那里得到了这本书，这是他终生研究公司治理的开始，这本书为"做什么"与"如何做"的长期实践经验提供了有价值的指导。

令人吃惊的是，这本书很有可能是当时的"关键的少数"之一，它包括整章的今天的政府法规和组织需要的内容：全球最好的公司治理实践的规范。例如它包括：

- 董事会构成。
- 董事和董事会工作的正规化。
- 职业董事。
- 组织董事会及其委员会。
- 董事会议。
- 首席执行官和董事会。
- 保持健康的董事会。

朱兰和劳登（1966）的最终结论在几十年后的今天已经成为现实：

> 当前的实践大多基于经验主义。工人都是利用自己的经验和直觉来工作，他们中有些人可能会表现得很出色。但董事会重要性的强化及随之而来的董事改善绩效的需要表明，经验主义终将成为历史，未来董事会必将在专业化的基础上发挥作用。

当前：从短期利润和其他流行趋势中吸取经验教训

我们看到了公司治理的复兴，就像朱兰和劳登早在 20 世纪 60 年代预见到的那样，但如何分配公司管理者和公司所有者之间的利益这一问题又出现了。因此，能否通过开发和实施合理、有效的治理实践和管制，满足所有股东的利益，并对此过程加强适当的检查和平衡，现在已经变得极为重要了。

公司治理的复兴源于两次众所周知的经济危机，以及 1999 年《OECD 公司治理原则》的准备和出版。基于五年的应用经验，第一次修订版于 2004 年出版。这些原则可以帮助政府制定和完善法律法规，从而更有助于国内公司的治理，并为证券交易所、投资商、公司和其他一些在创建优秀的公司治理方面发挥作用的团体提供指导和建议。这些原则代表了在各种类型的组织中创建良好的治理实践需共同具备的一个必要基础。

公司治理提供了从设定组织目标到确定方法以实现目标并监控绩效的一个框架结构。良好的公司治理应该为董事会和管理层提供合适的动机，以追求符合组织及其股东利益的目标，并且促进有效的监控。在单个组织和整个经济体中，如果有一个有效的公司治理体系，那就提供了一定程度的自信，这种自信对市场经济合理发挥作用是非常必要的。这样，资本成本的降低促使公司更有效率地使用资源，从而支持公司成长。

OECD 的公司治理原则涵盖了六个基本领域：

1. 为有效的公司治理架构搭建基础。
2. 股东权利和关键所有权职能。
3. 对股东的公平对待。
4. 公司治理中利益相关者的作用。
5. 信息披露及透明度。
6. 董事会的责任。

在国家和全球层面，已出现了强烈的增加和加强新的管制的趋势。可以发现，管制已趋全球化，因此组织在治理公司的时候也必须有所创新，以适应投资基金、银行、主要客户，当然还有政府监管机构的要求，这是件很有意思的事。

另一方面，有越来越多的大学设立公司治理研究机构，如美国的耶鲁大学、瑞士的圣加仑大学和中国的南开大学。还有公司董事协会，例如华盛顿的国家公司董事协会（NACD）和伦敦董事学会，也都做了相关研究，清楚地证实了公司治理最佳实践的应用对组织绩效起到了重要作用：

- 公司层面和国家层面较好的公司治理使其获得更高的评价。
- 较好的公司治理增加了可用金融工具的多样性。
- 较好的公司治理增加了管理者改善绩效的有效性。

计划实施公司治理

实施公司治理的方法应该首先明确：什么是对组织发展有利的，而且它必须与法规相符合。这并没有一定的秘诀，同时，也有很多不同的情况。因此，在给出一个描述性模型和一些有用的治理机制后，我们将从两个不同的角度来提供指导方针：

- 家族式企业的问题和需要。
- 股票市场的问题和需要。

当前治理模型的早期标志

利益相关者与公司治理的相关性，以及董事会的工作在利益分配方面有多么重要，这在之前部分应该已经介绍得很清楚了。我们在这里讨论一个相关的模型，以继续探究一些相关概念。本章在后面讨论系统改善进程时还会提到这个模型。

让我们再次回到几千年前的远古，在埃及塞加拉建成了一个金字塔。与常见的三角形不同，这个金字塔在结构上清楚地分成了若干层（见图10-1中的比较）。

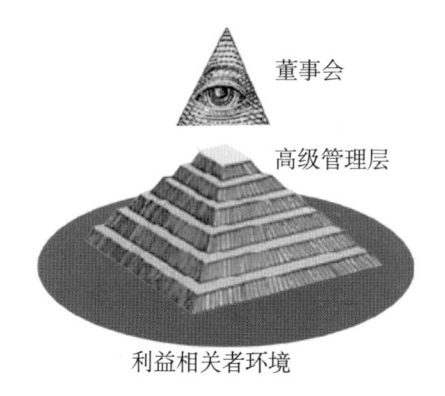

图10-1 阶梯金字塔透视图

对于董事会来说，还有比用美元钞票中的全视之眼更恰当地比喻它在利益相关者环境里的作用吗？它完全俯视着组织。

现在让我们从其他角度再看一看（见图10-2）。图的中间是董事会（三角形），然后是高级管理层，然后是组织内的较低层级，最后，在外面的是利益相关者环境。

自上而下指向的箭头代表了简单的政策和规则，它们产生于董事会层级，然后传递至高级管理层，为随后的实施和与金字塔较低层级的沟通做好准备。自下而上指向的箭头代表了反馈回流。

由外向内的连接利益相关者和董事会的箭头又代表了什么呢？它非常重要。

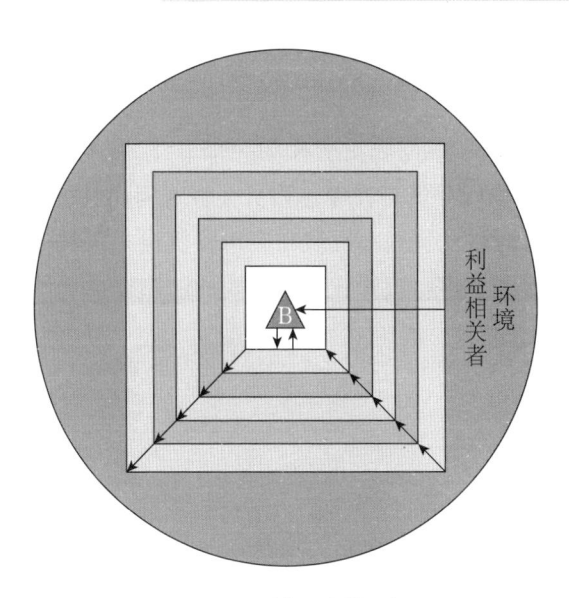

图 10-2 阶梯金字塔俯视图

董事必须关注利益相关者的期望，并对其进行评价，然后再决定在组织战略中对哪些方面应给予考虑。利益相关者将成为自上而下/自下而上这一过程的一部分。

董事会行为必须是自上而下的，以确保战略清晰、容易理解、便于预算，并与公司目标相一致。董事会不负责实施，它的主要职能是：
- 提供组织的战略指导方针。
- 监督管理。

现在，我们不要忘记实施公司治理是有关"什么对组织的组织有利"的问题。缺少经过验证的可靠秘诀并不意味着没有可用的有利资源，比如下面提到的。

中小型组织的治理机制

在成长较快的中小型组织的最杰出的公司治理特征中，我们特别强调的是：
- 兼任一个组织的首席执行官和董事会主席的现象并不常见。
- 董事会执行的最重要的职能，就是建议高层领导者遵从战略规划。
- 董事会没有委员会，或者如果有的话，只有审计委员会。
- 一些董事会有"亲身实践"的方法（绝对不建议，见图 10-1），表现为董事实施管理职能，同时参与组织运营。

因此，为了达到公司治理的目的，董事会至少要历经一次转型，这一点已变得很明显。在一些家族组织中也有类似的情况。我们下文描述的结构关系可以帮助实现这个和其他一些目的。

顾问委员会

"建议"是个关键词。顾问委员会作为一个非正式的智囊团并没有法律上的责任（见图10-3）。顾问委员会和专业委员会有着相同的需求，其有效性取决于基于明显增值的过程时最佳实践的发展和应用，就像本章其他部分所说明的。顾问委员会也可作为转型中的组织形成一个正式的法律委员会的第一步。

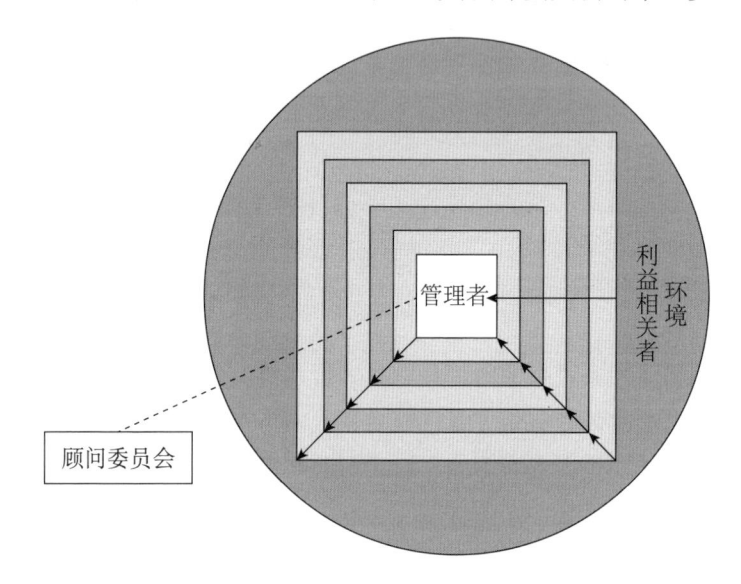

图10-3 顾问委员会关系图

在组织发展的早期，良好的顾问委员会既能缓和又能加快规划进程。在家族组织的案例中，顾问委员会在分离家族管理权方面更有优势。当面临挑选更有能力的继任者来运营组织的情况时，顾问委员会表现得更为客观。

家族委员会

正如我们将在下面一节提出的，当更多的家族成员直接或间接地参与组织管理时，家族企业的组织治理会变得更加复杂。在很多国家，成功的家族组织除了拥有董事会外，还有一个代表家族股东的家族委员会（见图10-4）。家族委员会有如下职能和责任：

- 召开正式会议讨论家族和家族组织的各项事宜。
- 为家族参与建立规则并为董事会制定指导方针。
- 成为家族组织和家族股东之间唯一的交流渠道。
- 了解有关家族组织的方针。
- 避免与管理层的个体联系。

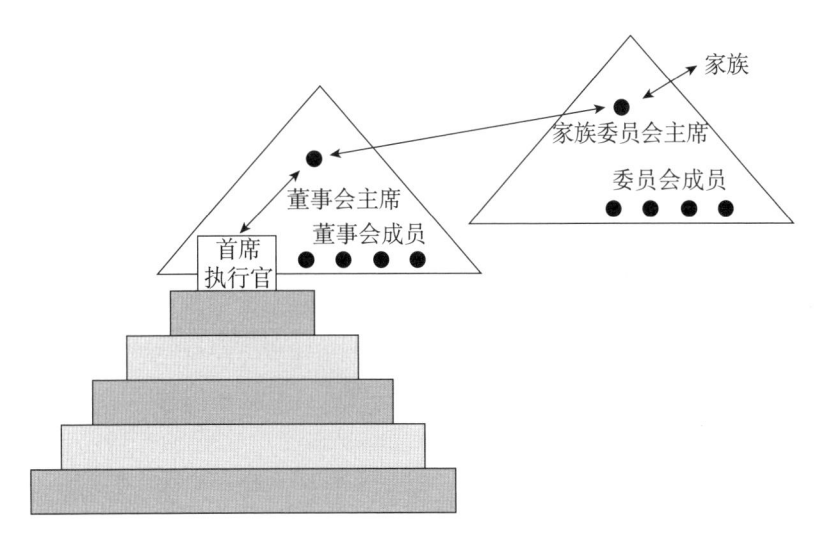

图 10-4　家族委员会关系图

家族组织规划

家族组织是世界组织群体组成的一部分，它们占了全部注册组织 70% 以上的比例。成功的创建者个人/群体开始计划退休，并且家族成员决定继续管理组织时，是评估公司治理实施情况的时机。从全球来看，成功的家族组织往往采取了以下措施：

- 和外聘的咨询顾问合作，组织所有者需要准备一份总体规划，这份规划需要包括新成员、家族委员会（FC）、专业董事会和备选成员（家族成员、重要管理者和独立的外部董事），以及他们需要经过的培训和具备的相关资格。如果现在的董事会是"未经审查即批准"的，它可能只是达到了法律对未上市公司董事会的最低要求。

- 根据对董事会明确的家族指示和正式的运行程序，组织一个家族委员会。这个家族委员会应该是家族股东和董事会之间唯一的交流渠道。

- 在任命一个正式的专业委员会之前，更常见的情况是先组建一个顾问委员会。这将促进家族和管理层之间的转变，并能帮助寻找到专业的外部董事。外部董事可能不愿意成为一个董事会成员，因为要承担自己不是很了解的、与组织有关的全部法律责任。

- 合适的人选是项目成功的关键。至于家族成员，他们必须明白自己可以是管理者、董事会成员、家族委员会成员，或者只是股东，这取决于他们的背景、绩效、能力和培训。一些家族成员可能很乐意成为市场化的经理，其他人可能更喜欢在组织中做一个股东。家族成员的数量一般一代一代增加。在这种情形下，通过购买那些对组织不感兴趣的成员的股票，来修整"家族树"，也是很重要的。

在为成立顾问委员会或正式的法律委员会挑选外部独立董事时，除了要求必需的经验和知识外，还要求独立董事具有以下素质：

- 具有赢得他的同辈、家族董事或执行经理尊重的个人品格。
- 以团队形式有效地开展工作的能力。
- 在避免冲突和防止侵害管理职能的同时，向管理者质疑的能力。
- 减少家族冲突的能力。

系统化公司治理改善

聚焦结果式改善

在探讨了公司治理对组织的影响之后，下一步理所当然地就是要弄清如何改善治理。实际上是有一些可行的诊断方案的，但都有其特定的优势和劣势，比如自我评估法或 360 度评价法。然而我们认为，一个全面质量管理环境可能要求特别强调结果，且在某种程度上讲，结果是董事会的产品。

就此而言，我们的改善将基于一种方法，这种方法在 Marcos E. J. Bertin 和 Hugo Strachan 的文章《评估董事会的一种方法》中提到过。这篇文章曾在 2005 年的国际质量学术会议（IAQ）上发表。虽然文章的初衷是分析董事的自我评估，但我们已经成功地将这一观念应用到了改善一些组织的董事会的质量上。

有必要注意的是，与其他方法不同，这种方法在其细目分类中包括董事会（对结果）的贡献。这或许是与我们研究范围最为相关的，也是该范围的一个关键。它涵盖两个方面：

1. 对组织结果的贡献：董事会制定并管控的成功的关键战略应该和关键绩效指标一样可以得到评估，包括无形资产。这涵盖以下条目：

- 组织的财务结果。
- 获取资产的能力。
- 绩效指标。
- 品牌价值/组织形象。
- 组织的智力资本价值。
- 风险管理。

2. 董事会利益相关者的评估：利益相关者包括管理层、全体职员、主要供应商、顾客、政府、社会和少数控股股东。评估包括以下两个条目：
- 董事会利益相关者的评估。
- 组织作为一个整体的群体感知。

注意这种评估输入是由外向内的。这样的话，董事会必须明确利益相关者的意见被如何处理和评估。

应用于结果的四级评分标准

该方法鼓励根据实施公司治理所达到的级别进行评分，即：
- 层级 1：了解（要求：0~1）。董事会在相关领域内了解需求以改善公司治理。
- 层级 2：首要步骤（要求：1~3）。董事会在相关领域内采取具体措施来建立最佳实践。
- 层级 3：实施（要求：3~7）。董事会已经在相关领域内对公司治理实施了改善。
- 层级 4：领导力（要求：7~10）。董事会已经在行业中相关领域内对公司治理取得了可完成的最佳改善。

该方案有助于缩小估算价值的方差值。另外，下面这些问题也可用来加强评估效果：

1. 组织财务结果。是否达到股东/所有者的期望？如果没有，董事会如何积极主动地根据他们的需要来进行合理分配？

2. 获取资产的能力。董事会在这方面是否有所帮助？如果没有，董事会对自己的作用有多少了解？

3. 绩效指标。绩效指标是否已达到理想的状态？董事会能否帮助组织进一步提高绩效？

4. 品牌价值/组织形象。目标是否已实现？董事会是否积极主动致力于对其进行改善？组织形象和行业标准之间有多接近？

5. 组织的智力/无形资本价值。这些资本是否被董事会所关注？是否积极创造/维持这种资本？结果是否足够好？

6. 风险管理。风险管理是不是组织成功的一个关键因素？如果是，董事会有何功绩？

7. 董事会利益相关者的评估。他们是否察觉到关键/必需的战略得到了实施？至少是有所改善？董事会与战略的提出有多相关？

8. 组织作为一个整体的群体感知。组织是否得到评估？如果是，评估结果是否良好？如果不是，是否得到最起码的改善？

- 任何能够定期充分评估这些或相似问题的董事会，都毫无疑问地在正确的方向迈出了一步。
- 对于董事会贡献的评价，可以采用如图10-5所示的形式。在这种情况下，注意图的右侧内容，我们通过一个案例来说明这样做的目的。

	董事会贡献	分数	级别	案例分数	级别
a	组织财务结果			7	Ⅲ
b	获取资产的能力			3	Ⅱ
c	绩效指标			5	Ⅲ
d	品牌价值/组织形象			8	Ⅳ
e	组织的智力/无形资本价值			4	Ⅲ
f	风险管理			7	Ⅲ
g	董事会利益相关者的评估			1	Ⅰ
h	组织作为一个整体的群体感知			4	Ⅱ
	最大值	80		80	
	合计			39	
	结果			4.88	Ⅲ

图10-5 运算表示意图

- 虽然在图10-5中，作为一个董事会最相关的职能，Ⅲ的结果等级可能看着还不错，但对于利益相关者评估，Ⅰ等级是不能被接受的。这也说明了为什么应该认真考虑整个改进方法中的每一个董事会贡献条目。这些方法我们在下文还会提到。

结果导向的改善方法

公司治理的过程是相互依赖和复杂的，而且涉及所有的利益相关者。虽然少数组织有一些建立自身度量标准和可变性的研究项目，但这需要一定的时间，而且其结果有多实用还不能得知，特别是对于中小规模的组织的董事会更是如此。因此，我们采取一种与众不同的方法，"通过意识进行改善"。

在本节后面我们提供了一系列的分类条目，以帮助进行经常性评审。这个想法的目的是，识别那些可能潜在影响董事会对结果贡献能力的问题，例如前面我们提到的八点内容。有经验的董事可能认为这很简单，但经验不足的董事可由此慢慢熟悉。考虑到董事会对一些事务难免会有分歧，比如利益相关者利益，定期重新进行聚焦也很重要。

像图 10-6 这样的表单应能对以下情况有所帮助：

- 列出潜在的相关条目（左列）。
- 列出各类董事会贡献（上行）。
- 在条目和贡献之间标记明确关系（行与列的交叉处）。
- 应用之前提到的四级评分标准进行量化。

鉴定的相关条目		分数	级别	组织财务结果	获取资产的能力	绩效指标	品牌价值/组织形象	组织的智力/无形资本价值	风险管理	董事会利益相关者的评估	组织作为一个整体的群体感知	目标(I-IV)	优先权	符合？
				III	II	III	IV	III	III	I	III			
6.3	样例条目：类别6中的第三个条目	3	II	X			X					III		
6.4	样例条目：类别6中的第四个条目	5	III					X	X			IV		
5.2	样例条目：类别5中的第二个条目	4	III									III		
4.1	样例条目：类别4中的第一个条目	1	I	X				X				III		
4.4	样例条目：类别4中的第四个条目	4	II											
目标				IV	III	III	IV	IV	IV	III	III	在接下来的时间达成目标		
优先权														
符合？														

董事会贡献

图 10-6 交叉引用表示意图

对于收集的信息应该考虑到：

- 不要关注对结果意义不大的条目（删除交叉线）。
- 增加新确认的因果关系（增加交叉线）。
- 建立改善目标和重点（右侧和底部的条框）。

这将为一些可能最重要的、现实性的董事会事务提供一个全面和单一相结合的评价视角。

分类条目

为避免偏差，在样例中刻意没有提到任何真实的问题。在图 10-6 的例子中，在假设的类别 4~6 中选取条目。在第一行中，显示的是类别 6 中的第三个条目。

每个组织都有不同的目标和需求，每个组织也都应该能在本章选取最有助于满足其自身需求的方式。这些分类条目可以为董事会议程，或者自我评价问卷的制定，或者改善过程，提出激励性的、帮助性的议题，以满足上述目的（见图 10-6）。改善过程在之前的章节曾提到过，分类条目可从以下所列中进行选择：

1. 使命和原则。
2. 董事会和利益相关者。
3. 董事会和股东。
4. 董事会和管理层。
5. 运营规程。
6. 董事会结构。

同样还有关于 IT 治理的董事会条目。此外还有一些相关的条目，为此我们提供了一个样表（见图 10-7），并针对每个条目都提出了一些指导性问题。这为处理整个类别提供了一种思路。对所有类别的详尽描述可在 Bertin 和 Watson 的相关论述（2007）中查找到。

			分数	级别	董事会贡献						
					组织财务结果	获取资产的能力	绩效指标	品牌价值/组织形象	组织的智力/无形资本价值	风险管理	董事会利益相关者的评估	组织作为一个整体的群体感知
					III	II	III	IV	III	III	I	II
IT治理	a	IT承诺										
	b	IT结盟										
	c	IT附加值										
	d	IT费用管理										
	e	IT项目成功										
	f	信息有效性										
	g	IT相关风险										
	h	运行IT架构										
		最大值	80									
		总计										
		结果										

图 10-7　IT 治理样表示意图

这里类别的标号是倒序排列的，这样做不只是为了吸引读者的关注，更多地是因为它代表了利益相关者从金字塔的外部（见图 10-1 和图 10-2）——利益相关者——全方位地向核心（组织的使命、原则、价值）移动。这意味着任何分析的深度都将取决于分类选择。这些相关条目如下所列：

使命和原则

使命和原则的积极主动的建立、使命与原则的部署和员工承诺、债务意识、风险预期和缓解、风险和危机管理政策、综合风险和承诺愿景、最佳实践规范。

董事会结构

足够的规模、董事会成员个人档案和选择、独立的主席与首席执行官和首席董事、独立董事的影响、董事会委员会职能和一体化。

董事会运营规程

人员选拔政策、独立董事政策、职能描述、培训和定位、专业管理会议、董事会成员对议程的贡献、董事会报酬和审查、非董事参加会议、董事会评估。

董事会和管理层

CEO 评估、高级管理者报酬、进入管理层、CEO 连任、相关信息提供、风险考虑和危机管理、管理培训和发展。

董事会和股东

薪酬公开、一股一权、董事、委员会和董事会评定、组织信息传递、所有权结构、符合性披露、组织盈利、特殊交易、成员选举和解职。

董事会和利益相关者

利益相关者期望和战略、组织正式披露（包括机构投资人、客户和媒体）和交流、关于社会问题的董事会行为。

参考文献

Bertin, M. E. J. (1996). "Quality on the Board of Directors." *Proceedings of the JUSE International Conference on Quality*, Yokohama, Japan.

Bertin, M. E. J. (2004). "The Impact of an Effective Board of Directors in Organizations Results." *Proceedings of the 48th European Organization for Quality*, Moscow, Russia.

Bertin, M. E. J., and Strachan, H. (2005). *An Approach to the Evaluation of a Board of Directors*. ASQ World Conference on Quality and Improvement. Seattle, Washington.

Bertin, M. E. J., and Watson, G. H., eds. (2007). *Corporate Governance: Quality at the Top*. International Academy for Quality, Salem, New Hampshire, pp. 83–126.

Bertin, M. E. J. (2007). "Quality in the Board of Directors—What the Board Should Do—How to Measure Board Performance." *Proceedings of the 1st Middle East Quality Organization Annual Conference*, Dubai, UAE.

Bertin, M. E. J., and Bertin Schmidt, M. (2009). "Where Were the Boards? Thoughts Regarding the Global Financial Crisis." *Proceedings of the 3rd Middle East Quality Organization Annual Conference*, Dubai, UAE.

Corporate Social Responsibility: Why Good People Behave Badly in Organizations. By Bansal, Pratima, Kandola, Sonia. Ivey Business Journal Online. March/April 2003.

Juran, J. M., and Louden, J. K. (1966). *The Corporate Director*. American Management Association, New York.

OECD—Organisation for Economic Co-Operation and Development (2004). OECD Principles of Corporate Governance. Paris, France.

Stephenson, C. (2004). "A Board's Role in Fostering Vision, Values, and Integrity." *Ivey Business Journal (Web)*.

Strachan, H., and Bertin, M. E. J. (2005). "An Approach to the Evaluation of a Board of Directors." *ASQ World Conference on Quality and Improvement*, Seattle, WA.

(王萌 译)

第 11 章

ISO 9000 质量管理体系　约瑟夫·A. 德费欧

本章要点
国际标准概述
ISO 9001：2015 标准
组织卓越绩效计划与 ISO 标准的区别
质量体系的认证/注册

合格评定和国际贸易
ISO 9000 标准在特定行业的适用和扩展
标准化深入人心
参考文献

本章要点

1. ISO 9000 标准对世界各组织实施国际贸易和质量体系产生了重大影响。这些标准已广泛应用于工业/经济部门和政府监管领域。ISO 9000 标准是组织用于确保设计、生产、交付和支持产品方面产品质量的管理体系[*]。

2. 新的 ISO 9001：2015 标准涉及对质量管理体系的几项重要变更，包括术语的修改、新的基于上下文的条款的引入、更加强调管理层在质量中的作用以及注重基于风险的方法。

---

[*] ISO 9000 质量管理体系标准自 1987 年颁布以来，经过了 1987 年版、1994 年版、2000 年版、2008 年版和 2015 年版等多个标准修订阶段。其中 2000 年版的标准结构、内容与以前版本有了极大的不同。本书最初是按 1994 年以前的版本内容编写的，改版时虽将标准号改为了新的版本号（如 ISO 9001：2008），但其中一些内容仍按以前的版本内容未改。2000 年版后的质量管理体系要求标准已取消了 ISO 9002 和 ISO 9003 标准，在进行第三方质量管理体系认证时只有 ISO 9001 标准，不同组织类型在认证时可对 ISO 9001 标准要求进行删减，而本书仍保留 ISO 9002 认证等内容。请读者在阅读本章内容时参照最新的 ISO 9000 质量管理体系国际标准内容。——译者注

3. 为了保持其认证注册的状态，供应商组织需要通过注册机构定期的监督审核。监督审核通常每半年进行一次。监督审核可能不如完整审核那么全面。如果是这样，每隔几年就需要进行一次完整的审核。

4. cGMP 是指美国食品药品监督管理局（FDA）出台的《现行良好生产规范》。cGMP 提供了确保科学合理的设计、监控、控制制造过程和设施的系统。

国际标准概述

标准的存在主要是为了促进国际贸易，避免危害客户、危害社会。在出现 ISO 9000 标准前的时期（1980 年以前），有各种形式的国家标准和一些跨国标准。电气、机械和化工方面相容性的标准已经存在了几十年。其他标准，如军用标准，是为军事和其他核电工业制定的，商业和工业用途制定的标准较少。这些标准具有共性和历史渊源。然而，在国际贸易中广泛使用的术语和内容往往不一致。因此，组织不得不重新创建自己的标准或调整现有的标准，这样会导致共性更少。20 世纪 80 年代，当工业化世界的大多数组织开始以创纪录的速度提高质量和安全时，就出现了填补空白的需求。这种空白是通用的质量管理体系，它是客户和供应商之间不具约束力的"合同/协议"。ISO 176 技术委员会以 ISO 9000 系列标准的形式填补了这一空白。随后，ISO 14000 填补了类似的环境标准方面的空白。全球许多组织开始使用这些标准作为绩效表现的"认证"标准。尽管这些标准的意图很重要，但它们更多的作用是获得一个可用于打动客户的合规证书的机会，而不是确保满足客户需求的一系列要求。

随后，某些工业/经济部门在逐字逐句采用 ISO 9000 标准以及行业补充要求的基础上，开始制定全行业质量体系标准。汽车行业（QS 9000）、制药和医疗设备行业（cGMP）、政府监管机构和军事采购机构（AS 9100 和任务保证条款，MAP）在世界许多地方采用这种方法。甚至软件开发也使用卡内基·梅隆大学（Carnegie Mellon University）90 年代初创建的软件质量系统 CMMI 标准，来确保管理软件质量的通用方法。这些标准在实现卓越的质量管理中起着重要的作用，但并非总是被理解。

我们将简要讨论下面的标准和/或行业惯例：

- ISO 9000 质量管理体系。
- 用于制药和医疗设备的 cGMP。
- ISO/TS 16949：汽车工业。

ISO 9000 质量管理体系标准

ISO 9000 标准对世界各地的组织在国际贸易和质量体系的实施方面产生了巨大的影响。ISO 9000 国际标准已被 70 多个国家采纳为国家标准,已经广泛应用于工业/经济部门和政府监管领域。ISO 9000 标准涉及组织使用的管理系统,以确保在设计、生产、交付和支持产品等环节的质量。这些标准适用于所有通用产品类别:硬件、软件、加工材料和服务。完整的 ISO 9000 体系标准为组织的质量管理体系提供了质量管理指导、质量保证要求和支持技术。标准提供了组织管理体系中应该出现哪些特性的指南或要求,但没有规定如何实现这些特性。这种非规范性的特征使标准广泛适用于各种产品和情况。实施 ISO 9000 后,一个组织可以进行质量管理体系的认证注册。

ISO 9000 体系中的标准是由国际标准化组织(ISO)的技术委员会 TC 176 创建并制定和维护的。ISO/TC 176 第一次会议于 1980 年召开。ISO 8402 术语标准于 1986 年首次发布。最初的 ISO 9000 系列于 1987 年出版,包括以下内容:

- 基本概念和路线图指南标准 ISO 9000。
- 质量保证的三个替代要求标准(ISO 9001、ISO 9002 或 ISO 9003)。
- 质量管理指南标准 ISO 9004。

自 1987 年以来,又公布了其他附加标准。ISO 9000 体系现在包含了对最初体系的各种补充标准。特别是,发布了基于 ISO 9000 体系的 ISO 9000 到 ISO 9004 的 1994 年版、2000 年版、2008 年版和以"ISO 9000:2015"的名义发布的最新的 2015 修订版。本节是在对原标准进行初步介绍后,针对 2015 年修订版编写的。

ISO 9000 已在全球范围内被采用和实施,用于有双方合同情况和第三方认证/注册情况下的质量保证。作为全球第三方认证/注册安排的一部分,定期监督审核为供应商保持其质量体系的完全一致性和改进体系以持续满足其质量目标提供了持续的动力。

质量管理和质量保证标准的市场本身发展都很迅速,部分原因是响应欧盟(EU)、关税及贸易总协定(GATT)和北美自由贸易联盟(NAFTA)等贸易协定。这些协议都依赖于实施减少非关税贸易壁垒的标准。ISO 9000 体系在执行这些协定方面发挥着关键作用。

ISO 9001：2015 标准

世界上有 170 多个国家和地区的 100 多万个组织获得了 ISO 9001 标准的证书。在第一个 ISO 9001 标准实施 25 年后，有必要引入修订版。虽然 9001 标准的范围没有实质性的变化，但是结构和条款已经更新，以便与其他管理系统标准保持一致。ISO 9001：2015 现在遵循与其他 ISO 标准相同的高层次结构，这使得同时采用多个管理体系的组织更容易整合。至于新术语，组织可以选择最适合其操作的术语，而不需要将操作调整成新的术语。表 11-1 显示了从 ISO 9001：2008 到 ISO 9001：2015 标准在术语上的主要差异。

表 11-1　ISO 9001：2008 和 ISO 9001：2015 主要术语的不同

ISO 9001：2008	ISO 9001：2015
产品	产品和服务
除外	未使用
文档、记录	文件化的信息
工作环境	过程操作的环境
购买的产品	对外提供的产品和服务
供应商	外部提供者

术语的主要变化之一是用产品和服务替换产品；这样做是为了使标准适用于更广泛的行业，特别是服务行业。文档和记录被替换成文件化的信息，以便在组织的文件处理过程中具有更大的灵活性。这就把决定权留给了组织，其自行决定哪些过程需要在多大程度上形成文档和记录。

除了术语的变化外，还引入了两个关于组织背景的新条款：第 4.1 条"理解组织及其背景"，第 4.2 条"理解相关方的需求和期望"。这些新条款要求组织确定一系列可能影响其质量管理体系规划的广泛的问题和要求。这些条款假定采用利益相关方的方法，并侧重于利益相关方的关系管理（SRM），这超出了之前对客户关系管理（CRM）的强调。通过这种方法，利益相关者包括所有相关方，只要求组织满足那些被认为与质量管理体系相关的相关方的需求和期望。

2015 年的修订版还将更加强调领导者对质量负责。标准要求管理层分配、沟通并确保理解质量角色和职责。它还要求管理层将其评审范围扩大到战略层级，包括在评估本组织的风险和机遇时考虑相关利益方的利益。

ISO 9001：2015 标准的另一个重大变化是强调基于风险的方法。虽然质量管理体系的所有方面都存在固有的风险，但基于风险的思维确保在整个过程的设计和实施过程中予以识别、考虑和控制这些风险。基于风险的思维在本标准的几个条款中被引入。参见表 11-2，了解新标准中对基于风险思维的阐述。组织需要了解风险评估，识别风险和机遇并采取行动。然而，在新标准中，没有正式要求对风险管理过程进行文件化。

表 11-2 在 ISO 9001：2015 中如何处理基于风险的思维

ISO 9001：2015 条款	风险思维的应用
条款 4	组织应确定其质量管理体系过程，并处理其风险和机遇
条款 5	高层管理人员需要 • 提高基于风险的思维意识 • 确定和处理可能影响产品/服务一致性的风险和机遇
条款 6	组织应识别与质量管理体系绩效相关的风险和机会，并采取适当的行动来解决它们
条款 7	组织应确定和提供必要的资源（当提到"合适的"或"适当的"时，风险是隐含的）
条款 8	组织应管理它的运营流程（当提到"合适的"或"适当的"时，风险是隐含的）
条款 9	组织应监视、测量、分析和评估为应对风险和机遇而采取的行动的有效性
条款 10	组织应纠正、预防或减少不良影响，改善质量管理体系并更新风险和机遇

外部驱动力

导致 ISO 9000 标准广泛实施的驱动力可以用一句话来概括：商业全球化。"后工业经济"和"地球村"等表达方式反映了近几十年来的深刻变化。这些变化包括：

- 新技术在几乎所有行业/经济部门的应用。
- 全球电子通信网络。
- 广泛的全球旅行。
- 世界人口剧增。

- 自然资源储备、耕地、渔场和化石燃料的枯竭。
- 更密集地利用土地、水、能源和空气。
- 广泛的环境问题/影响。
- 大型组织和其他组织的规模缩小，组织结构扁平化，将组织核心职能以外的职能外包。
- 全球经济中语言、文化、法律和社会结构的数量和复杂性。
- 多样性是一个永久的关键因素。
- 发展中国家在全球经济总量中所占比例越来越大；有新的竞争对手和新市场。

这些变化导致了经济竞争的加剧、客户对质量期望值的提高，以及对组织满足更严格的产品质量要求的增加。

即使对许多中小型组织来说，商业全球化也是现实。这些规模较小的组织以及它们的大型同行现在发现，它们的一些主要竞争对手很可能在另一个国家。仅仅考虑当地社区内的竞争而能够生存下来的企业越来越少。这就影响到各类规模组织的战略和产品规划。

针对外力的内部响应

世界各地的组织都在应对变革的需要。现在，组织更加注重人力资源和组织文化，以及赋予人们权利并使他们能够做好自己的工作。ISO 9000 的实施包括制定方针、设定质量目标、设计管理体系、记录程序和工作技能培训。所有这些要素都是阐明人们工作内容的一部分。

组织采用了包括业务流程管理在内的卓越绩效方案，作为适应不断变化的客户需求的一种手段。这一概念在 ISO 9000 标准中得到了强调。越来越多的指标被用来更有效地描述产品质量和客户满意度。

组织实施更好的产品设计和工作流程设计，以及改进生产的策略。标杆管理和竞争评估被越来越多地应用。

人们经常会问一个重要问题："在这个瞬息万变的世界，一个单一的系列标准 ISO 9000，如何适用于所有的行业/经济部门、所有的产品和所有规模的组织？"

ISO 9000 标准建立在以下概念的基础之上，即保证产品质量的一致性，最好同时采用两类标准：

- 产品标准（技术规范）。
- 质量体系（管理体系）标准。

产品标准提供了适用于产品特性的技术规范，通常还提供了适用于产品生产过程特性的技术规范。产品标准是针对于特定产品的，既包括产品的预期功能，也包括最终可能遇到的使用情况。

管理体系属于 ISO 9000 标准的范畴。正是通过产品规范和管理体系特性的差异，ISO 9000 标准适用于所有行业/经济部门、所有产品和所有规模的组织。

组织卓越绩效计划与 ISO 标准的区别

ISO 9000 体系标准包含要求和指南。这是一个质量管理系统模型，用于质量保证目的，提供对产品和服务质量的信心。提出要求的标准对组织具有约束力，无论是否出现如下情况：

- 组织与客户之间的合同是否明确提及标准。
- 组织是否寻求并获得第三方认证和注册。

就 ISO 9000 体系适用于所有的产品和组织这一点而言，所有的 ISO 9000 体系是通用的。就 ISO 9000 体系描述应该具备何种管理体系的功能这一点而言，所有的 ISO 9000 体系都不是说明性的，它们没有指明如何实现这些功能。

ISO 9004 为各个组织的质量管理提出了一种规范，这与许多国家卓越奖很相似。它们之间的主要差别在于：国家卓越奖标准集中于商业领域，而 ISO 9000 标准不是。为什么？因为 ISO 9000 体系的标准不包括许多影响因素，这些因素确保一个组织内所有的过程都服从组织的规定。ISO 9000 体系的标准没有包括朱兰定义的关于质量管理的全部范围，它也没有打算这样做。我们经常听到有些人抱怨 ISO 9000 没有做到我们期望它做的事情，也经常听到有些人说 ISO 9000 对他们来讲非常好。说 ISO 没发挥作用的组织期望这些标准一旦实施，就能保证更好的质量和更好的经济效益。这些组织对 ISO 不满，它们也不知道 ISO 标准不包括涉及产品和服务生产过程之后的任务的条款。如果 ISO 9004 是注册标准，更多的组织将会看到这一注册的好处。这是因为 ISO 9004 是一个质量管理体系，而 ISO 9001 只是一个保障体系（见表 11-3），是质量管理需要的一部分。那些说 ISO 9004 对它们起作用的组织把这些标准看作一个更好的体系的基石。这些标准填补了以前的标准没有做到的空白。因此，这些组织将 ISO 标准看作实现卓越绩效的重要组成部分。

表 11-3 质量管理与质量保证

焦点问题	
质量管理	质量保证
• 达到符合质量要求的结果 • 受到组织内部人员，尤其是管理人员的激励 • 目标是使所有的利益相关者满意 • 有效、高效并不断提高所有与质量相关的性能是想要达到的结果 • 范围涵盖影响组织内与质量相关的业务的结果的所有活动	• 证明已经达到（或可能达到）质量要求 • 受到所有利益相关者的激励，尤其是顾客与组织外部人员 • 目标是使所有的顾客满意 • 对组织生产的产品有信心是想要达到的结果 • 范围涵盖直接影响与质量相关的进程和产品的结果的活动

我们将计划、控制和改进过程看作质量管理的必要因素。质量保证非常重要，因为它向我们提供了体系根据计划运行得如何的信息。质量控制与质量保证不同。控制是应该对什么进行控制，保证是确保你控制的因素的确得到了控制（见图 11-1）。

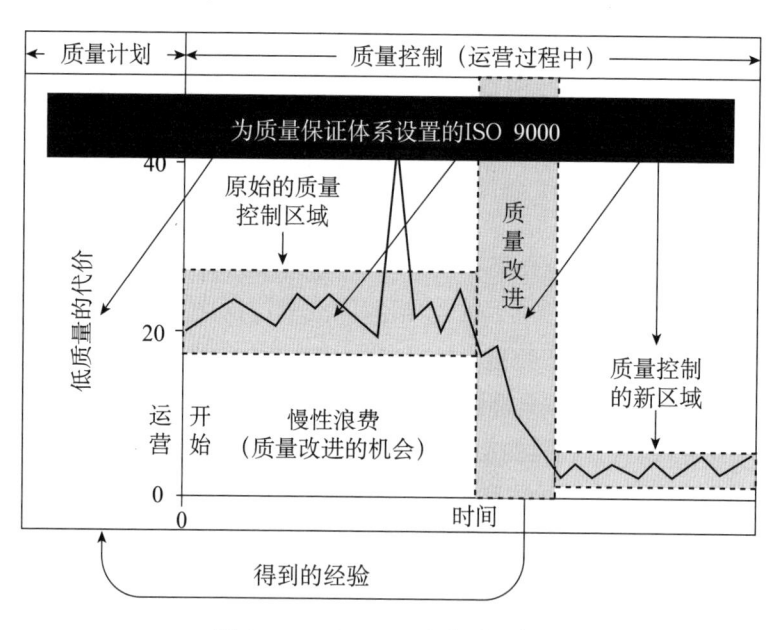

图 11-1 ISO 9000 和朱兰三部曲

资料来源：Juran Institute, Inc., Southbury CT.

ISO/TC 176 在实施的早期面临的一个非常迫切的问题是如何在世界范围内使"质量控制"与"质量保证"的含义一致。在不同的国家，甚至在同一个国家内，这两个术语有着完全不同的含义。"质量管理"是作为对质量控制和质量保证的概括性术语引入 ISO 9000 标准的。"质量管理"这一术语在 ISO 8402 中被定义并在国际范围内被采用。相应地，这也使得"质量控制"与"质量保证"这两个术语达成一致的定义。

根据 ISO 9000：2015，国际标准中质量管理的基本概念和原则适用于以下情况：

- 组织通过实施质量管理体系寻求持续的成功。
- 客户对组织持续提供产品和服务的能力充满信心。
- 组织在其供应链中寻求对产品和服务要求得到满足的信心。
- 组织和有关方面寻求通过对质量管理中所用词汇的共同理解来改善交流。
- 组织根据 ISO 9001 的要求进行合格评定。
- 提供质量管理方面的培训、评估或建议。
- 相关标准的制定者。

质量体系的认证/注册

质量保证要求标准的早期使用者是一些大型组织，例如电力供应商和军事组织，这些组织经常购买具有特定的功能设计的复杂产品。在这种情况下，质量保证要求被称作双方合约，供应商被称作"第一方"，顾客被称作"第二方"。这种典型的质量保证要求包括由供应商的管理人员发起的内部审核，以保证它们的质量体系满足合约的规定，这是第一方审核。这种条约通常也包括由顾客方发起的外部审核，以保证供应商的质量体系满足条约的规定，这是第二方审核。在双方的合约安排中，有可能适当地调整需求以维持顾客和供应商之间的持久关系。

当这样的保证在经济领域内成为一种普遍行为时，双方的个别的合约就变得十分烦琐。现在逐渐出现一种情况：供应链中的各个组织从属于由许多顾客进行审核的周期性管理体系，并且这些组织本身使它们的次级供应商从属于这些审核机构。供应链中存在着许多冗余的工作，因为从本质上来讲，每一组织的同一质量要求都进行了多重审核。无论对于实施审核行为的组织而言还是对于被审核的组织而言，审核行为都变成了一种严重的成本浪费。

认证/注册活动

质量认证/注册体系的发展是减少冗余、减少多重审核中非增值行为的一种方式。为了评估质量是否满足 ISO 9001 或 ISO 9002 标准，在一些国家被称作"认证机构"而在另一些国家（例如在美国）被称作"注册主管"的第三方机构对供方组织实施一种正式的审核。当供方组织被判定完全符合标准时，第三方机构将颁发证书给供方组织并对该组织的质量体系给予公开注册。因此，术语"认证"和"注册"有着同样的市场含义，因为它们是代表同一过程成功完成的两个连续步骤。

为了维持注册的状态，供方组织必须通过注册机构周期性的监督审核。通常，每半年进行一次监督审核。这种审核可能不如完全审核复杂，如果是这样，则每隔几年实施一次完全审核。

当今世界上存在着上百个认证/注册机构，大多数是私有的、以营利为目的的组织。通过它们注册的供方组织和供方组织的顾客组织看重它们的服务，因为注册服务是对供应链的增值。认证机构客观、合格地完成它们的工作是至关重要的，所有的认证机构也必须满足它们商业活动的标准要求。它们实际上是在经济活动中提供所需服务产品的供方组织。

认可活动

为了保证注册机构的能力和客观性，注册机构的认可体系在全球建立起来。认可机构审核注册商与国际认证机构运营指导标准的一致性。注册机构的质量体系处于认证机构的审核监督之下，这些审核监督涵盖了具有文件说明的质量管理体系、注册商聘用的审核员的资格证书、账目记录以及其他办公业务内容。另外，在供应商组织的帮助下，认可机构监督注册商的审核员进行特定的审核。

国际互认

其他许多国家也实施了这三方面的活动：
1. 认证/注册机构的认可。
2. 审核人员的认证。
3. 审核人员培训课程的认可。

多种双方认证协议在一些国家之间实施，例如，在一个国家内经过认证的审核员其资质在另一个国家也同样被认可。在另外一些情况下，两个国家之间就合作备忘录进行谈判。可以说，在正式的双方相互认可之前它们已经进入了一种合作的模式。根据合作备忘录，双方的认证机构可以共同对注册主管机构进行审核，审核人员可以共同记录审核的结果。然而，根据具体情况，每一个认证机构都可以对是否给予认证或者是否能继续保持资质做出自己的决定。

供方组织没有必要获得多个认证，从原则上讲，来自一个认证机构的证书在世界上任何地方都应被顾客接受。实际上，在任何国家建立类似的基础架构都耗费时间，此外基础架构运作的成熟度以及在其他国家建立对于这些基础架构的信心还要耗费额外的时间（数年的时间）。当然，并不是所有的国家都打算建立自己的基础架构，有些国家会通过在另外一个国家雇用注册商服务这种方式，让想要获得注册的供应商组织建立基础架构。

实际上，许多注册商在国际范围内运作，并在许多国家提供服务，这样的注册商通常寻求多个国家的认可，因为它们的顾客（供应商组织）希望在它们熟悉的、可信赖的注册机构体系中进行认证。

目前，存在大量单一的或多重的认证机构的认证、单一的或多重的审核人员的认证、单一的或多重的培训课程的认证。整体系统向着互认的方向发展，但是对其信度的最终检验在于市场是否愿意接受单一认证和鉴定。

ISO 在 1995 年 1 月重申了它对质量体系评估认证（QSAR）的支持并批准了一个让项目运转的计划。这有效地为旨在让全球都接受 ISO 9000 认证的自发的系统提供了基础。

当前，注册机构和课程提供者可能有多重认证，审核人员也可能有多重认证，这一状况看起来比需要的要冗杂得多。如果我们退一步考虑，将当前状况与供应商组织质量体系中普遍的第二方审核进行比较，我们就会承认当前的状况更好，因为：

- 审核中更少的冗余。
- 审核中更高的一致性。
- 通过将国际标准和指南作为基准以及通过由市场驱动的相互协调的努力而实现更少冗余和更高一致性的可能。

正式的国际互认

对于美国来说，它还有一个复杂的情况。和世界上其他国家不同，美国标准体系是一个私立机构的活动。作为一个私立的组织，美国国家标准协会（ANSI）是美国标准的协调机构，在 ANSI 的保障下，许多组织推出并维护着大量的美国国家标准。大多数标准是与产品技术规范相关的。美国材料与试验协会（ASTM）、美国机械工程师协会（ASME）、电气与电子工程师协会（IEEE）是几个美国标准最大的生产商。但是也存在一些其他的组织，它们提供适用于特定产品及特定领域的美国国家标准。美国国家标准协会提供公开、公平的标准发展的进程，并为所有实质上可能受其影响的相关方敞开大门。美国经济的优势以及美国标准被国际和跨国机构广泛采用都证实了美国体系的成功。

在国际贸易中，与符合性评估相关的活动和基础架构有三个层面。其中两个层面已经被讨论过：认证/注册层面和资格认可层面。第三个层面是互认。在互认层面，国家 A 的政府向国家 B 的政府保证国家 A 的证书和认证的基础架构符合国际标准和指南。在全球绝大多数国家中，标准体系由政府、半官方的机构执行，其认证活动也由上述的机构实施，互认就是自动执行的。在美国，多个政府机构就可能被要求提供正式的认证。

例如，在处理某个不合欧盟控制健康、安全、环境风险的政策要求的产品方面，欧盟坚持通过特定的政府渠道来处理，而与此相关的美国政府机构与欧盟的政策又不尽相同。在很多领域，由最近刚被授权的美国国家资源合格评定体系评估程序（NVCASE）来负责互认，NVCASE 将通过美国国家标准与技术协会（NIST）由商务部运营。要通过 NVCASE 进行评估，申请人必须向 NIST 提供足够的信息以进行全面评估。申请人的管理体系要根据既定的国际公认标准进行全面审查。

合格评定和国际贸易

欧盟的合格评定方法具有代表意义。对于在欧盟国家出售的监管商品，它们必须具备"CE"标志。在欧盟的系统化方法下，为了获得使用标志的资格，供应商组织必须在以下四个方面具有合格证明：

1. 产品设计的技术资料。
2. 型式测试。
3. 产品监测（抽样或者全样本）。
4. 质量保证的监督。

根据政策，欧盟将为供应商提供不同的途径（模块）以使他们满足要求。这些途径的范围从"产品的内部控制"到"完整的质量保证"。"产品的内部控制"集中于产品监测层面，"完整的质量保证"集中于 ISO 9001 认证方面，其在产品设计方面依赖于 ISO 9001 的能力要求。对于大部分模块，制造商必须将产品单元、产品设计的技术信息、质量体系信息提交给一个作为政府"指定机构"的认证机构。在一些模块中，指定机构必须提供所需的产品测试。一些模块包括 ISO 9001、ISO 9002 或 ISO 9003 的认证。

欧盟（以前称作欧洲共同体）对监管产品在合格评定中实施这些模块是早期 ISO 9001 或 ISO 9002 认证在世界范围内迅速扩展的最大的一个动力。例如，美国与欧洲贸易中大概一半的贸易额源于监管产品。然而,全球范围内技术的发展和对质量的需求以及第三方审核相对于普遍的第二方审核所节约的成本(正如前面讨论的)有力地刺激着标准在全球范围内的持续应用以及第三方质量体系认证/注册的发展。

另外,对于供方组织来说,同时使用两套质量管理体系,一套应用于监管产品,一套应用于非监管产品,这也不切实际。因此,出于多种原因,许多直接或间接参与国际贸易的供方组织,会酌情采用符合 ISO 9001 和 ISO 9002 的质量管理体系。

指导原则

现在存在很多注册机构,每一个都可进行很多供应商质量体系的注册,每一个供应商都和很多顾客打交道。希望仅仅通过认可机构举行的周期性审核来充分地监督这样一个系统的运营是不切实际的。因此,指导原则是将主要依赖的内容放置在"真相标签"的理念下。通过这一方式,每个顾客都有获取信息的途径并能通过这些信息评判供应商注册质量体系范围内的所有四个要素。

ISO 9000 标准在特定行业的适用和扩展

医疗设备行业

情形 1 与医疗设备制造行业相关。例如美国的食品和药物管理局(FDA)发布的药品生产质量管理规范(GMP)。GMP 在 FDA 规程的合法认可下运行,这早于 ISO 9000 标准。FDA 定期检查医疗设备制造商是否符合 GMP 要求。这些要求中的大多数是质量管理体系要求,这与随后颁布的 ISO 9002:1987 要求一致。GMP 的其他管制要求与健康、安全、环境方面更相关。对于这类产品,许多国家有类似的管制要求。

在美国,FDA 推出了 GMP 的增补版,此版本与 ISO 9000 标准接近,增加了对健康、安全或环境方面相关的要求,扩大了 ISO 9000 标准的范围,将产品设计方面对质量体系的要求涵盖其中,这反映了在全球医疗器械行业领域,人们对于产品设计重要性的认可和质量管理实践更高的成熟度。在其他国家也出现了类似的倾向,很多国家已经不再照搬 ISO 9001 原版,而采用相应的 GMP 管理规定。

为人类医药服务的现行药品生产质量管理规范（cGMP）影响着每一个美国人。顾客希望他们吃的所有药物都满足质量标准以保证它们是安全有效的。然而，大多数人都不知道 cGMP，不知道 FDA 如何保证药物生产过程符合这些基本目标。最近，基于 cGMP 的不足，FDA 针对药品制造商宣布了很多管制行为。

cGMP 是什么？

cGMP 指的是 FDA 执行的现行药品生产质量管理规范，cGMP 所提供的体系确保对制造过程和设备进行恰当的设计、监管和控制。通过要求药物制造商充分控制它们的生产运营，遵守 cGMP 能够保证药物产品的特性、优势、质量和纯度。这包括建立强大的质量管理体系，获得合适的质量原材料，建立稳健的操作程序，检测产品质量偏差，维持可靠的测试检验。如果在实践中充分应用，这一正式的制药控制体系就会有助于防止污染、混杂、偏差、失败和错误的发生。这就保证了药品能满足质量标准。

cGMP 的建立是灵活的，这是为了使每一个供应商独立地做出以下决定：如何通过使用科学合理的设计、处理方法和测试程序来最好地实施必要的控制。这些规程的灵活性使公司能够通过使用现代科技和创新方法达到更高的质量与持续的改进。因此，cGMP 中的"c"代表"现在"，要求公司使用最新的科技和系统来顺应规程。在 10 年或 20 年前用来防止污染、混杂和错误的最好系统和设备，以今天的标准来看可能远远不够好。

cGMP 是最基本的要求，了解这一点是重要的。很多药物生产商已经在实施超越这些标准的全面现代的质量体系和风险管理方法。

为什么 cGMP 对软件开发是重要的？

消费者经常不能（通过嗅觉、触觉或视觉）察觉药物产品是否安全以及是否起作用。尽管 cGMP 需要测试，然而仅靠测试不足以保证质量。大多数情况下，仅对一小批样本进行测试（例如，对于总共 200 万粒药的一批药物，药物制造商仅对其中的 100 粒进行测试），以保证大部分药物能被病人服用，而不会因测试使这些药物遭到损坏。因此，药物在 cGMP 规则要求的条件下进行生产是重要的，这可以确保设计和生产过程中每一步的质量。良好状态下的设备，正确维护和校正下的设备，合格、训练有素的员工，可靠的生产过程是 cGMP 如何帮助确保药物产品安全性和有效性的一些例子。

FDA 如何确定一个组织是否符合 cGMP 规程？

FDA 聘用经过 cGMP 科学培训的人员来检查全球的制药生产设备，这些人员的工作就是评估一个组织是否符合 cGMP 规程。FDA 也依赖来自公众和行业的有潜在缺陷的药物产品报告。FDA 经常使用这些报告来确定进行检查和调查的地点。大多数被检查的公司完全符合 cGMP 规程。

2002 年 8 月，FDA 宣布了制药行业 cGMP 21 世纪倡议。在那份公告里面，FDA 阐释了代理商将质量体系与风险管理方法整合到现有项目中以鼓励制药行业采纳现代的创新的制造技术这一意图。cGMP 倡议受到以下实际情况的激发：1978 年，关于 cGMP 的最新的主要修订版本颁布了，从那以来，在制造科技以及我们对质量体系的理解方面都有了很多进展。另外，许多制药厂商已经开始实施全面现代的质量体系和风险管理方法。这一指南是为了帮助制造商实施现代质量体系和风险管理方法以满足代理商的 cGMP 规程的要求。代理商也看到了使 cGMP 与其他非美国药物管理体系以及与 FDA 自身的医疗设备质量体系规则一致的必要性。这一指南支持这些目标。它也支持关键路径计划的目标。关键路径计划的目的是使医学创新产品的发展更有效率，以便使安全有效的治疗更早地惠及病人。

cGMP 21 世纪倡议指导委员会创建了质量体系指导发展工作小组（QS 工作小组）来将当前需要特定质量管理元素的 cGMP 规程与其他现存的质量管理体系进行比较。QS 工作小组对比了 cGMP 规程与多种质量管理模型之间的关系，例如药品生产检查程序（即基于体系的检查程序），为发展环境项目的质量体系而设立的环境保护机构指南，ISO 质量标准，其他质量出版物以及从监管案例获得的经验。QS 工作小组决定，尽管 cGMP 规程有着很大的灵活性，但它们不能明确地包含当今组成质量管理体系的所有元素。

cGMP 和其他质量管理体系在组织和某些构成要素方面有些不同。然而，它们非常相似并有着一些相同的基本原则。例如，cGMP 规程强调质量控制，近期发展起来的质量体系强调质量管理、质量保证、风险管理工具的使用，另外也同样强调质量控制。QS 工作小组认为：在当今的全球制造业，检验 cGMP 规程是否符合现代全面的质量体系的要素是有用的。这一指南正是检验的结果。

在 ISO 里，一个新的技术委员会——ISO/TC 210 已经建立了，这一委员会专门针对医疗设备体系。TC 210 已经建立起补充 ISO 9001 条款的标准。这些补充主要反映在医疗设备的健康、安全和环境方面，这与许多国家的管制要求一致。

ISO/TS 16949：汽车行业

在 1987 年 ISO 9000 标准颁布之前，汽车行业中的很多原始设备制造商

(OEM）已经建立起了公司专有的质量体系要求文件。这些要求是OEM向在它们供应链上的上千家组织采购零件、物料和部件的合同的一部分。OEM有很多负责第二方审核的员工，以证实这些OEM的特定要求被满足。

基于ISO 9001：1994的颁布，美国主要的OEM开始在全球实施共同标准——QS 9000——包含ISO 9001与特定行业的补充要求。一些补充的要求是通用ISO 9001要求规定的方法，一些是被主要的OEM认同的附加的质量体系要求，一小部分是针对特定OEM的。

在2006年12月14日，所有的QS 9000认证被终止。同时，位于ISO 9001与ISO/TS 16949之间的认证不再有效，企业可以选择ISO 9001与TS 16949中的任意一个。可以认为QS 9000已被ISO/TS 16949取代。

ISO/TS 16949：2009与ISO 9001：2008为设计开发、产品，以及与汽车相关产品的安装与服务定义质量管理体系要求。

ISO/TS 16949：2009适用于组织中为产品或服务制造顾客指定部件的场所。

支持功能，无论是现场的还是远程的（如设计中心、公司总部、配送中心），由于其支持现场而构成了现场审核的一部分，但它们不能获得单独的ISO/TS 16949：2009认证。ISO/TS 16949：2009可用于整条汽车供应链。

计算机软件

全球经济中充满了计算机信息技术（IT）。IT产业在影响和驱动全球经济方面扮演着重要的角色。随着过去重大技术的进步，自相矛盾的是，整个世界既彼此不同又相互一致。计算机软件的发展在这个矛盾体中占据着中心位置。

首先，与其说计算机软件的发展是一种行业不如说它是一门学科。

其次，许多IT从业者强调，由于其方式的多样性，计算机软件问题是复杂的，计算机软件的质量在供应商组织的业务中是至关重要的。例如：

• 供应商的产品可能是复杂的软件，这些软件的功能设计要求是由顾客指定的。

• 供应商生产的大部分软件产品可能是自己编写的，也可能是对次级供应商现成的软件包进行整合。

• 供应商可能将计算机软件/固件整合到它的产品中，这可能主要是硬件或服务。

• 供应商可能开发或从次级供应商购买软件，这些软件将被用于自己的设计或自己产品的生产工艺中。

然而，需要注意的是，一个供应商组织的业务以同样多样的方式涵盖了硬件、已加工的原材料、服务。

那么，在将 ISO 9001 应用到计算机软件开发过程中的争议点是什么？全球有以下共识：

- 通用的质量管理体系以及 ISO 9001 的相关要求都与计算机软件有关，正如它们与其他通用产品类别（硬件、其他形式的软件、已加工的材料和服务）相关一样。
- 在将 ISO 9001 运用到计算机软件的过程中有一些不同之处。

当今，在全球范围内，以下问题尚未达成共识：哪些事情足够不同以至于需要进行区分？关于这些事情应该做些什么？

作为一种处理这种重要的、自相矛盾的问题的方式，ISO/TC 176 发展并颁布了 ISO 9000 - 3：9001。ISO 9000 - 3 包含将 ISO 9001 应用到（计算机）软件的开发、供应和维护中的指南，这是有用的并已被广泛使用。ISO 9000 - 3 提供了优于 ISO 9001 要求的指南，它做出了关于软件开发、供应和维护生命周期模型的假设。在英国，通过同时使用 ISO 9001 与 ISO 9003，与软件开发相关的一个单独的认证方案（TickIT）已经运行了多年。这一方案在全球范围受到了来自多方的评价，有称赞也有批评。支持这一方案的人认为该方案：

- 解决了经济领域的一个重要需求：确保顾客对购买软件（单独的产品或包含在硬件中的软件）的质量要求得到满足。
- 包含除 ISO 9001 中常规认证之外的明确条款，以确保认证机构软件审核师、培训以及审核程序管理的能力。
- 提供一种单独的认证机制和商标，以便能够公开展示它的地位。

批评这一方案的人认为该方案：

- 是不灵活的，试图规定一个生命周期方法来进行软件开发，这与当今最好的计算机软件的开发实践不协调。
- 在计算机软件开发的技术方面有不切实际的严格的审核资格方面的要求，对软件开发管理体系人员有不必要的技术深度的职位要求。
- 是对 ISO 9001 第三方认证的冗余，在 ISO 9001 中，认证机构已经对审核人员的能力负责。认证机构证实可胜任能力是认证程序的一部分。
- 增加了除 ISO 9001 常规认证之外的大量成本，但只为供应链提供了少量的附加价值。

在美国，曾经有人向 ANSI/RAB（注册资格认证委员会）提出过采纳类似 TickIT 软件方案的提议。这一提议遭到了拒绝，这主要是因为在 IT 行业和 IT 使用者圈子里没有达成一致的共识和支持。

标准化深入人心

标准化已深入人心。许多公司在不同的标准下一起工作，从而周期性地提高它们的标准并包含尽可能多的体系以保证产品的安全和质量。例如，一项新的国际化标准——ISO 31000：2009（风险管理——准则和方针）——用来帮助组织有效地管理风险。ISO 31000 以一种明晰的、系统的、可靠的方式提供了适用于任何范围和内容的风险管理的原则、框架和流程。

另外，基于 ISO 9001：2000，医疗设备行业的 ISO 颁布了有利于实行质量管理体系的标准。"ISO 13485：2003 的关键目标是使医疗设备组织在最大限度上满足全球质量体系要求，提供安全有效的医疗设备，满足顾客需求。"开发新标准的工作小组召集人 Ed Kimmelman 如是说。

ISO 13485：2003，医疗设备质量管理体系用于法规的要求，是建立在全球医疗器械法规当前的质量管理体系要求和 ISO 9001：2000 中的相关要求基础上的。新标准用于医疗器械的生产、设计、安装、服务及相关服务的设计、开发和提供方面。它也被外部认证机构用来评估一个组织是否具备满足要求的能力。新标准取代了 ISO 13485：1996，是由 ISO 技术委员会 ISO/TC 210、质量管理和相应的通用医疗装置、WG1 工作小组、医疗器械质量体系应用、全球协调医疗仪器规管专责小组（研究小组 3）的成员共同开发的，新标准是在 1992 年构思的，其目的是使国家之间的医疗设备管理体系达到更高的一致性。

标准化包括常见的操作程序、多维策略以及设备使用的指南。

——巴尼和德费欧（2008）

标准正在成为全球组织的一种生存方式，准备好吧，有更多的事情要做。

参考文献

Barney M., and De Feo, J. A. (2008). "The Future of Manufacturing. Quality Digest, Chico CA."
Carnegie Mellon Software Engineering Institute. (2006). CMMI Executive Overview." Sponsored by U.S. Department of Defense, Carnegie Mellon University. Pittsburgh, PA.
Department of Health and Human Services (2004). "Final Report: Pharmaceutical CGMPS for the 21st Century—Risk-Based Approach." U.S. Food and Drug Administration, September.

Gasiorowski-Denis, E. (2003). Quality Management Systems for Medical Device Industry, ISO Management Systems, November-December 2003, http://www.iso.org/iso/medical_device_ims6_2003.pdf.

Humphrey, W. S. (1989). Managing for Software Process, Addison-Wesley, Reading, MA.

International Standard ISO 9001. (2008). 4th ed., November 15, 2008, www.iso.org.

Liu, X. (1993). Technical Report CMU/SEI-93-TR-024 ESC-TR-93-177, Capability Maturity Model SM for Software, Version 1.1.

National Institute of Standards and Technology. (2009). "National Voluntary Conformity Assessment Systems Evaluation." U.S. Department of Commerce, June. Available at http://gsi.nist.gov/global/index.cfm/L1-4/L2-38/L3-97 Accessed January 20, 2015.

(马良 译)

第12章

概率与统计的作用 约翰·F. 厄尔利

本章要点	正态概率分布
统计质量工具	概率曲线和直方图分析
波动的概念	指数分布
数据的图表汇总：频数分布表	威布尔分布
数据的图形汇总：直方图	泊松分布
箱线图	二项分布
基于时间的数据图形汇总：运行图	概率论基本定理
	统计分析的计算机软件
数据汇总方法：数值	参考文献
概率分布：概要	

本章要点

1. 统计分析方法在现代质量管理中是必不可少的。
2. 波动是自然界的事实，也是经营管理中的事实。
3. 在汇总数据时，适用的表格和图形工具包括频数分布、直方图、箱线图、概率图；适用的数值参数包括平均值、中位数、极差和标准差。
4. 样本是由从总体中抽取的有限数量的个体组成的。
5. 概率分布函数将特征值与其在总体中出现的概率相关联。
6. 常用的连续型概率分布是正态分布、指数分布和威布尔分布；常用的离散型分布是泊松分布和二项分布。

统计质量工具

统计或统计推断是在不确定的情况下做出决定的科学。我们在决策时必须面对不确定性，因为现实世界是随机波动的（稍后讨论）。当我们面对由波动引起的不确定性时，统计方法帮助我们做出正确的决策，减少失误。从更深层的角度来看，就减少缺陷来说，提高质量需要统计工具，因为大多数缺陷是由随机波动引起的。

统计一词也用于日常用语中，指系统的收集、制表、分析或解释数据。它甚至可以仅指统计数据。

概率则基于分析对象的固有波动表述事件发生的可能性的大小。当我们必须基于现有的数据进行决策时，概率使我们能够对决策相关的风险进行定量描述。

当然，统计工具只是达成优异质量必备的能力之一，但它们是非常关键的部分。

波动的概念

波动（或称为变异）是指自然界中没有完全一样的事物存在。波动既是自然规律也是商业事实。例如，即使是同卵双胞胎，在出生时的身高和体重也是略有不同的。

大规模集成电路芯片加工，每个芯片的尺寸都略有不同；番茄汤罐头灌装，每罐成分的比例也会有细微的变化；航空公司办理登机手续，每个乘客的办理时间也是不同的。忽视波动的存在（或不合理地认为波动很小）可能导致在主要问题上做出错误的决定。统计学是帮助人们正确地分析数据并在考虑波动存在的条件下做出决策的方法。

统计波动——由随机因素引起的波动——比大多数人认为的要大得多。我们常常拿到一个数据就直接做出采取什么行动的决定，而忘记了这个数据是数据历史的一部分。马尔科姆·罗伯茨（Malcolm Roberts）曾经说过："许多经理都是根据最后的那个数据运行他们的系统的。"

数据的汇总可以采用多种方式：表格、图形和数值。有时一种方式即可提供一个有用的、完整的摘要；但在某些情况下，需要两到三种方式才能做出完全清晰的表达。

数据的图表汇总：频数分布表

频数分布表是一种按大小排列的数据表。100个线圈电阻值的原始数据如表12-1所示。表12-2显示了这些数据的频数分布，表中的数据是线圈电阻的实际测量值。例如，其中有14个线圈的电阻值是3.35欧姆（Ω），有5个是3.30欧姆。频数分布表展示了数据的集中趋势（数据以3.35欧姆为中心），以及数据的波动范围（从3.27欧姆到3.44欧姆）。表12-2展示频数分布和累计频数分布，累计频数值是电阻等于或小于某一特定值的线圈数量。需根据具体问题选择用频数分布表或用累积和频数表，或两者都需要。该例子中，有5个线圈的电阻值是3.30欧姆。当有效数字位数增加时，它们可能就不相等了。

当数据众多且不相等时，频数分布表可能变得非常大，不便于原始数据的汇总。这时可以将数据分别归入数据单元中，使数据汇总表变得简单清晰。表12-3显示了将这些数据分别归入六个数据单元而得到的汇总表，每一个单元间隔0.03欧姆。将数据分组归入数据单元中会压缩原始数据，从而丢失一些细节信息。

以下是建立频数分布表的一般步骤：

1. 确定数据单元的个数，可参考表12-4的建议。

2. 计算数据单元间隔/宽度 i。数据单元宽度等于最大观测值减去最小观测值除以数据单元个数。将这个结果四舍五入为一个方便的数字（最好是与实际数据的有效位数相同的最接近的奇数）。

3. 确定每个数据单元的边界：

- 每个单元边界应该比实际数据多一位有效数字，并以5结尾。
- 在频数分布表中，小区间宽度应该是恒定的。

4. 将每一个观测值计数到相应的单元中，然后统计每个单元数据的频数 f。

必要时，可调整这些步骤，以便更清晰地汇总数据并揭示其波动的模式。

表12-1　100个线圈电阻值的原始数据

3.37	3.34	3.38	3.32	3.33	3.28	3.34	3.31	3.33	3.34
3.29	3.36	3.30	3.31	3.33	3.34	3.34	3.36	3.39	3.34
3.35	3.36	3.30	3.32	3.33	3.35	3.35	3.34	3.32	3.38

续表

3.32	3.37	3.34	3.38	3.36	3.37	3.36	3.31	3.33	3.30
3.35	3.33	3.38	3.37	3.44	3.32	3.36	3.32	3.29	3.35
3.38	3.39	3.34	3.32	3.30	3.39	3.36	3.40	3.32	3.33
3.29	3.41	3.27	3.36	3.41	3.37	3.36	3.37	3.33	3.36
3.31	3.33	3.35	3.34	3.35	3.34	3.31	3.36	3.37	3.35
3.40	3.35	3.37	3.35	3.32	3.36	3.38	3.35	3.31	3.34
3.35	3.36	3.39	3.31	3.31	3.30	3.35	3.33	3.35	3.31

表 12-2 100 个线圈电阻数据的整理

电阻（Ω）	计数	频数	累计频数
3.45			
3.44	|	1	1
3.43			
3.42			
3.41	||	2	3
3.40	||	2	5
3.39	||||	4	9
3.38	正|	6	15
3.37	正 |||	8	23
3.36	正 正 |||	13	36
3.35	正 正 ||||	14	50
3.34	正 正 ||	12	62
3.33	正 正	10	72
3.32	正 ||||	9	81
3.31	正 ||||	9	90
3.30	正	5	95
3.29	|||	3	98
3.28	|	1	99
3.27	|	1	100
3.26			
总计		100	

表 12-3　电阻频数表

电阻（Ω）	频数
3.415～3.445	1
3.385～3.415	8
3.355～3.385	27
3.325～3.355	36
3.295～3.325	23
3.265～3.295	5
总计	100

表 12-4　频数分布表单元数

观测到的数据个数	建议的单元数
20～50	6
51～100	7
101～200	8
201～500	9
501～1 000	10
超过 1 000	11～20

数据的图形汇总：直方图

直方图是以竖条形图展示频数分布的图形。图 12-1 为电阻数据的直方图。请注意，与频数分布表一样，直方图揭示了样本数据的中心和波动大小。直方图因构造和解读非常简单，成为对数据做初步分析的有效工具。

图形分析方法对于有效的数据分析和清晰的结果展示是必不可少的。这些方法中有许多贯穿本书始终。除此之外，还有更多可用的图形方法。经验表明，数据分析的第一步是使用适当的图形工具绘制数据。尽管大多数图形分析需要进一步运用统计分析做支持，但简单地计算各种统计量而不用图形考察数据的分布特征可能会导致错误的结果。

茎叶图是直方图的一种变形。海斯（Heyes，1985）提供了供应商 A 的金属丝断裂强度数据（以克为单位）（见表 12-5）。相对应的茎叶图如图 12-2 所示。请注意，茎是每个值的第一个数字，叶是其余的数字，例如，数字 216，茎是 2，叶是 16。请注意，茎叶图不但展示出了直方图的形状，而且还可以查看数据的原始值。这个简单工具的奥妙之处在于，它可以在没有计算机的情况下快速、轻松地构建。用最少的技术或数学计算，分析人员可以直观地评估波动，并确定箱线图（稍后讨论）所展示的五个特征值。

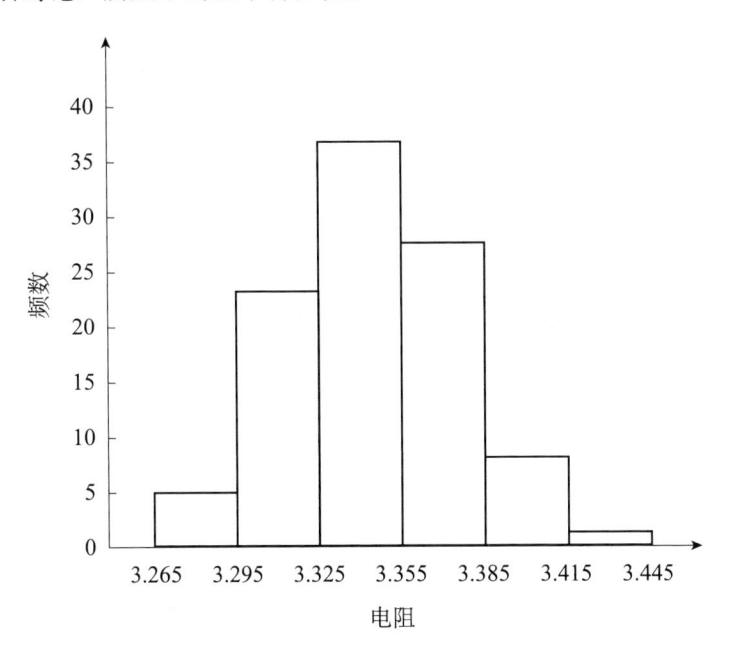

图 12 - 1　电阻的直方图

表 12 - 5　金属丝断裂强度原始数据

1.346	6.402	11.368
2.338	7.635	12.376
3.323	8.281	13.311
4.438	9.431	14.379
5.398	10.390	15.216

茎	叶
2	16, 81
3	11, 23, 38, 46, 68, 76, 79, 90, 98
4	02, 31, 38
5	—
6	35

图 12 - 2　茎叶图

资料来源：Heyes, 1985.

箱线图

一个简单、清晰且有效的汇总数据的工具是箱线图。箱线图是用数据的五个特征值构建的图形。这五个值是中位数、最大值、最小值、一四分位数和三四分位数。这些四分位数的特征是分别有四分之一和四分之三的观测值小于该数据。

用金属丝断裂强度数据来做说明，首先将数据按顺序排列（如表12-6所示）。中位数是排在中间的那个数的数值（第8个数，即376）。最大值和最小值分别是216和635。一四分位数和三四分位数分别是323和402，因为它们在这些数据四分位的位置上。也可表述为它们是一半数据的中位数。图12-3是用这些数据做的箱线图。箱线图上箱体的线是两个四分位数（中位数是箱体中间的线），居于中间的50%的数据汇总在箱体中。延伸到最大值和最小值的线称为"触须"。右边的"触须"较长，表明这部分数据中，包含了比其他数据大许多的数据。从该箱线图还可以看出，中位数右边的数据要比左边的数据更靠近中位数。

表12-6　金属丝断裂强度数据排序

1. 216	6. 346	11. 398
2. 281	7. 368	12. 402
3. 311	8. 376	13. 431
4. 323	9. 379	14. 438
5. 338	10. 390	15. 635

图基（Tukey，1977）的经典著作讨论了数据的图形分析和展示的创新方法。沃兹沃思等人（Wadsworth et al.，2001）对包括箱线图在内的图形方法进行了很好的总结。

另一个例子是，某大型服务机构因复印机可靠性较差需要经常维修复印机。维修服务是由两家公司（A和B）提供的。改进团队想要了解哪个公司对维修要求的响应更快且一致性更好。他们记录了两个公司各10个维修响应时间的数据（以分钟计）。用这些数据做出的箱线图如图12-4所示。改进团队得出的结论是，维修商B比A更优秀，因为B通常比A更快且更稳定。

图 12 - 3　箱线图

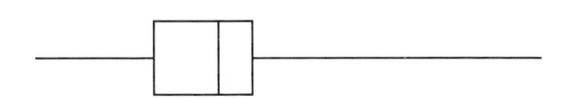

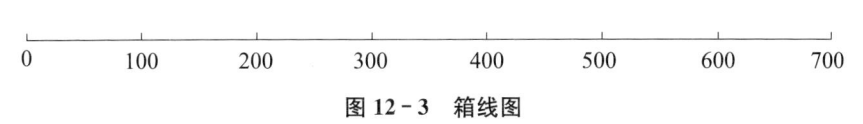

资料来源：Heyes，1985.

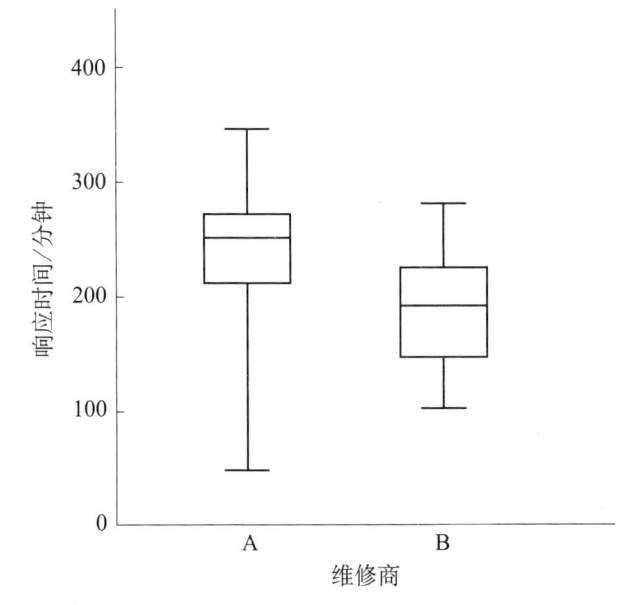

图 12 - 4　复印机维修响应时间的基本箱线图

资料来源：Juran Institute，Inc.

基于时间的数据图形汇总：运行图

直方图是一种某段时间内数据波动的快照。运行图则是数据按时间展开的动态图形，其可以揭示趋势、周期及其他随时间变化的情况。图 12 - 5 给出了运行图的示例。

读者在使用大众化的计算机软件做图时应特别注意。一些图形（如三维柱状图）看上去很漂亮，但是不清晰。沃兹沃思等人（Wadsworth et al.，2001）对质量常用图形方法进行了总结。哈里斯（Harris，1996）提供了"信息图形"的

图 12-5　运行图

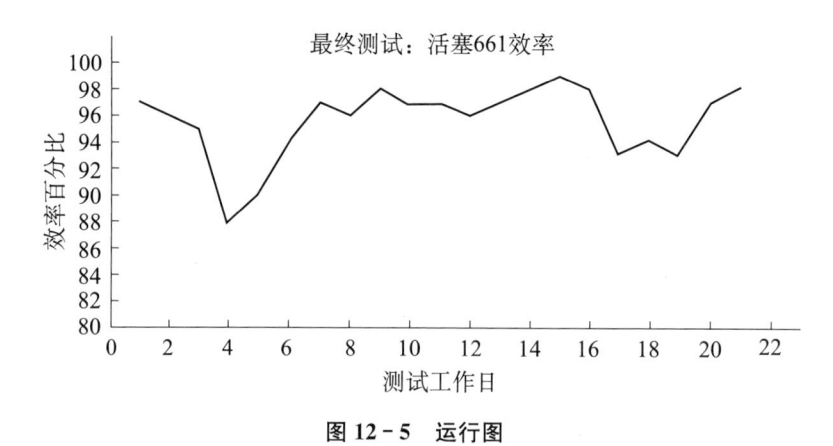

资料来源：Juran Institute, Inc.

较全面的参考材料。有关展示所有类型信息的不寻常创意,请参见塔夫相关论述(Tufte,1997)。

数据汇总方法：数值

数据也可以按下述方法汇总:(1)计算数据集中趋势的特征值,以指明大多数数据以何处为中心;(2)计算数据离散度的特征值,以表明数据的分散程度。通常,这两个特征值对数据的汇总提供了较充分的表述。

度量集中趋势的关键指标是算术平均值或均值。其定义为:

$$\overline{X} = \frac{\sum_{i=1}^{n} X_i}{n}$$

式中,$\overline{X}$ 表示样本均值;

X_i 表示单个观测值;

n 表示观测值的个数;

$\sum_{i=1}^{n} X_i$ 表示对 X_i 求和。

另一种度量集中趋势的方法是中位数——将数据按大小排序时位于中间的数据。在数据非对称分布,存在异常值,或虽可以排序但不能用连续型数据测量时(如:颜色或其他视觉特性),使用中位数更合适。

两种度量的离差通常可计算出来。

一般来说,标准差是衡量离散度最有效的方法。同均值一样,标准差的定义也是一个公式：

$$s = \sqrt{\frac{\sum_{i=1}^{n}(X_i - \overline{X})^2}{n-1}}$$

式中 s 为样本标准差。标准差的平方 s^2 称为方差。

标准差是观测值距均值的偏差平方的平均值的平方根。通常很难理解标准差的"含义"。唯一的定义是公式。标准差没有隐藏的含义，最好的解释是，它是揭示一组数据波动大小的指标。稍后我们将讨论标准差在预测中的应用，这将有助于理解标准差的含义。

一种有用的方法是用标准差除以均值（变异系数）作为变异量的相对度量。在比较具有不同平均值的数据组之间的差异时，通常会用到变异系数。

当数据量很少（10个或更少的观测值）时，极差是对分散程度的更有用的度量。极差是数据中最大值和最小值之间的差值。因为极差只基于两个数据计算得到，所以它包含的信息较少。在数据个数大于 10 时，标准差通常是最佳选择。

在汇总数据时，有时会出现一个或多个数据与其他数据相差甚远的极端数据。一个简单（但不一定正确）的方法是将这些数据剔除，认为它们是由测量误差或其他未知因素引起的，这些数据"不具有代表性"。不幸的是，这种方法虽然合理地消除了数据分析的麻烦，但可能会严重误导基于数据的问题调查。只有当有证据表明异常值确由测量误差等特殊原因引起时，才可消除它们。记住，使用统计数据是为了帮助我们更好地做出决定。如果我们用改变数据的方法来适应我们的先知先觉，那么就违背了使用数据的目的了。

概率分布：概要

样本是从较大数量的个体总合中抽取的有限个体的集合。总体是抽取样本的那个较大数量的个体总合。通常情况下，如果不抽取样本，很难对总体数据进行描述。我们抽取样本进行测量并计算样本统计量，如：样本的平均值。样本统计量是通过样本计算的数值，用来估计总体参数。统计推断要求样本是随机的，换句话说，构成样本的 n 个个体，每一个都具有相同的机会被抽取。

概率分布函数是一个数学公式，它将特征值与总体中出现的概率联系起来。这些概率的集合称为概率分布。概率分布的均值（μ）通常被称为期望值。一些分布及其函数归纳在图 12-6 中。分布有两种类型：

1. 连续型（或"变量"数据）。当所测量的特性可以取到任意数值（取决于测量过程的精细程度）时，其概率分布称为连续型概率分布。例如，图12-1中电阻数据的概率分布就是一个连续型概率分布的例子，因为电阻可以有任何值，只是受到测量仪器精度的限制罢了。大多数连续型特性遵循几种常见的概率分布：正态分布、指数分布和威布尔分布。这些分布与特性的实际值出现的概率直接对应。其他连续分布（例如，t、F 和 χ^2 卡方分布）在数据分析中很重要，但对直接预测实际值发生的概率则没有帮助。

2. 离散型（或"属性"数据）。当所测量的特性只能取某些特定的值（如整数0、1、2、3）时，其概率分布称为离散型概率分布。例如，5个样品构成的样本中缺陷品个数 r 的分布就是离散型概率分布，因为 r 只能是 0、1、2、3、4 或 5。最常见的离散型分布是泊松分布和二项分布（见图12-6）。

分布	形状	概率密度函数	应用说明
正态分布	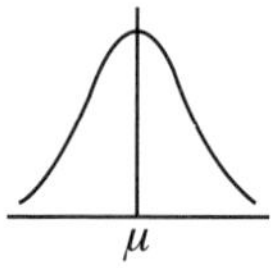 （钟形曲线，中心为 μ）	$y=\dfrac{1}{\sigma\sqrt{2\pi}}e^{-\dfrac{(X-\mu)^2}{2\sigma^2}}$ $\mu=$ 均值 $\sigma=$ 标准差	用于观测值以均值为中心，大于和小于均值的可能性相同，X 可以取任何正值或负值
指数分布	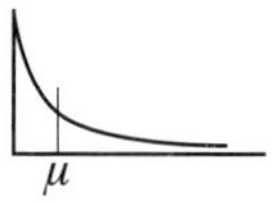 （递减曲线，μ）	$y=\dfrac{1}{\mu}e^{-\dfrac{x}{\mu}}$	用于较多的观测值小于均值且 $x>0$
威布尔分布	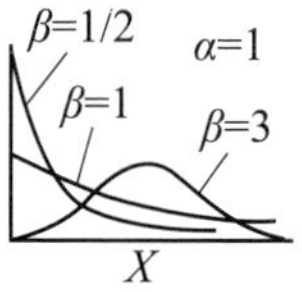 （三条曲线：$\beta=1/2$，$\beta=1$，$\beta=3$，$\alpha=1$）	$y=\alpha\beta(X-\gamma)^{\beta-1}e^{-\alpha(X-\gamma)^\beta}$ $\alpha=$ 尺度参数 $\beta=$ 形状参数 $\gamma=$ 位置参数	用于描述 $X>-\gamma$ 的各种波动模式
泊松分布*	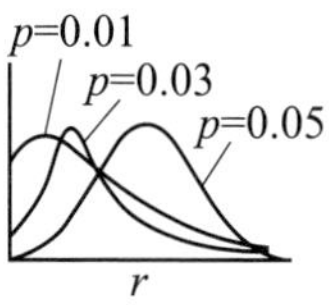 （三条曲线：$p=0.01$，$p=0.03$，$p=0.05$）	$y=\dfrac{(np)^r e^{-np}}{r!}$ $n=$ 试验数 $r=$ 事件发生数 $p=$ 事件发生的概率	用于定义单位时间或单位空间上事件发生的概率。$np=$ 平均单位事件发生数，可以小于1
二项分布*	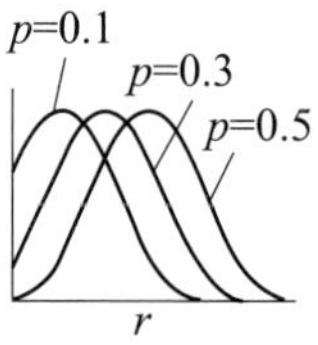 （三条曲线：$p=0.1$，$p=0.3$，$p=0.5$）	$y=\dfrac{n!}{r!(n-r)!}p^r q^{n-r}$ $n=$ 试验数 $r=$ 事件发生数 $p=$ 事件发生的概率 $q=1-p$	用于定义的 n 次试验中，事件发 r 次的概率，每次试验是独立的，且事件发生的概率是常数

说明：*表示这些是离散分布，但为了便于与连续分布进行比较，将这些曲线绘制成连续的。严格来说，实际的点图是离散的，而不是连续的。

图12-6　常见概率分布摘要

下面几节将解释如何运用概率分布将观测到的样本数据用于对总体进行预测。这种预测的前提是假定数据来自稳定的过程（随着时间推移是稳定的），但事实并不总是如此。按数据生产的顺序将数据点绘制出来，可粗略地判定稳定性；将数据绘制在统计过程控制图上，则提供了较严谨的判定。

正态概率分布

许多质量特性可以用正态概率密度函数近似表示：

$$y = \frac{1}{\sigma\sqrt{2\pi}} e^{-(X-\mu)^2/2\sigma^2}$$

式中，$e=2.7183$（近似）；

$\pi=3.1416$（近似）；

μ=总体均值；

σ=总体标准差。

请注意，这个分布完全由总体的均值 μ 和总体标准差 σ 定义[1]。正态概率分布曲线与频数分布及其直方图相关联。随着样本量越来越大，直方图的每个小区间的宽度越来越小，直方图趋于一条平滑的曲线。假如对总体的全部进行测量的话，如果是正态分布，则结果就会是图12-6所示的那样。那么，样本数据直方图的形状，为总体的概率分布提供了一些特征。若直方图近似于"钟形"[2]，如图12-6所示，那么可以考虑总体服从正态分布。必要时，也可以用统计检验的方法判断总体是否服从正态分布。

用正态概率分布做预测

只需要两个估计值和一个表就可以做预测。估计值是：

μ的估计值是 $\bar{x}$　　σ的估计值是 s

运用前面介绍的方法计算样本的 $\bar{x}$ 和 s。例如，根据以往的经验，灯泡制造商获知某型灯泡的使用寿命服从正态分布。他们测试了由50个灯泡组成的样本，样本的平均寿命是60天，标准差为20天。那么在所有灯泡中，有多少灯泡在使

---

[1] 除非另有说明，希腊字母用于表示总体参数，罗马字母用于表示样本参数。

[2] 尽管来自正态总体，样本数据的直方图不一定像正态，随机抽取的样本与期望的正态分布会有一定的偏差。可借助统计检验的方法判断偏差是否显著。

用 100 天后仍能正常工作？

答案是找出超过 100 天的曲线下的面积（如图 12-7 所示）。

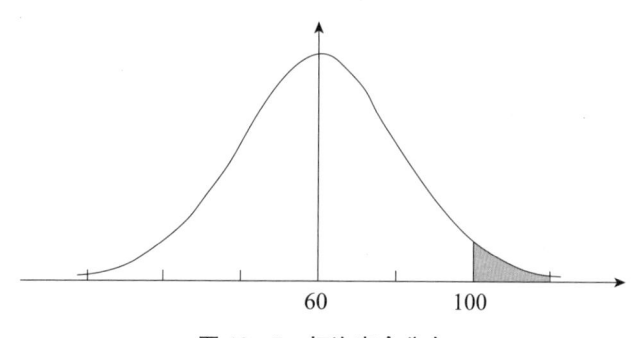

图 12-7 灯泡寿命分布

概率分布曲线下的两个确定界限间的面积就是该两个界限间事件发生的概率。因此，曲线下的阴影部分就是灯泡使用寿命超过 100 天的概率。要得到这个面积，就要计算特定值与每单位标准差下曲线平均值的差值 Z。均值和标准差的每一种组合都定义了一条正态曲线，但这些曲线都以一种相当简单的方式相互关联。每组数据（Xs）都可以通过以下方法做 Z 的标准变换：

$$Z = \frac{X - \mu}{\sigma}$$

Z 统计量的均值为 0，标准差为 1.0。那么，就可利用标准正态分布曲线下的面积的数据表求解各种正态分布的概率了。

上述问题中 Z =（100－60）÷ 20 =＋2.0。从附录Ⅱ表 A 中找到 Z＝2.0 的概率是 0.977 3。统计分布表提供了覆盖－∞到 Z 值在内的概率（即累积概率）。因此，0.977 3 就是灯泡使用寿命小于等于 100 天的概率。正态曲线是关于均值对称的，且曲线下的总面积为 1.0。灯泡寿命超过 100 天的概率是 1.000 0－0.977 3＝0.022 7，或者说 2.27％的灯泡在 100 天后仍在工作。

类似地，如果某个特性是服从正态分布的，并且能得到总体的均值和标准差的估计值，那么就可以用这种方法估计出在规格限内的合格品的百分比。

图 12-8 为正态分布曲线下的有代表性的区域。即：总体的 68.26％将落在总体均值＋/－1 标准差之间，总体的 95.46％将落在均值和 62s 之间，最后，63s 将包含 99.73％的总体*。

---

* 原文似有误，似应为如下：总体的 95.46％将落在均值＋/－2s 之间，最后，＋/－3s 将包含 99.73％的总体。——译者注

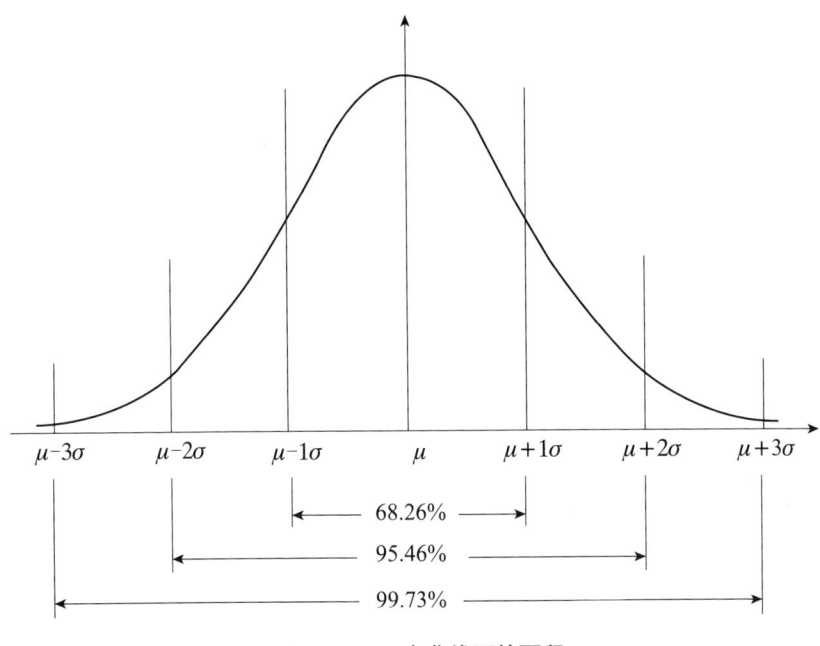

图 12-8 正态曲线下的面积

概率曲线和直方图分析

我们可以将直方图的概念和概率曲线的概念结合起来，得到一个实用的工具，也就是直方图分析。

从生产过程中随机抽取一个样本，并对选定的质量特性进行测量。用这些数据绘制直方图，并在直方图上添加规格限。结合直方图并运用生产过程的知识，就可以得出该过程满足规范要求能力的结论。

图 12-9 列举了 16 个典型的直方图。我们鼓励读者通过以下两个问题来解释这些图形：

1. 该过程满足规范要求吗？这是关于过程能力的问题。
2. 如果需要，应对该过程采取什么样的措施？

这些问题可以通过分析下述特性来回答：

1. 直方图的中心。这确定了过程以何处为"靶心"。
2. 直方图的宽度。这确定了过程在"靶心"左右波动的大小。
3. 直方图的形状。当过程服从正态或钟形分布时，任何显著的偏差或其他异常现象都是一个警告：正态性不适用于该过程，或者存在质量问题。例如，具有两个或多个峰值的直方图可能显示有若干个"总体"混合在一起，或者几个过程同时在工作。

图 12-10 给出了一个来自服务业的直方图示例。在繁忙的午餐时段，我们从四位银行柜员那里收集了交易时间的数据。绘制的直方图与图 12-9（g）相似。双峰型可能是由两个钟形分布混合，也就是说可能是两个工作过程的混合。但是按柜员分别绘制直方图时，仍显示了同样的双峰。再按交易类型进行分析，不同交易类型的直方图揭示了双峰的原因。存取款等简单交易的处理时间较短，而退休金开户及定期存款取现等复杂交易的处理时间较长。起初，管理层认为是两名缺乏经验的出纳员延误了服务时间。直方图分析则揭示了真正的原因是复杂事务步骤多需要额外的处理时间。

直方图展示出变量（或连续型）数据比属性（或分类）数据提供了更多的信息。例如，图 12-9（b）、（d）、（g）和（i）即使样本中的所有个体都在规格限之内，直方图仍提示过程存在潜在的问题。但依照合格与否的属性测量方式，所有的个体将被简单地归类为可合格。这时检查报告将是"检验 50 个，缺陷 0 个"——因此没有问题。一个顾客有着这样戏剧性的体验：某批次产品的样本直方图类似于图 12-9（i）。虽然样本显示这批货是符合质量要求的，但是顾客却意识到供应商一定生产了很多不合格品并在交付前进行了筛选。粗略的计算表明，整个过程大约生产了 25% 的不合格品。直方图能使顾客无须进入供应商的生产现场，就能做出这样的推断。请注意："产品在为你的过程代言"。由于顾客最终为这些废品付费（包含在销售的合格品中），他希望这一情况得到纠正。于是他联系了供应商，并提出了建设性意见。

一般来说，直方图至少需要 40 个测量值才能揭示波动的基本模式。太少的测量数据可能使直方图的形状不完整，使得观察者不能意识到问题的存在，而不能得出正确的结论。

直方图是有局限性的。直方图上的条形不能展示生产顺序，使我们不能观察到生产过程随时间的波动。由此，直方图的中心趋势也可能是不真实的——过程的中心随时间产生了飘移。

直方图是重要的分析工具。关键的是直方图使用起来非常简单，大家都容易理解——将产品的测量值与规格限进行比较。从这种比较中得出有用的结论，几乎不需要具有解读频数分布的经验，也不需要正规的统计学训练。这种经验可很快拓展到研发、制造、供应商关系和现场数据等应用领域。

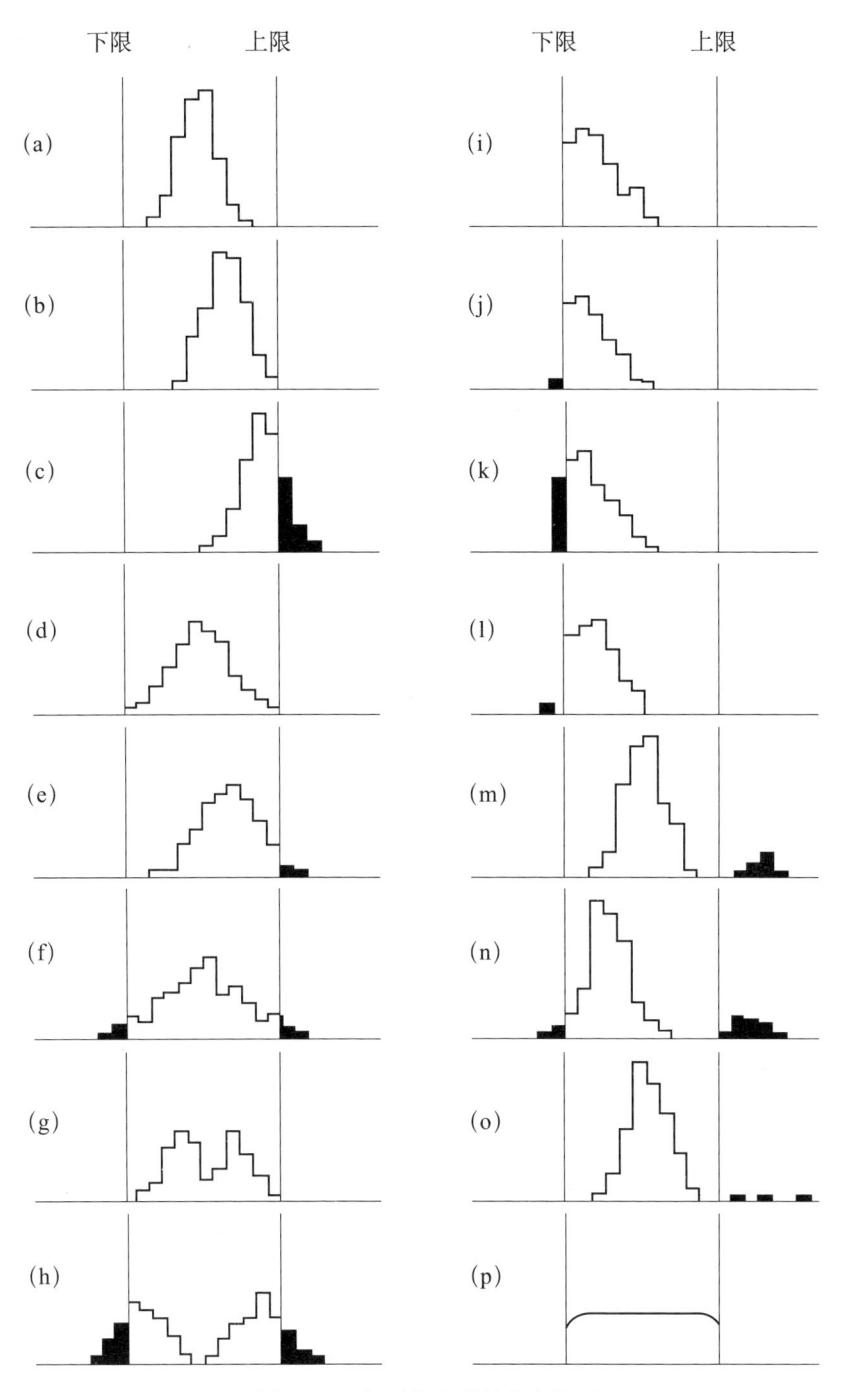

	下限　　　上限		下限　　　上限
(a)		(i)	
(b)		(j)	
(c)		(k)	
(d)		(l)	
(e)		(m)	
(f)		(n)	
(g)		(o)	
(h)		(p)	

图 12-9　相对与容差的分布图形

资料来源：Armstrong and Ciarke，1946.

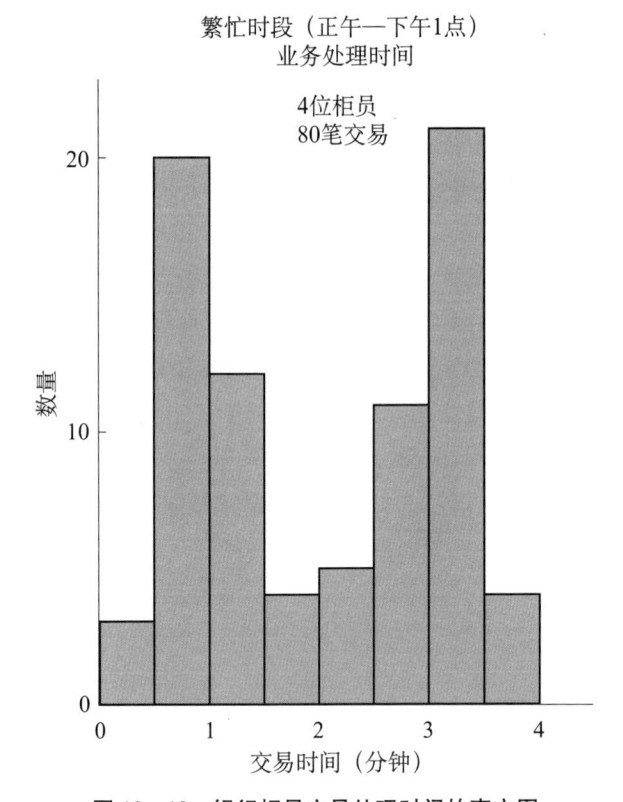

繁忙时段（正午—下午1点）
业务处理时间

4位柜员
80笔交易

图 12-10　银行柜员交易处理时间的直方图

指数分布

指数概率密度函数如下：

$$y = \frac{1}{\mu} e^{-X/\mu} \quad (X>0)$$

图 12-11 所示的是指数分布曲线。请注意，正态分布与指数分布的形状有明显的差别。考察两个分布曲线下的面积可以看出，对正态分布来说，总体的 50% 大于均值，50% 小于均值。对指数分布来说，总体中有 36.8% 大于均值，63.2% 小于均值。这也驳斥了平均值总是代表了 50% 的可能性的直觉。指数曲线可以用来描述一些结构构件的载荷模式，因为较小载荷的在数量上比载荷大的要多得多。指数曲线还可以用来描述复杂设备的故障时间的分布。

指数分布的一个有趣的特征是标准差等于均值。

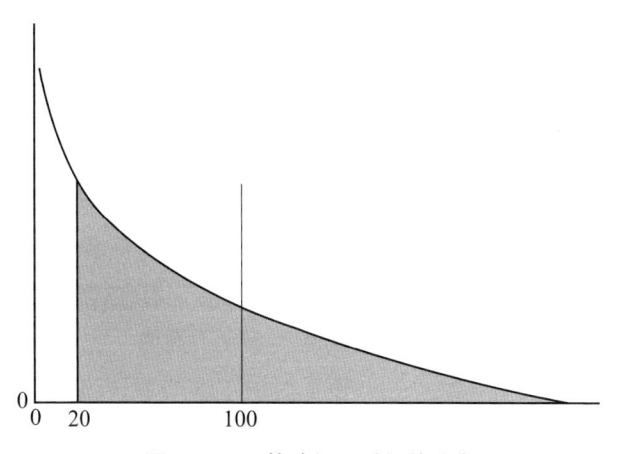

图 12 - 11 故障间隔时间的分布

用指数概率分布做预测

对指数分布的总体进行预测只需要对总体均值进行估计即可。例如，测量某可修复设备工作模块的故障间隔时间，得到的直方图近似于指数概率曲线。根据得到的测量数据，平均故障间隔时间（通常称为 MTBF）为 100 小时。那么，设备故障间隔时间大于 20 小时的概率是多少？

这个问题答案即是计算指数分布曲线下时间超过 20 小时那部分的面积。附录 II 表 B 给出了曲线下超出任一特定值 X 部分的面积。将 X/μ 的比值代入表中，那么本问题的答案是：

$$\frac{X}{\mu} = \frac{20}{100} = 0.20$$

由表 B 可知，曲线下超出 20 小时部分的面积为 0.818 7。也就是说，设备故障间隔时间大于 20 小时的概率为 0.818 7。换句话说，设备无故障地连续工作 20 小时以上的可能性为 82%。类似地，可以得出设备无故障连续工作 10 小时以上的概率为 0.904 8。

威布尔分布

威布尔分布是以下通用函数的分布族：

$$y = \alpha\beta (X-\gamma)^{\beta-1} e^{-\alpha(X-\gamma)^\beta} \quad (X>0)$$

式中，α = 尺度参数；

β＝形状参数；

γ＝位置参数。

函数的曲线（见图 12-6）随参数的取值不同变化很大。最重要的是形状参数 β，它反映了曲线的形状。注意，当 $\beta=1.0$ 时，威布尔函数近似于指数。当 $\beta=3.5$ 时（$\alpha=1$，$\gamma=0$），威布尔近似于正态分布。在实际应用中，β 大多数在 1/3 到 5 之间变化。尺度参数 α 与曲线的峰度有关，即随着 α 的增大，曲线被拉长，变得扁平。位置参数 γ 是 X 的最小可能取值，增加位置参数会使曲线向右滑动。它通常为 0，从而将方程简化为两个参数。例如，有关时间的数据集通常有一个等于 0 的自然位置参数。通常不需要确定这些参数的值，因为可用威布尔概率纸做预测，金（King，1981）给出了图形化查找 α、β 和 γ 的步骤。附录Ⅱ中的表 J 提供了威布尔纸的样本。用这样的概率纸，b 可以通过画一条与最佳线平行的直线来估计。

威布尔函数覆盖了许多形状的分布。这个特性使得威布尔分布在实践中很受欢迎，因为它减少了考察数据并决定它们最适合哪种分布（例如，正态分布或指数分布）。许多计算机软件，如 Excel 或 Minitab 等，都可以做威布尔分析。

用威布尔概率分布做预测

有 7 根热处理的轴，对它们进行应力试验，直到每根轴失效。疲劳寿命（以失效循环次数为单位）如下：

$$
\begin{array}{ll}
11\ 251 & 40\ 122 \\
17\ 786 & 46\ 638 \\
26\ 432 & 52\ 374 \\
28\ 811 &
\end{array}
$$

本例的问题是：预测总体在不同疲劳寿命值下的失效率。解答方法是在概率图的坐标中绘制数据点，观察这些点是否近似地落在一条直线上。如果是，则从图中读取概率预测值（失效的百分比）或从拟合的参数中计算出它们。在笔记本电脑的计算能力出现之前，这通常要用威布尔概率纸和铅笔来完成。

在威布尔图上，原始数据[1]通常是依据平均秩绘制数据点的。（也就是在 n 个观测值构成的样本中，将观测值排序，第 i 个值的平均秩是小于第 i 个值的秩的均值并以百分比表示。）平均秩的计算方法为 $i/(n+1)$。本例平均秩是基于 7 个失效的样本数据的，如表 12-7 所示。

---

[1] 还有其他的绘图位置，如 $(i-0.5)/n$ 和 $(i-0.3)/(n+0.4)$。后者在大多数软件中使用。

表 12-7 平均秩表

失效数据（i）	平均秩
1	0.125
2	0.250
3	0.375
4	0.500
5	0.625
6	0.750
7	0.875

失效循环数则根据相应的平均秩绘制在概率图上（见图 12-12）。请注意，威布尔概率图的横轴刻度是对数的。纵轴则对应拟合的威布尔分布中累积百分比的期望值。纵轴表示与横轴显示的疲劳寿命相对应的总体中失效的累积百分比。例如，大约 50% 的轴在不到 31 000 次循环中就会发生故障。大约 80% 的轴在不到 44 000 次循环内失效。通过适当的减法，可以预测任意两个疲劳寿命值之间的失效的百分比。Minitab 软件则可从图中精确地读取这个值。

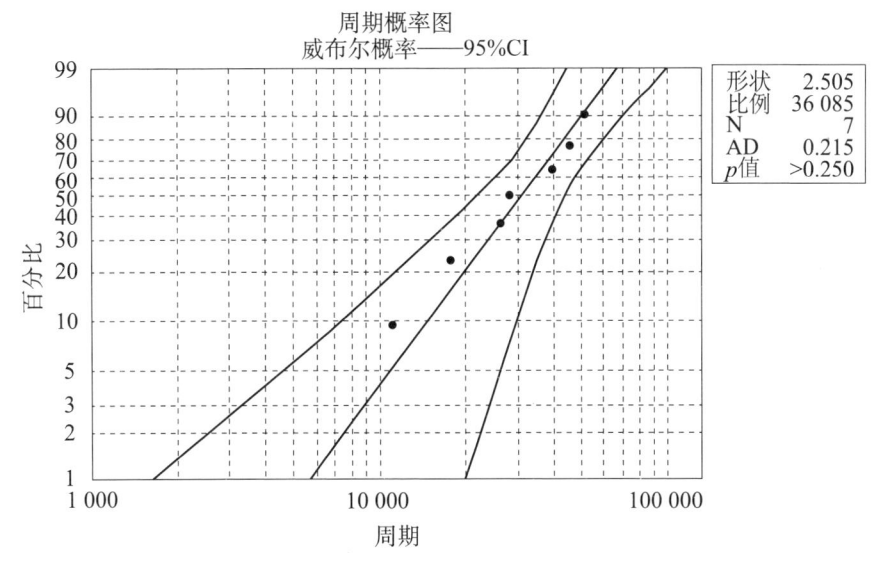

图 12-12 疲劳寿命的概率图

人们很容易直接根据样本数据做出外推判断，特别是对寿命周期类的问题。例如，假设规定最低疲劳寿命为 8 000 次循环并用前面显示的 7 个测量值评估这一设计要求。从这个样本数据来看，所有 7 个测试都超过了 8 000 次循环，所以这个设计看起来是满足要求的，可以发布投入生产。然而，用适当的分布对样本

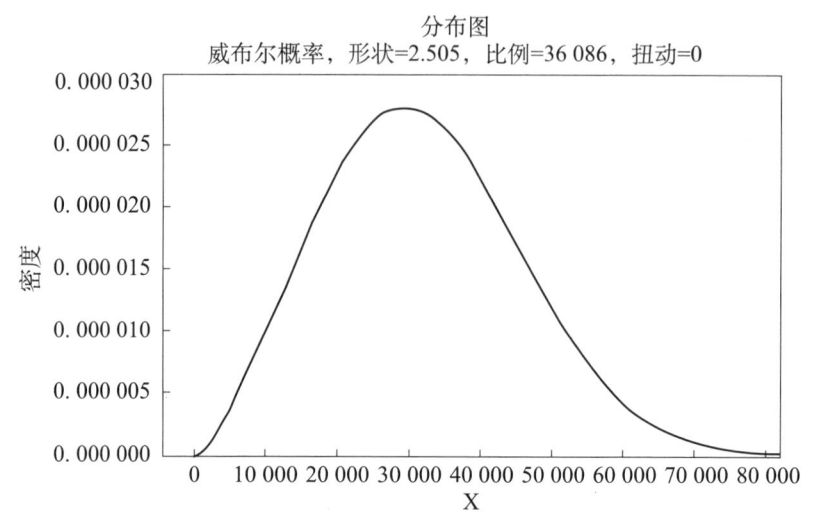

分布图
威布尔概率，形状=2.505，比例=36 086，扭动=0

图 12-12（B）　疲劳寿命的概率分布

外的数据进行外推预测，大约 2.3% 的轴不到 8 000 次循环就会出现失效。在 95% 的置信水平下，对拟合值进行估计，8 000 次循环的失效率可能高达 11%。这些信息表明在发布投入生产之前需对设计进行评审。因此，小样本（都在规范范围内）给出了欺骗性的结果，但威布尔图警示了潜在的问题和与之相关的风险。

外推可以有另外的应用。请注意，寿命试验数据的概率图并不要求完成所有的试验再绘图。每当一个试验单元失效时，失效时间就可以根据平均秩绘图。如果早期的点看起来是在一条直线上，那么在所有试验完成之前就把这条直线画出来则很有吸引力。可以将这条线外推到实际试验数据之外，并且可以在不积累大量试验时间的情况下进行寿命预测。这种方法已被应用于在保修期的早期，预测复杂产品中问题最多的"关键少数"部件。然而，外推法也有风险。它需要统计理论、过程经验和判断力的有效结合。

要做出有效的威布尔图，至少需要七个点。这样小的样本量可能会造成显著的抽样变异性*，因此计算和评估置信区间是明智之举。数据点数少则可能不足以揭示潜在的波动模式。图上的 Anderson-Darling（A-D）统计量是对实际数据与建议分布的吻合程度的度量。如果 p 值小于 0.05，则拟合得不好而不能使用。应评估其他的分布，或者评估是否存在特殊原因引起的异常值。

正态、指数、威布尔和其他概率密度函数的分布都可以用来检验寿命数据。

---

*　由抽样造成的结果的波动。——译者注

虽然数学公式和数据表提供了相同的信息,但数据的图示方法直观地揭示了概率和 X 值之间的关系,在用公式计算时,这种关系不是那么直观。例如,总体缺陷率的降低与放宽规范限之间的函数关系,可以很容易地用图表来展示出来。

其他连续型分布还包括连续均匀分布(粗略地说,所有的值具有相等的概率)、对数正态分布(原始值的对数是正态分布)和多项正态分布(例如,具有两个测量参数的产品,每个参数都是正态分布,称为双变量正态分布)。

泊松分布

基本的泊松分布给出了单位时间或单位空间上某特定数值发生的概率,这个概率是:如果某一事件在 n 次独立试验中发生的概率 p 是常数,则 n 次试验中发生 r 的概率为:

$$\frac{(np)^r e^{-np}}{r!}$$

式中,$n=$试验数;

$p=$发生的概率;

$r=$发生数。

用泊松概率分布做预测

泊松分布最适于分析发生概率很小且试验总数可能有变化的情况。泊松分布被广泛地用于估计和预测单位时间内的缺陷或单位计数单元内的缺陷,特别是对于复杂的电子元器件等。作为一种近似,泊松在计算与抽样过程有关的概率时也很有用。附录Ⅱ中的表 C 直接给出了累积泊松概率,即概率为 p 的事件在 n 次试验中出现次数小于等于 r 的概率。例如,假设某供应商提交了 300 个单位的产品,按该供应商过去的质量水平,缺陷率大约 2%*。从该批次中随机抽取 40 个单位作为样本。附录Ⅱ中的表 C 提供了在 n 个单元的样本中出现 r 个或更少缺陷数的概率。将 $np=40\times(0.02)$ 或 0.8 的值代入表 12.8 中,各 r 值的结果如表所示。可对累积概率做减法得到单个概率。比如:样本中恰好有两个缺陷的概率为 $0.953-0.809$,或 0.144。当然,将 $r=$ 0,1,2,3,4,5 代入公式 6 次,也可以得到表 12-8 中的概率。

---

* 此处原文为 2 percent defective,这里使用 percent 和 defective 似不准确。——译者注

表 12-8 泊松概率表

r	期望值为 0.8 的样本中发生 r 或小于 r 的概率
0	0.449
1	0.809
2	0.953
3	0.991
4	0.999
5	1.000

本案例中，泊松分布近似性更好，但更复杂一些。当样本容量至少为 16，总体规模至少为样本容量的 10 倍，且每个试验中出现 p 的概率小于 0.1 时，可运用二项分布做预测，这些条件通常会得到满足。

二项分布

如果不满足泊松分布的条件，则二项分布可能适用*。

二项分布以试验次数固定、成功概率为常数作为一般条件。泊松是研究稀有事件时的一种特殊用法。如果事件的发生概率 p 在 n 次独立试验中是恒定的，那么在 n 次试验中 r 的发生概率是：

$$\frac{n!}{r!(n-r)!}p^r q^{n-r}$$

式中，$q=1-p$。

在实践中，当总体规模至少是样本容量的 10 倍时①，可认为发生概率不变的假设是合理的。

可以使用二项分布表，但现在通常使用 Minitab 或 Excel 等软件做计算。

用二项概率分布做预测

某供应商提交了一批 100 件产品，其既往的产品缺陷率为 5%。从该批中随机抽取 6 件产品。样本的各种结果的概率见表 12-9。

在使用公式时，请注意 0! =1。

---

* 原文此处疑似有印刷错误："The Binomial distribution is the general condition with a fixed number of tri"。——译者注

① 在这种情况下，从一次试验到下一次试验概率的变化可以忽略不计。如果不满足此条件，则应使用超几何分布。

表 12-9 二项概率表

r	P(6件中恰好有 r 个缺陷品)$= [6!/r!(6-r)!](0.05)^r(0.95)^{6-r}$
0	0.735 1
1	0.232 1
2	0.030 6
3	0.002 1
4	0.000 1
5	0.000
6	0.000

其他离散型分布包括超几何分布（当事件发生的概率变化时使用，如在总体规模较小时采用不放回抽样抽取样本时）、离散均匀分布（所有值的概率都相等）和多项式分布（当在样本中观察到两个或多个参数时）。

概率论基本定理

概率是介于1.0（事件肯定会发生）和0.0（事件不可能发生）之间的数字。

概率的一个易于理解的定义是基于频率的：如果事件 A 在总共 n 个的机会中有 s 个发生的可能，且发生的可能性相等，那么该事件发生的概率是：

$$P(A) = \frac{s}{n} = \frac{可能发生数}{发生机会总数}$$

示例 12-1 由 100 个零件组成一批，每次从该批次中随机抽取 1 个零件，即 100 个零件有相同的被抽到的机会。假设这批零件中有 8 个缺陷件，那么抽到缺陷件的概率为 8/100，或 0.08。

以下定理有助于问题的解决：

定理 12-1 如果 $P(A)$ 是事件 A 发生的概率，那么事件 A 不发生的概率为 $1-P(A)$。这个定理通常也被称为概率的互补法则。

定理 12-2 如果 A 和 B 是两个事件，那么 A 或 B，或 AB 发生的概率为：

$$P(A \text{ 或 } B) = P(A) + P(B) - P(A \text{ 和 } B)$$

作为特例，当 A 和 B 不可能同时发生时（即 A 和 B 是互斥的），那么 A 或 B 发生的概率是：

$$P(A \text{ 或 } B) = P(A) + P(B)$$

示例 12-2 对缺陷率为5%的一批产品，在由 6 个产品组成的样本中有 r 个缺陷品的概率服从二项分布（放回抽样）。样本中缺陷品为 0 的概率为 0.735 1；缺陷品为 1 的概率为 0.232 1；样本中有 0 或 1 个缺陷品的概率为 0.735 1+0.232 1，或 0.967 2。

定理 12-3　如果 A 和 B 是两个事件，那么 A 和 B 同时发生的概率为：
$$P(A 和 B) = P(A) \times P(B|A)$$
这里 $P(B|A)$ 是假设 A 已发生时 B 发生的概率。

作为这一定理的特例，当两个事件是相互独立的，即当其中一个事件发生时不会影响到另一事件发生的概率。如果 A 和 B 是独立的，那么两个事件同时发生的概率为：
$$P(A 和 B) = P(A) \times P(B)$$

示例 12-3　某组件是由两个子系统组成的，且各自独立运行。第一个子系统正常运行的概率是 0.95。相应地，第二个子系统正常运行的概率是 0.90。只有两个子系统都运行正常，整个系统才运行正常。那么整个系统正常运行的概率为 $0.95 \times 0.90 = 0.855$。

上述定理是以两个事件做陈述的，但可拓展到任意多的事件。

统计分析的计算机软件

随着统计软件包的出现，人们能够运用许多统计技术，而这些统计技术以前由于计算困难而没能被应用。当前，大多数软件包提供了技术的基本说明，定义了所需的输入，然后显示结果。但这样做是很危险的。使用人员必须了解方法背后的假设以及最终结果能说明什么和不能说明什么。急于获得答案并回避乏味的细节，存在错误地应用技术或误解结果的危险。对此严重后果应当警觉。

参考文献

Armstrong, G. R., and P. C. Clarke (1946). "Frequency Distribution vs Acceptance Table," *Industrial Quality Control*, vol. 3, no. 2, pp. 22–27.
Harris, R. L. (1996). *Information Graphics.* Management Graphics, Atlanta, GA.
Heyes, G. B. (1985). "The Box Plot." *Quality Progress*, December, pp. 12–17.
Juran Institute, Inc., (1989). *Quality Improvement Tools—Box Plots.* Wilton, CT, p. 7.
King, J. R. (1981). *Probability Charts for Decision Making*, rev. ed., TEAM, Tamworth, NH.
Tufte, E. R. (1997). *Visual Explanations.* Graphics Press, Cheshire, CT.
Tukey, J. W. (1977). *Exploratory Data Analysis.* Addison-Wesley, Reading, MA.
Wadsworth, H. M., K. S. Stephens, and A. B. Godfrey (2001). *Modern Methods for Quality Control and Improvement*, 2nd ed., John Wiley and Sons, New York.

（杨跃进　译）

第 13 章

风险管理 伦纳德·W. 海福里克

本章要点	风险管理
简介	使风险管理发挥作用
什么是风险？	风险评估的一个简单案例
风险识别	组织风险评估的案例
风险评估	关于风险管理的最后几点
风险的风险性	思考（Taleb，2008）
我们能做什么？	参考文献

本章要点

1. 风险识别。
2. 评估风险和潜在损失。
3. 沟通以建立风险意识。
4. 执行风险评估。
5. 运用风险评估，关注活动和项目。
6. 设法减少、缓解或消除风险损失。

简介

风险是指可能会产生错误并导致损失的任何事物。运营风险是指"由于内部的流程、人员和系统的不适当或失效,或外部事件所导致的直接或间接损失"(Power,2004)。在条件良好时,风险是隐形的,因此我们很难发现或对此制订计划(Marks,2014)。而在不利条件下,我们的人员、流程和系统都会承受压力,而且可能会因失效而导致损失。风险评估和风险管理是我们自身、我们的团队、我们的组织和公司必须开发的关键能力,以便在不利条件下为出现的问题做好准备,并将损失最小化。

与传统研究相比,本章更关注实用性。市面上有许多介绍传统方法的优秀书籍和出版物,包括ORM(运营风险管理)。该方法最初由美国空军和美国国家航空航天局(NASA)共同开发。这些经典已成为必读物,帮助大家开发风险管理流程。我将尝试跳出ORM定义的理论方法,识别出在当今商业环境中可以使用的实用方法。ORM可能超出了我们的专业知识范围,而且我们也无法拥有与NASA一样的资源。

风险管理适用于一切人类活动,因为所有的人类活动都具有内在风险。人类活动具有风险,而且在不利条件下还可能造成损失这一事实表明,我们需要一个框架来评估风险及其潜在损失/利益、识别可采取的管理步骤,以最小化或消除风险及其造成的损失。

风险管理是一个很好的决策工具,可以帮助我们制订工作和项目计划。以风险为基础开展活动,可以让我们将精力集中在能够带来最大价值的工作上。如今,风险管理正成功应用于各项工作领域。

风险管理很复杂,涵盖业务的方方面面。它涉及多个方面,包括同事、竞争对手、消费者、顾客、监管机构和媒体,并且具有国际性。风险受到诸多因素制约,由技术和社会力量的变化驱动,并且只能部分预测或控制。风险管理涉及利弊权衡,但不是零和博弈。

我们要习惯于这样一种思维:任何情况都像硬币一样,具有两面性。同样,我们在评估风险时,也必须同时检查两方面。对团队来说,大家很容易形成集体思维,以显而易见的共识,一条路走到黑,而没有停下来思考硬币的另一面。爱德华·德波诺(Edward de Bono)的《六项思考帽》是一部有关这个主题的优秀作品(de Bono,1999)。他为团队的每位成员分配了不同颜色的帽子和特定的任务,其中一名成员必须戴黑帽,而他的任务是发现所有错误。这是防止集体思维的好办法。在风险评估练习中,我们尤其希望考虑到阴暗面,以发现我们的流程、人员和系统中可能出现的所有问题。现在不是盲目乐观的时候。我们希望一个平衡而明智的悲观主义。我要推荐的另一本好书是《唯一的偏执狂》(Grove,1996)。作者是英特尔前首席执行官安迪·格罗夫(Andy Grove)。我告诉大家,你无须阅读整本书，仅读标题即可。

什么是风险？

风险可能会出错，并导致损失。意识到风险是明智之举，这样我们就可以采取审慎的步骤来为风险发生的可能性做准备，以此最大限度地减少或消除潜在的损失。防止损失是我们的目标。风险难以预测，否则就不叫风险了。我们不是无所不知，当然也不必如此，我们只需一点聪明加上勤奋努力。风险通常会隐藏起来，尤其是当事情进展顺利时。风险可能只在不利条件下才为人所知，当然这种情况也会有所不同。在轻微不利的条件下，风险可能并不明显，因为我们的系统和人员有能力识别，并进行有效管理。而在极端不利的条件下，风险才可能变得明显，并造成损失。这很难预测。风险的另一个问题是，在不利条件暴露了风险并造成损失之前，我们为防备风险发生的一切努力似乎都是在浪费时间和金钱。出售一个计划方案来降低风险可能很难，因为它看起来似乎没必要。这也进一步强调了认知的必要性。如果管理层不了解风险或其在不利条件下可能造成的潜在损失，那么他们将不愿意在系统上花费时间或金钱来最小化、管理或消除风险。

风险识别

第一步是识别潜在风险。这不是一件小事，而是至关重要，因为除非我们意识到风险，否则我们无法做准备，或预防由风险造成的损失。我建议识别与你的业务或运营相关风险的第一步是组建一支跨职能的危机小组，该团队要对你的业务、系统、人员和流程有全面的了解。
1. 首先列出业务中采用的活动、系统和流程。
2. 浏览该列表，并提出"什么地方可能出问题？"。
3. 列出过去三年中发生的重大失效列表，并以此来识别其他潜在风险。

风险评估

一旦有了潜在风险清单，我们就需要评估每种风险的重要度，以便进行优先排序。我们无法面面俱到，所以最好将精力集中在最重要的风险上。同时，我们仍要认真勤奋，无论重要度如何，我们都必须使用一切可能及合理的方法来减少或消除风险。评估风险重要度是一次很好的学习和团队开发锻炼。团队成员可以互相学习很多知识，而且了解业务面临的风险，尤其是那些虽然源自其他职能部门，却可能对他们产生影响的风险。

风险因业务潜在损失程度的不同而不同。经典的运营风险管理通过两个因素进行风险评估，即严重度和概率。我建议考虑以下这些方面更有帮助，例如：

- 速度的影响。
- 消费者的愤怒。
- 复杂性和范围。
- 不确定性。

在经典方法中，我们为每个因素分配一个数字等级（1、2 或 3），以此表示潜在损失的大小。一般用低、中、高表示。如果情况需要，我们还可以使用 3 或 5 分或分值更高的评分表。我建议，练习的重点是区分风险并确定优先级，所以 3 分制的评分表就足矣。通常，我们会将分配给每个风险因素的值相乘。如果我们考虑除严重度和概率以外的多个因素，那么最好是将分配给每个风险的值相加，而不是相乘，以将得出的数字保持在可控范围内。输出的结果是潜在风险列表，以及与业务风险重要性呈正比的数值。

在风险评估时，我们希望基于现实评估，而不是胡乱猜测。另一方面，由于通常缺少数据，所以我们需要做出一些判断。历史数据可能无法很好地指明未来的风险，因此我们不应仅依赖于历史。世界在变化，我们的业务和系统也在变化。我们需要推断，但不是以线性的方式。我们需要根据经验来想象可能会出现的问题，然后相应地评估每种风险。

我们使用优先级风险列表，来建立组织对风险及其重要性的认识。使用列表和数值来评估预防、消除或管理每种风险所做的选择。预防总与成本相关。花费大量金钱来为永远不会发生的风险做准备是一种金钱的浪费。当然，只有在风险未发生前属于浪费，而当风险发生时，就证明我们之前的计划和投入相当英明慎重。

严重度

严重度是指一旦发生风险情况可能造成的损失程度。我们需要考虑潜在的极端不利条件。我们可以问一个好问题："可能发生的最坏结果是什么？"如果我们意识到可能会发生的最坏情况，也建立了我们的系统来预防或至少管理最坏的情况，那么我们已经为公司和自己做好了准备。例如，在评估风暴可能造成的破坏的严重度时，我们通常会考虑 100 年的时间范围，并评估我们经历过或预计 100 年内要经历的最严重风暴会是怎样。社团通常会根据这种潜在情况的严重度来编写建筑规范。

概率

概率是发生风险情况的可能性，即考虑风险情况可能多久发生一次。在风暴的示例中，我们使用 100 年作为时间范围。100 年听起来是很长一段时间，但实际上，我们今天建造的建筑物 100 年后仍将继续使用。历史数据虽是一个好起点，但仍然不够。因为世界在变化，过去的数据对于未来发生的频率来说，可能并不算是个好指标。

速度的影响

速度的影响是指在风险情况下对损失发生的速度进行评估，以及我们的系统能否快速响应以防止损失发生。鉴于社交媒体的影响，以及当今世界比以往任何时候的移动和变化都更加快速的事实，速度正成为风险评估中更重要的因素。如果我们的系统过时、复杂或难以操作，速度就可能会对风险带来的潜在损失产生严重的乘数效应。损失发生的速度体现了事件发生时意识、准备和实践的价值。一旦事件发生，我们几乎很少有时间或根本没有时间去考虑选项或制订计划。我们至少需要有一个随时准备执行的计划框架，以避免因速度造成的损失。

愤怒

消费者对某些事故会感到震惊和愤怒，而对另一些则不会。我们需要评估正在考虑的潜在风险是否会在发生事故时会导致震怒。一旦引发众怒，看似无害的情况可能会造成灾难性的损失。消费者对开车所带来的风险并不会拍案而起，这点得到了事实证明，如仅美国每年就有 34 000 人死于车祸。在全球范围内，这个数字更是达到了 123 万，而公众的愤怒程度却非常低。而另一方面，每年商用飞机坠毁事故最多导致数百人死亡，但公众的愤怒程度却非常高。消费者不接受商业飞行的事故，因此我们必须尽最大努力进行预防。愤怒是不理性的，但如果你正在考虑的潜在事故会引起消费者愤怒的话，它就变得非常重要了。

复杂性

复杂性从不同的角度影响着我们。我们需要考虑的其中一个角度是公司系统及流程的复杂性。如果一个复杂的系统缺乏灵活性，延迟了我们对潜在危机的反应，那么就会造成小事故和大损失之间的天差地别。我们的系统需要灵活而快速地识别形势，迅速而明智地制定决策，对情况迅捷而有效地做出响应。快速有效的响应将使损失最小化。而难以操控的复杂系统将减缓响应速度，并增加潜在损失。我们需要诚实地评估系统以收集正确的信息，制定正确的决策并采取有效的行动。

我们需要考虑的另一个角度是风险情况的复杂性。在风险情况发生后，涉及多方的复杂情况可能会使我们难以（或至少缓慢）获得所需的信息。这可能会使评估情况和决定需要采取什么行动变得更加困难。最终，复杂的情况可能会使我们的组织瘫痪，并阻止我们采取任何行动。如果已知风险情况很复杂，我们就可以提前采取行动，识别问题及牵涉的各方，并在所有人同意的情况下提前准备计划。我们可以就发生事故时的角色和责任达成共识，以便每个人都知道该怎么做，并迅速收集所需的信息。我们可以将决策权分配给某一个人，以确保快速而有效地采取行动。如果我们事先合理冷静地考虑过这种情况，就可以制定一个草案来对其进行管理。如果我们坐等危机的发生，然后才去尝试应对复杂的局势，那么我们的响应就会延迟，而损失也会增加。

范围

潜在损失的范围取决于影响的范围。损失是否仅限于特定产品、品牌、顾客、工厂、国家/地区等，还是会被更广泛地传播？范围是当今社会需要考虑的特别关键的因素。互联网可以将巴西某个部门发生的事情与我们在美国或欧洲的业务联系起来。我们都联系在一起，因为几秒钟之内，互联网就可以将一个国家的事故传播出去，而不会考虑国界。范围也可能涵盖竞争对手。当一家公司的花生面临风险时，所有的花生生产商都会受到影响，而根本没人关心我们的产品其实没有发生类似问题。宽广的范围可以将由风险带来的潜在损失扩大到其他生产商，甚至其他行业。请记住，在互联网上，没有任何东西会真正消失。即便我们能删除视频，但它们依然会不断出现，并活跃几年或几十年。影响的范围可以极大地扩大由事故造成的损失。

不确定性

我们需要评估不确定性可能影响潜在损失的程度。有些情况天生比其他情况更不确定。由于无法量化甚至无法评估潜在损失，我们可能会缺少做出正确决策所需的信息。公司内外部存在的系统，可能不足以为我们做出正确决策提供准确及时的信息。

评估不确定性一方面是评估在危机情况下我们可用信息的充分性。例如，一旦工厂发生火灾，当地消防部门将疏散建筑物里的人，并禁止我们的人员进入，直到他们认为安全。在这段时间内，我们被禁止进入建筑物，无法评估设施的状况，甚至无法估计何时可以进入建筑物。此时的不确定性非常高。再比如，我们的供应商之一可能发生异物污染事故。如果我们不了解供应商或其所使用的系统，也没有关于其性能的历史记录，那么我们将很难评估事故的风险。我们甚至还需要考虑信任的因素。如果我们相信另一方在风险事件的沟通中能做到诚实和完整，就会对他们的表现充满信心。而如果我们不信任他们，或者更糟的是，我们知道无法信任他们，就会质疑他们，从而浪费了宝贵的时间。

在危机情况下，我们几乎总是在不完整或错误的信息下运作。然而，我们需要评估形势并尽快采取有效行动。这就使我们陷入两难的困境。如果我们行动得太快，我们就可能错过重要的信息。最好的情况是，要求我们重新评估形势，并在一段时间后做出更好的决策；而最坏的情况是，导致了使损失更加严重的错误。而另一方面，因为我们拥有的信息永远不完整或不完全准确，所以我们拖延决策和行动，从而导致损失增加。

不确定性的另一方面是过度确定！请记住，每枚硬币都有两面。因此，当我们认为已拥有所需的一切信息，并笃定其有效性时，我们就应该回头看看，所拥有的信息是否真如纸面上看起来那么美好。如果认为信息永远有效，而没有进行足够的批判，我们就可能犯了一个大错，并忽视了一个严重的风险。我最欣赏的一位老板曾经说过："当你开始相信自己的胡言乱语时，你就真的陷入大麻烦了！"

风险的风险性

现在，我们已经确定了潜在风险，并对几个因素进行了评估。我们比以前更了解业务。我们开始看到失效发生时，何处可能发生损失，以及在极端情况下损失如何变得更加严重。让我们把硬币翻过来，看看另一面；这意味着我们在识别和评估风险方面做得多么出色？不确定性和风险会通过多种方式渗入我们的评估。

未知-未知风险

排名垫底的是未知-未知风险——我们不知道我们所不知道的事情。这是一个糟糕的位置，因为我们甚至没有意识到我们处于潜在损失的状况。我们至少需要建立意识。在这点上，自我教育和与他人沟通很有帮助。行业贸易团体擅长帮助公司在非竞争环境中分享他们的专业知识。许多公司并不认为自己的安全项目是一项竞争优势，反而认为一个公司发生的事故会影响所有公司。因此分享预防风险的最佳做法非常具有价值。汽车安全气囊就是个很好的例证。梅赛德斯·奔驰汽车花费了数百万美元开发了一种适用于汽车的安全气囊，并开始将其安装在汽车上。之后，奔驰并没有申请专利，而是复制了设计蓝图，把它们邮寄给所有其他的主要汽车制造商，并告诉它们也要这样做。奔驰从未要求过一分钱的报偿，而安全气囊现已成为几乎所有汽车的标准安全设备，并因挽救了数十万人的生命而享有盛誉。

已知-未知风险

我们意识到风险，但没有足够的数据来评估潜在的损失，这就是已知-未知风险。至少我们意识到了风险的存在。但没有足够的数据进行评估，又使得我们处于一个困难甚至可能无法防御的境地。我们需要获得更多的信息。在这种情况下，欧盟采用了预防原则，将这些风险提升到危险水平，从而避免风险。这也许是一个好方法，但缺点是，回避也就意味着失去益处。

已知-已知风险

最好的情况是我们了解形势，拥有良好的数据来评估潜在损失，并对数据充满信心。当然，这种情况的风险在于我们错了。因为过去经历的不利条件，可能不足以给现在施加足够的压力，使潜在的损失充分暴露。所以，这种情况可能与其他情况一样糟糕，甚至更糟。我们对评估有一定的信心，但是这种信心可能是没有事实根据的。可用的数据可能并不完整或是错误的。事实上，我们应该希望数据是不完整和错误的。

可预测性

经典的风险管理方法运用算法和模型，来评估某些情况下的风险。而我的建议是，如果可以通过算法有效地对情况进行建模或描述，那么这种情况就是可以预测的，因此就不是风险。而风险是无法预测或建模的，这就是为什么它们是风险。我们没有数据或有效的模型来预测潜在的损失，我们只知道一旦出现问题，就可能带来损失。

严格控制

严格僵化的控制、确定的系统以及量化的风险本身都可能造成风险。这听起来好像自相矛盾。过程越严格,危机发生时就越有可能失败。每个危机的情况都不相同,即使风险可能相同,但由于情况以及其他无法预料和无法控制的因素,危机事件还是会有所不同。我们的控制和系统必须足够灵活,以适应条件的变化。系统首先必须能够识别条件的变化,随后能适应这种变化。思考在危机中的作用无可替代。团队为实际危机做准备而开发一个定义清晰的系统,可能是个好的做法。但我们必须意识到,危机一旦真正发生,定义良好的系统只能作为指导我们采取行动的参考,而不应成为行动的约束。

失效是必要的

这确实会让你感到惊讶——失效实际上是必要的(Power,2004)。显然,我们需要尽我们所能去预见、准备并防止潜在的风险发生及造成损失。然而,事情总会出错,危机总会发生。因此,我们需要出色地管理它们,以最大限度地减少损失。有些失效是我们无法控制的,例如由于天气、地震、洪水、火灾甚至罢工或监管事件造成的失效。这些都是真正的风险,我们需要在阳光普照的时候,评估如何将影响和损失降到最低,以便在下雨的时候做好准备,有效而快速地进行管理。

在现实世界中,完美是不可能存在,而且我们也承受不起的。最佳质量体系的目标是六西格码水平,即每生产 100 万个单位,缺陷少于 3.4 个。这是极低的失效率,但并不是零,因此也是不完美的。你所在的组织可能无法承受六西格码的失效率。也许失效成本较低,而避免成本较高,所以你们只能承受三西格玛的失效率,即每生产 99 个产品中有 1 个缺陷。你需要评估失效成本以及质量系统为防止失效所产生的成本,并找出两条曲线相交的位置。这将帮助你找出可承受或无法承受的失效率。

所有的人类系统最终都将失效。实际上,如果没有失效,那么说明我们可能没有足够努力。新产品、现有产品的变化、竞争压力、供应商或顾客发生的失效等,都会导致我们要应对的失效。这些可以成为而且应该成为我们风险评估流程的一部分。但是,我们并不是总能够有效预测和消除风险,或与所有风险相关的损失的期望,超出了我们的能力范围。我们必须接受一个事实,即尽管我们付出努力,但失效仍会发生,甚至是由于我们的努力导致其产生。因此,我们建立系统进行检测和管理,以最大限度地减少损失。如果我们认为系统和流程完美到不会发生失效，那么我们将会招致失效。因为几乎可以肯定地说，我们的想法是错误的。如果一段时间里，你未在组织中观察到失效发生，那么你需要检查发生了什么。你对失效的定义是什么？人们是否隐藏了失效？是否发生了损失，而你却不认为其是失效？没有失效本身可能就是一种失效。

我们能做什么？

在风险情况下，我们需要快速有效地采取行动。提前准备一些简单的准则，以便行动更加便捷。

1. 定义你所在组织的危机情况。我在食品行业工作，所以我们对危机事件的定义是生产有可能对消费者造成伤害的食品。

2. 快速沟通。当危机事件发生时，我们希望30分钟内通知危机小组。这意味着我们不能等待调查或团队收集所有的事实。一旦确认危机事件，就立即进行沟通。

3. "盒子里必须有两个人"。这意味着任何人都没有权利独自把公司置于危险之中。在决定下一步做什么之前，他们必须将不在"盒子"内的人吸收进来。他们是自己处理状况，还是提高决策水平，这是一个艰难的决定。因为没有人愿意在凌晨3点打电话告诉他的老板一个坏消息。我们要感谢那些勇于提出担忧的人，即使事后发现那只是一场虚惊。永远不要惩罚报信人，否则系统将无法工作。

4. 提出简单的问题，并采取简单有效的行动。

- 我们知道什么？（或者更好一些——我们认为我们知道什么？）
- 为了做出正确的决定，哪些是我们应知道但却不知道的？
- 谁将获得该信息，何时获得？
- 所发生事件的合理解释是什么？如果各部分吻合，而且没有异常或遗漏的事实，我们有理由对事实和情况的描述充满信心。如果有任何关键事实不吻合或有缺失，我们就需要进一步挖掘。
- 重复，直到我们有足够的信息做出正确的决定。

5. 做出必要的决定，并与团队沟通以快速执行。

6. 快速、完美地执行。不允许失败。如果任何个人或小组表现出柔弱或犹豫，立即加强，以确保成功。

7. 根据需要对团队进行重新分组，以评估进度和确保成功。

8. 活动结束时汇报情况，评估我们在哪些方面做得很好，以及下次如何做得更好。

在危机事件中记录一切——我们所知道的信息，我们所知道的时间以及来源，这点非常重要。在汇报过程中，时间和来源是关键点。当头脑发热的时候，我们很快就会忘记我们知道什么，什么时候知道的，以及如何知道的。我们必须对危机期间发生的事件保持准确而完整的记录。

风险管理

一旦我们意识到并了解所面临的潜在风险，我们便准备制订计划以管理、最小化甚至消除风险，以及在不利条件下可能发生的损失。在风险管理中，我经常看到的最大失败之一是，没有足够大的思维格局。我们的目标是明年减少10%的损失。这听起来似乎是一个合理的目标，而且也许短时间内确实无法实现更大的削减。但你不要认为消除风险是不可能的。也许一个更长的时间框架，将有助于我们扩展思维，并让我们找到方法。给你的团队提出挑战，要求他们在3年或5年内找到消除风险的方法，你会惊讶地发现他们真的可以做到。

关注点

列出你对风险的关注点，集思广益、开阔眼界，不要遗漏任何事项。你所关注的是风险的所有方面。列表中应包括所有因素：严重度、概率、速度影响、愤怒、复杂性、范围和不确定性。

选项

列出所有选项，以最大限度地减少或消除风险。再次集思广益、扩大范围、包罗万象，不要遗漏。如果你有时间和资源去做，你将怎么做？

后果

考虑采取和不采取行动所带来的后果。不采取任何行动本身就是一种行动。我们的行动总会带来好与坏的后果。通常，我们必须接受伴随好结果而来的不好后果。报复效应是指，我们做了认为好的事情，但却导致了无法预料的坏结果。我们要求橄榄球运动员戴上带衬垫的头盔，以防止头部受伤和减少轻伤。但出乎意料的结果却是，严重的头部受伤反而增加了。因为头盔使球员感到安全，从而导致他们更加猛烈地撞击头部。

未来的影响

当我们考虑行动的后果时，必须考虑今天的决定可能会对未来工作产生影响的可能性，即导致灵活性降低，甚至损失。如果我们的某个竞争者研究出如何安全地制造产品和管理风险，而由于固有风险，我们却做出不生产该产品的决定，就可能在将来带来损失。

成本和收益

我们所采取的行动在时间和金钱上都需要付出代价。我们没有用之不竭的时间和金钱，所以要努力将时间和金钱集中在预算范围内。而且我们是公司，我们需要评估成本/收益之间的平衡。如果我们的行动或项目收益不能证明其支出的合理性，那么就需要重新考虑。也许有一种更有效的方法可以以更少的成本获得收益。也许可以以相同的成本提高收益。也许现在需要暂缓此行动或项目，以进一步提出改善成本/收益比的建议。又或者，也许我们需要不惜一切代价来降低这种风险或对其进行管理。这些都是很难但必要的决定。

你会怎么做？

最后，我们需要决定做什么、谁来做，以及什么时候做。现在是采取实际行动的时候了。在考虑过后果、成本/收益和未来影响后，对关注点和选项清单进行调整，以制定我们能够而且将会采取实际行动和项目的清单。这份工作清单才是实施风险评估的真正目的。我曾开玩笑地说，风险评估的目的不是做风险评估！这并不是笑话。如果我们进行风险评估，却没有识别真正而具体的行动步骤和项目，以最小化或消除风险，那么我们的努力就会付诸东流。

使风险管理发挥作用

最后，在我们识别了潜在风险，评估了每种风险的重要性，确定了有效措施以管理、最小化或消除风险以及与之相关的损失后，我们必须着手实施计划。

规避风险

所有人类活动都有一定程度的风险。有些活动是危险的，我们应该避免。因为冒这些风险太不值得，如潜在损失太大，管理成本太高，有效管理风险能力太有限或不足，或者收益太低，以至于无法证明避免潜在损失的支出是必要的。在这些情况下，最好完全避免风险行为。这是一个可以考虑的选择。如果我们在已知风险和潜在损失的情况下，仍决定继续实施该行为，那么这样做的前提是管理层已经获知，而且最好是管理层做出承诺，将采取必要的措施有效管理风险。某些危险活动即使会产生风险和严重损失，也值得尝试其带来的好处。化疗虽是一种危险的做法，但在给患者带来巨大损失风险的同时，也具有巨大的潜在利益，促使癌症患者愿意接受风险和潜在损失。

预测和准备

风险管理的目的是使我们能够在从事风险行为或活动时，有效进行预测和准备。让所有人意识到风险和潜在损失是第一步。大家可能根本没有意识到风险，一旦我们引起了他们的注意，就需要确定我们必须管理、最小化甚至消除风险及相关潜在损失的选项。预测可能出现的问题和可能产生的损失本身就是一种风险，而且存在很多不确定性。但比起对未知的无知，或对未知的忽略，或虽然已知但却选择放任自流的情况，这样的做法会使我们处于更有利的位置。我们希望对风险保持谨小慎微的态度，并尽可能让自己了解风险的存在，然后采取适当而谨慎的措施来管理、最小化或消除风险和潜在损失。我们能否做到这一点，取决于对风险的了解程度。思考和努力工作是不可替代的。这种努力通常会使我们超越当前的技术水平，进入未知或者充其量只部分为人所知的领域。这是最前沿的工作。尝试将你所学的知识融入模型，以评估有效性以及新信息是否与已知信息相一致。一个好的模型可以帮助我们理解和预测不确定的领域。前面说过，风险管理不应成为竞争优势。但事实上，那些能够更好地管理业务风险的人将拥有竞争优势。如果我们能建立起比竞争者更出色、更有能力的风险管理系统和人员团队，其将成为巨大的竞争优势。

不确定性下的管理

风险是不确定和有风险的。我们可以通过建立有效的早期检测系统来提高成功率。健康适度的偏执很有帮助。指导你的团队始终检查硬币的两面，在确定了开展某项目的所有正当理由后，停下来去检查是否存在任何潜在的不良影响或报复效应。我们会出什么问题？记住，墨菲是个乐观主义者！墨菲定律指出："如果事情可能出错，那它就一定会出错。"这是一个乐观的观点。而悲观的偏执狂会认为，"即使我们认为不可能出错，但仍然会出错"。因此，当你认为自己已尽一切努力来管理和防止风险发生或导致损失时，请再次检查和寻找差距，以及可能出现问题的地方。至少每年对风险进行重新评估和重新检查以进行更新。世界在变化，我们的业务在变化，我们每天面临的风险也在变化。假设你的计划一完成，几乎就过时了。图13-1直观显示了我们所处的风险环境。内部的椭圆是我们可识别和管理的风险。较大的方框包括可管理的风险，以及我们可识别但却无法管理的风险。外部不规则的虚线表示存在的所有风险，包括未知及无法控制的风险。

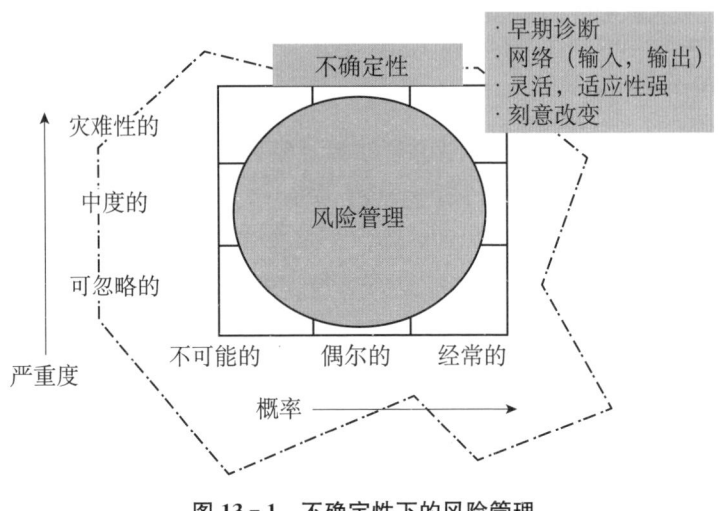

图13-1 不确定性下的风险管理

重新分析和重新评估

在风险评估过程中，当你识别出活动或项目后，就该进行回顾检查，并制作新的活动和项目清单。这是一个永无止境的过程。随着时间流逝，你会发现团队变得越来越好，活动变得更加专注，而结果也得到了改善。你可能还会发现越来越难找到机会，这就像你摘完了低处的果实一样。所以，是时候延展时间长度，让目标更远大了。与其在风险降低方面进行小幅的增量改进，不如寻找更宏大、更大胆的机会来消除风险。也许3年或5年的时间里，团队就可以找到某种方法来消除风险。

社交网

走出组织，去看看其他公司或行业的人正在采取哪些措施来降低或消除风险，谁的最佳实践可供复制或利用？与其他公司进行对标是个好办法，因为交换最佳实践可以让双方都受益。通过聘请顾问或积极参与贸易组织，我们可以了解其他组织正在做什么。当然，我们也要读读有关失败和成功的故事。研究失败可能更有裨益，因为对失败进行细致的调查要比花哨的成功故事更能揭露问题。

灵活的系统

检查系统并进行测试。编写一本好的危机演练手册，以此来揭示流程、人员以及系统中的薄弱环节。开发一个有意义的演练本身就具有启发性。我们要让它尽可能真实。我喜欢分阶段进行演练，并在早期阶段故意涵盖错误和不相关的信息。演习结束后，我们要检查文档、决策、团队的速度和有效性。如果你的系统运行缓慢、烦琐、过时、不足或不必要地复杂，那么就需要重点攻克。开发或更改系统是一个艰难而痛苦的过程。与其等到出现损失才发现问题，不如现在就开始行动。

变革管理

组织需要有效的系统来管理变革。发布新产品、修改现有产品、更改供应商、更改包装、遵守新法规要求等，都要求我们能够有效、快速地管理变革。错误或延误将产生很高的代价。过程与结果之间，以及有效的系统与复杂累赘的系统之间都存在着自然的博弈。人们愿意使用好系统，并学习如何有效使用来管理其职责范围，而避免使用不好或不必要的复杂系统，以免给组织带来重大风险。变革随时都在发生，我们必须善于管理变革。

变革是竞争优势

拥有变革管理的能力本身就是竞争优势。如果我们的组织能够比竞争对手更快或更有效地进行和管理变革，那么这将成为一项重要的竞争优势。不仅可以避免因延误或失效造成的损失，还会获得市场领先或灵活敏捷的好处。

沟通风险

我们必须与组织中的人员，以及我们的顾客、消费者和供应商就风险和风险管理进行适当沟通。让所有人意识到风险的存在是至关重要的第一步。我们不能在没有意识的情况下采取行动。沟通，沟通，沟通，再沟通！我们围绕风险管理这样重要的主题再怎么沟通都不为过。演练、网络研讨会、公司网站、政策、指南、最佳实践定义和风险评估流程本身都是沟通风险的好工具。我们应该全部使用并经常重复。最后，将真实的危机情况用作培训和实践的工具。危机情况结束后，请务必进行汇报，以找出需要改进的地方。较好的做法是运用危机小组和危机响应流程，来处理较小的失效或甚至用幸免发生的情况作为实践练习。真正的事故可能很少发生（我们希望如此），所以无法用于培训，因此我们可以采用小事件。通过这种方式，团队可以处理真实的情况，收集真实的数据，做出真实的决策来评估其表现，并成为危机管理的高手。

角色和责任

我们需要训练有素的团队，所有成员在发生危机情况时都知道他们的角色和责任。不要让人们在危机发生时才去试图弄明白该给谁打电话，或者该由谁做什么。我们希望团队知道该怎么做，并快速有效地做到这一点。危机期间的失效或延误将加剧潜在的损失。我们必须竭尽所能以最大限度减少危机对消费者、顾客、员工和业务的影响。注意，沟通不要过于复杂或死板。然后进行测试，以确保沟通有效。

风险管理的常见错误（Taleb et al.，2009）

- 相信可以预测极端事件。
- 靠对过去事件的推断来预测未来。
- 根据经验和直觉而不是数据来做决策（样本量太小）。
- 认为世界是正态分布的。
- 不听取负面建议。
- 认为无法承担冗余。

使风险管理成为文化的一部分

我们可以要求所有职能部门将风险评估和风险管理作为日常工作中识别活动和项目的一部分，也可以坚持要求对每个项目或决定都进行风险评估。通过这些方式，我们可以使风险管理成为组织文化的一部分。

风险评估的一个简单案例

我发现大家经常把风险评估变成一个困难而神秘的过程，结果导致工作瘫痪，不能采取行动。我认为我们最好使用一个简单的过程，使我们能够评估情况，采取有效的行动来管理、最小化或消除识别出的风险。我们希望风险评估和风险管理变得足够简单，以便人们将其纳入日常活动。每个项目或决策都应该从风险评估开始。

下面是一个评估制造厂风险水平的简单方法示例。譬如，我们拥有许多制造工厂，以及许多合同制造商或许多供应商；我们需要一种机制来帮助我们将精力集中在最重要或风险最高的工厂上。这将提高我们的成功率，并使我们能够将有限的资源集中在受益最大的工厂上。这不是一个完美的过程。我们要记住，进行风险评估本身就会存在风险，但也会带来好处。运用风险评估流程使团队意识到与制造厂相关的风险，并帮助他们决定如何以最有效的方式运用有限的资源来降低风险。

在此示例中，我的团队列出了我们认为与评估食品制造厂风险相关的标准。图 13-2 包含评估风险的标准列表和量化每个标准相对风险的评分系统。根据每个标准将相对风险进行量化，可以使我们优先考虑所有工厂的相对风险。在资源有限的情况下（通常情况，它们总是有限的），优先排序可以使我们将精力集中在对减少风险影响最大的地方。

团队按照图中 16 条标准的每条标准来评估各个制造厂，并按照图里的定义进行打分。评估结束后，我们把分数相加，将工厂按分数从高到低进行排序。得分最高的工厂风险最高。然后，我们挑选 10% 或 20% 风险得分最高的工厂，在第二年集中精力帮助它们降低风险。我们每年至少重复一次此过程。这样做的结果是在资源有限的约束下，有组织、有重点地努力减少风险。这也是教育团队了解制造厂的好方法。如果团队中有人熟悉某家工厂，并能够对图中的标准进行评估，那么我们都将了解这家工厂。而如果团队中没人知道如何评估它，那么我们就会了解到，我们对该工厂的了解还有缺失，需要进行弥补。

组织风险评估的案例

评估组织、业务或职能所涉及的风险是一个不同且更加开放的过程。我们没有明确定义的标准清单。我们希望流程简单有效，以便能够根据风险开展一系列活动和项目。以下是我用来领导团队的流程示例。

1. 我们对公司的食品安全和质量负责。所以根据过去的经验，我们从可能成为风险来源的项目和潜在风险的列表开始。随着新风险领域的出现，我们会不断更新此列表：

- 过敏原。

工厂	存在过敏原	过敏原表现	食品安全管理	员工流动率	HACCP	自检计划	食品防御计划	GFSI认证
A								
B								
C								
	存在过敏原	过敏原表现	食品安全管理	员工流动率	HACCP	自检计划	食品防御计划	GFSI认证
	0＝没有	0＝优秀	0＝有经验的	0＝<2%	0＝优秀	0＝优秀	0＝优秀	0＝通过
	1＝黄豆,牛奶	1＝良好	1＝少于5年	1＝<4%	1＝良好	1＝良好	1＝良好	3＝部分通过
	3＝木本坚果、种子	3＝中等	3＝少于2年	3＝<6%	3＝中等	3＝中等	3＝中等	5＝未通过
	5＝花生	5＝较差	5＝少于1年	5＝>8%	5＝较差	5＝较差	5＝较差	
最高分	5	5	5	5	5	5	5	5
	霉菌的消费者投诉	环境病原体计划	供应商管理	培训计划	代工厂数量	代工厂管理	上次审核的绩效	总分
	0＝少于1CPM	0＝大于1年	0＝稳固	0＝良好	0＝没有	2＝明确	0＝大于90分	
	1＝少于2CPM	3＝少于6个月	1＝一般	3＝一般	1＝少于5家	5＝不明确	5＝大于80分	
	3＝少于3CPM	5＝没有计划	5＝较差	5＝较差	3＝少于10家		15＝大于70分	
	5＝大于5CPM				5＝大于10家		25＝少于70分	
	5	5	5	5	5	5	25	100
食品安全管理的消费者投诉								
0＝少于1CPM								
1＝少于2CPM								
3＝少于3CPM								
5＝大于5CPM								
5								

图 13-2 制造工厂食品安全风险评估示意图

- 清洁习惯。
- 工厂状况。
- 设备状况。
- 消费者投诉。
- 销售投诉。
- 内部食品安全检查的结果。
- 外部审计结果。
- 员工行为。
- 原料储存。
- 工厂中的有害生物。
- 员工以及管理层的食品安全技能。
- 员工培训。
- 员工离职率。
- 食品安全计划的现状。
- 酵母/霉菌和环境病原体的测试结果。
- 供应商管理计划。
- 供应商绩效问题。

我们将该列表作为头脑风暴过程的一部分，以识别潜在的风险。

2. 接下来，我们将组织或行业中最近发生的失效和侥幸未发生的情况视为潜在风险的来源。

3. 最后，我们列出潜在风险列表。

4. 我们对严重度和概率进行评分。将值相乘，得出每个已识别风险的风险分数。我们也可以添加其他因素，例如速度、消费者的愤怒、复杂性、范围和不确定性等影响。如果我们把所有这些因素都考虑在内，那么最好将分数相加，得出每个已识别风险的风险分数。

5. 我们绘制风险及风险评分图，如图13-3所示，以了解风险的分布方式。随着图形的变化，我们可以更轻松地查看随时间变化的进展情况。

6. 接下来，我们选择风险，确定关注点、选项和后续步骤，如图13-4所示。在考虑关注点和选项时，我们要不受约束或限制地集思广益。另一方面，我们下一步就是要采取切实可行、节约成本，并能有效降低风险的实际行动或项目。我们要确定行动或项目以及负责人和截止日。我们有责任按时且在预算内交付成果。下面是某制造厂过敏原转换过程中，我们对可能发生的风险进行风险评估的案例。请注意风险评估的三个阶段，即关注点、选项和后续步骤。我们不可

1	未标记的过敏原
2	过敏原交叉接触
3	食品安全检查未通过
4	面包店害虫防治
5	食品生产污染
6	烘烤后污染
7	仓库害虫防治
8	GB产品质量事故
9	代工厂质量事故
10	缺乏合格的食品安全管理
11	面包店安全
12	仓库安全
13	弄脏的托盘

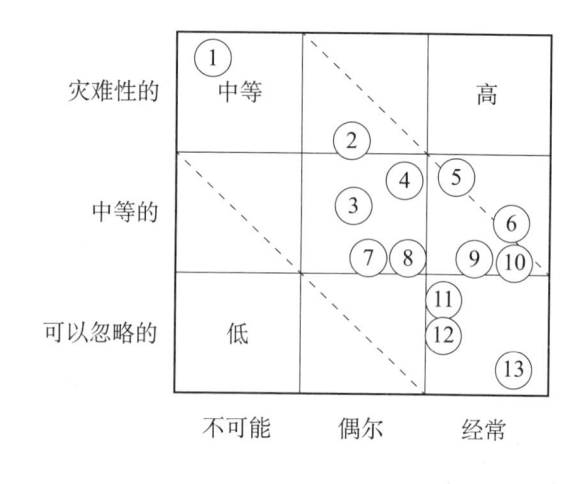

图 13-3 全球食品安全风险评估

能一次解决所有问题，也不会一次处理所有选项。当下次审查风险评估时，我们将利用关注点和选项来扩展我们的行动步骤，进一步降低或消除风险。

7. 最后，再做一次。行动步骤完成后，我们应再次审查风险评估，并提出新的行动和项目清单，以持续开展降低和消除风险的过程。

关注点：

- 如果清洁和分离方法无效，则会发生过敏原交叉污染。
- 转换检查表可以很好地提醒整条生产线应该采取的步骤。
- 执行工作文件的员工签字确认工作已完成。
- 由主管审查并签字确认工作已正确完成。
- 员工和主管拥有验证权，这点很重要。
- 清洁检查表验证需要验证过程的支持。

选项：

- 检查工厂当前的转换检查表以确保适宜。
- 检查当前的验证过程，按需进行更新。
- 验证过程能否支持检查表的验证？

下一步：

- 检查当前的检查表验证和确认过程（AB，6月15日）
- 制定供工厂验证的转换检查表模板（DA，7月30日）
- 制定验证过敏原转换过程的准则（GJ，6月30日）

图 13-4 风险评估——过敏原转换实践

关于风险管理的最后几点思考（Taleb，2008）

安迪·格罗夫曾说，只有偏执狂才能生存（Grove，1996）。我改一下说法，只有那些能有效管理风险的人，才能过上值得称道的生活。我们可以尝试避免或消除生活中的风险，但实际上这只会让我们面临其他更令人不愉快的风险，而且还会失去冒险活动带来的好处。如果我们决定坐在家里，从不离开屋子，那我们只是将一组风险换成了另一组风险，而错过了风险活动的许多好处。如果我们吃糖，就有蛀牙的风险。但它导致的后果和补救措施其实并不那么糟糕，我们可以用刷牙来降低风险，每年看两次牙医以发现问题并采取补救措施。尽管有风险，我们还是要吃适量的糖果，以获取这种体验带来的好处。为吸烟辩护可能会更加困难，因为吸烟的后果和补救成本要高得多，但是如果我们选择不吸烟，我们将再次失去可能令人非常愉快的感受。因此，答案是理性地去评估风险、后果、失效成本、好处、以及可采取的降低风险的步骤；然后针对我们自己的情况，选择最佳决策。如果我们能正确地进行评估，我们将最大限度地受益，并且使成本最小化，最终实现最佳的平衡和结果。我的建议是，我们的目标不是生存，而是生活。

以下的内容可能会被互相误认：

运气	技能
随机性	确定性
可能	必然
信念	知识
猜想	确信
理论	现实
巧合	因果
幸运的傻瓜	熟练的从业者

"从理论上讲，理论与实践之间没有区别，但在实践中却有。"——约吉·贝拉（Yogi Berra）

"没有什么比自欺更容易。因为每个人所希望的，自己也信以为真。"——德摩斯梯尼（Demosthenes）

参考文献

de Bono, E., *Six Thinking Hats*, Little, Brown and Company, New York, New York, September 1999.

Grove, A., *Only the Paranoid Survive*, Broadway Books, New York, New York, September 1996.

Marks, H., *The Most Important Thing: Uncommon Sense for the Thoughtful Investor*, Colombia University Press, New York, Chichester, West Sussex, January 2014.

Power, M., *The Risk Management of Everything, Rethinking the Politics of Uncertainty*, Demos, London, 2004.

Taleb, N. N., *Fooled by Randomness*, Random House Publishing Group, October 2008.

Taleb, N. N., Goldstein, D. G., and M. W. Spitznagel, M. W., "The Six Mistakes that Executives Make in Risk Assessment," *Harvard Business Review*, October 2009.

(郎菲 译)

第 14 章

精益技术与新乡奖

R. 凯文·考德威尔　里克·艾德门　肯尼思·斯奈德

本章要点
对精益的准确解释
非制造型企业中的精益
仅是减少浪费不算精益
精益价值流管理

改进过程和实施拉动系统
可靠性和设备性能最大化
过程防错
参考文献

本章要点

1. 精益的基本理念是建立"拉动系统",以使生产更加快速,而摒弃被大多数组织所使用的传统"推动"系统。精益的主要目标之一就是由顾客需求来拉动,而非推向顾客。

2. 新乡奖(Shingo prize)项目公开表彰处于追求卓越历程各个阶段的企业,通过不同水平区分为:新乡奖、新乡银奖和新乡铜奖。

3. 价值流图是一项重要的精益工具。图中绘制和记载了过程中所有的任务(物流和信息流),以及与任务相关的指标(周期时间和成本),还包括内部的浪费。该图可以指引人们选择正确的问题,并把该问题作为过程改进项目进行解决。

4. 标准化方法和工具箱,如快速改进活动或 kaizen(日语"改善"),可以根除深入组织机体的浪费,并能加快过程速度。过程提速的过程就是暴露问题——浪费,和解决问题的过程。由此使过程更加快速和流畅,而成本却更加低廉。

5. 6S(整理、整顿、清洁、规范、素养和安全)是一种旨在实现清洁、组织良好、高效率的工作场所的精益方法。高效工作场所对生产和服务的好处包括防止缺陷与事故，消除由于寻找工具、文件和其他用品所产生的时间浪费。

6. 精益和六西格玛整合形成了精益六西格玛方法。精益关注过程的效率，而六西格玛则揭示了提高过程的有效性是怎样使过程更快运行的，两种方法相互依存。

对精益的准确解释

精益是通过消除产品和过程中的浪费，降低成本、提高效率以实现系统优化的过程。精益的重点是消除非增值活动，如生产后期服务、缺陷、多余的库存费用、额外的成品库存、额外的内外部产品运输、过度检查，以及因过程序列的工作步骤不平衡所导致的设备或工人的等待。精益的目标一直以来也是工业工程的目标，即改进所有过程的效率。

舒克（Shuker）在他的文章《精益的飞跃（2000）》中，描述了一个通过减少各种资源而提供优良的产品和服务的组织，包括减少浪费、减少人力支出、减少生产空间、减少工具支出、减少库存、减少开发新产品的工程时间，以及减少动作等。精益生产作为一种过程管理的理念有诸多起源，但主要源头是美国战时人力委员会。这家创立于第二次世界大战时期的机构，造就了日后的丰田生产方式（TPS）。战时人力委员会以其关注的焦点而著称，即通过减少丰田定义的七种致命浪费——生产过剩、等待时间、运输、加工方法、库存、动作及缺陷（有时也被称为八种致命浪费），来提高整体的客户满意度。第八种致命浪费是指人们尚未发挥的创造力。精益常和六西格玛相结合，因为精益六西格玛既强调减少过程波动（或使过程平准），又强调与丰田生产方式的结合。虽然精益的理念起源于生产制造业，但它已成功地应用于多种行业，比如医院病人的护理、内部审计、保险业的客户服务等。精益的原则可适用于大多数过程，因为几乎所有的过程都包含顾客不愿支付的浪费，而企业也不愿因浪费付出更多的成本。若想了解更多有关丰田生产方式的信息，请参考斯皮尔和鲍恩（Spear and Bowen，1999）发表于《哈佛商业评论》上的文章《解码丰田生产方式的DNA》。

对多数人来说，精益就是丰田生产方式中的一组工具，该组工具可以帮助人们识别和稳步消除浪费（日语称为muda），并能缩短生产时间和降低成本。这个术语以及其他一些被丰田公司采用的日语术语，已经成为精益专业用语的典型代表。精益包含多种消除浪费的工具，包括持续过程改进（日语kaizen）、6S和防错（日语poka-yoke）。从这点上看，精益与其他改进方法有相通之处。

第二点，也是对精益方法的补充，同样也是由丰田生产方式推动的。其重点是强调系统性地改进过程的"流动"或其工作的平准度（消除浪费和不均衡），而不仅仅是消除浪费。改进"流动"的技术包括"均衡生产"、"拉动生产"（通过看板、信号板或告示板），以及生产均衡箱（实现平稳的生产流）。

因此，实施精益和丰田生产方式的核心在于，在合适的时间地点，以合适的数量，交付合适的物品，以实现完美的工作流，同时最大限度地减少浪费，并使工作具有柔性且易于转变。更重要的是，所有这些理念都必须获得从事实际工作的员工的理解、赞赏和拥护。因为他们负责制造产品，因此是创造价值的过程的所有者。精益组织的文化和管理，与生产中实际运用的工具和方法同样重要，甚至可能比后者更为重要。

精益和新乡奖

众所周知，日本在二战后跃升为优质产品和服务的代表，在很大程度上是由于约瑟夫·M. 朱兰博士和威廉·爱德华兹·戴明博士等美国杰出质量人士的影响和活动。朱兰博士和戴明博士以及其他人在日本发现了一批非常有才华、积极性很高的商业和工程领袖，他们以近乎宗教信仰般的热情信奉质量的方法和哲学。除了对这些方法进行广泛而专业的适应和展开外，日本企业和专业人员还增加了新的、高度实用的方法。这些是基于一种极端的资源稀缺所能激发的效率来完成的，也因致力于精准产生的有效性而得到加强。

正如朱兰博士和戴明博士以及其他美国杰出质量人士在日本产生了重大影响一样，一系列日本新的"质量之星"随之诞生，他们的名字和发展一直是且仍然是当代质量表述中的重要组成部分，形式包括但不限于精益生产和企业管理方法。其中包括大野耐一（Taiichi Ohno），他是著名的丰田生产方式（TPS）的主要开发者；今井正明（Masaaki Imai）和持续改进（kaizen）；石川馨（Kauro Ishikawa）和因果图；赤尾洋二（Yoji Akao）和质量功能展开；田口玄一（Genichi Taguchi）和稳健产品设计；狩野纪昭（Noriaki Kano）和Kano顾客需求模型；以及方针管理，其发展并不是任何个人的功劳，而应归功于1965年日本普利司通轮胎公司（Watson，2003）。

可以说，日本最有影响力的质量专家就是新乡重夫（Shigeo Shingo，1909—1990）博士了。新乡重夫博士被认为开发或共同开发了许多方法，这些方法在今天仍然是质量实践，特别是精益实践的核心。在这些方法中，准时生产（JIT）也被称为丰田生产系统（White et al.，1999；White and Prybutok，2001）、防错技术（Chase and Stewart，1994）、现场巡视（gemba walks）和快速换模

(SMED)（McIntosh et al.，2007），这些技术的名称都来源于新乡重夫博士的儿子新乡律雄（Ritsuo Shingo）先生的建议，新乡律雄先生是丰田中国的前总裁，丰田重卡部分日野汽车的负责人。这些方法中的每一种都是建立和发展理论和实践的关键，这些理论和实践统称为精益制造或精益企业。新乡重夫博士关于这些方法和其他方法的书籍都是用日语出版的，其中有些还没有全部翻译成英语（Shingo，1981；Shingo，1985；Shingo，1986；Shingo，1988；Shingo and Dillon，1989）。迄今为止日语出版的其他书籍的翻译工作正在由新乡研究院（Shingo Institute）负责进行。新乡重夫博士已经在全世界产生了广泛的影响，不仅仅是通过他自身的努力和出版物，也通过其他组织学习、实施他的理念，以及通过广泛阅读成为"必须阅读"经典的一些书籍，比如介绍"精益制造"概念的《改变世界的机器》（Womack et al.，1990）和《世界级制造：简化技术应用的经验》（Schonberger，1986）。

自20世纪80年代末以来，新乡重夫博士的质量追求得到了一个以他名字命名的研究机构的推崇——新乡研究院，美国犹他州立大学亨茨曼商学院的一部分。在其他重大努力中，新乡学院管理着新乡奖（Shingo Prize），这是一项全球性奖项，在认可企业卓越方面，与美国马尔科姆·鲍德里奇国家质量奖和EFQM卓越奖——原欧洲质量奖有着亲属关系。新乡奖的不同之处在于它强调精益方法以及多个认可级别。

简要讨论了新乡研究院和新乡奖项目的创立和历史之后，接下来将关注点转移到新乡的企业卓越模式上。讨论的内容包括对企业卓越的洞察、从洞察中得出的指导原则即新乡模型（Shingo model）建立的依据、模型本身、主要模型元素间的关系以及评估方法等。

新乡研究院和新乡奖

新乡重夫博士设想能与某个组织合作，通过研究、实际而严谨的教育以及一项在全世界范围内表彰优秀企业的项目来推进他一生的事业。他的愿景从1988年开始实现，并在不断发展和演进。那年被犹他州立大学授予荣誉管理博士学位后不久，他就设立了新乡奖，而后成立了新乡研究院。

新乡研究院促进企业系统化地采纳、培育和实践永恒的卓越原则，这些原则经证明能够驱动和维持企业提升的财务、环境和社会的绩效及影响。新乡研究院通过前沿研究、相关教育、有见地的企业评估和表彰致力于实现可持续的世界级成果的组织以支持这一点。虽然新乡奖是新乡研究院活动和优先事项的组成部分，但研究院的工作范围已经扩大，已将重点放在了研究和教育方面，其中包括

2015年启动的"新乡MBA"项目,以及一个由新乡研究院授权机构组成的庞大且不断发展的国际网络,这些机构在与新乡模式和原则相关的领域提供培训。通过研究和专业出版物的奖项倡议,新乡研究院也认可相关的和有影响力的研究以及专业人士的出版物。

新乡研究院最著名的活动就是新乡奖项目,与鲍德里奇奖和EFQM卓越奖不同,该项目的范围是全球性的。此外,新乡奖公开表彰处于追求卓越历程各个阶段的企业,通过不同水平区分为新乡奖、新乡银奖和新乡铜奖。另一个不同点是,一年中,对于新乡奖、新乡银奖和新乡铜奖,任一级别获奖者的数量都没有具体限制。表14-1提供了2013—2015年的获奖者名单,说明了以上每一点。

表14-1 2013—2015年新乡奖、新乡银奖、新乡铜奖获得者

获奖级别	年份	企业/所在地
新乡奖	2015	• Envases Universales Rexam de Centroamerican, S. A. /Amatitlan, Guatemala
	2014	• NewsUK-Newsprinters Ltd. /Holytown, Motherwell, UK • Barnes Aerospace OEM Strategic Business/Ogden, Utah, USA • DuPuy Synthes Ireland/Cork, Ireland • Abbott Vascular Clonmell/Tipperary, Ireland
新乡银奖	2014	• Rexam Beverage Can South America, Jacareí/Jacareí, São Paulo, Brazil • PyMPSA Plásticos y Materias Primas/Guadalajara, Jalisco, Mexico • Rexam Healthcare, Neuenburg/Neuenburg am Rhein, Germany • Rexam Beverage Can, Enzesfeld/Enzesfeld, Vienna, Austria • Boston Scientific, Maple Grove/Maple Grove, Minnesota, USA • Vale Europe Ltd. , Clydach Refinery/Clydach, Swansea, UK
	2013	• MEI Queretaro/El Marques, Querétaro, Mexico • Pentair Water Pool and Spa/Moorpark, California, USA • Rexam Beverage Can South America, Manaus Ends/Manaus, Amazonas, Brazil
新乡铜奖	2015	• Boston Scientific, Costa Rica/El Coyol, Alajuela, Costa Rica • Carestream Health, Yokneam/Yokneam, Israel
	2014	• Lundbeck Pharmaceuticals Italy S. p. A. /Padova, Italy • Vistaprint Deer Park Australia/Derriut, Victoria, Australia • Corporation Steris Canada/Québec, QC, Canada • Autoliv Inflator Co. , Ltd. /Shanghai, China • Rexam Beverage Can South America/Rio de Janeiro, Brazil
	2013	• Covidien/Athlone, Ireland • Letterkenny Army Depot, Force Provider/Chambersburg, Pennsylvania, USA

新乡奖的获得企业是公认的世界级企业，它们成功地建立了一种以企业卓越原则为基础的文化，这种原则深深地植根于所有领导人的思想和行为中，并取得了世界级的成果。衡量绩效的标准既包括经营成果，也包括各级别的经营、管理、改进和工作系统推动适当和理想行为的程度。领导力的重点是确保企业的卓越原则深深植根于企业文化之中，并定期进行评估和改进。管理者专注于持续改进系统，以推动与企业的卓越原则紧密一致的行为。员工不仅要负责改进他们自身的工作系统，还要改进价值流中的其他系统。对事情为什么以其方式进行的理解已经渗透到了企业的员工层面。改进活动已经开始集中于整个企业，企业计分卡已经明确定义了包括行为措施在内的绩效指标。关键措施是稳定、可预测和成熟的，有积极的趋势，很少出现异常。在大多数领域，目标既具有挑战性，又具有现实性，对世界一流的绩效有着坚实的理解。大多数措施是与公司目标相一致并且层层递进的，工作壁垒不易识别。

新乡银奖的获奖企业展示了对工具和技术的强大使用，这些工具和技术也有成熟的系统来推动改进，并开始将其思维和行为与企业的卓越原则相结合。企业领导层参与改进工作，支持企业卓越原则与系统的一致性。管理者通过系统的设计深入参与并专注于驱动行为。员工经常参与改进工具的使用，以推动其职责范围内的持续改进和突破性改进。对为什么这样做的理解已经开始渗透到企业的员工层面。改进活动集中在多个业务系统上。业务计分卡使用广泛且灵活，并开始包含行为元素。关键的措施是稳定的，而且大多朝着积极的方向发展，企业各级人员都知道如何对其职责范围内的措施产生适当的影响。大多数业务系统都设定了绩效目标，而且在这些系统中，大多数系统的一致性都是明确和明显的，其计划与其余的系统协同一致。

新乡铜奖的获奖企业展示了其在业务改进方面对工具和技术的强大使用，并正在努力开发有效的系统，以创造在整个企业中应用工具的连续性和一致性。企业领导层正在确定改进的方向并支持其他人的努力，而管理者则参与开发系统并帮助其他人有效地使用工具和技术。员工接受培训并积极参与改进项目。在员工层面上，其不完全成熟地理解为什么事情是按照它们的方式进行，因此改进活动通常集中在运营层面并仅从支持层面开始。措施开始传递因果关系，而关键措施已开始稳定，并主要朝着积极的方向发展。

新乡奖更进一步的区别在于其强调精益文化和实践，以及行为和原则。

这些差异导致了在评估新乡奖申请人时，相较于美国的马尔科姆·鲍德里奇奖或欧洲的EFQM卓越奖，其对绩效和影响的考虑相对较低。尽管这是一个历史性的问题，但对绩效和影响结果的进一步重视正在迅速发展。

达成目标：关于企业卓越的见解

企业卓越是一个有各种别名的术语。企业卓越的常见别名包括：卓越绩效（performance excellence）——关于美国马尔科姆·鲍德里奇国家质量奖的原则、模型和标准的术语；与欧洲质量奖和欧洲质量管理基金会（EFQM）模型相关联的卓越业务（business excellence），该模型的基础是组织卓越，以及相对新乡奖历史上使用得不太宽泛的术语"运营卓越"。当代的新乡模式是一种综合性的企业卓越模式，现在也被称为这样一种模式——它比其他卓越模式更关注组织的运营战略、流程、活动和绩效——因此它历史性地被称为"运营卓越"。

新乡模型所依据的原则部分来自以下三个关于企业卓越的见解：

- 理想的结果需要理想的行为。结果，即绩效和影响，是每个企业的目标，但有不同的方法可以达到这些目标——好一些差一些的区别。理想的结果是长期可持续的积极结果。简单地学习或获取新的工具或系统并不能带来理想的结果，尽管这些可能支持理想的结果。持续地实现理想结果要求领导者和管理者创造一种环境或文化，在这种环境或文化中，理想行为在每个企业员工中都有体现。杰出的领导者理解结果和行为之间存在因果关系，行为是原因，结果是效果。

- 信念和系统驱动行为。我们作为集体和个体所持有的信念深刻地影响着我们的行为。通常忽略的是系统对行为所产生的实质性影响。人们在企业中的工作很大程度上是由旨在创造特定业务结果的系统来管理的，而没有对系统产生的行为给予应有的关注。许多企业拥有事实上的系统，这些系统是由于对特定结果的特定需求而发展起来的。因此，领导者和管理者面临着创造或调整管理和工作系统的巨大挑战，这些管理和工作系统驱动着产生理想业务成果所必需的理想行为。

- 原则影响理想的行为。原则是有助于揭示我们行为的正面和负面后果的基本规则。这些规则影响我们的决定，特别是关于我们的行为。当我们的决定（行为）与原则一致时，结果是认知相协调，而与原则相反的决定和行为则产生认知上的不协调，我们通常称之为道德或伦理上的困境。领导者、管理者和同事越深刻地理解企业卓越的原则，系统越完美地协调一致以强化理想行为，就越有可能建立可持续的企业卓越文化。在这种文化中，实现理想的绩效和影响成为规范，而不仅是抱负。

这些见解意味着，除了使用工具外，企业卓越还通过软技术来推进，包括政策、实践、伙伴关系、领导力、治理以及推动或阻碍这些的行为。新乡模型强调理想的行为对于实现其10个核心原则至关重要，同样，也强调了对企业卓越的不懈推进。

驱动原则：永恒、普遍和不言而喻

新乡模型所依据的原则分为四个相关的类别：文化促进因素、持续（和突破性）改进、企业一致性以及结果（绩效和影响）。每个原则类别都填充了许多支持（子）原则，这些原则在新乡奖卓越运营指南和应用（2010）中有详细的阐述。虽然这些原则可以独立执行，但它们旨在协同工作，创造协同效应，从而形成一个不仅仅是其组成要素的整体。这四个类别及其各自的原则如下所述。

文化促进原则说明了这样一个问题：知识、洞察力和远见是丰富的，本质上在任何组织的个人中都是普遍存在的。因此，企业领导者应该通过运用两个原则来表现出谦逊和智慧：

1. 谦逊领导。当一个领导者少考虑自己，多考虑他人时，组织和个人的成长就得以实现。领导者寻求并重视他人的想法，并愿意在学到新东西时改变。

2. 尊重每一个人。任何组织中的每一个人都有被尊重的权利。当人们感到受到尊重时，他们不仅用双手，而且用头脑和心灵为组织的目标做出贡献。

文化促进因素背后的支持（子）原则包括培育长期关系、授权并涉及整个企业的人力资本、开发人力资本，并确保在安全的环境中完成这项工作。

持续改进原则建议企业应坚持不懈地追求有益的变革。这种变化的可能包括从渐进到巨大的突破，因此可能涉及渐进的、完全的或破坏性的创新。此外，不断寻求改进是企业文化的核心，也是贯穿企业整个人文生态的明确期望。大多数真正的改进都是通过流程的改变和创新来实现的，因此流程应该接受不断的审查和重新检查，总是尽可能在流程的上游寻求改进。简言之，流程应该受到不断的彻底的检查。不仅要改进企业的流程，而且要不断提高企业与知识、技能以及应对预料中和预料外的变化相关的人力资本。这些观点表明，人们普遍认为追求完美可能是永无止境的，因为"完美"是动态环境中不断变化的目标。在这样的环境中，如果不是不可避免的话，变化至少是正常的。新乡模型持续改进的原则如下：

• 聚焦过程。所有的结果都是一个过程的结果。即使是有能力和积极性很高的人，也几乎不可能在一个糟糕的过程中始终如一地产生理想的结果。

• 科学思维。创新和改进是反复试验和学习的结果。失败通过对新思想的不懈和系统的探索导致更多的学习。

• 流动和拉动价值。当客户价值建立在满足真实需求和连续不间断的流程基础上时，它是最大化的。任何扰乱价值持续流动的东西都是浪费。

• 从源头上保证质量。只有在工作的每一个要素第一次和每一次都完美地完成时，才能达到完美的质量。当错误发生时，必须在错误产生的时间和地点对其进行检测和纠正。如果工作实际上是由执行工作的人完成的，可以找到解决问题的最佳方法。

- 追求完美。完美是一个不太可能实现的雄心勃勃的目标，但追求完美会创造一种持续和彻底改善的心态和文化。只有观察和理解世界的模式才能限制我们对可能的认识。

支持持续改进（和突破性改进）的子原则包括稳定和标准化流程、数据驱动决策、坚持直接观察、关注价值流、保持事物尽可能简单直观、识别和消除浪费、改进与工作相结合。

相对于浪费，仅关注标准类别，在精益生产环境中讨论，诸如浪费（muda）、不均衡（mura）和超负荷（mudi）可能过于公式化。识别和消除浪费的目标可以更进一步看作为了设法防止、恢复或重新获得因不良做法、不良目的、不良政策、不良过程、不良伙伴关系、不良战略、缺乏重点等而牺牲的价值。

企业协同一致的原则表明，缺乏任何要素都会导致企业无法充分发挥其潜力。用一辆"失准"的汽车做比喻足以说明这一想法：比如此种情况，当汽车的轮胎磨损不均，它将持续偏离其预定路线，将比"完全校准"时消耗更多的能源，产生更多的浪费。换言之，它的部件和过程将在不同的目的下工作，它的操作者将从事非增值活动，阻止他们以理想的方式追求理想的活动。那么，我们是否应该期望，如一个组织般本身更复杂的东西在失调时应该表现得更好呢？

企业是复杂的，有许多人、过程和动机，因此，不全面的考虑几乎会在数学意义上，并总是在实际意义上导致妥协和次优的结果。这意味着企业员工之间、过程之间以及组织单位之间的关系既形成了单一的系统，又形成了相互关联的系统，这种系统不应该孤立地被考虑。行动或决策的执行顺序和方式都有一个进程，这些顺序和方式带来的后果可能因先前的行动和决策降低或增强。因此，企业的人文生态理应从"因果"、顺序或联系的角度来思考和行动。

一个协同的企业的领导层能清楚地认识到企业的身份和宗旨、所建立的价值观和信念、前进道路，并且不仅有信心生存下去，而且有信心在当前的情况下和超越当前的情况下繁荣起来。这就要求企业的领导力和至关重要的人文生态，以统一的目标向前迈进。

这些想法共同导向了以下企业协同原则：

- 创造始终如一的目标。当领导者以坚定不移的清晰的方式沟通组织为什么存在、它将去向哪里、将如何到达那里，以及它所依据的原则时，员工将变得更有能力以更大的信心去创新、适应和承担风险。
- 系统思考。企业问题的解决方案必须包含一对多的连通性和影响。任何个人或团队的视角越广，他们就越有能力构思和实施为企业创造积极结果的解决方案。

企业协同的支持性子原则包括与企业状况和潜力相关的现实性、关注长期变化而非短期修正、系统一致性和战略一致性。

最后一个新乡模型的原则：为客户创造价值。这项原则归为一类，称为结果。结果应更广泛地理解为绩效和影响，影响是绩效的直接和间接后果，可能是有意的，也可能是无意的。赞成绩效和影响的论点来自连锁反应的概念，其中初始结果传播了反应或影响，在某些条件下，反应或影响可能急剧加速。将结果视为绩效和影响，可以将企业思维扩展到预期受益人（客户和其他直接利益相关方）的领域，再到他们的受益人、他们受益人的受益人……，永无止境。

尽管常常被置于负面角度，但以一种类似于我们可能认为的传染病或某种"正在传播的病毒"的方式来看待这一点是很有启发性的。将传染病作为先前结果影响的类比，应该有助于提高我们的认识，即"对（母）鹅有益的东西并不总是对（公）鹅有益"，而事实上，对一方有益的东西可能反过来会对随后的下游方产生有害影响。这意味着一个组织应该努力认识到该组织提供给顾客的产品和服务的二次和辅助用途，并尽可能了解那些直接用途之外可能发生的情况。

基于上述意见我们注意到，为顾客创造价值应该始终在更大的背景下进行，即思考、行为、创造和提供价值，不仅在法律上、伦理上和道德上，而且在系统上，始终意识到，一个企业生态系统可能远远超出其组织、其供应商及其预期受益人的范围，而扩展到不可预见的当事方，而且这些当事方可能会遭受到无意伤害。换言之，我们必须将绩效和影响同时考虑为学习点。因此，以前被认为是企业协同核心的系统思维必须在充分认识绩效和影响之间存在的因果关系的情况下发生。

- 为顾客创造价值。价值最终必须从"顾客想要什么"和"愿意为什么付费"的角度来决定。从长远来看，未能有效和高效地实现这一基本成果的企业是不可持续的。

支持性的子原则包括确定和使用重要的措施，使行为与绩效保持一致，以及确定和利用因果关系。

新乡模型

从表 14-1 提供的 2013—2015 年新乡奖、新乡银奖、新乡铜奖获得者名单可以看出，新乡卓越企业模式具有全球影响力。获奖清单还表明，与其他主要的卓越项目，如美国的鲍德里奇国家质量奖或 EFQM 卓越奖一样，卓越的原则和做法越来越多地渗透到非制造企业中。认识到这一趋势，有助于更均衡地使用"卓越运营"一词，该词通常与制造企业联系在一起，在历史上通常指的是新乡模型，而更综合的"卓越企业"一词则被视为与任何企业直接相关。

新乡企业（如运营/绩效/业务）卓越模型如图 14-1 所示。企业文化是这一模型的核心。现代战略管理之父彼得·德鲁克曾引用过"文化可以把战略当早餐吃"（Bider and Kowalski，2014），为此，该模型将企业文化放在其核心或中心位置。围绕文化，我们找到了模型的四个重点领域。顺时针方向移动，从模型的顶部开始，我们看到指导原则以核心价值观为基础，其期望是这些原则不仅应适用于我们称之为企业的实体，还应体现在员工的个体层面上。指导原则必须与系统相一致，而系统又是通过使用必须选择的适当工具来支持（Doggett，2005）。通过各种手段，我们取得的成果肯定了指导原则。接下来，从指导原则开始逆时针方向移动，我们看到原则驱动结果，一旦实现，结果可以用来完善我们的工具。工具促使推动指导原则的功能系统更好。从这个意义上说，我们看到企业追求卓越是持续不间断的，可以通过自我强化的循环得以实现。

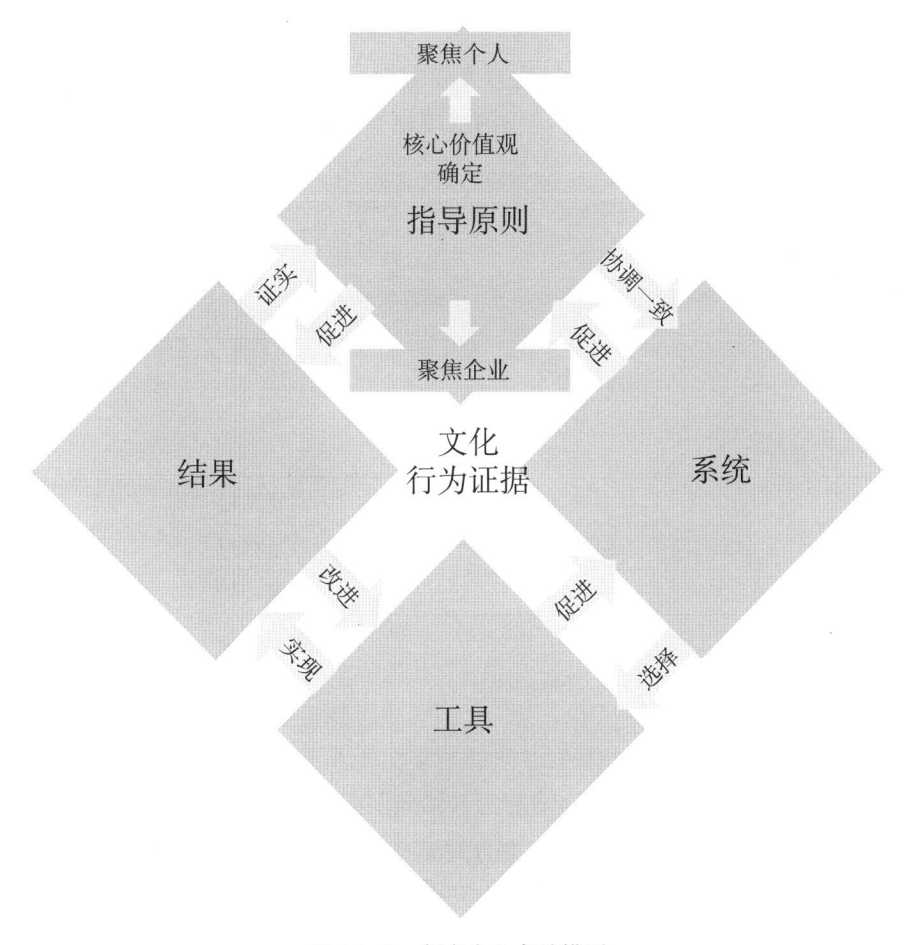

图 14-1 新乡企业卓越模型

该模型在新乡奖模型和应用指南（2010）中做了进一步阐述。

企业评估

本章中，新乡奖的申请企业将根据新乡模型的四个维度，以 1 000 分进行评估，包括文化促进因素（250 分）、持续改进（350 分）、企业协调一致（200 分），以及结果（200 分）。如前所述，预计未来将实现这些方面的再平衡，并转向更加注重结果。也就是说，新乡研究院的长期观点是，文化促进因素、过程的持续改进和企业协调一致推动了结果（即绩效和影响），因此，任何的再平衡都将是微调并努力使结果重要性更加明显。本节提供的表格可见于新乡研究院的网站（www.shingoprize.org）的新乡奖模型和应用指南（2010）。

表 14-2 提供了用于评估申请企业的标准评分矩阵。在这个矩阵中，应该注意到，关于文化促进因素、持续改进和企业协调一致，评估中将不同比例的分数分配给了高层领导、运营管理者、运营员工、支持服务管理者和支持服务员工。结果类别评估的是与质量、成本/生产率、交付、顾客满意以及安全/环境/士气等五个类别相关的结果，每一个类别的权重相等。但是，结果评估不区分高层领导、管理者和员工。

表 14-2 新乡奖申请人评价得分矩阵

评分矩阵		高层领导	运营		支持服务	
			管理者	员工	管理者	员工
文化促进因素（250 分）	权重	40%	20%	10%	20%	10%
持续改进（350 分）	权重	15%	35%	15%	25%	10%
企业协调一致（200 分）	权重	50%	20%	5%	20%	5%
结果（200 分）	质量	测量指标（20%）				
	成本/生产率	测量指标（20%）				
	交付	测量指标（20%）				
	顾客满意	测量指标（20%）				
	安全/环境/士气	测量指标（20%）				

以这种方式描绘得分，每个维度都与新乡模型强调的特定原则相关联。因此，评估旨在确定这些原则在企业行为和绩效层面的存在性、实践性和相对有效性。同时，这是通过审查与企业相关的关键流程来完成的。表 14-3 提供了一个具有代表性的例子，说明了如何通过对某个特定企业的关键流程进行实际检查做到这一点。

表 14-3 示例企业的评估矩阵

评估区域		高层领导力	顾客关系	产品/服务研发	运营	供应	管理支持过程
				业务流程			
文化促进因素（150分）	人员发展：教育、培训和指导（50分）						
	人员发展：授权与参与（50分）						
	人员发展：环境与安全（50分）						
	权重	40%	在这个维度中五业务流程的权重是由每个领域的员工总数的百分比乘以60%确定的				
持续改进（400分）	权重	10%	10%	5%	40%	15%	20%
企业协调一致（200分）	权重	60%	5%	5%	15%	5%	10%
结果（250分）	质量	测量指标（50分）					
	成本/生产率	测量指标（50分）					
	交付	测量指标（50分）					
	顾客满意	测量指标（50分）					
	安全/环境/士气	测量指标（50分）					

文化促进因素维度与谦逊领导和尊重每一个人的原则相关联。同样，持续（和突破性）过程改进维度与聚焦过程、科学思维、流动和拉动价值、从源头上保证质量、追求完美的原则相关。

新乡模型的企业协调一致与创造始终如一的目标以及系统思考的原则相关。

最后，结果维度与为顾客创造价值相关联。

使用表14-4中提供的行为评估量表，对前三个维度——文化促进因素、持续改进和企业协调一致进行评估。结果维度采用表14-5中提供的评估量表进行评估。

在每种情况下采取的一般评估方法通常称为（分级）成熟度量表。这些量表描述了量表中的每一个步骤，提供了在逐渐成熟的状态下行为或表现的典型发现。有效使用成熟度等级评价需要被评估领域的重要专业知识。这种情况从根本上来说，是因为专家的判断需要在超越基本实例和特定成熟度水平表现的基础上进行合理扩展。

表14-4　行为评估量表

维度	级别1 0～20%	级别2 21%～40%	级别3 41%～60%	级别4 61%～80%	级别5 81%～100%
角色	领导者集中于"救火"工作，在改进工作中缺位	领导者意识到其他人的改进举措，但基本上未参与其中	领导者为改进指明方向，支持他人的努力	领导者参与改进工作，支持企业的卓越原则与系统协调一致	领导者专注于确保企业卓越原则深入到企业文化中，并定期进行改进评估
	管理者倾向于"不惜一切代价"取得结果	管理者大多指望专家通过项目导向来创造改进	管理者参与开发系统和帮助他人有效地使用工具	管理者专注于通过系统设计来驱动行为	管理者主要关注的是持续改进系统，以推动更符合企业卓越原则的行为
	员工专注于工作，通常被视为一项开支	员工偶尔会被要求加入一个改进团队，该团队通常由其自然工作团队以外的人领导	员工接受培训并参与改进项目	员工通常参与使用工具，在其职责范围内推动持续改进	员工理解原则，理解工具背后的"为什么"，并且是改进自身工作系统和价值流中其他系统的领导者
频率	罕见的	基于事件且不规则	频繁且常见	经常的且占主导	稳定且统一
持续时间	启动或未发展的	实验性和形成性	可重复和可预测	已建立且稳定	文化融合且成熟
强度	漠不关心的	明显的个人承诺	适度的局部承诺	坚持、广泛的承诺	坚韧不拔，全力以赴
范围	孤立的单点解决方案	存在壁垒，仅限内部价值流	主要考虑运营中的职能价值流	考虑多业务流程的综合价值流	考虑企业范围的扩展价值流

表 14-5 结果评估量表

维度	级别 1 0～20%	级别 2 21%～40%	级别 3 41%～60%	级别 4 61%～80%	级别 5 81%～100%
稳定性	很少或没有关于稳定的证据。刚开始实施。不可预测。0～1年		开始稳定。启动可预测性,建立成熟度。各级别都能适应相应措施。2～3年		稳定、可预测、长期、成熟。4年以上
趋势/水平	水平低,趋势差。几乎没有目标的证据和标杆对比的证据		水平有适度提高。趋势基本上是积极的,拉平一些倒退的。标杆对比聚焦行业		世界级的高水平的成就。基准不断提高,聚焦过程而不仅是行业。趋势积极,很少有异常需要解释。趋势远超预期
协调一致性	措施使用不一致且孤立。不协调,坚固的壁垒		一些领域是协调的。在运营中校准绩效指标。壁垒开始削弱。朝着企业范围的协调一致努力		所有的衡量标准与公司目标一致,并且都分解到最底层。企业范围的扩展价值流。没有壁垒
改进	几乎没有系统的反馈,多是零星的反馈。很少有目标设定的证据和若干操作的证据		一些领域有定期反馈。所有领域都没有系统地处理反馈。许多运营之外的领域有目标设定过程		定期向相关方反馈。所有领域都有反馈的证据。几乎所有领域都有现实而富有挑战性的目标

表 14-2 中提供的百分比代表了一个"公平竞争的环境",即为了实现可比性,以一致的方式对申请奖项的企业进行评估。然而,许多使用卓越模式的企业并没有正式追求诸如新乡奖、鲍德里奇国家质量奖或 EFQM 卓越奖之类的奖项或奖励,或者被命名为获奖者("赢家")所带来的认可。相反,许多企业使用这种模型作为自我评估工具,通常每年都这样做,目的是不断改进。在这种情况下,这些组织通常有理由将表 14-2 中提供的百分比进行改变或自定义权重,以更好地适应其竞争环境。

展望未来

似乎有一系列的趋势,新乡模式和其他模式都将逐渐适应。显然,越来越多的企业关注其社会和环境的绩效及影响。这些担忧可能是由良知、监管要求或市场压力驱动的，但无论这些担忧背后的驱动力是什么，业务战略、实践和绩效重点都在发生变化。我们看到，企业战略的重要组成部分不仅涉及财务的谨慎，也关注社会公平和环境敏感，这是三重顶级战略的三个组成部分（McDonough and Braungart，2002）。不仅企业策略和实践必须与其保持一致，流程、系统和合作伙伴关系也需要与其保持一致，正是通过这些机制产生绩效和影响。

此外，鉴于目前众所周知的需求关键性，很明显，重大创新并不会带来持续改进，而是在与社会或环境相关、及时和很有影响力的领域取得突破性进展。

综合这些因素，我们有理由推测，需要考虑的结果，即绩效和影响，将考虑的是人、环境和利润（Elkington，1997）所谓三重底线的领域，以及创新。然而，绩效部分由过程和系统驱动，因此支持创新的流程和系统将越来越受到关注。

越来越普遍的社会动荡给企业带来的其他后果如同我们在自然环境中看到的压力一样。因此，在追求卓越的同时，企业也可能追求可持续性、弹性和稳健性。一个企业是（Edgeman and Williams，2014）：

——可持续的，在一定程度上能够为自己、利益相关者、整个社会和政策制定者创造和维持经济、生态和社会价值。

——弹性的，在一定程度上具有通过创新实现自我更新以及能够随时间推移适应负面冲击和挑战的能力。

——稳健的，企业对此类冲击和挑战的关键部分具有高度的抵抗力或免疫力。

——卓越的，企业领导和战略，通过人员、流程、伙伴关系和政策部署在特定领域产生卓越绩效和影响。

企业必须提供卓越绩效的"特定领域"，其随着时间的推移可能会发生变化。例如，当前和未来的领域可能包括企业人力资本、创新、财务、环境、社会、数据分析和智能、市场、供应链、运营以及各种更具体的领域。

非制造型企业中的精益

精益方法和工具已在许多行业中得到了应用。精益曾经是制造业减少浪费的良方，现已被广泛地用于改进周期时间、流动、速度，以及工作部门的绩效等方面，例如：用于减少医院、保险公司，以及金融服务等行业的浪费。下面是一则来自医院的案例（Volland，2005）：

> **改编自《案例研究：这就是精益》**
>
> Jennifer Volland
已获得《医学影像杂志》重印许可
>
> 为提高医院的工作流和病人的周转量，内布拉斯加州医学中心（位于奥马哈市）从2002年12月开始实施精益六西格玛。该中心是一家拥有735个床位的非营利性医院。该医院是内布拉斯加州最大的教学医院，既有来自学院的也有个体的实习医生。该组织最早开展的六西格玛项目之一，是由进行微创手术的介入放射科（IR）完成的。
>
> 项目团队由调度护士排班的护士长、主技师及部门主任组成。这些团队成员被召集在一起，共同解决病人周转量的问题。医生们从一开始就早早参与过程改进的持续输入和信息共享。
>
> 项目团队将引导病人进入介入放射科的转诊医生作为他们的主要顾客。他们很快发现，放射科当前的周转量并没有完全满足转诊医生的需求，病人流失到了社区内可以收治额外病人的其他医疗机构，这导致了收入和市场份额的损失。
>
> 该项目研究团队对每个步骤的周期时间进行测量，以确定最需要集中精力进行改善的区域。很快，减少候诊室（HR）的等待时间就成为明显可以作为的领域。每个病人的平均等候时间为151分钟，标准差为242.4分钟（2003年2月4—19日）。经进一步考察，越来越多的问题显现出来。首先，因为房间的设备不同，所以协调病人从候诊室进入三个操作室中的哪一个便成了问题。通常情况下，负责排班的护士充当科室约诊的调度员，同时负责协调病人流量。任务的双重性导致在分诊台的及时约诊与候诊室的病人流量之间存在不合拍的问题。
>
> 精益六西格玛带来了重大变革。它的运用对病人在候诊室花费的时间产生了巨大影响。改进后，病人花在候诊室的平均时间为32.7分钟，标准差为37.71分钟（2003年3月17—24日）。控制阶段的后续监测结果显示，改进仍在持续进行。候诊室的平均花费时间减少到了31.02分钟，标准差为24.86分钟（2003年10月29日—12月16日）。
>
> 通过运用精益生产技术，介入放射科改进了过程，提高了能力，更好地满足了顾客的期望。该项目带来的结果是，分诊台成功地感受到了变革对介入

> 放射科放射师的影响。除了变革巨大之外，项目完成后，该部门成功地保持了候诊室创造的良好局面。

仅是减少浪费不算精益

认为"如果消除了没有价值的浪费，我们就是精益组织了"，这样的认识还远远不够。因为，这只是成为精益组织的一个方面。虽然消除浪费可能看起来像一个简单而明确的主题，但浪费很难被识别，却也是个不争的事实。这极大地降低了组织的潜能。精益的目标是消除浪费，丰田生产方式将浪费分为三个类型：超负荷的浪费，不均衡的浪费，及非增值的活动。

超负荷的浪费是指所有因组织管理不善而强加给工人和机器的不合理工作。比如，携带重物、搬运东西、从事危险的任务，甚至是工作明显快于平时都属于此类。超负荷浪费迫使人或机器超出了自然的极限。

不均衡浪费的重点是应对和消除日程安排或操作水平上的波动，比如质量或数量的波动。

当过程已经存在，且人们只是事后被动地处理过程中的超负荷浪费和不均衡浪费时，非增值活动就会随之产生。这可以由输出的波动看出（正如前文已经提到的），且可与六西格玛的应用很好地结合。管理的作用就是要识别出过程中的非增值活动或浪费，并消除引起非增值活动和浪费的那些与超负荷和不均衡浪费相关的深层次的原因。非增值活动（浪费）和超负荷浪费必须反馈，以便下一个项目在策划阶段就消除不均衡的浪费。

大多数组织常常只关注非增值活动，却不明白这样做只是被动地应对，这是不正确的，只能在一定程度上决定组织的成功（如果有成功的话）。组织必须确保所有三种浪费问题都得到解决。

超负荷浪费可以通过标准的工作规范得以避免。为了实现这一目标，我们需要制定标准的条件或输出。随后，每一个过程和功能都必须简化到最简单的元素，以便进行检查和随后的重新组合，即采用简单的工作要素，然后将它们逐个结合起来，最后形成标准的工作序列。

不均衡的浪费可以通过准时化生产方式（JIT）避免。JIT是指在生产过程的合适时间，以合适的数量，提供合适的部件，从而产生少量库存或零库存，实现先进先出的连续流。准时化生产方式建立了一种"拉动系统"。在该系统中，每个子过程都从它的上一级过程中获取需求,直到上溯到外部的需求提供者。当上一级过程没有获得需求的指令时,过程就不会再生产部件。

为了准确管理精益组织的成果,必须确保对三种类型的浪费都进行管理和控制。你需要平衡需求和能力,并充分了解需求。同时你也要了解当前的现状,以进行随后的拉动生产,并消除因非增值活动产生的浪费。标准作业一定要制度化,由此可以缓解作业活动中的超负荷。以上这些活动将打造出文化转变的模型,即从批量生产,转变到连续流动的、以团队为基础的、真正着眼于顾客思维模式的生产活动。

精益生产案例学习

北美 AGC 平板玻璃公司是全球第二大玻璃生产商,也是旭硝子玻璃公司的全资子公司。在竞争激烈的市场中,该公司在北美的 45 家工厂都面临着在提供成本最低产品的同时,快速满足订单要求的巨大压力。2006 年 9 月,AGC 发起了推动业务卓越和提高效益的活动。AGC 的此项活动学习了日本的 JPI(实行过程改进),并以丰田生产方式和精益企业原则为基础。

最早实施 JPI 的一家分厂是 AGC 希伯伦厂。该厂是一家加工厂,位置靠近俄亥俄州的哥伦布市。希伯伦厂为俄亥俄州和周边州提供产品。它从 AGC 一家主要的玻璃厂接收玻璃,然后将这些原料转化成一系列终端产品,包括单层玻璃和密封绝缘的组件,提供给窗户生产商,并通过加热对玻璃进行回火用于安全应用。希伯伦厂的加工过程包括切割、回火,以及绝缘部件的组装。最初的评估结果显示,该厂的生产交付期超过 7 天,而且时间波动很大。在某些情况下,交付期甚至会长达几周。过度的库存导致很难快速地找到特定工作,或决定下一步该加工什么。此外还要考虑员工的安全问题,尤其是在处理大块刻花玻璃的库存时,安全风险就会上升。五花八门的产品生产需求也会使局面更加复杂。有时,工厂的生产能力没有被充分利用,而有时顾客的需求又会超过生产能力的两倍。

该厂组建了一支跨职能团队来推动改进工作。团队成员包括销售、生产控制、采购和生产部门的员工,也包括公司 JPI 成员和一名指导转型的辅导员。团队在开始阶段接受了丰田生产方式和精益生产的概念介绍。

团队立刻开展的一项工作就是建立"现状图",该图是了解生产车间和订单完成活动等现场情况的实用工具。现状图一旦绘制完成,就能够清晰地显示出现状,并能为将来的改进提供坚定的方向。

改进工作场所效率的第一步是以实施 6S 为关注点,即整理、整顿、清洁、规范、素养、安全。在最初培训后，团队开始消除浪费，从有用的物件中挑选出没用的东西，对工具和原料进行可视化控制，打扫每个角落，并建立积极的审核体系对成果进行维护。随后，团队开始关注他们的现状图。拖延和库存的问题都得到了识别，并在多数情况下得到了消除。设备进行了重新摆放，以加速产品流，减少移动和排队等待。为了控制库存，用来存储玻璃的物料架有超过一半都被挪走，将库存减少到几天的量之内，从而使交付期得到了改善。至此，希伯伦团队实践了一条座右铭——"不要拖到明天"。精益企业的关键和丰田生产方式的内在哲学，都信奉顾客的送货要求一定要满足，而且所有的产品都能够也必须在一天内生产完成，以满足顾客需求和拉动生产。这项预期也包含在工厂实现周期时间的能力之中。同时，团队也对照实际能力对需求模式进行了研究。一旦理解了两者之间的关系，交付期也缩短了，工厂就能够成功实现均衡生产，并由此进一步增强送货的可靠性，准时率高达99%以上。这个比率也高于历史水平。改进后的生产流很快识别出了之前由过量工作而掩盖的过程中的质量问题。在随后的几周里，团队又采取了许多改进措施，如为保证可靠性而改善设备维护、运用防错方法、为供应补货提供看板、实现快速换模等。在实质变化发生的同时，另一个重要的转变也在悄然发生，即文化慢慢发生了转变。工厂开始变得不同。员工明白了顾客每小时的需求，并按此进行生产。不用费蛮劲，订单就可以在各项作业中无缝行进。这也使得工作生活变得更加容易、更加重要，而且更加安全。

几周后，顾客就开始看到并感受到这些变化。顾客对新希伯伦的抱怨变成了称赞。整体的需求稳步上升，过去因服务问题而流失的顾客开始回归。新顾客也因对玻璃的需求开始寻求与希伯伦合作。希伯伦的利润好转后，良好的财务业绩也接踵而至。希伯伦的业务经理杰里·哈克勒（Jerry Hackler）就利润发表了自己的看法："收益影响很快就显现出来了。虽然最初几个月里工厂的销售比较少，但却实现了更高的营业利润。这就清楚地显示了成本改进所带来的效果。"

精益的历史

图14-2概括了制造业的历史和精益的简介。精益的使命就是要在整个供应链中实现以下内容，赢得市场。

- 尽可能短的交付期。

- 战略库存的最佳水平。
- 可实现的最高客户服务水平。
- 尽可能高的质量水平（低缺陷率）。
- 尽可能少的浪费（降低不良质量成本）。

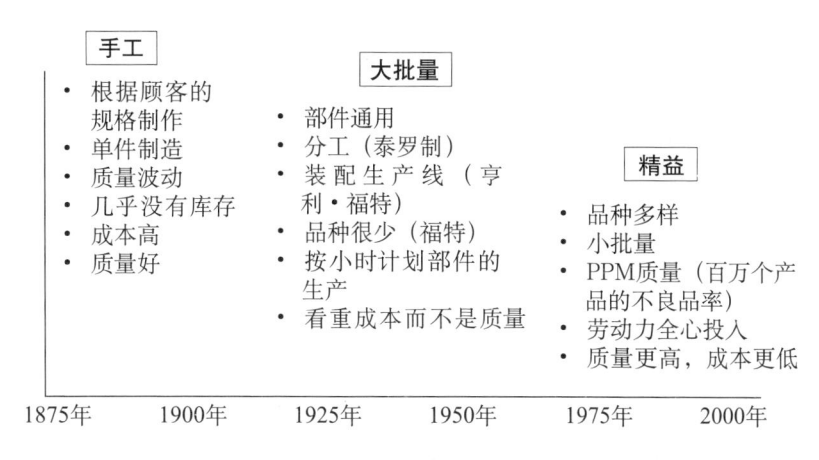

手工
- 根据顾客的规格制作
- 单件制造
- 质量波动
- 几乎没有库存
- 成本高
- 质量好

大批量
- 部件通用
- 分工（泰罗制）
- 装配生产线（亨利·福特）
- 品种很少（福特）
- 按小时计划部件的生产
- 看重成本而不是质量

精益
- 品种多样
- 小批量
- PPM质量（百万个产品的不良品率）
- 劳动力全心投入
- 质量更高，成本更低

1875年　1900年　1925年　1950年　1975年　2000年

图14-2　制造业的历史

这些是通过使过程（组织内部的或外部的）按照顾客要求的节拍（鼓点）连续流动来实现的。各种浪费（时间、材料、劳动力、空间和运动）得到了消除。总体上说，精益的目标就是通过顾客来拉动整个价值流（或供应链），来驱动减少波动并消除浪费。

在沃马克和琼斯的著作《精益思维》中（Womack and Jones，2003），他们提出了精益的关键原则，内容包括：

- 明确顾客心目中的价值和顾客的声音。
- 识别每个产品的价值流。
- 确保价值不间断地流动。
- 减少产品的缺陷和过程的不足。
- 让客户拉动价值。
- 追求完美——六西格玛水平。
- 消除波动（短期的和长期的）。

精益和质量管理的关系

精益组织的一个关键组成部分，是要创造顾客眼中认同的"价值"。价值的操作性定义是指顾客在使用产品或服务中获得的利益。价值是由顾客定义的，为顾客提供价值是生产者得以存在的原因。精益始于定义价值，即在合适的时间，以合适的价格，向顾客提供产品、服务或利益。任何不为顾客提供价值的东西，都可视为浪费（见图 14-3）。

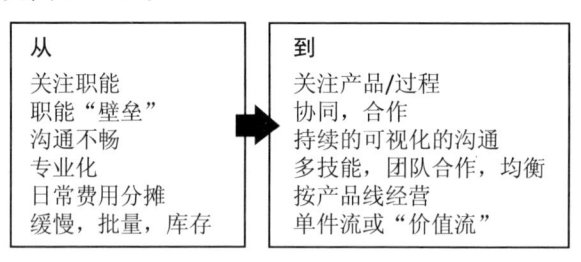

从	到
关注职能	关注产品/过程
职能"壁垒"	协同，合作
沟通不畅	持续的可视化的沟通
专业化	多技能，团队合作，均衡
日常费用分摊	按产品线经营
缓慢，批量，库存	单件流或"价值流"

图 14-3　精益的特点

如果我们浏览图 14-4 精益和朱兰三部曲的话，就能够看出精益和质量的概念异曲同工，即所有的产品和服务都必须"适目的"。顾客对质量的定义，既要求特征又要求不能失效。因此，既然精益通过消除非增值活动来创造价值，那么，将质量管理包含在精益之中就显得非常重要了。精益被用于质量控制，是因为它能使工作标准化，从而实现更好的符合性。在改进中运用精益以通过减少浪费的形式减少过程中不符合的成本。近来，精益方法被用于质量计划方面，以实现精益设计。精益设计与质量设计很相似，如今的组织必须对产品或服务进行设计，以使产品或服务顺利实现从客户需求到客户使用的转变。

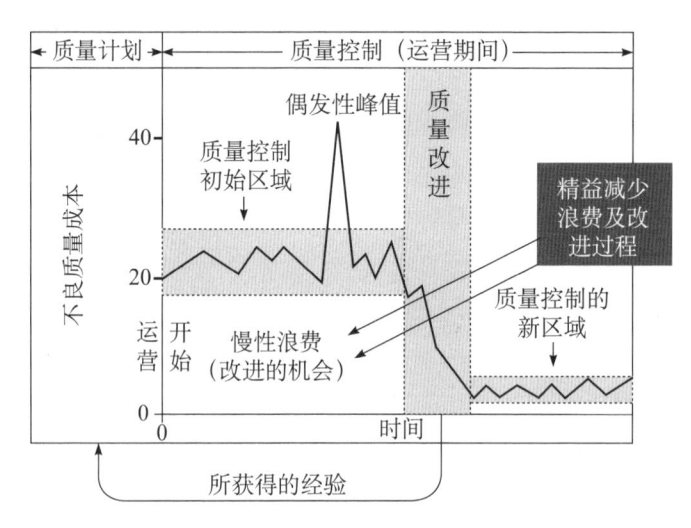

图 14-4　精益和朱兰三部曲

资料来源：Juran Institute，Inc.，Southington，CT.

八种浪费

大野耐一（1988）提出了七种存在于多数过程和组织系统中的浪费。如果这些可识别的浪费没有得到处理或消除，就会导致不良质量成本。精益实践者和精益专家必须把重点放在减少或消除这些浪费上，而这也是改善（kaizen）或快速改进活动的一部分。

大野提出的针对生产的七种浪费，再加上适用于所有过程的第八种浪费（这个似乎没有提出者）的内容如下：

1. 过量生产——生产或制作的比需求多，或比需要的时间早。
2. 等待——等待信息、原材料、人员和维修。
3. 搬运——人员或货物在工作现场周围或站点之间移动。
4. 过程设计不当——步骤过多或过少，缺乏标准化，进行事后检查而不是预防。
5. 库存——原材料、在制品、成品、纸张、电子文档等。
6. 多余动作——工作站、办公室布局不合理，工效差。
7. 缺陷——错误、报废、返工、不合格。
8. 未被充分利用的人力资源和创意——未被聆听采纳的想法，未被运用的技能。

精益路线图及快速改进活动

作为质量、卓越绩效和绩效突破的持续发展的组成部分，精益和六西格玛在过去几十年里得到了不断的发展演进。摩托罗拉公司创造了"六西格玛"一词，它将改进的标准提高到了新的高度；而精益源于丰田生产方式的经验。

如今，精益和六西格玛不断发展，以应对当前核心业务的挑战，即实现价值并使价值最大化，以及响应"纳秒级顾客"需求的挑战。当今社会，顾客对结果的速度要求十分苛刻，于是朱兰研究院的约瑟夫·德费欧博士将这种速度称为纳秒级速度。运用精益和六西格玛的目的就是要在各行各业和各种文化背景下维持可持续竞争优势。

每个组织都希望成为精益组织，并希望在整个价值链中实现以下目标：
- 尽可能短的产品和服务交付周期。
- 最佳的战略库存水平和人力资源配置。
- 可实现的最高客户服务水平。
- 尽可能高的质量水平（低缺陷率）。
- 尽可能低的浪费水平（不良质量成本）。

虽然在实施精益时可使用众多技能和工具，但大多数精益工作者直到精益与六西格玛 DMAIC（定义，测量，分析，改进，控制）结合后才拥有精益的模型。

图 14-5 中的朱兰精益路线图就是一个旨在实施"精益项目或活动"的模型示例。它包含了六西格玛中的 DMAIC 五项步骤，同时也包含了精益任务。这组步骤提醒精益或"精益六西格玛"的工作者，既要关注有效性也要关注效率。

定义价值
    1. 定义利益相关方的价值和关键质量特性。
    2. 绘制高阶流程图。
    3. 6S 评估。

测量价值
    1. 测量顾客需求。
    2. 制订数据收集计划。
    3. 创建价值流图。
    4. 确定速度、节拍时间和人力。
    5. 识别原材料和产能的限制。
    6. 实施 6S（S1—S3）。

分析过程——流动
    1. 分析价值流图。
    2. 分析过程负荷和过程能力。
    3. 进行增值活动和非增值活动分析。
    4. 应用精益解决问题。

改进过程——拉动
    1. 实施快速改进活动（RIE）。
    2. 设计过程变更和流动方式。
    3. 过程的供给、平衡和负载。
    4. 工作标准化。
    5. 实施新过程。

维持控制
    1. 价值流的标准化和细化。
    2. 完成过程和可视化控制。
    3. 识别防错机会。
    4. 实施 6S（S4—S6）。
    5. 监控结果及结束项目。

图 14-5　精益六西格玛路线图及其子步骤

图 14-6 提供的工具格，用来展示该方法在每个步骤上可以使用的工具。该网格中的每个工具都可以在本章、第 19 章，以及第 20 章中找到。

快速改进活动或改善

快速改进活动（RIE）或改善（kaizen）通常是由精益专家或黑带倡导和执行的为期一周的集中活动，以此分析价值流和短期内可快速开发或实施的策略。这些活动已在办公室、服务机构、医疗保健领域，以及制造业中得到了应用，并

图 14-6 精益方法和工具示意图

精益	6S	基础统计方法/图表	头脑风暴/亲和法	因果图/5个为什么	控制计划	关键质量特性矩阵图	数据收集	看板	负荷计算器	防错	MSA	排列图分析	防错法	过程负荷计算器	过程建模	生产控制板	产量分析	项目立项表	生产路径分析	以可靠性为中心的检修	快速改进活动	S1—S3策划文件	选择矩阵	SIPOC	SMED	排序表	SPC/控制图	标准作业/作业图	分层	超市	节拍时间	约束理论	TPM	V/NVA（增值/非增值）	价值流图
选择项目																																			
定义需求																																			
a. 验证/细化项目章程																																			
b. 确认价值流改进重点																																			
c. 判定相关方价值与关键质量特性																																			
d. 绘制高阶流程图																																			
测量价值流																																			
a. 定义顾客需求																																			
b. 制订数据收集计划																																			
c. 验证测量系统																																			
d. 创建价值流图																																			
e. 识别原材料供给和产能的限制																																			
f. 实施6S（S1—S3）																																			
分析过程——流动																																			
a. 分析价值流特性图																																			
b. 分析负载图																																			
c. 分析生产能力																																			
d. 对增值活动和非增值活动进行分解分析																																			
e. 针对特定原因运用精益解决问题方法																																			
改进过程——推动																																			
a. 实施快速改进活动																																			
b. 设计过程变更和流动方式																																			
c. 过程的供给、平衡和负载																																			
d. 工作标准化																																			
e. 实施新过程																																			
维持控制																																			
a. 价值流的标准化和细化																																			
b. 完成过程和可视化控制																																			
c. 识别防错机会																																			
d. 实施6S（S4—S6）																																			
e. 监控结果及结束项目																																			

不断获得极大的、实时的改进效果。Kaizen 是持续改进的日语单词，该词已和小团队定期开展的改进活动联系在一起。人们常把它作为包含所有持续改进方法的术语。我们选择使用它，是源于它的定义，即定期的小改进。RIE 团队或改善团队应是跨职能的，以便所有与团队相关的过程和问题都被考虑在内，并且使开发出的解决方法能被所有人理解和接受。快速改进团队速度快的原因在于精益比六西格玛容易，而且他们是渐进地攻克问题的。此外，他们处理的问题一般已有现成的数据。

快速改进活动是一项能够调动各层级劳动力的好工具。它有助于打造受激励的且工作积极的劳动力。同时，快速改进活动也可以用来识别和解决部门问题。

快速改进活动和改善团队所做的工作

精益专家或者黑带与管理者一起选择需要改进的区域，随后，他们进行以下的准备工作：

1. 在开展项目前的一至三周内，专家召集团队，制定立项表，并围绕需改进的领域，收集尽可能多的数据。数据的类型取决于选择的领域，但一般都应包括制造领域的重点，即：

- 每个产品或产品系列的工艺流程图（如果有的话）。
- 工序产出率。
- 工序准备时间。
- 工序换模周期。
- 工序间的平均在制品（WIP）库存水平。
- 原材料平均库存。
- 成品平均库存。
- 工序周期时间。
- 最终产品的平均每日顾客需求。
- 最终产品的每月顾客需求。
- 供应商清单，包含供应的项目、数量、每年的美元价值，以及送货频率。
- 原材料移动/存储的时间。
- 原材料移动的距离。
- 检查的频率和样本的大小。
- 每个过程的 DPMO（每百万机会中的缺陷）水平或西格玛水平。

2. 活动前一周，团队接受基本的精益方法及工具培训。
3. 进入项目实施周后，团队开始验证当前状态的价值流图，开发"未来状态"图，定义顾客的需求、速度、平衡工作、定义标准化的工作，并实施改进。

4. 项目完成后，要确保控制到位，并监测进展情况。

项目实施期间，团队可能需要执行多个小任务，其中一些较重要的任务包括：

- 描绘现状价值流图。
- 了解可用的数据，并收集尽可能多的需要的数据。
- 确保设备的可用性。
- 实现6S中的S1、S2和S3（6S为整理、整顿、清洁、规范、素养、安全）。
- 验证价值流图，理解"之前"的价值。
- 研究现况。
- 完成以下步骤：
  - 增值活动和非增值活动的分解分析。
  - 现状负荷图、面条图、标准化工作表。
  - 检查现状分析。
  - 设计未来价值流图和控制板。
- 开发未来价值流图的标准作业。
- 实施变更（大动作）。
- 实施控制板。
- 检查标准作业、标准在制品，以及需要的装置等。
- 完成流动、程序、标准作业，以及生产控制板。
- 向管理层提交结果并庆祝。

拉动与推动系统

传统业务在推动系统中运行。推动系统计算起始时间，然后根据需求将产品推入业务操作中。这种方法忽略了过程中的限制或瓶颈，并且有可能导致生产不均衡和多余的在制品库存。与此相反的是，拉动系统只有在得到授权时才生产产品，而且根据过程的状态进行生产。

拉动系统的生产速度要比推动系统快，而且从本质上说，该系统可以控制并提高流量。我们的目标应该始终由客户需求拉动。

精益价值流管理

精益的重点是找出价值流。这些价值流包括产品从构思到商品化的所有活动。这些活动涵盖所有关键业务过程，如设计、获得订单、调度、生产、销售、营销及交货。了解价值流可以使人们识别出增值步骤、非增值但必要的步骤，以及非增值的步骤。增值活动可以将原材料或信息改造成或塑造成满足顾客需求的东西。非增值活动虽然花费时间或占用资源，却不会为顾客需求增加价值（但它们可能满足组织的要求）。价值流的改进之旅往往始于培训。团队接受有关精益关键概念的培训，并运用价值流图来绘制现状图。价值流图中包含原材料和信息流，以及任何与过程相关的信息（如周期时间、停机时间、生产能力、等待时间、产量，以及库存水平）。价值流管理的目标是识别出所有能够实现产品销售的必要条件，以及过程中所固有的浪费，并从中找出改进的机会。然后将期待的未来状态描绘出来作为未来价值流图，并朝着期待的未来目标实施改进措施。

我们可以为单一的产品或服务绘制价值流图，但更多的时候，一个过程会支持多个单端项目。当产品共享相同的设计和制造过程时，它们被称为一个产品家族。在实践中，人们经常围绕一个产品家族开发价值流图。价值流图常会在过程行进中与其他产品家族混合。

如上所述，价值流包括产品家族整个过程中所需的所有任务。价值流图有三个典型的绘制圈：从理念到启动（设计圈），从原材料到顾客（制造圈），从交付到回收（保持圈）。其中绘制最多的是制造圈。

现举一个涂装生产线的价值流图示例，其现状图和未来图请参见图 14-7 和图 14-8。有许多很好的参考资料提供了绘制价值流图的技巧，比如《学会观察》（Rother and Shook，2003）、《价值流管理》（Tapping et al.，2002）和《创建价值流的混合模型》（Duggan，2002）。为了产生最大的效果，绘制应该包含所有相关的过程步骤，包括供应商和顾客。每个步骤的具体属性，包括信息流都应仔细记录并得到验证。这些数据应尽可能符合实际，并显示出属性中的波动，如果存在波动的话。这些数据将成为开发未来愿景图的起点，而未来愿景图又与改进和减少浪费息息相关。

需求的影响

需求对业务的影响不可低估。使顾客满意的一个关键要素就是要了解他们对产品的需求，这是价值流中最重要的元素之一。了解需求的模式也同样重要，需求是增长了还是下降了，是季节性的还是长期的。生产者必须迅速而有效地应对不断变化的需求，以保证交货的可靠性，以及对成本的有效控制。需求的变化可由组合驱动和数量驱动，或通常情况下，由这两者共同驱动。需求的变化反过来又会影响交货的可靠性、产品质量、库存成本和总成本，此外还会带来对顾客不

第14章 精益技术与新乡奖

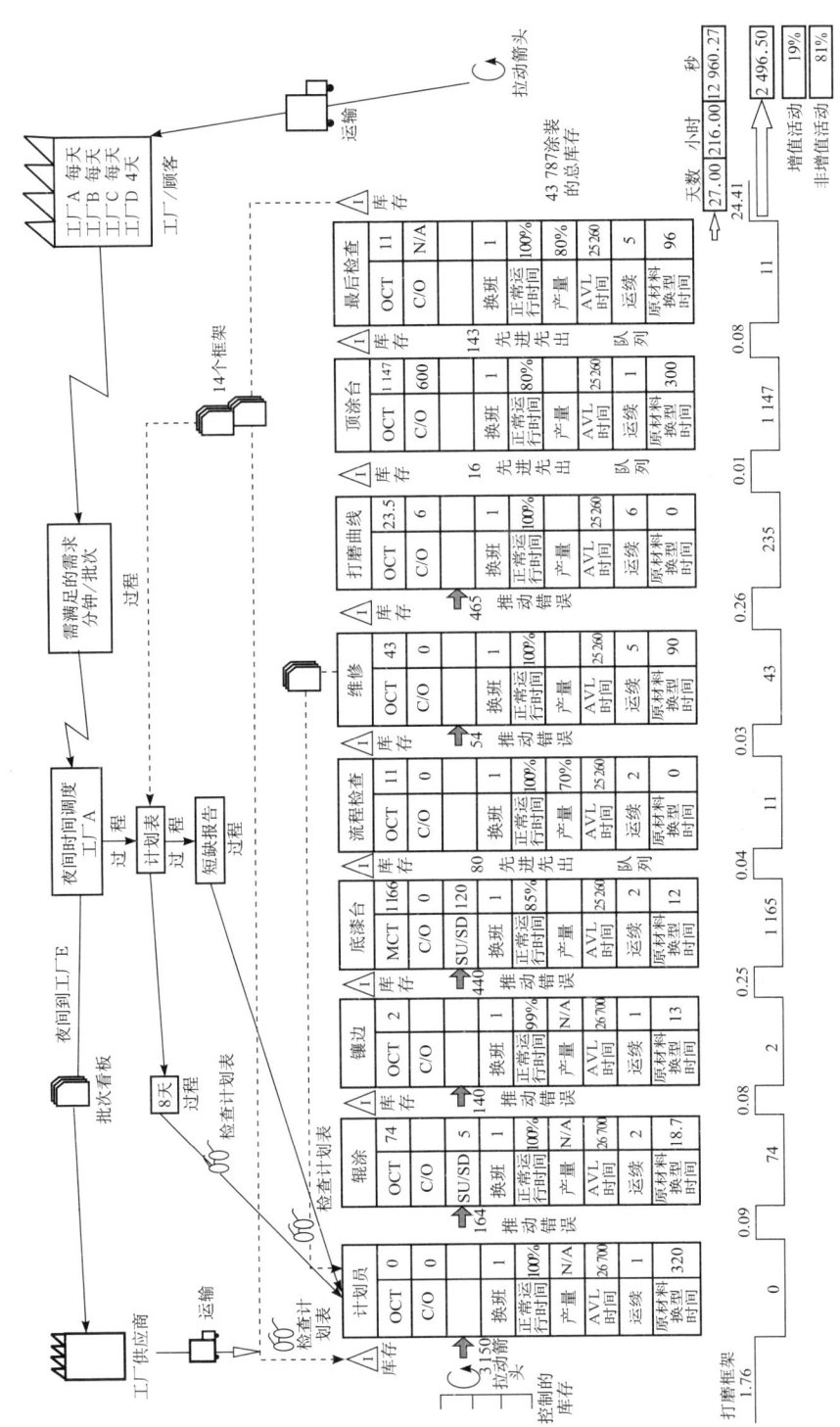

图14-7 涂装生产线的价值流图——现状图

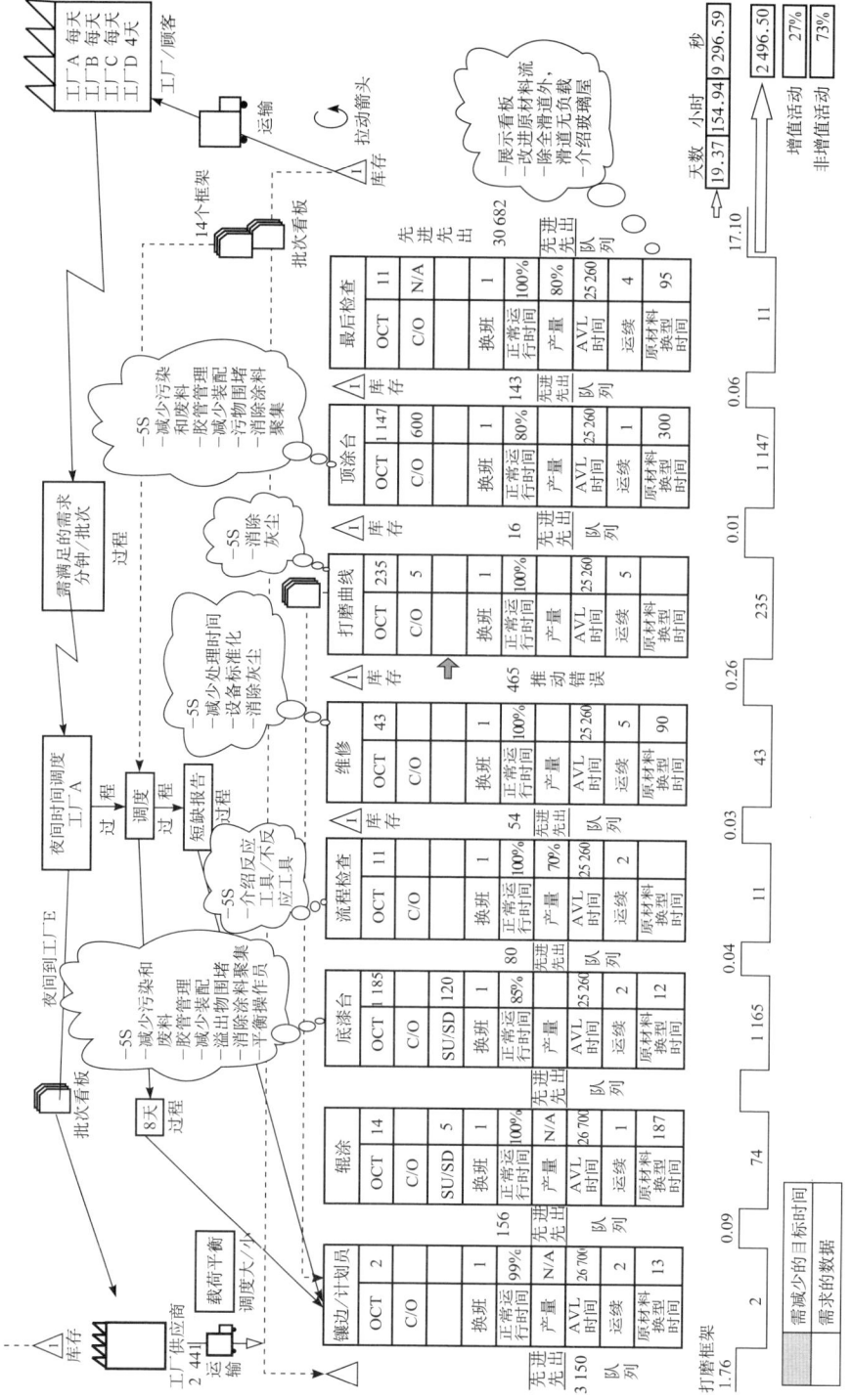

图14-8 涂装生产线的价值流图——未来愿景图

利的消极后果。需求也被用来决定节拍时间（源于德语 Taktzeit），节拍时间是指顾客购买单一部件的收货速度。节拍时间将稍后在本章进行讨论。不断变化的需求导致节拍时间的变化，由此又会导致所需资源的变化。如果这个不稳定因素没有得到正确的理解和控制，上文提到的那些不利影响就将很快变为现实。所以建议读者，如果需求变化非常明显，就一定要开发出多种价值流，每种都有特定的节拍时间和特定的资源，以满足顾客的期望。

生产能力和需求

生产能力和需求必须保持平衡，以保证合适的工作流。如果生产能力太小，你的顾客就会不满意，而生产能力太大，则会产生浪费。生产能力是指一个系统在特定时间内能够持续产出的数量，它可以简单地用可用时间除以最长周期时间来计算。理论能力（也称为设计能力或最大能力）可视为理想状态下的产出数量，它可能标示在一台机器的铭牌上。它需要在理想的条件下运行，但大多数设施都无法实现这一点。另一方面，实际能力可以基于当前的现实情况进行计算。理论能力和实际能力之间的差距正是改进的机会。需求与能力不能混为一谈，需求是顾客的要求，独立于生产者的能力之外。

增值/非增值活动的分解分析

精益生产的主要目标是识别和消除浪费。只要我们对当前的过程有个扎实的认识，我们就会实现这个目标。改进的第一步是确定什么是顾客认同的价值，什么不是。如上所述，任何不能为顾客提供价值的东西，都可被视为浪费。如果精心构造现状图的话，该图就能提供丰富的改进机会。增值/非增值分解分析的基本前提只需要简单地问个问题，即顾客愿意为此付费吗？对每个过程步骤都应该进行此提问。如果顾客不愿为此付费，那么我们应该做什么来减少浪费或完全消除浪费？在某些情况下，鉴于过程当前能力有限，非增值活动仍然是必需的，至少暂时是必需的。非增值但必要的任务的例子，包括检验或其他质量检查。为保证顾客满意，这项活动需一直保留，直到该过程足够稳健，不需要非增值活动为止。

流和节拍时间

流的概念需要对"典型"生产过程的理念进行重新梳理，绝不能只是考虑"职能"和"部门"。我们需要重新界定如何才能使职能、部门和组织发挥效能，以便对价值流做出积极贡献。流水线生产需要我们按照顾客的购买率进行生产，如果必要的话，我们应该使每天生产的每一件产品都满足顾客的订单，即满足节奏或"鼓点"。节奏或鼓点由节拍时间确定。

$$节拍时间 = \frac{可用时间（每天）}{平均日常需求}$$

例如，在图14-9中，我们计算了以10天为期需求的节奏或节拍时间。

判定节拍	
10天期间	需求
1	30
2	40
3	50
4	60
5	10
6	30
7	40
8	20
9	60
10	40
10	380

每天：
$$\frac{周期内可用的时间（840分钟）}{平均需求（38）} = 22.1 分钟$$

基于两班倒，每班上7小时的情况

图14-9　节拍时间计算案例

节拍时间计算案例

为了符合实际，我们可以根据过程的变化，对节拍时间进行修订。当修订的节拍时间不能用该简单的公式计算时，则需另起名字，例如单元的节拍、机器的节拍或实际的节拍。虽然可以对节拍时间的修订做出计划，但它们仍是一种浪费，或说是计划的浪费。人力需求可按下面的公式进行计算：

$$所需的最少人手 = \frac{过程中的总劳动力时间}{节拍时间}$$

6S——一个营造整洁工作场所的计划

很多工作场所都是一片脏乱。一个既有效果又有效率的工作场所带来的好处包括：不仅能够运用方法预防缺陷和事故，并且可以消除浪费在寻找工具、文档和其他重要物品上的时间，以完成工作过程。通过将工作重点放在消除脏乱并对工作场所的部门进行合理组织之上，工人会更加安全更加迅速地执行工作，而成本也更加低廉。

一个名为6S的简单工具，如今为我们提供了创造干净整洁的工作场所的框架。其步骤如下：

- 整理：移走工作场所中所有当前操作不需要的物品。
- 整顿：安置工作场所中的物品，以使它们易于被找到、便于使用，并妥善安放。

- 清洁:打扫、擦拭,并保持工作场所的清洁。
- 规范:使"清洁"成为一种习惯。
- 素养:创造条件(例如时间、资源、奖励)保持对6S方法的持续践行。
- 安全。

几十年前,关键产品的制造行业(例如医疗保健、航空航天)意识到,干净整洁的工作场所是实现极低缺陷水平的关键。而现在六西格玛方法所要求的质量水平,也提供了相同的推动力。

也许6S方法的重要意义正在于它的简单。它的好处显而易见:这些工具是使工作简化的最简单工具,而且易于理解和应用。有时,简单的工具会产生巨大的效果,而这正是对6S的写照。欲了解详细的6S的五大步骤(不包括安全),请参看图14-10,该图是The Productivty Press Development Team(1996)提出的。

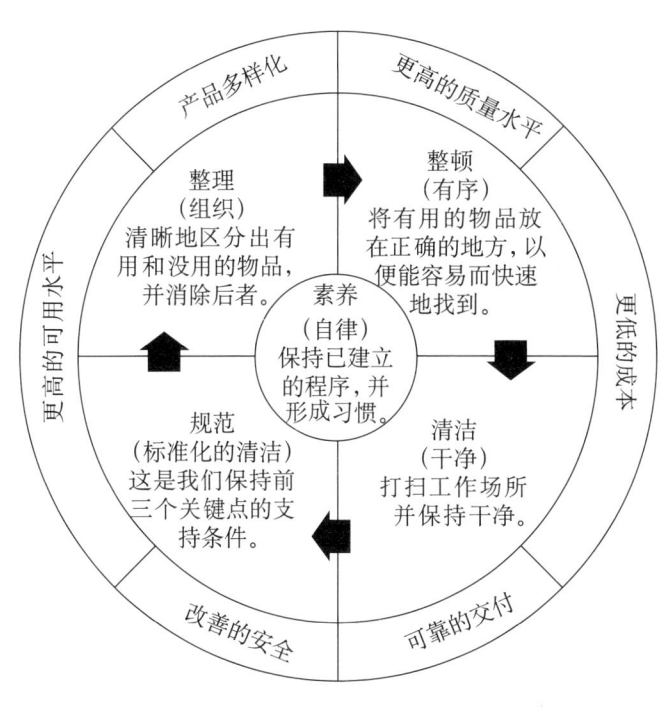

图14-10 5S理念

资料来源:The Productivity Press Development Team (1996). Reprinted with permission of Productivity Press.

整个改进过程都应实施6S,并应一直延续到将来,同时根据需要进行调整。6S为大多数精益工具和技术提供了一个坚实的基础。

对安全的注解:一旦前面5个S实实在在地落实了,就会带来显著的效果,而工作场所也会变得更加安全。很多时候，不需额外的影响就能实现这样的好处。只要工作区域保持有序和清洁，与工作相关的安全事件就可能减少50％。将5S与正式的安全方案相结合，就能产生惊人的效果。这被称为带来"成功"的6S。

库存分析

库存是指组织中任何物品或资源的存储数量。在制造业中，库存通常包括原材料、成品、零部件、物资，以及在制品（WIP）。库存的目的是管理波动（需求、交付和过程本身），以方便生产调度，减少安装时间，平衡经济订购量。虽然一定数量的库存具有战略价值，但库存常被视为浪费。浪费既可以是原材料和劳动力占用的现金，也可以是多余的存储和搬动。此外，库存也很容易遭到破坏、盗窃和报废。精益的目标是减少库存，如果不能消除的话。

除了交付给顾客的那部分产品之外，其他库存也需要地方存放。每个过程每天都会发生内在的波动。战略库存可以抵消因过程效率和顾客需求导致的波动。库存应该具有战略意义，并按照计算出的最低和最高库存水平进行配置，以确保整个过程的最佳流。当计算库存水平时，应该考虑顾客的需求（和变化）、补货期间消耗的数量、补货的周期间隔，以及过程中断的影响。

一种常被忽视的浪费是库存不准确。实际计数和记录计数（俗称"由账目到实际"）之间的差异对生产者和顾客来说都是一种高昂的成本。测量这种差异是提高精度的第一步。改进的另一种方法是周期盘点。周期盘点是一种计算实际库存的方法，即定期盘点库存，而不是一年只盘点一次或两次。这种定期盘点的方法有许多优点，如能够提供更准确的库存记录、减少生产过剩、减少缺货的发生，并能根据价值优化库存。

各种形式的库存都应该被消除，或至少最小化。在开发过程的改进措施时，精益工作者应检查存在库存的每个点，以确保实现持续流。如果有必要的话，应该设置针对变化的对策库存。美国生产与库存管理协会（APICS，现更名为资源管理教育学会）是一家具有教育性质的协会。该机构提供了出色的支持资源管理的信息源。运用精益库存分析工具，并根据供应链中的需求水平匹配库存，就可以减少库存。

利特尔法则

在追求精益环境实现的过程中，我们有幸找到了一个简单而有效的关系法则，即利特尔法则。简单地说，利特尔法则是一个计算在制品、提前期（lead time），以及过程产出率之间直接数学关系的法则。

利特尔法则：
$$WIP = TP \times LT$$
WIP=在制品，TP=产出率，LT=提前期

可改写为：
$$LT = \frac{WIP}{TP}$$

这个公式表明，通过减少在制品，我们可以直接缩短提前期，从而缩短产品交付给顾客的时间。该法则还规定，如果允许在制品库存发生变化，则提前期也可以变化。换句话说，如果在制品保持不变，则提前期也不变（见图14-11）。

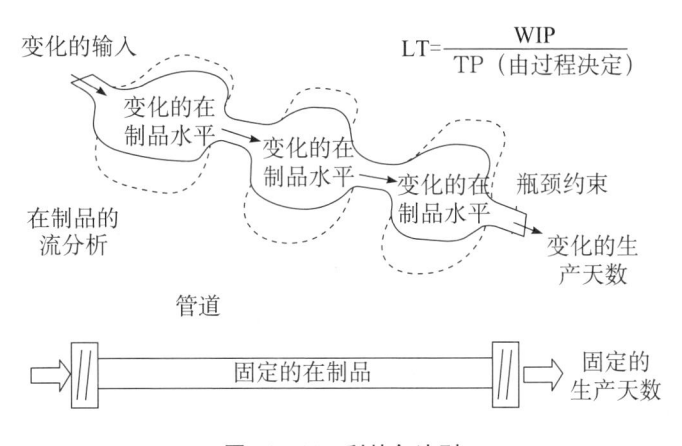

图 14-11 利特尔法则

管理和消除约束

约束指所有限制系统实现更高性能或生产能力的事物。约束可以有多种形式，包括：

- 设备。容量、速度、能力。
- 劳动力。供应、技能。
- 信息。速度、精确度。
- 供应商。可靠性、质量。

当评估现状价值流时，这是一个很重要的概念。评估价值流时，应特别注意约束。如果约束不改进，则其他任何领域的改进按照定义来说都是浪费；存在约束的环节都应该进行改进。一旦某种资源不再是约束，另一种资源将会成为新的限制速度的约束。这时，我们就需要将关注的重点转移到新的约束上来。制造业组织的目标是将约束推到销售环节。

1992年高德拉特提出了约束理论。该理论包含解决约束的五大步骤，具体

如下：

- 识别约束。
- 确定如何充分利用约束。
- 其他都服从于上述的决策。
- 提升约束的性能。
- 移动到下一个约束，并回到步骤1。

正如我们所看到的，这是一个持续推动、持续改进的过程。

改进过程和实施拉动系统

一旦计算出节拍时间，就应识别出各种约束（如过长的安装时间），并对其进行管理（或消除），以减小批量规模。在理想状况下，这样做可以产生单件流。如果这种减小能够实现，我们就可以消除生产过剩或过量的库存。拉动式生产计划技术的运用，可以使顾客需求通过价值流（从供应商到生产再到顾客）拉动生产需求。在拉动式生产中，于消耗点上补充原材料。原材料一旦被消耗，信号就会发送到前面的生产过程步骤，以拉动足够的原材料去补充已消耗的部分。

改进小组（或改善团队）实施精益改善的步骤如下：

- 确定节奏（节拍时间和人力）。
- 建立序列和补货（产品家族的销售额和所需的安装/换模）。
- 设计生产线或过程（临近，顺序，相互依存）。
- 供给生产线或过程（战略库存，标准在制品）。
- 平衡生产线或过程（负载，标准工作）。
- 稳定和精化（6S，持续改进）。

减少提前期的竞争压力现已成为分析改进过程的推动力。流程图，最好是价值流图，能够显示出大量的改进方向，如：

- 职能部门的数量以及它们之间的相互关系。
- 同一个宏观过程为关键客户及多数顾客提供服务的程度。
- 返工的存在。
- 瓶颈存在的程度和位置，例如需要多方签字。
- 库存的位置和数量。

有许多缩短过程周期时间的方法，其中包括：

- 为有用的多数应用程序提供简化的过程。

- 减少步骤和切换。
- 消除浪费的"循环"。
- 减少换模时间。
- 管理约束或瓶颈资源。
- 减少库存。

物理空间设计和邻近

当精益工作者继续评估价值流以寻找改进机会时,他们常会发现活动的运行是一种浪费。因为与通常部门化的设备不同,按照顺序进行的操作往往并不具有紧密的物理邻近性。通过简单地将过程更紧密地结合在一起,我们就可以提高流量,并减少各种浪费。当我们把这个想法延伸开来,将所有相互依存的部件组成一个"单元"时,益处就更为明显了。单元设计会最大限度地减少空间,通常会减少 50%。

单元的设计也应保证步骤之间能够相互依存,并以相同的节拍时间或节奏运行。这种做法能降低库存、缩短周期时间,并能提供快速的质量反馈。

资源调整的另一种方法是成组技术。成组技术是检查组织生产的全部物件的过程,其目的是识别具有足够相似性,并可运用相同设计或制造计划的物件。成组技术可以减少一些新设计或新的生产计划。除了可以节约资源,成组技术还可以提高设计质量,并可通过使用经过验证的设计和制造计划,来提高符合性质量。在许多企业中,最初以为需要新设计的部件里,其实只有 20% 确实需要。而在剩下的部件里,40% 可以根据现有的设计进行制造,其他 40% 可以通过修改现有的设计进行制造。重新布局生产设备也可以从成组技术的理念中获益。可以按照生产的部件将机器分组,然后分成不同的机器单元,每个单元生产一种或几种部件的产品家族。

平衡过程

当对未来状态进行改进设计时,顺畅而有序的流是至关重要的。改进计划的每一步都应该实现平衡。我们要使过程的步骤相互依存,并以最低的库存和最小的批量,按相同的节拍时间运行。除了能够减少如利特尔法则计算得出的提前时间以外,这种方法还能提供直接的质量反馈。因为操作接近于一个连续流,而且是一个单件加工的过程,所以浪费很快就能得到消除。完成一系列任务所需配置的资源(人员和设备)要最小化。一般情况下,我们可以通过工作的组合,减少过程所需的资源,其方法是使组合后工作的周期时间尽可能与其他工作的周期时间接近。

看板：生产的信号

如前所述，非战略性库存、过度搬运、等待和生产过剩都属于浪费。控制这些浪费的一个有效方法，就是运用信号系统来授权价值流中的生产和活动。信号系统的表现形式有时是卡片，但也并不总是。不管什么形式的信号设备，都可称为看板。信号设备用来控制战略库存水平和标准在制品，并由此引发拉动过程。一些生产者运用做了记号的地板来标示材料应存放的位置及存放的数量。当这些区域没有货物时，供货的操作就会得到批准，以此来补充库存。集装箱也可作为信号工具。例如，当一个集装箱空着时，就会激发上游业务的生产。Hopp和Spearman（2000）为看板系统的设计和应用提供了详细解释。

减少转换时间或 SMED

在一些过程中，从一个产品（过程）类型转换到下一个计划的产品类型，所引起的换模浪费是巨大的。1989 年，丰田公司推进了新乡重夫的事业，将冲压机的换模时间从 4 小时减少到了 3 分钟。减少换模的方法被称为"快速换模法"（SMED）。快速换模法是指在不到 10 分钟的时间内，或以远低于当前的水平，进行设备安装和换模操作的一套技术。这些技术原理可应用于所有类型的换模。

SMED 的好处包括：降低库存、提高生产能力和生产量、提高为客户准时交付的能力。安装时间越长，就越容易堆积库存。就如设备维修中的故障一样，换模会耗费无法弥补的生产力。快速换模也能提高灵活性，以更低的成本（废料、劳动力和技能）生产出更多元的产品。

快速换模的主要步骤包括：

- 将尽可能多的换模工作从内部活动（需要停止生产）转移到外部活动（不停止生产就可完成）。
- 运用相同的生产原则简化内部活动：减少运动和移动，注意邻接和平衡。然后，简化外部活动。
- 消除调整及试运行的需求。
- 简化外部活动。

虽然最初的开发只是为了生产不同产品时关键设备配置的更换，但同样的原理也已被应用于改善服务和知识型工作的交货时间，例如，为保险的承保人呈现数据，以使他们能够快速地订立新保单，而不是检索所需要的数据；通过预先填写文件中的关键区域，最大限度地减少客服代表签订新保单的时间；或以标准的格式对所有审计数据进行管理，以便实现一个课题向另一个课题的转换。

可靠性和设备性能最大化

可靠性是指在承诺的时间内提供产品或服务的能力。在操作中，这种能力通常与能始终如一地为顾客生产所要求数量和质量的资源直接相关。为保证数量，设备必须在需要时可用。卓越维护是一种理念，即通过实现设备兼容性和可靠性的最高水平来最大限度地运用资源。卓越维护基于一套完美的引导理论和合理的执行方案。这套整体的理念被称为全面生产维护（TPM），而这套执行方法，被称为以可靠性为中心的检修（RCM）。

人们普遍认为设备维护是非常重要的，但生产的压力可能会延误定期的维护。有时会出现无限期的拖延，或设备故障，从而使维护变成了消极应付，而不是积极的预防。

为保证维护计划得到实施，我们应该制定规划来确定多久进行维护是必要的，维护以何种形式进行，以及对过程应如何进行审核。维护活动的优先次序将在随后介绍的"以可靠性为中心的检修"中进行讨论。

当拟定的维护计划因成本高而遭到反对时，我们可以用过程中较差质量造成的成本数据来证明维护计划的必要性。

全面生产维护

设备维护过去通常由操作员实施，但是当工作分工更细且更加专业化时，维护更多地移交给专业人员完成。这通常是由训练有素的少数人员组成维修小组来完成的，他们几乎能解决设备的所有问题。将尽可能多的日常维护工作交回给操作员是非常必要的。全面生产维护从价值流中寻求改进机会。它能够识别出损失的源头，并为消除这些源头而努力。它将生产力的零损失（包括质量损失）作为重点。

操作员既是 TPM 的核心，同时也是过程专家。他们处在开展改进活动以处理事故、缺陷和故障的最适合的岗位。TPM 的理念基础是全员参与，即所谓的自主维护。操作员接受培训，以防止异常情况的出现，以及由其他原因引起的加速折旧。操作员还要执行日常的清洁检查、日常的润滑、拧紧固件等。培训是其中的关键，而且应与前文提到的 6S 相结合。

以可靠性为中心的检修

TPM 设定了总体的思路和维护标准。为了补充 TPM，我们需要一套计划方法，以此来确定资源和活动的优先次序，这就是所谓的以可靠性为中心的检修（RCM）。RCM 的目标是通过数据的收集、分析和详细规划，来保证过程的可靠性。RCM 和 TPM 一样，一旦得到正确实施，就能降低库存、缩短提前期、提供更稳定的操作，并能提高工作的满意度。

确定优先次序是 RCM 的基础。其基本前提是尽可能有效地分配资源，以消除非计划的停机时间，减少不良质量，或确保计划产量。资源的优先顺序分为三类：被动应对、预防和预测。被动式的维护方法会导致运行失败。这些资源包括非关键部件、冗余设备、简单的小部件，以及低故障率的资源。例如，电动电磁阀、继电器线圈、灯具和所有故障。这类资源的优先级很低，允许其运行失败。下一类是预防性维护。这类资源有一个已知的失效模式，并往往具有时效性。消耗品就属于这一类，其他例如电机电刷、轴承齿轮、过滤器，以及正常计划中的维护操作。因此，可以根据周期数或时间间隔制定规划时间表，以便在失效前（但愿如此）实施维护活动。最后一类是预测性维护。在规划和资源分配方面，此类资源拥有最高优先级。这些资源对于操作来说最为关键，而且也是实现顾客满意的必要资源。本类资源还包括具有随机失效模式的设备，通常不会受到磨损的设备，以及备件需要很长时间到达的设备。该类别要根据具体情况进行分析。可以通过如振动分析、润滑分析、温度、电流特征，以及高速视频等方法判断机器的状况。如果实施成功的话，RCM 可以带来显著的商业利益。基于朱兰原则的经验表明，消极应对的维护成本要比预防性维护的成本高出两到三倍；而预防性维护的成本又比预测性维护的成本高出两到三倍。

测量改进的可靠性应包括几个方面。涵盖范围最广的指标是设备综合效率（OEE）。该指标测量因设备状况如机器的可用性、机器效率和机器质量性能，而带来的所有损失的累积效应。图 14-12 显示了设备综合效率的计算方法。其他测量设备性能最大化的计算方法请参看图 14-13（a）和（b）。

$$\text{机器的可用性（MA）} = \frac{\text{实际运行时间}}{\text{计划运行时间}}$$

$$\text{机器的效率（ME）} = \frac{\text{周期时间} \times \text{生产部件}}{\text{正常运行时间}}$$

$$\text{机器的质量性能（MQ）} = \frac{\text{良好部件的数量}}{\text{生产的全部部件}}$$

$$\text{OEE} = \text{MA} \times \text{ME} \times \text{MQ}$$

图 14-12 设备综合效率的计算法

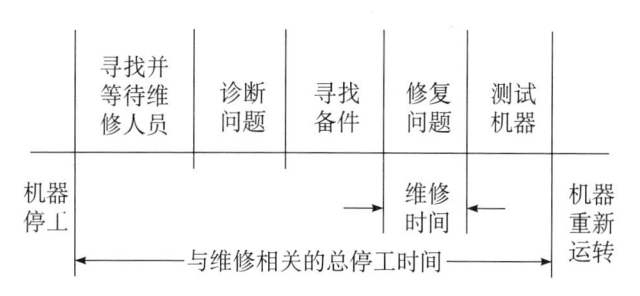

(a) 可维护性——平均修复时间（MTTR）

$$\text{MTTR} = \frac{\text{维修停机的总时间}}{\text{修理的数量}}$$

(b) 可靠性——简单测量法

$$\text{机器的可用性 (MA)} = \frac{\text{实际运行时间}}{\text{计划运行时间}}$$

$$\text{平均无故障时间 (MTBF)} = \frac{\text{运行总时间}}{\text{故障数量}}$$

图 14-13 (a) 可维护性：平均修复时间（MTTR），(b) 可靠性的简单测量法

过程防错

预防的一个重要因素是通过"差错预防"来设计过程以使其没有错误。

广泛使用的防错形式是通过设计（或重新设计机器和工具，即"硬件"），使人为的错误不太可能发生，甚至是不发生。例如，可将组件和工具设计成有凸缘和凹槽的形式，这样就实现了锁和钥匙的效果，从而不会造成错误的组装。工具可以设计成能够自动感知上一步操作是否发生及是否正确，或能在感知到原材料供应中断时中止过程。例如，在纺织行业，纺线一旦断裂就会弹出一个带有弹簧的设备，来停止机器的运转。防护系统（如火灾探测）的设计应能实现"故障保护"，能够发出警报和危险解除的信号。

1985年，中条武志和久米均两人做了一项经典研究。他们分析了约1 000个主要来自装配线的案例，并提出了防错的五个基本原则，即消除、替代、简单化、检测和缓和（见表14-6）。

表 14-6　防错原则小结

原则	目标	案例
消除	消除出差错的可能性	重新设计产品的过程以使任务不再必要
替代	为工作替换一个更加可靠的过程	使用机器人技术（如在焊接或喷涂环节）
简单化	使工作更加容易执行	对部件进行颜色编码
检测	在下一步加工前检查差错	开发计算机软件以提醒工人键盘输入的错误（如字母与数字）
缓和	使差错带来的影响最小化	为负荷过多的电路安装保险丝

防错是一种既主动又被动的工具。如图 14-14 所示，图的上半部分（预防差错）强调了积极的努力，而图的下半部分（缓和差错）则体现了被动的反应，因为这时问题已经存在了。最好以主动的模式来运行防错。在设计阶段就对产品和过程进行防错，以防止缺陷的发生。退而求其次，可应用被动模式的防错，即防止其进入到下一个操作过程中。

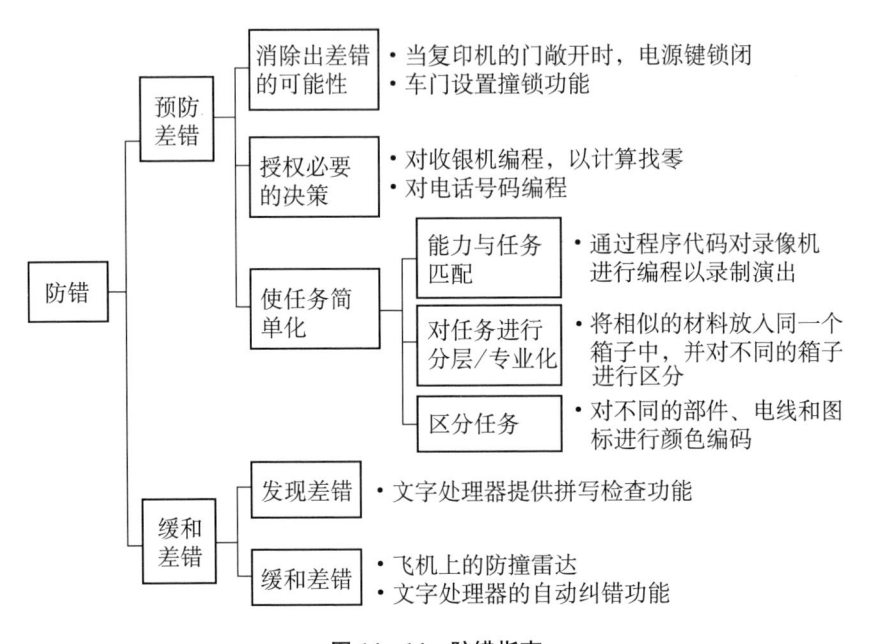

```
防错 ─┬─ 预防差错 ─┬─ 消除出差错的可能性 ── ·当复印机的门敞开时，电源键锁闭
      │            │                         ·车门设置撞锁功能
      │            ├─ 授权必要的决策 ──────── ·对收银机编程，以计算找零
      │            │                         ·对电话号码编程
      │            └─ 使任务简单化 ─┬─ 能力与任务匹配 ── ·通过程序代码对录像机进行编程以录制演出
      │                              ├─ 对任务进行分层/专业化 ── ·将相似的材料放入同一个箱子中，并对不同的箱子进行区分
      │                              └─ 区分任务 ── ·对不同的部件、电线和图标进行颜色编码
      └─ 缓和差错 ─┬─ 发现差错 ── ·文字处理器提供拼写检查功能
                   └─ 缓和差错 ── ·飞机上的防撞雷达
                                  ·文字处理器的自动纠错功能
```

图 14-14　防错指南

防错必定会带来无缺陷的工作。防错的优点还包括能够消除许多检查操作，而且当问题确实发生时，防错可以立即做出响应。欲了解更多关于防错的信息，请参看 The Productivity Press Development Team（1997）的 *Mistake Proofing for Operators*。

参考文献

Bider, L., and Kowalski, S. (2014). "A Framework for Synchronizing Human Behavior, Processes and Support Systems Using a Socio-Technical Approach," *Enterprise, Business-Process and Information Systems Modeling*, Springer, Berlin, Heidelberg, pp. 109–123.

Chase, R. B., and Stewart, D. M. (1994). "Make Your Service Fail-Safe," *MIT Sloan Management Review*, Vol. 35, No. 3, pp. 35–45.

Doggett, A. M. (2005). "Root Cause Analysis: A Framework for Tool Selection," *Quality Management Journal*, Vol. 12, No. 4, pp. 34–45.

Duggan, K. (2002). *Creating Mixed Model Value Streams*. Productivity Press, New York.

Edgeman, R. L., and Williams, J. A. (2014). "Enterprise Self-Assessment Analytics for Sustainability, Resilience and Robustness," *TQM Journal*, Vol. 26, No. 4, pp. 368–381.

Elkington, J. (1997). *Cannibals with Forks: The Triple Bottom Line of 21st Century Business*. Capstone Publishing, Oxford, UK.

Goldratt, E. M. (1992). *The Goal*, 2nd ed., North River Press, Great Barrington, MA.

Hopp, W., and Spearman, M. (2000). *Factory Physics*, 2nd ed., Irwin McGraw-Hill, New York.

McDonough, W. and Braungart, M. (2002). "Design for the Triple Top Line: New Tools for Sustainable Commerce," *Corporate Environmental Strategy*, Vol. 9, No. 3, pp. 251–258.

McIntosh, R., Owen, G., Culley, S. and Mileham, T. (2007). "Changeover Improvement: Reinterpreting Shingo's "SMED" Method," *IEEE Transactions on Engineering Management*, Vol. 54, No. 1, pp. 98–111.

Nakajo, T., and Kume, H. (1985). "A Case History: Development of a Foolproofing Interface Documentation System," *IEEE Transactions on Software Engineering*, Vol. 19, No. 8, pp. 765–773.

Ohno, T. (1988). *Toyota Production System: Beyond Large-Scale Production*, Productivity Press, Portland, OR.

Rother, M., and Shook, J. (2003). *Learning to See*, The Lean Enterprise Institute, Cambridge, MA.

Schonberger, R. I. (1986). *World Class Manufacturing: The Lessons of Simplicity Applied*, The Free Press, New York, NY.

Shingo, S. (1981). *The Toyota Production System*, Japanese Management Association, Tokyo, Japan.

Shingo, S. (1985). *A Revolution in Manufacturing: the SMED System*, Productivity Press, New York, NY.

Shingo, S. (1986). *Zero Quality Control: Source Inspection and the Poka-Yoke System*, Productivity Press, New York, NY.

Shingo, S. (1988). *Non-Stock Production: the Shingo System of Continuous Improvement*, Productivity Press, New York, NY.

Shingo, S. (1989). *A Study of the Toyota Production System from an Industrial Engineering Viewpoint*. Productivity Press, Portland, OR.

Shuker, T. J. (2000). "The Leap to Lean," *Annual Quality Congress Proceeding*, ASQ, Milwaukee, pp. 105–112.

Tapping, D., Luyster, T., and Shuker, T. (2002). *Value Stream Management*, Productivity Press, New York, NY.

The Productivity Press Development Team (1996). *5S for Operators—5 Pillars of the Visual Workplace*, Productivity Press, Portland, OR.

The Productivity Press Development Team (1997). *Mistake Proofing for Operators: The ZQC System*, Productivity Press, Portland, OR.

Volland, J. (2005). "Case Study: Now That's Lean," *Medical Imaging Magazine*, January 2005. Available at http://www.imagingeconomics.com/issues/articles/mi_2005-01_07.asp.

Watson, G. H. (2003). "Policy Deployment: Consensus Method of Strategy Realization," in *Quality into the 21st Century: Perspectives on Quality and Competitiveness for Sustained Performance*, pp. 191–218, T. Conti, Y. Kondo, and G.H. Watson (Eds.), ASQ Quality Press, Milwaukee, WI, USA.

White, R. E., Pearson, J. N., and Wilson, J. R. (1999). "JIT Manufacturing: A Survey of Implementations in Small and Large US Manufacturers", *Management Science*, Vol. 45, No. 1, pp. 1–15.

White, R. E., and Prybutok, V. (2001). "The Relationship Between JIT Practices and Type of Production Systems", *Omega*, Vol. 29, No. 2, pp. 113–124.

Womack, J. P., Jones, D. T., and Roos, D. (1990). *The Machine that Changed the World*, The Free Press, New York, NY.

Womack, J. P., and Jones, D. T. (2003). *Lean Thinking* (revised and updated), The Free Press, New York, NY.

（郎菲　曾祯　译）

第 15 章

六西格玛：突破过程有效性 约瑟夫·A. 德费欧　约翰·F. 厄尔利

本章要点

六西格玛：关于改进的一种
　新的全球标准
DMADV（设计）与 DMAIC
　（改进）
成功部署六西格玛的

关键角色
精益六西格玛部署路线图
六西格玛 DMAIC 步骤
带级培训和认证
参考文献

本章要点

1. 六西格玛和精益六西格玛已经发展成为创造突破性改进的最受认可和最有效的方法。二者都是在朱兰质量改进的普遍方法的基础上演变而来的。

2. 六西格玛方法致力于首先识别和满足顾客的需求，其次才是企业的需求。用这种方法，可以使收益增加并且成本降低，同时改善结果。

3. 自 20 世纪 80 年代六西格玛开始于摩托罗拉公司以来，三星电子、通用电气、霍尼韦尔等许多大型组织通过使用六西格玛和精益六西格玛方法都经历了巨大的成功。如今，佛罗里达州那不勒斯社区医院、梅奥诊所、美国银行、西班牙电信，以及数百家其他组织已经采用了精益六西格玛作为其改进方法的首选。

4. 六西格玛和精益六西格玛方法有助于传统的产品制造商以及服务和信息提供商提升其财务绩效，并提高顾客满意度。

5. 用以改进过程和产品的 DMAIC（本章重点）和用以帮助确保产品和过程从顾客需求到产品交付整个过程都功能完好的 DMADV（六西格玛设计）是两个

主要的六西格玛方法。

6. 对完成一个六西格玛 DMAIC 项目所需的五个步骤进行了详细的讨论。

7. 一个成功的六西格玛部署需要对角色、职责、结构，以及员工的培训要求有一个清晰的认识。

六西格玛：关于改进的一种新的全球标准

六西格玛和精益六西格玛（即将精益工具添加到基本方法中）都是质量改进方法，它们借助于计算机和越来越多的统计或其他软件包而使价值大为增加。为简单起见，在本章我们在提及质量改进方法和工具时将仅仅指六西格玛（见图 15-1）。

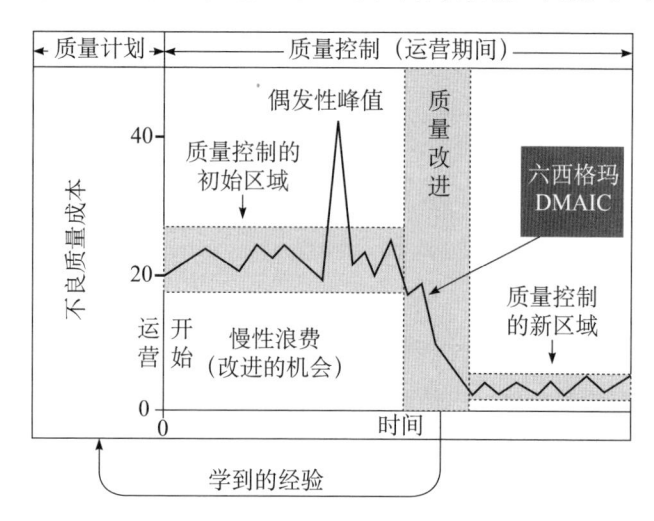

图 15-1　六西格玛和朱兰三部曲

资料来源：Juran Institute, Inc. Southington, CT.

如果你的问题解决方案是难懂的，或者你的质量水平必须以百万分之几衡量或接近完美，六西格玛将会把你情况欠佳的过程放置在显微镜下审视以找到解决办法。图 15-2 给出了六西格玛或 DMAIC 的步骤和最经常使用的工具。DMAIC 的步骤包括：

1. 定义问题，用文字尽可能清楚地表述。
2. 测量当前的绩效水平和顾客需求。
3. 分析收集到的数据以确定问题的（各种）原因。
4. 通过选择最佳方案解决问题以实现改进。
5. 控制以巩固成果。

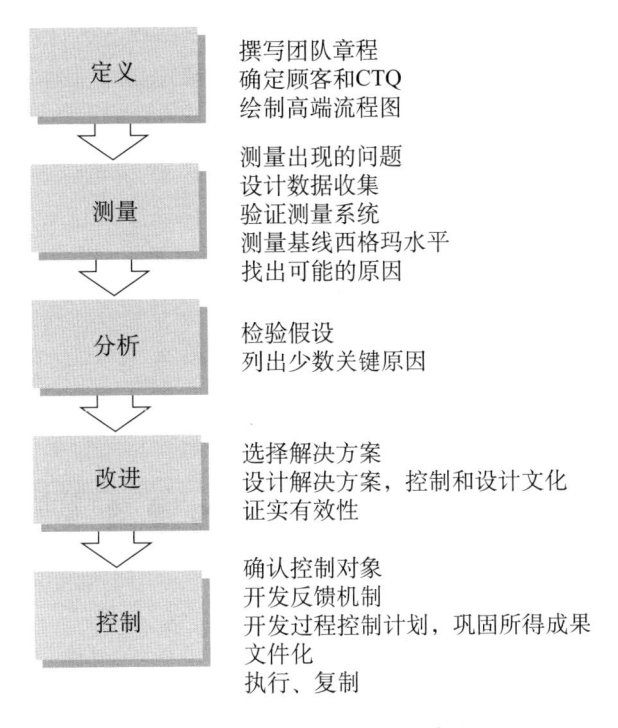

```
┌────────┐   撰写团队章程
│  定义  │   确定顾客和CTQ
└────────┘   绘制高端流程图
    ↓
┌────────┐   测量出现的问题
│  测量  │   设计数据收集
└────────┘   验证测量系统
             测量基线西格玛水平
             找出可能的原因
    ↓
┌────────┐   检验假设
│  分析  │   列出少数关键原因
└────────┘
    ↓
┌────────┐   选择解决方案
│  改进  │   设计解决方案,控制和设计文化
└────────┘   证实有效性
    ↓
┌────────┐   确认控制对象
│  控制  │   开发反馈机制
└────────┘   开发过程控制计划,巩固所得成果
             文件化
             执行、复制
```

图 15-2　六西格玛阶段和步骤

通过这些基本的步骤,六西格玛使世界各地的许多组织成功实现了在此之前从未实现过的绩效突破。聪明的公司认识到这不仅是一次对问题的"解决",而且是一种做生意的新方式。企业面临的挑战不会在一个自由的市场环境中消失,而是以不同的程度和形式不断发生变化。全世界的组织都面临着控制成本、保持高水平的安全和质量,以及满足不断增长的顾客期望的持续压力。作为实现这些及其他目标的最有效的方法,六西格玛这一突破性改进过程已被许多公司所采用,包括三星电子、通用电气、霍尼韦尔和其他组织。

六西格玛不仅仅是一个形式上的程式或准则,作为一种经营理念,它是可以使所有的人,包括顾客、股东、员工,以及供应商共同受益的。从根本上讲,它也是一种以顾客为中心的方法论,有助于消除浪费,提高质量水平,并将组织的财务和时间绩效提高到突破性水平。不管涉及的是某一产品的设计和生产,还是以顾客为中心的服务过程,六西格玛的完美目标都是实现每百万机会不超过 3.4 个缺陷、错误或失误。

这一目标正是"六西格玛"名称的来源。西格玛(σ)是用来表示过程波动程度或标准差的符号,通常记为一个小写的希腊字母。一个波动程度较小的过程将比波动程度高的过程使得更多的标准差或"西格玛"落在过程中心和最近的规范限之间。规范范围内的西格玛数量越多,缺陷数就越少。波动越小,成本就越低。西格玛数量越多,过程交付商品、产品或顾客服务的一贯性就越好。图15-3展示了绩效的某一西格玛水平,它意味着在过程中心和最近的规范限之间可以容纳六个标准差或西格玛。

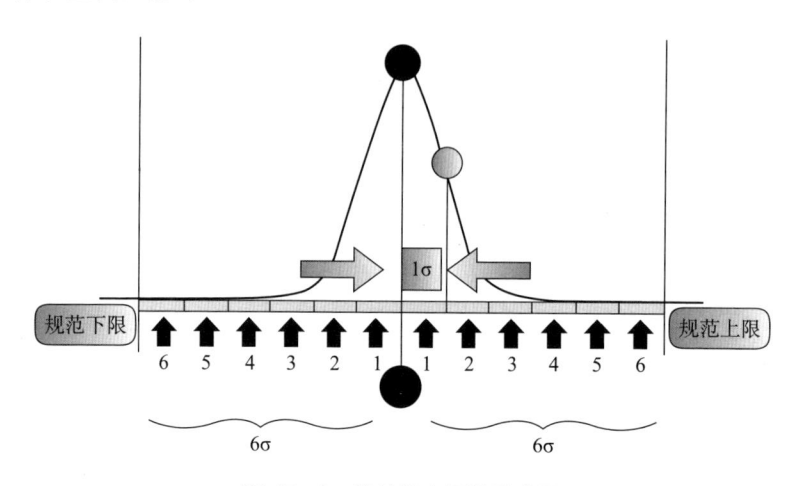

图15-3 绩效的六西格玛水平

大多数组织的运营处于三西格玛水平,或者对其大多数过程来说,每百万机会缺陷数(DPMO)大约为66 800个,在一些关键任务过程中达到四或五个西格玛水平。表15-1给出了西格玛水平、收益,以及相应缺陷率的比照。然而,对一个组织中的所有过程来说,都努力实现绩效的六西格玛水平是不明智的。这是因为并非所有的过程都是同等重要的。例如,要求休假的过程并不像订单履行过程那样重要。真正重要的是在关键任务领域,即顾客界定的关键领域,实现重大改进。产品、服务或过程的这些关键任务领域被称为"关键质量"需求,或简称为CTQ。

表15-1 西格玛水平、收益和缺陷水平

过程西格玛(短期)	长期收益	每百万缺陷数
6	99.999 66%	3.4
5.5	99.996 8%	32
5	99.976 7%	230
4.5	99.865 0%	1 340
4	99.379 0%	6 200
3.5	97.725%	22 700
3	93.319%	66 800

续表

过程西格玛（短期）	长期收益	每百万缺陷数
2.5	84.13%	158 000
2	69.15%	308 000
1.5	50%	499 000
1	31%	691 000
0.5	16%	841 000

六西格玛是以顾客为中心的——成功的组织范例

为什么六西格玛能如此有效呢？在很大程度上是因为对顾客的高度重视。尽管格言"顾客永远是对的"并不完全正确，但顾客确实掌握着发掘企业未实现潜力的钥匙。本质上，DMAIC过程将顾客的需求转化为可操作的业务术语，并界定出必须做好以满足顾客需求的关键过程和任务。虽然细节各不相同，随接下来的分析和改进干预而定，但六西格玛总是始终如一地驱动产品、服务和过程的绩效达到突破性水平，即新的且稳定的绩效水平。突破的实现并不是借助大规模的团队或华而不实的举措，而是通过使用稳定且协调一致的一个个项目方法。在这种方式下，六西格玛方法将帮助组织：

- 改进周期时间、质量和成本。
- 提高包括电子商务在内的过程的效益和效率。
- 设计畅销的产品和服务。
- 减少慢性浪费或不良质量成本（COPQ）。
- 通过提高收入和降低成本来增加利润。

简而言之，六西格玛从经济上来说是值得做的。我们的经验表明，投资回报率（ROI）是可以显著提高的。

三星电子

当三星电子有限公司副会长兼CEO尹钟龙对未来公司发展进行定位决策时，其催化剂就是六西格玛。三星电子开始其旅程的第一个重要步骤就是为准备实施该方法进行培训。最初是在2000年，制造和研发业务首先启动该项工作，随后公司将其推广到交易业务过程和整个供应链，最终在韩国和全球所有16个业务单元取得了可观的开支节约和财务利益。通过培养内部专家进行日后的教授、实施、保持，并增强这种能力，该套方法的理念和技术仍然与整个公司深入地整合在一起。在三星电子没有任何一个人，或任何一项工作能免除这一过程，并且该公司仍在勇往直前。

通用电气公司

通用电气退休 CEO 杰克·韦尔奇先生是最早成为六西格玛领导者和倡导者的高知名度高管之一。作为国际商业的楷模，他在表达其作为领导人必须做些什么以取得卓越成果时直抒己见。GE 是早期的六西格玛采纳者，并通过其已被证明的成功和底线结果，使韦尔奇将六西格玛的地位从收发室一跃提升到董事会会议室。他在著作《赢》中写道："最初以减少浪费与提升我们产品和过程质量为中心的六西格玛已经为 GE 的财务底线节约了数十亿美元。六西格玛已经从关注内部发展为关注外部，它同样提高了我们顾客业务运营的生产力和效率。GE 及其顾客群亲密度的增加使每一个人都更富有成效，并且有助于我们所有人在艰难的经济环境中成长。""现如今，"韦尔奇先生解释说，"六西格玛在 GE 已经发展为一个更重要的角色。我们最好和最有前途的员工都进入到六西格玛工作当中。我深信，二十多年后，董事会挑选杰弗里·伊梅尔特的继任者时，无论被选中的是男人还是女人，他们血液里都将是带有六西格玛的。在 GE，六西格玛已经成为我们公司领导的语言。其严格的过程管理和坚韧的以顾客为关注焦点，已经使它成为 GE 未来领导最完美的训练场地和手段。"

六西格玛为生产、服务和交易过程效力

六西格玛运动在医疗保健、金融服务、法律服务、工程、咨询等几乎所有的组织中获得了关注。除了在制造商品、管理库存、交付产品和管理重复过程方面实现重大改进，六西格玛方法还被移植到交易过程中。那些总在说"这些工具不适合我们"而避开持续改进的过程也已经加入到六西格玛大潮中。像填写装货清单、撰写合同，以及航空公司、银行、医院、保险、政府和其他服务机构的相关过程都已经开始尝试六西格玛。大部分在以下方面取得了成功：

- 优化设备的使用。
- 实现更少的废品或错误。
- 缩短顾客咨询的响应时间。
- 降低检查、维修、库存和供应链成本。
- 产生更多的内部和外部满意的顾客。

当进行战略性实施时，六西格玛还：

- 有助于运营资金周转得更快。
- 减少资金花费。
- 使现有生产力可利用，而不必引入新生产力。

- 培育激励员工的环境。
- 提高士气、团队精神和职业潜力。

西班牙电信

西班牙电信是西班牙商界以及西班牙语和葡萄牙语世界的大腕之一,它具有悠久的质量管理实践的传统和成就。因此,当公司在 2000 年底开始着手试验性的六西格玛方案时,其规模和雄心反映了该公司在业务改善措施方面的经验。2001 年 3 月至 7 月期间,完成了 21 个一期项目。至此,这些项目获得的效益累计超过 2 200 万欧元,顾客满意程度达到历史高点。进一步的 80 个项目——试验性过程的第二阶段——在 2001 年底之前启动并运转。在接下来的一年中,西班牙电信已经承诺了 300 个六西格玛项目,预计未来三年内将实施 3 000 个项目(European Quality,2002)。

六西格玛改进模型已被广泛用于重复生产类过程和重复交易过程。

我们需要清楚地确定生产(又称制造)和服务或交易过程之间的差异。所有过程作为转化方式,其作用是使一种或多种事物(可以是物理客体或服务)的状态发生改变。生产过程直接将原料或半成品转化为最终的有形产品(又称货物)。生产过程的输出是一个转化后的物理产品,这些过程是确定的、以工作流为导向的、高度程序化的,因此,是高度可重复的。正因为如此,生产过程非常适合用传统的、基于工作流的输入—过程—输出(IPO)三重角色或供应商—输入—过程—输出—顾客(SIPOC)的模型描述。

生产货物的过程是一系列由人和其他资源消耗型资产完成的、以将(各种)输入转换为(各种)输出为目的的作业活动。

服务过程或交易过程(有时也被称为人过程或纸过程)直接将一种或多种事物(物体,诸如信息、数据、符号表示的抽象概念等等)的一种状态或条件转化成另外一种状态或条件。一个交易过程执行的结果是产生一种交易,其输出,反过来,可能是一些事物(诸如存货、数据和信息、人员等物理客体)状态的改变。交易过程的例子包括:

- 与生产相关的增值服务过程(运输、安装、存储、修理、维护等)。
- 制造和服务组织中的支持或后勤办公过程(销售、采购、分包、仓储、结算、人力资源等)。
- 服务行业(银行、保险、运输、医疗保健、食宿招待、教育等)中的增值过程。
- 公共部门(包括军队)和非营利部门中的增值过程(立法和行政过程、规划、指挥和控制、筹款等)。

交易过程的输出是一个状态或条件的改变，由交易界定。因为一笔交易过程的连续执行取决于每次执行开始时收到的信息输入（要求、供给等），所以这些过程都是信息（通信）驱动的。于是，连续执行可能因为不同的结果而有所差异。因此，这些过程并不总是可重复的，但都是自动调节和具有高度适应能力的。一笔交易过程是一组促使员工完成工作活动的顾客-供应商任务的逻辑集合。

使之区别于生产过程的交易过程的特征可能包括：
- 测量数据不足：可获得的测量结果主要是离散的（属性）。
- 测量系统是部分或全部 I/T 定义的（例如报告）。
- 质量的定义包括信息质量。
- 主导变量：人和信息。
- 高成本的劳动力。
- 大得不成比例的财务杠杆。

DMADV（设计）与 DMAIC（改进）

正如"本章要点"一节中所陈述的，有另外一种六西格玛方法用来零缺陷地设计和开发一种新的产品、服务或过程。

六西格玛设计，简记为 DFSS，采用 D-M-A-D-V 步骤。DMADV 与 DMAIC 的区别如下：

1. 定义。根据团队章程提供设计一个新产品或服务的目标和方向。

2. 测量。将顾客需求转化为 CTQ。CTQ 是外部顾客眼中质量问题的关键点。DMADV 可以在一个设计项目中处理许多 CTQ，而六西格玛 DMAIC 通常只关注造成顾客不满意或与手头问题相关的某一个 CTQ。

3. 分析。了解从顾客处收集到的信息并对将发展成某种概念并随后发展成一个或多个高层次设计的设计特征进行界定。

4. 设计。在这一步，最终产品或服务的设计被开发出来。具有相关设计元素的细节设计已完成，并且关键过程变量被识别出来，从中开发出生产和交付货物或服务的过程。

5. 验证。新的设计方案被执行，组织准备全面推行并使控制机制处于就位状态。在 DMAIC 中，我们控制过程以巩固成果。在 DMADV 中，我们验证该项目的目标是否得以实现，顾客是否收到了预期的价值，并且确保对根据 CTQ 和产品设计交付的产品来说控制是有效的。

成功部署六西格玛的关键角色

正如在第5章中所述，部署六西格玛项目需要建立一个合适的基础结构。一些关键的角色是重要的，如图15-4所示。每个角色都是必不可少的，然而，如果不与六西格玛相结合，其本身并不足以产生组织所期望的改善。每个角色都需要方法和工具的知识。此外，由美国质量学会领导的六西格玛团体已经设立了一套标准课程和绿带、黑带、资深黑带角色的认证流程。授予认证资格的基础是完成了内容培训，开展过一些重大项目，并通过了书面和口头评审。

推动六西格玛的关键角色有：
- 领导者。
- 倡导者。
- 资深黑带。
- 黑带。
- 绿带。
- 项目团队和主题专家（SME）。
- 过程拥有者。

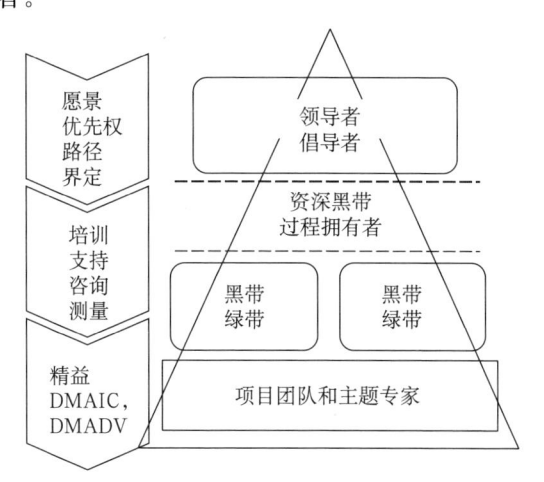

图 15-4 六西格玛的关键角色

资料来源：Juran Institute，Inc.

领导者的职责

以下是对以创建年度突破为目标的组织领导班子所有成员作为督导团队角色的一个总结：

- 设定改进目标。识别提高绩效的最佳机会，并为组织设定战略和年度目标。为达成目标建立问责制。
- 建立使六西格玛项目发生的基础结构。为选择和指派项目、在组织内报告项目进展、各种职责的问责制、绩效考核、奖励和表彰建立或修改管理系统。
- 任命倡导者。他们可以发起项目，并在六西格玛项目的每个DMAIC阶段提出恰当的质询。
- 支持项目和监测进展情况。使项目团队能够执行其项目目标。提供必要的培训、资源、设施、预算、时间和最重要的管理支持。监测项目进展情况并确保其按既定轨道前进。
- 为应对实施突破时产生的变革阻力提供组织支持。
- 接受六西格玛方法教育和培训，以便能够对所有其他职责的工作进行支持和评估。

高层团队的所有成员和各级管理人员应致力于六西格玛的成功，同意拥护它，并以统一的关注点和一致的行动促进渐进的不可避免的文化变更的发生。断裂的高层和管理团队可以，并且通常会，对六西格玛的成就造成破坏和混乱，耗光那些试图使其成功的人的精力，而只在它身后留下理想的幻灭和贫乏的结果。高层团队无法保持统一的注意力并改变文化，就失去了它领导的信誉和能力（如果它曾拥有过信誉）。

倡导者的职责

倡导者通常是管理人员（或至少是组织中有影响力的人）。理想的倡导者是愿意发起项目并喜欢改变的人，倡导者：

- 识别满足战略目标的改进项目。
- 负责创建一个项目章程。
- 识别并选择能胜任的带级和团队成员。
- 对按优先顺序处理、策划和启动六西格玛项目进行指导并提供建议。
- 消除可能阻碍带级或项目团队工作的组织障碍。
- 对实施项目团队设计的改进提供批准和支持。
- 根据项目的成功完成对黑带和团队提供表彰和奖励。

- 针对六西格玛相关的进展情况和结果，与执行管理人员和同行进行交流。
- 消除团队遇到的障碍。
- 理解并坚持六西格玛方法。

一般而言，作为拥护者，倡导者对六西格玛进行管理、支持、捍卫、保护、斗争、维护、坚持和运行。通常情况下，每一个成功的项目背后都能找到一个强大的倡导者。较弱的结果通常与较弱的倡导者相关联。

帮助督导团队挑选出项目后，倡导者对整体过程进行指导和支持。一旦制定了标准并确定了业务单元经理和倡导者，就可以根据其在突破改进中的潜力挑选项目。这意味着对机会的战略相关性、运营效率、与顾客满意或不满意相关的产品和服务质量，以及财务底线节约进行评测。

倡导者和各业务单元的领导者对六西格玛项目团队提供支持。作为管理部门有影响力的成员，他们被期望在其业务单元内以如下方式促进该过程的申请、受理和发展：

- 项目选择。
- 领导审查。
- 项目支持。
- 资源分配。
- 职业发展。

资深黑带的职责

资深黑带接受超出黑带的培训和指导。资深黑带有资格培训黑带。资深黑带的职责包括：

- 担当内部的六西格玛顾问、教练和六西格玛专家。
- 管理并推动多个项目——及其黑带。
- 对倡导者和高层管理人员进行支持和提供建议。
- 根据需要提供技术支持和指导。

组织中其他所有的人——那些不是倡导者、资深黑带或黑带的成员——要么变成了绿带，要么变成了团队成员（一些组织称他们为黄带）。这里只想说明，不同颜色带级的区别在于所需技能的数量、接受的正规培训，以及在参与六西格玛活动中承担的活动职责不同。在理想情况下，组织的所有成员接受一些最低水平的培训，并获得相称的带级。大家都觉得参与其中，并且每个人都知道六西格玛到底是怎么一回事，同样重要的，知道它不是什么。没有人不知道六西格玛是怎么一回事或者厌恶抵制它，这使推行六西格玛的组织团结一致并显著减少了抵制的范围。

黑带的职责

黑带是能够开发、训练和领导跨职能过程改进团队的现场实施专家。他们就六西格玛问题为管理人员提供指导和建议。黑带对六西格玛哲学、理论、战略、战术和六西格玛工具有深入的了解。每个项目都以节省至少25万美元的投资为目标。每年黑带预计指导三至六个项目，这进一步增大了六西格玛的投资回报率。

注册成为一名黑带所需的培训是严格且苛刻的。所涉主题的说明性清单大概包括：

关键的团队领导和促进技能	相关分析和回归
六西格玛方法	使用属性和变量数据的假设检验
核心改进工具	ANOVA：方差分析
使用恰当的统计软件包	DOE：试验设计
测量系统的分析	EVOP：进化操作
确定过程能力	精益企业的原则和工具
过程映射	防错
质量功能展开	SPC：统计过程控制
FMEA：故障模式、影响及危害性分析	过程控制计划
基本统计方法	向运营转移

凭借这一培训——通常需要四个为期一周的培训，中间穿插四到五周的间隔——黑带开始全职致力于开展一项真正的六西格玛项目。当黑带培训完全结束时，员工能够：

- 开发、训练和领导跨职能团队。
- 就区分优先次序、策划和创设项目为管理人员提供指导和建议。
- 向团队成员介绍工具和方法。
- 取得与该公司的经营战略相匹配的，且对财务绩效来说有正面效益的成果。

绿带的职责

成为各个项目团队成员的员工通常是以绿带的身份加入到该过程中的。一名绿带需要大约八天关于六西格玛综合改进方法和工具方面的培训。他们适合做黑带级别项目的关键团队成员或者可能成为较小范围项目的领导人。

在每周的课堂教学之后会紧接着有四到五周的在他们业务单元范围内对相同项目的实践应用。如果选择恰当，这些初步的项目将会产生显著的财务底线节约，以及通常比整个培训投资更多的回报。每个项目都以节省至少10万到25万美元的投资为目标。

现如今世界各地接受过六西格玛培训的员工总数已达几十万人。越来越多的企业，像三星和 GE，正计划将这些员工提升到高层管理者级别。归根到底，能否成功运用这一过程取得成果，取决于高层管理人员，特别是 CEO 们，是否能接受他们无可替代角色的职责。

摩托罗拉的鲍勃·高尔文先生、联合信号——现在的霍尼韦尔——的拉里·博西迪先生，以及 GE 的杰克·韦尔奇先生都在他们的 CEO 任期内，使六西格玛和黑带员工成为企业文化的重要组成部分。高层管理人员可以克服任何组织都可能有的抵制方向统一的强大力量，其答案就在于找到一个像六西格玛这样普遍适用于组织中所有职能的改进过程。六西格玛是一个非常健康和富有成效的需要时间来完成的文化变革。它不是免费的。它需要资源和培训，但顾客的满意、优质的产品和服务，以及一个具有高度竞争力的组织能产生的显著回报不仅在于投资方面，还在于所有员工身在一个成功团队所获得的满意感以及作为这样一个组织的一分子的自豪感。

项目团队和主题专家的职责

六西格玛团队的成员可能来自整个组织，并经常是与正在研究的过程的运作或维护相关的职能部门的主题专家。团队成员需要参加所有的团队会议，致力于该工作过程，并完成在各次会议期间项目领导者分派的任务。通常情况下，主题专家（SME）在辅助团队方面发挥着巨大的作用：

- 识别问题的关键方面并评估项目的恰当目标（界定阶段）。
- 在流程图绘制期间贡献其专业知识（测量阶段）。
- 收集有关过程中他们最熟悉部分的数据（测量和分析阶段）。
- 识别可能的问题原因（测量阶段）。
- 在完成 PFMEA 期间识别可能的失效模式并对其严重程度、发生和检测进行等级评定（测量阶段）。
- 对已证实的原因开发可能的解决方案（改进阶段）。
- 为产品和过程的持续测量识别对照组（控制阶段）。

过程拥有者

过程拥有者通常是组织中具有高监督和管理水平，并直接负责该产品（货物、服务或信息）的成功生产的人员。他们通常不是核心团队的成员，而是可以被召集协助该团队处理所需特定任务的人。过程拥有者所支持的一些最重要的需

求发生在改进和控制阶段,是在团队:

- 界定已证实问题原因的可能解决方案时;
- 计划处理文化阻力时;
- 对可能的解决方案进行试点评估时;
- 实施所选的改进时;
- 设计控制方案并将其应用到该过程绩效的日常维护时;
- 项目完成后解散团队并将全部职责转回运行团队时。

精益六西格玛部署路线图

质量改进方法的任何部署,无论它被称为精益六西格玛、卓越绩效、精益或其他一些名字,都需要一个成功实现的系统的方法。一个开始时很小但随后逐渐扩大的阶段性方法已被证明是最有效的。对于该方法在朱兰转型路线图中应用的描述请参阅图 15-5。

决定	筹备	启动	扩展	维持
了解精益和六西格玛。	组织督导团队以管理该过程。	支持并指导黑带和绿带。	支持基础结构和检查进展情况。	完善过程措施并移交给过程拥有者。
评估组织的状态——识别战略、目标和项目。	提名并任命倡导者。	支持试点项目团队。	支持将所有类型和团队数量扩展到其他业务单元。	充分将精益六西格玛目标整合到下一年的业务计划中。
确定是否将精益六西格玛作为战略的一部分。	提名并选择试点项目。	为项目实施分配时间。	授权进行各级改进:其他带级。	将精益六西格玛部署到所有业务单元。
决定需遵循的"路线图"。	培训倡导者和黑带。	开发项目的提名过程。	创建产品开发和设计团队。	赋予员工参加培训和利用资源的权利。
选择外部培训/咨询合作伙伴。	决定绿带的使用并对他们进行培训。	开发持续的不良质量成本指标。	创建关键整体业务过程团队。	根据业务系统审计采取行动以推动新的项目。
参加执行情况简介。	开发第一波计划。	完善参与的奖励和表彰。	识别标杆机遇。	继续对文化进行评估,并针对差距采取行动。
讨论其他倡议及其对资源的影响。	为第一波计划选择项目。	建立持续项目选择的评估/测量。		长期保持突破性绩效。

图 15-5 朱兰转型路线图

资料来源:Juran Institute,Inc.

决定

在部署的决定阶段，高层管理人员已经开始熟悉六西格玛方法（或其他正在考虑的方法），并评价该方法是否适合其组织的战略和目标，特别是那些与卓越绩效相关的战略和目标。必须对六西格玛或是某种其他方法是否最适合该组织的需要做出决定。

随后，高层经理必须决定遵循什么样的路线图。这时所推荐的只是一个选择，也可以发生变动。重要的是，经理有一个可遵循的路线图以便部署可以有条不紊地进行。

此时必须决定选择谁作为培训合作伙伴。对一个组织来说，具备有资质的内部资源以在部署期间进行培训、咨询和对所开发的资源进行指导是相当少见的，所以与外部资源签订合约几乎总是不可避免的。重要的是要选择与组织文化、经营风格和实现灵活要求能很好匹配的合作伙伴。选定的合作伙伴所提供的第一次培训应该是一个执行情况简介，需要整个高层管理团队出席。

最后，非常重要的是，管理人员必须决定他们将停止做什么。在任何组织中，资源都是有限的，而把六西格玛的部署置于诸多其他正在进行的项目之上是一种失败的做法。正确的做法应该是对现行的举措进行评估和排序，只对关键的少数项目保持继续。对于组织来说，为了将六西格玛成功地纳入到其文化中，这必然成为创造突破性改进的方法。启动与已经在进行中的项目相似的六西格玛项目将导致问题所有权的混乱，并有可能不能有效地解决问题。

考虑下列相关情况：一家已经开始着手进行精益六西格玛（LSS）部署的朱兰客户未能像它应该充分做到的那样做到"停止做"。因此，第一波的几个项目就演变成了争夺谁对问题的解决方案或分析最好的战场。由于在 LSS 部署之前，过程拥有者已经开始着手进行了其他的"非六西格玛"项目，因此六西格玛团队最终不得不因缺少实施支持而放弃他们的项目，并被分配给另外一个项目以完成他们的培训需求。这个事件导致了 LSS 部署名声的败坏，并减少了其最终成功的可能性。导致这一结果出现的一个关键因素是缺乏组织最高级别的参与和支持。

筹备

在部署的第二个阶段，高层管理人员开始界定支持的基础结构，成立督导小组或团队，指定一个企业层面的团队以便对完全展开的部署进行监督，并最终在部门甚至业务单元对部署进行区域和局部监督。这一安排的图形描绘见图 15-6。

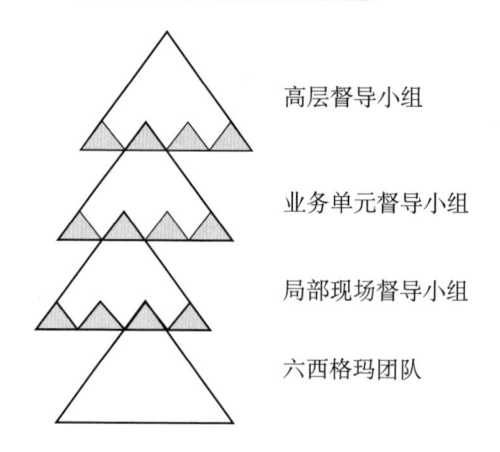

```
        △△△△         高层督导小组
       △ △ △ △
        △△△△         业务单元督导小组
       △ △ △ △
        △△△△         局部现场督导小组
       △ △ △ △
                     六西格玛团队
```

图 15-6　督导小组链接

资料来源：Juran Institute, Inc.

除了正在建立中的督导小组，这时也需要选择和培训项目倡导者的初始团队。之后，这些人可以和督导小组一起参与对要进行的初始项目的提名（参见本章稍后"选择机会"部分有关项目提名的讨论）。

此阶段接下来的这一步是非常重要的：对最初一波的带级进行培训。有许多方法可以解决这个问题，包括：

- 在这个阶段只开设绿带培训班，接着在展开阶段才开设黑带培训班。
- 绿带和黑带共同参加一个培训班，在四周的时间里，培训班里所有人共同参加 10 天的培训，而黑带参与者则要参加完整的 20 天的培训。该方法的一个示例时间表见图 15-7。
- 两个培训班：一个为期 10 天的绿带班和一个为期 20 天的黑带班。如果有足够多的候选人以填补两个培训班，则这种方法更可取。

在任何情况下，在培训周之间，学生都应该有四到五个星期的时间完成项目工作。通过使用这种方法，在一或两个月的培训时间里，应该完成第一波项目。

	第一周 界定和团队技能	第二周 测量	第三周 分析	第四周 改进/控制
第一天	绿带/黑带	绿带/黑带	绿带/黑带	绿带/黑带
第二天	绿带/黑带	绿带/黑带	绿带/黑带	绿带/黑带
第三天	仅限黑带	绿带/黑带	绿带/黑带	仅限黑带
第四天	仅限黑带	仅限黑带	仅限黑带	仅限黑带
第五天	仅限黑带	仅限黑带	仅限黑带	仅限黑带

图 15-7　绿带/黑带联合培训时间表示意图

资料来源：Juran Institute, Inc.

启动

由于如上所述的培训周间隔中有实习期，因此启动阶段和筹备阶段在某些方面是重叠的。这一阶段的主要工作是执行第一波项目，包括由指定的教练对绿带和黑带进行指导。那些教练最好来自在决定阶段确定的指定培训合作伙伴机构。

同样在这个阶段，继续进行的项目选择方法应该制度化，并且持续的 COPQ 指标应发展成用来帮助未来项目选择的数据源。

在这个时期也应该建立奖励和认可程序。常见的是货币奖励，有时是来自项目储蓄的分红，但这并没有得到普遍的应用。诸如理想的职业生涯路径、表彰和为所做的出色工作而感到自豪，这种无形的奖励可有效地代替或补充任何货币奖励。

这时组织也应该决定如何对改进项目进行跟踪和测量。有许多市场上能买到的产品，如动力转向（Power Steering）、Minitab 的质量伴侣（Quality Companion）和促进战略执行软件（i-nexus），被广泛用于跟踪六西格玛部署。基于 Microsoft Access 或 Share Point 的内部开发解决方案也被广泛使用。例如项目"漏斗"或项目"管道"，帮助督导小组提名接下来要考虑实施的项目。

扩展

顾名思义，此阶段包含的内容是将该方法扩展到其他部门、组织的其他（通常是更纵深的）层级和其他项目方法（例如价值流的改善、DFSS）。在这个阶段，也将开始把这种方法扩展到在初始一波项目期间可能没有考虑到的不同类型的过程。这将包括主要宏观业务过程，例如订单处理、战略规划和价格设置（见图 15-8）。

将其他部门、企业和行业在六西格玛实施方面的最佳实践作为标杆进行学习也是这一部署阶段的一项关键活动，其目的在于使部署达到世界一流水平。

在这个阶段，企业往往会决定开始开发自己的内部资源以进行培训和指导项目前进。资深黑带和精益大师在这一阶段的成长通常受到组织聘请的上述培训合作伙伴的帮助。

维持

维持阶段的目的是巩固在部署的较早阶段所取得的结果和实施的方法。这时部署变成了企业文化根深蒂固的一部分。六西格玛目标构成了组织年度战略部署所必需的组成部分，并被广泛部署到所有业务单元。

决定　筹备　启动　扩展　维持

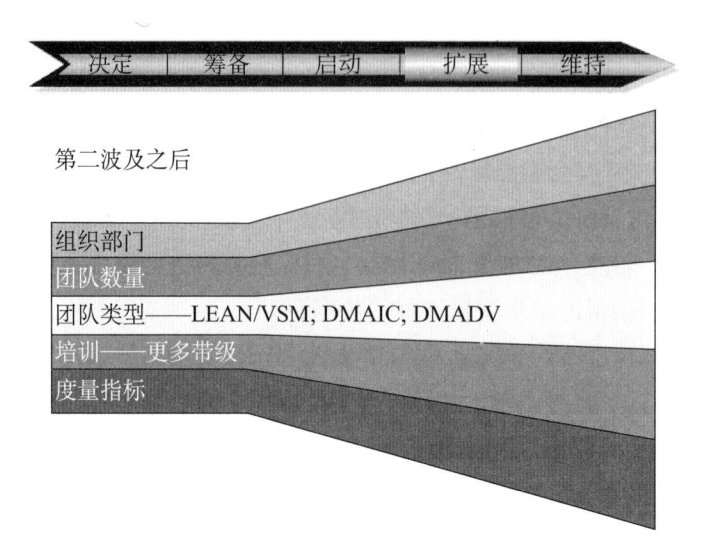

第二波及之后

组织部门
团队数量
团队类型——LEAN/VSM; DMAIC; DMADV
培训——更多带级
度量指标

图 15-8　扩展区域

资料来源：Juran Institute, Inc.

现在，所有员工至少应该在基本六西格玛原则和工具方面获得培训，并在每天的工作场所被赋予提高质量的权力。六西格玛应该是企业生活的一种方式。

一个关键的维持功能是对常规行动方式的审计。管理部门应该对审计结果进行审查并针对任何识别出的差距采取行动。通常，这些差距将指明所应着手进行的其他项目方向。审计还可能指出企业文化采用这一过程的差距。解决这些尚存差距的最佳方式是提高参与的等级，并将其扩展到从组织顶部到底部的所有层级（如果还没有做到的话）。最后，可能有一些人就是拒绝参与，在这类情况下，最终的决策可能是他们应该另谋高就。

六西格玛 DMAIC 步骤

应用 DMAIC 五个步骤的经验表明，在开始团队的 DMAIC 旅程之前需要先由管理人员挑选出项目。分五个步骤进行的 DMAIC 之旅以及每一步骤的一些重要活动如图 15-2 所示。本节对每一步骤进行一个简要说明。

选择机会

在选择阶段，潜在的项目被识别出来。提名可能有包括顾客、报告和员工在内的各种来源。为了避免局部优化，管理人员不得不对项目进行评估和选择。虽然项目选择的评价标准是多种多样的，最常见的依据应该是组织或部门层级的不良质量成本（COPQ）。其他标准包括对顾客忠诚度、员工有效性和与规章或其他要求的一致性造成的影响。项目的问题和目标陈述被起草并包含在一个由管理部门确认的团队章程中。管理部门挑选出最合适的项目人员，确保他们获得适当的培训，并分配必要的优先权。要对项目的进展情况进行监测以确保成功。

选择：可交付的成果

- 潜在项目清单。
- 每个潜在项目的 ROI 和对（各）战略业务目标的贡献。
- 项目评估。
- 项目选择。
- 每个项目的项目问题、目标陈述和团队章程。
- 由黑带率领的（各）正式项目团队。

选择：待解决的问题

1. 我们所面临的与顾客相关的问题是什么？
2. 我们有哪些应该解决的、难以理解的、代价高昂的质量问题？
3. 通过一一解决这些问题可能获取的收益是什么？
4. 哪个问题应该首先解决、其次解决等等？
5. 我们应该交给每个项目团队什么样的正式的问题陈述和目标陈述？
6. 对于各个项目来说，谁应该成为项目团队成员和领导者（黑带）？

定义阶段

定义阶段从选择阶段形成的章程开始，完成项目的界定。团队对问题、目标和项目的范围进行确认。完成的界定应包括以下内容：

- 识别出与项目有关的主要顾客。
- 根据顾客之声（VOC）确定与项目相关的顾客需求。
- 将 VOC 转化成 CTQ 的需求陈述。
- 定义一个高层次的过程流以界定项目范围。

定义：可交付的成果

- 经确认的项目章程。
- 顾客之声。
- CTQ 陈述。
- 一个高层次的流，通常以供应商—输入—过程—输出—顾客（SIPOC）

图表的形式给出。

定义：待解决的问题

1. 用可测量的术语表述，问题究竟是什么？
2. 团队的可测量目标是什么？
3. 该项目的范围是什么？什么在范围之内，什么在范围之外？
4. 为完成该项目，可获得的资源是什么——团队成员、时间、财力？
5. 与这个项目相关的顾客是谁？
6. 他们的需求是什么，以及在实践中我们如何对其进行测量？

测量阶段

项目团队通过测量基准绩效（和问题）并对该过程进行如下记录展开过程描述：

- 详细地理解并绘制过程。
- 测量基准绩效。
- 绘制并测量产生该问题的过程。
- 制订数据收集计划。
- 测量关键产品特性（输出，Y）和过程参数（输入，X）。
- 测量关键顾客需求（CTQ）。
- 测量潜在失效模式。
- 测量测量系统的能力。
- 测量过程的短期能力。

绘制过程

专注于经帕累托分析识别出的一个（或几个）重要的输出（Y），通过绘制流程图对产生它（们）的过程进行图形描绘以详细剖析了解该过程。

确定基准绩效

对造成该问题的实际绩效（输出，Y）进行测量，如不良质量成本、缺陷数和（各）过程周期时间，以便通过帕累托分析了解到底是哪个重要的输出（Y）对该问题的影响最大。

测量潜在的失效模式

参照已分析的过程流程图，通过列举可能发生的潜在过程缺陷（Y）、影响（Y）和潜在原因（X），对每个过程步骤执行失效模式和影响分析（FMEA）。（可能的 X 想法的另一个来源是因果图，它表现为对一个给定结果通过头脑风暴分析出可能的原因。）此外，对每种影响的严重程度、发生的可能性，及其发生而被发现的可能性进行评级。完成分析后，就能识别出过程中那些潜在的最危险的失效。这些结果被用来进一步将项目聚焦于那些最需要改进的变量。

为短期能力研究制订数据收集计划

- 为了确定测量系统（测量项目团队所聚焦的 X 和 Y）的能力以及过程的短期能力，制订样本和数据收集计划。
- 为了确定过程的短期能力，对测量系统持续提供准确和精确数据（项目团队可以据此得知关于过程的"事实真相"）的能力进行考量。
- 如果发现测量系统能力不足，就采取纠正措施使其达到应有的能力。
- 如果发现测量系统能力充足，就进行下一步骤——确定过程是否能对给定的变量（Y）实现统计意义的控制。

测量过程的短期能力

- 为了测量过程的短期能力是否能满足给定规范（Y），需要确定该过程是否能对给定的输出（Y）实现统计控制。测量过程稳定性的一个好方法是使用控制图描绘过程数据从而发现任何不稳定迹象。
- 如果该过程没有处于统计控制状态——也就是说，如果控制图检测到过程变异的特殊原因——就需要在进行过程基准绩效测量之前采取措施消除该变异的特殊原因。
- 如果过程处于统计控制状态——也就是说，控制图没有发现过程变异的特殊原因——就进行短期能力研究，以提供该过程持续产生给定输出（Y）能力的基准数据。

确认或修改目标

根据对当前过程性能测量的发现，确定问题和目标陈述是否仍然适合这个项目。

- 评价该项目的问题陈述和目标陈述。
  - 问题陈述和目标陈述是否符合一个有效的具有明确界定范围的问题和目标陈述标准？
  - 问题陈述中的变量和度量单位是否与目标陈述中的相同？
  - 该项目是否能由一个团队单独承担？
  - 它是否能在避开不必要约束的同时，仍然对任何必要的全局约束，诸如组织战略，做出明确的规定？
  - 是否有任何需要澄清或修改的条款？

- 团队成员是否能代表受项目影响的科室、部门或工作单元？详细的过程流程图可以对这一点有所帮助，尤其是"泳道"式的流程图。
- 验证该问题确实存在。如果问题还没有得到测量，团队必须在这时做到这一点。
- 确证项目（各）目标。验证该项目（各）目标的依据来自以下一个或多个：
  - 技术。
  - 市场。
  - 标杆。
  - 历史。
- 如果两者之中任何一个不符合上述标准，就对问题陈述和目标陈述进行修改。
- 对项目目标或团队成员任何必要的更改需获得来自领导团队、倡导者、黑带或质量委员会的确认。
- 为你的项目创建一个词汇表（操作性定义列表）作为查找与你的项目相关的重要术语的"字典"。挑选一名团队成员作为维护该项目词汇表的负责人。

根据过程流程图和测量编制的根原因理论列表

团队需要开发一个全面的且有创造性的根原因理论列表。根原因是一个影响结果的因素，如果它被移除或减轻将消除问题或降低问题的级别。通常使用的工具包括因果图（鱼骨图或石川图）、FMEA 和故障树分析。

测量：可交付的成果

- 描述输出（Y）的基准绩效指标。
- 过程流程图、关键过程输入变量、关键过程输出变量、因果图、潜在失效模式和影响分析（FMEA）[以获得缺陷输出（Y）的可能原因（X）的线索]。
- 包括抽样计划的数据收集计划。
- 测量仪表的再现性和可重复性或属性测量系统分析（以测量测量系统本身的能力）。
- 对缺陷率、能力指标和/或西格玛水平的能力测量。
- 经确认或修改的项目目标。
- 根据因果分析、FMEA 或类似工具区分了优先次序的原因理论列表。

测量：待解决的问题

1. 针对帕累托分析识别出的特定 Y（输出），当前过程的表现如何？

2. 为了对（a）（各）测量系统和（b）（各）生产过程的能力进行评估，我们需要获取什么样的数据？

3. （各）测量系统的能力如何？

4. 过程是否处于统计控制状态？

5. （各）过程的能力如何？

6. 该项目目标是否需要修改？

7. 对于该问题来说，所有可能的根原因有哪些？

分析阶段

在分析阶段，项目团队对过去和当前的绩效数据进行分析。通过这一分析，对前一阶段构建出的关键信息问题进行回答。提出可能的因果关系假设并检验。使用适当的统计工具和技术：可能用到直方图、箱线图、其他探索性图形分析、相关分析和回归、假设检验、列联表、方差分析（ANOVA），以及其他图形和统计检验。这样，团队确认出过程绩效的决定因素［即识别出影响（各）响应变量的关键或"关键的少数"输入］。如果通过分析过去和当前的绩效数据可以建立确切的因果关系，则团队可能不用在下一个（改进）阶段开展试验设计（DOE），这是有可能的。

分析响应变量（输出，Y）和输入变量（X）的程序如下：

- 通过使用诸如直方图、箱线图和帕累托分析等工具进行图形分析。
- 直观地缩小重要的分类离散输入变量（X）列表的范围。
- 了解分类离散输入（X）对输出变量（Y）的影响，并通过图表形象地展示该影响。
  - 进行相关分析和回归分析以便：
    - 明确缩小重要的连续输入变量（X）列表的范围，以了解特定输入变量（X）和特定输出变量（Y）之间的"相关强度"。
  - 计算置信区间以便：
    - 确定以某一给定概率包含我们已经从某一样本（例如，总体中心和/或分布）估计出的总体参数的真值的范围。
    - 对特定的 Y 和 X 之间的关系进行分析以证明其因果关系。
    - 确认过程绩效（Y）的关键的少数决定因素（X）。
  - 利用连续变量数据进行假设检验以便：
    - 回答这个问题：总体的实际标准差与目标标准差是相同还是有所差异？执行单方差检验。

- 回答这个问题：总体的实际均值与目标均值是相同还是有所差异？执行单样本 t 检验。
- 回答这个问题：经过某一特定处理后，总体的均值与处理前的均值是相同还是有所差异？或者 X 因子在 1 水平的平均响应与该因子在 2 水平的是相同还是有所差异？执行双样本 t 检验，或者如果存在响应变量的一个自然的配对，则执行配对 t 检验。
- 回答这个问题：多个（大于 2）均值是相同还是有所差异？执行多因素方差分析。

注：以上检验被称为参数检验，是因为它们假设响应数据服从正态分布，对于 ANOVA，假设因子在每一个水平下所服从的正态分布方差相等。当违背正态性和/或方差相等的假设时，使用非参数（也被称为"分布树"）检验。

使用属性数据进行假设检验以便：

- 回答这个问题：样本中某个因子（例如，缺陷）的比例与目标比例是相同还是有所差异？执行 Minitab 检验并计算某一比例的置信区间。
- 回答这个问题：比例 1 与比例 2 是相同还是有所差异？执行二项式检验并计算两个比例的置信区间。
- 回答这个问题：某个给定的输出（Y）是独立于还是依赖于某个特定的输入（X）？（这涉及检验某个给定的 X，它是否能作为一个重要的具有因果关系的因子，被包含在我们的关键的少数 X 列表中。）执行独立的卡方检验（也被称为列联表）。

分析：可交付的成果

- 直方图、箱线图、散点图、帕累托分析、相关分析和回归分析〔以分析响应变量（Y）与潜在原因（X）之间的关系〕。
- 假设检验的结果〔建立响应变量（Y）与输入变量（X）之间的关系〕。
- 关键的少数已被证明是实测问题根原因的过程输入（X）列表。

分析：待解决的问题

1. 如果有的话，当前过程的输出（Y）向项目团队展示了什么样的模式？
- 分析响应变量（输出，Y）。
- 分析输入变量（X）。
- 分析特定 Y 和 X 之间的关系以识别出因果关系。
2. 过程绩效的关键决定因素（关键的少数 X）是什么？
3. 哪些过程输入（X）看上去决定了各个输出（Y）？
4. 该项目团队应关注哪些关键的少数 X？

改进阶段

在改进阶段，项目团队设法对因果关系进行量化（输入变量和响应变量之间的数学关系），以便对过程绩效进行预测、改进和优化。如果对特定的项目适用的话，团队可能使用 DOE。筛选试验（部分因子设计）被用于识别关键性的或"关键的少数"原因或决定因素，通过使用 2k 因子试验建立起过程绩效的数学模型。如必要的话，执行全因子试验，然后确定输入或过程参数设置的操作范围。团队可以进一步通过使用诸如响应曲面法（RSM）和调优运算（EVOP）等技术对过程绩效进行微调或优化。

界定、设计和实施改进的程序包括：
1. 为设计出的试验制订计划。
2. 实施筛选试验以确定决定性的、关键的少数过程决定因素（X）。
3. 实施设计的试验以建立过程绩效的数学模型。
4. 优化过程绩效。
5. 评估改进。
6. 设计改进。

为设计的试验制订计划
- 了解有关 DOE 的知识以便为计划和落实改进"问题"过程的试验做准备。
- 对项目所需的试验进行详细设计。

进行部分因子筛选试验
- 执行部分因子筛选试验以便进一步缩小关键的少数对输出具有强烈影响的输入变量列表的范围。[通过相对较少次数的试验仅在两个水平下对相对较多个数的因子（X）进行测验。]

实施进一步的试验，如果有必要，开发数学模型并优化绩效
- 执行 2k 因子试验。对多项因子（X，经筛选试验识别出的）仅在两个水平下进行测验，以便凭借相对较少的试验次数经济地获得信息。构造方程预测给定的影响因子 X 对输出 Y 的影响，从而发现 X 和 Y 之间的精确数学关系。此外，不仅能识别出关键因子（X），而且能识别出每个因素在哪一水平执行最好，以及因子之间任何有意义的相互作用。
- 如果有必要，执行全因子试验。这可能需要提供比 2k 因子试验更多的信息。全因子试验可以产生与 2k 因子试验相同类型的信息，但需要对多项因子（X）在多个水平下进行测验。

- 此外，如果有必要，利用 RSM 和/或 EVOP 技术进一步协助确定出最佳过程参数。
- 利用试验结果得出过程的数学模型，并建立过程参数（X）的最佳设置以实现期望的输出（Y）。

评估替代方案，并选择最佳的改进
- 确定一个大概的可能改进的范围。
- 对评估改进所依据的标准以及每个标准应有的相对权重进行商定。通常依据以下标准：
  - 总成本。
  - 对问题的影响。
  - 效益-成本关系。
  - 文化对变革的影响或阻力。
  - 实施时间。
  - 风险。
  - 健康、安全和环境。
- 使用商定的标准对改进进行评估。
- 商定出最适宜的改进。

对改进进行设计
- 根据项目目标对改进进行评估。
- 验证其是否能满足项目目标。
- 识别以下改进的顾客：
  - 将创建部分改进的那些人。
  - 将管理改进过程的那些人。
  - 改进所服务的那些人。
- 确定有关改进方面的顾客需求。
- 确定以下所需的资源：人员、资金、时间、原料。
- 指定程序和其他所需的变革。
- 核定人力资源需求，尤其是培训。
- 验证改进的设计是否满足顾客的需求。
- 计划以应对变革的任何文化阻力。

改进：可交付的成果
- 为设计的试验所做的计划。

- 缩减了的关键的少数输入（X）的列表。
- （各）数学预测模型。
- 建立的过程参数设置。
- 设计出的改进。
- 实施计划。
- 应对文化阻力的计划。

改进：待解决的问题

1. 为了最终找出过程参数的最佳设置，需要进行哪些具体的试验？

2. 哪些关键的少数输入（X，仍然可以通过试验进一步缩小其范围）对输出（Y）影响最大？

3. 对具体的 X 和 Y 之间的关系进行描述和预测的数学模型是什么样的？

4. 使过程在六西格玛水平产生（各）输出的理想的（最佳的）过程参数设置是什么？

5. 是否已经考虑和挑选出相应的改进措施以解决分析阶段已证实的关键的少数 X？

6. 是否已经对变革预期的文化阻力进行了评估，并制订了克服它的计划？

7. 是否已经开发并执行了试点计划，并根据结果适当地调整了解决方案？

8. 所有的解决方案以及所需的培训、程序变革、对工具和过程的修订，是否都已经得到了充分的实施？

控制阶段

项目团队设计并记录必要的控制，以确保一旦实施变革可以维持改进工作的收益。使用有效的质量原则和技术，包括自我控制和自主支配、反馈回路、防错，以及统计过程控制的概念。更新过程文件（例如失效模式和影响分析），并开发过程控制计划。对标准作业程序（SOP）和工作指令进行相应的修订。验证测量系统，并建立改进的过程能力。对执行情况进行监测，并在一段时间内对过程绩效进行审核以确保维持收益。项目团队向管理部门报告完成的目标，经批准后将过程完全交给运行部门并解散团队。

完成控制步骤所需的活动包括：

1. 设计控制并记录改进的过程。
2. 设计文化。
3. 验证测量系统。
4. 建立过程能力。

5. 实施并监测。

设计控制并记录改进的过程
- 更新 FMEA 以确保没有必要的控制被忽视。
- 对（各）改进措施进行防错处理，如果可能：
  - 识别出（各种）可以纳入到改进措施中以使其具有防错能力的策略。部分选项包括：
    - 设计系统以减少错误的可能性。
    - 采用技术而非人类感觉。
    - 采用主动而非被动的检查。
    - 保持反馈回路尽可能短。
    - 设计并吸收具体的防错步骤作为改进的一部分。
- 设计过程的质量控制，以确保持续地获取输入（X）和输出（Y）的改进水平。使所有在改进的过程中起作用的人处于一种自我控制的状态，以确保他们拥有所有取得持续成功所必需的手段。
- 提供测量新过程结果的手段：
  - 控制对象。
    - 输出度量（Y）。
    - 输入度量和过程变量（X）。
  - 建立每个控制对象的控制标准。
    - 把各个控制标准建立在新过程的实际绩效基础之上。
- 确定实际绩效与标准相比情况如何。
  - 统计过程控制。
- 如果绩效不符合标准，则设计行动对它进行调整。使用控制试算表为每个控制对象制订行动计划。
- 建立个人的自我控制。
  - 他们精确地知道所期望的是什么（产品标准和过程标准）。
  - 他们知道他们的实际绩效（及时反馈）。
  - 他们可以对过程进行控制，因为他们拥有：
    - 一个有能力的过程。
    - 必要的原料、工具、技能和知识。
    - 调整过程的权限。

设计文化以减少或克服阻力
- 识别可能的阻力（障碍）和支持（帮助）来源。阻力出现通常是因为：

- 对未知的恐惧。
    - 不愿意改变惯常的程序。
    - 需要掌握新的技能。
    - 不愿意采取"非我发明"的补救措施。
    - 不承认存在问题。
    - 先前解决方案的失败。
    - 费用。
- 根据他们感觉到的强度对障碍和帮助进行估计。
- 识别克服障碍所需的对策。考虑：
    - 提供参与机会。
    - 提供足够的时间。
    - 使人们无负担地提出建议。
    - 有尊严地对待员工。
    - 换位思考以更好地了解对文化的影响。
    - 认真且直接地应对阻力。
- 必要时设置统计过程控制（SPC），以确保过程保持稳定且可预测，并以最经济的方式运行。
- 考虑引入 5S 标准，使工作场所以最大增值活动和最小非增值活动的方式顺利运行。

验证测量系统

利用市售的诸如 Minitab 等软件对测量系统的能力进行评估（像在测量阶段一样），以确保可以根据对控制对象进行评估的测量系统了解真实情况。

建立过程能力

- 对新的、改进的过程的有效性进行证明，以确保新的控制起了作用并了解原来的问题是否有所改进，同时确保（各项）改进措施不会无意间产生新的问题。
- 决定如何对改进措施进行检验：
    - 商定（各）检验的类型。
    - 决定何时、多久，以及由谁来实施（各）检验。
    - 为每种改进准备检验计划。
    - 识别检验的局限性：
        - 开发一种用于解决局限性的方法。

- 实施检验。
- 测量结果。
- 如果结果不令人满意则调整改进措施。
- 重复检验、测量和调整直到改进的过程可以在运营条件下工作。

• 利用控制图，以确保新的过程对于每一个控制对象而言都处于统计控制状态。如果不是，则进一步改进过程直到其处于统计控制状态为止。

• 当且仅当过程处于统计控制状态下，利用能力分析——像在测量阶段一样——以确定对每一个控制对象的过程能力。

实施控制和监测

• 将所有更新的控制计划等移交给运营部门，并对新程序中过程所涉及的人员进行培训。

• 制订将控制计划移交给运营部门的计划。移交计划应指出：
- 何时、何地，以及如何实施改进措施。
- 变革之所以必要的原因及其准备实现的目标。
- 实施过程中所要遵循的具体步骤。

• 在计划和实施过程中包含变革所影响的部分。

• 与领导团队、黑带、倡导者、执行委员会和受影响的经理就变革进行协调。

• 实施前确保准备工作已完成，包括：
- 书面程序。
- 培训。
- 设备、原材料和用品。
- 人事变动。
- 任务和职责变化。
- 对结果进行监测。

• 对过程和新的控制措施进行定期审核，以确保持续巩固成果。

• 将控制措施和平衡计分卡进行整合。

• 开发结果报告系统。开发结果报告系统时，确定：
- 哪些措施需要报告。
- 频度如何。
- 向谁报告（应是某一级的管理人员，他们负责对进展情况进行监测，并在收益不再保持时做出反应）。

• 记录控制措施。当记录控制措施时，应指出：
- 控制标准。

- 过程的测量结果。
- 反馈回路职责（控制有缺陷时，什么人应该采取什么措施）。
- 经过一段适当的时期，将审核职能移交给运营部门并解散团队（与此同时有恰当的庆祝活动和表彰）。

控制：可交付的成果

- 更新的 FMEA、过程控制计划和标准作业程序。
- 经确证有能力的（各）测量系统。
- 处于统计控制状态的生产过程，尽可能最佳可行地接近六西格玛水平，至少实现项目目标。
- 更新的项目记录、最终的项目报告，以及以监测成果和巩固成果为目的的定期审核。

控制：待解决的问题

- 确保过程始终处于统计控制状态，并且只在六西格玛水平或接近六西格玛水平产生缺陷的计划应该是什么样的？
- 测量系统是否能够提供精准数据以管理过程？
- 新的过程是否具有满足所设立的过程绩效目标的能力？
- 如何确保所有在该过程中起作用的人员都处于自我控制状态（拥有所有在工作上取得成功的手段）？
- 应该对什么样的标准程序加以落实并遵循以巩固成果？

带级培训和认证

在过去十年中，对六西格玛的引入引发了带级认证方面的骚动，这主要归因于从全面质量管理时代吸取的教训。在 TQM 时代，许多所谓的专家受训于"TQM 方法"。不幸的是，很少有人在收集和分析数据的工具方面受到过培训。结果是很少有组织能从 TQM 项目中受益。

摩托罗拉推出了所有六西格玛从业者都需要学习的一系列核心课程。这演变成一个超越了摩托罗拉范围的认证项目。其结果是，有许多"认证机构"提供资深黑带、黑带、绿带等方面的认证。大多数认证声称得到认证的人作为一名"专家"拥有六西格玛或精益或两者兼备的技能。认证确实改进了绩效，但由于缺少对认证机构的监督，也产生了一批能力弱的专家，他们当中有许多人并不精通六西格玛和精益方法或工具，但在给一些公司或大学提供咨询服务。

美国质量学会（ASQ）多年来提供质量技师、质量审核员、质量工程师和质量经理方面的认证。随着六西格玛运动的发展，ASQ及其世界各地的分支机构开始从事各类带级认证。ASQ提供了一个被广泛接受的标准，即任何从业人员至少应该是专家。认证必须立足于有效的合法性。

ASQ注册质量工程师（CQE）项目针对的是有志于了解产品和服务质量评估与控制原则的人员（ASQ，2009）。对于CQE知识体系的详细列表，读者可参阅www.asq.org中注册质量工程师的要求。

ASQ还提供对质量管理层面质量官员的认证，称为注册质量/组织卓越经理。ASQ将注册质量/组织卓越经理看作"一名能够领导和倡导在各种服务和工业设置方面具有区域或全球焦点的过程改进活动——从小型企业到跨国公司所有方面——的专家。注册质量/组织卓越经理促使并带领团队致力于建立和监测顾客/供应商关系，支持战略规划和部署举措，并帮助开发测量系统以确定组织改进。注册质量/组织卓越经理应该能够对员工进行激励和评估、管理项目和人力资源、分析财务状况、确定和评估风险，并运用知识管理工具和技术解决组织面临的难题"（ASQ，2009）。

注：无论通过什么组织对你的专家进行认证，这里有一些有关认证方面的经验教训：

- 一个项目不足以让一个人成为专家。
- 通过一项没有监考的笔试不能保证应该接受测验的人事实上已经接受了测验。
- 如果在组织中能找到签字保证带级项目成功的人，那么需要有独立证据证明这个人了解六西格玛方法。
- 选择一家有信誉的认证机构。

参考文献

de Ansorena, R. (2009). "How Telefonica Makes Its Management Connections." *European Quality*, Vol. 8, No. 6, pp. 4–10.

Welch, J. W. (2009). *Winning: The Ultimate Business How-To Book*. Kindle edition. HarperCollins e-books.

（岳盼想　译）

第 16 章

根原因分析方法   约瑟夫·A. 德费欧   R. 凯文·考德威尔

本章要点
引言
朱兰 RCCA
第 1 阶段：识别问题
　该问题本质上是偶发性的
　　还是长期性的
第 2 阶段：诊断原因
第 3 阶段：纠正原因
第 4 阶段：巩固成果
计划—实施—学习—处置（PDSA）
放手去做（JDI）
参考文献

本章要点

1. 朱兰 RCCA 方法是识别和解决产品和过程中偶发性问题根原因的一种有效方法。它遵循四个基本步骤：识别问题、诊断原因、纠正原因，以及巩固成果。

2. 根原因分析是所有员工都需要掌握的最重要的技能之一。其核心是要找出所有组织都会发生的"因果关系"。

3. 在进行根原因分析、计划和实施潜在有利变化测试方面，PDSA 和 PDCA 是相似并且实用的方法。一些服务和医疗保健组织也应用这两种方法。

4. 当迫切地需要解决一个问题时，"放手去做"是一种有用的方法，失败"解决方案"风险的损失低，而有效（基于经验的）解决方案的回报高。

引言

全部组织问题解决活动的核心是充分理解问题的原因，找到一个可接受的解决方案。能否找到问题的"根原因"或"原因"是决定一个问题解决方法成功或失败的最重要的因素。这适用于所有类型的问题：对解决方案已经具有抵抗力的长期性问题、不经常出现但有复发倾向的日常偶发性问题、与识别和消除浪费相关的问题——所有这些都有赖于有效的根原因分析和确认，以降低与改变过程相关的风险和阻力。

为什么我们需要识别问题的根原因

虽然有效的根原因分析是所有问题解决方法（如六西格玛、精益、RCCA以及计划、实施、学习/检查、处置）的关键，但其目的是用来解决由特殊或固定原因引发的问题。特殊原因是指在日常运营期间产生的问题原因。由于它是不定期发生的，所以被视为偶发性因素，但如果持续存在，可能会对组织造成大的破坏。这些问题不同于像六西格玛等质量改进项目所关注的较大的和长期性的问题。更多关于解决前面提到的其他类型问题的根原因分析，请参阅第15章。表16-1给出了用来寻找根原因的不同方法及其用途的一个比较。

表16-1　根原因纠正措施的用途与其他方法比较

方法	用途（目的）	风险	益处（优点）	难度等级
六西格玛DMAIC	解决大的、长期的、涉及多职能的问题	低	高ROI（25∶1）	高：大范围问题需要艰难的诊断和专业技能
朱兰突破模式	解决大的、长期的、涉及多职能的问题	低	高ROI（25∶1）	高：大范围问题需要艰难的诊断和专业技能
RCCA	解决偶发的日常问题	低	中ROI（5∶1）	低：偶发性问题需要找出发生的变化；技能容易被全体员工掌握
PDCA	解决偶发的日常问题	低	中ROI（5∶1）	低：偶发性问题需要找出发生的变化；技能容易被全体员工掌握
精益问题解决	解决偶发的日常问题	中	中ROI（1∶1）	低：目的是识别浪费及其原因，往往容易被很好地理解
PDSA	解决偶发的日常问题	中	中ROI（1∶1）	容易：许多服务部门不使用工具来分析数据；相反，它们直接从症状得到解决方案
放手去做	根据已知的事物进行日常决策	高	中ROI（0∶0）	容易：尽管不受推崇，但很容易做；除了凭直觉没有其他方法

何时使用根原因分析

关于朱兰三部曲已经在第1章中进行了详细的讨论，但问题是：基本的RC-

CA 适用于三部曲的哪个阶段？要回答这个问题，请参阅图 16-1。

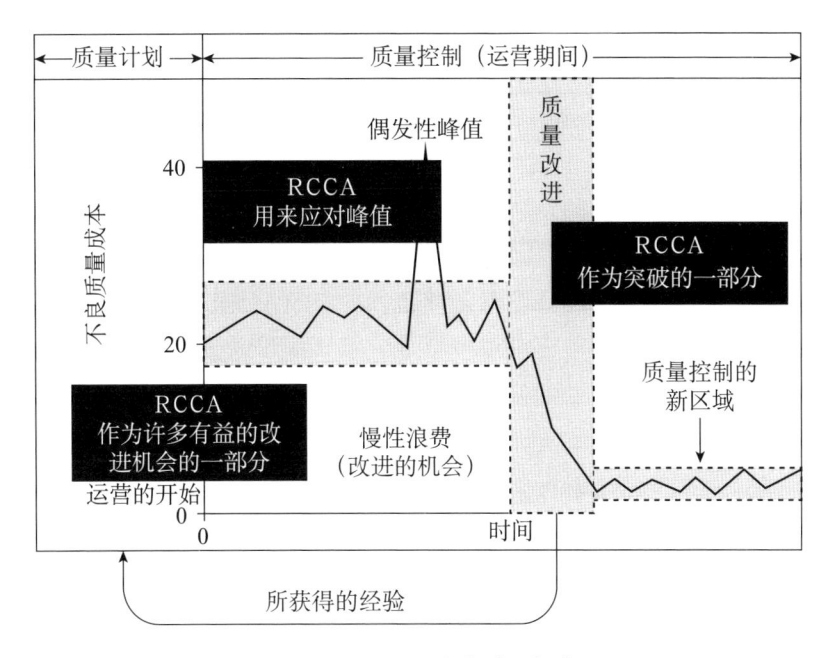

图 16-1　RCCA 和朱兰三部曲

从图中可以看出，RCCA 基本过程的应用是一项控制活动：将过程绩效恢复到先前可接受的水平。虽然控制也有广义持续改进的因素，但在此处的讨论中，我们将严格使用三部曲的定义，也就是说，控制是将过程绩效恢复到先前可接受的水平。同时，改进被定义成对过程特有性质进行改变，创造突破并上升到一个新的、更好的具有更少浪费和不良质量成本的绩效水平。前者主要针对特殊原因，后者针对波动的共性原因。

朱兰 RCCA

朱兰 RCCA 四步法是 J. M. 朱兰博士撰写的质量改进普遍过程著作的一个副产品，如图 16-2 所示。正如朱兰博士在前面章节中所讲述的，第三个普遍方法是指"控制——预防有害变化的过程"。为了确保所有过程处于控制状态，需要三个基本步骤：

- 了解过程实际绩效的手段。
- 将实际绩效与目标或质量目标进行比较的能力。
- 消除差异以保持控制的手段。

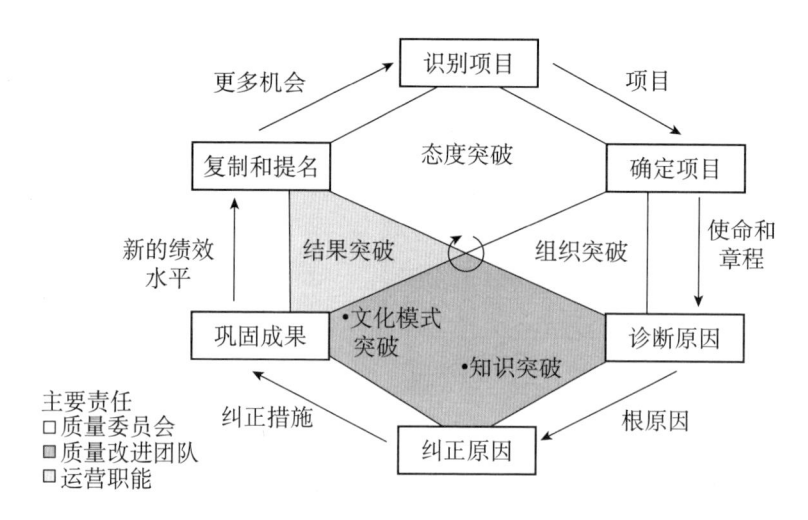

图 16-2　解决问题的六个主要步骤

第三步需要一种确定应该采取什么纠正措施的工具和方法。几个世纪以来，在消除差异方面已经有了许多版本的方法。沃尔特·休哈特创造了 PDCA 循环（计划、实施、检查、处置）作为一种执行控制功能的手段。PDCA 实践者需要掌握如何使用该手段。虽然有很多辅助根原因分析的工具，但是一个简单的用于解决日常的、偶发性的、小范围问题的方法仍是需要的。

这里所说的朱兰 RCCA 方法是对朱兰阐述的普遍的改进过程的一个简化，包括四个步骤：

1. 识别问题。
2. 诊断原因。
3. 纠正原因。
4. 巩固成果。

"质量控制可以被定义为是对按照（满足）可接受的缺陷水平和顾客需求的规定而测量的运营现状的维持或恢复。"（Monroe，2009）图 16-3 描绘了控制质量的机制。控制反馈回路的故障排除部分是需要 RCCA 的地方。当控制对象的测量指标超出已设立的可接受的标准范围时，就需要使用某种工具对原因进行识别。一旦根原因或原因被识别出来，就必须采取纠正措施予以消除。原因被消除后，控制反馈回路继续监测这一过程，避免这样的原因和问题再次出现。

为了有效地诊断和纠正原因，上述的四步 RCCA 方法必须采取一些子步骤：

1. 识别问题。

- 问题是偶发性的还是长期性的？（如果是后者，应用突破方法。）
- 如果该问题尚未在控制计划中，应确立责任人去解决它。

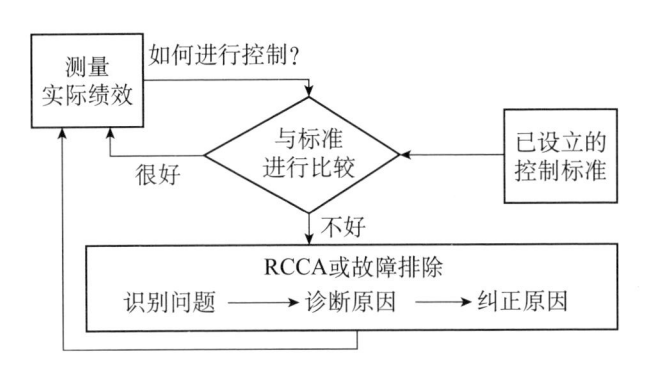

```
              如何进行控制?
  ┌─测量─┐  ┌────────┐        ┌────────┐
  │实际绩效│←─│与标准   │←──────│已设立的 │
  └─────┘  │进行比较 │        │控制标准 │
     ↑  很好└────────┘        └────────┘
     │         │不好
     │    ┌────────────────────────┐
     │    │     RCCA或故障排除      │
     └────│识别问题 → 诊断原因 → 纠正原因│
          └────────────────────────┘
```

图 16-3　控制反馈回路

- 准备问题陈述。

2. 诊断原因。

- 分析症状。
- 形成推测。
- 检验推测。
- 识别根原因。

3. 纠正原因。

- 设计并实施纠正措施。

4. 巩固成果。

- 调整控制。

下文将对朱兰 RCCA 方法各个步骤和子步骤进行详细讨论。

与医疗的类比

朱兰 RCCA 方法与医生在治疗病人时所采用的方法相类似。首先，医生会想了解病人怎么了：问题是什么？如果对问题缺乏一个清楚的认识，将不可能解决问题。

接下来，医生会想知道更多有关问题存在的外在证据：症状。他可能会测量病人的体温，询问病人正在经历什么样的不适，观察病人的喉咙和耳朵，等等。

基于观察到的症状，医生会做出初步诊断——关于可能造成病人病情原因的推测。这时医生仍不能确定病情的真正原因是什么，因此他会安排一些检查以确定哪一个初步诊断是正确的。或许会需要从病人身上抽血进行分析，或许会对病人进行 MRI 检查或其他诊断检查。

当收集完疾病可能原因的数据后，医生就可以根据事实做出最终的诊断。现在，如果顺利的话，在明了病人疾病的真正根原因后，医生可以实施适当的治疗方法。或许让病人吃药、采取物理治疗、建议调整某种生活方式——任何用于缓解已证明的病因的适当治疗方法。

最后，医生可能会说，"两周后回来复查"。这是巩固成果的活动，其目的是确保病人继续采用的药物和治疗方法有效：病人正逐渐好起来。

有效 RCCA 的要素

对于有效的根原因纠正措施来说，所必需的要素如下：

- 问题。问题是事物出现不正常并需要解决方案时所表现出来的证据，例如，在重要的设计、制造、服务或业务过程的输出中有一项明显的绩效缺陷。
- 数据和信息。只有当我们有了确凿的事实证明什么是根原因时，我们才能解决该问题。没有数据，我们仅能对问题的原因进行猜测，而且解决该问题的努力也会因为缺乏了解而受到阻碍。更重要的是，我们会产生怀疑，更大的风险也将被引入到我们的系统中。
- 工具。当一个问题出现时，会有许多疑问需要回答。这些答案将来自在过程中发现的数据。有时，我们往往面临大量的数据，但信息或事实却很少。这时，可以使用一些工具来帮助我们组织和理解这些数据。它们是进行有效根原因分析的无价的辅助手段。
- 结构。需要有一种符合逻辑的和结构化的方法来指导 RCCA 过程。这种结构，而不是试图解决该问题的人，是"向导或老板"。至少，该结构需要使用并涉及多个职能以找出根原因。这一结构将使我们能够"不断地拷问数据直到它有所供认"。数据包含信息，我们需要一种方法来提炼它。

问题解决团队可用的工具数量几乎是无限的，但对于基本的 RCCA 来说，最经常使用的有以下这些：

- 亲和法和头脑风暴。头脑风暴是一种激发创造力的质量工具。它非常实用，因为可以帮助团队思考出大量关于可能原因的意见。亲和过程有助于对这些意见进行组织。
- 因果图是一种有效的组织和展示有关问题各种潜在原因的方法。
- 数据收集方法用于收集有关质量问题的信息。一种典型的数据收集表应便于使用，并包含清晰的用法说明。
- 失效模式与影响分析（FMEA）是一种结构化的方法，用以识别过程中潜在的失效模式和评估与失效相关的风险。它有助于识别最有可能的潜在原因，并帮助设计一个更稳健的纠正办法。
- 图表是数量型数据的图示化表示。它们可以将大量的信息汇总在一个小区域内，简明而清楚地表达复杂的形势。

- 直方图是对一组数据变化情况的一种图形化总结。直方图这种图示化特性能使我们看出从一个简单的数值表中难以看出的变化模式。
- 箱线图和直方图一样，提供一组数据变化模式的图形化总结。箱线图尤其适用于小的数据集合或对许多不同的分布进行比较时。
- 朱兰帕累托分析是对与一个质量问题相关的影响因素的排名比较。它有助于识别和聚焦关键的少数因素。
- 防错法是一种主动通过设计和实施创意装置和程序以消除产生缺陷的机会从而减少缺陷的方法。
- 过程控制计划是对过程失控所采取的行动措施的概述。其目的是记录使过程恢复到控制状态所采取的必要措施，并协助过程拥有者保持通过问题解决所获取的收益。
- 散点图是对两个变量之间关系的一种图形化表示。在根原因的纠正措施中，散点图通常被用于在诊断过程中探究因果关系。
- 分层法是将数据划分成各种类别。其最常见的用途是在诊断阶段，识别出哪些类别对所要解决的问题影响最大。

第1阶段：识别问题

有人说，明确定义问题就成功解决了一半的问题。对在 RCCA 项目中需要解决的问题的明确识别和定义是早期通往成功的关键。在实践中，一个精心构建的并带有有效反馈回路的控制计划能几乎实时地发现需要通过 RCCA 解决的问题。对于控制活动的进一步讨论请参阅"第4阶段：巩固成果"部分。

选择问题

选择需要解决的问题。在收集完需要解决的潜在问题的数据和信息后，就必须采用一些工具，选择出需要解决的最重要的问题。数据收集和朱兰帕累托分析最常用于识别待解决的关键少数问题。

在挑选出要解决的问题后，必须清楚且简明地陈述问题的性质。好的问题陈述应该包含以下特征，概括为缩写 MOMS：

- 可测量的（measurable）。该问题必须用可测量的术语加以说明，要么使用某个已存在的测量系统，要么创建出一个新的测量系统。虽然到目前为止该问题可能还不能测量，但问题解决团队必须能够对如何用计量性术语测量该问题进行概念化。

- 可观察的（observable）。该问题必须是可见并可通过症状证实的。症状是问题存在的外在证据。
- 可管理的（manageable）。问题陈述的范围必须足够窄，以便团队可以在一个合理的时间内合理地应用资源解决它。应该避免"好高骛远"的项目。
- 具体的（specific）。问题陈述应聚焦于具体的产品、服务或信息，组织的具体部分，或较大问题的具体方面。

除了 MOMS 准则之外，问题陈述绝不应包含对某一原因的暗示、指责问题的发生，或建议的解决方案。

该问题本质上是偶发性的还是长期性的

这是一个岔路口。如果问题涉及的过程已经失控——例如火情已经发生并在继续燃烧——可以应用本章所讨论的 RCCA 过程和工具使过程恢复控制。如果一个问题已经存在了一段时间（长期性的），并且无法容忍的 COPQ 困扰着运营，可以考虑使用在第 14 章和第 15 章中描述的更复杂的突破性改进方法。

在此步骤中最经常使用的工具是数据收集和朱兰帕累托分析。

准备一个目标陈述

通常，RCCA 项目的目标陈述很简单：消除问题的根原因或原因，并恢复到控制状态。在某些情况下，彻底消除也许是不可能或不切实际的，这时目标应该是减小原因的影响以便使不良影响降到最低。在这种情况下，目标可以表述为一个百分点的改进、缺陷水平的降低等等。

第 2 阶段：诊断原因

分析症状

症状分析是寻找问题根原因的一个重要步骤，原因在于这项活动使我们能够了解当前的状况。该问题多久发生一次？其严重程度如何？哪种类型的失效对正在分析的问题影响最大？在过程的哪个环节最经常观测到该失效？关于当前状况的这类问题必须给予回答，因为它们能帮助我们更好地了解根原因在哪里。

这样想吧：当你被问到开车到克利夫兰走哪条路线时，你的回答会是什么呢？通常，人们会根据他们自己的参照系做出回应："嗯，前往东 224 路，然后转向北 I-77……"然而这样做忽略了重要的一点：该问题没有指定一个起点。根据人们前往克利夫兰旅程的起始点不同，到那里去的路线将完全不同。关键是除非你知道你的出发点在哪里（问题的症状），否则很难绘制出前往你想去的地方（目标的实现）的路线图。这就是为什么进行一个彻底的症状分析作为诊断原因的第一步是如此重要。当团队对可能的原因进行头脑风暴时，这种分析会有很大帮助，并且会产生一个比用别的方法所能获得的更加彻底的可能原因清单。

在此步骤中经常使用的工具是数据收集、过程流程图、朱兰帕累托分析和分层法。

形成推测

推测仅仅是对某种状况原因做的未经证明的陈述。考试分数低的学生可能会跟他的父母说，原因在于老师在考试中包含了没在课堂上讨论过的材料。但家长可能会认为这仅仅是一种推测。家长也可能会考虑其他一些推测，如学生没有读过包含考试材料的指定章节或学生没有每天去上课。同样地，当对某种质量问题的原因进行确定时，必定会有关于它的许多可能原因的推测。在没有对诸多推测进行通盘考虑并证实哪个是正确的之前就得出结论，意味着我们可能会在某种不恰当的解决方案上浪费时间和资源。

推测的产生遵循一种从创意到实证，从发散到收敛的思维过程。从头脑风暴开始，团队和主题专家努力识别出尽可能多的原因。接下来，团队将这些头脑风暴得出的推测整理成符合逻辑的集合，可能会用到亲和过程。最后，通过使用因果图、FMEA 和其他可能的确定优先顺序的工具，详细推敲这些集合中最有可能的根原因。

这些最可能的原因将作为下一步诊断过程的输入。

检验推测以识别根原因

"在开始检验推测之前，团队应该非常清楚究竟对哪些推测进行检验。在这一点上，因果图是团队非常有效的向导。将需要用一组特定的数据进行检验的推测绘制成图表。如果数据显示某一推测并不重要，那么这个推测不是可能的原因，应该删除。因果图还有助于识别能够一起检验的其他相关推测。当要检验的推测像其所被理解的那样被清楚而精确地表述出来时，就应该制订计划收集数据，检验这些推测。"（Juran Institute，Inc.，2008）

根据收集的数据对推测进行评估，给出某个推测是真是假的回答。除非数据表明该推测是真实的，否则总假定该推测是假的。数据收集齐后，必须使用适当的分析工具将数据转换成信息。然后，将信息变成问题的答案。这个过程有时被称为"不断地拷问数据直到它供认"。

项目团队应该认识到对某一个问题的回答几乎很少就是探索活动的结束。推测的检验通常是一个反复的过程。对一个问题的回答会导致另一个问题的出现，然后又一个，接着再一个。每一次发现答案，团队应该再次追问，为什么？为什么这个分析看上去是符合逻辑的？我们验证的上层（而不是根）原因为什么发生？当"为什么"问题没有更多答案或超出了可以控制的原因水平等级时，团队就找到了（可操作的）根原因。

一个例子是国家公园管理处几年前经历的关于杰斐逊纪念堂的问题。纪念碑石由于频繁的清洗以去除鸟粪使得岩块剥蚀。公园管理处最初采取的（错误）方法是减少一半的碑石清洗次数。这样做节省了一笔钱，也减少了对石材的侵蚀程度，但容易发现该"解决方案"导致了其他问题的产生：参观纪念碑的人对肮脏的环境感到不满。

因此，公园管理处进行了更深入的分析以找出问题的根原因。他们先是问："为什么有那么多鸟粪？"他们考虑了几种推测来回答这个问题。这些鸟或许是被游客丢弃的食物吸引来的，或许是被结构良好的栖息场所吸引来的，或许是因为这里有丰富的天然食物供给。他们能立即确定这些推测哪个是真实的吗？当然不能。他们有必要到问题发生的地方（日语叫作 gemba，即现场）进行观察，收集有关可能原因的数据，并找出在纪念碑附近鸟类增殖的真正原因。最后证明第三种推测是真实的：数量众多的肥美蜘蛛为鸟类提供了充足的食物来源。但调查完成了吗？不，这是因为调查者还没有找到该问题的根原因。

接下来要回答的问题是："为什么有这么多蜘蛛？"有关这个问题同样会提出若干推测。

- 纪念碑的破口提供了一个良好的蜘蛛结网空间。
- 在那里有昆虫为蜘蛛提供食物。
- 蜘蛛被吸引并隐藏到纪念碑里面的阴影里。

进一步的数据收集证明第二种推测是真实的。在杰斐逊纪念堂里有成千上万的小蠓（蜘蛛喜欢吃的一种小型飞虫）。调查者已经接近问题的根原因了，但还没有到达那里。

"为什么有这么多的蠓？"他们问。可能的答案包括：

- 蠓是被纪念碑里的食物供给吸引来的。

- 杰斐逊纪念堂，像许多其他华盛顿特区里的建筑一样，紧挨着水源（波托马克河），而蠓是在水里产卵的。
- 蠓是被夜间照亮纪念堂的灯光吸引来的。

第二种推测实际上只解释了为什么在纪念碑附近会有这么多蠓，但没解释它们为什么会在纪念碑的上面和里面。调查显示，每天日落时这些蠓会在灯光亮起的时刻飞出来进入"交配狂潮"。它们是被纪念碑的照明吸引过来，定居在了蜘蛛可以把它们当作美餐的地方。现在调查人员已经找到了问题真正的根原因：每天黄昏时刻纪念碑的照明。他们推迟了一小时的照明（纠正措施），蠓群急剧减少，接着食物链断裂。现在公园管理处可以大大减少清洗次数，进而，减少石碑岩块的剥蚀（最初问题）。与最初仅仅是减少清洗次数的解决方案相比，对真正的根原因采取纠正措施节约了大量的资金。这一解决方案还可以被复制到其他的特区纪念碑以获取额外的节约（The Juran Quality Minute：Jefferson Memorial）。

有人可能会问："我怎么知道什么时候停止追问'为什么'？"换句话说，调查人员钻研到什么时候才是足够深入，以至于可以判断达到了根原因水平？

有两个问题将有助于你确定是否已经找到了根原因：

1. 数据是否预示了其他可能的原因？每次数据收集和分析后，通常可以排除一些推测而对其余的推测更具信心。然而，推测不是一项一次性的活动。对每种数据展示——帕累托图、直方图、散点图或其他图表——总是应该加以检查，追问是否预示着还有其他推测。如果你还有分不清的似是而非的推测与新数据一致，且不能根据其他数据排除，那么你就还没有找到根原因。

2. 所提议的根原因是否在某种程度上可控？有些原因是超出我们的控制能力范围的，像天气。天气的影响可以通过调高温度或开启一台加湿器来加以控制，但不能直接控制天气。所以检验天气为什么寒冷是没有用处的。

在形成和检验推测步骤中最经常使用的工具是数据收集、流程图、图表法、直方图、朱兰帕累托分析、散点图和分层法。

形成和检验推测的这些步骤完成了问题的根原因诊断过程。也许有人会问，我为什么要经历所有这些麻烦，仅仅是为了找到问题的根原因？它为什么重要？丹尼斯·罗比泰勒，一名美国质量学会（ASQ）会员和根原因分析领域最重要的专家，在题为《你应该从根原因分析中得到的四样东西》的文章中给出了令人满意的回答（2009）。对有效的根原因分析的强调，在一些行业已经得到了越来越多的关注。例如，登记处要求提供更充实的根原因分析的证据，作为请求采取纠正措施的一部分。所有这一切都是好消息。不过，我的个人经验是，尽管人们知道他们需要进行根原因分析，但他们不了解以下三个问题：

1. 根原因分析是什么？
2. 如何进行有效的根原因分析？
3. 根原因分析应该产生什么样的结果？

我们先回顾一下什么是根原因分析。它是对某个已识别问题的原因所进行的一项深度调查。它询问事情为什么会发生，还应该调查产生问题的过程，这将有助于识别影响因子和临时故障。

有两件重要的事情需要从一开始就记住。根原因分析聚焦于原因，其最终目的是要利用这些信息来制订纠正措施计划。这种认识与接下来人们需要了解的两个问题有关。

人们不知道如何进行根原因分析，仍然将它当作一个偶然性的活动。组织没有给员工良好的调查技巧方面的培训。他们仍旧指责文化："让我们找出是谁把事情搞砸的"，并且根本不把根原因分析看作一个受控的过程。

除了五个为什么（5W），还有其他许多可以使用的工具，例如流程图、头脑风暴、鱼骨图、帕累托图和试验设计。为了获得最富有成效的结果，应该搭配使用多种工具。例如，通过使用头脑风暴或五个为什么推测出可能是哪里出了问题，然后在鱼骨图中对推测结果进行组织，以此为路径找到证据，客观地总结出什么是真正的根原因。组织必须停止指派人员执行根原因分析任务而又不为他们提供必要的培训和工具的做法。

最后，人们需要了解这个过程的预期结果是什么。说我们要进行根原因分析了，这样说很好，但人们是否知道找出原因后应该做些什么呢？

通过根原因分析应该获得四样东西：

1. 揭露问题的根原因或原因。这是该过程的基本输出。

2. 识别弱点或其他影响因子，它们本身或其中一些未必是不符合项。这可能是短视决策的结果，为了获得效率或节约成本而不惜缩减活动。例如，你或许决定要等到使用时才检测零件，这种在收货过程中的时间节约可能会导致后续昂贵的延误和调度混乱，使得预计的节约相形见绌。它在当时并不是一个坏主意，但却会导致延迟交付。

3. 对与问题相关的过程和支持过程的更好的理解。如果没有，说明你还没有完成全面的根原因分析。如果缺乏对过程的高度理解，你就无法明白有些看似互不相关的过程间的相互联系、相互依存或其他因素。这有助于我们获得最终结果。

4. 创建一个可以从中制订纠正措施计划的架构。纠正措施不是单纯的一项活动，而必须是一套计划，反映问题的方方面面。如果你已经进行了一个很好的根原因分析，那么你不仅会识别出根原因，而且还可以识别出许多其他需要解决的因素，以确保同样的问题不再发生，确保不会无意间产生新的问题，并确保组织从所采取的措施中获益。

根原因分析将发现可能需要改进的过程、需要修改的文件和表格、需要培训的人员以及在执行典型的项目计划时需考虑的无数其他因素。

没有根原因分析，采取有效的纠正措施是不可能的。如果不采取纠正措施，根原因分析也是在浪费时间。

第 3 阶段：纠正原因

既然项目团队已经找到了问题的根原因，现在的任务就是恢复过程的控制。这是通过采取适当的补救措施实现的，这些措施将直接影响原因并消除它，或至少大大降低其不良影响。

评估备选方案

与形成推测步骤相同，该步骤也是一个从创意到实证、从发散到聚合的思维过程。从头脑风暴开始，团队、主题专家和过程拥有者将试图确定出尽可能多的备选解决方案。创造力在这一点上至关重要，通常情况下，解决方案必须相当新颖以彻底解决根原因。接下来，团队将对这些头脑风暴得出的潜在解决方案进行评估，以确定哪种或哪些组合的解决方案能最好地解决和消除（各种）原因。

团队可以绘制各个解决方案实施过程的流程图，形象化地分析哪个方案最有效。他们也可以使用基于准则的选择矩阵辅助决策过程，并帮助找到最佳解决方案（见图 16-4）。选择矩阵可以帮助团队对一些最佳的备选方案进行组合，以优化最终的解决方案。

备选方案选择矩阵 对可能的备选方案从 1 到 10 进行打分。10＝完全符合标准 更新日期：2009-10-12							
		可能的备选方案					
准则	权重	A	B	C	D	E	F
低成本	3	9	8	10	7	9	7
高效	2	8	10	9	10	9	9
低风险	2	8	8	7	9	9	7
低阻力	1	9	8	5	8	9	10
最小过程中断	2	6	7	7	6	8	7
	总得分	80	82	81	79	88	77

图 16-4 备选方案选择矩阵

在该步骤中最经常使用的工具是头脑风暴、数据收集、选择矩阵和流程图。

设计和实施补救措施

当团队选择了补救措施时，会执行以下四项任务设计补救措施：

1. 确保补救措施能实现项目目标。评审项目目标以验证补救措施能达到预期的结果，并且所有相关的人都在这一点上达成一致。这是继续推进前的最后一次检查。

2. 确定所需的资源。尽力准确地确定执行补救措施所要求的资源，包括：人员、资金、时间、原材料。

3. 详细说明所需的程序和其他更改。在实施补救措施之前，清晰描述需要经过什么样的程序以采取建议的补救措施。任何对组织现有的方针、程序、系统、工作模式、报告关系和其他关键运营的改变都必须加以说明。任何路线外的意外都可能破坏补救措施。

4. 评估人力资源需求。任何补救措施的成功都依赖于实施所需变革的人。通常情况下，有必要对全体员工进行培训或再培训。要充分挖掘全部的培训需求以及所需要的培训资源。

这些任务完成后，就可以绘制一个流程图，清楚地详细描述新的程序。

团队在设计补救措施时，应考虑该补救措施的防错需求。他们应该考虑和开发各种技术以避免、防止或减少伴随改进过程可能发生的偶发错误。

这一步骤的最后一项活动是实施补救措施。根据正在处理的问题和将要实施的解决方案的复杂性，可能需要一个正式的实施计划。至少需要对程序、过程标准或工作指南进行修改以使该变更制度化。

第4阶段：巩固成果

这个阶段是 RCCA 过程中确保问题不再发生，或即便发生也能快速对复发情况进行识别和纠正的最重要的一个阶段。如果发现某个问题复发，则表明项目团队的工作还没有完成——他们在解决问题的过程中忽略了某一个根原因或者设计并实施了一个无效的补救措施。

如果问题得到有条不紊的解决，就像这里所描述的一样，在形成推测和评估备选方案的步骤中全面考虑了可能的原因和补救措施，那么补救措施就应该是稳健的，原因和问题都不应该再次发生。巩固成果的控制将表明是否做到了这一点。

重新设计控制

在设计控制过程中，主要的活动是开发控制计划。理想的话，组织应该有了一个针对当前过程的有效控制计划，目前只需要一定的修改，加入与该问题的解决方案相关的控制对象。

建立一个有效的控制计划的第一步是选择合适的控制对象。控制对象是指那些需要经过测量以确定过程是否受控的产品或过程特性。每一个控制对象的绩效都是通过图16-3中所描述的反馈回路进行监测的。使用控制计划矩阵对反馈回路的功能进行跟踪，并在过程或产品不符合标准时制订纠正计划。过程控制矩阵的一个重要作用是在过程失控时提醒过程操作者，并告诉他需要做些什么将过程恢复到受控制状态。

在这个矩阵中（见图16-5），行描述每个对象的控制元素，列标题表明控制活动的每个元素：

过程控制计划：												
				日期：		修订级别：			审批人：			
控制对象	控制目标（标准）	测量单位	测量工具	测量频率	样本大小	测量结果记录位置	测量员	采取行动的准则	采取的行动	决策人	执行人	行动记录的位置

图16-5 控制计划矩阵示意图

- 控制对象。那些需要经过测量以确定过程是否仍然处于受控状态的产品或过程特性。
- 控制目标或标准。产品或过程可接受的绩效限值。通常这些都是SPC图上的控制限，是判断过程稳定或失控的主要依据。
- 测量单位。测量数据如何表示？英寸？毫米？百分比缺陷？
- 测量工具。为了获取测量结果需要使用的设备、人员或两者的组合。
- 测量频率。控制对象需要多久测量一次？（例如每小时、每天、每周等。）
- 样本大小。在规定的频率下需要进行多少次测量？
- 测量结果记录位置。日志、图表、数据库等。
- 测量员。谁负责对控制对象实施测量并获取和记录测量结果？

- 采取行动的准则。这通常包括所有超出控制目标或标准范围的过程绩效。这种波动通常是由特殊原因引起的，并将触发反馈回路的故障排除功能。
- 采取的行动。对失控状况原因的了解有助于指定人员采取适当的行动，以将过程恢复到与控制目标相一致的状态。
- 决策人。谁负责下令采取行动？
- 执行人。执行人负责对控制对象采取具体的（各项）行动，以将过程恢复到与控制目标相一致的状态。
- 行动记录的位置。确定解决问题所采取行动的记录位置。这个记录对今后发生类似问题的分析非常有用。

实施控制

合适的控制计划设计完成后，实施就是在应用计划的过程中培训过程拥有者和操作员的问题了。如果 SPC 是计划的一部分，则对控制图的正确使用、解读及恰当反应的具体培训也必须包括在内。过程拥有者也是控制计划的拥有者，因此，他们在控制实施中的参与是必不可少的。

审核控制

经过短时间的控制后，项目团队应该与过程拥有者和操作员一起对其有效性进行监测，这将有助于识别计划中的无效元素以及据此进行相应的修改。

按照上述的 RCCA 四阶段法，项目团队将会一致地识别出根原因并在较短的时间内采取适当的补救措施。在识别和减轻这些原因所耗费的时间里，可能需要采取某种临时措施以确保有缺陷的产品、服务或信息不传递到客户手中。这些措施有时被称为遏制政策，它们应该被设计成临时性的有效对策，直到确定并减轻问题的根原因。

计划—实施—学习—处置（PDSA）

PDSA 是另外一种用于发现和处理问题根原因的问题解决方法。该方法最初由沃尔特·休哈特博士在其著作《制造品质量的经济控制》（1931）（作为 PDCA，计划—实施—检查—处置）中提出的，而后由 W. 爱德华兹·戴明推广。戴明称该方法为休哈特环，但许多人，特别是在戴明成名后，称其为戴明环。

该方法不同于前述的根原因分析法，因为它主要是通过试验方法识别根原因的指南。这意味着，在循环实际开始前需要完成症状分析和原因推理，然后进行反复试验以深入钻研待解决问题的根原因。

PDSA 方法在医疗保健机构特别受欢迎，这可能是医疗保健改善研究所（IHI）将其作为一种寻找原因和刺激改善的方法加以推广的结果。

在进行实际的 PDSA 循环之前需要首先进行"目标设定"，这与朱兰 RCCA 过程中目标的建立相类似。然而，待解决问题陈述的这一部分可能缺失，因此人们可能不知道哪些团队活动应该成为重点。于是团队收集与他们正在试图改进的过程有关的知识，使他们能够提出好的改变过程的想法。

"……相应的知识越全面，将这些知识应用到改进时效果就越好。因此，任何改进方法必须以建立并运用知识为基础。这种观念引出了一系列基本问题，其答案构成了改进的基础：我们试图完成什么？我们如何得知某项改变是一种改进？我们做什么变革才会带来改进？"（Langley，et al.，1996）

与朱兰 RCCA 相比，PDSA 方法设法识别那些有可能改进过程或过程结果的变革，然后实施这些变革以观测它们是否能有效产生改进。PDSA 循环是应用于这类试验性变革的方法。换言之，PDSA 试图通过解决方案的试验和错误来确证或反驳关于问题原因的各种观点。

"[以上]这些问题提供了一个'试验和学习'方法的框架。'试验'这个词意味着将进行某种变革的检验，'学习'一词意味着已识别出的准则将被用于学习和从试验中汲取知识。"（Langley，et al.，1996）

PDSA 方法遵循以下这些阶段和步骤：

1. 计划：
- 界定待检验的变革。
- 设计试验以检验变革。

2. 实施：
- 执行试验计划。
- 收集有关变革有效性的数据。

3. 学习：
- 分析试验数据。
- 总结学到的知识。

4. 处置：
- 确定需要实施的永久性变革。
- 确定需要检验的额外的变革。

显然，这种方法具有以下优点：

- 如果试验人员善于挑选出产生真正改进的方案，它就能够迅速见效。
- 它遵循一种试验的方法，能产生大量有用的知识。
- 它已被广泛接受，特别是在医疗保健和其他通常依赖试验方法来确定有益变革的组织（例如，药物开发）中。

人们也可能会注意到它的一些缺点：

- 如果试验人员不擅长挑选出产生真正改进的方案，结果可能会来得很慢。
- 失败的变革可能不会产生大量有用的信息。
- 除非是在实验室环境下完成的，否则试验可能会对过程造成破坏，并且试验本身可能会是资源密集型的。
- 试验在许多情况下会是代价高昂的。

在这些利弊的基础上，项目团队应该选择最适合自己工作风格和组织需要的方法。

放手去做（JDI）

顾名思义，放手去做（JDI）实际上没有包含问题的根原因分析，这是因为这个根原因通常是显而易见的，有时称它是"明摆着的事情"。因此在这种情况下，对根原因的分析完全是通过观察完成的。

若干年前，咨询顾问从使用支架幻灯机的旧教学方式过渡到新的计算机方法：以演示文稿图形的程序构造要讲授的素材，并利用液晶显示投影仪（LCD）放映。伴随着从旧方式过渡到新方式的进步，越来越少的会议室还保留支架幻灯机，而越来越多地开始使用 LCD 投影仪。一些培训机构出现了一个问题：假如培训师赶到培训教室，准备使用支架幻灯机放映幻灯片，却发现没有这种设备，那么培训要么不得不推迟，要么以低于期望的方式完成，即仅仅是阅读和参考印刷资料。这个问题的明显原因是什么呢？咨询机构没有给咨询顾问提供在新环境下完成工作所需要的适当工具（或者是笔记本电脑，或者是一些可用于培训教室的台式电脑的数字媒体）。毫无疑问，这种情况下的 JDI 就是给培训师提供所需的工具。

JDI 方法可能适用的另一种情况是对解决方案的需要十分迫切并且耽搁会产生严重影响。

这样的一个迫切需要解决方案的例子发生在 1854 年的伦敦。当时暴发了严重的霍乱，最后在 10 天时间内就有超过 500 人丧生。约翰·斯诺医生前往参加救援工作。在使用浓度图分析发生死亡的模式后,斯诺意识到大多数的死亡集中发生在百老汇街水泵附近。即使他还没有认识到问题的根源是水中的细菌,斯诺直接确定了一个解决方案,拆除了水泵的手柄。几天内霍乱疫情结束了(The Juran Quality Minute:London Cholera Epidemic)。

要在进行全面分析并找出问题的根原因之前实施 JDI,必须包含三个因素:

1. 改变的需求必须是迫切的。不要只是因为 JDI 方法快速和简单就使用它。

2. 这种改变必须具备低的失败成本。如果你错了怎么办?为改变所付出的代价必须要低,最好是零。拆除水泵手柄可能给斯诺医生带来的损失微乎其微。可能发生的最坏的情况就是人们可能要走稍远一些去取水。

3. 这种改变必须具备一个显著的潜在回报。这里的判断是:"那么,如果我是正确的怎么办?如果这种改变是有效的,事情会有很大改善。"

在适当的时间以及适当的情况下使用 JDI 可能是一种有益且有效的快速见效方法。

参考文献

The list and descriptions of tools in this section are edited from the pertinent sections of Juran Institute, Inc. (2008) "Root Cause, Corrective Action, Version 1.2," Southbury, CT.

Langley, G. G., Nolan, K. M., Norman, C. L., Provost, L. P., and Nolan, T. W. (1996). *The Improvement Guide: A Practical Approach to Enhancing Organizational Performance*, Jossey-Bass, New York, pp. 3–4.

Monroe, D. (2009). "Process Variables Controlled," *Quality Magazine*, November.

Nolan, K. M., Norman, C. L., Provost, L. P., Nolan, T. W., Langley, G. J. (1996). *The Improvement Guide: A Practical Approach to Enhancing Organizational Performance*, 1st ed. Jossey-Bass Publishers, San Francisco, California.

Robitaille, D. (2009). "Four Things You Should Get from Root Cause Analysis," *Quality Digest The Quality Insider*, November 10 (used by permission).

Shewhart, W. A. (1980). *Economic Control of Quality of Manufactured Product*, Martino Fine Books, Originally published in 1931 by D. Van Nostrand Company, Republished in 1980 as a 50th Anniversary Commemorative Reissue by ASQ Quality Press, Milwaukee, Wisconsin.

(岳盼想 译)

第 17 章

运用六西格玛设计实现持续创新

约瑟夫·A. 德费欧　约翰·F. 厄尔利

本章要点
持续创新与朱兰三部曲
设计和创新方法的演变
六西格玛设计——DMADV 步骤
运用六西格玛设计实现
持续创新过程的实例
参考文献

本章要点

1. 创新是所有组织生存的关键。如同持续改进一样，创新是应用系统化方法的结果，而不是无计划的偶然性结果。

2. 持续创新（CI）不同于产品开发。持续创新必须在一个组织的所有领域发生作用，从创造产品、服务或流程以满足内外部顾客的需求，到设计新的设施或办公环境。

3. 在过去十年中，用于设计和开发产品和服务的方法有了很大改善。制造设计、装备设计、精益设计、环保设计，以及六西格玛设计，所有设计已成为能够满足顾客关键质量需求的典范，并最终导致创新产品的出现。

4. 正如人们通常所提到的那样，运用六西格玛设计或 DMADV 步骤实现的持续创新类似于朱兰质量设计模型（见第 4 章），并已成为所谓的"产品、服务和流程的持续创新"的基础。

5. 培养创新习惯要求管理人员创建出类似于持续改进的基本结构。设定目标、选择项目并培育团队创建创新产品和服务——一个项目接一个项目地逐步进行。

6. 运用六西格玛设计实现持续创新包括以下五个实施步骤：
   a. 定义新产品、服务或过程的目标和目的。
   b. 测量并了解顾客的潜在需求。
   c. 分析顾客需求并确定能够满足这些需求的创新特征。
   d. 结合各特征进行设计，从而使创造出的新产品、服务或过程能够包含所需特征。
   e. 验证新的创新发明是否能满足顾客和组织的需求。

持续创新与朱兰三部曲

我们之前曾在质量计划部分探讨过朱兰三部曲。由于一个有效的设计过程能发现隐藏的顾客需求，因此根据顾客需求进行设计总是会导致更高质量的产品和服务，并产生创新性成果。对顾客隐性需求的发现，以及随后对这些问题的解决都会导致创新（见图17-1）。本章介绍了用以产生持续改进（CI）的DMADV步骤和工具的使用。通过采用最有效的模式，如美国食品和药物管理局（FDA）采用的质量设计，以及GE、三星、微软所使用的六西格玛设计，组织可以像培养改进习惯那样培养创新习惯。通过部署CI方案将确保组织满足社会和企业需求的适应性和持续性。

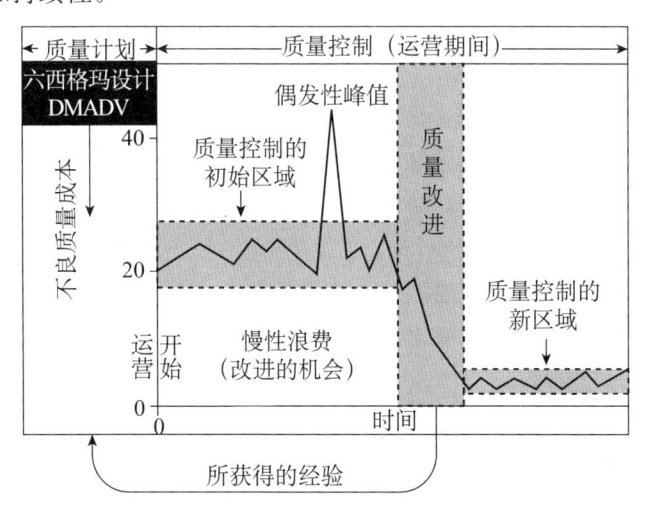

图 17-1　六西格玛设计与朱兰三部曲

资料来源：Juran Institute，Inc.，Southbury，CT.

通过运用第 4 章介绍的 GE 医疗在移植朱兰质量计划模式过程中产生的六西格玛设计模型和工具，CI 作为一个功能强大的引擎有助于组织真正将质量计划运用到其产品中去，这里所说的产品通常指的是商品而不是服务或过程。

朱兰把质量计划设计步骤（见图 17-2）作为策划（设计）新的（或改良的）产品和服务的框架。这些步骤既适用于制造业和服务行业，又适用于提供给内外部顾客的产品。

为改进项目（见第 5 章）设计一个有效的解决方案可能需要完成质量计划过程的一个或多个步骤。Early 和 Colleti（1999）以及朱兰（1988）对这些步骤进行了广泛的讨论。这些质量计划的步骤必须与正在开发的产品所使用的技术工具相结合。设计一辆汽车需要汽车工程学知识，设计一种治疗糖尿病的方法需要医学知识，但都需要质量计划的工具，以确保满足顾客需求。

尽管第 2 章的图 2-4 提供了一个相当详细的路线图，但在这里有必要进行一个概述以便对各步骤做简单说明（Early and Colleti，1999）。

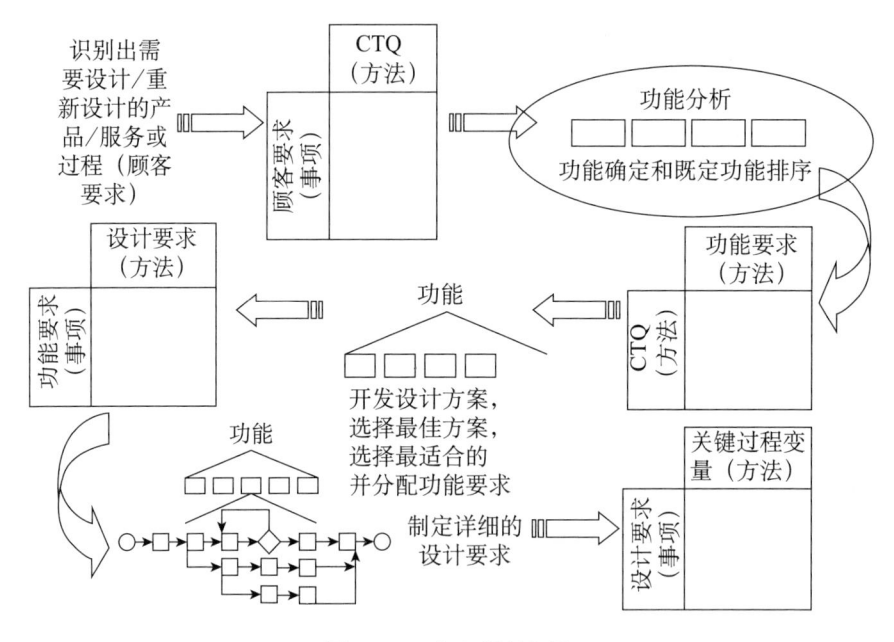

图 17-2 如何设计矩阵

资料来源：Juran Institute，Inc.，used by permission.

一旦识别出顾客的隐性需求，就会产生新的设计或创新。举例如下：

砂布：耐用性越好，抛光零件所需的内部成本越低。

汽车：关门更省力，关门"声音"有所改善。

洗碗机：作为家用电器的重要组成部分，其耐用性要求更高。

电子设备：简单的一体化设备，如 iPhone，iPod。

软件：便于理解的用户使用指南。

纤维：纤维加工过程中要求更低的断裂量。

轮胎气门阀：轮胎生产商使用气门阀进行硫化操作时的生产能力更高。

感光胶片：为了降低变异，胶片处理过程要求较少的工艺调整。

日用产品：24 小时内交付订单，而不是标准要求的 48 小时。

住房抵押贷款申请：比竞争对手更短的审核时间。

传统上，利用这些洞见的主要活动都是按次序相继进行的。例如，规划部门研究顾客的欲望，然后将结果提交给设计部门；设计部门执行任务，并把结果递交给工程部门；工程部门创建出详细的规范说明书，然后将结果交付给制造部门。不幸的是，这种按次序进行的工作方式会导致整个计划过程中各部门之间缺乏足够的沟通——每个部门都只是将本部门的结果交付给下一个部门。这种沟通上的缺乏往往会给下一个内部客户部门带来问题。为了防止这种情况的发生，从项目一开始就应该像一个团队一样组织所有过程，即制造过程应该和产品设计与工程计划同步运行，这种方式可以使团队在编制规范说明书的过程中解决生产可行性问题。

创建新的产品和服务有助于组织的生存发展。许多组织已经采取了很多方法以提高其设计产品的可销性。从 20 世纪 80 年代到现在，人们采用了一些新的基于朱兰质量设计的方法来提高产品的可销性。现如今许多方法仍在继续产生效益：

- 设计和开发阶段门。
- 并行或同步工程。
- 制造设计。
- 装配设计。
- 六西格玛设计。

在过去十年中还涌现出许多新方法。最近出现的有发展前景的如：

- 环保设计。
- 精益设计。
- 可持续发展设计。

如今，六西格玛设计作为一种系统化方法，为实现新的服务和创新性设计提供了方法和手段。设计新的产品和服务以实现创新的步骤如下：

- 识别顾客及其需求。
- 收集和研究信息，并观察这些顾客的行为。

- 生成并设计解决方案，以满足他们的需求。
- 设计解决方案并确认需求得到满足。
- 将设计转入业务营运。

以这种方式，这些步骤迫使人们"跳出条条框框进行思考"，迫使人们以结构化和有条理的方式获取新的信息，间或以创新性方法创造出新的服务。

用于商品、服务和交易过程的 DFSS

六西格玛设计模型已被用于包括电子、化工、尖端工业设备、运输设备和大批量消费品在内的各种实物商品的新产品导入（NPI）过程中。它也被成功地用于发展保险、医疗保健、银行和公共服务等高品质的新服务。

在 DFSS 设计阶段，跨职能团队负责开发详细到完整工程图纸的产品设计，以及交付产品的过程设计，包括所有的设备、工作说明、工作的基层组织等。一旦实物产品被生产出来，产品设计和过程设计的区别就变得非常清晰了。而对于两者交互作用的服务产品，其差别有时就不是太明确。

识别服务设计和实现该服务的过程设计之间的差别，并按照该差别展开行动已被证明是非常有用的。服务设计是顾客所感受到的活动流。服务的过程设计是使顾客的感受成为可能所需的活动流。

例如，支付客户保险理赔的服务应具有时效性、易于操作性、响应性和透明性的特点，这些都是客户能看到、感觉到、听到和触摸到的。为了准确无误地向顾客提供这种活动流，服务的生产过程会包括有关数据处理、信息获取、付款程序和政策，以及在过程中与顾客进行交互的人际交往能力的特征。这种幕后的生产过程对顾客来说在很大程度上是不可见的。事实上，当这些无形的生产过程对顾客可见的时候，通常是因为它已经失败，并且未能按设计提供准确无误的服务。

经验表明，首先设计顾客感受到的服务，然后再设计使服务成为可能的过程，这样的工作划分是有帮助的。那些试图一步将服务和过程同时设计的团队通常认为顾客感受相较于业务营运来说是次要的。

服务设计的例子

在一个服务行业的例子中，质量计划过程被一家大型银行集团的下属银行用于再计划其获得企业客户和商业信贷客户的过程。下面是质量计划过程步骤的一个概要。

1. 建立项目。设定本年度信贷客户的销售收入目标为 4 300 万美元。

2. 识别客户。该步骤确定了 10 个内部客户部门和 14 个外部客户组织。
3. 了解客户需求。内部客户有 27 项需求，外部客户有 34 项需求。
4. 开发产品。该产品具有良好的满足客户需求的产品特征。
5. 开发过程。为生产出所需的产品特征，开发了 13 个过程。
6. 开发过程控制并向运营转移。定义了过程的检查和控制，并在具体运作上制订了计划。

修订后的过程实现了既定的收入目标，并且，以该方式获取客户所花的费用仅为其他下属银行客户费用平均值的四分之一。质量计划过程产生大量必须经过梳理和系统分析的信息，对这些信息的校准与联合是对产品进行有效的质量计划必不可少的。一种有用的工具是质量计划展开表或矩阵（本质上是一个表格）。图 17-2 显示了与质量计划过程步骤相对应的四张展开表，注意展开表之间是如何相互影响并彼此依赖的。这些表格既涵盖了产品的质量计划过程，又包含了创造产品的过程的质量计划过程。这种方法通常被称为质量功能展开（QFD）。因此，QFD 是一种技术，它将顾客需求转化为产品和过程特征的逻辑记录下来。质量计划过程展开表的使用在本章稍后展示。

质量计划的这六个步骤适用于任何行业新的或改良的产品（商品或服务）或过程。在服务业中，产品可以是信用卡审批、抵押贷款审批、呼叫中心应答系统或医院护理。此外，产品也可以是向内部顾客提供的服务。Endres（2000）描述了质量计划的六个步骤在路德援助协会保险公司和斯坦福大学医院的应用过程。

CI 需要了解客户的需求并解决他们的问题

要设计出具有创新性的、质量上乘的服务和产品，就需要清楚地了解顾客的需求并将这些需求转化为旨在满足这些需求的服务。这是大部分创新产生的驱动力，尽管大多数人还没有意识到这一点。

创新与创造新的东西相关。在激烈的商业竞争中，成功往往涉及最好的创新。许多组织具有创建年度计划以发展新模式和新服务的设计和开发职能。有时，这些内部职能为组织设计出商品或服务，然后再寻找顾客将其售出；另一些创新来自解决社会问题。还有一些组织寻找顾客的问题加以解决，结果是它们创造出新的、创新性的事物。我们研究发现，后者是最经济的，因此其投资的回报也最大。

为了实现持续创新，组织必须设计以满足顾客未被满足的（通常是隐藏的）需要。要做到这一条，必须：

- 捕捉顾客——潜在的新顾客或现有的顾客——的声音。

- 发现隐藏的顾客和需求。必须找到隐藏顾客或隐性需求。
- 设计解决方案来满足这些需求。这通常意味着解决一个挑战或矛盾。
- 使用系统化的方法以确保产生持续的创新。
- 有捕捉信息的工具，并用它来确保商品或服务被有效地生产。
- 雇用来自多个职能部门的员工执行系统化过程，以确保商品或服务按计划完成。

创新意味着"创造新的事物"，人们可以通过研究过去的创新以及创造性方法来了解创新。

宝丽来（Polaroid）相机

传统的摄影过程中涉及感光材料曝光，曝光过程需要依次进行胶片的显影、定影和晒印，以及印片的显影和定影，整个过程可能花费几个小时（或者几天，如果胶片处理设备距离照片拍摄地点比较远的话）。1947 年，美国物理学家埃德温·赫伯特·兰德（1909—1991）提出了一种全新的显影和照相系统。兰德在度过大学第一学年之后便离开了哈佛，开始了自己的光学偏振研究。两年后，他发明了一种能够在相机镜头上使用的偏振滤光镜片，用来消除反射和眩光。1937年，兰德成立了宝丽来公司，用来生产和销售他的滤光器、灯具、遮光窗帘和太阳镜。1947 年 2 月，他推出了宝丽来即时摄影（拍立得）技术，并应用在自己的宝丽来兰德照相机上。兰德相机（美国专利号 2543181）在 1948 年 11 月 26 日首次发售。宝丽来摄影是在一个夹带感光相纸的扁平的密封舱里处理化学药品的。胶片曝光时，一对定影压辊会将化学药品均匀地涂到相纸上，并在一分钟后完成晒印。1963 年，宝丽来公司推出 Polacolor，一种全彩色胶片，可以在不到一分钟的时间内完成冲洗。

救生员（Life Savers）糖果

1912 年，当糖果制造商克拉伦斯·克兰刚开始销售 Crane 牌薄荷味救生员糖时，救生圈仅被用在船舶上——一个环形中间有个洞的扔给落水乘客救生用的物品。但这并不是故事的全部。克兰原本是一个巧克力制造商，但巧克力在夏天很难卖，因此，他决定尝试生产薄荷糖，以提高他的夏季销售额。当时，市面上可见的薄荷糖大多来自欧洲，并且都是方形的。有一天，克兰在一家药店购买瓶装调味品时注意到药剂师正在用机器制作药片——手工操作，制成一个个圆圆的扁平药片。克兰有了想法。药片制作机对他的薄荷糖生产很有用，他甚至可以通过在中央打小孔的方式制成救生圈形状。1913 年，克兰以仅仅 2 900 美元的价格将救生员糖果的生产权卖给了爱德华·诺布尔。随后诺布尔将救生员糖果制成包括最初的薄荷味在内的多种口味进行销售。克兰可能会后悔当初出让的决定，因为救生员糖果为新的生产商赚取了数百万美元。

iPod

iPod 源于独立发明家托尼·法德尔凭空设想出的一个商业理念。其最初的想法是基于一个 MP3 播放器，创建一个为其提供补充的 Napster 音乐销售服务，并建立一个以之为中心的公司。这最终导致了苹果创造出 iPod。

赛格威思维车（Segway）

这种新的交通工具意味着对 20 世纪有关交通工具传统智慧的全方位突破，从移动方式到燃料再到操作手段都进行了重新设想。其结果是，电力驱动的交通工具与之前出现的任何交通工具从外观、感觉或移动方式上都完全不同。2001 年，迪安·卡门宣布了第一台自我平衡、零排放个人用运输工具——赛格威个人运输车（PT）的到来。基于利用动态稳定技术开发更高效、零排放交通运输方案的愿景，赛格威将其研发聚焦于寻求空间占用量最小、机动性最强，并能在人行道和小路上行驶的设备创造。如今，赛格威仍在继续开发安全、独特的交通方案，用以缓解城市交通拥堵和污染。

两种创新类型

创新有两种基本类型。第一种是 I 型创新，会发生，但很少。类型 I 创造的是全新的事物。但世界上新事物的出现并不像我们所想象的那样经常发生。第一辆汽车和内燃机当然属于新的创新，但它们仍然是在已有的车轮、推车和其他技术的基础上建造的。

像核能、无线电设备、电话、家用电器和载人飞机等事物肯定是世界上相当接近新生事物这一概念的很好例子。所有伟大的、真正全新的创新，往往都源于一个天才、一个幸运的意外，或两者兼而有之。

我们知道很多天才的人物——费米、莱特、爱迪生、本茨和福特，然而，这并不是一个无止境的列表，并且尽管幸运的意外总是好的，但它们太偶然。II 型创新提供了一种更好的方法。

II 型创新较 I 型创新更为常见。这第二种类型的创新可以归结为以下三种普遍方法：

1. 使已有的事物变得更大。

2. 使已有的事物变得更小。

3. 将两种已经存在的事物结合起来。

类型Ⅱ的简单是深刻的，它可以创造惊人的突破并改变我们的生活方式。我们看到的那些伟大的创新大多来自Ⅱ型创新中列出的这三种方法。

例如，装在你口袋里的手机或PDA曾经是一个挂在墙上的具有相当大尺寸的木箱，从最初的挂在墙上与外界进行硬连接的模型，到现在电话变得越来越小，而且手机还是一种无线电设备、计算器、计算机、电视和音乐播放器的"结合体"。平板电视是从一种曾经的家具，并且比躺椅占用更多空间的设备演变而来的。随着时间的推移，电视机的厚度和高度已然"变得更小"，其宽度"变得更大"，添加适当的技术，人们就有了平板显示器。

一个例子是基于网络的学习。基于网络的学习产生于投影胶片被诸如PowerPoint等电子幻灯片所取代的时期，这导致了演示图像质量的提高，然后添加带有IP语音和视频的动画效果，放在互联网上，就产生了基于网络的学习。

回过头看时，"变大/变小/组合"的方法听起来很简单，但诀窍是如何在当下做到这一点以完成未来的一项创新。尽管如此，这仍然比成为一个天才要容易得多。

好消息是你可以在Ⅱ型创新上有所提高。和现在的情形一样，我们也可以通过实践变得更好。

下次，当你身处一项重要的头脑风暴会议，会上要求创造出一项新的产品、服务、营销策略或类似任务时，建立三个新的标题栏，并依次解决它们。

标题栏里放的是你的想法。当然，三个标题分别是"使它变大"、"使它变小"和"使它结合"。"它"指的是任何产品或服务或任何你正在从事的工作。要乐在其中，切记不要批评或放弃这些想法，直到产生想法的过程结束。大多数人都出奇地善于进行Ⅱ型创新，将某些疯狂的想法变成可行的事情。伟大的创新者亨利·福特说过："不论你认为你能或不能，你都是对的。"

创新者并非生来如此。如果你有志成为下一个托马斯·爱迪生，你可能想得太远了。但是，无论你的"创新商"现在如何，你都可以通过实践和运用产生创新的方法使其变得更好。

举例来说，我们听到过多少次"跳出条条框框思考"了？这很正确，但问题是条条框框是什么？很少有人认识到，条条框框其实就是我们自己。学会暂时放手、愚蠢一下并适应不确定性，对创新都是必要的。

跳出"被框住"的自我是一项可以通过技术、实践和勇气来加以学习和改进的技能。例如，想象自己是别的人，并通过他的眼睛观察一切，就可能是一项非常好的技术。

达到放手的级别将有赖于一套系统化的方法。许多方法已被用于开发更简单、更好的产品。这些设计过程中包含了早期的介入团队。

这些团队由不同职能的员工、客户和供应商组成，他们凭借跳出条条框框进行观察和思考的系统化的过程来一起工作以解决问题。其效果是显著的，并能发现新的产品。

推出新发明（如玩具和食品）的想法是一项持续使新产品占领市场的短期活动。有些是好的，并能持续很长一段时间；而很多是短暂的。如果你尝试创新以解决顾客或社会的问题，则这种有明确目标的设计结果往往导致长期有益于社会的产品的出现。药物开发就是一个很好的例子，阿司匹林已经存在了100多年，新的降低胆固醇的药物也将存在几十年。

为什么有些产品能持续很长时间，而另一些产品却不能呢？答案就在于设计或创造新发明所使用的方法。创新需要系统化的过程和全套工具，从而创造出以顾客为中心、以需求为驱动的设计。

设计世界一流的服务和产品，需要清楚地了解顾客的需求，并将这些需求转化为旨在满足这些需求的服务。其过程是，首先设计和优化产品特性，然后开发并执行新的设计。该过程有时被称为服务开发过程、设计过程或DFSS过程。

随机的、创新性的想法，无论多么巧妙，都不会带来经济上的成功，除非它们比目前的方法能更好地满足顾客的需求或是满足了一个前所未知的或尚未被满足的需要。一旦详细说明了该设计是谁所需要的，以及他们具体需要什么——"他们"指的是细分市场的顾客，组织所拥有的优秀设计人员就能为我们提供优秀的设计。

大多数失败的新产品和服务的问题不在于设计不好，而在于没有顾客需要和乐意接受实际生产出来的产品或服务。问题是，是否存在一种确实解决良好设计所面临的这一问题的方法？也有一些创新被替代或迅速发生了演变，以时尚饮食为基础的食品以及以电视节目为基础的玩具昙花一现；其他创新，如计算机，却经久不衰。为什么一些创新性的产品和服务昙花一现而其他创新却经久不衰呢？答案通常在于最初进行这些创新的原因。

DFSS的开发正好填补了这一方法的空缺。DFSS是一个具有完备的核心方法的丰富概念。该过程蕴含一个五阶段的服务或产品开发方法，各阶段如下：

定义

在界定阶段，高层管理人员必须批判性地看待组织业务。对组织的战略规划进行重新审视是很有助益的。(如果没有一个最新的战略规划,那么就应该做一个。)管理人员可以为设计团队在新服务或产品需求方面提供具体指导,但不应该设计产品,提供高层次的想法是可以的,但最终设计还是应留给设计师。

测量

测量阶段就是要发现并发掘顾客及其需求——尤其是那些未被满足的需求。这是 DFSS 的中心要点。你如何向目标受众询问他们希望一个并不存在的服务或产品是什么样子的?答案是你不能,至少是不能直接做到。因此,最好把重点放在需求上。同样地,让设计师设计产品,而不是顾客。

之后项目团队将顾客需求转化成更技术层面的事物,我们称之为关键质量特性(CTQ)。在 CTQ 中,我们将顾客表述的需求转化为可以测量的词和短语,CTQ 就变成了设计师需要实现的目标。这一步骤使我们能够设计出顾客目标群体感兴趣的产品或服务。(回想一下,这正是大多数不成功产品或服务的缺点所在。)

分析

在分析阶段,设计师们尝试各种可能满足在测量阶段获得的 CTQ 的概念设计。此时,这些概念可追溯至一个或多个 CTQ,进而又可追溯到一个或多个顾客需求。该团队开发概念设计的功能要求并使之与 CTQ 相匹配。分析阶段对大多数设计师来说是振奋人心的精彩阶段,但其基础在定义和测量阶段奠定。

设计

接下来是细节设计。在设计阶段,我们采用胜出的概念设计并将所有细节填充进去。当不可避免地必须做出选择和权衡时,我们有现成的选择标准:CTQ。CTQ 就像在每一个决策点都有顾客站在我们身边一样。我们将对分析阶段得出的功能要求进行开发,并将其与细节设计的设计要求相匹配。

验证

一旦团队对设计细节感到满意,就应着手准备验证其是否满足界定阶段管理人员交付给他们的业务需求,以及测量阶段提供的顾客需求。对采购、生产、交货、广告宣传、质量保证以及其他项目的完整计划也是在验证阶段完成的。

创新可以提高。如果组织可以培育出自己的创新人才,那么大多数创新将会蓬勃发展。Ⅱ型创新是关键——要鼓励所有员工考虑如何使事物变大、变小或与其他事物结合。然后，DFSS 帮助我们识别顾客、了解他们的需求，并提供满足这些需求的产品或服务。创新不是命令出来的，一定可以通过指定团队解决顾客问题，通过创造新的产品和服务来鼓励和管理创新，从而实现组织目标。

设计和创新方法的演变

质量设计

质量设计的概念最初是在朱兰博士的各种著作中勾勒出来的，最著名的要数由朱兰博士和朱兰研究院编写的《朱兰质量设计》。书中指出，质量必须设计到产品中，并且大多数质量危机和问题都与质量最初是如何设计到产品中的密切相关。质量设计原则已被用于各个行业，特别是汽车行业，以提升产品和过程的质量。最近，它被美国食品和药物管理局（FDA）所采用，作为研究药物如何被发现、开发和商业化生产的手段。食品和药物管理局将质量设计定义为设计职能在确定产品操作要求（及其与设计要求相结合）方面的有效性水平，这些操作要求能经过生产过程转变成最终的产品。今天，质量设计已经演变出许多其他的方法。下面是一些最流行的：

并行工程

并行工程是一种流行的新产品开发过程，在此过程中，所有负责开发和生产的人员在产品设计的最初阶段就参与其中。70%到80%的产品成本锁定在这些早期开发阶段，这时需要确定产品的结构并选择制造工艺和产品原材料。如果要求产品最终具有成本竞争力，则在进行这些决策时考虑成本是绝对必要的。

马萨诸塞大学的 Boothroyd 教授和 Dewhurst 教授提出的制造与装配设计（DFMA）是质量设计最早的形式之一。他们创建了一套方法，以及后来的软件技术，来帮助指导设计团队甚至在雏形设计模型建立之前，就完成带有成本信息的产品开发这一关键阶段。

制造设计

制造设计（DFM）是一种系统化的方法，它使工程师在设计过程的早期，甚至在只有开发产品的粗糙几何形状时，就预先考虑制造成本成为可能。鉴于有大量的工艺技术和可用材料，设计工程师很少具备所有主要成型过程的详细知识。因此，工程师们倾向于以他们熟悉的制造工艺进行设计。DFM 方法鼓励各工程师和并行开发团队研究其他工艺和材料，并开发出生产起来更经济的设计。具备了可行工艺和材料的更多信息，用户可以量化相竞争的备选设计方案的制造成本，从而决定哪个设计最好。

制造设计在选择材料和工艺方面提供指导，并在产品设计的各个阶段对零件和工具配备的成本进行估算。DFM 是 DFMA 过程的一个重要组成部分，它为装配设计的成本缩减分析提供制造知识。

装配设计

装配设计（DFA）是评估装配的各部分设计和整体设计的一套方法，是一种在装配中识别出不必要零件并决定装配时间和成本的量化方法。利用 DFA 软件，产品工程师对各个零部件的成本进行估计，然后通过各种零部件削减战略简化产品概念。这些战略需要在经济允许的范围内将尽可能多的产品特性融合进一个零部件。基于 DFA 设计的结果是具有更少零部件的更精致的产品，既功能高效又易于组装。基于 DFA 设计的更大的好处是降低了零部件的成本，提高了质量和可靠性，并缩短了开发周期。

环保设计

为了满足日益增长的环保市场的需求，DFMA 使产品设计师可以在设计的概念阶段进行环境评估，在此期间，他们可以评估材料选择的影响，并对他们产品寿命结束时的状态进行说明。

这些分析有助于设计人员从 DFMA 数据库中选择他们愿意使用或希望避免的材料，然后给出这些材料在产品中所占的比例（重量比）。它还对产品中再利用、再循环、填埋和焚烧的成分比例进行估计和标注，这些措施可以帮助制造商满足像欧盟有害物质限制指令（RoHS）等法规的要求。

可持续发展设计

可持续发展设计（也称为环境设计、环境可持续发展设计、环保意识设计等等）是一种用来设计符合经济、社会和生态可持续发展原则的实物商品的方法。可持续发展设计的目的是通过识别潜在影响，运用创造性的或最佳的方法，防止或减轻对环境的负面影响。可持续发展设计表现为：拒绝不可再生资源、环境影响最小、将人与自然环境相联系。

六西格玛设计

吸取的很多经验教训最终导致了 DFSS 的发展。它侧重于建立具有显著较高性能水平（接近六西格玛）的新的或改良设计。定义、测量、分析、设计、验证（DMADV）序列是一套适用于开发新的或改良的产品、服务和过程的设计方法。虽然 DFSS 意味着通过设计使潜在缺陷水平最低，即六西格玛，但它并不止于此。DFSS 的步骤使人们能够了解顾客及其需求。事实上，DFSS 致力于质量的两个方面：正确的功能和最少的故障。

六西格玛设计——DMADV 步骤

表 17-1 总结了 DMADV 每个步骤的主要活动，这些都会在本节中做更详细的讨论。应用 DMADV 五步骤的经验使我们相信定义一个步骤在项目团队实际开始 DMADV 之旅前进行项目的选择是有益处的。

表 17-1 DFSS 阶段的主要活动

定义	测量	分析	设计	验证
商定机会	确定顾客	开发设计备选方案	制定详细的设计	执行生产/运营验证
商定目标	了解顾客需求	完成功能分析	集成设计	执行试点和规模生产
商定范围	将需求转化成 CTQ	选择最适合的设计	建立模型对性能进行预测	执行控制计划
建立项目计划	建立设计计分卡	明确说明功能要求	优化设计参数	最终确定设计计分卡
分配资源		明确说明子系统的功能要求	制定统计公差	转给运营业主并确认
		完成高层次设计审查	明确说明过程特点和具体运营	
		由顾客进行确认	设计完整的控制计划	
		更新设计计分卡	完成设计验证试验	
			由顾客进行确认	
			完成设计审查	
			更新设计计分卡	

选择机会

DFSS 的选择阶段比质量改进或 DMAIC 项目规划（见第 15 章）中的选择更具战略意义。新产品或功能的目标是作为战略和年度业务规划进程的一部分被确定的。重要时机一到，领导就会决定是提供一项新的设计更好还是对已存在的事物进行重新设计更好。这通常意味着一个新的或正在形成的市场目标已被锁定；这也可能意味着现有市场的顾客需求在发生变化，或者是竞争已经发生转移，从而需要一种新的入口。

这种类型的项目选择不同于以现有产品或过程的特定缺陷或浪费为目标的 DMAIC 项目。很少有现有产品或过程衰败的程度使得 DMAIC 初步分析得出的结论是需要进行彻底的重新设计。一家大型健康保险公司在涉及索赔支付问题时曾得出过这样的结论。为了将顾客满意度从 75% 提高至 93%，时效性提高 10 倍，并且降低超过一半的成本，这家公司重新设计了整个索赔支付服务，而不是采用多次改进的方案。

要预先确定项目机会和目标说明并将其写入到一个由管理人员确认的团队章程中。不同于相当简单且直接的 DMAIC 项目目标说明，DMADV 的目标说明可能，从实际情况来说，是有关新产品服务的市场和可实现的经济回报的复合型说明，如市场渗透能力、增长和营利能力。管理人员针对该项目挑选出最合适的员工团队，确保他们得到适当的培训，并分配必要的优先权。要对项目进展情况进行监测，以确保成功。

选择：可交付的成果
- 列出潜在项目清单。
- 计算每个潜在项目的投资收益及其对战略业务目标的贡献。
- 确定潜在项目。
- 对各项目进行评估，并精选出一个项目。
- 筹备项目机会说明和团队章程。
- 挑选并启动团队。
- 正式的项目组长应该是一名合格的实践者或黑带。

选择：待解决的问题
1. 我们有什么样的新的市场机会？
2. 我们要追求什么样的新兴顾客或顾客需求？
3. 获取或增加这项业务可能带来的好处是什么？

4. 确定清单列出的机会的顺序，首先是什么，其次是什么，等等。
5. 我们应该分配给每个项目团队什么正式的机会说明和目标说明？
6. 对每个项目来说，谁应该成为项目团队的成员和领导者（黑带）？

定义阶段

管理团队正式启动某个项目时，都是从定义阶段开始的。对管理团队或倡导者来说，与项目设计团队进行密切合作对完善设计机会来说可能是必需的。这种修改完善将导致该项目的一个准确定位，并确保对目标和可交付成果达成共识。经验表明，未能实现预期结果的项目通常在一开始对项目进行定义时就偏离了轨道。

定义阶段的主要任务是创建初始业务环境，以验证选择的合理性，并通过降低的产品成本、增加的销售或整个新市场的机会来证实业务的正当性。最初的业务环境调查是在管理团队的主持下进行的，然后由设计团队在设计项目的后续阶段对其进行验证和不断更新。管理团队挑选出一名黑带来领导该设计项目。倡导者，也就是拥有设计成功所得利益的资方发起人，与黑带一起，负责选择一个跨职能团队来执行所有活动，以完成设计并将其投入生产。

定义：可交付的成果

- 开发初始业务环境。
- 确定设计战略和项目，选择领导人和团队。
- 起草项目章程，包括项目机会说明和设计目标。
- 启动团队并定义顾客类型：市场顾客、非市场顾客——使用者、监管者、项目利益相关者等——和内部顾客。

定义：待解决的问题

1. 该项目的设计目标或目的是什么？
2. 该项目团队的具体目标是什么？
3. 证明该项目正当的业务环境是什么？
4. 管理人员制定什么样的章程以授权团队成员完成该项目？
5. 该项目的方案是什么？
6. 如何管理该项目？
7. 谁将是这个项目的顾客？

测量阶段

DMADV序列中的测量阶段主要用来识别重点顾客，确定他们的关键需求是什么，并开发出可测量的对成功设计出的产品来说是必不可少的关键质量特性（CTQ）要求。为了识别出重点顾客，需要对市场和根据各种因素进行的顾客细分做初步的评估。这种评估往往是由营销组织完成后，交由设计团队进行审查和验证的。但是，完成顾客需求分析并将结果编入顾客需求优先级比较表则是设计团队的职责。设计团队从设计的角度将关键顾客需求转化为可测量的术语。这些转化后的需求成为必须通过设计方案得到满足的可测量的CTQ。竞争性标杆和创新性的内部开发是产生CTQ的另外两个来源。这些方法对顾客通常不能表达甚至可能没有意识到的设计需求进行探究。其结果是得到一组用组织的声音说出来的以具体的技术设计要求表述的CTQ，它们成为产品性能和最终成果的可测量的目标（规范）。

项目团队可以使用多种工具为各个CTQ设定目标。这些工具包括竞争性标杆、竞争分析、价值分析、关键性分析，以及当前性能的弹性目标分析。其结果是对顾客所表达出的需求和顾客可能通常不能表达甚至没有意识到的需求的一种结合。测量阶段以基于所列出的CTQ对当前基准性能和风险评估性能进行的评估结束。可以使用典型的过程能力方法和工具建立这些基准，包括以下内容：

- 建立测量系统能力，以使用测量系统分析（MSA）收集准确数据。
- 使用统计过程控制技术测量当前或（各）替代过程的稳定性。
- 计算当前或（各）替代过程的能力和西格玛水平。
- 团队可以使用诸如设计失效模式与影响分析（DFMEA）和过程失效模式与影响分析（PFMEA）等工具对风险进行评估。

一些设计项目团队使用的另外一种工具是质量功能展开（QFD）矩阵（见图17-2）。每个矩阵垂直列出要实现的一些目标（即"事项"），然后水平列出实现目标的手段（即"方法"）。矩阵里面给出的是衡量每个目标通过相应的手段得到满足的程度的指标。例如，第一个矩阵显示的是各个顾客需求通过具体的CTQ得到解决的好坏程度如何。作为一个整体，各个矩阵是捆绑在一起的，一个矩阵的手段（即"方法"）是下一个矩阵的目标（即"事项"）。通过这种方式，顾客需求与CTQ、功能要求、设计要求、过程要求，并最终与控制要求进行无缝对接。通过这种方式，就不会丢失关键的事项，并且也不会引入多余的事项。

QFD矩阵（或更简单的版本）的目的是为了突出目前存在的优势和弱点，特别是代表着设计团队必须缩小或克服的差距的弱点。因此，对团队的要求就变成了提供创新性的解决方案以经济地满足顾客的需求。保持该矩阵的实时更新为团队提供了一个动态的差距分析。

了解顾客需求

- 制订计划以收集来自内部顾客和外部顾客的顾客需求。
- 收集用顾客的语言表述的顾客需求清单。
- 了解并按顾客感知效益对顾客需求区分优先次序。

对顾客需求进行转化和排序

- 将来自顾客声音（VOC）的需求和效益转化成作为CTQ要求的生产者的声音。
- 为所有排好优先次序的CTQ建立测量方法，包括计量单位、测量器和有效性验证。
- 为所有CTQ建立目标和规范上下限。
- 为每个CTQ建立目标允许的缺陷率（DPMO，西格玛）。

建立基准和设计计分卡

一旦排列好CTQ的优先次序表，设计团队就要开始确定现有的有关产品和生产过程的基准性能。当前基准性能的确定取决于多个分量：

- 测量系统分析。
- 产品功能。
- 生产过程能力。
- 通过使用诸如产品FMEA等工具进行风险评估。
- 竞争力表现。

最后，创建设计计分卡，以追踪朝着六西格玛产品性能发展的设计的演变过程。使用该工具的目的是对整合所有设计元素后的最终产品的性能和缺陷水平进行预测。设计计分卡在整个项目期间保持更新，以确保目标的实现。

测量：可交付的成果

综上所述，完成测量阶段所必需的关键可交付成果是：

- 顾客需求的优先次序表。
- CTQ的优先次序表。
- 当前基准性能。
- 设计计分卡。

测量：待解决的问题

1. 新产品必须满足什么样的顾客需求？
2. 使顾客需求得到满足的关键的产品和工艺要求是什么？
3. 我们目前的产品和生产过程满足这些要求的能力如何？

4. 为满足这些要求，新产品和生产过程的能力必须达到什么水平？

分析阶段

分析阶段的主要目标是挑选出一个高层次的设计，并开发相应的设计要求作为细节设计的性能目标。这有时被称为系统级设计，与子系统或组件级别设计相对。

设计团队开发一些代表了对共同的 CTQ 要求的不同功能解决方案的高层次备选方案。然后制定一套评价标准，用以对设计备选方案进行分析。最终选定的配置可能是两个或更多备选方案的一个组合。在项目进程中，随着越来越多设计信息的产生，设计可能会被重新审视和完善。

在高层次设计的开发过程中，团队建立起系统的功能结构。信号流、信息流、机械联动装置表明各设计备选方案子系统间的关系。分层功能图、功能块图、功能树和信号流图常用来说明这些相互关系。在可能的情况下，开发模型并运行模拟来评估整个系统的功能性。

对每个子系统的要求体现在它们的功能性和接口方面。功能性可表示为系统的转化功能，用来代表系统或子系统所需的行为功能。接口用输入和输出的要求和控制（反馈、前馈、自动控制）描述。这些规范将在设计阶段提供给细节设计团队。

在分析阶段，DMADV 分析工具使设计团队能够对每个设计备选方案的性能进行评估，并对只能选其一的设计备选方案的性能差异进行测试。这些测试的结果有助于选出最合适的设计，是移入下一阶段——细节设计的基础。这些分析通过图形分析和统计工具得以完成，包括：

- 竞争力分析。
- 价值分析。
- 关键性分析。
- 故障树分析。
- 风险分析。
- 能力分析。
- 基于 QFD 的高层次设计矩阵。
- TRIZ（解决与发明有关的任务的理论）。
- 更新的设计计分卡。

几种统计分析工具的应用是影响这一过程的重大进展之一。这些在台式机或笔记本电脑上运行的应用软件，加快了执行前述分析所需的数字运算的速度。这一应用也使得通常不使用这些工具的个人有必要通过培训学会使用并解释所得出的结果。

分析：可交付的成果

开发一个高层次的产品或服务、过程设计以及细节设计的要求。

- 设计备选方案。
- 功能性分析。
- 选出的最佳备选方案。
- 最佳拟合分析。
- 高层次定量设计元素。
- 高层次资源需求和经营范围。
- 高层次设计能力分析和预测。
- 子系统/模块的细节设计要求。
- 关键采购决策。
- 最初的产品介绍资源和计划。
- 更新的设计计分卡。
- QFD 设计矩阵。

分析：待解决的问题

1. 什么样的设计备选方案可能会被应用到新的产品或过程服务中？
2. 哪一个是最佳备选方案？
3. 细节设计的要求是什么？
4. 是否已获取顾客的反馈信息？
5. 高层次的设计是否能通过业务和技术设计审查？
6. 该设计是否已经顾客验证？

设计阶段

设计阶段是基于高层次的设计要求建立起来的，提供了详细的优化功能设计，以满足制造和服务的操作要求。细节设计是在子系统基础上进行的，并最终整合成完整的功能系统（产品）。DMADV 工具致力于对细节层次设计参数的优化。

特别地，有计划的试验和/或模拟有多重作用。作用之一是确定采用的最佳功能设置（最佳配置），另外一个作用是获得可用于随后建模和模拟的数学预测方程。从最小运行筛选试验到多层次重复设计，试验通常是基于不同层次的复杂性进行设计的。筛选试验通常设法确定哪些因素对系统有影响，为建模提供有限的几个结果。更细节层面的试验，包括响应曲面和混合设计，被用来更准确地确定系统的性能和产生适合预测和建模应用的数学方程。更复杂的产品往往需要用到非线性响应曲面模型以及混合和多重响应模型。

在设计阶段，设计团队也关注为提供服务或创建产品所必须开发的过程。在测量阶段，团队对目前按预期质量水平（接近六西格玛）提供产品或服务的业务能力进行审查。在设计阶段，团队根据设计试验的结果、标杆学习结果、过程能力研究和其他研究不断更新设计计分卡，以对既定目标的设计性能进行跟踪，在整个项目运行中持续进行差距分析。产品设计也会根据生产或经营能力进行重新评估。产品设计可能会根据需要进行修订，以确保可靠的、有能力的制造和运营。

运营设计的内容包括每个参数的公差验证。有计划的试验有助于得到这些公差，统计公差也可以对其进行验证。

要完成设计阶段，需要通过蓝本测试、试制模型、最初试点样品或试点运营对性能设计目标进行的验证。为了验证设计验证试验（DVT）计划中的产品/服务的性能，需要有测试、试验、模拟和试点创建，并由设计团队负责记录整套过程。经过 DVT 和试点运营期间的几次迭代后，设计被确定下来并对测试结果进行汇总。设计审查会议标志着设计阶段的结束，此时会对 DVT 的结果进行审查。要对设计计分卡进行更新，并且根据需要对开发计划中的各个领域（质量计划、采购计划、生产计划等）进行调整。

设计：可交付的成果
- 优化的设计参数（元素）——最稳健的标称值。
- 预测模型。
- 最佳公差和设计环境。
- 详细的功能设计。
- 细节设计和设计图纸。
- 运营/制造的细节设计。
- 标准作业程序、工作标准和工作指南。
- 可靠性/寿命分析结果。
- 设计验证试验结果。
- 更新的设计计分卡。

设计：待解决的问题
1. 什么样的详细的产品设计参数使产品性能的变化最小？

2. 什么样的公差是既实用又能确保性能的？
3. 我们如何确保最佳的产品可靠性？
4. 我们如何确保简单和易于制造或经营？
5. 什么样的详细工艺参数持续且可预见地最大限度地降低生产过程在目标值附近的变化？

验证阶段

DMADV 序列中验证阶段的目标是确保新的设计可制造或服务可交付，以及场所在所要求的质量、可靠性和成本参数范围内可支撑。在 DVT 以后，通过生产验证试验（MVT）或运营验证试验（OVT），生产增加到全规模生产阶段。这一系列试验的目的是发现任何潜在的生产或支撑争议点或问题。业务营运过程通常是通过一个或多个试点运营来进行演习的。在这些试点运营期间，会出现适当的过程评价，如能力分析和测量系统分析。对过程控制进行验证，并对标准作业程序、检查程序、流程表和其他过程文档进行调整。这些正式的文件被传递给下游的过程所有者（例如制造、物流和服务）。它们要对所需的制造和服务应该遵循与保持的控制和公差限度进行概述。这些文件属于公司内部质量体系管理范围。设计团队的考虑因素之一，是确保该项目的文件符合质量体系的内部要求。

设计团队应确保对服务和现场支撑环境进行适当的试验，以发现潜在的寿命或适用性问题。试验因产品和行业的不同差别很大。试验可能是漫长的，并且可能不会在投产之前结束。没有完成所有试验的风险取决于早期测试的有效性以及正在进行中的最终 MVT/OVT 测试的进展情况。应该完成一份最终的设计计分卡，所有主要结果应记录并存档备查。团队应完成一份最终报告，其中包括对项目执行过程的一个回顾。对正面的和不那么正面的事件和问题进行识别和讨论，将有助于团队从犯过的错误中吸取教训，并为 DFSS 序列的持续改进提供基础。

验证：可交付的成果
- 根据项目目标验证产品/过程性能。
- 完成试点建设。
- 完成试点试验并对结果进行分析。
- 完成所有操作和控制文件、程序、控制和培训。
- 做出规模化生产决策。
- 建立并实施全规模过程。
- 确定/分析业务结果。
- 过程转交给所有者。

- DFSS 项目结束。

验证：待解决的问题

1. 产品或过程是否满足规范和要求？
2. 生产过程是否归企业"所有"？

运用六西格玛设计实现持续创新过程的实例

例1：六西格玛设计（DMADV）项目[①]

项目背景

现有的对诸如部件规范图纸和产品结构等工程设计信息进行查询、检索并解释的过程自 1998 年就开始使用了。这个系统很复杂并且维护起来很昂贵。从其主要使用者——生产车间的角度来看，从一开始该过程就有许多不足之处。这些不足使公司在生产力损失和较高的系统维护成本方面花费大量金钱。

DMADV 过程实施

基于长期的投诉历史和有限的客户基数，不难对需要改进的领域做出判断。为了给团队提供聚焦点，我们开展并分析了一项调查，以确定顾客群和顾客需求的优先次序，以及他们对新系统的性能预期。这些需求被转化为顾客的 CTQ 项目。

我们与顾客进行合作，以便根据以下四个准则确定基准能力：

1. 信息的准确性。
2. 信息的快速检索性。
3. 信息的易于检索性。
4. 信息的易于理解性。

基于这一列表，我们构造了一个质量功能展开的向下展开矩阵，以便将 CTQ 转化为支持顾客需求的产品特征备选方案，并将当前过程映射到较高的水平以及随后更加精细的水平，以确定改进区域。

首先提出了一个高阶的设计，并对高阶能力进行了估计。接下来要开发、模拟、记录和验证一个更加详细的设计。

[①] 改编自 Dave Kinsel 在朱兰研究院的一家客户组织领导的六西格玛设计项目的最终报告，在此表示感谢。

成果

- 精度水平不变（六西格玛能力）。
- 在图纸访问/输出的平均时间上有 451% 的改进（从 1.5 西格玛到 6 西格玛）。
- 在虚拟查看/查询能力方面有 100% 的改进。
- 在绘图线磅值区分方面有 300% 的改进。
- 最终预期节约开支：并非无足轻重。

项目细节和选定的幻灯片

问题描述 车间质量和顾客服务/技术支持人员发现，在查找和查看产品组件和装配信息方面，我们目前的系统对于访问、解释和维护来说是烦琐的。

项目定义 目的是通过一个单一的用户友好界面以一种统一的格式更加快速地访问产品工程设计信息。

任务描述 该项目团队将开发一个用户界面和培训系统，以便为车间质量经理、工程师、客户服务和技术支持人员提供更快的对产品结构以及 2004 年 7 月制定的相关组件和装配规范的单点访问。

从图 17-3 到图 17-20 所示的幻灯片，突出强调了该项目的各个阶段：定义、测量、分析、设计和验证。

这个例子很好地描述了 DFSS 过程是如何发生的，以及是如何被实践者用来指导自己的项目的。

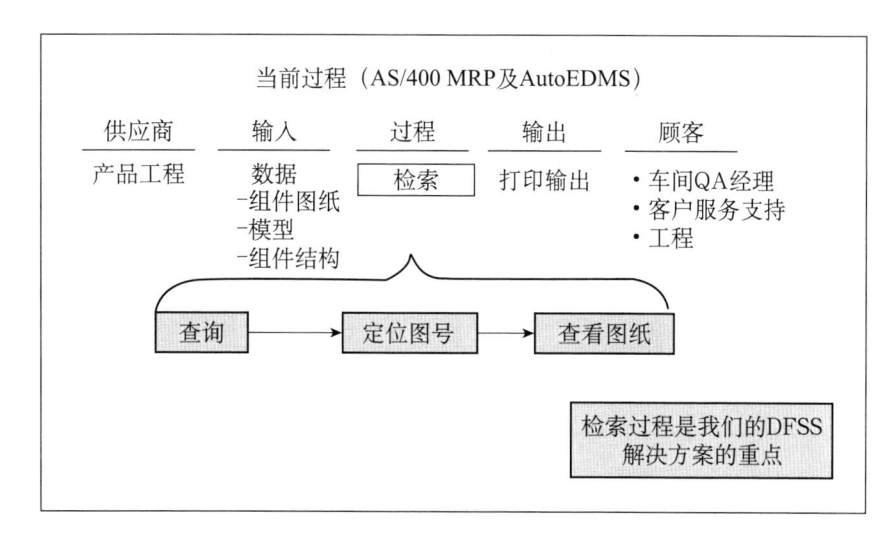

图 17-3 SIPOC（高阶流程图）

顾客优先次序的图形分析

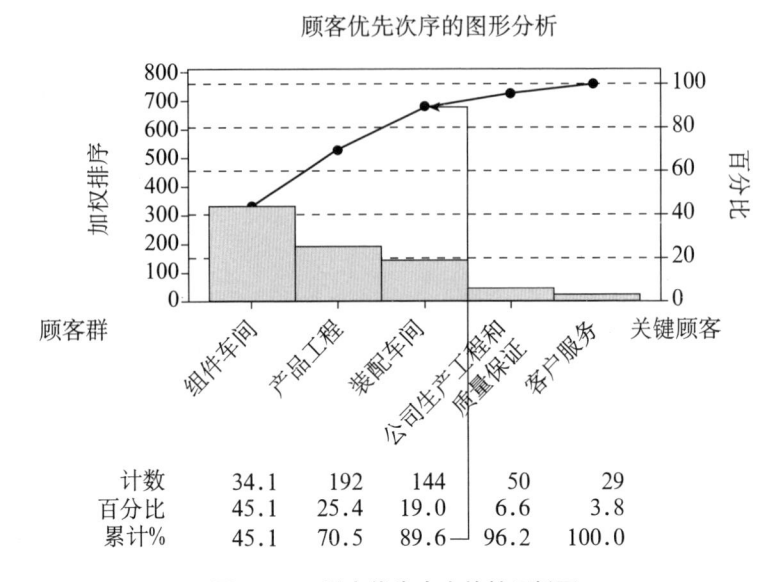

顾客群	组件车间	产品工程	装配车间	公司生产工程和质量保证	客户服务	关键顾客
计数	34.1	192	144	50	29	
百分比	45.1	25.4	19.0	6.6	3.8	
累计%	45.1	70.5	89.6	96.2	100.0	

图 17-4 顾客优先次序的帕累托图

区分优先次序的顾客（基于各组用户数量和需求频率）	顾客加权	顾客需求（基于调查结果）	信息的准确性	检索速度	易于检索	格式
		需求加权	592	343	275	260
		关联表 顾客加权×需求加权				
组件车间	341		201 872	116 963	93 775	88 660
产品工程	192		113 664	65 856	52 800	49 920
装配车间	144		85 248	49 392	39 600	37 440
		总计	400 784	232 211	186 175	176 020

图 17-5 向下展开的顾客与顾客需求

顾客优先次序的图形分析

顾客的 CTQ 需求：信息的准确性、检索速度、易于检索、格式

关键的 CTQ

	信息的准确性	检索速度	易于检索	格式
计数	400 784	232 221	186 175	176 020
百分比	40.3	23.3	18.7	17.7
累计%	40.3	63.6	82.3	100.0

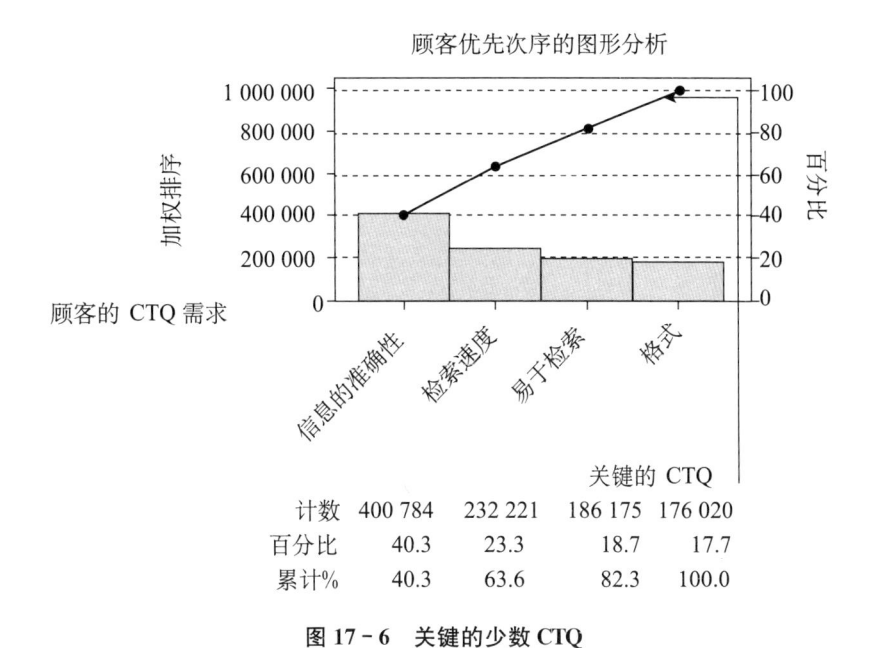

图 17-6 关键的少数 CTQ

需求/期望	优先权	特性	测量/测量器	目标	规范上限	允许的缺陷率
信息的准确性	400 784	图纸描绘了正确的零件编号	是否匹配/目视	是	必须匹配	3.4 DPMO
信息的快速检索性	232 211	获取并打印一个组件图纸的时间	时间/秒表	1.7 分钟	+1.6 分钟	10 700 DPMO
信息的便于检索性	186 175	为找到一个图纸，用户需输入的数据数量	输入的次数/目视	10	+3	3.4 DPMO
信息的易于理解性（格式）	176 020	不同的线条粗细在图纸上清晰可见	线宽的种类/目视	3	+1	3.4 DPMO

图 17-7 将顾客需求转化为可测量的 CTQ 示意图

基准CTQ的能力分析

图纸访问的技术规范（结合模糊和非模糊数据查找）

正态性检验

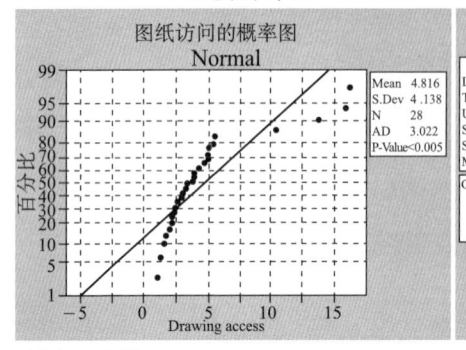

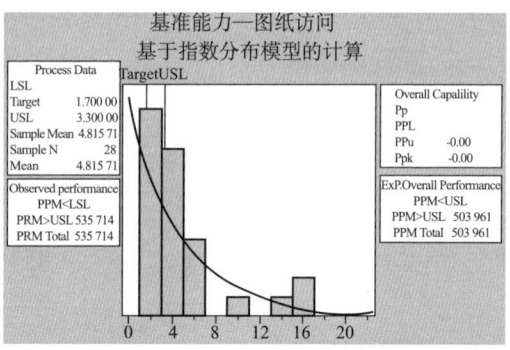

图纸访问的概率图 Normal

- Mean 4.816
- S.Dev 4.138
- N 28
- AD 3.022
- P-Value <0.005

Alpha：0.05
H_0：数据正态
H_a：数据非正态
P-value：<0.005，因此拒绝 H_0。
数据非正态
结论：
使用单样本的Wilcoxon检验对数据进行统计分析

基准能力—图纸访问
基于指数分布模型的计算

Process Data
- LSL
- Target 1.700 00
- USL 3.300 00
- Sample Mean 4.815 71
- Sample N 28
- Mean 4.815 71

Observed performance
- PPM<LSL
- PRM>USL 535 714
- PRM Total 535 714

Overall Capability
- Pp
- PPL
- PPu −0.00
- Ppk −0.00

Exp.Overall Performance
- PPM<USL
- PPM>USL 503 961
- PPM Total 503 961

结论：
基于500 000 DPMO的基准能力是1.4西格玛

图 17 - 8 基准 CTQ

基准 CTQ 的能力分析

图纸访问的技术规范（结合模糊和非模糊数据查找）

根据CTQ调查，顾客的期望是1.70分钟或更快地访问和打印图纸。当前系统是否在按顾客的期望运行？这是我们设计计分卡上的主要CTQ。

H_0＝样本中位数等于1.70分钟 H_a＝样本中位数不等于1.70分钟 Alpha＝0.05 Wilcoxon 符号秩检验：图纸访问 Test of median = 1.700 versus median not = 1.700 　　　　　　　　N　　for　Wilcoxon　　　　Estimated 　　　　　　　　N　Test　Statistic　　P　　Median Drawing Access 28　28　　393.5　0.000　3.750 P-value＝0.000＜0.05 因此拒绝 H_0。 H_a＝样本中位数不等于1.70分钟	H_0＝样本中位数等于1.70分钟 H_a＝样本中位数大于1.70分钟 Alpha＝0.05 Wilcoxon 符号秩检验：图纸访问 Test of median = 1.700 versus median not = 1.700 　　　　　　　　N　　for　Wilcoxon　　　　Estimated 　　　　　　　　N　Test　Statistic　　P　　Median Drawing Access 28　28　　393.5　0.000　3.750 P-value＝0.000＜0.05 因此拒绝 H_0。 H_a＝样本中位数大于1.70分钟

结论：当前系统不能满足顾客期望

图 17 - 9 基准 CTQ

产品描述	CTQ 技术规范/目标		当前能力	高层次的能力	特征能力（源自验证试验）
	LSL	USL			
信息准确	0 错误（6 西格玛）		0 错误（6 西格玛）		
快速检索	0 秒	3.3 分钟	4.82 分钟（1.4 西格玛）		
便于检索（最小输入）	8	12	17（0 西格玛）		
易于理解的格式（线宽种类）	2	4	1（0 西格玛）		

图 17-10　设计计分卡示意图

CTQ	功能 检索的技术规范	根据零件编号进行	可获取最新版本的图纸	高打印质量	多种线宽以获取	可随时访问	图纸的属性信息（种类/颜色等）	文件柜的3D图画	可存储历史数据/图纸		图例	
易于理解（格式）	□2	⊖1	■3	⊖1	■3	□2	⊖1			13	■3	强相关
快速检索	■3	⊖1	⊖1	■3	⊖1	⊖1	□2			12	□2	一般相关
用户的输入次数最少	■3	■3	⊖1	⊖1	⊖1	⊖1	⊖1			11	⊖1	弱相关
信息准确	■3	□2	⊖1	⊖1	⊖1	⊖1	⊖1			10		
	11	7	6	6	6	5	5					

图 17-11　QFD 向下展开：CTQ 与功能

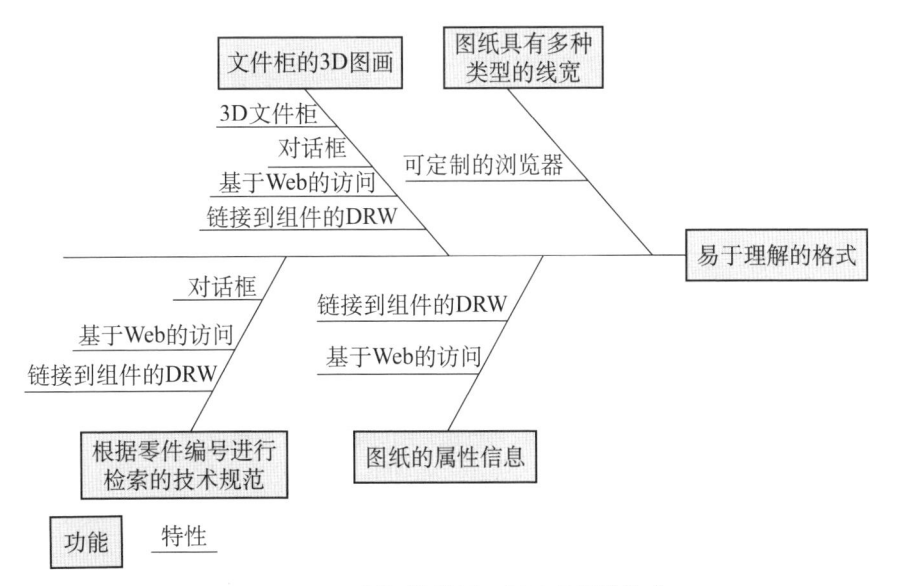

图 17-12　功能/特性图，易于理解的格式

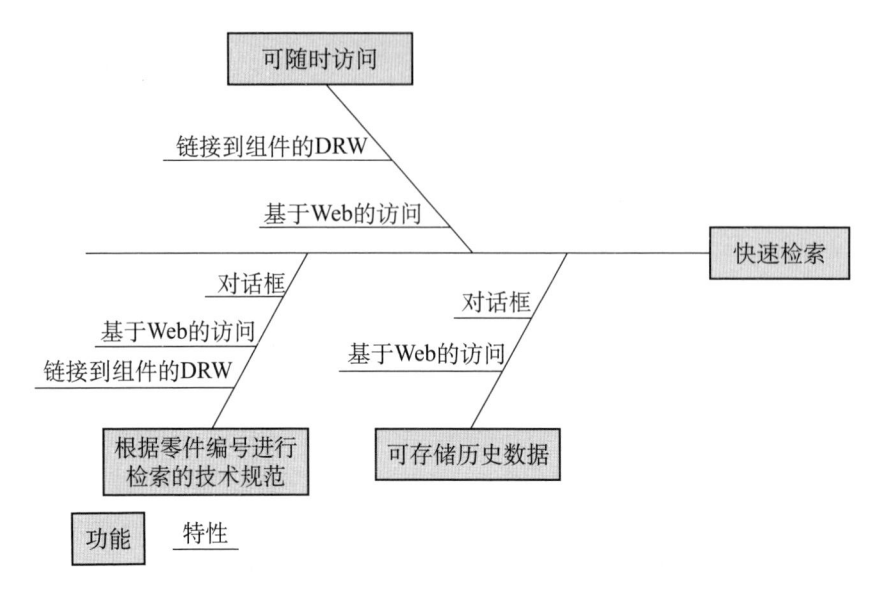

图 17–13　功能/特性图，快速检索

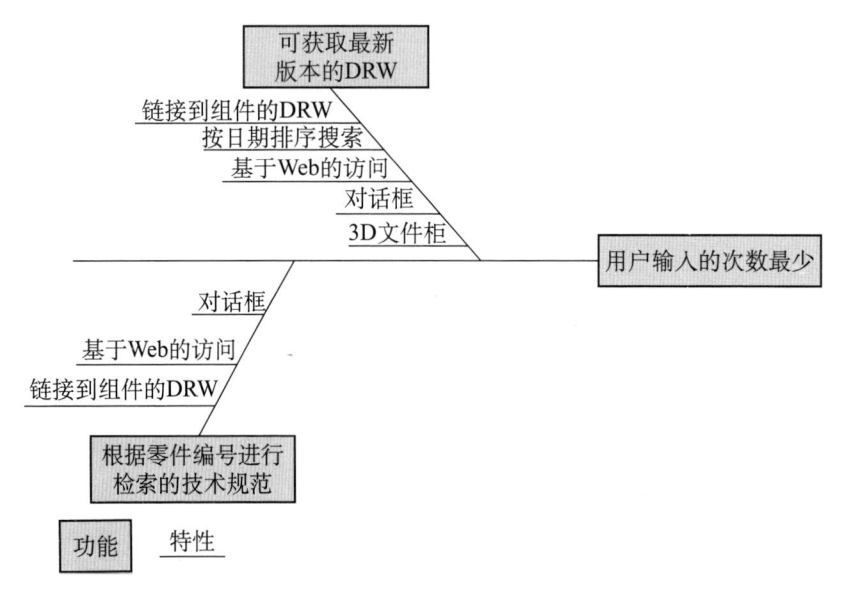

图 17–14　功能/特性图，用户输入的次数最少

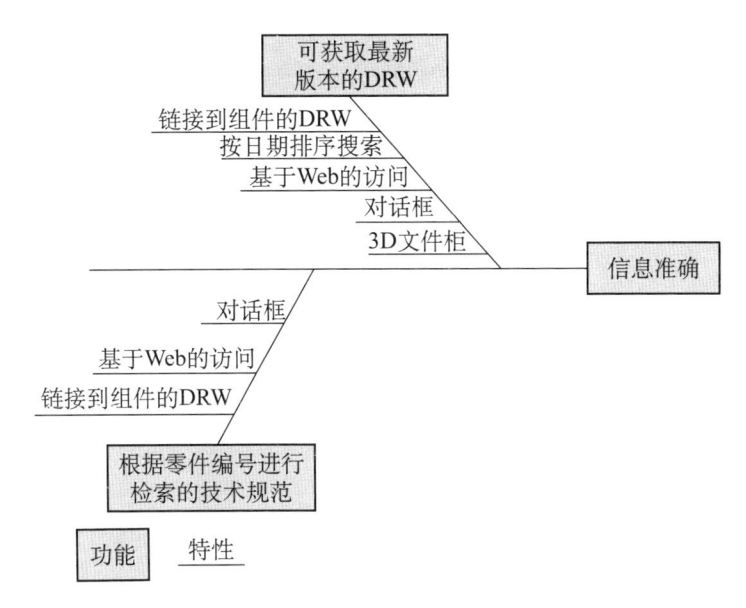

图 17-15 功能/特性图，信息准确

功能	功能						
	可链接到组件的DRW	基于Web的访问	对话框	虚拟座舱查看	按日期排序搜索	可定制的浏览器	
可获取最新版本的图纸	■3	□2	□2	□2	■3	⊖1	13
文件柜的3D图画	□2	□2	□2	■3	⊖1	⊖1	11
可随时访问	■3	■3	⊖1	⊖1	⊖1	⊖1	10
根据零件编号进行检索的技术规范	□2	□2	■3				10
图纸的属性信息（种类/颜色等）	■3	□2	⊖1	⊖1	⊖1	⊖1	9
可存储历史数据/图纸	⊖1	□2	□2	⊖1	⊖1	⊖1	8
多种线宽以获取高打印质量	⊖1	⊖1	⊖1	⊖1	■3		8
	15	14	12	10	9	9	

图例
■3 强相关
□2 一般相关
⊖1 弱相关

图 17-16 QFD 向下展开，功能与特性

特性	备选方案(X)					
	培训材料	使用基于案例的JSP网页	浏览器插件	列表链接	Java小程序输入框	缩略图链接
基于Web的访问	■3	■3	■3	■3	■3	18
虚拟座舱查看	■3	□2	■3	⊖1	■3	15
可链接到组件的DRW	■3	■3	□2	■3	⊖1	15
对话框	■3	■3	⊖1	⊖1	■3	12
按日期排序搜索	■3	⊖1	⊖1	⊖1	■3	12
可定制的浏览器	■3	⊖1	■3	⊖1	⊖1	10
	18	15	13	12	12	10

图例
■3	强相关
□2	一般相关
⊖1	弱相关

图 17-17 QFD 向下展开，特性与备选方案

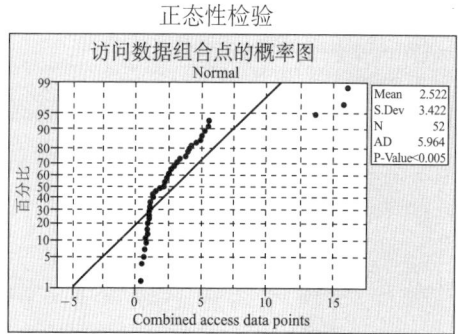

正态性检验

访问数据组合点的概率图
Normal

Mean 2.522
S.Dev 3.422
N 52
AD 5.964
P-Value <0.005

Alpha：0.05
H_0：数据正态
H_a：数据非正态
P-value：<0.005，因此拒绝 H_0。
数据是非正态的。执行等方差的 Levenes 检验
结论：
采用 Mann–Whitney 进行数据的统计分析

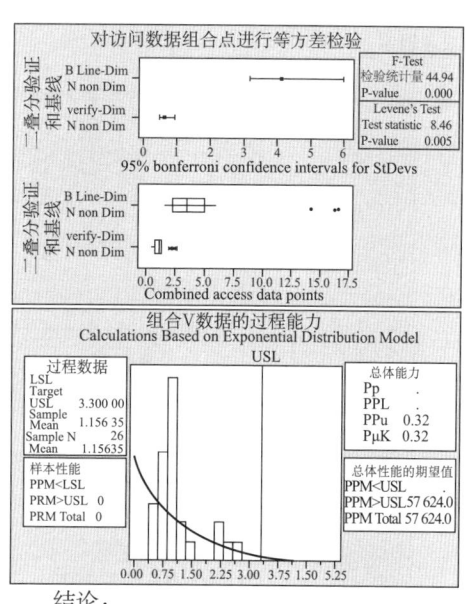

对访问数据组合点进行等方差检验

B Line-Dim
N non Dim
verify-Dim
N non Dim

F-Test
检验统计量 44.94
P-value 0.000
Levene's Test
Test statistic 8.46
P-value 0.005

95% bonferroni confidence intervals for StDevs

B Line-Dim
N non Dim
verify-Dim
N non Dim

组合V数据的过程能力
Calculations Based on Exponential Distribution Model
USL

过程数据
LSL
Target
USL 3.300 00
Sample Mean 1.156 35
Sample N 26
Mean 1.15635

样本性能
PPM<LSL
PRM>USL 0
PRM Total 0

总体能力
Pp .
PPL .
PPu 0.32
PµK 0.32

总体性能的期望值
PPM<LSL
PPM>USL 57 624.0
PPM Total 57 624.0

结论：
基于0 DPMO的基准能力是6西格玛

图 17-18 验证 CTQ 能力的分析

验证CTQ能力的分析

图纸访问的技术规范（结合模糊和非模糊数据查找）
根据CTQ调查，顾客的期望是1.70分钟或更快地访问和打印图纸。当前系统是否在按顾客的期望运行？这是我们设计计分卡上的主要CTQ。

```
H₀=样本中位数等于1.70分钟
Ha=样本中位数不等于1.70分钟
Alpha=0.05
Wilcoxon 符号秩检验：组合的 V 数据

Test of median = 1.700 versus median not = 1.700
                          N
                        for  Wilcoxon           Estimated
                  N    Test  Statistic    P      Median
Combined V Data  26     26      53.5    0.002    1.033

P-value=0.002<0.05
因此拒绝 H₀
Ha=样本中位数不等于1.70分钟
```

```
H₀=样本中位数等于1.70分钟
Ha=样本中位数小于1.70分钟
Alpha=0.05
Wilcoxon 符号秩检验：组合的 V 数据

Test of median = 1.700 versus median < 1.700
                          N
                        for  Wilcoxon           Estimated
                  N    Test  Statistic    P      Median
Combined V Data  26     26      53.5    0.001    1.033

P-value=0.001<0.05
因此拒绝 H₀
Ha=样本中位数小于1.70分钟
```

结论：对图纸的访问用时来说，DDL和用户界面的设计将满足顾客的期望。

图 17-19 验证 CTQ 能力的分析

产品描述	CTQ 技术规范/目标		当前能力	高层次的能力	特征能力（源自验证试验）
	LSL	USL			
信息准确	0 错误（6 西格玛）		0 错误（6 西格玛）	0 错误（6 西格玛）	0 错误（6 西格玛）
快速检索	0 秒	3.3 分钟	4.82 分钟（1.4 西格玛）	0.75 分钟（6 西格玛）	1.07 分钟（6 西格玛）
便于检索（最小输入）	8	12	17（0 西格玛）	10（6 西格玛）	10（6 西格玛）
易于理解的格式（线宽种类）	2	4	1（0 西格玛）	3（6 西格玛）	3（6 西格玛）

图 17-20 更新并经过验证的设计计分卡

例2：六西格玛设计（DMADV）项目

这第二个项目是一个有关DFSS被应用于一个新产品的开发以及该应用是如何将一个更好地满足顾客需求的更成功的产品推向市场的例子。由于这一项目具有敏感的竞争性，因此该事例刻意在表述上做了泛化处理。

项目背景

该项目的目的是设计一个新的、更具竞争力的消费类医疗设备。以下详细说明了项目的背景、重要的商业考虑和客户的特点。

开发目标

提供更好的消费设备以最好地满足产品线的功能和效益要求。

产品描述

该产品是供需要使用自我监控系统监测身体状况的患者使用的医疗设备。

开发范围内的（各）过程

- 工业设计。
- 包装配置。
- 设备的颜色、质地。
- 设备配置。
- 设备的人体工学设计，易用性。
- 投产日程安排表。

市场战略

此设备目前的市场反映为更高层次设备的市场需求。然而，报告显示只有40%到50%的更高层次设备的使用者正在使用当前版本的该设备。在我们所有竞争性产品中，此设备产生的收益要高得多，而这将意味着，人们可以以较低的成本生产该设备。

财务战略

现如今98%的类似设备进入成套生产状态。因此，降低成本是很重要的。

技术战略

现有的原始设备制造商的设备都没有提供多重功能。然而，该项目可以利用之前的开发成果在其设计中实现更强的功能。

产品战略

其战略是提供一种设备，以最大限度地提高顾客对所有主要的更高层次设备平台的接受程度。

设计项目方法

充分利用现有设备的开发，特别是减少反跳（与疼痛有关）的内部机制。

图17-21显示了该团队遵循的流程、完成的每一个步骤和相关的时间安排。此外，还可以看到根据上述营销和财务战略仔细斟酌得出的该项目的实际成果。该项目以事实上每台设备0.335美元的成本削减超出了每台设备削减0.13美元的目标。

此外，还可以从图17-21中看出，整个项目花费了两年多的时间。尤其对于应用DFSS设计新产品来说，就像这个例子的情况一样，DMADV项目通常会比DMAIC项目花费更长的时间。

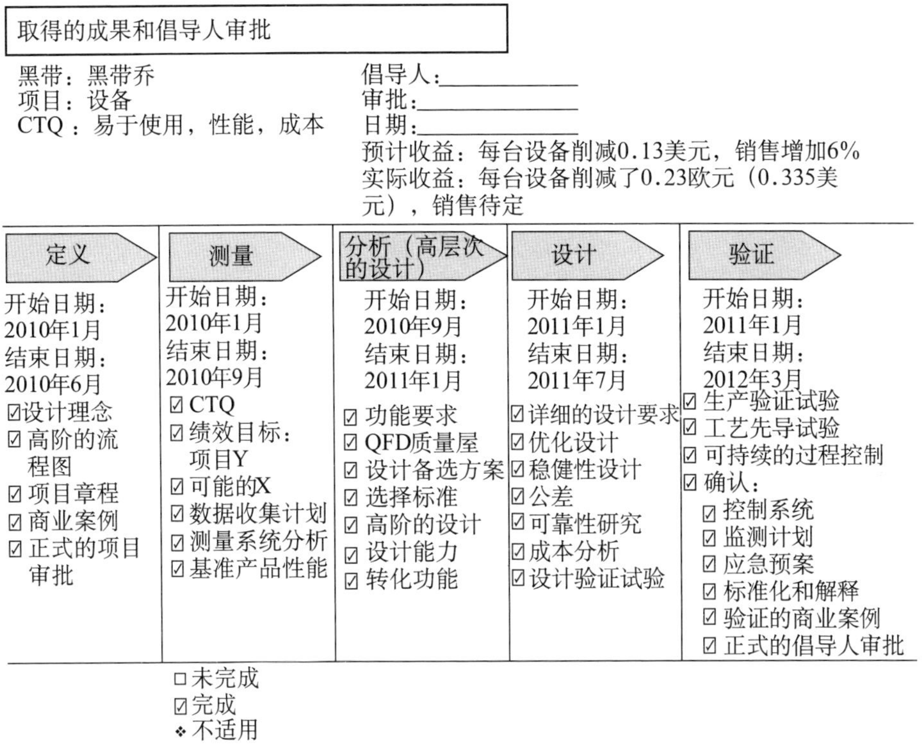

取得的成果和倡导人审批	
黑带：黑带乔 项目：设备 CTQ：易于使用，性能，成本	倡导人：_____ 审批：_____ 日期：_____ 预计收益：每台设备削减0.13美元，销售增加6% 实际收益：每台设备削减了0.23欧元（0.335美元），销售待定

定义	测量	分析（高层次的设计）	设计	验证

开始日期：
2010年1月
结束日期：
2010年6月
☑设计理念
☑高阶的流程图
☑项目章程
☑商业案例
☑正式的项目审批
	开始日期：
	2010年1月
	结束日期：
	2010年9月
	☑CTQ
	☑绩效目标：项目Y
	☑可能的X
	☑数据收集计划
	☑测量系统分析
	☑基准产品性能
		开始日期：
		2010年9月
		结束日期：
		2011年1月
		☑功能要求
		☑QFD质量屋
		☑设计备选方案
		☑选择标准
		☑高阶的设计
		☑设计能力
		☑转化功能
			开始日期：
			2011年1月
			结束日期：
			2011年7月
			☑详细的设计要求
			☑优化设计
			☑稳健性设计
			☑公差
			☑可靠性研究
			☑成本分析
			☑设计验证试验
				开始日期：
				2011年1月
				结束日期：
				2012年3月
				☑生产验证试验
				☑工艺先导试验
				☑可持续的过程控制
				☑确认：
				  ☑控制系统
				  ☑监测计划
				  ☑应急预案
				  ☑标准化和解释
				☑验证的商业案例
				☑正式的倡导人审批

☐ 未完成
☑ 完成
❖ 不适用

图 17-21　DFSS 在医疗设备设计上的应用

参考文献

Early, J. F., and Colleti, O. J. (1999). "The Quality Planning Process," *Juran's Quality Handbook*, 5th ed., McGraw-Hill, New York.

Endres, A. (2000). *Implementing Juran's Roadmap for Quality Leadership*, John Wiley and Sons, Inc., New York.

Juran, J. M. (1988). *Juran on Planning for Quality*, The Free Press, New York.

（岳盼想　译）

ance # 第 18 章

标杆分析：确定市场领先的最佳实践 布拉德·伍德

本章要点	
标杆分析：它是什么，不是什么	计划标杆
标杆分析的目标	收集、验证并标准化数据
为什么进行标杆分析？	分析并报告标杆发现
标杆分析的分类	识别最佳实践
目标和范围（什么）	理解绩效差距
内部和外部、竞争性和非竞争性标杆分析（谁）	实施改进项目
	评估结果和复制学习
数据与信息来源（如何）	新标杆分析标准
标杆分析与绩效改进	标杆分析的法律和道德层面
标杆分析与战略计划	标杆分析的有效性管理
标杆分析过程	参考文献

本章要点

1. 标杆分析是一个系统和持续的过程，它能帮助不同的组织对绩效进行测量和比较，并确定有助于绩效改进的最佳实践。

2. 标杆分析的主要目的是找出组织内部和外部的最佳绩效，确定该绩效的特征和实现原因，并比较你所在组织的绩效与最佳绩效之间的差距。

3. 组织实行标杆分析的原因有很多，但最主要的原因应该是改进组织绩效。

4. 标杆分析的分类方法有很多，但成功实施标杆分析所使用的基本原则和方法是一致的。

5. 标杆分析在与朱兰管理三部曲的互相影响下，会为绩效改进过程提供重要的输入。

6. 标杆分析为战略计划过程提供直接的输入，由标杆分析得到的事实依据帮助组织形成世界一流的领导者应具备的愿景、目标和计划。

7. 为成功实现标杆分析，一个结构良好、系统化的过程是必不可少的，比如朱兰标杆分析七部曲。

8. 成功的关键是清晰的目标和范围、合理的定义、充分的认证、有效的标准化、清楚的报告以及对最佳做法分享的意愿。

9. 必须在法律和道德允许的范围内实施标杆分析。

10. 如果想从标杆分析中获得真正的价值，必须由管理层提供实施标杆分析所需的资源并按照研究结果进行改进。

标杆分析：它是什么，不是什么

标杆分析已经存在了很多年。人们观察他人如何完成某一给定工作，并将观察所得用于改进自己工作的完成情况，这是人类学习和发展的一个基本途径。在管理领域，向竞争对手学习也存在已久。但是在法律和道德允许范围内，有组织、有系统地学习行业中最佳实践还是相对比较新近的事情。施乐公司通常被认为是标杆分析的鼻祖，即使说当今大部分标杆分析的做法都来自 20 世纪 70 年代施乐公司开创的方法也不为过。

尽管施乐公司的故事已经被众多不同的管理教材提及，在此仍值得做简要评价，以便为之后的展开描述做一下铺垫。20 世纪 70 年代，产品质量低劣、成本过高加上来自日本同行的越来越多的竞争，导致施乐公司危机重重。施乐公司的管理者在出访日本后，清醒地意识到如想生存必须做出改变（Kearns and Nadler, 1993）。此后，它实行了一系列的标杆分析，旨在找出其所在行业中各方面表现最好的组织，并分析这些组织的哪些做法成就了它们的最佳绩效。在这些标杆分析活动中，最有名的就是对比恩公司（L. L. Bean）物流管理的标杆分析（Camp, 1989）。自此，现代标杆分析诞生了。

标杆分析现在已经发展成为组织绩效改进的一个基本工具，并广泛应用于不同的领域。但尽管如此，它仍然是一种饱受误解的改进工具。不同的人对标杆分析有不同的理解，标杆分析项目也经常不能实现改进的初衷或者取得真正意义上的改进成果。

不过，如果标杆分析实施得当，就能为组织提供强有力的焦点，将事实分析得非常透彻，并且让组织意识到着手改进战略的必要。标杆分析能够识别最佳实践并指导组织最终实现卓越，这是基于对组织所在行业的事实分析而不是内部标准或者历史趋势实现的。

标杆分析不是我们所说的"企业参观"。简单的企业参观没什么参照点，也无助于改进过程。匆忙的一次参观或者短暂的一次访问，不可能获得对所参观企业的翔实理解，通过这样简单的企业参观，也几乎不可能形成一套实现改进的行动计划。缺少前期的标杆分析，很难决定应该参观哪些组织，因此对一些凭想当然认为是最好的组织或者较好的组织的参观学习是有风险的，这些组织可能实际上并不优秀。然而，如果这种企业参观事先经过系统的标杆分析，并且所参观组织是公认的最佳实践者，就是很有价值的。

标杆分析同样也不应该作为个人绩效评估的工具，其重点应该放在组织以及组织的员工身上。如果没有意识到这一点就实施标杆分析则只能导致抵触，并无疑会对成功实现标杆分析造成障碍。

标杆分析不应是一时的兴趣，而应是持续改进的过程。当今，组织必须快速地改进绩效来保持在行业中的竞争力。在一些行业里，如果组织之间不断地互相学习，普遍实行标杆分析，组织就需要更快地改进绩效。一个典型的例子就是石油和天然气行业，组织要应对不断增长的行业、技术和监管的需求。该行业的大多数组织基本上每年都参加标杆分析的联盟。标杆分析不仅是竞争力分析，它也能够考察竞争对手的产品和服务的价格以及性能。这种考察不光针对最终产品或者服务，也针对产生产品和服务的过程。标杆分析也不仅是市场调查，它还学习最佳实践者如何采取适当的商业活动以满足顾客需求并最终实现最佳绩效。标杆分析提供了有事实依据的输入，使组织专注于管理，让组织明白进行改进的必要性。

不能把参与标杆分析看作孤立的活动。如想获得成功，必须使标杆分析成为持续改进战略的一部分，不断对其进行指导，而且要将其融入到公司的持续改进文化中。和其他项目一样，标杆分析必须得到高层管理者的支持，需要有足够的资源来完成目标，并且需要依附于一个健全的项目计划。

最后，不能完全依赖标杆分析活动来解决问题，它只是实现目标的一种方法。任何公司都不可能单纯依靠标杆分析来改进绩效。组织必须根据标杆分析研究的结果来进行改进。标杆分析的输出应该为决策或改进计划提供输入。这需要对标杆分析、学习要点的构成，以及行动计划的形成进行详细的思考，以促进改变并实现改进。

那么我们如何来定义标杆分析？浏览文献会发现众多定义（Anand and Kodali, 2008），这些定义的主旨基本相同，只有细微的差别。这里我们不再重复以前的定义，只给出我们自己的定义：

> 标杆分析是一个系统的、持续的过程，它促进对绩效的测量和对比，识别最佳实践，最终帮助组织实现卓越绩效。

这个定义是通用的，因此能够包含各类型的标杆分析。在这种情况下，绩效的测量和对比可以是公司之间、业务部门之间、业务职能之间，以及公司过程、产品或者服务之间的。标杆分析可以是内部或外部的，可以是在竞争者之间的，也可以是同行业或者跨行业的。不管标杆分析如何分类，这个定义依旧适用。

标杆分析的目标

标杆分析的目标可以概括为以下几点：
1. 确定最佳绩效的水平。
2. 量化绩效的差距。
3. 识别最佳实践。
4. 评价最佳绩效的原因。
5. 理解在关键业务领域的绩效差距。
6. 分享成就最佳绩效的工作实践。
7. 让研究成果成为绩效改进的基础。

当人们谈及最佳绩效时，毫无疑问指的是世界一流的最优表现。但事实上，在某个特定的标杆分析实践中，很难确保有全球领先的公司参与其中。所以要认真选择标杆分析的对象，以确保标杆分析活动的输出能够为企业增值。

一旦确定了最佳绩效，实施标杆分析的组织就可以将其绩效水平与最佳绩效之间的差距进行量化。在确认最佳实践并评估了成就最佳绩效的因素后，参与标杆分析的组织就可以将所得知识分享，并将此作为绩效改进项目的一部分内容付诸行动。

因此，标杆分析可被视为包括3个阶段的过程：
1. 第一阶段是定位分析，找出与最佳绩效之间的差距。
2. 第二阶段是专注于从那些能够实现卓越性能的领先实践中学习。
3. 第三阶段涉及适应和采用学习以转变为领先地位。

为什么进行标杆分析？

组织进行标杆分析有两个原因。第一，通过持续改进，超越同行和竞争对手，使组织基业长青。第二，保证组织通过学习而不断地努力改进。标杆分析是开放包容的，不光是向同行学习新的理念，也可以从毫不相干的行业中学习，吸取它们处于世界领先的经验。

很多组织进行标杆分析是证明给利益相关方看的，比如客户、股东、债权人、监管机构等，向他们证明组织的绩效水平处于可接受的范围内。当然，这的确是实施标杆分析的一个完全合理的理由，但如果仅仅因此实行标杆分析，那么其价值就大大缩水了。

标杆分析根据外部的数据，通过树立可靠而现实可行的目标，为组织的战略规划过程提供有效的输入。

为了真正领会标杆分析的实质，组织除了要明确最佳实践，同时还要确定实现显著绩效改进的方式。那些组织文化中看重绩效改进的组织会不断地进行标杆分析，因为标杆分析提供的客观依据为组织指明了改进活动应关注什么，改进的空间有多少，以及为了实现改进应做出哪些改变。

标杆分析的分类

标杆分析的分类方式有很多（见表 18-1），已有文献中所列的不同的类别（Anand and Kodali，2008）也让初次接触标杆分析的人感到迷惑，弄不清楚究竟什么是标杆分析，用哪种方法实施标杆分析最适合自己。事实上，不论哪种类型的标杆分析都可以用一个基本的过程来概括。为了清楚各种分类的不同，我们需要从以下三个方面进行思考：标杆分析的对象是什么，标杆分析涉及谁，以及如何实施。

表 18-1 标杆分析常用分类方法

分类标准		
内容（什么）	参与者（谁）	信息来源（如何）
职能性标杆分析	内部标杆分析	数据库标杆分析
过程标杆分析	外部标杆分析	调查标杆分析
业务单元或者业务地区间标杆分析	竞争性标杆分析	自我评估标杆分析
项目标杆分析	非竞争性标杆分析（同行或跨行）	一对一标杆分析
通用性标杆分析		联合标杆分析
卓越经营模式		

资料来源：Juran Institute, Inc., Copyright 1994. Used by permission.

- 目标和范围（什么）。
- 内部和外部、竞争性和非竞争性标杆分析（谁）。

- 数据与信息来源（如何）。

目标和范围（什么）

标杆分析通常可以根据其内容进行分类，包括：
- 职能性标杆分析。
- 过程标杆分析。
- 业务单元或者业务地区间标杆分析。
- 项目标杆分析。
- 通用性标杆分析。
- 卓越经营模式。

职能性标杆分析

职能性标杆分析关注的是某个具体业务功能借以形成标杆分析焦点的过程。在具体的组织背景下，这种标杆分析可能涵盖不同的业务单元和业务地点。典型的职能性标杆分析案例包括对采购、财务、互联网技术、安全、运营以及维护职能方面的分析。分析关注的重点是职能的各个方面而不是所涉及的过程以及具体展开的行动。

过程标杆分析

过程标杆分析的关注点是具体的业务过程或者是其中的一部分。过程标杆分析一般包括产品研发、结算、订单管理、合同管理以及顾客满意管理。过程标杆分析通常涵盖不同的业务单元和不同的业务地点。过程标杆分析和职能性标杆分析通常会有一些重叠的地方（比如，有关采购过程的标杆分析和采购职能的标杆分析看起来就很相似）。许多过程都不是某个行业特有的，因此对不同行业的分析能拓宽视野，使组织受益更多。

业务单元或者业务地区间标杆分析

在一个组织内部，有时会进行不同业务单元之间或者不同业务地区之间的标杆分析。组织会将每个业务单元的表现与其他业务单元对比分析，这种分析可能是对某业务单元的所有活动的分析，也可能是对某些选定的业务部门或者过程的分析。比如说，朱兰每年会对全球范围内主要的石油天然气处理设备的表现进行标杆分析。该分析涵盖了所有关键的过程，参与者来自大范围的各种不同的组织。

项目标杆分析

这种类型的标杆分析关注的是组织实施的不同项目。因为不同项目区别很大，所以项目标杆分析也相应地被分为不同的类型。比如，有针对输油管工程项目的标杆分析，有软件实施项目的标杆分析，有设备淘汰项目的标杆分析，等等。这类标杆分析活动通常会分析与项目有关的所有业务过程，但其范围一般会限定在过程的某一部分。比如，工程项目的标杆分析会关注承包商选择、采购和投产。

通用性标杆分析

通用性标杆分析关注的是某特定领域里需要达到一定绩效水平的所有过程。关注的是结果以及为达到目标需要做什么。比如，医院实施通用性标杆分析寻求缩短候诊时间的途径。为此，要与特别看重顾客等候时间的不同行业进行对标，比如保险索赔处理、主要水域（比如苏伊士运河）的船只通关手续、应急服务（警察、火警、救护车）对灾难的响应时间。过程性标杆分析和通用性标杆分析有重叠的部分，但后者不太关注差距分析，而更多关注如何进行实践。

卓越经营模式

卓越经营模式发展到目前已经能够为组织提供全方位评估并提高其绩效的框架。卓越经营模式设计的目的涵盖了能够驱动企业绩效的方方面面。在这些模式中，最著名的当属鲍德里奇奖和EFQM卓越模型。这两个模式在很多方面都很相似，并且都确立了实现最佳绩效的一些关键标准。

尽管这两个模式是用来支持组织自评的，但它们同样为标杆分析的对标提供了很好的框架，不过很少有人这样用。使用这种模式的标杆分析本质上是通用性标杆分析的一种形式，需要考量最佳绩效的各种要素。另外，鲍德里奇奖和EFQM模式都要求组织进行标杆分析活动。

内部和外部、竞争性和非竞争性标杆分析（谁）

标杆分析通常根据参与者的类型分类。由于标杆分析的类别不同，组织不总是能掌握选择参与者的主动权。在可以选择参与者的情况下，选择对标的对象是标杆分析最先要做的并且也是最难做的部分之一。选择潜在参与者的标准有很多，主要的标准是感知绩效水平（目标是最佳绩效或者是全球领先的绩效）。

四个主要的标杆分析类型是：

1. 内部标杆分析。
2. 外部标杆分析。
3. 竞争性标杆分析。
4. 非竞争性标杆分析。

在选择最适合的标杆分析类型时要考虑到每种类型都有优缺点。需要考虑的事情包括：

- 就标杆分析的对象而言，参与者间的相似之处。
- 对标杆分析过程的控制程度。
- 为实施标杆分析需要投入的成本和时间。
- 可能达到的公开度以及需要的保密度。
- 学习以及改进绩效的可能性。

内部标杆分析

内部标杆分析是指组织内部运作方式类似的部门间绩效和工作的对比。根据组织规模和行业的不同来判定组织是否有必要让相似的部门都来做这样的活动。如果有必要，内部标杆分析能够使组织在完全掌控过程的情况下，做好在更大范围内开展标杆分析的准备，因此通常作为标杆分析的第一步。内部标杆分析通常也是花费时间和金钱最少的，但它找到绩效领先者的可能性很小，并且学习的机会也很有限。

外部标杆分析

外部标杆分析的参与者来自不同的组织。与内部标杆分析相比，外部标杆分析学习的机会更多，但同时也要求企业与外界做信息分享。这就使得外部标杆分析存在一定的局限。组织愿意分享的信息肯定是受限的，尤其是与其他参与者有竞争关系时，对于信息的保密性要求就会更高。根据对标对象性质不同，外部标杆分析又可以进一步分为竞争性标杆分析和非竞争性标杆分析。以下会做详细阐述。

竞争性标杆分析

竞争性标杆分析是外部标杆分析的一种形式，参与其中的组织都是竞争关系。根据定义，竞争性标杆分析的参与者来自同一行业，关注的重点通常是行业中特定的过程。比如，朱兰曾对不同医院病人安全情况进行研究。竞争性标杆分析通常会伴随着高敏感度，如想获得成果必须很好地处理这个问题，如果处理得当，就会取得很有意义的成果。另一方面，如果选择标杆分析的主题与核心业务关系不大，竞争对手间就此进行标杆分析敏感度也就相应少很多。具有讽刺意味的是，公司不常就这些与核心业务不太相关的主题与竞争对手进行标杆分析，因为这种标杆分析的效果往往没有跨行业标杆分析好。另外，有一些领域的组织是不愿与竞争对手进行标杆分析的，比如在专利工艺、产品和创新等凸显公司竞争优势的地方。

非竞争性标杆分析

非竞争性标杆分析是外部标杆分析的一种形式，参与者之间不存在直接竞争关系，它们可能是同行也可能来自不同的行业。比如一家在美国运营集装箱港口的公司可以与它的欧洲同行进行标杆分析。尽管它们是同行，但由于面向的市场不同，不太可能成为竞争对手。朱兰每年都对全球范围内的天然气管道公司进行标杆分析。参与者都来自相同的行业并且都对它们行业特有的工艺感兴趣，但是由于它们所处不同地区，面向不同的市场，它们并不是直接的竞争者。这就意味着它们乐意为了相互间的利益而分享好的观点和做法，而不担心失去竞争力。

在跨行业的非竞争性标杆分析中，分析最多的领域都不是某行业特有的，一般通用性标杆分析都属于此类。它们通常都是一些支持性的业务，比如管理、人力资源、研发、财务、采购、IT，以及健康、安全和环境（HSE）。跨行业外部标杆分析通常为学习和绩效改进提供了最佳机会，原因有很多。首先，潜在的参与者群体更为广大。其次，在要进行标杆分析的业务领域拥有最佳绩效的组织可以受邀参与其中。最后，由于不存在竞争压力，参与者较其他形式的标杆分析更乐意进行信息分享。

数据与信息来源（如何）

标杆分析还可以根据对比分析中所用到的数据源进行分类。这种分类也有很多形式，以下是主要的几种类型：

- 数据库标杆分析。
- 调查标杆分析。

- 自我评估标杆分析。
- 一对一标杆分析。
- 联盟标杆分析。

数据库标杆分析

这种类型的标杆分析，是将参与者的数据与已有数据库中包含的绩效数据进行对比。通过分析，参与者得到对比结果。这种类型的标杆分析通常需由第三方来管理数据库并进行分析。近些年随着因特网的发展，此类型的标杆分析因其易于在线管理而被更广泛地应用。参与标杆分析的组织可以通过网络提交问卷调查的数据并且很快得到一份分析报告。在网上进行搜索就会发现有很多此类的数据库。

一些咨询公司积累了某些行业和领域的绩效数据，通常也会提供此类标杆分析服务。比如，朱兰从1995年起就开始对石油天然气企业进行标杆分析，并在此期间开发了与该行业相关的综合绩效数据库。这些数据在收集过程中，经过了恰当的定义和充分的论证，因此十分可靠。该数据库也成为石油天然气行业组织可以进行标杆分析的极佳数据源。

很多组织是通过向数据库所有者购买数据开始自己的标杆分析之旅的。尽管这类标杆分析能够迅速地对绩效做出反馈报告，但也有缺点。参与者不能掌控分析的内容，并且只能被动地接受用来衡量绩效的标准。由于这类数据源通常不会对外披露，参与者就很难确保所得分析结果的实质作用。标杆分析中使用的标准或许没有明确界定也没有经过有效的证明，从而导致数据和分析结果欠佳。因此在使用这类标杆分析时需要特别注意，要充分意识到此类分析潜在的缺陷。为了取得最好的效果，在进行此类标杆分析时要找值得信赖、声誉好、业绩佳的咨询顾问进行合作。

调查标杆分析

调查标杆分析是指通过调查或者访谈来实现的标杆分析。此类标杆分析典型的做法是将调查文件送至参与标杆分析的组织，由其完成后再将调查文件返还。有时候，实施标杆分析的组织事先并不征求一些公司是否意愿参与，就将调查问卷发到这些组织，希望它们能够完成问卷并反馈。显然，由于回收率很低，这种做法的成功概率很小。

调查可能由第三方咨询公司或者某个参与标杆分析的组织来指导开展，但后者实施起来会在数据共享方面遇到更大的阻力，要确保符合反垄断法。有时这样的调查需要收取参与者一定的费用，还有些时候某个参与的组织或者咨询公司会全额赞助此类调查，但是在这种情况下对于参与的非赞助组织来说，结果就不那么理想了。

此类标杆分析的缺点和数据库标杆分析类似，参与的组织对于标杆分析过程的掌控不够，对所用的标准定义不够充分，提交数据的有效性可能受限。尽管此类分析的结果有一定局限性，但是对参与者来说也不需要投入太多的精力。

此类调查的过程也可以继续延展来做实地考察。作为调查过程的一部分，标杆分析的协调者（通常为第三方的咨询公司）会对参与的组织进行逐一的实地考察。实地考察使咨询顾问能够获得更翔实的信息（通常都是定性数据），这将丰富参与者的学习，尤其有助于评估成就最佳绩效的工作实践。

自我评估标杆分析

如此前所说，自我评估是很多卓越绩效模式基本的组成部分。这种自我评估可以被用于跨行业组织间的通用性的标杆分析。这种模式为需要考虑所有要素的标杆分析提供了很好的框架。这种分析不但注重对定量数据的分析而且对工作实践做出定性的分析。但是由于自我评估的主观性，这种分析方法也有其弱点。有时，需要雇用第三方（咨询顾问）监督整个过程，来引导评估的客观性，甚至是指导评估。

一对一标杆分析

这类标杆分析可能是文献中最常见的形式，但是正如我们指出的，标杆分析不是组织间为了研究绩效进行的简单的企业参观。这种彼此参观几乎不可能产生太多收益，并且通常很难确定参观的组织真正拥有最佳绩效。

但是，如果已经进行了标杆分析研究，某组织被确认在某一领域拥有最佳绩效，那么可以实施一对一的标杆分析，在具体的领域进行深入的调研，获取丰富的信息以改善绩效。这种方法被普遍用于标杆分析联盟中，在参与的组织收到标杆分析结果后，两个组织同意在具体的业务领域实行进一步的一对一的标杆分析，以获得更加深入细致的了解。朱兰曾组织过跨行业的采购过程标杆分析联盟，这是一个很好的案例。在参与该项研究后，两家组织同意进行一对一的标杆分析。其中一家组织擅长合同投标和承包商选择，另一家则在战略采购方面具有优势。双方进行合作，就能对这两个业务领域有更好的理解，从而使双方都达到改进绩效的效果。

标杆分析联盟

毫无疑问，这种分析方式最有可能使参与者达到绩效改进的目的。这种标杆分析联盟除了参与的组织以外，通常（但不总是）还有一个第三方的协调者。他们就以下内容达成一致：受邀参与者；标杆分析的对象；使用的方法；采取的标准（以及对标准的定义）；对标准的验证；分析、报告、交付结果的特征要求；遵循的时间表。在这种情况下，参与者对整个过程有高度的掌控，并且会得到一些可靠的数据、透彻的分析和有价值的结论。使用这种分析方法，对于每个参与者来说，为达到预期的效果，需要付出很多努力，因此需要花费更多的时间和金钱。但是与其他方法相比，这种分析法所得的附加值也高出许多。

根据分析的对象、标杆分析参与者的特征、数据来源、使用方法的不同，我们将标杆分析分成了很多不同种类。这些不同主要体现在学术层面，虽然这些方法都有着各自的优缺点，有些分析法明显要比其他方法高效，但是它们最终的目的都是相同的，即学习如何改进组织绩效。

标杆分析与绩效改进

朱兰三部曲为有效进行质量管理、实现绩效改进提供了一个框架。标杆分析为绩效改进提供输入的方式，可以通过与朱兰管理三部曲间的相互作用来说明（见图18-1）。

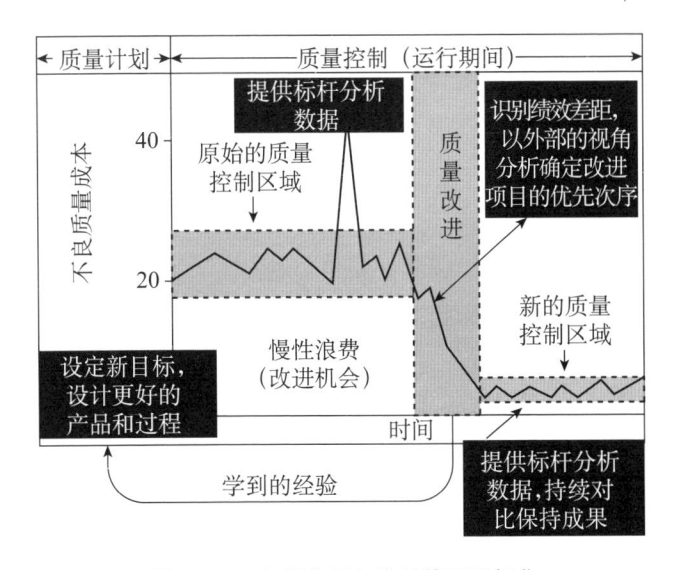

图18-1 标杆分析与朱兰管理三部曲

资料来源：Juran Institute, Inc., Copyright 1994. Used by permission.

标杆分析的成果通常包含对关键业务单元或者业务过程的量化差距分析。管理者通常使用帕累托法则，即通常所说的 80/20 法则，将有限的资源用于最需要改进的地方。为改进绩效，资源应该用于"关键的少数"领域（尤其是高回报或者投资回报快的领域），而不是改善可能性不大的"次要的多数"领域。

标杆分析与新产品设计

质量设计的目的是让组织为实现绩效目标而做好准备工作。为达到这个目的，组织必须做到以下几点：

1. 识别客户。
2. 确定客户需求。
3. 开发满足客户需求的产品（服务）特征。
4. 设立满足顾客需求的质量目标。
5. 设计满足产品（服务）特征的过程。
6. 证明公司的过程可以达到预期目标。

标杆分析通过使组织学习最佳实践，并将所学融入到设计新过程和改进原有过程的方式，为组织实现以上步骤提供帮助。同时，组织通过标杆分析看到其他组织所达成的绩效目标，从而设立自己的绩效目标。另外，通过标杆分析还能挖掘客户的潜在需求，识别产品或者服务应有的特质。

标杆分析与质量控制

质量控制活动能确保组织以可控的和可持续的方式实现绩效目标。质量控制的关键内容包括：

- 识别需要控制的对象。
- 测量需要控制的对象。
- 设立绩效标准。
- 说明区别（比如实际绩效和标准间的差别）。
- 就存在的差距采取相应的行动。

标杆分析与质量控制之间的关系是双向的。质量控制的输出为标杆分析活动提供数据，这就使得公司可以不断地与参与标杆分析的公司进行对比；反过来，组织可以长期保持通过绩效改进取得的成果。标杆分析使得组织有能力来挑战控制的标准。改进的过程增强了过程能力，减少过程波动和缺陷，增强了对过程的控制。

标杆分析与突破式改进

过程改进的主要目标可以概括为：

- 描述改进的需要。
- 识别需要改进的具体项目。
- 对问题进行诊断并找出根本原因。
- 提供补救措施。
- 证明在突破式改进方面补救措施是有效的。
- 提出新的控制方法以保持改进成果。

标杆分析从外部的视角客观地分析哪些绩效水平是可以达到的，以及为达到这种水平的绩效需要什么样的业务实践，从而为突破式改进提供支持。标杆分析还可以帮助组织测量自己与其他拥有最佳绩效的组织之间的差距，同时使组织识别其绩效的最强项和最弱项，从而帮助潜在的绩效改进项目确立改进的优先次序。表 18-2 概括了标杆分析与朱兰管理三部曲的关系。

表 18-2 标杆分析与朱兰管理三部曲

过程	目标	与标杆分析的关系
计划	计划并为实现绩效目标做好准备	• 向最佳实践学习 • 设定可达到的目标 • 设计更好的过程
控制	保证达到绩效目标	• 为标杆分析提供数据 • 不断地进行对比 • 巩固成果
改进	改进绩效，达到更高水平	• 以外部的视角分析问题 • 识别绩效差距 • 确定改进项目的优先次序

资料来源：Juran Institute, Inc., Copyright 1994. Used by permission.

标杆分析与战略计划

一个组织的目标通常达不到利益相关方的期望。导致失败的一个主要原因在于组织的目标是基于过去的发展趋势和当前的业务实践情况来设定的。很多组织通常会犯保守内向的错误，忽视从外部的视角来看问题。顾客的期望是由同行业和跨行业的最佳实践者的标准来驱动的。组织可以通过标杆分析获得这些外部资源，为对比分析和学习最佳实践打下基础。这样，标杆分析可以为战略计划过程提供直接的输入。图 18-2 显示了基于标杆分析可以通过塑造战略方向帮助组织实现可持续结果的五种方法。

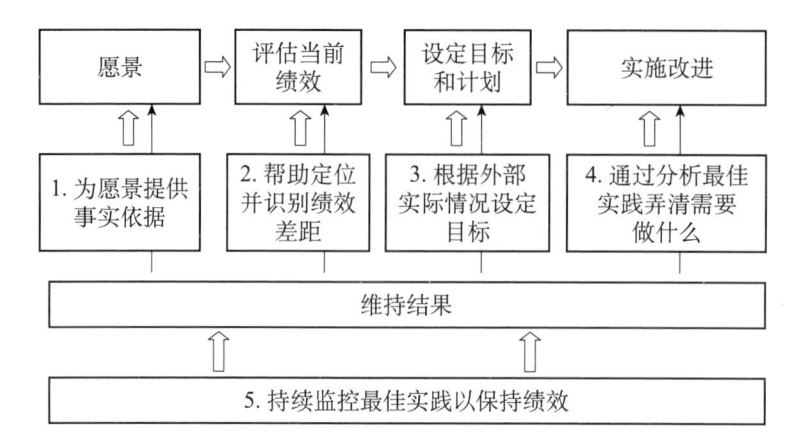

```
愿景 → 评估当前绩效 → 设定目标和计划 → 实施改进
  ↑           ↑              ↑              ↑
1.为愿景提供  2.帮助定位      3.根据外部      4.通过分析最佳
  事实依据    并识别绩效      实际情况设定    实践弄清需要
              差距            目标            做什么

              维持结果
               ↑    ↑
         5.持续监控最佳实践以保持绩效
```

图 18-2　标杆分析与战略计划

资料来源：Juran Institute，Inc.，Copyright 1994. Used by permission.

以下是几个必备的条件：一个经过恰当定义的过程、对进行标杆分析的对象范围和原因的清楚了解、经过详细计划的系统方法。如果引导得当，标杆分析掌握的那些标杆组织最佳实践的相关信息，将为战略绩效管理提供有效的支持。标杆分析对基于证据的最佳实践进行分析，为组织形成自己的愿景、目标和计划并进一步实现全球领先的领导力奠定基础。

标杆分析与愿景的开发

图 18-2 描述的是绩效改进的一个典型的战略计划过程，该过程始于组织的愿景。组织的愿景总是在一定程度上受到组织外部商务环境及其他组织所能达到的水平的影响。标杆分析能够对组织外部环境进行详细的分析，并且对什么是全球领先的组织做出有事实依据的阐述，从而帮助组织设立愿景。

评估当前绩效，并测量其与愿景之间的差距对组织的长期发展至关重要。测量组织的当前绩效的方法有很多，包括市场调查、竞争对手分析，当然还有标杆分析。标杆分析能够明确组织目前的绩效水平，根据外部商务环境和愿景对公司进行定位并确定绩效差距。这些使组织能够调整战略，缩小现实与愿景之间的差距。

标杆分析与目标设定和计划

长期计划或者关键策略是由愿景派生出来的，将构成涵盖组织绩效各方面的战略目标，包含业务过程绩效、产品或服务绩效、客户满意度、不良质量成本，以及竞争力绩效。这些战略目标必须要不断升级。标杆分析帮助组织根据外部实际情况设定这些目标，并确保组织集中精力缩小实际绩效与愿景绩效之间的差距。

通过标杆分析，组织可以清楚地意识到为达到最佳绩效，究竟需要做多少改进。定期有规律的标杆分析能帮助组织根据现实情况，而不是过去的绩效，设立具体的、可测量的短期目标，这将有助于组织逐步地进行绩效改进（见图18-3）。其目的是使组织超越绩效领先者，缩小绩效差距，成为最佳绩效的领导者。

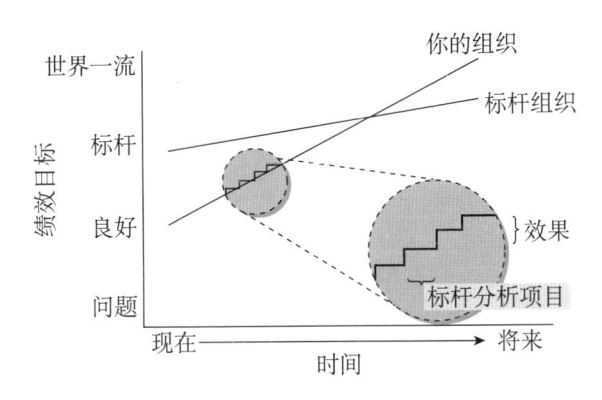

图 18-3　随时间推移进行的标杆分析

资料来源：Juran Institute，Inc.，Copyright 1994. Used by permission.

执行阶段是将长、短期计划转化为可操作计划的一个过程。这需要组织确定究竟该如何实现其具体的战略目标，并明确为此需要采取的行动，由谁来负责执行该行动，对所需资源进行统计和分配，以及对执行阶段做好计划、时间安排和进行控制。标杆分析的输出结果再一次以外部的视角客观地分析问题，为该阶段提供最佳实践的相关信息。

组织应该定期地进行绩效评估，确定设定的目标的进展，测量现状和愿景之间的差距。标杆分析是用来评估的特别好的方法，它能客观清楚地描述现状、测定自己的组织与其他组织之间的绩效差距，识别出最佳实践，并为组织提供向绩效领导者学习的机会。

由此可以看出，标杆分析是组织有效地、有战略地进行绩效管理的有力武器。它拓宽了组织及其管理者的视角，突破舒适区，向表现卓越的组织学习并刺激组织进行改变。标杆分析通过客观的分析，列举事实，让组织发现拥有最佳绩效的组织的做法及取得的成果，帮助组织通过绩效管理来达到世界领先水平。

标杆分析过程

以下是成功的标杆分析项目需要具备的一些关键要素。

1. 确定研究范围和目标。
2. 确定并定义所用的标准。
3. 安排好时间进度并严格照此执行。
4. 确保标杆分析所需资源可用。
5. 在整个标杆分析过程中为参与者提供支持。
6. 验证所有数据。
7. 将数据标准化。
8. 清晰而有效地报告结果。
9. 对最佳实践进行分享。

无论采用哪种类型的标杆分析，想要获得成功，都要遵循一个结构合理、系统化的过程。在文献资料中，有很多是介绍标杆分析过程的（Anand and Kodali，2008），但最早的模型由 Camp（1989）提出，并被施乐公司采用，随后有很多模型是根据这个模型演进而来的。Camp 的标杆分析过程十步法在《朱兰质量手册》第 5 版中有详细介绍（Camp and DeToro，1999）。朱兰那个时候已经提出了自己的标杆分析七步法，此后，七步法经过多年发展，自 1995 年起成为多个年度标杆分析联盟的基础。尽管这里说的方法是运用在外部标杆分析联盟中的，但是这个过程是通用的，可以用于所有类型的标杆分析。

图 18-4 描述的朱兰标杆分析七步法可以分为两个阶段。第一阶段是定位分析，通过综合分析，让组织清楚所有标杆分析参与者的绩效以及自己与最佳绩效之间的差距。第二阶段主要是学习第一阶段的研究成果，向最佳实践学习并开发实现改变的改进项目。以下是对每个步骤的具体描述。

计划标杆

第一步是识别标杆分析的需要，弄清对什么进行标杆分析及原因，确定使用什么方法进行标杆分析以及对谁进行分析。标杆分析项目与其他项目一样，如要取得成功，必须在开始阶段进行周密的准备和计划。通常需要引入一个商业案例来说明标杆分析的必要性。

在设计标杆分析项目时，关键要弄清标杆分析的范围，包括什么不包括什么。然后就可以确定分析所使用的标准，这些标准也必须有清晰明确的定义以确保所收集到的数据具有可比性。最后，还要确定最适合的数据收集方法。

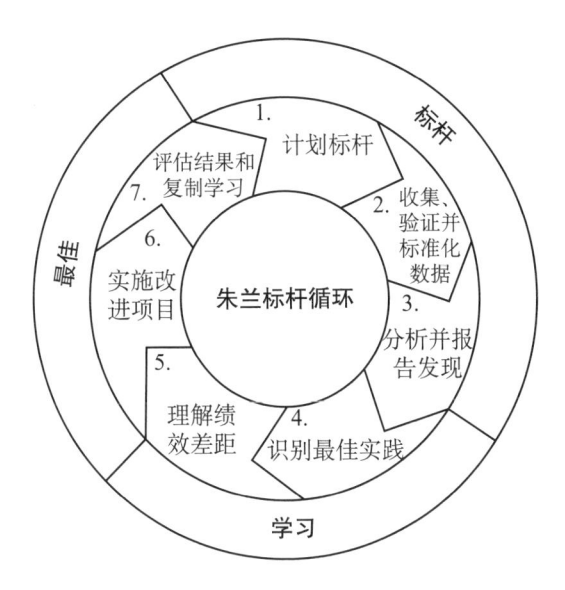

第 18 章　标杆分析：确定市场领先的最佳实践

图 18-4　朱兰标杆分析七部曲

资料来源：Juran Institute，Inc.，Copyright 2016. Used by permission.

在确立了标杆分析的主题之后，还应当确定由谁来参与标杆分析。如前文中提及的，最理想的是有最佳绩效组织的参与。但是，参与的组织还是由实施标杆分析的类型以及选择参与者的方式来确定的，当然最终的目标还是要与公认的绩效领先者进行对标。

在最初的计划阶段，参与者的目的还有以下几点：
- 识别用来评估绩效的关键绩效指标并达成一致。
- 设立标准模型，说明所使用标准的相互关系。
- 给出使用的标准的清晰准确的定义。
- 为参与者准备一份数据收集文件，作为收集和提交数据的载体，并在提交数据前进行初始的数据验证。
- 就项目的时间进度、重要节点、截止时间达成一致。

收集、验证并标准化数据

确定了关键绩效指标及相关定义后，需要形成一套从所有参与者处收集数据的方法。一般来说，组织者会发给每个参与者一份数据收集的文件用来收集和提交数据。数据提交正逐渐通过安全的门户网站来进行。专有电子数据表由于其广泛适用性，也是常用的方式（几乎所有参与者都能使用数据表），它操作简便，计算能力强大并且可以根据需要，自动地进行验证和计算。数据收集文件的设计应满足易学好用的特点，能提供一套数据有效性检查的方法以实现数据质量最优化及误差最小化。

标杆分析过程中参与者的支持

在整个标杆分析过程中，最好设立一个咨询处为数据提交和验证提供帮助。通常有第三方咨询公司支持的标杆分析项目中会有这样的设置。咨询处可以就如何填写数据表格提供专业的建议，并回答与项目相关的一些具体问题（比如各种定义之间的相互关系）。其目的就是快速响应参与者的问题，以免造成数据提交的延误。当然，如能提供清晰详细的数据收集文件，并附有详细清晰的注释，那么参与者为此需要的帮助也会相应减少。尽管如此，咨询处的确会为标杆分析提供相当有意义的帮助，尤其是对新开展的标杆分析项目来说。如有需要，可以发给参与者一份常见问题与解答。

数据有效性

对于任何一个标杆分析项目来说，能否使用有效数据是决定项目成功与否的关键，正所谓"进去的是垃圾，出来的也是垃圾"。不准确或者不精确的数据很容易误导结论并影响行动，最终导致改进项目的失败。另外，不断的澄清说明会引起参与者的不满并耽误标杆分析的进程，因此必须对数据有效性给予高度重视。在朱兰指导的标杆分析项目中，他们采用了两段式的方法，即自动验证法加人工手动验证法的双重验证。

自动验证是数据收集文件的一部分，这样设计的目的是容易填充，文件中嵌入了一些有效性验证法，以优化数据质量并减少误差。嵌入的自动防错检查是为了阻止输入虚假数据，让使用者在提交数据之前可以进行自我检查，也是第一遍的人工手动检查。使用者仔细的初次检查将大大减少以后为了验证数据而花费的时间和精力。

数据提交后，推动者还要根据严格的数据验证过程进行一系列的人工手动检查。朱兰通常实行以下三个步骤：

1. 检查数据完整性。
2. 检查数据完全性。
3. 检查数据一致性。

这些检查应该由经验丰富的人来完成，该人应该熟悉标杆分析过程，并且理解所提交数据的特性以及不同数据点之间的相互关系。首先应该检查数据的完整性。然后要通过比较不同的相互关联的数据来检查数据的完全性,以确保数据间存在着预期的关联。最后可以开展一系列的智能交叉检查,进一步确保所收集数据与历史数据的一致性。发现异常数据要与相关提供者进行一对一核实以保证数据的正确性。在遇到有大量明显错误的数据或者参与者收集数据遇到困难时,可以让参与者一起进行数据诊断,其目的是澄清所需数据的混乱情况。

数据标准化

对于标杆分析来说,最大的问题就是如何以相同基准对不同对象进行比较(比如如何拿苹果和梨做比较)。在某些情况下,对标者之间十分相似,很容易就其绩效做出比较。但是,更多的是一些不尽相同的对象之间的标杆分析,比如整个公司、业务单元、不同现场、不同职能部门、业务过程或者产品。没有两个对象是完全一样的,两者之间的差别会因就什么进行标杆分析以及与谁进行对标的不同而有所不同。因此我们需要一些干预措施来对不同的绩效水平进行对比。在就完全不同的对象进行比较时,需要用到某些数据标准化的方式。如果不这样做,就没法进行绩效比较,而且通常还会导致错误的结论。标准化可以以很多因素为基础来展开,比如范围、合同、监管需求、地理和政治上的差别等。

其中一个解决方法是将参与标杆分析的组织进行分类,成立对等组或者将数据特征类似的分为一个数据集。关键是要识别驱动绩效的因素,并在随后进行绩效指标对比时,能将这些驱动力纳入到所用的方法中。最简单的方法就是根据基本标准将数据进行分层。举例来说,某健康机构要比较不同地区的人员死亡率,可以根据性别和年龄对数据进行分层。还有一个有关化工行业的例子。一些化工公司决定就环境管理进行标杆对比,他们可以就不同污染气体(如氮氧化物和硫氧化物、二氧化碳和甲烷)的排放水平进行比较。人们可以根据这些气体对环境的危害程度使用标准的测量方法,比如单位环境负荷,来对数据进行分层。再比如,有些公司要比较研发部门的效率,通过关键绩效指标测量新产品或者服务(比如上市少于两年的产品)对销售额影响的比率。

当然,即使在这些分组中,参与标杆分析的组织间也存在着差异。要对绩效实行有效的比较,在分析时需要考虑这些不同的特质。最有效的方式就是将绩效数据标准化。

标准化的本质就是将标准进行转化,转化后使所比较对象具有可比性,它兼顾所有(或者说尽可能多地兼顾)进行标杆分析的对象之间的差异。标准化因子应该是绩效的驱动力之一。举例来说,要对公司的结算职能的运营成本进行标杆分析，或许可以使用的一个合适的标准化因子就是发票的数量。又如，可以通过分析单张发票来对成本进行对比。但是，有一些发票要比其他发票复杂（比如，这些发票可能包含更多重要款项，也可能因为金额较大，在开发票前需要反复核查），所以这种标准化的方式可能根本就不合适。

最常用的标准化方式是研究每个单位或者每小时的绩效情况。比如我们要测算制造一辆汽车的成本，我们可以比较生产每辆车的成本；又比如我们要研究治疗某特定疾病需要花费的时间，我们可以考虑医生每小时诊治病人的数量。

在某些情形下，进行简单的单位测量，尚不足以应对标杆分析参与者之间存在的差异，因而需要一种更复杂的方法。在这种情形下，采用能代表标杆分析对象差异的加权因子是实现标准化的有效方式。加权因子可以由时间、成本或者效力发展而来。一个有效的加权因子的例子就是朱兰复杂性因子（JCF）。JCF已经被用于对不同规模和设计的石油天然气产品设施进行同类比较。标准化因子考虑的是设施的装备，以及正常情况下操作和维护设备所用的时间。JCF被用来把标杆分析中所有设施的绩效成本标准化，这就使得组织能够直接与其他组织的设备进行标杆分析，尽管这些设备存在设计和规模的差异。

在使用任何一种标准化方法之前，都要对其效力进行检测。如前所述，如果要标准化因子有效，它需要能够代表标杆分析对象的绩效驱动力。所以说，绩效指标与标准化因子之间应该有良好的对应关系。有效的检验方式就是检查标准化因子与标准化绩效指标之间的相互关系，两者之间应该有很强的直接关联性。比如，标准化因子的增长应该能引起标杆分析指标的增长（反之亦然），只不过这种关系有可能是线性的，也有可能是非线性的。

分析并报告标杆发现

分析的目的是从数据中寻找结论，这些数据包括标杆分析中收集的，也包括其他有参考价值的数据，比如来自公共领域的、参与者所在公司的，以及以前的标杆分析研究中的数据。分析的水平取决于标杆分析开始时确定的范围和目标。

进行分析的关键是要公正地、完全客观地进行，还要与标杆分析的目标保持一致。同时，一项有价值的分析还要指出组织的优缺点，在能进行量化的地方，找出与最佳绩效者之间的差距，并尽可能找出存在差距的原因。还有一点很重要，要整体地而不是孤立地考虑绩效指标，因为与某一项指标相关的结果可能有助于解释其他指标的相关结果。还应该研究和利用每个参与者的战略和工作实践，以探究它们是如何影响绩效的。

分析绩效数据和标准化数据可以比较参与标杆分析的组织的绩效并确定绩效差距。同时，还要考虑到数据的统计检验水平，确保数据是具有统计学意义的，并进一步保证由此得出结论的有效性。

定量分析的对象一般是绩效一流的（比如排名前25%的），分类中最优秀的（如某个最优表现者），或者是标杆分析总体的均值。这些标准都有其优缺点。最常用的方法是分析与最优表现者之间的差距，这从表面看也是最直观的，毕竟分析的目的就是缩小与最优表现者之间的差距，但是，与某一个标杆分析参与者在某一时间点的数据做对比往往会有数值不准确的风险（尽管数据验证的过程会将数值的错误最小化），另外绩效水平在长期范围内是不可持续的，因此会不符合实际情况。相比而言，与一流绩效，尤其是平均值做比较，结果会更加稳定可靠，因为这些数据来自多个参与者。

在分析过程中，应该考虑到导致绩效明显不同的原因。在跨国或者全球范围内的标杆分析中，考虑因地理位置不同引起的差别是很重要的。比如，在分析费用成本（比如薪资）时，就不能简单地把西方的数据与东方、俄罗斯、非洲或者拉丁美洲的数据进行对比。另外，货币间兑换率的波动也会对比较分析产生很大的影响。同样，不同的税收体制、监管要求、政策和文化差异也会对绩效产生重要的影响。

报告进展

一旦分析完成，必须向参与标杆分析的组织进行报告。报告的内容和所用形式在标杆分析开始时已经确定好了，在某种程度上也是由标杆分析的类型决定的。

报告可以以电子版的形式在网上发布，也可以以印刷版形式发布。不管用何种媒体来发布，报告必须清晰、简洁、易懂地阐述分析结果。另外为了帮助分析结果的表达，可恰当地使用色彩区分、图表、图片和表格。表格和图表要有所注释，以便为读者提供指导。分析的同时应该详细提出建议，因为绩效改善活动的焦点是缩小差距。

在报告中还要强调非常重要的一点，即数据的匿名化程度。保密性和学习机会通常是互相矛盾的。保密性越高，学习的机会就越小。如果不能解释优秀绩效的本质，那么学习机会就大大减少。但是，遵守反垄断法是最基本的要求。因此，报告内容必须符合标杆分析参与者之间签订的保密协议并且不违反法律规定，但为了学习更多的内容，应该尽量提高开放度。

不幸的是，很多标杆分析到此就结束了。为了充分挖掘标杆学习的价值，组织还应进一步理解最佳绩效者的实践。这是朱兰标杆分析过程七部曲第二阶段的目的所在。

识别最佳实践

标杆分析项目远不止对比绩效数据那么简单，还有关键的一点是将从最佳实践者处学来的知识传递给标杆学习参与者。重要的是最大化知识传递的有效性，这会带来很多成功的转变或者是成功的过程改进项目。我们可以通过以下方式实现有效的知识传递：

- 内部论坛。
- 一对一标杆分析。
- 最佳实践论坛。

内部论坛

参与标杆分析的组织应该充分地学习标杆分析报告，并仔细地思考研究成果。因此很多组织都会举办内部论坛，召集组织内与标杆分析活动相关的各方人士参与，共同讨论研究成果，确定从哪里入手来缩小差距和改进绩效。如果一个组织有很多的标杆分析参与者（比如一个组织可能同时进行几个不同业务单元的标杆分析），这些内部论坛是不同业务单元间进行知识共享的很好的平台。朱兰研究院石油天然气方面的专家曾主持并出席了一系列石油天然气行业（比如，2004 年墨西哥国家石油公司、2008 年卡塔尔石油公司和沙特石油公司）内部知识共享的论坛，共有来自不同部门的 500 多名员工参与其中，其目的只有一个，就是分享与关键过程和主题相关的知识和最佳实践。

一对一标杆分析

在参与了集体的标杆分析学习后，很多组织通常会展开一对一的标杆分析。一旦确定了各个领域的最佳绩效者，组织间就会进行一对一的合作，通过现场参观或者进一步的数据交换和分析，就具体问题进行细致的探究以扩大学习成果。

最佳实践论坛

这是为所有参与标杆分析组织的共同利益进行的最佳实践分享。当然，如果是和竞争对手做标杆分析，这种方法可能会受到限制，为了学习可能需要采取其他的方式。

在向参与标杆分析的所有组织报告研究成果后，就可以举办由所有参与标杆分析的组织参加的最佳实践论坛。标杆分析模型的各个环节的最佳实践者会被邀请在这个封闭的论坛上做报告。在论坛开始之前，主办方会征集参与者向最佳实践者的提问，这些问题也是他们希望能在报告中给予重点讲解的。

论坛的目的是利用好机会，把最佳实践者的知识传播给标杆分析活动的参与者。最佳实践者将向同行展示成功实现最佳实践的原因和做法，其目的是使听众在报告中有所收获，并随后帮助他们制定自己的改进项目。在离开最佳实践论坛之后，参与者应该能够就改进项目的实施形成行动计划。

理解绩效差距

一旦标杆分析已经被充分学习，并且学习点已经确定，每个参与者需要充分理解绩效差距。标杆分析活动的输出结果应转变为行动计划的输入。要做到这一点，每个组织都需要为所需要的改变制订并传达一个改进计划从而实现改进。在这里，标杆学习的结果知识将反馈到组织的战略计划中，并通过绩效改进过程加以实施。但是，组织如何将标杆学习的成果转化为行动计划来实现绩效改进呢？

标杆学习的一个典型输出结果是参与者和最佳实践者在关键业务过程之间的绩效差距。在把绩效差距用货币的形式表现出来时，组织通常的反应是不相信或者否认，一般会说："不可能节省这么多钱，这些数据是错的。"为保证标杆分析结果的可信性以及确保管理层的信任度，最重要的是在行动计划之前，先对组织的内部情况进行认真的审视。组织需要真正理解存在的绩效差距，因此必须消除对差距的任何曲解。为了可以就绩效差距采取针对性的行动，组织需要将差距区分为可控差距和不可控差距。不可控差距是指那些目前组织还不能直接控制的事项。比如，这可能包括启动资金、一次性费用、额外成本、组织必须遵循的规章、与地区相关的业务问题（比如气候、地理、地形等）、和地缘政治及安全相关的成本。

一个可行的绩效差距应排除不可控因素（如图18-5所示）。管理者应做到以下几点：

1. 评估他们能理解并接纳的绩效差距。
2. 对需要改进的地方进行优先排序，并区分改进机会中"关键的少数"和

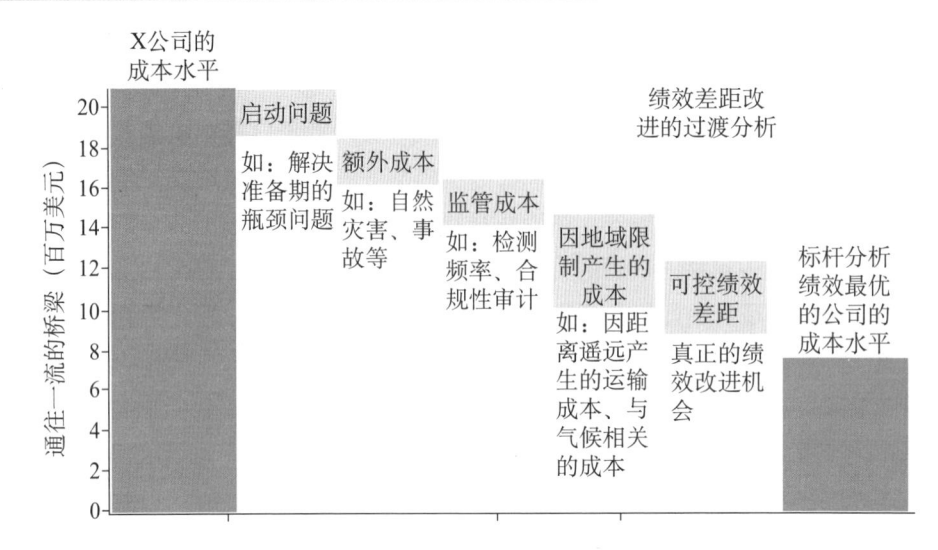

图 18-5　绩效过渡分析，选自《从总体绩效差距到实际绩效差距》

资料来源：Juran Institute, Inc., Copyright 1994. Used by permission.

"次要的多数"（Juran and Godfrey，1995）。

3. 分配资源以解决问题，逐渐缩小差距。这些资源包括负责任的管理者、预算、时间要求及任务。此后，组织即可授权管理者和员工来完成任务。

4. 要实施控制，通过对管理层和员工层的任务设定、薪酬计划及业务规划方面提出要求，推动改进活动。

因此，应将标杆分析的成果融入到绩效改进行动计划中，并与商业周期相结合，确保集中了资源、投入了人力，且目标是可达成的。

实施改进项目

如前所述，标杆分析的输出应该成为组织绩效改进活动的众多输入之一。根据上述的初步行动计划，组织需要进一步将这些计划转变为实现改进和缩小绩效差距的项目。有多种方法可以实现这一步，问题所能使用的许多方法是依据问题成熟度来确认的，在本章中其他地方有详细描述。

评估结果和复制学习

所获得的学习成果和实现绩效的提升必须充分评估，并且适时融入，以确保成果在组织内部推广并可以长久维持。标杆分析可以在组织内的公司、运营或职能层面进行，重要的是，这些层面是通过一系统的分级目标相互关联以确保可以系统性地实现组织愿景。随着改进机会的出现，学习成果应当融入并通过参与者在组织内复现。

最终，由于标杆分析是一个持续的过程，所以在再次进行之前，应该对该过程本身进行评估，并在必要时对目标和范围进行改进，以满足组织发展的需求。

新标杆分析标准

朱兰在制定新的标杆分析标准方面发挥了重要作用，并公开提供了第一个作为标杆分析参考方法的非专有规范 PAS 7070：2016（BSI，2016）。它的目的是为小规模和大型组织提供一个都可适用的标杆分过程的规范，以确保标杆分析过程的一致性和稳定性，并具有客观可验证性。

标杆分析的法律和道德层面

标杆分析的合法性是受到竞争法（反垄断法）和知识产权法约束的，所有标杆分析参与者必须意识到自己进行的标杆分析活动可能产生的法律和道德层面的后果。标杆分析的理念是让参与者为了相互的利益而进行信息和知识共享，组织必须重视共有知识的潜在价值并对其使用进行严格的控制。

法律问题

在标杆分析过程中，通常会将知识和信息在参与者之间进行分享。如果其中某个组织将分享的信息用于自己的绩效改进过程中，那么有可能会侵犯提供信息的组织的知识产权。通常组织意识不到这种侵权的风险，尽管出于无心，但还是有可能产生标杆分析与知识产权法之间的纠纷（Boulter，2003）。

在进行标杆分析的研究时，交换信息要谨慎，尤其是在竞争者之间进行的标杆分析，或者是涉及定价信息以及商业机密的标杆分析。当然，大部分的标杆分析活动会避开这两个话题，但它们仍有可能被认定是反竞争行为。

尽管有关竞争的法律条文在美国的反垄断法和欧盟的罗马条例（第 81 条）中有翔实的表述，但其在标杆分析中的适用性尚不明确。这些法律条例的主要目的是防止垄断组织的形成和价格管制。欧美以外的国家对竞争也有相关的法律要求，因此在跨国标杆分析中相关的法律形势更为复杂。所以，我们强烈建议有意实施标杆分析的组织在行动前寻求法律帮助。

标杆分析的行为准则

标杆分析行为准则最早是由国际标杆学习交流中心于1992年发布的（见www.apqc.org），该中心是隶属于美国生产力和质量中心（APQC）的一家机构。欧洲版本的行为准则（见www.efqm.org），是根据美国的版本，并遵循欧洲的竞争法而制定的。这两个文件都不具有法律约束力，但都从法律和道德层面为标杆分析规定了基本原则。其主要原则强调的是合法性、保密性和信息交换，并且要求所有标杆分析项目保证其参与者遵守这些规定。

保密性

所有的标杆分析研究都对保密性有一定的要求。对保密性要求的严格程度取决于标杆分析对象的敏感度、相关竞争法的要求，以及参与者愿意对信息和数据分享的公开程度。很明显，在对价格进行标杆分析时要特别谨慎。在很多情况下，成本被认为是价格的指示器，因此在对比成本时，也需要注意保密性。

标杆分析研究中的保密程度会各不一样。一个极端是，由于没有透露身份，标杆分析参与者对于和谁进行对标可能完全不知情，只有第三方协调者了解每个参与者是谁。不幸的是，如此严格的保密程度有一个很大的缺陷，即会大大降低参与者的学习潜能。如果标杆分析的参与者不知道最佳绩效者的身份是什么，他们如何可能从研究成果中有所得？标杆分析的整个目标都没有了，研究实质上沦为一份绩效名次表了。

因此，一个比较务实的做法是将一些敏感数据（比如成本）做加密隐匿处理，对于那些不那么敏感的数据可以更公开化。在第三方协调者的帮助下，参与者还是可以尽量多地从标杆分析成果中学习的。

不管保密度和匿名度如何，标杆分析的各方，包括协调者（通常是咨询顾问或者某参与标杆分析的组织），应签署保密协议。这份协议具有法律效用，会对标杆分析参与者如何共享、使用以及宣传分析中涉及的数据、信息和成果做出解释。

标杆分析的有效性管理

只有通过有效的管理，标杆分析才能取得成功。每个参与标杆分析的组织通常都会设置一个由来自不同部门的人组成的标杆分析团队,这个团队将自始至终负责管理标杆分析活动。团队的规模取决于组织的规模以及标杆分析的规模和范围。组织应该指定一个人来领导团队,由此人来负责团队内部事宜并担当其他参与者及第三方的联络人。项目负责人负责向团队简要介绍项目成果并保证从高层管理者那里取得必要的资源支持。团队负责交付标杆分析项目、设定目标并确保实现目标。

尽管高层管理者可能不会直接指导标杆分析,但他们对标杆分析的成功执行起到关键作用。发挥高层管理者的关键作用,需做到以下几点:

- 设立标杆分析目标。
- 将标杆分析纳入到组织的战略计划中。
- 做出榜样。
- 营造一个乐于改变的环境。
- 为标杆分析做好基础准备工作。
- 监管过程。

设立标杆分析目标

必须清楚标杆分析的意图,并在组织内部清晰传达,明确标杆分析的目的及原因。应制定有关标杆分析的方针策略并形成文件。

将标杆分析纳入到组织的战略计划中

标杆分析必须作为组织商业规划的一个基本要素。标杆分析的方向必须明确,其研究成果应该在组织内广泛宣传。研究成果必须融入到组织的目标中并在组织内推广。

做出榜样

高层管理者必须公开说明自己承担的标杆分析责任,尽管他们不太可能每天都参与标杆分析活动。他们必须清除阻挠标杆分析团队的一切障碍,确保标杆分析所需的资源以及保证资源得到有效利用。这既是财务上的承诺也是时间上的承诺,让员工暂时离开原岗位,加入到标杆分析团队中。

营造一个乐于改变的环境

管理者必须表明乐意接受标杆分析的结论并愿意依照结论而改变,营造一个变革的环境来实现绩效改进。

为标杆分析做好基础准备工作

在标杆分析开始时,管理层必须对成功实施标杆分析所需的资源做出承诺。如有必要,需要对过程的参与者进行相应的培训;同时还要对标杆分析团队的成员、对为组织实现优秀绩效做出贡献的人员进行奖励和认可。但是,不能对标杆分析确定的不良绩效做出惩罚,这一点很关键。如我们此前所说,标杆分析不应该成为员工考核的工具!

监管过程

组织必须在一开始就承诺提供标杆分析所需的资源。必要时,要对参与标杆分析过程的人员做培训。

案例分析

这个案例讲述的是某石油码头如何通过参加标杆分析联盟实现绩效改进的。

2005年该码头首次参与标杆分析活动。在标杆分析之前,该码头认为自己应该是绩效最优者之一。但是通过对2004年绩效的分析,研究结果显示其绩效在包括运营和维护费用、员工工时和整体费用等方面排名垫底,它的总支出约为活动小组均值的2倍。更让人吃惊的是,该公司的支出是最佳绩效公司的9倍。最大的差距存在于维护支出和员工工时方面,这两项在研究中都是最高的,尤其是第三方(承包商和服务)费用及员工工时值得特别注意。

码头的管理者们的第一反应是否认,但是经过重新审视研究成果,他们从实际的绩效水平中清醒过来,组建了一支绩效改进团队并任命了新的绩效改进项目经理。针对标杆分析研究中发现的弱点,他们施行了行动计划。第一步就是把可控成本和不可控成本区别开来。比如,由于设备的位置较远,管理层认为一些成本是无法降低的,至少在初期无法降低。因此,这些成本问题就暂时搁置不予处理,集中精力应对那些可以控制的且存在巨大绩效差距的成本。

团队举行了一次组织的设计评审,并进行了结构调整,在包括运营、维护、完整性管理和项目等关键领域实行清晰的责任制。他们着重对维护进行改进。为了快速实现绩效改进,他们设计了一系列跨越式发展项目,所做的改变如下:

- 从低效率的等级体制到更高效的自我管理团队。

- 工作班次形式的改变，将每班 8 小时改为每班 12 小时，效率提高了 50%。
- 改进了对第三方服务提供商和承包商的控制，节约了 30% 的承包商方面的开销。
- 对工作计划和执行过程进行再造。
- 采取以风险为本的维护方法，优化维护工作频率。

该石油码头每年都进行标杆分析，到 2007 年时，就看到了绩效改进的成果。2007 年进行的标杆分析是对 2006 年绩效的考察，结果表明该码头绩效有明显改进。总支出和员工工时排名为前 75%，总支出减少后只比均值高 25%，支出缩减为最佳绩效公司的 3.5 倍。总的来说，在这期间该码头的存贮和装载成本减少了 27%。

在运营和维护方面有突出改进。该石油码头在运营成本和员工工时方面排名前 25%。在 2005 年到 2007 年间，码头的维护成本从排名最后到排名前 75%，员工工时从排名最后到排名前 50%，这种转变意味着维护成本节约 58% 以及员工维护工时缩减 50%。

通过我们的标杆分析经验，尤其是从这个标杆分析案例中，可以得出很多结论。

首先最重要的是可以对不同的码头进行绩效对比。但要做到这一点，关键是要使用正确的标准化方法，检查方法的有效性，确保所测量的对象间的正常相互关系。

其次，标杆分析是有效的绩效改进工具。另外，它能唤醒自鸣得意的组织，就像上述所说的石油码头一样，与同行相比，你的组织的绩效并非如你所想。但还必须明白，要想取得任何绩效上的改进，很关键的一点是根据标杆分析的结果来采取行动。

再次，如果采用结构得当，且经过充分调研的方法进行绩效改进，就会取得显著的成果。

最后，要理解持续开展标杆分析的重要性，主要原因有两点：持续实行标杆分析，石油码头可以随着时间推移掌握自己绩效的发展趋势，从而确定绩效改进方法的有效性。与此同时，同行也在努力地改进绩效，这样标杆分析就可以持续推进了。及时了解这些改进并跟上业绩领先者的发展也需要一个持续的方法。

参考文献

Anand, G., and Kodali, R. (2008). "Benchmarking the Benchmarking Models." *Benchmarking: An International Journal*, vol. 15, no. 3, pp. 257–291.

Benchmarking Process Management—Specification. (2016). Publically Available Specification PAS 7070:2016. *BSI*.

Boulter, L. (2003). "Legal Issues in Benchmarking." *Benchmarking: An International Journal*, vol. 10, no. 6, pp. 528–537.

Camp, R. C. (1989). *Benchmarking: The Search for Industry Best Practices That Lead to Superior Performance*. ASQC Quality Press, Milwaukee, WI.

Camp, R. C., and De Toro, I. J. (1999). "Benchmarking," in Juran, J. M., Godfrey, A. B., Hoogstoel, R. E., and Schilling, E. G. (eds.), *Juran's Quality Handbook*. 5th ed.. McGraw-Hill, New York.

Juran, J. M., and Godfrey, A. B. (1995). *Managerial Breakthrough*. Barnes & Noble, New York.

Kearns, D. T., and Nadler, D. A. (1993). "Prophets in the Dark—How Xerox Reinvented Itself and Beat Back the Japanese." Harper Business, New York.

（冯雷 译）

第 19 章

改进过程绩效的图形工具 布赖恩·A. 施托克霍夫

本章要点
引言
核心的卓越绩效和质量工具：
　从 A 至 Z 的顺序
参考文献

本章要点

1. 只有正确地提出问题，才能获得准确、可信和客观的信息。也就是说，正确的提问意味着准确的数据。但是，如何做到这一点？需要多少数据？需要使用什么工具？本章将对这些问题加以回答。

2. 核心工具往往被集成在结构化的设计、控制与改进方法之中加以应用。对于管理者和团队而言，掌握这些工具意味着一个良好的开端，即他们已经为解决将要面对的问题做好了充分准备。

3. 有很多有用的工具可用来帮助管理一个组织，或者设计、控制及改进过程。用于改进的工具往往需要对推测进行验证并找到问题的根原因。

4. 设计工具往往需要收集观点或技术说明，并进而确定开发可靠的新产品或服务的方法。

5. 控制工具往往需要使用统计学工具来从普通或特殊因素中识别出造成波动的原因以降低风险，从而做出适当的调节。

6. 掌握这些主要的核心工具可以使组织在获得成功所需的数据和信息的能

力方面得到显著提升，而其他一些工具则用得不是很普遍，且只用于特殊情况。

7. 本章将按照 A 到 Z 的顺序对各个核心工具进行介绍。

引言

日本杰出的质量领袖石川馨编写的经典著作《质量管理入门》（1972）被公认为第一本专门讲授用于质量改进的"解决问题的工具"的培训资料。这本书的第一版在日本工厂中是质量管理小组成员的参考教材。质量管理小组是企业中一些员工组成的旨在改进其所在部门工作绩效的团队组织。

本书中，我们在石川馨的"七种质量工具"的基础上，进一步介绍了在设计、控制以及改进方面应用的其他工具。当然本书中所列的方法并不完备，任何列表也无法做到这一点，还有很多其他的好方法。但是，这些工具足以使掌握并应用它们的管理者和团队获得一个良好的工作开端，并为解决他们将要面对的各种问题做好准备。

核心工具往往被集成到结构化的设计、控制与改进方法中加以应用。每种方法，如精益生产、六西格玛管理，都是利用一些工具来完成每一个过程步骤的，如图 19-1 所示，其中的每一列对应着一种工具，每一行对应着一个过程步骤，而在每一个节点上则用一个符号来表示该工具在相应过程步骤上的应用频率（常用、不常用、很少用）。

图 19-1 所示的过程图在以下几方面对于问题解决团队具有重要的指导作用：

1. 时刻提醒团队在解决问题的过程中应遵循一个结构化的工作流程，这有助于使团队保持正确的方向。

2. 在某些特定的步骤上，团队可能会对于下一步应当做什么感到茫然，这时，一些常用的工具会提示其下一步应采取的行动。

3. 如果在某些特定步骤使用了一些被表述为"很少用"的工具，则释放了一个信号，表明团队应当重新考虑其行动路线。关于这一点，一个代表性的例子便是应用头脑风暴法（这是在群体成员中提出假设、设想和观念的一种有效方法）来验证某项推测（这项工作需要的是丰富的数据而非团队成员的观点）。介绍完每种工具（它是什么，以及为什么要使用它）后，还会提供其创建和使用的步骤。此外，针对每一种工具，还将通过一个典型例子来

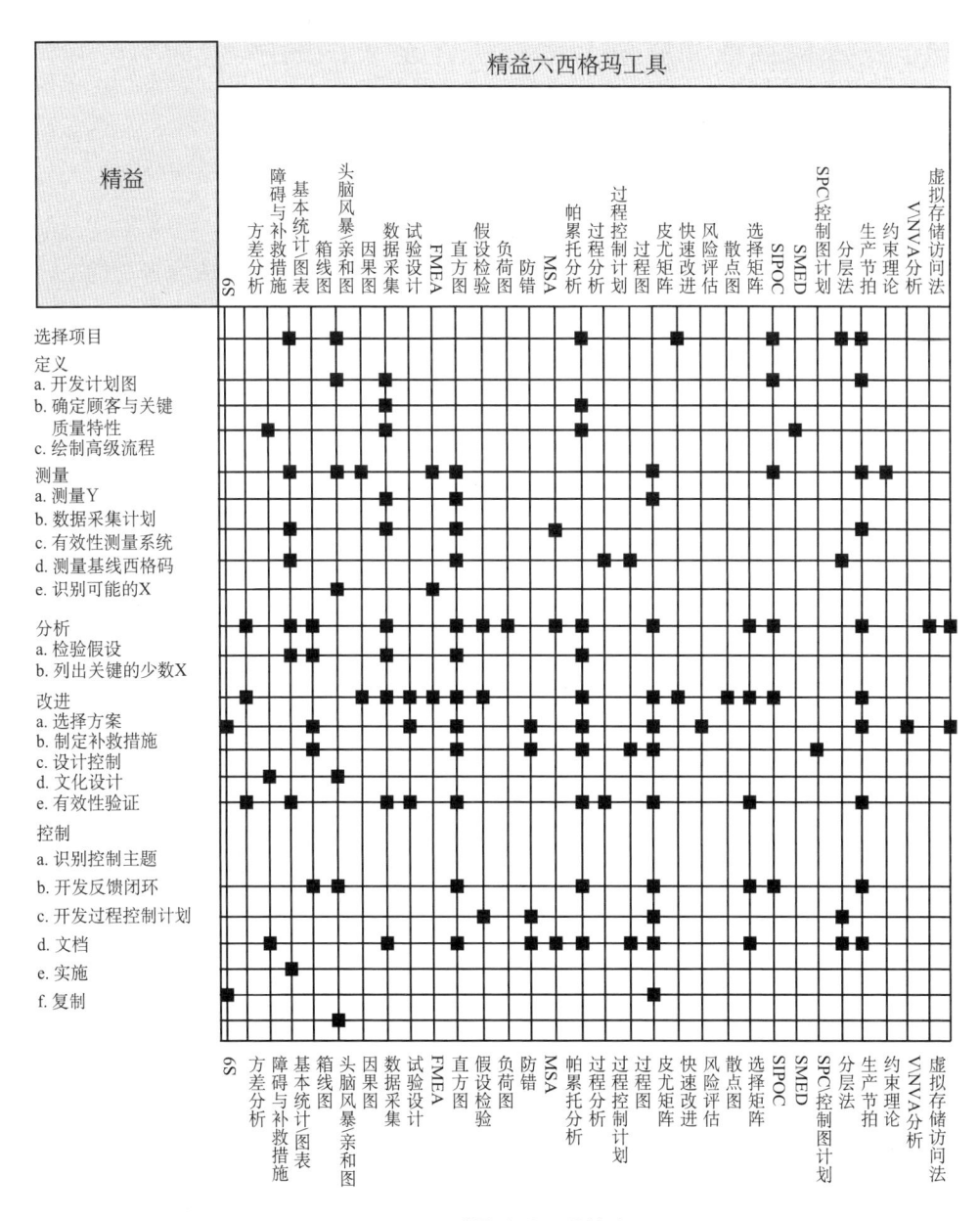

图 19-1 质量改进工具的应用

演示其用途，以使读者更好地理解各种工具在不同情形下的用途及其间的联系。关于这些工具，更为全面的讨论可参阅相关的教科书，如"质量改进工具"课程的教材以及由 Wadsworth 等人编写的《质量控制和改进的现代方法》(1986)。

核心的卓越绩效和质量工具：从 A 至 Z 的顺序

亲和图（affinity diagram）

目标

亲和图用于将各种信息归类成有意义的组群。该工具往往在从顾客及员工处收集各种各样的相关信息时使用。

创建步骤

1. 用头脑风暴法提出想法：
- 设定时间限制。
- 在便笺纸或索引卡片上记录每一个观点。
- 整理观点并去掉重复项。
2. 将这些还没有分类的观点放在桌子上或贴在墙上。
3. 不经过讨论，而是根据自己的观点将这些信息分类：
- 将相似观点归入一组。
- 如果某人对某观点的归类不认同，他可以移动这个观点。
- 如果一个观点看起来可以归入多个类别，则复制这个观点并归入相应类别。
- 重复这个工作直至满意，通常归类为 5～10 组。
- 可以考虑将大的组细化为小的组。
4. 为每一类命名并创立标题。
5. 将这些组转化为亲和图。
6. 讨论分组方案并理解各组之间的关系，如有必要，可继续调整，直到得到一致同意的亲和图。

举例

一个顾客焦点小组正在利用头脑风暴的方法确定儿童玩具应具备的优点。他们将所有想法都写在黏性便笺纸上并贴在白板上，然后给每组定义一个标题，从而得到如图 19-2 所示的亲和图。

障碍与补救措施表（barriers and aids chart）

目标

障碍与补救措施表是识别质量改进过程中的障碍，并制定相应补救措施的图

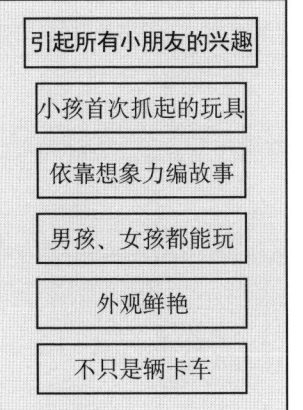

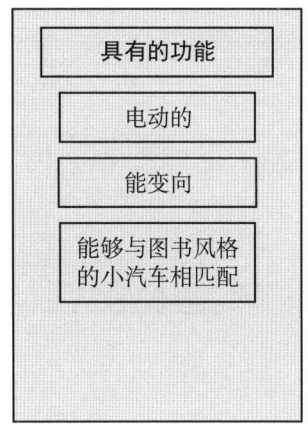

具有安全的结构	引起所有小朋友的兴趣	具有的功能
无锋利的锐边	小孩首次抓起的玩具	电动的
不会破裂	依靠想象力编故事	能变向
不易损坏	男孩、女孩都能玩	能够与图书风格的小汽车相匹配
无毒	外观鲜艳	
小零件不会脱落	不只是辆卡车	

图 19-2 亲和图

形工具，它主要用于识别及克服质量改进的技术与文化障碍。

创建步骤

主要步骤是确定所有可能的阻力（阻碍）及支持力量（补救措施），按照影响大小整理这些障碍及已有的补救措施并进行分级，随后确定克服这些障碍的对策。详细的步骤为：

1. 在纸的最右端放置清晰定义的目标，并画一条指向目标的粗箭线。
2. 用头脑风暴的方法列出潜在的障碍。
3. 选择需要克服的"关键的少数"障碍，标明补救措施，将其置于粗箭线上方，并标明障碍，用小箭头指向下方。
4. 用头脑风暴的方法列出能克服这些障碍的补救措施。
5. 把每一个障碍所对应的补救措施列在其下方，并用细箭线加以标识。
6. 识别那些还没有足够的补救措施的障碍。
7. 在补救措施下面画一条水平线写上"对策"。
8. 为补救措施不足的障碍制定对策并置于相应的位置。
9. 重新审查完成的图表，看看是否遗漏了重要的障碍，并检查补救方法及对策的有效性。

举例

工程研究的新过程设计。某个改进团队开发了一个用以完成工程研究的新过程。在计划文化障碍的补救方案时，团队要找到影响过程成功的阻碍并制定克服阻碍的对策及补救措施。图 19-3 给出了主要的阻碍补救措施以及对策。值得注意的是，这个图虽然相对简单，但还是有很多值得考虑的方面。此图同因果图有些类似，将主要的阻碍置于顶端，期望的目标放在右边。

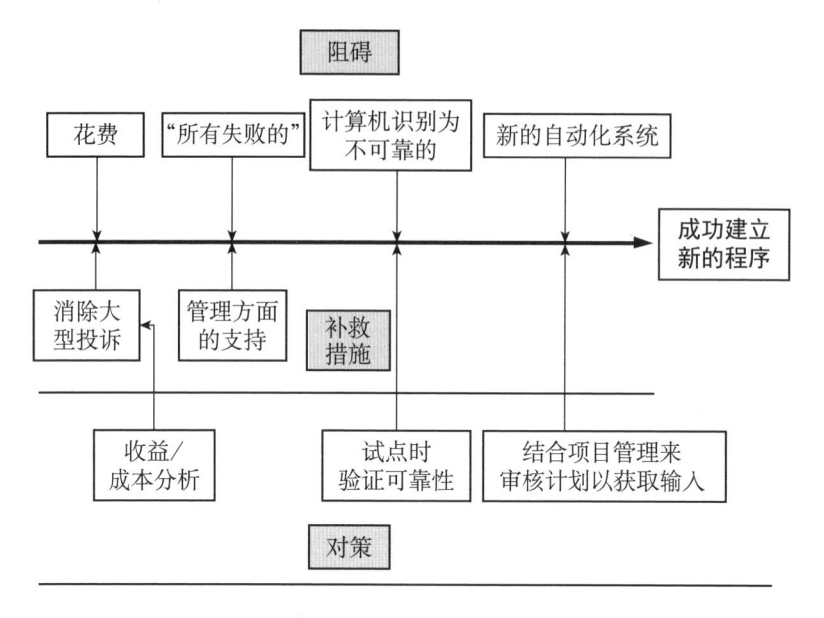

图 19-3　阻碍与补救措施表

团队用头脑风暴的方法列出了用来克服主要阻碍的补救措施。接着他们仔细审核并挑选出了那些可以用来克服主要阻碍影响的补救措施，并列于对应障碍的下方。

最后，团队找出了那些补救措施尚不充足的阻碍，为其制定了特定的应对策略，并将这些对策置于补救措施的下方。

基础统计（basic statistics）

目标

在分析解释采集到的数据时需用到统计学的知识和方法。描述性统计用以描述问题的统计特性，是应用统计方法——例如假设检验等——的基础。

数据集中度的度量值

- 均值——一组数的平均数。
- 中位数——一组数中位于中间的数。
- 众数——一组数中出现次数最多的数。

数据离散度的统计量

描述数据在中心区域周围离散程度的统计量。它的度量如下：

- 极差——最大值与最小值间的差。
- 方差——每一个值与均值的差的平方的均值。

- 标准差——方差的平方根。

数据类型

数据类型决定了可采用的分析的类型：

- 连续性数据可在无限水平上测量。例如：时间、温度以及浓度。
- 类别性数据分为两类：
  - 序列类数据——可按自然顺序排列（例如：矮、中等、高）。
  - 名义类数据——不能按照自然顺序排列（例如：颜色、部门）。

抽样

有时，只需采集某一样本的信息而非整体的信息。抽样的目的是通过样本找到整体的规律，即所谓的统计推断。

抽样需考虑的关键问题包括：

- 抽样模式：随机、分层。
- 精度要求（＋/－？）。
- 特征的波动量。
- 置信水平（例如：95%）。
- 样本容量。

一个好的样本应具备以下特点：

- 无偏倚——偏倚是指由于某些因素所引发的样本与总体实际不相符的情况。
- 代表性——所采集的数据能如实地反映总体或过程。有代表性的样本可以避免偏倚的出现。
- 随机性——随机样本中数据的抽取无预先的顺序，且每个元素被抽到的概率相同。随机抽样能避免时间、数据收集顺序、操作者及数据采集者等因素带来的偏倚。

举例

一个诊所的项目团队关注其病人看病等待时间。他们将最近 500 个病人的等待时间绘制在一张 X 轴代表等待时间、Y 轴代表等待病人数目的图上。团队发现，大多数数据在 60 分钟附近波动，然而，极少数病人等待时间短至 47 分钟或长达 75 分钟（如图 19-4 所示）。

收益/成本分析（benefit/cost analysis）

目标

收益/成本分析用来描述一个解决方案的得与失。它在编写质量改进方案或

病人等待时间图

众数 = 59 分钟 →

范围 = 47~75 分钟

中位数 = 59 分钟　均值 = 60 分钟

病人等待时间（分钟）

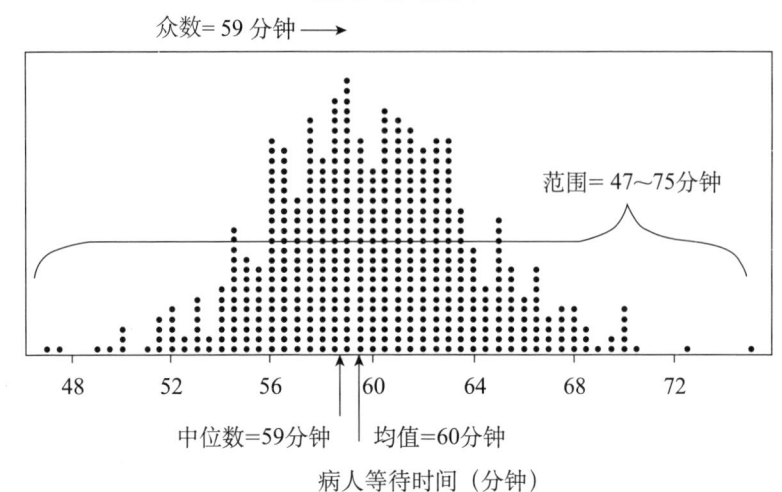

图 19-4　集中趋势和散点图

从几个候选方案中做出选择时尤其有用。

创建步骤

1. 估计一次性投入成本。
2. 估计年度运作成本。
3. 估计年度节约成本。
4. 如果可能，估计利用每个补救措施有多大可能防止问题发生。或者，对不同的措施的影响进行打分排序。
5. 评估消费者满意度的影响。那些会降低消费者满意度的选择应该被抛弃。
6. 计算每年的净运行费用。负数意味着预期的净节约。
7. 计算每年的一次性投入成本。
8. 计算每年的总成本，包括每年净成本与一次性投入成本的代数和。
9. 检查这些数据，并对不同的方案进行排序。

举例

计算机与人工方案的比较。确定了质量问题的根原因后，项目团队认为这两种方法都是可行的且都符合顾客要求。为从经济的角度来对比两种方案，团队应该应用收益/成本分析法，将这些信息分成两列，如图 19-5 所示，可看出计算机方案比较好。

维修选择	人工	计算机
一次性成本	7 500 美元	134 000 美元
年度一次性成本	1 500 美元	26 800 美元
年度附加运行成本	0 美元	17 000 美元
年度节约成本	1 462 200 美元	1 562 200 美元
年度净运行成本（节约）	-1 462 200 美元	-1 545 000 美元
年度总成本（节约）*	-1 460 500 美元	-1 518 200 美元
问题的影响	70%	75%
消费者满意的影响	低	低
收益/成本评估值	1.7	1.3

图 19-5　收益/成本分析示意图

箱线图（box plot）

目标

箱线图是一种用五个值描述数据集变异的图形工具，包括数据的最小值、第一四分位数、中位数、第三四分位数和最大值。箱线图可用来展示小样本数据的变差，也可用来比较组间的变差。

创建步骤

1. 收集原始数据并从小到大进行排序。
2. 确定要构建的箱线图的类型。
3. 计算特征值：

　　中值深度 $= d(M) = (n+1)/2$

　　第一四分位深度 $= d(Q1) = (n+2)/4$

　　第三四分位深度 $= d(Q3) = (3n+2)/4$

　　上相邻 = 比第三四分位数小的最大观察值 - $(1.5 \times IQR)$（注：IQR 为四分位距）

　　下相邻 = 比第一四分位数大的最小的观察值 - $(1.5 \times IQR)$

4. 画出横轴并标记。
5. 画出纵轴并标记。

举例

针对复印机坏掉影响工作的投诉，小组做了一个研究来分析两家复印机维修

---

* 原书数据如此，疑有误。——译者注

商的绩效。维修商响应越快，机器就能更早修好恢复工作。小组基于 A、B 两家维修商的 10 个维修请求电话进行分析，并绘制了如图 19-6 所示的箱线图。图中显示出 B 维修商的绩效较优，其响应时间的中位数小于维修商 A 并表现出较小的变异性。

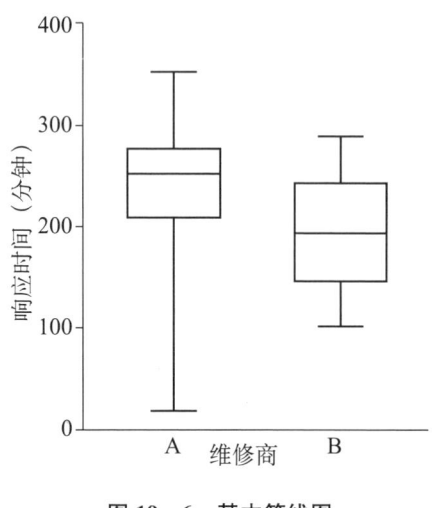

图 19-6 基本箱线图

头脑风暴法（brain storming）

目标

头脑风暴是一种从所有参加者中产生建设性和创造性建议的群体方法。应用这种工具可提出新的设想或现有设想的新用途和新用法。图 19-7 是对这种方法的简要说明。

- 对于好的主意既不称赞也不认可。避免在开始时做出判断以促使人们提出各种主意。
- 想法应当非常规、富有想象力甚至是不合情理的。避免自我批评和自我判断。
- 不鼓励分析性的或批评性的思考。要训练团队成员在最短的时间内提出尽可能多的主意。
- 团队成员应当"搭便车"来对他人的看法加以拓展、修正或通过联想提出新的点子。

图 19-7 头脑风暴

创建步骤

1. 声明本次头脑风暴活动的主题。
2. 为头脑风暴做准备。

   a）提前交流主题。

b）提供适当的表达载体。
3. 介绍会议流程。
    a）重申头脑风暴的原则。
        i. 没有任何形式的批评与评价。
        ii. 想法要打破常规。
        iii. 力争在短时间内获得大量想法。
        iv. 可以搭其他想法的"便车"。
    b）说明活动规则。
        i. 按顺序轮流提出想法。
        ii. 每次只提一个想法。
        iii. 可以选择弃权。
        iv. 不需要解释。
4. 热身。
5. 头脑风暴。
    a）写出议题并让大家看到。
    b）让另外一个人写出想法并让大家看到。
    c）直到想法穷尽。
6. 对这些想法进行处理。

举例

会议前，焦点小组的成员被告知本次会议的主题："你认为儿童玩具应该具备哪些优良特征？"小组成员轮流将想法写在黏性便笺纸上并贴在墙上。当所有想法都被记录下来后，对它们进行处理，消除那些重复的想法（这在前述的亲和图部分提到过）。

因果图（cause-effect diagram）

目标

因果图是由石川馨提出的，为了纪念他的贡献，因果图也被称作石川图。它用于整理和展示引发某个问题的多种根原因之间的相互关系。通过一种结构化的、系统化的方式，项目团队可以将注意力集中于某一特定问题的可能原因。该工具有助于项目团队理清分析引发问题的各种潜在原因的思路，使团队能够更有效地找出真正的根原因。

创建步骤

1. 清楚地定义需要分析原因的问题（即 Y）。

2. 将要分析其原因的问题画在一个矩形框中并置于纸面的右侧，画一条指向这个矩形的粗的中心线。

3. 使用头脑风暴法或逐步确定可能的原因（即 X）。

4. 把潜在原因的主要领域（一般为 2~5 个）画在矩形中，并用一条约倾斜 70°的直线与中心线相连。

5. 为每一个重要领域增加潜在原因，并置于水平线上。

6. 为每个已有的原因添加次要原因。

7. 持续增加可能的原因直到每个分支都达到了其根原因。

8. 检查每一个因果链在逻辑上是否正确，应该沿因果链逆向溯源。例如，轮胎瘪掉使车急转弯，而一个钉子将轮胎扎破了，这个钉子是由一个人丢在路上的。

9. 检查完整性。

举例

任命一个团队来研究打印机损坏的原因。团队考虑了五个相关方面，即 5M（人员、机器、材料、方法以及措施），并初步建立了 5P（设备、产品、操作人员、策略以及程序）分类的鱼骨图。然而，团队通过头脑风暴法深入分析，发现可能的原因应该为操作、油墨、复印纸、环境、原材料以及复印机。于是团队便对原图进行了修改，新图如图 19-8 所示。

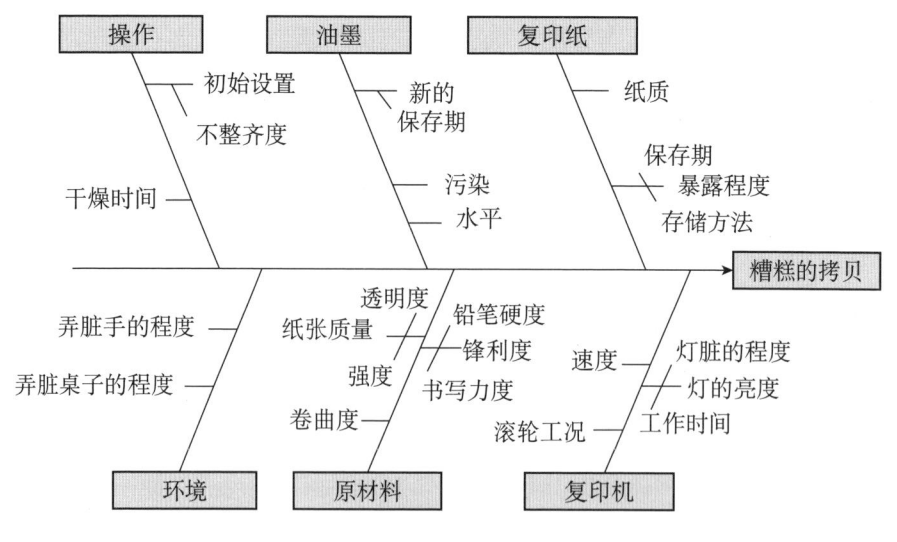

图 19-8 因果图

检查表（check sheets）

目标

检查表用于收集并分析数据，是一种能够针对数据立即做出包括模式和趋势等结论的图形工具。

创建步骤

1. 用分析的主题或过程给检查表命名。
2. 确定能否实现快速分析，以及是否有必要通过对研究对象的观察来收集数据。若已完成，则将时间区间记录下来。
3. 提供能够帮助其他人审查该分析的所有信息（即分析人员、分析时间、实施分析的地点与原因）。
4. 在表格的右手边列出相关的子类或主题，若超过一项，则分成若干具有各自标题的部分。
5. 用如范例中所示的5个一组的标签棒记录信息。

举例

一个大型电视机制造商的顾客服务中心发现三种型号的电视零部件的投诉率偏高，于是维修部门为返回维修的电视机做了一个快速评估。维修部门利用检查表来确定需要更换的零部件及数量。图19-9所示是基于1013、1017以及1019型电视构建的检查表。

控制计划（control plan）

目标

控制计划可以有效保证质量改进项目的成效。控制计划中指定了要管理的控制主题、这些主题的测量手段，以及采取响应措施所依据的标准。

创建步骤

1. 识别出那些对顾客及补救措施有直接或间接影响的变量。
2. 确定触发动作的标准。控制图的控制限是最好的触发标准，因为其在实践中具有较好的可操作性。
3. 确定测量每种控制变动的手段，将这些信息填在控制变动的"如何测量"栏中，后续各步类似。
4. 确定测量实施的时间、地点以及记录方法，包括所用控制图的类型。
5. 确定将要实施测量的人员——由谁来确定该过程是否失去控制了。

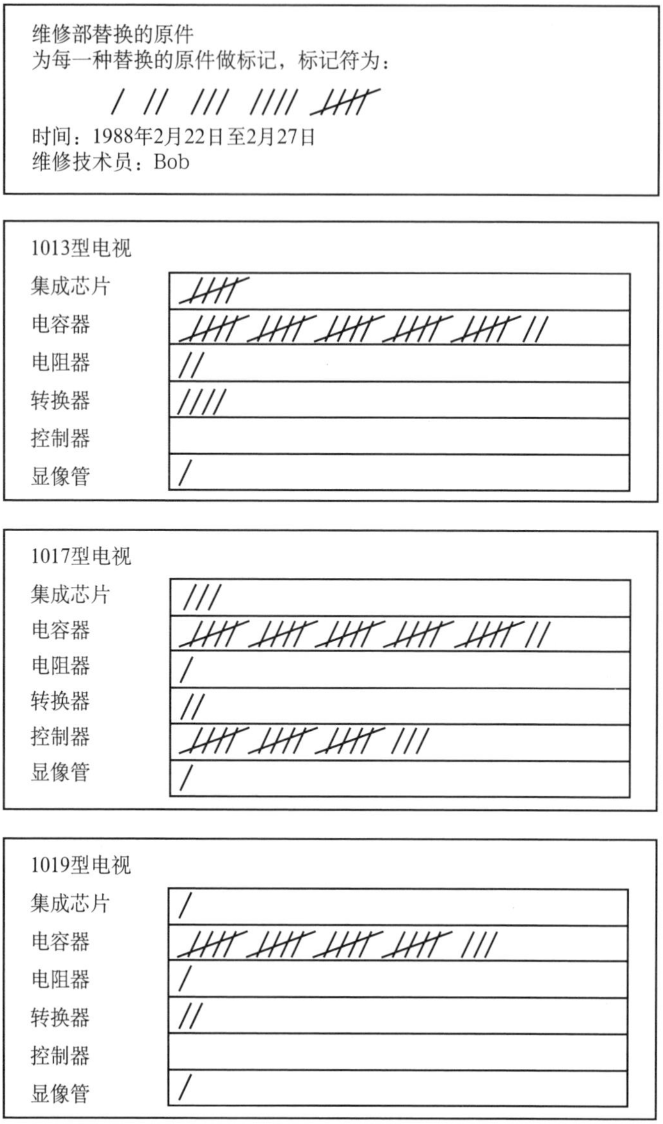

```
维修部替换的原件
为每一种替换的原件做标记，标记符为：
    /  //  ///  ////  ̷H̷T̷
时间：1988年2月22日至2月27日
维修技术员：Bob
```

```
1013型电视
集成芯片    ̷H̷T̷
电容器      ̷H̷T̷ ̷H̷T̷ ̷H̷T̷ ̷H̷T̷ ̷H̷T̷ //
电阻器      //
转换器      ////
控制器
显像管      /
```

```
1017型电视
集成芯片    ///
电容器      ̷H̷T̷ ̷H̷T̷ ̷H̷T̷ ̷H̷T̷ ̷H̷T̷ //
电阻器      /
转换器      //
控制器      ̷H̷T̷ ̷H̷T̷ ̷H̷T̷ ///
显像管      /
```

```
1019型电视
集成芯片    /
电容器      ̷H̷T̷ ̷H̷T̷ ̷H̷T̷ ̷H̷T̷ ///
电阻器      /
转换器      //
控制器
显像管      /
```

图 19-9　维修部更换的原件

6. 确定由谁来负责诊断并消除那些引发过程失控的非随机原因。

7. 确定使过程恢复受控状态的措施。虽然无法预见所有问题，但提前确定措施更有利于有效地实施过程控制。

8. 对这个控制计划矩阵进行检查，以确定：

a) 是否识别了关键的控制变量。

b）控制计划是否能够有助于使过程快速地恢复到受控状态。

c）控制计划是否有助于充分发挥自我控制的效应。

举例

第三改进小组完成了对过程的分析，总结出四个应在整个改进过程中加以管控以确保改进效果的主要因素。如果过程变得不稳定或达到了触发行动的标准，管理部门和小组成员可以确切地知道谁应该对过程失控负责，并采取有效处置措施。有关如何采取措施使过程回归受控状态的详细描述也被列在了控制计划中，见图 19-10。

顾客需求表（customer needs spreadsheet）

目标

分析并确定顾客需求的优先级。通常，从顾客那里获得的信息若直接用于设计产品则显得太过大量、宽泛、含糊，因此确定顾客及其需求的优先级能使团队专注于设计中最重要的部分并确保预算的分配合理。

创建步骤

1. 创建一个有多列的表格。

2. 第一列记为"顾客"，按优先级顺序列出"关键的少数"顾客。"有用的多数"顾客群分组归并后，作为一个整体，也可被认作"关键的少数"顾客。

3. 将第一行标记为"顾客需求"，并在每列写出所有已识别的顾客需求。每一列只写一种需求。

4. 将顾客与需求加以关联。

   a）创建一个定义关系的图例。

   b）基于确凿的证据来确立顾客与需求之间的关系。

   c）不同的顾客可能有同一种需求。

   d）当顾客与需求有关系时，用恰当的标记对其关系进行标示。

   e）检查表格，补充可能遗漏的顾客及需求。

5. 检查并总结收集到的数据。

6. 从以下方面对每一种需求进行分析。

   a）顾客及需求间关系的强度。

   b）顾客的重要性。

第三改进小组的过程控制计划　　时间：2009年11月22日　　版本修订：2.1　　被公认为：冠军水平

控制主题	主题目标	测量单位	传感器	检测频率	样本容量	所使用的测量方法或工具	测量人员	行动准则（什么时候采取行动）	采取的措施	决策人员	执行人员	措施记录
喷射量	每分钟10加仑	每分钟的加仑数	水表	每项工作开始前	每一工作	计量器具	领班	大于11加仑或小于9加仑	降低流速或增大流速	拥有决定权的当班工人	II号专家	无
雇员数	每100 000平方英尺1个人	每100 000平方码员数	领班	每次例行工作开始前	每一工作	目测计数	领班	大于等于12或小于等于3个人，呼叫办公室	请示领导	当值领班	II号专家	无
不采用计算机辅助进行日程规划所需时间	预测时间与实采时间相差10%以内	工人数	领班	每一工作	每一工作	目测计数	领班	现实工人数与预计相差7	调整项目，将差距降低3	当值领班	督察员	根据实际情况确定
采用计算机辅助进行日程规划所需时间	预测时间与实际时间相差10%以内	工作地点	领班	每一工作	每一工作	目测计数	领班	现实工人数与预计相差7	调整项目，将差距降低3	当值领班	督察员	根据实际情况确定

图19－10　过程控制计划示意图

7. 定义评价标准并据此将顾客需求从最关键到最不关键加以排序。

举例

针对一本新杂志的设计及出版进行了一次顾客需求分析。将以前分析所确定的顾客及需求列入顾客需求表中。左侧一列按优先级顺序列出所有内部及外部的顾客，每一列的标题是已识别的各种需求。有了上述分析后，团队认为，关注于杂志的两个主要领域，有助于取得最佳成绩：第一，杂志必须吸引读者并有易记的标题；第二，杂志上发表的内容必须正确无误。如图 19-11 所示。

顾客	顾客需求							
	吸引力	信息全且写得好的文章	引人关注的标题	稳定的流通	销售	非常完整	材料完整	没有临时更改
读者	●	●	○					
广告商	●	○	●	●	●			
印刷商						●	●	●
排版人员						●	●	●
分色器						●	●	●
报摊	●	○	●	○	●			

图例
● 相关程度很强
○ 相关程度强
△ 相关程度弱

图 19-11　顾客需求表示意图

失效模式及影响分析（failure mode and effect analysis）

目标

失效模式及影响分析（FMEA）用于识别失效可能发生的形式及其导致的风险。该工具也可以对风险进行优先级排序，并列出降低失效风险的系列措施。有很多种风险，但人们一般最常用的是设计 FMEA（或产品 FMEA）及过程 FMEA。

创建步骤

1. 创建一个九栏的表格。

2. 创建一个分值配置表。

3. 在第一栏中列出所有可能的失效模式，每一个模式占单独一行。

4. 第二栏中确定每种失效模式的所有可能原因。

5. 第三栏中确定每种失效对顾客、整个产品、其他组件以及整个系统的影响。

注意第 6、7、8 步中要使用分值配置表中建立的分值。

6. 评估每一种失效模式发生的频率，将恰当的整数分值填入第 4 栏中。

7. 评估每种失效带来影响的严重程度，将恰当的整数分值填入第 5 栏中。

8. 评估失效原因被提前探知的难易程度，将恰当的整数分值填入第 6 栏中。

9. 将第 4、5、6 栏的分值相乘作为风险优先系数填入第 7 栏中。

10. 仅仅对那些引发高风险的关键因素设计相应的措施或加以修正，将失效风险降低到可接受的水平上。

11. 验证每一项措施。

举例

某银行成立了一个改进团队来改进其支票账户的相关服务。团队研究了该业务的相关活动，包括打印支票等。由于这些相关活动的失效会直接或间接地影响到顾客，所以团队利用 FMEA 方法来确定并描述潜在失效的特征，如图 19-12 所示。

流程图/过程图（flow diagram/process diagram）

目标

流程图是产出某种输出所需的步骤顺序的图形表示。这里的输出可以是有形的产品、服务、信息，或是三者的组合。流程图的符号有着特定的作用，图 19-13 给出了说明。

创建步骤

1. 讨论使用流程图或过程图的目的。

2. 确定期望的输出。

3. 定义过程的范围，利用正确的流程图符号确定起始及终止步骤。

产品：新的支票账户
活动：打印新的支票

1	2	3	4	5	6	7	8	9
失效模式	失效原因	失效影响	发生频率 (1~10)	严重程度 (1~10)	发现的概率 (1~10)	风险优先系数 (1~1 000) (4)×(5)×(6)	设计措施	设计生效
打印错误的支票	应用表上的错误信息	支票必须重新打印	4	6	8	192	职员与顾客共同核对信息	职员在核对后签字
	日期录入错误	同上	8	6	5	240	软件中增加检查步骤	运行软件
	在申请表中录入信息时填错栏目	同上	5	6	2	60		

记录以下值

项目/值	1	2	3	4	5	6	7	8	9	10
4. 频率（每10 000个顾客的出错数）	<2	4	8	10	15	20	25	30	35	>35
5. 客户严重性	很小				引起投诉			主要时间或钱		流失顾客
6. 探知	一定能					可能				不可能

图 19-12　失效模式及效果分析示意图

4. 从第一步（或最后一步）开始，逐次列出每一步。以从上到下或从左到右的顺序列出流程。

5. 当遇到决定或分支时选择某一分支并继续。

6. 遇到不熟悉的部分时先加以标记，然后继续。

7. 重复第4、5、6步直到达到过程的最后一步（或第一步）。

8. 回到分支处建立另一分支的流程图。

9. 检查流程图是否漏掉了某些决策点或特例。

10. 填入不熟悉的部分并检查正确性。

    a) 审查过程。

    b) 咨询专业人士。

11. 分析流程图。

举例

一个过程改进团队被任命来改进技术手册的分发过程。他们意识到，首先需要更好地理解现有过程的步骤及范围。依据与过程相关的人员的经验，团队建立

矩形用来表示活动。它表示过程中的一个步骤。关于活动的简洁描述写在矩形中。

菱形表示决策点。它表示过程中的决策点或分支点。菱形中通常以问题的形式写入关于决策或分支的描述。对问题的回答决定了走出决策点后所选择的路径。对应于每个回答的路径都要标注出来。

圆角矩形表示过程的起点或终点。"起点"或"终点"标注在符号中。

箭头线表示序列中的步骤的前进方向。箭头的方向即过程的流向。

文件符号表示过程的书面信息。文件的名称或描述标注在符号中。

数据库符号表示以数字形式储存的过程信息。数据库的名称或描述标注在符号中。

圆圈表示连接点,用来表示流程图的连接关系。圆圈中标有字母或数字。同一字母或数字标注在另一流程图的圆圈中,表示过程是相对应连续的。

这些基本的流程图图元按照自上至下或自左至右的序列合理排布,从而准确地描述过程的执行序列。正如我们所看到的,从菱形决策点可以进入分支,回到之前的活动节点或重复之前的步骤。

图 19-13　流程图中的图元

了如图 19-14 所示的流程图。这个基线流程图也可以帮助团队确定导致分发错误或延误的那些潜在问题。

图示法(graphs and charts)

目标

图示法包括了整理定量数据的一系列工具。其中的折线图、条形图和饼图是在质量改进中尤为有用的三种图示方法。折线图将成对的定量数据的点连接起

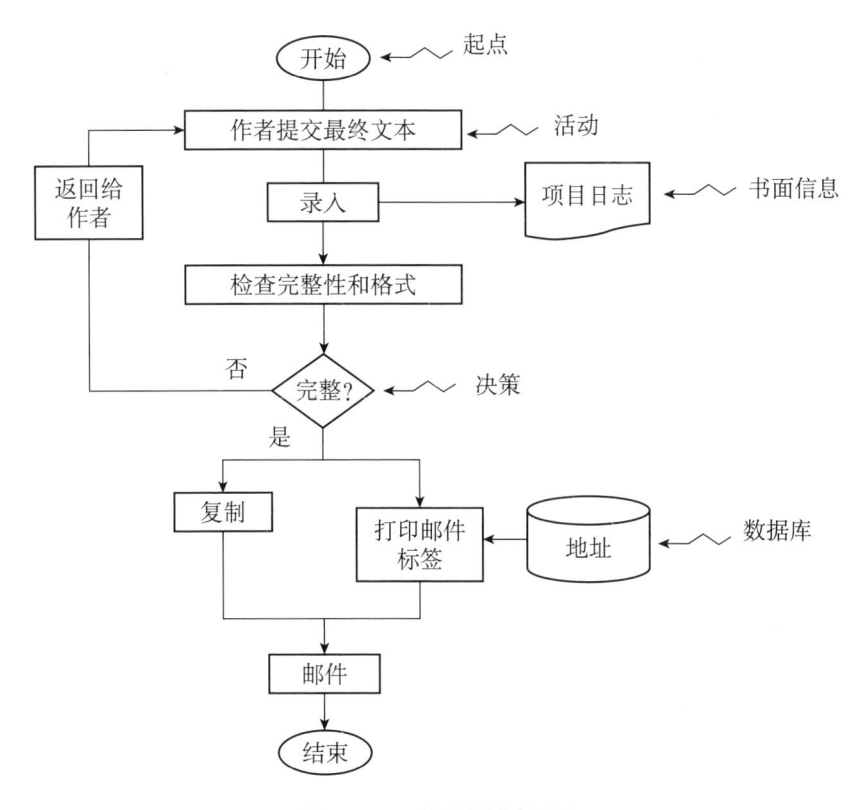

图 19 - 14 流程图/过程图

来，以表示两个连续变量（如成本与时间）之间的关系。条形图也用来表示成对变量间的关系，但只要求其中一个变量是定量的变量。饼图用来表示所研究现象的各种构成之间的比例关系。

创建步骤

折线图

1. 确定纵轴的范围及单位，标记纵轴含义。
2. 横轴同理。
3. 画轴线，需要时画出网格。
4. 画出数据点。
5. 连线。
6. 标记图并命名。

条形图

1. 确定纵轴的范围及单位，标记纵轴含义。
2. 选择条形图形式：简单、群组或堆叠状。

3. 确定条数，画出横轴并标记。

4. 确定条形的顺序。

5. 画条形图。

6. 给图命名。

饼图

1. 确定每一种类所占的百分比。

2. 将百分比转换为角度。

3. 用圆规画出一个圆并用量角器分割饼图。

4. 标记每一部分的含义并给图命名。

在创建图时应该注意：

图的真实性：图不能造假，不能误导读者。真实性不能只依赖于图本身，还应该注意标注的数据以确保图能传达真实的信息。

标度单位一致：数字单位必须有一致的间隔，可能会用来做对比的不同的图应有相同的单位。

易读性：图是否易理解、易记忆取决于它是否易读。使用标记能简化图。标记应置于其说明的对象附近。

符号的一致性：当两个或多个图对比时，符号以及其他许多维度上的一致性对减少图互译时的困难是非常重要的。

简洁：为了不因冗余的解释使信息变得难以理解，在给图加文本或解释前先自问一下："我加的是什么附加价值或信息？"

举例

折线图：两个计算机中心中计算机操纵系统的故障时间随月份变化的关系［见图 19-15（a）］。

条形图：顾客投诉按类别（外观的、尺寸的、电子的）随月份变化的关系［见图 19-15（b）］。

饼图：销售人员参与不同活动的时间占全部时间的比例［见图 19-15（c）］。

直方图（histogram）

目标

直方图是对一组数据的分布情况的图示。以下关于数据集波动的四个概念充分说明了直方图所具有的应用价值：（1）数据集的数值总是会表现出波动性；（2）波动性存在着一定的类型；（3）波动类型从简单的数值表中是难以看出的；（4）用直方图来图示整理的数据更容易看出波动的类型。

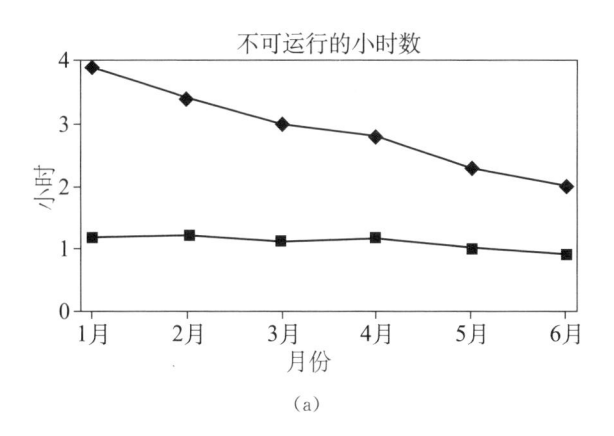

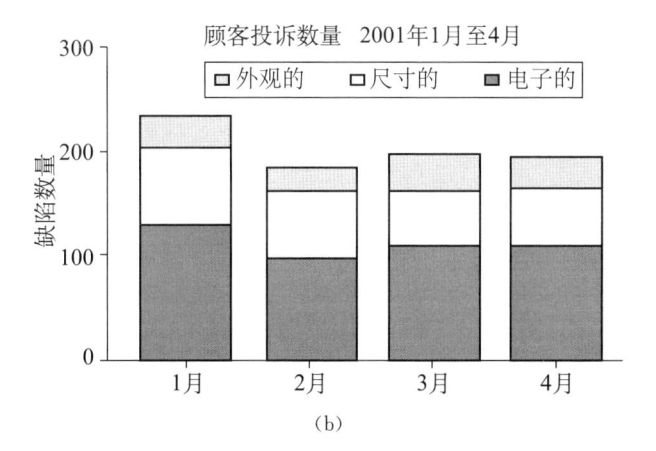

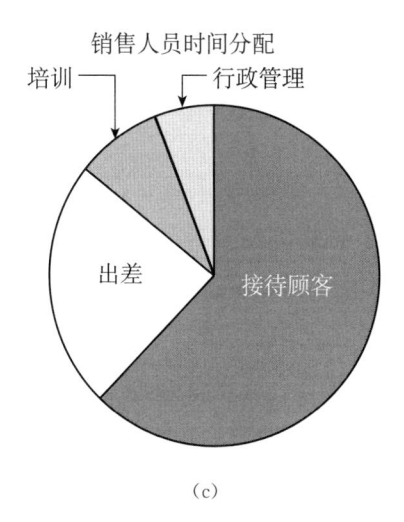

图 19-15 (a) 折线图 (b) 条形图 (c) 饼图

直方图分析包括辨识和划分直方图所展示出的变异类型（例如形状、中心位置，以及数据从中心向两边的分布），然后将其与对应的实际情况相关联，以解释这些因素对于波动类型的作用。图 19-16 展示了一些常见的分布类型。

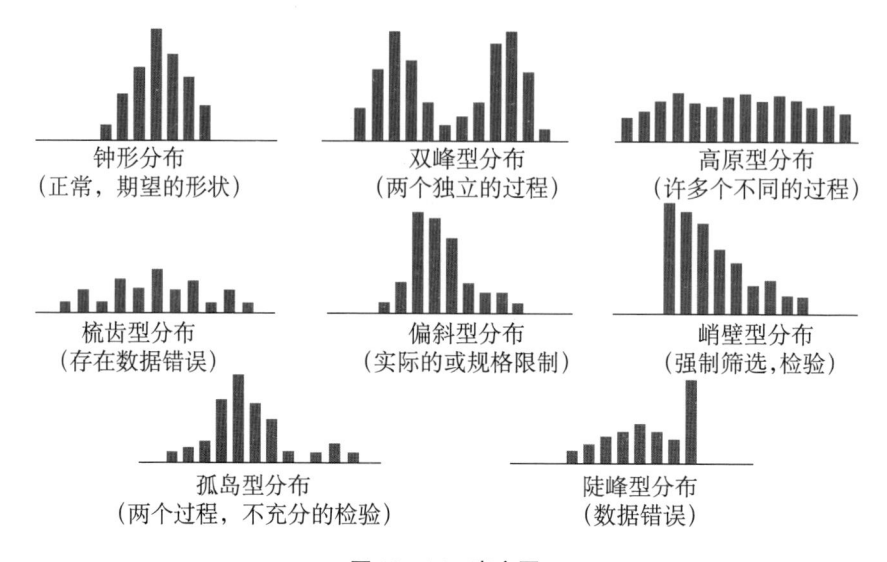

钟形分布
（正常，期望的形状）

双峰型分布
（两个独立的过程）

高原型分布
（许多个不同的过程）

梳齿型分布
（存在数据错误）

偏斜型分布
（实际的或规格限制）

峭壁型分布
（强制筛选，检验）

孤岛型分布
（两个过程，不充分的检验）

陡峰型分布
（数据错误）

图 19-16　直方图

创建步骤

1. 确定最大值、最小值及极差。

    极差＝最大值－最小值

2. 确定分组数。

数据点	组数
20～50	6
51～100	7
101～200	8
201～500	9
501～1 000	10
1 000 以上	11～20

3. 计算近似分组区间。

    近似分组区间＝范围/组数

4. 将分组区间取整为一整数。

5. 设置组间界限。

6. 计算每一组中的点数。

7. 绘制并标出横轴。
8. 绘制并标出纵轴。
9. 画出条形图，每一条代表一组中数据点数目。
10. 为表格命名并指出总数。
11. 确定变化模式并对其分类。
12. 为模型做注释。

举例

图 19-17（a）中的数据表示的是部门之间的会面请求和实际会面之间的延误天数。图 19-17（b）中的直方图帮助团队确认了不可接受的延误时间的范围，它也生动地揭示了一个人为的现象，即为了在 15 天的目标内处理尽可能多的请求而出现的第 15 日高峰现象。这一直方图帮助团队将注意力集中在为缩短延误时间应采取的措施上。

14	15	18	19	13
12	18	22	14	18
15	17	19	15	17
18	20	10	15	15
20	14	17	20	21
15	24	15	18	14
23	13	23	21	20
18	21	18	15	15

（a）

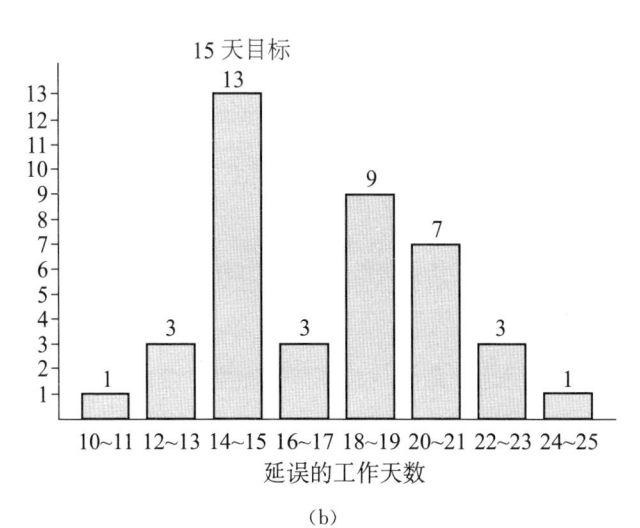

（b）

图 19-17　（a）用数据表形式展示的延误时间（工作日）（b）延误时间的直方图表示

帕累托分析（Pareto analysis）

目标

帕累托分析是一种将影响因素划分优先次序，区分"关键的少数"和"有用的多数"的工具。帕累托图包括三个基本要素：（1）按照重要程度排列的对于总效果的影响因素；（2）定量表示的每一因素的贡献程度；（3）依序表示的影响因素对总效果的累积百分数。

创建步骤

帕累托图与普通的软件实现的图形分析工具不同。以下这些有关如何创建帕累托图的步骤可让我们更清晰地理解这些不同之处。

1. 将每个因素的值求和作为总计值。
2. 按最大到最小的顺序记录这些贡献因素。
3. 确定每一贡献因素占总量的百分比。
4. 从零到总计值或略大于总计值绘制并标记左纵轴。
5. 绘制并标记水平轴。从左到右按从大到小的顺序列出所有因素。
6. 从 0 到 100% 绘制并标记右纵轴，以 100% 表示左纵轴上的总计值。
7. 用条形表示每种因素影响的大小。
8. 画一折线图来表示总体的累积比例。
9. 分析找到累积比例图的转折点。
10. 给图命名并标记"关键的少数"及"有用的多数"因素。

举例

为了对新改进项目的决策过程提供支持，创建帕累托图来更好地理解顾客询问的各类问题信息。基于这些信息，团队可以找出重点需要加以处理与解决的 A、B、C 三类查询，如图 19-18 所示。

计划矩阵与树形图（planning matrix and tree diagram）

目标

树形图是用来确定为达到最终目标所需要的各个部分的图形方法。计划矩阵是树形图的延伸，它显示了达到最终目标所需的所有因素、成分及任务。树形图确定了实现每一步骤的人员以及实现时间，还具体指出了为实现该步骤所需的支持人员、预算、涉及团队以外的任务时的联系人，以及任务的状态。

创建步骤

1. 用树形图来确定完成特定工作所需的所有任务。

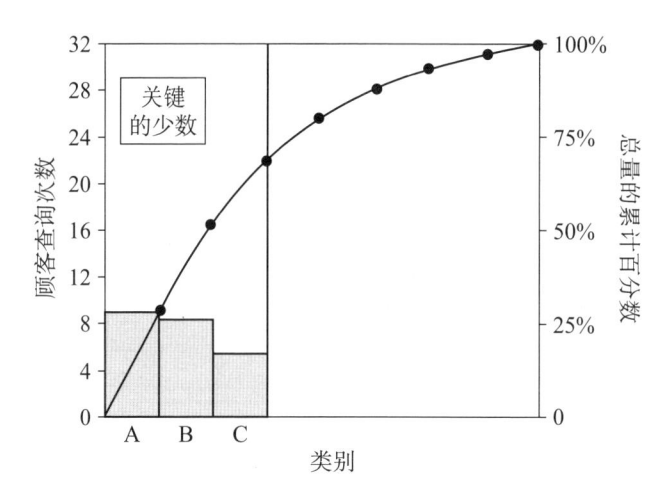

图 19-18 帕累托分析

2. 将每个任务列在黏性便笺纸上并以竖列的格式贴在墙上或活页挂图上。
3. 用"人员"和"时间"来标记其他栏。
4. 基于如下步骤逐一完成各项工作：
   a）讨论并确定执行该工作的最佳人选或小组。
   b）就完成日期达成共识。
5. 就团队如何监控计划过程达成共识。例如：
   a）在每次会议上均形成一份日程计划，以及针对活动任务的简报。
   b）让团队领导（或一个指定的成员）在会议前与每一个责任人沟通，确定需要讨论的事项并列在日程表上。
6. 将矩阵转换成标准文件，其中需包括团队的时间及日程安排。

举例

改进团队要建立一个新的医疗记录跟踪程序，以求减少记录的丢损现象。在制订建立新过程的计划时，团队将整个过程分为四个主要部分，为了更好地实现主要步骤（即回答要实现什么需求），又将主要部分进一步分解为所需的元素。利用树形图，团队添加"人员"及"时间"等信息，从而创建了如图 19-19 所示的计划矩阵。

皮尤矩阵（普氏矩阵）（Pugh matrix）

目标

该工具多用于基于预先制定的准则，在多种备选方案中进行选择。利用皮尤矩阵可以：

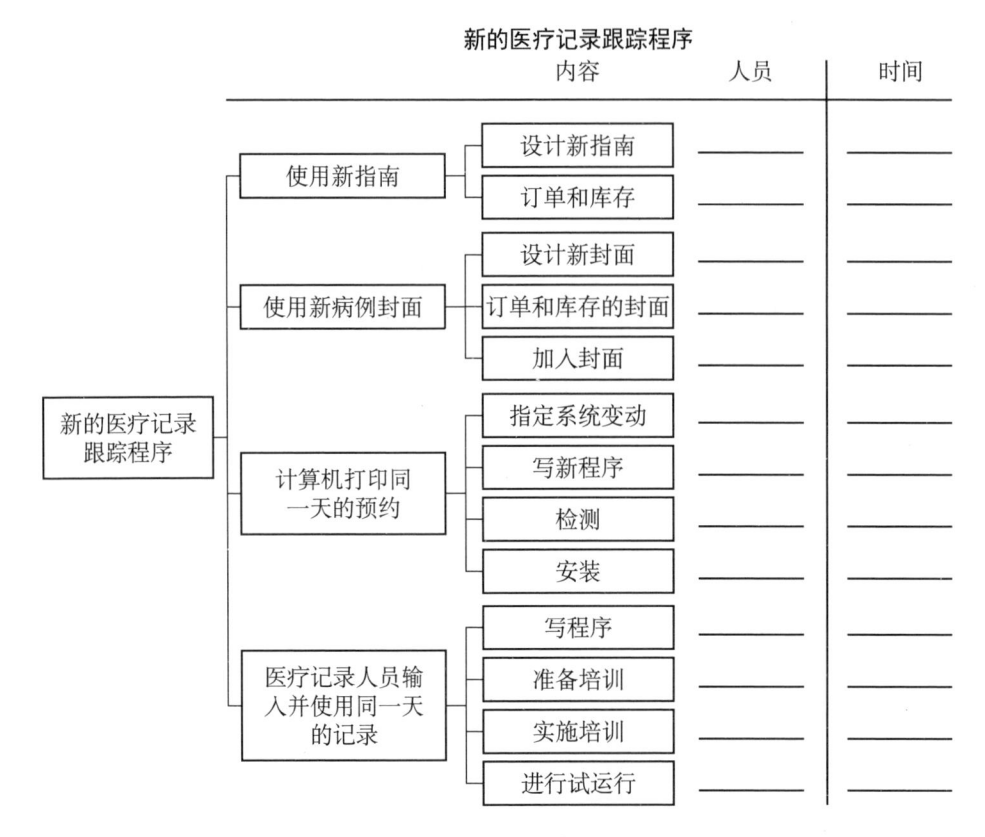

```
                        新的医疗记录跟踪程序
                              内容          人员        时间
                        ┌──设计新指南       ____      ____
            ┌─使用新指南─┤
            │           └──订单和库存       ____      ____
            │
            │              ┌──设计新封面       ____      ____
            ├─使用新病例封面┤──订单和库存的封面 ____      ____
            │              └──加入封面         ____      ____
新的医疗记录 │
跟踪程序    ─┤              ┌──指定系统变动    ____      ____
            │  计算机打印同 │──写新程序        ____      ____
            ├──一天的预约  ─┤──检测            ____      ____
            │              └──安装            ____      ____
            │
            │  医疗记录人员 ┌──写程序          ____      ____
            └──输入并使用同─┤──准备培训        ____      ____
               一天的记录   │──实施培训        ____      ____
                            └──进行试运行      ____      ____
```

图 19-19 计划矩阵与树形图

- 根据项目的关键质量特征或要求来对比、优选各种解决办法。
- 基于较弱的解决方案创造更强有力的解决方案。
- 将解决办法综合或转变后得到一个更为优化的方案。

创建步骤

建立准则。顾客的关键质量特征必须包含在其中。在这些准则中，还可以包括商业准则，例如上市时间、复杂性以及专利等。

1. 基于重要性给准则分配权重。
2. 评价每一种方案相对于基准方案的优劣程度，并用好（＋）、不好（－）或相同（s）来标记。
3. 对比不同方案的"＋"、"－"及"s"的数目。能否再创建一个与现有方案中的最佳方案相当的新方案？

举例

图 19-20 为构建皮尤矩阵的模板。

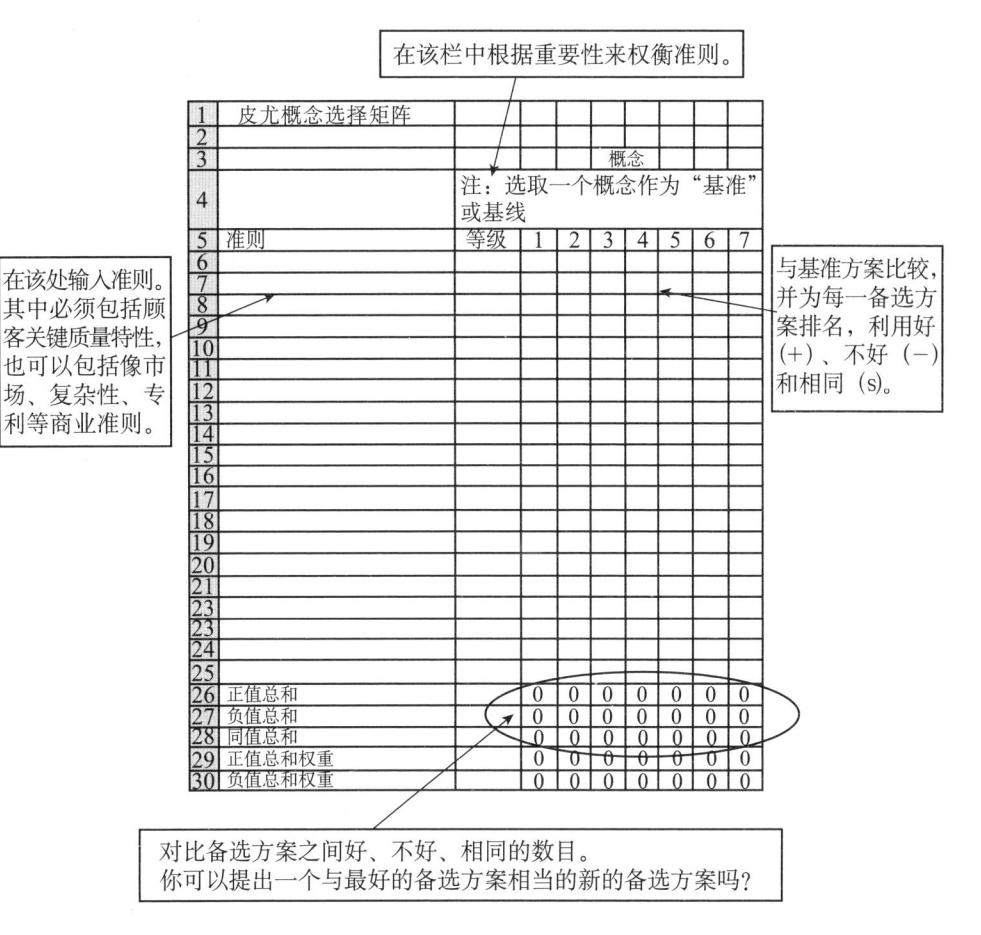

第19章 改进过程绩效的图形工具

在该栏中根据重要性来权衡准则。

	皮尤概念选择矩阵							
1					概念			
2								
3			注：选取一个概念作为"基准"或基线					
4								
5	准则	等级	1	2	3	4	5	6	7
6–25								
26	正值总和		0	0	0	0	0	0	0
27	负值总和		0	0	0	0	0	0	0
28	同值总和		0	0	0	0	0	0	0
29	正值总和权重		0	0	0	0	0	0	0
30	负值总和权重		0	0	0	0	0	0	0

在该处输入准则。其中必须包括顾客关键质量特性，也可以包括像市场、复杂性、专利等商业准则。

与基准方案比较，并为每一备选方案排名，利用好（+）、不好（-）和相同（s）。

对比备选方案之间好、不好、相同的数目。
你可以提出一个与最好的备选方案相当的新的备选方案吗？

图 19-20 皮尤矩阵

选择矩阵（selection matrix）

目标

此工具可用来依据明确的评价标准对备选方案进行筛选，以减少备选方案的数目。由于通常"最好"的方案无法轻易找到，所以利用选择矩阵来在各有优劣的方案之间做出选择。选择矩阵不像投票法等工具带有主观性，它提供了一个客观的选择过程。

创建步骤

1. 建立方案的评价标准。
2. 团队成员将满分 100 分配置到评价标准的各个评价准则中。
3. 计算每一评价准则所占的平均分数。

4. 审核并就权重配置方案达成共识。

5. 列出待评价的全部方案。

6. 评价方案，每个团队成员根据方案与评价准则吻合的程度来给方案打分，1分代表最差，5分代表最好。

7. 计算每位成员为方案打的分数。

8. 用表格向每个评价人展示其他评价人对方案的评价情况。

9. 讨论评价分数并就下一步行动达成共识。

如下例所述，该矩阵可用于选择项目及解决方案。

举例

团队正在对锯切高档细工家具木料的锯切作业的绩效改进方案进行评价与选择。团队利用头脑风暴法制定了评价准则，并按总分100分为各项标准分配了权重。接着用1~5分为每一备选方案与准则符合的程度打分（5分为最高分）。然后计算每一备选方案的平均分数，如图19-21所示，通过平均分可判断方案一为最好方案。

准则	权重	方案一	方案二	方案三
方案名称		大修并改变速度	更换设备	保留并调整速度
总费用	20	5	2	5
对问题的影响	10	3	5	4
收益与成本的关系	30	4	3	5
变革的文化影响与阻力	20	4	5	1
实施时间	2	5	4	2
效果的不确定性	6	4	5	3
健康和安全	10	4	5	5
环境	2	3	3	3
平均分		4.10	3.74	3.88

图19-21 选择矩阵示意图

SIPOC

目标

SIPOC代表供应商、输入、过程、输出及顾客。这是一种在较高的宏观层面上描述过程最初供应者（负责原料的供应）以及增值过程的流程图。该过程旨在生产满足甚至超过顾客需求的产品。SIPOC工具主要用在项目初期阶段，可以用来识别过程特点,并指定恰当的团队成员。SIPOC既可用于产品过程,也可用于服务过程。

创建步骤

1. 定义过程,为其命名,并明确其起点、终点。
2. 识别供应商以及过程从其处接收的主要输入。
3. 识别过程的顾客(即接收产品的人),以及在满足顾客需要方面的过程输出。
4. 识别产生输出的5~8个主要过程步骤。
5. 通过与关键过程步骤的主要执行部门的协同工作来对关键过程加以验证。

举例

为改进接收订单的过程,组建了一支质量改进团队。团队为了在较高层面明确项目的过程步骤及项目范围,创建了如图19-22所示的SIPOC,描述了从接收订单直至产出产品的整个过程。

供应商	输入	过程	输出	顾客
储存位置	电子订单	获得订单	队列文件	订单分拣系统
订单分拣系统	队列创建文件	订单序列化	现金订单 TIF 文件	录入订单
订单录入	现金订单 TIF 文件	订单录入系统	准备调度的订单	检查订单
订单检查	电子订单	检查订单	调度表	调度
调度	调度表	调度产品	报告	产品移植

图 19-22 SIPOC 示意图

统计过程控制(statistical process control)

目标

许多员工每天都在依照事先预定的边界条件来执行操作过程,以确保过程输出的结果符合规范界限。这些规范界限是在质量计划或质量改进方案中设定的。从历史角度而言,这种做法严重依赖事后的检验,旨在剔除不合格产品。相反地,过程控制则旨在对过程进行预防性控制,以使其性能保持在给定的范围内。不同于仅仅是筛查不合格产品("检查产品的质量")的做法,控制旨在查找并消除导致异常波动(以及潜在的规格不符,但这一点并非必需)的因素,以寻求持续的改进。

统计过程控制是一种运用统计技术来测量和分析过程波动性的方法。其中,过程是指将投入转变为产品或结果的一系列活动。通过运用控制图工具,统计过程可以用来辅助查找引发过程内参数以及过程终了（即产品）参数波动的特定原因。控制图的目标并不是在过程结束后达到某种统计状态，而是着眼于减少过程的波动。

在创建控制图前，有必要深入讨论一下过程控制语境中的引发波动的特殊原因与一般原因。控制图是将过程绩效数据与计算出来并绘制在控制图上的上下控制线相比较。过程绩效数据通常由多组按照一定顺序采集的测量值（称为样本空间）构成。由于控制图最根本的目的是找到过程波动的特殊（或可归因）原因，识别"特殊原因"并将其与一般（随机或偶然）原因区分开就显得非常重要。

存在两种类型的过程波动：（1）一般（随机或偶然）波动，这是过程中固有的波动。（2）特殊（或可归因）波动，这种波动将引起过程超差（如表19-1所示）。理想情况下，应该只存在一般波动，这样才能得到一个稳定、可预测、波动最小的过程。将无异常波动源的过程称为处于统计控制状态。处于统计控制状态的控制图中所有的数据点都在统计控制限内，并且不存在典型的异常模式。

表19-1 波动的随机原因和可归因原因间的差别

随机（一般）原因	可归因（特殊）原因
描述	
由多个相互独立的原因构成	仅由一个或少数一些原因构成
每个随机因素可能会导致微小的波动（但是众多的随机因素集合起来也会产生显著的波动效应）	任何一个原因都会引发显著波动
例如，不同人在设置控制盘时的微小差异、机器的轻微振动，以及原材料的微小变化	例如，员工的失误、启动错误，以及原材料的批次性缺陷
解释	
消除随机原因在经济性上是不划算的	特殊原因是可以找到的，消除这些原因的措施通常是具备经济性的
处于控制限内的随机波动意味着过程不需要调整	控制限外的观察值意味着过程需要调整和修正
若只存在随机波动，则过程是足够稳定的，可以使用抽样方法来预测总体质量或进行过程改进方面的研究	若出现了特殊原因，过程的稳定性就不足以支持采用抽样方法来预测总体质量

资料来源：*Quality Planning and Analysis*，Juran Institute, Inc., Copyright 2007. Used by permission.

控制图利用控制限来对引发特征波动的一般原因和特殊原因加以识别和区分。利用概率法则计算各个统计量以及控制限，从而推测哪些波动原因是特殊原因而非随机原因。当波动超出统计控制限，就说明该过程中存在特殊原因，应该对过程展开深入研究以确定引起过度波动的原因。当波动位于控制限内时，说明波动仅仅是由普通（或随机）原因造成的，此时波动幅度较为稳定，应避免对过程进行任何微调（或干预）。值得注意的是，控制图仅仅能够识别出特殊原因的存在，但无法找出具体是什么原因，还必须通过后续对过程的深入研究来找出具体的原因。

创建步骤

创建控制图需要遵循以下步骤：

1. 选择控制图所要监控的质量特征。

2. 找出导致不合格品的那些主要的质量特征。帕累托分析是识别主要特征的有效工具。

3. 识别出那些对最终产品特征有影响的过程变量或条件，从而识别出对产品质量有影响的潜在因素，并建立从原材料直至最终质量特征的控制要素。例如电解液的 pH 值、盐度以及温度是对电镀件的表面光洁程度有直接影响的过程变量。

4. 审核测量方法的准确度和精确度，以确保能够获得关于制造及服务过程波动的有效数据。观察到的测量数据反映了制造过程的波动，以及制造过程与测量过程共同导致的波动。Anthis 等（1991）指出，不准确的测量过程将导致无法有效识别制造过程中的波动，进而成为质量改进的障碍。Dechert 等（2000）也指出测量误差的水平对统计过程控制方法的应用有明显的影响。

5. 找出能够最早发现过程异常的点，以充分发挥统计过程控制的预警作用，避免后续不良品的生产。

6. 选择合适类型的控制图。表 19-2 给出了三种控制图的对比。Schilling（1990）就如何选择控制图类型给出了一些指导。

表 19-2 控制图的对比

绘制的统计量	均值 $\bar{X}$ 和极差 R	不合格比例 p	不合格数 c
需要的数据类型	波动数据（某一特征的测量数据）	属性数据（产品中有缺陷的单位数）	属性数据（单位产品中的缺陷数）
应用的一般领域	对单个特征的控制	控制过程中总体缺陷的百分数	控制每单位产品的缺陷数
主要优点	能够最大限度地从数据中发掘有用的信息，能提供关于过程的均值和波动的详细信息	从已有的测量结果中获取数据 易于被员工理解 提供了对质量的总体描述	与 p 列具有相同的优点，而且提供了对缺陷数的测量

续表

绘制的统计量	均值 $\bar{X}$ 和极差 R	不合格比例 p	不合格数 c
主要缺点	没有相应的培训,是很难理解并使用这些方法的 有可能会混淆控制限和公差极限 不能用于"通过/不通过"类型的数据	不能提供对某一单独特征进行控制所需的详细信息 不能够区分不同产品单位的缺陷程度	不能提供对某一单独特征进行控制所需的详细信息
样本容量	通常是 4 或 5	使用已有的测量结果或取样本为 25、50 或 100	任何易得到的产品单位,例如 100 英尺的电线或一台彩电

资料来源:*Quality Planning and Analysis*,Juran Institute,Inc.,Copyright 2007. Used by permission.

7. 确定用于计算控制限的中心线。该中心线可以是过去数据的平均数,也可能是期望值(即标准值)。控制限通常由"3s"准则确定,也可以根据选定的统计风险选择其他倍数。

8. 选择合理的子样大小。控制图上每一点都代表了由多个产品组成的子样(或样本)。对于控制图而言,合理的子样意味着子样内的单元应具有最大的相似性,而不同子样的单元间则具有最大的差异性。

9. 建立一个系统来收集数据。如果将控制图作为日常工具来使用,它必须简单易用,测量工具也必须简单无误差。当然,更好的指针式仪表应该能够在准确读数的同时有效记录数据,而经过深思熟虑设计的数据记录表格将能够有效简化数据的记录。工作条件也是一个需要考虑的重要因素。

10. 计算控制限,并提供关于过程波动结果的解释方法以及各岗位人员应如何采取行动的指南。表 19-3 给出了三类基本控制图的控制限的计算公式。这些公式依据 $\pm 3\sigma$,中心线等于在计算控制限时得到的数据的均值。这些公式中用到的 A_2、D_3 和 D_4 因素的值都列在表 19-4 中。每年,《质量进展》都会发布一个软件目录,其中列出了那些可以用来计算样本参数、控制限以及绘制数据的软件。这些软件的一般规则都是在建控制限前收集 20~30 个样本(合理的子样)。

表 19-3 控制限

统计量	中心线	下限	上限
均值 $\bar{X}$	$\bar{X}$	$\bar{X} - A_2 \bar{R}$	$\bar{X} + A_2 \bar{R}$
极差 R	$\bar{R}$	$D_3 \bar{R}$	$D_4 \bar{R}$
不合格比例 p	$\bar{p}$	$\bar{p} - 3\sqrt{\dfrac{\bar{p}(1-\bar{p})}{n}}$	$\bar{p} + 3\sqrt{\dfrac{\bar{p}(1-\bar{p})}{n}}$
不合格数 c	$\bar{c}$	$\bar{c} - 3\sqrt{\bar{c}}$	$\bar{c} + 3\sqrt{\bar{c}}$

资料来源:*Quality Planning and Analysis*,Juran Institute,Inc.,Copyright 2007. Used by permission.

表 19-4　$\bar{X}$ 和 R 控制图的因子

$\bar{X}$ 和 R 控制图的因子；基于 R^+ 估计 s 的因子

每一样本的观察值数目	A_2	D_3	D_4	从 $\bar{R}$ 中为 s 估计因子 $d_2=\bar{R}/s$
2	1.880	0	3.268	1.128
3	1.023	0	2.574	1.693
4	0.729	0	2.282	2.059
5	0.577	0	2.114	2.326
6	0.483	0	2.004	2.534
7	0.419	0.076	1.924	2.704
8	0.373	0.136	1.864	2.847
9	0.337	0.184	1.816	2.970
10	0.308	0.223	1.777	3.078
11	0.285	0.256	1.744	3.173
12	0.266	0.284	1.717	3.258
13	0.249	0.308	1.692	3.336
14	0.235	0.329	1.671	3.407
15	0.223	0.348	1.652	3.472

说明：
上控制限为　　$\bar{X}=\mathrm{UCL}_{\bar{X}}=\bar{\bar{X}}+A_2\bar{R}$
下控制限为　　$\bar{X}=\mathrm{LCL}_{\bar{X}}=\bar{\bar{X}}-A_2\bar{R}$
上控制限为　　$R=\mathrm{UCL}_R=D_4\bar{R}$
下控制限为　　$R=\mathrm{LCR}_R=D_3\bar{R}$

11. 在控制图上绘点并对结果进行分析。

虽然控制图是一种强大的统计工具，但不可将其作用绝对化。生产过程的最终目的是使产品适于使用，而不是仅仅使产品处在统计控制限内。一旦控制图达到其应用目的，就应该将过程固定下来，进而将工作重点转向需要改进的其他特征。Schilling（1990）对控制图应用的生命周期进行了跟踪（见表 19-5）。一个特定过程可能会用到多种控制图。值得注意的是，随着过程逐步趋于统计控制状态，就可以用现场抽查的方式来代替一部分控制图的使用。

表 19-5　控制图应用的生命周期

阶段	步骤	方法
准备阶段	陈述研究的目的 确定控制状态 确定关键变量 确定控制对象 选择适当的控制图 确定如何抽样 选择子样大小和采样频率	与质量体系建立联系 属性表 鱼骨图 帕累托图 数据和目标为依据 子样大小合理 确定合理的灵敏度

续表

阶段	步骤	方法
启动阶段	确保人员之间的协作 对使用人员进行培训 分析结果	采用团队机制 对行动进行记录 寻找特定的模式
运行阶段	评估效果 保持兴趣 调整控制图	定期对控制图的使用及其相关事项进行检查 邀请用户参加对控制图的调整 基于当前结果保持控制图的频率及属性
退出阶段	实现过程控制的目标后停止控制图的使用	现场检查、定期抽样检查、p控制图、c控制图

资料来源：Schilling，1990.

控制图的类型

传统的休哈特控制图［为纪念休哈特的贡献以休哈特命名的控制图，参见《朱兰质量手册》（1999）第45章］主要分为两类：计量型控制图（用于连续类测量数据）以及计数型控制图（用于计数类数据）。如何选择合适类型的控制图，可参照图19-23中的原则。下文将介绍这些不同类型之间的差别。

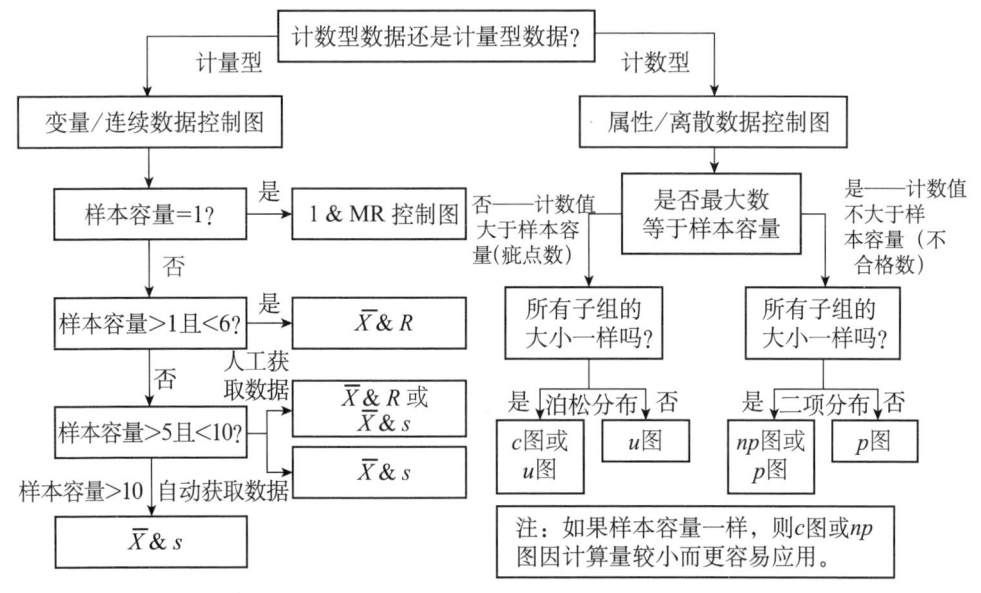

请注意，"计量型"意味着一个特征是连续的。"计数型"用于结果是通过/失败、接受/拒绝或其他分类的情况下，即使原始测量是连续的。同样，控制的上下限取决于样本中的观测数，当分组大小不同时，控制的上下限在任何图表中都不会是直线。

图19-23 控制图选择流程图

若过程是稳定的，无论是何种类型的控制图或统计量（例如平均值、范围、标准差、比例），控制图上下限的设定都应该避免过程处于稳定状态时统计量落在控制边界之外。控制边界线通常以±3标准差来确定。

有关波动数据控制图的例子

此种控制图以均值、极差或标准差作为管理的数据对象。将这些数据绘制在两个控制图中，均值控制图绘制样本均值及每个子组的平均值[若子组中只有一个个体，则需要绘制移动均值图（X-mR 图，也叫作 I-mR 图）]；极差图或标准差图绘制子组的极差或标准差。各种类型的控制图描述如下：

$\overline{X}$-R 控制图 也叫作均值-极差图。$\overline{X}$ 是子组的均值，用来反映因变量的集中趋势随时间变化的情况；R 是极差（即每一子组最大值与最小值的差），用于控制子组变量的一致性程度随时间变化的趋势，这反映了因变量的变异性。需要指出的是，由于规格限针对的是个体对象而非统计量，所以，不能将产品质量特征的技术规格限直接用作控制图中的控制限。

$\overline{X}$-s 控制图 $\overline{X}$-s 控制图与 $\overline{X}$-R 控制图类似，但在 $\overline{X}$-s 控制图中使用的是标准差 s（而不是极差 R）。虽然对于子组容量大于 2 的情况，标准差控制图的统计效能要高于极差控制图，但是极差控制图更易于计算和理解，因而在子组容量小于或等于 10 的情况中经常被采用。

X-mR 控制图 也被称为 I-mR 图，该控制图采用个体测量值以及移动极差作为控制依据，适用于子组容量为 1（例如无法获得多个测量值来计算平均值）的情况。

Z-mR 控制图 Z-mR 控制图除了每个变量要经过 Z 变换外，与 X-mR 控制图类似。对于运行数据少于建立预测控制图所需的 20~30 的数据量的短期过程而言，这种控制图非常有用。

单值控制图 也称为运行图，是均值图的替代者，它仅仅依据时间顺序将各个测量单值绘制在控制图上。在最简单的情况下，可以直接将技术规格限添加到控制图中作为控制限；在其他一些情况下，则以测量数据的 $\pm 3\sigma$ 作为控制限。但是，单值控制图不如 $\overline{X}$ 控制图敏感。

下面以图 19-24 中所列出的 $\overline{X}$-R 控制图为例来看一下计量型控制图的应用。图中的上半部分是对 N-5 和 N-7 这两台机器的各自的观察值。对于每一台机器来讲，按照生产的时间顺序绘制了 10 个样本（每组样本中有 6 个产品）的数据。下半部分绘制了每台机器的 $\overline{X}$-R 图。对于 N-5 机，其所有的点都在控制限内，因此根据原则可知该过程中没有引发波动的特殊原因，过程处于统计控制状态。然而对于 N-7 机，由极差图可看到存在样本内波动，又由样本均值图可看出存在样本间波动。由 $\overline{X}$ 图可以看出，像工具磨损这样的特殊原因的存在导致了随时间产生较大波动的特征值（注意：在收集数据的过程中，记录测量顺序是十分重要的）。

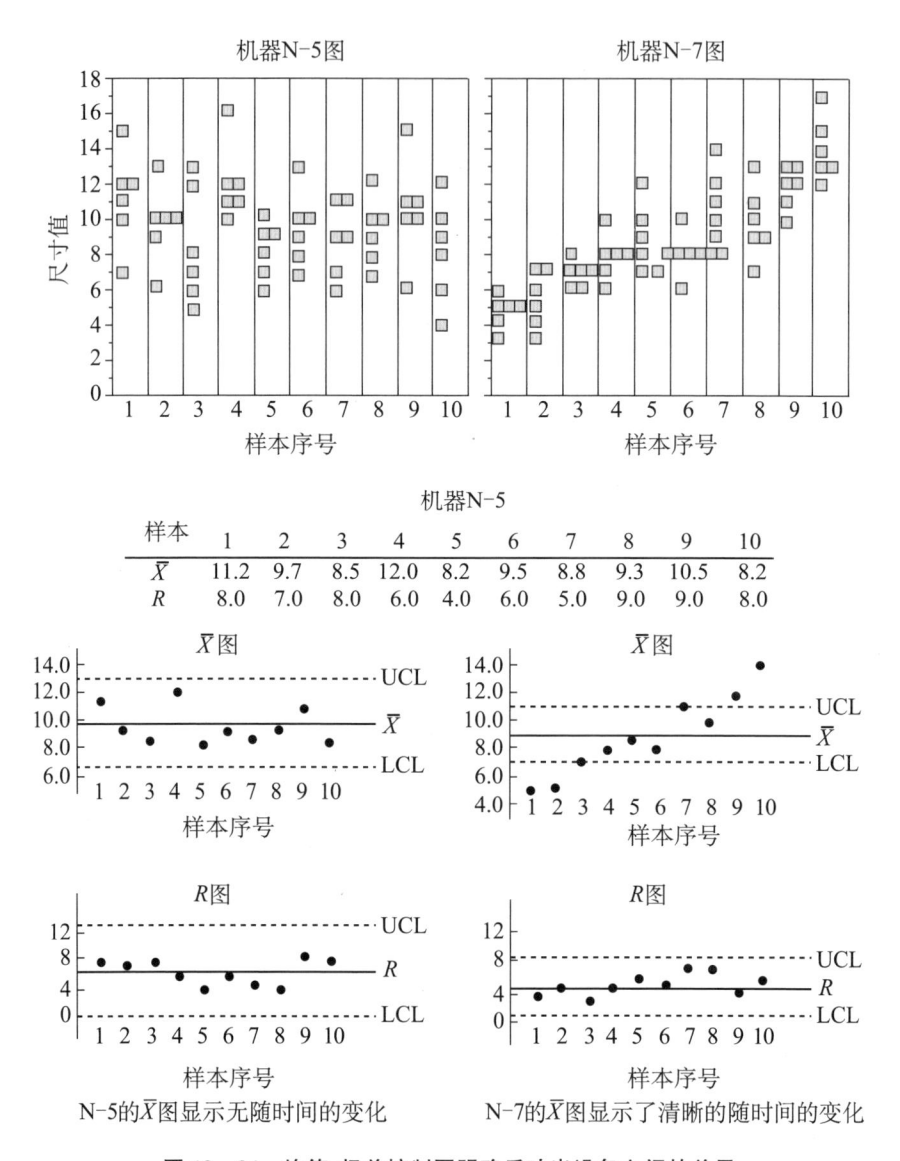

机器N-5

样本	1	2	3	4	5	6	7	8	9	10
$\bar{X}$	11.2	9.7	8.5	12.0	8.2	9.5	8.8	9.3	10.5	8.2
R	8.0	7.0	8.0	6.0	4.0	6.0	5.0	9.0	9.0	8.0

N-5的$\bar{X}$图显示无随时间的变化

N-7的$\bar{X}$图显示了清晰的随时间的变化

图 19-24 均值-极差控制图明确反映出设备之间的差异

对波动控制图的解释 将 $\bar{X}$-R 图或 $\bar{X}$-s 图叠放以使每个子组的均值和极差都处在同一垂直线上，观察是否某个或两个统计量都揭示出过程缺少控制。通常，首先解释 R 图或 s 图，因为在计算 $\bar{X}$ 图中的控制限时要用到极差或标准差。

R 或 s 落在控制限外，说明过程的一致性被某些因素破坏了。其典型原因有人员的变动、材料变化增加，以及设备的过度磨损等。若 R 或 s 图反映了引发波动的特殊原因的存在，则组内波动就同时包含了一般原因与特殊原因的共同作用，并且用它们在 $\bar{X}$ 图中计算控制限会产生一个过大的控制限（会降低发现失控条件的能力）。若取样时过程发生了偏移，就可能产生一个位于控制限之外的孤立 R 点。

位于控制限外的 $\bar{X}$ 点反映了自第一个位于控制限之外的子样之后总体所发生的变化。在寻找导致子样失控的原因时，需要仔细研究数据收集过程、生产工艺准备以及工人的经验等因素。典型的原因有材料变化、人员、设备调整、工具磨损、温度或振动等。

在寻找异常模式及非随机性因素方面，Nelson（1984，1985）给出了在基于 3σ 控制限的控制图中查找异常模式的 8 种方法（见图 19-25），图中的每个区域都代表 1σ 宽（请注意，图 19-25 的检测 2 中，每行需要 9 个点，而其他作者建议每行 7 个或 8 个点 [可参见 Nelson（1985）中的详细说明]。

关于在建立初始控制图之后如何展开分析，Ott 和 Schilling（1990）有清晰的论述，并给出了很多广泛收集的创新统计分析的例子。

关于定量数据控制图的例子

不同于计量型控制图需要定量的数据测量（如光阻工艺中的线的宽度），属性类数据的控制图仅需记录特征测量的数量结果（例如一个样本中不合格项目数）。由于产品被归入不同的组中，例如通过与不通过，所以这些数据也被称为分类数据。

p 图 也称为比例图，该图用于基于时间序列记录每一样本中不合格产品的比例或百分比（缺陷百分比）。

np 图 该图用于记录每一样本中不合格或缺陷产品数量随时间的变化。np 图只能用于样本数量恒定（或基本恒定）的情况。

c 图 用于记录不合格数（即缺陷数，而不是 p 图中的缺陷产品数）。

u 图 是 c 图的变异，与 np 图类似，该图记录了 n 个单位组成的样本中每单位的不合格数或缺陷数。与 np 图相同的是，样本数必须近似是恒定的。

在此，以描述继电器中磁铁数据的 p 图来作为属性类数据控制图的应用例子。以 19 周为单位，记录所检查的磁铁的总数以及不合格磁铁的数量。总共测量了 14 091 个磁铁，而不合格磁铁数为 1 030，达到了 7.3%。图 19-26 给出了以平均样本容量为 741.6 计算控制极限的控制图。值得注意的是，有几个点超出了控制限，预示着存在特殊原因。对于最后一个样本中偶尔出现的低点而言，识

检测1
有一个点超过了A区域

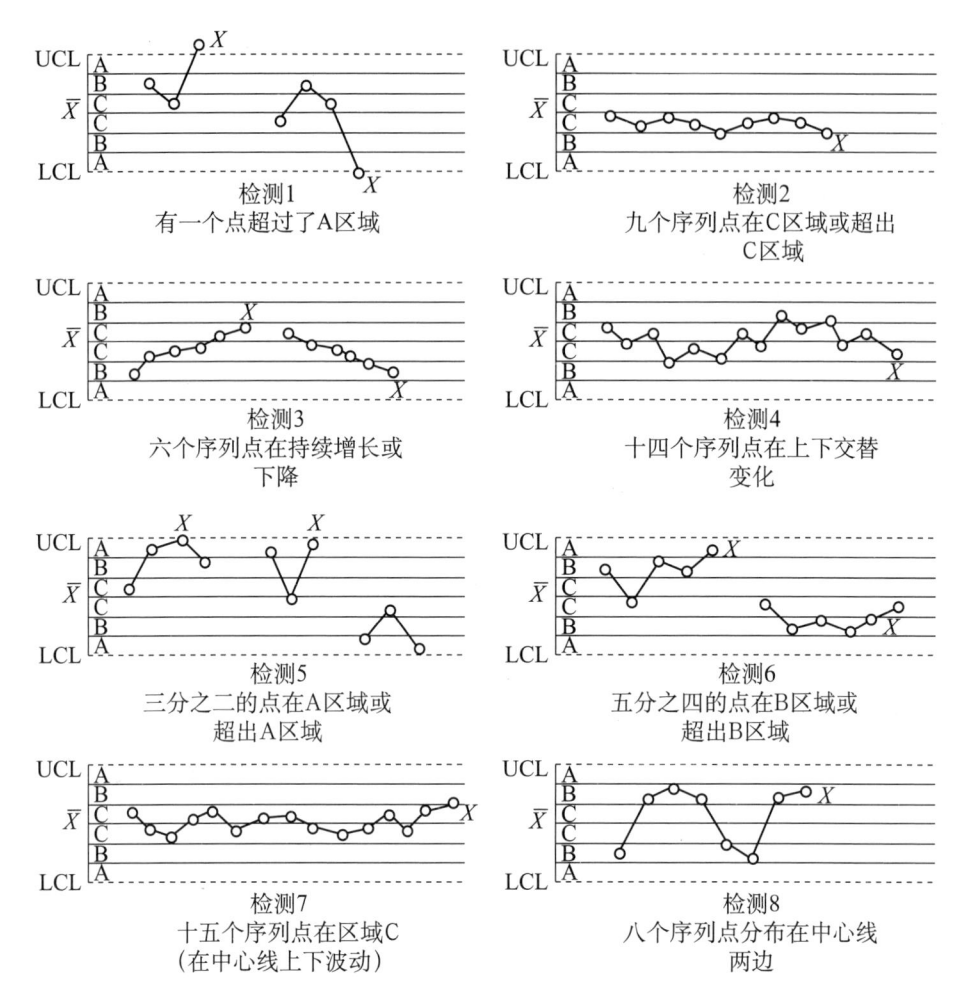

检测2
九个序列点在C区域或超出
C区域

检测3
六个序列点在持续增长或
下降

检测4
十四个序列点在上下交替
变化

检测5
三分之二的点在A区域或
超出A区域

检测6
五分之四的点在B区域或
超出B区域

检测7
十五个序列点在区域C
（在中心线上下波动）

检测8
八个序列点分布在中心线
两边

图 19-25　运用 $\bar{X}$ 控制图来探测引发变差的特殊原因

别并加强能产生超高质量的特殊原因也许是非常有价值的。图 19-25 中所展示的判断规则也同样适用于属性类控制图。

分层（stratification）

目的

分层是将数据分别归入不同的类别。在对问题进行分析以识别哪些因素对问题的发生有影响的时候，经常用到这种方法。此外，在识别项目、症状分析、假设检验，以及确定解决方案的过程中，都有可能用到分层。分层可以帮助人们回答关于缺陷的频率、导致质量问题的因素，以及不同组间的差异程度等问题。

$\bar{X}$ 图   趋势模式

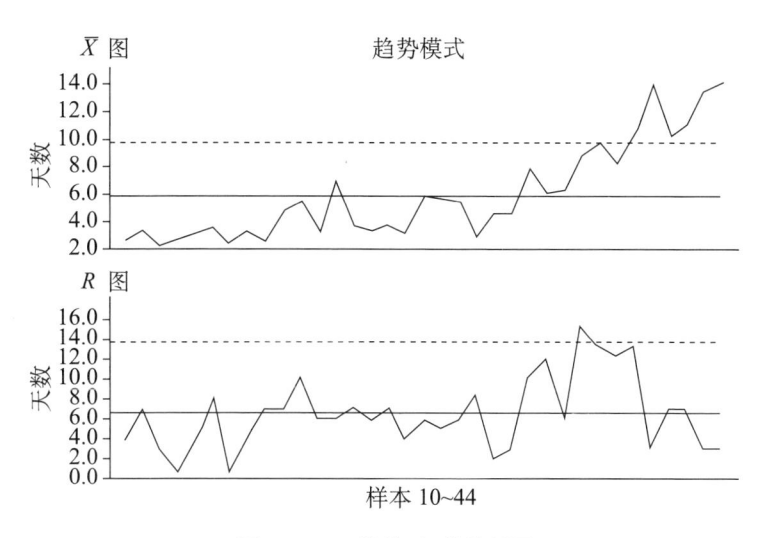

R 图

样本 10~44

图 19-26　均值-极差控制图

创建步骤

1. 选择分层变量。如果要收集新的数据，就要确保所有潜在的分层变量都能够作为标识加以收集。

2. 建立将用于变量分层的类别。类别可能是一系列离散值或某一取值范围。

3. 将某一分层变量的所有观测值进行分类。每一类中都包含其范围内的一系列观测值。

4. 计算每个类别的症候值。症候值可以是某一类别中观察值的数目、观察值的均值或是对类别的可视化描述（如直方图）。

5. 对结果进行展示。条形图通常是最有效的。

6. 准备并展示其他分层变量的结果。重复步骤 2 到 5。酌情进行第二阶段的分层。

7. 规划进一步的确认。

举例

某机械设备制造商最近收到了关于嵌入式插座的钢针松动的投诉（槽号为128B）。这些插座是由制造商在良好的统计过程控制下自行生产的，而与该插座匹配的钢针是由三个不同的供应商提供的（见图 19-27）。

针对投诉，质量改进小组对 120 个钢针进行了测量，每个供应商都取了 40 个。钢针直径的名义值为 10mm，上限为 10.2mm，下限为 9.8mm。

为了对数据有一个更好的理解，质量改进小组绘制了该 120 个钢针的直方图。直方图显示，钢针的直径测量值是一个宽的、多峰的分布，且大多数测量值

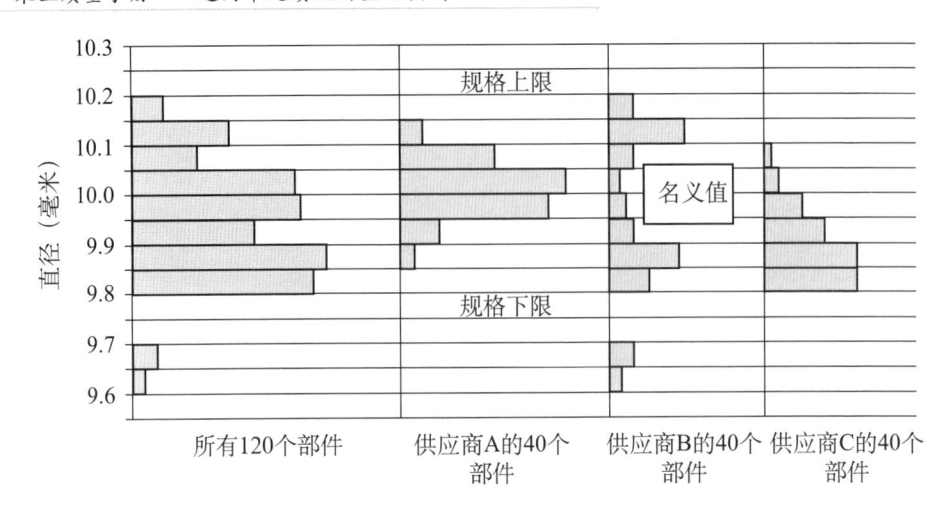

图 19-27　128B 钢针问题分层

都处于规格下限与名义值之间。由于绝大多数的钢针都小于名义尺寸，所以松动的概率确实很大。

但是，该直方图无法告诉质量改进小组问题的原因是什么。因此，小组决定根据供应商对这些钢针进行分层，并重新绘制了直方图。

基于上述直方图，小组得出了以下结论：

• 供应商 A 对过程有很好的控制。绝大多数产品都接近名义尺寸，而且由于过程中的固有波动小于规格极限范围，所以生产出的产品很少超出规格极限范围。

• 供应商 B 似乎在运行两个不同的过程，但是没有一个能够生产接近名义值的钢针。供应商 B 的分布就像两个与供应商 A 的分布类似的分布的叠加，但两个分布一个向上方偏移，一个向下方偏移。

• 供应商 C 的过程有很大的波动，无法生产符合名义值的钢针。分布中出现突然结束（或截断）的模式表明，供应商采用检查手段筛查出了不合格的钢针。

参考文献

Anthis, D. L., Hart, R. F., and Stanula, R. J. (1991). The Measurement Process: Roadblock to Product Improvement, Quality Engineering, vol. 3, no. 4, pp. 461–470.

Dechert, J., Case, K. E., and Kautiainen, T. L. (2000). Statistical Process Control in the Presence of Large Measurement Variation, Quality Engineering, vol. 12, no. 3, pp. 417–423.

Ishikawa, K. (1972). *Guide to Quality Control*. Asian Productivity Organization, Tokyo.

Nelson, L. S. (1984). The Shewhart Control Chart-Tests for Special Causes, Journal of Quality Technology, vol. 16, no. 4 October, pp. 237–239.

Nelson, L. S. (1985). Interpreting Shewhart Charts, Journal of Quality Technology, vol. 17, no. 2, pp. 114–116.

Ott, E. R., and Schilling, E. G. (1990). *Process Quality Control Troubleshooting and Interpretation of Data*. McGraw-Hill, New York.

Schilling, E. G. (1990). Elements of Process Control, Quality Engineering, vol. 2, no. 2, p. 132. Reprinted by courtesy of Marcel Dekker, Inc.

Wadsworth, H. M., Stephens, K. S., and Godfrey, A. B. (1986). *Modern Methods for Quality Control and Improvement*. Wiley, New York.

（段桂江 译）

第20章

准确可信的数据和测量系统 约翰·F. 厄尔利

本章要点	面向质量设计的统计工具
测量及最优效果	质量控制中的统计工具
测量、分析以及朱兰三部曲	过程能力
有效测量的十原则	软件
对测量及数据收集进行计划	参考文献
分析	表20-3的参考图
用于改进的统计学工具	二项分布

本章要点

1. 只有问对问题,才能获得准确、可靠、相关的信息。问对问题,你就能获得正确的数据。

2. 有效测量的十原则可以帮助建立准确可靠的绩效测量。

3. 规划数据收集时,关键问题不是怎样收集数据,而是如何生成有用的信息。要想达到上述目的,要对测量系统有清晰的认识,要清楚各种数据收集及决策分析方法的优缺点,并在脑海中对整个过程有个框架。

4. 有很多在组织管理方面很有用的工具,它们提供了过程改进、设计及控制方法。改进工具需追根究源并进行理论的检验。设计工具要求先收集观点与技术规范,然后确定开发可靠的新产品或服务的途径。控制要求使用统计工具来区分波动的普通原因和特殊原因,从而降低风险并进行调节。

5. 第19章已经讨论了部分用于质量设计、控制及改进的基础工具。本章我们将介绍一些可以用于更细致和更复杂的分析的其他工具。

测量及最优效果

读者会发现，本书的其他章节曾多次提到：准确、可靠、相关的信息对于做出旨在获得优良结果的决策是至关重要的。首要的是，信息必须与所存在的问题紧密相关。如果想要获得忠诚的顾客，就要知道关于忠诚的确切数据，以及现有顾客与潜在顾客的消费观。我们还需要那些能够揭示出影响顾客行为的因素的数据。其次，获得的信息必须准确无误。这里的准确应包含两方面的意思：无偏且抽样误差（与抽样方法相关的不确定性）保持在足以支持我们做出正确决策的范围内。例如，想要改善保健计划中哮喘人群的医疗条件，就需确定对该条件的测量无重大偏差，而且抽样样本要足够大，以确保抽样的不确定性相对于实现的改进足够小。再次，信息必须可靠。可靠性包含了准确性及相关性，但其向前更进了一步，旨在强调在运行过程及商业环境中保持测量手段的准确性、相互联系性的能力，从而确保我们能够相信这些数据，并依据这些数据做出决策。例如，要建立一个制造满足顾客要求的复杂电子连接器的工艺过程，要求该过程中的波动因素如温度、压力以及速度必须控制在要求范围内，则该过程能否取得成功，在很大程度上取决于对温度、压力及速度的测量的准确度及相关性能否满足生产无缺陷连接器的需求。

测量、分析以及朱兰三部曲

朱兰三部曲的质量计划、质量改进及质量控制中的每一部都是以准确、可信、相关的信息为基础的。虽然每一个都是相对独立的管理过程，但它们都对信息有相同的需求、应用同样的工具，并使用相同的数据以确保成功。然而，每一个过程也都有其独特的构成质量测量及分析的基础的信息需求。以下内容介绍了三部曲中每一部的关键问题。

质量计划的测量问题

- 什么水平的产品市场绩效才能满足战略目标？
- 产品绩效与竞争者相比如何？

- 产品表现是否满足顾客期望?
- 大多数顾客对产品(商品和服务)或过程的期望是什么,以及他们愿意支付的金额是多少?
- 产品(商品和服务)或过程的顾客是谁?
- 每个顾客的重要程度如何?
- 每个重要顾客的需求或利益是什么?
- 顾客需求或利益的相对重要性如何?
- 每个产品特征对顾客需求的影响如何?
- 如何在不同产品特征之间进行数学上的权衡?
- 过程特征或参数对最终交付的产品特征的影响如何?
- 生产合格产品需要什么样的过程能力?
- 产品及过程特征的最优公差是多少?
- 计划项目的战略目标完成的程度如何?

质量改进的测量问题

- 导致顾客不忠诚的最重要的缺陷是什么?
- 质量损失成本中的最主要的细分类别是什么?
- 为满足战略目标,需要在成本及顾客忠诚度方面有多大改进?
- 已确定的问题的主要原因是什么?
- 每一个引发问题的原因的影响度是多少?
- 哪一个可能的原因被证实为根原因?
- 预期改进措施能够产生多大成效?
- 项目最终获得了多大改进?

质量控制的测量问题

- 对过程波动影响最大的变量是什么?
- 波动控制中正常的随机波动是什么?
- 偶发的异常波动是否由可归因的特殊原因引发?

有效测量的十原则

质量测量是质量控制与改进的核心:"测量什么,就能完成什么"。在详细讨论良好测量与分析之前，充分考虑以下原则对于我们建立有效的质量测量方案是很有帮助的：

1. 确定测量的目的及用途。一个尤其重要的例子就是测量在质量改进中的应用。在进行最终测量的同时，还必须包括用于诊断的过程间测量。

2. 强调与顾客相关的测量，这里的顾客包括内部顾客与外部顾客。

3. 聚焦于有用的测量，而非易实现的测量。当量化很困难时，利用替代的测量至少可以提供关于输出的部分理解。

4. 在从计划到执行测量的全程中，提供各个层面上的参与。那些不使用的测量最终会被忽略。

5. 使测量尽量与其相关的活动同时执行，因为时效性对于诊断与决策是有益的。

6. 不仅要提供当期指标，同时还要提供先行指标和滞后指标。对现在及以前的测量固然必要，但先行指标有助于对未来的预测。

7. 提前制订数据采集、存储、分析及展示的计划。只有当拟采用的测量方案通过了严格的审查，才能认为计划完成了。

8. 对数据记录、分析及展示的方法进行简化。简单的检查表、数据编码、自动测量等都非常有用，图表展示的方法尤为有用。

9. 对测量的准确性、完整性与可用性进行阶段评估。其中，可用性包括相关性、可理解性、详细程度、可读性以及可解释性。

10. 要认识到只通过测量是无法改进产品及过程的。

测量必须与资源以及人员的培训结合起来才能够实现改进的目标。

对测量及数据收集进行计划

在数据收集上，"谋定而后动"是最佳的行动策略。在此，"定"指的是获得计划、控制及改进所需的信息。在进行数据统计分析前，我们首先必须考虑对数据收集过程进行计划。在计划过程中，需要考虑这些用于分析、解决问题的数据的来源。其中最常见的来源有历史数据、新收集的运行数据，以及实验获得的数据，而这些来源又各有优劣。不管数据来自哪里，在用于分析、提取信息前一定要对这些数据进行仔细的审查。

对数据的收集及分析进行计划

在数据收集及分析的过程中，质量团队实质上就是在寻找以下问题的答案：

"这个问题发生的频率有多高？""导致该问题的原因是什么？"换句话说，他们是在寻找有用的信息。有用的信息建立在数据（事实）的基础上，但是仅仅依靠收集数据是无法获得有用的信息的。所以问题的关键不在于如何收集数据，而在于如何获得有用的信息。虽然很多组织在其运行中收集了大量的数据，但往往缺乏能够用以获取真正有用的信息的数据。这些常见的表现使很多组织陷于海量的数据"泥潭"中，它们努力想通过这些数据找到与过程相关的信息。虽然它们有可能从中发现一些有用的信息，然而，从本质上讲，这种做法是不经济的，并且非常耗时，会拖延项目的进程。下面将要介绍的基于"谋定而后动"原则对数据采集进行计划的方法是非常有价值的。

信息的获取通常始于问题，并终止于问题。想要获取信息，我们就要：

- 对我们将要回答的问题进行规范化。参见此前在朱兰三部曲的每一部中所给出的例子。
- 收集与问题相关的数据。
- 分析这些数据来确定问题的真实答案。
- 用某种方法表达数据，以便于就问题的答案进行沟通。

有效数据收集的关键在于"提出恰当的问题"。即使通过精心设计的统计抽样方案获取了准确、简洁的数据，如果得到的数据无法回答研究者所关心的问题，那也是没有用的。

请注意图 20-1 所示的计划过程在模型中是如何"反向工作"的。我们的工作开始于定义问题。接着，不是一头扎到细节数据收集之中，而是要考虑我们如何回答问题，以及需要执行哪些类型的数据分析。这将有助于我们定义数据需求，以及明确数据中最重要的特性。只有理解了这些，才能更好地处理数据收集的地点、人员、方式及内容这些相关信息。

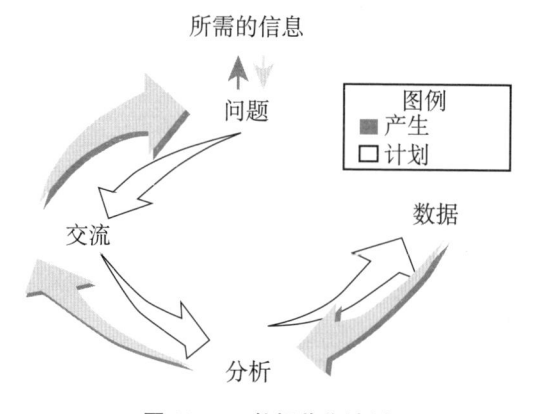

图 20-1 数据收集计划

为获得有用的信息，按照下述步骤及相关条件对数据收集、分析及使用过程进行良好的计划是十分有益的。

1. 确定数据收集目标，并按照以下格式对问题进行规范化。
   - 数据收集的目标是什么？
   - 需要监控以获得数据的产品或过程是什么？
   - 通过本实验，想要验证什么"理论"？
   - 想要解决什么问题？
2. 考虑如何交流与分析数据，并在此基础上确定测量内容。
   - 你需要哪些数据？
   - 该测量的类型？是像长度、质量、体积以及温度一样的时间及物理量的测量，还是像等级（低-中-高）、比率（速度）、指标（如医院等待时长的案例中的相关系数）一样的其他测量？这些内容可参考有关测量方法的讨论的"测量的类型"这一部分。
   - 数据类型是什么？计量型数据（读取测量读数）的测量成本可能比计数型数据（通过/不通过）的测量成本要高，但其包含的信息也更加有用。
   - 每一测量方法的操作规范是什么？操作规范是指对一个过程、活动或项目的详细描述，以确保小组成员对此建立共同的认识。
   - 数据如何交流与分析？
   - 以前的数据现在还可用吗？（然而，要牢记历史数据的危害，将在下面讨论。）
3. 确定如何测量总体或抽样。
   - 将用何种测量工具？卡尺还是李克特量表？
   - 选择何种抽样策略？简单随机抽样还是分层随机抽样？
   - 需收集多少数据？根据结果的期望精度、统计风险、数据的波动、测量误差、经济性等因素计算样本容量。
   - 测量方法是什么？
4. 基于最小的偏倚收集数据。
5. 确定合理的数据收集点。
   - 在过程的哪一环节可获得合理的数据？
6. 选择或训练无偏倚的数据收集器。
   - 理解数据收集器及其环境。
   - 谁在过程中提供这些数据？

- 如何最容易且尽量准确地收集这些数据？

7. 设计、准备数据收集方法、格式以及说明，并加以测试：
- 为以后的分析、引用、追溯，还应该额外收集什么信息？
- 进行测量系统分析（MSA）以确保测量的准确性。

8. 对数据收集过程进行审核，并对结果进行验证。

9. 过滤数据。

10. 分析数据。

11. 对样本量及数据分析方法的假设进行验证。若有需要，采取纠正措施（包括额外的观察）。

12. 应用图表或统计方法对原问题进行评估。

13. 确定是否需要进一步的数据及分析。

14. 对灵敏性进行分析（例如，调整关键的样本估计以及其他分析因素，并记下其对最终结论的影响）。

15. 审查数据分析结论以确定原技术问题是否得到了评估，或是否已进行了改变以满足统计方法。

16. 展示结果。
- 撰写报告，包含执行摘要。
- 用意义明确的方式陈述结论，例如应强调与原问题的关系而不是分析中所用的统计指标。
- 在需要的地方用图形表示结果，在报告正文中使用简单的统计方法，把复杂的分析放在附录中。

17. 确定该结论能否用于其他问题，或该问题的数据与结论是否为其他问题提供了有价值的参考。

测量的类型

在制订数据收集计划时，要清楚地了解需要收集的数据的特性，以及如何使用这些特性来解决问题。这里有两种有用的数据类型：数学特性及实际要解决的质量问题。

数学特性也就是通常所说的测量尺度，是测量系统的一部分。其中最有用的测量尺度是比率尺度，用来记录参数（如重量）的实际量值。比率尺度也被称为连续变量数据。而区间尺度则用来记录顺序量，它没有算数零点，其典型代表如钟表的时间。

顺序尺度用于记录排序的信息，如顾客对于不同饮料的热爱。顺序尺度的一个与众不同的例子就是 Wong-Backer 的 FACES 疼痛量表，其广泛应用于医院中，护士用其来判断小孩的疼痛程度。这是一个由六张小孩脸构成的表，从笑脸（即无疼痛）到非常悲伤的脸（疼得最厉害）。

名义尺度用于将目标分类，这种分类没有顺序和起点，例如，好与不好、性别、颜色、生产变换、产品及地理位置。

顺序尺度与名义尺度由一系列离散或分类数据构成。

测量尺度的类型决定了可以用来分析数据的统计方法。从这方面来讲，比率尺度是最有价值的尺度，详细介绍见 Emory 和 Cooper（1991）。

就质量目的而言，有五方面的质量测量：

- 缺陷（失误及不良）。
- 不良质量成本。
- 产品及过程特征。
- 顾客需求。
- 顾客行为。

产品缺陷的测量单位通常用分数表示：

$$\frac{实际发生数目}{可能发生数目}$$

其中分子可以是缺陷产品的数目、内部失效的数目或赔偿费用的成本。分母可以是产品数、销售额、服务量或服务时间。缺陷是基于将交付的产品与其技术说明相比较来确定的。对物理产品来讲，这些技术说明可以是物理尺寸、电气的或物理的特性，以及性能指标等。对于服务型产品，最常见的说明就是及时性，其他的说明通常与实际表现和服务标准的比较有关，这些说明将在下面有关服务特征的讨论中阐明。

不良质量成本通常用现金花费来表示，但也可以通过质量成本与销售额、总成本或毛利的比值来表示。

建立产品特征的测量单位往往是比较困难的。这些特征的数量与种类可能是巨大的。创建一种新的测量单位有时是一项艰巨的技术挑战。在下例中，一家生产新开发的聚苯乙烯产品的制造商必须创建一种新的评价单位以及传感器来对产品的重要特征进行测量，进而才有可能在产品投入生产前测量自己及竞争对手产品的特征。在豆类收割等其他例子中，又需"柔软度"的测量标准以及"柔软度"的测量方式。所以，为确保豆子已成熟可以收割，需要创建一系列的度量标准。

对服务产业来讲，执行及时性是一个非常重要的特征。通常，服务的内容也有相应的绩效特征。维修服务具有维修有效及可信的特征。

财务服务往往需要测量诸如顾客接受财务服务的资格、特定回报或利率等方面的质量特征。此外，还可能涉及计算回报、支付额及价值等方面的指标。基于这些规则可以生成可测量的结果。这些规则可通过自动决策引擎得到广泛应用，但是这些自动决策引擎的准确性有待进一步验证，而且在设置及执行过程中通常也会存在人为因素。

卫生保健兼有对过程及输出质量特征的测量。首先需要建立用于描述特定症状处置方式的标准。结果测量则主要涉及医疗行为在保持健康，避免更深度伤害发生，病人在住院治疗过程中避免诸如医疗失误、不良反应及程序错误等风险的安全性等方面的表现。

保险赔偿是根据保险范围及承保事件的特征确定的。保险政策由赔偿损失标准构成。"索赔引擎"负责绝大多数计算，但仍需要人来输入相关规范。支付的准确性可由货币值表示，也可由缺陷百分比来表示。

通常会有很多重要的产品特征。通过建立全面的测量单位，我们能够确定重要的产品特征并进而确定这些特征之间的相对重要性。在之后的测量中，为每一种特征打分。整体测量是计算所有特征的平均权重，其策略如表20-1所示。在使用阶段性的或连续的测量时，有一些事项是需要加以注意的（Early，1989）。首先，特征的相对重要性并不是绝对精确的，而且会随时间发生较大变动。其次，对某些特征的改善能改善测量整体的性能，但也能隐藏某一重要特征的退化。

表 20-1 多属性研究

属性	相对重要度（%）	公司 X		公司 A		公司 B	
		得分	权重得分	得分	权重得分	得分	权重得分
安全性	28	6	168	5	140	4.5	126
性能	20	6	120	7	140	6.5	130
质量	20	6	120	7	140	4	80
现场服务	12	4	48	8	96	5	60
易用性	8	4	32	6	48	5	40
公司形象	8	8	64	4	32	4	32
工厂服务	4	7.5	30	7.5	30	5	20
总分			582		626		488

资料来源：*Quality Planning and Analysis*，Copyright 2007. Used by permission.

测量装置

测量装置是用于测量的手段。绝大多数测量装置都基于特定的测量单位提供的实际测量数据。在操作控制层面，测量装置一般为技术类仪器或承担检查职责的员工（如检验员、审核员）；在管理、服务层面，测量装置通常为一套数据系统。测量装置的选择通常包括确定实施测量的方式，即何时、由谁、如何来实施测量，以及采取相应措施的准则。

很明显，测量装置必须经济、便于操作。另外，由于测量装置负责为生产及过程中的一些重要决策提供信息支持，所以正如在"测量系统分析"中讨论的，测量装置还必须准确和精确。

历史数据、操作数据及实验数据

历史数据是已有的与当前待解决问题相关的数据。例如，在生产过程中，通常会保存一定的数据。若一个运行多年的稳定过程失去了控制，一般认为，在对过程进行分析与调整的时候，基于历史数据进行统计分析比收集新的数据或设计新的实验来收集数据更节省时间与开支。进而，我们可以得到已有的测量数据 Y（例如，过程产量或材料的强度等），以及与过程相关的变量 x_1, x_2, $\cdots$, x_k（例如 x_1 为压力，x_2 为酸度，$k=2$）。若不存在这样的数据，我们就需制定数据收集策略来收集新的操作数据。

基于以下原因，历史数据或新的操作数据都是非常宝贵的：

• 能够经济、快速地收集数据。尤其是考虑多个可能的情况时，对于某些关注七个因素或更多因素的过程而言，看似非常轻巧的八因子实验设计也会显得过于复杂。

• 对于人为因素影响较大的操作，不用说做实验，仅收集数据都会对人甚至过程有不可预期的影响——例如著名的霍桑效应。

• 以前稳定的过程产生了失控现象，这时收集信息的问题是找出"什么条件改变了"，即查找出现了哪种特定的可归因因素，而不是进行显著性实验。

• 很多长期存在的随机波动一般也可以基于操作数据定性甚至定量地找到根原因。

• 虽然要观察验证，但很多操作数据在开发或测试将用于实验的理论时是很有价值的。

- 在处理操作数据与实验数据时，都面临一个相同的陷阱，即无法找到所有可能的原因或超出实际测量范围推广结果。

然而，历史数据与操作数据也都有以下一些缺点：

- 在执行时，各变量彼此紧密相关，因此无法区分其影响。
- 变量 x 可能只覆盖了操作范围中很小的一部分，以至于过程自身的波动淹没了由 x 的波动导致的 Y 的波动。
- 其他影响过程输出的变量（如时间、空气条件、操作者等）可能没有保持恒定，而它们可能才是引发过程波动的真正原因。

在以上例子中，实验数据是优异的。实验在基于统计实验原理提前设定好的一系列 x_1，…，x_k 组合条件下进行。

测量系统分析

过程控制、新产品设计及长期性随机波动的消除都需要对预期的结果及其影响因素进行准确的测量。一个好的提供关键信息的测量系统应具有下列性质：

- 偏倚最小。偏倚是测量的平均值与参考基准值之差。参考基准值就是约定的基准标准，例如可溯源的国家标准。参考标准用于校准测量系统，也就是将测量得到的值控制在可接受的、已知的范围内。偏倚有时也叫作"准确度"，但"准确度"有多个意思，所以在本书中推荐使用"偏倚"。
- 重复性。重复性是指同一操作人员利用同一测量仪器对同一零件的特定特征进行多次测量时测量结果的变动。
- 再现性。再现性是指不同操作人员利用同一测量仪器对同一零件的特定特征进行测量时得到的平均值的变动。
- 稳定性。稳定性是指由一个人或一组人利用测量系统对某一单独特征进行一段时间的测量所获得的测量结果的总的变动。测量系统若能在不同时间测得相同的结果，就说明该系统稳定。
- 线性。线性是指由同一测量仪器在量程内的不同测量点上的测量偏倚。
- 精确性。"精确性"包含了可重复性、再现性及稳定性这三个随机的特性。图 20-2 用图像描述了偏倚与精确性间的区别。

图 20-3 给出了五种引发测量偏差的因素，并配以由美国汽车工业行动集团（AIAG）《测量系统分析指南手册》给出的定义（Automotive Industry Action Group，2003）。

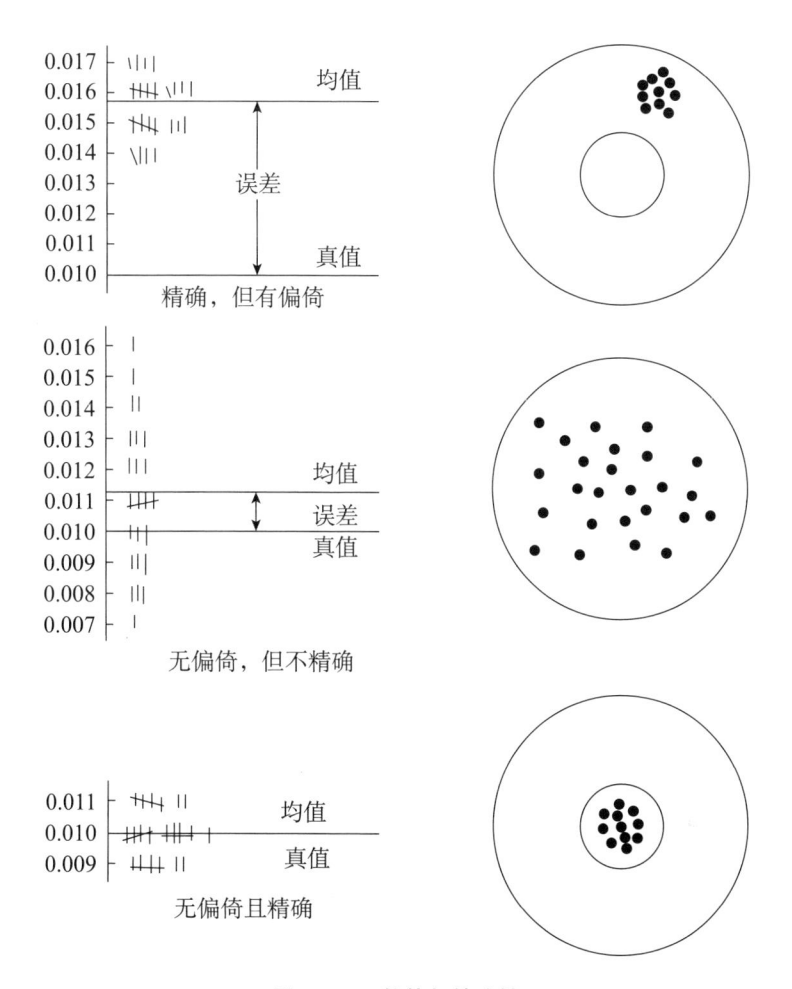

图 20-2 偏倚与精确性

资料来源：*Quality Planning and Analysis*，Copyright 2007. Used by permission.

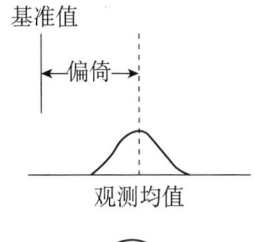

偏倚：
偏倚是观测到的测量值均值与基准值之间的差。测量基准值，也就是我们所说的可接受的基准值或主控值，是一种得到广泛认可的测量基准值（ASTM D 3980-88）。测量基准值可以由更高等级的测量设备（如专业的测量实验室或基准设备）的多次测量的均值来获得。

重复性：
重复性是指同一操作人员利用同一测量仪器对同一零件的特定特征进行多次测量时测量结果的变动。

再现性：
再现性是指不同操作人员利用同一测量仪器对同一零件的特定特征进行测量时得到的平均值的变动。

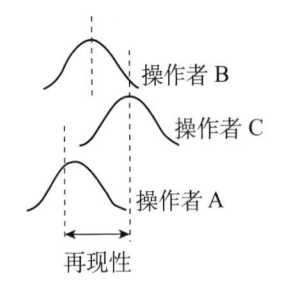

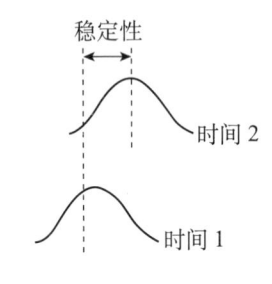

稳定性：
稳定性是指在一段时间内，由同一个主体对同一零件的某一特定特征进行测量所获得的测量结果的变动。

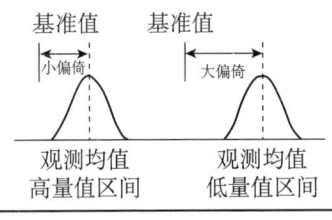

线性：
线性是指测量偏倚在量程内的不同测量点上的变化情况。

图 20-3 测量偏倚的五种来源

资料来源：Reprinted with permission from the MSA Manual DaimlerChrysler, Ford, General Motors Supplier Quality Requirements Task Force.

关于偏倚及精确度的任何解读，都必须基于以下三个前提：

1. 测量方法的定义。这个定义包括逐步执行的程序、使用的仪器、测量样本的准备以及测量条件等。

2. 定义引发波动的原因系统，例如，材料、分析者、仪器设备、实验室、时间等。美国实验材料学会（ASTM）推荐将"精确度"一词稍加修改后用于确定精确测量的范围。可做的修改例如单一操作人员，单一分析人员，单一实验室、操作人员、材料、时间，以及多实验室。

3. 要有一个统计受控的测量过程。测量过程在规定的偏倚及精确度范围内，必须处于稳定的状态。稳定性可通过控制图来确定。

测量误差对可接受精度的影响

测量误差会导致对单位产品或一批样本对象做出错误判断。例如在测某一材料的软化温度时，测量精度的标准差为 2 度，产生了±4 度的误差，而该材料的规范极限为±3度。那么就可以看出,在这样的条件下,难免会做出错误的判定。

在对产品进行鉴别时,会产生两类错误:(1)接受了不合格的单元(顾客风险);(2)拒绝了合格的单元(制造商风险)。Eagle(1954)在一篇经典论文中描述了测量精确度对这两类错误的影响。

由于测量误差导致发生接受不合格单元的错误(称为测量错误,Eagel用 σ_{TE} 表示)的概率如图20-4所示。横坐标代表测量错误相对规范界限的正负分割(也等于产品标准差的两倍)的多少。例如,若测量误差是规范公差带的一半,那么由于测量误差的存在,不合格的单元被认为是合格、可接受的可能性就约为1.65%。

图20-5所示是另一类测量错误,即合格单元被拒绝的概率。例如,若测量误差是规范公差带的上、下限的一半,那么就有14%的单元在被拒绝的范围内,因为测量错误导致这些合格单元落在规范带外。

可以相对于性能规范对测量规范进行调整,如图20-4和20-5。若将测量规范置于性能规范内,就会降低接受不合格产品的可能性,但会增加拒绝合格产品的可能性。相反地,若将测量规范置于性能规范外,则降低了拒绝合格产品的可能性,而增加了接受不合格产品的可能性。若测量的精确度得到改进,即 σ_{TE} 的值减小,则两种可能性都会降低。

1975年,Hoag等人研究了检验员误差对抽样测量中第Ⅰ类(α)风险与第Ⅱ类(β)风险的影响。(第Ⅰ、Ⅱ类风险的定义见"假设检验"部分。)对于一个独立的抽样测量,若检验员失误的概率为80%,则β的值是该值的2~3倍,而α的值是该值的1/4~1/2。

1975年,Case等人研究了检验误差对某一属性抽样过程的平均流出质量(AOQ)的影响。他们用AOQ曲线揭示了AOQ值是变化的,而且可能发生大的变动。

以上所有研究表明测量误差是一个很重要的问题。

波动的构成

在得出有关测量误差的结论时,有必要研究一下引起观察值波动的原因,其间关系可以表示为:

$$\sigma_{观察} = \sqrt{\sigma_{原因A}^2 + \sigma_{原因B}^2 + \cdots + \sigma_{原因N}^2}$$

公式表明,其中各原因都是独立发生作用的。

找出读数波动的数值是非常有意义的,因为这样我们就可以知道,关注哪里可以减少产品波动。将读数波动分解为产品波动与其他波动原因可以帮助我们找

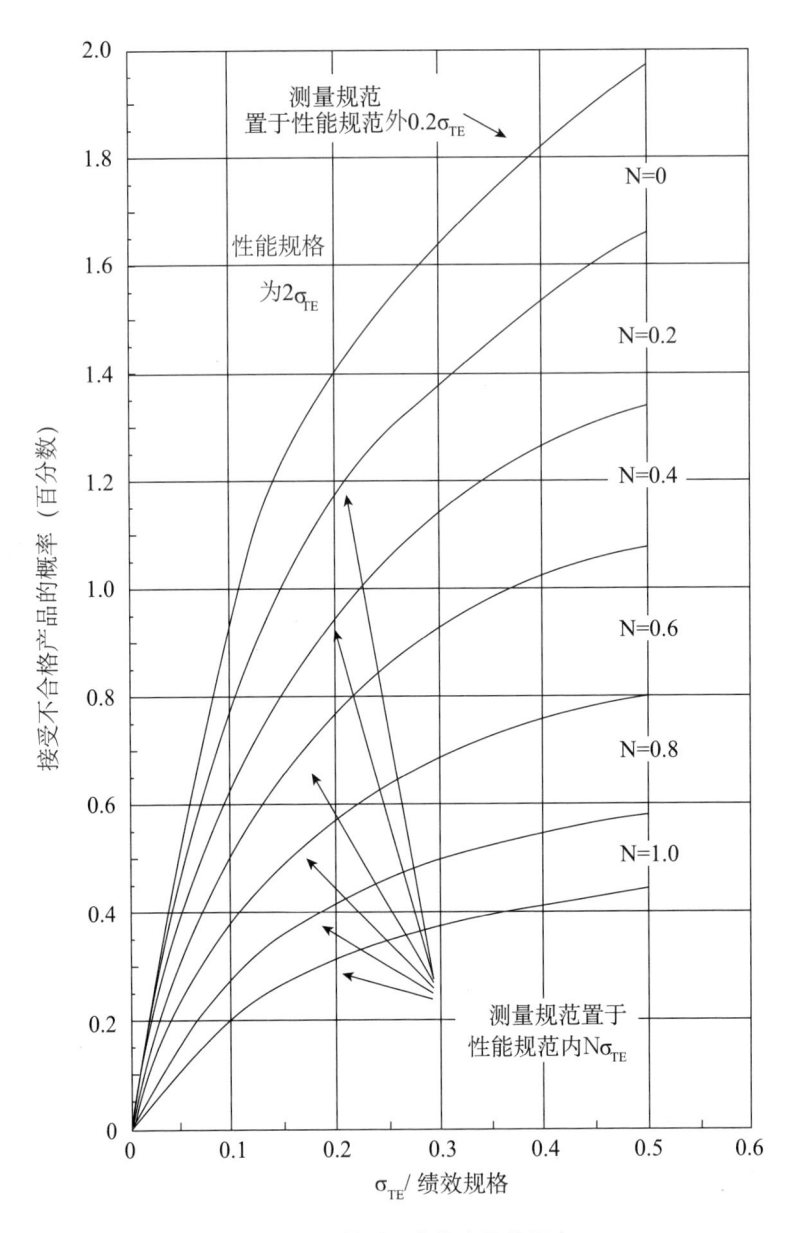

图 20-4　接受不合格产品的概率

到制造过程以外的关键原因。因此，若发现测量错误在总波动中占了很大比例，那么在进行质量改进项目前就要对这一发现进行分析。若能找到错误的组成（如仪器、人员），就能减少测量错误，从而可能彻底地消除这个问题。

用一台仪器测量产品不同单元得到的读数波动可以被看作由测量方法带来的波动与产品本身波动的总和。这些数值可表示为：

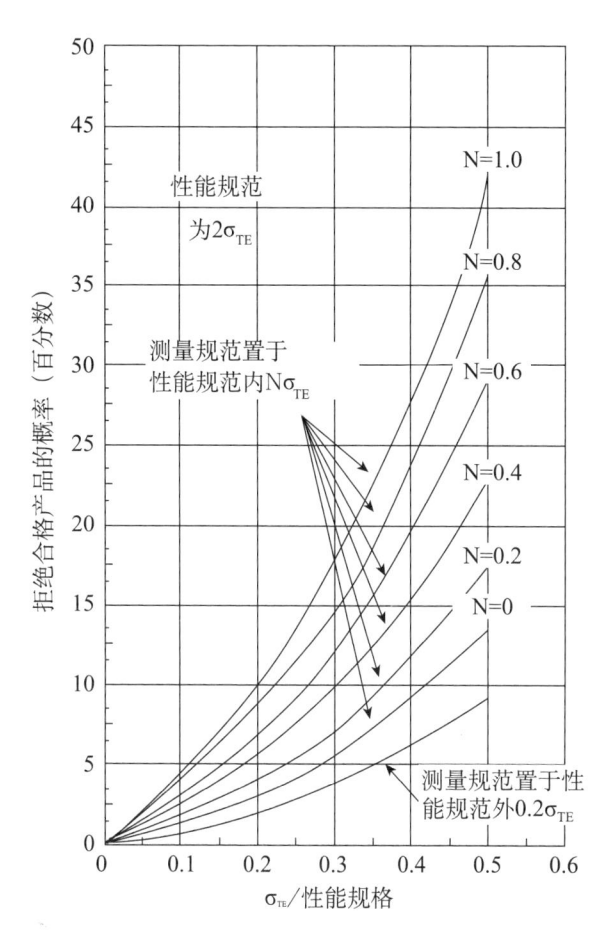

图 20-5 合格产品被拒绝的概率

$$\sigma_O = \sqrt{\sigma_P^2 + \sigma_E^2}$$

其中，σ_O = 观察数据的 σ 值

σ_P = 产品的 σ 值

σ_E = 测量方法的 σ 值

解出 σ_P 得到：$\sigma_P = \sqrt{\sigma_O^2 - \sigma_E^2}$

测量错误的构成通常与重复性和再现性（R&R）有关。重复性本质上来源于测量量具及仪器误差；再现性是人为因素及进行测量或使用仪器的人员带来的误差。对这些因素的研究通常被称为"量具 R&R"研究。

"量具 R&R"研究能分别提供重复性与再现性的数字估计。通常有两种分析实验数据的方法，每一种方法都需要一定数量的测量人员、一定数量的零部件以及测量人员对不同零部件的测量的跟踪记录。例如，一个 R&R 研究可能需要 3

个研究人员、10 个零部件及 2 次实验。

一种方法是分析这些测量研究数据的均值及极差。这种方法只需要用到很少的统计背景知识，一般不需要用到计算机。另一种方法是对波动进行分析，即在"用于改进的统计学工具"部分所提到的方差分析（ANOVA）。与第一种方法相比，方差分析需要用到高水平的统计知识来解释结果，但该方法能够对检测人员与零件之间的交互作用进行分析。方差分析可以利用 Minitab 或其他软件在计算机上很好地实现。总的说来，方差分析要优于均值和极差分析。关于这两种方法的详细介绍，可参见汽车工业行动集团出版的《测量系统分析》（1995），也可以参见由 Tsai（1998）写的操作人员与零件之间存在相关性与不存在相关性情况下使用方差分析的例子。Burdick 和 Larsen（1997）提出了一种在 R&R 研究中构建置信区间的方法。

在用方差分析法确定了重复性与再现性的标准差之后，必须就测量过程的能力是否充分做出判断。一种常用的方法是将 5.15σ（$\pm 2.575\sigma$）作为涵盖 99% 的测量值的总范围。若 5.15σ 小于等于质量特征的规范范围的 10%，则认为测量过程对于该特征来讲是可接受的；如果超过了规范范围的 10%，则认为测量过程的能力是不足的。1997 年 Engel 和 DeVries 研究了测量误差与产品规范范围之间的关系是如何影响产品检测中的质量判定的。

降低并控制测量误差

可采取一些措施来降低并控制测量中的误差。引起偏倚的系统误差有时可通过定量修正测量数据来加以控制。假设一个仪器的误差为 0.001，那么，它的读数可能均减少了 0.001，可以通过给每个数加 0.001 来修正数据。当然，更好的做法是将仪器校准作为校准规程的一部分。

在校准规程中将仪器测得的数据与已知准确度的参考标准相比较（校准规程应包含定期的审核）。若仪器超出校准范围，则应该做适当的调整。

由于以下原因，校准规程可能会比较复杂：
- 测量仪器的数量很大。
- 许多仪器都需进行定期校准。
- 需要很多校准用的参考标准。
- 新的仪器在技术上越来越复杂。
- 存在各种各样的仪器（包括机械式的、电子的、化学的等）。

通过以下步骤中的一步或两步可以改进测量的精度：
- 找到波动的原因并修正。一个有效的办法就是前文提到的将观察值分解为各个波动因素。这一过程可帮助找到诸如不充分的培训、易腐的试剂、没有描述清楚的过程等各种各样的问题。这一基础方法还可以用来找到那些未被发现或不经济的修正措施（也就是测量程序的基础再设计）。

- 在测量中，应用多重测量或统计方法来控制错误。多重测量是基于以下关系：

$$\sigma_X = \frac{\sigma}{\sqrt{n}}$$

在所有抽样方案中，要将测量误差减半需要四倍（而不是两倍）的测量数据。

随着测量次数的增多，只有再做大量的附加测量才能大幅减少测量错误。在这种情况下，就需要对大量增加的测量成本与对测量误差的微小改进之间的经济性进行权衡了。这时，就很有必要寻求一种减少测量波动的替代解决方案。

对减少测量误差的其他途径的进一步讨论，可参见汽车工业行动集团（2003）与Coleman等人（2008）的相关文献。

一个成功的测量系统分析（MSA）不仅对控制是重要的，对于下面这个六西格玛改进项目中所描述的质量计划与质量改进中的测量来讲也是非常重要的（在朱兰研究院的一次客户论坛上由Steve Wittig和Chris Arquette提供）。同时，该案例中也描述了属性类MSA研究对于离散变量测量的重要性。

背景

涂装生产线的一次合格率为74%，也就是说26%的产品都需要至少重做一次。其中与工作相关的缺陷占15%，材料（木材）因素占11%。本改进项目仅仅关注工作因素，因为这些因素是我们可以控制的。任何返工都不增加价值，而且还要造成涂料（底漆）、劳力、工具、在制品、能力的浪费以及有毒物质的排放。我们的目标是将一次合格率改进到90%。

MSA改进方案的汇总

生产线过旧了，有一些因素被忽略了。我们所做的第一个MSA的结果正如预期的一样不理想，检验员拒绝好的产品对合格率的下降负有一定责任。针对这点，我们通过对检验员进行持续的质量控制培训实现了改进。我们又进行了两次MSA并得到了可接受的结果。后续还需要持续地开展测量/培训工作。图20-6至图20-8是属性类MSA的结果，图20-9与图20-10是变量MSA的结果。

验证测量系统的属性数据分析——MSA 1							
样本号	专家	操作者1		操作者2		操作者3	
		测量1	测量2	测量1	测量2	测量1	测量2
1	Blister	Blister	Blister	Blister	Blister	Blister	Blister
2	Good	Light Ed.	Good	Good	Good	Good	Good
3	Drip	Drip	Drip	Dirt	Dirt	Drip	Drip
4	Dirt	Contam	Dirt	Dirt	Dirt	Dirt	Dirt
5	Contam	Contam	Contam	Good	Good	Over run	Over run
6	Blister	Blister	Blister	Blister	Blister	Dirt	Blister
7	Good	Good	Good	Good	Good	Good	Good
8	Dirt	Light Ed.	Contam	Good	Good	Dirt	Dirt
9	Good	Good	Drip	Dirt	Good	Drip	Drip
10	Good	Orange P.	Good	Good	Good	Good	Good
11	Dirt	Dirt	Good	Dirt	Dirt	Dirt	Dirt
12	Good	Contam	Light Ed.	Good	Good	Over run	Over run
13	Good	Light Ed.	Light Ed.	Good	Good	Light Ed.	Over run
14	Contam	Contam	Contam	Good	Good	Good	Good
15	Drip	Drip	Light Ed.	Dirt	Good	Drip	Drip
16	Light Ed.	Light Ed.	Light Ed.	Good	Good	Good	Good
17	Dirt	Contam	Contam	Good	Dirt	Dirt	Dirt
18	Dirt	Contam	Contam	Dirt	Dirt	Dirt	Dirt
19	Blister	Blister	Good	Good	Blister	Blister	Blister
20	Good	Good	Good	Good	Good	Orange P.	Orange P.

图 20-6　关于检测员接受/拒绝决策的基线属性 MSA 示意图

资料来源：Juran Institute, Inc.

数据筛选

在实践活动中，很多数据都会包含一些错误值，这些错误值可能是在实验中由于某些特定原因（如仪器故障）、测量系统失效，或者是其他原因导致的。找到这些错误数据的过程就叫作数据筛选，这一环节是必不可少的。

数据筛选方法

寻找异常值的方法有很多，这里的异常值是指与其他数据不符的一个或一系列观察值（Barnett and Lewis，1994）。数据筛选的最常用方法就是将处于由以均值为中心的 L 倍标准差所确定的区间外的观察值作为异常值，其中 L 通常取 2.5、3 或 4。若 L 取较大值，则有可能找不到异常值；而 L 取值较小时，又有可能将正确的观察值误判为潜在异常值。例如，当 L 取 3 时，接近 99.73% 的样本值会处于 ±3σ 范围内，也就意味着会产生 100×0.002 7＝0.27% 的观察值位于 3σ 范围外，即使该

属性数据分析——MSA 1 的结果

同一评估者　　　　　　　　　　　　　　　**全体评估员 vs 标准**
评估一致性　　　　　　　　　　　　　　　　　评估一致性

评估员	检测数	匹配数	百分比(%)	95.0%CI	检测数	匹配数	百分比(%)	95.0%CI
1	20	11	55.0	(31.5, 76.9)	20	2	10.0	(1.2, 31.7)
2	20	16	80.0	(56.3, 94.3)				
3	20	18	90.0	(68.3, 98.8)				

匹配数：所有评估员的评估与标准相一致

匹配数：评估员在多次测试中得到一致结果

每一个评估员 vs 标准
评估一致性

评估员	检测数	匹配数	百分比(%)	95.0%CI
1	20	8	40.0	(19.1, 63.9)
2	20	11	55.0	(31.5, 76.9)
3	20	12	60.0	(36.1, 80.9)

注：38%所谓的"坏的"实际是"好的"，而22%所谓的"好的"实际则是"坏的"，这将潜在地提升16%的缺陷率。

匹配数：评估员的评估与标准一致

评估员之间
评估一致性

检测数	匹配数	百分比(%)	95.0%CI
20	2	10.0	(1.2, 31.7)

匹配数：所有评估员的评估彼此一致

图 20-7　基线属性 MSA 的结果，结果是不可接受

资料来源：Juran Institute, Inc.

数据中无异常值，这 0.27%的观察值也会被认为是异常值，这种方法假设观察值服从正态分布。随着数据资料的增多，即使这些数据都没有问题，也会确定出更多的异常值。因此，用这种方法确定的异常值，只有确定它是由于像记录错误、实验错误这些特定原因产生的时，才应该从分析中删除。否则，有可能会删掉"会告诉你某些问题"的数据。

通常，L 的大小是由要筛选的数据的多少确定的，当 $n=1\,000$ 个点时，$L=3$ 是合理的；当 $n=100$ 时，可以取 $L=2.5$，这时候若数据没有问题，就只有 $100\times0.012\,4=1.24$ 个值被认为是异常值。在删除或替换坏数据（在实验计划说明的条件下实验可重复运行时需要这样做）后，还应该再次筛选数据。去除或更正了那些最不好的数据后，可能有较少的情况被识别为可能的异常值，并需要再次研究分析。

另一种常用的方法就是用某种形式（例如盒状图或散点图）来可视化地描述数据。当观察到某些点离其他点很远，而且当且仅当这些点是与现在研究的问题

| 属性数据分析——MSA 2 的结果 |

同一评估者
评估一致性

评估员	检测数	匹配数	百分比(%)	95.0%CI
1	20	16	80.0	(56.3, 94.3)
2	20	19	95.0	(75.1, 99.9)
3	20	20	100.0	(86.1, 100.0)

匹配数：评估员在多次测试中得到一致结果

每一个评估员 vs 标准
评估一致性

评估员	检测数	匹配数	百分比(%)	95.0%CI
1	20	15	75.0	(50.9, 91.3)
2	20	19	95.0	(75.1, 99.9)
3	20	18	90.0	(68.3, 98.8)

匹配数：评估员的评估与标准一致

评估员之间
评估一致性

检测数	匹配数	百分比(%)	95.0%CI
20	13	65.0	(40.8, 84.6)

匹配数：所有评估员的评估彼此一致

全体评估员 vs 标准
评估一致性

检测数	匹配数	百分比(%)	95.0%CI
20	13	65.0	(40.8, 84.6)

匹配数：所有评估员的评估与标准相一致

结论：MSA 比第一次分析时已经有了很大改进，持续对检验员进行 QC 培训，将提升评估员与标准的一致性。

图 20-8　改进后的属性 MSA

资料来源：Juran Institute, Inc.

无关的某些特定原因时，就可以仔细审查这些数据，并将其作为异常点删除。回归分析可以作为一个非常有用的额外步骤，利用残差（观察值与预期值之间的差）来标出潜在的异常点（可能对回归模型有不好影响）。回归模型将在本章稍后部分介绍。

数据汇总

数据分析的一个准则就是数据分析的前三步：第一，绘制数据；第二，绘制数据；第三，绘制数据。非常重要的一点是，很多非常有用的数据汇总方法在概念上都很简单。根据数据汇总的目标，有时仅用一种方法就可以得到有用而且整的数据汇总，但大多数时候要清楚地描述问题需要用到两种或多种方法。几种重要的方法是按时间顺序绘制数据图、频率分布图和直方图，以及采用描述集中趋势/位置（平均值、中位数、众数）或散布趋势（极差、标准差、方差）等的统计量来描述样本数据的特性，并用图表加以表述。

测量系统分析——光泽度仪研究案例

量具 R&R 数据源	变差比	贡献百分比（关于变差比）
全量具 R&R	0.051 9	0.69
重复性	0.029 8	0.39
再现性	0.022 1	0.29
操作者	0.002 8	0.04
操作者×测量	0.019 3	0.26
零件间	7.485 1	99.31
总变差	7.537 0	100.00

数据源	标准差（SD）	学习变差（5.15×SD）	学习变差百分比（%SV）
全量具 R&R	0.227 76	1.173 0	8.30
重复性	0.172 48	0.888 3	6.28
再现性	0.148 74	0.766 0	5.42
操作者	0.052 94	0.272 6	1.93
操作者×测量	0.139 00	0.715 9	5.06
零件间	2.735 90	14.089 9	99.66
总变差	2.745 36	14.138 6	100.00

识别类型数＝17

图 20-9　关于光泽度仪的基线变量数据 MSA 分析结果是可接受的

资料来源：Juran Institute，Inc.

按时间顺序绘制数据　将输出 y 按数据获得的时间先后关系绘制（尤其是随时间变化绘制 y 的散点图）可揭示很多可能的现象：

- 一些观察值离其他值很远。需要研究这些现象出现的原因，若这些值是错误的，改正或摒弃这些值。
- 在一定的时间段（一天或一周）内有一个趋势或周期。这可能揭示了机器的发热、操作者疲乏、季节性需求、顾客的时效性偏好，以及其他类似的与时间相关的趋势。
- 波动随时间的增减。这可能是由于学习曲线或原始材料特征的波动导致的。例如，当一批材料用完后，另一批材料可能比前一批均匀性更好或更差。这也可以反映服务行业中顾客行为的改变。

虽然仅仅通过绘制观察值随时间改变的原始图就有可能明显地显现出先前提到的这些趋势，但是如果经过回归分析，利用回归曲线以及残差，则可以更清晰

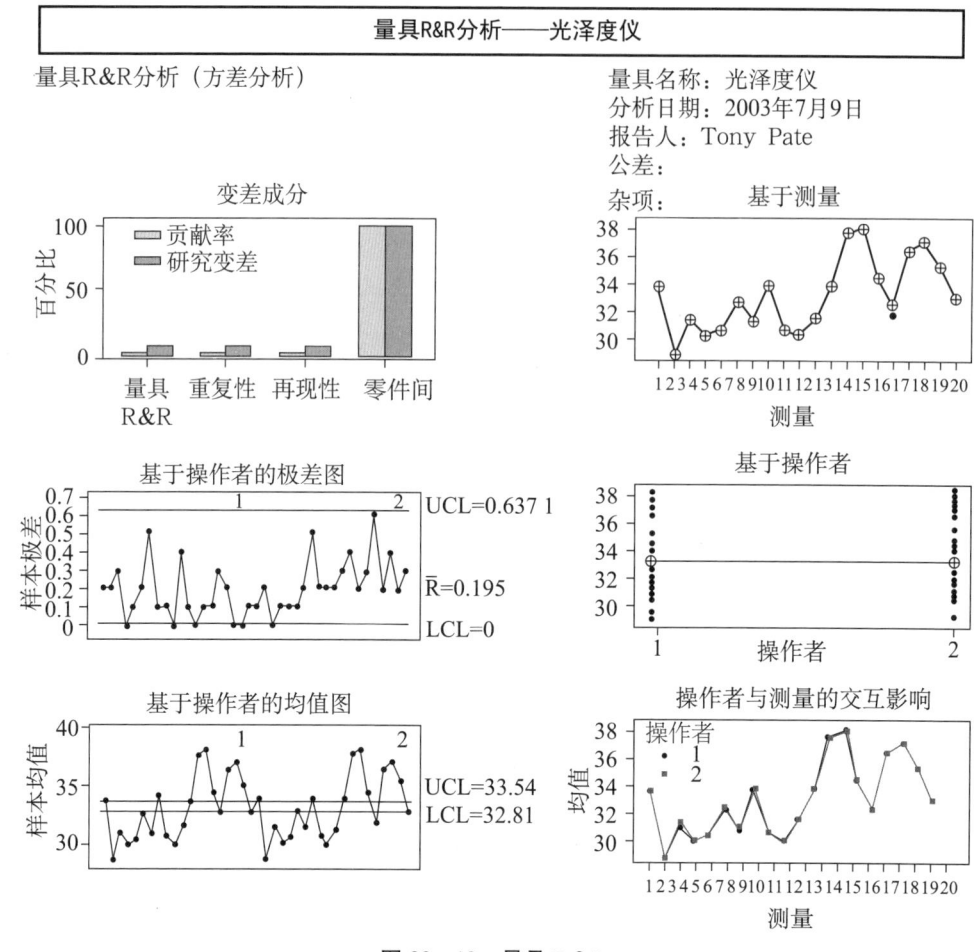

图 20-10 量具 R&R

资料来源：Juran Institute, Inc.

地看出这种趋势。（回归分析见本章的"相关分析与回归分析"部分。）

直方图 频数分布是根据数据量的大小绘制的格式化数据表格。用这种形式描述数据，可以明显地看出集中趋势及测量值在区间的分布情况，也可以看出不同数值发生的相对频率的大小（即数据分布的形状）。分布的形状有可能揭示过程中的某些波动的原因。直方图通常最少要 40 个点来提供有用的分析支持。

盒状图 这种图也描述了频率分布、集中趋势以及测量值在区间的分布情况。这种图虽然没有直方图那么详细，但可用于 8 个点甚至更少点的分析，并很方便用于进行多种分布的对比。

样本特性 诸如平均值、中位数、众数、极差、方差，以及标准差等统计数据可以用数字形式来描述数据的特性,这种方法应该与前面讨论过的各种方法结合起来使用。

分析

本部分的重点是质量设计、控制及改进中进行数据分析所使用的统计学工具。统计学的目的就是使用一个小的数据样本来反映我们感兴趣的一个整体或总体的特性。统计学基于概率,而概率就是衡量一件事发生的可能性的大小的量度。通过恰当地收集数据,我们可以利用统计学及概率来弄清用于质量管理的信息的准确性,并评估采取或不采取行动的风险。

以下是一些可用统计学分析解决的问题:
- 在预测产品特征的真实值方面,判断这些有限的测量结果是否有用。
- 确定为得到评估所需的充分数据,需做多少次测量。
- 比较两种候选设计方案的测量数据。
- 预测符合规范要求的产品数目。
- 预测系统绩效。
- 通过早期检查过程波动来控制过程质量。
- 设计能找到影响产品/过程特征的因素的实验(即探究性实验)。
- 确定两个或多个变量间的定量关系。

统计波动的概念

波动也就是我们常说的"生活中的调味品",在统计的意义上亦是如此。波动的本质是没有任何两样事物是完全一样的。波动在工业领域是非常自然的现象,但也是祸根所在。例如,即使是双胞胎,在出生时他们的身高、体重也有不同。集成电路芯片的每一片都不相同,番茄浓汤罐头也各有所异,每位乘客在飞机上登机入座的时间也各有差别。在解决重要问题时,若忽略了波动的存在(即使其真的很小),就可能做出错误的决定。统计学可以帮助我们在考虑波动存在的基础上,合理地分析数据并做出结论。

统计波动,也就是由随机原因产生的波动,比我们想象的要大很多。通常,我们会根据最近的数据来判断应采取什么行动,但是我们却忽略了一点,即这些也已经是历史数据的一部分了。

要做决定或改进过程就必须对统计波动加以考虑。波动可以利用直方图、盒状图及其他类似的工具可视化地表示出来。由于集中趋势的区别比较显著而波动相对很小，通常而言，用这些工具就足够得到某些结论了。但是当我们观察到的图像越来越不清晰时，就需要利用统计学工具了。

在描述性统计的基础上，我们将讨论其他统计学工具的基础——概率分布。概率分布通常用于数据建模及估计事件发生的可能性。当我们遇到一个新的术语时，需要给其下一个定义，并进行进一步的列举讨论与分析。下面就结合一些典型例子来介绍统计推断、假设检验等统计学方法。

概率分布

在深入讨论前，我们先来区分一下样本和总体的概念。总体是指正在研究的所有现象，而样本是总体中有限的个体。通过测量一小部分个体，我们就可以得到一个样本的统计值（例如平均值），并利用该样本统计值来估计总体参数。统计学中的样本必须是随机的，这里的随机抽样指总体中的每一个元素被选作样本的概率是相同的。对于像分层抽样这样更加复杂的抽样方案，则不要求每个元素被选中的概率一定相等，但必须是已知的。

概率分布函数就是有关总体中的特征值发生概率的数学公式。这些概率的集合就叫作概率分布。概率分布中的均值（μ）通常也叫作期望值。图20-11总结了多种分布及其函数。下面就详细讨论其中的两种分布：

连续型（计量性数据） 当被测量特征可以任意取值时（相对于其测量过程），所对应的概率分布就叫作连续概率分布。例如，表20-2中电阻值的概率分布就是连续型概率分布，因为电阻可以有任意值，仅仅受到测量工具的精度限制。绝大多数连续特征可用以下几种概率分布来描述：正态分布、指数分布或威布尔分布。

离散型（计数性数据） 当被测量的特征只能用像0、1、2、3这样的特定范围值表示时，这种概率分布就叫作"离散概率分布"。例如，每5个产品为一组，测量缺陷数γ，由于γ只能取0、1、2、3、4、5，而不能取1.25这样的中间值，所以γ的分布为离散概率分布。常见的离散分布有泊松分布与二项分布。

统计推断

统计推断是通过抽样并应用统计方法估计总体某个特征的过程。在质量领域，可用这些估计及统计学结论得到实用的结论，增加从业人员通过采取一系列措施（或不采取措施）来改进过程的信心。

分布类型	分布形状	概率函数	应用范围
正态分布	(钟形曲线，峰值在 μ)	$y=\dfrac{1}{\sigma\sqrt{2\pi}}e^{-\dfrac{(x-\mu)^2}{2\sigma^2}}$ $\mu=$ 均值 $\sigma=$ 标准差	适用于当观察值集中在均值周围且出现在均值两边的可能性相等的情况。观察值的变异通常是众多微小原因作用的结果。
指数分布	(递减曲线，μ 标记)	$y=\dfrac{1}{\mu}e^{-\dfrac{x}{\mu}}$	适用于观察值出现于平均值之下较之出现于平均值之上为多的情况。
威布尔分布	($\beta=1/2$, $\beta=1$, $\beta=3$, $\alpha=1$)	$y=\alpha\beta(X-\gamma)^{\beta-1}e^{-\alpha(X-\gamma)^\alpha}$ $\alpha=$ 尺度参数 $\beta=$ 形状参数 $\gamma=$ 位置参数	适用于描述各种不同的变异类型，包括背离正态分布和指数分布的情况。
泊松分布	($p=0.01$, $p=0.03$, $p=0.05$)	$y=\dfrac{(np)^r e^{-np}}{r!}$ $n=$ 实验次数 $r=$ 发生次数 $p=$ 发生概率	应用范围与二项分布相同，但特别适用于某一事件有许多发生的机会，但每次发生的概率都很小（小于0.10）的情况。
二项分布	($p=0.1$, $p=0.3$, $p=0.5$)	$y=\dfrac{n!}{r!(n-r)!}p^r q^{n-r}$ $n=$ 实验次数 $r=$ 发生次数 $p=$ 发生概率 $q=1-p$	适用于定义某一事件在 n 次试验中发生 r 次的概率，该事件每次试验中发生的概率为 p。

图 20-11 常见概率分布示意图

资料来源：*Quality Planning and Analysis*, Copyright 2007. Used by permission.

表 20-2 100 个线圈的电阻值（Ω）

3.37	3.34	3.38	3.32	3.33	3.28	3.34	3.31	3.33	3.34
3.29	3.36	3.30	3.31	3.33	3.34	3.34	3.36	3.39	3.38
3.35	3.36	3.30	3.32	3.33	3.35	3.35	3.34	3.32	3.38
3.32	3.37	3.34	3.38	3.36	3.37	3.36	3.31	3.33	3.30
3.35	3.33	3.38	3.37	3.44	3.32	3.36	3.32	3.29	3.35
3.38	3.39	3.34	3.32	3.30	3.39	3.36	3.40	3.32	3.33
3.29	3.41	3.27	3.36	3.41	3.37	3.36	3.37	3.33	3.66
3.31	3.33	3.35	3.34	3.35	3.34	3.31	3.36	3.37	3.35
3.40	3.35	3.37	3.35	3.32	3.36	3.38	3.35	3.31	3.34
3.35	3.36	3.39	3.31	3.31	3.30	3.35	3.33	3.35	3.31

资料来源：*Quality Planning and Analysis*, Copyright 2007. Used by permission.

抽样变异与抽样分布

假设要检验一种电池，看其是否达到了 30 小时的期望平均寿命。原始数据显示其寿命分布服从标准差为 10 的正态分布。从总体中随机抽取四个电池作为一个样本进行测量，若其寿命的平均值接近 30 小时，说明这些电池总体是符合要求的。图 20-12 绘制了总体中每个电池寿命的分布，并假设真正的平均值恰好为 30 小时。

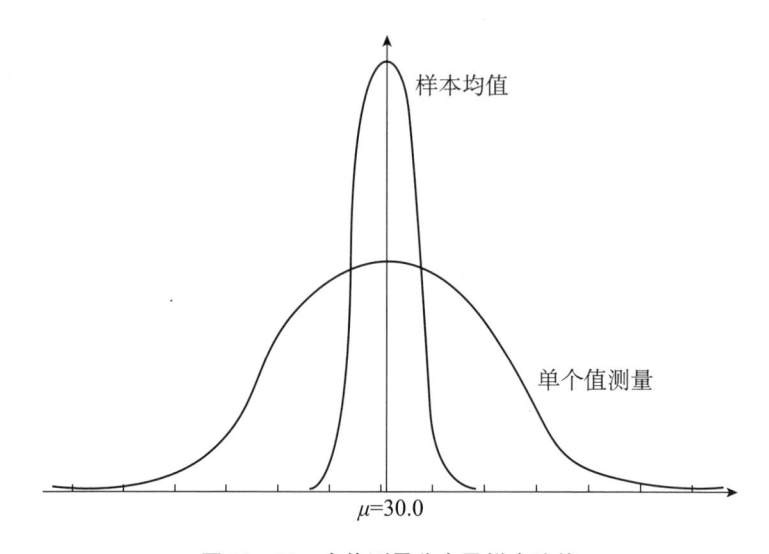

图 20-12 个体测量分布及样本均值

资料来源：Juran Institute, Inc., 1994.

假设对一个样本的四个电池进行寿命测量，可能会得到 34、28、38、24 小时，其平均值为 31.0 小时。但是，这个样本是从同一过程的许多电池中随机选出的。假设再选四个电池为另一样本，这一样本的四个电池与第一个样本中的不同，它们的寿命可能分别为 40、32、18、29 小时，其平均值为 29.75 小时。如果抽取四个电池构成样本的过程多次重复，而每一个样本又会得到不同的结果，结果就是同一过程生产的不同样本会得到不同的结果，反映了样本的波动。

这时，如果再要对电池进行评估，就会感到左右为难。在真正的评估中，假设由于时间和成本限制，我们只能抽取一个由四个电池组成的样本，而通过对很多样本的抽样已经可以明确样本存在明显的差异，那么，根据一个由四个电池组成的样本得出的结论的可信度有多高呢？最终的结论可能只能凭借抽样的"运气"来确定了。这其中的关键在于，抽样变异的存在意味着任何一个样本都不足以给出一个适当的决策。统计学方法在分析样本的结果时，充分考虑了抽样变异发生的可能性。

计算抽样变异大小的公式已经被建立了。尤其是中心极限定理指出，若 x_1，x_2，…，x_n 为随机变量 x 的 n 个独立的观察值组成的一个样本，那么这 n 个样本值的平均值为近似正态分布，且均值 μ 与标准差满足 $\mu = \overline{X}$ 且 $\sigma\overline{X} = \sigma\sqrt{n}$。当 n 很大（$n > 30$）时，正态近似值的估计非常接近；而对于比较小的样本，应适用修正的 t 分布。中心极限定理对很多实际统计工作都非常有用：第一，由于均值的变异小于基本总体的变异，所以比较容易得出结论。第二，由于均值为近似正态分布，所以我们可以运用很多基于正态假设的技术。

用于改进的统计学工具

抽样分布是我们将在下面讨论的统计推断的两个主要领域——估计与假设检验的基础。

统计估计：点估计与置信区间

估计是分析样本结果以推断总体参数相关值的过程。换句话说，这个过程就是通过恰当地测量和计算样本值以估计总体参数。例如，前述的一组由四个电池组成的样本的平均寿命为 31.0 小时，若这是该过程的一个典型抽样，我们将对电池总体的真正平均寿命做出怎样的估计呢？估计包括以下两部分：

1. 点估计是用一个值来估计样本参数。例如，31.0 小时就是总体平均寿命的一个点估计。

2. 置信区间是一个（以预定的称作置信水平* 的概率）包含总体参数真值的范围。置信极限是置信区间的上、下界限。注意不要将置信极限与其他极限（如控制极限、统计公差极限等）相混淆。

表 20-3 列出了一般参数的置信极限计算公式。下例是这些公式的一个应用。

表 20-3　置信极限公式 [（1−α）置信水平]

正态总体的均值 （标准差已知）	$\overline{X} \pm Z_{\alpha/2} \dfrac{\sigma}{\sqrt{n}}$ 其中 $\overline{X}$ = 样本均值 　　　Z = 正态分布系数 　　　σ = 总体标准差 　　　n = 样本容量

---

* 置信水平是断言总体参数正确的概率。实际应用中常用的置信水平有 90%、95% 和 99%。——译者注

续表

正态总体的均值 （标准差未知）	$\bar{X} \pm t_{\alpha/2} \dfrac{s}{\sqrt{n}}$ 其中 $t=$ 分布系数（自由度为 $n-1$） $s = \sigma$ 的估计值（是样本标准差）
正态总体的标准差	上置信限 $= s\sqrt{\dfrac{n-1}{\chi^2_{\alpha/2}}}$ 下置信限 $= s\sqrt{\dfrac{n-1}{\chi^2_{1-\alpha/2}}}$ 其中 $\chi^2 =$ 自由度为 $n-1$ 时的卡方分布系数 $1-\alpha =$ 置信度水平
总体缺陷率	见本章末的总体比例的 95% 置信区间和二项分布
两个正态总体均值的差 （已知标准差 σ_1 和 σ_2）	$(\bar{X}_1 - \bar{X}_2) \pm Z_{\alpha/2}\sqrt{\dfrac{\sigma_1^2}{n_1} + \dfrac{\sigma_2^2}{n_2}}$
两个正态总体均值的差 （$\sigma_1 = \sigma_2$，但未知）	$(\bar{X}_1 - \bar{X}_2) \pm t_{\alpha/2}\sqrt{\dfrac{1}{n_1} + \dfrac{1}{n_2}}$ $\times \sqrt{\dfrac{\sum(X-\bar{X}_1)^2 + \sum(X-\bar{X}_2)^2}{n_1 + n_2 - 2}}$
平均故障间隔时间 （基于服从指数分布的平均故障间隔时间）	上置信限 $= \dfrac{2rm}{\chi^2_{\alpha/2}}$ 下置信限 $= \dfrac{2rm}{\chi^2_{1-\alpha/2}}$ 其中 $r =$ 样本中的发生数（也就是失效数） $m =$ 样本的平均故障间隔时间 自由度 $= 2r$

资料来源：*Quality Planning and Analysis*, Copyright 2007. Used by permission.

问题：25 个黄铜样本的平均硬度为 54.62，估计标准差为 5.34，确定该均值的 95% 的置信区间。总体的标准差未知。

解答：注意当标准差未知且由样本来估计时，就必须用到表 20-4 中的 t 分布。在表 20-4 的 t 分布中，95% 的置信水平的值可在 0.975 与自由度[*]为 25-1，即 24 的交界处找到，可读出 t 值为 2.064。

$$置信极限 = \bar{X} \pm t \dfrac{s}{\sqrt{n}}$$

---

[*] 关于自由度的数学推导已经超出了本书的范围，但下面的概念还是能够加以解释的。自由度（DF）是使用样本的标准差估计总体的标准差时所要用到的一个参数。自由度等于样本中测量值的数量减去基于计算标准差的数据所估算出的约束数量。在本例中，仅仅需要估计一个约束（总体均值）来计算标准差。因此，DF＝25－1＝24。——译者注

$$=54.62\pm(2.064)\times\frac{5.34}{\sqrt{25}}$$

$$=52.42 \text{ 和 } 56.82$$

即有95%的可能确信黄铜的硬度平均值在52.42与56.82之间。

表 20-4 t 分布

t 分布

t 的值与确定选择的概率值相关(即曲线的尾部)。例如:样本自由度为20,概率为0.975,那么 $t=+2.086$,或者小于该值。

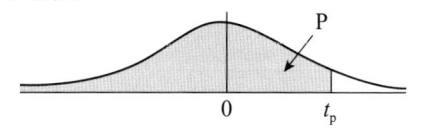

DF	$t_{0.60}$	$t_{0.70}$	$t_{0.80}$	$t_{0.90}$	$t_{0.95}$	$t_{0.975}$	$t_{0.99}$	$t_{0.995}$
1	0.325	0.727	1.376	3.078	6.314	12.706	31.821	63.657
2	0.289	0.617	1.061	1.886	2.920	4.303	6.965	9.925
3	0.277	0.584	0.978	1.638	2.353	3.182	4.541	5.841
4	0.271	0.569	0.941	1.533	2.132	2.776	3.747	4.604
5	0.267	0.559	0.920	1.476	2.015	2.571	3.365	4.032
6	0.265	0.553	0.906	1.440	1.943	2.447	3.143	3.707
7	0.263	0.549	0.896	1.415	1.895	2.365	2.998	3.499
8	0.262	0.546	0.889	1.397	1.860	2.306	2.896	3.355
9	0.261	0.543	0.883	1.383	1.833	2.262	2.821	3.250
10	0.260	0.542	0.879	1.372	1.812	2.228	2.764	3.169
11	0.260	0.540	0.876	1.363	1.796	2.201	2.718	3.106
12	0.259	0.539	0.873	1.356	1.782	2.179	2.681	3.055
13	0.259	0.538	0.870	1.350	1.771	2.160	2.650	3.012
14	0.258	0.537	0.868	1.345	1.761	2.145	2.624	2.977
15	0.258	0.536	0.866	1.341	1.753	2.131	2.602	2.947
16	0.258	0.535	0.865	1.337	1.746	2.120	2.583	2.921
17	0.257	0.534	0.863	1.333	1.740	2.110	2.567	2.898
18	0.257	0.534	0.862	1.330	1.734	2.101	2.552	2.878
19	0.257	0.533	0.861	1.328	1.729	2.093	2.539	2.861
20	0.257	0.533	0.860	1.325	1.725	2.086	2.528	2.845
21	0.257	0.532	0.859	1.323	1.721	2.080	2.518	2.831
22	0.256	0.532	0.858	1.321	1.717	2.074	2.508	2.819
23	0.256	0.532	0.858	1.319	1.714	2.069	2.500	2.807
24	0.256	0.531	0.857	1.318	1.711	2.064	2.492	2.797
25	0.256	0.531	0.856	1.316	1.708	2.060	2.485	2.787

续表

DF	$t_{0.60}$	$t_{0.70}$	$t_{0.80}$	$t_{0.90}$	$t_{0.95}$	$t_{0.975}$	$t_{0.99}$	$t_{0.995}$
26	0.256	0.531	0.856	1.315	1.706	2.056	2.479	2.779
27	0.256	0.531	0.855	1.314	1.703	2.052	2.473	2.771
28	0.256	0.530	0.855	1.313	1.701	2.048	2.467	2.763
29	0.256	0.530	0.854	1.311	1.699	2.045	2.462	2.756
30	0.256	0.530	0.854	1.310	1.697	2.042	2.457	2.750
40	0.255	0.529	0.851	1.303	1.684	2.021	2.423	2.704
60	0.254	0.527	0.848	1.296	1.671	2.000	2.390	2.660
120	0.254	0.526	0.845	1.289	1.658	1.980	2.358	2.617
∞	0.253	0.524	0.842	1.282	1.645	1.960	2.326	2.576

资料来源：*Introduction to Statistical Analysis*，Copyright 1969. Used by permission.

确定样本容量

获得总体参数（如平均值）真值的唯一方法就是利用一个完美的测量系统来测量总体中的每一个个体，但是对于统计学来讲这不现实，也不必要，所以就引入了样本的概念。但是样本容量应为多少呢？这个问题主要取决于：(1) 期望的抽样风险（包括 α 风险和 β 风险，将在下面讨论，并用表 20-5 给出了定义）；(2) 期望能够探知的最小偏差的大小；(3) 被测量的特征的波动情况。

表 20-5　假设检验定义

零假设（H_0）：无变化和无差异的声明。在有充分的证据证明其错误前，应该接受的假设。
备择假设（H_a）：有变化和有差异的声明。当 H_0 被拒绝时，应该接受的假设。
第 I 类错误：当零假设为真时拒绝该假设的风险，也就是说当没有变化时认为有变化的风险。
α 风险：犯第 I 类错误的最大的风险或概率。该概率的值取决于预先确定的研究者愿意接受的犯第 I 类错误，也就是错误拒绝 H_0 的风险，通常取 5%（或 0.05）。如果 p 值小于 α 值，则拒绝 H_0。
显著性水平：犯第 I 类错误的概率。
第 II 类错误：当零假设错误时没有拒绝该假设，或者是在存在偏差的情况下认为没有偏差。
β 风险：犯第 II 类错误或忽略了有效解决问题的方法的概率。
显著性差异：该术语用于表示统计假设检验中的这样一种情况，即变化是非常显著的，以至于不能归因于偶然的因素。
p 值：当总体没有差异时得到一个有差异的样本的概率，也就是犯第 I 类错误的概率。p 值是错误地拒绝零假设的实际概率，也就是零假设为真时拒绝它的概率。当 p 值小于 α 值时，拒绝 H_0。反之，如果 p 值大于 α 值，则接受 H_0。
检验能力：当差异真的存在时统计检验可以发现这种差异的能力，或者正确地拒绝 H_0 的概率。该值通常用来确定样本容量是否足够找到差异，如果确实存在的话。检验能力＝$(1-\beta)$，也就是"1－犯第 II 类错误的概率"。

资料来源：*Quality Planning and Analysis*，Copyright 2007. Used by permission.

例如，假设我们很有必要检测一下之前引用的那些平均寿命为 35.0 小时（回忆一下，期望值为 30.0 小时）的电池。特别地，我们想基于 80% 的把握识别出这种差别（这称作检验的能力，相应的风险系数 β＝0.2，这也就意味着有 20% 的可能性无法探测出这 5 小时的电池寿命偏差，即便确实存在偏差）。更进一步，若真正的平均值是 30 小时，而且我们希望所推断的电池寿命不是 30 小时的风险只有 5%（即 α＝0.05），那么就使用下面的公式计算：

$$n=\left[\frac{(Z_{\alpha/2}+Z_\beta)\ \sigma}{\mu-\mu_0}\right]^2$$

代入值可得到

$$n=\left[\frac{(1.96+0.84)\times 10}{35-30}\right]^2=31.4$$

所得的样本容量为 32（Gryna, et al., 2007, p. 605）。

请注意，样本容量有时会受到成本及时间的限制；另外，也可用经验法则来估计样本容量。然而这也可能导致抽样不足，或由于过度抽样造成时间及精力的浪费。推荐使用检验能力和样本容量计算器来输入收集的数据，这样可以利用完备的统计学知识进行假设检验，确定合适的样本容量。检验能力及样本容量计算工具可以在网络上或统计学软件中找到，目前已经有针对不同抽样情形的计算公式了。

假设检验

这里所说的"假设"是指对某个总体所做的断言。通常，假设是成对出现的：零假设（H_0）与备择假设（H_a）。零假设之所以取名为"零"就是指没有改变或变动，而备择假设是指有改变或变动。因此，若我们拒绝了零假设，则备择假设就是成立的了。

例如，为了检验某种电池的总体平均寿命的假设的正确性，设

H_0：$\mu=30.0$ 小时

H_a：$\mu\neq 30.0$ 小时

假设检验就是对这个断言的真实性的检验，这是通过分析样本数据来实施的。基于以下两方面的原因，对于从样本中得到的结论必须加以仔细的审核。其一，还有许多其他的样本也是有可能被抽中的。其二，基于我们实际所抽中的样本获得的定量结果能够很容易地与几个不同的假设相符合。通过理解上文中提到的两种抽样错误，就可以很容易地理解以上两点。

两类抽样错误 在评估一个假设时可能会犯两种类型的错误：

- 当假设为真时拒绝该假设。这称为第 I 类错误，其概率称作显著性水平，

用 α 表示。

- 当假设为伪时接受该假设。这称为第Ⅱ类错误，其概率通常用 β 表示。

我们可以将犯这两类错误的概率控制在一定的范围内。检验某一假设可能得到的结果如表 20-6 所示，表 20-5 给出了它们的定义。关于质量领域中的抽样错误的详细信息可参见 Gryna 等人（2007）。

表 20-6　第Ⅰ（α）类错误和第Ⅱ（β）类错误

分析得到的结论	H_0 是	
	真	假
接受 H_0	正确决策 $p=1-\alpha$	错误决策 $p=\beta$
拒绝 H_0	错误决策 $p=\alpha$	正确决策 $p=1-\beta$

资料来源：*Quality Planning and Analysis*, Copyright 2007. Used by permission.

假设检验的步骤　正如前文强调过的，数据收集与分析的计划是非常重要的。理想的调查应在确定了样本容量的前提下展开假设检验。假设检验是一个反复的过程，正如在数据收集部分讨论过的，在原始数据收集后，可能还会需要进一步的数据。例如，可能需要扩大样本容量来达到期望的检验能力，进而可以提前明确第Ⅰ类与第Ⅱ类错误。

通常，对一个假设的检验按以下步骤进行：

1. 提出实际问题。
2. 提出零假设和备择假设。
3. 选择第Ⅰ类错误的概率（即 α 的值），通常为 0.01、0.05 或 0.10。
4. 选择检验该假设所用的检验统计量。
5. 确定检验的拒绝域，即决定拒绝零假设的检验统计量的取值范围。
6. 取得观测的样本，计算检验统计量并与拒绝域比较，决定接受或拒绝原假设。
7. 做出实际结论。

常见的假设检验　只运用一种假设检验方法是无法得到研究所希望得到的所有信息的。表 20-7 给出了常见的假设检验的公式。表 20-8 是根据检验的问题及数据的类型对检验的分类。图 20-13 以路径图的形式列出了如何选择合适的假设检验方法。读者会发现，将这几张图表结合起来，将有助于更好地理解那些具有多面性的论题。

表 20-7　假设检验公式

假设	检验统计量及其分布
$H_0: \mu = \mu_0$（正态总体的均值为一特定值 μ_0；σ 已知）	$Z = \dfrac{\overline{X} - \mu_0}{\sigma/\sqrt{n}}$ 标准正态分布

续表

假设	检验统计量及其分布
H_0：$\mu=\mu_0$（正态总体的均值为一特定值 μ_0；σ 的估计值为 s）	$t=\dfrac{\overline{X}-\mu_0}{s/\sqrt{n}}$ 自由度为 $(n-1)$ 的 t 分布
H_0：$\mu_1=\mu_2$（总体 1 的均值等于总体 2 的均值，假设两总体均为正态分布且 $\sigma_1=\sigma_2$）	$t=\dfrac{\overline{X}_1-\overline{X}_2}{\sqrt{1/n_1+1/n_2}\sqrt{[(n_1-1)s_1^2(n_2-1)s_2^2]/(n_1+n_2-2)}}$ 自由度为 (n_1+n_2-2) 的 t 分布
H_0：$\sigma=\sigma_0$（正态分布的标准差为一个确定的值 σ_0）	$\chi^2=\dfrac{(n-1)s^2}{\sigma_0^2}$ 自由度为 $(n-1)$ 的卡方分布
H_0：$\sigma_1=\sigma_2$（假设两分布均为正态分布，且分布 1 的标准差等于分布 2 的标准差）	$F=\dfrac{s_1^2}{s_2^2}$ 自由度为 (n_1-1) 和 (n_2-1) 的 F 分布
H_0：$\hat{p}=p_0$（分布的不合格率为一个确定的值 p_0；$\hat{p}=$ 样本率）	$Z=\dfrac{\hat{p}-p_0}{\sqrt{p_0(1-p_0)/n}}$ 标准正态分布
H_0：$p_1=p_2$（分布 1 的不合格率等于分布 2 的不合格率；假设 n_1p_1 和 n_2p_2 都大于等于 5）	$Z=\dfrac{X_1/n_1-X_2/n_2}{\sqrt{\hat{p}(1-\hat{p})(1/n_1+1/n_2)}}$ $\hat{p}=\dfrac{X_1+X_2}{n_1+n_2}$ 标准正态分布
在 $J\times K$ 列联表中检测交叉分类变量 A 和 B 的独立性 H_0：A 与 B 相互独立 H_a：A 与 B 不独立	$\chi^2=\sum_{j=1}^{J}\sum_{k=1}^{K}\dfrac{(f_{jk}-e_{jk})^2}{e_{jk}}$ 自由度为 $(J-1)(K-1)$ 的卡方分布 其中 $f_{jk}=$ 变量 A 的 j 类以及变量 B 的 k 类观察频率 $e_{jk}=$ 期望频率 $f_{j0}f_{0k}/f_{00}$ $f_{j0}=$ 变量 A 的 j 类频率总和 $f_{0k}=$ 变量 B 的 k 类频率总和 $f_{00}=J\times K$ 表的频率总和

资料来源：*Quality Planning and Analysis*, Copyright 2007. Used by permission.

表 20-8 假设检验表

问题：参数存在差异吗？	样本组数	连续的 Y（正态）		分类的 Y	
		参数	检验	参数	检验
对比某一标准	1	μ σ	单样本 t 检验 卡方检验	比例	单比例检验
两组间	2	μ σ	双样本 t 检验 F 检验	比例	双比例检验

续表

问题：参数存在差异吗？	样本组数	连续的 Y（正态）		分类的 Y	
		参数	检验	参数	检验
所有组间	≥2	μ σ	ANOVA* 球形检验	比例	单独卡方检验

* ANOVA 假设正态分布且方差相等。

资料来源：Juran Institute, Inc. Used by permission.

注：假设检验都是基于问题来组织的。所有的假设检验都是以 $Y=f(X)$ 的形式假定一个 X 集合。例如，X 可能代表制造车间，可以是 1 个、2 个甚至更多个需要检测产出率的车间。连续量的 Y 值可能代表每日产出的均值或标准差，离散量的 Y 值可能代表每一天产出的缺陷比率。

下面就以一个例子来说明假设检验的过程。

1. 提出实践问题。在研究木板弯曲的问题中，认为弯曲是由于这种层压产品在晾干前层间的湿度不同导致的。对层 1—2 及层 2—3 抽样获得的数据如表 20-9 所示，它们的湿度存在显著的不同吗？

表 20-9 潮湿度

层 1—2		层 2—3	
4.43	4.40	3.74	5.14
6.01	5.99	4.30	5.19
5.87	5.72	5.27	4.16
4.64	5.25	4.94	5.18
3.50	5.83	4.89	4.78
5.24	5.44	4.34	5.42
5.34	6.15	5.30	4.05
5.99	5.14	4.55	3.92
5.75	5.72	5.17	4.07
5.48	5.00	5.09	4.54
5.64	5.01	4.74	4.23
5.15	5.42	4.96	5.07
5.64		4.21	

资料来源：*Quality Planning and Analysis*，Copyright 2007. Used by permission.

2. 提出假设：

$H_0: \mu_{1-2} = \mu_{2-3}$

$H_a: \mu_{1-2} \neq \mu_{2-3}$

3. 选择 α 的值。在本例中，第 I 类错误的概率（即 α 的值）定为 0.05。

4. 选择检验该假设所用的检验统计量。

由于我们有两个样本，并想得到两个平均值之间的差异，所以应选择两样本的 t 检验。（注意：概率图或正态检验可检验数据是否服从正态分布，方差齐性可检验判断方差是否基本上是相等的。）

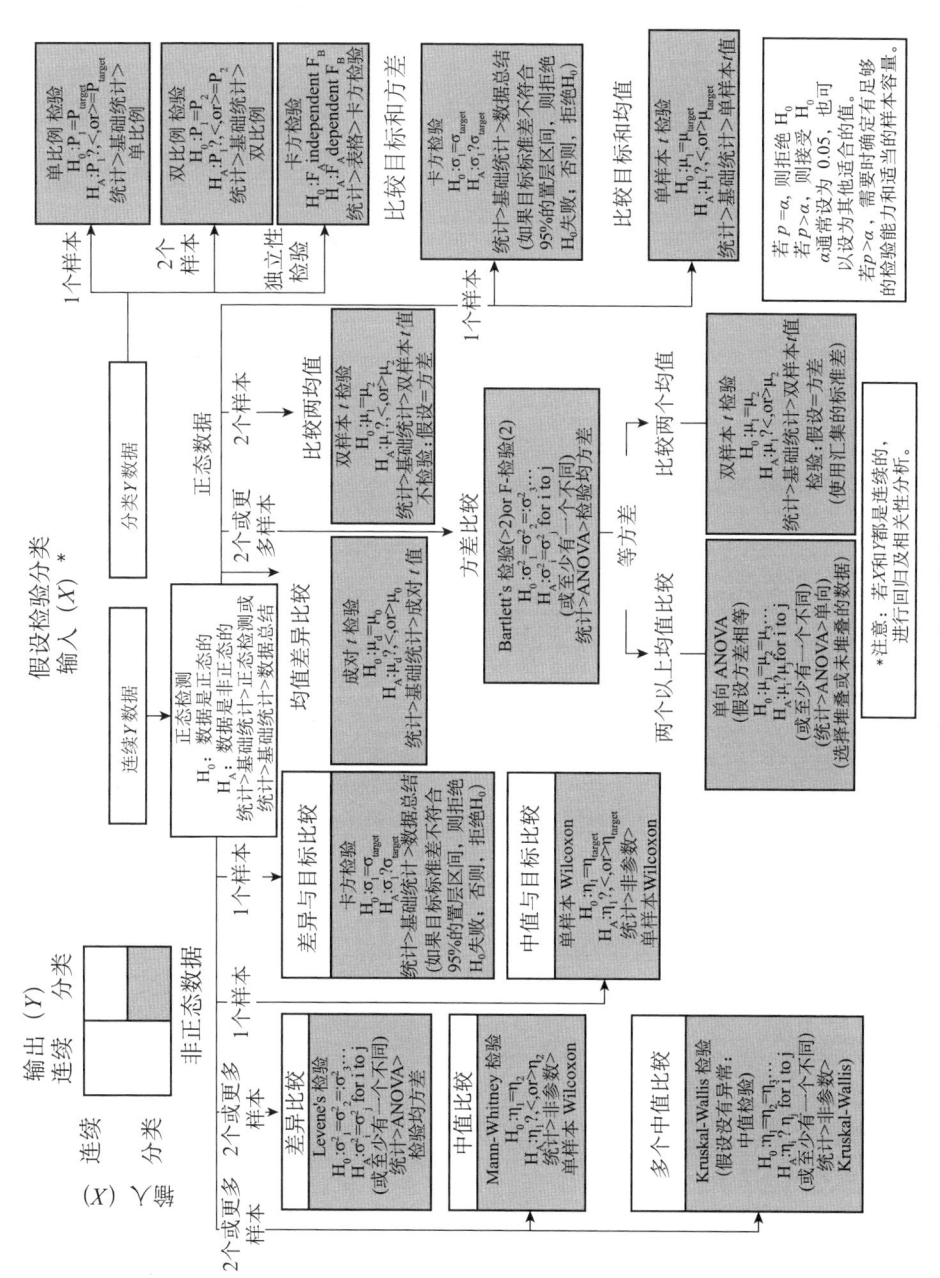

第 20 章 准确可信的数据和测量系统 643

图20-13 假设检验

5. 确定检验的拒绝域。

由表 20-4 可得到，确定拒绝域的关键值接近 2.0。若计算得 t 分布的绝对值大于该关键值，则拒绝零假设。

6. 取得观测值的样本，计算检验统计量并与拒绝域比较，决定接受或拒绝原假设。箱线图（一定要绘制数据！）显示，层 1—2 的湿度高于层 2—3。从 Minitab 绘制的图 20-14 中可看出，计算得 t 值是 4.18，在拒绝域内。

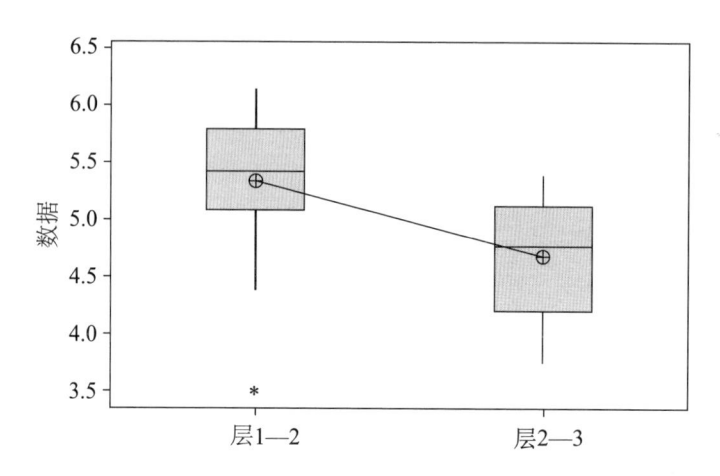

图 20-14 层 1—2 和层 2—3 的箱线图

资料来源：*Quality Planning and Analysis*，Copyright 2007. Used by permission.

由于计算 t 值大于关键值，p 值小于 α 值，所以拒绝该假设。

N	均值	样本标准差	样本标准误差
层 1—2	25	5.350	0.613	0.12
层 2—3	25	4.689	0.499	0.10

差值 = $\mu_{层1-2} - \mu_{层2-3}$

估计差值为：0.660 901

95% 的差值置信区间：(0.343 158，0.978 644)。

t 检验差值 = 0（或 ≠ 0）；t = 4.18；p = 0.000；自由度 = 48。

两种都采用 StDev = 0.558 7。

7. 做出实际的结论，认为层 1—2 间的湿度大于层 2—3。

非参数假设检验、数据变换以及自助法

本章前面部分讨论的都是"参数型"假设检验（之所以这么命名就是因为它依赖于对参数的估计）。经常会出现这样的情况：某些参数检验所基于的假设条

件没有满足，工作人员还经常会遇到不对称或者是非正态的数据，这时，若继续使用基于标准钟形分布的参数型假设检验可能会得到错误的结论及采取不恰当的措施。幸运的是，我们还有非参数型假设检验、数据变换及自助法等解决方案。

非参数假设检验是"分布自由"的，这就有效避免了与某种特定分布（如正态分布）的关键前提的冲突。但是，调查者应该注意到，非参数检验也有其自己的前提。实际上，这个方法是将原始数据排序，然后针对排列好的数据进行假设检验。虽然非参数方法不如参数检验成熟，且其统计能力要比参数检验低，但由表20-7底部和图20-13的左边可以看出，非参数方法对于基本的单样本、双样本或更多组样本的检验是有用的。在Sprent和Smeeton（2001）的书中有更多的关于传统非参数方法的介绍。很多新方法也在不断地涌现出来，例如小波分析和非参数贝叶斯法，详见Kvam和Vidakovic（2007）。

数据变换是对一组不符合某些参数检验前提的数据做变换，使其符合那些前提。例如，将非正态数据或方差不等的数据变为正态的或有同样方差的数据。有以下三种常见的数据变换方法。

幂函数法 通常运用平方（x^2）、平方根（$x^{1/2}$）、对数 [lg(x)]、自然对数 [ln(x)] 或倒数（x^{-1}）这些标准函数，因为这些函数易由计算器实现。通过不断的尝试与失败才能找到能够将数据恰当地转换为满足假设检验前提条件的形式的转换函数。

Box-Cox变换法 这种方法提供了一种联立的幂函数法来找到能使方差最小的最佳值λ，通常要估计一个处于95%置信区间内的合适的幂值（也就是λ值）。（例如，平方：λ=2；平方根：λ=0.5；自然对数：λ=0；倒数：λ=-1。）Box-Cox变换不能用于负数。

约翰逊变换法 这种方法是从三种分布谱系（有界的、无界的和对数正态的）中选择最佳函数。可在Box-Cox变换法不能使用的情况下使用，结果转换是非直观的。

这些方法都非常容易使用（在有软件可以利用的情况下），而且还可以使用检验能力更强的参数检验方法。然而，转换得到的数据并不一定有直观的含义。

自助法是众多的计算密集型再抽样方法中的一种。这种方法是根据经验来确定分布，而不是假定为任何一种典型的统计检验分布（如正态分布）。更为特别的是，这种方法从样本中自主地有放回地取样来重复性地计算目标统计量（如均值）。进而，这些统计量的分布被用作推断获得某个特定值的概率的基础。自助法是一种灵活的无参数方法，而且受到了越来越多的认可。对于自助法及其应用的详细介绍见Davison和Hinkley（2006）。

相关分析与回归分析

相关分析与回归分析能帮助我们理解关系。具体地说，回归分析建立了相关或不相关变量间关系的模型，而相关分析研究各变量间的线性相关程度。从实践的角度来讲，简单线性回归旨在研究某一变量分布（响应变量或因变量）与一组独立变量（自变量或预测变量）之间在各个不同的水平上的函数关系。注意，因果关系在此是已明确的，而我们要通过检验来确定的恰恰就是这种因果关系在统计意义上的显著性。另外，回归分析常用于基于重要自变量的估计和预测，或用于作业条件的优化。与之相反的是，相关分析主要用于找到未经实验发现的两变量间的变动联系，此时还没有关于因果关系的明确的假设。

例如，已知刀具寿命随切削速度而改变，我们想验证两者间的关系，因此，寿命为因变量（Y），切削速度为自变量（X）。表 20-10 中列出了在四种切削速度下收集到的数据。

表 20-10 切削速度

X	Y	X	Y	X	Y	X	Y
90	41	100	22	105	21	110	15
90	43	100	35	105	13	110	11
90	35	100	29	105	18	110	6
90	32	100	18	105	20	110	10

资料来源：*Quality Planning and Analysis*, Copyright 2007. Used by permission.
注：X 的单位是英尺/分钟，Y 的单位是分钟。

一定要图示数据！从图 20-15 的描点可以看出寿命是随速度变化而变化的，速度增大，刀具寿命缩短，而且可以看出，两者呈线性关系变化，即速度增大一定的值，相应地寿命也就缩短一定的值。注意图中点分布在直线周围，所以该关系并不是完美的。

通常可以得到一个回归方程。本例中，首先给出线性关系的通式：

$$Y=\beta_0+\beta_1 X+\varepsilon$$

其中，β_0 和 β_1 分别是未知的截距和斜率，ε 是随机误差项，这个随机误差可能来自测量误差，也可能是其他自变量的影响。进而得到一个预测方程：

$$Y=b_0+b_1 X$$

其中 Y 是给定 X 时 Y 的预测值，b_0 和 b_1 是对 β_0 和 β_1 的样本估计。估计值通常由最小二乘法得到，有关公式可参见相关统计著作，例如 Kutner 等（2004）。

在本例中，最终的预测方程为：

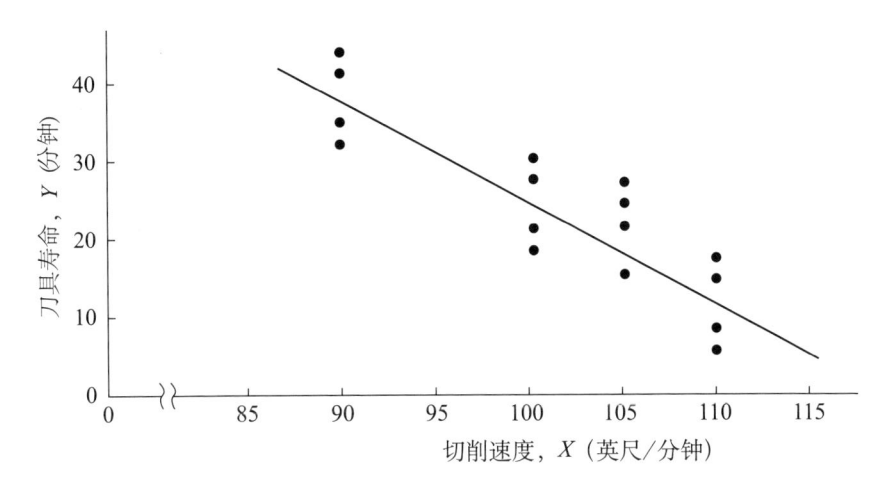

图 20-15 刀具寿命（Y）和切削速度（X）

资料来源：*Quality Planning and Analysis*，Copyright 2007. Used by permission.

刀具寿命＝106.90－1.361 4×切削速度

将切削速度的值代入该方程就可预测刀具寿命。然而，当用这个方程来估计超出例中范围的切削速度（也就是低于例中最低速度或高于最高速度的速度）对应的寿命时，就需要特别加以注意了，因为尚缺乏这些范围内的观测数据来支持这个方程。

虽然已经找到了一个数学预测方程，但在尚未确定其是否"适当"的情况下，也不应该使用该方程。判断预测方程是否适当存在着很多的标准，一个常用的测度指标是 R^2，用来预测方程所能解释的变差比例。R^2 也叫作判定系数，是回归变差与总变差的比。R^2 越大，预测方程基于 X 对 Y 进行预测的准确性就越高。

另一种度量两变量间相关程度的指标就是简单线性相关系数 r。r 是判定系数的平方根，所以 r 的值介于－1 到＋1 之间。正 r 代表正相关，即一个变量随另一个变量的增加而增加；相反地，负 r 代表负相关，即一个变量随另一个变量的增加而减小。由散点图可直接看出这种相关关系，而且基于散点图的不同模式可对 r 做出明确的判断。r 的显著性水平与样本容量有关，在此，建议使用统计软件来得到显著性水平的精确值。

以上介绍的是两变量间变化趋势与相关程度的简单线性相关分析与回归分析，它描述的是对于单一自变量 X 和因变量 Y 的预测。对其自然而然的延伸就是针对两个或两个以上自变量的多元回归分析，有关多元回归预测方程的估计与检验方法的讨论，可参见 Kutner 等（2004）。

方差分析

方差分析（ANOVA）是一种与线性回归有关的方法，属于广义线性模型的类别。但是与回归不同的是，X 是离散变量而非连续变量（注意：广义线性模型兼有回归分析与方差分析两者的特点）。在方差分析中，在总体均值附近的所有测量值的总变差被划分到用于统计显著性分析的各个变差源之中。当研究人员想要对比两组或多组离散量的均值时，常会用到方差分析。例如，一名研究人员想要研究三种不同配置的机器的绩效，方差分析揭示了这些不同配置方案的均值之间存在差别（即至少一个均值与其他均值不同），进而可以运用置信区间以及两两对比等更进一步的实验方法来判断哪一个（或哪几个）均值存在差别。方差分析是我们将要讨论的实验设计的基础。

实验设计

自从 Ronald A. Fisher 爵士在农业领域进行了开创性的应用之后，实验设计便开始在各领域的质量改进工作中发挥越来越重要的作用。在这一部分，我们将首先对传统实验方法与经过设计的实验方法进行对比，以便读者能理解传统实验方法的局限性，以及现代实验方法的优越性。接着会通过一个质量改进范例来介绍一些基本内容和术语，随后通过一系列的实验设计来简要介绍几种不同的设计方法及其典型进展。最后，我们会介绍一下田口设计方法。

传统实验方法与现代实验方法的对比

传统的实验设计方法是一次只改变一个因子（OFAT），保持其他因子不变。为了说明这种实验设计，来看一个例子。从前有一个人想研究醉酒的原因，第一天他喝了一些威士忌和水，因此酩酊大醉；第二天，他又重做了这个实验，他决定用伏特加来代替威士忌并保持其他条件都不变，大家可以猜到，他又大醉一场；第三天，他最后一次做了这个实验，这一次他用波旁酒代替了威士忌和伏特加，而这次他足足花了两天的时间才恢复了体力来分析这次实验的结果。清醒后，他得出结论：导致醉酒的原因是水。为什么呢？因为水是共同的因子。

传统方法与经过设计的方法之间的对比是明显的。尤其是经过设计的实验方法能够从非常少的数据点（有效的实验）中得到大量的信息，并据此估计因子间的相关影响。表 20-11 结合一个研究两种因子（或变量）对某特征的影响的实验案例来对两种方法进行了更详细的对比（当然，对于多于两种因子的实验而言，这些结论依然成立）。

表 20-11 传统实验方法与现代实验方法的对比

准则	传统的	现代的
基本程序	除了要调查的因子之外,保持其他因子恒定。改变影响特征的因子,并记录其效果。如要调查另外的因子,还需要以同样的方式再次进行实验。	通过良好的设计与规划在一次主要实验中对多个因子进行评估,同步评估多个因子的影响。
实验条件	在整个实验过程中,要特别注意原材料、工人,以及设备保持不变。	认识到在整个实验中保持条件相当恒定是很困难的。因而,实验被划分为多个组或多个测量区块。在每个区块中,条件都必须保持合理恒定(有意地改变被研究因子的除外)。
实验误差	知道有误差,但无法量化表达。	量化表达。
评价基准	仅仅基于对实验误差的模糊认识来估计因子的效应。	在定量考虑实验误差的前提下,通过对比因子引发的波动来评价因子的效应。
由于测量顺序导致的偏差	通常认为不同测量顺序对结果没有影响。	通过随机化来防止这种偏差。
多个因子波动的交互效应(交互作用)	实验中没有充分考虑。通常假定因子1的效应在因子2(因子2保持某一恒定值)的任何取值水平下都是一样的。	在实验规划中有关于各因子间交互效应的研究。
结果有效性	若存在交互作用,而这种交互作用没有被认识到,则将导致实验结果错误或具有误导性。	即使存在交互作用,也能有效地评价主要因子。
测量的数量	为获得有用且有效的信息,所需要的测量参数要多于现代实验方法。	通过较少次数的测量即可获得有用且有效的信息。
问题定义	通常缺乏对实验目标足够清晰的定义。	对实验进行设计时通常需要对实验目标进行详细的定义(实验想要的效果、可能承担的风险等)。
结论的应用	常常只能用于与进行实验时相同的特定条件下。	由于实验中设计了广泛的条件,所以,实验结论可以应用于较广泛的实际环境。

资料来源:*Quality Planning and Analysis*,Copyright 2007. Used by permission.

概念和术语——一个经过了设计的实验范例

假设我们要对比 3 种洗衣粉(A、B、C)在自动洗衣机中洗衣时的清洁能力。通过某一特定测量程序获得的"白度"作为因变量，也叫响应变量；作为研究对象的自变量（如洗衣粉）称为因子，而因子的每一种不同的取值叫作水平。在这个例子中有3个水平。处理方案是指针对一个因子，如洗衣粉A，设定一个水平；处理方案集是指在一次给定的实验操作中所有因子的水平的合集。因子可能是定性的（如不同的洗衣粉），也可能是定量的（如水温）。有些实验采用固定效应模型（即调查者所研究的水平体现了其关心的所有水平，例如，3种特定的洗衣机或品牌）；另一些实验可能采用随机效应模型，也就是说选择的水平仅仅是从庞大总体中抽取的样本（例如，3个洗衣机操作员）；混合效应模型既包含了固定因子也包含了随机因子。

图20-16列出了六种可能的实验设计方案。图20-16（a）是传统的实验方案。该方案中，除了洗衣粉外，其他因子都是固定的。因此，需进行9次实验，在相同的清洗时间、机器、水温及其他因子下，针对每种洗衣粉进行3次实验。这种设计的一个缺点就是对于不同品牌的洗衣粉的结论只适用于特定的实验条件。

图20-16（b）的方案又确定了具有三个水平的第二个因子（即洗衣机品牌Ⅰ、Ⅱ和Ⅲ）。然而，在这个设计中，不能够确定观察到的差异是由于洗衣粉还是洗衣机造成的（有可能会混淆）。

在图20-16（c）中，9次实验都是完全随机分配的，因此被称为"完全随机设计"。然而，洗衣机品牌Ⅲ没有使用洗衣粉A，洗衣机品牌Ⅰ没有使用洗衣粉B，因此，结论变得复杂。

图20-16（d）是随机区块设计方法。这里每块是一种洗衣机品牌，而且在每块中洗衣粉是按随机顺序放置的。这种设计排除了洗衣粉的使用顺序带来的误差，而且有利于后续的数据分析和结论。首先，可进行一次假设检验来比较洗衣粉，再由一个单独的假设检验来比较洗衣机。这两次假设检验中用到了这9次实验的全部数据。其次，关于洗衣粉的结论3个洗衣机都适用，反之亦然，从而提供了适于更广泛条件的结论。

现在假设其他因子（如水温）也要进行研究，这时，可以使用图20-16（e）所示的拉丁方设计。请注意，这种设计要求针对每种洗衣机、每种水温只用一种洗衣粉。因此，通过3次独立的假设检验，只需9次实验，便可对3个因子都进行评价。然而，在此可能会有一种风险：这种实验设计方案假定各个因子间是没有交互作用的。洗衣粉与洗衣机之间没有交互影响意味着洗衣粉A、B、C的效应不依赖于所使用的洗衣机，也不依赖于其他因子。交互作用的影响如图20-17所示。洗衣粉与洗衣机之间无交互作用，而在洗衣粉与水温之间则存在交互作用：在高温时，C的性能最好；在低温条件下，A的性能最强。

A	B	C
—	—	—
—	—	—
—	—	—

(a)

Ⅰ	Ⅱ	Ⅲ
A	B	C
A	B	C
A	B	C

(b)

Ⅰ	Ⅱ	Ⅲ
C	B	B
A	C	B
A	A	C

(c)

Ⅰ	Ⅱ	Ⅲ
B	A	C
C	C	A
A	B	B

(d)

	Ⅰ	Ⅱ	Ⅲ
1	C	A	B
2	B	C	A
3	A	B	C

(e)

	Ⅰ ABC	Ⅱ ABC	Ⅲ ABC
1	— — —	— — —	— — —
2	— — —	— — —	— — —
3	— — —	— — —	— — —

(f)

图 20-16　一些实验设计方案

资料来源：*Quality Planning and Analysis*, Copyright 2007. Used by permission.

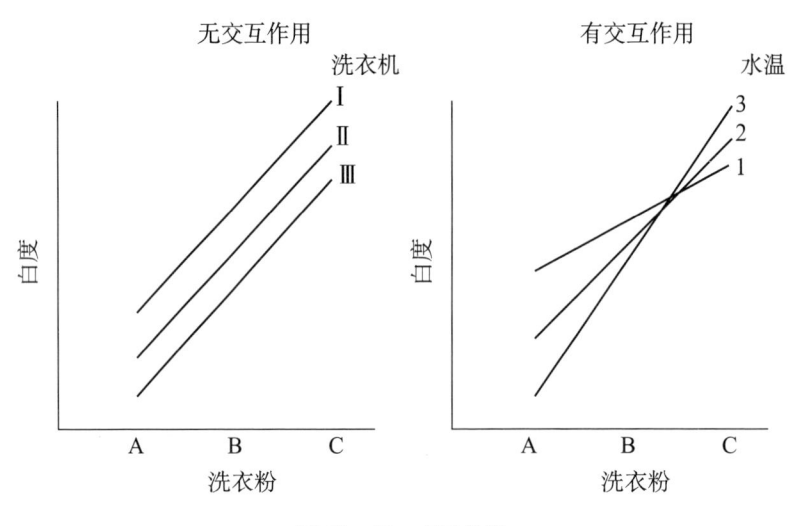

图 20-17　交互作用

资料来源：*Quality Planning and Analysis*，Copyright 2007. Used by permission.

最后，可以用图 20-16（f）所示的析因设计来找出主要因子和可能的交互作用。析因是指针对主要因子的每个组合至少做一次实验，在本例中则需 3×3×3 即 27 次实验。可以通过相应的假设检验来评估主要因子和可能的交互作用。需着重指出的是，所有的观测值对于每组对照都有意义。当存在许多影响因子且实验条件受到限制时，部分析因实验就显得很有必要了（在后续的例子中我们会看到该方法的具体应用）。

大多数问题都可以通过标准实验设计或其组合来解决。可以根据研究的因子数目、实验设计的结构、实验可提供信息的类型等对实验设计加以分类（见表 20-12）。有关各种实验设计的设计方案及其结构的详细分析与描述可参考 Box 等（2005），另一本很好的参考资料是 Myers 等（2009）详细介绍响应面设计的著作。

表 20-12　实验设计的分类

设计	应用类型
完全随机	适用于实验中只研究一个因子的情况。
析因	适用于对几个因子在两个或多个水平上进行研究，因子间可能存在显著的交互作用的情况。
区块析因	适用于存在大量研究因子且难以在实验中完全保持均质化的情况。
部分析因	适用于存在较多的因子和水平，但难以对全部的因子组合都进行实验的情况。
随机区块	适用于对一个因子加以研究，且实验材料或环境可分为区块或均质化的小组的情况。

续表

设计	应用类型
平衡不完全区块设计	适用于不能将全部处理方案归入一个区块中的情况。
部分平衡不完全区块设计	当平衡不完全区块需要超出能力范围的大量区块数目时,该方案较为适用。
拉丁方设计	适用于所研究的是一个主要因子,而其结果可能受到两个其他实验变量或两个非均质来源的影响的情况。该方案假定不存在交互作用。
尤登方设计	与拉丁方相同,但行、列数与处理方案数不需要相同。
嵌套	适用于旨在研究相对变异性而非变异源的平均效应的情况(例如,同一样本的方差和不同样本的方差)。
响应面设计	目的是提供实验数据图(等高线图)以说明因子在实验者控制下是如何影响响应的。
混合设计	适用于固有约束的情况(例如,涂料的各种成分之和必须是100%)。

资料来源:Adapted from JQH5,Table 47.3.

依照一定的顺序展开实验往往是很有帮助的。简而言之,遵从典型的实验设计流程能够帮助实验人员快速有效地从众多的因子[或精益六西格玛术语 $Y=f(X)$ 中众多的 X 们]中聚焦并发现重要的因子,进而细化其间的关系,以找到每个关键因子的最佳设置。可以按照以下一些步骤展开工作:

1. 筛选实验。在这个阶段,采用部分析因实验可能无法找出交互作用,但却可以找出其中有重要影响的因子。

2. 部分析因设计。在这一阶段,可以对筛选实验中确定的少数因子进行研究,以找到它们之间的交互作用。

3. 全面析因设计。检验少量的因子(通常不超过五个)以探知其效应及高阶(例如,三路、四路)交互作用。该类实验设计方案也可用于测定曲率,而曲率对于寻找潜在最佳值来说是很有必要的。

4. 响应面设计。通过以特定的方式增加数据点(例如,综合设计),实验者可以基于早期实验充分描述非线性关系,并找出最佳设置。

5. 调优运算。在生产模式下,一旦启动了质量改进过程,就可以在一些改进操作技术的指导下,随着时间的推移来针对生产单元展开一些小的实验。虽然每一次的改进都很微小,但是随着时间的推移,累积的效应是相当大的,这也充分体现了持续改进的价值。详细内容可参见 Box 和 Draper(1969)关于该问题的经典论述。

关于按照一定顺序开展实验设计的详细说明,可参看 Carter(1996)的四篇系列论文，Emanuel 和 Palanisamy（2000）讨论了一个针对两个水平、最多七因子的顺序实验设计的案例。

田口实验设计方法

田口玄一教授在实验设计中所采用的方法有三个目的：

1. 设计产品和过程，使这些产品和过程能够稳定地实现目标，并使其对难以控制的因素相对不敏感（稳健）。

2. 设计出对零部件波动相对不敏感（稳健）的产品。

3. 使特征值围绕目标值的波动幅度尽可能小。

因此，虽然由于其与实验设计有关而被放在改进工具这一部分介绍，但这种方法一般被认为旨在为产品设计和开发提供有价值的信息，见本章的"面向质量设计的统计工具"一节。田口将质量控制分为线上控制（例如，在生产过程中对过程进行诊断和调整）和线下控制，线下控制包含工程设计过程及其三个阶段：系统设计、参数设计和容差设计。有关田口方法及其相关争议的更多内容和总结可参考 Box 和 Draper（1969，pp. 47.58 and 47.59）。

有很多关于工程及制造领域的实验设计的著作。非制造专业的读者，可能会对 Ledolter 和 Swersey（2007）的著作感兴趣。在 del Castillo（2007）的一本教材中，不仅包含了经典的技术，也包含了很多现代技术（例如：贝叶斯推断、克里金方法）。

离散事件和蒙特卡洛仿真

软件在用户友好性方面的进步，使得那些没有强大的数学、编程或建模背景的质量工作者也能够越来越多地使用计算机仿真方法。存在多种类型的仿真模型，但读者最感兴趣的两个模型可能是离散事件和蒙特卡洛仿真。它们都是质量改进过程中的强大工具，尤其是建模提供了对"如果……就……"这类问题的回答，并能在一个安全、低风险的环境下迅速测试过程调整的效果和潜在的解决方案。

离散事件仿真

离散事件仿真（DES）试图模拟含有独立的、可识别的事件和交易的场景。例如，在医院中病人到达急诊室以及随后的一系列诊疗过程：到达、登记、分类、护士评估、医师评估、住院、出院或转院。离散事件仿真能够改变系统要素并跟踪得到的过程流随着时间的变化，以帮助人们更好地理解输入、输出和过程变量之间的关系。

通常情况下，对活动的流程和顺序进行图形化表达的过程流程图（或过程"地图"）构成离散事件仿真的基础。离散事件仿真以流程图为基础，并增加了输入和掌管交易过程的过程变量。下面我们继续讨论医院的例子，其中包括输入（如病人的到来）、人力资源（例如护士的人数、医生时间表、加班的可能性、技能水平、支付率等）、设备资源（例如病床的类型和数目、拍片设备等）、过程规则（必要的步骤、批量输入或输出、优先规则、例外、决定）、资源获得（为完成一项活动需要哪些资源，例如，一名注册护士或一名医生助手、两名注册护士、一名护士和一名医生等）、活动周期时间（工作时间、等待时间），以及类似的其他细节。

一旦将这些细节加入到模型中，就可以通过跟随对象（如医院的例子中的患者）从进入到退出的全过程来模拟"运行"该模型。病人被依照规定的活动、规则和约束进行处置，同时，对病人的具体特点及其相关属性（如视力水平、年龄、性别）也要进行设定。输出结果包含大量用来描述过程的参与人员随时间互动和移动的集体行为的描述性统计和措施。

虽然各个仿真模型及其细节存在很大不同，但是在仿真研究中，还是应该有一些基本的步骤。这些步骤和相关问题［改编自 Law 和 Kelton（2000）］如下：

1. 提出要解决的问题。需要仿真的业务是什么？需要修正什么问题？要寻求什么答案？

2. 准备仿真研究计划。谁要参与？需要什么样的数据以及将如何收集数据？要测试何种备选方案？完成的标志和时间期限是什么？

3. 收集数据。我目前的状态是什么？为备选方案准备了哪些数据？数据间有差别吗？如何处理它们？

4. 建立和验证概念模型。鉴于现有的数据，模型的总体结构是什么？输入、过程变量、输出都分别是什么？在何处需要怎样的统计累加器？如果建立了模型，是否就能够提供问题的答案？

5. 建立和验证运作模式。模型组件是否必要并有效？模型是否能得到与当前的状态相一致的结果？

6. 设计能解决问题的方案或实验。要改变哪些模型参数？哪些是固定的？需要进行测试的因素有哪些？

7. 运行方案或实验以获得所需的输出。结果是否可重复？需要其他方案或实验吗？

8. 分析并输出数据。统计结果是什么？做描述性统计和/或统计检验会有有意义的影响吗？什么是原问题的答案？需要额外提出问题吗？

正如本章开头所强调的，确定要解决的问题是成功地应用仿真建模的关键的第一步。不能清晰地认识要用模型做什么就会产生构建不佳的模型、输入或过程细节不充足的模型，或过于复杂的模型，在建立和运行方面花费不必要的时间和精力。此外，明确地传达业务的需求将争取到利益相关者在收集数据、评估模型及实现改进建议方面的支持。

蒙特卡洛

以著名的赌城命名的方法，其目的是计算输入的不确定性（变异），并将其传递到输出结果的概率分布上。本质上，这种方法在方程式中不再运用单一、固定的变量 [如 $Y = f(X)$]，而是将分布用于输入（X），并从分布中多次进行抽样，最后输出 Y 值的分布，而不是输出一个单一的值。例如，预测一种新产品的净回报值，可以简单地预测为一千万美元，应用这种方法可以估计出实现该目标的可能性，或者可以估计有多大的不确定性，即负回报的概率有多大。

举例来说明一下，假设我们将三个组件 A、B 和 C 首尾相接，以组装一个最终产品。如果平均长度分别是 5mm、10mm 和 15mm，那么我们可以简单地将它们加起来以达到预计的长度 5mm+10mm+15mm＝30mm。然而，我们从统计波动的概念知道这些组件会有变化。假设我们对每个组件的总体进行抽样，并找到 A、B、C 各自的分布，我们可以期待组装产品的总体分布的长度看起来是怎样的？通过反复从每个分布中随机抽样，并将长度相加，用蒙特卡洛仿真产生总长度的分布。图 20-18 是由蒙特卡洛仿真产生的组装产品中的三个组件的相对频率分布，而且这三个组件具有相同的标准差 0.1mm。组装件总长度的期望均值应该约等于 30mm，但仿真结果表明，只有 45% 的组装件长度的均值落在期望均值＋/－0.1mm 的范围内。这种方法与单纯进行 30mm 的单值估计相比，提供了更多的信息。

仿真实验设计

将多种工具以新的方式结合起来就发展成为一种新方法。一个例子是，蒙特卡洛、离散事件仿真及实验设计的组合。简言之，这种方法包含了两部分内容，即将概率分布用于输入及过程变量（即蒙特卡洛）的离散事件仿真（DES），以及调查者基于结构化的、设计好的策略对变量（因子）进行调整的试验设计（即DOE）。尽管所有的仿真实验结果和结论在通过实际实验验证之前都只能作为初步猜测，但对于在现实中对因子进行调整非常困难或危险的情况，仿真实验设计还是特别有用的。

图 20-18　蒙特卡洛仿真结果

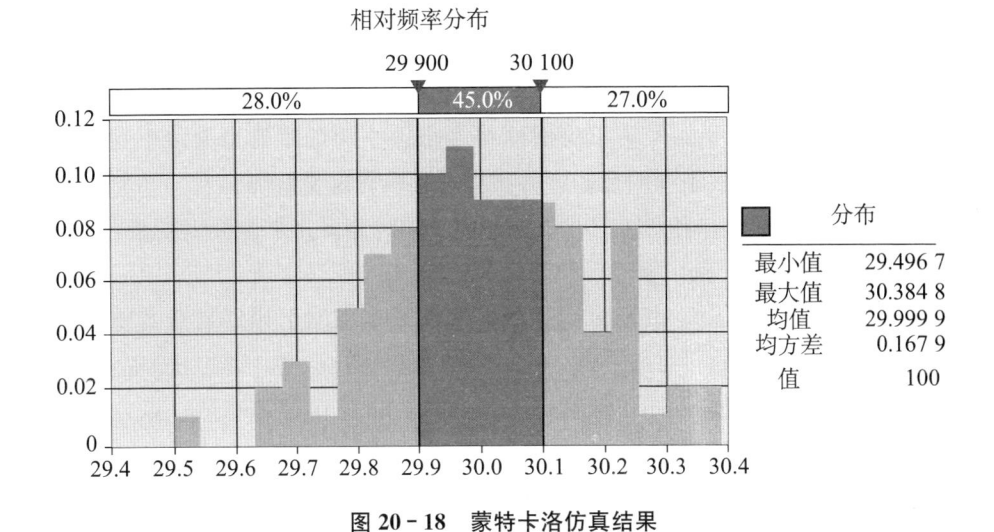

注：蒙特卡洛仿真的结果显现了由均服从正态分布且标准差均为 0.1mm 的 A、B、C 三个零件（其尺寸分别为 5mm、10mm、15mm）构成的组件的总尺寸分布频数。组件长度的均值近似于 30mm，但仿真结果却显示出围绕该均值的变差，也就是仅仅有 45% 的组件位于均值 +/−0.1mm 的范围内。

更多先进的分析工具

当研究人员面临诸如多变量（多个 Y 和/或 X）、非线性数据或分类输出等更为复杂的情境时，可以考虑应用广义线性模型及其他方案，尤其是多元分析法，该方法是一种对项目的多重测量结果进行并行分析的统计学方法。此外，还有一些其他的对单变量（单变量分布）和双变量（相关、回归）方法的扩展可供使用。这些方法都超出了本章的范围，其中包括：

- 多元回归。在研究一个连续的因变量随多个连续的自变量（X）变化的关系时适用。
- 非线性回归。适用于数据无法用标准的线性方法处理的情况（值得注意的是，曲线型数据不一定非要用非线性方法处理）。
- 非参数线性回归。当常规回归假设不成立时，可以使用该方法。
- 多元判别分析。适用于单个、分类数据的因变量（二类或多类）与连续自变量（X）的情况。
- 逻辑回归分析。也叫作逻辑特分析（logit analysis），是一种由多元回归和多元判别分析结合而成的方法，该方法利用一个或多个可分类或连续自变量（X）来预测单一的、可分类的因变量（Y）。这种方法经常需要计算优势比。
- 多元方差和协方差分析（MANOVA，MANCOVA）。它们是方差分析（ANO-

VA）方法的延伸，允许有超过一个的连续因变量（Y）与多种可分类的自变量（X）。

- 主成分分析（PCA）和因子分析。这两种方法分析大量变量间的相互关系，并在不丢失信息的前提下将其浓缩为一个规模较小的因素集。
- 聚类分析。这是一种基于相似性将多个独立的个体聚类为多个互斥子组的方法。与判别分析法不同的是，这些组并不是事先定义好的。
- 典型相关分析。多元回归的扩展，用于同时分析几个连续因变量（Y）和几个连续自变量（X）间的关系。
- 联合分析。常用于市场营销分析，这种方法有助于评估复杂实体（例如产品）的属性和水平的相对重要性。当需要进行权衡比较时，该方法非常有用。
- 多维尺度。这是一种互依赖性分析方法，也叫作感知映射，该方法将对一类相似事物的喜好与判断转化为多维空间中的距离。
- 对应分析。这是另外一种互依赖性分析方法，能够将关于对象（如产品）的感知映射归入一个可分类属性集。该方法可用于分类数据和非线性关系。

我们鼓励读者研究满足其需要的任何现有技术，虽然很复杂，但这些方法的确都是从数据中获得有用信息的有力手段。下面是一些有价值的参考资料。

多变量技术：

Hair, J. F., Jr., Black, W. C., Babin, B. J., Anderson, R. E., and Tatham, R. L. (2006). *Multivariate Data Analysis*. Pearson Prentice-Hall, Upper Saddle River, NJ.

Affifi, A., Clark, V. A., and May, S. (2004). *Computer-Aided Multivariate Analysis* (4th ed.). Chapman and Hall/CRC Press, Boca Raton, FL.

Coleman, S, Greenfield, T., Stewardson, D., and Montgomery, D. C. (2008). *Statistical Practice in Business and Industry*. John Wiley&Sons, Hoboken, NJ. (see Chapter 13).

假设检验和实验设计：

Box, G. E. P., Hunter, J. S., and Hunter, W. G. (2005). *Statistics for Experimenters: Design Innovation and Discovery* (2nd ed.). Wiley-Interscience, Hoboken, NJ.

逻辑回归、泊松回归、优势比：

Agresti, A. (1996). *An Introduction to Categorical Data Analysis*. John Wiley&Sons, New York.

非参数方法：

Sprent, P., and Smeeton, N. C. (2001). *Applied Nonparametric Statistical Methods* (3rd ed.). Chapman and Hall/CRC Press, Boca Raton, FL.

面向质量设计的统计工具

有关设计和开发过程的质量的统计工具包括图形汇总、概率分布、置信区间、假设检验、实验设计、回归、相关分析等。这些方法在本章的前面部分已经讨论过了，作为补充，在这部分将介绍一些研究可靠性与可用性的统计工具以及确定产品特征规范限的工具。

复杂产品失效模式

可靠性量化的方法最初是针对复杂产品而提出的。假设正在对一台设备进行测试，保持该设备一直运行，直到失效，并记录该失效时刻。然后修理该设备，让其再次运转，并记录此次的失效时刻。重复该过程并记录数据，得到如表 20-13 所示的结果。计算相等时间间隔内的失效率，即单位时间内的失效数，绘制失效率与时间的关系曲线，就可以得到如图 20-19 所示的常见的"浴盆曲线"。在图中很明显可以看到失效率及失效原因模式分为三个阶段：

表 20-13　一台设备的失效记录

失效时刻 早期失效阶段		失效时刻 稳定失效率阶段		失效时刻 磨损阶段	
1.0	7.2	28.1	60.2	100.8	125.8
1.2	7.9	28.2	63.7	102.6	126.6
1.3	8.3	29.0	64.6	103.2	127.7
2.0	8.7	29.9	65.3	104.0	128.4
2.4	9.2	30.6	66.2	104.3	129.2
2.9	9.8	32.4	70.1	105.0	129.5
3.0	10.2	33.0	71.0	105.8	129.9
3.1	10.4	35.3	75.1	106.5	
3.3	11.9	36.1	75.6	110.7	
3.5	13.8	40.1	78.4	112.6	
3.8	14.4	42.8	79.2	113.5	
4.3	15.6	43.7	84.1	114.8	
4.6	16.2	44.5	86.0	115.1	
4.7	17.0	50.4	87.9	117.4	
4.8	17.5	51.2	88.4	118.3	
5.2	19.2	52.0	89.9	119.7	
5.4		53.3	90.8	120.6	
5.9		54.2	91.1	121.0	
6.4		55.6	91.5	122.9	
6.8		56.4	92.1	123.3	
6.9		58.3	97.9	124.5	

资料来源：*Quality Planning and Analysis*. Copyright 2007. Used by permission.

- 早期失效阶段。这一阶段的特点是失效率很高（见图 20-19 的下半部分）。通常，导致失效的原因是设计或制造错误、错误操作或误用。一旦纠正，这些失效通常不会再出现（例如，油孔没有钻）。有时，可以通过模拟使用测试或过应力（在电子领域也叫作老化）测试来找出产品的早期缺陷。这时，有缺陷的部分会发生失效，但这种失效是发生在实验台上，而不是在交付使用后的运行过程中的。O'Connor（1995）的著作就老化测试和环境筛检测试进行了详细介绍。

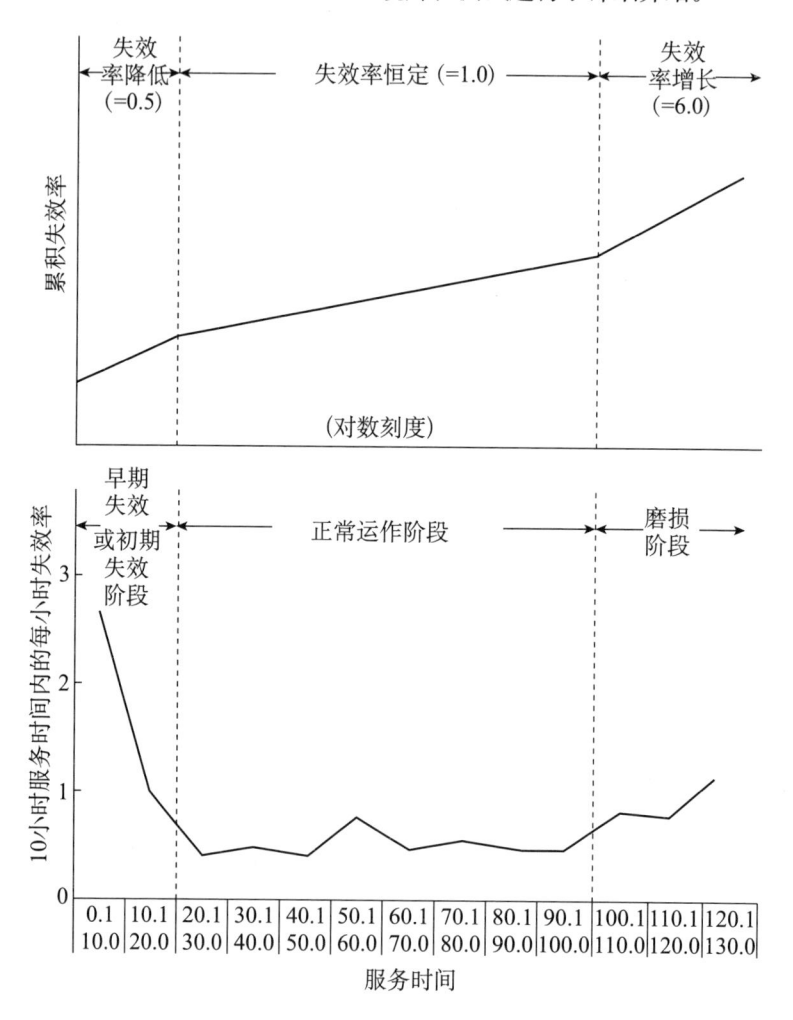

图 20-19 失效率-时间图

资料来源：*Quality Planning and Analysis*. Copyright 2007. Used by permission.

- 稳定失效率阶段。这里失效的原因通常是设计本身的局限性、环境的变动以及使用和保养中的事故。对操作及维修程序施以良好的控制可以降低事故率。但是，要减少失效率，则需要从根本上进行重新设计。

- 磨损阶段。这些失效是因为时间过长（例如，金属脆化或绝缘老化）发生的。要减少此阶段的失效率，就需在灾难性的失效发生前，预防性地更换这些老化的组件。

图 20-19 的顶部是对应于 $\alpha=2.6$ 时原始数据的威布尔分布（见表 20-14）。形状参数 β 值分别约为 0.5、1.0 和 6.0。当形状参数值小于 1.0 时，代表故障率降低，值为 1.0 时，代表恒定的故障率，而值大于 1.0 时，代表故障率增加。

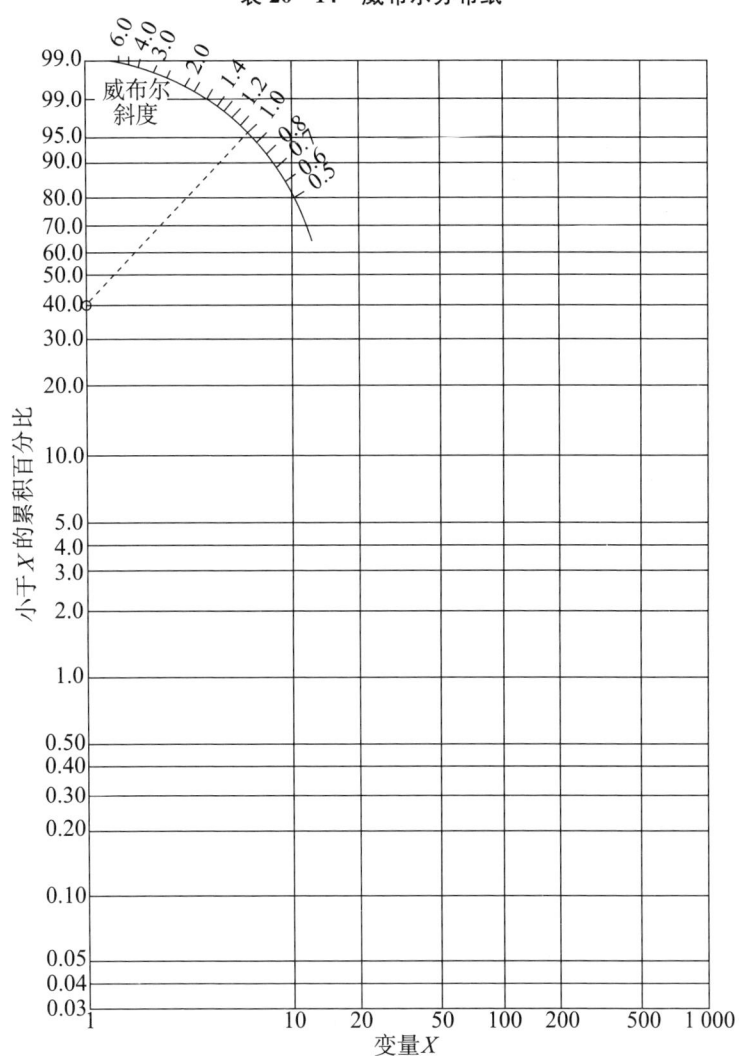

表 20-14 威布尔分布纸

数据来源：*Quality Planning and Analysis*. Copyright 2007. Used by permission.

无故障工作时间的分布。用户希望在初期阶段有较低的故障率，接着产品会在无故障的条件下工作相当长的一段时间。因此，对于可维修的产品，故障间隔时间（TBF）是一个重要特征。可以用统计的方法研究无故障工作时间的变化。

不可维修产品的相应特征就称为失效时间。

当失效率恒定时，无故障工作时间是按照指数形式分布的。我们看一下表 20-13 中在稳定失效阶段的 42 次失效。将连续的故障之间的时间累加合计，则这 41 个故障间时间（TBF）即可形成如图 20-20（a）所示的频率分布。分布大致呈指数形式，说明当失效率恒定时，无故障工作时间（注意：不是平均无故障工作时间）的分布是指数分布。这一分布是可靠性指数分布的基础。

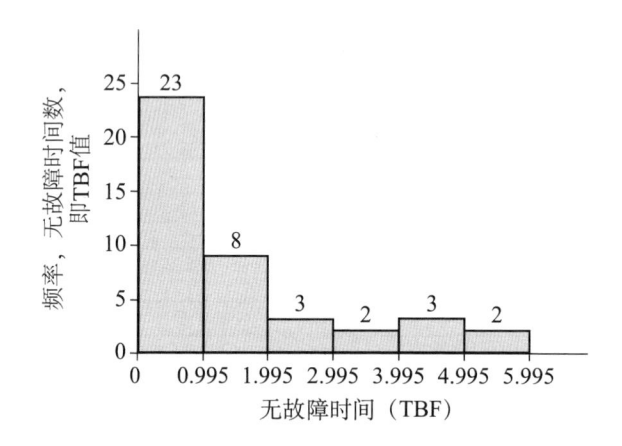

图 20-20（a）　TBF 直方图

资料来源：*Quality Planning and Analysis*. Copyright 2007. Used by permission.

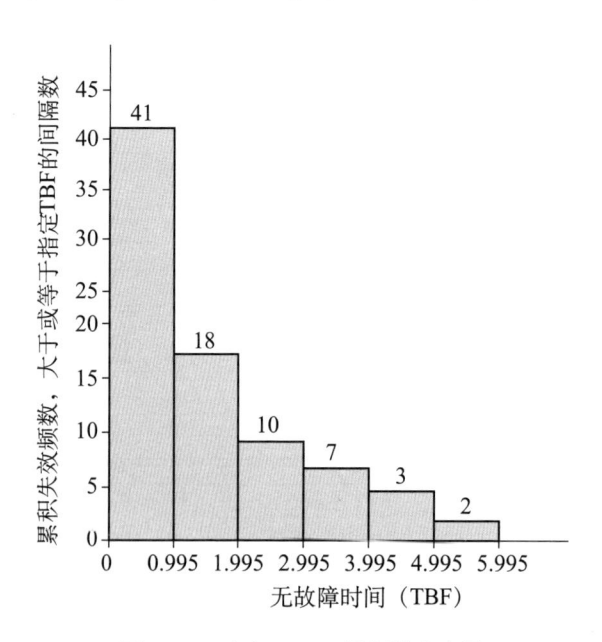

图 20-20（b）　TBF 的累计直方图

资料来源：*Quality Planning and Analysis*. Copyright 2007. Used by permission.

可靠性指数公式

TBF 分布表明了在规定的时间内无故障运行的概率。要想获得在特定时间区间或更长时间区间内无故障运行的概率，可以通过将 TBF 分布转变为区间数大于或等于该特定时间区间的分布实现［见图 20-20（b）］。若将此概率表达为相对概率，则是生存概率的估计。当失效率恒定时，该生存概率（可靠性）就是：

$$P_s = R = e^{-t/\mu} = e^{-\lambda t}$$

其中，$P_s=R=$ 在大于或等于 t 的时间区间内无故障运行的概率

$e=2.718$

$t=$ 无故障运行的特定时间区间

$\mu=$ 平均无故障工作时间（TBF 分布的均值）

$\lambda=$ 失效率（μ 的倒数）

请注意，这个公式仅仅是在可靠性语境下改写的指数概率分布。

问题

洗衣机洗一桶衣物需要 30 分钟，洗衣机的平均无故障时间为 100 小时。假设具有恒定的故障率，那么洗衣机无故障工作一个周期的概率有多大？

解答

应用指数公式，我们可以得到：

$$R = e^{-t/\mu} = e^{-0.5/100} = 0.995$$

有 99.5% 的概率无故障完成一个洗涤周期。

那么关于失效率恒定的假设怎么样呢？实际上，通常人们没有充分的数据来评估假设。但是，经验表明此假设往往是真实的，尤其是在下列情况下：(1) 产品交付使用前已经消除了初期失效；(2) 在进入磨损阶段前用户已经更换了产品或特定的组件。

平均故障间隔时间的意义

平均故障间隔时间（MTBF）的概念较容易被混淆，我们有必要进行进一步的解释：

- MTBF 是指产品连续两次失效间的平均时间。这个定义假设产品在每次故障后可以修复，而且可以重新投入使用。对于不能维修的产品，要使用平均失效时间（MTTF）的概念。
- 如果失效率是恒定的，那么产品无故障运行时间等于或大于它的 MTBF

的概率只有 37%。这一结果是基于指数分布得出的（当 t 等于 MTBF 时，R 等于 0.37），这个结果与有 50% 的概率超过 MTBF 这一直观感觉不一致。

- MTBF 与"使用寿命""服务寿命"这些指标是不同的，后者通常指检修或更换时间。
- MTBF 的增加并不会导致可靠性比例（生存概率）的增加。当 $t=1$ 小时时，下表是针对不同的可靠度的 MTBF 值。

MTBF	R
5	0.82
10	0.90
20	0.95
100	0.99

为了将可靠度由 0.95 增加到 0.99，即增加 4 个百分点，平均无故障时间需要从 20 小时增加至 100 小时，是原来的 5 倍。与之相应的是，仅需将平均无故障时间从 5 小时增加到 10 小时（增加 1 倍），便可将可靠度由 0.82 增加到 0.90，增加了 8 个百分点。

MTBF 是可靠性的一个很好的量度，但它并不适用于所有的情况。

零部件与系统可靠性之间的关系

人们通常假定，系统可靠性（也就是生存概率 P_s）是由构成系统的 n 个部件的可靠性的乘积构成的：

$$P_s = P_1 P_2 \cdots P_n$$

例如，如果一个通信系统有四个子系统，其可靠性分别为 0.970、0.989、0.995 和 0.996，系统的可靠性是这几个值的乘积，即 0.951。该公式假设：（1）系统每一部分的失效都会导致系统失效；（2）每一部分的可靠性都是独立的，也就是每一部分的可靠性不依赖于其他部分的功能。

这些假设并不总是正确的，但在实际运行中，该公式有两个意义：第一，它显示了设备复杂性的增加对整体可靠性的影响。随着系统部件数量的增加，系统的可靠性急剧下降（见图 20-21）。第二，该公式通常是一种简便的近似估计，并在获得各部分间相互关系的信息后可以进行修正。

当满足以下假设条件——任何部件的故障都会导致系统故障，每一个部件都是独立的，各部件均服从指数分布，则系统的可靠性可以表示为：

$$P_s = e^{-t_1 \lambda_1} e^{-t_2 \lambda_2} \cdots e^{-t_n \lambda_n}$$

此外，如果每一部件的 t 是相同的，则

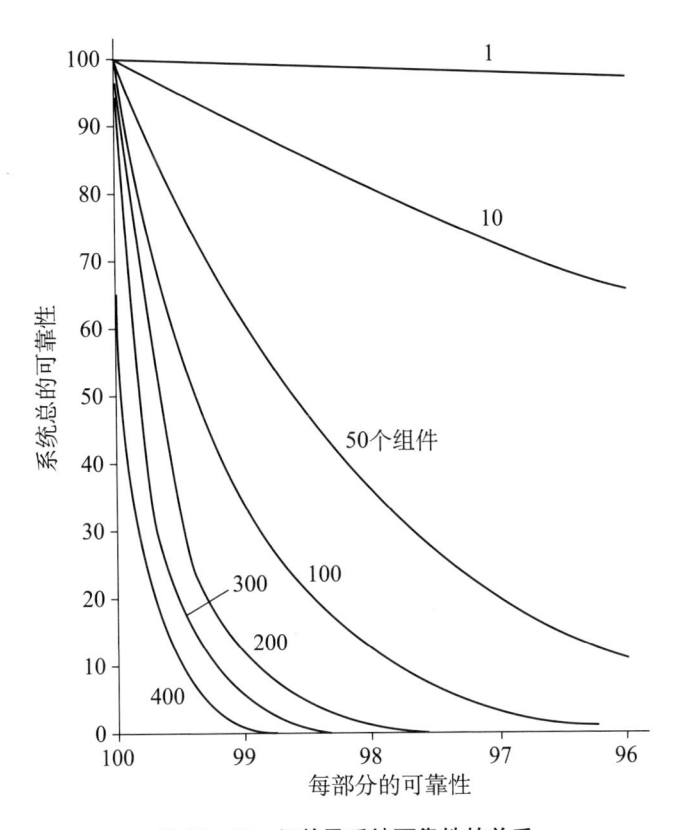

图 20-21 组件及系统可靠性的关系

资料来源：*Quality Planning and Analysis*. Copyright 2007. Used by permission.

$$P_s = e^{-t\Sigma\lambda}$$

因此，当失效率恒定时（因此可用指数分布），系统的可靠性可在各部件的失效率相叠加的基础上得到。（参看后续的"设计中可靠性的预测"部分。）

有时，为了使部件的失效不导致系统故障，会运用冗余设计。冗余是一种在可靠性预测技术问世之前早就发明了的很古老但仍然很有用的设计方法。然而，现在设计师可以在数量上研究冗余对系统可靠性的影响。

冗余是指针对一项特定的任务，设置多个重复的元素，只有所有元素都失效了，系统才会整体失效。在并联冗余（冗余的几种类型之一）中，为完成一个任务，两个或多个元素在同时运作，而且任何一个元素在其他元素发生故障的情况下仍能够自主进行工作。在并联冗余中，整体可靠性由如下公式计算：

$$P_s = 1 - (1-P_1)^n$$

其中，P_s = 系统的可靠性

$P_1 =$ 冗余中各个元素的可靠性

$n =$ 冗余元素的个数

问题

假设某一单元完成某特定任务的时间具有 99.0% 的可靠性，若并联冗余中有两个相同的单元，那么总体可靠性将会是多少呢？

解答

应用上面的公式，我们可以得到：

$$R = 1 - (1-0.99)(1-0.99) = 0.9999，或 99.99\%$$

设计中可靠性的预测

除了失效模式和影响分析（FMEA）外，可靠性预测方法仍在不断发展。Ireson 等（1996）对可靠性预测进行了广泛的讨论，其内容远远超出了本书中讨论的方法，读者可加以参考。

可靠性预测方法的步骤如下：

1. 定义产品及其功能操作。必须准确界定系统、子系统及单位的功能配置和边界条件。这一细致的定义工作可以借助功能框图来辅助实现。功能框图中显示了子系统、较低级别的产品、其间的相互关系，以及与其他系统的接口。给定了功能框图和产品功能需求的明确说明，就可以定义导致失效或表现欠佳的条件了。

2. 准备一个可靠性框图。对于其中有冗余或各部分间有特殊关系的系统，可靠性框图是非常有用的。可靠性框图与功能框图类似，但是它显示的是为使系统成功运作应具有什么功能，以及操作的冗余或备选模式。可靠性框图是构建可靠性概率模型的基础。进一步的讨论可参见 O'Connor（1995）。

3. 建立预测可靠性的概率模型。一个简单的模型可能只包含失效率，而一个复杂的模型会考虑冗余及其他条件。

4. 收集各部件的可靠性数据，该数据包括部件功能、部件等级、应力、内部和外部的环境、工作时间等信息。来自多种情况的失效率信息表明，失效率是运行参数的函数。例如，固定陶瓷电容器的故障率就是以下两个量的函数：（1）预期的工作温度；（2）工作电压与额定电压的比值。这些数据表明降效使用（也就是以低于其额定电压的水平工作）可以降低失效率。

5. 选择零部件的可靠性数据。所需的数据包括那些关于在特定的时间、已知的操作及环境条件下出现灾难性故障及容差波动的信息。由于缺少像材料的物理性质手册那样的可靠性数据库作为参考，对设计者来讲，如何获得这些数据是一个主要问题。设计人员必须通过多种渠道来获取数据，进而建立可靠性数据库。

可控条件下的实地性能研究：
- 指定的寿命测试。
- 从零部件生产企业或行业协会得到的数据。
- 顾客对零部件的质量检验测试。
- 政府机构的数据库，例如，政府行业数据交换计划（Government Industry Data Exchange Program，GIDEP）和可靠性信息分析中心（Reliability Information Analysis Center，RIAC）。

综合使用上述资源就可以获得很多可靠性预测数据。

Ireson 等（1996）和 O'Connor（1995）的著作均是可靠性预测方面很好的参考书，其中包含了关于可靠性预测、可维修及不可维修系统、电子及制造的可靠性、可靠性试验，以及软件可靠性等方面的诸多方法。Box 和 Draper（1969）对可靠性数据分析进行了进一步的讨论，其中包括已审查的寿命数据（并不是所有的测试单元在测量过程中都会失效）以及加速寿命实验数据分析。Dodson（1999）阐释了如何借助计算机电子数据表来利用各种统计分布简化可靠性建模。

基于各组件的故障数据来估计系统故障率的可靠性预测方法引起了一些争议。Jones 和 Hayes（1999）给出了五种基于部件数据预测系统可靠性的方法得出的数据与实际数据的对比，发现预测数据与观察到的数据差别很大，且预测数据之间也存在很大差异。ANSI / IEC / ASQC D60300 - 3 - 1 - 1997 标准（可靠性管理—第 3 部分：应用指南—第 1 篇—可靠性分析方法）比较了五种分析方法：FMEA/FMECA、故障树分析、可靠性框图、马尔科夫分析，以及基于零部件的可靠性预测。

系统的可靠性涉及设计、开发、实验、生产、现场使用等诸多阶段。可靠性增长是指导致产品失效的原因已经被找到并通过某些措施消除了，进而产品的可靠性得到了改进（也就是"测试、分析及修复"）。可靠性增长模型提供了关于改进后的可靠性的预测，详细介绍见 O'Connor（1995）或 ANSI / IEC / ASQC D601164 - 1997（可靠性增长—统计实验和估计方法），以及相关的 IEC 61164 Ed. 2.0（2004）（可靠性增长—统计实验和估计方法），这些资料中都描述了可靠性增长的估计方法。

基于指数分布的可靠性预测

当故障率恒定且功能框图表明只有所有的部件都正常工作才能保证系统正常工作时，可靠性预测就是各故障率的简单加和。表 20-15 就是一个子系统预测的例子。对子系统故障率的预测就是各零部件故障率的加和，MTBF 就是故障率的倒数。

有关可靠性预测的方法，可参看 Gryna 等（2007），其中还列举了一个电子系统的例子。

表 20-15　机械组件及子系统失效率示例

组件描述	数量	每百万小时的平均失效率	每百万小时的总失效率
重型球轴承	6	14.4	86.4
制动器	4	16.8	67.2
凸轮	2	0.016	0.032
气动软管	1	29.28	29.28
固定排量泵	1	1.464	1.464
歧管	1	8.80	8.80
导针	5	13.0	65.0
控制阀	1	15.20	15.20
装配体总失效率			273.376

MTBF=1/0.000 273 376=3 657.9 小时

资料来源：Adapted from Ireson et al., p.19.9. *Quality Planning and Analysis*. Copyright 2007. Used by permission.

基于威布尔分布的可靠性预测

只有故障率恒定时，总体的可靠性预测才相当于各组件故障率的简单叠加。当此假设不成立时，可使用基于威布尔分布的另一种方法。

1. 用威布尔分布来预测指定时间段的可靠性 R，$R=100-$ 失效率百分比。对每个组件进行上述实验（见表 20-14）。

2. 使用该产品的规则和（或）冗余法则将各组件的可靠性联系起来以预测系统可靠性。

使用指数分布或威布尔分布的可靠性预测都是以将可靠性作为时间的函数为基础的。下一步我们将要考虑作为应力和强度的函数的可靠性。

作为应力和强度的函数的可靠性

故障并不总是时间的函数,在某些情况下,若某一零件的强度大于其所受到的应力,则该零件可以无限期地工作。这里的"强度"与"应力"分别指零件的固有能力以及操作条件下施加于零件上的负荷。

例如,工作温度是一个很重要的参数,预期的最高温度为145°F(63°C)。此外,由强度分布(见图20-22)可得到该能力的平均值为172°F(78°C)以及标准差13°F(7°C)。仅仅基于最高温度的信息,安全边际为:

$$\frac{172-145}{13} = 2.08$$

由安全边际可知道平均强度比预期温度145°F(63°C)高2.08倍的标准差。由表20-16可计算得可信度为0.981[也就是超过145°F(63°C)的区域]。

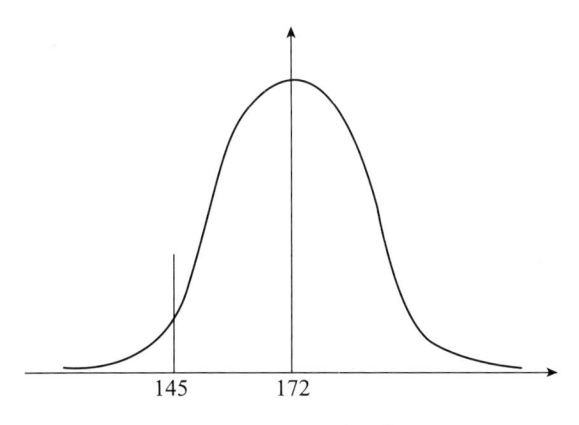

图20-22 强度分布

这个计算说明,在设计中除了平均值外,波动也是非常重要的。设计师们也总是承认波动的存在,所以他们在设计中使用安全系数,安全系数通常被定义为平均强度与预期最大压力的比值。

请注意,在图20-23中,所有的设计具有相同的安全系数。还应该注意的是,可靠性(某一零件强度大于其承受应力的概率)的差别很大。因此,通常与安全系数的设定有关的不确定性部分是由于它没能反映强度与应力的波动。通过安全界限可部分估计该波动,定义为:

$$\frac{平均强度-最大应力}{强度的标准差}$$

由此可以反映出强度的波动,但仍是不全面的,因为其无法反映应力的波动。

表 20-16 正态分布

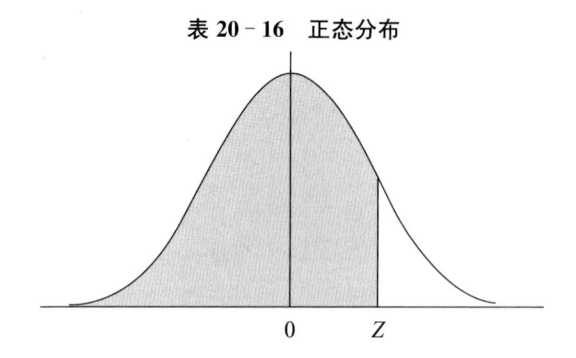

曲线下方从 $-\infty$ 到 $Z=\dfrac{X-\mu}{\sigma}$ 的面积代表了 $Z=2$ 时，小于等于 X 的分布概率为 0.977 2

Z	0.09	0.08	0.07	0.06	0.05	0.04	0.03	0.02	0.01	0.00
−3.0	0.001 00	0.001 04	0.001 07	0.001 11	0.001 14	0.001 18	0.001 22	0.001 26	0.001 31	0.001 35
−2.9	0.001 4	0.001 4	0.001 5	0.001 5	0.001 6	0.001 6	0.001 7	0.001 7	0.001 8	0.001 9
−2.8	0.001 9	0.002 0	0.002 1	0.002 1	0.002 2	0.002 3	0.002 3	0.002 4	0.002 5	0.002 6
−2.7	0.002 6	0.002 7	0.002 8	0.002 9	0.003 0	0.003 1	0.003 2	0.003 3	0.003 4	0.003 5
−2.6	0.003 6	0.003 7	0.003 8	0.003 9	0.004 0	0.004 1	0.004 3	0.004 4	0.004 5	0.004 7
−2.5	0.004 8	0.004 9	0.005 1	0.005 2	0.005 4	0.005 5	0.005 7	0.005 9	0.006 0	0.006 2
−2.4	0.006 4	0.006 6	0.006 8	0.006 9	0.007 1	0.007 3	0.007 5	0.007 8	0.008 0	0.008 2
−2.3	0.008 4	0.008 7	0.008 9	0.009 1	0.009 4	0.009 6	0.009 9	0.010 2	0.010 4	0.010 7
−2.2	0.011 0	0.011 3	0.011 6	0.011 9	0.012 2	0.012 5	0.012 9	0.013 2	0.013 6	0.013 9
−2.1	0.014 3	0.014 6	0.015 0	0.015 4	0.015 8	0.016 2	0.016 6	0.017 0	0.017 4	0.017 9
−2.0	0.018 3	0.018 8	0.019 2	0.019 7	0.020 2	0.020 7	0.021 2	0.021 7	0.022 2	0.022 8
−1.9	0.023 3	0.023 9	0.024 4	0.025 0	0.025 6	0.026 2	0.026 8	0.027 4	0.028 1	0.028 7
−1.8	0.029 4	0.030 1	0.030 7	0.031 4	0.032 2	0.032 9	0.033 6	0.034 4	0.035 1	0.035 9
−1.7	0.036 7	0.037 5	0.038 4	0.039 2	0.040 1	0.040 9	0.041 8	0.042 7	0.043 6	0.044 6
−1.6	0.045 5	0.046 5	0.047 5	0.048 5	0.049 5	0.050 5	0.051 6	0.052 6	0.053 7	0.054 8
−1.5	0.055 9	0.057 1	0.058 2	0.059 4	0.060 6	0.061 8	0.063 0	0.064 3	0.065 5	0.066 8
−1.4	0.068 1	0.069 4	0.070 8	0.072 1	0.073 5	0.074 9	0.076 4	0.077 8	0.079 3	0.080 8
−1.3	0.082 3	0.083 8	0.085 3	0.086 9	0.088 5	0.090 1	0.091 8	0.093 4	0.095 1	0.096 8
−1.2	0.098 5	0.100 3	0.102 0	0.103 8	0.105 7	0.107 5	0.109 3	0.111 2	0.113 1	0.115 1
−1.1	0.117 0	0.119 0	0.121 0	0.123 0	0.125 1	0.127 1	0.129 2	0.131 4	0.133 5	0.135 7

资料来源：*Quality Planning and Analysis*. Copyright 2007. Used by permission.

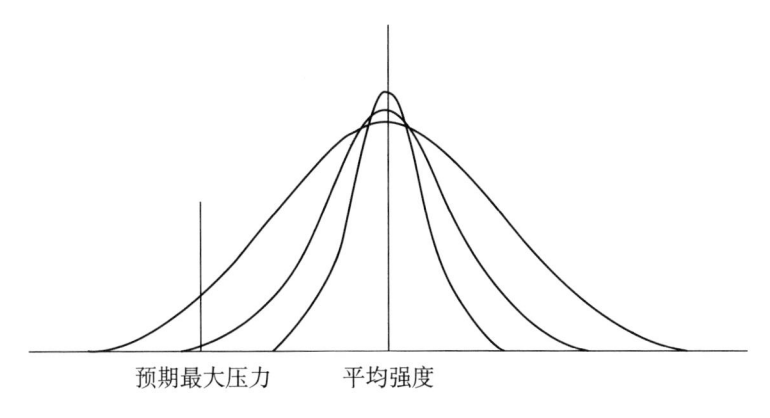

图 20 - 23　变差及安全因子

资料来源：*Quality Planning and Analysis*. Copyright 2007. Used by permission.

可用性

可用性是指产品在给定条件下在使用中表现良好的概率。可用性考虑产品的工作时间以及修理需要的时间，空闲时间则不考虑在内。

将工作时间与工作时间加停机时间的比值记为可用性。但是，这里的停机时间有两种界定方法：

• 总停机时间。这一时间包括主动性维修（诊断和修复）时间、预防性保养时间、物流（等待人员、备品备件等）时间。使用总停机时间时，该比值叫作操作可用度（A_0）。

• 主动性维修时间。得到的比值称为内在可用度（A_i）。在特定条件下，可用度计算如下：

$$A_0 = \frac{\text{MTBF}}{\text{MTBF} + \text{MDT}} \text{ 和 } A_i = \frac{\text{MTBF}}{\text{MTBF} + \text{MTTR}}$$

其中，MTBF＝平均无故障时间

　　　MDT＝平均停机时间

　　　MTTR＝平均维修时间

这就是稳定状态可用性的公式，这个公式是很简洁的。但是，该公式是建基于很多在现实中无法达到的假设之上的，这些假设有：

• 产品在整个寿命阶段都是以恒定的失效率运作的，因此故障时间分布呈指数型。

• 停机或维修时间分布也是指数型。

• 对局部系统失效率的改进不会改变整体系统的失效率。

- 没有可靠性增长（增长可能是由于设计改进或修复失效的部件带来的）。
- 在计算可用性的时间中不包括预防性维修时间。

更加精确的计算可用性的公式还需要考虑工作条件及统计假设。有关这些公式的论证见 Ireson 等（1996）。

设置规范界限

实物产品开发的一个主要步骤就是将产品特征转化为空间的、化学的、电子的以及其他的产品特征。因此，汽车供暖系统有加热器、空气管道、鼓风机总成、发动机冷却液等许多特征。

对于每个特征，设计者必须列出：（1）期望的平均值（或"名义值"）；（2）该类产品必须满足的高于或低于名义值的规范限制（或"耐用极限"）。这两个因素与参数及公差设计有关，具体的讨论见 Gryna 等（2007）。

规范界限应能反映该产品的功能需求、制造变异和经济后果，接下来的三小节将解决这三个方面的问题。有关规范界限的统计处理的深入讨论见 Anand（1996）。

规范界限和功能需求

有时可开发数据使产品绩效与关键部件的测量相关。例如，一个恒温器，可能需要分别在指定的高温或低温下打开或关闭电源，设定并测量一系列恒温器的元素。记录初始数据：（1）打开温度；（2）关闭温度；（3）恒温元素的物理特性。然后我们就可以绘制散点图并建立回归方程，如图 20-24 所示，以确立在置信极限范围内具有科学依据的关键组件的耐用度。理想情况下，样本大小应该足够大，而且数据应来自统计控制过程——这两个条件基本上都达不到。O'Connor（1995）解释了该方法如何与田口方法联系，以开发一种更加稳健的设计。

规范界限与制造变异

通常，不会给设计师提供过程能力方面的信息。他们的问题就是如何从过程中获得数据，计算过程能力可以达到的极限，并将这些极限与他们将要设定的极限做比较。若他们不考虑任何限制，由过程数据中计算得到的能力极限将会给出在生产角度上看起来是现实的一系列极限。接下来，这些极限必须根据产品的功能需求进行评估。

在统计学上，该问题就是用一个样本数据来估计总体的每一元素的变动极

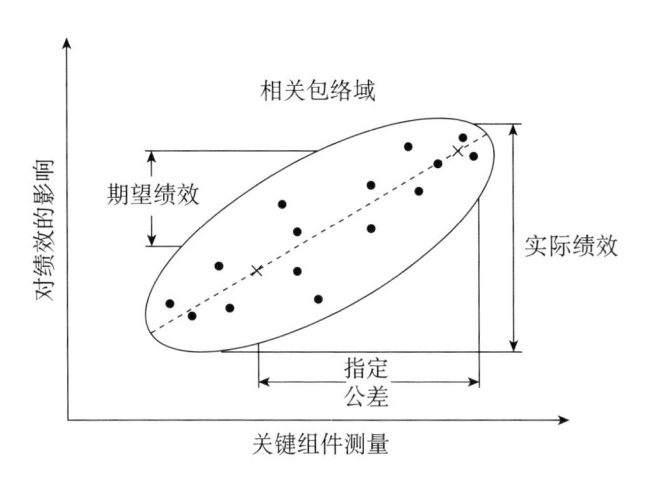

图 20-24　功能公差策略

资料来源：*Quality Planning and Analysis*. Copyright 2007. Used by permisson.

限。例如，假设一个产品特征服从正态分布，总体平均值为 5.000 以及标准差为 0.001。然后，根据任意给定的总体的百分比都可以计算其极限。图 20-25 给出了总体的 99% 界限的位置。表 20-16 表明，2.575 个标准差将包括总体的 99%，因此，在此例中，耐用限度的实际值是：

5.000±2.575（0.001）＝5.003 和 4.997

总体中 99% 的个体的值都位于 4.997 与 5.003 之间。

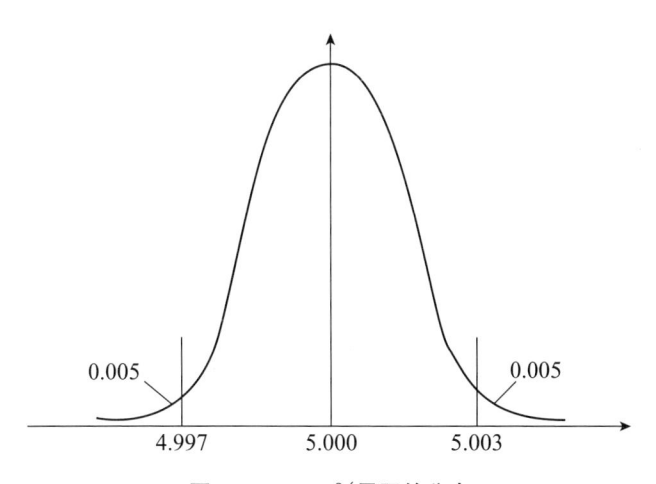

图 20-25　99% 界限的分布

资料来源：*Quality Planning and Analysis*. Copyright 2007. Used by permission.

在实际中，总体的均值和方差通常是不知道的，这时就必须根据过程中的一组产品样本进行估计。第一次近似估计时，公差范围可设为：

$$\overline{X} \pm 3s$$

这里样本的平均值 $\overline{X}$ 以及标准差 s 直接用作对总体值的估计。若总体真正的均值与标准差与该估计值相等,而且该特征属于正态分布,那么总体中有 99.73% 的个体将落在计算的范围内。这个极限通常叫作自然公差范围(因为该极限能辨别过程的自然变动,所以是可行的)。这种近似忽略了估计均值及标准差的样本中可能存在的错误。

已经有寻找公差范围的更加精确的方法了。例如,正态分布中用于确定公差范围的公式和表格。表 20-17 提供了在样本均值与标准差不确定的情况下计算公差范围的因子。公差范围的计算公式为:

$$\overline{X} \pm Ks$$

系数 K 是期望的置信水平、在公差范围内的总体的比例以及样本中数据的个数的函数。

例如,假设从某一过程中抽取 10 个电阻作为一个样本得到平均值和标准差分别为 5.04 和 0.016。总体的 99% 处于公差范围内,而且公差范围的置信水平为 95%。参考表 20-17,可得到 K 值为 4.443,公差范围为:

$$5.04 \pm 4.433 \ (0.016) = 5.11 \text{ 和 } 4.97$$

有 95% 的把握认为总电阻中至少有 99% 的电阻的阻值在 4.97~5.11Ω 之间。以这种方式得到的公差范围通常称为统计公差范围。这种方法比 $3s$ 法严格,但是这种方法得到的两个百分比对那些没有统计背景的人来讲是难以理解的。

对于某些行业(如电子业)的产品,在特定范围外的产品数量是以百万分之(ppm)计量的。因此,若使用标准差的 3 倍作为范围,那么将有百万分之 2 700(对应于百分制的 99.73%)在范围外。在很多应用中(例如,有很多逻辑门的个人电脑),这种水平是完全无法接受的。表 20-18 给出了一些标准差对应的 ppm 值,这些 ppm 值的水平假设在标称规范中的过程均值是恒定的。为了适当调整过程的均值,一些制造商遵循 $\pm 6\sigma$ 准则来制定规范限制。

设计师往往必须要在只有过程的几个测量值(或更可能是在实验条件下的开发测试)的情况下设定公差范围。

例如,开发一种涂料配方时,得到了以下的光泽度值:76.5,75.2,77.5,78.9,76.1,78.3 和 77.7。若让一组化学家设定范围的最小值,他们肯定会说 75.0——这个答案对于没有统计学背景的人来说是合理的。图 20-26 在正态概率纸上绘制了数据的分布点。若将推断置于 75.0 这一行,从图中可以看到大约 11% 的总体值在 75.0 的范围外。当然,可以扩大样本的容量或者做进一步的统计分析,但是绘制图形提供了一种评价小样本数据的有效工具。

表 20-17 正态分布的公差因子

正态分布公差因子（双侧）										
P\N	$\gamma=0.75$					$\gamma=0.90$				
	0.75	0.90	0.95	0.99	0.999	0.75	0.90	0.95	0.99	0.999
2	4.498	6.301	7.414	9.531	11.920	11.407	15.978	18.800	24.167	30.227
3	2.501	3.538	4.187	5.431	6.844	4.132	5.847	6.919	8.974	11.309
4	2.035	2.892	3.431	4.471	5.657	2.932	4.166	4.943	6.440	8.149
5	1.825	2.599	3.088	4.033	5.117	2.454	3.494	4.152	5.423	6.879
6	1.704	2.429	2.889	3.779	4.802	2.196	3.131	3.723	4.870	6.188
7	1.624	2.318	2.757	3.611	4.593	2.034	2.902	3.452	4.521	5.750
8	1.568	2.238	2.663	3.491	4.444	1.921	2.743	3.264	4.278	5.446
9	1.525	2.178	2.593	3.400	4.330	1.839	2.626	3.125	4.098	5.220
10	1.492	2.131	2.537	3.328	4.241	1.775	2.535	3.018	3.959	5.046
11	1.465	2.093	2.493	3.271	4.169	1.724	2.463	2.933	3.849	4.906
12	1.443	2.062	2.456	3.223	4.110	1.683	2.404	2.863	3.758	4.792
13	1.425	2.036	2.424	3.183	4.059	1.648	2.355	2.805	3.682	4.697
14	1.409	2.013	2.398	3.148	4.016	1.619	2.314	2.756	3.618	4.615
15	1.395	1.994	2.375	3.118	3.979	1.594	2.278	2.713	3.562	4.545
16	1.383	1.977	2.355	3.092	3.946	1.572	2.246	2.676	3.514	4.484
17	1.372	1.962	2.337	3.069	3.917	1.552	2.219	2.643	3.471	4.430
18	1.363	1.948	2.321	3.048	3.891	1.535	2.194	2.614	3.433	4.382
19	1.355	1.936	2.307	3.030	3.867	1.520	2.172	2.588	3.399	4.339
20	1.347	1.925	2.294	3.013	3.846	1.506	2.152	2.564	3.368	4.300
21	1.340	1.915	2.282	2.998	3.827	1.493	2.135	2.543	3.340	4.264
22	1.334	1.906	2.271	2.984	3.809	1.482	2.118	2.524	3.315	4.232
23	1.328	1.898	2.261	2.971	3.793	1.471	2.103	2.506	3.292	4.203
24	1.322	1.891	2.252	2.950	3.778	1.462	2.089	2.480	3.270	4.176
25	1.317	1.883	2.244	2.948	3.764	1.453	2.077	2.474	3.251	4.151
26	1.313	1.877	2.236	2.938	3.751	1.444	2.065	2.460	3.232	4.127
27	1.309	1.871	2.229	2.929	3.740	1.437	2.054	2.447	3.215	4.106
30	1.297	1.855	2.210	2.904	3.708	1.417	2.025	2.413	3.170	4.049
35	1.283	1.834	2.185	2.871	3.667	1.390	1.988	2.368	3.112	3.974
40	1.271	1.818	2.166	2.846	3.635	1.370	1.959	2.334	3.066	3.917
100	1.218	1.742	2.075	2.727	3.484	1.275	1.822	1.172	2.854	3.646
500	1.177	1.683	2.006	2.636	3.368	1.201	1.717	2.046	2.689	3.434
1 000	1.169	1.671	1.992	2.617	3.344	1.185	1.695	2.019	2.654	3.390
∞	1.150	1.645	1.960	2.576	3.291	1.150	1.645	1.960	2.576	3.291

资料来源：*Quality Planning and Analysis*. Copyright 2007. Used by permission.

注："表 H—正态分布公差因子"选自《统计分析选择技术—OSRD》

C. Eisenhart，M. W. Hastay，and W. A. Wallis，Copyright 1947 by The McGraw-Hill Companies，Inc. Reprinted by permission of The McGraw-Hill Companies，Inc.

γ = 置信水平；P = 公差带内总体的百分比；N = 样本数量

表 20-18 标准方差和 ppm（对称分布过程）

标准差值	每百万数（ppm）
±3σ	2 700
±4σ	63
±5σ	0.57
±6σ	0.002

资料来源：*Quality Planning and Analysis*. Copyright 2007. Used by permission.

注：若过程不是对称分布，且均值上下移动 1.5σ，则 ±6σ 将为 3.4ppm。

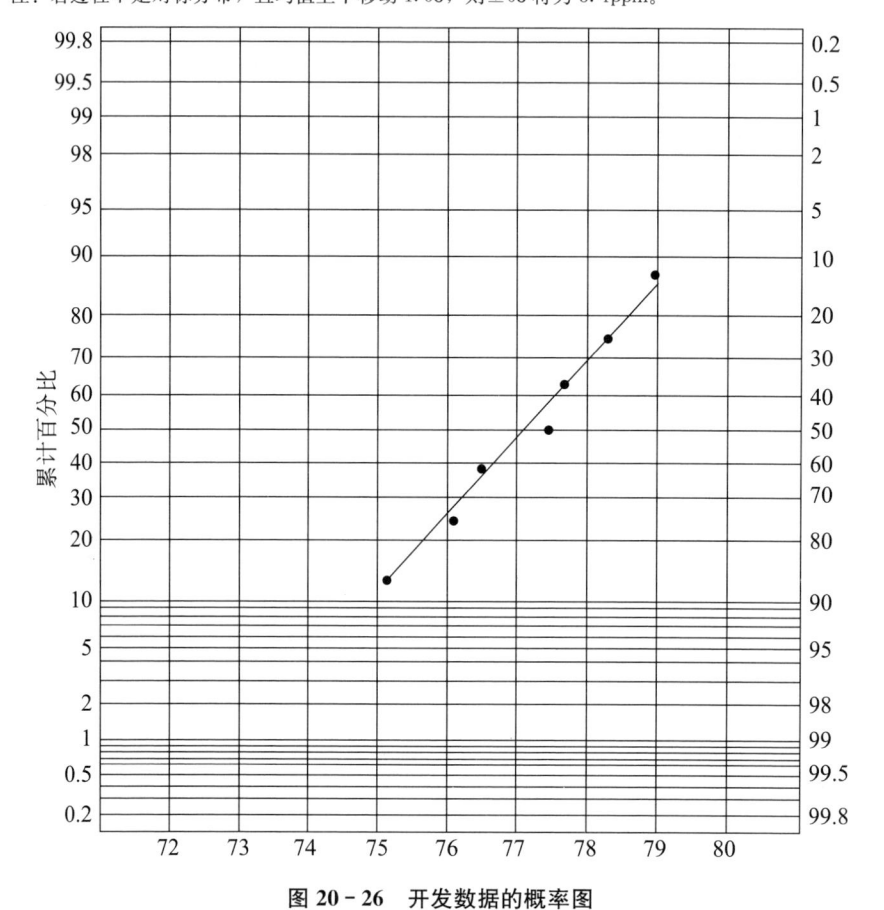

图 20-26 开发数据的概率图

资料来源：*Quality Planning and Analysis*. Copyright 2007. Used by permission.

根据过程数据设置公差范围的各种方法都要求数据样本代表的过程足够稳定、可预测。实际操作中，通常不经任何正式的评价就接受该假设。若能够获得足够的数据，就应该用控制表格来检验该假设。

统计公差范围有时会和工程及统计学中的其他极限相混淆，表 20-19 总结了五种类型的极限之间的区别（另可参见 Box 和 Draper，1969，pp.44.47 - 44.58）。

表 20-19　各极限间的区别

极限名称	意义
公差极限	由工程设计功能决定，定义了产品能正常工作的最大、最小值
统计公差极限	由过程数据计算得到，定义了过程中存在的变动的数量，这些极限包含了总体的一定比例
预测极限	由过程数据计算得到，确定了所有未来观察量的极限
置信极限	由数据计算得到，确定了总体参数分布的间隔
控制极限	由过程数据计算得到，确定了中心值附近的随机变动极限

资料来源：*Quality Planning and Analysis*. Copyright 2007. Used by permission.

规范界限和经济后果

在传统的于某一标称值附近设置规范界限的方法中，我们假设在规范范围内产品不会带来经济损失，而在规范范围外的产品带来的损失是替换该产品的花费。

另一种观点认为，任何与标称值的偏差都会造成损失。因此，存在一个顾客所期望的理想值（标称值），任何与该理想值的偏差都会导致顾客不满，其损失由损失函数来描述（见图 20-27）。

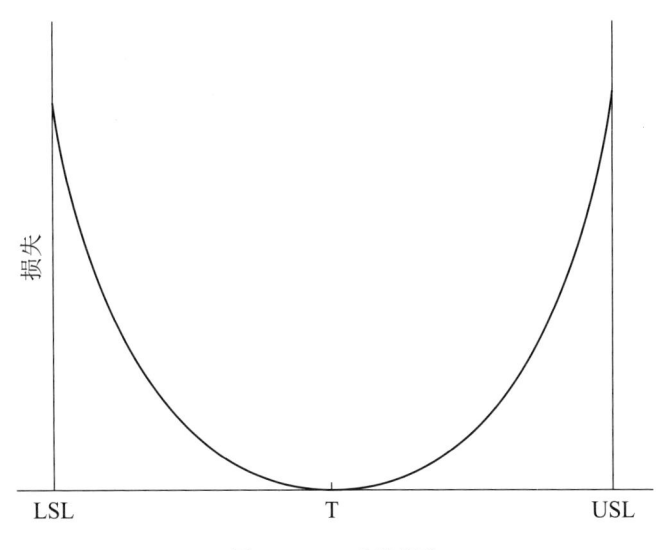

图 20-27　功能损失

有许多公式可以通过把损失看作一个对目标的偏离的函数来预测损失，田口提出了一个简单的二次损失函数：

$$L = k(X-T)^2$$

其中，L＝经济损失

k = 成本系数

X = 质量特征值

T = 目标值

Ross（1996）举了一个例子来说明如何运用损失函数来确定规范界限。在卡车的自动变速箱中，换挡点一般设计在一定的速度和油门位置上。假设当顾客在保修期内投诉换挡点时，生产商要花费 100 美元来调整阀体。研究表明，一般顾客会在第一到第二级齿轮的换挡点偏离了标称值 40rpm 时要求进行调整，那么损失函数就是：

损失 $= k(X-T)^2$

$100 = k(40)^2$

$k = 0.0625$ 美元

工厂可以在花费较低，大约 10 美元的情况下做出调整。现在就可以运用损失函数来计算规范界限了。

$10 = 0.0625(X-T)^2$

$(X-T) = \pm 12.65$ 或 ± 13 rpm

规范界限应该设置在期望标称值附近的 13rpm 处。若变速器的换挡点超过标称值多于 13rpm，那么在出厂时进行调整要比在保修期内等待顾客投诉再调整要便宜。Ross（1996）讨论了如何用损失函数设定单边的规范界限，例如最大值或最小值。

相关作用尺寸的规范界限

相关作用尺寸与其他尺寸联系或合并以得到最终的结果。考虑图 20-28 所示的简单的机械装配图，三个元件 A、B、C 的尺寸就是相关作用尺寸，因为它们决定了装配体的长度。

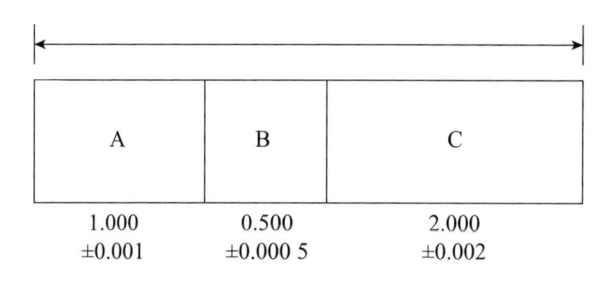

A	B	C
1.000 ±0.001	0.500 ±0.0005	2.000 ±0.002

图 20-28 机械装配

资料来源：*Quality Planning and Analysis*. Copyright 2007. Used by permission.

假设各元件是在图 20-28 所示的规范界限范围内制造的。从逻辑上看装配体的规范应是 3.500±0.003 5，极限是 3.503 5 和 3.496 5。这种逻辑可由如下所示的两个极端组件验证：

最大值	最小值
1.001	0.999
0.500 5	0.499 5
2.002	1.998
3.503 5	3.496 5

组件公差相加的方法在数学上是正确的，但往往过于保守。假设约有 1% 的组件 A 低于其最小的公差极限，而且假设 B、C 也是这样的，那么任意选取一个 A 或 B 或 C 组件，就有 1% 的可能在最低限度之下。关键问题就是：若装配体是随机安装的，而各组件又是独立制造的，那么装配体中的三个组件同时低于最低限度的概率是：

$$\frac{1}{100} \times \frac{1}{100} \times \frac{1}{100} = \frac{1}{1\,000\,000}$$

三个组件都偏小而导致装配体很小的概率只有百万分之一。因此用各组件的公差极限简单相加的方法得到装配体公差的方法是保守的，因为一个装配体中的组件都很小或都很大的概率是极小的。

基于多个独立自变量的变化与因变量或最终结果的变异关系的统计方法可以写为：

$$\sigma_{结果} = \sqrt{\sigma_{原因A}^2 + \sigma_{原因B}^2 + \sigma_{原因C}^2 + \cdots}$$

在该装配体的例子中，计算公式为：

$$\sigma_{装配体} = \sqrt{\sigma_A^2 + \sigma_B^2 + \sigma_C^2}$$

现在假设每个组件的公差范围都等于其标准差或者是标准差的常数倍，因为 σ 是 T 的三分之一，所以方差关系可写为：

$$\frac{T}{3} = \sqrt{\left(\frac{T_A}{3}\right)^2 + \left(\frac{T_B}{3}\right)^2 + \left(\frac{T_C}{3}\right)^2}$$

或者

$$T_{装配体} = \sqrt{T_A^2 + T_B^2 + T_C^2}$$

因此，装配体方差的平方等于各组件方差平方之和。这个公式能比得上常用的各公差简单相加的方法。

统计方法的影响是巨大的。下面列出的是用前述公式计算得到的装配体公差为 0.003 5 的两种不同的组件公差组合。

组件	方案 1	方案 2
A	±0.002	±0.001
B	±0.002	±0.001
C	±0.002	±0.003

在方案 1 中，组件 A 的公差是原来简单相加方法中公差的两倍，组件 B 的公差是原来的四倍，组件 C 的公差与原来相同。若选择了方案 2，各组件的公差与方案 1 类似有了显著增加。运用这个公式就可以在不改变制造过程与装配体公差的情况下增大组件的公差。

这种方法的风险就是装配体有可能超出装配公差范围。然而，将各组件的标准差设定为其公差范围后，就可以计算该概率，计算整体的标准差并找到正态曲线下方超出装配公差界限的范围。例如，如果每个组件公差等于 $3s$，那么就有 99.73% 的可能使装配体在装配范围内，也就是说 0.27% 或者说是大约 3‰ 的可能使装配体在装配公差外。通过改变公差范围外的少数装配体的组件就可以消除该风险。

该公差公式没有严格限制装配体的外廓尺寸。一般地，公式的左边是因变量或物理结果，而公式的右边是自变量或物理原因。当结果在左而原因在右时，公式中通常会在根号下有加号——即使公式是内部尺寸，例如轴与孔的间隙也是这样。无论物理结果为何，都要加上产生波动的原因。

该公式已应用于各种机械和电子产品。这一概念也可用于工程关系中几个交互变量的情况。这个关系的本质并不必须是加法（如装配体的例子）或减法（如轴与孔的例子），该公差公式稍加修改还可用于预测多个变量的积或商的变动。

公式的假设

该公式是基于一系列假设的：

- 组件尺寸是独立的，而且进行组装的各组件是随机选择的。该假设在实际中通常是成立的。

- 每个组件的尺寸应呈正态分布。在一定程度上不符合这一假设也是可以的。

- 每个组件的实际平均值要等于规范中的标称值。以前述的装配体为例，组件 A、B、C 的实际均值必须分别为 1.000、0.500 和 2.000，否则就无法达到装配体的标称值 3.500，而且 3.500 的公差范围也就不符合实际了。因此控制相关作用尺寸的均值是非常重要的。所以，在变量测量中需要过程控制技术。

若有任何与假设不符的情况就应该注意了，如果是在合理范围内与假设不符，仍可用该公式。注意在上述例子中，该公式的使用使各公差都翻倍了，但是从过程能力的角度看并不需要如此大的增长。

Bender（1975）通过一些复杂的装配体研究了这些假设，根据"概率与经验的结合"得出在应用假设时应包括一个系数 1.5：

$$T_{结果} = 1.5\sqrt{T_A^2 + T_B^2 + T_C^2 + \cdots}$$

Graves（1997）建议对下列这些情况制定不同的系数：初始生产与成熟的生产，大批量生产与小批量生产，已经成熟的与正在发展中的技术与测量过程。

最后，变异仿真分析是一种运用计算机模拟分析公差的方法。无论产品的特征是不是正态分布都可用该方法处理。Dodson（1998）描述了仿真在电路公差设计中的应用，Gomer（1998）介绍了发动机设计中仿真的应用。关于可靠性的全面论述，见 Meeker 和 Escobar（1998）。

质量控制中的统计工具

除了基本控制图之外，还有一些用于特殊控制目的的方法有时也是很有用的。

预控

预控是一种探知可能导致缺陷（而不是统计上显著的变化）的过程条件和变化的统计方法。预控关注对规范符合性的控制，而不是统计控制。预控由处于规范界限内的过程中心开始并探测可能会导致某些部件超出界限的偏移。该方法既不需画图也不需计算，它只用三次测量即可给出控制信息。该方法采用正态分布曲线来探知可能导致缺陷产品增加的目标或产品过程的显著变化。

与统计控制图相比，相对简单的预控在很多应用中都有明显优势，但是其概念还是存在争议的。关于预控与其他方法的比较以及如何最恰当地对其加以运用方面的讨论，可参考 Ledolter 和 Swersey（1997）及 Steiner（1997）的文章。在这些文章中，也包含了对于该方法的来龙去脉的完整叙述。

短期控制图

有些过程运行的时间过短，所以很难收集到 20～30 个样本来建立控制图。这类短期运行部分是由在特定时间发生的已知原因造成的（例如在生产中频繁地在不同品种之间切换，正如精益生产系统中的例子）。Hough 和 Pond（1995）讨论了在该情形下创建控制图的四种方法：

1. 忽略系统性波动并绘制单一表格。
2. 将数据分层，并将它们绘在同一张表上。
3. 运用回归分析对数据建模，并将残差绘在表格上。
4. 将数据标准化，并把标准化了的数据画在表中。

最后一个方法用得最多，它需要对数据进行 Z 变换：

$$Z = \frac{X - \mu}{\sigma}$$

从而消除水平和波动中的所有系统性变化（因此要将数据正态化到一个共同的基准上）。Nelson（1989）、Wheeler（1991）和 Griffith（1996）都讨论了休哈特图的标准化，Pyzdek（1993）还讨论了短期、小样本的运行。

累积和控制图

累积和（CUMSUM 或 CUSUM）控制图是对统计样本（如 $\bar{X}, p$，范围外数据）相对参考值（如标称值或目标规范）的偏差的累积和按时间进行绘制。由定义可知，CUMSUM 控制图主要研究的是一个目标值而不是过程数据的实际均值。绘制的每一个点都包含了所有观测值的信息，即累积和。CUMSUM 控制图在探测过程均值的微小偏移方面尤其有用（比方说，从 0.5σ 到 2.0σ）。图 20-29 示范了创建 CUMSUM 控制图的一种方法。

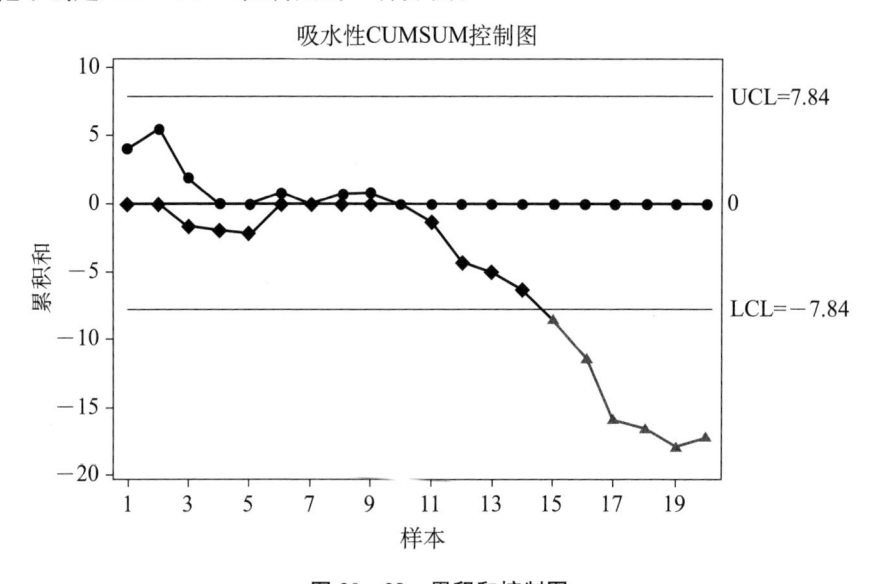

图 20-29　累积和控制图

资料来源：Juran Institute，Inc. Copyright 1994. Used by permission.

创建累积和控制图的方法如下：

1. 计算控制统计量（例如图 20-29 中的 $\bar{X}$）。
2. 确定目标值 T（图 20-29 中为 10）。
3. 计算标准差 s（图 20-29 中为 1.96）。
4. 在"0"位置和上、下控制极限 $\pm 4s$ 处绘制参考线（分别叫 UCL 和 LCL）。
5. 计算每一样本点 k 的上累计和 C_U：

$$C_{U,k} = \text{Maximum}\left\{0, \sum_{i=1}^{k}[\bar{X}_i - (T+s/2)]\right\}$$

6. 计算每一样本点 k 的下累积和 C_L：

$$C_{L,k} = \text{Minimum}\left\{0, \sum_{i=1}^{k}[\bar{X}_i - (T-s/2)]\right\}$$

7. 分别绘制 C_U 和 C_L 的曲线。
8. 当 C_U 大于 UCL 时，就出现了一个向上的偏移；当 C_L 小于 LCL 时，就出现了一个向下的偏移。

移动均值控制图

另一种特殊的图表是移动均值控制图。此图是通过不断地放弃以前的测量数据并加入最新测量数据以计算均值，并将该均值随时间进行绘制的图表方法。因此，新的平均值是由每一个测量值计算而得的。进一步的细化就是指数加权移动均值（EWMA）控制图。在 EWMA 控制图中，观测值都是加权的，且最新的数据拥有最大的权值。移动均值控制图在测量小偏移、显著趋势方面是很有效的，其所使用的是在较长一段时间生产单一项目的过程的数据。

Box-Jenkins 手动调整表

还有一种方法就是 Box-Jenkins 手动调整表。均值-极差控制图、CUMSUM 控制图及 EWMA 控制图都是监控过程变量，并设法降低控制图所识别的引发波动的特殊原因所导致的变异性。而 Box-Jenkins 手动调整表的目的则是：在每次观测后，通过对数据的分析来规范过程，以最大限度地减少过程变异。对于该先进工具的详细介绍见 Box 和 Luceño（1997）。

多元控制图

最后，我们讨论多元控制图。当一个产品单元具有两个或多个质量特征时，可以分别绘制控制图监测。每一个特征的样本均值超过 3σ 极限的概率为

0.002 7，那么对于有两个特征的产品，两个变量同时超过控制范围的联合概率是 0.002 7×0.002 7 或 0.000 007 29，远小于 0.002 7。当质量特征越多时，这种现象就越明显。基于这种及其他的原因，分别监控多个特征就会产生错误。多元控制图及统计学（例如 Hotelling's T^2 图，多变量 EWMA）都描述了该情况。更详细的讨论可参见 Montgomery（2000）著作中的第 8.4 节。

过程能力

从质量规划的方面来看，对过程是否能够满足规范的预先确认是最重要的。近几十年来兴起的过程能力的概念为过程充分性提供了量化估计。这种定量预测的能力已经使其成为质量计划领域中被广泛认可的主要元素。过程能力是过程所产出产品的可测量的、固有的变动。

基本定义

该定义中的每一个关键词本身都必须清楚地定义，因为能力的概念具有非常广泛的范围，而非科学性的术语是不能满足工业领域的交流需要的。

- 过程是指机床、工具、方法、材料和从事生产的人的一些特定的组合，通常能够灵活、明确地区分并定量分析该组合中各变量的影响。
- 能力是达成可衡量的结果的一种可测量的性能。
- 测量能力是指从数据中得到的量化的过程能力，换句话说，就是过程中测量工作的结果。
- 固有能力是指从处于统计控制状态的过程中获得的产品的一致性（也就是无随时间的"漂移"或者其他引发变动的可归因原因）。"瞬时重复性"是固有能力的同义词。
- 因为产品变异是最终的结果，所以要对产品进行测量。

对过程能力信息的利用

过程能力的信息有多种用途：
- 预测过程中将会出现的波动的程度。这种能力信息将为设计师提供制定切实可行的规范界限所需的重要信息。
- 从多个竞争过程中选出最能满足公差的过程。
- 规划连续过程间的相互关系。例如在齿轮齿的硬化中，某一个工序可能会破坏前一工序获得的精度。通过量化每个工序的能力通常可得到一个解决方法。
- 为建立定期过程控制及调整的时间表提供了量化依据。
- 按照机器最适合做的工作对其进行分类。
- 验证质量改进过程中缺陷原因的假设。
- 为设定要购买的设备的质量绩效要求提供基础依据。

这些用途扩展了过程能力的应用范围。

过程能力研究的规划

进行能力研究有很多原因，例如，回应顾客对于过程能力指数的要求，评估或改进产品质量。在进行数据收集前，需要明确做该研究的目的，以及实现该研究目标所需的步骤。

某些情况下，能力研究关注于确定一个相对简单的过程的能力指数和直方图。这时规划应确保过程条件（例如温度、压力）能够得到完全定义和记录。所有其他输入（即特定的设备、材料等，当然还有人员）必须明确表示。

对于更复杂的过程，或者在期望缺陷水平仅为百万分之一到百万分之十的情况下，建议采取以下步骤：

1. 描述过程，包括输入、过程步骤以及质量特征输出。描述涵盖了从简单的设备识别，直至建立每个过程变量对质量特征的影响的数学方程的内容。

2. 为每一个过程变量定义过程条件。简单情况下，这一步包括说明温度和压力的设置，但是对于某些过程来讲，则意味着需要确定每一过程变量的最佳值或目标。统计实验设计提供了相关的方法。还需要确定过程变量在最佳值附近的操作范围，因为这个范围会影响过程所输出的产品特征的波动。

3. 确保每一个质量特征至少对应一个可以用来对其进行调整的过程变量。

4. 确定测量误差是否显著。这可以通过对测量系统的误差进行单独研究来加以确定。在某些情况下，测量误差可以作为总体研究的一部分进行评估。

5. 明确能力研究是仅专注于变量，还是包含导致质量问题的错误或失误。

6. 规划评估过程稳定性的控制图的用途。

7. 制订一个数据收集计划，包括足够大的样本容量，其中的样本能够给出质量特征及过程条件（如所有过程变量的值），并能够按照测量的顺序记录信息，以便评估趋势。

8. 计划用哪些方法来分析研究中获得的数据，以确保在开始研究之前，所有必要的数据分析都可用。该分析应包括变量的过程能力计算、错误数据的属性及类别分析，以及研究中由统计设计实验获得的数据的分析。

9. 在过程能力计算之前,需要花费一些时间进行中间结果调查,包括过程变量的最佳值及范围的分析、控制图中的失控点,以及其他不寻常的结果。这些调查将引领我们迈向终极目标,即过程得到改进。

请注意,这些步骤的重点在于质量改进,而非仅是确定能力指数。

标准化的过程能力公式

最常用的过程能力公式是:

$$过程能力 = \pm 3\sigma(总共为 6\sigma)$$

其中,σ 是处于统计控制状态(即无漂移与突然变化)的过程的标准差。如果该过程位于名义规范中心并遵循正态概率分布,那么将有 99.73% 的产品落在 3σ 的名义规范带中。

与产品规范的关系

量化过程能力的一个重要原因是为了计算过程保持产品规范的能力。对于统计控制状态下的过程,将该规范范围与 $6s$ 波动相比较,就可运用传统的统计学理论来计算缺陷率。

规划者希望选择 $6s$ 过程能力位于产品规范范围内的过程。这种关系的一种度量就是能力比率:

$$C_p = 能力比率 = \frac{规范范围}{过程能力} = \frac{USL - LSL}{6s}$$

其中,USL 是规范上限,LSL 是规范下限。

请注意,$6s$ 作为 6σ 的估计使用。

一些公司将上述公式的倒数定义为比率。有些行业用每百万多少来计算缺陷率。以每百万为单位的缺陷率要求的能力比率约为 1.63(规范范围比过程能力)。

图 20-30 显示了四种过程变动和规范范围的关系以及每种关系可能的应对方案。请注意,在所有这些例子中,过程均值在规范上下限的中点处。

表 20-20 显示了过程能力比率和相应的缺陷率水平之间的关系,该表假设过程均值在规范界限的中点附近。恰好满足规范界限(规范界限为 $\pm 3\sigma$)的过程的 C_p 值为 1.0。但许多过程的均值并不总是在规范范围的中点处,所以 C_p 值至少应为 1.33。值得注意的是,在 $C_p = 2.0$ 的短期运行情况下(且均值位于规范范围中值附近),会相应得到 $3C_p$ 或 6 西格玛的过程西格玛能力(在运行较长时间的情况下,允许 $1.5s$ 的偏移,则相应得到 $6s - 1.5s = 4.5s$,这时,可以预计每百万分之 3.4 的产品将会处于规范界限之外)。

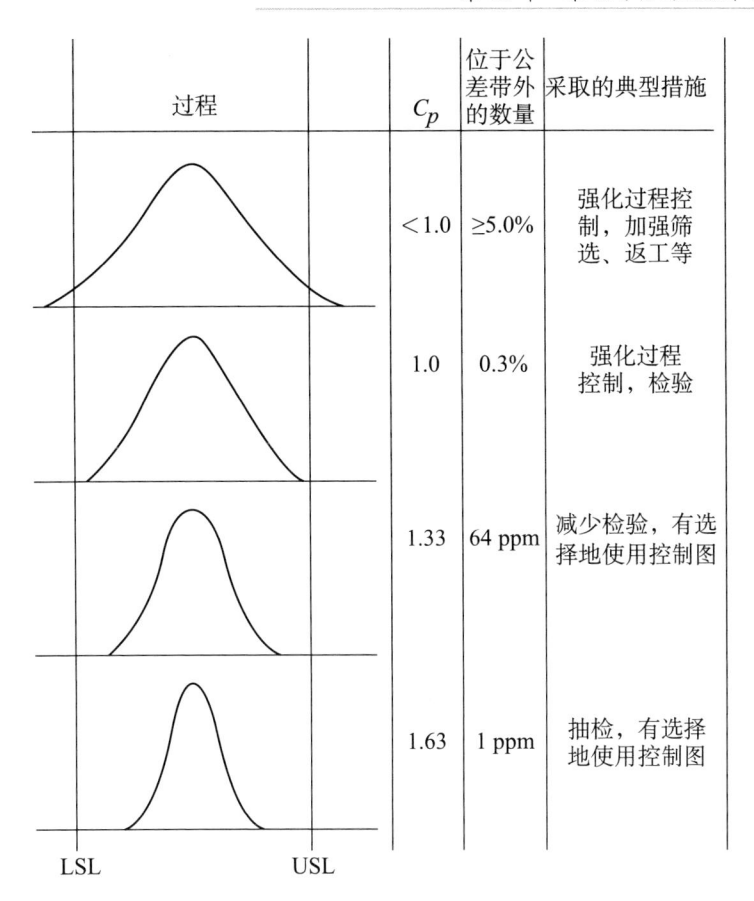

过程	C_p	位于公差带外的数量	采取的典型措施
	<1.0	≥5.0%	强化过程控制，加强筛选、返工等
	1.0	0.3%	强化过程控制，检验
	1.33	64 ppm	减少检验，有选择地使用控制图
	1.63	1 ppm	抽检，有选择地使用控制图

LSL　　　USL

图 20-30　过程波动的四个实例

资料来源：*Quality Planning and Analysis*. Copyright 2007. Used by permission.

表 20-20　过程能力指数（C_p）和规范界限外的产品

过程能力指数（C_p）	落在双侧规范界限之外的产品数量*
0.5	13.36%
0.67	4.55%
1.00	0.3%
1.33	64ppm
1.63	1ppm
2.00	0

资料来源：*Quality Planning and Analysis*. Copyright 2007. Used by permission.
* 假设过程集中于规范界限的中值处。

请注意，C_p 指数用来衡量过程变动是否在规范范围之内，但是这并不能说明过程是否确实在规范范围内运行，因为该参数并不包含对过程均值的度量。包含过程均值度量的是 C_{pk}。

常用的三个能力指标如表 20-21 所示，其中最简单的是 C_p。对于三个指标来说，均是指标值越大，在规范范围外的产品数就越少。

表 20-21 过程能力及过程绩效指数

过程能力	过程绩效
$C_p = \dfrac{\text{USL} - \text{LSL}}{6\sigma}$	$P_p = \dfrac{\text{USL} - \text{LSL}}{6s}$
$C_{pk} = \min\left[\dfrac{\text{USL} - \mu}{3\sigma}, \dfrac{\mu - \text{LSL}}{3\sigma}\right]$	$P_{pk} = \min\left[\dfrac{\text{USL} - \overline{X}}{3s}, \dfrac{\overline{X} - \text{LSL}}{3s}\right]$
$C_{pm} = \dfrac{\text{USL} - \text{LSL}}{6\sqrt{\sigma^2 + (\mu - T)^2}}$	$P_{pm} = \dfrac{\text{USL} - \text{LSL}}{6\sqrt{s^2 + (\overline{X} - T)^2}}$

资料来源：*Quality Planning and Analysis*. Copyright 2007. Used by permission.

Pignatiello 和 Ramberg（1993）对各种能力指标进行了深入讨论。Bothe（1997）的著作是一部包括了数学方面的广泛讨论的全面的参考书。这些参考文献都解释了如何计算各种过程能力指标的置信区间。

过程能力指数 C_{pk}

由 C_{pk} 衡量的过程能力包含了过程中变量均值的变化，图 20-31 说明了该概念。正如分布曲线的宽度所表明的，由于每个分布的 6σ 是相同的，所以两个过程具有相等的能力（即 C_p 值）。以 μ_2 为目标的过程将会产生缺陷产品，是因为其目标值偏离了中心，而不是因为其目标值固有的波动（即能力）过大。

因此，假设过程均值是规范界限的中值，而且过程是在统计控制下运行的，则 C_p 衡量的是潜在的能力。但由于均值一般都不是规范界限的中值，所以就需要一个既可以反映变动又可以反映过程均值位置的指标，即 C_{pk}。

C_{pk} 反映的是现有过程均值对 USL 或 LSL 的接近性。C_{pk} 的计算公式如下：

$$\hat{C}_{pk} = \min\left[\dfrac{\overline{X} - \text{LSL}}{3s}, \dfrac{\text{USL} - \overline{X}}{3s}\right]$$

Kane（1986）给出的例子是：

USL=20 $\overline{X}$=16

LSL=8 s=2

标准的能力指数估计为：

$$\dfrac{\text{USL} - \text{LSL}}{6\sigma} = \dfrac{20 - 8}{12} = 1.0$$

这就意味着，过程集中于规范范围的中心（14）时，只有一小部分（约 0.27%）的产品会有缺陷。

然而，通过计算 C_{pk} 的值，得到：

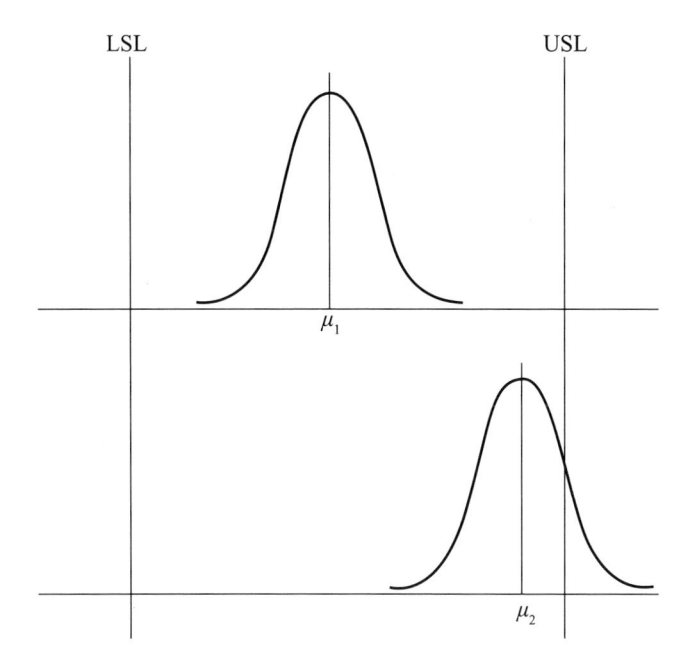

图 20-31　过程能力相同但目标值不同的两个过程

资料来源：*Quality Planning and Analysis*. Copyright 2007. Used by permission.

$$\hat{C}_{pk} = \min\left[\frac{16-8}{6}, \frac{20-16}{6}\right] = 0.67$$

这表明过程均值接近 USL。（请注意，若过程集中于 14 附近，那么 C_{pk} 的值就是 1.0）。一个可接受的过程意味着要降低标准差，并且/或者将均值居中。还应该注意的是，当均值等于规范范围的中值时，$C_{pk} = C_p$。

C_p 值越大，产品在规范范围外的数量就越少。在鉴别供应商时，一些组织将 C_{pk} 当作认证标准的一个元素。在这种情况下，供应商的 C_{pk} 值是采购产品品种的函数。

能力指数也可以围绕一个目标值而非实际均值来加以计算，这个指数叫作 C_{pm} 或田口指数。该指标侧重于从目标值着眼来降低波动，而不是通过降低波动来满足规范。

大多数能力指数都是基于质量特征为正态分布这一假设的。Krishnamoorthi 和 Khatwani（2000）提出了通过威布尔分布来处理正态和非正态质量特征的能力指标。

关于这两种过程能力的研究描述如下：

1. 关于过程潜力的研究。在这类研究中，获得了关于过程在特定条件下可以做什么的估计（即统计控制状态下的过程在短期定义条件下的变动）。C_p 指数估计的是潜在过程的能力。

2. 关于过程绩效的研究。在这类研究中，能力估计提供了对一个过程在较长时期内如何工作的描述。同样假设过程处于统计控制状态，C_{pk} 指标估计的是绩效能力。

从控制图分析中估计固有能力或潜在能力

在过程潜力的研究中，数据来自无材料批次、工人、工具或进程设置变化的运行过程。这种短期的评价所采用的是某一时间段的连续生产过程的数据。在进行这样的分析之前，应先进行控制图分析，找到并消除过程中的系统性原因。

由于规范的范围通常适用于特定值，所以无法将样本均值的控制极限与规范极限进行比较。假设要进行比较，就必须先将该特定变量的 R 转化为标准差并计算出 $3s$ 极限，然后再与规范极限做比较，该过程如下所述。

如果一个过程在统计控制状态下，则该过程正在以最小的可能变动运行（即偶然原因带来的变动）。当且仅当处于统计控制条件下，可以基于下面关系将 s 用作 σ 的估计。

$$s = \frac{\overline{R}}{d_2}$$

表 20-22 和 20-23 给出了 d_2 的值。如果已知标准差，过程能力界限就可设为 $\pm 3\sigma$，并以该值作为对 3σ 的估计。

表 20-22　$\overline{X}$-R 控制图参数

样本中观察数	$\overline{X}$-R 控制图的参数；基于 R 估计 s 的参数			
	A_2	D_3	D_4	基于 R 的均值估计得到参数：$\overline{R}:d_2=\overline{R}/s$
2	1.880	0	3.268	1.128
3	1.023	0	2.574	1.693
4	0.729	0	2.282	2.059
5	0.577	0	2.114	2.326
6	0.483	0	2.004	2.534
7	0.419	0.076	1.924	2.704
8	0.373	0.136	1.864	2.847
9	0.337	0.184	1.816	2.970
10	0.308	0.223	1.777	3.078
11	0.285	0.256	1.744	3.173

续表

样本中观察数	A_2	D_3	D_4	基于R的均值估计得到参数：$\bar{R}:d_2=\bar{R}/s$
12	0.266	0.284	1.717	3.258
13	0.249	0.308	1.692	3.336
14	0.235	0.329	1.671	3.407
15	0.223	0.348	1.652	3.472

资料来源：*Quality Planning and Analysis*. Copyright 1997. Used by permission.

注：$\begin{cases} \bar{X}\text{的上控制极限}=\text{UCL}_X=\bar{\bar{X}}+A_2\bar{R} \\ \bar{X}\text{的下控制极限}=\text{LCL}_X=\bar{\bar{X}}-A_2\bar{R} \end{cases}$

$\begin{cases} R\text{的上控制极限}=\text{UCL}_R=D_4\bar{R} \\ R\text{的下控制极限}=\text{LCR}_R=D_3\bar{R} \end{cases}$

$s=\bar{R}/d_2$

源自1950 ASTM《材料质量控制手册》与ASTM《数据表达手册》，1945年。美国测试与材料学会。版权所有：ASTM国际。授权重印。

表 20-23 $\bar{X}$-R 控制图常数

n	A_2	D_3	D_4	d_2
2	1.880	0	3.268	1.128
3	1.023	0	2.574	1.693
4	0.729	0	2.282	2.059
5	0.577	0	2.114	2.326
6	0.483	0	2.004	2.534
7	0.419	0.076	1.924	2.704
8	0.373	0.136	1.864	2.847
9	0.337	0.184	1.816	2.970
10	0.308	0.223	1.777	3.079

资料来源：*Quality Planning and Analysis*. Copyright 2007. Used by permission.

根据图20-32（机器N-5）的数据

$$s=\frac{\bar{R}}{d_2}=\frac{6.0}{2.534}=2.37$$

且

$\pm 3s=\pm 3(2.37)=7.11$

或

$6s=14.22$（原始数据单元中为0.012 4）

规范范围是0.258 ± 0.005。

因此，USL=0.263

LSL=0.253

机器N-5图表 / 机器N-7图表

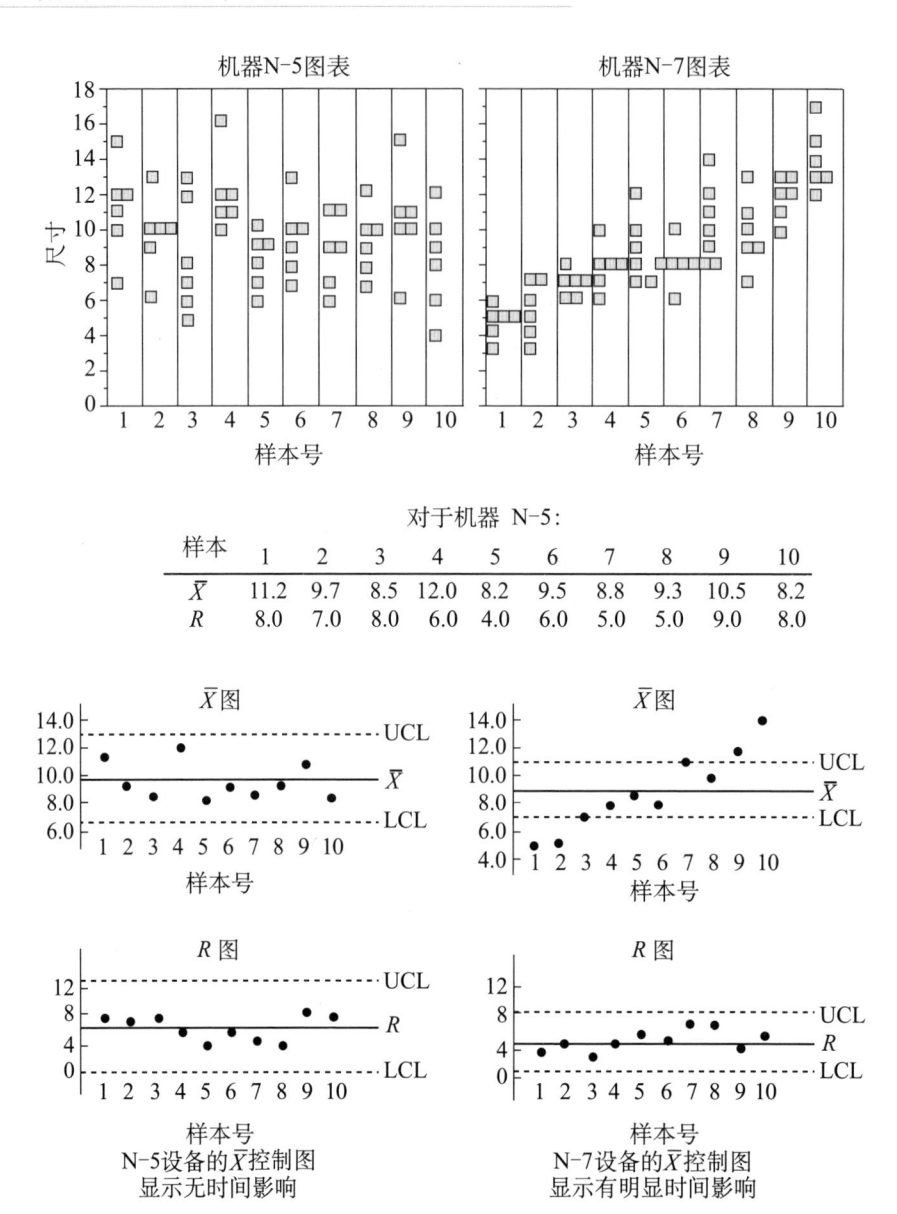

对于机器 N-5：

样本	1	2	3	4	5	6	7	8	9	10
$\bar{X}$	11.2	9.7	8.5	12.0	8.2	9.5	8.8	9.3	10.5	8.2
R	8.0	7.0	8.0	6.0	4.0	6.0	5.0	5.0	9.0	8.0

N-5设备的$\bar{X}$控制图显示无时间影响

N-7设备的$\bar{X}$控制图显示有明显时间影响

图 20-32 $\bar{X}$-R 控制图再说明

资料来源：*Quality Planning and Analysis*. Copyright 2007. Used by permission.

于是

$$C_p = \frac{\text{USL} - \text{LSL}}{6s} = \frac{0.263 - 0.253}{0.0142} = 0.70$$

即使过程恰好集中在 0.258（事实上不是），它也是没有能力的。

关于统计控制及其对过程能力的影响的假设

所有的统计预测都假定是在一个稳定的总体上的。在统计意义上，稳定的总体是可重复的（也就是总体处于统计控制状态）。统计学家理所当然地认为，在做预测前这些都是满足的。制造工程师也认为工艺条件（如进给量、速度等）都应该是已定义好的。

实践中，原有的控制图分析往往能显示过程已处于统计控制之外（它可能符合也可能不符合产品规范）。但是，研究结果显示这些原因无法经济地从过程中消除。理论上，过程只有处于统计控制状态下时，才能预测其过程能力。然而，实际中往往需要将某些能力与技术规范进行比较，不及时进行这种比较将可能导致过程中的可归因原因永远都无法消除。这将引发部门间关于"规范是否太严"或"制造过程是否太粗心"等方面的持续争吵。

一个较好的解决方式就是绘制测量值相对于规范界限的图表。这一步骤有可能揭示出：即使存在可归因原因，过程也能够满足规范范围。若一个过程中存在引发波动的可归因原因，但是仍能满足规范界限，则说明该过程中不存在经济性问题。统计学家往往会指出，存在可归因波动源的过程是无法预测的。虽然该观点已被广泛接受，但是在确定质量改进项目的优先次序时，不满足规范要求的过程往往很少被给予较高的优先级。

若一个过程失控了，而且其原因无法经济地消除，其标准差和过程能力边界仍然可以计算（包括失控的点）。由于过程无法在其最佳状态运行，所以边界范围会扩大。另外，过程的不稳定性意味着，这些预测都只是近似的估计。

对满足规范的过程与处于统计控制状态的过程这两个概念进行辨析是非常重要的。处于统计控制状态并不意味着该过程产出的产品都能满足规范。由于规范范围与产品个体有关，所以样本均值的统计控制范围无法与规范范围相比。对于那些不在统计控制状态的过程，若满足了规范就不需要采取任何措施；而对于那些处于统计控制状态的过程，若其未能满足规范要求，则仍需采取措施。

总之，我们需要既稳定（在统计控制下）又有能力（满足产品规范）的过程。

对能力指数的应用越来越多，但这也导致了很多因不能正确理解与验证统计有效性所必需的一些重要假设所引发的失误。五个关键假设是：

1. 过程稳定性。统计有效性要求过程处于无漂移或振荡的统计控制状态。
2. 被测量特征是正态的。除非使用非参数方法或备择分布，否则，正态性是对总体进行统计推断的必要前提。
3. 充足的数据。充足的数据对于减少能力指数估计中的抽样误差是至关重要的。

  4. 样本代表性。必须是随机样本。

  5. 独立的测量。连续的测量之间不能存在相关性。

  这些假设并非理论上的精益求精，而是正确使用能力指数的重要条件。在使用能力指数前，读者需先阅读 Pignatiello 和 Ramberg（1993）的论文。在直方图上将基于充分数据得出的能力指数与规范边界相比较永远是一种最佳的工作方式。

测量过程绩效

  过程绩效研究中的数据来自一个在典型条件下运行的过程，但是该典型条件包括材料批次、工人、工具或过程设置的正常变动。该研究比过程潜力研究需要更长的过程运行时间，而且要求过程处于统计控制状态下。

  过程绩效研究的能力指数是：

$$C_{pk} = \min\left[\frac{\overline{X} - \text{LSL}}{3s}, \frac{\text{USL} - \overline{X}}{3s}\right]$$

问题

  来看一个关于输送溶液的泵盒的案例（Baxter Travenol Laboratories, 1986）。其中一个关键质量特征是在规定时间内泵送溶液的体积。规范极限是：

  USL＝103.5 LSL＝94.5

  控制图运行了一个月，而且在该过程中实现了无失控点。从控制图数据中，我们可以得到：

$$\overline{X} = 98.2 \text{ 以及 } s = 0.98$$

  图 20-33 给出了过程数据和规范极限。

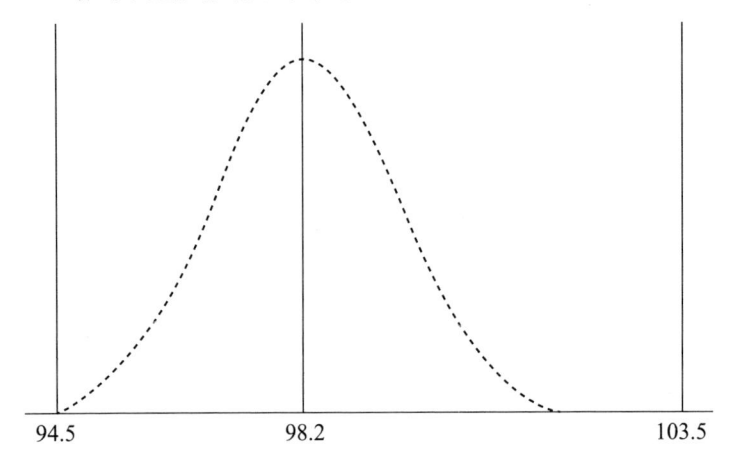

图 20-33　溶液泵送量

解答

能力指数是：

$$C_{pk} = \min\left[\frac{98.2-94.5}{3(0.98)}, \frac{103.5-98.2}{3(0.98)}\right]$$

$$C_{pk} = 1.26$$

在多数情况下，1.26 是 C_{pk} 的一个可接受的值。

解读

在使用 C_{pk} 评估一个过程时，我们必须认识到：C_{pk} 是均值和标准差这两个参数的浓缩。这种浓缩有可能会在不经意间掩盖这些参数中的重要细节。例如，图 20-34 中三个完全不同的过程具有相同的 C_{pk}（此图中的 $C_{pk}=1$）。

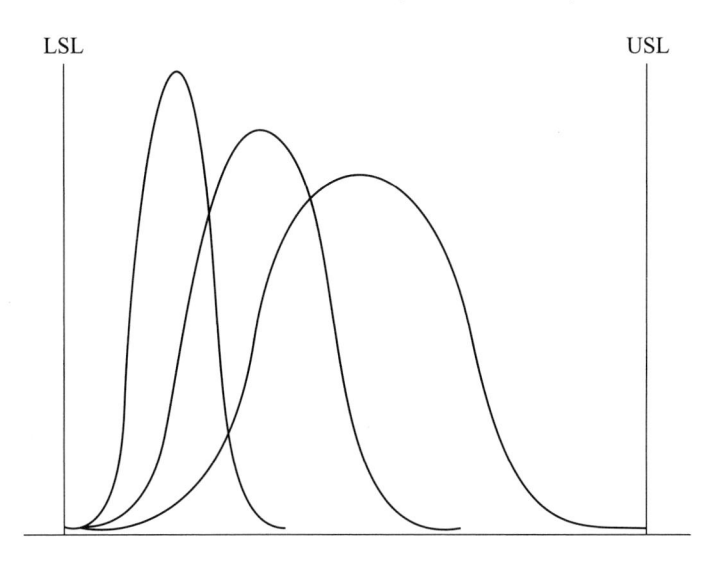

图 20-34 $C_{pk}=1$ 的三个过程

资料来源：*Quality Planning and Analysis*. Copyright 2007. Used by permission.

要使 C_{pk} 的值增加，就需要改变过程的均值或标准差，或同时改变两个值。对于某些过程来讲，要想增加 C_{pk} 的值，通过改变过程均值（可能只需简单地调整过程目标）要比降低标准差（通过找到引发波动的多种原因）更为简单。应该经常查看过程的直方图以关注过程的均值与范围。

值得注意的是，表 20-21 中还包括了能力指数 C_{pm}。该指数是在目标值 T 附近而不是在均值处测量能力。当目标值等于均值时，C_{pm} 的值也等于 C_{pk} 的值。

属性（或类别）数据分析

前面已经讨论过的那些方法均假设过程可对数字量加以测量。然而，有时候只存在属性或类别形式的数据（即不合格的以及可接受的产品数量）。

表 20-24 所示的关于保单编制方面所犯错误的数据也可用来分析属性数据的过程能力。数据显示六名保单编制人员总共有 80 个错误，或者说平均每人犯了 13.3 个错误——也就是现在的绩效。在排除掉研究中发现的不正常的绩效（员工 B 犯的第 3 类错误、第 5 类错误以及员工 E 犯的错误）之后，就可以计算出过程能力。那么其余五位保单编制人员犯的错误就分别为 4、3、5、2、5，平均每人犯错为 3.8。过程能力估计为 3.8，而先前的估计为 13.3。

表 20-24　保单编制人员犯错矩阵

错误类型	保单编制						总数
	A	B	C	D	E	F	
1	0	0	1	0	2	1	4
2	1	0	0	0	1	0	2
3	0	16	1	0	2	0	19
4	0	0	0	0	1	0	1
5	2	1	3	1	4	2	13
6	0	0	0	0	3	0	3
⋮							
27							
28							
29							
总数	6	20	8	3	36	7	80

资料来源：*Quality Planning and Analysis*. Copyright 2007. Used by permission.

该例子是根据错误或失误数量而不是过程参数的波动量来计算过程能力的。Hinckley 和 Barkan（1995）指出，在很多过程中，不合格的产品都是由于过度的变异或错误（例如零件缺失、零件错误、信息错误及其他过程错误）造成的。对于某些过程，失误可能是导致无法满足顾客质量目标的重要原因。在降低错误率方面需采取的措施与降低参数波动需采取的措施是有所不同的。

读者可以通过 DeVor 等（1992）的文献来深入学习过程控制图的相关背景。

软件

虽然本章中提到的工具都可用诸如 Microsoft Excel 之类的软件实现，但是还有很多的软件包提供了更加专业的支持。下面按照不同关注重点列出一些软件及其供应商，很多供应商都提供了多款软件。

基础统计：
- QI Macros
- SigmaXL
- StatPlus

高级统计：
- JMP
- Minitab
- Systat

实验设计：
- StatSoft STATISTICA
- Stat-Ease
- STRATEGY
- Statgraphics

蒙特卡洛，离散事件仿真：
- @Risk
- Crystal Ball
- iGrafx

可靠性和可用性：
- Isograph
- Relex 2009
- ReliaSoft

控制图：
- CHARTRunner
- Statit

参考文献

Anand, K. N. (1996), The Role of Statistics in Determining Product and Part Specifications: A Few Indian Experiences, *Quality Engineering*, vol. 9, no. 2, pp. 187–193.

Automotive Industry Action Group (2003). *Measurement Systems Analysis* (3rd ed.). Southfield, MI.

Barnett, V., and Lewis, T. (1994). *Outliers in Statistical Data* (3rd ed.). John Wiley & Sons, New York.

Bender, A. (1975). Statistical Tolerancing as It Relates to Quality Control and the Designer, *Automotive Division Newsletter of ASQC*, April, p. 12.

Bothe, D. R. (1997). *Measuring Process Capability*. McGraw-Hill, New York.

Box, G. E. P., and Luceno, A. (1997). *Statistical Control by Monitoring and Adjustment*. Wiley, New York.

Box, G. E. P., and Draper, N. R. (1969). *Evolutionary Operation: A Statistical Method for Process Improvement*. John Wiley & Sons, New York.

Box, G. E. P., Hunter, J. S., and Hunter, W. G. (2005). *Statistics for Experimenters: Design, Innovation and Discovery* (2nd ed.). Wiley-Interscience, Hoboken, NJ.

Burdick, R. K., and Larsen, G. A. (1997). Confidence Intervals on Measures of Variability in R&R Studies, *Journal of Qualitiy Technology*, vol. 29, no. 3, pp. 261–273.

Carter, C. W. (1996). Sequenced Levels Experimental Designs, *Quality engineering*, vol. 8, no. 1, (pp. 181 -188), no. 2 (pp. 361-366), no. 3 (pp. 499–504), no.4 (pp. 695–698).

Case, K. E., Bennett, G. K., and Schmidt, J. W. (1975). "The Effect of Inspector Error on Average Outgoing Quality," *Journal of Quality Technology*, vol. 7, no. 1, pp. 1–12.

Coleman, S., Greenfield, T., Stewardson, D., and Montgomery, D. C. (2008). *Statistical Practice in Business and Industry*. John Wiley & Sons, Hoboken, NJ. (See Chapter 13).

Davison, A. C., and Hinkley, D. (2006). *Bootstrap Methods and Their Applications* (8th ed.). Cambridge: Cambridge Series in Statistical and Probabilistic Mathematics, Davison Hinkley, Cambridge University Press, Cambridge.

del Castillo, E. (2007). *Process Optimization: A Statistical Approach*. Springer Science and Business Media, New York.

DeVor, R. E., Chang, T., and Sutherland, J. W. (1992). *Statistical Quality Design and Control: Contemporary Concepts and Methods*. Prentice Hall, Upper Saddle River, NJ.

Dodson, B. (1999). Reliability Modeling with Spreadsheets, *Proceedings of the Annual Quality Congress*, ASQ, Milwaukee, pp. 575–585.

Eagle, A. R. (1954). A Method for Handling Errors in Testing and Measurement, *Industrial Quality Control*, March, pp. 10–14.

Early, J. F. (1989). Quality Improvement Tools, *The Power of Quality*, The Health Care Forum, June.

Emanuel, J. T., Palanisamy, M. (2000). *Sequential Experimentation Using Two-Level Factorials*. Department of Industrial and Manufacturing Engineering and Technology, Bradley University, Peoria, IL.

Emory, W. C., and Cooper, D. R. (1991). *Business Research Methods* (4th ed.). Boston: Irwin/McGrawHill.

Engel, J., and DeVries, B. (1997). Evaluating a Well-Known Criterion for Measurement Precision, *Journal of Quality Technology*, vol. 29, no. 4, pp. 469–476.

Gomer, P. (1998). Design for Tolerancing of Dynamic Mechanical Assemblies, *Annual Quality Congress Proceedings*, ASQ, Milwaukee, pp. 490–500.

Graves, S. B. (1997). How to Reduce Costs Using a Tolerance Analysis Formula Tailored to your Organization, Report no. 157, Center for Quality and Productivity Improvement, University of Wisconsin, Madison.

Griffith, G. K. (1996). *Statistical Process Control Methods for Long and Short Runs*, 2nd ed., ASQ Quality Press, Milwaukee.

Gryna, F. M., Chua, R. C., and De Feo, J. A. (2007). *Juran's Quality Planning and Analysis* (5th ed.). McGraw Hill, New York.

Hinckley, C. M., and Barkan, P. (1995). The Role of Variation, Mistakes, and Complexity in Producing Nonconformities, *Journal of Quality Technology*, vol. 27, no. 3, pp. 242–249.

Hoag, L. L., Foote, G. L., and Mount-Cambell, C. (1975). The Effect of Inspector Accuracy on Type I and II Errors of Common Sampling Techniques, *Journal of Quality Technology*, vol. 7, no. 4, pp. 157–164.

Hough, L. D., and Pond, A. D. (1995). Adjustable Individual Control Charts for Short Runs. *Proceedings of the 40th Annual Quality Congress*, ASQ, Milwaukee, pp. 1117–1125.

Ireson, W. G., Coombs, C. F., Jr., and Moss, R. Y. (1996). *Handbook of Reliability Engineering and Management*, 2nd ed., McGraw-Hill, New York.

Jones, J., and Hayes, J. (1999). A Comparison of Electronic Reliability Prediction Models, IEEE Transactions of Reliability, vol. 48, no. 2, pp. 127–134.

Kane, V. E. (1986). Process Capability Indices, *Journal of Quality Technology*, vol. 18, no. 1, pp. 41-52.

Krishnamoorthi, I. S., and Khatwani, S. (2000). *Statistical Process Control for Health Care*, Duxbury, Paciric Grove, CA.

Kutner, M., Nachtsheim, C., Neter, J., and Li, W. (2004). *Applied Linear Statistical Models* (2nd ed.). Irwin/McGraw-Hill, New York.

Kvam, P. H., and Vidakovic, B. (2007). *Nonparametric Statistics with Applications to Science and Engineering*. John Wiley & Sons, Hoboken, NJ.

Law, A. M., and Kelton, W. D. (2000). *Simulation Modeling and Analysis* (3rd ed.). McGraw-Hill.

Ledolter, J., and Swersey, A. (1997). An Evaluation of Pre-Control, *Journal of Quality Technology*, vol. 29, no. 1, pp. 163–171.

Ledolter, J., and Swersey, A. J. (2007). *Testing 1-2-3: Experimental Design with Applications in Marketing and Service Operations*. Stanford University Press, Palo Alto, CA.

Meeker, W. Q., and Escobar, L. A. (1998). *Statistical Methods for Reliability Data*. John Wiley & Sons, New York.

Montgomery, D. C. (2000). *Introduction to Statistical Quality Control*, 4th ed., Wiley, New York, NY.

Myers, R. H., Montgomery, D. C., and Anderson-Cook, C. M. (2009). *Response Surface Methodology: Process and Product Optimization Using Designed Experiments*. John Wiley & Sons, Hoboken, NJ.

Nelson, L. S. (1989). Standardization of Shewhart Control Charts, *Journal of Quality Technology*, vol. 21, 287–289.

O'Connor, P. D. T. (1995). *Practical Reliability Engineering*, 3rd Ed. rev., John Wiley and Sons, New York.

Pignatiello, J. H., Jr., and Ramberg, J. S. (1993). Process Capability Indices: Just Say No, *ASQC Quality Congress Transactions 1993*, American Society for Quality, Milwaukee.

Pyzdek, T. (1993). Process Control for Short and Small Runs, *Quality Progress*, April, pp. 51–60.

Ross, P. J. (1996). *Taguchi Techniques for Quality Engineering*. McGraw- Hill, New York.

Sprent, P., and Smeeton, N. C. (2001). *Applied Nonparametric Statistical Methods* (3rd ed.). Chapman and Hall/CRC Press, Boca Raton, FL.

Steiner, S. H. (1997). Pre-Control and some Simple Alternatives, *Quality Engineering*, vol. 10, no. 1, pp. 65–74.

Tsai, P. (1988). Variable Gauge Repeatability and Reproducibility Study Using the Analysis of Variance Method, *Quality Engineering*, vol. 1, no. 1, pp. 107–115.

Wheeler, D. J. (1991). *Short Run SPC*. SPC Press, Inc, Knoxville, TN.

Wong, D., and Baker, C. (1988). Pain in Children: Comparison of Assessment Scales, *Pediatric Nursing*, vol. 14, no. 1, pp. 9–17, 1988.

表 20-3 的参考图

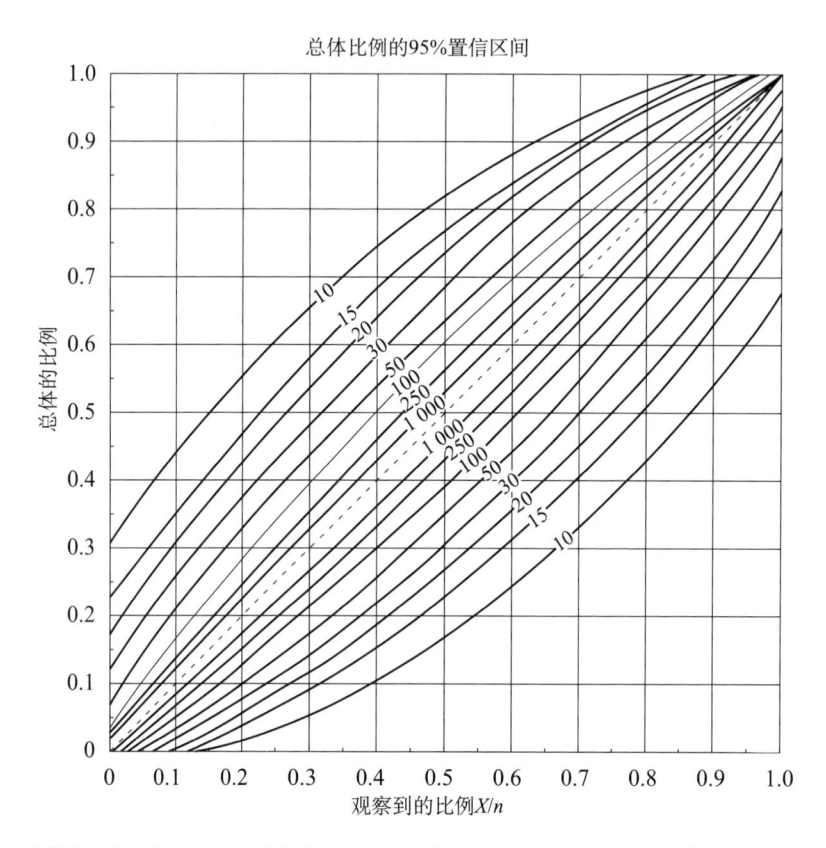

注：本例是一个包含 10 个项目的样本，有 8 个缺陷（$X/n=8/10$）。从两条曲线（$n=10$）读出 95% 的置信极限的总体缺陷比例为 0.43 和 0.98。

资料来源："Ninety-five percent confidence belts for population proportion" from *Selected Techniques of Statistic Alanalysis — OSRD* by C. Eisenhart, M. W. Hastay, and W. A. Wallis. Copyright 1947 by the McGraw-Hill Companies, Inc. Reprinted by permission of The McGraw-Hill Companies, Inc.

二项分布

在 n 次试验中,某一事件发生 r 次或小于 r 次的概率;p 是每次试验中该事件发生的概率。

n	r	P									
		0.05	0.10	0.15	0.20	0.25	0.30	0.35	0.40	0.45	0.50
2	0	0.902 5	0.810 0	0.722 5	0.640 0	0.562 5	0.490 0	0.422 5	0.360 0	0.302 5	0.250 0
	1	0.997 5	0.990 0	0.977 5	0.960 0	0.937 5	0.910 0	0.877 5	0.840 0	0.797 5	0.750 0
3	0	0.857 4	0.729 0	0.614 1	0.512 0	0.421 9	0.343 0	0.274 6	0.216 0	0.166 4	0.125 0
	1	0.992 8	0.972 0	0.939 2	0.896 0	0.843 8	0.784 0	0.718 2	0.648 0	0.574 8	0.500 0
	2	0.999 9	0.999 0	0.996 6	0.992 0	0.984 4	0.973 0	0.957 1	0.936 0	0.908 9	0.875 0
4	0	0.814 5	0.656 1	0.522 0	0.409 6	0.316 4	0.240 1	0.178 5	0.129 6	0.091 5	0.062 5
	1	0.986 0	0.947 7	0.890 5	0.819 2	0.738 3	0.651 7	0.563 0	0.475 2	0.391 0	0.312 5
	2	0.999 5	0.996 3	0.988 0	0.972 8	0.949 2	0.916 3	0.873 5	0.820 8	0.758 5	0.687 5
	3	1.000 0	0.999 9	0.999 5	0.998 4	0.996 1	0.991 9	0.985 0	0.974 4	0.959 0	0.937 5
5	0	0.773 8	0.590 5	0.443 7	0.327 7	0.237 3	0.168 1	0.116 0	0.077 8	0.050 3	0.031 2
	1	0.977 4	0.918 5	0.835 2	0.737 3	0.632 8	0.528 2	0.428 4	0.337 0	0.256 2	0.187 5
	2	0.998 8	0.991 4	0.973 4	0.942 1	0.896 5	0.836 9	0.764 8	0.682 6	0.593 1	0.500 0
	3	1.000 0	0.999 5	0.997 8	0.993 3	0.984 4	0.969 2	0.946 0	0.913 0	0.868 8	0.812 5
	4	1.000 0	1.000 0	0.999 9	0.999 7	0.999 0	0.997 6	0.994 7	0.989 8	0.981 5	0.968 8
6	0	0.735 1	0.531 4	0.377 1	0.262 1	0.178 0	0.117 6	0.075 4	0.046 7	0.027 7	0.015 6
	1	0.967 2	0.885 7	0.776 5	0.655 4	0.533 9	0.420 2	0.319 1	0.233 3	0.163 6	0.109 4
	2	0.997 8	0.984 2	0.952 7	0.901 1	0.830 6	0.744 3	0.647 1	0.544 3	0.441 5	0.343 8
	3	0.999 9	0.998 7	0.994 1	0.983 0	0.962 4	0.929 5	0.882 6	0.820 8	0.744 7	0.656 2
	4	1.000 0	0.999 9	0.999 6	0.998 4	0.995 4	0.989 1	0.977 7	0.959 0	0.930 8	0.890 6
	5	1.000 0	1.000 0	1.000 0	0.999 9	0.999 8	0.999 3	0.998 2	0.995 9	0.991 7	0.984 4
7	0	0.698 3	0.478 3	0.320 6	0.209 7	0.133 5	0.082 4	0.049 0	0.028 0	0.015 2	0.007 8
	1	0.955 6	0.850 3	0.716 6	0.576 7	0.444 9	0.329 4	0.233 8	0.158 6	0.102 4	0.062 5
	2	0.996 2	0.974 3	0.926 2	0.852 0	0.756 4	0.647 1	0.532 3	0.419 9	0.316 4	0.226 6
	3	0.999 8	0.997 3	0.987 9	0.966 7	0.929 4	0.874 0	0.800 2	0.710 2	0.608 3	0.500 0
	4	1.000 0	0.999 8	0.998 8	0.995 3	0.987 1	0.971 2	0.944 4	0.903 7	0.847 1	0.773 4
	5	1.000 0	1.000 0	0.999 9	0.999 6	0.998 7	0.996 2	0.991 0	0.981 2	0.964 3	0.937 5
	6	1.000 0	1.000 0	1.000 0	1.000 0	0.999 9	0.999 8	0.999 4	0.998 4	0.996 3	0.992 2
8	0	0.663 4	0.430 5	0.272 5	0.167 8	0.100 1	0.057 6	0.031 9	0.016 8	0.008 4	0.003 9
	1	0.942 8	0.813 1	0.657 2	0.503 3	0.367 1	0.255 3	0.169 1	0.106 4	0.063 2	0.035 2
	2	0.994 2	0.961 9	0.894 8	0.796 9	0.678 5	0.551 8	0.427 8	0.315 4	0.220 1	0.144 5
	3	0.999 6	0.995 0	0.978 6	0.943 7	0.886 2	0.805 9	0.706 4	0.594 1	0.477 0	0.363 3
	4	1.000 0	0.999 6	0.997 1	0.989 6	0.972 7	0.942 0	0.893 9	0.826 3	0.739 6	0.636 7

续表

n	r	\multicolumn{10}{c}{P}
		0.05	0.10	0.15	0.20	0.25	0.30	0.35	0.40	0.45	0.50
	5	1.0000	1.0000	0.9998	0.9988	0.9958	0.9887	0.9747	0.9502	0.9115	0.8555
	6	1.0000	1.0000	1.0000	0.9999	0.9996	0.9987	0.9964	0.9915	0.9819	0.9648
	7	1.0000	1.0000	1.0000	1.0000	1.0000	0.9999	0.9998	0.9993	0.9983	0.9961
9	0	0.6302	0.3874	0.2316	0.1342	0.0751	0.0404	0.0207	0.0101	0.0046	0.0020
	1	0.9288	0.7748	0.5995	0.4362	0.3003	0.1960	0.1211	0.0705	0.0385	0.0195
	2	0.9916	0.9470	0.8591	0.7382	0.6007	0.4628	0.3373	0.2318	0.1495	0.0898
	3	0.9994	0.9917	0.9661	0.9144	0.8343	0.7297	0.6089	0.4826	0.3614	0.2539
	4	1.0000	0.9991	0.9944	0.9804	0.9511	0.9012	0.8283	0.7334	0.6214	0.5000
	5	1.0000	0.9999	0.9994	0.9969	0.9900	0.9747	0.9464	0.9006	0.8342	0.7461
	6	1.0000	1.0000	1.0000	0.9997	0.9987	0.9957	0.9888	0.9750	0.9502	0.9102
	7	1.0000	1.0000	1.0000	1.0000	0.9999	0.9996	0.9986	0.9962	0.9909	0.9805
	8	1.0000	1.0000	1.0000	1.0000	1.0000	1.0000	0.9999	0.9997	0.9992	0.9980
10	0	0.5987	0.3487	0.1969	0.1074	0.0563	0.0282	0.0135	0.0060	0.0025	0.0010
	1	0.9139	0.7361	0.5443	0.3758	0.2440	0.1493	0.0860	0.0464	0.0232	0.0107
	2	0.9885	0.9298	0.8202	0.6778	0.5256	0.3828	0.2616	0.1673	0.0996	0.0547
	3	0.9990	0.9872	0.9500	0.8791	0.7759	0.6496	0.5138	0.3823	0.2660	0.1719
	4	0.9999	0.9984	0.9901	0.9672	0.9219	0.8497	0.7515	0.6331	0.5044	0.3770
	5	1.0000	0.9999	0.9986	0.9936	0.9803	0.9527	0.9051	0.8338	0.7384	0.6230
	6	1.0000	1.0000	0.9999	0.9991	0.9965	0.9894	0.9740	0.9452	0.8980	0.8281
	7	1.0000	1.0000	1.0000	0.9999	0.9996	0.9984	0.9952	0.9877	0.9726	0.9453
	8	1.0000	1.0000	1.0000	1.0000	1.0000	0.9999	0.9995	0.9983	0.9955	0.9893
	9	1.0000	1.0000	1.0000	1.0000	1.0000	1.0000	1.0000	0.9999	0.9997	0.9990

(段桂江 译)

第 21 章

运营质量管理：服务 约瑟夫·A. 德费欧

本章重点　　　　　　　　　　前台顾客接触
服务业　　　　　　　　　　　服务运营质量组织
质量初步规划　　　　　　　　服务领域的六西格玛
自我控制规划　　　　　　　　服务运营的质量测量
服务运营的质量控制　　　　　关注持续改进
过程质量审核　　　　　　　　参考文献

本章重点

1. 将质量整合到服务规划中有两大目标：与产品特性结合和防止缺陷（降低变异性）。

2. 为了实现员工自我控制，必须提供给他们应该做什么、实际做什么的相关知识，以及符合规范并能不断纠偏的过程。

3. 质量控制的基本步骤可应用于服务运营，过程质量审核可应用于影响最终服务质量的所有活动。

4. 影响与前台客户交互的三个重要因素：员工的选择、培训和授权。

5. 各种形式的质量团队在服务过程中起到关键作用。

6. 任何服务组织都必须进行质量测量。

服务业

服务型组织是指以产品制造或生产以外方式为顾客服务的企业。服务部门包括公共服务、批发、零售、运输仓储、信息、金融、保险、房地产、借贷和租赁、专业与商业性服务、教育服务、医疗保健和社会援助、艺术、娱乐、休闲、住宿、食品以及其他服务，不包括政府服务。

另一类服务是基于服务提供者和服务消费者之间无人交互的服务新浪潮。这种浪潮已经以惊人的速度和范围涌入当代生活。自助服务几乎无处不在，街道、商店、银行、餐馆、机场，尤其是互联网。通信技术与信息技术近期的发展变革，尤其是互联网迅猛发展，推动这种服务的快速增长。自助服务正在改变我们的生活和经营方式，影响了社会、文化和商业环境。

在许多服务组织中，不良服务质量损失占运营成本的 25%～40%。例如，在大型银行，不良服务质量损失占自动柜员机（ATM）的 37%，客户咨询中心的 26%，商业贷款业务的 50%（Juran's Quality Handbook, Fifth Edition，p. 33.11）。这些数字证明，必须解决服务领域的质量问题。

《朱兰质量手册》第 6 版中定义，服务是为他人执行任务。木匠为房主（用户）建造房屋；汽车修理技师为车主修理汽车；护士照顾病人；网络浏览器提供满足用户需求的信息。无形性是服务最重要的特征，服务无法触摸、抓住、处理、看、闻或品尝。服务的其他特征还包括：同步性，即服务消费与提供同时进行，服务通常不能存储，因此服务完成时效性至关重要；服务通常（但不一定）与交付有形的实物有关，如在餐馆用餐会提供一次性餐具。

服务业占美国经济的三分之二以上。服务业由多个行业组成。表 21-1 列出了服务业的主要类别。此外，几乎所有提供有形产品的公司也会为顾客提供服务。

表 21-1 服务业类别

- 运输（铁路、航空公司、公交、地铁、卡车运输、管线输送）
- 公共事业（电话通信、能源服务、卫生服务）
- 市场营销（零售、食品、服装、汽车、批发、百货公司）
- 金融（银行、保险、销售金融、投资）
- 房地产
- 餐厅、酒店和汽车旅馆
- 新闻媒体
- 商业服务（广告、信贷服务、计算机服务）
- 卫生服务（护理、医院、医疗实验室）

续表

- 个人服务（娱乐、洗衣和清洁、理发和美容店）
- 专业服务（律师、医生）
- 维修服务（车库、电视和家庭维修）
- 政府（国防、卫生、教育、福利、市政服务）

与制造产品一样，质量意味着顾客满意度和忠诚度。顾客满意度和忠诚度实现包括两个要素：服务特征和零缺陷。

Cronin 和 Taylor（1992）的研究表明，服务质量只是消费者购买偏好的一个要素，必须考虑提供服务的全部价值（服务质量、价格、便利性和可用性）。此外，研究证实，在服务行业中服务质量是可被感知的，并且应该以不同的方式来衡量，如高参与度的服务（医疗保健）和低参与度的服务（快餐）。最后，我们注意到由于顾客对服务期望不断的快速变化，因此包含服务特征和零缺陷流程的服务设计必须迅速发展。

质量初步规划

第 2 章提出了新产品质量规划地图，步骤是：建立项目，识别顾客，发现顾客需求，开发产品，开发过程，建立过程控制/转化过程。

在服务业，服务设计定义了为满足顾客需求而提供输出特征。因此，第 4 章中提出的概念适用于制造业和服务业。服务设计是通过服务过程实现的，服务过程包括满足顾客需求的作业活动、人员、设备、物理环境等。

服务过程可以用几种方法审视质量：分析过程流程图、缩短周期、过程防差错、提高供应商质量、通过验证过程和测量能力对过程进行检查、人员自控计划等。这些内容将在本章和第 23 章讨论。

过程流程图分析

过程流程图（别名流程图或流程蓝图）也在第 19 章中讨论。图 21-1 展示了处理客户账单调整请求的流程图（AT&T）。"交互分界线"是顾客和一线员工（"线上小组"）交流的活动边界。"不可见分界线"将顾客看到和看不到的活动分隔开。"组织边界"显示了过程中涉及三个部门的活动。注意本例表示了顾客直接接触的前台和后台或后台办公如何运作的。另外一些活动所需的时间已标注出来了。

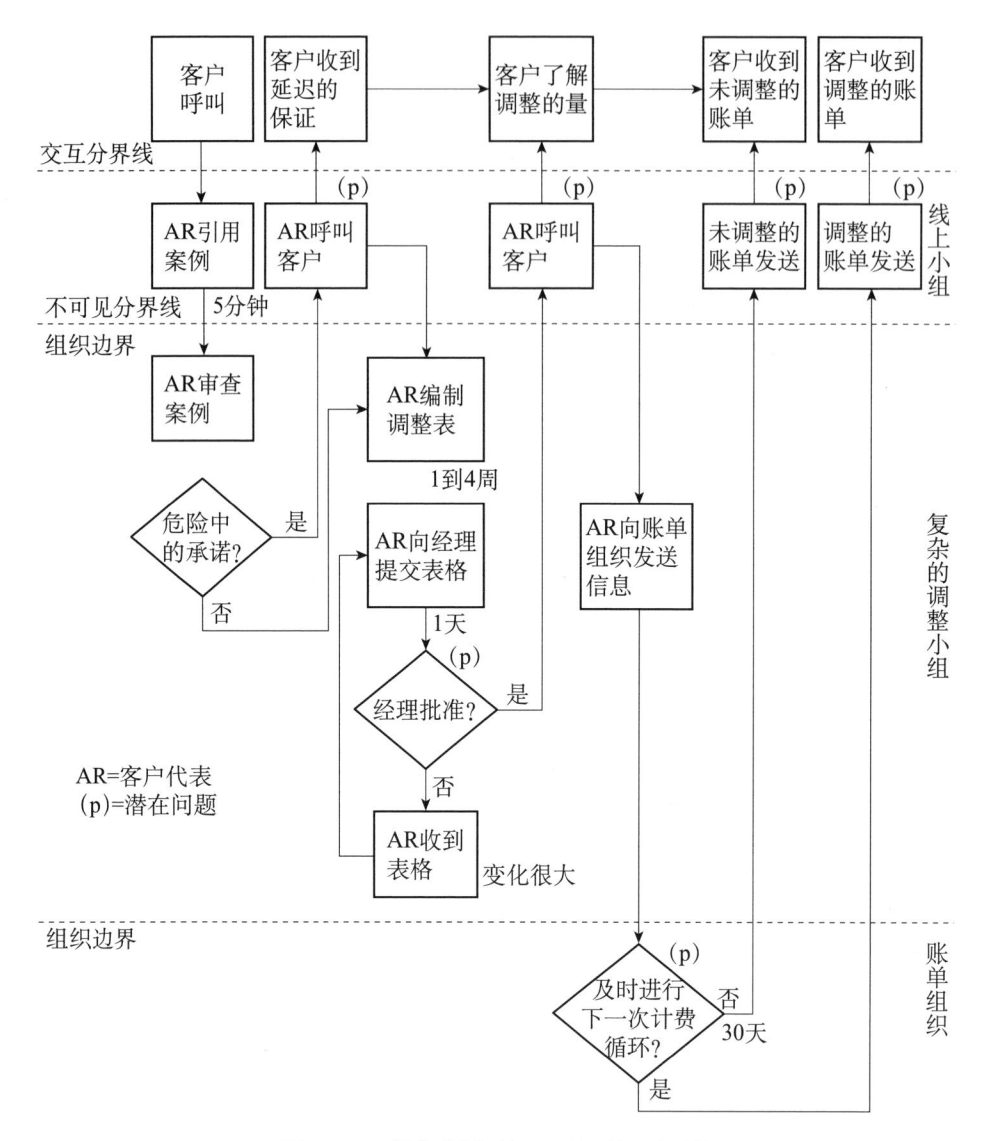

图 21-1 服务蓝图（经 AT&T 许可复制）

符号（p）表示可能会导致顾客不满意的问题所在的过程点。为了防止问题出现，通常基于对过去的数据或流程图进行分析，识别潜在的问题。在服务业，问题产生是由于同样的一些原因（AT&T）：

- 不遵守服务承诺。
- 顾客为了解决问题要找好几个人才行。
- 提供服务不完整，错误方式提供服务，提供错误服务，提供错误信息。
- 不能提供顾客需要的服务。

- 不能在需要时提供服务或服务时间过长。
- 顾客对烦琐的办理手续感到不便利。

在流程图上识别已知或潜在问题，并采取预防措施。必要时，可将问题视为过程失效，并采用失效模式、影响和危害性分析方法分析。

缩短流程周期

衡量服务交付水平的最常用指标之一是时间。顾客会不断要求缩短服务交付时间，而在质量改进项目中，建立和分析过程流程图是缩短周期非常有效的工具。第 16 章详细说明了诊断原因和采取纠正措施的通用、结构化方法。这些方法可以作为六西格玛项目方法的实施基础。精益聚焦于浪费，用于服务组织可以缩短服务周期，下面是典型应用：

- 消除为了纠正过程错误的反复返工。
- 消除或简化对客户具有边际价值的步骤。
- 消除多余的步骤，如检查或评审（明确并消除错误原因之后）。
- 合并步骤，由一名或几名工人完成。
- 将批准授权给较低层级。
- 将顺序活动改为并行。
- 在对客户进行服务之后执行其他步骤，而非之前。
- 使用技术手段执行常规或复杂步骤。

万豪酒店分析发现：客人办理入住登记过程所花费的时间，是前台服务和行李员服务（陪同新客人到房间并帮助搬运行李）这两个子过程的结合。修改后的流程：前台预先分配一个合适的客房，然后记录入住信息，并把钥匙给行李员，行李员直接陪同客人到房间（Hadley，1995）。

过程防错

防止出现错误的重要因素是过程防错。过程防错的五个重要原则是：

- 消除容易出错的活动。
- 采用更可靠的流程。
- 使工人的工作更容易。
- 及早发现错误。
- 错误影响最小化。

在服务业，采用了一些防错方法，如消除非增值活动、将常规的或令人不喜欢的任务自动化、使用软件检测缺失或严重错误的信息、在超市结账时使用条形码、在手术过程中使用倒计时器和检查表、使用计算机输入医疗处方以代替手写、执行自动内置检查。显然，技术是防错辅助工具的重要来源。

信息技术作为内部供应商输入

服务业需要外部供应商作为计划、控制和改善质量的输入。第23章提供了一些基本方法。服务业企业运营也有内部供应商，其中一个技术——信息技术（IT），需要特别注意。

新服务特性以惊人速度产生巨大进展，都可以归因于计算机及IT相关软硬件发挥的作用。

遗憾的是，IT有贡献，但在使用中也产生了一些问题。运营人员报告称这些问题是零散并长期存在的质量相关问题，导致了客户的不满意和成本的提高。

一些研究提供了对这些IT相关问题本质的理解（Kittner et al., 1999）。金融业（但不是来自IT或质量职能部门）的运营经理被召集在一起，以确定IT服务质量对运营职能部门产出质量的感知影响。"运营"活动是处理顾客的交易，包括与外部顾客的直接接触和不涉及直接接触的后台活动。

首先，参与者确定了IT部门向运营部门提供的服务类别，归纳为表21-2中的11个类别。

表21-2 向运营部门提供的信息技术服务

服务类别	示例
提供报告	销售活动汇总，"风险"账户列表
硬件、软件帮助	个人电脑支持协助，硬件采购指导
信息记录	转账记录，当前汇率
数据传输	局域网连接和软件访问，数据安全
确保系统的可用性与维护	线上系统可用，电子邮件系统正常运作
线上信息	ATM联网，客户账户信息
数据处理	下载所有客户信息账户，下载存储了顾客及其配置文件的工作区文件
开发新系统	新系统的应用开发，系统开发、测试和设计
实施新系统	协助制订测试计划和部署，实施新系统
编程支持	提供编程支持
培训	软件培训

之后，要求参与者明确所列服务中的问题，共提出了115个问题，有的比较概括，如"计算机停工时间"，有的非常具体，如"无法招聘到可以及时满足用

户需求的C++程序员"。进一步分析这些问题,确定了与客户满意度相关的 57 个问题。要求参与者在 1~10 分的范围内对每个问题项进行评分,其中 10 分为最重要,1 分为最不重要。前十名的平均得分见表 21-3。

表 21-3 十大质量问题

问题	平均
信息准确性	9.33
系统停机时间	8.92
系统响应时间	8.58
网络可靠性	8.42
系统性能	8.33
专业水平	8.17
硬件性能	8.09
需要对 IT 和用户进行彻底的测试	8.08
硬件问题	7.92
缺乏训练	7.75

总体上,表 21-3 显示了运营经理对 IT 部门投入出现问题以及这些问题对运营部门产出的相对重要程度的看法。结论:借助传统的 IT 协助平台无法解决严重的零散、长期存在的问题。长期问题的解决需要第 16 章所述的结构化质量改进方法,而零散问题的解决需要故障排除方法。

使用当前软件对信息服务 IT 功能不断提出的需求和新软件的开发,使得几乎不可能有效地解决长期存在的问题。这些问题严重影响了外部顾客的满意度。质量部门可以通过采取强有力的行动来主动收集数据,以此来证明采取措施是必要的。并以此说服高层管理人员通过第 5 章中所述的"从项目到项目"方法,为 IT 和业务职能提供资源和改进框架。

顾客作为外部供应商输入

在服务组织中,顾客通常是供应商,可以提供服务交易的详细数据,比如,以不超过 Y 美元价格购买 100 股美国运通股票,订购一件 16 号尺码的玫瑰色连衣裙,预订 3 月 12—18 日的酒店房间。顾客的输入可能出错,从而导致对顾客服务的延迟,以及组织纠正客户错误所需的额外时间与成本。JQH5(p.33.17)描述了金融服务提供商用于防止顾客错误的三种方法:顾客教育、防差错、监控并衡量顾客的输入。

测量过程能力

我们需要确保在正常操作条件下,流程能够满足顾客的需求和目标。当顾客需求可以用特定的参数来量化时,就可以用过程能力指标来评价服务过程。在六西格玛方法中,过程能力可以用西格玛单位来描述,例如,一个过程可能是 4.8 西格玛的水平,在 6 西格玛的理想水平之外。这些问题在第 12 章中详细讨论。服务业的一个重要量化参数是完成服务交易时间。

通过简单地收集数据样本与流程要求比较,可获得过程能力的初步度量。例如,修理 ATM 机过程。服务组织通过分析认为应能够在机器出现问题的 10 分钟内做出响应,而顾客表示,机器停止服务的时间不应超过 90 分钟。团队查看了 6 个月内每天测量维修时间的历史数据,结果如图 21-2 的直方图所示。

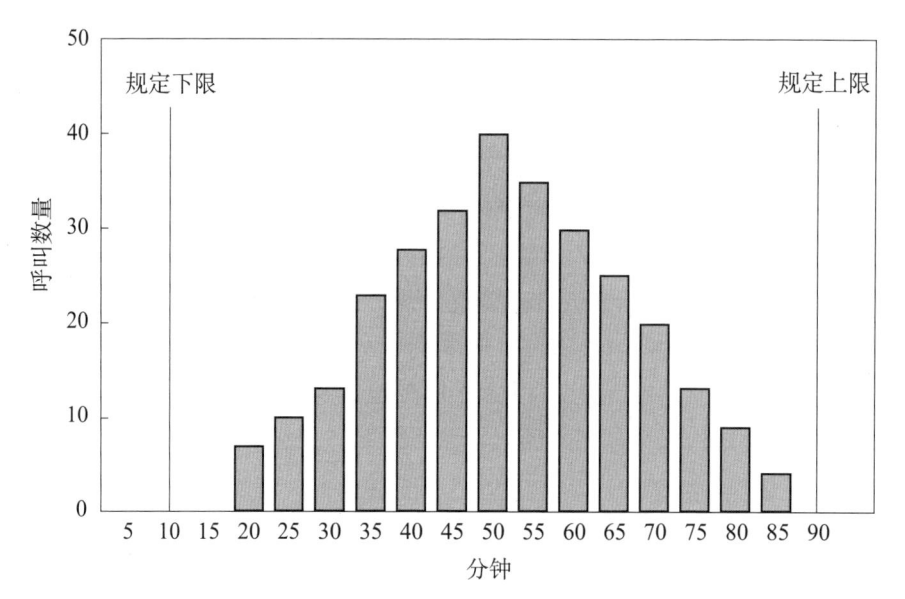

图 21-2 机器维修时间

资料来源:Juran Institute,Inc.

值得注意,这个过程能力不足。必须改变该过程并再次测试,以验证过程能力。过程能力初步研究是基于现有数据的。在受控条件下进行全面研究应按照第 20 章所述的方法。

服务过程测量评价更广泛的方法是测量四个参数:有效性(输出)、效率、适应性、周期时间。

IBM 定义了流程成熟度的五个级别。最高级别是 1 级,表示业务流程最有效用、效率最高,是一个标杆或行业领先者;最低级别是 5 级,表示业务流程无效且过程可能存在重大缺陷。Melan（1993）定义了每个级别的具体标准，包括组织相关的（如过程所有者）和技术相关的（如有效性和效率的测量）。

自我控制规划

本节将概念应用于服务业，并提供检查清单以评估服务质量规划。

为了自我控制，必须为员工提供：

1. 员工应该做什么的知识：

a）清晰、完整的工作程序。

b）明确、完整的绩效标准。

c）充分甄选和培训员工。

2. 员工实际在做什么（绩效）的知识：

a）充分评价工作。

b）评价结果反馈。

3. 过程变异最小化调整的能力和愿望：

a）满足质量目标的过程和工作设计能力。

b）将变异最小化的过程调整。

c）对员工调整过程的充分培训。

d）维持固有过程能力的过程维护。

e）强有力的质量文化和环境。

在自我控制的设计中，技术越来越有助于"应该做的事情"，信息可以放在网上并实时更新；对于"关于我们如何做"，现在可以经常提供实时反馈；对于"控制过程"，将调整机制设计到过程里面。

大多数服务组织没有遵从自我控制的 3 个主要素和 10 个子要素。Collins 和 Collins（1993）提供了制造业和服务业的 6 个例子，说明了通常责备员工而不是进行管控的问题。Berry 等人（1994）明确了服务质量改善中的 10 条经验教训，其中 3 个是服务设计（真正的罪魁祸首是服务系统的糟糕设计）、员工研究（询问员工为什么会出现服务问题，以及他们的工作需要什么）和公仆型领导（经理必须指导、培训和倾听员工）。请注意，这 3 个教训与自我控制直接相关。

自我控制适用于服务业，包括前台直接接触顾客的业务，也适用于后台业务。基于对金融服务业人员的研究，Shirley 和 Gryna（1998）开发了自我控制清单，如下所示：

准则1："应该做"的知识

给服务业的员工提供他们应该做什么的知识，对自我控制至关重要。以下检查清单有助于评估这一标准。

工作程序

1. 作业描述是否已发布、可用且是最新的？
2. 员工知道他们的顾客是谁吗？员工和顾客见过面吗？
3. 执行作业的员工是否影响作业程序的制定？
4. 作业技能和术语是否与员工的背景和培训相一致？
5. 指南和辅助工具（如电脑提示）是否能引导员工进入作业的下一步？
6. 是否有规定定期审核程序并做出变更？变更是否传达给所有涉及的员工？
7. 是否存在为了满足区域条件偏离公司目标的规定？
8. 程序是否"用户友好"？
9. 监督部门是否对操作有透彻的了解，并在出现问题时提供帮助？
10. 提供给员工的程序是否完全适用于他们的实际工作？
11. 在制定决策和实施决策方面是否明确了员工责任？
12. 员工是否知道他们产出的下一阶段操作以及错误作业的后果？
13. 如果合适，是否采用轮岗制？

绩效标准

1. 是否需要质量和产量的正式作业标准？如果是，它们存在吗？它们是书面的吗？
2. 是否已告知员工质量与产量的相对优先级？员工真的理解这个解释吗？
3. 当任务中增加作业时，是否对作业标准进行了评审和更改？
4. 员工是否对自己的产出负责，或者认为缺陷不在自己的控制范围内？
5. 主管提供的有关工作的信息是否总是与上级经理提供的信息一致？

培训

1. 是否给员工提供了整个组织概况？
2. 是否定期进行培训，给员工提供有关客户的最新需求和新技术？
3. 员工及其管理人员是否为满足培训需求而投入？
4. 除了是什么，培训是否包括为什么？
5. 培训计划的设计是否考虑了培训对象的背景？
6. 给培训实施人员是否提供了足够的细节？他们知道怎么做这项工作吗？
7. 需要时，是否为新入职人员提供导师？

准则 2：绩效的知识

为了自我控制，员工必须知道他们的绩效是否符合产品和过程特性的标准。以下检查清单有助于评估这一标准。

工作回顾

1. 是否向员工提供了对其工作进行自我评估的时间和说明？
2. 错误容易被发现吗？
3. 是否需要对质量进行单独检查？执行了吗？这些检查是由共同操作的人员还是其他人进行的？
4. 是否对过程中检查点执行工作时进行审查，而不仅仅是在工作完成时？样本量足够吗？
5. 整个过程独立评审是否确保了个人工作分配与过程目标实现结合？
6. 需要时，是否保存了顾客联系的详细日志？

反馈

1. 高层管理和督导是否提供质量和数量方面同样重要的信息和行动？
2. 如果需要，是否有标准来纠正输出？
3. 需要时，是否向个人和团队提供反馈？是否提供了与主管讨论的时间，是否进行了讨论？
4. 是否向需要的人提供反馈？是否及时？是特定的人员吗？
5. 反馈是否提供了纠正问题所需的详细程度？是否询问员工需要哪些详细反馈信息？
6. 是否从顾客（外部或内部）处得到反馈，以显示输出及其质量的重要性？
7. 反馈是否包括质量和数量方面的信息？
8. 是否提供了正反馈和负（纠正）反馈？
9. 反馈非公开吗？
10. 员工是否收到按特定错误类型列出的详细错误报告？
11. 需要时，是否准备了描述质量趋势（具体错误）的报告？这些报告是为了个人或完成整改过程团队而准备的吗？
12. 是否根据外部客户的反馈来跟踪某些类型错误？是否可以用内部早期指标跟踪其中一些错误？

信用卡提供商已经识别了 18 个关键过程，如信用筛选和支付处理。在 18 个过程中，识别了 100 多个内部和供应商过程测量。每日和每月绩效结果可以通过视频监视器获得，也可以发布出去。每天早上，运营主管都会与高级经理会面讨论最新结果，识别问题，提出解决方案。员工可以通过电话或电子邮件了解本次会议的摘要。测量系统通过每日奖励系统与薪酬挂钩——非管理人员最多12%的基本工资，管理人员8%~12%的基本工资（Davis et al.，1995）。

准则3：管控能力

给员工分配的过程能力必须满足需求，工作设计（岗位设计）必须包括必要步骤和员工管控过程的授权。下面是评估管控能力的清单。

工作设计

1. 提供给员工的过程（包括程序、设备、软件等）是否满足输出的质量和数量标准？在正常运行条件下，是否通过试验验证了该能力？
2. 工作设计是否使用了防差错？
3. 工作设计是否将单调或不愉快的工作减至最少？
4. 工作设计是否预先了解并最小化在工作周期正常中断而导致的错误？
5. 是否可以设立专门检查（如账户平衡）来检测错误？
6. 是否可以在数据输入时设定步骤来拒绝不正确的输入？
7. 作业设计是否包括能够处理错误信息提交或作业输入信息丢失的操作规定？
8. 是否定期检查文件，是否销毁过时记录以简化工作条件？
9. 当工作量显著变化时，是否有调整个人职责或增加资源的制度规定？
10. 外部因素（如支票上没有账号，收入现金代替了支票）是否妨碍了任务执行？
11. 是否有足够的人员接受交叉培训，以便在需要时提供足够拥有丰富经验的人员来补充？
12. 需要时，是否每天都安排一个"生产时间"，不允许打电话或其他打扰，从而提供离开工作地点处理其他任务的时间？
13. 设备（包括软件）的设计是否与人员的能力和制约条件相匹配？
14. 员工使用的计算机和其他设备是否有充分的预防性维护计划？
15. 是否有些员工有没被发现的工作诀窍需要被挖掘并向其他员工介绍？
16. 对于需要特殊技能的工作，是否选择了员工以确保其技能和工作要求的最佳匹配？

工作设计变化

1. 改变现状的建议是否受技术限制（例如，表单上的地址字段）？
2. 当工作改变会带来收益时，人事部有变更权限吗？是否鼓励员工提出改进建议?

3. 提出改变建议需要什么级别的管理层批准?是否有不需要任何管理层批准的某些种变更?

4. 管理措施是否明确对员工建议是开放的?

问题处理

1. 是否为员工提供了识别问题、分析问题和制定解决方案的时间和培训?该培训是否包括查找错误模式和确定来源和原因的诊断培训?

2. 如果员工认为有必要的话,是否允许他们突破工作限制(例如,客户电话呼叫的最大时间)?

3. 当员工在工作中遇到障碍时,他们知道在哪里寻求帮助吗?是否便利?

检查清单有助于在工作设计(和重新设计)中操作的防差错,个别作业的质量问题诊断,以及识别许多作业中的共性薄弱环节。检查清单还可以帮助主管指导员工,为过程审核做准备,开发质量培训课程。讲完服务运营的质量规划,下面开始讲质量控制。

服务运营的质量控制

在制造业,运营质量控制的详细程序存在很久了。在服务业,这种程序制定还在不断发展中。第 6 章阐述了质量控制的基本步骤:选择受控对象,确立测量方法,确立绩效标准,测量实际绩效,与标准比较,并针对差异采取行动。下面讨论将这些步骤应用于服务操作。

选择受控对象

选择受控对象,首先必须识别主要工作过程、确定过程目标、描述过程、识别顾客、发现顾客需求。依照这些步骤选择控制对象,在第 6 章有介绍。表 21-4 给出了几个服务业的控制对象示例。

表 21-4 控制对象

主要工作成果	主要工作过程	对照组
医疗保险	理赔处理	理赔表的准确性
		支持性文件的完整性
餐饮服务	食品准备	原料新鲜度
		炉温

续表

主要工作成果	主要工作过程	对照组
24小时银行服务	ATM机器维护	可用现金
		可用服务人员的数量
照相显影	胶片处理	化学品的维护
		线轴贴膜精度

资料来源：Juran Institute，Inc.

确立测量方法

这个步骤中，确立测量单位和测量方法（传感器）——详见第20章。测量单位必须是所有人都能理解的，足够具体以便于决策，且聚焦顾客所关心的事项。

控制对象可以是产品特性、过程特性和过程不良影响的混合体。执行过程人员必须清楚控制对象的量化涉及两类指标：

1. 绩效指标。这些指标衡量过程的输出及其对顾客需求的符合性，以控制对象的测量单位来定义。

2. 过程指标。这些指标衡量过程中影响绩效指标的活动或变异。

表21-5显示了联邦快递的12个质量指标以及每个指标的重要性权重。

表21-5 联邦快递服务质量指标

现象	权重
放弃的呼叫	1
投诉重新受理	5
损坏的包装	10
国际包裹	1
要求发票调整	1
丢失的包裹	10
错过的取件	10
缺少交货证明	1
货物过剩（失物招领）	5
准时交货	1
货物踪迹	1
错误日期的延迟交货	5

资料来源：美国管理协会（1992）。

无论是个人还是整个组织，测量每天都在进行。图21-3显示了美国电话电报公司（AT&T）根据业务过程和顾客需求进行的内部测量。具体的测量可能与主导过程的一些根本性因素有关：设置、时间、组件、工人和信息。

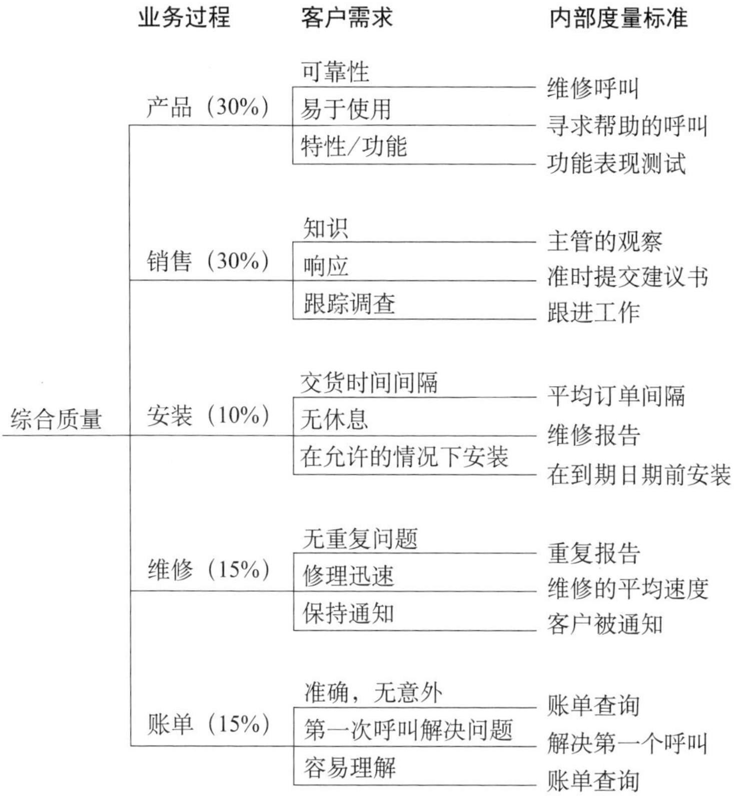

业务过程	客户需求	内部度量标准
产品（30%）	可靠性 易于使用 特性/功能	维修呼叫 寻求帮助的呼叫 功能表现测试
销售（30%）	知识 响应 跟踪调查	主管的观察 准时提交建议书 跟进工作
安装（10%）	交货时间间隔 无休息 在允许的情况下安装	平均订单间隔 维修报告 在到期日期前安装
维修（15%）	无重复问题 修理迅速 保持通知	重复报告 维修的平均速度 客户被通知
账单（15%）	准确，无意外 第一次呼叫解决问题 容易理解	账单查询 解决第一个呼叫 账单查询

综合质量

图 21-3　将内部指标与业务流程和客户需求相关联

资料来源：Korduspleski, R. E., Rust, R. T., and Zahorik, A. J.（1993）."Why Improving Quality Doesn't Improve Quality（or Whatever Happened to Marketing?）," California Management Review, Spring, vol. 35, no. 3, pp. 82-95.〔Copyright © 1993, by The Regents of the University of California. Reprinted from the California Management Review, vol. 35, no. 3. By permission of The Regents.〕

Deyong 和 Case（1998）提供了一种将服务行业的顾客满意属性与过程度量联系起来的方法。

确立绩效标准

这个步骤包括为每个绩效指标和过程指标设立目标值和最大最小值。

测量实际绩效

有时测量过程可以自动化。例如，在保险服务中心等待接听的电话数可以清楚地显示出来；在快餐连锁店填写客户订单所用的时间也是清晰可见的（目标是45秒）。

在其他情况下，测量过程较为复杂。例如，为了测量与顾客接触活动的质量，银行和其他组织采用"神秘客户"——假冒顾客的研究人员来评估交付质量的几个关键维度。

与标准比较

有时比较不是简单的均值分析。例如，在图21-4中，比较了两家银行处理贷款的时间。两家银行平均需要约7天。对A银行来说，几乎所有的贷款都是在5~8天的时间内处理的；B银行平均需要7天，但有些贷款需要21天左右的时间来处理。

实际与目标对比可以采用统计过程控制技术来区分一般原因和特殊原因。这种方法在第19章中已有介绍。

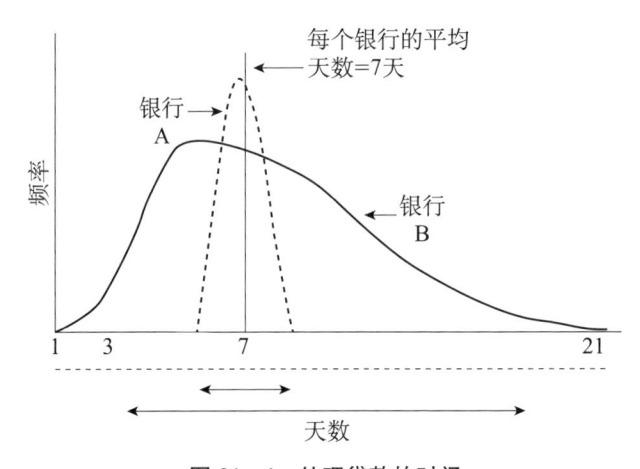

图 21-4 处理贷款的时间

资料来源：Juran Institute，Inc.

针对差异采取行动

没有满足标准需要采取以下三种措施之一进行改善：故障排除、质量改进或质量计划。故障排除的步骤类似于质量改进中的诊断。这个过程包括：与确定可能的原因相关的理论，检测发现问题原因的测试理论（使用数据）。排除和诊断偶发性问题的过程通常比改善慢性问题的过程简单。

过程质量审核

质量审核是将质量绩效执行情况与绩效标准进行对比的一项独立审核。第9章讨论了不同类型的质量审核。

过程质量审核包括所有可能影响最终产品质量的活动。通常对特定过程按过程运行步骤进行现场审核。因此强调现有程序审核,往往无法揭示不当的运行步骤或不存在的步骤。本章前面介绍的自我控制清单可以为过程审核提供可使用的主题。

一家大型航空公司采用过程审核来评估三个方面的服务:机场到港和离港、飞机内部和外部以及机场设施。定期审核47项具体活动,然后进行绩效评估,并与目标数据进行对比。如审核飞机内部地毯的外观状况和飞机外部油漆的附着力。

麦当劳公司通过一系列告知和未告知的访问对餐厅进行审核,包括质量、服务、清洁和卫生。特别详细的审核项目包括食品加工变量的标准数据。

前台顾客接触

服务业中的基本活动是服务接触,即在满足顾客需求时与顾客进行的接触。典型的例子包括银行出纳员处理存取款,空乘人员提供机舱服务,或酒店柜台为客人登记。无论何种情况,服务质量既包括服务产出的技术充分性,也包括"前台"服务人员进行服务时的社交技能。有三个因素显得尤为重要:前台员工挑选、员工培训,以及员工"授权"以满足客户需求。

在面对面交易中,员工挑选通常会对顾客的感知产生即时、直接和持久的影响。有些员工具有前台工作的必要的人格特征;有些员工即使经过培训也无法具备。为了正确进行员工挑选,需要识别职位所需的人格特征(如可以询问有经验的员工),采用多次面试,培训管理者面试程序,在现有员工中识别被候选者,并询问现任员工的建议。比如,联邦快递科学地采用优秀员工档案描述进行员工挑选。

培训当然是必不可少的。优质的服务组织中员工工作时间的1%~5%用于培训,培训的内容取决于工作要求,但往往强调产品知识。此外,也有角色扮演的培训,如处理交易错误以及愤怒投诉的顾客。这些培训需要时间和付出,例如,在Lands'End,每个邮购电话代表都会花时间在仓库中查看产品,当他能够向顾客描述"中灰色"的颜色时，是不是会给人留下深刻印象？但基本上，培训必须使员工能够为顾客提供可靠和正常的服务。当顾客知道他们可以从一个组织获得一致的优质服务时，他们会牢牢记住。当出现特殊情况并处理得很好时，会使顾客很愉悦。

授权是培训之外另一个关键步骤，是给前台员工新权力的程度。这个术语一般用于鼓励员工处理标准程序之外的异常情况。以前，出现情况时员工需要与上级核实，而顾客需要长时间等待。授权可以减少对规则的使用，最大限度利用前台员工的知识、主动性和判断力，从而采取必要措施来满足在服务台接受服务的顾客的需求。例如，Nordstrom 百货公司的制度手册上说："时刻使用自己最佳的判断。"有风险吗？有些人会认为有，但是抓住顾客满意机会和使员工对工作感觉有"拥有权"更具有说服力。

One Corp 银行进行广泛的消费者调查，评价银行出纳员的表现。调查询问顾客的具体服务接触项目，如友好的问候、员工身份识别、眼神交流、微笑、交易过程中使用客户姓名、全神贯注、交易处理准确、能够给出清晰的解释、专业的外表和整洁的工作区。

通过对员工的挑选、培训和授权投入，可以实现顾客满意的公司梦想。表 21-6 提供了一系列使顾客满意的行动和卓越的实例。

表 21-6 为获得顾客满意而采取的一些行动

行动	例子
提供远超出公司范围的服务	一个航空公司空乘人员陪生病的乘客和她女儿去了医院
提供超过正常投入的服务	为了消除空调吹动吊灯玻璃的碰撞声，酒店员工在会议开始前去除了每个吊灯的每块玻璃
极度认可给顾客带来的不便利	一家汽车制造商因过度和不当维修而造成顾客"时间损失"，向顾客赔偿 985 美元
认同顾客的个人损失	一位顾客报告说，她在一家杂货店丢失了一支有感情价值的钢笔。店员帮助找钢笔，但没有找到，便向这位女士赠送了三张价值 20 美元的礼券

服务接触超越了"速度、内容和态度"。一项对 5 家服务组织和 9 家制造商的研究发现，15 项能力体现了卓越的前台服务（Jeffrey，1995），其中有 6 大能力是组织及其顾客认为最重要的：

1. 建立顾客忠诚度和信心。满足顾客需求，与顾客保持友好关系。
2. 同情顾客。对顾客的感受要敏锐，表现出真正的关心和尊重。
3. 有效沟通。善于表达和灵活处理。

4. 压力处理。保持从容和冷静，并表现出耐心。
5. 积极倾听。理解顾客的表达。
6. 头脑敏锐。快速处理信息。

这些能力是不容易达到的。组织必须对员工进行谨慎挑选、培训和授权，然后将员工发展为专业人员，以确保留住这些关键员工。

前台一线员工可以充当组织的"倾听岗位"。当倾听岗位设计成去调查、提出具体问题，所产生的信息有助于开发新产品，并有助于卖出顾客尚不了解的现有产品。一些前台员工不愿意询问顾客那些顾客和银行出纳员也常不愿讨论的问题，例如，为什么您将账户资金转到另一家银行？在一些组织中，销售人员和客户经理可以利用每一次接触机会来调查和提出具体问题，见表 21-7。若倾听岗位设计得很好，所产生的信息可以协同，帮助开发新产品和把现有产品卖给不了解产品的顾客。

表 21-7　发现顾客需求的提问

- 我还能为您做些什么吗？
- 您目前在理财方面有什么问题或需要吗？
- 您是否希望我们提供产品或服务？
- 您是否知道市场上有我们不提供的产品？

USAA 和美国运通收集和分析各类顾客接触信息。采集所有书面和电话投诉、赞扬和询问，然后进行分类分析。分析结果可以表示出来哪些方面做得好，哪些方面需要改进，以及顾客正在出现哪些新的需求。

另外一种为新产品开发收集顾客信息的方法是使用客户管理软件追踪每一次与顾客的接触。

呼叫中心和服务台是目前服务接触的主要方式。当呼叫涉及顾客问题时，往往无法通过第一次询问电话就解决。在一家健康保健机构，36％的电话呼叫是因为提供商和顾客之间缺乏完整、准确和及时的信息而产生的。Cross（2000）讨论了其中的一些问题。

服务运营质量组织

所有行业都一样，从上到下的管理层必须了解、理解和支持组织的质量计划。一切都从最上层开始。如果员工只是点头同意或持"让我们拭目以待"的态度，质量改进计划就会失败。员工们关注的是管理层所做的而不是所说的。应该尽可能成立由高级管理人员组成的质量委员会，监督质量改进计划。委员会应每季度定期举行会议——这个时间间隔比较适宜，他们对这项计划的兴趣和指导应该让整个组织都知晓。

团队是服务业常用的驱动改善手段。团队可以是处理特定问题的临时团队，也可以是负责特定活动的永久团队。例如，美国运通卡集团组织了半自主工作组团队。团队是由10～12名员工组成的自然团组。团队成员有做顾客服务的，有管理质量、库存和出勤率的，有编制工作计划的，有编制生产报告和预测的。每个人在团队中负有不同责任。团队负责人专注于问题指导、问题反馈和处理具体人力资源问题。

一家快餐公司创建了由同一个经营场所工作人员组成的团队，培训这些人员在没有专职经理的情况下管理现场（哈佛商学院，1994）。这种方法意味着安装诸如订单准备时间之类的在线传感器技术，给团队提供与餐厅管理人员一样的运营和财务信息，来经营现场。团队成员进行决策，如订购食品材料。这样，长期分离的"脑力劳动者"和"体力劳动者"的知识现在存放于经营现场的计算机中。

丽思卡尔顿酒店公司采用自我导向团队。该团队的流程与客户和酒店发生联系的方式保持一致：（1）准备到达团队；（2）到达、停留和离开团队；（3）餐饮服务团队；（4）宴会服务团队；（5）工程和安全团队。在自我导向团队中，成员有特定角色任务，对实现绩效目标共同负有责任。

Kaiser Permanente采用日常工作质量改善团队。这些前台一线工作团队专注于工作流程的改进和服务绩效水平的服务保证的制定。项目跨越多个部门，包括临床和后勤支持服务。表21-8给出了几个例子。

表21-8　日常工作质量项目示例

部门	客户	基本服务	服务保证
7-West护理部	急救部门	在规定时间内接诊病人	重症监护室的工作人员将在急诊室呼叫后15分钟内接诊病人
住院部门	需要手术的病人	办理住院手续，包括表格解释	每个部门5分钟内提供服务
教育部门	糖尿病患者	门诊糖尿病患者教育项目	95%的糖尿病患者将接受糖尿病教育
儿科部门	会员	电话接入	98%的电话都会在两分钟内处理

关于团队组织的研究，见Katzenbach和Smith（1993）。Mann（1994）解释了管理者作为活动的教练、开发人员和跨部门的管理者（"边界管理者"）需要具备什么能力。

服务领域的六西格玛

六西格玛方法包括定义、测量、分析、改进和控制阶段。第 15 章对这些阶段进行了介绍。服务业越来越多地采用六西格玛。表 21-9 显示了美国运通六西格玛项目的例子。注意表 21-9 中项目的多样性。Hahn 等人（2000）描述了通用电气金融如何应用六西格玛（包括一个改进的全因子试验设计）来减少因信用卡客户拖欠而造成的损失。Bott 等人（2000）阐述了美国运通两个六西格玛项目步骤。Bottome 和 Chua（2005）应用六西格玛和精益来减少 Genentech 的文档错误。Alonso 等人（2003）介绍了西班牙领先的电信通信公司 Telefonica de España（Telefonica）实施六西格玛的情况。六西格玛作为对企业文化有深远影响的变革计划的一部分，重点关注顾客满意和质量。

表 21-9　金融服务机构的六西格玛项目示例

缩短信贷发放周期
缩短交易通话时长
缩短发卡周期
减少编码错误
改进商务旅行从合同到账单的流程
取消未收到回复的续订
消除不正确收费调整
提高 XXX 支付精度
减少 YYY 注销

服务运营的质量测量

关键工作过程管理必须包括测量过程的控制和全部运营活动的监控。读者可以复习第 20 章中涉及的质量测量基础知识。

通常认为在基于服务的行业中衡量质量比在制造业中更困难。现代制造业发展历史悠久，许多学者将其根源追溯到 18 世纪。从本质上讲，制造业一直依赖于测量、数量、重量等。对于制造业来讲测量看起来是可量化的，且是内在的。然而，基于服务的行业通常依赖于定性的衡量，例如好的、更好的、最好的，经济的、豪华的和奢华的。

衡量服务质量的一种方法是 SERVQUAL 模型（Zeithaml et al., 1990）。该模型确定了质量的五个维度：

- 有形物：设施、设备、人员、材料的外观。
- 可靠性：能够可靠、准确地执行任务。
- 响应能力：及时提供服务。
- 保证性：对员工的信任和信心。
- 移情性：对顾客的个性化需求关注。

Cronin 和 Taylor（1992）的研究证实，服务行业之间服务质量的衡量应该有所不同，尤其是高参与度服务（医疗保健）和低参与度服务（快餐）之间。

表 21-10 显示了某信用卡公司整体运营质量测量的几个例子。组织可以很容易地用从日常经营中收集到的基础原始数据计算测量值。

表 21-10 某信用卡公司的质量措施

测量序号	质量测量
148	放弃呼叫数/总呼叫数
454	呼叫接通的平均时间（秒）
458	语句出现错误数
460	未在标准范围内处理的申请数
466	信用卡系统故障的小时数
467	未过账的付款数

资料来源：*JQH*5, page 33.21.

King 和 Dickinson（1996）提出了一个框架（见图 21-5），包括三个特别适合于服务过程的过程有效性度量。

结果度量	结果
	过程总览
过程度量	过程细节

图 21-5 过程有效性措施框架

资料来源：King, M. N. and Dickinson, T. (1996) "A Framework for Process Effectiveness Measures," *Quality Engineering*, vol. 9, no. 1, pp. 45-50. [Reprinted with permission from Quality Engineering, © 1996 American Society for Quality.]

结果测量主要取决于顾客对输出的感知。这类测量驱动改进的优先次序，并监测绩效改进。过程中全面测量可以预测结果，是过程结果的领先指标。全面测量的改变会带来与之相关的结果测量的变化。全面测量有助于从开始查找绩效不好的根本原因。

过程详细测量可以预测全面测量，是子过程结果领先指标。过程详细测量控制日常运营，为改进提供早期预警和诊断信息。因此，该方法形成了一个过程控制测量的层次结构，包括组织的外部、内部，以及过程的不同层次。

例如，在计划安排时间内安装新电话的过程，结果测量为顾客报告技术人员准时到达的比例。过程中的全面测量也是满足预约的比例，但由技术人员记录。因此，在这种情况下，结果测量和全面测量是相同的，不同之处在于从过程内部还是外部收集信息。过程详细测量的类型有很多，可以包括在顾客提出要求时无法预约的顾客比例，或员工短缺的发生率和原因。

质量测量可以采用统计技术进行数据分析，如第 19 章中介绍的控制图。但基本点是数据的报告向操作人员表明，管理层将质量视为重中之重。

图 21-6 给出了服务组织的特性定义、收集和分析的流程图。

"没有数据！"的问题

在服务业，制定质量方案的人经常首先感叹："没有数据！"尽管在有些情况下，当着手制定质量方案时确实没有什么有用或准确的数据，但实际上数据往往比我们想象的要多。在制定质量改进方案时，应尽早与组织的信息技术（IT）部门联系。那里通常有大量的数据，这些数据是常规收集的，并不传播。对现有数据库的快速查询可能会产生令人惊讶的数据量。在数据分析之前，应检查所有数据的准确性。

如果确实可用的数据很少或没有，或者数据已损坏且不可靠，则应开始收集新的有用数据。与所有变革一样，突然开始收集以前从未收集过的数据可能会让员工、顾客或两者都感到担忧。过去没有被测量，自然会有对被测量的惧怕。在收集新数据之前，应适当引入变革方法，以消除这种惧怕。如果越过这步，误解了收集数据的真正目的，从一开始就注定质量方案会失败。太多的人花时间去收集数据或解释收集数据的目的或质量体系的价值，这似乎是在浪费时间。开始工作时的热情也许是难以坚持的，记住这句老话："走好每一步才能走得更快（Go slow to go fast）。"这句话适用于质量改进工作。但这并不意味着你应该拖拖拉拉，或者是缓慢实施一个质量方案。它只是简单地描述了一个显而易见的概念，即做事贪快不得进步。

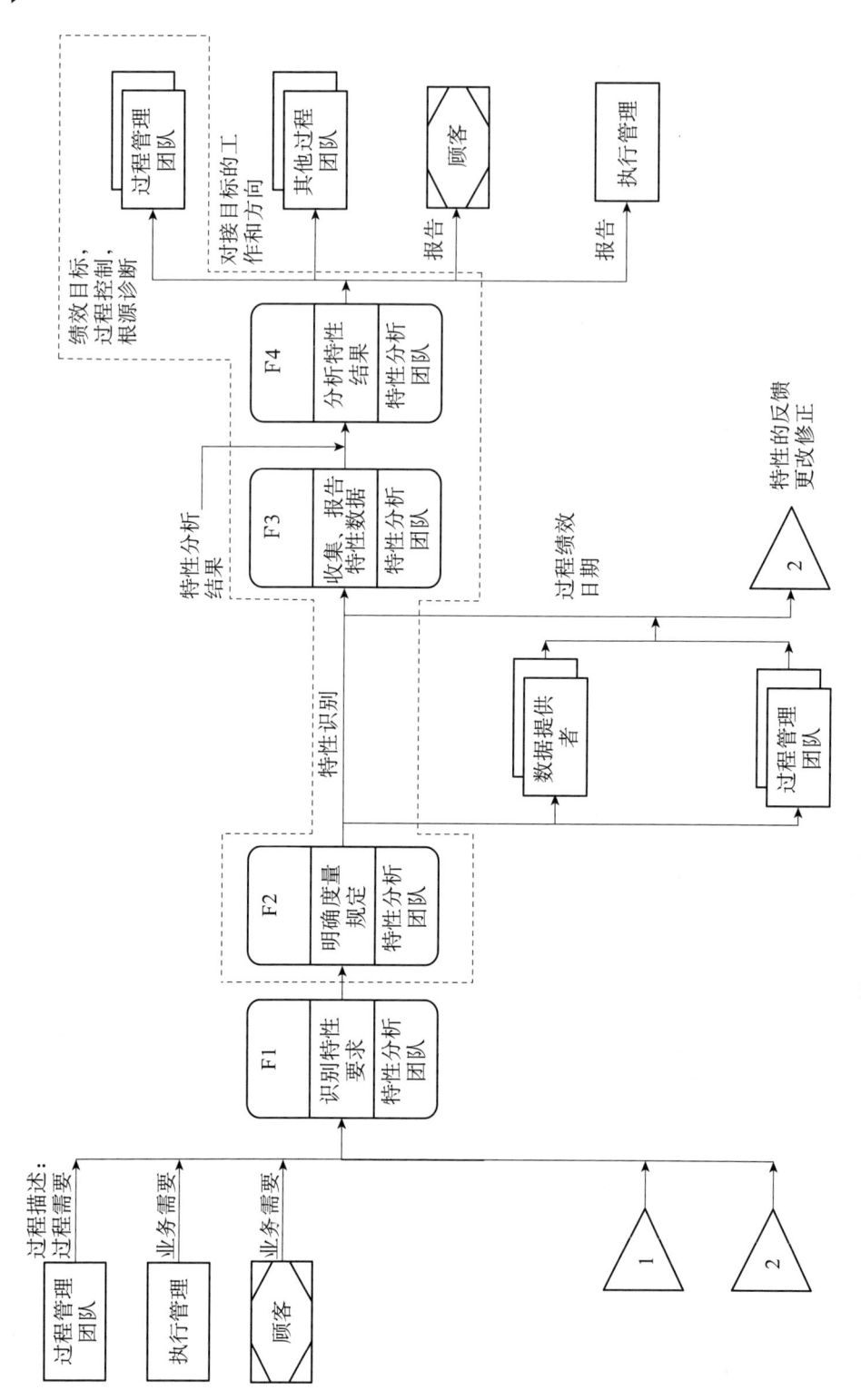

图21-6 用于定义、收集和分析服务组织中的度量的流程图

关注持续改进

服务业（和制造业）的运营人员都从事解决零散问题（消防演习）和长期问题，需要采取包括解决问题、质量改进和质量计划在内的措施。保持对改进的关注需要积极的质量组织文化。

第2章总结了实施质量积极文化的三大行动和关键要素。

最后，必须为运营部门提供持续改进的支持。质量部门应将运营部门视为关键的内部客户，并提供培训和质量技术专家以支持运营。此外，必须指导运营经理审查他们收到的大量报告，识别质量问题并确定其优先级，建立团队和其他机制来解决这些问题。同时，质量部门可以呼吁高级管理者成立跨职能团队，解决由像IT、市场营销、采购等其他职能部门可能带来的运营问题。

参考文献

Alonso, F., del Rey, G., and de Ansorena, R. (2003). "How Telefonica Makes Its Management Connections," *European Quality*, vol. 8, no. 6, pp. 4–10.

American Management Association (1992). *Blueprints for Service Quality*, American Management Association, New York, pp. 51–64.

AT&T Quality Steering Committee (1990). *Achieving Customer Satisfaction*, AT&T Customer Information Center, Indianapolis, IN.

Berry, L. L., Parasuraman, A., and Zeithmal, V. A. (1994). "Improving Service Quality in America: Lessons Learned," *Academy of Management Executive*, vol. 8, no. 2, pp. 32–52.

Bott, C., Keim, E., Kim, S., and Palser, L. (2000). "Service Quality Six Sigma Case Studies," *Annual Quality Congress Proceedings*, ASQ, Milwaukee, pp. 225–231.

Bottome, R. and Chua, R. C. H. (2005). "Genentech Error-Proofs Its Batch Records," *Quality Progress*, July 2005, pp. 25–34.

Collins, W. H. and Collins, C. B. (1993). "Differentiating System and Execution Problems," *Quality Progress*, February, pp. 59–62.

Cronin, J. Joseph, Jr. and Taylor, Steven A. (1992). "Measuring Service Quality: A Reexamination and Extension," *Journal of Marketing*, July, pp. 55–68.

Cross, K. F. (2000). "Call Resolution: The Wrong Focus for Service Quality," *Quality Progress*, February, pp. 64–67.

Davis, R., Rosegrant, S., and Watkins, M. (1995). "Managing the Link between Measurement and Compensation," *Quality Progress*, February, pp. 101–106.

Deyong, C. F. and Case, K. E. (1998). "Linking Customer Satisfaction Attributes with Progress Metrics in Service Industries," *Quality Management Journal*, vol. 5, no. 2, pp. 76–90.

Hadley, H. (1995). Private Communication to Patrick Mene, Marriott Hotels and Resorts, Washington, DC.

Hahn, G. J., Doganaksoy, N., and Hoerl, R. (2000). "The Evolution of Six Sigma," *Quality Engineering*, vol. 12, no. 3, pp. 317–326.

Harvard Business School (1994). Case 9-694-076, Taco Bell, Boston.

Jeffrey, J. R. (1995). "Preparing the Front Line," *Quality Progress*, February, pp. 79–82.

Juran, J. M. and Godfrey, A. B. (1998). *Juran's Quality Handbook, Fifth Ed.* McGraw-Hill, New York, NY. Juran, J. M. and De Feo, J. A. (2010). *Juran's Quality Handbook, Sixth, Ed.* McGraw-Hill, New York, NY.

Katzenbach, J. R. and Smith, D. K. (1993). *Wisdom of Teams: Creating the High Performance Organization*, Harvard Business School Press, Boston, MA.

King, M. N. and Dickinson, T. (1996). "A Framework for Process Effectiveness Measures," *Quality Engineering*, vol. 9, no. 1, pp. 45–50.

Kittner, M., Jeffries, M., and Gryna, F. M. (1999). "Operational Quality Issues in the Financial Sector: An Exploratory Study on Perception and Prescription for Information Technology," *Journal of Information Technology Management*, vol. X, nos. 1–2, pp. 29–39.

Kordupleski, R. E., Rust, R. T., and Zahorik, A. J. (1993). "Why Improving Quality Doesn't Improve Quality (Or Whatever Happened to Marketing?)," *California Management Review*, Spring, vol. 35, no. 3, pp. 82–95.

Mann, D. W. (1994). "Re-engineering the Manager's Role," *ASQC Quality Congress Transactions*, Milwaukee, pp. 155–159.

Melan, E. H. (1993). *Process Management*, McGraw-Hill, New York.

Shirley, B. M. and Gryna F. M. (1998). "Work Design for Self-Control in Financial Services," *Quality Progress*, May, pp. 67–71.

Zeithaml, V. A., Parasuraman A., and Berry, L. L. (1990). *Delivering Service Quality*, Free Press, New York.

（曲立 译）

第22章

运营质量管理：制造 约瑟夫·A. 德费欧

本章要点	质量的组织结构
21世纪的制造业质量	产品评估的计划
精益制造和价值流管理	过程质量审核
质量的初步计划	运营中的质量测量
可控性的概念：自我控制	保持对持续改进的关注
自动化制造	防错案例研究
制造计划整体审查	参考文献

本章要点

1. 将质量整合到生产计划中的活动有两个目标：防止缺陷和使可变性最小化。要实现这些目标，我们必须发现过程特征与产品结果之间的关系。

2. 通过创建流程图，我们可以剖析制造过程并计划每个工作站的质量。

3. 过程防错是预防的重要元素。

4. 为了建立自我控制的状态，人们必须：了解他们应该做的事情，知道他们实际在做什么，并且必须能够满足规范并可以对其进行调节。不能满足所有三个条件表示质量问题是管理可控的，并且大约85%的质量问题是管理可控的。

5. 在制造中占主导地位的关键因素是设置、时间、组件、工人和信息。

6. 流程质量审核是对可能影响最终产品质量的任何活动的独立评估。

21 世纪的制造业质量

制造运营是一个组织的神经战术中心。本章介绍制造业的运营。第 21 章介绍了服务业的运营。

在制造实体中，运营是通常在工厂中进行的将材料转化为商品的活动。在我们考虑制造活动的计划、控制和改进之前，我们必须认识到四个重要问题，这些问题会将把 21 世纪的传统制造业转变为 21 世纪的不同制造业。正如朱兰博士明确表达的那样："20 世纪是生产力的世纪；21 世纪将是质量的世纪。"接下来讨论这些问题。

顾客需要更高的质量、更少的库存和更快的响应

由于产品和过程变得越来越复杂，新的"世界级"质量水平变得普遍。为了保持竞争力，制造商必须持续专注于大 Q 框架中的质量。世界级企业不能再将质量视为仅以产品为中心了，它们现在需要将其视为以业务和企业为中心（大Q）。对于很多产品而言，1％～3％缺陷率的质量水平已经被百万分之一到百万分之十的缺陷率的质量水平所替代（或者是六西格玛方法中的百万分之三点四的缺陷率）。顾客需要企业应用"准时化生产"（JIT）降低库存水平。在 JIT 下，大批量生产的概念面临准备时间减少、过程重新设计和工作标准化的挑战。结果就是需要更小批量的生产和更低的库存。

但是，JIT 只有在产品质量水平很高的情况下才能发挥作用，因为很少库存或者没有库存可以用来替代有缺陷的产品。最后，顾客需要供应商以更快的响应时间来开发和生产新产品。更快的响应时间给产品的开发过程施加了压力，并导致对新设计产品的性能和可制造性的审查不足。总之，质量、库存和响应时间这三个变量为运营增加了沉重的负担。

敏捷竞争

一个敏捷的组织可以快速响应不断变化的市场机会。敏捷组织可以充分发挥组织内部与合作组织的人才和资源优势，根据顾客的小批量订单来生产产品或者提供服务，快速地从一个产品转换到另一个产品，为单个客户提供定制的产品和服务。Goldman 等（1995）描述了这个概念并举出例子。这个概念包括"虚拟"组织——通过电子网络联结起来的一群组织，帮助成员来满足一个共同的市场需

求。虚拟组织可以部分地通过功能外包方式建立。

技术的影响

通过提供更多样化的输出和更稳定的输出，技术（包括计算机信息系统）明显地提高了产品质量。技术的引入使有些工作更复杂，因此需要更多的工作技能和质量计划；技术也降低了一些工作的复杂性，但可能导致工作的单调性。这些问题表明，运营过程中的质量可以不再关注于检验和测试，而必须对不断提升的顾客需求和变化的竞争环境做出响应。

精益制造和价值流管理

精益制造是通过消除或至少减少其中的浪费来优化操作系统的过程。任何不为客户提供价值的东西都被认为是浪费。重点是消除非增值活动，例如生产有缺陷的产品，由于在制品和制成品库存导致的超额库存费用，过多的产品内部和外部运输，过度的检查，还有由于生产过程中工作步骤之间的平衡不佳而导致设备或工人的闲置时间。精益制造的目标长期以来一直是工业工程的目标之一。Shuker（2000）基于丰田生产系统提供了一个关于精益生产的有用介绍。

精益制造

图 22-1 概括了制造的历史。

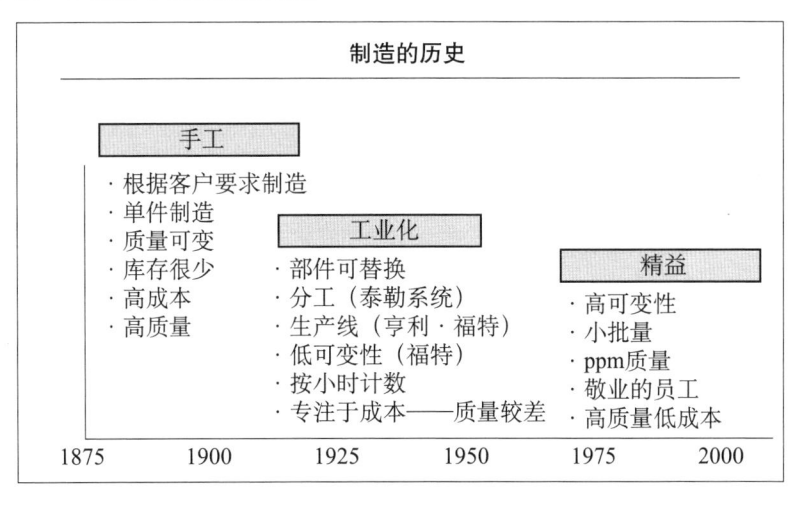

图 22-1 制造的历史

精益使命是在整个供应链中拥有以下优势，以赢得市场：
- 最短的交货时间。
- 最佳战略库存水平。
- 最高实用性的客户订单服务。
- 尽可能高的质量（低缺陷率）。
- 浪费最少（COPQ 低）。

精益基于创建一个"拉式系统"。就是通过同步工作流程（公司内部和外部）建立达到客户要求的"敲门砖"，并排除各种浪费（时间、材料、人工、空间和运动）。总体目的是在整个价值流（或供应链）中通过减少差异并消除浪费来让客户获得价值。

精益的主要原则是：
- 从客户的视角确定价值。
- 测量每种产品的价值流。
- 不间断地分析价值流。
- 通过减少产品缺陷和过程缺陷来改善过程拉动。
- 通过消除变化（短期和长期）并实施合理的控制以保持改进来控制流程。

价值是客户创造的。精益首先尝试根据在正确的时间和以适当的价格提供给客户的产品和功能来定义价值（见图 22-2）。

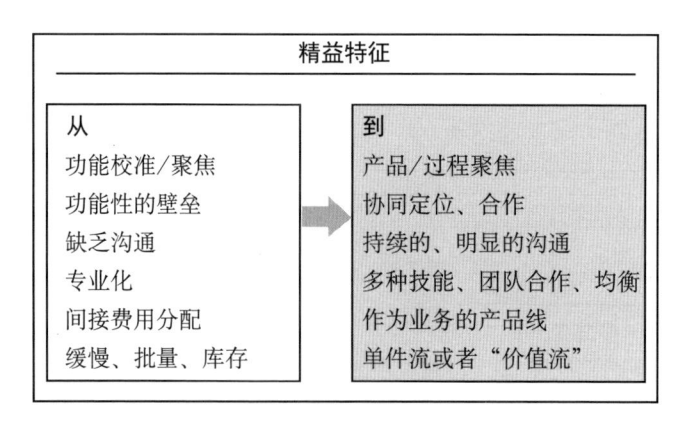

精益特征	
从	**到**
功能校准/聚焦	产品/过程聚焦
功能性的壁垒	协同定位、合作
缺乏沟通	持续的、明显的沟通
专业化	多种技能、团队合作、均衡
间接费用分配	作为业务的产品线
缓慢、批量、库存	单件流或者"价值流"

图 22-2　精益生产与传统生产方式的比较

以下是在精益中使用的关键概念的总结（在精益生产和精益服务的背景下）。

八种浪费

大野耐一（1988）识别了各种类型的废物。以下是经过修改的列表：
1. 生产过剩——做超出需求或早于要求的工作。

2. 等待——关于信息、材料、人员、维护等。
3. 运输——在现场周围或现场之间移动人员或货物。
4. 流程设计不佳——步骤太多/太少，未标准化，检查而不是预防，等等。
5. 库存——原材料、在制品、制成品、纸张、电子文件等。
6. 运动——工位、办公室等的布局效率低下，人体工程学不佳。
7. 缺陷——错误、报废、返工、不合格。
8. 未充分利用的人力资源和创造力——不被听取的想法，不被利用的技能。

流动和节拍时间

传统的运营是在一个"推送"系统中起作用。推送系统计算开始时间，然后根据人工需求或基于制造费用分配将产品投入生产。"流动"的概念要求对有关"典型"生产过程的思想进行重新安排，不能只想到"职能"和"部门"，我们需要重新定义如何让职能、部门和组织致力于为价值流做出积极贡献。流动生产要求我们以客户的购买速率进行生产，并且在必要时，全力以赴以满足客户的订单，即满足节奏或"敲鼓"的要求。节奏或鼓声取决于节拍时间。节拍时间来自德语中的"米"一词，就像在音乐中一样，它确定了音乐的节奏或节拍。节拍时间反映的是客户购买1个单位的速率的时间。

$$节拍时间 = \frac{可用时间（一天）}{每日平均需求}$$

举例来说，如图22-3所示，节拍时间是针对10天内显示的需求计算的。

10天时间	需求
1	30
2	40
3	50
4	60
5	10
6	30
7	40
8	20
9	60
10	40
10	**380**

每天：
$$\frac{期间可用时间（840分钟）}{平均需求（38）} = 22.1分钟$$

基于7小时2个班次

图22-3 节拍时间例子

需求不可低估。使客户满意的关键因素在于了解他们的需求（包括季节性需求或其他特殊需求）。需求可变性可以是混合驱动、数量驱动或两者兼而有之。

实际上，节拍时间可能需要根据过程的可变性进行修改。当超出简单方程式修改节拍时间时，应使用其他名称，例如单元节拍、实际节拍或机器节拍。尽管修改可能是计划好的，但它们仍然是浪费或计划浪费。然后可以确定人力需求：

$$\text{所需的最少人员配备} = \frac{\text{总劳动时间}}{\text{节拍时间}}$$

一旦计算出节拍时间，就应确定并管理（或消除）约束条件（例如较长的设置时间），以实现较小的批次或理想的单件生产，从而消除生产过剩和过多的库存。使用拉动生产调度技术，以便通过价值流（从供应商到生产再到客户）拉动客户需求。在拉动生产中，物料在消耗点上分级。当它们被消耗时，将信号发送回生产过程中的先前步骤，以拉出足够的物料来补充已消耗的物料。

改进团队或改善团队进行操作的步骤是：
1. 确定节奏（节拍时间和人力）。
2. 建立顺序和补货（需要系列产品的周转和设置/转换）。
3. 设计过程（接近度，顺序，相互依存）。
4. 进料过程（战略库存，标准在制品，墨菲缓冲）。
5. 平衡过程（负载，标准工作）。
6. 稳定和完善（6S，持续的改进）。

价值流管理

价值流包括使产品从构思到商业化所需的所有活动。它包括详细的设计、销售、市场营销、接单、计划、生产和交付。了解价值流使你可以看到增值步骤、非增值但需要的步骤以及非增值步骤。增值活动可以改变或塑造材料或信息，以满足客户的需求。无附加值的活动需要时间或资源，但不能为客户的需求增加价值（但可以满足公司的需求）。

质量的初步计划

计划开始于对产品设计的审查（见第 4 章）。然后，我们审查过程设计来识别关键的产品和过程特征，决定每个产品特征的重要性，分析工艺过程，了解工艺变量间的相互关系，决定过程能力，对过程进行防错，验证测量过程，并计划操作工人的自我控制。这些因素将在下面进行讨论。

审查产品设计

在设计最终确定投放市场前,由运营人员对新产品设计进行审查十分有好处。实践中,这种审查的程度有很大的差异——从不做任何处理(几乎不和下道工序沟通就甩给操作人员)到使用正式标准进行结构化审查和对后续问题进行跟踪处理。尽管产品设计的审查通常发生在设计和研发过程中(见第 4 章),但审查的重点在于现场性能的满足。

在运营之前,产品设计的审查必须包括对可生产性(可制造性)的评估。评估包括下面的内容:

1. 识别关键的产品和过程特征。
2. 不同产品特征的相对重要性。
3. 为可制造性进行设计。
4. 过程稳健性。如果过程具有灵活性、容易操作、防错,并且过程性能对不可控的内部和外部因素不敏感,这个过程就是稳健的。这样理想的过程要通过对所有过程要素的认真计划来实现,例如可以通过对员工进行交叉职能培训来替代休假。对于稳健性的讨论可以参见 Snee(1993)的文章。
5. 具有能满足产品需求的制造过程能力,也就是说过程不仅满足规范还能够以最小波动来满足规范。
6. 具备测量过程的能力。
7. 识别产品或者服务的特殊需求,例如在制造过程中的搬运、运输和储存。
8. 原材料控制,例如标志、可追溯、隔离、污染控制。
9. 运营人员需要的特殊技能。

产品设计的审查必须辅以工艺设计的审查。工艺审查包括最初在产品设计审查中提出的可制造性问题。

识别关键的产品和过程特征

关键产品特征是产品必须满足顾客需求的特征。关键过程特征是那些创建关键产品特征的过程特征。产品和过程特征可以通过市场调查、质量功能展开、设计审查、失效模式及效果分析等方法来识别。

产品特征的相对重要性

当计划人员知道了众多产品特征的相对重要性,他们就能够更好地分配资源。

建立相对重要性的一种方法是识别关键项目。关键项目是指那些需要高度关注和重点保证的产品特征。组织可以通过部件复杂性和高失效率标准来识别"质量敏感部件"。对于这样的部件，要有特殊的计划，包括合同前和合同中的供应商参与、过程能力研究、可靠性确认和其他活动。

另外一种方法是对特征的分类。在这个系统中，确定特征的相对重要性并将其标示在图纸和其他文件上。分类可以是简单的"功能的"（"对质量关键的"）或"非功能的"。另外一种方法是对重要程度进行分类，例如关键的、主要的、次要的和偶然的。这个分类使用的指标涉及安全、操作失效、性能、服务和制造等。

工艺过程的分析

可以通过将整个过程用流程图展示出来的方式对工艺设计进行审查。有几种方法很有用，一种是显示出原材料逐步加工成最终产品的路径。例如，图22-4展示了James River制图公司的一个涂层过程的例子。计划人员使用这样的图示将过程划分成被称为工作站的不同的逻辑部分。对于每一个工作站，他们准备一个正式的文件，上面罗列了诸如要进行的操作、操作的顺序、要使用的设施和工具，以及要维持的过程条件等内容。这个正式的文件成为生产督导和工人要实施的计划。这个文件是检验员进行控制活动的基础，它也成为过程审核的标准。

过程变量和产品结果的相关性

运营过程中质量计划的一个重要方面是通过数据分析发现过程特征或变量与产品特征或结果的关系。这些知识可以使计划人员建立起过程控制的特征，包括变量的界限和控制机制，从而保证过程处于稳定状态并实现指定的产品结果。在图22-4中，每个过程变量都列在代表操作的圆圈所连接的方框中，产品的结果列于可以进行验证的操作之间的方框里。有些特征（例如涂层重量）既是过程变量也是产品结果。对于过程中的每一个控制站，设计者都要识别大量的需要实施控制的控制主体。每个控制主体都需要一个反馈信息，包括多种过程控制特征。过程控制展开表或者控制计划有助于总结这些细节。第6章中的例子表明了每个控制主体的测量单位、测量装置的类型、目标、测量的频率、样本大小和决策的标准与责任。

第22章 运营质量管理：制造

图22-4 产品和过程分析

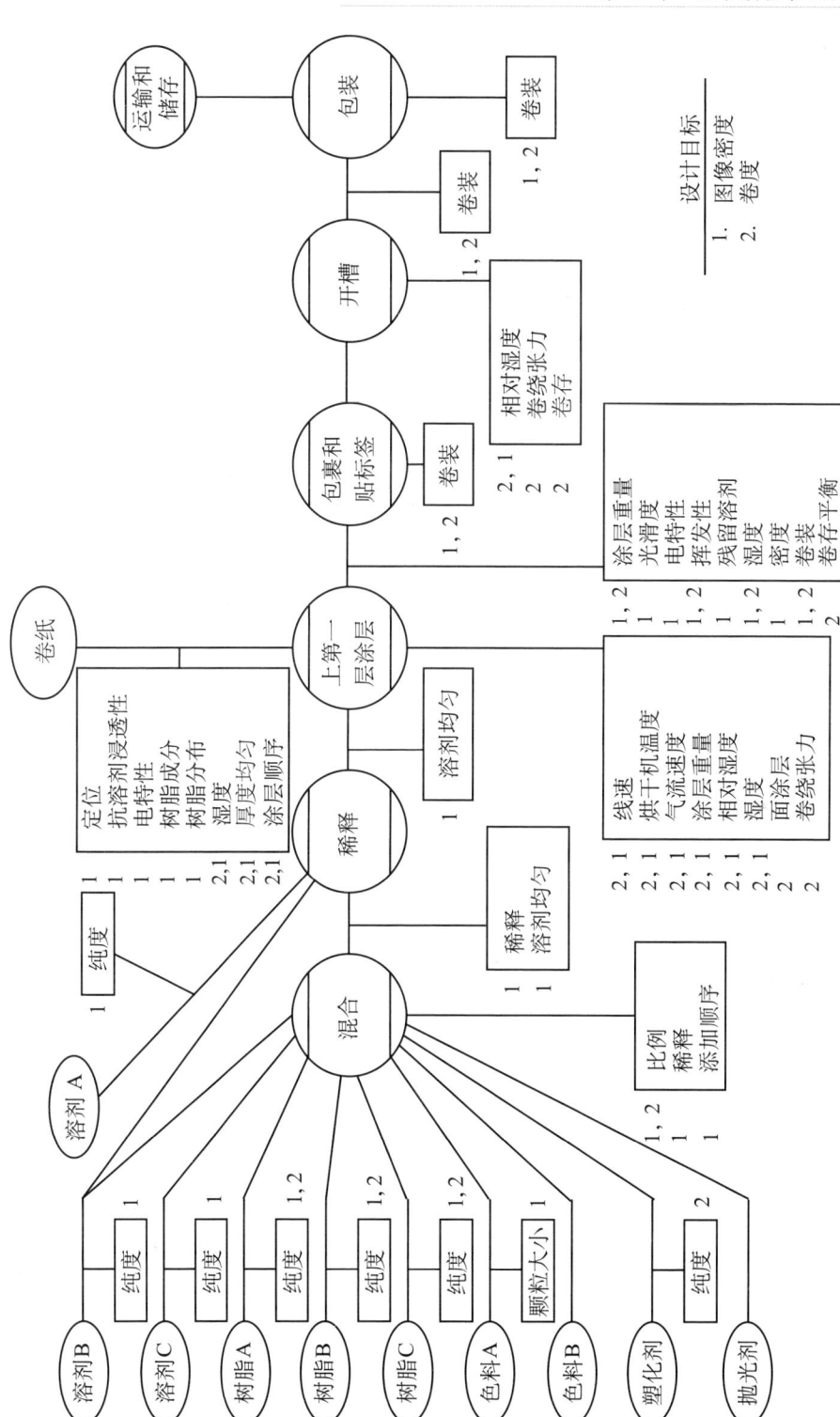

资料来源：Stuff(1984).

有时候，需要很多数据和分析来决定过程变量的最优取值和公差。Eibl 等（1992）讨论了一个涂装工艺过程的计划和分析，其中只有很少的过程变量和产品结果相关性信息可用。很多组织并未研究过程变量和产品结果的关系，这种情况可能会导致很严重的后果。在电子元器件制造产业，由于没有深入研究过程变量，一些企业的产出率非常低。在所有的行业中，如果要实施六西格玛质量管理，离不开对产品结果和过程变量的深入理解。为了充分了解过程变量和结果变量之间的关系，通常我们需要应用统计实验设计的概念。在六西格玛方法中，为了理解一些变量和产品结果之间的关系，有必要进行因子实验。但是上层管理者必须提供必要的帮助，例如保证由全职人员来进行设计和分析实验，以及培训工艺工程师，以将这种理念融入到工艺计划中去。

过程防错

运营计划的一个重要元素是通过防错机制来设计不犯错误（日语叫 poka-yoke）的过程。

一种广泛使用的防错形式是设计（或重新设计机器和工具，即"硬件"），以使人为错误几乎不可能甚至完全不可能发生。例如，零件和工具可能设计有凸耳和凹槽以自动实现锁钥操作，这样就可以及时停止运行过程。可以设计工具来自动检测先前操作的存在和正确性，或者在检测到物料供应耗尽时停止运行过程。比如，在纺织工业中，断线会触发某个装了弹簧的设备，从而使机器停止运转。可以将保护系统（例如火灾探测）设计为"故障安全"并发出声音警报。

在一项经典研究中，Nakajo 和 Kume（1985）讨论了通过主要从装配线收集的大约 1 000 个示例的分析得出的防错的五个基本原则。这五个原则分别是：消除，替换，便利，检测，缓解（见表 22-1）。

表 22-1 防错原则小结

原则	目标	示例
消除	消除可能的错误	重新设计流程或产品，以便不再需要执行该任务
替换	为工人提供一个更可靠的过程	使用机器人（比如在焊接和喷漆工序）
便利	使工作更容易完成	为部件进行颜色编码
检测	在进行下一步工序前检测错误	开发计算机软件，以在键盘输入错误时通知工作人员（比如输错了字母和数字）
缓解	使错误的影响最小化	对过载电路使用保险丝

规划干净整洁的工作场所

很明显，现实中许多工作场所肮脏无序。一个好的工作场所的好处包括：预防缺陷，预防事故以及消除在寻找工具、文档和其他制造要素上的时间浪费。现在，一个简单的知识体系为我们提供了一个创建整洁干净的工作场所的框架。这个体系简称为 6S（见图 22-5），包括以下步骤：分类，排序，扫除，规范，自律和安全。

1. 分类。移除所有当前工序不需要的物品。
2. 排序。有序安排工作场所的物品，以使它们易找到、易操作并且易归位。
3. 扫除。清扫，擦拭，保持工作场所清洁。
4. 规范。使清洁成为一种习惯。
5. 自律。创造条件（比如时间、资源和奖励）以保证实现 6S。
6. 安全。实施基于行为的安全流程和程序，以实现零可记录伤害和零误工事故。

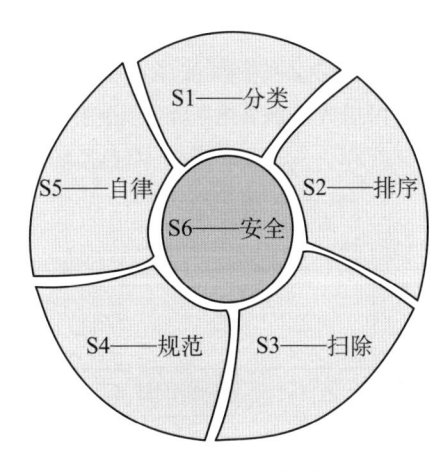

图 22-5　6S 技术

日本人开发了 6S 技术，以消除工作区域中的杂物，组织工作场所以防止缺陷的发生，并改善工作流程。这是组织可以实施的精益化的基本要素之一。6S 是一种很好的改进工具，非常容易实施以消除混乱建立秩序。

该技术应在解决方案实施之前就位，因为它可以根据自身的优点产生其他结果。而且，如果先完成此技术，最终的解决方案也将更容易实现。

几十年前，生产关键物品（卫生保健、航空航天）的行业了解到，干净整洁的工作场所对于实现极低水平的缺陷至关重要。六西格玛方法要求的质量水平现在提供了相同的推动力。

也许 6S 方法的意义就在于其简单性。好处是显而易见的：这些方法是最简单的工作简化工具；这些方法很好理解和实施。简单的工具有时会带来巨大的变化，这就是 6S 方法的魔力。

验证测量系统

六西格玛方法要求特别低的缺陷率水平，于是了解制造过程的能力和测量过程的能力就极为重要，因而测量过程的计划和控制成为六西格玛方法的一部分。早先的研究假设——相对于制造过程引起的波动，测量过程引起的波动很小，现在可以被忽略（实际上，在很多的行业中这个假设很少得到检验）。当测量过程引起的波动较大时，产品质量判定就会错误——一些"好"的产品会被错误地判定为有缺陷，有些"坏"的产品会被错误地判定为好的产品。因此，我们需要评估测量能力和确定测量设备是否能正确测量过程输出。

图22-6提供了有关测量问题的观点。请注意观测到的过程波动（也就是记录测量值的波动）有两个来源：制造过程的波动和测量过程的波动。这两个来源进而又包含各种构成要素。可以通过量化和分析图22-6中列出的构成要素来决定测量能力。由产品制造过程产生的波动也可以被量化。甚至在消费品行业，例如制造剃须刀片的公差大小也可能与可见光的波长相当，与公差为千分之一或万分之一，用微米或超微米工具测量的年代相去甚远。测量过程必须能够处理这些情况。

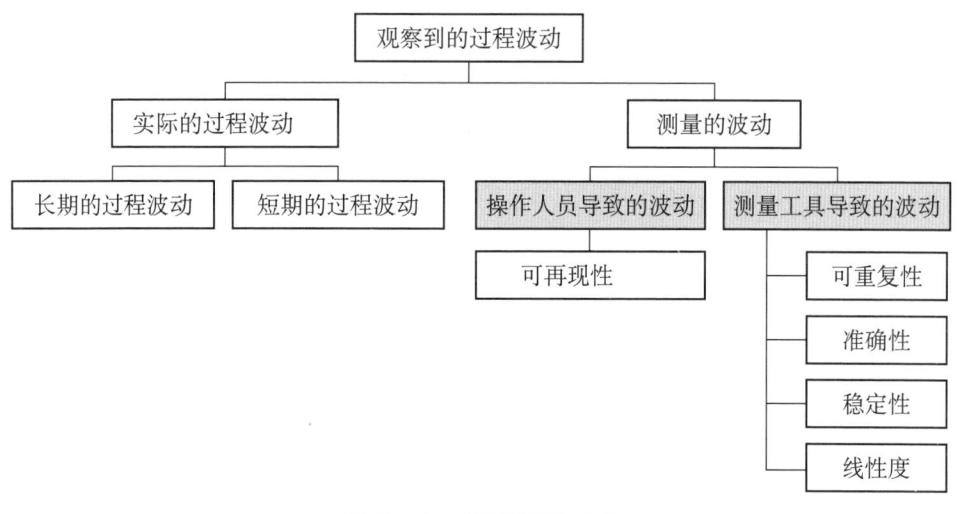

图22-6　波动的可能原因

资料来源：Juran Institute，Inc.

可控性的概念：自我控制

一个运营计划的理想目标是使人们处于自我控制的状态，也就是说，为他们提供一切所需以达到质量目标。要做到这一点，我们必须为人们提供以下内容：

1. 知道他们被期望做什么。
- 清楚和完整的工作程序。
- 清楚和完整的绩效标准。
- 充分的员工选拔和培训。
2. 知道他们实际做的（绩效）情况。
- 充分的工作审查。
- 审查结果的反馈。
3. 通过最小波动来控制过程的能力和愿望。
- 能够满足质量目标的过程和工作设计。
- 最小化波动的过程调整。
- 在调整过程方面有充分的员工培训。
- 保证固有过程能力的过程维护。
- 强大的质量文化和环境。

正如我们将会看到的，大多数的组织没有坚持自我控制的三个元素和十个子元素。自我控制的概念与丰田生产系统有类似的目标。Spear 和 Bowen（1999）将丰田系统归纳成四个基本原则。

根据自我控制的三个基本标准，可以按照"控制性"把缺陷分成不同种类，其中最重要的是：

1. 员工可控。如果三个自我控制的标准都满足，则发生的缺陷或者不符合情况属于员工可控的。
2. 管理可控。如果一个或者多个自我控制标准没有满足，这时发生的缺陷或者不符合情况属于管理可控的。

只有管理层才能提供可以满足自我控制标准的方法。因此，自我控制标准的不满足一定是管理的失败，由此而导致的缺陷不是员工所能控制的。这个理论并非百分之百合理。在控制系统中，员工通常有责任引起管理者对缺陷的关注，但是有时候他们做不到这点（有时候他们做到了，但是管理者没有行动）。然而，这个理论大多数情况下是正确的。

正确判断缺陷或不符合是管理可控的还是员工可控的是最为重要的。减少管理可控的缺陷主要需要管理者、监管者和技术专家的努力，减少员工可控的缺陷则更多需要员工的努力，因此，管理者在启动主要项目之前，应该明确可控性状态。

表 22-2 给出了可控性研究的例子。为研究 17 个工作日的 6 个车间部门的

废料和返工报告，建立了一个诊断团队。负责收集数据的质量工程师在每份报告中输入缺陷的原因。当原因不明显的时候，团队审查这个缺陷，并在需要的时候与其他专家联系（管理人员根据项目的优先级通知专家）来识别原因。研究的目的是确认废品和返工率高的原因。这项工作确实产生了效果，使大家对改进计划达成一致。在不到一年的时间里，节省了 200 万美元，在减少生产积压方面也取得了重要的进展。

表 22-2　一个加工车间的可控性研究

类别	百分比
管理可控	
培训不足	15
设备不足	8
设备维护不足	8
其他过程问题	8
物料搬运不足	7
刀具、量具、夹具维护不足	6
刀具、量具、夹具不足	5
错误的原材料	3
不按次序操作	3
杂项	5
总计	68
员工可控	
检查工作失效	11
操作设备不正确	11
其他（例如零件错位）	10
总计	32

也可以通过对自我控制的三个标准设定特定的问题来评价可控性（本章给出了典型的问题）。尽管这个方法不能得到量化的评估，但它能说明这个缺陷是管理可控的还是员工可控的。

经验表明 85% 的缺陷是管理可控的。这个数据在行业之间的差异并不大，但是在不同的过程之间有很大的差异。在日本、瑞典、芬兰等国的调查研究也有类似的结论。

尽管已有的定量研究表明缺陷主要是管理可控的，很多行业的管理者却不了解这一点或者不能接受这个数据。他们长期坚持的观念是：大部分的缺陷是员工粗心、不重视，甚至是破坏的结果。这样的管理者比较倾向于启动员工激励计划，这样的计划针对的往往是少数次要的问题，注定只能获得不佳的效果。因此，问题的关键并不在于一个行业的质量问题是不是管理可控的。对一个特定的工厂来说，重要的是如何根据事实对缺陷进行可控性研究，如表 22-2 所示。

我们现在讨论自我控制的三个主要标准。

标准 1：知道"应该做的事情"

这通常包括以下内容：

1. 产品标准，可能是一个书面的规范、一个产品样品或者是对应达到的最终结果的定义。
2. 过程标准，可能是一个书面的过程规范、书面的过程指令、口头指令或者其他"达到目的的方法"的定义。
3. 职责的定义，也就是说要做什么决策和采取什么行动。在设计产品规范时，必须遵守一些重要的预防措施。

必须提供明确的信息

规范应当是定量的。如果无法获得这样的规范，则应该提供有形的或者图片形式的标准。但是产品规范除了需要明确以外，还需要一致和可信。在有些组织中，生产监管者有个秘密的"黑皮书"，里面说明了产品接收的"真正"的规范要求。另一个问题是沟通规范变更，特别是当这种变更连续发生时。

提供信息的重要度

所有的规范都包含很多特征，但是这些特征并不是同等重要的。必须引导和培训生产人员来满足所有规范界限，但是必须告知他们不同特征的相对重要度，从而使他们先关注高优先级的信息。

解释原因

解释产品和规范设计的原因，可以帮助员工理解为什么要满足标称规范值和界限。

提供过程规范

工作方法和工艺条件（例如温度、压力和时间周期）必须非常明确。例如，钢铁制造商使用一个高度结构化的系统来识别关键过程变量、定义过程控制标准、与员工沟通信息、监控绩效，并及时诊断出现的问题。因此，过程规范就是一系列的过程控制标准。程序是用来控制关键过程波动的（必须控制波动来满足产品的规范界限），控制程序要包括下面的问题：
- 过程标准是什么？
- 为什么需要控制？
- 谁负责控制？
- 测量什么以及如何测量？
- 什么时间来测量？
- 如何报告日常数据？
- 谁负责数据报告？
- 如何审计？
- 谁负责审计？
- 对于不合格的产品如何处理？
- 谁来开发标准？

通常，员工只有对工艺十分熟悉之后才会了解详细的工艺指令。在生产部门，基于工作经验对工艺指令进行的更新，可以随之在生产部门张挂一张因果分析图，并附上检索卡片，说明基于最近经验的附加工艺指令。

上述的讨论涉及了自我控制的第一个标准：人员必须有途径了解他们应该做什么。为了评估标准的遵守情况，可以创建一个问题检查表，包括以下内容：

充分和完整的工作程序

1. 是否有书面的产品规范、工艺规范和工作指令？如果在多个场所都有书面材料，它们是否一致？是否易辨识？员工是否可以方便地得到它们？它们是否遵循正式的文本格式？
2. 员工能否自动和及时地收到规范的变更？
3. 员工是否知道如何处理有缺陷的原材料？
4. 是否明确定义了决策和行动的职责？

充分和完整的绩效标准

1. 员工是否认为标准可以达到？
2. 规范是否定义了不同质量特征的相对重要性？如果需使用控制图或者其他控制技术，它们与产品规范的关系是否明确？
3. 工作领域是否有目视缺陷的标准？
4. 给员工的书面规范是否与检验员使用的标准一致？是否经常允许与规范有偏差？
5. 员工是否知道产品如何使用？

6. 员工是否知道如果没有满足规范，对未来运营和产品绩效会带来的影响？

充分的选拔和培训

1. 员工选拔过程是否满足工作需要并与员工技能匹配？
2. 是否对员工进行了足够的培训来理解规范，并执行相应程序以满足规范？
3. 是否通过测试或者其他的方法对员工进行了评估，以确定其是否称职？

标准2：了解绩效

为了实现自我控制，员工必须有途径了解他们的绩效是否符合标准。符合性指：

- 产品符合特征规范要求。
- 工艺符合规范要求。

可以通过三种方法了解绩效：过程固有的测量、生产工人的测量和检验员的测量。

对工人良好反馈的标准

生产工人（与监管者和技术专家不同）要求反馈数据一目了然，只处理少数重要的缺陷，只处理员工可控的缺陷，及时提供有关问题和原因的信息，以及提供足够的信息来指导纠错行动。良好的反馈应该做到以下几点：

- 能一目了然地读取。工厂里事情的发生是很快的，工人应当能够在工作中快速检查反馈信息。当工人需要一段时间里的工艺性能信息时，图表可以提供最好的反馈形式，前提是图表要设计得与工人的职责一致（见表22-3）。为了突出反复出现的问题，建议使用直观的显示方法。例如，在挂图上用大的黑体字写上"外仓开关安装在后面"，比在工作文件的边角备注同样的信息会有更好的效果。

表22-3 工人职责与对应的图示

工人的职责	对应的图示
使每个产品满足产品规范	单个产品的测量值与产品规范界限的比较
保持过程状态符合过程规范的要求	过程状态的测量值与过程规范界限的比较
保持均值和范围符合统计控制界限	均值和范围与统计控制界限的比较
保持不符合百分比低于某一特定水平	实际的不符合百分比与限定水平的比较

- 只处理少数重要的缺陷。一味地让员工关心所有的缺陷数据会导致对少数重要数据的忽视。
- 只处理员工可控的缺陷。任何其他的做法都是没有意义的。

- 及时提供有关问题和原因的信息。及时性是对良好反馈的基本要求，系统越能够反映实时状态越好。
- 提供充足的信息以指导纠错行为。提供的信息应当可以为补救行动提供决策依据。

与工人行动有关的反馈

工人需要清楚对过程进行哪种调整可响应产品的偏离问题。这类信息来自：

- 过程规范。
- 工人试错的经验。
- 产品和工艺的度量单位是相同的。

如果工人缺少这些知识，只能不断地进行试错或者停止过程并拉响警铃。

有时候可以将反馈数据转换成有效的形式，从而帮助工人决策如何调整过程。例如，铜帽有六个主要尺寸，很容易测量这些尺寸，并发现产品偏离。然而，很难在产品数据中反映出过程的变化。此时，可以应用位置-尺寸图（P-D图），将六个测量值进行"矫正"，即都减去最小的测量值。然后用矫正后的数据画出 P-D 图，从而可以分析工装问题。

对管理者的反馈

除了给工作站提供反馈信息之外，还需要向管理者提供短期总结信息。可以通过如下一些形式：

矩阵总结 一个普遍采用的形式是工人与缺陷对应的矩阵总结：垂直列的标题是工人的名字，水平行的标题是缺陷的类型。这种矩阵可以清楚地表示出哪种缺陷类型发生得最多，哪个工人导致了最多的缺陷，以及它们之间的关系如何。其他的矩阵形式包括机器号与缺陷类别的对应、缺陷类型和工作周的对应。得到这些总结结果后，通常可以圈出一些矩阵单元来强调哪些是值得关注的少数重要情况。还可以用对角线将单元格一分为二，从而可以填入两个数字，例如缺陷的数量和生产的数量。

帕累托分析 一些组织喜欢简化细节，只提供每天的总缺陷量，同时列出最严重的三个缺陷以及这些缺陷的数量。在一些行业，可以用"图室"显示不同产品和不同部门的绩效与目标的对比情况。

自动化质量信息 有些情形下，我们需要自动化的数据记录和分析。在生产现场将数据输入到计算机终端是很普遍的。有很多软件可以分析、处理和展示在生产现场收集的质量信息。"质量信息设备"（QIE）专指可以测量产品和过程、归纳信息并为决策提供信息的仪器设备。有时这类设备有自己的产品开发周期，以满足多种产品有效性参数。

以下是为了评估自我控制的第二个标准的检查表，检查表包含如下的问题：

充分的工作审查

1. 是否为工人提供了测量工具？它们是否提供了数字的测量方法，而不是简单地将好产品和坏产品分开？它们是否足够精确？是否经常检查它们的准确性？
2. 是否告知了工人多长时间抽样一次？是否留有足够的时间？
3. 是否告知了员工如何评估测量结果，并由此来决定什么时候需要调整过程，什么时候不用管它？
4. 是否有一个检查程序，指导工人进行抽样检查和过程调整？

充分的反馈

1. 检验的结果是否提供给工人？这些结果是否得到管理者和工人共同的审查？
2. 反馈是否及时和详细，从而可以纠正问题？是否向员工咨询过在反馈中需要哪些详细信息？
3. 员工是否收到特定类型错误的详细报告？
4. 除了负面的评价，反馈是否包括正面的评价？
5. 负面的反馈是不是私下传递的？
6. 是否有特定类型的错误是从外部顾客的反馈开始追溯的？
7. 其中的一些错误是否能够从内部的早期指标开始追溯？

标准3：调整的能力和期望

自我控制的第三个标准是调整的能力和期望。调整过程依赖于不同的管理可控因素，包括以下内容：

过程必须能满足公差

这个因素是非常重要的。在有些组织中，规范的可信性是很重要的问题。通常，在产品设计发布后会创建一个制造过程，进行几次试运行，然后开始批量生产。批量生产过程中发生的质量问题，通常是因为过程不能稳定地满足设计规范导致的。这时，需要通过调整过程或者改变规范来解决问题，就会导致生产延迟。在产品研发周期中，应当在批量生产之前验证生产过程能力。

过程必须能对调整行动价值进行响应

例 22.1 在制造聚乙烯薄膜的过程中，工人需要满足很多生产参数的要求。设备上装有不同的调整仪器，每个仪器可以控制一个或多个参数。然而，没有一个预定的满足所有参数要求的设定列表指导工人设置调整仪器。因此，需要不断试错，并努力同时满足所有的参数。在试错的过程中生产出的不合格产品将损害生产率和延迟交货期。工人无法预测试错过程要持续多长时间才能满足全部的要求。因此，在实践中，通常是经过一个合理的时间段后，不管是否满足要求，工人都停止试错，然后进行大量生产。

必须培训工人了解如何应用调整机制和程序

培训应该包含整个活动的所有方面——在什么情况下行动，做什么类型和什么程度的调整，如何使用调整仪器，以及为什么需要采取这些行动。

例22.2 在一个食品生产过程中有三个工人，只有一个工人每周都操作生产并且成为能手。只有在这个工人休假或者生病的时候才使用另外两个工人，因此他们也成不了能手。对替班人员进行持续的培训被认为是不经济的，并且工会的协议中也禁止在上述情形外使用替班人员。这种问题是管理可控的，也就是说，额外的培训或者对工会协议进行调整是必要的。

调整的行动不应该使工人不满，例如，不应该要求过度的体力消耗

例22.3 在生产玻璃瓶的工厂，一个调整机械装置位于熔炉区旁边。在夏天的几个月中，这个区域非常热，以至于工人都希望尽量离开那里。当调整需要不同的操作技术要素时，就出现了一个新问题：工人是否有能力去调整？

必须充分维护过程以保证它固有的能力

如果没有足够的维护，设备将无法正常工作，并且需要频繁地进行调整——通常，缺陷和可变性都在标称值附近增加。显然，这种维护必须是预防性的和纠正性的。维护的重要性已引出全面生产维护（TPM）和以可靠性为中心的维护（RCM）的概念。通过这种方法，组建团队来识别、分析和解决维护问题，以最大限度地延长过程设备的正常运行时间。这些团队由生产线工人、维护人员、过程工程师和其他需要的人员组成。将问题范围缩小以鼓励不断进行小改进。改进的示例包括减少工具损失的数量、简化流程调整、增加正常运行时间、提高资产效率以及总体设备效率（OEE），尤其是通过改善降低意外损失。

控制系统和主导的概念

控制特征的特定系统与主导一个过程的根本因素相关。主导的主要分类如下：

- 工装主导。对于整批产品来说，这样的过程具有高度的重复性和稳定性，因此控制系统强调在生产前对工装进行验证。这类过程的例子有钻削、贴标签、热封、印花和印刷工作。

- 时间主导。这种过程将随着时间逐渐变化（例如工具磨损、试剂消耗、机器变热）。相应的控制系统的特征是安排一个检查计划，使工人能够根据反馈信息做出补偿性的调整。螺纹加工、容器注料、羊毛梳理和造纸都是时间主导的工艺。

- 零件主导。在这种情况下，材料和零件的质量是最重要的。控制系统的重点是供应商关系，重视来料检验和次品检验。很多装配操作和食品加工过程是零件主导的。

- 工人主导。对于这样的过程，质量主要依赖于生产工人所掌握的技能和窍门。控制系统强调诸如工人的培训课程和认证、防错，以及工人和质量的等级划分等特征。工人主导的过程如焊接、涂层和订单填写等。

- 信息主导。在这类过程中，工作信息通常有频繁的变化。因此，控制系统强调提供给工人（和其他任何人）的信息的准确性和及时性。这种过程的例子包括订单编辑和工作车间使用的轨道车。

主导因素不同的过程，其控制工具也不相同。表22-4列出了不同的过程主导形式以及过程控制中使用的工具。

表22-4 各种主导过程的控制工具

工装主导	时间主导	零件主导	工人主导	信息主导
过程状态的检查 成品首件检查 批计划 预控制 窄界限测量 属性目视检验	定期检查 $\overline{X}$ 控制图 中位数控制图 $\overline{X}$-R 控制图 预控制 窄界限测量 p 控制图 过程变量检查 自动记录 过程审核	供应商评级 来料检验 预加工控制 验收检查 模型评估	验收检查 p 控制图 c 控制图 工人打分 工人的再认证 过程审核	计算机产生信息 文件的"主动"检查 条码和电子输入 过程审核

检查表

评估自我控制第三个标准的检查表通常包括如下的问题：

- 过程能力

1. 测量的质量能力是否同时包括固有波动和时间导致的波动？是否能定期地检查过程能力？
2. 工作的设计是否使用了防错准则？
3. 设备及其软件是否设计得符合工人的能力和局限？

- 过程调整

4. 是否已经告诉了工人多长时间对过程进行一次重置，或者如何评估测量结果以决定什么时间对过程进行重置？

5. 工人能否对过程进行调整来消除缺陷产品？工人应当在什么样的条件下调整过程？工人应当在什么时间关闭设备并寻求更多的帮助？寻求谁的帮助？

6. 是否与工人沟通了那些导致缺陷产品的工人活动和必需的预防活动，最好是用书面的形式？

7. 工人是否可以将确认能够改进过程的工作变化制度化？是否鼓励工人提出改变/调整建议？

- 在调整方面的工人培训

8. 是否有工人拥有潜在的值得发现并传授给所有工人的诀窍？

9. 是否为工人提供了识别问题、分析问题和提出对策的时间和培训？培训是否包括诊断性培训以寻找错误的模式并确定问题的来源和原因？

- 过程维护

10. 过程是否有充分的预防维护程序？

- 强大的质量文化/环境

11. 是否做了足够的努力去创建和保持质量意识？

12. 是否有管理领导力的证据？

13. 是否有员工自我发展和授权的规定？

14. 作为一种激励的方式，是否有员工参与的规定？

15. 是否有对员工认可和奖励的规定？

自我控制检查表的使用

这些检查表可以在以下方面对操作有所帮助：设计（和重新设计）工作来预防错误，诊断单个工作的质量问题，识别很多工作的共同缺陷，支持管理者担任员工的导师，为过程审核进行准备，以及指导质量方面的培训课程。

自动化制造

迈向自动化的步伐不会减慢。有几个术语变得很重要：

- 计算机集成制造（CIM）。CIM是从设计到产品制造与运输，以计划方式应用计算机的过程。
- 计算机辅助制造（CAM）。CAM是使用计算机计划和控制特定设备的工作的过程。
- 计算机辅助设计（CAD）。CAD是计算机协助创建或修改设计的过程。

这三个概念正在极大地提高工厂的生产率和效率。但是，通过适当的规划，自动化也可以通过其他几种方式提高产品质量：

- 自动化可以消除一些导致人为错误的单调乏味的任务。例如，当将手工缝焊操作交给机器人时，废品率从 15% 下降到 0，并且几乎消除了手工打磨（一项非常肮脏的工作）。
- 可通过自动监视和连续调整过程变量来减少过程变化。
- 可以减少过程故障的重要根源，即机器设置的数量。
- 机器可以自动测量产品，还可以记录、汇总和显示数据，供生产线操作员和员工使用。可以立即反馈给工人，从而为即将发生的故障提供预警。
- 使用 CAD，质量工程师可以在设计阶段的早期提供输入。将设计放入计算机后，质量工程师可以反复检查该设计，从而与设计变更保持同步。

计算机集成制造的关键功能

CIM 将工程和生产与供应商和客户（甚至全球）集成在一起，以交互方式设计、计划和进行制造活动。CIM 活动包括提供支持远程站点创新的设计工具，制造计划，用于评估和预测过程性能的计算机仿真模型，用于监视过程的传感和控制工具，用于收集和组织过程数据以与其他站点共享的情报工具，地理上分散的参与者之间的信息处理和传输，以及不同语言之间文本的自动翻译。有关详细说明，请参见 Lee (1995)。随着制造业在世界范围内的发展中国家的不断涌现，这一点变得非常重要。

成组技术

成组技术（或加速设计复制）是检查公司生产的所有项目的过程，通过识别具有足够相似性的项目，以便可以使用通用设计或制造计划。其目的是减少新设计或新制造计划的数量。除了节省资源外，成组技术还可以通过使用可靠的设计和制造计划来提高设计质量和一致性质量。在许多公司中，最初认为需要新设计的零件中只有 20% 有实际需求。而其余的新零件，有 40% 可以从现有设计中构建，而剩下的 40% 可以通过修改现有设计来创建。加快设计复制速度可以将产品设计周期从数月缩短至数周甚至数天。

柔性制造系统

柔性制造系统（FMS）是一组由计算机控制的机床，由材料处理系统和计算机链接，以适应变化的生产要求。该系统可以重新编程以适应设计变更或新零件。与之相对应，在固定的自动化系统中，机械、物料搬运设备和控制器则要经过组织和编程，以生产单个零件或有限范围的零件。

制造计划整体审查

我们直接从一个拟议的制造过程计划进入常规生产过程中会冒很大的风险。质量故障所涉及的延迟和额外成本要求对提议的过程进行审查，包括与过程一起使用的软件。通过生产前的试验和运行，可以最有效地完成这种审查。

在理想情况下，应将产品批次放入整个系统，并在开始全面生产之前发现并纠正缺陷。这应该包括可行性阶段、原型阶段、生产前验证和确认阶段，最后是生产验证和确认。实际上，公司通常会用这种理想的方法做出一些让步。"预生产"可能只是常规生产的首批运行，但有特殊规定可迅速反馈并纠正发现的错误。或者，预生产运行可能限于产品和流程设计的特征，因此以前的经验不能可靠地为良好的冒险行为提供基础。尽管有些公司确实遵守严格的规则，以通过预生产批次证明产品和工艺，但更常见的方法是灵活应对，其中预生产批次的使用取决于多种因素：

- 产品体现新的或未经测试的质量特征的程度。
- 制造工艺的设计在多大程度上体现了新的或未试用的机器、工具等。
- 充分了解工艺、产品和使用困难之前，要在现场确定生产的产品的数量和价值。

这些试验有时包括"生产验证试验"，以确保整个过程能够满足设计目的。

过程评定和过程认证也用于描述评审制造过程。Black（1993）描述了卡特彼勒如何制定一个与其供应商认证计划类似的内部认证计划。认证计划围绕12个步骤的制造程序而建立以实现过程控制，并且包括识别关键产品特性和关键工艺参数，确定过程能力指标和持续质量改进措施。

预生产和运行提供了生产真实产品的最终评估。其他技术在生产任何产品之前提供了一个甚至更早的警告。例如，故障模式、影响和严重性分析对于分析建议的产品设计很有用。相同的技术可以剖析潜在的故障模式及其对过程设计的影响。另一种技术使用高度详细的清单来审查建议的流程。

质量的组织结构

未来的组织会受到两个系统的交互作用的影响：技术系统（设计、设备、程序）和社会系统（人、角色），因此将其命名为"社会技术系统"（STS）。

组织工作的新方法，尤其是在员工层面上正在出现。例如，管理者渐渐变成"教练"，他们用教导和授权代替了分配和指导工作。操作者渐渐变成"技术员"，他们执行需要大量决策的多技能工作，而不是有限决策的小范围工作。团队的概念在这些新方法中扮演了重要的角色。在一些组织中，40%的人员参加了团队，有些组织的目标是达到80%。常设团队（例如工艺团队、自我管理团队）对包括质量在内的所有输出参数负责，专案小组（例如质量项目团队）通常对质量改进负责。

尽管这些不同类型的质量团队取得了显著的成果，在现实中，各部门的日常工作仍由配有可以执行各种任务的员工的管理者负责。在运营中，这种配置是"自然的工作团队"。但是团队的概念当然可以应用于日常工作，团队结构是质量过程三部曲中的控制过程。具体步骤包括选择控制主体、建立测量方法、设定性能标准、测量实际性能、与标准进行比较，以及对差异采取措施。

产品评估的计划

计划活动必须识别出产品正式评估的所需，以确定其对市场的适应性。它包括三个活动：

1. 测量产品与规范的符合度。
2. 对不符合的产品采取行动。
3. 对不符合产品的处置的信息沟通。

自检与产品审核相结合的概念得到了发展。在这个概念中，对于过程和产品的所有检验和所有符合性决策都由生产工人做出（然而，对于不符合的产品要采取的行动的决策权没有授予工人），但是，要对这些决策进行独立审核。质量部门定期随机抽样检验产品，以保证工人所采用的接受或者拒绝产品的决策过程仍然有效。审核验证了决策过程。需要注意，从纯粹的审核概念来说，检验人员不能转变为生产部门的检验员。除非是有必要做审核的，否则检验职位都取消了。

如果审核显示工人做了错误的决策，则从上次审核以来的产品要进行重新检查——通常由工人自己来进行。

相对于传统的将检验授权给独立的部门，自检具有决定性的优势：

- 生产工人感到对他们自己的工作质量承担更多的责任。
- 对性能的反馈是即时的，便于过程的调整。

- 传统的检验还有一个心理劣势，就是会被认为有一个"局外人"在向工人报告缺陷。
- 可以减少一个独立的检验部门的成本。
- 通过向生产活动中增加检验工作使工人的工作范围扩大化，有助于减少很多工作中固有的单调和无聊。
- 取消专门的检验工作站，可以缩短产品的生产周期时间。

例22.4 在纺织纱线成锥操作中，传统的检验方法通常导致完成的线锥在检验部门放置几天，因此延迟了对生产的反馈。在自检的情况下，工人收到即时的反馈，可以更及时地维修机器和改进工装。总体而言，这样的程序将不符合品率从8%降低到3%。对工人分类为"好"的产品进行审核，结果显示所有的产品分类都正确。在这个组织中，工人也可以将产品分类为"有疑问的"。在一项分析中，工人将3%的产品检验分类为有疑问的，随后一个独立的检验人员重新审核了有疑问的产品，然后将2%分类为可接受的产品，1%分类为不合格的产品。

例22.5 一个药品制造商在胶囊产品发布销售前实施了各种测试和检验。这些检验包括化学测试、重量检验和胶囊的目视检验。习惯上，需要由检验部门进行100%的目视检验。缺陷的分类从"严重的"（例如一个空的胶囊）到"微小的"（例如错误的印刷）。这种检验很耗费时间并且频繁地引起生产延迟。于是该制造商发起了一个由操作机器的工人进行自检的实验。操作工目视检查500个样本，如果样本是可接受的，操作工将整个容器的产品运送到仓库；如果样本是不可接受的，整个容器的产品被送至检验部门进行100%的检验。在这个实验中，样本和整个容器的产品都被送至检验部门进行100%的全检，样本的再检验结果被单独记录下来。实验得到了两个结论：（1）操作工的样本检验结果与检验员的样本检验结果一致；（2）500个样本的结果与100%的检验结果一致。

实验说明进行操作工抽样检验是合理有效的。在这个新系统下，好的产品被迅速地送至仓库，有问题的产品得到了高度的关注，进行了100%的检查。另外，缺陷水平下降了。改进的质量水平归功于操作工的强烈的责任感（他们自己决定产品是否可以销售），以及工人通过自检所得到的及时的反馈信息。还有另一个优点——检验人员减少了50人。这50个人转做了其他工作，包括实验和对不同类型缺陷的分析。

自检的标准

对于自检，有些标准必须满足：

- 质量必须在组织中是首要的。如果这个要求不明确，工人可能迫于进度和成本的压力，将本应该拒绝的产品划分为可以接受的。
- 相互的信任是必要的。管理者必须对工人有足够的信任，愿意授权员工决定产品是否符合规范。反过来，工人必须对管理者有足够的信任，愿意承担这个责任。
- 必须满足自我控制的标准。若不能消除导致产品缺陷的管理可控因素，则表明管理者没有把质量视为最高等级，这种环境可能使工人在检验过程中产生偏差。必须培训工人理解规范和执行检验。
- 规范必须清晰明确。工人应当了解产品在企业内部和外部的使用情况，从而理解符合性决策的重要性。
- 过程必须明确决策责任。例如，一个工人操作一台机器，这样他对产品制造和产品的符合性决策都有明确的责任。相反，一个很长的装配线或者一个包含大量步骤的化学过程，使职责分配变得困难。对于这样的多步骤过程，自检的应用最好推迟，应在一些简单的过程中取得了经验之后再考虑。

自检应当仅仅应用于稳定的和符合规范的产品和过程，并只授权给那些已经证明了自身能力的员工。

工人一般都喜欢这种授权，这意味着工作职责扩大了。然而，胜任自检的工人通常会因此要求某种形式的奖赏，例如更高的级别、更多的报酬。组织往往会对这些需求进行建设性的响应，因为授权的经济效果是令人满意的。另外，由此产生的差异对不能胜任的工人是一种刺激，使其具备必需的能力。

自检的一个辅助手段是在检验中使用 poka-yoke 工具。这些工具安装在机器上以检查过程的状况和产品的结果，并为操作工人提供及时的反馈。例如可以应用限位开关和干涉插销确保材料的正确定位，它们也属于检验过程状况的 poka-yoke 工具。过规/限规是检验产品的 poka-yoke 工具。

过程质量审核

质量审核是一个独立的检查过程，它对质量性能的某些方面与对应的标准进行比较。质量审核在制造业中的应用已经很广泛，包括对活动的审核（过程审核）和对产品的审核（产品审核）。

过程质量审核的对象包括影响最终产品质量的所有活动。这种现场审核通常由一个或者多个人员，对特定的过程按照工艺操作的程序进行。虽然强调与现有程序的一致性，但是审核经常会发现不正确的或者不存在的程序。本章前面的自我控制检查表列出了过程审核的具体项目。审核必须以审核报告中呈现的事实为基础，以此来帮助那些责任人决定并执行需要的纠正行为。表22-5为审核检查表示例。

产品审核是对产品进行重新检验，以验证接受和拒绝的决策的正确性。理论上，产品审核是不需要的，在实践中可以通过现场投诉来验证。产品审核可以在产品检查站或者在装配和包装后进行。有时候，在产品转移到下一个操作之前需要进行一次审核。

表22-5 审核检查表

1. 生产人员是否能得到规范？
2. 文件是不是最新的修订版本？
3. 文件上的内容是不是正确的并且值得参考？
4. 如果参考文件张贴在设备上，它们是否符合规范？
5. 如果规范中参考了记录表，规范中是否包含记录表的样本？
6. 操作人员是否根据规范填写记录表？
7. 不合规的批次是否有工程部门或合适的监管者负责处理？
8. 是否根据规范对文档进行了更改？
9. 是否根据规范设定了设备时间？
10. 是否根据规范设定了设备温度？
11. 设备上的校准标签是当前的吗？
12. 规范中列出的化学品和气体是否符合实际的使用？
13. 规范中列出的数量是否与生产线设定符合？
14. 是否根据规范对化学品或者气体进行调整？
15. 生产操作人员是否有资质？如果没有，该员工是否得到了监管者的授权？
16. 生产操作程序是否符合规范？
17. 操作人员是否根据书面规范执行清洗程序？
18. 如果规范中列出了安全须知，是否遵守了这些须知？
19. 如果过程控制程序写在规范中，过程控制执行的行动是否可验证？
20. 如果设备维护程序写在规范中，执行行动是否可验证？是不是根据规范进行的？

资料来源：Quality Progress，October 1990.

运营中的质量测量

对关键工作过程的管理必须包括有关测量的规定。表22-6给出了制造活动的例子。值得注意的是，很多控制对象是以各种工作输出形式存在的，就目前使用的测量指标来看，生产率是一个重要的指标。生产率通常定义为输出与输入资源之比。令人吃惊的是，仍然有些组织只计算总的输出（可接受的和不可接受的）。很明显，正确的输出测量应是对顾客有用的（可接受的输出）。

表22-6中列出的测量指标可以使用统计技术进行分析，但还有更基础的内

容：测量指标的选择和定期的数据收集与报告，以向操作人员表明，管理者认为这个指标具有优先的重要性。这种情况有利于改进。

表 22-6 生产质量测量的例子

主题	测量单位
生产输出的质量	符合规范的输出百分比（"首次产出率"） 在中间和最后检验中符合规范的百分比 废品总数（数量、成本、百分比等），返修的总数（数量、成本、百分比等） 输出免检放行的百分比 在产品审核中（检验后）发现的缺陷数量 由于生产缺陷导致的质量保证成本 产品质量的综合测量（每百万的零件缺陷数、每单位的加权缺陷、关键特征的波动等） 降级使用的产品数量
生产输入的质量	关键工位操作者的认证百分比 生产设备停机的总时间 产品输入符合规范的百分比 检测工具符合校正计划的百分比 颁布后需要调整的规范百分比

保持对持续改进的关注

长久以来，运营职能总是在处理各种偶发的质量问题。当发现长期存在的问题时，可以采用多种方法来解决，例如质量改进小组。通常改进的措施涉及质量计划或者重新计划。这三种类型的措施总结在表 22-7 中。

表 22-7 三种类型的措施

采取措施的类型	什么时间采取措施	基本的步骤
排错 （质量控制的一部分）	性能指标超出控制界限 性能指标具有趋向控制界限的明显趋势	识别问题 诊断问题 采取纠正措施
质量改进	控制界限过宽，虽然过程受控但是偏离目标值 性能指标经常偏离目标值	识别项目 立项 诊断原因 修正原因 保持成果

续表

采取措施的类型	什么时间采取措施	基本的步骤
质量计划	很多过程性能指标频繁偏离目标 产品没有满足顾客的重要需求	立项 识别顾客 发现顾客需求 开发产品 开发工艺 设计控制

资料来源：Juran Institute, Inc., 1995, pp. 5-7.

Kannan 等（1999）介绍了对 38 种质量管理实践应用的调查结果（例如，使用基准数据改进质量实践）、39 项工具和技术（例如，统计过程控制）、29 个文件领域（例如，质量保证手册）和制造业运营级别的 12 种质量测量（例如，客户投诉）。分析包括使用程度和对五种组织绩效指标的影响。

很明显，保持对质量改进的关注需要组织中具备积极的质量文化。因此，我们必须首先明确现有的质量文化，然后采取措施将质量文化改变成促进持续改进的文化。另外，为了保持对改进的持续关注，必须向运营职能部门提供支持。质量部门应当成为一个关键的支持者。因此质量部门应当将运营部门作为自己的重要内部顾客，并提供培训、技术质量专家和其他类型的支持，从而使运营部门可以保持对改进的关注。同样地，质量部门可以要求高层管理人员建立跨职能的团队来解决可能由其他职能部门导致的运营问题，例如工程、采购和信息技术部门。

防错案例研究

基于六西格玛和精益项目的生物技术环境中防错文档的案例研究

背景

在 FDA 监管的制造环境中，例如生命科学、生物技术和制药行业，完整准确的过程文档和过程步骤的完成至关重要。然而，此类文档容易导致各种人为错误：滑倒、失误、错误和违规。这是这些行业普遍存在的问题，但大多数文档错误不会影响产品质量。

该防错项目于 2003 年 9 月由 Genentech 的高级管理层（GMP 核心团队）特许实施。该项目的目标是减少与文件错误和丢失票据相关的检查风险。这一目标表现为以下双重目标：

目标 1：到 2004 年 9 月，相对于 2003 年第一季度/第二季度基准，将差异管理系统中记录的文档错误率降低 50%。将文档错误率保持在这个新的"控制范围"内：每 100 张票据（主要批次记录文件）三个月或三个月以上的文件错误少于五次。

目标 2：相对于 2003 年第一季度/第二季度基准，将主要票据错误的总数量减少 50%。

2003 年 10 月成立了六个防错团队，以调查导致这种错误和可变性的驱动因素。顾问与每个团队一起工作。这些团队被安排从 2004 年 3 月开始实施，并在 2004 年 6 月之前实现可观的文档错误率降低。

六个项目分别是：

1. 及时反馈（六西格玛 DMAIC 项目）
2. 变更量和时间（六西格玛 DMAIC 项目）
3. 生长激素和恢复操作中的价值流映射（精益/价值流映射项目）
4. 澄清文件规则（六西格玛 DMAIC 项目）
5. 文件开发（六西格玛设计 DMADV 项目）
6. 文档复杂性（六西格玛设计 DMADV 项目）

主要发现

1. 及时反馈。根据所有班次的访谈，项目团队得出结论，提供反馈的时间和效用在生产团队中各不相同：特别是，项目团队发现，仅在某些情况下存在及时反馈的机制。他们着手将是否存在及时反馈与记录错误率相关联。如以下假设检验（独立性的卡方检验）所示，文档错误率取决于及时反馈的存在与否。

卡方检验：<1wk FB S、0FB S
预期计数打印在观察计数以下卡方贡献值低于预期值

	<1wk FB S	0 FB S	合计
1	25	19	44
	20.20	23.80	
	1.138	0.967	
2	20	34	54
	24.80	29.20	
	0.928	0.788	
合计	45	53	98

卡方＝3.820，自由度＝1，p 值＝0.051

缺乏反馈与我们确定的高绩效者和低绩效者（文档错误）之间存在统计相关性

及时反馈的团队绩效要比不完整或延迟的团队提高 50%。正如团队所预测的那样，在引入及时反馈机制后，文档错误率在 2004 年 4 月立即朝着新的控制区域迈出了重要的第一步。

2. 变更时间。变更量和时间项目团队（一个 DMAIC 项目）着手研究文件生效和发布日期之间有关每个文件错误的关系。通过将发行日期和生效日期之间的时间间隔与每次执行票据记录的文档错误相关联，团队可以证明在发行日期后三天内生效的文档存在不成比例的文档错误差异（见图 22-7）。由于 45.7% 的票据在发行和生效日期之间少于 2 天，因此这些文件是造成文件错误的主要原因。

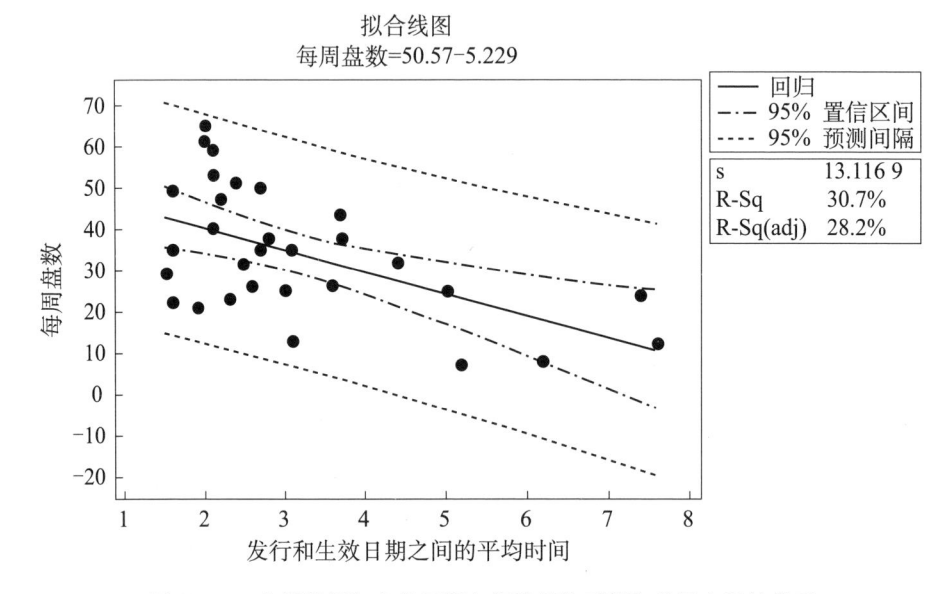

图 22-7 文档发行和生效日期之间的平均时间与差异之间的关系

随着团队的进一步调查，他们能够确认 1~3 天的间隔不允许轮班进行有意义的文档培训。

3. 变更量。变更量和时间项目团队确认的另一个文档错误的驱动因素是一年中文档被更改的次数。2003 年，SSF 制造部门发起了 1 440 次以上的票据更改。通过比较一年中更改次数超过 3 次的文件与不频繁更改的文件所记录的差异率，团队可以确认频繁修订的文档会导致文件错误。

建议实施一种机制以便整理出每年更改超过三次以上的文档，并建立一种使修订更加可见的制度。该团队仍然坚信，这些措施将进一步减少文件错误。

4. 墨水颜色：生长激素恢复操作中的精益/价值流图团队在其快速改进阶段生成了一系列防错实施想法。具有明显普遍用途的想法之一是通过对导致遗漏明显错误的因素进行分析得出的。该团队指出，当用黑色墨水在以黑色墨水打印的批记录、表格和日志上进行输入时，很难看到可能缺少的输入。该团队建议改用蓝色墨水，以增强条目和打印文本之间的对比度。

在与质量保证和合规小组协商细节后，对标准操作程序（SOP）进行了必要的更改，以允许在不需要蓝墨水的情况下使用蓝墨水。会议分发了一份备忘录，解释了这一改变的理由，并要求管理人员强制执行对蓝墨水的使用。蓝墨水倡议于 2004 年 3 月实施，当时遗漏错误率首次降至 5% 以下。2004 年 7 月和 8 月，制造业在线审计师（MOA）收集的数据表明，由于常规使用蓝色墨水，因此检测到遗漏的频率是原来的两倍。

5. 设备日志定位和其他快速改进。生长激素回收精益/VSM 团队成功实施的另一个快速改进构想是对设备使用日志的集中化。其开发了一种调查工具，并使用了意大利面条图来检验以下假设：设备使用日志散布在整个工作区域会增加技术人员的损耗，并附带出现文档错误的风险。

在将日志集中在一个位置之后，95% 的受访者认为该系统更易于使用（更少的旅行、更少的时间、更少的困难）。日志集中后，该地区的文件错误率继续下降，快速改进工作以识别单点接触、提供无线电以及简化、清晰、直接和简单的通信结构，有助于减少与地面控制无关的通信影响。

6. 文档规则混乱。对执行票据的操作人员的采访证实，在划掉规则、排除不适用的部分、正确输入时间以及批处理记录创建的其他优点存在高度混乱。这种混乱被认为是造成文档错误的潜在重要原因。

即使消除了由于混淆而导致的许多错误（见图 22-8），然后在在线审查期间纠正了这些错误，但 FDA 审核员仍可以将这种交叉视为一个关注点，因为它们反映了操作人员在第一次正确创建批记录时的努力。该团队系统地对混淆点（sub-$Y's$）进行了分类，然后针对每个混淆点进行了因果分析，以找出驱动因素 $[f(X's)]$。这些经过验证的混淆来源（经 X 证明）的示例包括：

• 文档使用含糊不清的语言（例如，"近似"），这会导致对文档规则的混淆，并导致文档错误。

• 有些文件仅包含有关警报限制的信息，其他文件包括有关警报限制和操作限制的信息。这种不一致性会导致文档规则的混乱，从而导致文档错误。

• 文档规则不断变化，这会导致文档规则混乱，并导致文档错误。

• 操作人员由不同的培训师进行培训，内容不一致，导致对文档规则的混淆，并导致文档错误。

• 规则背后的理由（规则的标准）没有传达，这会导致文档规则的混乱，并导致文档错误。

这些已验证的混淆原因已转换为客户需求，并用作设计清晰、集中的文档和相关培训 SOP 的基础。这些必要的工具于 2004 年 5 月生效，并提供给操作人员，当时文件错误率首次降到每 100 张票据 5 张以下。

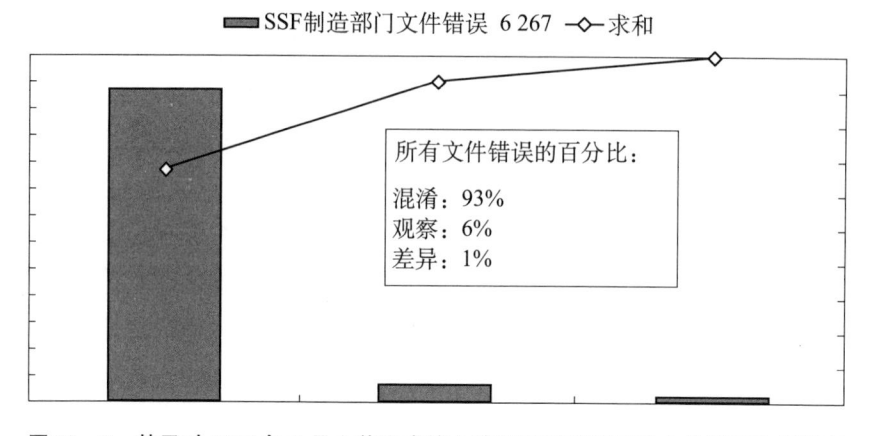

■ SSF制造部门文件错误 6 267 ━◇━ 求和

所有文件错误的百分比：
混淆：93%
观察：6%
差异：1%

图 22 - 8 基于对 2004 年 2 月之前完成的文件审查得出的基准文件错误执行情况

7. 文字处理错误的责任心较低，文件更改没有集中的协调。文档开发和变更流程团队（DMADV 团队）围绕当前流程无法在客户定义的时间范围内可靠地生成准确/无错误的文档来定义其问题陈述。

该团队分析了 2003 年第一季度/第二季度的数据，以识别主要票据错误，并将其映射到可能已导致或捕获到错误的处理步骤（单个错误通常映射到多个位置）。该分析将流程的"文档开发"阶段（包括文字处理和 SME 红线批注步骤）确定为票证错误的最重要来源。

该过程的价值流图显示 54 个步骤中只有 4 个是增值的，2 个是非增值的，其余的 48 个都归为"需要的非增值步骤"。

该过程的 FMEA（故障模式影响分析）对各种已识别的故障模式进行了排名，并将根本原因分配给了严重程度最高的故障模式。排名前 10 位的 RPN（风险优先级编号）得分可分为三个根本原因：沟通差距，业务流程不足和资源限制。

使用 DMADV 方法设计了一个改进的流程，以解决确定的问题；三个根本原因转化为客户需求。改进后的流程（具有集中协调器、自动化的步骤引用、资源管理工具和开发清单）于 2004 年秋季开始试行。与基准数据相比，活动准备工作按照规定的时间表交付了准确的文件。

8. 文件的复杂性。文档复杂性团队（一个 DMADV 项目）设计的问题陈述强调了文档错误与对制造商和质量保证人员的指令之间的联系，这些指令通常过于复杂或不一致。

该团队采访了各个职能部门的客户（文档用户），并对他们确定的需求进行了优先排序。这些发现的帕累托图如图22-9所示。

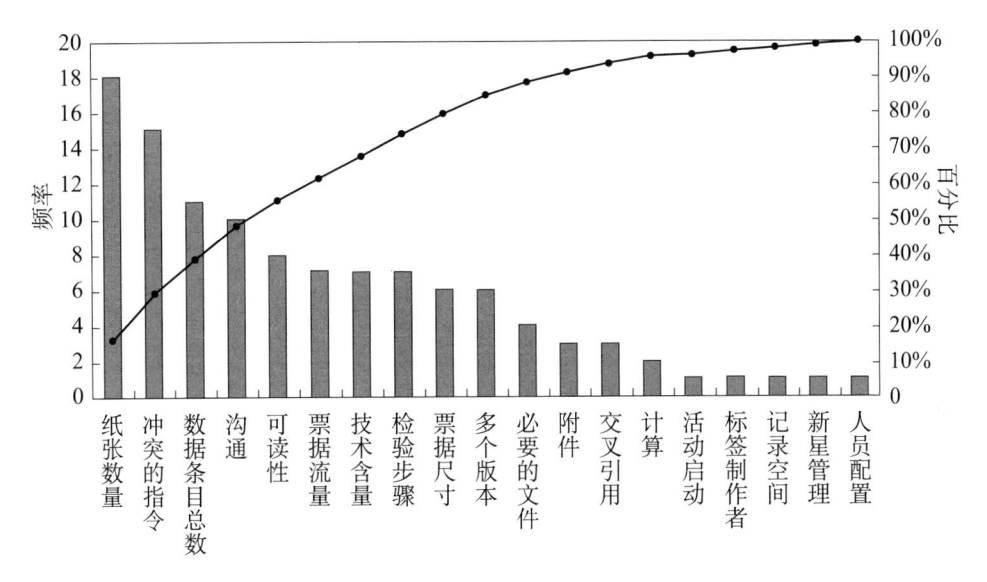

图22-9 顾客对明确指令的需求帕累托图

前三个需求（最常见的是）是更少的纸张、没有冲突的指令和更少的数据条目。

利用这些数据，团队能够设计出一种用于评估指令复杂度的系统，并将其应用于一组标准指令。然后将这些分数与每个文档的差异率相关联。如表22-8所示，对于"组合"和"仅边缘"数据，错误率与复杂性得分和12个复杂元素中的11个紧密相关（恢复数据仅与12个元素中的9个紧密相关）。

表22-8 相关结果、复杂度评分和错误率

	组合		发酵		恢复	
	p	R	p	R	p	R
复杂度评分	0.000	0.673	0.000	0.859	0.018	0.338
总数据项	0.000	0.632	0.000	0.829	0.093	0.242
总页数	0.000	0.618	0.000	0.925	0.006	0.385
SOP/SR 参考	0.000	0.617	0.000	0.748	0.001	0.457
操作员步骤	0.000	0.611	0.000	0.868	0.010	0.366
可供参考的 FN	0.000	0.600	0.000	0.773	0.018	0.366
SOP/SR 总数	0.000	0.584	0.000	0.699	0.005	0.399
其他 G 码	0.000	0.575	0.000	0.713	0.007	0.380

续表

	组合		发酵		恢复	
	p	R	p	R	p	R
检验步骤	0.000	0.491	0.000	0.877	0.016	0.343
贴标步骤	0.000	0.442	0.000	0.838	0.021	0.328
计算	0.000	0.395	0.000	0.466	0.134	0.217
附件	0.032	0.249	0.000	0.738	0.210	0.182
Ver/Op	0.470	20.085	0.748	20.068	0.832	0.031

分析的结果用于确认两个已成功实施的快速修复方法：预打印的 POMS 标签和活页夹中的其他附件以及部门控制文档以列出使用日志。这两个修复程序均于 2004 年 6 月实现。

突破性成果和新的控制区

如图 22-10 所示，第一个目标是在 2004 年 5 月实现的，此后，文档错误就一直保持在新的控制区内。

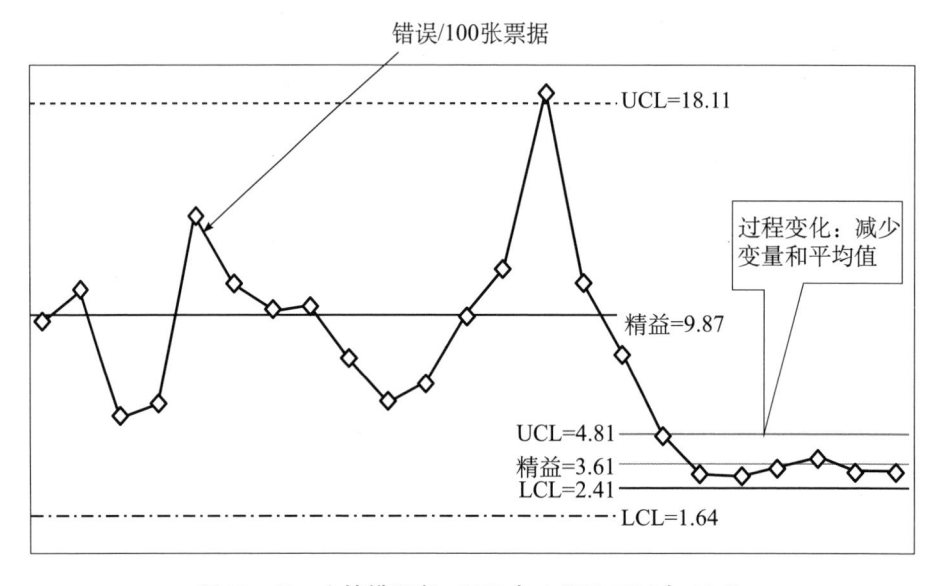

图 22-10　文档错误率：2003 年 1 月至 2004 年 11 月

经验教训

这些突破性成果的实现和持续证明了使用正确的工具（在本例中为六西格玛和精益/价值流管理）结合正确的管理优先权及对资源和支持的承诺，进行逐项改进的力量。获得的经验教训包括：

- 专用资源比兼职团队表现更好；有效的赞助商可确保团队成员没有被超额预定。
- 积极参与的赞助是关键，特别是在最初的工作范围界定和获得特许期间。
- 管理层必须抵制将团队过早地导向解决方案的冲动，同时为调查的范围和项目的时间安排提供明确的界限。
- 注意为培训活动做好准备，确保后勤问题、赞助商缺席和对项目目标的混淆不会分散参与者的注意力。

除了这些成功因素之外，这项工作还为管理层上了一堂真正的基础课，那就是让最优秀的人才来解决这个问题，投入资金为他们提供世界级的工具和支持，他们将带来持久的成果。

参考文献

Black, S. P. (1993). "Internal Certification: The Key to Continuous Quality Success," *Quality Progress*, January, vol. 26, no. 1, pp. 67–68.

Eibl, S., Kess, U., and Pukelsheim, F. (1992). "Achieving a Target Value for a Manufacturing Process," *Journal of Quality Technology*, January, vol. 24, no. 1, pp. 22–26.

Goldman, S. L., Nagel, R. N., and Preiss, K. (1995). *Agile Competitors and Virtual Organizations*, Van Nostrand Reinhold, New York.

Grout, J. R. and Downs, B. T. (1998). "Mistake-Proofing and Measurement Control Charts," *Quality Management Journal*, vol. 5, no. 2, pp. 67–75.

Juran, J. M., (1992). *Juran on Quality by Design*, Free Press, New York.

Juran, J. M., (2010). *Juran's Quality Handbook: The Complete Guide to Performance Excellence*, McGraw-Hill, New York, p. 209.

Lee, J. (1995). "Perspective and Overview of Manufacturing Initiatives in the United States," *International Journal of Reliability, Quality and Safety Engineering*, vol. 2, no. 3, pp. 227–233.

Nakajo, T. and Kume, H. (1985). "The Principles of Foolproofing and Their Application in Manufacturing," *Reports of Statistical Application Research, Union of Japanese Scientists and Engineers*, Tokyo, vol. 32, no. 2, June, pp. 10–29.

Ohno, T. (1988). The Toyota Production System—Beyond Large Scale Production, Productivity Inc., Portland, Oregon.

Peña, E. (1990). "Motorola's Secret to Total Quality Control," *Quality Progress*, October, vol. 23, no. 10, pp. 43–45.

Shuker, T. J. (2000). "The Leap to Lean," *Annual Quality Congress Proceedings*, ASQ, Milwaukee, pp. 105–112.

Siff, W. C. (1984). "The Strategic Plan of Control—A Tool for Participative Management," *ASQC Quality Congress Transactions*, Milwaukee, pp. 384–390.

Snee, R. D. (1993). "Creating Robust Work Processes," *Quality Progress*, February, pp. 37–41.

Somerton, D. G. and Mlinar, S. E. (1996). "What's Key? Tool Approaches for Determining Key Characteristics," *Proceedings of the Annual Quality Congress*, ASQ, Milwaukee, pp. 364–369.

Spear, S. and Bowen, H. K. (1999). "Decoding the DNA of the Toyota Production System," *Harvard Business Review*, September–October, pp. 96–106.

The Productivity Press Development Team, (1997). *Mistake Proofing for Operators: The ZQC System*, Productivity Press, Portland, OR.

(孙军华 韩铁 译)

第 23 章

供应链质量管理 约瑟夫·A. 德费欧

本章要点
供应商关系——一场革命
供应商质量的范围
供应商质量要求规范
供应商选择：外包
供应商能力评估

供应链质量计划
供应链质量控制
履约期合作
供应商认证
供应链质量改进
参考文献

本章要点

1. 随着供应链管理和供应商伙伴关系的发展，买卖双方关系出现了革命性的变化。
2. 质量规范通常定义产品和质量体系的要求。
3. 评估供应商的质量能力包括使供应商的设计和制造过程符合要求。
4. 供应商伙伴关系的建立需要统筹经济规划、技术规划和履约期合作等。
5. 认证供应商是指经过详细调查，能够提供合格产品，而无须对每批次产品进行常规检验的供应商。
6. 供应商关系测量应基于顾客投入，提出评估和反馈，也包括早期、同期和滞后的绩效指标。
7. 供应商质量改进需要高层管理者参与供应链的各个环节。

供应商关系——一场革命

在质量加速提升的背景下，质量与从供应商那里购买商品或服务息息相关。对许多公司来说，采购额占销售额的60%以上，采购问题是一半以上质量问题的来源。供应商的产品质量差会给买方带来额外的成本。例如，对于一家电器制造商来说，75%的保修都来自零部件造成的问题。

当今社会对减少库存非常重视，这就进一步强调了要关注质量。根据即时库存的概念，只有在需要生产产品和对原料需求量大的时候才从供应商处接收货物，买方没有库存。如果部分原料有缺陷，买方工厂就会因为缺少备料而停工。在传统的采购中，供应商的质量问题会被额外的库存所掩盖；在即时库存的概念里，购买的产品必须满足质量要求。

采购商和供应商之间的相互依赖性急剧增加。有时这种相互依赖的形式是一体化的，例如，罐头厂位于啤酒厂的隔壁。有时又会涉及技术技能，例如，汽车制造商要求供应商为其购买的产品提出设计方案。供应商成为买方组织的延伸——虚拟部门。

这些情况导致了买卖双方之间关系的一场革命。过去，双方往往是对手。有些采购商把供应商视为潜在的罪犯——他们可能偷运一些有瑕疵的产品并试图通过采购商的进货检验。今天，采购的关键是伙伴关系，紧密合作，互惠互利。

这种新型供应商关系观要求采购过程从传统观点转变为战略观点。表23-1概述了一些变化。

表 23-1 采购过程的传统观点与战略观点

采购流程	传统观点	战略观点
供应商关系	敌对、竞争、不信任	合作、伙伴关系、以信任为基础
关系长度	短期	长期或无限期
质量保证	来料检验	无须进货检验
供应商基础	多个供应商，集中管理	少量供应商，精心挑选和管理
采购计划	与最终用户的商业计划无关	与最终用户的商业计划相融合
采购决策重点	价格	总的持有成本

资料来源：改编自 JQH5, p. 21.6。

供应商关系革命的一部分是将传统的供应商概念扩展到更广泛的供应链概念（见图23-1）。Donovan 和 Maresca（*JQH*5，第21章）将供应链定义为所有供应商和最终用户在特定商品或服务的开发、采购、生产、交付和消费过程中承担的任务、活动、事件、过程和互动。注意，这个定义包括最终用户、主要供应商或分销商、提供生产或服务的各级供应商。供应链管理是为对组织具有战略意义的项目保留的。

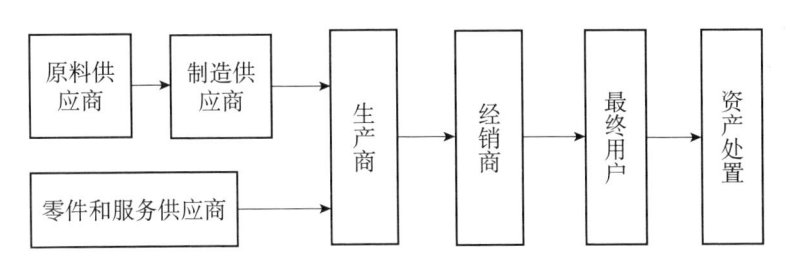

图 23-1 供应链要素

资料来源：JQH5. p. 21. 4.

采购职能的主要作用是管理供应链，以实现整个供应链的高质量和高价值。诚然，这一理想是崇高的，但它突出了一个新的重点——从管理采购交易和解决故障到管理流程和供应商关系。在供应链管理中，必须建立一种机制以确保供应链各方之间建立适当的联系。这种机制包括明确的合同要求以及持续的反馈和沟通。关于供应链概念的进一步讨论，见 JQH5 第 21.4～21.9 页。当然，管理供应链是很困难的。Fisher（1997）描述了其中的一些困难，并根据产品需求的性质，以及产品主要是功能性的还是创新性的，提出了供应链框架。供应链也适用于服务业。关于医院和医疗保健系统中涉及医生的例子，见 Zimmerli（1996）。本例还说明了如何在分销、采购和消毒的主要流程中使用内部客户调查。

针对让信任取代敌对关系的重要性，已经发表了很多文章，也已经取得了重大进展，但实际上，仍然有供应商（无论大小）反映，部分采购商表现出了一些傲慢。

供应商质量的范围

采购系统包括三个关键点：需求说明、供应商选择和供应链管理。总体质量目标是通过最低限度的进货检验或事后纠正来满足采购商（和最终用户）的需求；这一目标进而导致总成本最小化。

为实现这一质量目标，必须确定某些主要活动并赋予其相应的职能。表 23-2 列出了一家公司的典型职能清单。本章将讨论这些活动。

表23-2中的责任矩阵表明,质量部门对许多供应商质量活动负主要责任。根据另一项政策,采购部门对质量负有主要责任,其他部门(如产品开发和质量)负有连带责任。这种责任的划分更加注重质量,为交期、价格和质量确定优先顺序。为了履行这一职责,大多数采购部门需要提高其技术能力。一些组织通过将技术专家调到采购部门来满足这一需要。

表23-2 责任矩阵——供应商关系

活动	产品开发部门	采购部门	质量部门
定义产品和程序质量要求	××		×
评估替代供应商	×	×	××
选择供应商		××	
实施联合质量计划	×		××
在履约期内与供应商合作	×	×	××
获取符合要求的证据	×		××
合格供应商认证	×	×	
按要求实施质量改进计划	×	×	××
建立和应用供应商评级		××	×

注:××代表主要责任,×代表连带责任。

为了体现对供应商和供应链概念更广泛的认知,一些组织正在从以功能为基础的采购型组织转变成以流程为基础的供应链管理型组织。基于流程的组织使用跨职能团队和流程归口来关注总体成本(而不是购买时的初始价格),确定提高价值的机会,并实现竞争优势。

接下来,我们将研究质量与供应管理的三项关键活动的关系:需求规范、供应商选择和供应链管理。

供应商质量要求规范

供应商的目标和要求必须与供应链中每个环节的目标和要求相一致,特别是最终用户和采购方。这些目标和要求包括质量参数和一般业务问题。

对于现代产品来说,质量计划在合同签订之前已经开始。质量计划必须认识到两个问题:

1. 买方必须告诉供应商明确的产品用途。即使对一个简单的产品来说,表达清楚使用需求也是很困难的。

2. 买方必须获得信息，以确保供应商能够提供满足所有适用性要求的产品。

许多现代产品的复杂程度使得难以通过说明书与供应商沟通使用要求。不仅复杂产品的现场使用条件有时鲜为人知，而且在设计和测试完整产品之前，围绕特定组件的内部环境可能也是未知的。例如，在整个系统开发完成之前，向电气零件供应商规定准确的温度和振动要求基本上是不可行的。这种情况至少需要供需双方的持续合作。在特殊情况下，甚至可能需要签署单独的开发和生产合同，以发现如何最终确定需求。

有些情况下有可能需要两种规范：
1. 定义产品要求规范。
2. 定义供应商预期的质量相关活动的规范，即供应商的质量体系。

大批量、数字化的质量和可靠性要求的定义

除了对单个单元或产品的质量和可靠性要求外，通常还需要增加数字标准来判断大量产品的一致性。

验收抽样的程序通常需要这些标准，这样就可以根据该批随机抽样的检验和测试结果来接受或拒绝整批产品。如果大批量的质量要求以数字形式定义，则有助于抽样程序的应用。数值索引示例见表 23-3。

这些标准的数值选择取决于几个因素，也取决于概率因素。这些标准是一种编制抽样统计的方法，抽样统计则是由统计概念发展出来的。遗憾的是，许多供应商不了解统计概念，对质量水平要求和抽样检验结果的解释不正确（见表 23-3）。这些标准也可能是产品责任讨论中的一个混乱来源。供应商必须了解，提交的所有产品均应符合规范要求。

对于复杂和/或面向时间的产品，数字可靠性要求可以在供应商采购文件中定义。有时，这些要求是以平均无故障时间来表述的。数字可靠性要求有助于阐明"高可靠性"是什么意思。

例 23.1 电容器制造商要求对一个生产设备单元进行投标，该单元将执行若干生产操作。设备的可靠性对维持生产进度非常重要，因此对潜在投标人规定了"平均无堵塞时间"（MTBJ）的数值要求。（之前，可靠性没有得到定量的处理。设备制造商一直承诺高可靠性，但结果令人失望。）在与投标人进行了几轮讨论后，制造商得出结论，如果机器要进行多次操作，所期望的可靠性水平是不现实的。电容器制造商最终决定修改对多次操作的要求，从而降低其复杂性。在采购文件中规定数字要求的努力迫使人们对可靠性有了明确的认识。也可以要求供应商通过试验证明规定的可靠性水平。

表 23-3　数值抽样准则表

质量指标	含义	参考占比	错误判读
百万分之一（ppm）	百万件缺陷数	5～1 000	—
可接受质量水平（AQL）*	抽样计划高概率被接受（比如≥0.90）的缺陷百分比	0.01～10.0	全部被接受，至少和AQL一样好；全部被拒绝，很多比AQL还要糟糕
批容许不良百分率（LTPD）	抽样计划低概率被接受（比如≤0.10）的缺陷百分比	0.5～10.0	所有好于LTPD的批次将被接受；所有差于LTPD的批次将被拒绝
平均出货质量界限（AOQL）	抽样检验，拒绝批次100%检验后，多个批次的平均不良率更高	0.1～10.0	所有接受的批次至少与AOQL一样好；所有拒绝的批次都比AOQL差

注：*一些取样表和其他来源将AQL定义为最大缺陷百分比，并将其视为工艺平均值。

供应商质量体系的定义

第二种规范与传统做法不同，传统做法是不告诉供应商如何运营自己的工厂。有时需要在供应商的工厂内定义所需的活动，以确保供应商有专业能力去执行整个项目并提供令人满意的产品。对于某些产品，政府法规要求买方对供应商施加某些加工要求（例如，制造药品的卫生条件）。对于其他产品，如复杂的机械或电子系统，总体系统要求可能导致供应商需要满足数字可靠性或可维护性要求，并进行某些活动以确保满足这些要求。对于其他产品，要求供应商对选定的产品特性或工艺参数使用统计过程控制技术。ISO 9000系列和TS-16949（前身为QS 9000）等文件定义了质量计划的要素，可在与供应商的合同中作为要求引用。

例 23.2　几个供应商被要求就空间项目所需的电池提交投标书。他们得到了一个数字可靠性目标，并要求在标书中说明为实现该目标而进行的可靠性活动。大多数潜在的供应商应提供一个可靠性计划，其中包括一些相应的电池可靠性活动。然而，一家供应商显然没有可靠性方法方面的专业知识，并提交了一份令人惊讶的报告。

该供应商逐字复制了先前为导弹系统出版的可靠性程序（用电池一词取代导弹）。这导致了一种怀疑，后来被证实，供应商对可靠性计划知之甚少。

对于需要供应商设计和制造部分产品的复杂产品，可以要求供应商在建议书中包括初步可靠性预测、故障模式、影响和临界性分析、可靠性测试计划或其他可靠性分析。供应商的回复在设计理念方面提供了一定的保证，同时也表明供应商具有推进项目的可靠性专业知识，并已将资金和计划时间包含在建议书中。

供应商选择：外包

我们应该自己生产还是购买？这一决定需要分析各种因素，如所需的技能和设施、可用的内部能力、满足交货计划的能力、预期的制造或购买成本以及其他事项。这个问题引出了外包问题。

外包

外包是指将当前在企业内部进行的活动转包给外部的供应商的过程。外包是为了降低成本（主要目的）、缩短周期或提高质量。调查显示，至少85%的大公司现在外包了一些活动。一个行业协会——外包协会，现在已经存在了。

但是哪些活动应该外包呢？一项原则认为，外包应限于需要但不提供竞争优势的活动，例如安全、设施维护、健康福利管理。战略活动和涉及核心竞争力的活动不应外包。在实践中，一些组织将重要的（核心）功能活动外包出去，如客户服务、市场营销、产品设计和信息技术。

许多重要的业务问题成为外包决策的一部分。Bettis等人（1992）对设计和制造等核心活动外包提出重要警告。外包使供应商获得的技术知识和市场知识越多，给企业带来的风险就越大。

外包通过减少人员来降低内部成本，因为外包商（供应商）拥有比某些公司自身更高效地执行某些任务的技术和知识。但如果供应商不把质量放在第一位，就会对产品质量造成严重影响。外包也会降低员工的士气和忠诚度，因为人们担心其他活动也会外包，从而导致进一步的失业。一些具有前瞻性的公司，如伊士曼化工公司（Eastman Chemical），遵循这样一个政策：如果某项活动外包，任何人都不会失去工作，人们将接受再培训，接任那些即将退休的人的岗位。外包还假设可以找到一个有能力的供应商，对供应商履行合同的充分监督将确保高质量。有时，这些问题会被减少成本的热情所掩盖，其结果可能导致重大的质量问题。Peterson（1998）分析了与合同制造商打交道时的一些潜在缺点。Bossert（1994）提供了一份清单，列出了11个要素（例如，检验说明、充分的制造控制）来比较合同制造服务。

Sharman（2002）讨论了互联网如何成为外包的驱动因素并加速了供应链趋势。Ericson（2003）提出了6个因素来帮助决定外包什么和什么时候外包。Meseck（2004）提供了风险管理策略来帮助识别合适的外包机会并计算全球外包的财务影响。Weidenbaum（2004）讨论了外包的高阶利弊，包括何时外包、为何外包以及外包对美国的影响。Hussey 和 Jenster（2003）从供应商的角度深入讨论了外包的类型和与之相关的管理问题。Ramachandran 和 Voleti（2004）讨论了在印度的供应商的外包，以及成功因素和供应商管理增长和整合的必要性。Soliman（2003）和 Weerakkody 等人（2003）讨论了应用服务提供商的全球外包。Karmaker（2004）认为离岸外包问题应该是竞争力问题，而不是失业问题。他研究了当前服务业的变化，并建议采取重新调整、重新设计和重组的策略。Clott（2004）提供了外包背景的准确的信息，以及外包对工作尤其是 IT 的影响。他还讨论了支持者和反对者的观点，并简要讨论了劳动和伦理因素。Lee（2004）认为，最好的供应链不仅仅是快速和成本效益高的；它们还是灵活的和适应性强的，它们确保所有公司的利益保持一致。

一旦因为外包失去了技能，如果以后需要将活动带回组织中，则很难逆转流程。这种情况对产品设计和选定的操作等活动可能是毁灭性的。显然，外包可以是一个明智的、可行的商业决策——毕竟，选定的制造活动的分包已经成为制造业历史的一部分。但降低成本的愿望可能让外包走得太远。或许我们应该首先研究整个外包活动，将其作为一个质量改进项目，使用提供的路线图，"在降低成本的同时提高质量"。因此，可以假设客户服务是外包的候选。研究顾客服务过程的有效性和效率，并进行必要的内部变革。然后将结果（质量和成本）与外部供应商的结果进行比较。一些组织甚至把这些有问题的活动作为一个单独的利润中心（与外部供应商竞争）来刺激内部改善——失业的威胁是一个强有力的刺激。

总结一下一个敏感的问题：外包可以为一项活动提供更高的质量和更低的成本，而公司无法轻松地开发和维护这项活动，例如信息技术。外包还可以使公司将资源集中在对竞争优势非常重要的核心竞争力上，例如产品设计、运营、营销。但这些核心活动因组织而异。作者认为，核心竞争力必须在每个组织内仔细确定，一旦确定，就应该在内部执行，而不是外包。

多供应商与单一来源

多种供应来源具有优势。竞争可以带来更好的质量、更低的成本、更好的服务，并将罢工或其他灾难造成的供应中断降至最低。

单一的供应来源也有优势。单一来源合同的规模将大于多来源合同的规模，供应商将在合同中附加更多的信息。使用单一的来源，可以简化沟通，并有更多的时间与供应商密切合作。单一来源最引人注目的例子是多部门公司，其中一些部门是其他部门的供应商。

一个明显的趋势已经出现，各组织正在显著地减少多个供应商的数量。大约从 1980 年开始，供应商数量减少 50% 到 70% 已成为普遍现象。这一趋势并不一定意味着企业所有采购都有单一来源；它意味着某些采购只有单一来源，而其他采购则只有较少的多个供应商。通过提供必要的时间和技能来促进深入合作，与较少数量的供应商合作有助于建立有益的伙伴关系。合作的形式将在本章后面讨论。

无论是单一供应商还是多个供应商，选择必须基于供应商的声誉、对供应商设计进行资格测试、供应商制造设施调查、数据库和其他供应商质量来源的信息。

供应商能力评估

评估供应商质量能力涉及以下一项或两项行动：
1. 通过对产品样品的评估来确定供应商的设计。
2. 确认供应商满足生产批次质量要求的能力，即供应商的质量体系。

合格供应商的设计

在某些情况下，要求供应商进行新的设计，以满足采购商所需的功能。在这些情况下，供应商根据建议的设计制作样品。（此类样品通常在工程模型车间制作，因为尚未建立新设计的制造流程。）样品由采购商或供应商进行测试（"资格测试"），然后由供应商将测试结果提交给采购商。鉴定试验结果经常被拒绝，两个原因是共同的：（1）测试结果表明设计没有满足所需的产品功能；（2）测试程序不足以评估产品的性能。从严格定义产品要求开始，并在试验开始前要求批准试验程序，可以防止此类拒收（以及随后的装运延误）。

合格测试结果确实显示了供应商是否创建了符合性能要求的设计，这样的测试结果并不能表明供应商是否有能力在生产条件下生产该产品。

供应商可能被要求提交故障模式、影响和临界性分析，作为防止产品或过程故障的分析证据。在设计过程中，这一要求日益成为六西格玛质量方法的一部分。

合格供应商的制造过程

评估供应商的制造能力可以通过回顾过去类似产品的数据，进行过程能力分析，或通过质量调查来评估供应商的质量体系。

可以通过当地买方、本公司的其他部门、政府数据库或行业数据库来获得显示供应商过去在相同或类似产品上表现的数据。

采用过程能力分析方法，从过程中收集关键产品特性数据，利用过程能力统计指标进行评价。所有评估都是在授权供应商进行全面生产之前进行的。通常，供应商的过程能力分析是针对重要的产品特性、安全相关项目或需要遵守政府法规的产品而保留的。第三种方法，即质量调查，将在下面进行说明。

当这三种方法都可以使用时，收集的信息可以提供对供应商能力的可靠预测。

供应商质量调查（供应商质量评估）

供应商质量调查是对供应商的质量体系满足生产批次质量要求的能力进行的评估，即对不符合要求的产品进行预防、识别和移除。调查结果用于供应商选择过程，或者，如果已经选择了供应商，调查将向买方发出警报，提醒其在满足要求方面可能需要帮助的地方。调查可以从简单的寄给供应商问卷到参观供应商的设施。

问卷提出了一些明确的问题，如向医疗设备制造商的供应商提出的问题：

- 贵司是否收到产品的质量要求并同意可以完全满足？
- 你们的最终检验结果有文件证明吗？
- 你是否同意在产品设计有任何变更时提前通知买方？
- 你的员工穿什么防护服来减少产品污染？
- 描述你的制造区域的空气过滤系统。

更正式的质量调查包括由质量、工程、制造和采购等部门的观察员组成小组参观供应商的工厂。这种访问可能是对供应商进行更广泛的调查的一部分，涉及财务、管理和技术能力。根据所涉及的产品，可从以下清单中选择调查质量部分中包含的活动：

- 管理：理念，质量政策，组织结构，教育，对质量的承诺。
- 设计：组织，使用中的系统，规格，对现代技术的定位，对可靠性的关注，工程变更控制，开发实验室。
- 制造：物理设施，维护，特殊过程，过程能力，生产能力，口径的规划，标识和可追溯性。
- 采购：规格，供应商关系，程序。
- 质量：组织结构，质量和可靠性工程师的可用性，质量计划（材料、在制品、成品、包装、储存、运输、使用、现场服务），对计划的遵守情况进行审计。
- 检验与试验：实验室，专项试验，仪器仪表，计量控制。
- 质量协调：组织协调，订单分析，对分包商的控制，质量成本分析，纠正措施循环，不合格品的处理。
- 数据系统：设施，程序，有效使用报告。
- 人员：教导，训练动机。
- 质量结果：绩效达到，产品自用，知名客户，知名分包商。

调查结束后，该小组报告了调查结果。包括：（1）对供应商设施（或缺乏设施）的一些客观发现；（2）对供应商运营有效性的主观判断；（3）对供应商所需协助程度的进一步判断；（4）一个非常主观的预测，如果授予合同，供应商是否会交付一个好的产品。

质量调查是评价供应商满足生产批量质量要求能力的一种技术。各种质量活动的评价可以通过评分系统来量化。

表 23-4 展示了一个包括活动重要性权重的评分系统。该系统由一家电子组件制造商使用。在这种情况下，重要性的权重（W）从 1 到 4 不等，并且对于所调查的三个领域中的每一个，总和必须达到 25。权重显示了总体指数中各种活动的相对重要性。所观察到的活动的实际等级（R）分配如下：
- 具体活动在各方面都令人满意（或不适用）。
- 该活动符合最低要求，但可以进行改进。
- 活动不令人满意。

供应商质量调查既有优点，也有局限性。从积极的方面来说，这种调查可以发现一些重要的弱点，如缺乏特殊的测试设备或缺乏必要的培训计划。此外，调查还开辟了沟通渠道，并能促使供应商的高层管理人员对质量采取行动。在消极方面，强调供应商的组织、程序和文档的调查在预测产品的未来性能方面只有有限的成功。

表 23-4 供应商质量调查评分表

活动	进货检验			制造			最终检验		
	R	W	$R\times W$	R	W	$R\times W$	R	W	$R\times W$
质量管理	8	3	24	8	3	24	8	3	24
质量计划	8	4	32	8	4	32	10	4	40
检测设备	10	3	30	10	3	30	10	3	30
校准	0	3	0	10	3	30	0	3	0
图控制	0	3	0	10	2	20	10	2	20

续表

活动	进货检验			制造			最终检验		
	R	W	R×W	R	W	R×W	R	W	R×W
纠正措施	10	3	30	8	3	24	8	3	24
处理废品	10	2	20	8	2	16	10	3	30
存储和运输	10	1	10	10	1	10	10	1	10
环境	8	1	8	8	1	8	8	1	8
个人经验	10	2	20	10	3	30	10	2	20
总计			174			224			206

注：R——评级，W——重量。
总计说明：
完全批准：三个区域总数中的每一个都是 250。
批准：三个区域的总数均不小于 200。
有条件批准：单个区域总数不小于 180。
未批准：一个或多个区域总数小于 180。

一些行业的供应商承受着来自许多采购商的质量调查。这些重复调查（称为"多重评估"）对供应商来说很耗时。另一种方法是，创建质量体系要素的标准规范（如 ISO 9000 系列），并培训评估人员使用该规范来评估供应商的能力。通过评估的供应商名单被公布，其他采购方被鼓励使用这些结果，而不是自己对供应商进行评估。评估人员独立于供应商或采购组织，因此被称为第三方评估。在一些国家，国家标准组织发挥这一作用。

Bossert（1998）描述了供应商评估如何从 ISO 9000 评估开始，然后通过包括供应商访问在内的质量调查进行补充。供应商访问包括合同和规范评审、过程审核、过程风险分析（使用失效模式和效果分析）和统计技术（包括测量过程）。

下面进入供应商关系的第三阶段——通过质量计划、质量控制和质量改进来管理供应链。

供应链质量计划

Donovan 和 Maresca（在 JQH5 的第 21 章中）对涉及采购组织、供应商和最终用户的采购流程提出了以下步骤。这种方法有时被称为"采购过程"。

1. 记录组织历史的、当前的和未来的采购活动。

2. 从采购活动中确定一种商品，该商品对业务既表示高支出又表示高关键性。

3. 对于此商品，请组建一个跨功能团队。

4. 通过数据收集、调查和其他活动确定客户的采购需求。

5. 分析供应行业的结构、能力和趋势。

6. 分析商品总拥有成本的构成。

7. 将客户的需求转化为满足客户需求的采购过程，并提供管理和优化总拥有成本的机会。

8. 获得管理层的认可，将采购策略转化为实际操作，实现它。

在与供应商进行详细的质量计划时，有三种方法：

1. 检查。重点是各种形式的产品检验。

2. 预防。前提是质量必须由供应商在买方的帮助下建立。但采购商和供应商之间仍然存在公平交易关系。

3. 伙伴关系。供应商被提供长期合作关系的财务保障，以换取供应商对质量的承诺，包括与买方的强大团队合作关系。

合作伙伴关系——不仅涉及质量问题，还涉及其他业务问题——显然是未来的潮流。团队协作的活动有很大的不同，例如，对供应商的员工进行质量技术培训，包括在设计评审会议上对供应商如何最好地使用零部件获得意见，与供应商共享机密的销售预测，以协助供应商实现生产计划。这种伙伴关系往往导致供应商质量委员会的形成，这有助于为采购商和供应商双方的利益提供新的途径。稍后将讨论各种团队合作的机会。但这样的团队合作取决于采购商和供应商之间真正开放的沟通。

这种合作可以通过建立多种沟通渠道来实现：设计师必须直接与设计师沟通，质量专家必须与质量专家沟通，等等。这些多渠道与传统产品购买常用的单一渠道有很大的不同。在单渠道方法中，买方组织中的专家必须通过采购代理工作，采购代理反过来与供应商组织中的销售人员交谈，以获取信息。当然，多渠道的概念似乎是明智的，但在确定是否多渠道在质量上产生更好的结果这方面它不是很有用。Carter 和 Miller（1989）正是这样做的。

例 23.3 在一项创新的研究中，他们比较了两种通信结构的质量水平：串行（单通道）和并行（多通道）。在一家机械密封制造商，工厂的一部分采用串行通信的概念，而另一部分采用并行通信。在 19 个月的时间内，采用并行通信的部分将拒绝条目的平均百分比从 30.3% 降低到 15.0%，差异有统计学意义。串行通信部分则没有这样的改进——实际上，它的拒绝率略有增加。

接下来，我们讨论如何通过联合经济规划、联合技术规划和合同执行期间的合作来实现伙伴关系。

联合经济规划

联合质量计划的经济概念主要集中在两个方面：

1. 重视而不是遵从规范。所使用的技术是分析所购买产品的价值，并试图进行改进。这种有组织的方法被称为价值工程，应用于供应商质量关系。(1) 价值工程寻找的是由于产品的使用规格过高而导致的过高的成本，例如，当一个标准产品可以满足需求时，却订购了一个特殊的产品；(2) 强调产品的原始价格而不是使用成本；(3) 强调与规范的一致性，而不是适用性。鼓励供应商对设计或其他要求提出建议，以降低成本提高或保持质量。

2. 总拥有成本。买方必须在采购价格中加入一系列与质量相关的成本：进货检验、材料审核、生产延误、停机时间、额外库存等。然而，供应商也有一组成本，它试图优化。买方应该收集所需的数据，以了解生命周期成本或使用成本，然后按下一个结果将它们优化。

例23.4 一家重型设备制造商每年从几家供应商那里购买11 000件铸件。该公司决定计算采购铸件的总成本，为原采购价格加上进货检验成本，再加上后来在装配过程中发现的废品成本。出价最低的投标者得到的合同单价是19美元。检查和拒收费用为2.11美元。投标价格的变动是2美元。因此，最低的出价并不总是导致最低的总成本。

联合技术规划

这种规划的标准要素包括：

1. 就规范中性能要求的含义达成一致。
2. 质量、可靠性和可维护性需求的量化。

例23.5 供应商获得一份合同，提供一套空调系统，平均每次故障间隔至少为2 000小时。作为联合计划的一部分，供应商被要求在设计阶段的早期提交详细的可靠性计划。该方案的编写工作已经提交，其中包括一项规定，即对系统的每个零部件供应商强制执行相同的2 000小时要求。这表明乘法规则的提供者完全没能理解"部分和系统可靠性之间的关系"。

3. 定义由供应商执行的可靠性和可维护性任务。
4. 编制生产过程控制计划。可以要求供应商提交一份计划，概述在产品制造期间将进行的具体活动。通常，计划必须包括统计过程控制技术，通过及早发现问题来预防缺陷。
5. 定义供应商需要完成的特殊任务。可能涉及一些具体活动，以确保良好的生产实践得到满足,为关键项目准备专门的分析等。

6. 对缺陷的严重性进行分类,以帮助供应商了解在哪里集中精力解决问题。

7. 为需要将人作为工具来使用的品质建立感官标准。

例 23.6 联邦政府面临着界定军服颜色界限的问题。最后决定,准备物理样品的最浅和最深的可接受的颜色。这些标准随后被发出,但规定由于颜色褪色,这些标准将定期更换。

8. 确定供应商和买方之间的测试方法和测试条件,以确保它们的兼容性。

例 23.7 一家地毯制造商多次向纱线供应商投诉纱线重量问题。供应商拜访客户,验证测试方法。他们的测试方法是一样的。接下来,一个公正的测试实验室在地毯厂验证了这些测试。谜底终于揭开,供应商在极干燥的条件下纺丝(并测量),而地毯制造商在标准条件下测量。在此期间,纱线的花费比按标准重量购买时多 62 000 美元。

9. 建立与检验和试验活动相关的抽样计划和其他标准。从供应商的角度来看,该计划应该接受具有通常平均工艺水平的批次。通过采样屏,在设计抽样计划时,平衡排序和抽样二者的成本可能是一个有用的输入。除了采样标准之外,测量误差也是一个问题。

10. 建立质量标准。在过去,供应商经常被给予"可接受的质量水平"(AQL)。AQL 值只是描述抽样计划风险的"操作特性"曲线上的一个点。一个典型的 AQL 值可能是 2.0%。许多供应商把这解释为含有 2%缺陷的产品是可以接受的。最好通过合同向供应商表明,所有提交的产品都应符合规格要求,任何不合格的产品都可以退回更换。在许多行业中,度量的单位是每百万分之缺陷数(dpm)。

11. 建立批次标识和可追溯系统。这个概念在某种程度上一直存在,例如,钢的热值,药品的批号。最近,随着对产品可靠性的日益重视,这一程序对于使产品的本地化更简化的问题、减少产品召回数量和确定责任变得更为迫切。这些可追溯系统,虽然需要一些额外的努力,但可以保持生产秩序和确定产品,使更精确的采样成为可能。

12. 建立对缺陷引起的报警信号能及时响应的系统。在许多合同中,买方和供应商都有一个共同的完成最终产品的时间表。通常,由一个单独的部门(例如,材料管理)负责这些方面的调度。然而,无论在质量、成本还是交付方面,高层管理人员都要适当地关注与质量功能相关的人员,以设置警报信号来检测质量故障,并积极地对这些信号采取行动,以避免恶化。

这种深度的联合技术规划与以往向供应商发送带有固定设计和时间表的蓝图

的方式完全不同。

供应链质量控制

Donovan 和 Maresca（$JQH5$）建议通过以下步骤来成功控制供应商：
1. 组建一个跨职能团队。
2. 确定关键的性能指标。
3. 确定绩效的最低标准。
4. 将供应商数量减少到能够满足最低性能要求的水平。
5. 供应商绩效评估：
   a）供应商质量体系评估。
   b）供应商业务管理。
   c）供应商产品适用性。

详细的质量控制活动集中在合同执行期间的合作、供应商认证、供应商评级和供应商关系的质量测量。这些活动强调对供应商的持续反馈。

履约期合作

这种合作通常集中于下列活动。

产品初始样品的评估

在许多情况下，供应商必须在全部装运前提交生产工具生产的小的初始样品的测试结果和第一次生产装运的样品。后一种评估可以通过让买方代表参观供应商的工厂，并观察从第一个生产批次中随机选择的样品的检验来完成。还可以对该批次的过程控制类型数据的过程能力进行审查。

设计信息与变更

设计变更叮由买方或供应商主动进行。无论哪种方式，在制定处理设计变更的程序时，应将供应商视为内部部门。对于现代产品来说，这种需求尤其迫切，因为设计变更会影响产品、工艺、工具、仪器、储存材料、程序等。这些影响有些是明显的，有些是细微的，需要进行全面的分析才能确定其影响。未能向供应商提供足够的设计变更信息是建立良好供应商关系的明显障碍。

供应商质量监控

质量监督是对过程、方法、条件、过程、产品、服务的状态进行持续的监督和验证，并对与所述引用文件有关的记录进行分析，以确保满足规定的质量要求（ISO 8402）。买方的监督可以采取几种形式：检查产品、与供应商会面以审查质量状况、审核供应商质量计划的要素、监控供应商的生产实践、审查统计过程控制数据、查看具体操作或测试。重大或关键合同需要现场或重复访问。

评价交付产品

对供应商产品的评价可以使用表 23-5 中所列的方法之一。

表 23-5 供应商产品评价方法

方法	含义	应用
全部检验	批次中的每一项都要根据规范中的全部或部分特性进行评估	检验费用与缺陷风险成本相符的重要项目；也用于建立新供应商的质量水平
抽样检验	每个批次的一个样品由一个预定义的抽样计划进行评估，并决定接受或拒绝该批次	供应商根据先前提交的批次建立了足够的质量记录的重要项目
鉴定检验	对产品进行检查，确保供应商提供的产品是正确的；没有对特性进行检查	除了产品的质量水平外，供应商实验室的可靠性已经建立，且不太重要的项目
不检验	这批货直接送到仓库或加工部门	购买产品中不使用的标准材料或货物，例如办公用品
使用供应商数据（供应商认证）	供应商检验的数据用来代替进货检验	供应商已建立良好质量记录的项目

在过去的几十年里，进货检验往往要花费大量的时间和精力。随着现代复杂产品的出现，许多公司发现它们没有必要的检测技术或设备。这种情况迫使它们更多地依赖供应商的质量体系或检验和测试数据，本章后面将对此进行讨论。

评价方法的选择取决于多种因素：

- 零件和供应商的先前质量记录。
- 部件对整个系统性能的重要性。
- 后期生产操作的关键性。
- 保修或使用记录。
- 供应商过程能力信息。

- 制造过程的性质。例如，冲压操作主要取决于设置的充分性。关于生产运行中的前几块和最后几块产品的信息通常足以得出关于整个运行的结论。
- 产品的同质性。例如，流体产品是均匀的，因此不需要很大的样本量。
- 具备必要的检验技能和设备。

柱状图是一种有用的工具，用于了解供应商的流程，并将几个供应商的生产产品与同一规格进行比较。从大量样品中随机抽取样品，并对选定的质量特性进行测量。这些数据被绘制成频率直方图，分析过程包括将直方图与规范限值进行比较。

图 23-2 所示为三家供应商使用直方图评估特定等级钢的淬透性。规格是在 J8 位置测得的最大洛氏 C 读数 43。

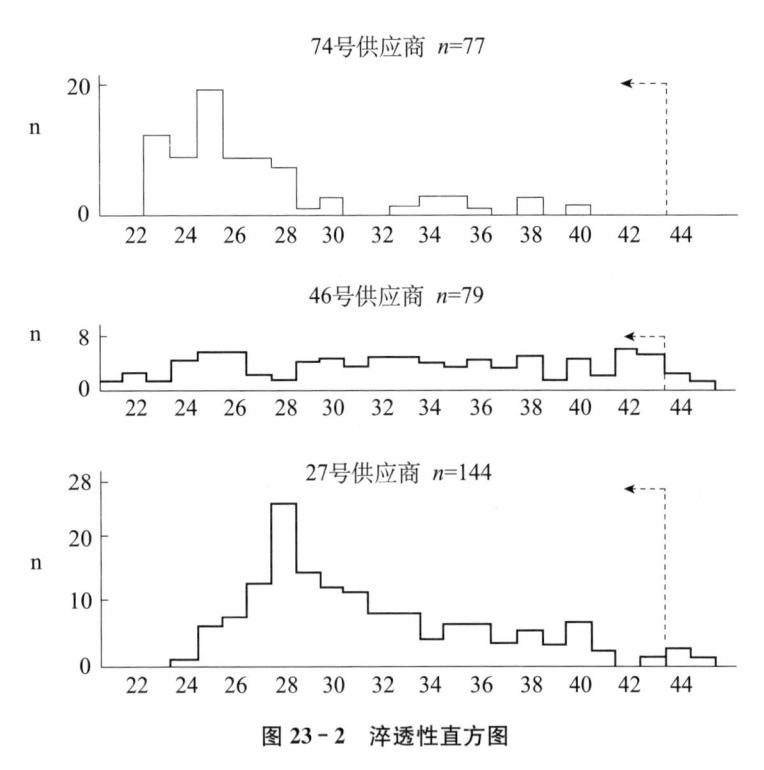

图 23-2　淬透性直方图

碳、锰、镍和铬的含量也用柱状图表示。分析显示：

- 46 号供应商的流程没有任何明显的中心趋势。该供应商的镍柱也是矩形的，表明对镍含量缺乏控制，导致钢材多次发热，洛氏值过高。
- 27 号供应商的炉数高于最大值，但过程的中心值约为 28。锰、镍和铬的柱状图显示了几个高于主柱状图的值。
- 74 号供应商的变化性比其他供应商要小得多。对该供应商的其他柱状图的分析表明，大约一半的原炉钢已被筛选出来并用于其他用途。

请注意这些分析是如何在不访问供应商工厂的情况下进行的，也就是说，"产品说明了过程"。柱状图有局限性，但它们是进货检验的有效工具。

不合格品的处理

在履行合同的过程中，会出现不合格的情况。这些可能出现在产品本身或工艺要求或程序要求中。应优先处理产品不适合使用的情况。

与供应商就不合格问题沟通必须包括对缺陷症状的准确描述。最好的描述是以样品的形式，但是如果不能这样，供应商应该有机会去拜访问题现场。有许多相关的问题：对有缺陷的物品要做什么处理？谁来整理或修理它们？谁来支付费用？原因是什么？需要采取哪些步骤来避免再次发生？这些问题超出了纯缺陷检测的范围，它们需要各公司各部门之间的讨论，以及买方和供应商之间的进一步讨论。

供应商认证

"认证"供应商是指其质量数据记录证明无须对收到的每批产品进行常规检验和测试的供应商。"首选"供应商生产的产品质量优于最低要求。"批准"的供应商满足最低要求。一些组织使用不同的术语甚至不同的排名，但通常认证供应商是理想的选择。不幸的是，他们是少数。Spooner 和 Collins（1995）描述了如何在沃克制造公司开发标准来定义这些类别，例如，经认证的供应商在"总体 90% 的合规性水平上"表现良好，并在两年内连续四个季度满足单个评级组件的要求。

ASQ 推荐了八项认证标准。见表 23-6。

表 23-6　供应商认证标准

标准	例子
至少 1 年没有产品相关的批次退货	另一种选择是数量相关的，例如，连续 20 个批次不拒收
至少 6 个月没有收到与产品无关的退货	容器上的标记或分析文件的及时性
至少 6 个月没有生产相关的负面事件发生	供应商的产品可以轻松地用于买方的过程或产品
通过近期现场质量体系评估	供应商对定义标准的调查
规格是否完全一致	不要使用"特有气味"或"无污染"等模棱两可的词语

续表

标准	例子
形成完整的过程和质量体系文件	系统必须包括持续改进的计划
及时提供检验和试验数据	数据的实时可用性
过程是稳定和可控的	统计控制和过程能力研究

资料来源：Adapted from Maass et al. (1990).

供应商认证为准时化生产所需的低 DPM 水平提供了一个模型，大大降低了买方检验成本，并确定了与供应商的合作伙伴关系。通过认证的供应商在竞标中获得优先权，并通过其认证地位获得行业认可。

Schneider 等人（1995）解释了在陶氏化学如何将过程能力指数作为认证过程的一部分。供应商认证的概念同样适用于服务部门。Brown（1998）描述了电信公司对建筑租赁、维护、安全和食品服务供应商使用的方法。

供应商质量评级

供应商质量等级提供了一段时间内供应商质量的定量总结。这种评级在决定如何在供应商之间分配采购时很有用。评级为买方和供应商提供了共同的事实信息，这些信息成为识别和跟踪改进工作以及在供应商之间分配未来采购的关键输入。

创建单个的数值质量评分是困难的，因为有几个衡量单位，如：

- 以拒收数量表示的多个批次的质量与以检验数量表示的多个批次的质量。
- 以不合格率表示的多个部件的质量。
- 用许多自然单位表示的特性质量，例如欧姆电阻、活性成分百分比、平均失效间隔时间。
- 劣质的经济后果，用美元表示。

由于这些衡量单位在公司之间的重要性不同，因此公布的评级方案在侧重点上明显不同。

使用中的措施

供应商质量评级计划基于以下一项或多项措施。

产品不合格率

这项措施是收到的有缺陷物品的数量与收到的物品总数的比率。在分批次的基础上，公式是拒收的批数除以收到的批数；在单个计件的基础上，其公式是拒收的单个计件数除以收到的单个计件数。

整体产品质量

该计划总结了供应商在来料检验和后期产品应用阶段的表现。每个阶段都有分数;当没有遇到问题时,给出最大点数。表 23-7 显示了美国电话电报公司的一个示例。请注意,这些阶段包括进货检验、生产故障、供应商对问题的响应和美国电话电报公司客户的投诉。每个评分元素都有更详细的标准,用于为该元素打分,例如,如果在一个评分周期内有 3% 的批次因"视觉/机械"原因而被拒绝,则该元素的最大值(5个)将扣减 1 分。请注意,总体评级评估供应商对问题的响应,而详细标准包括响应的及时性和充分性。

表 23-7 美国电话电报公司质量绩效评级

评级要素	极值点
进货检验	
视觉机械 ppm	10
批次拒收的视觉/机械百分比	5
测试 ppm	10
测试批次不合格	5
货到付款信用证	—
生产故障	
商店投诉	20
质量评价	10
供应商响应	
问题响应	10
失效分析响应	20
顾客投诉	10
总计	100

资料来源:Nocela et al. (1989).

经济分析

这种计划比较供应商特定采购的总美元成本。总成本包括报价加上缺陷预防、检测和纠正的质量成本。

综合计划

供应商的表现不限于质量,还包括按进度、价格和其他性能类别交付。这些多重需求表明,供应商评级应该包括供应商的整体绩效,而不仅仅是提供的质量绩效。采购部门是这一原则的有力倡导者,有充分的理由提出这一建议。表 23-

8 以泰康产品公司为例说明了这种方法。总评分为 92.46 分，这四个评分的权重分别为：质量 40%，交货 30%，成本 20%，以及对问题的反应能力 10%。沃克制造公司使用的类别和重量中，质量占 35%，交货占 35%，价格占 20%，供应商支持占 10%（Spooner and Collins，1995）。

表 23-8 供应商评级报告

综合评分	92.46
总质量等级	99.05
总交货率	95.58
总成本等级	79.22
总响应等级	83.30
收到的总批次	18
收到的零件总数	398 351
拒绝的零件总数	3 804

资料来源：Wind（1991）。

一些组织使用定期的供应商评级来确定未来给予每个供应商的采购份额。评级制度及其对市场份额的影响已向所有供应商充分说明。这种方法已被汽车和家电制造商成功地用于强调质量对其供应商的重要性。

供应商关系中的质量度量

供应商关系中与质量有关的活动的管理必须包括测量的规定。表 23-9 显示了供应商关系各主题领域的度量单位。Klenz（2000）讨论了使用数据仓库进行供应商质量分析。

表 23-9 供应商关系中的质量测量示例

主题	计量单位
提交批次的质量	拒收批数百分比
	劣质成本
	豁免条款下的批数百分比
	分类为"按原样使用"的拒绝批数
	认证供应商百分比
供应商关系计划	根据供应商调查结果被归类为可接受的供应商百分比
	首次提交时批准的鉴定试验程序百分比
	首次提交时批准的鉴定试验结果百分比
	首次提交时批准的初始产品样品百分比
	首次提交时批准的首次生产装运百分比
	提交数据的供应商百分比
	解决问题的平均时间

续表

主题	计量单位
业务关系	每个项目的多个供应商的平均数量
	单一来源采购的百分比
	最低出价者的购买百分比
	平均投标时间
	获得技术查询答案的平均时间
充足的库存	缺货百分比
对供应商的服务	支付供应商发票的平均天数
	超过 X 天的应付账款数量

供应链质量改进

Donovan 和 Maresca（*JQH*5）提出了一个改进的五层递进序列：

1. 建立一个由终端用户和供应商组成的联合团队，以协调目标，分析供应链业务流程，并解决长期存在的问题。
2. 重点是降低成本，包括降低劣质产品的成本。
3. 评估供应链中每个环节所增加的价值。
4. 经常交换信息和想法。
5. 让供应链作为一个单一的过程，与所有各方定期协作，寻找改进机会，为客户和供应商创造价值。

处理长期供应商问题的一般方法遵循逐步改进的方法。这个过程包括建立供应商需采取行动的证明的早期步骤，以及应用帕累托分析来识别关键的少数问题。下面关于供应商的帕累托分析部分解释了这种供应商问题分析的形式。

合作常常需要向供应商提供技术援助。Miller 和 Kegaris（1986）描述了企业如何在"需要知道"的基础上共享专有信息。这往往是通信领域的重大突破。

有时，高层管理人员必须在从供应商处获得行动方面发挥领导作用。当改进计划的第一步是由买方和供应商的高层管理团队举办会议共同计划改进的行动步骤时，可以取得惊人的结果。这样的讨论比两位质量经理的会议影响更大。

例 23.8 对于家电制造商来说，75% 的保修费用是由供应商的产品引起的。总裁和他的员工分别会见了来自 10 个主要供应商的对应团队。提供保修数据以确定"需求证明"，我们的目标是在 5 年内将保修成本降低 50%。每个供应商都被要求制订一个质量改进计划。买方为主要供应商的总裁和员工提供了 8 小时的培训课程并举行了后续会议。建立了供应商认可的奖励制度，并改变了采购方法，将业务转移到最佳供应商。结果是：每100件产品的服务电话从41个减少到13个，每件产品的保修费用节省了16美元。

供应商的帕累托分析

供应商改进计划可能会失败，因为关键的少数问题没有得到识别和解决。相反，这些计划包括了收紧所有程序的广泛尝试。帕累托分析可用多种形式来识别问题：

1. 损耗分析（缺陷、批次报废等）。按材料编号或零件编号，这种分析对于涉及大量或频繁购买的类目是有用的。

2. 按产品系列分析损失。这一过程确定了购买那些虽然小但量大的普通产品系列（例如紧固件、油漆）时存在的极少数产品系列。

3. 按工艺分析损失。即根据与之相关的工艺对缺陷或批次拒收进行分类，例如电镀、模压、线圈缠绕。

4. 供应商对整个采购范围的分析。与产品和过程相关的技术相比，该过程有助于识别供应商管理方法中的弱点。一家公司有222家供应商在活跃名单上。其中，38家（或17%）占了53%的批次拒绝率和45%的不良零件。

5. 按零件总成本分析。在一家公司中，37%的采购零件只占总采购金额的5%，但占总进货检验成本的比例要高得多。结论是，这些"有用的许多"零件应该从最好的供应商那里购买，即使是以最高的价格，如果依靠进货检验的方法将更加昂贵。

6. 故障模式分析。该技术用于发现管理系统中的主要缺陷。例如，假设研究揭示了针对规范错误问题的多个工作实例。在这种情况下，应该重新检查用于规范修订的系统。如果价值分析发现了多个超规格的实例，那么应该重新检查选择组件的设计过程。这些失败模式的分析可以揭示买方是如何导致他自己的问题的。

质量改进的跨职能团队方法也适用于供应商质量。这意味着应该有联合的客户-供应商团队，而且必须鼓励供应商在内部建立基础设施（质量委员会、组建团队、项目识别、项目执行），以解决质量问题。Chen 和 Batson（1996）描述了强生消费品如何在这种方法中使用17个步骤来提高供应商质量。*JQH*5 展示了汽车行业的质量改进。在服务业，阳光健康联盟采用了一种创新的方法来促进改善（Nussman, 1993）。联盟为伙伴医院和企业伙伴提供赠款资金，以支持质量改进示范项目。这些项目包括患者护理主题（例如，为特定诊断建立临床路径）、非临床主题（例如，减少实验室结果的周转时间）和员工特定主题（例如，减少离职率或员工受伤风险)。

Handfield 等人(2000)讨论了识别供应商开发中的"陷阱"的研究结果。这项研究涉及电信、汽车、电子、计算机、服务、化工、消费品和航空航天等领域的 84 家公司。这些陷阱主要涉及确定关键项目、确定买方和供应商组织之间协议的细节、监测现状和在必要时修改战略。其中一些陷阱仅限于特定供应商,一些限定于买方,一些限定于供需关系。

供应商特有的陷阱主要源于供应商缺乏承诺和缺乏技术或人力资源。为了避免这些陷阱,公司采取了以下行动:

1. 向供应商展示自己的立场。
2. 将业务关系与性能改进联系起来。
3. 清楚地说明供应商的利益。
4. 通过供应商主管(供应商员工)确保后续工作。
5. 保持最初的改进简单。
6. 利用买方的资源。
7. 提供人员支持。
8. 建立培训中心。

当买方没有从供应商开发工作中看到明显的潜在利益时,就会出现买方特有的陷阱。为了避免这种情况,公司发现这些策略很有帮助:

1. 整合到更少的供应商。
2. 保持长期的专注。
3. 确定总拥有成本。
4. 设立小目标。
5. 优先考虑买方组织的执行承诺。

供应商-买方关系的陷阱包括组织之间缺乏信任、文化的不协调以及对供应商的引导不足。建设性解决方案是:

1. 从买方组织委派一名监察员。
2. 制定处理机密信息的规定。
3. 清楚地说明除了采购价格之外,还有明确目标的合作采购关系。
4. 减少法律介入。
5. 适应当地文化。
6. 创建一个路线图,定义两个组织的职责和期望。
7. 提供财政激励。
8. 向供应商展示他们如何成为买方"设计中的"产品,从而具有更大的未来业务潜力。

9. 提供重复业务作为激励。

供应商质量改进需要供应链各个环节的高层管理人员提供结构化的改进方法。啦啦队和挥舞旗帜是行不通的。

参考文献

Bettis, R. A., S. P. Bradley, and G. Hamel (1992). "Outsourcing and Industrial Decline," *Academy of Management Executive*, vol. 6, no. 1, pp. 7–22.

Bossert, J. L., ed. (1994). *Supplier Management Handbook*, ASQ Quality Press, Milwaukee, p. 212.

Bossert, J. L. (1998). "Considerations for Global Supplier Quality," *Quality Progress*, January, pp. 29–32.

Brown, J. O. (1998). "A Practical Approach to Service-Supplier Certification," *Quality Progress*, January, pp. 35–39.

Carter, J. R. and J. G. Miller (1989). "The Impact of Alternative Vendor/Buyer Communication Structures on the Quality of Purchased Materials," *Decision Sciences*, Fall, pp. 759–776.

Chen, B. A. and R. G. Batson (1996). "A Team Based Supplier Quality Improvement Process," *Annual Quality Congress Proceedings*, ASQ, Milwaukee, pp. 537–544.

Clott, C. B. (2004). "Perspectives on Global Outsourcing and the Changing Nature of Work," *Business and Society Review*, vol. 109, no. 2, pp. 153–170.

Ericson, C. (2003). "A Global Look at e-Sourcing," *Supply Chain Management Review*, vol. 7, no. 6, p. 13.

Fisher, M. L. (1997). "What Is the Right Supply Chain for Your Product?" *Harvard Business Review*, March–April, pp. 105–116.

Handfield, R. B., D. R. Krause, T. V. Scannell, and R. M. Monczka (2000). "Avoid the Pitfalls in Supplier Development," *Sloan Management Review*, vol. 41, no. 2, pp. 37–49. By permission of the publisher. All rights reserved.

Hussey, D. and P. Jenster (2003). "Outsourcing: The Supplier Viewpoint," *Strategic Change*, vol. 12, no. 1, pp. 7–20.

Karmaker, U. (2004). "Will You Survive the Services Revolution?" *Harvard Business Review*, June.

Klenz, B. W. (2000). "Leveraging the Data Warehouse for Supplier Quality Analysis," *Annual Quality Congress Proceedings*, ASQ, Milwaukee, pp. 519–528.

Lee, H. L. (2004). "The Triple-A Supply Chain," *Harvard Business Review*, October, pp. 102–112.

Maass, R. A., J. O. Brown, and J. L. Bossert (1990). *Supplier Certification: A Continuous Improvement Strategy*, ASQ Quality Press, Milwaukee.

Meseck, G. (2004). "Risky Business: How to Calculate the Financial Impact of Global Outsourcing," *Logistics Today*, vol. 45, no. 8, p. 34.

Miller, G. D. and R. J. Kegaris (1986). "An Alcoa-Kodak Joint Team," Juran Report Number Six, Juran Institute, Inc., Wilton, CT, pp. 29–34.

Nocera, C. D., M. K. Foliano, and R. E. Blalock (1989). "Vendor Rating and Certification," *Impro Conference Proceedings*, Juran Institute, Inc., Wilton, CT, pp. 9A-29 to 9A-38.

Nussman, H. B. (1993). "The Sun Health Alliance for Quality—A Unique Customer-Supplier Partnership," *Impro Conference Proceedings*, Juran Institute, Inc., Wilton, CT, pp. 3A.1-1 to 3A.1-4.

Peterson, Y. S. (1998). "Outsourcing: Opportunity or Burden," *Quality Progress*, June, pp. 63–64.

Ramachandran, K. and S. Voleti (2004). "Business Process Outsourcing (BPO): Emerging Scenario and Strategic Options for IT-Enabled Services," *Vikalpa*, vol. 29, no. 1, pp. 49–62.

Schneider, H., J. Pruett, and C. Lagrange (1995). "Uses of Process Capability Indices in the Supplier Certification Process," *Quality Engineering*, vol. 8, no. 1, pp. 225–235.

Sharman, G. (2002). "How the Internet Is Accelerating Supply Chain Trends," *Supply Chain Management Review*, vol. 6, no. 2, p. 18.

Soliman, K. S. (2003). "A Framework for Global IS Outsourcing by Application Service Providers," *Business Process Management Journal*, vol. 9, no. 60, p. 375.

Spooner, G. R. and D. W. Collins (1995). "A Cross Functional Approach to Supplier Evaluation," *Proceedings of the Annual Quality Congress*, ASQ, Milwaukee, pp. 825–832.

Weerakkody, V., W. L. Currie, and Y. Ekanayake (2003). "Re-Engineering Business Processes Through Application Service Providers: Challenges, Issues and Complexities," *Business Process Management Journal*, vol. 9, no. 6, p. 776.

Weidenbaum, M. (2004). "Outsourcing; Pros and Cons," *Executive Speeches*, vol. 19, no. 1, 31–35.

Wind, J. F. (1991). "Revolutionize Supplier Rating by Computerization," *Quality Congress Transactions*, ASQ, Milwaukee, pp. 556–564.

Zimmerli, B. (1996). "Re-Engineering the Supply Chain," *Impro Conference Proceedings*, Juran Institute, Inc., Wilton, CT, pp. 4F-1 to 4F-18.

（周啸 译）

第24章

检验、检测和测量 约瑟夫·A. 德费欧

本章要点	验收抽样的概念
检验术语	抽样风险：运行特性曲线
符合性及适用性	验收抽样计划的质量指标
不合格品的处置	抽样计划的类型
检验计划	良好验收计划的特点
严重度分类	美国国家标准协会/
自动化检验	美国质量管理协会 Z1.4
检验精度	质量指标数值的选取
测量误差	如何选择合适的抽样程序
检验的必要性	参考文献

本章要点

1. 产品验收需要三方面决策：符合性、适用性及沟通。
2. 决定不合格品是否适合使用时，必须从多个来源获得输入信息。
3. 沟通决策涉及外部人员（客户）和内部人员。
4. 检验计划包括指定检查地点，并阐明所需的操作说明和设施。
5. 特性分类是来源于规格的质量特性列表；缺陷分类是制造和现场使用期间不合格症状的列表。
6. 所需的检验数量主要取决于产品质量的先验知识量、批次的同质性和允许的风险。

检验术语

检验和检测通常包括测量输出并与规定要求进行比较，以确定符合性。检验和检测活动确保了制成品、单个部件和多部件系统足以满足其预期用途。检验和检测是质量控制的业务环节，是任何一家制造业企业生存的最重要因素。质量控制直接支持了成本、生产率、准时交货和市场份额等其他因素。因此，生产产品部件和进行装配所需的所有质量标准必须以满足顾客期望的方式规定。检验的目的多种多样，例如，区分好产品和坏产品，确定过程是否在变化，测量过程能力，评定产品质量，保护产品设计新型，评定检验人员的准确度，以及确定测量仪器的精度。每一个检验的目的对检验的性质和检验的方式都有其特殊的影响。

"检验"和"检测"的区别已经变得模糊。检验是检查产品及其组成部分以确定其是否符合设计标准的活动，而检测则是在操作过程对产品某一项目进行观测以确定其是否在适当时期内正常工作的程序。通常在静态条件下对部件等项目进行的检验，可以包括从简单的目视检查或破坏性检查到一系列复杂的测量。检验的重点是确认是否符合标准。检测则是在静态或动态条件下进行的，且通常在更复杂的项目如子部件或系统上进行。检测结果确定了一致性，也可作为其他分析的输入，如评估新设计、诊断问题或对产品进行物理调整。有些行业有自己的检验或测试术语，例如，化验用于采矿和制药行业。

虽然检验和检测通常用于制造业，但这些概念也适用于其他行业。在服务业中，会用到不同的术语，例如审查、核查、调解、调查。检验的形式有评估所得税申报表的正确性、酒店房间的清洁度或银行出纳员期末余额的准确性——测量、与标准的比较和决策。

符合性及适用性

在所有的检验目的中，最古老、使用最广泛的是产品验收，即确定产品是否符合标准并因此予以接收。产品可以是一个离散的单元、一个离散单元的集合（一个"批次"）、一个大宗产品（一罐车化学品），或者一个复杂系统。

产品也可以指一项服务，如在银行的交易，向代理机构询问税务规定，或机组人员在航班前、中、后的表现。在这些事例中，可以识别检验的特征，设置标准并判断符合性。

产品验收是指基于产品质量对产品进行的处理。处置涉及几个重要的决策：
1. 符合性。判断产品是否符合规格要求。
2. 适用性。判定不合格品是否适合使用。
3. 沟通。判定如何与内部人员和外部人员沟通。

符合性决策

除了小公司外，其他公司每年所做的符合性决策数量巨大。监督机构不可能参与这么多决策的细节。因此，这项工作的组织，应以便于检验员或生产工人能够自己做那些决策的方式进行。为此，他们接受了了解产品、标准和仪器的培训。一经培训，他们就被赋予了检验和判断是否合格的工作。（在许多情况下，自动化仪器完成此项委派。）

与符合性决策相关的是对合格品的处置。检验员有权将产品标识为合格产品（"加盖印章"）。然后，该标识用于告知包装商、发货人等产品应前往下一目的地（进行进一步加工、储存、销售）。严格来讲，决定"装运"的不是检验员而是管理层。除了特殊情况，符合规范的产品也适合使用。因此，公司程序（由管理层制定）规定合格产品应按惯例推向市场。

适用性决策

产品不合格时，出现一个新的问题：这个不合格品是否适合使用？如果产品特性能够满足顾客的需求，保护人身安全，保护环境，就称之为具有"适用性"。不合格品的处理方式有多种：报废、分类、返工、退回供应商、折价销售等。在某些情况下，答案很明显——不合格严重到使产品明显不合格。因此，废弃掉不合格品，或者如果经济上值得修复，就使之符合规范要求。然而，在许多情况下，关于适合使用的答案并不明显。在这种情况下，如果风险够大，就要进行研究以确定是否适合使用。这项研究涉及获取如下输入：

- 用户是谁？一个技术娴熟的用户也许能够顺利地应对不合格品；一个普通消费者可能不能。附近的用户可以很容易享有现场服务；远距离或国外用户可能没有类似便捷的机会。
- 产品将如何使用？对于许多材料和标准产品，其规格足以覆盖各种可能的用途，而产品的实际用途在生产时还不清楚。例如，钢板可以切割成装饰板或结构件；电视接收器可以放置在舒适的范围内或极端的范围内；化学中间体可以用于多种配方中。

- 人身安全或结构完整性有风险吗？如果这些风险是显著的，其他都是空谈。
- 紧急情况是什么？对于某些应用，客户不能等待是因为相关的产品对推动更广泛系统的运行至关重要。因此，该产品可能要求立即交付并引发现场维修。
- 公司和用户的经济状况如何？对于某些不合格品，修复的经济性是如此令人望而却步，以至于产品必须按原样使用，不过是以折扣价格为代价。在某些行业，例如纺织业，价格结构通过使用一个单独的分级——"二等品"进行概念固化。
- 用户衡量适用性的标准有哪些？这些可能与制造商提供的不同。例如，一家砂布制造商用实验室测试来判断这种布的金属抛光能力；一家大客户评估了每1 000件抛光的成本。

这些及其他输入可能用于几个不同的适用性级别，即对后续处理经济性的影响、商家的市场需求、决定最终用户适用性的质量以及影响现场维修的质量。虽然可以估出内部成本的一个经济最优值，然而，有些影响远远超出金钱的范畴，比如日程安排混乱、员工受到指责等等。

获取这些输入的工作通常分配给一名专职人员，例如，一名"巡视"的质量工程师，由其负责联系能够提供有关信息的各个部门。这可能需要联系客户，甚至进行实际的试用。表24-1显示了典型的信息来源清单。一旦收集并分析了所有信息，就可以做出适用性的决策。如果涉及的资金额度很小，这个决策将授权给某一名专职人员、质量经理或某一持续决策委员会如材料审查委员会。如果涉及的金额很大，这个决策通常由高层管理者团队做出。

关于适用性决策的审议往往是各种观点戏剧性的融合——有些是均衡的和合理的，有些则屈服于交付期限的压力，即使这意味着抛出一派胡言。

表 24-1 信息来源

输入	一般来源
用户是谁？	市场营销部门
产品将如何使用？	市场营销部门，客户
人身安全或结构完整性有风险吗？	产品研究与设计部门
紧急情况是什么？	市场营销部门，客户
公司和用户的经济状况如何？	所有部门，客户
用户衡量适用性的标准有哪些？	市场调研部门，市场营销部门，客户

沟通决策

符合性和适用性决策是重要信息的一种来源，尽管有些数据没有很好地传达。不合格品的数据通常传达给生产部门，以帮助它们防止再次发生。更详细的数据收集系统可能需要定期总结，以识别"中继器"，然后成为专题研究的主题。

当不合格品送出以供使用时，需要另外两类的沟通：

1. 与"外部人员"沟通。他们（通常指顾客）有权利也有必要知道。通常，制造公司在把不合格品推向市场时会忽略或避免告知它们的顾客。这种规避可能是不良体验的结果，也就是说，尽管事实是使用产品不会增加自身成本，但一些顾客会抓住这些不合格品来获取价格折扣。忽略通常更是一种失败，甚至无法面对如何沟通的问题。这里的一个主要因素是用于记录决策的表格的设计（不合格材料控制作为质量管理体系的一部分）。除了极少数例外，这些表格缺乏规定，迫使有关人员就是否通知外部人员和与外部人员沟通的内容两方面提出建议和做出决策。

2. 与内部人员沟通。当不合格商品以适合使用的方式推向市场时，公司不会总将不合格原因告知检查员，特别是生产工人。众所周知，由此产生的认知真空滋生了一些不良做法。当同一类型的不合格品多次推向市场时，检验员可能得出结论（在不知道原因的情况下），认为第一时间报告此类不合格品是浪费时间。然而，在将来的某些情况下，决定上市不合格商品的特殊原因可能不存在。以同样的方式，生产工人可能会得出这样的结论：尽一切努力避免一些无论如何都将上市的不合格品是浪费时间。如果公司直面这个问题，好心员工的这种反应可以降到最低。那么我们应该如何与内部人员进行沟通呢？

不合格品的处置

一旦检验员发现有许多产品不合格，他就要为此准备一份报告。此报告的副本将发送给相关部门。此举使计划中的一系列事件启动。该批次产品标有"待运"字样，并经常被送往特殊的待运区域以减少混淆的风险。产品进入隔离状态。调度人员研究短缺的可能性和更换的必要性。如前所述，调查员被指派收集所需的信息类型，作为适合性决策的输入信息。

不上市的决策

调查可能得出结论，认为该批产品不应照原样上市。在此种情况下，应通过对经济性进行研究,以找到最佳的处置方式:分类、修复、降级、报废等。可能会因此向责任方收取费用,尤其是涉及供应商责任时。某种程度预防复发的措施也会被采取。

上市的决策

这一决策可能有几种方式:

- 设计方的弃权。这种弃权是对有关批次规格的变更,从而使该批次处于合格状态。这些决策应通过系统进行管理,如工程变更通知或工程变更请求。
- 顾客或市场部代表顾客放弃。此类弃权有效取代了规格要求。(弃权可能是通过担保变更或价格折扣"购买"得到。)
- 由其授权的质量部门放弃就非关键事项做出适用性决策。"非关键"的标准可以基于先前特征的严重性分类、所涉产品的低成本或其他基础。情节轻微的,可以由质量工程师或检验监督员委派。但是,对重大和关键的缺陷,通常由技术经理、质量经理或某一管理团队委派。
- 正式材料审查委员会弃权。该委员会的观念最初是由国防产品的军方买家逐步发展而来,以加快对不合格批次的决策。委员会成员包括军事代表、设计方和质量专家。上市不合格品需要一致的决策。委员会程序规定了事实和结论的正式文件,从而创造了一个具有巨大潜在价值的数据源。
- 高级管理者的弃权。这部分程序仅限于涉及人身安全风险、产品适销性风险或巨额资金损失风险的关键性事项。在这种情况下,风险太大,单一部门不足以做出决策。因此,由管理团队进行接管。然而,弃权以一种潜在的方式成为文化的一部分。持续跟进放弃规格下的产品发货量是很有价值的,例如,放弃规格下每月发货批次的百分比。

服务部门也有各种处理不合格服务的行动。Peach(1997,p.435)提供了一些例子:

- 对于有线电视的分发故障,处理方法是通过重新初始化连接进行修复。
- 对于银行在账户中的不正确贷记,处理方法是通过贷记正确的金额并借记不正确的金额来重新修改。
- 对于餐馆中受污染的食品,处理方法是将食品退回供应商,扔进垃圾桶并通知当地卫生部门。

纠正措施

除了需要处理不合格批次外,还需要防止再次发生。根据不合格的来源,此预防过程分为两类。

1. 一些不合格品源于一些孤立的、偶发的变化，这些变化发生在一个表现良好的过程中。例如，所用材料的混淆、仪器超出校准范围或过早转动阀门的人为错误。对于这种情况，地方监管部门通常能够识别出哪里出了问题，并将流程恢复到正常良好的秩序。有时，故障排除可能需要专职人员的帮助。在任何情况下，都不涉及基本性质的变更，因为生产计划已经建立了适当的流程。这些决策的记录最好遵循简单的调查和决议，如通过 8D 流程进行。

2. 其他的不合格为"重复项"。不合格一次又一次地出现，这从材料审查委员会或其他此类机构经常需要处置的情况可以证明。这种复发表明，如果要解决问题，就必须诊断和治疗这种"慢性疾病"。地方监管部门很少能找到这些长期不合格的原因，主要原因是诊断责任模糊。

由于缺乏对原因的共识，这个问题在关于谁该受责备或者什么该受责备的认真争辩中持续不断——不切实际的设计、无能的过程、薄弱的动力等等。这里不需要故障排除来恢复正常良好的秩序，因为正常秩序就是坏的。相反，它需要建立一个改进项目，如第 5 章所述。在这些情况下，我们应该使用到更复杂的技术，如根原因分析或六西格玛方法论。

检验计划

检验计划是指选定检验应在何处进行的"站点"，以及提供这些站点知道该做什么的方法和进行检验的设施。对于简单、常规的质量特性，检验计划通常由检验员完成。对于大型多部门公司生产的复杂产品，通常由质量工程师等专家进行规划。

确定检验点的位置

选择检验点位置的基本工具是流程图（见第 6 章图 6-8）。最常用的位置有：

- 在收到供应商的货物时，通常称为"来料检验"或"供应商检验"。
- 在生产过程之后，为生产有缺陷的批次提供额外的保证。在某些情况下，此"批准设置"也即该批次通过。
- 在运行关键或昂贵的操作过程中，通常称为"过程检验"。
- 在货物从一个加工部门运送到另外一个加工部门之前，通常称为"批检验"或"关卡检验"。

- 在将成品运至仓库或顾客处之前，通常称为"成品检验"。
- 在进行昂贵的、不可逆的操作前，例如，浇注钢液。
- 在过程中的正常"窥视孔"处。

检验点的概念也适用于服务部门。例如，在为顾客安排旅行时，"接受检验"通常包括验证顾客信用卡上的信息；"过程检验"包括核实顾客是否持有护照、签证和驾驶执照；"最终检验"包括确认机票符合协议（Peach，1997，p.432）。

检验点不一定是检验员工作的固定区域。在某些情况下，检验员在一个大的区域巡查，并在多个地点进行检验，包括装货区、供应商工厂或顾客的场所（通常称为巡回检验）。过程检验通常由生产操作人员负责。这种方法的一个附加方式是使用"防错"装置作为检验的一部分。

这些装置安装在机器中，用于检验工艺条件和产品状态，并立即向操作员提供反馈（见第 22 章）。

质量特性的选择和阐释

计划员准备一份清单，列出哪些检验点要检验哪些质量特性。计划员应使用工程特性的分类方式（关键、主要、次要或附带）来帮助确定检验所需的极少数的产品或工艺特性。对于其中一些特性，计划员可能会发现有必要提供补充规范的信息。产品说明书是由相对较少的人编写的，每个人都普遍了解适用性的需要。但是，这些规范必须由许多检验员和操作人员使用，其中大多数人缺乏这种意识。计划员可以通过多种方式帮助弥合这一差距：

- 通过提供模拟使用条件的检验和环境测试。这一原理被广泛使用。例如，在测试电器中。它还拓展到诸如用于检验纺织品的光源类型等应用。
- 提供超出产品设计师和工艺工程师所编制规范的补充信息。其中一些信息可在已发布的标准——公司、行业和国家标准中找到。其他信息是专门为满足所考虑产品的具体需要而准备的。例如，一家光学制品厂用"美貌缺陷"这个通称来描述几种情况，这些情况对适用性的影响差别很大。显微镜焦平面上透镜表面的划痕使透镜不再适合使用。一副双筒望远镜的大透镜上有划痕，虽然功能上的影响不严重，但用可以肉眼看到，因此是不可接受的。另外两种划痕既不妨碍使用，也不可见，因此不重要。这些区别通过规划分析得到澄清，并编入程序中。
- 通过帮助培训检验员和主管了解使用条件和规范要求的"缘由"。
- 通过提供严重度分类（见"严重度分类"一节）。

详细的检验计划

对于每个质量特性,规划者确定详细的工作内容。确定的内容涵盖如下事项:

- 要进行的检验或测试的类型。这一部分可能需要详细描述测试环境、测试设备、测试程序和精度公差。
- 要检验或测试的单位数(样本大小)。
- 检验或测试样本的方法。
- 测量类型(计数型、计量型、其他)。
- 单元的一致性标准,通常是规定的产品公差限。

除了对特性和单元的详细计划外,适用于产品、过程和数据系统的更加详细的计划有:

- 批次的合格标准,通常包括了样本中不合格单元的允许数量。
- 产品的客观处置——合格批次、不合格批次和被测单元。
- 流程决策的标准——应该运行还是停止?
- 要记录的数据,要使用的表格,要准备的报告。

该计划通常包含在正式文件中,必须由计划员和检验主管批准。关于 Baxter Travenol 的示例,请参见图 24-1。

零件编号:××××				零件名称:××××			
过程	特性	C_p 指标	C_{pk} 指标	频率[2]	样本量[2]	分析方法	遇到的异常情况[4]
来料检验	材料厚度	1.6	1.0	每批货物	—	检查每个批次提供的控制图	扣押批次——联系供应商以解决问题
过程检验	厚度	1.9	1.1	每1 000个零件	2个	微米/均值-标准差图	修正过程
	宽厚	1.5	1.4	每10 000个零件	5个	微米/中位数图	修正过程
装配区域	长度	1.6	1.2	每4小时	75个	锥形环规/p 图	修正过程
	厚度	2.0	1.8	每小时	30个	特殊计量器/p 图	修正过程
	宽度	2.2	1.9	每小时图表	100%	自动测试/u 图	责任操作人员维修
	完成装配	2.8	1.9	每小时	20个	自动测试/均值-标准差图	修正过程
出厂[3]	完成装配	NA	1 500dpm	每一批次	50个	完整的目视检验,加上量具和试验台/c 图	拒收批次和识别不合格品的分类

注: 1. 阐述和公式包含在 SPC 指南中。
2. 频率和样本量是通过对每个过程稳定性的性能研究来确定的。根据需要定期审查和更新。
3. 在有了6个月的生产经验后,将审查过程控制和检验记录,以确定是否可以减少出厂检验。
4. 如果在过程样品中发现不合格品,则对最后一个控制点以来生产的所有产品进行100%的检验。

图 24-1 控制计划

资料来源:Baxter Travenol Laboratories,1986。

感官特性

感官特性是指那些我们缺乏测量仪器，必须用人的感官作为测量仪器的特性。感官质量可能涉及产品的技术性能（例如，保护涂层的附着力）、美学特性（例如，香水的气味）、味道（例如，食物），或是人员服务特性（例如，酒店服务的范围）。

视觉质量特性是感官特性的一个重要范畴。通常，书面规范并不清楚，因为它们无法量化特性。用于描述特性范围的方法如下：

1. 提供照片以确定产品的可接受范围。

例 24.1　一家快餐企业面临着为汉堡包供应商制定质量标准的问题。解决方案是用照片显示"金棕"色、面包对称性和芝麻分布的理想、最大和最小可接受范围。

2. 提供物理标准来定义可接受的范围。

例 24.2　一个政府机构需要为制服供应商定义最浅和最深可接受的卡其色调。准备限定色调的布样并发给检验员。想象一下，当褪色迫在眉睫时，后续需要定期更换布样的情景。

3. 规定检验的条件，而不是试图明确界定可接受的范围。

例 24.3　Riley（1979）描述了电子计算器表面（外观）缺陷的特殊检验程序。零件图使用类别号和类别字母的系统指示不同表面的相对重要性。可确定所检验表面的三种类别号是：

1. 塑料窗（仅限关键区域）。
2. 外表面。
3. 内表面。

三个字母表示用户看到表面的频率：

1. 用户经常看到。
2. 用户很少看到。
3. 用户从未见过（维修期间除外）。

例如，很少见到的金属板件具有 IIB 级涂层。

检验条件是根据观察距离、观察时间和照明条件规定的。用户所检验的表面和查看频率的每一组合明确规定有其距离和时间。照明条件必须是在非定向源的 75~150 英尺烛光之间。

该指南有助于在零件图上建立外观等级。但是，检验员仍必须使用规定的时间和距离来判断最终用户是否会认为缺陷令人不快。

严重度分类

质量特性对适用性的影响显然是不均衡的。相对少数是"重要的",也就是说,至关重要;相对多数是次要的。显然,特性越重要,它在质量计划的范围、过程、工具和仪器的精度、样品尺寸、符合性标准的严格程度等方面就越应受到重视。然而,要做出这种区分,就必须让不同的相关决策者如工艺工程师、质量规划师、检验主管等知道这些特性的相对重要性。为此,许多公司使用正式的严重度分类制度。分类结果用于检验和质量计划,以及规范书写、供应商关系、产品审核、质量管理报告等。严重度分类的多重使用要求该制度由一个多部门委员会制备,然后:

1. 决定创建几类或几层严重度(通常是三到四个)。
2. 定义每一类。
3. 把每一特性归类到其适应的严重度等级中。

特性和缺陷

实际上有两个列表需要分类。一个是源于规范要求的质量特性列表。另一个是"缺陷"列表,即制造过程中的不合格症状和使用过程中的现场故障症状。这两个列表之间有很多共同点,但也有差异。(例如,玻璃瓶上发现的缺陷与特性列表几乎没有相似之处。)此外,这两个列表的表现并不相同。设计特性"直径"会导致两种缺陷过大或过小。直径过大的量值可能对严重度分类起决定性作用。

通常情况下,使一种分类制度适用于这两种列表是可行的。然而,分类结果的用途已经足够多样化,可以方便地分别发布列表。

类别的定义

大多数定义都表明了 20 世纪 20 年代贝尔系统开创性工作的影响。对众多此类系统的研究揭示了一种内部模式,对于任何一个将这一概念应用于自己公司的委员会来说,这都是一个实用的指南。表 24-2 显示了应用于食品行业公司的这种内部模式。

表 24-2　食品工业严重性分类的综合定义

缺陷	对消费者安全的影响	对使用的影响	消费者关系	公司损失	对遵守政府法规的影响
危险	一定会造成人身伤害或疾病	会使产品完全不适合使用	会因气味、外观等引起消费者的反感	将失去客户,并导致大于产品价值的损失	不符合纯度、毒性、辨认的规定
A类重要	不太可能造成人身伤害或疾病	可能导致产品不适合使用,并可能导致产品被拒绝使用	可能会受到消费者的注意,并可能降低产品的可销售性	可能失去客户,并可能导致大于产品价值的损失;将大大降低生产产量	不符合质量、体积或批次控制的规定
B类重要	不会造成伤害或疾病	会使产品更难使用,例如从包装中取出,或者需要用户即兴创作;影响外观、整洁	可能会被一些消费者注意到,如果被注意到可能会让人恼火	不太可能失去客户;可能需要更换产品;可能导致等于产品价值的损失	轻微不符合质量、体积或批次控制的规定,例如文件的完整性
次要	不会造成伤害或疾病	不会影响产品的可用性;会影响外观、整洁	不太可能被消费者注意到,如果被注意到的话也不太关心	不太可能导致损失	完全符合规定

分类

分类是一项漫长而乏味但必不可少的任务。然而,它通过指出各部门间的误解和困惑,为消除模糊和误解开辟了道路,从而产生了一些受欢迎的副产物。然后,当最终的严重度分类应用于多种不同目的时,它面临着一些新的挑战,这些挑战进一步澄清了模糊性。一个经常遇到的问题是设计师不愿意参与特性的严重度分类。他们可能提供似是而非的理由:所有特性都是关键的;公差的严密性是严重度的一个指标;等等。但真正的原因可能是对成效的不了解、感觉其他事情有更高的部门优先权等。在这种情况下,通过一个小规模的例子来证明分类的好处是值得的。在一家公司,特性分类项目将必须检验的尺寸数量从 682 减少到 279,检验时间从 215 分钟减少到 120 分钟。

自动化检验

自动化检验广泛应用于降低检验成本、降低差错率、缓解人员短缺、缩短检验时间、避免检验员的单调乏味等方面，并提供了其他优势。自动化已经成功应用于机械测量、电子测试（用于大容量组件和系统电路）、多种无损检测、化学分析、颜色识别、目视检验（如大规模集成电路）等。此外，自动化检验被广泛用作现场设备定期维护计划的一部分。

非制造活动的例子包括从文字处理程序中提供的拼写检查到核查银行交易中的错误。

一家考虑使用自动化检验的公司首先会确定支配检验预算和人员使用的少数几个测试，计算自动化的经济性，并对一些可能获得良好投资回报的候选方案进行试验。随着经验的积累，这一概念得到了越来越广泛的推广。

随着对百万分之几范围内缺陷水平的重视，许多行业越来越接受机器自动化的100％检测。Orkin 和 Olivier（1999）提供了一个丰富的表格，确定了自动化检验从尺寸测量到无损检测的7类可能应用。

自动化检验的一个突出例子是"机器视觉"的概念，即电子眼检验并引导一系列工业过程。这些应用包括操纵机器人在汽车上安装车门、在冷冻食品加工线上发现蔬菜上的污点、检查木板上的木节，以及在运往药店之前检查正确颜色的药物胶囊是否装入标记正确的包装（Fortune，1998-02-16，p.104B）。高速视觉检验设备要么是集成的，要么与生产操作稍有脱节。产品可以自动进行多特性检查。在检验周期结束时，计算机显示器告诉操作者产品是否合格，然后更新质量过程统计数据。人工检验方法通常只能检测到80％～90％的缺陷（见后面的讨论）；通过机器视觉检验，基本上所有的缺陷都会被检测到。详细说明见 JQH5 第23.15页。所有自动化测试设备的一个关键要求是测量精度，即在同一产品单元的重复测量应在可接受的变化范围内产生"相同"的测试结果。这种重复性是设备设计中固有的，可通过"测量误差"一节中讨论的方法进行量化。此外，还必须提供保持设备"精确"的方法，即根据有关测量单位的标准进行校准。

自动化测试的另一个方面是处理测试生成数据的问题。现代电子数据处理系统允许将这些测试数据直接从测试设备输入到计算机，而无需中间文件。这种直接输入支持数据摘要的迅速准备、一致性计算、与先前批次的比较等。继而，对计算机进行编程,就测试频率、被测单元的处置、奇异结果相关的报警信号等方面向测试设备发出指令是可行的。

Cooper(1997)讨论了如何设计、测试、实现和维护无纸化检验系统。

检验精度

检验精度取决于检验计划的完整性(见前面的讨论)、仪器的偏倚和精度(见本节下文)和人因误差水平。

高差错率在高度单调的检验任务中尤其普遍,例如,查看食品罐中的异物颗粒,在机场安检门检查行李。令人惊讶的是,导致检验员漏掉缺陷的单调性会在短时间内积累起来。通过单调的检验,检验员发现了80%～90%的缺陷,而遗漏了剩余的缺陷。因此,100%单调的检验并不能100%有效地检测缺陷。自动化检验的优势之一就是消除人因误差。

人因误差产生于多种原因,其中最重要的有四种:技能差错、无意差错、意识差错和沟通差错。这些差错的本质与从事其他活动的人员存在的差错相似。

检验员精度的测量

一些公司定期对检验员精度进行评估,作为检验绩效总体评估的一部分。该计划雇用了一名检查检验员,定期审查之前由不同检验员检查的随机工作样本。然后,对检查结果进行汇总、加权,并将其转换为检验员绩效的一些指标。JQH5第23.51~23.53页解释了这个过程。

Harris和Chaney(1969)提供了一些关于检验员精度的早期研究。在他们的调查结果中,检验精度随着缺陷率的降低而降低,随着重复检验而增加(总计为6),随着产品复杂度的增加而降低,并且不能通过增加允许的检验时间来消除这种影响。这些结论令人警醒。

测量误差

过程波动有两个来源:产品制造过程的波动和测量过程的波动。特别是在六西格玛方法要求的低缺陷水平下,我们必须了解制造过程能力和测量过程能力。即使正确使用,测量仪器也可能无法给出特性的真实读数。真实值和测量值之间的差异可能由五个变化源中的一个或多个引起（见图 24-2）。

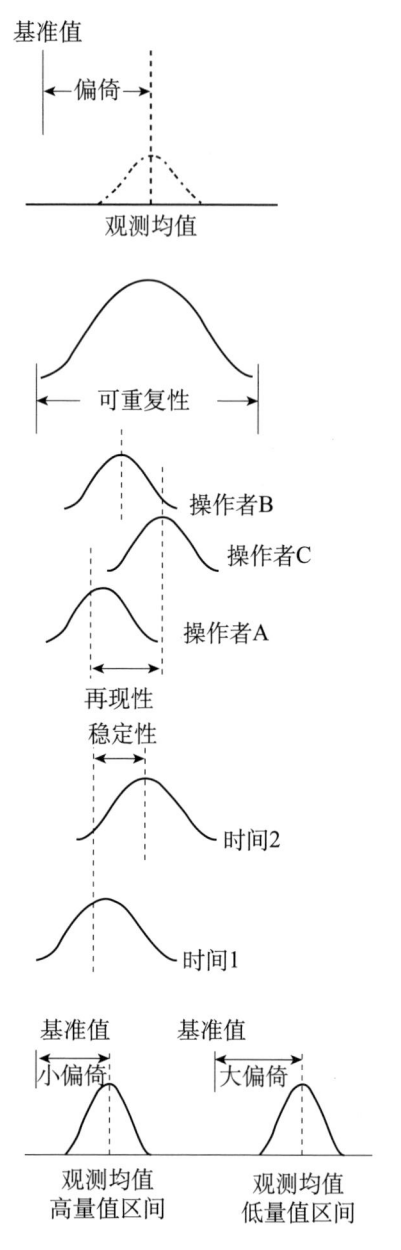

图 24-2　测量波动的五种来源

资料来源：Reprinted with permission from the MSA Manual. DaimlerChrysler, Ford, General Motors Supplier Quality Requirements Task Force.

术语方面有很多混淆。偏倚有时被称为"准确度"。因为准确度在文献中有多种含义（特别是在测量仪器目录中），因此不建议将其用作"偏倚"的替代。

可重复性和偏倚的区别如图 24-3 所示。可重复性通常被称为"精确性"。关于偏倚和可重复性（精确性）的任何解读，都必须基于以下三个前提：

1. 测量方法的定义。这个定义包括逐步执行的程序、使用的仪器、测量样本的准备以及测量条件等。

2. 定义引发波动的原因系统，例如材料、分析者、仪器设备、实验室、时间等。美国实验材料学会（ASTM）推荐将精确度一词修饰后用于确定精确测量的范围。修饰的例子有单一操作人员、单一分析人员、单一实验室—操作人员—材料—时间，以及多实验室。

3. 要有一个统计受控的测量过程。测量过程在规定的偏倚和精确度范围内，必须处于稳定状态才有效。稳定性可通过控制图来确定。

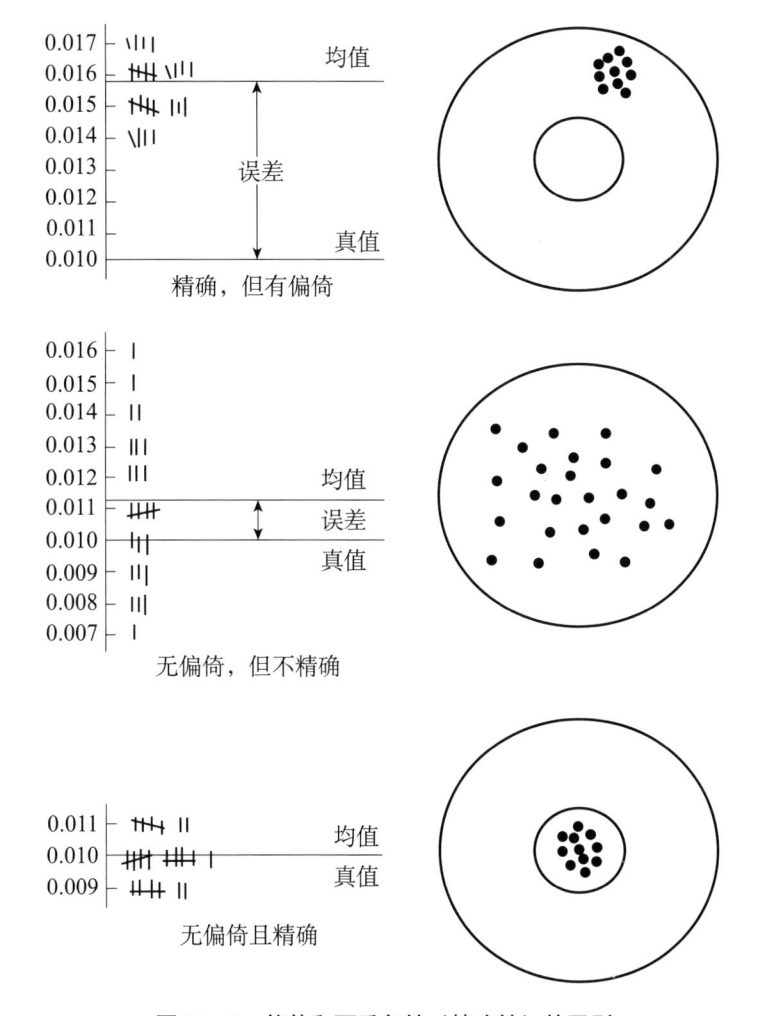

图 24-3 偏倚和可重复性（精确性）的区别

检验的必要性

决定一批产品可接受的检验量可以从零检验到100%检验不等。该决定主要取决于可用的质量信息、批次产品同质性和允许风险程度的先验知识。

有助于确定检验量的先验知识包括：

- 产品和供应商（内部或外部）以前的质量记录。
- 产品对整个系统性能的重要性。
- 产品对后期制造或服务操作的重要性。
- 保修或使用记录。
- 过程能力信息。在目标值附近具有良好均匀性的统计受控过程需要最少的检验。
- 测量能力信息，例如精密仪器的可用性。
- 制造过程的性质。例如，一些操作主要取决于装置的充分性。
- 对生产过程中前几个和后几个产品进行检验，通常就足够了。
- 产品的同质性。例如，流体产品是均匀的，这就减少了对大样本量的需求。
- 过程变量和过程条件的数据。例如，由自动记录图表所提供的数据。
- 对操作过程人员自我控制三要素的遵循程度。

降低成本的竞争导致了减少检验数量的压力。生产者检验（自检）的概念强化了减少检验的重点。在检验活动中确实存在降低成本的机会。然而，首先，必须诊断和排除高故障成本的原因，并且必须满足自检的先决条件。

例 24.4 Datapoint 公司生产办公和计算机产品（Adams，1987）。部分操作是由质量人员对视觉特性进行100%的在线检验。一个戏剧性的转变在策划——生产人员将自己进行视觉检验；质量人员将进行审计检验，并对不合格品的原因进行诊断工作。但需要采取一些措施：对一线管理人员、主管和一线人员进行质量教育；对工艺标准进行特别培训，以帮助大家识别不合格品；制订一个18个月的实施计划，逐步采用新的方法；使用功能验收测试中的数据编制工艺产量报告；分析数据；建立过程审计制度对文件、工具、材料和人员进行审查。

结果是惊人的：35名在线检验员减少为5名过程审核员，废品和返工率从15%下降到2%。

检验的经济性

我们有几种评估批次的方法：

1. 免检。如果同一批产品已经有过资质实验室的检验，例如，同一公司的其他部门或供应商公司的检验，这种方法就是合适的。由有资质生产工人进行的事先检验具有同样的效果。

2. 小样本量。如果过程本身是均匀的，并且可以保持生产秩序，小样本就足够了。例如，在一些冲床操作中，冲模具有高度的稳定性。因此，这种模具冲压出的连续件在某些尺寸特性上表现出高度的均匀性。对于这种特性，如果第一个工件和最后一个工件是合适的，那么剩余工件就是合适的，即使批量规模达到数千工件。广义上，冲压件的例子是高过程能力与基于对生产秩序了解的分层抽样的一个结合。

由于产品的流动性（气体、液体）或先前的混合操作，当产品处于均匀状态时，也可以使用小样本。不需要假设这种均匀性——它可以通过取样来验证。由于先前的流动性，即使是固体材料也可能是均匀的。一旦确定了均匀性，所需的取样量就极小。

对于具有连续良好质量记录的产品，抽样可以是周期性的，例如"跳过批次"或"链式抽样"。

3. 大样本量。在缺乏先验知识的情况下，有关批次质量的信息必须仅从抽样中获得，这意味着随机抽样，因此抽样量相对较大。实际样本大小取决于两个主要变量：可接受的缺陷百分比和可接受的风险。一旦给这些变量赋值，就可以根据概率论科学地确定样本量。然而，缺陷水平和风险的选择主要基于经验判断。

很明显，在无法随时获得先验知识的情况下，例如从某些供应商采购时，就需要随机抽样。然而，仍然有许多情况需要使用随机抽样，尽管已有如过程能力、制造顺序、流动性等信息的输入。一个主要瓶颈是缺乏出版物，说明如何设计抽样计划以使用这些投入。由于没有这类出版物，质量规划师面临着自己设计的问题。这意味着在缺乏使用公认的、权威的出版物所带来的保护的情况下会增加工作量。

4. 100%检验。当抽样结果显示产品存在的缺陷水平太高而无法继续提供给用户时，使用该技术方法。在关键情况下，可能需要增加规定，以防止检验员的不可靠，例如，自动化检验或冗余的200%检验。

对这些备选方案的经济评估需要对每种方案下的总成本进行比较。

- 设 N＝批次中的项目数。
- n＝样本中的项目数。
- p＝批次的缺陷比例。
- A＝如果缺陷通过检验而漏掉，产生的损坏成本。
- I＝每一项目的检验成本。
- P_a＝批次被抽样计划接受的概率。
- A 和 I 有时被分别表示为 $k1$ 和 $k2$。

考虑抽样检验和 100％检验的对比。假设没有出现检验错误，并且在检验中发现缺陷的更换费用由生产商承担，或与缺陷造成的损坏或不便相比，更换费用是很小的。总成本汇总见表 24-3。这些成本反映了检验成本和损坏成本，并确认了抽样检验中接受或拒绝一批货物的可能性。

表 24-3　检验方案的经济性比较

备选方案	总成本
免检	NpA
抽样检验	$nI+(N-n)pAP_a+(N-n)(I-P_a)I$
100％检验	NI

这些表达式可以等同于确定盈亏平衡点。如果假设样本量比批量小，盈亏平衡点 p_b 为：

- $p_b=I/A$

如果批次质量（p）低于 p_b，抽检或免检总成本最低。如果 p 高于 p_b，100％检验为最佳方案。这一原理通常被称为戴明 kp 法则。

例如，每台微型计算机设备的检验成本是 0.50 美元。如果在较大的系统中安装了有缺陷的设备，则会产生 10.00 美元的损坏成本。因此：

- 公式：$p_b=0.50/10.00=0.05=5.0\%$

如果缺陷比例预计大于 5％，则应采用 100％检验。否则，使用抽检或免检。

不同批次的质量波动很重要。如果过去的历史表明，质量水平比盈亏平衡点好得多，且从一个批次到另一个批次是稳定的，那么就不需要进行任何检验。如果质量水平比盈亏平衡点差很多，并且一直如此，那么使用 100％检验而不是抽检会更便宜。如果质量不是这两个极端，则应对免检、抽检和 100％检验进行详细的经济性比较。当产品是高质量批次和低质量批次的混合时，或者当生产商的过程不处于统计控制状态时，抽检通常是最好的方案。

复杂电子设备中元件故障的高成本，加上元件自动测试设备的发展，使得对某些电子元件进行 100％的检测具有经济合理性。对于产品从生产处转移到顾客的每个主要阶段，发现和纠正缺陷的成本可以增加到 10 倍，也就是说，如果进货检验的成本为 1 美元，那么到印刷电路板阶段的成本将增加到 10 美元，到系统级的成本将增加到 100 美元，而现场的成本将增加到 1 000 美元。

验收抽样的概念

验收抽样是对一批产品中的一部分进行评估的过程，目的是接受或拒绝整批产品。它涉及对指定批次或连续批次应用特定的抽样计划。任何验收抽样情况都必须区分其目的是为了积累所抽样的直接产品还是生产手头直接产品的过程的信息。

抽样的主要优点是经济。尽管设计和管理抽样计划增加了一些成本，但仅检验部分批次的成本较低，导致总成本降低。

除了这一主要优势外，还有其他优势：

- 较少的检验人员使人员结构不太复杂，管理成本也较低。
- 对产品的损坏较少，也就是说，进行检验本身就是缺陷的来源之一。
- 该批产品在较短的（日历）时间内处理，以便改进调度和交付。
- 100％检验引起的单调性和检验员误差问题降低到最小。
- 不合格批次的拒绝（而不是分类）往往使质量缺陷更加突出，并促使组织寻找预防措施。
- 抽样方案的适宜设计通常需要研究用户要求的实际质量水平。由此产生的知识对整体质量计划是一种有效的输入。

缺点是抽样有风险、更高的管理成本，和相比 100％检验所提供的产品信息更少。

当检验成本相对于通过缺陷产品造成的损坏成本较高时，100％检验是单调的并导致检验错误时，或检验是破坏性的时，使用验收抽样。当验收抽样前有一个可达到合格质量水平的预防计划时，则验收抽样是最有效的。

我们还必须强调验收抽样不提供对批次质量的精确估计。（它确实在规定的风险下确定了每批产品验收或拒绝的决定。）此外，验收抽样并不能提供拒绝的产品是否适合使用的判断。（针对界定的质量规范，它确实给出了批次的决定。）

近年来，对统计过程控制的重视使一些从业人员得出结论，即验收抽样不再是一个有效的概念。他们的观念——在这里用过于简单的术语描述——是只有两个层次的检验是有效的——免检或 100％检验。本书认为，预防的概念（使用统计过程控制及其他统计和管理方法）是满足产品要求的基础。然而，验收抽样程序在验收控制项目中很重要。在本章末尾描述的后一种方法下，抽样程序是与过程历史和质量结果不断匹配的。这一步骤最终导致逐步取消验收抽样,以利于供应商认证和过程控制。

本章介绍了具体验收抽样计划的示例。

关于验收抽样现代角色的一些感性讨论,见 Schilling (1994) 和 Taylor (1994)。

抽样风险:运行特性曲线

抽样和 100% 检验都不能保证批次产品中每一个缺陷都能被发现。抽样涉及一种风险,即样品不能充分反映批次的状态;100% 检验有单调性和其他因素导致检验员遗漏一些缺陷的风险(见"检验精度"一节)。这两种风险都可以量化。抽样风险有两类:

1. 拒绝了合格批次(制造商风险)。这种风险对应于 α 风险。
2. 接受了不合格批次(顾客风险)。这种风险对应于 β 风险。

抽样计划的运行特性(OC)曲线量化了这些风险。计数型抽样计划的 OC 曲线是一个批次的缺陷百分比与抽样计划接受该批次的概率的关系图。因为 p 值未知,必须说明 p 的所有可能值的概率。假设产生了无穷多个批次,图 24-4 显示了一个"理想"的 OC 曲线,在该曲线中,要求接受缺陷率为 1.5% 或以下的所有批次,并拒绝所有质量等级大于 1.5% 缺陷率的批次。所有缺陷率小于 1.5% 的批次的接受概率为 1.0(必然事件);所有缺陷率大于 1.5% 的批次的接受概率为 0。然而,事实上没有一个抽样计划能够完美地进行区分;总存在一些风险,即"好"批次会被拒绝,或者"坏"批次会被接受。所能达到的最好的效果是使接受合格批次的可能性大于接受不合格批次的可能性。

验收抽样计划根本上包含样本量(n)和验收标准(c)。例如,从批次中随机抽取 125 个样品。如果发现 5 个或更少的缺陷,就接受该批次。如果发现 6 个或更多的缺陷,就拒绝该批次。

根据机会规律,125 个样品中可能包含 0、1、2、3 个,甚至多达 125 个缺陷。正是这种抽样波动导致一些合格批次被拒绝,一些不合格批次被接受。$n=125$ 且 $c=5$ 时的 OC 曲线是曲线 A(见图 24-5)。(其他曲线将在后面讨论。)一个 1.5% 缺陷率的批次大约有 98% 的概率被接受。

更糟糕的批次,如 6% 的缺陷率,有 23% 的概率被接受。通过定量描述风险,可以判断抽样计划的充分性。

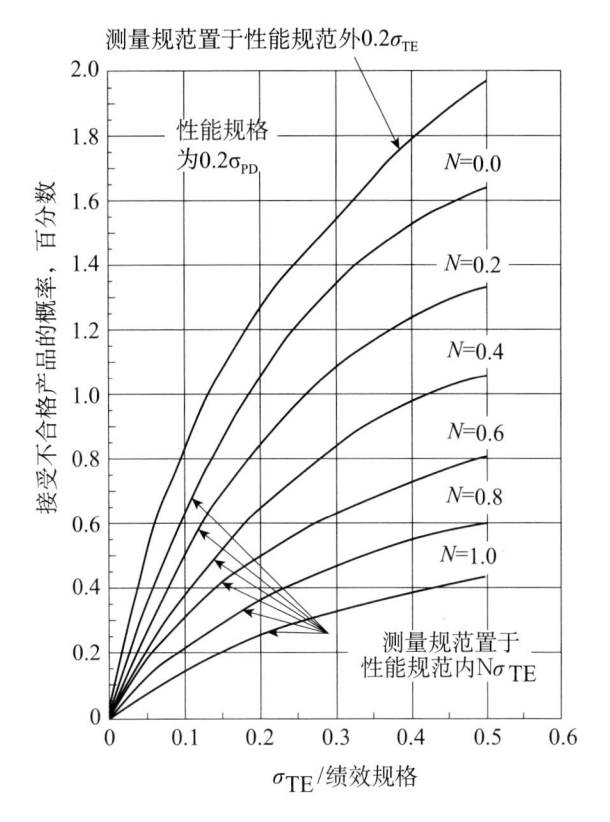

图 24-4 理想的 OC 曲线

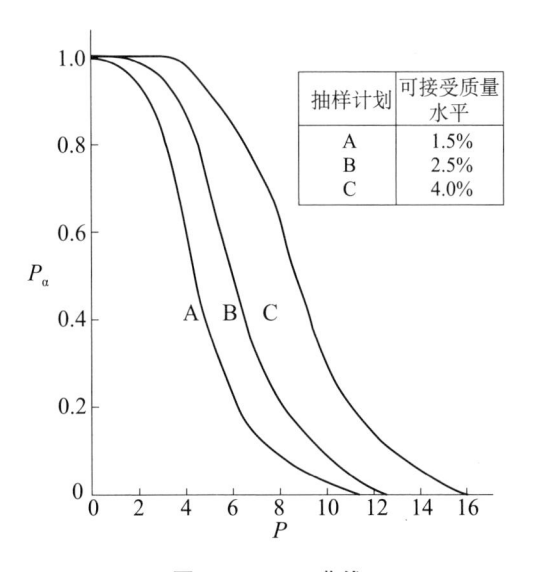

图 24-5 OC 曲线

特定计划的 OC 曲线仅说明抽样计划接受 $p\%$ 缺陷率的批次的可能性。OC 曲线不能：

- 预测报检批次的质量。例如（见图 24-5），批次质量有 36% 的可能有 5% 的缺陷率的说法是不正确的。
- 说明与特定缺陷比率相关的"置信水平"。
- 在所有检验完成后预测最终质量。

这些和其他关于 OC 曲线的不实说法需要对使用它的人仔细解释。（可接受质量水平在"验收抽样计划的质量指标"一节中有所说明。）

创建运行特性曲线

通过确定几个来料质量 p 值的接受概率，可以绘制出 OC 曲线。接受概率是指样本中的缺陷数量等于或小于抽样计划中接受缺陷数量的概率。三种分布可以用来找出接受概率：超几何分布、二项分布和泊松分布。当可以满足它的假设时，泊松分布因为易于计算更可取。

Grant 和 Leavenworth（1996，pp.183-193）描述了超几何和二项分布的使用。

当样本大小至少是 16 个，批量大小至少是样本大小的 10 倍，且 p 值小于 0.1 时，泊松分布为验收抽样提供了好的近似值。应用于验收抽样的泊松分布函数是：

这个方程可以用计算器或附录 II 的表 C 来求解。此表给出了从缺陷率为 p 的批次抽取的 n 个样品中缺陷数是 r 或更少的概率。为了说明表 C，考虑之前引用的抽样方案：$n=125$ 且 $c=5$。为了找出接受 4% 缺陷批次的概率，计算 np 为 $125 \times 0.04 = 5.00$。表 C 即给出了 5 个或更少缺陷数的概率为 0.616。图 24-5（曲线 A）将该概率表示为 4% 缺陷批次质量的 P_a 值。

前面关于抽样风险的讨论假设进货批次的缺陷比例是合理恒定的。这种假设在实践中经常被提到。当来料质量不恒定时，Chun 和 Rinks（1998）推导了修改后的制造商风险和顾客风险。

验收抽样计划的质量指标

许多已发布的计划可以按照以下几个质量指标之一进行分类：

1. 可接受质量水平（AQL）。可以选择质量水平单位来满足产品的特殊需要。因此，ANSI/ASQC Z1.4 (1993) 将 AQL 定义为"不合格的最大百分比（或每百个单位的最大不合格数），为了抽样检验的目的，可以认为它是一个过程平均值"。如果一个产品单元可以有许多不同严重程度的缺陷，那么可以将缺陷分配给每种类型，并根据缺陷来衡量产品质量。因为 AQL 是指可接受的水平，一个 AQL 批次的接受概率应该很高（见图 24-6）。

2. 极限质量水平（LQL）。LQL 定义了不满意的质量。有时使用不同的标题来表示 LQL，例如，道奇-罗米格计划表使用的术语是批次容许不合格品率（LTPD）。由于 LQL 是一个不可接受的水平，LQL 批次的接受概率应该很低（见图 24-6）。在一些表中，这种被称为顾客风险的概率被指定为 P_c，并被标准化为 0.1。顾客风险并非顾客实际收到 LQL 产品的可能性。事实上，在批次处于 LQL 不良率的情况下，顾客收到的可能性不到十分一。顾客实际得到什么取决于检验前批次的实际质量和接受概率。

3. 无差异质量水平（IQL）。IQL 是介于 AQL 和 LQL 之间的质量水平。它通常定义为对于给定抽样计划具有 0.5 的接受概率的质量水平（见图 24-6）。

应向内外部供应商强调，提交检验的所有产品都应符合规范。可接受质量水平并不意味着提交一定数量的不合格品得到了批准。AQL 只是说，在抽样过程中，一些不合格品将通过抽样方案。

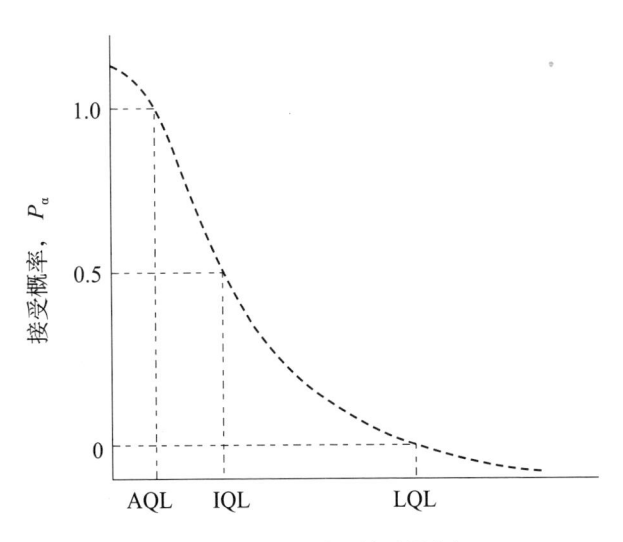

图 24-6 抽样计划的质量指标

4. 平均检出质量上限。检验前原料的不合格率（输入质量 p）和检验后剩余的不合格率（输出质量 AOQ）之间存在近似关系：

- $AOQ = pP_a$。当来料质量完美时，出货质量也必须完美。但是，当来料质量不好时，出货质量可能也会很好（假设没有检验错误），因为抽样计划会使得所有批次被拒绝并进行仔细的检验。因此，无论是在哪种极端的情况下——来料质量极好或极糟糕——输出质量往往是好的。介于这些极端情况之间的是输出质量的不合格率达到其最大值。这一点是平均检出质量上限（AOQL）。

- 这些指标主要适用于连续批量生产的情况。对于独立批次，建议使用 LQL 的概念。这些指标最初是由统计学家制定的，以帮助描述抽样计划的特点。
- 误解（特别是对 AQL 的误解）很常见，与"不合格品的处置"一节中提到的误解类似。例如，基于 AQL 的抽样计划将接受一些质量水平低于 AQL 的批次。

抽样计划的类型

抽样计划有两种类型：

1. 计数型计划。从批次中随机抽样，每一样品被归类为合格或有缺陷。然后将缺陷数量与计划中规定的允许数量进行比较，并做出接受或拒绝该批次的决定。本章说明了基于 AQL 的计数型计划。

2. 计量型计划。取样，并对每一样品进行特定质量特性的测量。然后将这些测量值汇总为样本统计值（例如，样本均值），并将观测值与计划中定义的允许值进行比较。然后决定接受或拒绝该批次。

计量型计划的主要优点是在每次抽样中提供额外的信息，与具有相同风险的计数型计划相比，这些信息反而会带来更小的样本量。但是，如果产品具有几个重要质量特性，则必须根据不同的变量验收标准对每个特性进行评估（例如，必须获得数值，并计算每一特性的平均值和标准偏差）。在相应的计数型计划中，所需样本量可能更高，但可以将多个特性视为一组，并根据一组验收标准进行评估。

单样本、双样本和多样本抽样

许多已经发布的抽样表给出了单样本、双样本和多样本抽样之间的选择。在单样本抽样计划中，从批次中随机抽取 n 个样本。如果缺陷数小于或等于接受数（c），则接受该批次。否则，拒绝该批次。在双样本抽样计划中（见图 24-7），通常会抽取较小的初始样本，如果缺陷数很大或很小，则在较小的第一样本的基础上做出接受或拒绝的决定。

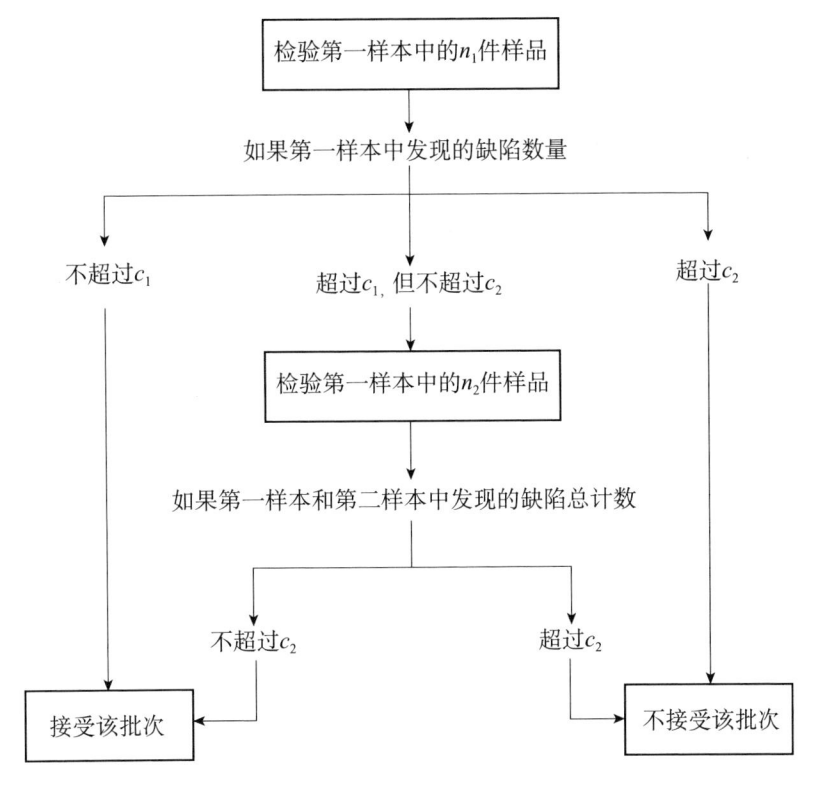

```
                检验第一样本中的 $n_1$ 件样品

      如果第一样本中发现的缺陷数量

 不超过 $c_1$      超过 $c_1$，但不超过 $c_2$      超过 $c_2$

                检验第一样本中的 $n_2$ 件样品

      如果第一样本和第二样本中发现的缺陷总计数

            不超过 $c_2$         超过 $c_2$

       接受该批次                   不接受该批次
```

图 24-7　双样本抽样的示意图

如果第一样本的结果不具决定性，则抽取第二样本。因为只有在临界情况下才需要抽取并检验第二样本，所以在双样本抽样中，每批检验的平均样品数通常较小。在多样本抽样计划中，通常会抽取一个、两个或几个更小的样本，根据需要持续进行，直到获得接受或拒绝的决定为止。因此，双样本和多样本抽样可能意味着更少的检验，但却是更为复杂的管理。

通常，具有基本相同 OC 曲线的单样本、双样本或多样本的抽样方案是可以获取的。

良好验收计划的特点

验收抽样计划应具有以下特点：
- 用于定义"质量"的指标（AQL、AOQL 等）应反映顾客和制造者的需求，而不是主要为了便于统计而选择。

- 抽样风险应以定量方式（OC曲线）明确表示。制造者应有足够的保护以防止好的批次被拒绝；顾客应防止不良批次被接受。
- 该计划应尽量减少所有产品的检验总成本。这需要仔细评估计数型和计量型计划，以及单样本、双样本和多样本抽样的利弊。它还应该反映产品的优先级，特别是从适用性角度来看。
- 该计划应使用其他知识，如过程能力、供应商数据和其他信息。
- 该计划应具有自身的灵活性，以反映批量大小、提交产品的质量以及其他相关因素的变化。
- 该计划要求的测量应提供有用的信息，用于评估单一批次质量和长期质量。
- 该计划应易于说明和管理。

幸运的是，已发布的计划表可以满足许多以上的特性。我们现在开始讨论 AQL 计划。

美国国家标准协会/美国质量管理协会 Z1.4

ANSI/ASQC Z1.4（1993）是一个计数型抽样系统。它的质量指标是可接受质量水平（AQL）。AQL 是不合格品的最大百分比（或每 100 单位产品不合格品的最大数），为了抽样检验，可以被视为一个令人满意的过程均值。（本标准使用"不合格品"，而不是缺陷单元。）接受 AQL 质量水平原料的概率总是很高，但并非所有计划都完全相同。如果批次质量刚好等于 AQL，则"预计可接受的批次百分比"范围为 89~99。可以从 26 个可用的 AQL 值中进行选择，范围从 0.010 到 1 000.0。（10.0 或以下的 AQL 值可解释为每 100 单位产品的不合格率或不合格数；10.0 以上的值可解释为每 100 单位产品的不合格数。）

表 24-4 中规定了用于"检验水平"Ⅰ、Ⅱ或Ⅲ的相对检验量；Ⅱ级视为正常。检验水平的概念允许用户对检验成本和所需保护数量进行平衡。这三个级别涉及的检验量大致为 0.4∶1.0∶1.6 的比率。（对于需要"小样本检验"的情况，还提供了四个额外的检验级别。）

表 24-4 样本量字母代码

批量	特殊检验水平				一般检验水平		
	S—1	S—2	S—3	S—4	Ⅰ	Ⅱ	Ⅲ
2~8	A	A	A	A	A	A	B
9~15	A	A	A	A	A	B	C

续表

批量	特殊检验水平			一般检验水平			
	S-1	S-2	S-3	S-4	I	II	III
16~25	A	A	B	B	B	C	D
26~50	A	B	B	C	C	D	E
51~90	B	B	C	C	C	E	F
91~150	B	B	C	D	D	F	G
151~280	B	C	D	E	E	G	H
281~500	B	C	D	E	F	H	J
501~1 200	C	C	E	F	G	J	K
1 201~3 200	C	D	E	G	H	K	L
3 201~10 000	C	D	F	G	J	L	M
10 001~35 000	C	D	F	H	K	M	N
35 001~150 000	D	E	G	J	L	N	P
150 001~500 000	D	E	G	J	M	P	Q
500 001 及以上	D	E	H	K	N	Q	R

从表中选择一个计划如下：

1. 必须知道以下信息：

a) AQL。

b) 批量。

c) 抽样类型（单样本、双样本或多样本）。

d) 检验水平（通常是II级）。

2. 知道批量和检验水平后，可从表 24-4 中获得字母代码。

3. 知道字母代码、AQL 和抽样类型后，可从表 24-5 中查到抽样方案。（表 24-5 适合单样本抽样；本标准还提供了双样本和多样本抽样的表格。）

例如，假设一家采购代理公司签订了 AQL 为 1.5% 的合同。同时假设这些零件是以 1 500 件的数量购买的。样本量字母代码表（见表 24-4）显示II级检验需要 K 方案。表 24-5 表明样本量为 125。对于 AQL＝1.5，可接受数为 5，拒绝数为 6。因此，如果发现 5 件或更少的不合格品，则可接受整批的 1 500 件，但如果发现 6 件或更多的不合格品，则不得接受该批次（拒绝）。

抽样风险由标准中公布的 OC 曲线界定。该方案的曲线如图 24-5 中的曲线 A 所示。

该标准为每个字母代码（即批量类别）提供了单样本、双样本和多样本方案。字母代码 K 方案如表 24-6 所示。因此，这三类方案可以在 AQL 为 1.5 这一列找到。

表 24-5 正常检验的主表（单样本抽样）

样本量字母代码	样本量	可接受质量水平（正常检验）																						
		0.010		0.015		0.025		0.040		0.065		0.10		0.15		0.25		0.40		0.65		1.0		1.5	
		Ac	Re	Ac	Re	Ac	Re	Ac	Re	Ac	Re	Ac	Re	Ac	Re	Ac	Re	Ac	Re	Ac	Re	Ac	Re	Ac	Re
A	2	↓		↓		↓		↓		↓		↓		↓		↓		↓		↓		↓		↓	
B	3	↓		↓		↓		↓		↓		↓		↓		↓		↓		↓		↓		0	1
C	5	↓		↓		↓		↓		↓		↓		↓		↓		↓		↓		0	1	↔	
D	8	↓		↓		↓		↓		↓		↓		↓		↓		↓		0	1	↔		1	2
E	13	↓		↓		↓		↓		↓		↓		↓		↓		0	1	↔		1	2	2	3
F	20	↓		↓		↓		↓		↓		↓		↓		0	1	↔		1	2	2	3	3	4
G	32	↓		↓		↓		↓		↓		↓		0	1	↔		1	2	2	3	3	4	5	6
H	50	↓		↓		↓		↓		↓		0	1	↔		1	2	2	3	3	4	5	6	7	8
J	80	↓		↓		↓		↓		0	1	↔		1	2	2	3	3	4	5	6	7	8	10	11
K	125	↓		↓		↓		0	1	↔		1	2	2	3	3	4	5	6	7	8	10	11	14	15
L	200	↓		↓		0	1	↔		1	2	2	3	3	4	5	6	7	8	10	11	14	15	21	22
M	315	↓		0	1	↔		1	2	2	3	3	4	5	6	7	8	10	11	14	15	21	22	↑	
N	500	0	1	↔		1	2	2	3	3	4	5	6	7	8	10	11	14	15	21	22	↑		↑	
P	800	0	1	1	2	2	3	3	4	5	6	7	8	10	11	14	15	21	22	↑		↑		↑	
Q	1250	↑		1	2	2	3	3	4	5	6	7	8	10	11	14	15	21	22	↑		↑		↑	
R	2000																								

续表

	可接受质量水平（正常检验）																										
	2.5		4.0		6.5		10		15		25		40		65		100		150		250		400		650		1 000	
	Ac	Re	Ac	Re	Ac	Re	Ac	Re	Ac	Re	Ac	Re	Ac	Re	Ac	Re	Ac	Re	Ac	Re	Ac	Re	Ac	Re	Ac	Re	Ac	Re
	↓		↓		0	1	↓																					
	0	1	↔		↔		1	2	1	2	2	3	3	4	5	6	7	8	10	11	14	15	21	22	30	31	44	45
			↓		1	2	2	3	2	3	3	4	5	6	7	8	10	11	14	15	21	22	30	31	44	45		
1		2	2	3	3	4	3	4	5	6	7	8	10	11	14	15	21	22	←									
2		3	3	4	5	6	5	6	7	8	10	11	14	15	21	22	←											
3		4	5	6	7	8	7	8	10	11	14	15	21	22	←													
5		6	7	8	10	11	10	11	14	15	21	22	←															
7		8	10	11	14	15	14	15	21	22	←																	
10		11	14	15	21	22	21	22	←																			
14		15	21	22			←																					
21		22	←																									

注：↓，使用箭头下的第一抽样方案。如果样本量等于或超过批量大小，则进行100%检验。
↑，使用箭头上的第一抽样方案。Ac，可接受数。Re，拒绝数。

表 24-6 样本量字母代码 K 的抽样方案

抽样方案类型	累计抽样量	可接受质量水平（正常检验）									
		小于0.10		0.10		0.15		×…		1.0		1.5…	
		Ac	Re	Ac	Re	Ac	Re	Ac	Re	Ac	Re	Ac	Re
单样本	125	▽		0	1	0				3	4	5	6
双样本	80	▽		*		使用字母 J		使用字母 M		1	4	2	5
	160									4	5	6	7
多样本	32	▽		*						#	3	#	4
	64									0	3	1	5
	96									1	4	2	6
	128									2	5	3	7
	160									3	6	5	8
	192									4	6	7	9
	224									6	7	9	10

小于0.15		0.15		×		0.25		1.5		2.5		累计抽样量
X		4.0		X		…X		1.0		大于10		
Ac	Re	Ac	Re	Ac	Re	Ac	Re	Ac	Re	Ac	Re	
8	9	10	11	12	13	18	19	21	22	△	10	125
3	7	5	9	6	10	9	14	11	16	△		80
11	12	12	13	15	16	23	24	26	27			160
0	4	0	5	0	6	1	8	2	9	△		32
2	7	3	8	3	9	6	12	7	14			64
4	9	6	10	7	12	11	17	13	19			96
6	11	8	13	10	15	16	22	19	25			128
9	12	11	15	14	17	22	25	25	29			160
12	14	14	17	18	20	27	29	31	33			192
14	15	18	19	21	22	32	33	37	38			224
4.0		×		6.5		10		×		大于10		

注：△，使用下一个前面样本量字母代码，当接受数和拒绝数已知时。

▽，使用下一个后续样本量字母代码，当接受数和拒绝数已知时。

Ac，接受数。

Re，拒绝数。

*，使用上述单样本抽样方案（或者使用字母 N）。

#，此样本大小不允许接受。

例如，双样本抽样计划要求第一次抽样量为 80 个。如果发现 2 个或更少的不合格品，接受该批次。如果发现 5 个或更多的不合格品，拒绝该批次。如果在 80 个样本中发现 3 个或 4 个不合格品，就需要抽取第二个样本量为 80 的样本，提供累计为 160 的样本量。如果双样本中的不合格品总数小于等于 7 个，则接受该批次；8 个或以上的不合格品意味着拒绝该批次。

ANSI/ASQC Z1.4 中的切换程序

ANSI/ASQC Z1.4 包含了质量恶化时进行收紧检验的规定。如果原检验连续五批中有两批不合格（拒绝），则实行收紧检验计划。样本量大小和往常一样，但接受数变少。（如果 AQL 批次的接受概率小于 0.75，则收紧计划确实需要更大的样本量。）例如在前面引用的例子中，可以从表 24-6 中读取收紧计划，其样本量为 125，接受数为 3。

当供应商的记录良好时，ANSI/ASQC Z1.4 也规定了放宽检验。前 10 个批次必须进行常规检验，且所有批次都被接受。给出过程均值的下限表，以帮助确定供应商的记录是否足够好，以便切换到放宽检验。然而，该计划确实提供了一种选择，即在不使用下限表的情况下切换到放宽检验。在放宽抽样的情况下，样本量通常是正常样本量的 40%。

这些切换规则适用于以稳定速率提交产品。该计划为常规、收紧、放宽检验提供了其他规定。

ANSI/ASQC Z1.4 的其他规定

该标准提供了大多数单独计划的 OC 曲线，以及 10% 和 5% 接受概率的"极限质量"值。包括在内的还有双样本和多样本抽样的平均样本量曲线。后一条曲线显示了作为提交产品质量函数的平均样本量。尽管单样本、双样本和多样本抽样的 OC 曲线大致相同，但由于三种抽样类型之间的固有差异，平均样本量曲线变化很大。该标准还规定了如果对所有拒绝批次的不合格品进行筛选，将产生的平均检出质量上限（AOQL）。

在 ANSI/ASQC Z1.4 中，抽样方案被定义为"抽样计划和切换规则的组合，并且可能是停止检验的规定"。对于和单独计划关联的抽样方案，该标准提供了所有单样本抽样的 OC 曲线以及平均检出质量上限（AOQL）、极限质量和平均样本量的信息。

道奇-罗米格抽样表

Dodge 和 Romig (1959) 提供了四组计数型计划表，强调批次质量（批次容许次品率）或长期质量（平均检出质量上限）：

- 批次容许次品率（LTPD）：单样本抽样、双样本抽样。

- 平均检出质量上限（AOQL）：单样本抽样、双样本抽样。

这些计划与 ANSI/ASQC Z1.4 中的计划不同，因为道奇-罗米格计划假设所有拒绝批次都是 100％检验，且不合格品被替换为可接受品。具有此特征的计划称为校正检验计划。这些表提供了对不良质量的保护，无论基于批次还是平均长期质量。LTPD 计划保证了很多质量差的产品都有很低的接受概率，也即，对于 LTPD 质量水平的批次，接受概率（或顾客风险）为 0.1。LTPD 值在 0.5％～10.0％的不合格率之间。AOQL 计划假设，在所有抽样和对拒绝批次进行 100％检验后，许多批次的平均质量不会超过 AOQL。AOQL 值的在 0.5％～10.0％范围之内。每个 LTPD 计划列出相应的 AOQL，每个 AOQL 计划列出其 LTPD。

质量指标数值的选取

选取质量指标值（例如，AQL、AOQL 或批次容许次品率）的问题是，如何在发现并纠正次品的成本和次品通过检验程序时产生的损失之间取得平衡。

Enell（1954）在一篇经典论文中建议在选择 AQL 时使用盈亏平衡点（见"检验的必要性"部分）。用于检验的盈亏平衡点的定义是检验一件产品的成本除以次品造成的损失。对所引用的例子来说，盈亏平衡点是 5％次品率。

由于 5％次品率的质量水平是分拣和抽样间的盈亏平衡点，因此适宜的抽样计划应规定，在 5％次品率的质量水平下，批次被分拣或抽样的概率应为 50％，即计划的接受概率应为 0.50。现在可以检查一组抽样表（如 ANSI/ASQC Z1.4）中的 OC 曲线来确定 AQL。例如，假设设备检验了 3 000 件产品。这种情况下的 OC 曲线（字母代码 K）见 ANSI/ASQC Z1.4 及图 24-5。最接近 5％水平且 P_a 为 0.50 的计划是 AQL 为 1.5％的计划。因此，这就是要采用的计划。

一些计划包括了缺陷的分类，以帮助确定 AQL 的数值。根据标准中提供的定义，缺陷首先被分类为关键、主要和次要缺陷。对于集中考虑的缺陷群或单个缺陷，可以指定不同的 AQL。关键缺陷的 AQL 可能为 0，而主要缺陷的 AQL 可能很低，比如 1％，次要缺陷的 AQL 可能很高，比如 4％。一些复杂产品的制造商以百万分之几的缺陷来说明质量。

在实践中，质量指标的量化是根据以下因素来判断的：过去的质量表现、不合格品对后期生产步骤的影响、不合格品对适用性的影响、交货要求的紧迫性和达到规定质量水平的成本。

Schilling（1982，pp.571-586）在其经典的、详尽的验收抽样书中对这一难题进行了深入的讨论。

如何选择合适的抽样程序

验收抽样的方法多种多样。必须选择一个与所适用的验收抽样情况相适应的抽样程序。抽样程序可用于不同的目的。如 Schilling（1982）所列，它们包括：

- 在规定风险下保证质量水平。
- 将质量保持在 AQL 或更高水平。
- 保证 AOQL。
- 好的历史表现下的放宽检验。
- 检查检验。
- 确保符合强制性标准。
- 可靠性抽样。
- 检查检验精度。

对于每一个目的，Schilling 推荐特定的计数或计量型抽样计划。计划的选择取决于其目的、质量记录和对过程的了解程度。

选择和应用抽样程序所涉及的步骤如图 24-8 所示。

重点是对适当应用、修改和改进抽样所需信息的反馈，以鼓励持续改进并降低检验成本。这可以通过从验收抽样系统转移到验收控制得以实现。

从验收抽样转移到验收控制

验收抽样是对一批产品中的一部分进行评估的过程，目的是接受或拒绝整个批次的产品，使其符合或不符合质量规范。验收控制是"为适应不断变化的检验环节而对验收抽样程序进行选择、应用和修改的持续策略"（Schilling，1982，p.564）。抽样计划应用的评估见验收控制的生命周期（见表 24-7）。该循环应用于产品的整个生命周期，以实现质量改进（使用过程控制和过程能力的概念）和减少并消除检验（使用验收抽样）。

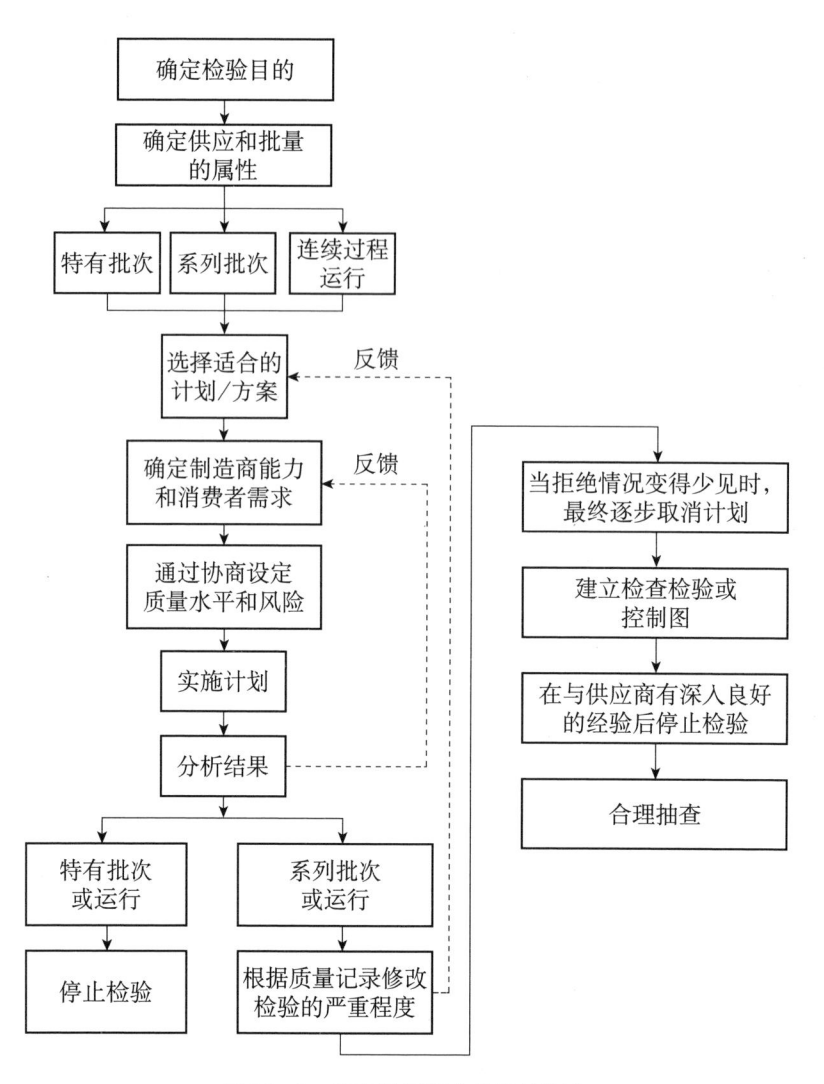

图 24-8 检查抽样程序执行的顺序

资料来源：来自 Edward G. Schilling 在质量控制中的验收抽样。版权所有为 1982 年泰勒-弗朗西斯集团有限责任公司。(经泰勒-弗朗西斯集团有限责任公司许可，通过版权许可中心以教科书形式再版。)

表 24-7 验收控制应用的生命周期

阶段	步骤	方法
预备	选择适用于目的的计划 确定制造商能力 确定消费者需求 设定质量水平和风险 确定计划	对质量体系进行分析，以确定程序的确切需要 使用控制图进行过程性能评估 使用控制图研究过程能力 经济分析和协商 可能的标准程序

续表

阶段	步骤	方法
初始	培训检验人员 正确应用计划 分析结果	包括计划、程序、记录和行动 确保随机抽样 保存记录和控制图
运行	评估保障 调整计划 如果需要，减少样本量	可能时，定期检查质量记录和 OC 曲线，更改严重程度以反映质量记录和成本 利用供应商的信誉和累积的结果，修改使用适当的抽样计划
逐步淘汰	尽可能减少检验工作量	当质量一贯良好时，使用缺点评级或检查检验程序 记录控制图
消除	只进行抽查	有深入良好的历史记录保证时，移除所有检验

资料来源：来自 Edward G. Schilling 在质量控制中的验收抽样。版权所有为 1982 年泰勒-弗朗西斯集团有限责任公司。受泰勒-弗朗西斯集团有限责任公司许可，经版权审查中心通过，以教科书形式再版。

参考文献

Adams, R. (1987). "Moving from Inspection to Audit," *Quality Progress*, January, pp. 30–31.
ANSI/ASQC Z1.4 (1993). Sampling Procedures and Tables for Inspection by Attributes, American Society for Quality Control, Milwaukee.
Baxter Travenol Laboratories (1986). Statistical Process Control Guideline, Baxter Travenol Laboratories, Deerfield, IL, p. 23.
Chun, Y. H. and D. B. Rinks (1998). "Three Types of Producer's and Consumer's Risks in the Single Sampling Plan," *Journal of Quality Technology*, vol. 30, no. 3, pp. 254–268.
Cooper, J. (1997). "Implementing a Paperless Inspection System," *Annual Quality Congress Proceedings*, ASQ, Milwaukee, pp. 231–235.
Dodge, H. F. and H. G. Romig (1959). *Sampling Inspection Tables*, 2nd ed., John Wiley & Sons, New York.
Enell, J. W. (1954). "What Sampling Plan Shall I Choose?" *Industrial Quality Control*, vol. 10, no. 6, pp. 96–100.
Grant, E. L. and R. S. Leavenworth (1996). *Statistical Quality Control*, 7th ed., McGraw-Hill, New York.
Harris, D. H. and F. B. Chaney (1969). *Human Factors in Quality Assurance*, John Wiley and Sons, New York, pp. 77–85.
Orkin, F. I. and D. P. Olivier (1999). In JQH5, Table 10.2.
Peach, R. W., ed. (1997). *The ISO 9000 Handbook*, 3d ed., McGraw-Hill, New York.
Riley, F. D. (1979). "Visual Inspection—Time and Distance Method," ASQC Annual Technical Conference Transactions, Milwaukee, p. 483.
Schilling, E. G. (1982). Acceptance Sampling in Quality Control, Marcel Dekker, New York.
Schilling, E. G. (1994). "The Importance of Sampling in Inspection," *Annual Quality Congress Proceedings*, ASQ, Milwaukee, pp. 809–812.
Taylor, W. A. (1994). "Acceptance Sampling in the 90s," *Annual Quality Congress Proceedings*, ASQ, Milwaukee, pp. 591–598.

（王林波 译）

第25章
组织范围内的质量评估

约瑟夫·A. 德费欧　厄尔·罗尔斯顿

本章要点
为什么评估绩效？
战略调整、部署和评估
计划评估
不良质量成本
质量成本类别
将不良质量成本与业务措施联系起来
最佳质量成本
评估和市场地位
使用国家绩效标准和奖励进行评估

鲍德里奇评分系统
使用质量奖作为系统评估工具
协同评估
按国际标准评估
质量体系认证/注册
基准最佳实践：迈向可持续发展
数据标准化
最佳实践的分析和确定
参考文献

本章要点

1. 所有的组织都应该进行年度的全公司范围的业务卓越性和质量评估。

2. 共同评估包括四个要素：表现不佳的过程或 $COPQ^3$ 的成本、市场地位、员工文化、运营和质量体系的整体健康状况。

3. 马尔科姆·鲍德里奇国家质量奖和类似的国家奖为评估一个组织提供了额外的手段。这些奖项表彰杰出的成就。

4. ISO 9000 标准为质量体系提供了最低标准。这些文件为潜在的客户提供了一些保证，确保一个组织满足标准有一个合适的质量体系。

为什么评估绩效？

使用质量策略进行转换的早期步骤是了解你的文化、系统、流程、人员和成本的基线。质量办公室的一个关键角色是进行这些评估，以培育你的领导层，使他们了解需要更改或改进的地方。系统评估提供了全面、经济有效的审查，为评估组织的绩效提供了客观的基线。可以使用许多组织评估。我们将研究六个在质量上具有竞争力的重要范畴：

1. 质量风险评估。
2. 执行不良过程的成本和不良质量成本评估。
3. 业绩和市场地位评估。
4. 使用国家绩效标准和奖励进行评估。
5. 按照国际体系标准进行评估。
6. 竞争基准最佳实践。

质量风险评估

从 1970 年到 1986 年，朱兰研究院是最早记录和进行全面质量评估的机构之一。这些评估是基于朱兰博士的早期著作和提高美国许多行业竞争力的需要。该研究院制定了一套指导方针，如果满足条件，它们不但过去，现在仍然是企业成功和质量领导的关键。

朱兰的全面质量评估早于 ISO 9000 标准和 20 世纪 80 年代后期的国家质量奖。今天，朱兰质量风险评估已经被许多组织用于更好地了解和创建一个改进性能的计划。一些组织使用 ISO 标准；另一些使用监管要求，如 FDA 标准或萨班斯-奥克斯利法案；还有一些使用美国的马尔科姆·鲍德里奇卓越绩效标准、欧洲的 EFQM 卓越模型，或者自己国家的同类标准。量化与表现欠佳的质量有关的成本（COP^3；De Feo，2003）对了解由于质量低劣而造成的全部损失是很重要的。估计 COP^3 是引起管理层注意的最佳方法之一。正如你将看到的，COP^3 对于大多数组织来说可以超过其利润的价值！

评估市场地位和客户对你产品质量的接受程度是很重要的。了解付费客户喜欢什么，不喜欢什么，有助于将组织推向一个新的绩效水平。

每一个评估都带来了一个将质量集成到组织中的业务模型。一个例子是图

25-1 所示的 EFQM 模型。

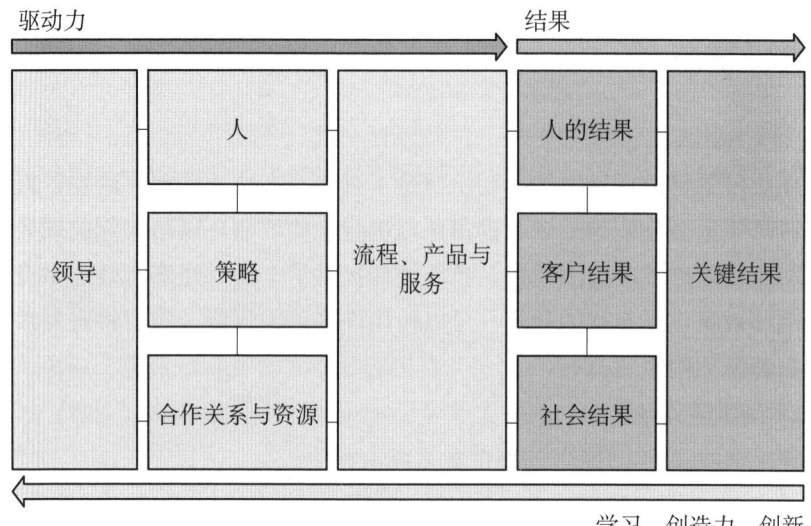

图 25-1　EFQM 绩效模型

鲍德里奇模型是以前商务部部长马尔科姆·鲍德里奇的名字命名的。这个模型结合了自 20 世纪 80 年代建立以来许多公司的最佳实践。它用于根据一组能力和最佳实践来度量和评估整个业务系统（见图 25-2）。

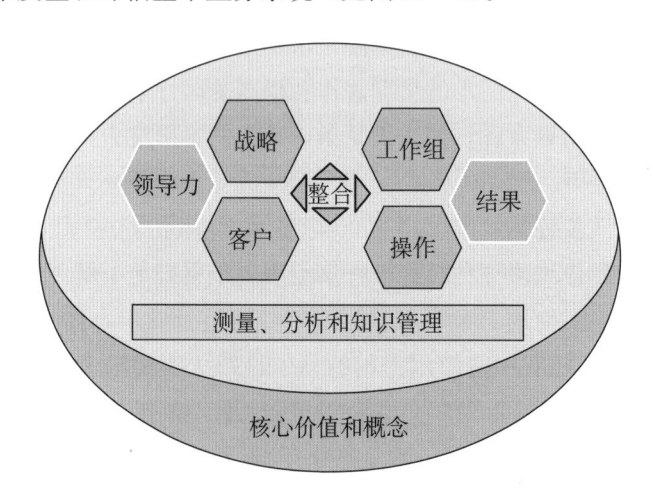

图 25-2　组织概况

资料来源：来自 Baldrige Performance Excellence Program，2015。2015—2016 鲍德里奇卓越奖框架：一种改善组织绩效的系统方法。马里兰州盖瑟斯堡：美国国家标准技术研究所商务部。http://www.nist.gov/baldrige。

战略调整、部署和评估

我们使用术语业务系统来评估组织的所有部分，而不是质量系统基础结构。质量系统必须集成到业务系统中。有效的评估必须分析组织结构、角色和职责、流程和资源，以在整个组织中实现出色的绩效。

为了正确评估任何组织，请从顶部开始，确定组织的战略计划及其与日常活动的关系。在评估这些领域时，高层管理人员的参与至关重要。许多组织由于未将其战略目标与特定的日常活动和项目相结合而受到负面影响。组织的领导者需要确定他们的使命、愿景、价值观和政策是否都得到有效协调和沟通，同时牢记最终客户（见图 25 - 3）。

部分释义	
使命	我们在什么行业
愿景	期望的未来组织状态
价值观	达成愿景需要遵守的原则
策略	我们将如何经营，以及我们对客户和社会的承诺

图 25 - 3　组织愿景和使命示意图

资料来源：Juran Institute Inc.，Southbury，CT.

根据这些目标，制定了战略和年度目标。策略是实现公司愿景的一种手段。策略通常是长期的，并且与关键的成功因素相关，例如增加收入、降低成本或开发新产品。为了实现这些长期目标，领导团队制定了本质上是短期的年度目标。作为保证，领导人制定了有助于管理日常活动目标的政策。

图 25 - 4 显示了愿景如何分解为关键战略、战略目标、年度目标以及计划和项目。通常，执行团队有许多不同级别的管理；在部署战略计划时，翻译中会丢失很多信息和方向。这导致战略计划与单个项目不一致，可能导致重要性不高的项目和非常重要的资源被浪费。组织评估将确定那些脱节的区域以重新调整它们。本章介绍的评估方法提供了一些选项，可用于激发高层管理者对质量采取行动（这就是为什么在本书的开头部分进行评估的原因）。这些事实信息不仅启发了质量方面的立即行动，而且为制定长期质量战略提供了坚实的基础。

我们首先基于《朱兰组织健康检查》进行全面评估。我们使用质量风险评估一词来描述组织范围内对质量状况的审查。事实证明，质量风险评估是有效的。其他评估（例如 ISO 9000 标准）有时被视作纸上谈兵，而不关注业务成果。国

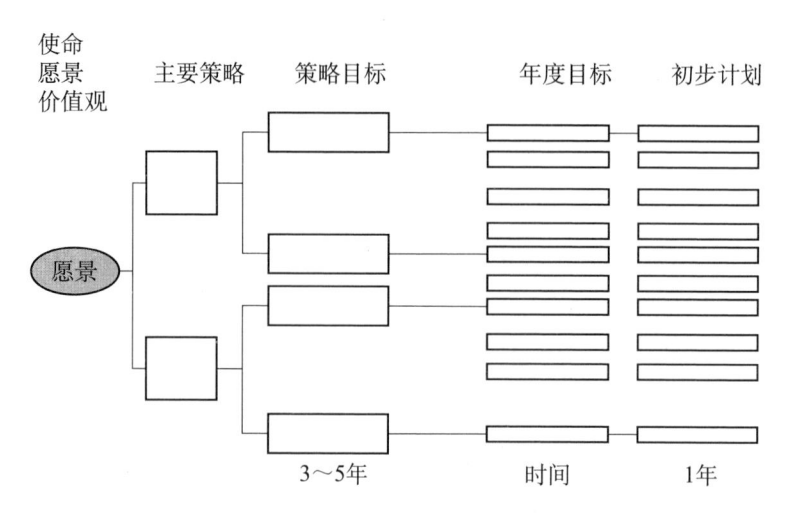

```
        使命
        愿景    主要策略   策略目标      年度目标       初步计划
        价值观

                              3~5年         时间          1年
```

图 25-4　组织愿景的分解

家奖项标准很全面，确实包含了业务成果，但其主要用途是赢得奖项。因此，组织应在开发自己的系统和对该系统进行评估时选择最重要的内容。

有效的质量风险评估应包括三个方面或三个成功标准：

1. 方法。在组织内部使用什么组织方法、意图和设计？

2. 部署。该方法在组织中的部署或执行范围有多大？换句话说，有多少员工是知识渊博的，并且经过培训，理解并可以实施该方法？

3. 结果。有哪些可衡量的结果证明该方法和部署是有效的？

通过观察、数据收集和对组织内关键职能的访谈来进行有效的评估。在详细的维度级别记录了特定的优点和缺点。在每个类别中确定对齐方式和主题，然后进行评分。朱兰组织健康检查的类别和要点显示在表 25-1 中。

表 25-1　朱兰的组织健康检查评分指南

类别和项目（分值）
1. 战略调整和部署（100）
1.1 战略规划（30）
1.2 战略部署（45）
1.3 利益相关者（执行角度）（15）
1.4 关键支持系统（10）
2. 质量管理体系（100）
2.1 质量体系（40）
2.2 质量控制（10）
2.3 持续改进（50）

续表

类别和项目（分值）
3. 测量和分析功能（75）
3.1 测量系统（25）
3.2 客户关系和要求（25）
3.3 竞争对手（5）
3.4 产品和服务质量（5）
3.5 支持流程（15）
4. 业务流程的有效性和效率（100）
4.1 核心业务流程（30）
4.2 客户的声音（20）
4.3 产品和服务的创建（20）
4.4 服务和订单履行（10）
4.5 关键支持流程（10）
4.6 工艺效率与成本（10）
5. 员工敬业度和文化（100）
5.1 人力资源结构（30）
5.2 人才发展（40）
5.3 文化（30）
6. 供应商管理（75）
6.1 供应链政策（25）
6.2 供应商程序（50）
7. 计分卡和结果（450）
7.1 客户（80）
7.2 产品和服务（80）
7.3 文化（80）
7.4 供应商绩效（80）
7.5 财务结果（130）
总分＝1 000

质量风险评估的结果必须为组织提供关于组织的优势、劣势、机会和威胁（SWOT）方面的绩效评估，并成为组织整体运营的 SWOT 分析的正式组成部分。视情况需要可以添加其他元素。通常需要进行年度或半年度评估。可以对整个组织或部门、某个工厂、某个部门或某个过程进行评估。

接下来我们开始讨论评估对于确保战略计划一致并正确部署有多重要。稍后，我们讨论不同的评估，这些评估可用于更深入地研究特定类别，例如质量低劣的成本，组织文化和市场地位。

计划评估

评估是对组织中当前要素活动的评估。这样的评估可以涵盖广泛范围（从全局到少量活动）和进行各类检查（从粗略到详细）。我们的讨论集中于对组织进行充分深入的检查，以满足整体质量评估的需求。

通常，组织首先要让外部人员对当前绩效基准进行三到五天的评估。评估是通过启动评估，评估组织的要素并准备详细的报告来组织的。适当的计划将确保评估有效且迅速完成，以使领导层能够及时做出决策。规划要求组织：

1. 定义团队。
2. 定义目标。
3. 定义范围和标准。
4. 建立团队与领导之间的沟通计划。
5. 完成预评估（OHC 的通用版本）。

一旦计划完成，就可以开始评估。为了收集正确的数据，通常可以在评估范围内与组织各个级别的选定员工进行一对一的讨论。这些员工将验证并演示整个业务系统和后续关键业务流程的存在和有效性。任务观察、焦点小组、临时采访和运营结果审核期间的目标项目示例如下：

- 组织的质量管理体系是否负责建立对客户的关注和质量基础？
- 质量管理体系是否与组织的战略、目标和创造优质文化的行动相关？
- 是否使用改进方法来有效地识别项目并诊断组织内问题的根本原因？
- 是否设有衡量系统来改善组织的整体绩效？
- 组织是否具有衡量客户满意度和忠诚度的有效流程？
- 组织是否执行不良质量评估的成本？是否评估了其在市场上的地位和质量文化？
- 是否确定、评估和持续改进了关键业务流程和支持流程？
- 组织是否将客户要求纳入了关键业务流程？
- 是否了解并实施了组织的员工政策？
- 是否有有效的评估流程来衡量员工的能力？
- 员工对工作流程有控制权吗？
- 供应商是否经过认证并持续进行验证以保持绩效？
- 在过去的 5 年中，产品和服务质量绩效的关键指标趋势是否呈积极趋势？

- 是否传达了结果的财务影响，并且是否在必要时触发了改善？
- 从改进活动中获得的结果会随着时间持续吗？

评估完成后，将根据表 25-1 中所述的质量风险评估评分标准以及方法、部署和结果的级别，记录并衡量从观察中收集到的观察结果、数据和信息，并进行评估。

例如，如果组织获得总分的 20%，则可能没有系统的方法且没有记录在案的部署，并且可能没有报告数据或报告了不良结果。此外，如果组织的总得分达到 95%，则该组织可能会在所有领域建立一个强大的、综合的预防和基于事实的系统，进行持续的评估和改进周期以及突破性的改进。该方法已完全部署，没有任何漏洞，并且结果是可持续的。朱兰认为此级别的性能是"同类最佳"或"世界一流的质量"。通常，任何组织都无法获得 100% 的评分，因为它将始终在不断改进这七个要素。

不良质量成本

在 20 世纪 50 年代，出现了"质量成本"的概念。不同的人对该术语赋予了不同的含义。有些人将质量成本等同于获得质量的成本。有些人将这个名词等同于由于质量差而产生的额外费用。

由于评估的这一部分对于降低成本和降低客户满意度很重要，因此本书重点关注不良质量产品的成本。

不良质量产品的成本是未达到其质量目标的产品和过程的年度金钱损失。在 De Feo 和 Barnard（2003）中，不良质量成本（COPQ）被适当地重命名为性能不佳的流程的成本（或 COP[3]）。这是为了强调以下事实：不良质量成本不仅限于质量，而且实质上是与过程性能差相关的浪费成本。

公司估计不良质量产品的成本出于以下几个原因：

1. 用货币语言量化质量问题的规模，可以改善中层管理人员和高层管理人员之间的沟通。在一些公司中，加强有关质量相关问题的沟通已成为开始研究不良质量成本的主要目标。一些经理说："我们不需要花时间将缺陷转化为美元。我们认识到质量很重要，并且我们已经知道主要问题是什么。"但是通常，当研究完成后，这些经理会对两个结果感到惊讶。首先，在许多行业中，质量成本要比经理人想象的要高得多，在许多行业中，质量成本都超过销售额的 20%。其次，尽管质量成本的分配确认了一些已知的问题区域，但它也揭示了其他先前未发现的问题区域。

2. 可以确定降低成本的主要机会。不良质量成本并不以均质的形式存在。相反，它们是特定段的总和，每个细分段均可追溯到某些特定原因。这些细分段的规模不相等，并且相对较少的细分段占据了大部分成本。该评估的主要副产品是识别重要的几个细分段。

3. 可以确定减少客户不满的机会以及对产品可销售性的相关威胁。一些不良质量成本是售后产品故障的结果。这些成本部分地由制造商以保修费、索赔等形式支付。但是，无论成本是否由制造商支付，由于停机和其他形式的干扰，故障都会增加客户的成本。通过对制造商的成本进行分析，再辅以对客户不良质量成本的市场研究，可以确定高成本的几个重要方面，然后引向问题识别。

4. 衡量此成本提供了一种评估质量改进活动的进度以及凸显改进障碍的方法。

5. 了解不良质量成本（以及其他三个评估要素）会导致制订与总体目标组织相一致的战略质量计划。

不良质量成本的主要组成部分（适用于制造和服务组织）如图 25-5 所示。请注意，此框架不仅反映了不符合项的成本（有时称为"质量成本"），而且还反映了流程效率低下以及质量对销售收入的影响。每个组织必须决定将哪些成本要素包括在不良质量成本中。

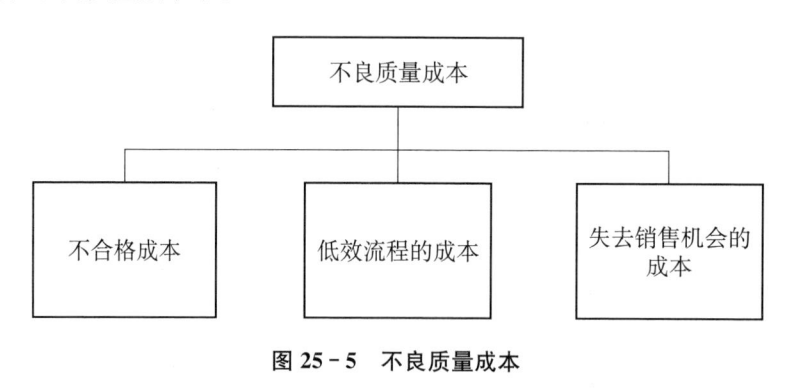

图 25-5　不良质量成本

质量成本类别

许多组织将与质量相关的成本归纳为四类：内部故障，外部故障，评估和预防。这些类别将在后面讨论。关于定义、类别和许多其他方面的有用参考文献是 Campanella (1999)。有关这四个类别中元素的详尽列表，请参见 Atkinson 等

(1994)。

总的来说,这四个类别通常被称为"质量成本"。不良质量成本包括内部和外部故障类别,而评估和预防类别则被视为实现质量目标的投资。

内部故障成本

内部故障成本是在交付之前发现的与无法满足客户的明确要求或隐性需求相关的缺陷成本,还包括即使满足要求和需求也可能会造成的过程损失和效率低下。如果不存在缺陷,这些成本将消失。内部故障成本包括未能满足客户要求和需求的故障成本,以及低效流程的成本。

未能满足客户要求和需求

子类别的示例是与以下内容相关的成本:

废料。无法经济修复的有缺陷产品的人工、材料和(通常包括)间接费用。对此的称谓有很多——报废、损坏、次品等。

再加工。纠正物理产品中的缺陷或服务产品中的错误。具体包括:确认信息丢失;检索应提供的信息;故障分析;分析不合格的商品或服务以确定原因;由于从供应商处收到不合格产品而报废和返工。该领域还包括解决供应商质量问题所需的费用。

百分之一百的分类检查。在包含不可接受的高缺陷水平的产品批次中查找有缺陷的单元。

重新检查,重新测试。对经过返工或其他修订的产品进行重新检查和重新测试。

不断变化的过程。修改制造或服务流程以纠正缺陷。

重新设计硬件。更改硬件设计以纠正缺陷。

重新设计软件。更改软件设计以纠正缺陷。

报废过时的产品。处置已被取代的产品。

废除支持业务。针对间接操作中的不良品。

重新进行内部支持操作。在间接操作中纠正有缺陷的项目。

降级。由于质量差,售价要低于正常售价。

低效流程的成本

子类别的示例包括:

产品特性的可变性。即使是合格产品也会造成损失(例如,由于灌装和测量设备的可变性而导致的包装过满）。

设备计划外停机。由于故障导致设备产能损失。

库存减少。由于实际库存金额与记录的库存金额之间的差异而造成的损失。

过程特性与"最佳实践"的差异。与提供相同输出的最佳实践相比，由于周期时间和过程成本而造成的损失。最佳实践过程可能存在于组织内部或外部。

非增值活动。冗余操作，分类检查和其他非增值活动。增值活动增加了产品对客户的实用性；非增值活动则没有。这个概念类似于20世纪50年代的价值工程和价值分析概念。

外部故障成本

外部故障成本与客户收到产品后发现的缺陷有关，还包括失去的销售机会。如果没有缺陷，这些成本也将消失。

未能满足客户要求和需求

子类别的示例包括：

保修费用。仍在保修期内的更换或维修产品所涉及的成本。

投诉调整。调查和调整归因于产品或安装缺陷的合理投诉的费用。

退回的物料。与从现场收到的有缺陷的产品的接收和更换相关的成本。

津贴。由于客户原样接受的不合格产品或不满足客户需求的合格产品而向客户做出的让步成本。

由于质量差而受到的处罚。此类别适用于交付的商品或服务或内部流程，例如发票的逾期付款导致的按时付款折扣损失。

再加工支持操作。纠正账单和其他外部流程中的错误。

支持业务的收入损失。一个例子是未能从一些客户那里收款。

失去销售机会

示例包括以下内容：

客户流失。由于质量差而使潜在客户损失的利润。

由于缺乏满足客户需求的能力，新客户流失了。由于流程不足，无法满足客户需求，因此损失了潜在收益。

评估成本

评估成本是为了确定对质量要求的符合程度而发生的。示例包括以下内容：

来料检验。通过收货时的检验、从源头进行的检查或监视来确定购买产品的质量。

进行中的检查和测试。在过程中评估是否符合要求。

最终检查和测试。评估是否符合产品验收要求。

文件审查。检查将要发送给客户的文书。

平衡。检查各种账户以确保内部一致性。

产品质量审核。对在制品或成品进行质量审核。

保持测试设备的准确性。使测量仪器和设备保持校准状态。

检验和测试材料与服务。检查和测试工作（例如 X 光胶片）和服务（例如电力）中重要的材料和供应。

库存评估。在现场存储或库存中测试产品以评估其是否退化。

在收取评估费用时，决定性因素是完成的工作类型，而不是部门名称（出于测试目的，该工作可以由实验室的化学家、操作部门的分类人员、检查部门的测试人员或外部公司完成）。还应注意，行业使用各种术语进行"评估"，例如检查、平衡、对账、审查。

预防成本

发生预防成本是为了将故障和评估成本降至最低。示例包括以下内容：

质量计划。此类别包括各种活动，这些活动共同创建了总体质量计划和众多专门计划。

它还包括准备将这些计划传达给所有相关人员所需的程序。

新产品评论。与启动新设计相关的可靠性工程和其他与质量相关的活动。

工艺计划。流程能力研究，检查计划以及与制造和服务流程相关的其他活动。

过程控制。进行过程中的检查和测试以确定过程的状态（而不是用于产品验收）。

质量审核。在整体质量计划中评估活动的执行情况。

供应商质量评估。在选择供应商之前评估供应商质量活动，审核合同期间的活动以及与供应商进行相关的工作。

训练。准备并实施与质量相关的培训计划。与评估费用一样，某些工作可能由不在质量部门工资清单中的人员完成。决定性的标准还是工作的类型，而不是执行工作的部门的名称。

请注意，预防成本是针对质量的特殊计划，是审查和分析活动的成本。预防成本不包括基本活动，例如产品设计、过程设计、过程维护和客户服务。

预防成本的汇总起初很重要，因为它突出了当前（通常情况下）对预防活动的少量投资，并暗示了增加预防成本以减少故障成本的潜力。高层管理人员立即掌握了这一点。通常可以排除对预防成本的持续衡量，但是，要专注于主要机会，即失败成本。

计算不良质量成本的问题之一是如何处理间接成本。

共有三种方法：使用直接人工或其他基础的总间接费用，仅包括可变间接费用（通常的方法），或根本不包括间接费用。间接费用的分配会影响质量较差的总成本以及各个部门的分配。基于活动的成本核算（ABC）可以帮助实际分配间接费用。ABC是一种会计方法，它根据导致发生间接费用要素的活动分配间接费用。Cokins（1999）讨论了传统会计方法和ABC对质量的影响。

表25-2给出了轮胎制造商的一家工厂的示例。这个例子得出了此类研究一些典型的结论。

- 每年将近90万美元的成本很高。
- 总数中的大多数（79.1%）集中在故障成本上，尤其是废料报废和消费者调整。
- 失败成本约为评估成本的五倍。
- 少量成本（4.3%）用于预防。
- 质量不佳的某些后果无法方便地量化，例如，客户投诉和客户政策调整。但是，列出这些因素是为了提醒它们的存在。

这项研究的结果是，管理层决定增加预防活动的预算。指派了三名工程师来确定和实施特定的质量改进项目。

表25-2 年度质量成本——轮胎制造商

单位：美元

质量失败成本——损失		
有缺陷的库存	3 276	0.37%
修理产品	73 229	8.31%
收集废料	2 288	0.26%
废料报废	187 428	21.26%
消费者调整	408 200	46.31%
降级产品	22 838	2.59%
客户投诉	不计算在内	
客户政策调整	不计算在内	
小计	697 259	79.10%
评估成本		
来料检验	32 655	2.68%
检验1	32 582	3.70%
检验2	25 200	2.86%

续表

评估成本		
抽查	65 910	7.37%
小计	147 347	16.61%
预防成本		
当地工厂质量控制工程	7 848	0.89%
企业品质控制工程	30 000	3.40%
小计	37 848	4.29%
总计	882 454	100.00%

严格定义的话，不良质量成本是内部和外部故障成本类别的总和。此定义将因流程不足而导致的评估成本要素（例如100%的分类检查）归类为内部故障。一些从业人员用质量成本一个术语涵盖了前述四大类。

尽管许多组织使用内部故障、外部故障、评估和预防的类别，但该结构可能不适用于所有情况。表25-3列出了银行采用的另一种方法。

在此，根据客户满意度数据和客户忠诚度/保留率数据计算服务质量差的成本。在这种情况下，不良质量成本就是失去销售机会的成本（见图25-5）。

在另一种方法中，一些组织将不良质量成本定义为关键活动或流程的成本，即实际成本与组织中具有最佳实践成本的成本之间的差额。这种方法定义了低效流程的成本（见图25-5）。有关传统质量成本方法（四个类别）、过程成本方法和"质量损失方法"的讨论，请参见Schottmiller（1996）。

表25-3 因不良质量而损失的收入

$ 10 000 000	年度客户服务收入
1 000	客户数量
×25%	不满意比例
250	不满意人数
×75%	转换者比例（60%～90%不满意）
188	转换者数量
×$ 10 000	每个客户的平均收入
$ 1 880 000	因不良质量而损失的收入

资料来源：坦帕大学。

Campanella（1999）和Atkinson等人（1994）提供了制造业和服务业中不良质量成本研究的其他示例。

隐藏的质量成本

由于存在某些难以估算的成本，不良质量成本可能被低估了。

"隐藏"成本发生在制造业和服务业中，包括以下内容：

1. 潜在的销售损失。
2. 由于质量差而重新设计产品的成本。
3. 由于无法满足产品质量要求而导致的流程变更成本。
4. 由于质量原因而更改软件的成本。
5. 设备和系统（包括计算机信息系统）的停机成本。
6. 成本已包含在标准中，因为历史表明不可避免地存在一定程度的缺陷。标准中还包括津贴。

   a) 购买了额外的材料。采购订单比所需的生产量多6%。

   b) 生产期间的报废和返工津贴。历史记录显示，只有3%是"正常"水平，会计师已将这一津贴纳入标准成本。

   一位会计师说："我们的报废成本为零。生产部门能够将成本保持在标准成本的3%以内，因此废品成本为零。"这显然是在玩数字游戏。

   c) 报废和返工的时间标准。一家制造商允许按时间标准用某些操作的9.6%覆盖报废和返工。

   d) 额外的处理设备容量。一家制造商计划出5%的设备计划外停机时间，并提供额外的设备来弥补停机时间。在这种情况下，仅当超出标准值时，警报信号才会响起。但是，即使在这些标准下运行，成本也应该是不良质量成本的一部分。它们代表了改进的机会。

7. 由于缺陷和错误而产生的间接费用。例如空间费用和库存费用。
8. 未报告的报废和错误。员工由于担心会被报复，因此可能永远不会报告报废，或者报废会被记入总分类账，而不会被识别为报废。
9. 由于产品的过度变化（即使在规格限制之内），也会导致额外的过程成本。例如，用干肥皂混合物填充包装的过程可以满足内容物标签重量的要求。但是，需要将过程目标设定为高于标签重量，以解决填充过程中的可变性。
10. 支持操作中的错误成本，例如订单填写、运输、客户服务、开票。
11. 供应商公司内部的不良质量成本。此类费用已包含在购买价格中。

隐藏的成本可能会累积很多，是报告的故障成本的三到四倍。如果可以达成协议以包括其中一些成本，并且可以获得可靠的数据或估计，则应将其包括在研究中。否则，应将它们留作将来的探索。

在量化某些隐性成本方面已经取得了进展，因此其中一些已包含在所讨论的四个类别中。明显的不良质量成本只是冰山一角（见图25-6）。

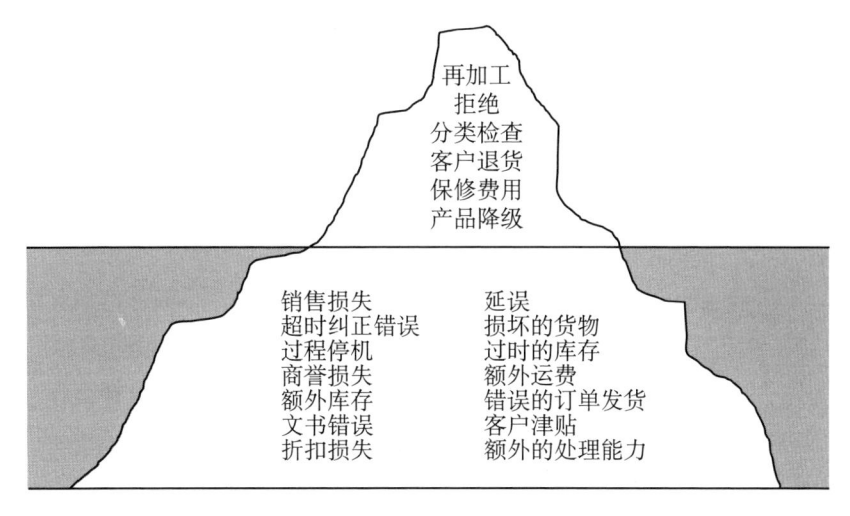

```
            再加工
            拒绝
            分类检查
            客户退货
            保修费用
            产品降级
─────────────────────────────────
   销售损失          延误
   超时纠正错误      损坏的货物
   过程停机          过时的库存
   商誉损失          额外运费
   额外库存          错误的订单发货
   文书错误          客户津贴
   折扣损失          额外的处理能力
```

图25-6　质量欠佳的隐性成本

将不良质量成本与业务措施联系起来

将不良质量成本与管理人员熟悉的其他数字相关联，有助于解释不良质量成本。表25-4列出了与各种业务措施相关的年度不良质量成本的实际示例。

表25-4　管理语言

金钱（年度不良质量成本）
销售收入的24%
制造成本的15%
13美分每股普通股
每年报废和返工的费用为750万美元，而利润为每年150万美元
每年1.76亿美元
部门运营成本的40%
其他语言
相当于公司一间工厂全年进行100%缺陷工作的工程其32%的工程资源用于纠正设计缺陷
25%的生产能力用于纠正质量问题
13%的销售订单取消
70%的存货归因于质量水平不佳
25%的制造人员被分配来纠正质量问题

降低不良质量成本会对公司的财务绩效产生巨大的影响，如杜邦财务模型（Werner and Stoner，1995）所示。这个模型指出：

资产收益率＝利润率×资产周转率

假设不良质量成本（COPQ）为销售收入的 10%，利润率为 7%，资产周转率为 3.0。这样，资产回报率为 7.0×3.0 或 21%。进一步假设质量改进工作将 COPQ 从 10% 降低到 6%，资产周转率保持在 3.0。这样，利润率将是 7.0+4.0 或 11%，资产回报率将是 11.0×3.0 或 33%。要注意的是资产周转的影响。

最佳质量成本

将质量成本摘要提交给经理时，一个典型的问题是，什么是正确的成本？经理们正在寻找一个标准（"面值"）来与他们的实际成本进行比较，以判断是否需要采取行动。

不幸的是，几乎没有可靠的数据，因为公司几乎从未发布过此类数据，并且不良质量成本的定义因公司而异。但是我们可以举一些数字。对于制造组织而言，年度不良质量成本约为销售收入的 15%，根据产品的复杂程度，在 5%～35% 之间波动。对于服务组织，不良质量成本约为运营成本的 30%，根据服务复杂性的不同，在 25%～40% 之间波动。在一项有关医疗保健成本的研究中，Mortimer 等人（2003）估计，当今所有直接医疗保健支出中，有多达 30% 是由于护理质量差而造成的，主要是过度使用、滥用和浪费。2001 年，美国的国民医疗保健支出约为 1.4 万亿美元，这 30% 的数字意味着每年因不良的医疗质量要花费 4 200 亿美元。此外，劣质产品的间接成本（例如，由于旷工造成的生产力下降）使国家支出增加了 25%～50%，即 1 050 亿～2 100 亿美元。私人购买者承担了其中三分之一的费用。该研究估计，低质量的医疗保健费用通常使每个雇主每年为每名受保员工支付 1 900～2 250 美元。但是，关于成本数据的三个结论确实很突出：复杂行业的总成本最高，故障成本在总成本中所占的比例最大，而预防成本则在总成本中所占的比例很小。

通过使用图 25-7 所示的模型，可以进一步探索对主要类别的质量成本分布的研究。该模型显示了三个曲线：

1. 故障成本。当产品 100% 合格时，这些成本等于零；而当产品 100% 有缺陷时，这些成本则变为无穷大。（请注意，垂直标度是产品的每个合格单位的成本。在 100% 的缺陷下，合格单位的数量为零，因此，每个合格单位的成本是无

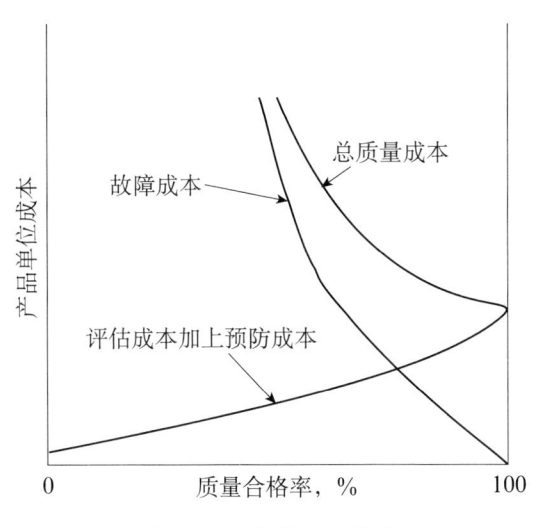

图 25-7 最佳成本模型

资料来源：JQH4，p.419.

限的。）

2. 评估和预防成本。这些成本在缺陷率为 100% 时为零，并且随着趋近完美而增加。

3. 曲线 1 和 2 的总和。标记为"总质量成本"的第三条曲线表示每单位商品质量的总质量成本。

图 25-7 表明，当一致性的质量为 100%（即完美）时，总质量成本的最低水平就会发生。但结果并不总是如此。

在 20 世纪的大部分时间里，（易犯错误的）人类的主要角色是将为达到完美而付出的努力限于有限的成本。同样，无法量化质量故障对销售收入的影响导致人们低估了故障成本。其结果是认为一致性质量的最佳值小于 100%。

尽管从长远来看完美显然是目标，但就短期或每种具体情况而言，完美不一定是最经济的目标。各行业正面临越来越大的压力以达到完美。前景是，达到 100% 一致性的趋势将扩展到越来越多和越来越复杂的商品与服务中。

为了评估质量改进是否已达到经济极限，我们需要将特定项目可能带来的收益与实现这些收益所涉及的成本进行比较。当找不到可调整的项目时，就达到了最佳状态。

让我们确定一些有关不良质量成本的关键点。此成本通常很高（有时大于年度利润），量化此成本可能是获得管理层批准以分配资源用于质量改进的关键，而不良质量成本研究的主要用途是确定改进项目的机会并提供支持数据以帮助改进。接下来，我们进入评估的另一要素——市场地位。

评估和市场地位

评估不良质量成本是评估的重要组成部分。但这还不够。我们还需要了解公司相对于竞争对手在市场质量上的地位。评估的这一部分将证明增加销售收入的重要性。

与评估不良质量产品成本相似,市场研究简要介绍了相对于竞争者的地位,并确定了机遇和威胁。该方法必须基于市场研究。此类研究不应由任何部门计划,研究团队应由来自市场、产品开发、质量、操作以及其他需要的区域的成员组成。该团队必须事先就现场研究需要回答哪些问题达成共识,应该考虑三种类型的问题:

(1) 用户看到的各种产品质量的相对重要性是什么?

(2) 从使用者的角度来看,对于每种关键品质,我们的产品与竞争对手的产品相比如何?

(3) 客户再次向我们购买或推荐给他人的可能性有多大?

第4章包含其他问题,以帮助开发新的或经过修改的产品和服务。对此类问题的答案必须基于当前客户、失去的客户和非客户的输入。公司人员的意见,无论经验基础多么广泛,都不能也不应该代替客户的声音。

实地研究的例子

第一个例子来自保健产品制造商。在一项多属性研究中,要求客户考虑几种产品属性,并说明它们的相对重要性和竞争性评分。一种产品的结果显示在表25-5中。

请注意,通过将相对重要性乘以该属性的分数,然后将这些结果相加,可获得每个制造商的总体分数。

表 25-5　多属性研究

属性	相对重要性(%)	X公司		竞争对手A		竞争对手B	
		评分	加权评分	评分	加权评分	评分	加权评分
安全	28	6	168	5	140	4.5	126
性能	20	6	120	7	140	6.5	130
质量	20	6	120	7	140	4	80
现场服务	12	4	48	8	96	5	60

续表

属性	相对重要性（%）	X公司 评分	X公司 加权评分	竞争对手A 评分	竞争对手A 加权评分	竞争对手B 评分	竞争对手B 加权评分
易于使用	8	4	32	6	48	5	40
公司形象	8	8	64	4	32	4	32
工厂服务	4	7.5	30	7.5	30	5	20
总计			582		626		488

在另一个示例中，设备制造商的市场份额正在下降。投诉是关于质量的，因此提出了"提高检查质量"的建议。公司内部的讨论揭示了投诉性质的不确定性，因此管理层决定进行实地研究，以了解更多有关客户观点的信息。公司组成了一个小组来计划和进行研究，随后拜访了大约50位客户。

研究确定了6个属性，并要求客户在每个属性上将公司评为优等、平均水平或劣等（见表25-6）。结果令人惊讶。设备问题已得到确认，但研究表明设计和制造都有问题。此外，文件和现场维修服务被确定为薄弱领域，这让公司很意外。该公司进行了大刀阔斧的改革，创建了广泛的质量方针，从最初的设计开始，一直持续到影响使用适应性的所有活动的整个循环。这一结果与最初增加检查员的提议形成鲜明对比。这项研究大约需要7个工作月的工作量，包括计划、客户拜访、结果分析和报告准备——为发展适当的策略而付出的很小代价。

表25-6 重型设备案例

特性	竞争力对比（%）		
	优等	平均水平	劣等
客户需求分析			
准备质量要求和采购订单			
编制规格和技术文件			
设备质量			
备件的质量和可用性			
现场维修服务质量			

服务行业的许多组织在市场研究方面都有丰富的经验。例如，作为质量体系的一部分，一家银行定期进行市场研究。这项研究通过向消费者询问属性的相对重要性和消费者满意度来探究银行服务的20个属性。表25-7显示了汇总结果的格式。

表 25-7　银行市场调查

	非常满意（%）	样本数	满意程度很低（%）	重要且满意率（%）
1. 带着微笑向你致意				
8. 处理交易无误				
14. 易于阅读和理解的银行对账单				
20. 及时跟进问题				

在公共部门的一个示例中，美国邮政局使用了一项"客户满意度指数"调查，该调查要求客户提供相对重要性，并对 10 个属性（例如响应能力，承运人服务，投诉处理）的派系等级进行评估。一个单独的问题询问"客户是否愿意转用另一种邮件服务"。

绘制市场研究结果图可能会有所帮助。Rust 等（1994）显示了如何将满意度和重要性等级映射到客户观点和潜在行动中的示例（见图 25-8）。在这种方法中，重要性高和满意度差的属性代表最大的获利潜力。

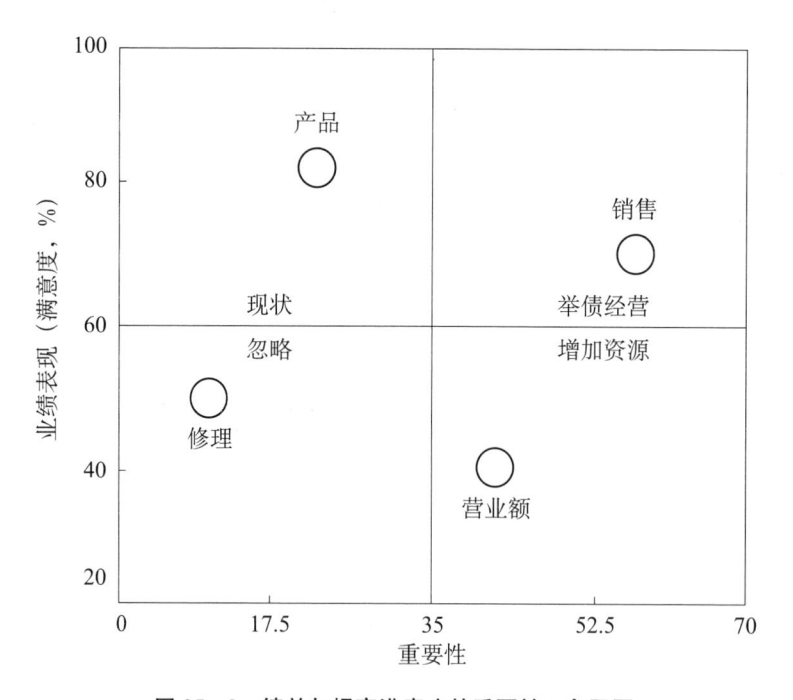

图 25-8　绩效与提高满意度的重要性：象限图

资料来源：Rust et al.，1994.

在图 25-8 中，四个象限大致由两个轴上的平均值定义。象限的解释通常如下：

左上方（满意度强，重要性低）。保持现状。

右上（满意度高，重要性高）。通过广告和个人销售来利用这种竞争优势。

左下角（满意度弱，重要性低）。为行动分配很少或没有优先权。

右下（满意度弱，重要性高）。添加资源以实现改进。

收集有关客户忠诚度和保留率的数据超出了客户满意度研究的范围。Lauter（1997）报告了在银行的客户保留结果。报告计算了1996年每个季度的实际客户保留百分比——保留的百分比通常超过95%。对流失客户的进一步分析显示出令人惊讶的结果（见图25-9）。例如，在第一季度，有12万个家庭客户（HH）流失，并转化为2 600万美元的利润损失。尽管由于信息的专有性而对信息进行了修改，但是由于客户数量而流失的客户中只有一小部分会带来可观的绝对收入。

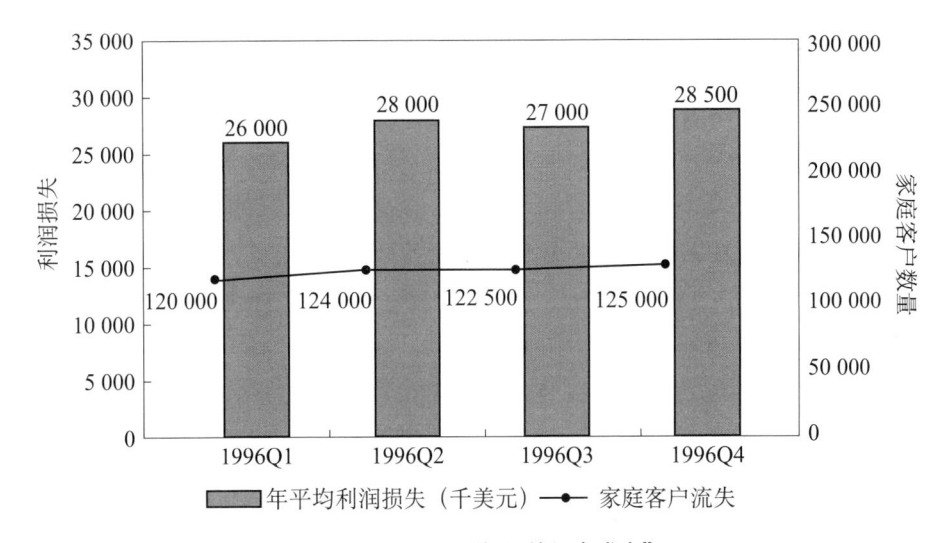

图 25-9 平均"损耗的机会成本"

资料来源：Lauter，1997.

使用国家绩效标准和奖励进行评估

国家质量和绩效卓越标准与奖项已成为获得卓越组织成果的主要影响力。实际上，可以争辩说，如果不是因为摩托罗拉作为马尔科姆·鲍德里奇国家质量奖的第一批获得者而获得认可，那么六西格玛方法论的实践就可能无法获得曝光率和实现今天所拥有的。特别是国家质量奖极大地影响了许多组织管理其质量和绩效卓越系统的方式。赢得国家质量奖的声望提高了对获奖者的榜样方法的认可程度，并为许多组织申请该奖并坚持其方法提供了更多的激励。但是，许多人所说的真正好处不是奖励本身，而是采用奖励模式和标准作为追求卓越的手段而可能带来的组织上的改进。

马尔科姆·鲍德里奇国家质量奖标准

鲍德里奇卓越绩效标准是任何组织均可用来提高整体绩效的框架。

构成奖励标准的七个类别已连接并集成在一起，如先前在图 25-2 的框架中所述。以下是鲍德里奇奖类别的列表：

1. 领导才能。检查高级管理人员如何指导组织以及组织如何履行其对公众的责任并实践良好的治理和公民权。

2. 战略规划。检查组织如何制定战略方向以及如何制订关键行动计划。

3. 以客户和市场为重点。检查组织如何吸引其客户以长期在市场上取得成功，建立以客户为中心的文化并倾听客户的声音，并使用这些信息来改进和识别创新的机会。

4. 度量，分析和知识管理。检查管理，有效使用，分析和改进数据和信息以支持关键组织流程和组织的绩效管理系统。

5. 注重劳动力。检查组织如何参与、管理和发展发挥其全部潜力的劳动力，以及如何与劳动力保持一致的组织目标。

6. 流程管理。检查工作系统的设计方式和方式设计，管理和改进关键工作流程。

7. 结果。检查组织在关键业务领域的绩效和改进：产品和服务，以客户为中心，财务和市场，以员工为中心，流程有效性和领导力。该类别还检查组织相对于竞争对手和提供类似产品的其他组织的绩效。

鲍德里奇准则的每个类别中都包含有要求和问题，这些要求和问题被用作评估或奖励申请的一部分。有 18 条标准（见图 25-10）。此外，这 18 个标准中还包含 36 个领域。大量要求表示为单个标准问题。

马尔科姆·鲍德里奇国家质量奖核心价值观

授予标准体现了 11 个核心价值和概念（见图 25-11）：

1. 有远见的领导。组织的高级领导者应设定方向，并建立以客户为中心、清晰可见的价值和很高的期望。

2. 客户驱动的卓越。性能和质量由组织的客户来判断。因此，组织必须考

分类和项目	分值
P 前言：组织概况	
P.1 组织说明	
P.2 组织的状况	
1 领导	120
1.1 高层领导力	70
1.2 治理与社会责任	50
2 战略计划	85
2.1 战略发展	40
2.2 战略部署	45
3 以客户为中心	85
3.1 客户参与度	40
3.2 客户的声音	45
4 评估、分析和知识管理	90
4.1 测量、分析和改进组织绩效	45
4.2 管理信息、知识和信息技术	45
5 以劳动力为中心	85
5.1 员工敬业度	45
5.2 员工环境	40
6 压力管理	85
6.1 工作系统	35
6.2 工作流程	50
7 成果	450
7.1 产品成果	100
7.2 以客户为中心的成果	70
7.3 财务和市场成果	70
7.4 以员工为中心的成果	70
7.5 流程有效性结果	70
7.6 领导力成果	70
总分数	1 000

图 25-10 卓越绩效的标准——项目清单

资料来源：Baldridge National Quality Program.

虑所有为其产品贡献价值的产品特征和特性以及客户访问和支持的所有模式。

3. 组织和个人学习。要达到最高的组织绩效水平，就需要一种有效执行组织和个人学习的方法，其中包括通过系统的过程共享知识。

4. 重视员工和合作伙伴。组织的成功越来越依赖于敬业的员工队伍，这些员工将从有意义的工作、清晰的组织方向和绩效责任中受益，并拥有安全、信任和合作的环境。此外，成功的组织会利用其员工和合作伙伴的不同背景、知识、技能、创造力和动力。

5. 敏捷性。在当今瞬息万变的全球竞争环境中取得成功需要敏捷性——快速变化和灵活性的能力。组织面临的推出新产品/改良产品的周期较短，越来越

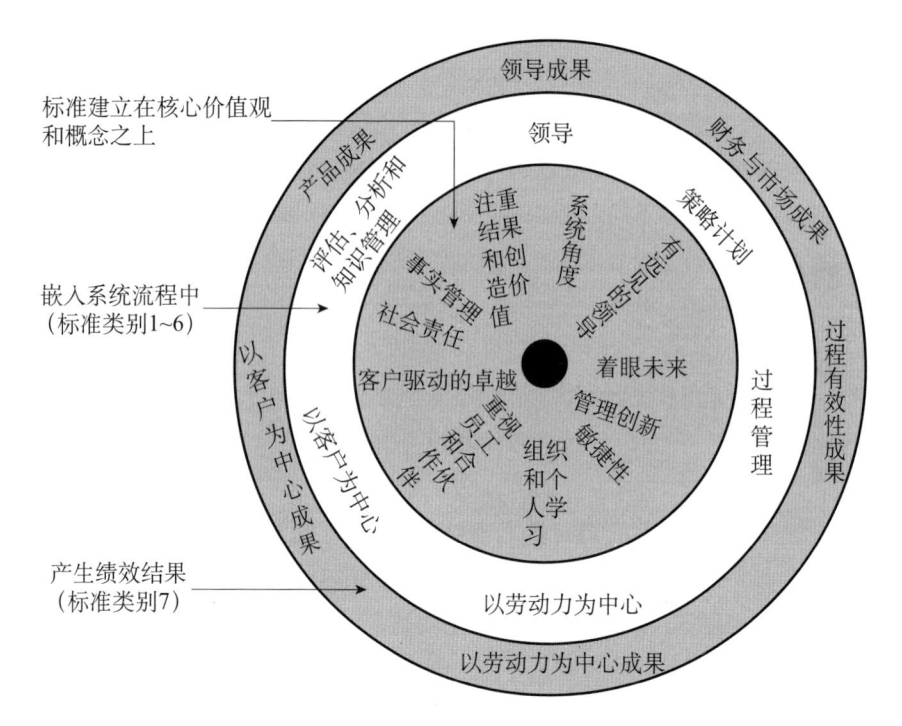

图 25-11 核心价值观和概念的作用

资料来源：Baldrige National Quality Program.

多地要求非营利组织和政府组织对新出现的社会问题做出快速反应。响应时间的重大改进通常需要新的工作系统，简化工作单元和流程，或者需要从一个流程快速切换到另一个流程的能力。

6. 着眼未来。建立一个可持续发展的组织需要了解影响组织和市场的短期和长期因素。

7. 管理创新。创新意味着做出有意义的改变，以改善组织的产品、服务、程序、流程、运营和业务模型，从而为组织的利益相关者创造新的价值。创新应将组织带入绩效的新维度。

8. 事实管理。组织依赖于绩效的衡量和分析。此类度量应源自业务需求和策略，并且应提供有关关键过程、输出和结果的关键数据和信息。绩效管理需要许多类型的数据和信息。

9. 社会责任。组织的领导者应强调对公众的责任、道德行为以及对社会福祉和利益的考虑。领导者应成为组织的榜样，重点关注道德规范以及公共卫生、安全和环境的保护。

10. 注重结果和创造价值。组织的绩效评估需要关注关键成果。结果应用于为主要利益相关者（客户，员工，股东，供应商，合作伙伴公众和社区）创造和平衡价值。通过为主要利益相关者创造价值，组织可以建立忠诚度，为经济增长做出贡献并为社会做出贡献。

11. 系统角度。鲍德里奇标准为管理组织及其关键流程提供系统角度，以实现结果并努力实现卓越绩效。七个鲍德里奇准则类别、核心价值和评分准则构成了系统的构建模块和集成机制。但是，成功的整体绩效管理需要特定于组织的综合、统一和集成。综合意味着要从整体上看待组织，并以关键业务属性为基础，包括核心能力、战略目标、行动计划和工作系统。一致性是指使用鲍德里奇准则中给出的需求之间的关键联系来确保计划、流程、措施和行动的一致性。

鲍德里奇评分系统

鲍德里奇评分系统基于 0～1 000 的点数范围。可用点在类别和项目之间分配，如图 25-10 所示。第 7 类（成果）非常重视结果，在总的 1 000 个得分中占 450 个。在评估或奖励申请审查期间，审查员根据评分准则分配分数。评估有两个维度，每个维度都有评分准则：流程和结果。

流程是指组织使用和改进以解决类别 1～6 中的项目要求的工作方法。用于评估流程的 4 个因素是方法、部署、学习和集成（ADLI）：

1. 方法。指用于完成流程的方法；方法符合项目要求和组织运营环境的程度；使用方法的有效性；方法可重复的程度以及基于可靠的数据和信息（即系统的）的程度。

2. 部署。指在解决与组织相关和重要项目的要求时采用该方法的程度；该方法始终如一；所有适当的工作单位都使用（执行）该方法。

3. 学习。指通过评估和改进的周期完善方法；通过创新鼓励对方法的突破性变革；与组织中其他相关的工作单位和流程共享改进和创新。

4. 集成。指方法与组织概况和其他流程项中确定的组织需求相一致的程度；措施、信息和改进系统在流程和工作单元之间是互补的；计划、流程、结果、分析、学习和行动在流程和工作单元之间是统一的，以支持整个组织的目标。

结果是组织在实现第 7.1～7.6 项（类别 7）中的要求时的输出和结果。用于评估结果的 4 个因素是水平、趋势、比较和集成（LeTCI）：

1. 水平。指当前的性能水平。
2. 趋势。指绩效改善率或良好绩效的可持续性（即趋势数据的斜率）；性能结果的广度（即部署范围）。

3. 比较。指相对于适当比较（例如类似的竞争对手或组织）的绩效；相对于基准或行业领导者的绩效。

4. 集成。指结果衡量（通常通过细分）并满足组织概要和过程项中确定的重要客户、产品、市场、过程和行动计划绩效要求的程度；结果包括未来绩效的有效指标；跨流程和工作单位统一结果，以支持整个组织的目标。

使用质量奖作为系统评估工具

许多组织使用来自国家质量奖的标准来进行全面的组织评估，而通常没有申请奖项认可的意图。基于许多因素，可以使用多种方法来完成评估，包括组织的规模和地理位置、设施的数量以及进行评估的内部专业知识的可用性。

书面回答

在不完成正式申请的情况下，组织可以使用问答方法来回答奖励计划中的标准问题。如果需要一个以上的输入来回答，那么每个问题可能会有多个回答。一些更高级的书面回答格式可以为每个问题寻求更多的探测信息。例如，可以对基于鲍德里奇的书面回答问卷进行格式化，以寻求针对每个过程相关问题的方法、部署、学习和集成的特定回答。这提供了更丰富的信息，以便使用奖励过程评分准则为应用程序评分。

调查

此方法可用于收集来自大量人员的评估输入。设计问题时要收集与奖励标准有关的组织绩效的集体意见。鲍德里奇国家质量计划为此目的提供了一项免费调查，称为"我们正在取得进步"（2008）。这是一个有 40 个问题的调查，可以在大约 10 分钟内完成。调查可以用作主要信息收集方法，也可以用作更全面评估的补充或附加信息。

应用

可以准备模拟实际奖励程序的正式申请。与简单的书面答复相比，这需要更多的努力，但是由于作者的思考过程是在尝试使用一致的语言来识别链接和组织最重要的优势，因此也可能更加具有启发性。刚起步的组织可以决定仅回答更高级别的问题，而不回答奖励标准中更具体的多项要求。例如，如果评估鲍德里奇标准的类别 3（以客户为中心）部分，则自我评估小组可以只回答以下项目级问题：

1. 客户参与度。如何吸引客户来满足他们的需求并建立关系？
2. 客户的声音。如何从客户那里获取和使用信息？这是一个简单得多的过程，而类别 3（以客户为中心）的多个需求包括 35 个独立的问题，而在项目级仅包含 2 个问题。

访谈

在这种方法中，评估团队将安排与关键人物的访谈，以回答标准化的问题。在访谈中，评估小组将在收集所有信息后记录有关所用方法和获得结果的注释，以供进一步评估。与书面回答相比，此方法所需的准备时间更少。缺点是受访者在访谈过程中可能无法提供完整的信息，这取决于他们对问题的理解以及他们在一次访谈过程中对所有相关信息的回忆。与书面回答相比，受访者的学习较少，因为参与程度较低。

焦点小组

类似于访谈方法，除了在标准审核的不同部分的会议中有多人参与。例如，对鲍德里奇准则第 1.1 项"高层领导力"的评估可能会使高层领导团队的几名成员参与焦点小组讨论。与访谈方法一样，评估小组将在收集所有信息后记录有关所用方法和获得结果的注释，以供进一步评估。与小组访谈相比，这种方法具有优势，这是因为该小组具有共同的知识，并且能够根据他人的回答提供完整的评估信息。

协同评估

这是焦点小组方法的一种变体。受访者没有给出对设计问题的具体答案，而是针对评估标准的每个部分，就其优势和改进机会提供了自己的看法。实时捕获响应，以供焦点小组审查。在每个焦点小组会议结束时，每个人都可以提供对每个改进机会的重要性的评分。这种协作性的评估方法的优点是可以使许多人参与到信息收集工作中，并且可以就组织内部的优势和改进机会达成共识（Hoyt and Ralston，2001）。

按国际标准评估

标准存在主要是为了促进国际贸易并避免损害客户和社会。在预标准化时代（1980 年前），存在各种国家和跨国标准。电气、机械和化学过程兼容性的标准已经存在了数十年。其他标准，例如军事标准，是针对军事用途而开发的，另有一些标准则针对核电工业而开发，还有一些标准是针对商业和工业用途。这些标准具有共同点和历史联系。但是，它们经常与在国际贸易中广泛使用的术语或内容不一致，因此，组织不得不重新创建自己的标准或改编现有的标准。这只会导致更少的共性。在 20 世纪 80 年代，由于大多数第一世界工业组织开始以创纪录的速度提高质量和安全性，因此有必要填补空缺。这个空缺指的是一个通用的质量管理体系，将是客户与供应商之间的无约束力的"合同"。ISO 176 技术委员会以 ISO 9000 标准体系的形式填补了这一空缺。随后，ISO 14000 填补了类似的环境标准空缺。全球许多组织开始将这些标准用作绩效的"认证"标准。尽管其意图很重要，但这些标准更多的是获得可以用来"赞叹"客户的合规证书的机会，而不是适配确保满足客户需求的一组要求。

接着，某些行业/经济部门在逐字采用 ISO 9000 的基础上，结合行业范围内的顺从精神要求，开始制定行业范围内的质量体系标准。汽车行业（QS 9000）、制药和医疗设备行业（cGMP）、政府监管机构和军事采购机构（AS 9100 和 MAP）在全球许多地方都采用这种方法。甚至软件开发也使用 20 世纪 90 年代初期在卡内基·梅隆大学创建的 CMMi 软件质量标准来确保管理软件质量的通用方法。这些标准在质量管理中起着重要的作用，但并不总是被理解。

ISO 9000 质量管理体系标准

ISO 9000 标准对全球组织的国际贸易和质量体系实施产生了重大影响。这些国际标准已被 100 多个国家采纳为国家标准。它们已被广泛应用于工业/经济部门和政府监管领域。ISO 9000 标准涉及组织所使用的管理系统，以确保设计、生产、交付和支持产品的质量。该标准适用于所有通用产品类别：硬件，软件，加工材料和服务。完整的 ISO 9000 标准体系为组织的质量管理体系提供了质量管理指南、质量保证要求和支持技术。这些标准提供了有关组织的管理系统中应具有哪些功能的准则或要求，但并未规定如何实现这些功能。这种非规定性使标准在各种产品和情况下具有广泛的适用性。实施 ISO 9000 后，可以将组织注册为认证质量管理体系。可参见第 2 章，以获取有关实施和应用标准的更多信息。

质量体系认证/注册

质量保证要求标准的最早使用者是大型客户组织，例如电力提供商和军事组织。这些客户经常购买复杂的产品以进行特定的功能设计。在这种情况下，在两方合同中会提出质量保证要求，其中提供组织（即供应商）称为"第一方"，而客户组织称为"第二方"。此类质量保证要求通常包括这样的规定：提供组织应由其管理层发起内部审核，以验证其质量体系是否符合合同要求。这些是第一方审核。此类合同通常还包括由客户组织的管理层赞助进行外部审核的规定，以验证供应商组织的质量体系是否符合合同要求。这些是第二方审核。在两个这样的当事方之间的合同安排中，可以适当地调整需求，并在客户和供应商之间保持持续的对话。

当这种保证安排成为整个经济中普遍的做法时，两方达成合同的方式就变得艰难。在这种情况下，供应链中的每个组织都要接受许多客户的定期管理系统审核，而其本身又要对其许多子供应商进行此类审核。在整个供应链中有很多多余的工作，因为每个组织都针对基本相同的要求进行了多次审核。审核的实施对于审核组织和被审核组织都成为重要的成本要素。

认证/注册级别的活动

质量体系认证/注册是减少这些多余的、非增值的多重审核工作的一种手段。第三方组织［在某些国家/地区被称为认证机构，在其他国家/地区（包括美国）则被称为注册商］对供应商组织进行正式审核，以评估其是否符合适当的质量体系标准（例如 ISO 9001 或 ISO 9002）。当判定供应商组织完全符合要求时，第三方将向供应组织颁发证书，并将组织的质量体系登记在可公开获得的登记册中。因此，术语认证和注册具有相同的市场含义，因为它们是两个连续的步骤，表示成功完成了同一过程。为了维持其注册状态，供应商组织必须通过注册商的定期监督审核。监督审核通常每半年进行一次，可能不如全面审核那样全面。如果是这样，则每几年进行一次全面审核。

在当今世界上，有数百个认证机构/注册商，大多数是私人的营利性组织。它们的服务被由它们注册的供应商组织以及供应商组织的客户组织所重视，因为注册服务会增加供应链的价值。注册商必须能胜任并客观地开展工作，并且所有注册商都必须满足其业务活动的标准要求，这一点至关重要。实际上，它们是在经济中提供所需服务产品的供应商组织。

特定行业的采用和 ISO 9000 标准的扩展

在全球经济的某些部门中，存在针对特定行业的 ISO 9000 标准的采用和扩展。这些情况是问题机会的经典示例。作为问题，这种采用和扩展使防扩散的目标较难实现。作为机会，已经发现它们在极少数行业中有效，这些行业存在特殊情况，并且可以一致地制定和实施适当的基本规则。这些特殊情况由以下特征定义：

1. 产品可能对健康、安全或环境造成严重影响的行业。因此，大多数国家/地区对供应商的质量管理体系有监管要求。

2. 在发布 ISO 9000 标准之前已经建立了完善的、在国际上部署的针对特定行业或针对特定供应商的质量体系要求文件的行业。

幸运的是，到目前为止，在极少数情况下，ISO/IEC 指令的防扩散标准已被遵循。

医疗器械行业

情况 1 与医疗器械制造业有关。例如，在美国，食品药品监督管理局（FDA）制定并颁布了《良好生产规范》（GMP）法规。GMP 在 FDA 法规的法律约束下进行，而 FDA 法规早于 ISO 9000 标准。FDA 定期检查医疗器械制造商是否符合 GMP 要求。这些要求中有许多是质量管理体系要求，与随后发布的 ISO 9002：1987 要求平行。其他 GMP 法规要求更具体地涉及健康、安全或环境方面。许多其他国家/地区对此类产品也有类似的法规要求。

在美国，FDA 已创建了修订后的 GMP，该 GMP 与 ISO 9000 标准以及与健康、安全或环境有关的特定法规要求非常相似。范围的扩大，包括与产品设计有关的质量体系要求的扩大，反映了人们对产品设计的重要性的认识以及质量管理实践在全球医疗设备行业中日趋成熟的认识。在其他国家也发生了类似的趋势，其中许多国家采用了等同于 GMP 法规的 ISO 9001。

当前针对人类药品的良好生产规范（cGMP）影响着每个美国人。消费者期望他们服用的每批药品都符合质量标准，以便它们安全有效。但是，大多数人并不了解 cGMP，也不清楚 FDA 如何确保药物生产过程达到这些基本目标。最近，FDA 宣布由于缺乏 cGMP 而针对药物制造商采取了许多监管措施。

什么是 cGMP？

美国食品药品监督管理局（FDA）强制执行当前的《良好生产规范》法规（cGMP）。cGMP 提供了确保制造过程和设施正确设计、监视和控制的系统。遵守 cGMP 法规要求药品制造商充分控制生产操作，从而确保药品的特性、强度、质量和纯度。这包括建立强大的质量管理体系，获取质量合格的原材料，建立可靠的操作程序，检测和调查产品质量偏差以及维护可靠的测试实验室。药品组织的这种正式的控制系统，如果得到充分实施，将有助于防止污染、混淆、偏差、故障和错误的发生，并确保药品符合其质量标准。

cGMP 的要求应该是灵活的，以便允许每个制造商通过科学合理的设计、处理方法和测试程序来分别决定如何最好地实施必要的控制。这些法规的灵活性使公司可以使用现代技术和创新方法，通过不断改进来达到更高的质量。

因此，cGMP 中的"c"代表"当前"，要求公司使用最新技术和系统以符合法规要求。在 10 或 20 年前可称"一流"的用于防止污染、混淆和错误的系统和设备，以今天的标准来说可能还不够好。重要的一点是要注意，cGMP 是最低标准。许多制药商已经在实施超过这些最低标准的全面的、现代化的质量体系和风险管理方法。

为什么 cGMP 对软件开发很重要？

消费者通常无法（通过嗅觉、触觉或视觉）检测到药品是否安全或是否有效。尽管 cGMP 需要进行测试，但仅进行测试不足以确保质量。在大多数情况下，对批次的一小部分样品进行测试即可（例如，药品制造商可能从包含 200 万片的批次中测试 100 片片剂），这样该批次中的大多数药品可用于患者，而不是被测试过程破坏。因此，在 cGMP 法规要求的条件和做法下生产药物非常重要，可以确保在每个步骤的设计和制造过程中都融入质量。cGMP 要求帮助确保药品的安全性和有效性的一些例子包括：设施完好，维护和校准设备正确，有经过培训的合格人员和可靠且可重复的过程。

FDA 如何确定组织是否符合 cGMP 法规？

FDA 使用合乎科学要求和经过 cGMP 培训的人员来检查全球的制药厂，其工作是评估组织是否遵守 cGMP 法规。FDA 还依靠来自公众和行业的关于有潜在缺陷的药品的报告。FDA 通常会使用这些报告来确定需要检查或调查的地点。大多数接受检查的公司完全符合 cGMP 法规。

2002年8月，FDA发布了面向21世纪倡议的cGMP药物公告。在该公告中，FDA解释了该机构将质量体系和风险管理方法整合到其现有计划中的目的是鼓励行业采用现代和创新的制造技术。自1978年cGMP法规的最新主要修订版发布以来，cGMP计划就受到了鼓舞，在制造科学和对质量体系的理解方面取得了许多进步。此外，许多制药商已经在实施全面的现代化质量体系和风险管理方法。FDA的公告旨在帮助制造商实施现代质量体系和风险管理方法，以符合该机构cGMP法规的要求。FDA还认为有必要使cGMP与其他非美国药品监管系统以及FDA自己的医疗器械质量系统法规保持一致。FDA的公告支持这些目标。它还支持关键路径计划的目标，该计划旨在使创新医疗产品的开发更加有效，从而使安全有效的疗法能够更快地用于患者。

面向21世纪倡议指导委员会的cGMP建立了质量体系指导发展工作组（QS工作组），以将要求某些特定质量管理要素的当前cGMP法规与其他现有质量管理体系进行比较。QS工作组绘制了cGMP法规（第210和211部分以及cGMP法规的1978年序言）与各种质量体系模型之间的关系，例如药品制造检验计划（即基于系统的检验计划）、环境保护机构开发环境计划质量体系、ISO质量标准、其他质量出版物的指南以及法规案例的经验。QS工作组确定，尽管cGMP法规确实提供了很大的灵活性，但它们并未明确纳入当今构成大多数质量管理体系的所有要素。

cGMP法规和其他质量管理体系在组织和某些组成要素上有所不同。但是，它们非常相似并且共享基本原理。例如，cGMP法规强调质量控制。最近开发的质量体系强调质量管理、质量保证以及除质量控制外还使用风险管理工具。QS工作组认为，准确检查cGMP法规和现代全面质量体系的要素在当今制造业中如何融合将非常有用。FDA的公告是该检查的结果。

在ISO中，专门针对医疗设备系统成立了一个新的技术委员会ISO/TC210。TC210已开发了可作为ISO 9001条款补充的标准。这些补充资料主要反映了医疗设备的健康、安全和环境方面，并倾向于与各国的法规要求保持一致。这些标准目前处于开发和国际认可的后期阶段。

软件质量

全球经济已渗透到电子信息技术（IT）中。现在，IT行业在塑造和推动全球经济中发挥着重要作用。就像过去的重大技术进步一样，世界似乎在根本上是截然不同的，但矛盾的是，其在根本上又是相同的。计算机软件开发在这一悖论中占据中心位置。首先，应该指出的是，计算机软件开发并不是一门学科，而是一个行业。其次，许多 IT 从业人员强调，计算机软件质量的问题因供应商组织的业务中至关重要的多种方式而变得复杂。例如：

- 供应商的产品可能是复杂的软件，其功能设计要求由客户指定。
- 供应商实际上可以编写其大部分软件产品，也可以集成子供应商提供的现成软件包。
- 供应商可以将计算机软件/固件合并到其产品中，该产品可能主要是硬件和/或服务。
- 供应商可以开发和/或从子供应商那里购买软件，这些软件将用于供应商自己的产品设计和/或生产过程中。

但是，必须承认，硬件、加工材料和服务也经常以相同的多种方式参与供应商组织的业务。那么，将 ISO 9001 应用于计算机软件开发的问题是什么？全世界普遍认为：

- ISO 9001 中的通用质量管理体系活动和相关要求与计算机软件相关，就像它们与其他通用产品类别（硬件，其他形式的软件，加工材料和服务）相关一样。
- 在将 ISO 9001 应用于计算机软件方面有些不同。
- 目前，关于哪些事物（如果有的话）有足够的差异来产生变化以及如何处理任何有差异的事物（可以产生变化）没有全球共识。

ISO/TC176 制定并发布了 ISO 9000-3：1991，以此作为解决这一重要的自相矛盾问题的手段。ISO 9000-3 提供了将 ISO 9001 应用于（计算机）软件的开发、供应和维护的指南。ISO 9000-3 很有用并且被广泛使用。ISO 9000-3 提供的指导超出了 ISO 9001 的要求，并且对软件开发、供应和维护的生命周期模型进行了一些假设。在英国，结合了 ISO 9001 和 ISO 9003 的软件开发认证计划（TickIT）已经运行了数年。该认证计划受到了世界范围内各个领域的好评和批评。那些赞扬该计划的人声称它：

- 解决经济中的一项重要需求，即向客户组织保证他们将购买的软件（作为单独的产品或包含在硬件产品中）的质量要求将得到满足。
- 包括明确规定，不包括传统的 ISO 9001 认证规定，以确保软件审核员的能力、他们的培训以及认证机构对审核程序的管理。
- 提供单独的认证方案和徽标以公开展示此状态。

那些批评该计划的人声称它：

- 缺乏灵活性，并尝试为计算机软件开发规定一种特定的生命周期方法，该方法与当前开发多种类型计算机软件的最佳实践不符。

- 在软件开发的技术方面包括不切实际的严格审核员资格，对于有效审核软件开发管理系统而言，其并不需要技术深度。
- 对于 ISO 9001 的常规第三方认证，几乎完全是多余的，在该认证下，认证机构/注册服务商已经负责审核员的能力，而认证机构则将其能力作为认证程序的一部分进行验证。
- 除了传统的 ISO 9001 认证外，还增加了可观的成本，并且几乎没有增加供应链的附加值。

在美国，有人向 ANSI/RAB 认证计划提出了采用类似 TickIT 软件方案的建议。该提案被拒绝，主要是因为在 IT 行业和 IT 用户社区中没有共识和支持。

CMMi：软件和系统开发

另一个流行的标准是能力成熟度模型（CMM），它是卡内基·梅隆大学（CMU）拥有的服务商标，并且是指根据实际数据得出的开发模型。数据是从与美国国防部签约的组织中收集的，后者为这项研究提供了资金，并成为 CMU 创建软件工程学院（SEI）的基础。像任何模型一样，它是现有系统的抽象。与许多学术界派生的模型不同，此模型基于观察而非理论。在应用于现有组织的软件开发流程时，CMM 提供了一种有效的方法来对其进行改进。最终，很明显该模型可以应用于其他流程，从而产生了一个更通用的概念，该概念适用于业务流程和开发人员。

能力成熟度模型最初是作为客观评估政府承包商执行合同软件项目能力的工具而开发的。CMM 基于过程成熟度框架，该框架在 1989 年由沃茨·汉弗莱（Watts Humphrey）撰写的《管理软件过程》一书中首次描述，后来在 1993 年的一份报告（技术报告 CMU/SEI-93-TR-024 ESC-TR-93-177，软件的功能成熟度模型 SM，版本 1.1）中发布，并由同一作者集结成书在 1995 年出版。尽管 CMM 来自软件开发领域，但它被用作帮助改进不同领域的组织业务流程的通用模型。例如，在软件工程、系统工程、项目管理、软件维护、风险管理、系统获取、信息技术（IT）、服务、业务流程以及人力资本管理方面。CMM 已在全球范围内的政府、商业、行业和软件开发组织中广泛使用。

可以由 SEI 授权的首席评估师对组织进行评估，然后可以声称该组织已被评估为 CMM 级别 X，其中 X 为 1~5（成熟度级别）。成熟度等级 1＝初始；成熟度等级 2＝托管；成熟度等级 3＝已定义；成熟度级别 4＝量化管理；成熟度级别 5＝优化（请进一步阅读以获取有关级别的更多说明）。尽管有时被称为 CMM 认证，但 SEI 由于某些法律含义而未使用此术语。

在 20 世纪 70 年代，计算机的使用变得更加普及、灵活和便宜。组织开始采用计算机信息系统，并且对软件开发的需求显著增长。软件开发流程尚处于起步阶段，几乎没有定义标准或"最佳实践"方法。

结果，增长伴随着越来越多的痛苦：项目失败很普遍，计算机科学领域仍处于起步阶段，追求项目规模和复杂性的野心超过了市场交付的能力。

在 20 世纪 80 年代，涉及软件分包商的几个美国军事项目超出预算，并且如果彻底完成，则比计划的完成时间要晚得多。为了确定发生这种情况的原因，美国空军资助了 SEI 的一项研究。

标准 CMMi 流程改进评估方法（SCAMPI）是官方 SEI 方法，可提供相对于 CMMi 模型的基准质量等级。CMMi 模型用作衡量组织过程定义的"规则"，因为该模型是被并入过程区域的过程最佳实践的集合。SCAMPI 评估方法用于衡量组织将流程定义制度化为日常业务的良好程度。SCAMPI 评估用于确定当前流程的优势和劣势，揭示开发/收购风险，并确定能力和成熟度等级。它们通常用作过程改进计划的一部分或用于对潜在供应商进行评级。该方法将评估过程定义为准备工作，现场活动，初步观察、发现和评级，最终报告和后续活动。

美国国防部软件工程学院（SEI）积极开发该模型始于 1986 年，当时汉弗莱在 IBM 退休后加入了位于宾夕法尼亚州匹兹堡卡内基·梅隆大学的软件工程学院。应美国空军的要求，他开始正式制定过程成熟度框架，以帮助美国国防部评估软件承包商的能力，以此作为授予合同的一部分。

基准最佳实践：迈向可持续发展

有几个组织在问："我们一直在进行改进活动，并收到了惊人的成果。我们将继续降低成本、提高效率，并扩大员工队伍。如果我们完成了所有这些工作，接下来要持续管理质量并确保结果持续下去需要做什么？"答案是执行组织的内部基准或外部基准。这似乎是以前已经实现的一种方法，但是由于许多组织具有技术能力，因此可以使用基准测试来促进工厂、地区和公司总部之间的沟通。可能发生的沟通类型是如何在问题发生之前更快地解决质量问题。例如，有两家工厂生产同一种汽车，一家在美国，另一家在韩国。韩国的工厂可能遇到了某个问题，通过基准测试，它可以联系美国的工厂，看看是否存在类似的问题。两家工厂非常有可能遇到类似的问题。美国工厂可能已经找到了解决方案，因而可以将解决方案提供给韩国工厂，并迅速解决问题，而无须进行根本原因的诊断过程。

这种类型的思考和沟通是组织可以自己不断发展、适应和提高效率的方式。一个人可能会认为这是一个自我实现其最大潜力的组织。

我们的经验和研究促使我们开发了七步基准化流程©。七步基准化流程的关键在于，基准化必须超越常规分析水平，以促进对最佳实践及其实施的理解。在这方面，我们的基准测试过程中的绩效评估部分（定位分析）通过专有的绩效评估方法得到了增强，该方法以单一索引——朱兰质量指数©的形式表示。

此外，基准化过程的学习阶段建立了机制，鼓励最佳从业者与组织的其他成员分享他们的知识和经验。我们已经根据资产和流程的技术复杂性开发了一种独特而有效的数据标准化方法。朱兰复杂性因子©可以直接比较整个组织中的不同资产和流程。图 25-12 为七步基准化流程的模型。

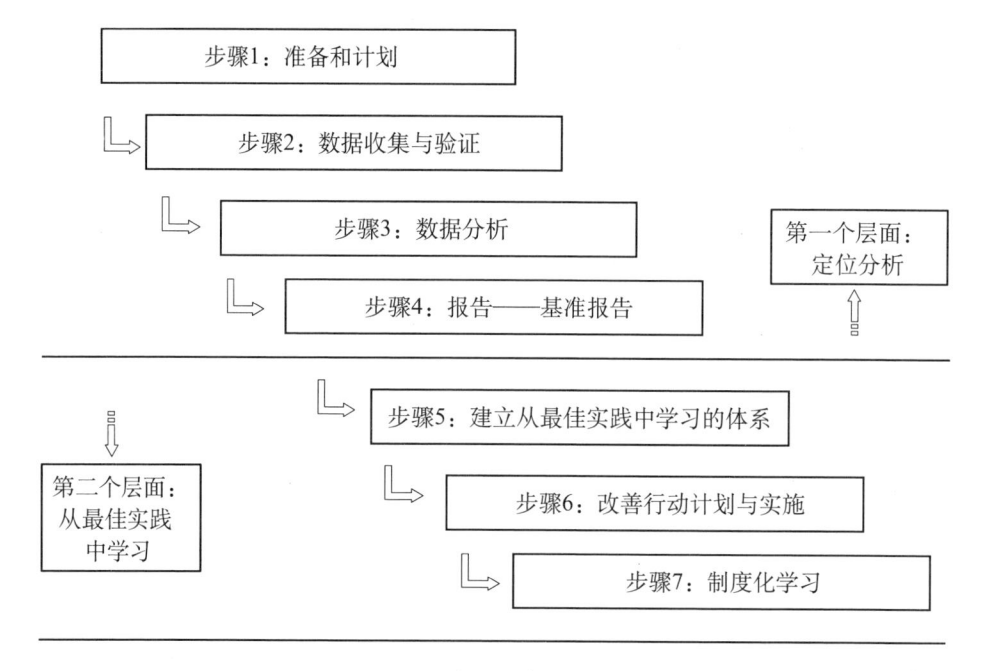

图 25-12　朱兰七步基准化流程

资料来源：Juran Institute, Inc. Copyright 1994. Used by permission.

步骤 1：准备和计划

全面的预先计划对于基准测试的成功至关重要。作为准备和计划的结果，组织将：

- 确定要包括的区域。

- 审查指标模型，关键绩效指标（KPI）和 KPI 定义。
- 创建计分卡和结构以报告调查结果。
- 确定计划的后勤和项目实施。
- 交流关键问题。
- 就角色和责任达成协议。

在步骤 1 中清楚明确地定义指标和 KPI 非常重要，以确保数据收集的一致性。

步骤 2：数据收集与验证

有效数据是任何基准测试程序成功的关键。错误或不精确的数据很容易导致错误的结论和不适当的行动，并可能导致任何改进计划的失败。

步骤 3：数据分析

有效的数据规范化对于有意义的基准测试至关重要，因为它可以在截然不同的操作情况下进行"从头到尾"的比较。在此程序中，使用朱兰复杂性因子对数据进行归一化，并使用朱兰质量指数进行场所之间的比较分析。

朱兰复杂性因子（JCF）是对任何类型场所的日常操作和维护的复杂性的总体度量。通过将每个场所的流程和资产分解为标准设备的模块来计算 JCF。它基于经验系统，该经验系统又基于 25 年的全球运营维护经验。该系统随后由朱兰进行了完善和修改。JCF 依赖于加权因子，该加权因子是根据过程和产品的类型以及该过程的输入和输出来计算的。项目标识是系统的、一致的，以避免遗漏和重复。为了保持对每个过程或场所的客观、公正的评估，JCF 的计算将由朱兰顾问进行。朱兰质量指数是基于效率和有效性的总体绩效的累计指标。它是一个数字值，表示相对于相应的场所组，场所表现的百分比偏差。因此，它提供了一个平衡的观点，考虑了场所表现的各个方面，并将其与平均值进行比较。它的优点是可以提供单个索引值，该索引值可以立即给出相对性能的高级指示，但是也可以将索引进一步分解为主要组成元素。

步骤 4：报告——基准报告

对所有数据进行分析并从所有场所得出结论。该报告将包括所有规范化的数据集/图表、所有 KPI、每个系统的主要发现（带有优先级的差距分析，优缺点和改进建议）。基准报告将由七个部分组成：

- 高层概述。

- 主要发现和场所比较。
- 缺口分析。
- 对所有基准流程和资产进行复杂性因素评估。
- KPI/指标定义。
- 流程和资产说明。
- 后续步骤和可持续性。

此步骤与组织运行状况检查中确定的步骤相似,但会不断扩展,并且会在组织之间提取和共享更多信息。

步骤 5：建立从最佳实践中学习的体系

在将基准报告提交给领导之后,组织应举办研讨会,并在基准中包括每个领域的代表。该研讨会的目的是确定机会的大师班,并将知识从最佳场所转移到其他场所。具有最佳做法的场所将向其他场所介绍其最佳做法的"原因和方式",目的是让听众从这些演示中学习,以帮助其随后制订自己的改进计划。建议每年举办一次最佳实践研讨会,以确保实现预期目标的可持续性。

步骤 6：改善行动计划与实施

该路线图显示了组织将如何继续保持最佳做法,并不断及时改进和实现组织的战略目标。

步骤 7：制度化学习

作为行动计划的一部分,可能需要学习或重新学习以实现所确定的最佳实践。这似乎是重复的步骤,但是对于组织自身发展和适应至关重要。

数据标准化

在任何基准测试活动中,最大的问题是如何以相同方式比较基准对象(类似于如何将苹果与梨进行比较)。在某些情况下,基准测试程序将足够相似,可以直接比较它们之间的性能。但是,更典型地,被基准测试的主题会彼此不同,无论是作为一个整体的组织、业务部门、不同的场所,还是不同的职能组、业务流程或产品。没有两个主题会是相同的,尽管它们之间的差异程度会根据基准测试的内容和对象而有很大差异。因此,为了能够比较绩效水平的差异,必须进行一些干预。通常需要某种形式的数据标准化，以使可能非常不同的主题之间进行类似的比较。没有数据标准化，直接比较性能通常是不可能的，并且可能导致错误的结论。可以根据范围、规模、合同安排、监管要求以及地理和政治差异等多种因素进行标准化。

一种解决方案是将基准测试程序与具有类似特征的其他基准测试程序或数据集组织到类别或对等组中。关键是要能够确定驱动性能的因素，然后开发一种在比较性能指标时可以考虑这些驱动因素的方法。若采取最简单的形式，可能涉及根据基础标准对数据进行分层。例如，如果卫生当局希望比较不同地区的人的死亡率，则可以根据性别或年龄对死亡率进行分层。另一个例子来自化学工业。一系列化学组织可能会决定在环境管理领域中对自己的绩效进行基准测试，这样做时，它们可能希望比较各种污染气体（例如氮和硫的氧化物、二氧化碳和甲烷）。这些数据可以通过使用诸如环境影响单位（EIU）之类的标准进行度量，根据其对环境的有害程度进行分层。还有一个例子可能是那些使用 KPI 来比较其研发活动效率的组织，该 KPI 衡量可归因于新产品或服务（例如，上市时间不到两年的产品）的销售百分比。

当然，即使在这些群体中，基准测试对象之间也可能存在差异。为了能够进行有效的性能比较，在分析中必须考虑这些特性差异。最有效的方法是对性能数据进行标准化。

标准化本质上是将指标转换为某种形式的过程，以使其能够在相似基础上进行比较，并考虑了基准主体之间所有（或尽可能多）的差异。重要的是，所使用的标准化因子确实是基准性能的驱动因素。例如，如果对组织发票功能的运营成本进行基准测试，则可能合适的标准化因子是所产生发票的数量。例如，可以在每张发票的基础上比较成本。但是，某些发票的产生过程可能比其他发票更复杂（例如，它们可能包含更多的订单项或具有更高的总价值，因此在发出发票之前需要进行更多检查），因此这种标准化方法可能不会非常适合。标准化的最常见方法是查看每单位或每小时的性能。例如，如果我们要测量制造汽车的成本，则可以比较每辆生产出来汽车的成本，或者如果我们正在研究治疗给定疾病的住院患者的时间，则可以考虑每小时检查一次患者数量。

在某些情况下，对每个单位进行简单的测量不足以适配基准测试对象之间观察到的变化，因此必须开发一种更复杂的方法。在这种情况下，使用代表不同基准测试对象变化的加权因子通常是一种非常有效的标准化方法。可以根据成本、时间和功效来开发加权因子。高效加权因子的一个示例是朱兰复杂性因子（JCF）。开发 JCF 的目的是使大小和设计完全不同的石油和天然气生产设施之间能够进行同类比较。标准化因子考虑了设施中存在的设备以及在正常条件下操作和维护该设备所花费的时间。然后，将JCF用于标准化基准测试中设施之间的所有成本绩效。这使组织可以直接将其设施与其他组织的基准进行比较，即使它们的设计和规模可能大不相同。任何标准化方法的功效在实施之前都应经过充分测试。如前所述，为了使标准化因子有效，它必须代表所基准的性能主体的驱动力。这意味着性能指标和标准化因子之间必须存在良好的关系。测试此问题的一种好方法是检查标准化因子与要标准化的性能指标之间的相关性。两者之间应该有很强的直接关系。例如，标准化因子的增加将导致基准度量的增加（反之亦然），尽管这种关系可能不是线性的。

最佳实践的分析和确定

分析的目的是在适当的情况下，结合基准数据中的数据以及其他相关数据和信息来确定调查结果，这些数据和信息来自许多不同的来源，包括公共领域、参与者本身以及任何以前版本的基准研究。分析的水平将取决于基准测试开始时商定的范围和目标。

分析必须公正且完全客观。它还必须与基准测试目标保持一致，并且要具有价值，必须指出基准测试者的优势和劣势，确定和（尽可能）量化与最佳绩效者的差距，并（尽可能）确定导致这些差距的原因。重要的是，应将度量标准综合考虑而不是孤立考虑，因为一个度量标准的结果可能有助于解释另一个度量标准。还应探讨每个参与者的策略和工作实践，以确定其如何影响他们的绩效。

分析绩效数据和任意规范化数据流，以比较参与者的绩效并确定绩效差距。考虑数据的统计测试水平也很重要，以确保进行的比较具有统计意义，并且其后得出的结论有效。

定量分析通常是针对排名最高的四分位数、同类中最好的（即表现最好的单个）或基准人群的平均（均值）进行的。与不同标准进行比较各有其优缺点。对与最好的之间的差距进行分析可能是最常见的，而且从表面上看，这似乎是最显而易见的——毕竟，目标是缩小与最佳表现者的差距。但是，在单个时间点与单个基准测试程序的数据进行比较将始终带来数据值存在错误的风险（尽管验证过程应将这种错误最小化），或者报告的性能水平长期而言不可持续，因此不切实际。相比之下，与第一四分位数，尤其是与平均值的比较则更稳定、更可靠，因为它们包含来自多个参与者的数据。

在分析过程中应考虑存在明显性能差异的原因。在进行跨国或全球基准研究时，重要的是要考虑到地理位置差异可能带来的影响。例如，在分析成本时，很明显，西方的成本水平（例如薪金）很难与亚洲、中东、俄罗斯、非洲或拉丁美洲进行比较。此外，货币之间的汇率波动可能会产生巨大影响。同样，不同的税制、监管要求、政治政策和文化差异都可能显著影响绩效。

报告制作

分析完成后，必须将其报告给基准测试参与者。报告的内容和报告所用的媒体将在基准测试开始时就达成共识，并且部分取决于所进行基准测试的类型。

报告可以以在线方式或以电子方式或以纸质的硬拷贝格式发送。无论选择哪种媒介，报告都必须以清晰、简洁且易于理解的形式呈现基准测试结果。应当优先使用颜色、图片和图表，以优化发现结果的交流。图表应带有注释，以为读者提供指导。分析报告应完整，并提出一些建议，以重点关注为弥补差距而需要进行的绩效改进工作。

必须解决的一个非常重要的问题是确定将在报告中使用的数据的匿名化级别。在保密性和学习机会之间总要权衡取舍。保密级别越高，学习的可能性就越低。如果不能透露出卓越绩效者的身份，则向他们学习的可能性就最小化了。但是，遵守反托拉斯法规始终是首要要求。因此，报告必须始终符合基准制定者之间达成的任何保密协议，并且必须满足法律要求。但是，为了最大限度地提高学习潜力，开放程度也应最大化。

不幸的是，许多基准测试将在此时停止。但是，为了使基准测试所获得的价值最大化，组织必须走得更远，以尝试理解使领导者达到其卓越绩效水平的实践。这是朱兰七步基准化流程第二阶段测试的目的。

参考文献

Atkinson, H., J. Hamburg, and C. Ittner (1994). Linking Quality to Profits, ASQ Quality Press, Milwaukee, and Institute of Management Accountants, Montvale, NJ.

Campanella, J. ed. (1999). *Principles of Quality Costs*, 3rd ed., ASQ, Milwaukee.

Cokins, G. (1999). "Why Is Traditional Accounting Failing Quality Managers? Activity Based Costing Is the Solution," *Annual Quality Congress Proceedings*, ASQ, Milwaukee.

De Feo, J. A. and W. Barnard (2003). *Juran's Six Sigma Breakthrough and Beyond*, McGraw-Hill, New York.

Lauter, B. E. (1997). "Determining the State of Your Customers," Sterling Quality Conference, Orlando, FL.

Mortimer, J., J. A. DeFeo, and L. Stepnick (2003). "Reducing the Costs of Poor Quality Health Care" a report published by the Midwest Business Group on Health in collaboration with the Juran Institute, Inc. and The Severyn Group, Inc.

Rust, R. T., A. J. Zahorik, and T. L. Keiningham (1994). Return on Quality, Probus, Chicago. Schottmiller, J. C. (1996). "ISO 9000 and Quality Costs," *Annual Quality Congress Proceedings*, ASQ, Milwaukee, pp. 194–199.

Werner, F. M. and J. A. F. Stoner (1995). *Modern Financial Managing*, Harper Collins College Publishers, New York, pp. 143–144.

(李赛群 译)

附录Ⅰ　能力矩阵和职位介绍

职位	全球部门质量副总经理
主要目标	部门质量副总经理将以为顾客提供业内领先的质量性能的方式为公司效益做出贡献。这位经理将为系统推动组织在现在和未来的商业环境中获得成功的长期目标和质量规划提供愿景式领导。这位经理将逐渐引入正确的能力和过程，使组织的各个层级成为业内领先的团队，进而实现关注顾客的质量解决方案。他将频繁地在全球范围内与销售、市场、工程、采购和制造相互作用。
职责	责任和义务包括： 1. 重新调整现有的资源以支持一个前瞻性的方法，用来预测、预防和保护公司及它的顾客免于质量性能问题。 2. 负责公司的质量过程并结合公司的发展方向开发战略质量、愿景、任务和目标。 3. 创建涉及部门所有操作的持续性质量方法论、过程和程序的大方向。 4. 与全球组织合作工作，以确保对性能、质量过程和使用指标的管理。 5. 在公司内部和外部做一名质量倡导者。 6. 推动全面质量管理、精益六西格玛在全球各部门的应用和保持。 7. 负责确保所有办事处都有知识丰富和有效的管理代表监督质量系统标准的保持和持续改进。 8. 经常出差并能根据需要通过电话参与和主持全球会议。 举措包括以下这些： 1. 在部门内推动精益和六西格玛举措。 2. 在整个部门内确保质量体系符合标准和顾客要求。 3. 定期进行过程和体系合规性审计并进行改进。 4. 实施顾客满意度监测并每季度向部门领导层报告结果。 5. 在全球所有的运营部门中推动质量指标报告制度。 6. 在业务团队中，作为顾客支持者来监督部门在满足顾客质量标准及其他要求方面的效果。 7. 围绕顾客质量建立和实施标准化的政策、标准、过程、指标和控制。 8. 确保员工/供应商培训和培养方案的实施以获得对公司质量过程的一致的理解。

续表

职位	全球部门质量副总经理
职责	9. 促进部门资源的使用和开发，以在产品生命周期的早期处理内外部质量问题，促使团队关注更高价值的前瞻性活动。 10. 使用全球质量和信息技术来开发标准化的数据收集和报告体系。 11. 促进质量绩效与采购决策的结合。 12. 满足年度质量目标。 13. 与公司质量领导层合作，以促成整个公司的最佳实践。 当年目标包括： 1. 确定质量方向，组织质量委员会并担任主席，引导质量战略的开展，设立质量计分卡，明确"正确的"质量工具和度量，推动质量体系的有效性。 2. 顾客支持者要为顾客事件升级和及时的解决做好准备。 3. 吸引和开发业内领先的人才。 4. 报告质量测量。 5. 组织和实施定期的、正式的质量评审。 6. 开发本部门全球质量改善计划并管理执行，把优先顺序与企业目标联系起来。
学历要求	要求学士学位，MBA更好。
优先学历	认证的六西格玛黑带或黑带大师。质量工程师。
工作经验要求	应聘者必须有在组件级质量环境下7~10年的工作经验。 应聘者必须有大量的实施六西格玛的经验以及成功实施六西格玛，以推动工程、生产、成本改进、采购方面的改善的记录。应聘者必须能够在内外部过程中推进六西格玛。 应聘者必须具备有效地识别根原因，以及应用组织手段成功解决障碍而达到行业领先业务绩效的业绩证明。 应聘者必须对新兴产业项目有热情，并且能够影响其他人应对对变革的抵制。 应聘者必须被证明有能力领导不同的全球化团队来实现成本、质量及上市时间的承诺。 此外，应聘者必须： 1. 具备良好的谈判和关系建立能力。 2. 拥有开创路径的技能，使部门能够获得关注顾客的质量驱动的文化。 3. 充满活力以对质量举措提供支持。 4. 推动关键职能的领导者接受质量作为部门成功的关键要素。 5. 提供客观、准确、真实的数据来推动质量方面的改进。 6. 拥有开发、吸引及保留卓越人才和开发有效团队的业绩记录。 7. 拥有与关键工作伙伴合作方面的成功经历。 8. 拥有在组织各个层次管理变革的成功经历。 9. 具有良好的展示和写作技能。 10. 具备经营管理者的风度。
要求的技能	要求的知识包括： 1. 全球产业质量标准的基础知识，包括ISO/TS 16949、ISO 9000—2000，以及主要的顾客/产业要求。

续表

职位	全球部门质量副总经理
要求的技能	2. 分析的性格和纪律。 3. 如何获得度量。 4. 与关键利益相关方协调问题的能力。 5. 技术知识以及聘用正确人员的能力。 6. 建立强大团队的能力。 7. 全球权威和文化敏感性。 8. 汽车质量标准和要求方面的广博知识。 9. 对经营绩效和质量度量的详细理解。 10. 如何利用个人对业务统计和绩效指标的控制来为特定决策和建议提供有利的环境。
其他	应聘者必须是一位有深厚基础的资深业务领导者——曾经成功使用质量工具和理念领导组织获得更高水平的绩效;能够在公司内部与外部顾客和供应商中建立持久的信誉,创造一条路径使部门获得以顾客为中心、质量驱动的文化。他必须能够促使关键职能领导者把质量作为企业的一种关键成功因素。应聘者必须具备能够同公司、客户及供应商的最高领导者有效交流的风度。应聘者必须是: 1. 一位对未来具有洞察力的人,对事物会如何变化有所认识。 2. 一位质疑预设和惯性思维的领导者。他挑战传统及已存在的商业模式,是一位有效的变革推动者。他能够满腔热情地传达新兴产业方案并影响其他人改变对变革的抵制。 3. 一位有能力建立强大、有凝聚力的质量管理团队的人,该团队能够接纳不同文化、不同个性和不同理想的员工。 4. 一位能够把战略转化为包括目标、职责、时间表和方案的严格的运营计划的领导者。 5. 一位在面临困难挑战或处于逆境时具有积极态度、充满活力的领导者,能够恪守对客户的承诺。 6. 一位专业、果断的领导者。他在面临困难或复杂问题时能够快速解决并展示出勇气及信念的力量。 7. 一位表达能力强、高效的沟通者,能够设立清晰的目标和标准,使员工富有责任。 8. 一个具有符合道德原则的良好行为的人。这些道德原则例如避免利益冲突、避免危害经营状况,以及正确地处理机密信息,明白诚信敬业是建立信任和赢得尊重进而影响和领导他人的关键因素。
职位	全球客户质量主管
主要目标	提供必要的内外部指导和交流,以发展、保持客户对组织质量绩效的信任。具体活动包括代表组织进行前瞻性的和反应性的客户质量关系管理。

续表

职位	全球客户质量主管
职责	1. 协调内部沟通及整合客户质量要求。 2. 协调对投诉和质量绩效问题的全球响应。 3. 作为客户质量问题的主要联系人。 4. 维护全球行动列表和/或项目计划以实现/维持主要客户的优先供应商地位。 5. 在局域网上维护当前客户的计分卡，使全球的子公司都能看到。 6. 确保客户要求的更改通知对所有子公司都是可得的、最新的、可行的。 7. 根据改进的原因数据、有效的问题解决及系统的分析和改善来驱动全局的改善。 8. 参与重要大客户的顾客评估过程。 9. 在实现客户要求过程中传递最佳实践。
要求学历	要求本科学历。
优先学历	MBA，黑带认证，美国质量协会认证，精通办公软件（Excel，Word，PowerPoint等）
工作经验要求	担任质量角色或在相关生产制造领域至少10~15年的经验，对设计和制造方面的企业质量过程有深入的理解。有跨国公司工作经验者优先。
要求的技能	该职位的人员必须具备良好的领导能力以及卓越的规划和项目管理技能。他能够支持变革所需的要素，利用必要的资源来实现变革。在努力、积极实施必要改进以超出客户期望时，他必须代表顾客的声音。 该职位的人员一定要是专业的、可靠的，并且能够影响全球范围内关键地区的业主和利益相关者。因此，跨文化的敏感性和可接受性是必需的。善于分析和创造性的思维、独立判断以及清晰简洁展示信息和观点的能力也是必需的。作为一名独立的思考者，该职位的人员一定要能够组织他自己的工作，预期、计划并监测工作量。该职位的人员必须具备优秀的写作和口头沟通能力。对质量标准、体系和工具的基于经验的扎实理解也是必需的。
其他	该职位的人员要对需要的国内外出差有所准备。他必须是一位良好的团队伙伴，一位自主的、做事主动的人，能够领会需要完成的任务，能够在最低的监管下实现目标。 该职位的人员必须能够胜任质量系统中的领导角色，这是最佳人选必备的条件之一。
职位	全球供应商质量高级经理
主要目标	作为领导和个人贡献者，该职位负责为公司明确和推动全球质量及改进方案。作为供应商质量保证（SQA）的领导，该职位负责围绕原料和产品质量、测试计划、日程、质量问题以及快速开发和生产

续表

职位	全球供应商质量高级经理
主要目标	环境中的风险，协同所有独立的 SQA 人员创建和实施以质量为中心的方案。该职位要求在生产环境中成功建立、领导、执行质量方案的经验；已证明的质量管理/六西格玛经验；以及已证明的在前瞻性和反应性环境中技术上和实践上的质量经验。
职责	1. 和 SQA 主管们一起定义、设定并实施质量改进方案，方案涉及计划、执行及基于发布的质量/风险评估的所有因素。 2. 在开发、生产和发布质量测量与评估过程中，与部门 SQA 人员一起推动特定过程、交付以及工具的改进。 3. 帮助和支持由部门 SQA 人员领导的支持质量改进方案的特定发布的 SQA 项目。 4. 协同项目管理和开发；支持引导建立关注过程改进的端到端的 SQA，以在全球范围的供应基地帮助驱动"质量上溯"。 5. 在全球范围内负责确保对年度供应商质量改进计划的开发和监测。 6. 针对一组全球范围内实施的普遍标准，和所有部门一起定义、开发及引导遵循一个全球性的 SQA 标准。 7. 管理部门规定的其他职责和义务。
学历要求	要求本科学历。专注于供应商质量保证和管理的概念与原则。
优先学历	同上。
工作经验要求	在多站点生产环境中，有 3 年质量岗位的经验。具备跨职能（工程或生产）成功管理一个质量改进过程的经验。 至少 5 年的质量管理工作经验，工作职责曾包括与顾客就 SQA 需求进行交流。
技能要求	供应商质量管理。生产质量管理。预先的质量规划。先进的质量工具，包括 DOE。卓越的沟通和表达技巧。高效的协调和项目管理技能。技能必须是行动和结果导向的。
其他	该职位的人员必须愿意在全球范围内出差，出差占至少 50% 的时间。掌握汉语技能者优先考虑。
职位	公司质量工程师
主要目标	该职位要为公司在全球范围内实施全面质量管理、六西格玛和精益技术提供工具方法，是内部的全球"资源"。
职责	1. 作为主要的质量培训和发展教练，为领导团队、赞助者、六西格玛黑带和绿带提供指导。 2. 推动外部咨询师与公司员工之间的知识传递。 3. 作为选定项目团队的领导者和推进者。 4. 帮助解决问题，为需要立即解决的问题提供资源。 5. 协调内部沟通，按需要整合顾客的质量需求。 6. 培育在全面质量管理和六西格玛方面的内部专业人员，形成全球的人才网络。

续表

职位	公司质量工程师
职责	7. 识别内部和外部（供应商）改进机会，帮助公司实现质量和成本削减的目标。帮助管理咨询时间安排和花销。为未来的黑带和黑带大师的选择提供意见。 8. 依照政策和程序，支持公司的全面质量管理项目。 9. 其他管理层指派的相关任务。
学历要求	学士学位和注册六西格玛黑带大师。
优先学历	MBA。
工作经验要求	申请者必须拥有在制造业至少5~10年的工作经验，在质量或者制造岗位有运用六西格玛的成功、可量化的业绩。申请者须曾在制造业企业中成功实施六西格玛项目，并因此获得六西格玛黑带大师认证；必须接受过有关团队推进技能的培训和与全面质量管理、精益、六西格玛相关的技能培训；必须具备主要新产品开发过程中必备的知识和成功经验。申请者必须能够经常出差，与全球范围内的分公司和供应商合作。
优先工作经验	拥有在领先的制造业公司中成功实施六西格玛管理经验者优先；有跨国工作经验者优先；除英语以外掌握其他外语者优先。
技能要求	申请者必须具备良好的领导力和出色的策划能力及项目管理技巧。申请者需要具备成功引导团队的能力和团队合作技能。申请者需具备专业精神、值得信赖并能够影响地方分公司和全球范围内的利益相关方。因此，需要敏感于并接受跨文化差异。具备分析和创新思维，能独立判断，能够清晰、简洁地展示和传授质量工具和方法。申请者需具备较强的书面和口头沟通技能，不论与管理层还是普通员工一起，都能高效工作。
其他	该职位申请者必须具备日后进入质量管理层的潜能，这必须作为最佳人选的标准之一。
职位	质量体系和环境符合审核总监
主要职责/工作描述	质量体系和环境符合审核总监指导、协调和计划审核活动，评价管理体系的有效性，确保符合质量、环境标准和法规。这包括检查记录和访谈员工，以确保对交易的记录和符合适用的标准、法律和法规。该人员协调公司办事处评估管理系统的过程，以确定管理体系的有效性和防护值。作为评审活动的一部分，该职位强制使用一致的方法评审与运营、排放和浪费管理有关的记录。这要求对一些方面的缺陷数据进行分析，这些缺陷方面包括控制不良，工作量的增大，与法律、政府法规和管理方针或程序的不符合。该职员对使用一致的方法准备给不同地方、分部和公司的发现和建议的报告进行监督。在全球质量副总裁的总指导下，该职员可以进行管理和法律法规工作的专门研究，以确认执行了足够的内部控制，将风险和危害降到最低。审核主任在独立单位层面与各分公司进行合作，计划、协调或有时参与质量和环境审核，以及所有运营的内部控制评估。在开展这些工作的同时，审核经理将完成评估，为不同单位和分公司确立适宜的员工资源和纠正措施。这包括跨单位和跨地区审

续表

职位	质量体系和环境符合审核总监
主要职责/工作描述	核以发挥最佳实践的作用并分享成功经验。此外，该职员将负责与全部分公司保持合作，确保公司优化了各地区的资源以服务于所有分公司。
责任和义务	评价优先审核报告，启动与当地质量和现场管理层的讨论，评估质量或环境体系的符合性。结果将是一份与不符合项有关的运营风险的存档报告。该职员将确保与当地质量或环境资源的协调，以满足标准和法规要求。 • 专业地计划并执行审核，确保及时完成总结报告。站点经理应负责制订和实施适宜的改进计划以解决审核发现的问题。 • 通过简洁和高质量的审核报告与管理层沟通关于审核发现和改进建议的结果。 • 必要时参与一些特殊项目，包括但不限于协助准备顾客质量或环境审核。 • 积极推进公司质量和环境审核职能的持续改进。 • 国内和国际出差预计不超过 40% 的时间。
要求	• 商科或相关技术专业的本科学历。丰富的质量和环境体系符合性方面的领导审核和审核管理经验，可替代该方面的专业教育要求。 • 有作为主任审核员的资格任命和认证。 • 7 年以上的审核工作经验，有制造业环境工作经验者优先。 • 具有 ISO 9000—2000、ISO/TS 16949 和 ISO 14001 评估经验。候选人员必须熟悉这些，以及与质量和环境体系符合性相关的任何新的或修订的要求。 • 具备强烈的职业道德、系统性和过程性思维，以及组织能力。 • 熟悉办公软件（Excel、Word、PowerPoint 等）。
关键任务	审核经理负责与不同分公司和单位优化及协调公司内的审核项目。这包括协助审核的策划、计划、执行、跟踪至结束，以及报告结果。关键任务包括： • 主管审核过程，确保审核文档齐全、易理解、有效，以及与最新的标准和法规要求保持同步。 • 制定和维持年度的全球审核计划和运行状态报告。 • 培训各职能的内审员。 • 经常作为审核团队成员参与审核。 • 跟踪审核行动直至结束。 • 向过程拥有者和公司管理层汇报审核项目的关键绩效指标，例如，行动计划的平均超期时间、审核发现问题的再发生、每个部门/地点发现问题的密集度。 • 确保管理层了解不符合质量标准和环境法规的风险。 • 担当公司业务的咨询专家；发展和保持专业性，成为质量体系和环境符合方面的业务专家。
经验	• 编制过程定义和改进的文件。 • 执行适宜的行业过程、质量和环境标准或法规。 • 设计和提供关于标准、法规和审核的培训。

续表

职位	质量体系和环境符合审核总监
经验	• 与外部监管机构和人员联络，解决主要发现的问题。
必备技能	卓越的与各层次人员沟通和谈判的能力。优秀的分析和问题解决技能。
其他	能够远程和间接地对审核资源进行监督。能够快速消化信息和在没有帮助的情况下与高层管理者处理有关事情。候选人员应求真务实，同时不影响沟通的诚意。能够担当多项任务和采取多项行动。候选人员应：对质量、环境和过程改进的工作有决心和热情；关注细节；灵活且适应性强，善于团队合作，勤奋务实；主动，能主动工作。

资深黑带

资深黑带是公司级的六西格玛和质量专家。资深黑带应具备相应的资质，以培训其他黑带和绿带掌握六西格玛的方法论和工具，并促进其在公司所有部门和层次的应用。此外，资深黑带有能力领导六西格玛与公司战略的融合，参与创建和执行组织的战略业务和运营计划。作为黑带，资深黑带后备人员已经独立领导过数个成功的项目团队。

关键角色

- 提供技术指导和辅导。
- 指导多个项目。
- 向倡导者和高层管理者提供建议。
- 在精益和六西格玛工具和技术方面培训其他员工。
- 在精益和六西格玛方法与公司经营战略整合方面向管理团队提供指导。
- 参与创建和执行组织的战略业务和运营计划。
- 接受在高级工具、战略制定和培训师的培训方面的培训。

黑带

黑带是六西格玛技术专家，被授权全面负责执行不同业务单元、职能或过程中的六西格玛项目。他们被视为改进活动的发起者（initiators），是全职的在工作现场的项目领导者。

关键角色

- 向倡导者及时汇报项目的进展情况。
- 发展、指导和领导跨职能的项目改进团队。
- 在项目的筛选、跟踪和立项方面提供指导和建议。
- 帮助绿带、黄带和业务专家使用六西格玛工具和方法。
- 积极寻求使用六西格玛突破步骤解决长期性的问题，消除浪费，计划新的服务和产品。
- 学习使自己的项目与本地的经营目标相协调。
- 提供项目的管理，协助和领导团队。
- 在适宜的工具方面获得培训和认证。

绿带

绿带是具有丰富知识，能够支持并参与精益和六西格玛项目的员工。他们可以是团队的领导者或者团队成员。

关键角色

- 可以负责项目的执行。
- 可以担当项目团队的核心成员。
- 积极参与大型黑带项目或提供专业支持。
- 使用精益和六西格玛步骤解决问题。
- 已经完成多个项目，一次一个项目。
- 在绿带工具方面获得培训和认证。

资深精益师

资深精益师是公司级的精益或质量专家。资深精益师应具备相应的资质，以培训其他精益工程师和团队成员掌握精益方法论和工具，并促进其在公司所有部门和层次的应用。此外，资深精益师有能力领导精益方法与公司战略的融合，参与创建和执行组织的战略业务和运营计划。作为精益工程师，资深精益师后备人员已经独立领导过数个成功的项目团队。

关键角色

- 提供技术指导和辅导。
- 指导多个项目。
- 向倡导者和高层管理者提供建议。
- 在项目的筛选、跟踪和立项方面提供指导和建议。
- 在精益工具和技术方面培训其他员工。
- 在精益方法与公司经营战略整合方面向管理团队提供指导。
- 参与创建和执行组织的战略业务和运营计划。
- 接受在高级工具、战略制定和培训师的培训方面的培训。

精益工程师

精益工程师是技术专家，被授权全面负责执行不同业务单元、职能或过程中的精益项目。他们被视为改进活动的发起者，是全职的在工作现场的项目领导者。

关键角色

- 及时向倡导者汇报项目的进展情况。
- 发展、指导和领导跨职能的项目改进团队。
- 在项目的筛选、跟踪和立项方面提供指导和建议。
- 帮助精益经理及其他专业人员使用精益工具和方法。
- 积极寻求使用精益方法的步骤解决长期性的问题，消除浪费，计划新的服务和产品。
- 学习使自己的项目与本地的经营目标相协调。
- 提供项目的管理，协助和领导团队。
- 在适宜的工具方面获得培训和认证。

（黎煜　译）

附录Ⅱ 表与图

表 A　计算控制图中各条线的因子

样本中观察值的数目, n	平均值控制图 控制限的因子			标准差控制图 中心线的因子		控制限的因子				极差控制图 中心线的因子		控制限的因子			
	A	A_2	A_3	c_4	$1/c_4$	B_3	B_4	B_5	B_6	d_2	$1/d_2$	d_3	D_1	D_2	D_3	D_4
2	2.121	1.880	2.659	0.797 9	1.253 3	0	3.267	0	2.606	1.128	0.886 5	0.853	0	3.686	0	3.267
3	1.732	1.023	1.954	0.886 2	1.128 4	0	2.568	0	2.276	1.693	0.590 7	0.888	0	4.358	0	2.574
4	1.500	0.729	1.628	0.921 3	1.085 4	0	2.266	0	2.088	2.059	0.485 7	0.880	0	4.698	0	2.282
5	1.342	0.577	1.427	0.940 0	1.063 8	0	2.089	0	1.964	2.326	0.429 9	0.864	0	4.918	0	2.114
6	1.225	0.483	1.287	0.951 5	1.051 0	0.030	1.970	0.029	1.874	2.534	0.394 6	0.848	0	5.078	0	2.004
7	1.134	0.419	1.182	0.959 4	1.042 3	0.118	1.882	0.113	1.806	2.704	0.369 8	0.833	0.204	5.204	0.076	1.924
8	1.061	0.373	1.099	0.965 0	1.036 3	0.185	1.815	0.179	1.751	2.847	0.351 2	0.820	0.388	5.306	0.136	1.864
9	1.000	0.337	1.032	0.969 3	1.031 7	0.239	1.761	0.232	1.707	2.970	0.336 7	0.808	0.547	5.393	0.184	1.816
10	0.949	0.308	0.975	0.972 7	1.028 1	0.284	1.716	0.276	1.669	3.078	0.324 9	0.797	0.687	5.469	0.223	1.777
11	0.905	0.285	0.927	0.975 4	1.025 2	0.321	1.679	0.313	1.637	3.173	0.315 2	0.787	0.811	5.535	0.256	1.744
12	0.866	0.266	0.886	0.977 6	1.022 9	0.354	1.646	0.346	1.610	3.258	0.306 9	0.778	0.922	5.594	0.283	1.717
13	0.832	0.249	0.850	0.979 4	1.021 0	0.382	1.618	0.374	1.585	3.336	0.299 8	0.770	1.025	5.647	0.307	1.693
14	0.802	0.235	0.817	0.981 0	1.019 4	0.406	1.594	0.399	1.563	3.407	0.293 5	0.763	1.118	5.696	0.328	1.672
15	0.775	0.223	0.789	0.982 3	1.018 0	0.428	1.572	0.421	1.544	3.472	0.288 0	0.756	1.203	5.741	0.347	1.653
16	0.750	0.212	0.763	0.983 5	1.016 8	0.448	1.552	0.440	1.526	3.532	0.283 1	0.750	1.282	5.782	0.363	1.637
17	0.728	0.203	0.739	0.984 5	1.015 7	0.466	1.534	0.458	1.511	3.588	0.278 7	0.744	1.356	5.820	0.378	1.622
18	0.707	0.194	0.718	0.985 4	1.014 8	0.482	1.518	0.475	1.496	3.640	0.274 7	0.739	1.424	5.856	0.391	1.608
19	0.688	0.187	0.698	0.986 2	1.014 0	0.497	1.503	0.490	1.483	3.689	0.271 1	0.734	1.487	5.891	0.403	1.597
20	0.671	0.180	0.680	0.986 9	1.013 3	0.510	1.490	0.504	1.470	3.735	0.267 7	0.729	1.549	5.921	0.415	1.585
21	0.655	0.173	0.663	0.987 6	1.012 6	0.523	1.477	0.516	1.459	3.778	0.264 7	0.724	1.605	5.951	0.425	1.575
22	0.640	0.167	0.647	0.988 2	1.011 9	0.534	1.466	0.528	1.448	3.819	0.261 8	0.720	1.659	5.979	0.434	1.566
23	0.626	0.162	0.633	0.988 7	1.011 4	0.545	1.455	0.539	1.438	3.858	0.259 2	0.716	1.710	6.006	0.443	1.557
24	0.612	0.157	0.619	0.989 2	1.010 9	0.555	1.445	0.549	1.429	3.895	0.256 7	0.712	1.759	6.031	0.451	1.548
25	0.600	0.153	0.606	0.989 6	1.010 5	0.565	1.435	0.559	1.420	3.931	0.254 4	0.708	1.806	6.056	0.459	1.541

资料来源：Table 27 in ASTM *Manual on Presentation of Data and Control Chart Analysis*. (1976). ASTM Publication STP15D, American Society for Testing and Materials, Philadelphia, pp. 134 - 135. Used by permission.

注：对于 $n > 25$，$A = 3/\sqrt{n}$，$A_3 = 3/c_4\sqrt{n}$，$c_4 \simeq 4(n-1)/(4n-3)$；$B_3 = 1 - 3/c_4\sqrt{2(n-1)}$，$B_4 = 1 + 3/c_4\sqrt{2(n-1)}$，$B_5 = c_4 - 3/\sqrt{2(n-1)}$，$B_6 = c_4 + 3/\sqrt{2(n-1)}$。

图的用途	图的类型	中心线	3σ 控制限
分析以往用于控制的检验数据（$\bar{X}$, $\bar{s}$, $\bar{R}$ 为所分析数据的平均值）	平均值图 标准差图 极差图	$\bar{\bar{X}}$ $\bar{s}$ $\bar{R}$	$\bar{\bar{X}} \pm A_3\bar{s}$ 或 $\bar{\bar{X}} \pm A_2\bar{R}$ $B_3\bar{s}$ 和 $B_4\bar{s}$ $D_3\bar{R}$ 和 $D_4\bar{R}$
控制生产过程的质量（$\bar{X}_0$, σ_0, R_0 为所选标准值；$\bar{R}=d_2\sigma_0$ 为容量为 n 的样本）	平均值图 标准差图 极差图	$\bar{X}_0$ s_0 或 $c_4\sigma_0$ R_0 或 $d_2\sigma_0$	$\bar{X}_0 \pm A\sigma_0$ 或 $\bar{X}_0 \pm A_2 R_0$ $B_5\sigma_0$ 和 $B_6\sigma_0$ $D_1\sigma_0$ 和 $D_2\sigma_0$

表 B 正态分布表

曲线下由 $-\infty$ 到 $K=\dfrac{X-\mu}{\sigma}$ 间的面积占曲线下总面积的比例。例如：当 $K=+2.0$ 时，获得一个等于或小于 X 的值的概率为 0.9773。

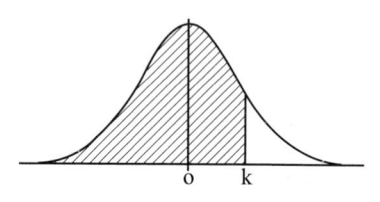

K	0.09	0.08	0.07	0.06	0.05	0.04	0.03	0.02	0.01	0.00
-3.5	0.000 17	0.000 17	0.000 18	0.000 19	0.000 19	0.000 20	0.000 21	0.000 22	0.000 22	0.000 23
-3.4	0.000 24	0.000 25	0.000 26	0.000 27	0.000 28	0.000 29	0.000 30	0.000 31	0.000 33	0.000 34
-3.3	0.000 35	0.000 36	0.000 38	0.000 39	0.000 40	0.000 42	0.000 43	0.000 45	0.000 47	0.000 48
-3.2	0.000 50	0.000 52	0.000 54	0.000 56	0.000 58	0.000 60	0.000 62	0.000 64	0.000 66	0.000 69
-3.1	0.000 71	0.000 74	0.000 76	0.000 79	0.000 82	0.000 85	0.000 87	0.000 90	0.000 94	0.000 97
-3.0	0.001 00	0.001 04	0.001 07	0.001 11	0.001 14	0.001 18	0.001 22	0.001 26	0.001 31	0.001 35
-2.9	0.001 4	0.001 4	0.001 5	0.001 5	0.001 6	0.001 6	0.001 7	0.001 7	0.001 8	0.001 9
-2.8	0.001 9	0.002 0	0.002 1	0.002 1	0.002 2	0.002 3	0.002 3	0.002 4	0.002 5	0.002 6
-2.7	0.002 6	0.002 7	0.002 8	0.002 9	0.003 0	0.003 1	0.003 2	0.003 3	0.003 4	0.003 5
-2.6	0.003 6	0.003 7	0.003 8	0.003 9	0.004 0	0.004 1	0.004 3	0.004 4	0.004 5	0.004 7
-2.5	0.004 8	0.004 9	0.005 1	0.005 2	0.005 4	0.005 5	0.005 7	0.005 9	0.006 0	0.006 2
-2.4	0.006 4	0.006 6	0.006 8	0.006 9	0.007 1	0.007 3	0.007 5	0.007 8	0.008 0	0.008 2
-2.3	0.008 4	0.008 7	0.008 9	0.009 1	0.009 4	0.009 6	0.009 9	0.010 2	0.010 4	0.010 7
-2.2	0.011 0	0.011 3	0.011 6	0.011 9	0.012 2	0.012 5	0.012 9	0.013 2	0.013 6	0.013 9
-2.1	0.014 3	0.014 6	0.015 0	0.015 4	0.015 8	0.016 2	0.016 6	0.017 0	0.017 4	0.017 9
-2.0	0.018 3	0.018 8	0.019 2	0.019 7	0.020 2	0.020 7	0.021 2	0.021 7	0.022 2	0.022 8
-1.9	0.023 3	0.023 9	0.024 4	0.025 0	0.025 6	0.026 2	0.026 8	0.027 4	0.028 1	0.028 7
-1.8	0.029 4	0.030 1	0.030 7	0.031 4	0.032 2	0.032 9	0.033 6	0.034 4	0.035 1	0.035 9
-1.7	0.036 7	0.037 5	0.038 4	0.039 2	0.040 1	0.040 9	0.041 8	0.042 7	0.043 6	0.044 6
-1.6	0.045 5	0.046 5	0.047 5	0.048 5	0.049 5	0.050 5	0.051 6	0.052 6	0.053 7	0.054 8
-1.5	0.055 9	0.057 1	0.058 2	0.059 4	0.060 6	0.061 8	0.063 0	0.064 3	0.065 5	0.066 8
-1.4	0.068 1	0.069 4	0.070 8	0.072 1	0.073 5	0.074 9	0.076 4	0.077 8	0.079 3	0.080 8
-1.3	0.082 3	0.083 8	0.085 3	0.086 9	0.088 5	0.090 1	0.091 8	0.093 4	0.095 1	0.096 8

续表

K	0.09	0.08	0.07	0.06	0.05	0.04	0.03	0.02	0.01	0.00
−1.2	0.0985	0.1003	0.1020	0.1038	0.1057	0.1075	0.1093	0.1112	0.1131	0.1151
−1.1	0.1170	0.1190	0.1210	0.1230	0.1251	0.1271	0.1292	0.1314	0.1335	0.1357
−1.0	0.1379	0.1401	0.1423	0.1446	0.1469	0.1492	0.1515	0.1539	0.1562	0.1587
−0.9	0.1611	0.1635	0.1660	0.1685	0.1711	0.1736	0.1762	0.1788	0.1814	0.1841
−0.8	0.1867	0.1894	0.1922	0.1949	0.1977	0.2005	0.2033	0.2061	0.2090	0.2119
−0.7	0.2148	0.2177	0.2207	0.2236	0.2266	0.2297	0.2327	0.2358	0.2389	0.2420
−0.6	0.2451	0.2483	0.2514	0.2546	0.2578	0.2611	0.2643	0.2676	0.2709	0.2743
−0.5	0.2776	0.2810	0.2843	0.2877	0.2912	0.2946	0.2981	0.3015	0.3050	0.3085
−0.4	0.3121	0.3156	0.3192	0.3228	0.3264	0.3300	0.3336	0.3372	0.3409	0.3446
−0.3	0.3483	0.3520	0.3557	0.3594	0.3632	0.3669	0.3707	0.3745	0.3783	0.3821
−0.2	0.3859	0.3897	0.3936	0.3974	0.4013	0.4052	0.4090	0.4129	0.4168	0.4207
−0.1	0.4247	0.4286	0.4325	0.4364	0.4404	0.4443	0.4483	0.4562	0.4562	0.4602
−0.0	0.4641	0.4681	0.4721	0.4761	0.4801	0.4840	0.4880	0.4920	0.4960	0.5000

K	0.00	0.01	0.02	0.03	0.04	0.05	0.06	0.07	0.08	0.09
+0.0	0.5000	0.5040	0.5080	0.5120	0.5160	0.5199	0.5239	0.5279	0.5319	0.5359
+0.1	0.5398	0.5438	0.5478	0.5517	0.5557	0.5596	0.5636	0.5675	0.5714	0.5753
+0.2	0.5793	0.5832	0.5871	0.5910	0.5948	0.5987	0.6026	0.6064	0.6103	0.6141
+0.3	0.6179	0.6217	0.6255	0.6293	0.6331	0.6368	0.6406	0.6443	0.6480	0.6517
+0.4	0.6554	0.6591	0.6628	0.6664	0.6700	0.6736	0.6772	0.6808	0.6844	0.6879
+0.5	0.6915	0.6950	0.6985	0.7019	0.7054	0.7088	0.7123	0.7157	0.7190	0.7224
+0.6	0.7257	0.7291	0.7324	0.7357	0.7389	0.7422	0.7454	0.7486	0.7517	0.7549
+0.7	0.7580	0.7611	0.7642	0.7673	0.7704	0.7734	0.7764	0.7794	0.7823	0.7852
+0.8	0.7881	0.7910	0.7939	0.7967	0.7995	0.8023	0.8051	0.8079	0.8106	0.8133
+0.9	0.8159	0.8186	0.8212	0.8238	0.8264	0.8289	0.8315	0.8340	0.8365	0.8389
+1.0	0.8413	0.8438	0.8461	0.8485	0.8508	0.8531	0.8554	0.8577	0.8599	0.8621
+1.1	0.8643	0.8665	0.8686	0.8708	0.8729	0.8749	0.8770	0.8790	0.8810	0.8830
+1.2	0.8849	0.8869	0.8888	0.8907	0.8925	0.8944	0.8962	0.8980	0.8997	0.9015
+1.3	0.9032	0.9049	0.9066	0.9082	0.9099	0.9115	0.9131	0.9147	0.9162	0.9177
+1.4	0.9192	0.9207	0.9222	0.9236	0.9251	0.9265	0.9279	0.9292	0.9306	0.9319
+1.5	0.9332	0.9345	0.9357	0.9370	0.9382	0.9394	0.9406	0.9418	0.9429	0.9441

K	0.00	0.01	0.02	0.03	0.04	0.05	0.06	0.07	0.08	0.09
+1.6	0.9452	0.9463	0.9474	0.9484	0.9495	0.9505	0.9515	0.9525	0.9535	0.9545
+1.7	0.9554	0.9564	0.9573	0.9582	0.9591	0.9599	0.9608	0.9616	0.9625	0.9633
+1.8	0.9641	0.9649	0.9656	0.9664	0.9671	0.9678	0.9686	0.9693	0.9699	0.9706
+1.9	0.9713	0.9719	0.9726	0.9732	0.9738	0.9744	0.9750	0.9756	0.9761	0.9767
+2.0	0.9773	0.9778	0.9783	0.9788	0.9793	0.9798	0.9803	0.9808	0.9812	0.9817
+2.1	0.9821	0.9826	0.9830	0.9834	0.9838	0.9842	0.9846	0.9850	0.9854	0.9857
+2.2	0.9861	0.9864	0.9868	0.9871	0.9875	0.9878	0.9881	0.9884	0.9887	0.9890
+2.3	0.9893	0.9896	0.9898	0.9901	0.9904	0.9906	0.9909	0.9911	0.9913	0.9916
+2.4	0.9918	0.9920	0.9922	0.9925	0.9927	0.9929	0.9931	0.9932	0.9934	0.9936
+2.5	0.9938	0.9940	0.9941	0.9943	0.9945	0.9946	0.9948	0.9949	0.9951	0.9952
+2.6	0.9953	0.9955	0.9956	0.9957	0.9959	0.9960	0.9961	0.9962	0.9963	0.9964

续表

K	0.00	0.01	0.02	0.03	0.04	0.05	0.06	0.07	0.08	0.09
+2.7	0.996 5	0.996 6	0.996 7	0.996 8	0.996 9	0.997 0	0.997 1	0.997 2	0.997 3	0.997 4
+2.8	0.997 4	0.997 5	0.997 6	0.997 7	0.997 7	0.997 8	0.997 9	0.997 9	0.998 0	0.998 1
+2.9	0.998 1	0.998 2	0.998 3	0.998 3	0.998 4	0.998 4	0.998 5	0.998 5	0.998 6	0.998 6
+3.0	0.998 65	0.998 69	0.998 74	0.998 78	0.998 82	0.998 86	0.998 89	0.998 93	0.998 96	0.999 00
+3.1	0.999 03	0.999 06	0.999 10	0.999 13	0.999 15	0.999 18	0.999 21	0.999 24	0.999 26	0.999 29
+3.2	0.999 31	0.999 34	0.999 36	0.999 38	0.999 40	0.999 42	0.999 44	0.999 46	0.999 48	0.999 50
+3.3	0.999 52	0.999 53	0.999 55	0.999 57	0.999 58	0.999 60	0.999 61	0.999 62	0.999 64	0.999 65
+3.4	0.999 66	0.999 67	0.999 69	0.999 70	0.999 71	0.999 72	0.999 73	0.999 74	0.99S 75	0.999 76
+3.5	0.999 77	0.999 78	0.999 78	0.999 79	0.999 80	0.999 81	0.999 81	0.999 82	0.999 83	0.999 83

资料来源：Adapted with permission from Grant, Eugene L. and Leavenworth, Richard S. (1972). *Statistical Quality Control*, 4th ed. McGraw-Hill, New York, pp. 642–643.

表C 指数分布表

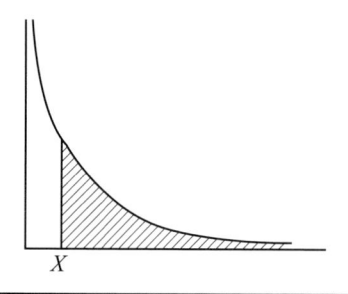

$\dfrac{X}{\mu}$	0.00	0.01	0.02	0.03	0.04	0.05	0.06	0.07	0.08	0.09
0.0	1.000	0.990 0	0.980 2	0.970 4	0.960 8	0.951 2	0.941 8	0.932 4	0.923 1	0.913 9
0.1	0.904 8	0.895 8	0.886 0	0.878 1	0.869 4	0.860 7	0.852 1	0.843 7	0.835 3	0.827 0
0.2	0.818 7	0.810 6	0.802 5	0.794 5	0.786 6	0.778 8	0.771 1	0.763 4	0.775 8	0.748 3
0.3	0.740 8	0.733 4	0.726 1	0.718 9	0.711 8	0.704 7	0.697 7	0.690 7	0.683 9	0.677 1
0.4	0.670 3	0.663 7	0.657 0	0.650 5	0.644 0	0.637 6	0.631 3	0.625 0	0.618 8	0.612 6
0.5	0.606 5	0.600 5	0.594 3	0.588 6	0.582 7	0.576 9	0.571 2	0.565 5	0.559 9	0.554 3
0.6	0.548 8	0.543 3	0.537 9	0.532 6	0.527 3	0.522 0	0.516 9	0.511 7	0.506 6	0.501 6
0.7	0.496 6	0.491 6	0.486 8	0.481 9	0.477 1	0.472 4	0.467 7	0.463 0	0.458 4	0.453 8
0.8	0.449 3	0.444 9	0.440 4	0.436 0	0.431 7	0.427 4	0.423 2	0.419 0	0.414 8	0.410 7
0.9	0.406 6	0.402 5	0.398 5	0.394 6	0.390 6	0.386 7	0.382 9	0.379 1	0.375 3	0.371 6
	0.0	0.1	0.2	0.3	0.4	0.5	0.6	0.7	0.8	0.9
1.0	0.367 9	0.332 9	0.301 2	0.272 5	0.246 6	0.223 1	0.201 9	0.182 7	0.165 3	0.149 6
2.0	0.135 3	0.122 5	0.110 8	0.100 3	0.090 7	0.082 1	0.074 3	0.067 2	0.060 8	0.055 0
3.0	0.049 8	0.045 0	0.040 8	0.036 9	0.033 4	0.030 2	0.027 3	0.024 7	0.022 4	0.020 2
4.0	0.018 3	0.016 6	0.015 0	0.013 0	0.012 3	0.011 1	0.010 1	0.009 1	0.008 2	0.007 4
5.0	0.006 7	0.006 1	0.005 5	0.005 0	0.004 5	0.004 1	0.003 7	0.003 3	0.003 0	0.002 7
6.0	0.002 5	0.002 2	0.002 0	0.001 8	0.001 7	0.001 5	0.001 4	0.001 2	0.001 1	0.001 0

资料来源：Adapted with permission from Selby, S. M. (ed.) (1969). *CRC Standard Mathematical Tables*, 17th ed. The Chemical Rubber Co., pp. 201–207.

表 D 中位数秩表

样本容量 n

i	1	2	3	4	5	6	7	8	9	10	11	12	13	14	15	16	17	18	19	20
1	0.5000	0.2929	0.2063	0.1591	0.1294	0.1091	0.0941	0.0833	0.0740	0.0671	0.0611	0.0561	0.0519	0.0483	0.0453	0.0422	0.0404	0.0378	0.0358	0.0341
2		0.7071	0.5000	0.3864	0.3147	0.2655	0.2295	0.2021	0.1802	0.1632	0.1489	0.1368	0.1266	0.1178	0.1103	0.1034	0.0975	0.0925	0.0874	0.0831
3			0.7937	0.6136	0.5000	0.4210	0.3648	0.3213	0.2871	0.2596	0.2360	0.2172	0.2013	0.1873	0.1750	0.1640	0.1550	0.1465	0.1390	0.1322
4				0.8409	0.6853	0.5780	0.5000	0.4400	0.3935	0.3557	0.3241	0.2982	0.2760	0.2568	0.2400	0.2254	0.2125	0.2009	0.1905	0.1812
5					0.8706	0.7345	0.6352	0.5596	0.5000	0.4519	0.4122	0.3789	0.3506	0.3263	0.3051	0.2865	0.2700	0.2553	0.2421	0.2302
6						0.8909	0.7705	0.6787	0.6065	0.5481	0.5000	0.4594	0.4250	0.3951	0.3691	0.3470	0.3275	0.3097	0.2937	0.2793
7							0.9057	0.7975	0.7129	0.6445	0.5878	0.5400	0.5000	0.4653	0.4350	0.4085	0.3851	0.3641	0.3453	0.3283
8								0.9170	0.8194	0.7406	0.6751	0.6210	0.5747	0.5340	0.5000	0.4694	0.4425	0.4184	0.3968	0.3774
9									0.9259	0.8368	0.7634	0.7018	0.6490	0.6042	0.5650	0.5305	0.5000	0.4728	0.4484	0.4264
10										0.9330	0.8511	0.7825	0.7240	0.6730	0.6305	0.5910	0.5570	0.5272	0.5000	0.4755
11											0.9389	0.8632	0.7987	0.7432	0.6949	0.6525	0.6156	0.5816	0.5516	0.5245
12												0.9439	0.8734	0.8127	0.7599	0.7139	0.6725	0.6359	0.6032	0.5736
13													0.9481	0.8822	0.8241	0.7746	0.7300	0.6903	0.6547	0.6226
14														0.9517	0.8892	0.8358	0.7875	0.7447	0.7063	0.6717
15															0.9548	0.8966	0.8458	0.7991	0.7579	0.7207
16																0.9576	0.9025	0.8535	0.8095	0.7698
17																	0.9600	0.9075	0.8610	0.8188
18																		0.9622	0.9126	0.8678
19																			0.9642	0.9169
20																				0.9659

资料来源：Adapted with permission from "The Table of Median Ranks of Sample Values on Their Population with an Application to Certain Fatigue Studies." (1951). *Industrial Mathematics*, no. 2, p. 7.

表 E 泊松分布表

平均发生数为 np 的事件发生 r 或小于 r 次的概率 $\times 1\,000$。

np \ r	0	1	2	3	4	5	6	7	8	9
0.02	980	1 000								
0.04	961	999	1 000							
0.06	942	998	1 000							
0.08	923	997	1 000							
0.10	905	995	1 000							
0.15	861	990	999	1 000						
0.20	819	982	999	1 000						
0.25	779	974	998	1 000						
0.30	741	963	996	1 000						
0.35	705	951	994	1 000						
0.40	670	938	992	999	1 000					
0.45	638	925	989	999	1 000					
0.50	607	910	986	998	1 000					
0.55	577	894	982	998	1 000					
0.60	549	878	977	997	1 000					
0.65	522	861	972	996	999	1 000				
0.70	497	844	966	994	999	1 000				
0.75	472	827	959	993	999	1 000				
0.80	449	809	953	991	999	1 000				
0.85	427	791	945	989	998	1 000				
0.90	407	772	937	987	998	1 000				
0.95	387	754	929	984	997	1 000				
1.00	368	736	920	981	996	999	1 000			
1.1	333	699	900	974	995	999	1 000			
1.2	301	663	879	966	992	998	1 000			
1.3	273	627	857	957	989	998	1 000			
1.4	247	592	833	946	986	997	999	1 000		
1.5	223	558	809	934	981	996	999	1 000		
1.6	202	525	783	921	976	994	999	1 000		
1.7	183	493	757	907	970	992	998	1 000		
1.8	165	463	731	891	964	990	997	999	1 000	
1.9	150	434	704	875	956	987	997	999	1 000	
2.0	135	406	677	857	947	983	995	999	1 000	

续表

r\np	0	1	2	3	4	5	6	7	8	9
2.2	111	355	623	819	928	975	993	998	1 000	
2.4	091	308	570	779	904	964	988	997	999	1 000
2.6	074	267	518	736	877	951	983	995	999	1 000
2.8	061	231	469	692	848	935	976	992	998	999
3.0	050	199	423	647	815	916	966	988	996	999
3.2	041	171	380	603	781	895	955	983	994	998
3.4	033	147	340	558	744	871	942	977	992	997
3.6	027	126	303	515	706	844	927	969	988	996
3.8	022	107	269	473	668	816	909	960	984	994
4.0	018	092	238	433	629	785	889	949	979	992
4.2	015	078	210	395	590	753	867	936	972	989
4.4	012	066	185	359	551	720	844	921	964	985
4.6	010	056	163	326	513	686	818	905	955	980
4.8	008	048	143	294	476	651	791	887	944	975
5.0	007	040	125	265	440	616	762	867	932	968
5.2	006	034	109	238	406	581	732	845	918	960
5.4	005	029	095	213	373	546	702	822	903	951
5.6	004	024	082	191	342	512	670	797	886	941
5.8	003	021	072	170	313	478	638	771	867	929
6.0	002	017	062	151	285	446	606	744	847	916

r\np	10	11	12	13	14	15	16
2.8	1 000						
3.0	1 000						
3.2	1 000						
3.4	999	1 000					
3.6	999	1 000					
3.8	998	999	1 000				
4.0	997	999	1 000				
4.2	996	999	1 000				
4.4	994	998	999	1 000			
4.6	992	997	999	1 000			
4.8	990	996	999	1 000			
5.0	986	995	998	999	1 000		
5.2	982	993	997	999	1 000		
5.4	977	990	996	999	1 000		
5.6	972	988	995	998	999	1 000	
5.8	965	984	993	997	999	1 000	
6.0	957	980	991	996	999	999	1 000

续表

np\r	0	1	2	3	4	5	6	7	8	9
6.2	002	015	054	134	259	414	574	716	826	902
6.4	002	012	046	119	235	384	542	687	803	886
6.6	001	010	040	105	213	355	511	658	780	869
6.8	001	009	034	093	192	327	480	628	755	850
7.0	001	007	030	082	173	301	450	599	729	830
7.2	001	006	025	072	156	276	420	569	703	810
7.4	001	005	022	063	140	253	392	539	676	788
7.6	001	004	019	055	125	231	365	510	648	765
7.8	000	004	016	048	112	210	338	481	620	741
8.0	000	003	014	042	100	191	313	453	593	717
8.5	000	002	009	030	074	150	256	386	523	653
9.0	000	001	006	021	055	116	207	324	456	587
9.5	000	001	004	015	040	089	165	269	392	522
10.0	000	000	003	010	029	067	130	220	333	458
	10	11	12	13	14	15	16	17	18	19
6.2	949	975	989	995	998	999	1 000			
6.4	939	969	986	994	997	999	1 000			
6.6	927	963	982	992	997	999	999	1 000		
6.8	915	955	978	990	996	998	999	1 000		
7.0	901	947	973	987	994	998	999	1 000		
7.2	887	937	967	984	993	997	999	999	1 000	
7.4	871	926	961	980	991	996	998	999	1 000	
7.6	854	915	954	976	989	995	998	999	1 000	
7.8	835	902	945	971	986	993	997	999	1 000	
8.0	816	888	936	966	983	992	996	998	999	1 000
8.5	763	849	909	949	973	986	993	997	999	999
9.0	706	803	876	926	959	978	989	995	998	999
9.5	645	752	836	898	940	967	982	991	996	998
10.0	583	697	792	864	917	951	973	986	993	997
	20	21	22							
8.5	1 000									
9.0	1 000									
9.5	999	1 000								
10.0	998	999	1 000							

续表

np \ r	0	1	2	3	4	5	6	7	8	9
10.5	000	000	002	007	021	050	102	179	279	397
11.0	000	000	001	005	015	038	079	143	232	341
11.5	000	000	001	003	011	028	060	114	191	289
12.0	000	000	001	002	008	020	046	090	155	242
12.5	000	000	000	002	005	015	035	070	125	201
13.0	000	000	000	001	004	011	026	054	100	166
13.5	000	000	000	001	003	008	019	041	079	135
14.0	000	000	000	000	002	006	014	032	062	109
14.5	000	000	000	000	001	004	010	024	048	088
15.0	000	000	000	000	001	003	008	018	037	070
	10	11	12	13	14	15	16	17	18	19
10.5	521	639	742	825	888	932	960	978	988	994
11.0	460	579	689	781	854	907	944	968	982	991
11.5	402	520	633	733	815	878	924	954	974	986
12.0	347	462	576	682	772	844	899	937	963	979
12.5	297	406	519	628	725	806	869	916	948	969
13.0	252	353	463	573	675	764	835	890	930	957
13.5	211	304	409	518	623	718	798	861	908	942
14.0	176	260	358	464	570	669	756	827	883	923
14.5	145	220	311	413	518	619	711	790	853	901
15.0	118	185	268	363	466	568	664	749	819	875
	20	21	22	23	24	25	26	27	28	29
10.5	997	999	999	1 000						
11.0	995	998	999	1 000						
11.5	992	996	998	999	1 000					
12.0	988	994	997	999	999	1 000				
12.5	983	991	995	998	999	999	1 000			
13.0	975	986	992	996	998	999	1 000			
13.5	965	980	989	994	997	998	999	1 000		
14.0	952	971	983	991	995	997	999	999	1 000	
14.5	936	960	976	986	992	996	998	999	999	1 000
15.0	917	947	967	981	989	994	997	999	999	1 000

资料来源:Adapted with permission from Grant,E. L. and Leavenworth,Richard S. (1972). *Statistical Quality Control*,4th ed. McGraw-Hill,New York.

表 F 二项分布表

每次试验发生概率为 p 的事件在 n 次试验中发生 r 次或小于 r 次的概率。

n	r	0.05	0.10	0.15	0.20	0.25	0.30	p 0.35	0.40	0.45	0.50
2	0	0.902 5	0.810 0	0.722 5	0.640 0	0.562 5	0.490 0	0.422 5	0.360 0	0.302 5	0.250 0
	1	0.997 5	0.990 0	0.977 5	0.960 0	0.937 5	0.910 0	0.877 5	0.840 0	0.797 5	0.750 0
3	0	0.857 4	0.729 0	0.614 1	0.512 0	0.421 9	0.343 0	0.274 6	0.216 0	0.166 4	0.125 0
	1	0.992 8	0.972 0	0.939 2	0.896 0	0.843 8	0.784 0	0.718 2	0.648 0	0.574 8	0.500 0
	2	0.999 9	0.999 0	0.996 6	0.992 0	0.984 4	0.973 0	0.957 1	0.936 0	0.908 9	0.875 0
4	0	0.814 5	0.656 1	0.522 0	0.409 6	0.316 4	0.240 1	0.178 5	0.129 6	0.091 5	0.062 5
	1	0.986 0	0.947 7	0.890 5	0.819 2	0.738 3	0.651 7	0.563 0	0.475 2	0.391 0	0.312 5
	2	0.999 5	0.996 3	0.988 0	0.972 8	0.949 2	0.916 3	0.873 5	0.820 8	0.758 5	0.687 5
	3	1.000 0	0.999 9	0.999 5	0.998 4	0.996 1	0.991 9	0.985 0	0.974 4	0.959 0	0.937 5
5	0	0.773 8	0.590 5	0.443 7	0.327 7	0.237 3	0.168 1	0.116 0	0.077 8	0.050 3	0.031 2
	1	0.977 4	0.918 5	0.835 2	0.737 3	0.632 8	0.528 2	0.428 4	0.337 0	0.256 2	0.187 5
	2	0.998 8	0.991 4	0.973 4	0.942 1	0.896 5	0.836 9	0.764 8	0.682 6	0.593 1	0.500 0
	3	1.000 0	0.999 5	0.997 8	0.993 3	0.984 4	0.969 2	0.946 0	0.913 0	0.868 8	0.812 5
	4	1.000 0	1.000 0	0.999 9	0.999 7	0.999 0	0.997 6	0.994 7	0.989 8	0.981 5	0.968 8
6	0	0.735 1	0.531 4	0.377 1	0.262 1	0.178 0	0.117 6	0.075 4	0.046 7	0.027 7	0.015 6
	1	0.967 2	0.885 7	0.776 5	0.655 4	0.533 9	0.420 2	0.319 1	0.233 3	0.163 6	0.109 4
	2	0.997 8	0.984 2	0.952 7	0.901 1	0.830 6	0.744 3	0.647 1	0.544 3	0.441 5	0.343 8
	3	0.999 9	0.998 7	0.994 1	0.983 0	0.962 4	0.929 5	0.882 6	0.820 8	0.744 7	0.656 2
	4	1.000 0	0.999 9	0.999 6	0.998 4	0.995 4	0.989 1	0.977 7	0.959 0	0.930 8	0.890 6
	5	1.000 0	1.000 0	1.000 0	0.999 9	0.999 8	0.999 3	0.998 2	0.995 9	0.991 7	0.984 4

续表

n	r	\p 0.05	0.10	0.15	0.20	0.25	0.30	0.35	0.40	0.45	0.50
7	0	0.698 3	0.478 3	0.320 6	0.209 7	0.133 5	0.082 4	0.049 0	0.028 0	0.015 2	0.007 8
	1	0.955 6	0.850 3	0.716 6	0.576 7	0.444 9	0.329 4	0.233 8	0.158 6	0.102 4	0.062 5
	2	0.996 2	0.974 3	0.926 2	0.852 0	0.756 4	0.647 1	0.532 3	0.419 9	0.316 4	0.226 6
	3	0.999 8	0.997 3	0.987 9	0.966 7	0.929 4	0.874 0	0.800 2	0.710 2	0.608 3	0.500 0
	4	1.000 0	0.999 8	0.998 8	0.995 3	0.987 1	0.971 2	0.944 4	0.903 7	0.847 1	0.773 4
	5	1.000 0	1.000 0	0.999 9	0.999 6	0.998 7	0.996 2	0.991 0	0.981 2	0.964 3	0.937 5
	6	1.000 0	1.000 0	1.000 0	1.000 0	0.999 9	0.999 8	0.999 4	0.998 4	0.996 3	0.992 2
8	0	0.663 4	0.430 5	0.272 5	0.167 8	0.100 1	0.057 6	0.031 9	0.016 8	0.008 4	0.003 9
	1	0.942 8	0.813 1	0.657 2	0.503 3	0.367 1	0.255 3	0.169 1	0.106 4	0.063 2	0.035 2
	2	0.994 2	0.961 9	0.894 8	0.796 9	0.678 5	0.551 8	0.427 8	0.315 4	0.220 1	0.144 5
	3	0.999 6	0.995 0	0.978 6	0.943 7	0.886 2	0.805 9	0.706 4	0.594 1	0.477 0	0.363 3
	4	1.000 0	0.999 6	0.997 1	0.989 6	0.972 7	0.942 0	0.893 9	0.826 3	0.739 6	0.636 7
	5	1.000 0	1.000 0	0.999 8	0.998 8	0.995 8	0.988 7	0.974 7	0.950 2	0.911 5	0.855 5
	6	1.000 0	1.000 0	1.000 0	0.999 9	0.999 6	0.998 7	0.996 4	0.991 5	0.981 9	0.964 8
	7	1.000 0	1.000 0	1.000 0	1.000 0	1.000 0	0.999 9	0.999 8	0.999 3	0.998 3	0.996 1
9	0	0.630 2	0.387 4	0.231 6	0.134 2	0.075 1	0.040 4	0.020 7	0.010 1	0.004 6	0.002 0
	1	0.928 8	0.774 8	0.599 5	0.436 2	0.300 3	0.196 0	0.121 1	0.070 5	0.038 5	0.019 5
	2	0.991 6	0.947 0	0.859 1	0.738 2	0.600 7	0.462 8	0.337 3	0.231 8	0.149 5	0.089 8
	3	0.999 4	0.991 7	0.966 1	0.914 4	0.834 3	0.729 7	0.608 9	0.482 6	0.361 4	0.253 9
	4	1.000 0	0.999 1	0.994 4	0.980 4	0.951 1	0.901 2	0.828 3	0.733 4	0.621 4	0.500 0
	5	1.000 0	0.999 9	0.999 4	0.996 9	0.990 0	0.974 7	0.946 4	0.900 6	0.834 2	0.746 1

续表

n	r	p									
		0.05	0.10	0.15	0.20	0.25	0.30	0.35	0.40	0.45	0.50
	6	1.000 0	1.000 0	1.000 0	0.999 7	0.998 7	0.995 7	0.988 8	0.975 0	0.950 2	0.910 2
	7	1.000 0	1.000 0	1.000 0	1.000 0	0.999 9	0.999 6	0.998 6	0.996 2	0.990 9	0.980 5
	8	1.000 0	1.000 0	1.000 0	1.000 0	1.000 0	1.000 0	0.999 9	0.999 7	0.999 2	0.998 0
10	0	0.598 7	0.348 7	0.196 9	0.107 4	0.056 3	0.028 2	0.013 5	0.006 0	0.002 5	0.001 0
	1	0.913 9	0.736 1	0.544 3	0.375 8	0.244 0	0.149 3	0.086 0	0.046 4	0.023 2	0.010 7
	2	0.988 5	0.929 8	0.820 2	0.677 8	0.525 6	0.382 8	0.261 6	0.167 3	0.099 6	0.054 7
	3	0.999 0	0.987 2	0.950 0	0.879 1	0.775 9	0.649 6	0.513 8	0.382 3	0.266 0	0.171 9
	4	0.999 9	0.998 4	0.990 1	0.967 2	0.921 9	0.849 7	0.751 5	0.633 1	0.504 4	0.377 0
	5	1.000 0	0.999 9	0.998 6	0.993 6	0.980 3	0.952 7	0.905 1	0.833 8	0.738 4	0.623 0
	6	1.000 0	1.000 0	0.999 9	0.999 1	0.996 5	0.989 4	0.974 0	0.945 2	0.898 0	0.828 1
	7	1.000 0	1.000 0	1.000 0	0.999 9	0.999 6	0.998 4	0.995 2	0.987 7	0.972 6	0.945 3
	8	1.000 0	1.000 0	1.000 0	1.000 0	1.000 0	0.999 9	0.999 5	0.998 3	0.995 5	0.989 3
	9	1.000 0	1.000 0	1.000 0	1.000 0	1.000 0	1.000 0	1.000 0	0.999 9	0.999 7	0.999 0

资料来源: Adapted with permission from Miller, Irwin and Freund, John E. (1965). *Probability and Statistics for Engineers*. Prentice-Hall, Englewood Cliffs, NJ, pp. 388–389.

For more extensive tables see The Staff of Harvard University Computation Laboratory (1955). *Tables of Cumulative Binomial Probability Distribution*. Harvard University Press, Cambridge, MA. See also Robertson, W. H. (1960). *Tables of the Binomial Distribution Function for Small Values of p*. Sandia Corp. Monograph, available from the Office of Technical Services, Department of Commerce, Washington, DC.

表G t 分布表

对应于某选定概率的 t 值（即曲线下的尾部面积）。例如：当概率为 0.975 时，自由度为 20 的样本的 t 值等于或小于 +2.086。

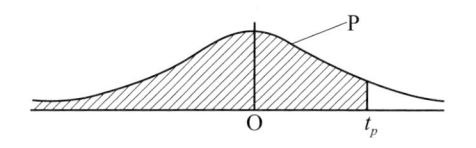

DF	t=0.60	t=0.70	t=0.80	t=0.90	t=0.95	t=0.975	t=0.99	t=0.995
1	0.325	0.727	1.376	3.078	6.314	12.706	31.821	63.657
2	0.289	0.617	1.061	1.886	2.920	4.303	6.965	9.925
3	0.277	0.584	0.978	1.638	2.353	3.182	4.541	5.841
4	0.271	0.569	0.941	1.533	2.132	2.776	3.747	4.604
5	0.267	0.559	0.920	1.476	2.015	2.571	3.365	4.032
6	0.265	0.553	0.906	1.440	1.943	2.447	3.143	3.707
7	0.263	0.549	0.896	1.415	1.895	2.365	2.998	3.499
8	0.262	0.546	0.889	1.397	1.860	2.306	2.896	3.355
9	0.261	0.543	0.883	1.383	1.833	2.262	2.821	3.250
10	0.260	0.542	0.879	1.372	1.812	2.228	2.764	3.169
11	0.260	0.540	0.876	1.363	1.796	2.201	2.718	3.106
12	0.259	0.539	0.873	1.356	1.782	2.179	2.681	3.055
13	0.259	0.538	0.870	1.350	1.771	2.160	2.650	3.012
14	0.258	0.537	0.868	1.345	1.761	2.145	2.624	2.977
15	0.258	0.536	0.866	1.341	1.753	2.131	2.602	2.947
16	0.258	0.535	0.865	1.337	1.746	2.120	2.583	2.921
17	0.257	0.534	0.863	1.333	1.740	2.110	2.567	2.898
18	0.257	0.534	0.862	1.330	1.734	2.101	2.552	2.878
19	0.257	0.533	0.861	1.328	1.729	2.093	2.539	2.861
20	0.257	0.533	0.860	1.325	1.725	2.086	2.528	2.845
21	0.257	0.532	0.859	1.323	1.721	2.080	2.518	2.831
22	0.256	0.532	0.858	1.321	1.717	2.074	2.508	2.819
23	0.256	0.532	0.858	1.319	1.714	2.069	2.500	2.807
24	0.256	0.531	0.857	1.318	1.711	2.064	2.492	2.797
25	0.256	0.531	0.856	1.316	1.708	2.060	2.485	2.787
26	0.256	0.531	0.856	1.315	1.706	2.056	2.479	2.779
27	0.256	0.531	0.855	1.314	1.703	2.052	2.473	2.771
28	0.256	0.530	0.855	1.313	1.701	2.048	2.467	2.763
29	0.256	0.530	0.854	1.311	1.699	2.045	2.462	2.756
30	0.256	0.530	0.854	1.310	1.697	2.042	2.457	2.750
40	0.255	0.529	0.851	1.303	1.684	2.021	2.423	2.704

续表

DF	$t=0.60$	$t=0.70$	$t=0.80$	$t=0.90$	$t=0.95$	$t=0.975$	$t=0.99$	$t=0.995$
60	0.254	0.527	0.848	1.296	1.671	2.000	2.390	2.660
120	0.254	0.526	0.845	1.289	1.658	1.980	2.358	2.617
∞	0.253	0.524	0.842	1.282	1.645	1.960	2.326	2.576

资料来源：Adapted with permission from Dixon, W. J. and Massey, F. J., Jr. (1969). *Introduction to Statistical Analysis*, 3rd ed. McGraw-Hill, New York. Entries originally from Fisher, R. A. and Yates, F. *Statistical Tables*. Oliver & Boyd, London, Table III.

表 H $\tau_d = \dfrac{\overline{X} - \mu_0}{R}$ 百分位表

样本容量	$\varphi=0.95$	$\varphi=0.975$	$\varphi=0.99$
2	3.175	6.353	15.910
3	0.885	1.304	2.111
4	0.529	0.717	1.023
5	0.388	0.507	0.685
6	0.312	0.399	0.523
7	0.263	0.333	0.429
8	0.230	0.288	0.366
9	0.205	0.255	0.322
10	0.186	0.230	0.288
11	0.170	0.210	0.262
12	0.158	0.194	0.241
13	0.147	0.181	0.224
14	0.138	0.170	0.209
15	0.131	0.160	0.197
16	0.124	0.151	0.186
17	0.118	0.144	0.177
18	0.113	0.137	0.168
19	0.108	0.131	0.161
20	0.104	0.126	0.154

资料来源：Adapted with permission from Lord, E. (1957). "The Use of the Range in Place of the Standard Deviation in the *t* Test." *Biometrika*, vol. 34.

表 I 符号检验中 *r* 的临界值表

百分数是双侧检验的 α 值（双侧百分点由 $p=0.05$ 的二项分布给出）。

N	1%	5%	10%	25%
1				
2				
3				0
4				0

续表

N	1%	5%	10%	25%
5			0	0
6		0	0	1
7		0	0	1
8	0	0	1	1
9	0	1	1	2
10	0	1	1	2
11	0	1	2	3
12	1	2	2	3
13	1	2	3	3
14	1	2	3	4
15	2	3	3	4
16	2	3	4	5
17	2	4	4	5
18	3	4	5	6
19	3	4	5	6
20	3	5	5	6
21	4	5	6	7
22	4	5	6	7
23	4	6	7	8
24	5	6	7	8
25	5	7	7	9
26	6	7	8	9
27	6	7	8	10
28	6	8	9	10
29	7	8	9	10
30	7	9	10	11
31	7	9	10	11
32	8	9	10	12
33	8	10	11	12
34	9	10	11	13
35	9	11	12	13
36	9	11	12	14
37	10	12	13	14
38	10	12	13	14
39	11	12	13	15
40	11	13	14	15

续表

N	1%	5%	10%	25%
41	11	13	14	16
42	12	14	15	16
43	12	14	15	17
44	13	15	16	17
45	13	15	16	18
46	13	15	16	18
47	14	16	17	19
48	14	16	17	19
49	15	17	18	19
50	15	17	18	20

资料来源：Adapted with permission from Dixon, W. J. and Massey, F. J., Jr. (1969). *Introduction to Statistical Analysis*, 3rd ed. McGraw-Hill, NewYork.

表 J $\tau_d = \dfrac{\bar{X}_1 - \bar{X}_2}{\dfrac{1}{2}(R_1 + R_2)}$ 百分位数表

$n = n_A = n_B$	$\varphi = 0.95$	$\varphi = 0.975$	$\varphi = 0.99$
2	2.322	3.427	5.553
3	0.974	1.272	1.715
4	0.644	0.813	1.047
5	0.493	0.613	0.772
6	0.405	0.499	0.621
7	0.347	0.426	0.525
8	0.306	0.373	0.459
9	0.275	0.334	0.409
10	0.250	0.304	0.371
11	0.233	0.280	0.340
12	0.214	0.260	0.315
13	0.201	0.243	0.294
14	0.189	0.189	0.276
15	0.179	0.216	0.261
16	0.170	0.205	0.247
17	0.162	0.195	0.236
18	0.155	0.187	0.225
19	0.149	0.179	0.216
20	0.143	0.172	0.207

资料来源：Adapted with permission from Lord, E. (1947). "The Use of the Range in Place of the Standard Deviation in the *t* Test." *Biometrika*, vol. 34.

表 K F 分布表

对应于某一选定概率（即曲线下的尾部面积）的 F 值。例如：分子、分母分别为自由度 20 和 10 的两个样本方差的比值，对应于概率为 0.05 的 F 值便等于或大于 2.77。对于双侧检验，通过求表列 F 值的倒数并将自由度求倒数，可求得其下限值。例如上面的例子，分子和分母的自由度分别为 10 和 20，F 值为 2.35，$1/F = 1/2.35 = 0.43$。则概率为 0.10 时，$F \leqslant 0.43$ 或 $\geqslant 2.77$。

n_2 \ n_1	1	2	3	4	5	6	7	8	9
				$F_{=0.95}$	(n_1,	n_2)			
1	161.4	199.5	215.7	224.6	230.2	234.0	236.8	238.9	240.5
2	18.51	19.00	19.16	19.25	19.30	19.33	19.35	19.37	19.38
3	10.13	9.55	9.28	9.12	9.01	8.94	8.89	8.85	8.81
4	7.71	6.94	6.59	6.39	6.26	6.16	6.09	6.04	6.00
5	6.61	5.79	5.41	5.19	5.05	4.95	4.88	4.82	4.77
6	5.99	5.14	4.76	4.53	4.39	4.28	4.21	4.15	4.10
7	5.59	4.74	4.35	4.12	3.97	3.87	3.79	3.73	3.68
8	5.32	4.46	4.07	3.84	3.69	3.58	3.50	3.44	3.39
9	5.12	4.26	3.86	3.63	3.48	3.37	3.29	3.23	3.18
10	4.96	4.10	3.71	3.48	3.33	3.22	3.14	3.07	3.02
11	4.84	3.98	3.59	3.36	3.20	3.09	3.01	2.95	2.90
12	4.75	3.89	3.49	3.26	3.11	3.00	2.91	2.85	2.80
13	4.67	3.81	3.41	3.18	3.03	2.92	2.83	2.77	2.71
14	4.60	3.74	3.34	3.11	2.96	2.85	2.76	2.70	2.65
15	4.54	3.68	3.29	3.06	2.90	2.79	2.71	2.64	2.59
16	4.49	3.63	3.24	3.01	2.85	2.74	2.66	2.59	2.54
17	4.45	3.59	3.20	2.96	2.81	2.70	2.61	2.55	2.49
18	4.41	3.55	3.16	2.93	2.77	2.66	2.58	2.51	2.46
19	4.38	3.52	3.13	2.90	2.74	2.63	2.54	2.48	2.42
20	4.35	3.49	3.10	2.87	2.71	2.60	2.51	2.45	2.39
21	4.32	3.47	3.07	2.84	2.68	2.57	2.49	2.42	2.37
22	4.30	3.44	3.05	2.82	2.66	2.55	2.46	2.40	2.34
23	4.28	3.42	3.03	2.80	2.64	2.53	2.44	2.37	2.32
24	4.26	3.40	3.01	2.78	2.62	2.51	2.42	2.36	2.30
25	4.24	3.39	2.99	2.76	2.60	2.49	2.40	2.34	2.28
26	4.23	3.37	2.98	2.74	2.59	2.47	2.39	2.32	2.27
27	4.21	3.35	2.96	2.73	2.57	2.46	2.37	2.31	2.25
28	4.20	3.34	2.95	2.71	2.56	2.45	2.36	2.29	2.24
29	4.18	3.33	2.93	2.70	2.55	2.43	2.35	2.28	2.22
30	4.17	3.32	2.92	2.69	2.53	2.42	2.33	2.27	2.21

续表

n_2 \ n_1	1	2	3	4	5	6	7	8	9
					$F_{=0.95}(n_1, n_2)$				
40	4.08	3.23	2.84	2.61	2.45	2.34	2.25	2.18	2.12
60	4.00	3.15	2.76	2.53	2.37	2.25	2.17	2.10	2.04
120	3.92	3.07	2.68	2.45	2.29	2.17	2.09	2.02	1.96
∞	3.84	3.00	2.60	2.37	2.21	2.10	2.01	1.94	1.88

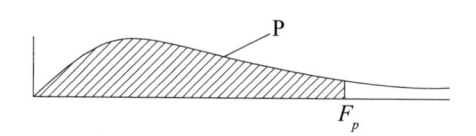

10	12	15	20	24	30	40	60	120	∞
				$F_{=0.95}(n_1, n_2)$					
241.9	243.9	245.9	248.0	249.1	250.1	251.1	252.2	253.3	254.3
19.40	19.41	19.43	19.45	19.45	19.46	19.47	19.48	19.49	19.50
8.79	8.74	8.70	8.66	8.64	8.62	8.59	8.57	8.55	8.53
5.96	5.91	5.86	5.80	5.77	5.75	5.72	5.69	5.66	5.63
4.74	4.68	4.62	4.56	4.53	4.50	4.46	4.43	4.40	4.36
4.06	4.00	3.94	3.87	3.84	3.81	3.77	3.74	3.70	3.67
3.64	3.57	3.51	3.44	3.41	3.38	3.34	3.30	3.27	3.23
3.35	3.28	3.22	3.15	3.12	3.08	3.04	3.01	2.97	2.93
3.14	3.07	3.01	2.94	2.90	2.86	2.83	2.79	2.75	2.71
2.98	2.91	2.85	2.77	2.74	2.70	2.66	2.62	2.58	2.54
2.85	2.79	2.72	2.65	2.61	2.57	2.53	2.49	2.45	2.40
2.75	2.69	2.62	2.54	2.51	2.47	2.43	2.38	2.34	2.30
2.67	2.60	2.53	2.46	2.42	2.38	2.34	2.30	2.25	2.21
2.60	2.53	2.46	2.39	2.35	2.31	2.27	2.22	2.18	2.13
2.54	2.48	2.40	2.33	2.29	2.25	2.20	2.16	2.11	2.07
2.49	2.42	2.35	2.28	2.24	2.19	2.15	2.11	2.06	2.01
2.45	2.38	2.31	2.23	2.19	2.15	2.10	2.06	2.01	1.96
2.41	2.34	2.27	2.19	2.15	2.11	2.06	2.02	1.97	1.92
2.38	2.31	2.23	2.16	2.11	2.07	2.03	1.98	1.93	1.88
2.35	2.28	2.20	2.12	2.08	2.04	1.99	1.95	1.90	1.84
2.32	2.25	2.18	2.10	2.05	2.01	1.96	1.92	1.87	1.81
2.30	2.23	2.15	2.07	2.03	1.98	1.94	1.89	1.84	1.78

续表

10	12	15	20	24	30	40	60	120	∞
\multicolumn{10}{c}{$F_{=0.95}(n_1, n_2)$}									
2.27	2.20	2.13	2.05	2.01	1.96	1.91	1.86	1.81	1.76
2.25	2.18	2.11	2.03	1.98	1.94	1.89	1.84	1.79	1.73
2.24	2.16	2.09	2.01	1.96	1.92	1.87	1.82	1.77	1.71
2.22	2.15	2.07	1.99	1.95	1.90	1.85	1.80	1.75	1.69
2.20	2.13	2.06	1.97	1.93	1.88	1.84	1.79	1.73	1.67
2.19	2.12	2.04	1.96	1.91	1.87	1.82	1.77	1.71	1.65
2.18	2.10	2.03	1.94	1.90	1.85	1.81	1.75	1.70	1.64
2.16	2.09	2.01	1.93	1.89	1.84	1.79	1.74	1.68	1.62
2.08	2.00	1.92	1.84	1.79	1.74	1.69	1.64	1.58	1.51
1.99	1.92	1.84	1.75	1.70	1.65	1.59	1.53	1.47	1.39
1.91	1.83	1.75	1.66	1.61	1.55	1.50	1.43	1.35	1.25
1.83	1.75	1.67	1.57	1.52	1.46	1.39	1.32	1.22	1.00

n_2 \ n_1	1	2	3	4	5	6	7	8	9
\multicolumn{10}{c}{$F_{=0.975}(n_1, n_2)$}									
1	647.8	799.5	864.2	899.6	921.8	937.1	948.2	956.7	963.3
2	38.51	39.00	39.17	39.25	39.30	39.33	39.36	39.37	39.39
3	17.44	16.04	15.44	15.10	14.88	14.73	14.62	14.54	14.47
4	12.22	10.65	9.98	9.60	9.36	9.20	9.07	8.98	8.90
5	10.01	8.43	7.76	7.39	7.15	6.98	6.85	6.76	6.68
6	8.81	7.26	6.60	6.23	5.99	5.82	5.70	5.60	5.52
7	8.07	6.54	5.89	5.52	5.29	5.12	4.99	4.90	4.82
8	7.57	6.06	5.42	5.05	4.82	4.65	4.53	4.43	4.36
9	7.21	5.71	5.08	4.72	4.48	4.32	4.20	4.10	4.03
10	6.94	5.46	4.83	4.47	4.24	4.07	3.95	3.85	3.78
11	6.72	5.26	4.63	4.28	4.04	3.88	3.76	3.66	3.59
12	6.55	5.10	4.47	4.12	3.89	3.73	3.61	3.51	3.44
13	6.41	4.97	4.35	4.00	3.77	3.60	3.48	3.39	3.31
14	6.30	4.86	4.24	3.89	3.66	3.50	3.38	3.29	3.21
15	6.20	4.77	4.15	3.80	3.58	3.41	3.29	3.20	3.12
16	6.12	4.69	4.08	3.73	3.50	3.34	3.22	3.12	3.05
17	6.04	4.62	4.01	3.66	3.44	3.28	3.16	3.06	2.98
18	5.98	4.56	3.95	3.61	3.38	3.22	3.10	3.01	2.93
19	5.92	4.51	3.90	3.56	3.33	3.17	3.05	2.96	2.88
20	5.87	4.46	3.86	3.51	3.29	3.13	3.01	2.91	2.84

续表

n_2 \ n_1	1	2	3	4	5	6	7	8	9
				$F_{=0.975}(n_1, n_2)$					
21	5.83	4.42	3.82	3.48	3.25	3.09	2.97	2.87	2.80
22	5.79	4.38	3.78	3.44	3.22	3.05	2.93	2.84	2.76
23	5.75	4.35	3.75	3.41	3.18	3.02	2.90	2.81	2.73
24	5.72	4.32	3.72	3.38	3.15	2.99	2.87	2.78	2.70
25	5.69	4.29	3.69	3.35	3.13	2.97	2.85	2.75	2.68
26	5.66	4.27	3.67	3.33	3.10	2.94	2.82	2.73	2.65
27	5.63	4.24	3.65	3.31	3.08	2.92	2.80	2.71	2.63
28	5.61	4.22	3.63	3.29	3.06	2.90	2.78	2.69	2.61
29	5.59	4.20	3.61	3.27	3.04	2.88	2.76	2.67	2.59
30	5.57	4.18	3.59	3.25	3.03	2.87	2.75	2.65	2.57
40	5.42	4.05	3.46	3.13	2.90	2.74	2.62	2.53	2.45
60	5.29	3.93	3.34	3.01	2.79	2.63	2.51	2.41	2.33
120	5.15	3.80	3.23	2.89	2.67	2.52	2.39	2.30	2.22
∞	5.02	3.69	3.12	2.79	2.57	2.41	2.29	2.19	2.11

10	12	15	20	24	30	40	60	120	∞
				$F_{=0.975}(n_1, n_2)$					
968.6	976.7	984.9	993.1	997.2	1 001	1 006	1 010	1 014	1 018
39.40	39.41	39.43	39.45	39.46	39.46	39.47	39.48	39.49	39.50
14.42	14.34	14.25	14.17	14.12	14.08	14.04	13.99	13.95	13.90
8.84	8.75	8.66	8.56	8.51	8.46	8.41	8.36	8.31	8.26
6.62	6.52	6.43	6.33	6.28	6.23	6.18	6.12	6.07	6.02
5.46	5.37	5.27	5.17	5.12	5.07	5.01	4.96	4.90	4.85
4.76	4.67	4.57	4.47	4.42	4.36	4.31	4.25	4.20	4.14
4.30	4.20	4.10	4.00	3.95	3.89	3.84	3.78	3.73	3.67
3.96	3.87	3.77	3.67	3.61	3.56	3.51	3.45	3.39	3.33
3.72	3.62	3.52	3.42	3.37	3.31	3.26	3.20	3.14	3.08
3.53	3.43	3.33	3.23	3.17	3.12	3.06	3.00	2.94	2.88
3.37	3.28	3.18	3.07	3.02	2.96	2.91	2.85	2.79	2.72
3.25	3.15	3.05	2.95	2.89	2.84	2.78	2.72	2.66	2.60
3.15	3.05	2.95	2.84	2.79	2.73	2.67	2.61	2.55	2.49
3.06	2.96	2.86	2.76	2.70	2.64	2.59	2.52	2.46	2.40
2.99	2.89	2.79	2.68	2.63	2.57	2.51	2.45	2.38	2.32
2.92	2.82	2.72	2.62	2.56	2.50	2.44	2.38	2.32	2.25

续表

10	12	15	20	24	30	40	60	120	∞
\multicolumn{10}{c}{$F_{=0.975}(n_1, n_2)$}									
2.87	2.77	2.67	2.56	2.50	2.44	2.38	2.32	2.26	2.19
2.82	2.72	2.62	2.51	2.45	2.39	2.33	2.27	2.20	2.13
2.77	2.68	2.57	2.46	2.41	2.35	2.29	2.22	2.16	2.09
2.73	2.64	2.53	2.42	2.37	2.31	2.25	2.18	2.11	2.04
2.70	2.60	2.50	2.39	2.33	2.27	2.21	2.14	2.08	2.00
2.67	2.57	2.47	2.36	2.30	2.24	2.18	2.11	2.04	1.97
2.64	2.54	2.44	2.33	2.27	2.21	2.15	2.08	2.01	1.94
2.61	2.51	2.41	2.30	2.24	2.18	2.12	2.05	1.98	1.91
2.59	2.49	2.39	2.28	2.22	2.16	2.09	2.03	1.95	1.88
2.57	2.47	2.36	2.25	2.19	2.13	2.07	2.00	1.93	1.85
2.55	2.45	2.34	2.23	2.17	2.11	2.05	1.98	1.91	1.83
2.53	2.43	2.32	2.21	2.15	2.09	2.03	1.96	1.89	1.81
2.51	2.41	2.31	2.20	2.14	2.07	2.01	1.94	1.87	1.79
2.39	2.29	2.18	2.07	2.01	1.94	1.88	1.80	1.72	1.64
2.27	2.17	2.06	1.94	1.88	1.82	1.74	1.67	1.58	1.48
2.16	2.05	1.94	1.82	1.76	1.69	1.61	1.53	1.43	1.31
2.05	1.94	1.83	1.71	1.64	1.57	1.48	1.39	1.27	1.00

n_2 \ n_1	1	2	3	4	5	6	7	8	9
\multicolumn{10}{c}{$F_{=0.99}(n_1, n_2)$}									
1	4 052	4 999.5	5 403	5 625	5 764	5 859	5 928	5 982	6 022
2	98.50	99.00	99.17	99.25	99.30	99.33	99.36	99.37	99.39
3	34.12	30.82	29.46	28.71	28.24	27.91	27.67	27.49	27.35
4	21.20	18.00	16.69	15.98	15.52	15.21	14.98	14.80	14.66
5	16.26	13.27	12.06	11.39	10.97	10.67	10.46	10.29	10.16
6	13.75	10.92	9.78	9.15	8.75	8.47	8.26	8.10	7.98
7	12.25	9.55	8.45	7.85	7.46	7.19	6.99	6.84	6.72
8	11.26	8.65	7.59	7.01	6.63	6.37	6.18	6.03	5.91
9	10.56	8.02	6.99	6.42	6.06	5.80	5.61	5.47	5.35
10	10.04	7.56	6.55	5.99	5.64	5.39	5.20	5.06	4.94
11	9.65	7.21	6.22	5.67	5.32	5.07	4.89	4.74	4.63
12	9.33	6.93	5.95	5.41	5.06	4.82	4.64	4.50	4.39
13	9.07	6.70	5.74	5.21	4.86	4.62	4.44	4.30	4.19
14	8.86	6.51	5.56	5.04	4.69	4.46	4.28	4.14	4.03

续表

n_2 \ n_1	1	2	3	4	5	6	7	8	9
\multicolumn{10}{c}{$F_{=0.99}(n_1, n_2)$}
15	8.68	6.36	5.42	4.89	4.56	4.32	4.14	4.00	3.89
16	8.53	6.23	5.29	4.77	4.44	4.20	4.03	3.89	3.78
17	8.40	6.11	5.18	4.67	4.34	4.10	3.93	3.79	3.68
18	8.29	6.01	5.09	4.58	4.25	4.01	3.84	3.71	3.60
19	8.18	5.93	5.01	4.50	4.17	3.94	3.77	3.63	3.52
20	8.10	5.85	4.94	4.43	4.10	3.87	3.70	3.56	3.46
21	8.02	5.78	4.87	4.37	4.04	3.81	3.64	3.51	3.40
22	7.95	5.72	4.82	4.31	3.99	3.76	3.59	3.45	3.35
23	7.88	5.66	4.76	4.26	3.94	3.71	3.54	3.41	3.30
24	7.82	5.61	4.72	4.22	3.90	3.67	3.50	3.36	3.26
25	7.77	5.57	4.68	4.18	3.85	3.63	3.46	3.32	3.22
26	7.72	5.53	4.64	4.14	3.82	3.59	3.42	3.29	3.18
27	7.68	5.49	4.60	4.11	3.78	3.56	3.39	3.26	3.15
28	7.64	5.45	4.57	4.07	3.75	3.53	3.36	3.23	3.12
29	7.60	5.42	4.54	4.04	3.73	3.50	3.33	3.20	3.09
30	7.56	5.39	4.51	4.02	3.70	3.47	3.30	3.17	3.07
40	7.31	5.18	4.31	3.83	3.51	3.29	3.12	2.99	2.89
60	7.08	4.98	4.13	3.65	3.34	3.12	2.95	2.82	2.72
120	6.85	4.79	3.95	3.48	3.17	2.96	2.79	2.66	2.56
∞	6.63	4.61	3.78	3.32	3.02	2.80	2.64	2.51	2.41

10	12	15	20	24	30	40	60	120	∞
\multicolumn{10}{c}{$F_{=0.99}(n_1, n_2)$}
6 056	6 106	6 157	6 209	6 235	6 261	6 287	6 313	6 339	6 366
99.40	99.42	99.43	99.45	99.46	99.47	99.47	99.48	99.49	99.50
27.23	27.05	26.87	26.69	26.60	26.50	26.41	26.32	26.22	26.13
14.55	14.37	14.20	14.02	13.93	13.84	13.75	13.65	13.56	13.46
10.05	9.89	9.72	9.55	9.47	9.38	9.29	9.20	9.11	9.02
7.87	7.72	7.56	7.40	7.31	7.23	7.14	7.06	6.97	6.88
6.62	6.47	6.31	6.16	6.07	5.99	5.91	5.82	5.74	5.65
5.81	5.67	5.52	5.36	5.28	5.20	5.12	5.03	4.95	4.86
5.26	5.11	4.96	4.81	4.73	4.65	4.57	4.48	4.40	4.31
4.85	4.71	4.56	4.41	4.33	4.25	4.17	4.08	4.00	3.91
4.54	4.40	4.25	4.10	4.02	3.94	3.86	3.78	3.69	3.60

续表

10	12	15	20	24	30	40	60	120	∞
\multicolumn{10}{c}{$F_{=0.99}(n_1, n_2)$}									
4.30	4.16	4.01	3.86	3.78	3.70	3.62	3.54	3.45	3.36
4.10	3.96	3.82	3.66	3.59	3.51	3.43	3.34	3.25	3.17
3.94	3.80	3.66	3.51	3.43	3.35	3.27	3.18	3.09	3.00
3.80	3.67	3.52	3.37	3.29	3.21	3.13	3.05	2.96	2.87
3.69	3.55	3.41	3.26	3.18	3.10	3.02	2.93	2.84	2.75
3.59	3.46	3.31	3.16	3.08	3.00	2.92	2.83	2.75	2.65
3.51	3.37	3.23	3.08	3.00	2.92	2.84	2.75	2.66	2.57
3.43	3.30	3.15	3.00	2.92	2.84	2.76	2.67	2.58	2.49
3.37	3.23	3.09	2.94	2.86	2.78	2.69	2.61	2.52	2.42
3.31	3.17	3.03	2.88	2.80	2.72	2.64	2.55	2.46	2.36
3.26	3.12	2.98	2.83	2.75	2.67	2.58	2.50	2.40	2.31
3.21	3.07	2.93	2.78	2.70	2.62	2.54	2.45	2.35	2.26
3.17	3.03	2.89	2.74	2.66	2.58	2.49	2.40	2.31	2.21
3.13	2.99	2.85	2.70	2.62	2.54	2.45	2.36	2.27	2.17
3.09	2.96	2.81	2.66	2.58	2.50	2.42	2.33	2.23	2.13
3.06	2.93	2.78	2.63	2.55	2.47	2.38	2.29	2.20	2.10
3.03	2.90	2.75	2.60	2.52	2.44	2.35	2.26	2.17	2.06
3.00	2.87	2.73	2.57	2.49	2.41	2.33	2.23	2.14	2.03
2.98	2.84	2.70	2.55	2.47	2.39	2.30	2.21	2.11	2.01
2.80	2.66	2.52	2.37	2.29	2.20	2.11	2.02	1.92	1.80
2.63	2.50	2.35	2.20	2.12	2.03	1.94	1.84	1.73	1.60
2.47	2.34	2.19	2.03	1.95	1.86	1.76	1.66	1.53	1.38
2.32	2.18	2.04	1.88	1.79	1.70	1.59	1.47	1.32	1.00

资料来源：Adapted with permission from Pearson, E. S. and Hartley, H. O. (eds.) (1958). *Biometrika Tables for Statisticians*, 2nd ed. Cambridge University Press, New York, vol. I.

注：n_1=分子的自由度；n_2=分母的自由度。

表 L χ^2 分布表

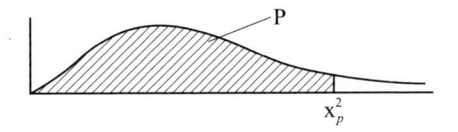

对应于某一选定概率（即曲线下的尾部面积）的 χ^2 值。例如，对于取自正态分布且自由度为 20 的一个样本，概率为 0.95 时，相应的 $\chi^2 \leqslant 31.41$。

DF	$\chi^2_{=0.005}$	$\chi^2_{=0.01}$	$\chi^2_{=0.025}$	$\chi^2_{=0.05}$	$\chi^2_{=0.10}$	$\chi^2_{=0.90}$	$\chi^2_{=0.95}$	$\chi^2_{=0.975}$	$\chi^2_{=0.99}$	$\chi^2_{=0.995}$
1	0.000 039	0.000 16	0.000 98	0.003 9	0.015 8	2.71	3.84	5.02	6.63	7.88
2	0.010 0	0.020 1	0.050 6	0.102 6	0.210 7	4.61	5.99	7.38	9.21	10.60

续表

DF	$\chi^2_{0.005}$	$\chi^2_{0.01}$	$\chi^2_{0.025}$	$\chi^2_{0.05}$	$\chi^2_{0.10}$	$\chi^2_{0.90}$	$\chi^2_{0.95}$	$\chi^2_{0.975}$	$\chi^2_{0.99}$	$\chi^2_{0.995}$
3	0.0717	0.115	0.216	0.352	0.584	6.25	7.81	9.35	11.34	12.84
4	0.207	0.297	0.484	0.711	1.064	7.78	9.49	11.14	13.28	14.86
5	0.412	0.554	0.831	1.15	1.61	9.24	11.07	12.83	15.09	16.75
6	0.676	0.872	1.24	1.64	2.20	10.64	12.59	14.45	16.81	18.55
7	0.989	1.24	1.69	2.17	2.83	12.02	14.07	16.01	18.48	20.28
8	1.34	1.65	2.18	2.73	3.49	13.36	15.51	17.53	20.09	21.96
9	1.73	2.09	2.70	3.33	4.17	14.68	16.92	19.02	21.67	23.59
10	2.16	2.56	3.25	3.94	4.87	15.99	18.31	20.48	23.21	25.19
11	2.60	3.05	3.82	4.57	5.58	17.28	19.68	21.92	24.73	26.76
12	3.07	3.57	4.40	5.23	6.30	18.55	21.03	23.34	26.22	28.30
13	3.57	4.11	5.01	5.89	7.04	19.81	22.36	24.74	27.69	29.82
14	4.07	4.66	5.63	6.57	7.79	21.06	23.68	26.12	29.14	31.32
15	4.60	5.23	6.26	7.26	8.55	22.31	25.00	27.49	30.58	32.80
16	5.14	5.81	6.91	7.96	9.31	23.54	26.30	28.85	32.00	34.27
18	6.26	7.01	8.23	9.39	10.86	25.99	28.87	31.53	34.81	37.16
20	7.43	8.26	9.59	10.85	12.44	28.41	31.41	34.17	37.57	40.00
24	9.89	10.86	12.40	13.85	15.66	33.20	36.42	39.36	42.98	45.56
30	13.79	14.95	16.79	18.49	20.60	40.26	43.77	46.98	50.89	53.67
40	20.71	22.16	24.43	26.51	29.05	51.81	55.76	59.34	63.69	66.77
60	35.53	37.48	40.48	43.19	46.46	74.40	79.08	83.30	88.38	91.95
120	83.85	86.92	91.58	95.70	100.62	140.23	146.57	152.21	158.95	163.64

资料来源：Dixon, W. J. and Massey, F. J., Jr. (1969). *Introduction to Statistical Analysis*, 3rd ed. McGraw-Hill, New York.

表M $F' = \dfrac{R_1}{R_2}$ 百分位数表

对应于某一选定的累计概率的 F' 值。例如，当 $n_1 = n_2 = 5$ 时，对应于概率 0.95，样本极差的比率 $R_1/R_2 \leqslant 2.6$。

n_2	累计概率	n_1								
		2	3	4	5	6	7	8	9	10
2	0.025	0.039	0.217	0.37	0.50	0.60	0.68	0.74	0.79	0.83
	0.05	0.079	0.31	0.50	0.62	0.74	0.80	0.86	0.91	0.95
	0.95	12.7	19.1	23	26	29	30	32	34	35
	0.975	25.5	38.2	52	57	60	62	64	67	68
3	0.025	0.026	0.160	0.28	0.39	0.47	0.54	0.59	0.64	0.68
	0.05	0.052	0.23	0.37	0.49	0.57	0.64	0.70	0.75	0.80
	0.95	3.19	4.4	5.0	5.7	6.2	6.6	6.9	7.2	7.4
	0.975	4.61	6.3	7.3	8.0	8.7	9.3	9.8	10.2	10.5
4	0.025	0.019	0.137	0.25	0.34	0.42	0.48	0.53	0.57	0.61

续表

n_2	累计概率	n_1								
		2	3	4	5	6	7	8	9	10
5	0.025	0.018	0.124	0.23	0.32	0.38	0.44	0.49	0.53	0.57
	0.05	0.043	0.20	0.32	0.42	0.50	0.57	0.62	0.67	0.70
	0.95	2.02	2.7	3.1	3.4	3.6	3.8	4.0	4.2	4.4
	0.975	2.72	3.5	4.0	4.4	4.7	5.0	5.2	5.4	5.6
6	0.025	0.017	0.115	0.21	0.30	0.36	0.42	0.46	0.50	0.54
	0.05	0.038	0.18	0.29	0.40	0.46	0.52	0.57	0.61	0.65
	0.95	1.61	2.1	2.4	2.6	2.8	2.9	3.0	3.1	3.2
	0.975	2.01	2.6	2.9	3.2	3.4	3.6	3.7	3.8	3.9
7	0.025	0.016	0.107	0.20	0.28	0.34	0.40	0.44	0.48	0.52
	0.05	0.035	0.16	0.27	0.36	0.43	0.49	0.54	0.58	0.61
	0.95	1.36	1.8	2.0	2.2	2.3	2.4	2.5	2.6	2.7
	0.975	1.67	2.1	2.4	2.6	2.8	2.9	3.0	3.1	3.2
8	0.025	0.016	0.102	0.19	0.27	0.33	0.38	0.43	0.47	0.50
	0.05	0.032	0.15	0.26	0.35	0.41	0.47	0.51	0.55	0.59
	0.95	1.26	1.6	1.8	1.9	2.0	2.1	2.2	2.3	2.4
	0.975	1.48	1.9	2.1	2.3	2.4	2.5	2.6	2.7	2.8
9	0.025	0.015	0.098	0.18	0.26	0.32	0.37	0.42	0.46	0.49
	0.05	0.031	0.14	0.25	0.33	0.40	0.45	0.50	0.53	0.57
	0.95	1.17	1.4	1.6	1.8	1.9	1.9	2.0	2.1	2.1
	0.975	1.36	1.7	1.9	2.0	2.2	2.3	2.3	2.4	2.5
10	0.025	0.015	0.095	0.18	0.25	0.31	0.36	0.41	0.44	0.48
	0.05	0.030	0.14	0.24	0.32	0.38	0.44	0.48	0.52	0.55
	0.95	1.10	1.3	1.5	1.6	1.7	1.8	1.9	1.9	2.0
	0.975	1.27	1.6	1.8	1.9	2.0	2.1	2.1	2.2	2.3
	0.025	0.015	0.095	0.18	0.25	0.31	0.36	0.41	0.44	0.48
	0.05	0.029	0.13	0.23	0.31	0.37	0.43	0.47	0.51	0.54
	0.95	1.05	1.3	1.4	1.5	1.6	1.7	1.8	1.8	1.9
	0.975	1.21	1.5	1.6	1.8	1.9	1.9	2.0	2.0	2.1

资料来源:Dixon,W. J. and Massey,F. J.,Jr. (1969). *Introduction to Statistical Analysis*,3rd ed. McGraw-Hill,NewYork.

在横轴上查出样本的不合格品百分率。垂直向上与该容量的样本的上、下曲线相等。在纵轴上读出相应的上、下置信限。例如,一个容量为 50 的样本的不合格品百分率为 20%,则总体不合格品百分率的 95% 的置信上、下限便分别为 10% 和 35%。

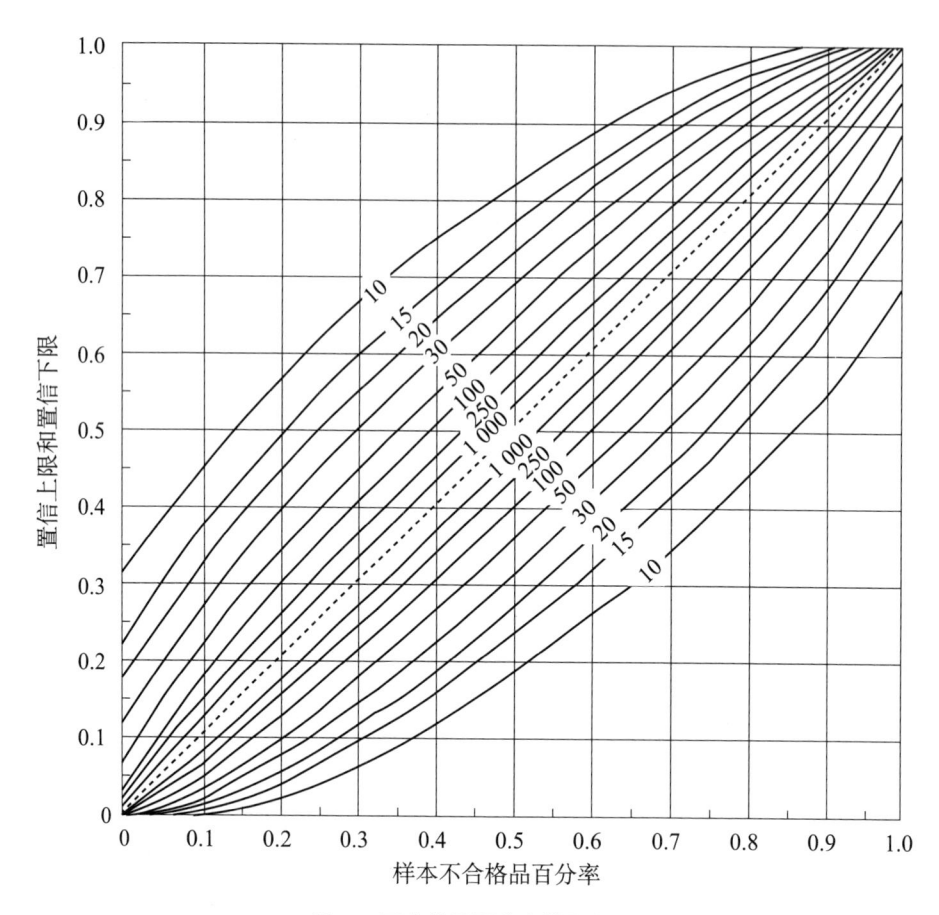

图 N 不合格品百分率的置信限

资料来源：By permission of Prof. E. S. Pearson from Clopper, C. J. and Pearson, E. S. (1934). "The Use of Confidence or Fiducial Limits Illustrated in the Case of the Binomial." *Biometrika*, vol. 26, p. 404.

表 O 威尔考可森-曼-惠特尼校验的较小秩和的临界值表

n_2	双侧检验的α	单侧检验的α	n_1（较小样本）											
			1	2	3	4	5	6	7	8	9	10	11	12
3	0.20	0.10		3	7									
	0.10	0.05			6									
	0.05	0.025												
	0.01	0.005												
4	0.20	0.10		3	7	13								
	0.10	0.05			6	11								
	0.05	0.025				10								

续表

n_2	双侧检验的α	单侧检验的α	n_1（较小样本）											
			1	2	3	4	5	6	7	8	9	10	11	12
	0.01	0.005												
5	0.20	0.10			4	8	14	20						
	0.10	0.05			3	7	12	19						
	0.05	0.025				6	11	17						
	0.01	0.005					15							
6	0.20	0.10			4	9	15	22	30					
	0.10	0.05			3	8	13	20	28					
	0.05	0.025				7	12	18	26					
	0.01	0.005					10	16	23					
7	0.20	0.10			4	10	16	23	32	41				
	0.10	0.05			3	8	14	21	29	39				
	0.05	0.025				7	13	20	27	36				
	0.01	0.005					10	16	24	32				
8	0.20	0.10			5	11	17	25	34	44	55			
	0.10	0.05			4	9	15	23	31	41	51			
	0.05	0.025			3	8	14	21	29	38	49			
	0.01	0.005					11	17	25	34	43			
9	0.20	0.10	1		5	11	19	27	36	46	58	70		
	0.10	0.05			4	9	16	24	33	43	54	66		
	0.05	0.025			3	8	14	22	31	40	51	62		
	0.01	0.005				6	11	18	26	35	45	56		
10	0.20	0.10	1		6	12	20	28	38	49	60	73	87	
	0.10	0.05			4	10	17	26	35	45	56	69	82	
	0.05	0.025			3	9	15	23	32	42	53	65	78	
	0.01	0.005				6	12	19	27	37	47	58	71	
11	0.20	0.10	1		6	13	21	30	40	51	63	76	91	106
	0.10	0.05			4	11	18	27	37	47	59	72	86	100
	0.05	0.025			3	9	16	24	34	44	55	68	81	96
	0.01	0.005				6	12	20	28	38	49	61	73	87
12	0.20	0.10	1		7	14	22	32	42	54	66	80	94	110	127
	0.10	0.05			5	11	19	28	38	49	62	75	89	104	120
	0.05	0.025			4	10	17	26	35	46	58	71	84	99	115
	0.01	0.005				7	13	21	30	40	51	63	76	90	105

资料来源：Reproduced with permission from Tate，M. W. and Clelland，R. C. (1957). *Non-parametric and Shortcut Statistics*. The Interstate Printers & Publishers，Danville，IL.

表 P 试验次数高于和低于一组数值的中位数的极限值

n_1＝大于中位数的数值的数目；n_2＝小于中位数的数值的数目。

$m=n_1=n_2$	等于或小于试验次数		等于或大于试验次数	
	$\alpha=0.05$	$\alpha=0.01$	$\alpha=0.05$	$\alpha=0.01$
5	3	2	9	10
6	3	2	11	12
7	4	3	12	13
8	5	4	13	14
9	6	4	14	16
10	6	5	16	17
11	7	6	17	18
12	8	7	18	19
13	9	7	19	21
14	10	8	20	22
15	11	9	21	23
16	11	10	23	24
17	12	10	24	26
18	13	11	25	27
19	14	12	26	28
20	15	13	27	29
21	16	14	28	30
22	17	14	29	32
23	17	15	31	33
24	18	16	32	34
25	19	17	33	35
26	20	18	34	36
27	21	19	35	37
28	22	19	36	39
29	23	20	37	40
30	24	21	38	41

资料来源：Reproduced with permission from Swed, Freda S. and Eisenhart, C. (1943). "Tables for Testing Randomness of Grouping in a Sequence of Alternatives." *Annals of Mathematical Statistics*, vol. XIV, pp. 66 and 87, Tables II and III.

表 Q 极平均值的检验标准表

统计量	观测值的数目	$P=0.90$	$P=0.95$	$P=0.98$	$P=0.99$
$r_{10}=\dfrac{X_2-X_1}{X_n-X_1}$	3	0.886	0.941	0.976	0.988
	4	0.679	0.765	0.846	0.889
	5	0.557	0.642	0.729	0.780
	6	0.482	0.560	0.644	0.698
	7	0.434	0.507	0.586	0.637
$r_{11}=\dfrac{X_2-X_1}{X_{n-1}-X_1}$	8	0.479	0.554	0.631	0.683
	9	0.441	0.512	0.587	0.635
	10	0.409	0.477	0.551	0.597
$r_{21}=\dfrac{X_3-X_1}{X_{n-1}-X_1}$	11	0.517	0.576	0.638	0.679
	12	0.490	0.546	0.605	0.642
	13	0.467	0.521	0.578	0.615
$r_{22}=\dfrac{X_3-X_1}{X_{n-2}-X_1}$	14	0.492	0.546	0.602	0.641
	15	0.472	0.525	0.579	0.616
	16	0.454	0.507	0.559	0.595
	17	0.438	0.490	0.542	0.577
	18	0.424	0.475	0.527	0.561
	19	0.412	0.462	0.514	0.547
	20	0.401	0.450	0.502	0.535
	21	0.391	0.440	0.491	0.524
	22	0.382	0.430	0.481	0.514
	23	0.374	0.421	0.472	0.505
	24	0.367	0.413	0.464	0.497
	25	0.360	0.406	0.457	0.489

资料来源：Adapted with persmission from Dixon, W. J. and Massey, F. J., Jr. (1969). Introduction to *Statistical Analysis*, 3rd ed. McGraw-Hill, New York.

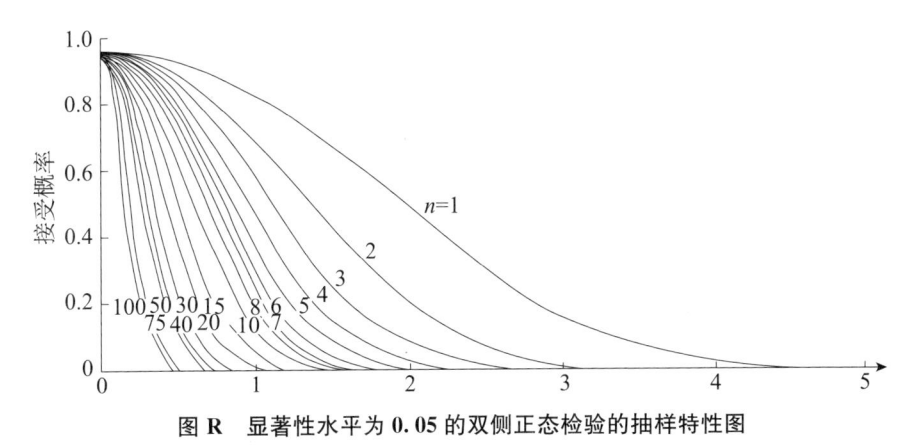

图 R 显著性水平为 0.05 的双侧正态检验的抽样特性图

资料来源：Adapted with permission from Ferris, Charles D., Grubbs, Frank E., and Weaver, Chalmers L. (1946). "Operating Characteristics for the Common Statistical Tests of Significance." *Annals of Mathematical Statistics*, June.

$a=0.10\ 0.05\ 0.01$

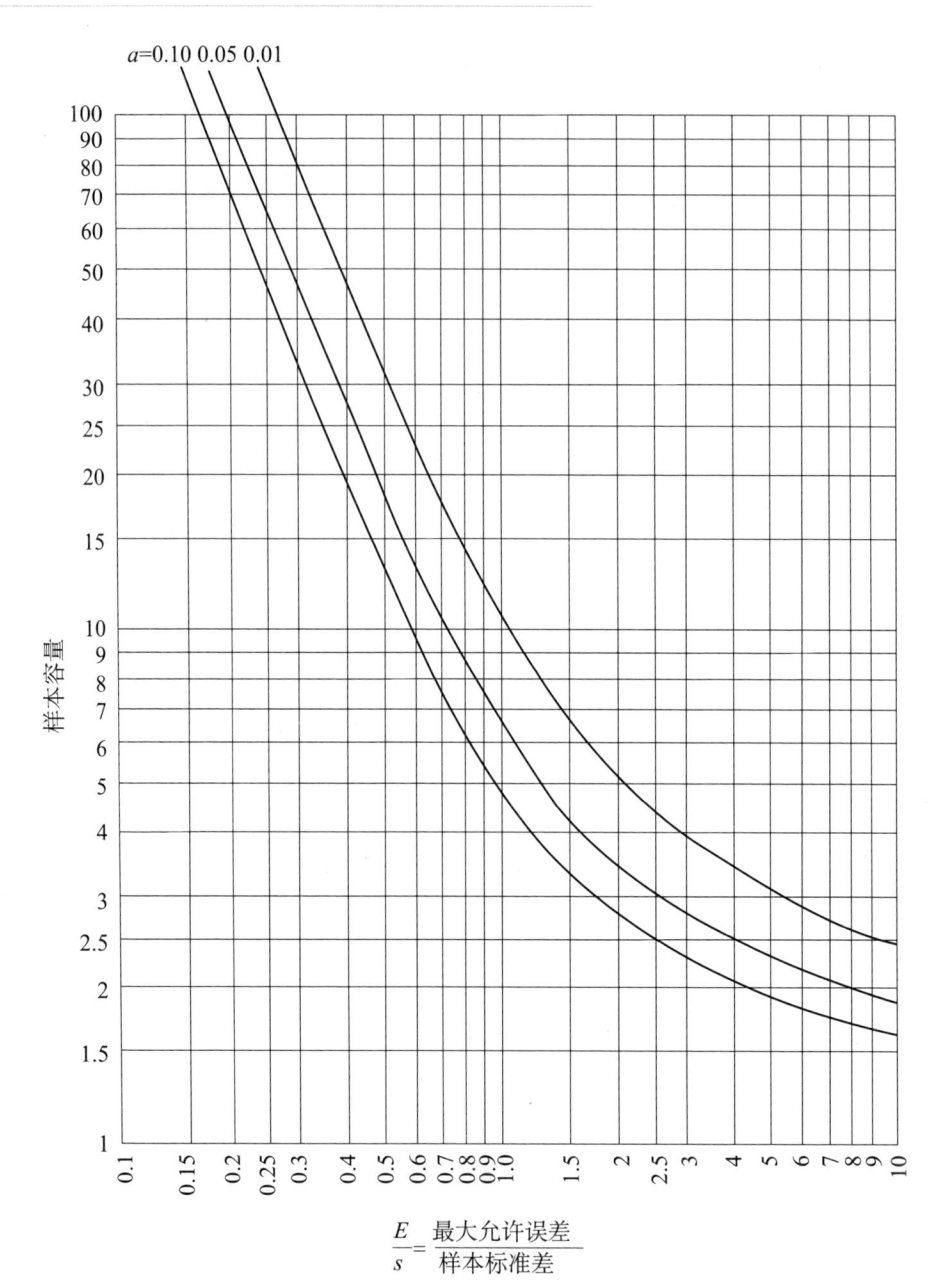

纵轴：样本容量

横轴：$\dfrac{E}{s}=\dfrac{\text{最大允许误差}}{\text{样本标准差}}$

图 S　σ 未知时算数平均值的样本容量

资料来源：Reproduced with permission from Weida, Frank M. and Lum, Mary D. (1953). *Statistical Inference, Reliability, and Significance*. WADC Technical Report 53-149, U. S. Air Force.

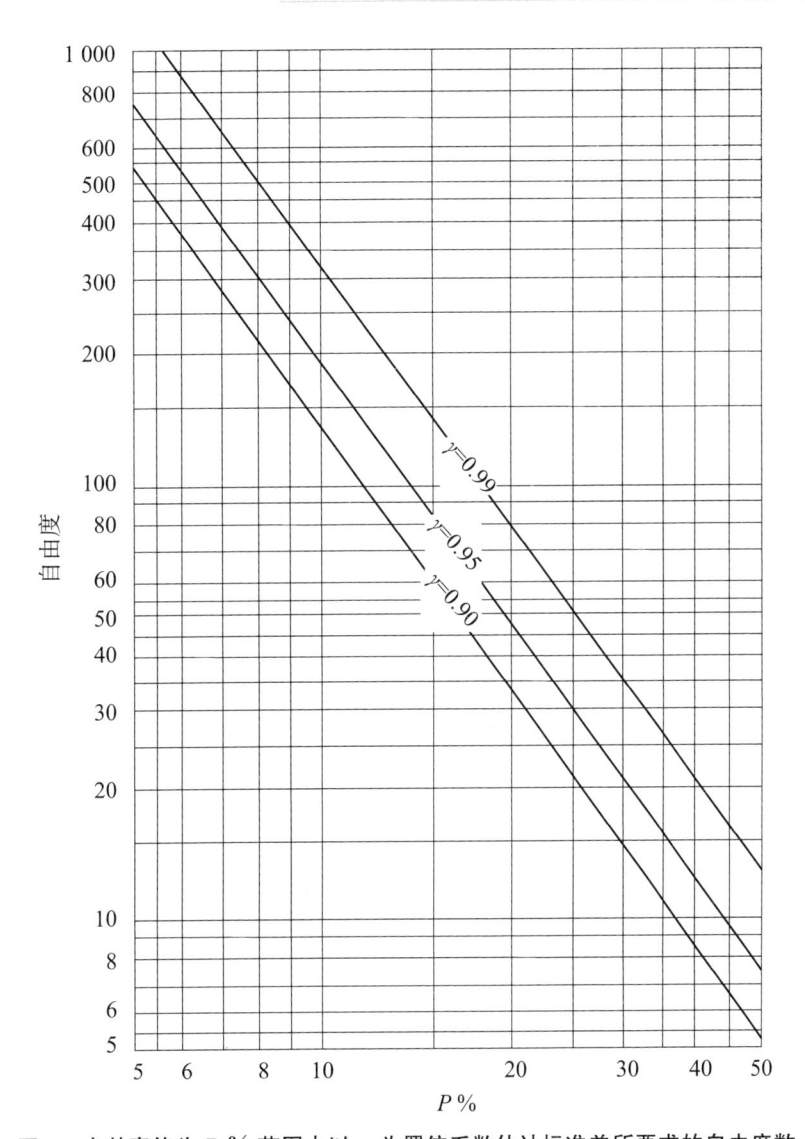

图 T　在其真值为 $P\%$ 范围内以 γ 为置信系数估计标准差所要求的自由度数

资料来源：Adapted with permission from Greenwood, J. A. and Sandomire, M. M. (1950). "Statistics Manual, Sample Size Required for Estimating the Standard Deviation as a Percent of Its True Value." *Journal of the American Statistical Association*. vol. 45, p. 258. The manner of graphing is adapted with permission from Crow, E. L., Davis, F. A., and Maxfield, M. W. (1955). *NAVORD Report* 3369. NOTS 948, U. S. Naval Ordnance Test Station, China Lake, CA. (Reprinted by Dover Publications, New York, 1960.)

表 U　正态分布的公差因子

因子 K_1 表示，至少有比例为 P 的分布被包含在 $\overline{X} \pm K_1 R$ 之间的概率为 γ，其中 $\overline{X}$ 为容量为 n 的样本的均值，$\overline{R}$ 是其极差。

	$\gamma=0.90$			$\gamma=0.95$			$\gamma=0.99$			
P\n	0.90	0.95	0.99	0.999	0.90	0.95	0.99	0.999	0.90	0.95	0.99	0.999
2	11.298	13.294	17.090	21.374	22.635	26.634	34.238	42.821	113.429	133.469	171.576	214.588
3	3.069	3.631	4.711	5.936	4.399	5.206	6.752	8.509	9.951	11.776	15.275	19.249
4	1.877	2.227	2.902	3.672	2.422	2.873	3.744	4.737	4.233	5.021	6.543	8.279
5	1.428	1.697	2.216	2.812	1.749	2.078	2.715	3.444	2.709	3.219	4.205	5.335
6	1.194	1.420	1.857	2.360	1.418	1.686	2.206	2.803	2.042	2.429	3.178	4.038
7	1.050	1.248	1.635	2.080	1.222	1.453	1.903	2.420	1.678	1.996	2.615	3.325
8	0.951	1.131	1.483	1.888	1.090	1.297	1.700	2.165	1.449	1.724	2.261	2.878
9	0.879	1.046	1.372	1.747	0.997	1.187	1.556	1.981	1.290	1.536	2.014	2.565
10	0.824	0.981	1.286	1.639	0.926	1.103	1.446	1.843	1.176	1.400	1.836	2.340
11	0.780	0.929	1.219	1.554	0.871	1.037	1.361	1.735	1.088	1.296	1.701	2.168
12	0.745	0.887	1.164	1.484	0.827	0.985	1.292	1.648	1.020	1.215	1.594	2.033
13	0.715	0.852	1.118	1.426	0.790	0.940	1.235	1.575	0.964	1.148	1.507	1.922
14	0.690	0.822	1.079	1.377	0.759	0.904	1.187	1.514	0.917	1.093	1.435	1.830
15	0.669	0.797	1.046	1.334	0.733	0.873	1.146	1.462	0.878	1.046	1.373	1.753
16	0.650	0.774	1.016	1.297	0.710	0.845	1.110	1.417	0.845	1.007	1.322	1.687
17	0.633	0.755	0.991	1.265	0.690	0.822	1.109	1.377	0.816	0.972	1.277	1.630
18	0.619	0.737	0.968	1.235	0.672	0.801	1.051	1.342	0.790	0.941	1.236	1.578
19	0.605	0.721	0.947	1.209	0.656	0.782	1.027	1.311	0.768	0.916	1.203	1.535
20	0.594	0.707	0.929	1.186	0.642	0.765	1.005	1.282	0.748	0.892	1.171	1.495

资料来源：Adapted with permission from Mitra, S. K. (1957) . "Tables for Tolerance Limits for a Normal Population Based on Sample Mean and Mean Range." *Journal of the American Statistical Association*, vol. 52, no. 277, March, p. 92.

表 V 正态分布的单侧和双侧统计公差限因子 k

因子 k 表示至少有比例 P 的分布小于 $\bar{X}+ks$ (或大于 $\bar{X}-ks$) 的概率为 γ，其中 $\bar{X}$ 和 s 是从容量为 n 的样本中计算出的均值和标准差的估计值。双侧因子则覆盖了 $\bar{X}\pm ks$。

	$\gamma=0.90$			$\gamma=0.95$			$\gamma=0.99$		
P	0.90	0.95	0.99	0.999	0.90	0.95	0.99	0.999	0.90	0.95	0.99	0.999
n												
					单侧因子							
3	4.258	5.310	7.340	9.651	6.158	7.655	10.552	13.857				
4	3.187	3.957	5.437	7.128	4.163	5.145	7.042	9.215				
5	2.742	3.400	4.666	6.112	3.407	4.202	5.741	7.501				
6	2.494	3.091	4.242	5.556	3.006	3.707	5.062	6.612	4.408	5.409	7.334	9.540
7	2.333	2.894	3.972	5.201	2.755	3.399	4.641	6.061	3.856	4.730	6.411	8.348
8	2.219	2.755	3.783	4.955	2.582	3.188	4.353	5.686	3.496	4.287	5.811	7.566
9	2.133	2.649	3.641	4.772	2.454	3.031	4.143	5.414	3.242	3.971	5.389	7.014
10	2.065	2.568	3.532	4.629	2.355	2.911	3.981	5.203	3.048	3.739	5.075	6.603
11	2.012	2.503	3.444	4.515	2.275	2.815	3.852	5.036	2.897	3.557	4.828	6.284
12	1.966	2.448	3.371	4.420	2.210	2.736	3.747	4.900	2.773	3.410	4.633	6.032
13	1.928	2.403	3.310	4.341	2.155	2.670	3.659	4.787	2.677	3.290	4.472	5.826
14	1.895	2.363	3.257	4.274	2.108	2.614	3.585	4.690	2.592	3.189	4.336	5.651
15	1.866	2.329	3.212	4.215	2.068	2.566	3.520	4.607	2.521	3.102	4.224	5.507
16	1.842	2.299	3.172	4.164	2.032	2.523	3.463	4.534	2.458	3.028	4.124	5.374
17	1.820	2.272	3.136	4.118	2.001	2.486	3.415	4.471	2.405	2.962	4.038	5.268
18	1.800	2.249	3.106	4.078	1.974	2.453	3.370	4.415	2.357	2.906	3.961	5.167

续表

P/n	γ=0.90				γ=0.95				γ=0.99			
	0.90	0.95	0.99	0.999	0.90	0.95	0.99	0.999	0.90	0.95	0.99	0.999
单侧因子												
19	1.781	2.228	3.078	4.041	1.949	2.423	3.331	4.364	2.315	2.855	3.893	5.078
20	1.765	2.208	3.052	4.009	1.926	2.396	3.295	4.319	2.275	2.807	3.832	5.003
21	1.750	2.190	3.028	3.979	1.905	2.371	3.262	4.276	2.241	2.768	3.776	4.932
22	1.736	2.174	3.007	3.952	1.887	2.350	3.233	4.238	2.208	2.729	3.727	4.866
23	1.724	2.159	2.987	3.927	1.869	2.329	3.206	4.204	2.179	2.693	3.680	4.806
24	1.712	2.145	2.969	3.904	1.853	2.309	3.181	4.171	2.154	2.663	3.638	4.755
25	1.702	2.132	2.952	3.882	1.838	2.292	3.158	4.143	2.129	2.632	3.601	4.706
30	1.657	2.080	2.884	3.794	1.778	2.220	3.064	4.022	2.029	2.516	3.446	4.508
35	1.623	2.041	2.833	3.730	1.732	2.166	2.994	3.934	1.957	2.431	3.334	4.364
40	1.598	2.010	2.793	3.679	1.697	2.126	2.941	3.866	1.902	2.365	3.250	4.255
45	1.577	1.986	2.762	3.638	1.669	2.092	2.897	3.811	1.857	2.313	3.181	4.168
50	1.560	1.965	2.735	3.604	1.646	2.065	2.863	3.766	1.821	2.296	3.124	4.096
双侧因子												
2	15.978	18.800	24.167	30.227	32.019	37.674	48.430	60.573	160.193	188.491	242.300	303.054
3	5.847	6.919	8.974	11.309	8.380	9.916	12.861	16.208	18.930	22.401	29.055	36.616
4	4.166	4.943	6.440	8.149	5.369	6.370	8.299	10.502	9.398	11.150	14.527	18.383
5	3.494	4.152	5.423	6.879	4.275	5.079	6.634	8.415	6.612	7.855	10.260	13.015
6	3.131	3.723	4.870	6.188	3.712	4.414	5.775	7.337	5.337	6.345	8.301	10.548

续表

n \ P	γ=0.90			γ=0.95			γ=0.99		
	0.90	0.95	0.99	0.999	0.90	0.95	0.99	0.999	0.90	0.95	0.99	0.999

双侧因子

n	0.90	0.95	0.99	0.999	0.90	0.95	0.99	0.999	0.90	0.95	0.99	0.999
7	2.902	3.452	4.521	5.750	3.369	4.007	5.248	6.676	4.613	5.488	7.187	9.142
8	2.743	3.264	4.278	5.446	3.136	3.732	4.891	6.226	4.147	4.936	6.468	8.234
9	2.626	3.125	4.098	5.220	2.967	3.532	4.631	5.899	3.822	4.550	5.966	7.600
10	2.535	3.018	3.959	5.046	2.839	3.379	4.433	5.649	3.582	4.265	5.594	7.129
11	2.463	2.933	3.849	4.906	2.737	3.259	4.277	5.452	3.397	4.045	5.308	6.766
12	2.404	2.863	3.758	4.792	2.655	3.162	4.150	5.291	3.250	3.870	5.079	6.477
13	2.355	2.805	3.682	4.697	2.587	3.081	4.044	5.158	3.130	3.727	4.893	6.240
14	2.314	2.756	3.618	4.615	2.529	3.012	3.955	5.045	3.029	3.608	4.737	6.043
15	2.278	2.713	3.562	4.545	2.480	2.954	3.878	4.949	2.945	3.507	4.605	5.876
16	2.246	2.676	3.514	4.484	2.437	2.903	3.812	4.865	2.872	3.421	4.492	5.732
17	2.219	2.643	3.471	4.430	2.400	2.858	3.754	4.791	2.808	3.345	4.393	5.607
18	2.194	2.614	3.433	4.382	2.366	2.819	3.702	4.725	2.753	3.279	4.307	5.497
19	2.172	2.588	3.399	4.339	2.337	2.784	3.656	4.667	2.703	3.221	4.230	5.399
20	2.152	2.564	3.368	4.300	2.310	2.752	3.615	4.614	2.659	3.168	4.161	5.312
21	2.135	2.543	3.340	4.264	2.286	2.723	3.577	4.567	2.620	3.121	4.100	5.234
22	2.118	2.524	3.315	4.232	2.264	2.697	3.543	4.523	2.584	3.078	4.044	5.163

续表

n\P	γ=0.90			γ=0.95			γ=0.99		
	0.90	0.95	0.99	0.999	0.90	0.95	0.99	0.999	0.90	0.95	0.99	0.999

双侧因子

n\P	0.90	0.95	0.99	0.999	0.90	0.95	0.99	0.999	0.90	0.95	0.99	0.999
23	2.103	2.506	3.292	4.203	2.244	2.673	3.512	4.484	2.551	3.040	3.993	5.098
24	2.089	2.480	3.270	4.176	2.225	2.651	3.483	4.447	2.522	3.004	3.947	5.039
25	2.077	2.474	3.251	4.151	2.208	2.631	3.457	4.413	2.494	2.972	3.904	4.985
26	2.065	2.460	3.232	4.127	2.193	2.612	3.432	4.382	2.460	2.941	3.865	4.935
27	2.054	2.447	3.215	4.106	2.178	2.595	3.409	4.353	2.446	2.914	3.828	4.888
30	2.025	2.413	3.170	4.049	2.140	2.549	3.350	4.278	2.385	2.841	3.733	4.768
35	1.988	2.368	3.112	3.974	2.090	2.490	3.272	4.179	2.306	2.748	3.611	4.611
40	1.959	2.334	3.066	3.917	2.052	2.445	3.213	4.104	2.247	2.677	3.518	4.493
45	1.935	2.306	3.030	3.871	2.021	2.408	3.165	4.042	2.200	2.621	3.444	4.399
50	1.916	2.284	3.001	3.833	1.996	2.379	3.126	3.993	2.162	2.576	3.385	4.323

资料来源：Adapted from Lieberman, Gerald J. (1958). "Tables for One-Sided Tolerance Limits." *Industrial Quality Control*, vol. XIV, no. 10, April, p. 8. Adapted with permission of the American Society for Quality Control. Adapted with permission from Eisenhart, C., Hastay, M. W., and Wallis, W. A. (1947). *Techniques of Statistical Analysis*. McGraw-Hill, New York.

表 W 样本两极点间区间的 P 值表

γ 表示一个容量为 N 的随机样本的极点区间包含比例 P 的总体的概率。

N \ γ	0.5	0.7	0.9	0.95	0.99	0.995
2	0.293	0.164	0.052	0.026	0.006	0.003
4	0.615	0.492	0.321	0.249	0.141	0.111
6	0.736	0.640	0.490	0.419	0.295	0.254
10	0.838	0.774	0.664	0.606	0.496	0.456
20	0.918	0.883	0.820	0.784	0.712	0.683
40	0.959	0.941	0.907	0.887	0.846	0.829
60	0.973	0.960	0.937	0.924	0.895	0.883
80	0.980	0.970	0.953	0.943	0.920	0.911
100	0.984	0.976	0.962	0.954	0.936	0.929
150	0.990	0.984	0.975	0.969	0.957	0.952
200	0.992	0.988	0.981	0.977	0.968	0.961
500	0.997	0.996	0.993	0.991	0.987	0.986
1 000	0.999	0.998	0.997	0.996	0.994	0.993

资料来源：Adapted with permission from Dixon, W. J. and Massey, F. J., Jr. (1969). *Introduction to Statistical Analysis*, 3rd ed. McGraw-Hill, NewYork.

表 X 样本两极点间区间的 N 值表

N \ γ	0.50	0.70	0.90	0.95	0.99	0.995
0.995	336	488	777	947	1 325	1 483
0.99	168	244	388	473	662	740
0.95	34	49	77	93	130	146
0.90	17	24	38	46	64	72
0.85	11	16	25	30	42	47
0.80	9	12	18	22	31	34
0.75	7	10	15	18	24	27
0.70	6	8	12	14	20	22
0.60	4	6	9	10	14	16
0.50	3	5	7	8	11	12

资料来源：Adapted with permission from Dixon, W. J. and Massey, F. J., Jr. (1969). *Introduction to Statistical Analysis*, 3rd ed. McGraw-Hill, New York.

表 Y 控制图的 E_2 因子

子组中的观测值数目	E_2
2	2.660
3	1.772
4	1.457
5	1.290
6	1.184
7	1.109
8	1.054
9	1.010
10	0.975
11	0.946
12	0.921
13	0.899
14	0.881
15	0.864

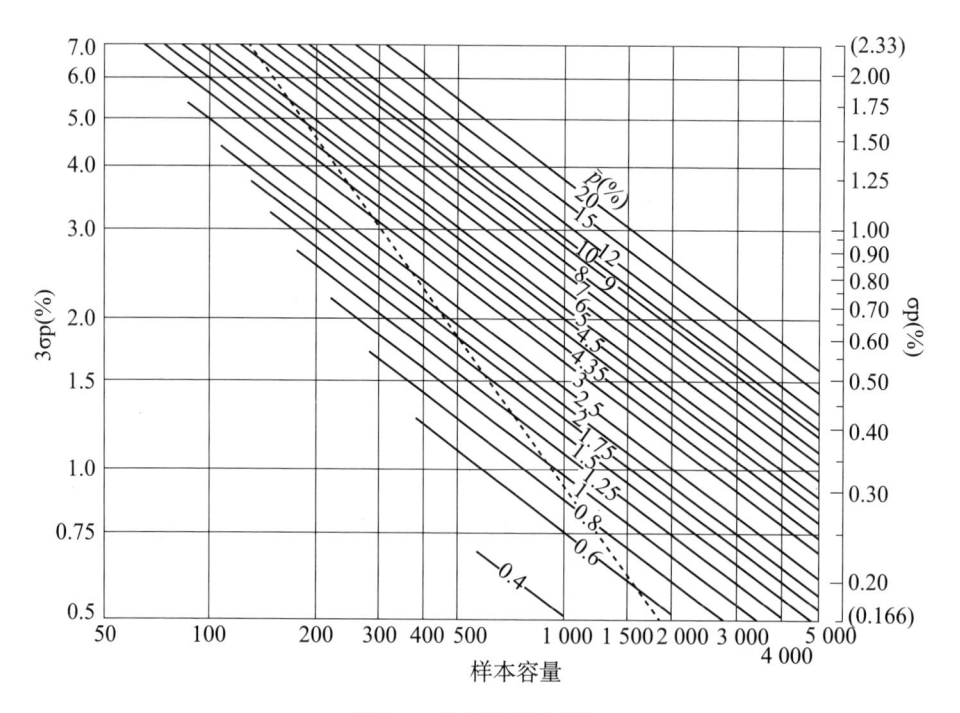

图 Z P 控制图的控制限

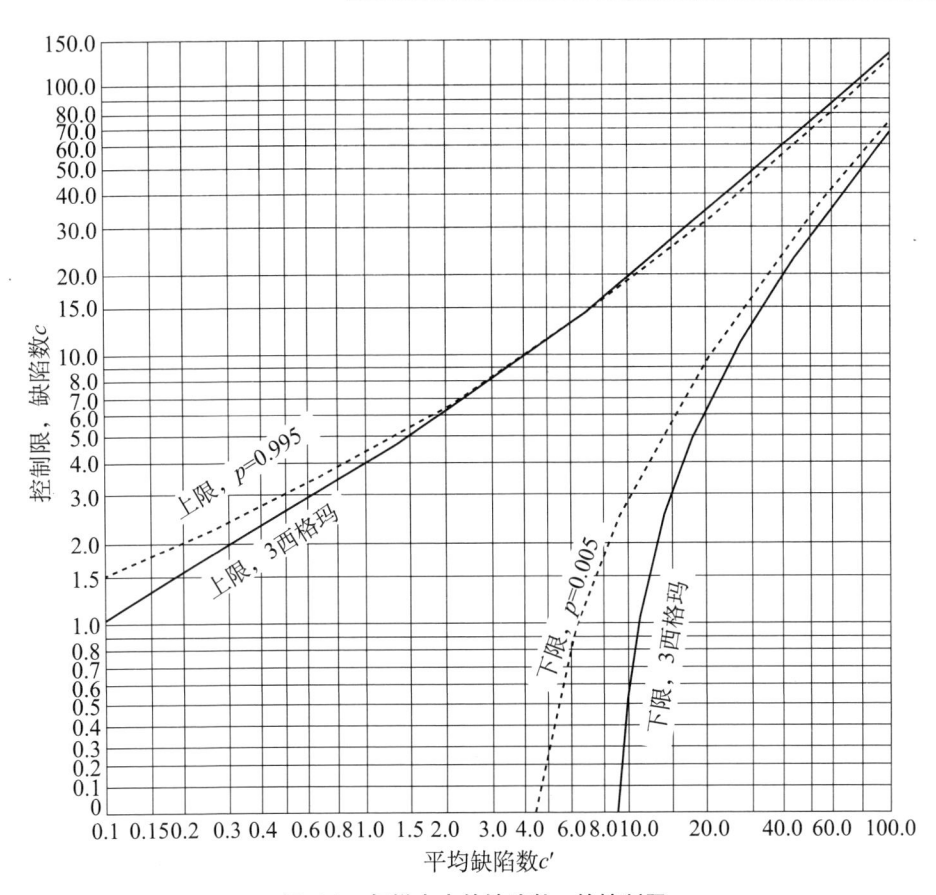

图 AA 每样本中的缺陷数 c 的控制限

资料来源：Reproduced by permission from American War Standard Z1.3 - 1942. American Standards Association, New York.

表 BB 累计和控制图的因子

$2\alpha_o = 0.0027$

$\alpha_o = 0.00135^*$

δ	θ	d
0.2	5°43′	330.4
0.4	11°19′	82.6
0.5	14°00′	52.9
0.6	16°42′	36.7
0.8	21°48′	20.6
1.0	26°34′	13.2
1.2	30°58′	9.2
1.3	32°59′	7.8
1.4	35°00′	6.7
1.6	38°40′	5.2

续表

δ	θ	d
1.8	41°59′	4.1
2.0	45°00′	3.3
2.2	47°44′	2.7
2.4	50°12′	2.3
2.6	52°26′	2.0
2.8	54°28′	1.7
3.0	56°19′	1.5

注：* 与休哈特控制图所用的 3σ 控制限可比的界限。

资料来源：Adapted with permission from Johnson, Norman L. and Leone, Fred C. (1964). *Statistics and Experimental Design in Engineering and Physical Sciences*. John Wiley & Sons, New York, vol. I, p. 322.

表 CC 随机数表

1 306	1 189	5 731	3 968	5 606	5 084	8 947	3 897	1 636	7 810
0 422	2 431	0 649	8 085	5 053	4 722	6 598	5 044	9 040	5 121
6 597	2 022	6 168	5 060	8 656	6 733	6 364	7 649	1 871	4 328
7 965	6 541	5 645	6 243	7 658	6 903	9 911	5 740	7 824	8 520
7 695	6 937	0 406	8 894	0 441	8 135	9 797	7 285	5 905	9 539
5 160	7 851	8 464	6 789	3 938	4 197	6 511	0 407	9 239	2 232
2 961	0 551	0 539	8 288	7 478	7 565	5 581	5 771	5 442	8 761
1 428	4 183	4 312	5 445	4 854	9 157	9 158	5 218	1 464	3 634
3 666	5 642	4 539	1 561	7 849	7 520	2 547	0 756	1 206	2 033
6 543	6 799	7 454	9 052	6 689	1 946	2 574	9 386	0 304	7 945
9 975	6 080	7 423	3 175	9 377	6 951	6 519	8 287	8 994	5 532
4 866	0 956	7 545	7 723	8 085	4 948	2 228	9 583	4 415	7 065
8 239	7 068	6 694	5 168	3 117	1 586	0 237	6 160	9 585	1 133
8 722	9 191	3 386	3 443	0 434	4 586	4 150	1 224	6 204	0 937
1 330	9 120	8 785	8 382	2 929	7 089	3 109	6 742	2 468	7 025
2 296	2 952	4 764	9 070	6 356	9 192	4 012	0 618	2 219	1 109
3 582	7 052	3 132	4 519	9 250	2 486	0 830	8 472	2 160	7 046
5 872	9 207	7 222	6 494	8 973	3 545	6 967	8 490	5 264	9 821
1 134	6 324	6 201	3 792	5 651	0 538	4 676	2 064	0 584	7 996
1 403	4 497	7 390	8 503	8 239	4 236	8 022	2 914	4 368	4 529
3 393	7 025	3 381	3 553	2 128	1 021	8 353	6 413	5 161	8 583
1 137	7 896	3 602	0 060	7 850	7 626	0 854	6 565	4 260	6 220
7 437	5 198	8 772	6 927	8 527	6 851	2 709	5 992	7 383	1 071
8 414	8 820	3 917	7 238	9 821	6 073	6 658	1 280	9 643	7 761
8 398	5 224	2 749	7 311	5 740	9 771	7 826	9 533	3 800	4 553
0 995	8 935	2 939	3 092	2 496	0 359	0 318	4 697	7 181	4 035

续表

6 657	0 755	9 685	4 017	6 581	7 292	5 643	5 064	1 142	1 297
8 875	8 369	7 868	0 190	9 278	1 709	4 253	9 346	4 335	3 769
8 399	6 702	0 586	6 428	7 985	2 979	4 513	1 970	1 989	3 105
6 703	1 024	2 064	0 393	6 815	8 502	1 375	4 171	6 970	1 201
4 730	1 653	9 032	9 855	0 957	7 366	0 325	5 178	7 959	5 371
8 400	6 834	3 187	8 688	1 079	1 480	6 776	9 888	7 585	9 998
3 647	8 002	6 726	0 877	4 552	3 238	7 542	7 804	3 933	9 475
6 789	5 197	8 037	2 354	9 262	5 497	0 005	3 986	1 767	7 981
2 630	2 721	2 810	2 185	6 323	5 679	4 931	8 336	6 662	3 566
1 374	8 625	1 644	3 342	1 587	0 762	6 057	8 011	2 666	3 759
1 572	7 625	9 110	4 409	0 239	7 059	3 415	5 537	2 250	7 292
9 678	2 877	7 579	4 935	0 449	8 119	6 969	5 383	1 717	6 719
0 882	6 781	3 538	4 090	3 092	2 365	6 001	3 446	9 985	6 007
0 006	4 205	2 389	4 365	1 981	8 158	7 784	6 256	3 842	5 603
4 611	9 861	7 916	93CS*	2 074	9 462	0 254	4 827	9 198	3 974
1 093	3 784	4 190	6 332	1 175	8 599	9 735	8 584	6 581	7 194
3 374	3 545	6 865	8 819	3 342	1 676	2 264	6 014	5 012	2 458
3 650	9 676	1 436	4 374	4 716	5 548	8 276	6 235	6 742	2 154
7 292	5 749	7 977	7 602	9 205	3 599	3 880	9 537	4 423	2 330
2 353	8 319	2 850	4 026	3 027	1 708	3 518	7 034	7 132	6 903
1 094	2 009	8 919	5 676	7 283	4 982	9 642	7 235	8 167	3 366
0 568	4 002	0 587	7 165	1 094	2 006	7 471	0 940	4 366	9 554
5 606	4 070	5 233	4 339	6 543	6 695	5 799	5 821	3 953	9 458
8 285	7 537	1 181	2 300	5 294	6 892	1 627	3 372	1 952	3 028

资料来源：Adapted with permission from Owen, Donald B. (1962). *Handbook of Statistical Tables*. Addison—Wesley, Reading, MA. Courtesy U. S. Atomic Energy Commission.

表 DD 方差分析中确定样本容量的 ϕ^2 值表

$\alpha=0.01；\beta=0.2$

DF$_2$ \ DF$_1$	1	2	3	4	5	6	7	8	9
2	80.37	106.63	119.75	127.62	132.87	136.63	139.45	141.63	143.38
4	17.28	18.58	18.95	19.11	19.18	19.21	19.23	19.24	19.24
6	11.36	11.12	10.77	10.49	10.27	10.11	9.97	9.86	9.77
8	9.41	8.76	8.21	7.83	7.54	7.32	7.15	7.01	6.89
10	8.47	7.63	7.02	6.58	6.26	6.03	5.84	5.68	5.56
12	7.91	6.98	6.33	5.87	5.54	5.29	5.09	4.93	4.80

* 原书如此，疑有误。——译者注

续表

DF₂ \ DF₁	1	2	3	4	5	6	7	8	9
14	7.55	6.56	5.88	5.41	5.07	4.81	4.61	4.45	4.31
16	7.30	6.26	5.56	5.09	4.75	4.49	4.28	4.11	3.98
18	7.11	6.05	5.35	4.86	4.51	4.24	4.04	3.87	3.73
20	6.96	5.89	5.17	4.68	4.33	4.06	3.85	3.68	3.54
24	6.76	5.66	4.93	4.41	4.08	3.80	3.57	3.42	3.28
30	6.55	5.42	4.68	4.19	3.82	3.55	3.33	3.16	3.02
40	6.35	5.20	4.45	3.96	3.57	3.31	3.10	2.92	2.79
60	6.18	5.00	4.25	3.74	3.37	3.10	2.88	2.70	2.55
80	6.10	4.88	4.16	3.65	3.28	2.99	2.76	2.59	2.43
120	6.00	4.80	4.04	3.53	3.17	2.89	2.66	2.50	2.34
240	5.90	4.71	3.96	3.46	3.06	2.79	2.56	2.40	2.25
∞	5.84	4.62	3.87	3.35	2.98	2.70	2.47	2.29	2.14

DF₂ \ DF₁	10	12	15	20	24	30	40	60	120	∞
	144.82	147.02	149.30	151.63	152.84	154.06	155.30	156.55	157.83	159.09
	19.24	19.24	19.24	19.22	19.21	19.21	19.19	19.18	19.18	19.17
	9.69	9.57	9.44	9.30	9.22	9.14	9.07	8.99	8.90	8.81
	6.80	6.64	6.48	6.31	6.21	6.12	6.02	5.91	5.81	5.70
	5.45	5.29	5.11	4.92	4.82	4.71	4.61	4.49	4.38	4.26
	4.69	4.52	4.33	4.13	4.02	3.91	3.80	3.68	3.56	3.43
	4.20	4.02	3.83	3.63	3.52	3.40	3.28	3.16	3.03	2.89
	3.86	3.68	3.48	3.27	3.16	3.04	2.92	2.80	2.66	2.52
	3.61	3.43	3.23	3.01	2.90	2.78	2.66	2.53	2.39	2.24
	3.42	3.23	3.03	2.82	2.70	2.58	2.46	2.32	2.18	2.03
	3.13	2.96	2.76	2.53	2.43	2.31	2.16	2.02	1.88	1.72
	2.90	2.70	2.50	2.27	2.16	2.02	1.88	1.74	1.59	1.42
	2.66	2.46	2.25	2.02	1.90	1.77	1.61	1.46	1.30	1.13
	2.43	2.23	2.02	1.78	1.66	1.52	1.37	1.21	1.04	0.841
	2.31	2.13	1.90	1.66	1.54	1.39	1.25	1.08	0.902	0.689
	2.22	2.02	1.80	1.56	1.44	1.28	1.12	0.960	0.766	0.528
	2.13	1.90	1.69	1.44	1.32	1.17	1.00	0.828	0.624	0.345
	2.02	1.81	1.58	1.34	1.21	1.05	0.884	0.704	0.472	0.000

资料来源：These tables are computed from Lehmer, Emma (1944). "Inverse Tables of Probabtilities of Errors of Second Kind." *Annals of Mathematical Statistics*, vol. 15, p. 390. Reproduced from Dixon, W. J. and Massey, F. J., Jr. *Introduction to Statistical Analysis*, 1st ed. McGraw-Hill, NewYork, p. 330.

（王林波 译）

附录Ⅲ　缩写表

ACE—Award for Corporate Excellence

ACH—Automated clearing house

ADLI—Approach, deployment, learning, and integration

AHT—Average handle time

ALOS—Average length of stay

AMI—Acute myocardial infarction

ANOVA—Analysis of variance

ANSI—American National Standards Institute

ANZSIC—Australian and New Zealand Standard Industrial Classification

AOQ—Average outgoing quality

APQC—American Productivity and Quality Center

AQAP—Allied quality assurance publications

AQIP—Annual quality improvement plan

ARDEC—Armament Research, Development, and Engineering Center

ARL—Army Research Laboratory

ARPAnet—Advanced Research Projects Agency Network

ASME—American Society of Mechanical Engineers

ASQ—American Society for Quality

ASTM—American Society for Testing and Materials

ATM—Automatic teller machine

BAM—Business activity monitoring

BBB—Better Business Bureau

BBE—Behavior-based expectation

BPM—Business process management

BPO—Business process outsourcing

BPQM—Business process quality management

BPR—Business process reengineering

CAFÉ—Connecticut Award for Excellence

CCL—Critical-components list

CDP—Carbon disclosure project

CE—European Conformity

CEN—European Committee for Standardization

CEO—Chief executive officer

CFO—Chief financial officer

CFR—Code of Federal Regulations

cGMP—Current good manufacturing practice

CHF—Congestive heart failure

CI—Continuous improvement

CIn—Continuous innovation

CIO—Chief information officer

CMM—Capability maturity model

CMMi—Capability maturity model integration

CMS—Centers for Medicare and Medicaid Services

CMU—Carnegie-Mellon University

COBIT—Control objectives for information and related technology

COO—Chief operating officer

COP^3—Cost of poorly performing processes

COPQ—Cost of poor quality

COTS—Commercial off-the-shelf

C_p—Process capability

C_{pk}—Process capability index

CPM—Critical path method

C_{pm}—Taguchi capability index

CQE—Certified quality engineer

CTO—Chief technology officer

CTQ—Critical to quality

CUMSUM/CUSUM—Cumulative sum

DA—Decision analysis

DC—Discharge

DCE—Defect containment effectiveness

DES—Discrete event simulation

DF—Degree of freedom

DFA—Design for assembly

DFM—Design for manufacturing

DFMA—Design for manufacture and assembly

DFMEA—Design failure mode and effects analysis

DFSS—Design for Six Sigma

DMADV—Define, measure, analyze, design, verify

DMAIC—Define, measure, analyze, improve, control

DOE—Design of experiments

DpKLOC—Defects per thousand lines of code

DPMO—Defects per million opportunities

DRM—Digital Rights Management

DVT—Design verification test

EDI—Electronic Data Interchange

EFQM—European Foundation for Quality Management

EFT—Electronic funds transfer

EHR—Electronic health record

EIU—Environmental impact unit

EMMA—Electronic Municipal Market Access

EMR—Electronic medical record

EMS—Environmental management systems

ENPV—Expected net present value

EP—Environmental protection

ERA—Emergency response action

ERP—Enterprise resource planning

ESD—Emergency services department

ESS—Employee self-service

EU—European Union

EVOP—Evolutionary operations

EWMA—Exponentially weighted moving average

FC—Family Council

FDA—Food and Drug Administration

FDM—Functional deployment matrix

FLC—Federal Laboratory Consortium

FMEA—Failure mode and effects analysis

FMECA—Failure mode effects criticality analysis

FRACAS—Failure reporting and corrective action systems

FTA—Fault tree analysis

FUNDIBEQ—The Ibero-American Foundation for Quality Management

GATT—General Agreement on Tariffs and Trade

GDP—Good distribution practice

GDP—Gross domestic product

GEM—Global excellence model

GHG—Greenhouse gas

GIDEP—Government-Industry Data Exchange Program

GMO—Genetically modified organism

GMP—Good manufacturing practice

H_a—Alternative hypothesis

HACCP—Hazard analysis and critical control points

H_o—Null hypothesis

HR—Human resources

IAQ—International Academy for Quality

IAQG—International Aerospace Quality Group

ICB—Industry classification benchmark

ICU—Intensive care unit

IEC—International Electrotechnical Commission

IEEE—Institute of Electrical and Electronics Engineers

IHI—Institute for Healthcare Improvement

IOD—Institute of Directors

IOM—Institute of Medicine

IPEC—International Pharmaceutical Excipients Council

IRPS—International Reliability Physics Symposium

ISIC—International Standard Industrial Classification of All Economic Activities

ISO—International Organization for Standardization

ISO/DIS—International Organization for Standardization/Draft International Standard

ISO/TS—International Organization for Standardization/Technical Specification

IT—Information technology

ITIL—Information Technology Infrastructure Library

IVR—Interactive voice response

JCAHO—Joint Commission on the Accreditation of Healthcare Organizations

JCF—Juran complexity factor

JDI—Just Do It

JIT—Just in time

JUSE—Union of Japanese Scientists and Engineers

KPA—Key process area

KPC—Key product characteristic(s)

KPI—Key performance indicator

KPIV—Key process input variable

KPOV—Key process output variable

KRI—Key result indicator

LCA—Life cycle assessment

LDMADV—Lean Design for Six Sigma (Define, Measure, Analyze, Design, Verify)

LeTCI—Levels, trends, comparisons, and integration

LSL—Lower specification limit

LSS—Lean Six Sigma

LTC—Long-term care

MANOVA, MANCOVA—Multivariate analysis of variance, multivariate analysis of covariance

MAP—Missile (Defense Agency) assurance provision

MBNQA—Malcolm Baldrige National Quality Award

MDA—Missile Defense Agency

MDT—Mean downtime

MRP—Material requirements planning

MSA—Measurement system analysis

MTBF—Mean time between failure

MTTF—Mean time to failure

MTTR—Mean time to repair

MVT—Manufacturing verification test

NACD—National Association for Corporate Directors

NACE—Statistical classification of economic activities in the European Community

NAFTA—North American Free Trade Association

NAICS—North American Industry Classification System

NASA—North American Space Administration

NATO—North Atlantic Treaty Organization

NHTSA—National Highway Traffic Safety Administration

NICE—Nonpersonal interactivity-Infrastructure availability-Controllability-Effort inevitability

NIST—National Institute of Standards and Technology

NMMC—North Mississippi Medical Center

NPI—New product introduction

NPR—NASA procedural requirements

NPV—Net present value

NQA—National quality award

NVCASE—National Voluntary Conformity Assessment System Evaluation

OA—Operational availability

OECD—Organisation for Economic Co-operation and Development

OEMs—Original equipment manufacturers

OFAT—One factor at a time

OKVED—Russian Economic Activities Classification System

OLA—Operating level agreement

ONE—Organizations of Noteworthy Excellence

OpEx—Operational excellence

OSHA—Occupational Safety and Health Administration

OSI—Owner satisfaction index

OST—On-stream time

OTT—Office of Technology Transfer

OVT—Operations verification test

P4P—Pay for performance

PC—Personal computer

PCA—Principal-component analysis

PCE—Phase containment effectiveness

P-D—Position-dimension

PDA—Personal digital assistant

PDCA—Plan, do, check, act

PDSA—Plan, do, study, act

PERT—Program evaluation and review technique

PFMEA—Process failure mode and effects analysis

PMBoK—Project management body of knowledge

PMI—Project Management Institute

POS—Point of sale

PT—Personal transporter

QA—Quality assurance

QA/RA—Quality assurance/regulatory assurance

QbD—Quality by design

QC—Quality control

QFD—Quality function deployment

QiCG—Quality in corporate governance

QIE—Quality information equipment

QIP—Quality improvement plan

QS—Quality system

QSAR—Quality System Assessment Recognition

R&D—Research and development

R&R—Repeatability and reproducibility

RADAR—Results, approach, deployment, assessment, and review

RAM—Reliability, availability, and maintainability

RCA—Root cause analysis

RCCA—Root cause corrective action

RCM—Reliability-centered maintenance

RIAC—Reliability information analysis center

RIE—Rapid improvement event

RoHS—Restriction of hazardous substances

ROI—Return on investment

RPN—Risk priority number

SCA—Special cause analysis

SCAMPI—Standard CMMI appraisal method for process improvement

SCIP—Surgical care improvement program

SDLC—Systems development life cycle

SEI—Software Engineering Institute

SERVQUAL—Service quality

SIPOC—Supplier-input-process-output-customer

SITA—Société Internationale de Telecommunications Aeronautiques

SL—Service line

SLA—Service level agreement

SME—Subject matter expert

SMED—Single-minute exchange of die

SOA—Service-oriented architecture

SOP—Standard operating procedure

SP—Strategic planning

SPC—Statistical process control

SQC—Statistical quality control

SQE—Supplier quality engineer

SQL—Simple Query Language

SRE—Society of Reliability Engineers

SST—Self-service technology

STS—Sociotechnical system

TCE—Total containment effectiveness

TCI—Test capability index

TPM—Total productive maintenance

TPS—Toyota Production System

TQC—Total quality control

TQM—Total quality management

TRIZ—Russian for "the theory of solving inventor's problems" or "the theory of inventor's problem solving"

TSR—Tele-service representative

UKSIC—United Kingdom Standard Industrial Classification of Economic Activities

UNIVAC—Universal Automatic Computer, first commercial computer

USDA—U.S. Department of Agriculture

USL—Upper specification limit

VOC—Voice of the customer

VoIP—Voice over Internet Protocol

VSM—Value stream map

WAIS—Wide-area information server

WCQ—World-class quality

WHO—World Health Organization

WWW—World Wide Web

XML—Extensible Markup Language

附录Ⅳ 术语表

验收测试（acceptance test）：一种高度结构化的测试形式，用于测试完整的、集成的系统，以评估其对指标或规格的符合性。此方法多用于复杂系统，如计算机系统等。

传感器精度（accuracy of a sensor）：传感器准确报告真实数据的程度，即传感器的估值能够在何种程度上与基于已确立的标准得到的"真实值"保持一致。

活动（activities）：过程或子过程的步骤。

管理者（administrator）：被授权建立标准并监管其执行的监管者或机构。

广告（advertising）：对产品或服务进行宣传以促进销售的过程，需要对版权进行技术和法律层面的审核；通过教育或警告信息来传播产品安全性的活动。

亲和图（affinity diagram）：一种用来将相同或类似条目簇聚在一起的图表工具。在质量改进中，通常在制作因果图前使用，也可在产品质量设计过程中用于将相似的需求与特性簇聚在一起。

年度目标（annual goals）：组织在一年（或几年）的时间内寻求实现的目标；用于指明工作努力的目标或终点。

仲裁（arbitration）：争议各方同意遵从共同认可的第三方所做出的裁决的争议调停过程。仲裁是一种解决争议的有效途径，可以避免法律诉讼所带来的高昂费用和长期拖延。

装配树（assembly tree）：将多个子过程的输出集成在一起的过程。

自治过程（autonomous process）：一组通常由一个部门或单一组织来执行的相互关联的活动。

可用性（availability）：用于设计语境下，指产品在规定的使用条件下表现出令人满意的性能的可能性。

避免过分约束（avoidance of unnecessary constraints）：不向团队提出过分的产品规格和指标要求。

建立质量目标的基准（basis for establishing quality goals）：在目标说明书

中，除项目范围之外，还必须包含项目目标。在设定质量目标的过程中，一个必须着重加以考虑的方面就是如何选择设定目标的基准。

标杆学习（benchmarking）：一个最近出现的名词，意指通过了解其他组织已经实现的目标来设定本组织自身的目标，其目的在于识别最佳的等级及其得以实现的方法。

偏倚（bias）：导致总体或样本过程出现失真的各种因素的影响或作用。

黑带（black belts）：具备开发、指导和领导跨职能改进团队能力的现场实施专家。

突破（breakthrough）：旨在形成有价值的变革以及史无前例的绩效水平的有组织的创新活动。

业务过程适应性（business process adaptability）：过程平稳地适应需求与环境的变革并保持其性能与效率的能力。

业务过程管理（business process management，BPM）：一种对改进项目所引发的变革加以支持的过程。

业务过程外包（business process outsourcing，BPO）：近年来逐渐兴起的一种将组织部分业务过程转包给第三方的实践形式。

能力成熟模型集成（capability maturity model integration）：一种过程改进方法论，使组织能够通过业务单元和项目来更好地管理其过程，并最终改进组织绩效。

碳披露计划（carbon disclosure project，CDP）：一个非营利组织，其使命在于向投资方或股东提供导致气候变暖的商业活动中的责任与风险的相关信息。

延滞分析（carryover analysis）：其典型形态是一种基于矩阵的设计评估工具，用来描述设计元素（尤其是失效倾向）与其先前版本的差异程度。

原因（cause）：经证实的引发现存缺陷的原因。通常存在多种原因，并且这些原因大多遵从帕累托原则，即少数关键的原因引发了多数的缺陷。

促变者（change agent）：负责引领实施组织变革的个体或小组；可以由组织中任何级别的任何人来承担，只要其愿意且能够承担创新或引领变革的责任。

公司负担费用（company-financed）：由公司支付的费用。在产品测试中，此术语指由工业组织向独立的测试实验室支付该实验室为其特定产品颁发标识（认证、印封、标签）所涉及的测试服务的相关费用。

比较性能（comparative performance）：最终产品在竞争中的性能表现。

竞争性分析（competitive analysis）：与竞争对手的产品逐项进行性能的对比分析。通常采用矩阵来描述各项性能与竞争对手产品的对比，尤其关注行业中的最佳水平。

概念学习（conceptual learning）：寻求对因果关系进行更深刻的理解的过程，其最终目的与结果是"知道为什么"。

财团（consortium）：一种商业组织团体，包括来自不同国家的组织成员。这种财团通常都是致力于特定项目的。

客户负担费用（consumer-financed）：由客户支付的费用。在这种情况下，测试实验室主要靠发布测试结果（通常采用月刊加年度报告的形式）来获得收入。

用户至上主义（consumerism）：对通过集体行为来帮助消费者解决其问题的运动的一种流行称谓，主张质量应超越技术规范的层面，要全方位表达公众的需求。

控制（control）：一种通用的管理过程，用以保证所有关键作业过程的持续稳定，并预防导致过程劣化的变化，以确保过程预定目标的实现。

控制图（control chart）：一种图形化的工具，用以判断过程是否处于稳定状态（通常指统计学意义上的稳定）。最流行的控制图当属休哈特统计过程控制图。

控制站（control station）：实施质量控制的区域。在组织的低层，通常是一个具体的物理空间。

相关（correlation）：统计术语，指任意两个或多个随机变量之间偏离独立性的程度。例如，对某种表征出现频次的数据与猜想原因的数据进行描点以表明其间的联系。

不良质量成本（cost of poor quality，COPQ）：随着产品、服务或过程中的缺陷的消除而消失的成本；通常用占销售额或总成本的百分比来计算。

成本（costs）：组织为满足顾客需要而花费的总费用。对于质量而言，成本通常包括设计并提供高质量产品或服务的费用以及由于不良质量而损失的成本。

委员会（council）：一种执行组织，其职责是监管、协调所有旨在实现战略计划的战略活动。它对执行战略计划并监管关键绩效指标负有责任。

关键因素（critical factors）：涉及人的生命、健康、环境或巨额费用的关键特性。

危机分析（critical analysis）：在设计过程中识别易受影响并引发风险或危机的"关键的少数"重要特征，并对其给予资源优先与特别关注的方法；通常采用矩阵来描述特征或零部件相对于用户所要求的水平的失效程度，并配以对纠正措施的详细描述。

文化需求（cultural needs）：顾客（尤其是内部顾客）需求的一部分，超越了产品或过程的一般层面上的需求，而代以保持地位、工作安全、自尊、他人的尊重、习惯模式的保持以及其他一些可以被称作文化模式的因素。文化需求一般很少被公开声明。

顾客（customer）：接受产品或服务的组织或个人。顾客既可以是内部的，也可以是外部的。

顾客流失（customer disloyalty）：顾客不再喜欢制造商的产品的一种消极状态。因发现了更好性能的产品和服务，他们对曾经忠于的产品制造商不再保持忠诚。

顾客不满意（customer dissatisfaction）：顾客在产品满足其需求方面的负面感受。

顾客忠诚（customer loyalty）：因产品或服务满足顾客需求并顺利交付而使顾客产生的一种愉悦状态。

顾客需求表（customer needs spreadsheet）：一种用来描述顾客群体与其需求之间的关系的表格工具。与广泛的顾客需求强相关的特征将被分配较高的优先级并得到更多关注。"质量屋"或"质量功能展开"（QFD）是此类表格工具的一种高级形态。

顾客反应（customer reaction）：与可得到的其他产品相比较，顾客如何评价本产品。

顾客满意（customer satisfaction）：顾客对于其需求得到满足程度的正面感受。

客户服务（customer service）：旨在提升顾客感受的一系列活动，包括：对产品使用过程的跟踪观察，以发现潜在风险或因错误的使用而导致的伤害；将信息反馈给相关方；向用户提供培训和警告；等等。

风俗或传统（customs or traditions）：对行为和决策加以指导和约束的文化元素。

周期时间（cycle time）：执行过程所需要的时间，特别指涉及在多个部门间流转执行多个步骤的过程。

缺陷（defect）：任何不能满足使用要求或与规格不一致的情况。

展开（deployment）：在战略规划中，将目标分解并展开至更低层次的子目标的过程。

可维护性设计（design for maintainability）：针对产品使用过程中维护的经济性与易操作性而对特定设计进行的评估。

面向制造与装配的设计（design for manufacture and assembly）：在产品设

计过程中，针对制造与装配过程中的复杂性及潜在问题进行考虑，以寻求装配操作的简化并防止误操作。

保质设计（design for quality）：一种结构化的产品（包括产品与服务）开发过程，旨在确保最终输出能够满足用户需求。

六西格玛设计（design for six sigma，DFSS）：一种同时关注设计过程与制造过程的方法论，旨在将产品制造过程的缺陷降到几近没有并做到缺陷可预知。

设计网络图（design network）：一种用来描述产品设计过程中的并行活动或串行活动的树状图表工具。通常会列出完成活动的总时间，并辅以最早开工时间及其相应的完工日期。设计网络图多用于管理复杂设计活动。

诊断（diagnosis）：研究症状、分析原因、验证猜想（假设），进而揭示原因的过程。

诊断过程（diagnostic journey）：包含从症状到推理原因，从推理原因到验证推理，从验证到明确根原因的全部过程。

文件化（documentation）：记录信息，以满足特定规范或法规的要求。例如，安全法规以及产品责任方面要求的增长已显著提升了对文件化的要求。

主因（dominance cause）：对现有缺陷负主要责任的原因。在追求性能突破时，必须首先加以消除。

空转演练（dry run）：对新过程的排演，由计划团队模拟演练真实的运作过程；产品在确保失效影响受到有效控制的工况下的试运行（也就是说，产品尚未交付给顾客）。

环保质量（ecoquality）：一种概念及相关活动，致力于促使工业界回应顾客、管理当局以及股东的要求，承担起提升产品与服务的环保性、降低碳排放等方面的职责。

员工参与度（employee engagement）：雇主所感受到的与员工的关系水平，体现为员工凭借其自主努力和持续的信念帮助组织取得成功的意愿与能力。

授权（empowerment）：提升个体或组织地位的过程，旨在帮助其做出正确选择、付诸行动并取得成效。

熵（entropy）：所有生物和组织向着其最终消亡发展的趋势。

设备与物资（equipment and supplies）：执行过程所必需的物理设备和其他耐用物品。

估算（estimation）：基于样本值估计其总体参数值的过程。

外部顾客（external customers）：公司、组织或系统以外的顾客，或与产品使用过程相关的代理商。他们从组织提供的产品中获得价值。这一名词主要是对应于内部顾客而言的，后者指组织内部的顾客。

故障（failure）：损害产品或服务满足顾客需求的能力的一切失效、缺陷与错误。

故障模式与影响分析（failure mode and effect analysis，FMEA）：风险分析的一种方法，其首先计算由特定失效发生的概率、失效的影响以及失效被提前感知并纠正的可能性三者所构造的综合影响系数，进而据此确立在故障预防性设计中各项可能发生的故障的优先级。

故障树分析（fault tree analysis）：在故障预防性设计中，跟踪追溯引发特定故障的原因的所有可能组合的一种工具。

特征（feature）：产品或服务在满足顾客需求方面所拥有的性质与特点。

财务控制（financial control）：评估实际的财务绩效并将其与目标值进行对比，进而采取行动消除差异（通常称为"会计方差"）的过程。

财务改进（financial improvement）：这一过程旨在改进财务绩效。其有多种形式，包括：成本削减项目、新装备、旨在增加销售的新产品开发、企业收购与兼并、合资等等。

财务计划（financial planning）：准备年度财务与运营预算的过程，包括：在年初定义本年要完成的事项；将事项转换为财务数据——收益、成本、利润；确定完成所有这些事项的收益。

流程图（flow diagram）：一种广泛流行的过程描述方法，使用标准符号来描述活动及其过程流向。最初起源于20世纪50年代的软件设计领域，并逐渐发展为现在被广泛应用的过程描述图。

焦点小组（focus group）：当前在顾客需求分析方面广为流行的技术，使顾客置身于由经过训练的促进者所带领的小组之中，以寻求对用户需求的理解。

术语表（glossary）：用于在各群体之间，特别是顾客与供应商之间消除名词和术语的歧义。可以看作一种基于特定使用语境的工作字典，如对于办公座椅而言，"舒适"一词究竟意味着什么。

目标声明（goal statement）：在项目管理语境中，指用来向项目团队传达项目意图与目的的一段书面文字，其中应该包含项目特定的目标。

交接（handoff）：在人员或部门之间传递物料或信息，一般特指跨部门界限的传递。

隐藏的客户（hidden customer）：因不太容易进入视野而被忽视的那些顾客。他们可能会对产品设计产生显著影响。

同质性（homogeneity）：意味着缺陷可以在整个产品单元中传播。与装配产品不同，其缺陷零件难以被取出或更换。

人力资源职能（或子职能）［human resources function (or subfunction)］：在质量语境中，是指组织中的人力资源部门在卓越质量和卓越绩效培训与发展战略方面所负有的责任。

固有性能（inherent performance）：最终产品在一个或多个维度上的表现。

创新（innovation）：做事情的新方法；创造新产品或服务的增值的、根本性和革命性变革；改进过程或系统。

内部顾客（internal customer）：生产组织内部的顾客。组织中的每一个成员都扮演着三种角色：供应商、加工者和顾客。

库存（inventory）：包括原材料、在制品、成品、纸质或电子文档等。

关键控制特性（key control characteristic）：在制造或装配过程中必须严格控制使其不偏离目标值的过程参数；影响输出的输入参数。

语言（language）：语言即意味着沟通。许多国家存在多种语言和方言，这将构成沟通中的重要障碍。

精益（lean）：一种旨在通过消除产品与过程中的浪费来降低成本、改进效率的系统优化过程，也指系统优化后所达到的状态。

线性（linearity）：在测量系统分析（MSA）语境中，指偏倚值随测量设备在运行区间范围内测量点的不同而变化的情况。

面向质量的管理（managing for quality）：一组普遍方法的集合，任何组织（包括企业、商业机构、代理商、大学、医院等）都可以通过面向质量的管理来确保其产品、服务和过程满足相关方需求，从而获得优异的结果。

政府强制认证（mandated government certification）：依照法律要求，适用政府强制认证法规的产品在向公众销售之前必须被独立机构证明其适用性。

市场本位原则（market as a basis）：在制定影响产品可销售性的质量目标的过程中，迎合或超越市场质量需求。

市场实验（market experiments）：在市场中测试、验证关于产品特征的想法，从而对新概念进行分析或评估。

市场领导力（market leadership）：被市场营销者称为"特许权"的一种最先进入市场并取得市场优势的能力。

市场研究（market research）：包含可解答如下三个基本问题的各种技术：（1）对于用户而言什么是最重要的？（2）重要性的次序如何？（3）与竞争对手相比，我们在满足用户需求方面做得如何？

市场营销（marketing）：促进销售的过程，包括：提供危险、警告、解毒剂的明示标签；合同中约定的现场培训；向分销商和经销商提供安全信息；建立安全规程的展示；安装后的测试以及用户安全培训；公布与安全有关的应知应会和禁忌列表；建立良好的顾客关系以减少抱怨与敌意；等等。

材料（materials）：包括有形资产、数据、事实、图表或信息等（这些连同设备和物资一起，也可以构成输入需求及相关工作）。

均值（mean）：一组数值的平均值。

平均无故障时间（mean time between failures，MTBF）：产品两次连续故障之间的平均时间。

中位数（median）：一组数值中位于中间的数值。

仲裁（mediation）：由第三方，即仲裁者帮助争议双方制定解决方案的过程。

商人（merchants）：购买商品用于转售的人，包括批发商、分销商、代理商与经纪人，以及任何处理商品的人。

方法（method）：一系列任务、活动或过程的有序安排。

使命声明（mission statement）：对组织存在的理由的简短易记的表述；对公司的业务、目标以及实现目标的手段的定义。

防错（mistake proofing）：通过设计并实施创新性的工具或方法来消除产生缺陷的误操作发生机会，进而减少缺陷。

众数（mode）：在一组数值中，出现次数最多的数值。

模块化测试（modular test）：对过程中各个分段的测试。

需求分析表（needs analysis spreadsheet）：一种工具，用来描述将主需求分解为更细化和可测量的条款的过程。

监察员（ombudsman）：一个瑞典语单词，指一种负责听取公民抱怨并保护他们免受官僚主义伤害的政府官员。

运转时间（on-stream time，OST）：过程装置的实际运转时间与可用运转时间的比值。对多数过程而言，其最佳值应处于 $80\%\sim90\%$ 之间。

操作学习（operational learning）：用于验证行为-输出链的过程，其目的在于"知道怎么做"。

组织（organization）：被赋予一定职责、权限和关系的一组人员和设施。

感知需求（perceived needs）：顾客基于其直觉感知所表达的表象的、假想的、潜在而肤浅的需求，可能完全不同于供应商对产品质量构成的理解和感知。

绩效（performance）：对产品是否在主要特征方面达到了预期指标的评价，其评价指标应基于可测量的属性与优势来设定。

卓越绩效（performance excellence）：组织实施旨在改进产品与服务、过程、人员和财务绩效等质量的一系列追求卓越目标的行动后所达到的绩效状态。

性能失效（performance failure）：产品失效后的表现。

绩效管理（performance management）：一种系统化的、数据导向的员工管理策略，以心理上的正面强化作为提升绩效的主要手段。

计划—执行—研究—行动（plan-do-study-act，PDSA）循环：一种用于解决日常零星问题的快速循环改进和控制工具。

计划网络图（planning network）：一种用来管理复杂计划任务的工具。

方针（policies）：管理行动的指南，诸如质量方针、环境方针、安全方针、人力资源方针等。

潜在顾客（potential customers）：当前尚未使用本组织的产品或服务，但将来有可能成为顾客的人。

传感器精度（precision of a sensor）：对传感器在多次重复性测量中再现其量值的能力的衡量指标。

预控（pre-control）：一种统计技术，旨在探知过程状态以及可能导致缺陷的变异（而非在统计上显著的变化）。

程序（procedure）：执行一项行动或过程的特定方法。

过程（process）：将输入转换为输出的一组相互关联的资源与活动。

过程分析（process analysis）：一种过程流程图技术，能够显示每一项任务所需时间、依赖条件（诸如需访问计算机网络等），以及各项任务间"浪费"的时间。通常是以交互方式驱动与推进的，因而需要有经验的过程专家的支持。

过程解剖（process anatomy）：一种将过程绑定在一起的耦合结构，该结构能够支持产品制造或服务分发。

过程能力（process capability）：评价过程是否能稳定地满足预期目标的一种方法。

过程控制（process control）：一种连续的管理过程，通过在控制点进行测量来评估作业过程的实际绩效，将其与质量目标相比较，并针对偏差采取行动。

过程特征（process feature）：在制造产品、提供服务以及实现产品特征目标以满足顾客需求的过程中所需要涉及的全部属性与特性。

过程目标（process goal）：过程的量化目标。

加工者（processor）：组织中负责生产或执行过程的员工、部门、职能与业务单元、代理等，也可以是使用产品或输出作为生产其自己产品的输入的组织。

产品（product）：过程的结果。

产品设计（product design）：基于大量技术和专业知识的一种创造性过程。

产品设计表（product design spreadsheet）：一种用于记录、分析满足顾客需求所涉及的产品特征和目标的方法。

产品改进（product improvement）：一种提升质量竞争力的活动，旨在改进产品以提升其对顾客的吸引力并在市场销售中较现有产品更具竞争力。

产品补救（product remediation）：最终产品受到批次性质量波动影响的状态。这种状态必须得到有效管理。

生产率（productivity）：一种产出绩效指标，诸如每小时的单位产量等。

项目目标（project goals）：一个项目所特有的目标。项目目标应具有可测量性、可达性、现实性和时限性。

心理需求（psychological needs）：对于多数产品或服务而言，心理需求是指超出产品或服务的技术特征层面的顾客需求，包含心理方面的诸多本能因素。

买方（purchaser）：为自己或他人购买产品的人。

质量（quality）：一组特征满足需要的程度。

质量控制（quality control）：一组普遍应用的管理过程，致力于指导运作过程以获得持久的稳定性，预防负面变异并维持现状。质量控制需要闭环反馈。质量控制的目的在于维持或恢复过程状态，以将缺陷控制在可接受的水平并满足顾客需求。

质量功能展开（quality function deployment）：一种用于收集、整理完成作业质量计划过程所需要的信息的有效工具。

质量管理（quality management）：质量体系中所有与质量方针、质量目标、质量职责的制定及其实施有关的质量计划、质量控制、质量改进活动等均属于质量管理的范畴。

质量优势（quality superiority）：仅仅依照组织内部标准所设定的卓越质量。其必须以用户需求以及用户所追求的收益为基础。

质量体系（quality system）：与实施质量管理有关的组织架构、过程、程序和资源。

质量担保（quality warranties）：一种责任保证，可以激励制造商奉行质量优先策略，激励销售商寻求高可信度的货源。

极差（range）：一组数值中最大值和最小值之间的差。

排列（ranking）：按照发生频次对缺陷进行排序。

快速改进事项（rapid improvement events，RIEs）：由精益专家或六西格玛黑带帮助或指导精益团队开展价值流分析，并在短期内快速开发和实施解决方案的突击性活动。

表彰（recognition）：对优秀绩效进行表扬、嘉奖的一种仪式性活动，通常采取非物质奖励形式。

冗余（redundancy）：针对特定任务设置多于一个执行要素，只有当所有要素都失效后，系统才整体失效。

可靠性（reliability）：产品开始运转后在稳定工况下持续实现所设定的功能的能力。简而言之，即产品按要求工作的可能性。在精益管理的语境中，是指在承诺的日期之前，持续提供产品或服务的能力。

纠正路线（remedial journey）：从问题原因定位到对过程的矫正调整以消除问题原因；从矫正措施实施到验证措施在作业工况下的有效性；从可行的纠正措施到处理变革的阻力；从处理变革的阻力到建立新的控制以巩固成果。

纠正方案建议（remedial proposals）：有关如何从根源上消除引发顾客问题的因素的计划。

纠正（remedy）：能够消除或中和引发缺陷的因素的调整。

可重复性（repeatability）：由同一测量人员用同一测量仪器对同一工件的同一特征进行多次重复性测量所得到的量值之间的差异。

补给时间（replenishment time）：从向供应商下达订单直至货物到达并可供制造商使用所需的时间。

可再现性（reproducibility）：由不同测量人员用同一测量仪器对同一工件的同一特征进行多次重复性测量所得到的量值均值之间的差异。

投资回报（return on investment，ROI）：预期的收益与所需投资之间的比值。

收益（revenue）：总收入，无论是来源于销售收入、预算拨款、学费还是政府补贴。

评审过程（review process）：对现在已达到的水平与目标之间的差距，以及现状的测量结果与所追求的目标之间的差距的一种检查活动，有助于提升实现目标的可能性。

奖励（rewards）：薪酬、涨工资、奖金、提升等等，通常在对员工进行年度绩效考核之后兑现。过去，这种考核大多基于成本、生产率、进度等传统指标对目标实现程度进行评价，现在这种情况正在改变。

根原因分析（root cause analysis，RCA）：相对于PDCA循环，这是一种更为深入的分析，旨在探究引发事件的真正的根原因（有一种特殊情况，就是有些原因本身就是根原因，但其更容易被查明）。

可销售性分析（salability analysis）：一种用来描述顾客为特定产品属性愿意

承受的价格或分销成本的矩阵工具，可以用来评估究竟是哪些特征促使顾客购买产品，以及他们愿意支付的价格。

散点图（scatter diagram）：一种用来绘制一个连续变量相对于另一个变量变化的图形工具，用于判定相关性，是进行回归分析构造预测公式的前序工作。

计分卡与关键绩效指标（scorecards and key performance indicators）：贯穿全组织范围的可视化测量，用来衡量战略规划实现的程度。

选择矩阵（selection matrix）：一种用来表示将要做出的选择，并根据商定的标准进行排序的矩阵工具，用于改进和设计阶段。

自检（self-inspection）：一种将产品判定权委托给工人的模式。

测量装置（sensor）：一种特定的探测仪器或测量工具，用来识别特定现象是否出现及其强度，并将这种感觉知识转换为信息。

仿真（simulation）：一种设计与分析技术，在直接的实验难以实现时，通过操作和观察模拟真实世界过程的数学或物理模型来获得实验的结果。

六西格玛（Six Sigma）：一种致力于从根本上改进顾客体验、降低制造成本并培育领先者的质量过程。

六西格玛DMAIC（Six Sigma DMAIC）：对过程进行定义（define）、测量（measure）、分析（analyze）、改进（improve）和控制（control），以使长期缺陷率降至百万分之三点四的六西格玛目标。

偶发峰值（sporadic spike）：由一个或多个非预期因素导致废品损失出现计划之外的瞬时激增。

稳定性（stability）：在测量系统分析语境中，指在一段时期内测量系统由同一测量主体测量某一特征的过程中得到的量值的总方差。

标准差（standard deviation）：方差的平方根。

绩效标准（standard of performance）：已确立的明确的目标，所有工作都以其为目的展开。

统计推断（statistical inference）：通过采样并运用统计方法，对总体特征进行估计的过程。在质量领域，这些估计值和统计结论被用来指导从业人员做出下一步应该如何采取实际行动（或终止行动）来改进过程的决定。

统计质量控制（statistical quality control）：包括采样和控制图等在内的一系列基于统计的方法，经常被用来防止过程偏差。

法令（statute）：用来定义法规的目的以及需要加以规范约束的事项的授权法案，其任务是建立"游戏规则"并设立专门机构来进行管理。

指导组（steering team）：也称作质量理事会或质量委员会。该团队在指导和协调组织的各项质量管理活动方面扮演中心角色。

战略部署过程（strategic deployment process）：执行战略的程序，其任务是将顾客关注的焦点与组织的愿景、使命、价值观、方针、战略、长期目标、短期目标和项目结合起来。

战略规划（strategic planning）：定义长期经营目标并规划其实现途径的系统方法。

战略（strategy）：一种已明确定义的计划、想法或行动步骤，关注组织如何赶上或超越竞争对手。

数据分层（stratification）：将数据归入不同类别，通常在识别引发缺陷的原因的质量诊断中应用。

子过程（subprocesses）：在程序设计或执行过程中，将大过程分解所得到的小过程单元。

供应商（supplier）：向顾客提供产品的个人或组织。

支持过程（support processes）：诸如行政支持、打印服务外包、复印服务、临时救援等过程。

调查（survey）：在获得用户对有关满意度或需求的预设问题答案的过程中采用的一种被动技术。

猜忌（suspicions）：由久远战争、宗教信仰的差异、种族差异等带来的之前固有的敌意。

症状（symptom）：缺陷或错误的外在表征。一种缺陷可能存在多种症状。

技术本位论（technology as a basis）：基于技术建立质量目标的传统策略，在很多组织中都得到应用。

技术转让（technology transfer）：专门技能或诀窍（诸如方法或发明）的转让。可以有多种途径，诸如国际化的专业机构及其办事处、会议、互访、培训课程和研讨会、大学的技术转让办公室等。

推测或假设（theory or hypothesis）：在质量语境中，指未经证实的引发缺陷或症状的判断。通常，针对缺陷经常会提出多个推测。

全面生产维护（total productive maintenance，TPM）：一种设备维护策略，主张由设备操作者依照持续的原则执行大多数日常例行维护。TPM力图识别并消除所有损失的根源，并追求零损失。

培训（training）：传授执行过程所必需的技能和知识。

运输（transport）：在场所之间或周围移动人员或货物。

树状图（tree diagram）：采用类似树枝的形式来描述需要并行完成的事件的

各种工具都可以被称为树状图。它不如设计网络图精细，但却有助于从全局着眼来理解活动。

理解鸿沟（understanding gap）：对顾客需求理解的缺失。

计量单位（unit of measurement）：被定义用来量化描述质量特征的数量单位，如提供服务的小时数、电量的千瓦数或药物的浓度等。

高层领导（upper managers）：企业的最高层次的领导者。对于公司而言，高层领导包括董事长（首席执行官）以及副董事长；对于自治部门而言，高层领导包括总经理及其直接下属经理。

用户友好性需求（"user-friendly" needs）：当该需求得到满足时，非专业人员也能够充满自信地使用技术性较强的复杂产品或服务。

价值分析（value analysis）：计算为特定产品特征所需付出的增量成本以及为满足特定顾客需求所需的成本，进而将其与备选设计的成本相比较。

方差（variance）：各个数据与平均数之差的平方的平均数。

愿景（声明）［vision（statement）］：组织或企业所渴望达到的未来状态，应定义顾客、员工、股东或社会公众期望从组织所获得的收益。

市场的声音（voice of market）：产品的当前、未来或目标客户，以及产品能够获得的市场空间。

（段桂江　译）

译后记

约瑟夫·M. 朱兰（1904—2008）博士是举世公认的现代质量管理的领军人物。他出生于罗马尼亚，1912年随家庭移民美国，1917年加入美国国籍，曾获工程学和法学学位。在其职业生涯中，他做过工程师、企业主管、政府官员、大学教授、劳工调解人、公司董事、管理顾问等。朱兰提出了质量即"适用性"的概念，强调了顾客导向的重要性。朱兰理论体系中的主要概念还包括质量螺旋、质量管理三部曲、关键的少数原理等。如同质量管理领域中的另一位大师戴明博士一样，朱兰在日本经济复兴和质量革命中的贡献也受到了高度的评价。1979年，朱兰创办了朱兰研究院，主要从事质量管理的培训、咨询和出版活动。20世纪90年代后，朱兰仍然担任研究院的名誉主席和董事会成员，以90多岁的高龄继续从事讲演和咨询活动。

本手册堪称质量管理领域中研究和实践的集大成之作，自1951年第一版出版以来，已经被译成许多国家的文字。前四版的书名为《质量控制手册》，1999年出版的第五版和2010年出版的第六版更名为《朱兰质量手册》（*Juran's Quality Handbook*）。第七版手册收录了自第六版以来的质量管理方法的演变，如服务运营、风险管理、供应链管理等。由于这本手册所具有的全面性、实用性和权威性，其一直是质量管理领域最具有影响力的出版物之一。

这样一本既具有理论意义又极具实践价值的经典之作在我国出版，相信必将对我国的质量管理研究和实践产生积极的作用。

Joseph A. De Feo
Juran's Quality Handbook: The Complete Guide to Performance Excellence, Seventh Edition
9781259643613
Copyright © 2017, 2010, 1999, 1988, 1974, 1962, 1951 by McGraw-Hill Education.

All Rights reserved. No part of this publication may be reproduced or transmitted in any form or by any means, electronic or mechanical, including without limitation photocopying, recording, taping, or any database, information or retrieval system, without the prior written permission of the publisher.

This authorized Chinese translation edition is jointly published by McGraw-Hill Education and China Renmin University Press. This edition is authorized for sale in the People's Republic of China only, excluding Hong Kong, Macao SAR and Taiwan.

Translation copyright © 2021 by McGraw-Hill Education and China Renmin University Press.

版权所有。未经出版人事先书面许可，对本出版物的任何部分不得以任何方式或途径复制传播，包括但不限于复印、录制、录音，或通过任何数据库、信息或可检索的系统。

本授权中文简体字翻译版由麦格劳-希尔（亚洲）教育出版公司和中国人民大学出版社合作出版。此版本经授权仅限在中华人民共和国境内（不包括香港特别行政区、澳门特别行政区和台湾）销售。

版权 © 2021 由麦格劳-希尔（亚洲）教育出版公司与中国人民大学出版社所有。

本书封面贴有 McGraw-Hill Education 公司防伪标签，无标签者不得销售。

北京市版权局著作权合同登记号：01-2019-6579

图书在版编目（CIP）数据

朱兰质量手册：通向卓越绩效的全面指南：第七版/（美）约瑟夫·A. 德费欧（Joseph A. De Feo）主编；中国质量协会主持翻译. -- 北京：中国人民大学出版社，2021.3
（卓越质量译丛）
书名原文：Juran's Quality Handbook：The Complete Guide to Performance Excellence
ISBN 978-7-300-29047-8

Ⅰ. ①朱… Ⅱ. ①约… ②中… Ⅲ. ①质量管理—手册 Ⅳ. ①F273.2-62

中国版本图书馆CIP数据核字（2021）第035155号

卓越质量译丛
朱兰质量手册——通向卓越绩效的全面指南（第七版）
约瑟夫·A. 德费欧　主编
中国质量协会　主持翻译
Zhulan Zhiliang Shouce

出版发行	中国人民大学出版社			
社　　址	北京中关村大街31号		邮政编码	100080
电　　话	010-62511242（总编室）		010-62511770（质管部）	
	010-82501766（邮购部）		010-62514148（门市部）	
	010-62515195（发行公司）		010-62515275（盗版举报）	
网　　址	http://www.crup.com.cn			
经　　销	新华书店			
印　　刷	涿州市星河印刷有限公司			
开　　本	720 mm×1000 mm　1/16		版　次	2021年3月第1版
印　　张	61 插页3		印　次	2024年6月第6次印刷
字　　数	1 113 000		定　价	298.00元

版权所有　　侵权必究　　印装差错　　负责调换